本书由浙大城市学院资助,
为浙大城市学院科研成果

古希腊罗马哲学原典集成

主编　王晓朝

西塞罗全集

修订版

❧哲学著作卷❧

[古罗马] 西塞罗　著　王晓朝　译

人民出版社

"古希腊罗马哲学原典集成"
丛书要目

目　录 Contents

论 国 家

提 要

本文的拉丁文标题是"De Re Publica",英文译为"The Republic",中文篇名定为"论国家"。

从公元前 57 年西塞罗回归罗马,到公元前 49 年内战爆发,在此期间西塞罗投入大量时间从事哲学研究,完成了一批哲学论著。《论国家》撰写始于公元前 54 年,由于论题之艰难,西塞罗几次改变,乃至推延写作计划。这本书究竟何时完成无法确定,但在公元前 51 年,西塞罗的朋友们已经开始阅读这本书稿。

西塞罗是罗马贵族共和派的政治代表。身处罗马国家由共和制向元首制(帝制)转化的关键时期,他结合罗马社会的政治实践,对罗马国家的政治活动做了理论上的总结,提出了一系列具有深远历史意义的政治理念。

西塞罗撰写的《论国家》和《论法律》与柏拉图的《国家篇》和《法篇》有对应关系。西塞罗在形式上模仿柏拉图,采用对话文体展开其思想。《论国家》的对话场景设定在公元前 129 年的拉丁节,地点为罗马政治家小西庇阿的花园。参加谈话的人皆为当时重要的政治人物,对话前后共进行了三天。

《论国家》的文字缺失甚多。全文共分为 6 卷,译成中文约 7.3 万字。

正 文

第一卷

【1】……①[没有积极的爱国精神]②就[决]不可能把[我们的故土]从侵犯中拯救出来；盖乌斯·丢里乌斯③、奥鲁斯·阿提留斯④、卢西乌斯·麦特鲁斯⑤不能使[罗马]摆脱对迦太基人的恐惧；两位西庇阿⑥不能用他们的鲜血扑灭第二次布匿战争的熊熊烈火；当战火再度燃起的时候，昆图斯·马克西姆⑦不能扑灭烈火，马库斯·马凯鲁斯⑧不能使它熄灭；普伯里乌·阿非利加努⑨也不能使它远离这座城市的大门，把战火引到敌人的城墙里面去。

---

① 文章开头处大约缺失 10 页，现存文字从作者的序言中间开始，西塞罗在此处批评伊壁鸠鲁主义者敌视爱国主义和政治生活的观点。

② 方括号中是英译者根据残存段落推测性地补足的文字，全书下同。

③ 盖乌斯·丢里乌斯（Gaius Duelius），公元前 260 年担任执政官，在西西里海战中打败迦太基人。

④ 奥鲁斯·阿提留斯（Aulus Atilius），公元前 269 年、前 266 年两度担任执政官，第一次布匿战争期间的罗马统帅。

⑤ 卢西乌斯·麦特鲁斯（Lucius Metellus），公元前 251 年、前 247 年两度担任执政官，第一次布匿战争的著名将领。

⑥ 罗马著名执政官、将领中名叫西庇阿（Scipio）的很多。此处似乎是指公元前 218 年担任执政官，在意大利抗击迦太基人的普伯里乌·高奈留·西庇阿（Publius Cornelius Scipio）和公元前 205 年和前 194 年担任执政官的普伯里乌·高奈留·西庇阿·艾米利亚努·阿非利加努（Publius Cornelius Scipio Aemilianus Africanus Major）。

⑦ 昆图斯·马克西姆（Quintus Maximus），全名昆图斯·法比乌斯·马克西姆（Quintus Fabius Maximus），公元前 223 年—前 209 年五次担任执政官，在第二次布匿战争中抵抗汉尼拔的著名罗马统帅。

⑧ 马库斯·马凯鲁斯（Marcus Marcellus），公元前 166 年任罗马执政官。

⑨ 普伯里乌·阿非利加努（Publius Africanus），即小西庇阿。

　　还有马库斯·加图①，一位不知名的、出身卑微的新人②——他给我们这些献身于同样事业的人树立了一个榜样，使我们所有人竞相勤奋和勇敢——他本来确实可以在如此靠近罗马的图斯库兰逗留，享受空闲的、有益于健康的生活。但是他，如我们的朋友③所认为的那样，发疯似的，宁可在我们的政治生活的惊涛骇浪和狂风暴雨中颠簸，直至暮年，尽管他并非一定要这样做，也不愿在宁静和安逸中过一种完全幸福的生活。众多拯救过这个国家的人我就不说了；由于他们生活的年代并非远在当前这代人的记忆之先，所以我尽量不提他们的名字，免得有人会抱怨我疏漏了他本人或他的家族成员。我本人将满足于以下论断：自然在人类中植入了对美德的强烈追求和保卫公共安全的巨大愿望，从而使这种力量能征服快乐与闲暇的一切诱惑。

　　【2】但是仅仅拥有美德还不够，就好像它是某种技艺，除非你能使用它。尽管一门技艺，即使你从不加以运用，仍旧可以因为你对它的了解而继续拥有，然而美德却全然依赖于它的运用；而美德的最好运用在于国家的管理，事实上，美德的实现并不在于话语，不在于哲学家在他们的圈子里议论，并且不断地传到我们耳朵里来的那些话语。因为哲学家宣布的原则——至少那些公正的、高尚的原则——没有一条不曾被那些为国家起草法典的人所发现和建立。我们的虔诚感来自何处？我们的宗教原则是从哪里来的？万民法，乃至于我们所谓的市民法是从哪里来的？正义、荣誉、平等是从哪里来的？体面、自制、害怕丢脸、渴求赞誉是从哪里来的？面对艰难困苦和危险时的坚忍是从哪里来的？我要说，它们都来自依靠系统的教诲把这些东西反复灌输给人们的某些人，既通过习俗来确证，又通过法规来增强。确实，最杰出的哲学家之一塞诺克拉底④在被问到他的门徒学到了什么的时候，据说他是

---

①　马库斯·加图（Marcus Cato），通称老加图，公元前195年担任执政官，著名的罗马统帅、国务活动家。

②　此处所谓"新人"（novus homo）指在其家族中最先担任高级公职的人。

③　指伊壁鸠鲁学派的人，他们为了追求内心的安宁而放弃参与政治活动。

④　塞诺克拉底（Xenocrates），约公元前396年—前314年，柏拉图的学生，老学园派的哲学家，曾担任柏拉图学园的首领多年。

这样回答的："自觉自愿地去做法律强制他们要做的事情。"因此，那些人使用行政权和法律赋予的处罚权驱使所有人遵循正确的规则，而这些规则连那些哲学家都发现难以凭着他们的告诫使很多人信服。甚至必须认为他们优于那些宣布这些规则的教师。因为这些教师有什么演讲能比法律和习俗提供的东西更能为国家所接受？确实，我认为恩尼乌斯所谓"伟大的、占有主导地位的城市"①，其地位应当高于小村庄和小城堡；与此相仿，我相信那些凭借智谋和威望统治这种城市的人，甚至在智慧方面，也远远高于那些完全不参与国家事务的人。由于我们强烈地具有增加人类财富的紧迫感，由于我们希望通过我们的思想和努力使生活更加安全、更加富裕，而自然本身也在鞭策我们实现这一愿望，所以让我们沿着以往所有杰出人士走过的道路前进，而不要听信那些想要后退的人的意见，他们甚至想召回已经走在头里的人。

【3】当他们②对这些如此完善和清晰的论证表示反对的时候，那些攻击他们的人诉诸在保卫国家必定会遇到的艰苦劳动——确实，对于那些警觉、勤奋的人来说这只是区区障碍，不仅在这样的时刻，而且在那些相对不那么重要的事情中，比如人的学习、人的义务，乃至于他的生意，也只是一种应当受到嘲笑的功绩。他们还说，当生命遭遇危险的时候，勇敢者害怕死亡并不可耻；然而这样的人不会把生命被自然和老年耗尽看得比有机会为保卫国家而贡献自己的生命更为不幸，因为生命反正迟早都要回归自然。在这一点上，反对者们唠叨个没完，却自以为雄辩，他们继续讲述那些杰出人士的不幸遭遇和他们在那些不感恩的同胞手中所遭受的痛苦。在这一点上，他们举了一大堆例子，首先就是希腊历史上的那些著名例子——米尔提亚得③的故事，他战胜和制服了波斯人，然而就在他为了夺取伟大胜利而受的创伤还

---

① 恩尼乌斯（Ennius），公元前 239 年—前 169 年，罗马诗人、悲剧家。引文可能引自他所著的《编年史》。

② 指伊壁鸠鲁学派。

③ 米尔提亚得（Miltiades），希腊著名将领，在公元前 490 年马拉松战役中打败波斯人，后来在进军帕罗斯岛时失利，被控受贿下狱，死于狱中。

没有痊愈的时候，就被他自己的同胞用铁链捆绑，死在他们手中，而他的生命是那些敌人的武器都没能够夺走的；塞米司托克勒①的故事，他被可怕地赶出他亲手解放的祖国，而这个时候他要前往避难的不是他保卫过的希腊海港，而是他征服过的野蛮人的土地。反复无常的雅典人残忍地对待他们最杰出的公民的例子不胜枚举；他们说，这种在那里起源并在那里蔓延的罪恶甚至已经传入我们自己的强大国家。他们提到卡弥鲁斯②遭受的流放、阿哈拉③受到的耻辱、纳西卡④受到的憎恨、莱纳斯⑤遭受的放逐、奥皮米乌⑥受到的判决、麦特鲁斯⑦被迫流亡、盖乌斯·马略⑧遭受的巨大灾难，以及稍后不久对众多杰出人士的屠杀与毁灭。⑨事实上，他们现在把我的名字也包括在内，这可能是因为他们认为凭借我的明智和我承受的危险，他们的和平生活才得以保存，他们甚至更加严厉地谴责我遭受的不公正待遇，对我的不幸抱着巨大的同情。但是我发现很难说明这些人为什么仅仅为了获得知识就要渡海去访问其他国家……⑩

【4】……当我交卸执政官的职务时，我曾在公民大会上发誓，罗马人民

---

① 塞米司托克勒（Themistocles），希波战争时期雅典著名统帅，于公元前471年被逐出雅典，死在小亚细亚。

② 马库斯·富里乌斯·卡弥鲁斯（Marcus Furius Camillus），罗马著名将领，公元前391年被控藏匿战利品，遭放逐。

③ 盖乌斯·塞维留斯·阿哈拉（Gaius Servilius Ahala），罗马骑兵将领，被控企图实行独裁。

④ 普伯里乌·高奈留·西庇阿·纳西卡（Publius Cornelius Scipio Nasica），公元前138年的罗马执政官，因杀死革拉古而出走小亚细亚。

⑤ 盖乌斯·波皮留斯·莱纳斯（Gaius Popilius Laenas），公元前132年的罗马执政官，公元前123年被放逐。

⑥ 卢西乌斯·奥皮米乌（Lucius Opimius），公元前121年的罗马执政官，公元前115年被控受贿，遭放逐。

⑦ 昆图斯·凯西留斯·麦特鲁斯（Quintus Caecilius Metellus），公元前109年的罗马执政官，公元前100年逃亡。

⑧ 盖乌斯·马略（Gaius Marius），罗马著名统帅，七度出任执政官，此处指他于公元前88年反对苏拉独裁失败，逃离意大利。

⑨ 指公元前82年苏拉得势后对反对派的屠杀。

⑩ 此处原文大约缺失了15行。

也发出同样的誓言，国家已经安全，以往对我的不公正所造成的所有忧虑和烦恼已经得到充分补偿。然而，我遭受的痛苦给我带来的荣誉超过麻烦，给我带来的荣耀超过烦恼，我从那些优秀公民对我的深情期盼中得到的快乐超过那些恶人的狂喜给我造成的悲伤。但是，如前所说，如果事情不是这样，我又能怎样抱怨呢？因为伴随我为国家做出巨大贡献接踵而来的事情是我没有预期到的，或者说其严重程度超过我的预见。尽管我从童年开始就在学习中获得各种各样的快乐，从而使我有可能，一方面比其他任何人都更加能够在安宁的生活中得到好处，另一方面如果有什么灾难降临到我们所有人头上，我除了自己应得的一份，也不会比其他人遭受更大的痛苦，然而为了我的同胞公民们的安全，我会毫不动摇地去迎接无比强烈的风暴，乃至于甘愿接受雷击，让自己承受危险，使其他人获得安宁，这就是我的本性。事实上，我们的国家生养和教育了我们，但并不期待得到我们的赡养或回报；但她也并非只是在为我们提供方便，使我们的闲暇时间有安全的庇护，使我们的休息有宁静的去处；与此相反，她给我们提供了这些便利，为的是能够更多地使用我们的勇气、才能和智慧中的更加重要的部分，而留给我们个人使用的只是在她的需要得到满足以后留下的一些残余。①

【5】还有，我们一定不能听从这些人依赖的其他理由，根据这些理由他们认为自己可以更加自由地享受宁静的生活。比如他们说，搞政治的人是最下贱的，与这些人相提并论是自降身价，而与这种人打交道，尤其是在民众被煽动起来的时候，真是一项可悲而又危险的任务。因此他们认为，聪明人不应该试图掌握缰绳，因为他不能约束和制服那些狂暴的、野性的民众；自由人也不适宜与无耻、邪恶的对手斗争，以免遭受那些聪明人不堪忍受的污辱和虐待——就好像说，在那些善良、勇敢、品格高尚的人看来，还会有比决心不受恶人的统治、不允许国家被他们摧毁更加高尚的参与公共生活的动机，而哲学家本人，即使他们想要帮忙，也无能为力。

---

① 可与柏拉图《克里托篇》51a—c 处做比较。

【6】他们说，没有一个聪明人会参与公共事务，除非有某些紧急情况迫使他这样做，世上有谁能够证明他们提出的这一例外情况？就好像有人遇到的紧迫性比我面对的紧迫性更大似的，而在那个时候除非我是执政官，否则我又能在危机中做什么？除非我从童年时期就拥有的生活方式引导我这个骑士家庭出身的人走向国家的最高职位，否则我又怎么能够担任执政官？因此很清楚，无论面临的危险和威胁有多大，为国服务的机会不会突然降临，或者当我们有这种愿望的时候，除非我们已经处在这样的位置上，我们才有可能采取行动。那些博学者的教导通常最令我吃惊的是：海上风平浪静时，他们说自己没有能力掌舵，因为他们从来没有学过这门技艺，也不想掌握它；而同时他们又向我们保证，等到海上波涛翻滚时，他们会来掌舵。这就是他们的习惯，公开做出这样的宣称，甚至狂妄地吹嘘他们从来不学习建设或保卫国家的原则，也不教这方面的知识，他们认为这种知识不适宜博学者或聪明人学习，不如留给那些在处理国务时锻炼自己的人。因此，他们答应在紧迫情况下会帮助国家，而他们在没有紧急情况威胁的时候都不知道如何治理国家，尽管这项任务比另一项任务要容易得多，但这样的说法如何可能合理呢？确实，如果聪明人在一般情况下不会自愿屈尊从他的崇高位置上下来掌握治国的技艺，而具体场景又迫使他从事这项工作，那么他不会拒绝这种义务；然而我认为他一定不能蔑视这种政治的知识，因为获得所有知识是他的义务，他必须知道一切，以便在将来某些时候加以使用。

【7】我已经相当详细地处理了这些问题，因为按照我的计划，我要在这部作品中讨论国家；因此，为了使这一讨论不会没有价值，首先我要消除对要不要参与公共事务感到犹豫不决的一切理由。然而，如果有人受到哲学家们的权威的影响，那么让他们聆听和关注一下那些在博学者中权威最大、名声最高的那些人；因为这些人即使没有亲自治理国家，但不管怎么说，由于他们在许多调查和文章中涉及过国家，所以我认为他们已经在国家里履行了他们的某种功能。事实上，我注意到几乎每一位被希腊人称做“七贤”的人都在国家事务中发挥过重要作用。因为，确实没有其他哪种职业，人在从事

这种职业的时候，他的德行可以比在建立新城邦或保护那些已经存在的城邦的工作中发挥更加接近诸神的庄严作用。

【8】因此，在实际治理这个国家的时候完成某些值得人们记忆的事情是我的好运，我在实践中提出政治原则，热情地学习并开导别人，与此同时我也获得了某些技能……权威……① 从前有些人在理论讨论中表现出娴熟的技艺，但人们发现他们在实践中一事无成；也还有其他一些人行动效率很高，但在阐述自己观点时却十分笨拙。下面要说的这些原则确实不是全新的或都是我的发明，但我的意图是回忆一场讨论，参与讨论的人是我们国家在某个特定时期最杰出、最聪明的人。在你② 年轻的时候，我跟你说起过这场讨论，而我本人则是从普伯里乌·鲁提留斯·鲁富斯那里听来的，当时我们在士每拿聚会，在一起待了几天；我相信，他几乎没有省略任何对合理阐述整个主题有重要作用的内容。

【9】图狄塔努和阿奎留斯担任执政官的那一年③，鲍鲁斯之子普伯里乌·阿非利加努④决定在他的乡间别墅过拉丁节⑤，他的许多最亲密的朋友表达了他们的意愿，想要在节日期间前去拜访他。节日开始那天一大早，他的外甥昆图斯·图伯洛抢在其他所有人之前第一个到达。西庇阿看到图伯洛的到来很高兴，亲切地和他打招呼，然后问：图伯洛，你为什么这么早就来这里？因为这些节日肯定为你学习文学提供了一个极好的机会。

图伯洛 我的那些书在任何时候都在家里等着我，它们决不会繁忙，但碰上你有闲暇却是我极大的荣幸，尤其在这个政治动荡的时期。

西庇阿 是的，你发现我有空，但这主要是工作上的，而不主要是心灵上的。

---

① 此处原文残缺。
② 指西塞罗把这本书题献给他的那个人。
③ 公元前 129 年。
④ 即小西庇阿，全名普伯里乌·高奈留·西庇阿·艾米利亚努·阿非利加努（Publius Cornelius Scipio Aemilianus Africanus Minor）。
⑤ 拉丁城邦的古代节日，通常庆祝时间为三四天，由执政官颁布公告来确定。

图伯洛 对，让你的心灵也放松下来，这是你的责任。我们很多人都做了准备，就如我们已经决定了的那样，与你一道度过这段闲暇的日子，如果你感到方便的话。

西庇阿 我会感到十分高兴，因为我们终于有机会讨论一些有教益的主题了。

【10】图伯洛 那么好吧，阿非利加努，如我所愿，你邀请了我，并且给我鼓励，那么我们能不能在其他人到达之前先来考察一下元老院接到的有关第二个太阳①的报告是怎么一回事？因为那些人声称看见了两个太阳，他们人数不少，他们的说法也并非不可信，所以我们必须对这一事实做出解释，而不是不信。

西庇阿 我多么希望我们的朋友帕奈提乌②和我们在一起！因为他习惯于对这种天文现象以及其他一些事情进行详细考察。不过，图伯洛，坦率地对你说，我并不完全赞同我们的这位朋友在所有这些事情上的习惯；因为在处理这些事情的时候，我们通过推测无法得到有关这些事情本性的暗示，而他在谈到这些事情时非常确定，就好像能亲眼看见或亲手触及它们似的。我总是认为，苏格拉底③拒绝对这些事情和自然现象发生任何兴趣，从而表现出更大的智慧，因为人类的理智很难揣摩这些事情，这些事情对人生也没有什么重要意义。

图伯洛 阿非利加努，我不明白为什么会有这样的传说，认为苏格拉底拒绝参加这样的讨论，把自己的探讨限制在人生和人的道德。涉及苏格拉底，我们还有比柏拉图④更加可信的权威加以引用吗？在柏拉图著作的许多段落中，苏格拉底在讨论道德、美德，甚至在讨论国家的时候，都清楚地表

---

① 由于空中冰体折射而形成的太阳双影现象，后来被解释为西庇阿凶死的征兆。
② 帕奈提乌（Panaetius），约生于公元前 172 年，斯多亚学派哲学家，小西庇阿之友。
③ 苏格拉底（Socrates），公元前 469 年—前 399 年，古希腊大哲学家，柏拉图的老师。
④ 柏拉图（Plato），公元前 429 年—前 347 年，古希腊大哲学家，苏格拉底的学生，亚里士多德的老师。

明，他希望遵循毕泰戈拉①的方法，把这些主题和算术、几何以及和谐结合起来考虑。

西庇阿 图伯洛，你说得相当正确，但我假定你听说过，苏格拉底死后，柏拉图去外地游历，他首先去埃及学习，后来又去了意大利和西西里，熟悉了毕泰戈拉的那些发现；他花了很多时间与塔壬同的阿尔基塔②和罗克里的蒂迈欧③待在一起，还得到了菲罗劳斯④的笔记。由于毕泰戈拉在那个城邦享有巨大的名望，所以柏拉图尽力与这位老师的学生们交往，研究他们的学说。所以，本着他对苏格拉底特有的热爱，希望把一切都归功于苏格拉底，柏拉图把苏格拉底迷人而又精致的论证与毕泰戈拉在许多知识部门中晦涩而又笨拙的知识融为一体。

【11】讲了这番话以后，西庇阿看到卢西乌斯·富里乌斯·菲鲁斯⑤悄悄地走了过来。西庇阿热情地和他打招呼，拉着他的手把他让到自己的卧榻上。⑥与此同时，后来给我们讲述这场谈话的普伯里乌·鲁提留斯也来了，西庇阿也向他表示问候，把他安排在图伯洛旁边。

菲鲁斯 你们在谈论什么？我希望我们的到来没有打断你们的谈话。

西庇阿 怎么会呢？图伯洛刚刚开始提到一件事，就是前不久你一直感兴趣的问题，至于我们的朋友鲁提留斯，他曾经就这样的主题与我进行过探讨，甚至在努曼提亚⑦城下，我们还在讨论。

菲鲁斯 这个专门的主题是什么？

西庇阿 两个太阳，菲鲁斯，我很想听听你对这个问题的看法。

---

① 毕泰戈拉（Pythagoras），古希腊哲学家，鼎盛年约为公元前530年。

② 阿尔基塔（Archytas），毕泰戈拉学派哲学家，生卒年代不详，约生活在公元前4世纪。

③ 蒂迈欧（Timaeus），毕泰戈拉学派哲学家，约生活在公元前4世纪，柏拉图有一篇对话以他的名字为题。

④ 菲罗劳斯（Philolaus），毕泰戈拉学派哲学家，约生活在公元前5世纪末。

⑤ 卢西乌斯·富里乌斯·菲鲁斯（Lucius Furius Philus），公元前136年的罗马执政官。

⑥ 古罗马人斜躺于卧榻上叙谈和用餐。

⑦ 努曼提亚（Numantia），西班牙中部城市，公元前133年被小西庇阿率军占领。

【12】菲鲁斯还没来得及说话，一名仆人过来禀报说莱利乌斯已经离家，快要到了。西庇阿随即穿上衣服和鞋，离开内室，在柱廊里漫步等候。莱利乌斯到达以后，他向莱利乌斯表示问候，也欢迎那些和莱利乌斯一起来的人。他们是：西庇阿非常喜欢的斯普利乌·姆米乌斯①、盖乌斯·芳尼乌斯②、莱利乌斯的女婿昆图斯·斯卡沃拉③，他们在年轻时得到了良好的教育，现在已经到了适宜担任财务官的年纪④。问候完毕以后，西庇阿在柱廊里转过身来，让莱利乌斯走在中间；他们的友好关系有一条规则，按照这条规则，在外作战时，由于西庇阿的神勇，莱利乌斯对待西庇阿有如神明，而在家里的时候，由于莱利乌斯年长，西庇阿尊敬莱利乌斯有如父亲。他们的到来令西庇阿极为欣慰和快乐；他们一边散步一边谈话，当然了，时值冬季，他们最好还是找个阳光充足的小草坪坐下来。就在他们这样做的时候，玛尼乌斯·玛尼留斯⑤来了，他是个聪明人，很受大家的喜爱。在得到西庇阿和其他人友好的问候以后，他在莱利乌斯身边坐下。

【13】**菲鲁斯**　我看不到有什么理由要因为这些朋友的到来而改变我们谈话的主题，但是我想，我们必须更加仔细地讨论，确保我们的意见值得他们关注。

莱利乌斯　你们在讨论什么？什么样的谈话被我们打断了？

菲鲁斯　很多人说他们看见了两个太阳，西庇阿刚才问我对这件事怎么看？

莱利乌斯　噢，菲鲁斯，你确实认为我们已经完善地获得了有关我们的家庭和国家的知识，因此我们现在要探讨天上发生的事情了，是这样吗？

菲鲁斯　你认为这样的探讨对我们的家庭不重要的吗？我们应当知道天

---

① 斯普利乌·姆米乌斯（Spurius Mummius），斯多亚学派哲学家。

② 盖乌斯·芳尼乌斯（Gaius Fannius），斯多亚学派哲学家，公元前 122 年担任执政官。

③ 昆图斯·斯卡沃拉（Quintus Scaevola），斯多亚学派哲学家，公元前 117 年担任执政官。

④ 约 30 岁。

⑤ 玛尼乌斯·玛尼留斯（Manius Manilius），公元前 149 年担任执政官。

上发生了什么事情，我们建造的城墙并没有包裹我们的家，而整个宇宙才是诸神恩赐给我们与他们共享的家。这样的探讨确实是重要的，尤其是，如果我们对这些事情一无所知，那么我们必定也对其他许多重要事情一无所知。此外，莱利乌斯，仅仅是学习自然，对自然现象进行观察，就能给我带来极大的快乐，肯定也会给你带来极大的快乐，给所有渴求智慧的人带来极大的快乐。

莱利乌斯 我不反对这样的讨论，尤其在今天这样一个节假日。但是，我们是来聆听相关的讨论，还是我们来得太迟了？

菲鲁斯 我们还没有展开讨论，正因为我们还没有开始，所以我很乐意请你，莱利乌斯，告诉我们你对这个主题的看法。

莱利乌斯 正好相反，让我们听听你的想法，除非玛尼留斯认为应当签署一项临时性的法令，在这两个太阳之间进行协调，"让它们可以各自以某种方式共同拥有天空"。

玛尼留斯 莱利乌斯，你还在嘲笑你本人如此精通的这门技艺吗？没有这门技艺，就无人能够知道什么东西属于自己，什么东西不属于自己。然而，这个问题我们可以在晚些时候讨论，现在还是让我们来听听菲鲁斯的意见，我看得出来，人们向菲鲁斯询问的问题比向普伯里乌·穆西乌斯① 和我提出的问题更重要。

【14】菲鲁斯 我要对你们说的事情不是什么新的，也不是我自己想出来的，或是我自己发现的。因为我记得盖乌斯·苏皮西乌·伽卢斯② 在世时发生的一件事，如你所知，伽卢斯学问渊博。当时人们也在传说同样的天象，而他正好在马库斯·马凯鲁斯家里，马凯鲁斯是伽卢斯担任执政官时的同事，他要人取来一个天球仪，这是他的祖父在占领叙拉古时③ 从那个美丽

---

① 普伯里乌·穆西乌斯·斯卡沃拉（Publius Mucius Scaevola），公元前 133 年的执政官。

② 盖乌斯·苏皮西乌·伽卢斯（Gaius Sulpicius Gallus），天文学家、政治家，公元前 169 年任执法官，公元前 166 年任执政官。

③ 公元前 212 年。

富饶的城市带回来的，除此之外，他祖父从那么多战利品中没有把其他任何东西拿回家。由于阿基米德①享有的巨大声望，我经常听人提起这个天球仪，但是当我真的看到它时，我没有看出有什么特别的地方，因为由阿基米德建造的其他一些天球仪也被这位马凯鲁斯放在美德神庙里，那些天球仪更加漂亮，也更加广为人知。伽卢斯开始运用他渊博的知识为人们解释这个仪器，我当时得出结论，这个著名的西西里人②是一个伟大的天才，他的智慧远远超过人们的想象，他的才能决非凡人所拥有。伽鲁斯告诉我们，还有另外一类实心的天球仪，那是早期的发明，最先由米利都的泰勒斯③制造，后来由尼都斯的欧多克索斯④（据说是柏拉图的学生）在上面标上了分布在天穹上的星座和星辰。他还说，很多年后，阿拉图斯⑤在没有任何天文学知识的情况下，仅凭他卓越的诗歌才能，借用了欧多克索斯的整个天体安排，用诗歌叙述了天体分布。但是这类较新的天球仪，他说，刻画了太阳、月亮和五颗行星⑥的运动轨迹，人们把这些星辰称做漫游者，它们显示的内容超过那些实心的天球仪；阿基米德的发明应当得到特别的尊重，因为他想出了一种办法，用一架能够转动的仪器准确地表现天体以不同的速度进行的各种运动。当伽卢斯转动天球仪的时候，月亮总是落后于那架青铜天球仪上的太阳，其落后的圈数恰好与月亮在天穹上落后于太阳的天数相同。就这样，天球仪也会像实际发生的那样出现日食，月亮就在这个时候进入地球的阴影，

---

① 阿基米德（Archimedes），古希腊数学家、科学家，生于公元前287年，公元前212年罗马军队占领叙拉古时遇害。

② 指阿基米德。

③ 泰勒斯（Thales），公元前6世纪希腊哲学家，米利都学派的创始人，希腊七贤之一。

④ 欧多克索斯（Eudoxus），希腊数学家、天文学家、地理学家，大约生活于公元前390年—前340年。

⑤ 阿拉图斯（Aratus），是斯多亚学派哲学家、诗人、星相家，生卒年代约为公元前315年—前240年，主要著作为《天象》（Phoenomena）。西塞罗年轻时曾把它翻译为拉丁文，现存少量残篇。

⑥ 分别指土星（萨图恩）、木星（朱庇特）、火星（玛斯）、水星（墨丘利）、金星（维纳斯）。

而当时太阳……离开那个区域……①

【15】**西庇阿** ……我本人很喜爱这个人，我清楚我的父亲鲍鲁斯也很尊敬这个人。在我很年轻的时候，当时我的父亲是执政官，正在马其顿，我也在军营里和他在一起。我记得，我们的军队受到迷信的困扰，因为在一个晴朗的夜晚，一轮明月突然出现月食。② 伽卢斯当时是军中的副将（大约一年以后他就当选了执政官），第二天，他毫不犹豫地在军营中公开宣布那不是什么奇迹，而是会在固定时间发生的天象，只要太阳处于这样的位置，它的光线不能投射到月亮，这种时候就会发生月食。

图伯洛 你的意思是说，他真的能够说服那些对这种事情比普通农夫知道得略多一点的人，或者说他竟敢在无知者面前说这种事情？

西庇阿 他确实这样做了，而且带着极大的……③

……因为他的讲话没有显示通过展示他的知识实行欺骗的欲望，和一名有着极大尊严的人的性格也没有什么不吻合之处；事实上，他取得了一个非常重要的结果，那些士兵的心灵摆脱了困扰，他们从愚蠢的迷信中得到了解放。

【16】人们也还在谈论一个相似的故事，雅典人和拉栖代蒙人进行激烈的战斗④，这时候太阳突然变得昏暗，黑夜笼罩着大地⑤，雅典人感到极为恐惧；而在其同胞中有着极高威望、雄辩而又睿智的伯里克利⑥ 把他从阿那克萨戈拉⑦那里得来的知识告诉他的同胞，他曾经是阿那克萨戈拉的学生，这种现象发生在确定的时期，遵循不可避免的法则，每当月亮穿越太阳的轨

---

① 此处大约有两页半的缺失。

② 此事发生在公元前 168 年。

③ 此处缺失约 15 行，但主题没有改变。

④ 指伯罗奔尼撒战争（公元前 431 年—前 404 年），拉栖代蒙人（Lacedaemonians），即斯巴达人。

⑤ 这场日食发生于公元前 431 年 8 月。

⑥ 伯里克利（Pericles），公元前 500 年—前 429 年，雅典著名民主派政治家、将军、演说家。在他统治时期，雅典迎来了一个内部繁荣的时代。

⑦ 阿那克萨戈拉（Anaxagoras），约公元前 500 年—前 428 年，希腊自然哲学家。

道，完全处于太阳轨道之下时，就会发生这种事，尽管不是每个新月期都会发生，有些新月期是不会发生的。他讨论了这种现象，对此做了详细的解释，使人们摆脱了恐惧。受月亮的影响，太阳会定期发生日食，这在当时是一个奇怪的、人们不太熟悉的想法，据说米利都的泰勒斯第一个观察到日食。后来连我们的恩尼乌斯也知道了这件事，因为他在罗马建城后第315年① 写道："六月十五日，月亮和黑暗遮蔽了光芒四射的太阳。"②

现在，通过使用恩尼乌斯记载的日期和《大年代记》③ 上的记载，日食的发生一直可以追溯到罗莫洛④ 当政那一年的 7 月 15 日发生的那次日食，我们已经获得了有关日食的精确知识。尽管那个故事说，在日食的黑暗中，大自然裹挟着罗莫洛走向凡人不可避免的终结，然而由于他在人世间的功德，他升入了天堂。

【17】**图伯洛** 阿非利加努，你看到没有，不久前你的看法正好相反……⑤

西庇阿 ……其他人可以看见的事情。还有，一个考察过诸神的王国、知道永恒的意义、知道大地有多么狭小——不仅整个大地多么狭小，而且人居住的部分多么狭小——注意到我们罗马人尽管被限制在一个很小的地方，完全不为世上许多民族所知，但无论如何却希望我们的名字能插上翅膀，直抵大地边缘的人，怎么会把任何人间事务视为高尚、永恒、荣耀的呢？如果有人能够把我们的土地、房屋、牲畜和大量的金银不视为财富，不称为财富，而是看到它们给我们带来的快乐微不足道，它们的用途极为有限，它们的所有权很不确定，并且注意到那些恶人经常大量地拥有它们，那么这样的人该有多么幸运，该受何等的尊重啊！因为只有这样的人才能真正地宣布一

---

① 约公元前 401 年。

② 可能出自恩尼乌斯：《编年史》第 4 卷。

③ 按罗马传统，祭司长负责记录当年发生的重大事件。公元前 131 年祭司长斯卡沃拉对以往记录进行整理，编成 80 卷，称《大年代记》（The Great Annals）。

④ 罗莫洛（Romulus），传说中的罗马建城者，罗马城邦国家的第一位国王。

⑤ 此处大约缺失 15 行。

切事物归他所有，但他依据的不是罗马人民的决定，而是聪明人的决定，不是罗马法规定的义务，而是共同的自然法规定的义务；自然法规定，除非一个人知道如何使用一样东西，否则禁止任何人拥有任何东西；只有这样的人会想到我们的军事指挥权和执政官的职位属于必需的一类事物，而不是欲望的对象，获得它们是为了履行义务，而不是为了谋求利益或荣耀；① 最后，只有这样的人才能用我的祖父阿非利加努曾经说过的话来表彰自己，按照加图的记述，他说他在无为之时决不会有为，他在孤独之时也决不会不孤独。因为有谁能够真的相信，狄奥尼修斯竭尽全力剥夺他的同胞公民的自由，他所做的事情会多于这些公民中的阿基米德，他当时正在制造我们提到过的那架天球仪，显得像是无所事事？谁不相信那些虽然身处拥挤的讲坛，但却不想和任何人交谈的人更加孤独，而其他一些人尽管不在场，但他们要么与自己交谈，要么像我们所说的那样，参加某些最博学的人的集会，在他们的发现和作品中寻找快乐？谁会真的认为有人能比那些不缺乏他的本性所需要的任何东西的人更富裕，或者认为有人能比那些努力获得一切的人更强大，或者认为有人能比那些摆脱了一切心灵困扰的人更幸福，或者如俗话所说，有人能比那些能在翻船时带走他的所有物品的人更安全？还有，什么权力、什么职务、什么王国能比藐视一切人的财产，认为它们低于智慧，从来不对那些不永恒、不神圣的东西进行思考的人所处的状态更加可取？这样的人相信，尽管其他人也可以称做人，但只有那些精通与人性相适应的技艺的人才是真正的人。与此相关，柏拉图的评价，也许是别的什么人说的，在我看来尤其适用。柏拉图在海上航行，一场突如其来的暴风雨把他吹到一处荒无人烟的海滩，他的同伴惊惶失措，因为他们对那个地方一无所知，而他，按照这个故事的说法，却注意到沙滩上有某些几何图形。他马上大声喊道："不要害怕，我看到了凡人的踪迹。"他这个推论的依据显然不是耕作土地留下的痕迹，这些痕迹他当然也会观察到，而是依据知识的标志。由于这些原

---

① 可与柏拉图《国家篇》347b 处做比较。

因，图伯洛，我总是对学问感到愉悦，我总是乐意同有学问的人打交道，我总是对你们追求的学问感到高兴。

【18】**莱利乌斯** 关于这些论证，西庇阿，我不敢说，你，菲鲁斯，或者玛尼留斯……到这样一个程度……①

莱利乌斯 ……我们的这位朋友属于他父亲的家族，值得他仿效，"睿智的埃利乌斯·塞克斯都，一个最聪明的人"，他确实是最聪明、最睿智的，恩尼乌斯这样称呼他，不仅是因为再也找不到这样的人了，而且因为他提出的建议使他的当事人免除了困扰和忧虑。当他提出一些论证反对伽卢斯最喜欢的研究时，他总是引用《伊菲革涅亚》中阿喀琉斯的话："人们凝望苍穹，详察朱庇特的山羊、天蝎和其他星座，却看不到他们脚下的东西。"②

然而同一个人也曾经说过（因为我经常饶有兴趣地听他讲话），巴库维乌斯③的泽苏斯过于敌视教养，而恩尼乌斯的《新托勒密》更对他的胃口，他想要"研究哲学，但要适度，因为他不同意完全实行"④。如果说希腊人醉心研究的学问强烈地吸引了你，那么还有一些学问更加自由，所涉及的范围更加广泛，我们可以用它们来指导我们自己的生活，甚至可以用它们来为国家服务。至于你的那些技艺，即使它们有意义，我们也可以说，它们的价值仅仅在于锻炼或激发年轻人的能力，使他们在学习其他更加重要的事情时比较容易。

【19】**图伯洛** 我并非不同意你的观点，莱利乌斯，但是我想知道你认为更加重要的事情是什么。

莱利乌斯 我当然会告诉你，但你也许会嘲笑我的看法，因为是你在向

---

① 此处大约缺失 15 行。

② 通常认为引自恩尼乌斯的悲剧《伊菲革涅亚》，但引文可疑，可参照柏拉图《泰阿泰德篇》174a。

③ 巴库维乌斯（Pacuvius），约生于公元前 220 年，拉丁悲剧诗人，是拉丁诗人恩尼乌斯的侄儿，全名马库斯·巴库维乌斯（Marcus Pacuvius）。泽苏斯可能是他的戏剧《安提俄帕》（Antiopa）中的人物。

④ 可能引自恩尼乌斯的一部题为《新托勒密》的剧本。

西庇阿询问那些天上的事情。但不管怎么说，我认为那些直接呈现在我们眼前的事物更值得考察。为什么卢西乌斯·鲍鲁斯的孙子①，我们在这里的这位朋友的外甥，一个最高贵的家族和这个最光荣的国家的后裔，正在问怎么能够同时看见两个太阳，而不是问为什么在一个国家里我们几乎要出现两个元老院和两个不同的人民？如你所见，提比略·革拉古②之死，甚至在他死之前，他在担任保民官时的整个行事方式已经把人民分裂成了两个宗派。事实上，西庇阿的诽谤者和敌人，最初由普伯里乌·克拉苏③和阿庇乌斯·克劳狄④带领，甚至直到现在还死死地把持着元老院的一部分，反对麦特鲁斯和普伯里乌·穆西乌斯领导下的你们这部分人；他们不会允许我们在这里的这位朋友，唯一能够做到这一点的人，帮助我们应对当前的危险，尽管我们的同盟者和那些拉丁人起来造我们的反，废除原有的条约，那个三人委员会⑤每天都在策划新的、邪恶的阴谋，而我们的优秀公民处在绝望之中。鉴于这些原因，年轻的先生们，如果你们愿意听我的话，那么你们不会对第二个太阳感到惊讶（因为要么根本没有这种事情发生，或者说有这种事情，因为有人看见了，那么它对我们也没有什么害处；我们要么根本不可能知道这种事情，要么即使我们能够知道，也不会由于有了这样的知识而变得比较好或比较幸福）；至于我们要有一个统一的元老院和人民，这是可能的，我们必须实现这一目标，否则就会有严重的麻烦；我们知道并且看到整个形势还远远不像我们所希望的那样，只有实现这一目标，我们的生活才会更好，更幸福。

---

① 指图伯洛。

② 提比略·革拉古（Tiberius Gracchus），罗马政治家和改革家，公元前133年担任保民官，实施土地改革。

③ 普伯里乌·克拉苏（Publius Crassus），公元前131年任执政官，据说是提比略·革拉古土地法案的起草人之一。

④ 阿庇乌斯·克劳狄（Appius Claudius），公元前143年任执政官，提比略·革拉古的岳父，小西庇阿的反对者。

⑤ 指负责实施土地改革方案的委员会。

【20】**穆西乌斯** 那么，莱利乌斯，为了能够实现你要求我们达到的结果，你认为我们必须获得什么样的知识？

莱利乌斯 那些能够使我们成为对国家有用的人的技艺的知识，我认为这是智慧的最高功能、德性的最高义务，以及拥有德性的最佳证明。因此，为了使这些假日可以用来讨论那些超过其他主题对国家最有用的主题，让我们请西庇阿告诉我们，他认为哪一种政体是最好的。然后我们会考察其他主题，我希望，这些讨论可以引导我们考虑当前的形势，理解当前摆在我们面前的问题。

【21】菲鲁斯、玛尼留斯、姆米乌斯表达了他们对这一建议的热烈赞同，这时候……①

……因此，如果你们乐意，把你们的谈话内容从天上转到那些离我们比较近的事情……

莱利乌斯 ……我想这样做，不仅是因为让最杰出的政治家来谈论国家比较合适，而且是因为我想起你曾经非常频繁地在波里比乌②的陪伴下与帕奈提乌讨论这个主题——这两位希腊人可能是最精通政治的人——你收集了许多证据来证明由我们的祖先传给我们的政体是迄今为止最好的政体。现在，由于你比其他人参与这一讨论更有准备，要是我可以代表其他人说话，请你帮助我们，把你对国家的看法讲出来。

【22】**西庇阿** 莱利乌斯，我确实不能断定我对其他主题的兴趣和精心思考超过你现在指定给我的这个主题。还有，我注意到每个手艺人的思想和努力都有一个目的，他如果精通这门技艺，那么除了改善他自己的这门手艺中的技能，他没有其他目的；鉴于我的父母和祖先把保护和管理国家的技艺作为我唯一的学习任务传给我，如果我对这门最高技艺付出的劳动少于他们在那些较为低下的技艺中付出的劳动，那么我难道不应当承认我比其他手艺

---

① 此处大约缺失 15 行。

② 波里比乌（Polybius），希腊贵族，公元前 168 年作为希腊人质来到罗马，成为小西庇阿的好友，撰写《历史》40 卷。

人懒惰？我对那些最伟大、最聪明的希腊人留给我们的涉及这个主题的著作不满意，但我也不敢大胆地说我的意见就比他们高明。因此，我请你们在听讲的时候，既不要把我当做一个对希腊人的权威观点一无所知的人，又不要把我当做一个认为他们的观点比我们自己的观点卓越的人，尤其是在这个主题上，而要把我当做一个由于我父亲的用心而受过广泛教育，从小便充满强烈的求知欲望，通过自己的经验和家庭教训所获取的知识远远超过从书本中所获得的知识的罗马人。

【23】菲鲁斯　我以赫丘利的名义起誓，西庇阿，我相信没有哪个人的内在潜力能够超过你，你在政治统治这个最高领域中的经验是其他人绝对无法超越的；我们也还明白你一直在努力学习。因此，如你所说，如果你关注过这门科学，或者关注过这门技艺，称它为技艺也是可以的，那么我要衷心感谢莱利乌斯；我希望你给我们讲的内容比那些希腊人的文章中包含的内容更为合适。

西庇阿　你对我要说的内容期望很高——对一个要讨论这些重要事情的人来说，这是一个沉重的负担。

菲鲁斯　无论我们的期待有多大，你通常都能超越；你讨论像国家这样的主题，决不会缺少辞令。

【24】西庇阿　只要能做到，我会如你所愿马上开始讨论；我想，为了避免混淆，我必须遵循讨论问题时必须遵守的规则；也就是说，如果确定了主题的名称，那么首先应当解释这个主题的名称的意义。在对名称的意义没有取得一致看法之前，无法开始实际的讨论；除非事先准确地理解这个事物本身是什么，否则就绝无可能理解要讨论的事物的性质。因此，由于我们要考察的主题是国家，让我们首先准确地想一下我们要考察的这个对象是什么。

（莱利乌斯对此表示赞同，西庇阿接着往下说。）

西庇阿　当然了，讨论一个人们如此熟悉、众所周知的论题，我不会像那些博学者在处理这个主题时通常会做的那样，费尽心机一直追溯到它的最初起源，从男女两性的结合、生育后代、亲属关系说起；我也不会重复人们在讨论这个主题时提出过多少定义，国家的存在有多少种形式，国家有哪些其他不同的名称。正在听我讲话的人都是有理智的，都参与过管理这个最伟大的国家，起过很好的作用，无论是在野外还是在家里，所以我不会允许自己对这个主题的讨论比讨论本身更清楚。① 我接受的任务不是对这个论题进行绝对完善的考察，像一名学校里的教师可能会做的那样，我也不许诺我的讨论不会遗漏任何要点。

莱利乌斯　在我看来，我期待的讨论正是你说要进行的这一种。

【25】**西庇阿**　那么好吧，国家是人民的事业，但人民不是某种随意聚集在一起的人的集合体，而是大量的民众基于法的一致和利益的共同而结合起来的联合体。这种联合的首要原因主要不在于个人的软弱，而在于人生来就有的某种社会性。因为人不是独处的、非社会性的动物，而是人生来就有这样一种性质，即使处在繁荣昌盛的状况下，［他也不愿意孤立于他的同胞。］……②

……散居和到处流浪的人们通过相互达成协议而在很短的时期内形成一个公民的团体……

【26】……某些种子，我们可以这样称呼它们，因为我们找不到其他德行的源头，也发现不了国家本身的起源。因此，由于我已经提到过的这个原因，这样的一个人的联合体在某个确定的地点建立，最初是为了提供住处；这个地方的地理条件要便于构筑堡垒，他们把这样的聚居地称做镇或城，还修建了神庙和集会场所作为公共财产。因此，其数量之众有如我描述的那样的人民、作为人民有序地定居的地方的每一个城市、如我所说是"人民的事业"的每一个国家要想永久，必定要由某个审议性的组织来统治。首先，这个审议性组织的起源必定与国家本身产生的原因相同。其次，这一功能必定

———————————

① 西塞罗这句话的意思可能是：由于国家的本性对我当前的听众来说，实际上相当清楚，所以我不会用那些晦涩的定义来把讨论弄得模糊不清。

② 此处大约缺失 15 行。

赋予一个人，或者赋予某些挑选出来的公民，或者必须假定要由全体公民来发挥。所以，最高权力掌握在一个人手中时，我们称这个人为国王，这种国家的政体是王政。最高权力由一些挑选出来的公民掌握时，我们说这个国家由最优秀的人（贵族）统治。但是当所有权力掌握在人民手中时，就有了一个人民的政府（人们就是这么称呼它）。这三种政体中的任何一种（只要能使公民们在国家的合作关系中联系紧密）虽然不是完善的，或者在我看来不是最好的，但它们都是可容忍的，尽管其中的一种政体可以比其他政体优越。因为，一位公正而又贤明的国王也好，一些挑选出来的主要公民也好，甚至人民本身，尽管由全体人民组成的政府是最不值得称赞的政体类型，但无论如何，似乎都能组成一个稳定的政府，只要没有非正义的成分或贪婪渗入其中。

【27】但是，在王政中，臣民们在司法和审议中的参与太少；在贵族政体中，民众很难享有他们拥有的那份权力，因为他们完全被排除在国家事务的审议和权力之外；当一切权力掌握在人民手中时，即使他们公正而又有节制地行使权力，然而这种结果的平等本身是不平等的，因为它不允许有等级差别。因此，尽管波斯人的居鲁士是最公正、最聪明的国王，但在我看来这种政体并非最可取的，因为在这种政体下"人民的事业"（如我所说，这正是所谓的国家）由一个人管理，他可以任意点头表达自己的意见；尽管现今处在我们保护之下的玛西里亚人由挑选出来的最主要的公民公正地统治着，但这种情形对人民来说，无论如何都有几分像是奴隶制；尽管雅典人在剥夺了战神山①的权力以后的某些时期，由全体人民做决定和颁布法令，成功地处理了所有公共事务，但由于缺乏等级上的明确差别，他们的国家没有能够保持它显赫的声望。

【28】我现在正在谈论的这三种政体不是它们混杂在一起时的政体，而

① 战神山（Areopagus），亦译阿雷奥帕古斯山，雅典城邦国家最高权力机构"长老会议"所在地，最初由担任过执政官的贵族组成，到后来只拥有刑事审判权。

是还保持着各自相关的特性。首先，它们各自都有我已经提到过的缺陷，此外还要承受其他危险的后果，因为它们中的每一种都在沿着一条陡峭的道路滑向与它相邻的某种堕落的政体。居鲁士国王（把他当做好榜样来引用）尚可忍受，或者要是你们喜欢，可以说他令人喜爱，在他的身上隐藏着极端残忍的法拉利斯①，迫使他的性格朝着专横的方向变化，因为实行绝对统治的个人很容易迅速蜕化为法拉利斯这样的暴君。玛西里亚人的优秀政府由一些主要的公民管理，与它最接近的是曾经统治雅典的、由各个派别结合在一起的三十僭主。② 至于雅典人民的绝对权力——在这里我们无须再去寻找其他人民政府的范例——当它变成民众的疯狂和放纵时……③

【29】……还有其他一些政体会从我上面提到的那些政体中产生，然而更值得注意的是政体之间会定期发生循环和更替。聪明人应当熟悉这些变化，而这种变化对伟大的公民提出的要求是，要拥有几近于神的预见变化的能力，在掌握政权时如果遇到威胁，他要能控制政府，掌握政权发展的方向。因此，我认为第四种政体特别值得称道——这种政体由我在前面首先提到的三种政体良好地混合而成。

【30】 **莱利乌斯** 阿非利加努，我知道这是你的看法，因为我经常听你这样说。但不管怎么说，如果不会给你带来太多麻烦，我想知道你认为你已经讲过的三种政体中哪一种最好。因为这可能有助于我们理解……④

【31】 **西庇阿** ……每个国家都会有它的统治者那样的性格，并且会表现出来。因此自由在任何国家都没有地位，除非在一个人民拥有最大权力的国家；确实没有什么东西能比自由更甜蜜，但若不是所有人都具有同样的自由，那么它根本配不上自由的名字。那么自由怎么能够对所有人都相同呢？

---

① 法拉利斯（Phalaris），公元前 6 世纪中期西西里阿格里根图（Agrigentum）城邦的僭主，施行暴政，曾铸造一空心铜牛烤活人，后成为残暴的代名词。

② 即公元前 404 年—前 403 年在雅典执政的所谓"三十僭主"，这个政权由斯巴达扶持。

③ 此处大约缺失 15 行。

④ 此处大约缺失 15 行。接下去西庇阿显然是在讲述一般的观点，在王政或贵族政体中不可能有自由。

我不说王权，在这样的国家里臣民们所受的奴役是确凿无疑的，甚至连表面上人人都自由的国家也是这样。我指的是人民投票选举统帅和官员的国家，人民可以为自己拉选票，人民接受各种提案，但他们批准的只是他们不得不批准的提案，哪怕他们不愿意这样做，他们接到各种要求，要把连他们自己都不拥有的东西赋予他人。他们没有统治权，不能发挥审议的功能，在由选举产生的法官主持的法庭上也没有权力，因为这些特权按照出身或财富来授予。但在自由的人民中，比如罗得岛人或雅典人，没有一个公民［不能担任公职，不能在统治中发挥积极作用。］……①

【32】……［我们的权威］说，当民众中有一个人或一些人比较富有或比较成功时，那么由于他们的狂妄和傲慢，就会产生［一个人的统治或一些人的统治］，胆怯和软弱的人屈服于傲慢的富人。如果人民想要保持他们的权利，那么他们会说，以自由或幸福为标准，没有比这更好的政体了，因为他们认为自己应当是法律与法庭、战争与和平、国际条约、每个公民的生命与财产的主人；他们相信，只有这种统治才能正确地被称做国家，亦即"人民的事业"。由于这个原因，他们说，"人民的事业"经常从国王或元老们的控制下摆脱出来，而自由的人民并不寻求国王或贵族的权力和财富。他们确实宣布，一定不能由于不受约束的民众的过激行为而完全拒斥这种自由的人民政体，因为按照他们的说法，一旦掌握了主权的人民充满和谐的精神，以他们自己的安全和自由为标准检验一切措施，那么没有比这种政体变化更小，或更稳定的政体了。他们坚持说，在全体人民利益一致的国家里很容易达到和谐，不和谐的根源在于利益冲突，在于对不同的公民采取不同的对待。因此他们认为，当元老院至高无上的时候，国家决不会有稳定的统治，而在王国中这样的稳定更难达到，如恩尼乌斯所说，在王国中"没有神圣的合作，也没有荣誉"②。因此，由于法律是联系公民团

---

① 此处大约缺失 15 行。下面西庇阿显然是在继续总结对民主政治有利的论据。
② 出处不详。

体的纽带，通过法律实施的正义对所有人相同，所以，如果公民中没有平等，那么什么样的正义能够使公民团结在一起？如果我们不同意平均人们的财富，而人们的内在能力又不可能平等，那么至少同一国家的公民拥有的法律权利要平等。因为，国家如果不是公正的团体或合作关系，又能是什么呢？……①

【33】……他们确实认为其他各种国家根本无权使用它们僭用的名称。我为什么要把国王这个最优秀的朱庇特的称号给予一个贪婪地追求个人权力和绝对权威的人，一个统治和压迫人民的人？我难道不应当称他为僭主？僭主可以是仁慈的，也可以是残暴的，所以被他们统治的民众间的唯一差别就是：当一名仁慈的主人的奴隶，或是当一名暴戾的主人的奴隶，但不管属于哪一种情况，臣民必定是奴隶。斯巴达的体制训导了人民的生活方式，因此人们认为斯巴达的政体是优秀的，然而一个人，无论他是什么样的人，只要他出身于王族，人民就不得不接受他为国王，那么斯巴达怎么能够保证总是拥有善良和正义的国王呢？至于贵族，谁能容忍这些人在没有得到人民许可的情况下，仅仅凭着他们自己的意愿就宣布自己拥有贵族的头衔？凭什么可以被判定一个人是"最优秀的"？凭他的知识、技艺、学问，[以及其他类似的品质，而不是凭他自己想要拥有这个称号的愿望！] ……②

【34】……如果［国家把挑选统治者的事］留给偶然性，③ 那么它很快就会覆灭，就好像一艘船由乘客抽签选择舵手。然而，自由的人民想要选择可以把自己的幸福托付给他们的人，他们想要获得安全，所以他们会选择最优秀的人。因此，国家的安全必定取决于它的最优秀的人的智慧，尤其是，自然本身不仅使这些人的德性优良，让他们在精神上统治弱者，而且也使弱者愿意服从强者。

---

① 此处大约缺失 15 行，主题未变。

② 此处大约缺失 15 行，西庇阿在其中批判那些为民主政体辩护的论证，陈述那些关于贵族政体的论证。

③ 亦即通过抽签来决定统治者，如雅典所实行过的那样。

　　但是他们声称，有人抱着错误的观念拒斥这种理想的国家政体，这些人由于对德性一无所知——正如只有很少的人拥有美德，所以只有很少的人能区别和接受美德——于是认为所谓最优秀的人就是那些富有的成功人士，或者出身显赫家庭的人。按照一般民众的这种错误观念，国家开始由少数富人统治，而不是由一些拥有美德的人来统治，在这种时候，这些统治者会努力保持"最优秀"这个称号，尽管他们实际上并不具有这种品质。他们缺乏智慧和知识，不知如何生活和统治别人，这时候他们的财富、名声和权力充满了可耻和蛮横的傲慢，把最富有的人当做最优秀的人，没有比这更加堕落的国家类型了。但是，什么样的统治能比依据美德实施的统治更加高尚？因为统治其他人的人本身不是任何欲望的奴隶，而且已经在训练和召集同胞时为他本人获得了所有这些品质。这样的人不会把他本人不服从的法律强加在人民头上，而会把他自己的生活摆在他的同胞面前，作为他们的法律。如果具有这种品性的某个个人能够恰当地统治国家中的一切，那么就不需要一个以上的统治者；如果作为一个团体的公民能够明白什么是最优秀的，能对此取得一致意见，那么没有人会想要一个通过选举产生的统治者群体。人民会把权力从国王手中转移到一些人手中，要制定相关政策非常困难，人民大会也会邪恶地、仓促地把权力从多数人手中转移到少数人手中。因此，贵族政体在一个统治者的软弱和许多统治者的仓促之间拥有一个最有节制的居间地位；在一个由一些最优秀的人统治的国家里，公民必定享有最大的幸福，他们可以摆脱一切记挂和焦虑；他们一旦把保持他们的安定生活的重任托付给其他人，这些人的义务就是警惕地保卫它，决不允许人民认为他们的利益被他们的统治者所忽视。人们发现，自由的人民拥有的平等合法权利不可能维持（因为人民本身，尽管是自由的、不受约束的，但由于把许多专门的权力赋予许多个人，也把荣誉授予他们，因此在他们中间形成很大的差别），所谓的平等实际上是最不平等的。把同样的荣誉授予地位最高的人和地位最低的人——每个国家都必定存在这两种类型的人——这种"公平"是最不公平的；而在由最优秀的公民统治的国家里不会发生这种事情。莱利乌斯，这些论证以及其他相似的论证非常接近认为这种政体是最佳政体的人提出的论证。

【35】**莱利乌斯** 你自己怎么看，西庇阿？你认为这三种政体中哪一种最好？

西庇阿 你问我这三种政体形式中我认为哪一种最好，这个问题问得好，因为我对单独使用其中的任何一种都不赞赏，而是认为由这三种政体混合而成的政体比它们中的任何一种都要好。但若我必须选择一种不混合的政体，[那么我会选择]王权……国王的名字对我们来说就像父亲，臣民就像国王自己的子女，国王渴望给他们提供保护……通过一个最有美德、最优秀的人的照料来维持。但是贵族宣称他们可以更加有效地做到这一点，几个人的意见比一个人的意见拥有更多的智慧，也会拥有同样的公平和审慎。也有人大声呐喊，他们既不愿服从一个人，也不愿服从一些人，世上没有比自由更加甜蜜的东西了，甚至对野兽来说也是如此，无论服从一位国王，还是服从一些贵族，被剥夺了自由的所有人都是奴隶。国王利用我们对他的热爱来吸引我们，贵族用他们的智慧吸引我们，人民的政体用它们的自由来吸引我们，所以通过比较，很难说明一个人倾向于哪一种政体。

莱利乌斯 你说得没错，但这样一来，如果你在得出结论之前就放弃比较，也就几乎不可能处理后续问题了。

【36】**西庇阿** 那就让我们模仿阿拉图斯，他在开始处理崇高的主题时，认为自己必须赞扬朱庇特。①

莱利乌斯 赞扬朱庇特？阿拉图斯的诗歌和我们当前的讨论有什么相似的地方？

西庇阿 仅在一点上相同，每一个人，无论有学问还是没学问，都承认只有这位神是所有神灵和凡人的王，我们的讨论可以从这一点开始。

莱利乌斯 为什么？

---

① 参见本文第14章。

西庇阿　除了摆在你眼前的这个理由，你为什么就不能想象一下呢？相信天上有一位国王，他只要一点头，就能移动整个奥林波斯山，如荷马所说，[①] 他是一切之王和一切之父，这种观点也许是国家的统治者们提出来的，因为它在实际生活中有用；对此我们有很好的先例，有许多证人提供的证据——如果所有也可以称做"许多"的话——事实上，这些民族同意（亦即由他们的统治者决定）没有什么能比一位国王更好，因为他们相信所有神灵都接受一位神的权威统治。但是另一方面，如果我们相信这些信仰起源于那些无知者的错误观念，可以算做寓言，那么让我们听一听那些可以称做教师的有学问的人的话，如我们所说，这些人用自己的眼睛看到了我们用自己的耳朵听到以后才略有所知的事情。

莱利乌斯　这些人是什么人？

西庇阿　他们是研究一切事物本性的人，他们终于明白整个宇宙由［一个］心灵［统治］……[②]

【37】西庇阿　……但若你喜欢，莱利乌斯，我可以为你举证，我的这些证人生活年代不太古老，他们也决非野蛮人。

莱利乌斯　我希望的就是这样的证人。

西庇阿　你明白这座城市经由国王建立以后，至今还不足四百年吗？

莱利乌斯　肯定不到四百年。

西庇阿　那么好，四百年对一个城市或国家来说肯定不算太长，是吗？

莱利乌斯　还不够它成年。

西庇阿　那么，不到四百年以前，在罗马有一位国王，对吗？

莱利乌斯　对，一位骄傲的国王。[③]

西庇阿　在他前面的那一位呢？

---

① 参见荷马：《伊利亚特》第 1 卷，第 527—530 行。

② 此处大约缺失 30 行。接下去西庇阿从希腊哲学中引用了一些有利于王政的论证。

③ 塔奎纽斯·苏泊布斯（Tarquinius Superbus），罗马王政时代的第七位，也是最后一位国王，约公元前 534 年—前 519 年当政。

莱利乌斯 一位非常公正的国王 [①]，由此可以一直追溯到罗莫洛，他在位的时间是六百年以前。

西庇阿 即使是他，离我们也不是非常遥远？

莱利乌斯 不远，因为希腊在他那个时候已经接近老年。

西庇阿 那么请你告诉我，罗莫洛是一位蛮族人的国王吗？

莱利乌斯 如果按照希腊人的说法，一切人要么是希腊人，要么是蛮族人，那么我得说他是蛮族人；但若蛮族人这个名字应当按照人的品性来使用，而不是按照他们所讲的语言来使用，那么我不认为罗马人比希腊人野蛮。

西庇阿 然而，为了我们当前讨论的主题，我们只考虑品性，不考虑种族。如果他们是有理智的人，生活在一个不十分遥远的时代，希望由国王来统治，那么我提供的证人既非年代久远，又非不文明的野蛮人。

【38】莱利乌斯 我明白你有大量的证人，西庇阿，但对我来说，就像对任何好法官一样，论证比证人提供的证据更令人信服。

西庇阿 那么好吧，莱利乌斯，从你自己的情感出发使用一下论证吧。

莱利乌斯 什么情感？

西庇阿 你可能有过的情感，你有时候对人发过火。

莱利乌斯 有过，比我希望得还要频繁。

西庇阿 好吧，当你生气的时候，你会允许你的愤怒支配你的心灵吗？

莱利乌斯 肯定不会，但我会模仿那位著名的塔壬同的阿尔基塔，他去乡下的庄园，发现他的所有命令都没有被服从，于是就对他的管家说："你犯了大错，你这个可怜的家伙，要是我不愤怒，我会在愤怒之前就用鞭子把你打死！"

西庇阿 说得好！阿尔基塔显然把愤怒视为心灵中的某种叛逆，与冷静

---

① 塞维乌斯·图利乌斯（Servius Tullius），罗马第六位国王，约公元前 578 年—前 535 年当政。

的判断相悖，希望用理性来克制愤怒。我们可以进一步以邪恶、追求权力和荣耀的贪婪、情欲为例；你明白，如果人的心灵中有某种王权，那么必定要有某种单一的支配因素，这就是理性（因为理性是心灵最优秀的部分），如果理性居于支配地位，就不会给情欲、愤怒、仓促的行动留下余地。

莱利乌斯　说得对。

西庇阿　那么好吧，你赞同处于这种支配下的心灵吗？

莱利乌斯　没有比这更好的了。

西庇阿　那么，要是理性失去支配权，我们无数的情欲，或者我们的愤怒，获得完全的支配权，你不会表示赞同吧？

莱利乌斯　我会认为没有比这样的心灵或者拥有这种心灵的人更可悲的了。

西庇阿　那么你认为心灵应当是一个王国，它的所有部分都要由理性来统治？

莱利乌斯　我确实这么认为。

西庇阿　既然如此，你怎么会对你有关国家的结论表示怀疑呢？如果把国家的统治权赋予不止一个人，那么你会看到没有任何发号施令的权威，因为除非这样的权威是唯一的，否则它就一钱不值。

【39】莱利乌斯　但是，让我来问你，如果许多人都拥有正义，一与多又有什么区别？

西庇阿　我明白了，我的举证没有对你产生多少影响，所以为了证明我的观点，我要请你做我的证人。

莱利乌斯　我当你的证人？以什么方式？

西庇阿　前不久，当我们在福米埃的时候，我注意到你在你的庄园里给你手下的人下死命令，要他们只服从一个人的指挥。

莱利乌斯　没错，当然了，我要他们服从我的管家。

西庇阿　你在城里的住宅怎么样？有几个人在那里管事吗？

莱利乌斯　当然没有，只有一个。

西庇阿　统治你整个家的人只有你自己，没有别人，是吗？

莱利乌斯　是。

西庇阿　那么你为什么不承认国家也是这样，由一个人来统治是最好的，只要他是正义的？

莱利乌斯　我几乎要被迫同意你的观点了。

【40】西庇阿　你会更加乐意赞同我的观点，莱利乌斯，如果我省略船和病人的比喻，①说让一位舵手来掌舵，让一个医生来看病，只要他们熟悉他们的本行，而是继续提供更加重要的例证。

莱利乌斯　什么例证？

西庇阿　你难道不明白，正是由于塔奎纽斯这一个人的粗暴和骄傲，国王这个头衔才在我们的人民中间引起憎恶？

莱利乌斯　我当然明白。

西庇阿　那么你也明白我原来打算在讨论中详细阐述的事实：塔奎纽斯被逐以后，人民表现出一种奇怪的方式，欢庆他们还不太习惯的自由，后来就有一些无辜的人遭到流放，许多公民的财产遭到抢劫，设立了任期一年的执政官制度，束棒②在人民面前放倒，各种案件都可以上诉，平民不断地撤离城市，③简言之，人民几乎在所有事情上都拥有了全权。

莱利乌斯　你说得很对。

西庇阿　是的，一般说来，在和平、安全的时期，只要没有什么东西可以恐惧了，人就有可能为所欲为；比如，在一条船上，或者在生了小病的时候，人经常会这样。但是正如航海者在大海突然波涛汹涌的时候，以及在小病开始变得严重的时候，人们都会向一个人寻求帮助，所以我们的人民，和平时期坐在家中发号施令，甚至威胁他们的行政官员，拒绝服从他们的命

---

① 这样的比喻在柏拉图那里使用得很普遍，参见柏拉图《政治家篇》298—299。

② 一束木棒再加上斧子象征着最高的行政权力。执政官出巡时，束棒由侍从官举着，而在参加人民大会时，束棒要放倒。

③ 罗马平民把撤离罗马作为争取自己权利的一种手段。

令，不断地申诉，而在战争时期就像服从国王一样服从他们的统治者；因为安全的需要压倒了任性。确实，在更加严重的战争时刻，我们的人民宁可把一切权力授予一个人，而不会给他派一位同事。① 这个人的头衔表明了他的权力的性质；因为尽管一般称他为"独裁者"，这个词来源于他被"提名"②这一事实，然而你知道，在我们的书中，③ 他被称做"人民之主"。

莱利乌斯 我知道。

西庇阿 因此，古人们明智地……④

【41】……确实，由于失去了一位公正的国王，人民成了孤儿，这时候如恩尼乌斯所说："一位好国王离世而去，多日里他们的胸中充满悲伤；他们在悲伤中说道：啊，罗莫洛，神圣的罗莫洛；你是我们祖国的坚强堡垒；上苍应我们的要求派你下凡；啊，陛下，啊，父亲，啊，诸神的血统！"他们把他们按照法律要服从的这些人既不称做"主人"或"主"，也不称做"国王"，而是称做"祖国的卫士"、"父亲"、"诸神"；这样说并非没有理由，因为下一行是怎么说的："你领导人民进入光明的世界。"⑤ 他们认为生命、荣誉和荣耀是由他们公正的国王赋予他们的。如果王权的这种真正形象仍旧能够保持，那么在他们的后代中同样也会保持这种对待国王的善意；但是如你所知，只是由于一个人的不义，整个政体被推翻了。

莱利乌斯 我知道，我急于了解政体的这种变化过程，不仅是在我们自己的国家里，而且也在其他所有国家。

【42】**西庇阿** 当我提出我认为最好的政体时，我必须详细谈到国家的变化，尽管我认为我心中所想的这种变化不会轻易发生。首要的、最确定的变化发生在王政中；当国王变得不义时，这种政体马上就会终结，国王已经

---

① 指设立独裁官，任期 6 个月。

② 西塞罗认为"独裁官"（dictator）一词根源于"dico"（任命，提名）。

③ 指占卜官的记载。

④ 此处大约缺失 15 行。

⑤ 引文可能出自恩尼乌斯《编年史》第 1 卷。

成了僭主。这是一种最糟的统治，尽管它与最好的统治有着密切的联系。如果像通常发生的那样，最优秀的人起来推翻国王，那么国家就进入它的三阶段中的第二阶段；这种政体与王权相似，只是由一些杰出人士组成元老院，为人民提供福利。如果人民自己杀死或驱逐了僭主，只要他们聪明和谨慎，那么他们的统治会相当有节制；由于对自己的政绩感到满意，他们努力维护自己建立的政府。如果人民造反，反抗一位正义的国王，剥夺他的王国，或者如同更为频繁地发生的那样，喝贵族的血，把整个国家置于他们自己的贪欲之下（莱利乌斯，不要想象有任何大海或火灾，抑制它们竟然会比制约掌握了非比寻常的权力而放纵无度的民众更难），那么我们便有了柏拉图绝妙地描述过的一种状况，我能用拉丁文再现他的描述，这样做虽然很难，但我会尝试一下。①

【43】柏拉图说："当人民难以满足的喉咙因渴望自由而干涸，并且由于司酒者的愚蠢，他们喝的不是经过适度调制的自由，而是完全没有掺和过的自由时，除非行政官员和身居高位的人特别温和与迁就，给予他们充分的自由，否则人民就会迫害他们，指控他们，谴责他们，把他们称做暴君、国王、僭主。"我想，你熟悉这段话。

莱利乌斯 我很熟悉。

西庇阿 柏拉图继续说："那些追随杰出公民领导的人受到这种人民的迫害，被称做自愿的奴隶；而那些尽管担任公职，却试图像个别公民那样行事的人，以及那些试图摧毁个别公民和行政官员之间的一切区别的人，却被吹上天，得到崇高的荣誉。在这样的国家里必然会到处充满自由，乃至于不仅在家里没有主人，而且无序的状态甚至延伸到牲畜身上，最终父亲害怕儿子，儿子蔑视父亲，一切羞耻感消失，一切都绝对自由，公民和外邦人之间没有区别；老师害怕和奉承学生；年轻人故作老成持重，老年人弯腰去做年

---

① 柏拉图：《国家篇》562c—563e。西塞罗下面引用柏拉图的话是简要的复述，而不是翻译。

轻人的游戏，因为他们担心被年轻人厌恶，或显得过于严肃。在这样的情况下，甚至奴隶也享有不应有的自由，妻子与丈夫享有同等的权利，甚至狗、马、驴也自由地奔跑，人在大街上也要为它们让路。"他得出结论说："因此，这种毫无约束的放纵的最终结果就是公民们的心灵变得如此容易受惊和敏感，哪怕行使最小限度的权威，他们也会变得愤怒和无法忍受。他们也从此轻视法律，最终变得完全没有任何主人。"

【44】莱利乌斯 你非常准确地转述了他的话。

西庇阿 好吧，现在转回到我自己的谈话风格上来。柏拉图还说，僭主产生并生长于这种被这样的人民称做自由的放纵之中，就像从根部长出来一样。正如贵族手中掌握着过分的权力导致贵族政体被推翻，所以自由本身也使拥有它的人民处于奴役之中。但凡过分的东西——比如在天气、田野、人体、过分有利的条件中——事情通常都会走向反面；这在国家中尤其正确，国家的或个人的过分自由都会转变为过分的奴役。这种过分的自由产生了僭主，以及极端的不正义和僭主的残暴奴役。那些不接受统治，或者倒不如说，那些不驯服的民众，通常会选出某个人当领袖，反抗那些已经受到迫害，被剥夺了领导权的杰出公民——这个人胆大妄为，邪恶堕落，经常无耻地骚扰有功于国家的人，为了能够赢得人民的青睐，他甚至把别人的财产以及自己的财产赐给他们。对于这样一个人，当他还是个普通公民时人们就有很多理由害怕他，然后他又不断得到官方的权力，还不断更新，又有武装的卫士保护他，就好像雅典的庇西特拉图①；最后他以僭主的面貌出现在推举他掌握权力的那些人面前。如果比较优秀的公民推翻了这样的僭主，这种事经常发生，那么国家就得到重建；但若一群更加胆大妄为的人这样做，那么我们就有了寡头政体，但它只是另外一种僭主政体。当某些坏影响使优秀公民偏离正道时，同样的政体也会从贵族的卓越统治中产生。就这样，国家的统治权像一个球，从国王手中被僭主夺走，从僭主手中被贵族或人民夺走，

① 庇西特拉图（Pisistratus），雅典僭主，公元前 560 年掌权。

又从他们手中被寡头集团或僭主夺走，所以一种政体不可能长久维持。

【45】鉴于上述情况，在我看来，王政在这三种最初的政体中是最优越的，但有一种由三种良好的单一政体恰当、均衡地结合而成的政体，会比王政更可取。因为国家中要有一种最高的、王家的成分，也必须把某些权力赋予杰出的公民，还有某些事情则可留给民众判决，以满足他们的愿望。首先，这样的体制提供了一种高度的平等，如果缺少平等，自由的人民在任何时候都难以接受。其次，这种体制具有稳定性。因为已经提到过的那几种政体很容易蜕变为相应的病态的政体，国王被暴君取代，贵族被寡头集团取代，人民变成不要任何政府的暴民；当这些政体频繁地改变为新政体时，混合的、恰当的平衡的体制通常不会发生这种情况，除非统治阶级犯下重大过失。当每一个公民都牢固地拥有他自己的地位的时候，这种体制没有理由发生变化，在它之下也没有一种邪恶的体制使它可以向着那个方向蜕变。

【46】但是，莱利乌斯，还有你们，我亲爱的博学的朋友们，我担心你们会这样想，要是我在这个主题的这个方面花费更多的时间，我的讨论会变得像是一位老师的讲话，而不仅仅是一个在你们的陪伴下思考这些事情的人的讲话。因此，我要转入一个大家都熟悉的论题，我们前不久还讨论过。因为我信服，我相信，我宣布，没有其他任何政体可以和我们的祖先从他们的前辈那里继承下来并传递给我们的政体相比，无论就它的基本性质和权力分配而言，还是就它所给予的训练而言。因此，如果你们不反对——由于你们希望听我讨论一些你们已经熟悉的事情——我会解释这种体制的性质，说明它为什么是最优秀的；以我们自己的政府作为我的样板，要是能做到的话，我会把我有关理想国家必须说的一切都装进去。如果我能保持这种意图并贯彻到底，那么在我看来，莱利乌斯强加给我的任务就能圆满地完成。

【47】莱利乌斯 这项任务是你的，西庇阿，它确实只属于你；因为有谁能比你更有资格谈论我们祖先的体制，你本人就是那些最出名的祖先的后裔？或者说，有谁能更好地谈论理想的国家，因为如果我们要拥有这样的体制（当前肯定不是这种情况），有谁能比你更好地对它进行管理？或者说，

当你已经把我们的城市从两大威胁①下解放出来的时候，有谁能比你更有资格谈论未来？

[第一卷残篇]

（1）……也不是为了学识渊博的人。我毫不介意玛尼乌斯·波西乌斯是否要读这些话，但是让朱尼乌斯·康古斯通读一下。（普林尼：《自然史》序言，第7节）

（2）既然我们的祖国创造了更多的福利，比我们的生身父亲更古老，因此我们对它的感恩必定大于对父亲的感谢。(诺尼乌斯：《学说精要》第426页，第9节）②

（3）没有良好的议事机构和严格的训练，迦太基也不可能如此强大和兴盛达六百年之久。（诺尼乌斯：《学说精要》第526页，第5节）

（4）……他说，我肯定熟悉你们的习惯，知道你们渴望讨论……（诺尼乌斯：《学说精要》第276页，第5节）

（5）你提到的这些人按其名声确实可被视为美德和知识的丰富源泉，然而与他们的所作所为相比，我担心，除了作为休闲时的娱乐以外，它似乎并没有给人的事务带来什么益处。（拉克唐修：《神圣原理》第3卷，第16章）

（6）……召集你们的这些朋友离开……（阿鲁西阿努·美西乌斯：《文规实例》，1.74）

---

① 指小西庇阿消除了罗马的两个对手：迦太基和努曼提亚。

② 诺尼乌斯·马凯鲁斯（Nonius Marcellus），古代拉丁作家，身世不详。他的作品原来无书名，内容是一些古代学说的摘要汇编。1470年在罗马印行第一版，1471年印行第二版，1476年在威尼斯出了第三版，正式有了现在这个书名。（Nonius Marcellus. De compendiosadoctrina. Venetiis, Nicolaus Jenson, 1476.）该书的现代版本有：Nonii Marcelli De compendiosadoctrina libros 20. 3 Vols. argumentum, indicemsiglorum et praefationemcontinens von Nonius <Marcellus> und Wallace Martin Lindsay von Gg Olms，Gebundene Ausgabe，1964。

第二卷

【1】所有在场的人都急于听西庇阿讲话，于是他就开始：

我下面要说的话来自年迈的加图，你们知道我深深地崇敬他。确实，我从青年时候起就凭着我自己的意向，以及遵循我的两位父亲①的建议，把我的全部时光都用来和他待在一起；和他在一起谈话我从来没有感到够了，他处理公共事务的经验极为丰富，他在一个漫长的时期，无论是和平还是战争，都取得了最伟大的成功；他严格遵守法度，有口皆碑，他的魅力和尊严结合在一起，他热心学习和教导，他的言行完全一致。

加图曾经说我们的体制优于其他国家的体制，其原因在于，几乎其他所有国家实际上都是由一个人建立的，这个人就是国家的法律和体制的创造者；例如，克里特的米诺斯②、斯巴达的莱喀古斯③，还有在政体频繁改变的雅典，首先是忒修斯④，然后是德拉古⑤、梭伦⑥、克利斯提尼⑦，以及其他许多统治者。最后，当国家日渐衰落、行将崩溃之际，知识渊博的法勒隆的德美特利⑧使它重新恢复活力。另一方面，我们自己的国家是由天才创建的，但这个天才不是一个人，而是许多人；它的建立不是一代人的事情，而是经历了漫长几个世纪，由许多代人建立。他说，决不可能有人天赋极高，没有任何事情能逃得过他的眼睛，也决不可能有一个时代，所有人的力量结合

① 即小西庇阿生父卢西乌斯·艾米留斯·鲍鲁斯（Lucius Aemilius Paulus）和养父普伯里乌·高奈留·西庇阿（Publius Cornelius Scipio）。
② 米诺斯（Minos），希腊传说中的克里特国王。
③ 莱喀古斯（Lycurgus），希腊传说中斯巴达的立法者、创建者。
④ 忒修斯（Theseus），雅典国王埃勾斯之子，首先统一阿提卡地区。
⑤ 德拉古（Draco），公元前621年担任雅典城邦执政官，创立刑法。
⑥ 梭伦（Solon），雅典著名政治家、立法家，公元前594年实行改革。
⑦ 克利斯提尼（Clisthenes），雅典政治家，公元前508年实行政治改革。
⑧ 德美特利（Demetrius），雅典政治家、哲学家，公元前317年—前307年推行过立法改革。

在一起，能有可能对未来做出所有必要的准备而无须实际的经验和时间的考验。

因此，遵循加图的先例，我的讨论不会由于想引用他的话而返回"罗马人民的起源"。① 然而，如果我向你们描述我们罗马国家的诞生、成长、成熟，最后成为一个强大和健康的国家，而不是以柏拉图著作中的苏格拉底为例，虚构一个我自己的理想国，那么我的任务会完成得比较容易。

【2】当所有人都对此表示赞同时，他继续说道：什么国家的起源会像罗莫洛建立这座城市那么出名或众所周知？人们说，罗莫洛是战神玛斯之子（因为我们可以承认这个传说，特别是这个传说不仅十分古老，而且我们的祖先还聪明地把它传递下来，他们希望那些对创建国家有重要贡献的人被人们视为诸神的真正后裔，认为生来具有神一般的品质），罗莫洛出生以后，阿尔巴国王艾米留斯担心自己的王权被颠覆，下令将罗莫洛，以及罗莫洛的兄弟瑞莫斯，遗弃在台伯河岸。林中来的一头野兽②给罗莫洛哺乳，一些牧人把罗莫洛抱走，把他抚养长大，他在乡下劳动。我们得知，长大成人之后，他的体力和勇气都远远超过他的同伴，当时居住在我们现今这座城市所在地的所有人都心甘情愿地接受他的统治。在成为这些人的领袖之后（现在从故事转向事实），我们知道，在他们的帮助下，罗莫洛推翻了那个时代最坚固、最强大的城市阿尔巴隆加，处死了国王艾米留斯。

【3】据说，在完成了这样的光辉业绩之后，他产生了建一座新城的计划，如果能够取得良好的占卜兆头，他要建一个国家。至于建立城市的地点——对一个希望建立永久的国家的人来说，做这种事情需要有远见——他做了极为聪明的选择。他没有把城市建在海边，尽管入侵鲁图利人和阿波里吉涅人的地盘③对他来说很容易，他可以支配大量的人力和资源；他也没有把他的

---

① 指加图的历史著作《起源》（Origines）。
② 一头母狼。
③ 鲁图利人（Rutuli），滨海的拉丁部落；阿波里吉涅人（Aborigines），拉丁地区土著居民之一。

城市建在台伯河口，许多年后国王安库斯①在那里建了一个殖民地。我们的创建者有着令人敬佩的远见，他察觉到，要想使国家长存就要拥有广阔的疆域，把城市建在海边并不可取，这主要是因为滨海城市面临种种不可预测的危险。在内陆地区可以用许多信号对敌人的到来发出警告，比如轰鸣的声响和嘈杂的人声，无论敌人的来袭在预料之中还是在预料之外；从陆上来袭的敌人也不会如此快捷，乃至于我们不仅无法知道他们的到来，而且也不知道来袭的敌人是什么人，是从哪里来的。而从海上乘船来袭的敌人可以在引起任何人怀疑之前到达，到达以后也不会暴露他是谁、从哪里来、有什么意图——简言之，没有任何标记可以确定或判断他们是朋友还是敌人。

【4】滨海城市也会遭受道德上的腐败和蜕化；因为它们会接受外来的混杂的语言和习俗，输入外国人的生活方式和货物，所以它们祖传的体制没有一个能够保持不变。它们的居民也不恋家，而是受到那些展翅翱翔的希望和梦想的诱惑远离家乡；哪怕他们的身子待在家里，他们的心也会外出游荡。事实上，给迦太基和科林斯带来最终覆灭的原因莫过于此，尽管经商和航海的欲望使它们的居民抛弃了农业和习武，它们的根基早就开始动摇，但没有比它们的公民散居海外对它们影响更大的原因了。还有许多事情也会引起国家的毁灭，比如沉迷于海上来的奢侈品，要么是截获的，要么是进口的；甚至仅仅是这样的地方就可以给人带来快乐的诱惑，使人放荡或懒惰。我刚才说的有关科林斯的话也可以用于整个希腊，因为即使是伯罗奔尼撒也几乎四面环海，除了弗利乌斯人的住地远离大海以外，其他部落都有靠海的地方；在伯罗奔尼撒之外，只有埃尼阿涅人、多利斯人和多罗佩斯人②住得远离大海。我还有必要提到希腊的那些海岛吗？它们被海浪环绕，不仅可以说海岛本身，而且可以说它们的城市的习俗和体制都在海上漂浮。希腊本土的情况有如我述，另一方面，希腊人在亚细亚、色雷斯、意大利、西西里和阿非利

---

① 安库斯·玛修斯（Ancus Martius），罗马第四位国王，公元前 642 年—前 617 年在位。

② 埃尼阿涅（Aenianes）人、多利斯（Doris）人、多罗佩斯（Dolopes）人居住在希腊半岛中部。

加的所有殖民地，除了玛格奈昔亚，又有哪一处不受海浪冲刷？确实就像是希腊人的海岸包围着野蛮人的内陆；因为野蛮人最初没有一个是航海民族，除了伊拙斯康人和腓尼基人，后者航海是为了贸易，前者航海是当海盗。很清楚，在希腊发生的邪恶和革命，其原因可以追溯到我刚才简要提到的滨海城市所特有的不利之处。然而，尽管有种种不利，它们拥有一个很大的便利——世界上的所有产品都可以通过水路运进你居住的城市，反过来，你的人民也可以把他们自己土地上生产的东西运到他们喜欢的任何国家去。

【5】那么，如果罗莫洛不把他的城市建在水面宽阔、平静流淌、直抵大海的一条大河的岸边，他又能如何更加聪明、更加神奇地利用大海提供的一切便利，而避免大海带来的不利呢？这样的河流可以使城市利用大海输入它缺乏的东西，输出它生产的富余物品；这座城市不仅可以通过大海，而且也可以通过这条河流，获得陆上生产的那些对于城市生活和文明最基本的东西。因此，在我看来，罗莫洛肯定从一开始就得到了某种神圣的启示，这座城市会有一天成为一个强大帝国的中心，在意大利的任何一个地方建城都不可能更加容易保持我们当前广阔的疆域。

【6】至于这座城市本身防卫的天然条件，有谁会如此不善于观察，乃至于不在他自己的心里对这些条件留下清楚的轮廓？在计划建造城墙时，罗莫洛以及后继的那些国王极为明智地利用险峻陡峭的山丘，在埃斯奎利山和奎里那尔山之间只设一个入口，在那里建起堡垒和城墙，在城墙外面挖掘非常宽的壕沟抵御敌人；我们的城堡周围是悬崖峭壁，哪怕是在高卢人进犯的可怕时期也能安然无恙。① 此外，尽管城市周边地区都属于容易传播瘟疫的地方，但他选择了一个泉水丰富、有益于健康的地方建城；因为那里有很多山丘，不仅招来轻拂的和风，而且给下面的山谷带来阴凉。

【7】罗莫洛很快就完成了所有这些工作，因为在建立了以他自己的名字命名的这座城市以后，为了加强这个新的共同体，他采纳了一个计划；尽管

---

① 按照罗马人的传统说法是公元前 390 年。

这个计划最初具有野蛮的性质，然而却表现出这个伟人为了确保他的王国和人民的繁荣昌盛而具有的远见卓识。当时，出身高贵的萨宾人的少女来到罗马，在竞技场参加由他新设立的一年一度的康苏里亚节①，他下令掳掠这些少女，把她们嫁给最高贵的家族的年轻人。被激怒了的萨宾人对罗马人开战，冲突不断，后果难料，罗莫洛与萨宾人的国王提多·塔修斯订立了和约，连那些被掳的萨宾女人也请求订立和约。凭着这项和约，罗莫洛不仅使萨宾人成为罗马公民的一部分，让他们参加国家的宗教祭祀，而且还和他们的国王共同执政。

【8】尽管塔修斯曾与罗莫洛共同执政，但在塔修斯死后，全部统治权力复归罗莫洛；罗莫洛挑选了一个由最优秀的人组成的王政议事会（出于人们对他们的热爱，他们被称做"父亲"），把人民分成三个部落②（分别以他本人、塔修斯、他的同盟者卢库莫的名字命名，卢库莫在萨宾战争中被杀）和三十个库里亚③（他用呼吁缔结和约的被掳萨宾女人的名字为它们命名）——这些安排尽管在塔修斯还活着的时候就已经做出，然而在这位国王死后，罗莫洛在他的统治中甚至更加顺从这些元老的建议。

【9】采取这项政策以后，罗莫洛首次发现和认同了不久前莱喀古斯在斯巴达发现的原则：如果一个国家最优秀人士的影响能够与统治者的绝对权力相结合，那么一个人的权威，亦即国王的权力，能够更好地统治和指导国家。于是，在我们可以称之为"元老院"④的这样一个顾问团体的支持和拥护下，罗莫洛多次对邻国发动战争，运气极佳，他没有把任何战利品带回自己家中，但他从未间断使他的人民变得富裕。他也完全服从占卜的征兆，为了国家的安全，我们至今仍旧服从这种习俗。他不仅在建城时亲自占卜——

---

① 康苏里亚节（Consualia），庆祝丰收女神康苏斯（Consus）。
② 罗马三个最初部落的名字分别是"Ramnetes"、"Titienses"、"Lucerenses"，这些名称的真实起源不确定。
③ 库里亚（curia），古罗马的氏族组合，后成为行政区域。
④ 元老院（senatus）一词派生于"senex"（老人）。

这一行为就是我们这个共同体的开端——而且还在履行任何公共行为之前，挑选占卜者，每个部落一人，与他一道占卜。他还在显赫的公民中分配平民，让这些显贵做平民的保护人（我以后再来说这种安排的好处）；他惩罚犯罪不是对犯人的身体施暴，而是罚没他们的牛羊，因为那个时候的财富是以拥有多少家畜（pecus）和土地（loci）来衡量的，源于这两类财产的名字，我们有了"富裕"（pecuniosus）和"富有"（locuples）这两个词。

【10】罗莫洛统治了 37 年，为我们的国家奠定了占卜团和元老院这两个坚实的基础，当他在一次日食中突然失去踪迹时，[1] 他的伟大成就使人相信他已经成为诸神中的一员；若非某个人以卓越的德行闻名于世，人们决不会产生这样的看法。罗莫洛的情况更加明显，因为其他所有那些据说变成了神的人生活在野蛮时代，当时弥漫着一种虚构故事的倾向，无知之人很容易受到诱惑而相信它们；但我们知道，罗莫洛生活的年代距今少于 600 年，在那个时候，写作和教育已经存在很久，所有那些在原始不开化的条件下滋长起来的错误观念已经消退。如果像我们从希腊人的编年史中所得知的那样，罗马城建于第七次奥林匹克赛会的第二年[2]，那么在罗莫洛生活的时代，希腊人已经拥有许多诗人和乐师，人们也不再轻信传说，除非涉及的事件更早。举行第一次奥林匹克赛会的时间[3] 是在莱克古斯开始撰写他的法律之后的第 108 年，尽管有人受到一个名字的欺骗[4]，认为奥林匹克赛会也是由这位莱克古斯创立的。但是按照最保守的估计，荷马大约生活在莱克古斯之前 30 年[5]。因此很清楚，荷马的生活年代远远早于罗莫洛，在这样一个时代，在已经有了有学问的人，而岁月本身也已经成为一种文化的时候，人们很少有机会再去虚构故事。远古时代的人们会接受虚构的传说，有时候甚至接受那

---

① 参见本文第一卷，第 16 章注释。

② 即公元前 751 年，罗马建城的年代在各种传说中有很大差距。

③ 公元前 776 年。

④ 首创奥林匹克赛会的人中有一个人也叫莱克古斯。

⑤ 西塞罗在这里把莱克古斯的生活年代定在公元前 884 年，把荷马的生活年代定在公元前 914 年或更早。

些杜撰的故事，而罗莫洛的时代已经开化，这样的故事很快就会受到人们的嘲笑和拒斥，因此不可能发生。

……① 他的外孙，如某些人所说。就在他去世那一年，第 56 届奥林匹克赛会期间，西摩尼得② 诞生了，所以我们很容易看到，在人们相信罗莫洛不朽这个故事的时候，人的生活已经变成古老的经验，人们已经在对这个故事进行思考，并确定其性质。然而罗莫洛身上确实有某种过人的能力，可以使人们相信他，而依据那个从未受过教育的农夫普洛库鲁斯·朱利乌斯的说法，许多代以前的人不相信任何凡人说的话。我们得知，在某些想要破除有关罗莫洛之死的所有困惑的元老院议员的怂恿下，这位普洛库鲁斯在公众集会上声称自己曾经在现今称做奎里那尔的山岗上见过罗莫洛；罗莫洛要他传话，让民众在山上为他建一座神庙，就好像他已经是一位神，名叫奎利努斯。

【11】那么，你们难道察觉不到，由于一个人的睿智，不仅把一个新的民族带回它的原始状态，就像在摇篮里啼哭的婴儿，而且还使它离开已经充分成长、几近成熟的状态？

莱利乌斯 我们确实察觉到了，而你的讨论也具有一种新颖的风格，这在任何希腊人的作品中都是没有的。那位杰出的希腊人③ 的作品从来没有被超越过，他从假定从未被人占领的一块土地开始，在此之上建立一个国家来适合他自己。他的国家也许是一个优秀的国家，但却很不适合人们的实际生活与习惯。他的后继者④ 讨论了不同的国家类型及其基本原则，但却没有提出任何确定的例子或模式。我推断你想把两种方法结合起来，因为你已经接近了你的主题，你似乎宁可相信你自己的发现，而不去追随柏拉图著作中的苏格拉底的榜样，自己去发明一个新国家；在你阐述你的国家的地理位置

---

① 此处有数行缺失，其内容可能提到某位希腊诗人。

② 西摩尼得（Simonides），约公元前 556 年—前 467 年，希腊抒情诗人。

③ 指柏拉图，后面的论述涉及柏拉图的《国家篇》。

④ 指亚里士多德、塞奥弗拉斯特，等等。

时，你提到了一个确定的原则，即罗莫洛做哪些事情是出于必然，罗莫洛做哪些事情是出于偶然；然后你的讨论没有游移不定，而是限定在一个国家的范围内。因此，你可以像业已开始的那样继续谈下去，我想我能预见到，在你叙述了后继的国王们的统治以后，我们将会看到一个完善的国家呈现在面前。

【12】**西庇阿** 好吧，我就继续往下说。罗莫洛的元老院由显贵们组成，这位国王非常喜欢元老院，乃至于想把它的成员称做"父亲"，把他们的子女称做"贵族"；罗莫洛死后，元老院试图不设国王，由它自己来统治，但人民不能容忍这种做法，出于对罗莫洛的热爱，他们不断地要求有一位国王。于是，这个由睿智的优秀人物组成的团体做出了一项全新的、在其他任何国家都闻所未闻的安排——设立空位时期的摄政。他们这样做的目的是：在常任的国王还没有选定之前，国家不会出现没有国王的局面，也不会出现某位国王长期留任的情况；国家不应当陷入这样的局面，某个人由于习惯于掌权而不愿意交出国王的权力，或者竭力拖延交权。即使在那样的时期，这个新的民族已经察觉到一个为斯巴达人莱克古斯所忽视的事实，莱克古斯认为不应当选举国王（假定莱克古斯有权做到这一点），而应当让这样的人获得王权，无论他是什么样的人，只要他是赫丘利的后裔就行。尽管我们的祖先当时还很粗野，但却明白应当寻找的是担任国王所需要的美德和智慧，而不是国王的出身。

【13】听说努玛·庞皮留斯声望很高，拥有担任国王所需要的各种品质，因此在元老们的建议下，罗马人民没有从他们自己的公民中挑选国王，而是选了一名外国人来当他们的国王；他们邀请这个库瑞斯的萨宾人到罗马来统治自己。努玛到达以后，尽管人民已经在库里亚大会①上选举他担任国王，但出于他自己的意愿，他无论如何要求通过另外一项确认他的王权的库里亚法。他看到，在罗莫洛的统治下，罗马人的生活方式使罗马人充满了战争的

---

① 库里亚大会（comitia curiata），按选民单位（部族组合）投票的人民集会。

欲望，他认为这种嗜好最好能够淡化一些。

【14】他首先在罗马公民中分配罗莫洛凭着征战获得的土地，每人都有一份；他告诉公民们，通过耕种土地，可以获得各种丰盛的物品，而不需要去当海盗或者去抢劫。这样，他把对和平与安宁的热爱灌输给他们，从而使公正和诚信能够轻易地生长，确保人们能够安全地耕种土地和享受成果。庞皮留斯还设立了大占卜团，把原来的占卜官数量增添了两名，从最杰出的公民中挑选五人，担任主持宗教祭仪的大祭司；通过引进宗教仪式和保持至今仍旧留在我们历史记载中的法律，他抑制了人民的好战倾向。他还任命了一些弗拉门斯、莎利、维斯太贞女，① 极为热心地建立起我们宗教的所有部分。他要求举行宗教仪式要恰当，仪式本身应当很难，但使用的器物应当容易获得，相关的规定应当熟记和严格遵循，但花费不可太多。就这样，他使得举行宗教祭祀非常辛苦，但花费不大。他还建立了市场、赛会，以及其他各种大型集会。通过建立这样的风俗，他使得那些由于长期征战而变得野蛮的人的思想变得仁慈与和善。就这样，努玛一共统治了 39 年，使国家实现了和平与和谐（我们在这里主要依据我们的朋友波里比乌，在年代的精确性上无人能超过他）；他对国家的稳定有两项最突出的贡献——宗教与安宁的精神。

【15】**玛尼留斯** 阿非利加努，有人说这位努玛国王是毕泰戈拉的学生，或者至少是他的追随者，这个传说是真的吗？我们经常听我们的长辈这样说，我们也知道这个传说被人们普遍接受；然而我们也可以确定，这种传说在我们的官方记载中得不到确凿的证明。

西庇阿 玛尼留斯，这个传说是假的，它不仅是虚构，而且也是无知和荒谬。我们无法容忍虚假的东西，它不仅是臆造，而且是对根本不可能发生的事情的臆造。可以肯定的是，在卢西乌斯·塔奎纽斯·苏泊布斯当政的第四年，毕泰戈拉访问绪巴里斯和克罗通，以及与意大利相邻的那些地方；按

---

① 弗拉门斯（Flamens），专门事奉某些特殊神灵的祭司。莎利（Salii），十二人的祭司团，奉祀罗马人始祖农神与战神玛斯，每年 3 月 1 日，全团祭司在罗马街头举行游行，事后举行盛宴。维斯太贞女（Vestal Virgins），事奉灶神的女祭司。

照有关记载，苏泊布斯即位和毕泰戈拉的到访都在同一届奥林匹克赛会期间，第 62 届。① 依据这一事实，再加上罗马所有国王在位的时间，我们可以看到毕泰戈拉第一次来到意大利的时间大约是努玛死后第 140 年；对此那些精心研究历史的人从来没有产生过怀疑。

玛尼留斯　不朽的诸神啊，这个愚蠢的错误已经流传了那么长时间！然而我还是要说，我们罗马人拥有我们的文化，靠的不是从海外输入技艺，而是我们自己的人民拥有的卓越才能。

【16】**西庇阿**　然而，如果你关注我们国家的进展，并且看它沿着一条我们可以称之为自然的道路，最终达到理想状态，那么你可以更容易明白这一点。不，更有甚者，你会尊重我们祖先的、由于种种理由值得赞扬的智慧；你会知道，即使那些从国外借用来的体制，也有许多被我们加以改良，直到它们比在原先的发祥地和在我们借用的国家更为优秀。你会明白罗马人民的茁壮成长靠的不是机会，而是接受良好的建议和遵守严格的纪律，尽管可以肯定我们也得到好运的青睐。

【17】国王庞皮留斯死后，在由一名摄政主持的库里亚大会上，罗马人民选择了图利乌斯·霍斯提略②做他们的国王；图利乌斯以庞皮留斯为榜样，要人民在库里亚大会上确认他的王权。这位国王精通军事和作战技能；他利用先前出售战利品所获的钱财，修建了一个召开公民大会的地方和召开元老院会议的地方，并在周围修起了围墙；他还制定了宣战的规则。通过由主持战争事务的祭司团举行的仪式，他祝圣了由他本人最先提出来的完全正义的法典，而任何未经宣战就进行的战争都被视为非正义的和不虔敬的。你们可以注意到，连我们最早的国王们也非常睿智，他们察觉到某些权力应当授予人民（这一主题我将在晚些时候详细论述），要是没有人民的许可，连图利乌斯也不敢擅自取得国王的特权。在人民的许可下，他出行时由十二位侍从

————————————

① 公元前 532 年—前 529 年。

② 图利乌斯·霍斯提略（Tullius Hostilius），罗马第三位国王，公元前 673 年—前 642 年在位。

官为其开路……①

【18】……因为按照你已经开始提供的解释，国家不是慢慢地爬向理想的状态，而是飞向理想的状态。

西庇阿　在他后面继位的是安库斯·玛修斯②，安库斯是努玛·庞皮留斯的外孙，被人民选为国王，他也要求库里亚大会通过一项法律，确认他的王权。他在战争中征服了拉丁人，使拉丁人融入罗马国家；他使阿文廷山丘和凯利安山丘成为这座城市的组成部分，还在罗马公民中分配通过战争掠夺来的土地，把沿海地区的所有森林算做公共财产，在台伯河口建了一座城市，派遣殖民者在那里定居。就这样，他在位 23 年以后去世。

莱利乌斯　他确实是一位值得赞扬的国王！但是史书记载得很不清楚，我们知道他的母亲是谁，但我们不知道他父亲的名字。

西庇阿　没错。有关那个时期，除了那些国王的名字，其他流传给我们的就没有什么东西是确定的。

【19】还有，好像就在这个时期，这个国家开始熟悉一种外来的教育体系。因为从希腊流入我们这座城市的文化与学问确实不是一条涓涓小溪，而是一条汹涌澎湃的大河。我们得知，科林斯有一位德玛拉图，在当地的地位、势力、财富首屈一指，但由于不能忍受科林斯僭主库普塞鲁的残暴统治，他带着他的巨大财富逃亡，来到埃图利亚最繁荣的城市塔尔奎尼。当他听说库普塞鲁已经在科林斯牢固地确立了他的残暴统治，这位勇敢的、热爱自由的人永久离开了他的祖国，被塔尔奎尼接受为公民，在那里安家。他的塔尔奎尼妻子给他生了两个儿子，他按照希腊人的体系把所有技艺传授给他们。……③

【20】……轻易地获得公民权以后，由于他的教养和渊博的学识，［卢西

---

① 此处大约缺失 15 行，按照奥古斯丁《上帝之城》第 3 卷第 15 章的说法，此处讲到图利乌斯国王在雷击中丧生，升天。
② 安库斯·玛修斯（Ancus Martius），罗马第四位国王，公元前 642 年—前 617 年在位。
③ 此处大约缺失 10 行，接下去提到的是德玛拉图之子——卢西乌斯·塔奎纽斯。

乌斯〕成了国王安库斯的朋友；他们的关系非常密切，人们认为他可以对国王无话不谈，甚至认为他几乎是在分享王座。此外，他富有个人魅力，和蔼可亲，乐于助人，甚至为所有公民提供金钱上的帮助。因此，玛修斯去世以后，人民一致选举卢西乌斯·塔奎纽斯担任国王（他以这种方式修改了他的希腊名字，以便在各方面都适应他的这个新祖国的习惯）。在要求通过一项法律确认他的王权以后，他首先使原来的元老院议员的数量加倍，他授予那些先前被称做"父亲"的人以"显贵家族的元老院议员"的头衔（他在这样做的时候总是先征求他们的意见），而由他本人添加的那些新议员则称做"一般家族的元老院议员"。然后他建立了我们至今仍然保留的骑士们的组织；但是，尽管他想改变"拉姆尼斯"、"提提斯"、"卢克瑞斯"[1]这些名称，但他无法做到，因为杰出的占卜官阿图斯·那维乌斯不同意这样做。我知道科林斯人以前就曾经由国家为骑士提供马匹和给养，用的是向无父母者和寡妇征收的税款。而卢西乌斯在原有的骑兵部队之外又添加了新的骑兵部队，马匹总数达到 1800 匹，是原来的两倍。后来他征服了埃奎人，这个民族强大好战，威胁着罗马人民的幸福，他还把萨宾人赶出罗马城，然后派他的骑兵部队追击，最终完全征服他们。传说还告诉我们，他设立了那些重大的"罗马赛会"；在与萨宾人的战争中，他发誓要在卡皮托利山为最伟大、最优秀的朱庇特建造神庙；他统治了 38 年以后去世。

【21】莱利乌斯 我们现在已经进一步证实了加图的说法非常准确，我们国家的创建不是一个时期就得以完成的，也不是由一个人来完成的；因为相当清楚，每位国王都贡献了许多优秀的、有用的机构。但在我看来，下一位国王对国家统治的理解比其他国王更好。

西庇阿 你说得很对，塔奎纽斯的继任者是塞维乌斯·图利乌斯[2]；按照传说，他是第一位未经人民选举就拥有王权的人。他们说他的母亲是塔奎

---

① 部族名，参见本文本卷，第 8 章。
② 塞维乌斯·图利乌斯（Servius Tullius），罗马国王，公元前 578 年—前 535 年在位。

纽斯家中的女仆，他的父亲是这位国王的一个门客。尽管他作为一名奴隶长大，是国王餐桌旁的仆人，然而他是个天才，他拥有各种才能，他做的每件事和说的每句话中都闪烁着智慧的火花，甚至在他还是个孩子的时候这一点就已经表现出来，为人们所关注。正因如此，塔奎纽斯非常喜欢塞维乌斯，把他当做儿子来看待，而他自己的儿子那时候还很小；这位国王给了塞维乌斯很大的关照，让塞维乌斯接受他本人研究过的所有学问的教育，同时以希腊人的方式细心实践。

但是，塔奎纽斯被安库斯的儿子们策划的阴谋所杀，塞维乌斯开始统治；如我所说，他未经人民正式挑选，但却得到他们的善意与首肯。因为当时有一种虚假的流言，说塔奎纽斯尽管伤病在身，但仍旧还活着；塞维乌斯身穿国王的衣冠主持审判，用自己的钱开释债务人，他的言行非常温和，使人民相信他是在按照塔奎纽斯的命令行事。他没有把自己交给元老院讨论，而是在举行塔奎纽斯葬礼以后，直接请人民决定他的权力；人民要求他担任国王，并通过一项确认他的王权的库里亚法。统治一开始，他就对伊拙斯康人开战，惩罚了他们的罪过。从这场战争中……①

【22】……财富最多的 18 个人。然后，从所有人中挑选出大量骑士以后，塞维乌斯把剩下的公民分成五个等级，把年长的和年轻的分开。② 他做了这种区分，使得尽可能多的选票不是属于普通民众，而是属于富人，从而影响到这样一条国家必须始终坚持的原则，不让数量最多的人拥有最大的权力。如果你们不熟悉他的体系，那么我应当描述它；不过你们已经明白，他的安排就是设立拥有六个表决权的一些骑士百人队、第一等级的百人队，再加上由于木匠对城市的有用性而为他们特设的百人队，总数一共是 89 个百人队。于是，如果在 104 个百人队中——这是还剩下的百人队数目——只要有 8 个百人队依附于原来的 89 个百人队，那么人民的总的实力就确定了。

①　此处缺失大约 15 行，然后讨论塞维乌斯的改革。
②　"年长的"指 46 岁至 60 岁的男子，服后备役；"年轻的"指 18 岁至 45 岁的男子，服现役。

剩下的、公民人数众多的 96 个百人队，既不会被剥夺投票权，因为那样做太专制，又不会被授予过多的权力，因为那样做会有危险。在做这种安排的时候，塞维乌斯甚至连使用头衔和名称都小心谨慎，他把富人称做"提供金钱者"，因为他们支付国家的开销，把那些财产少于 1500 德纳留①，或者身无分文的人称做"有子女者"，给人留下的印象是，国家能够期待他们的只有人丁。这个无产等级的 96 个百人队中的每一个，人数都比第一等级的所有人还要多。就这样，没有人被剥夺投票权，而大多数选票掌握在那些把国家幸福视为最重要的事情的人手中。确实，信使、后备军、司号兵、无产者……②

【23】……［我认为］一个国家最好的政体是已经提到过的王政、贵族政体、民主政体这三者的均衡的结合，而且不会因为实施惩罚而激起粗野和残暴的心……

……早 65 年，因为它建立在第一届奥林匹克赛会之前的第 39 年。③ 生活在远古时代的莱克古斯的看法也几乎与此相同。在我看来，这种均衡的体制，这三种政体的结合，对那些民族和对我们来说是共同的。但对我们自己的国家所拥有的独特性质——这一点可以绝妙地想象——如果我能做到的话，我将更加完整准确地加以描述，因为在其他任何国家都找不到相似的特点。我已经提到过了那些成分在那个时代就在我们的国家里结合在一起，而在斯巴达人和迦太基人的国家里，这些成分都无法达到平衡。事实上，如果在一个国家里有一位官员终身掌握着统治权，尤其当他是一名国王的时候，那么即使有元老院，就好像在罗马王政时代那样，或者在斯巴达按莱克古斯制定的法律统治的时代那样，即使人民拥有某些权力，就好像我们的王政时代那样，然而国王的权力必然是最高的，这样的统治必然是君主政体，也不可避免地被称做君主制。这样的政体最容易发生各种变化，因为一个人的邪

---

① 德纳留（denarius），货币名，1 德纳留等于 4 个小银币（sestertii）。
② 此处大约缺失 30 行。
③ 迦太基建于公元前 815 年，比罗马建城早 65 年。

恶就足以推翻它，使它走向彻底的毁灭。不过，王政本身不仅不应当受到指责，而且我还倾向于把它视为迄今为止最优秀的单一性的政体——要是我能批准任何一种单一政体的话——只要它能长久保持它的真正性质。但只有在国家的安全、平等的权利、公民的安宁都有一位长寿的权威，一位正义的、拥有完善智慧的人来保护的时候，它才能做到这一点。由一位国王来统治一个国家确实是对许多事情的剥夺，尤其是对自由的剥夺，但自由之所以被剥夺不在于侍奉一位正义的主人，而在于〔根本没有〕主人〔侍奉〕……①

【24】……他们忍受了〔塔奎纽斯的暴政〕，尽管这位统治者是不正义的、残暴的，但他在当政时确实也交了好运。他征服了整个拉丁地区，占领了繁荣富饶的苏埃萨·波美提亚城，获得了大量金银财宝，他履行了他的父亲立下的誓言，在卡皮托利山大兴土木；他还建立了许多殖民地，并且仿效他的祖先们的榜样——把最先成熟的果实奉献给神灵，这在他来说当然是他的战利品——把大量礼物送给德尔斐的阿波罗神。

【25】它的发展轨迹，以及它的自然运动和循环过程就是从这里开始的，你们必须熟悉它的起点。因为，作为我们整个讨论目标的政治智慧的基础就是理解国家统治的曲折发展道路；为的是，当你们知道国家会朝哪个方向发展时，你们能够扭转它，或者采取措施适应它的变化。

我正在谈论的这位国王②的双手沾上了一位最优秀的国王③的鲜血，因此他无法清醒理智地开始他的统治；由于害怕自己的罪行遭到极端的惩罚，所以他希望别人都害怕自己。后来，依仗着胜利和财富，他变得极为骄傲，无法控制他自己的行为或他的家庭的淫欲。因此，当他的长子侵犯了曲昔皮提努之女、拉拉提努斯之妻卢克莱提娅，而这位高贵贤惠的妇女自杀以抗暴之后，勇敢而又睿智的卢西乌斯·布鲁图把他的同胞从这种不正义的、残忍的奴役之轭下解放出来。尽管布鲁图只是一位普通公民，但他承担起全部国

---

① 此处大约缺失 15 行，提及塔奎纽斯·苏泊布斯的统治，被当做君主制堕落的典型。

② 指塔奎纽斯·苏泊布斯。

③ 指塞维乌斯·图利乌斯。

家事务的重任，他在我们国家首次证明，当一个人的同胞的自由需要保护时，没有人只是一个普通公民。卢克莱提娅之父及其亲属的痛苦抱怨激起了人民的愤怒，塔奎纽斯的傲慢，以及他本人和他的儿子们犯下的无数不正义的行为也使人民义愤填膺，在布鲁图的倡议和领导下，人民放逐了国王、国王的子女，以及整个塔奎纽斯家族。①

【26】因此，你们难道看不到一名国王如何变成暴君，由于一个人犯错误，一个良好的政体如何变成有可能最糟的政体？我们在这里有了一个高居人民之上的主人，希腊人称之为僭主；因为他们认为国王的头衔只能授予一个关心人民的福利，尽力使其治下的人民生活幸福的人，就好像父亲对待他的子女。这样的统治确实是一种优秀的统治，但如我所说，它无论如何会倾向于，或者几乎可以说，它会自然而然地蜕变为最邪恶的统治。因为只要国王变得比以前不正义，他就会立刻变成一名暴君；我们无法想象还有比暴君更邪恶，更可怕，或者令诸神和凡人更加痛恨的人了；尽管国王拥有人的形体，然而他在性格的残忍上却远远超过最可怕的野兽。对一个不希望有正义的社团，在社会生活中与他的同胞公民，甚至与人类中的任何一个部分都没有合作关系的人，怎么能正确地称之为人呢？但是我们要寻找一个更加恰当的地方来讨论这个主题，因为我们的讨论目前的进展使我们无法展开对那些甚至在国家解放以后仍在寻求暴君权力的人的谴责。

【27】所以，你们在这里知道了僭主的起源，希腊人把这个称号给予不正义的国王，而我们罗马人总是把国王的名称给予所有对一个民族行使独一无二统治权的人。比如，人们说斯普利乌·卡西乌斯、马库斯·曼留斯、斯普利乌·买留斯试图获得国王的权力，最近［提比略·革拉古］……②

【28】在斯巴达，［莱克古斯］把这个组织称做"老人"③；但它人数很少，

---

① 整个有关卢克莱提娅遭受强暴和塔奎纽斯的残暴统治的故事，参见李维：《罗马史》第1卷，第57—60节。

② 此处大约缺失15行，接下去讲到莱克古斯。

③ 希腊原文为"gerontas"，意为"老人"。

实际上只有 28 人，按照他的计划，这些人在决策方面拥有最高权力，而国王拥有最高执行权。我们的祖先模仿他的做法，把他用过的头衔翻译过来，把"元老院"这个名字赋予被他称做"老人"的这个组织；我们已经说过，这一步是由罗莫洛本人完成的，他挑选了那些"父亲"。国王的权力、权威、头衔在这样的国家是至高无上的。人民也会得到某些权力，就如莱克古斯和罗莫洛所为；但你们不会给他们充分的自由，当你们允许他们做的事情只是品尝一下自由的滋味时，那么你们只是在吊起他们获得自由的胃口。人民的心上一直像压着一块巨石，他们担心产生不正义的国王，而这种事情确实经常发生。当人民的幸福依赖于一个人的意志或品性时，如我已经解释过的那样，它是非常脆弱的。

【29】因此我们可以思考僭主统治的最初形式和多样性，以及它产生的方式，我们的根据是罗莫洛占卜以后建立的我们的国家，而不是苏格拉底所描述的国家，如柏拉图在他著名的漫步性的对话①中告诉我们的那样。正如在塔奎纽斯身上发生的事情，僭主颠覆整个王政不是通过夺取新的权力，而是通过滥用已经掌握的权力。以他为对立面，我们可以看到另外一类统治者，可以说他们是善良的、睿智的、能干的监护人和保护者，他们保护国家的实际利益和公民的自尊；这些名称将授予一位真正的国家的向导和舵手。你们能够承认这样的人，因为通过听取意见和采取行动，他能维护国家的安全。然而，我们的谈话迄今为止还没有充分处理这个主题；由于我们只能在以后的讨论中考虑这种人……②

【30】……［柏拉图］寻求……创造了一个与其说可以期待，不如说可以向往的国家——它的规模极小，实际上根本不可能存在，但我们从中有可能明白他的国家理论。至于我，如果能够达到目的，我将努力使用柏拉图觉察到的那些同样的原则，然而我不会依据任何想象中的国家的影子，而是以

---

① 指柏拉图《国家篇》。
② 此处大约缺失 4 页。下面的章节谈到柏拉图。

一个真实强大的国家为依据，使用证明之权杖，向你们指出各种政治上的善与恶的原因。

国王们统治了 240 年（要是把摄政统治的时间包括在内还会更长一些），当塔奎纽斯遭到放逐的时候，罗马人变得痛恨国王这个头衔，就好像罗莫洛去世的时候，或者倒不如说罗莫洛离去的时候，罗马人热切地期望有一位国王。因此，就好像他们当时无法忍受没有国王一样，在驱逐了塔奎纽斯以后，他们甚至无法忍受听到别人提起国王这个头衔……①

【31】……就这样，罗莫洛的优秀体制，在稳固地维持了 220 年以后……

……法律被彻底废除。出于这样的情感，我们的祖先在那个时候由于怀疑科拉提努和被逐的国王的关系而驱逐了没有冒犯的科拉提努，并且由于痛恨塔奎纽斯这个名字而驱逐了整个塔奎纽斯家族。其他一些事情也表现出同样的精神。普伯里乌·瓦勒留在开始面对人民讲话时，下令他的侍从官放倒束棒，② 这在后来成为一种惯例；他把家搬到维利亚山麓居住，当他开始在山顶建造自己的住宅时，他发现人们普遍对他产生怀疑，因为他的房子的地基就在国王图利乌斯曾经居住过的地方。仍旧是这同一个人，用一项举动表明他自己是最高意义上的"人民之友"；他向全体公民颁布了一条首先在百人队代表大会上通过的法律：禁止任何官员面对罗马公民的申诉时处死或鞭打他们。然而，祭司们的记载表明，人民有权提出申诉，哪怕是反对国王的决定，这种权力从前就得到承认，我们的占卜记录也确证了这一说法。十二铜牌法有许多条文都表明对任何判决均可提出上诉；按照传说，起草这些法律的十人团是选举产生的，对于他们的决定不允许上诉，但由此也就清晰地表明，对其他官员的决定是可以提出上诉的。执政官卢西乌斯·瓦勒留·波提图斯和马库斯·霍拉提乌·巴巴图斯明智地采用恰当的手段保持和睦，他们提出一项法律，禁止选举那些不接受上诉的行

---

① 此处大约缺失 5 页，西塞罗在其中可能谈到罗马人设立两位任期一年的最高执政官。
② 参见本文第一卷，第 40 章。

政官员。另外如你们所知，由波喜乌斯家族的三位不同成员提出的那些波喜乌斯法除了增加违法要受到的惩罚外，没有给从前的法律添加任何新的内容。

就这样，浦伯利科拉①有关上诉权的法案一旦通过，他马上下令去掉束棒里的斧子；第二天他又使斯普利乌·卢克莱修当选为他的同僚，并且让他自己的侍从官去侍奉斯普利乌，因为后者比他年长。浦伯利科拉还规定侍从官轮流为两名执政官开道各一个月，从而使得这种执行权的标志在这个自由的国家里不会出现得比王政时期还要多。在我看来，他确实才能出众，通过赋予人民以适度的自由，国家领导人的权力更容易维持。

我回顾了那么多古代的事情，这样做并非没有确定的目的，而是有我自己的品性和行为方面的标准；在我讨论的其余部分，在谈到我们自己这个时代的杰出人物和某些著名的时期时，我采用的也是这样的标准。

【32】那么好吧，在我正在谈论的这个时期，尽管人民是自由的，但政务由元老院实施，人民很少履行政治功能，一切政务都依据元老院的权威，并遵循由元老院确立的习惯，执政官的任期只有一年，但在一般的性质和法律许可的意义上，他确实就像国王。对于由贵族保留的那部分权力来说，还要严格遵守另外一个最重要的原则，亦即除非有元老们的批准，否则任何公民大会的决定都不能实施。在同一时期，还形成了独裁官的制度，在第一次执政官选举大约十年以后②，提多·拉尔修第一个被任命为独裁官。这个看起来似乎是全新的职位所拥有的执行权很接近国王的执行权。不过，在人民的赞同下，整个政府掌握在强有力的贵族手中，那些时候的重大战争行为是由那些拥有最高权力的、担任独裁官或执政官的勇士来完成的。

【33】但是过了一个短暂的时期以后，大约就在实行共和的第 16 年，由

---

① 普伯里乌·瓦勒留·浦伯利科拉（Publius Valerius Publicola），公元前 509 年首次任执政官，以后多次当选，死于公元前 503 年。

② 约为公元前 498 年。

于事物发展的必然性所致，在波图姆斯·考米纽斯和斯普利乌·卡西乌斯 ①
担任执政官的那一年发生了一件事，从国王的统治下解放出来的人民宣称要
获得更多的权利。这样的要求可以说是不合理的，但是国家的基本性质经
常会挫败合理性。因为你必须记住我在开始时提到的一个事实：在一个国家
里，除非权利、义务和功能之间有一种很好的平衡，要让行政长官拥有足够
的权力、要让杰出公民所提的建议有足够的影响、要让人民享有足够的自
由，否则这种国家是无法避免革命的。当时国家被债务问题所困扰，平民们
首先占领了圣山，后来又占领了阿文廷山。甚至连莱克古斯建立的惩罚制
度也不能威慑和约束他的臣民，虽说他们是希腊人；在斯巴达，塞奥波普 ②
统治的时候有五名官员被称做"埃弗斯" ③，在克里特，有十名所谓的"科斯
谟" ④，这些职务的设立都针对国王的权力，正如在罗马选举保民官 ⑤ 是为了
制约执政官的权力。

【34】我们摆脱了债务压力的前辈也许能够采用生活年代稍早的雅典人
梭伦用过的办法，他们不会不知道这些办法，而我们的元老院稍后也注意到
了；当时，由于一个人残暴地对待他的债务人 ⑥，所有因为债务而成为奴隶的
公民获得了解放，从那以后不再允许把负债者变为奴隶；每当平民因国家遭
受灾难而被各种负担折磨得财力枯竭时，为了全体公民的安全，国家就会采
取某些补救措施来帮助这个阶级克服困难。但在还没有采取我讲的这种措施
的时候，人民已经有机会通过暴动设立了两名保民官，以此削弱元老院的
权力和影响。然而元老院的权力仍旧是巨大的、受人尊敬的，因为这些最
聪明、最勇敢的人仍旧在用武器和建议保卫着国家；他们的威信仍旧是最高

---

① 波图姆斯·考米纽斯（Postumus Cominius）和斯普利乌·卡西乌斯（Spurius Cas-
sius）于公元前 493 年担任执政官。
② 塞奥波普（Theopompus）于公元前 304 年担任斯巴达国王。
③ 埃弗斯（ephors），官职，负责监察包括国王在内的各级官员。
④ 科斯谟（cosmoi），官职。
⑤ 传说是在公元前 494 年。
⑥ 指卢西乌斯·帕皮留斯（Lucius Papirius），参见李维：《罗马史》8：28。

的，因为他们的地位虽然显赫，远远超过一般民众，但他们的生活不比他们的同胞好，作为统治者，他们拥有的财产也不比他们的同胞多。每一位贵族为公众提供的服务都受到更高的尊敬，因为他们不断地用自己的行动、建议和财物帮助个别公民解决生活中的困难。

【35】国家处在这样的形势之下，这时候在民众中威信最高的斯普利乌·卡西乌斯图谋担任国王。当时的财务官指控他的罪行（你们听说过这个故事），斯普利乌的父亲证明他有罪，人民批准把他处死。后来，大约在第一次选举执政官之后的第 54 年，百人队大会通过了一项深得民心的法律，规定了诉讼时的罚金和押金，这项法律是由执政官斯普利乌·塔佩乌斯和奥鲁斯·阿特纽斯① 提出来的。20 年后，由于监察官卢西乌斯·帕皮留斯和普伯里乌·庇那留斯通过罚没财产把大批私人的牲畜转为国有，执政官们又提出一项法案，引入一种牲畜价格评估的办法以减轻惩罚。

【36】在此几年以前，当元老院享有崇高威望，人民愿意服从它的时候，曾经实行过这样一项计划，取消执政官和保民官，选举一个十人委员会，让它来掌握大权，其决定不容申诉；他们不仅握有最高执行权，而且也可以制定法律。② 当这些人本着最大的公正和睿智制定了刻在十块铜板上的法律以后，他们主持选举另外一个十人委员会，在下一年接替他们的工作；但是后一个十人委员会得到的荣誉和他们的公正性没有得到那么高的赞扬。不过这个委员会的一位成员，盖乌斯·朱利乌斯，应当得到最高的赞扬；他在地位很高的卢西乌斯·塞斯提乌的家中见到挖出了一具尸体，尽管朱利乌斯本人拥有最高权力，但由于没有得到其他成员的允许，所以他只要求卢西乌斯交纳保释金，保证如期出庭；后来他解释说，之所以这样做乃是不愿意违反那条卓越的法律，该法律禁止对罗马公民做出涉及其生命的判决，除非在百人队大会上。

---

① 斯普利乌·塔佩乌斯（Spurius Tarpeius）和奥鲁斯·阿特纽斯（Aulus Aternius）于公元前 454 年担任执政官。
② 此事大约发生在公元前 451 年。

【37】在设立十人委员会的第三年，同一个十人委员会继续执政，并且不愿意选出一个新的十人委员会来代替他们。当国家处在这种状况的时候（我已经反复讲过，这种情况决不可能持久，因为这对国家的所有阶级都不公平），整个国家掌握在显要的公民手中，十位杰出人士在掌权，没有反对他们的保民官，不设其他行政官员，甚至没有被判死刑和遭受鞭打以后向人民申诉的权力。于是，这些统治者的非正义带来的后果就是人民举行了大暴动，尾随而来的就是国家的彻底改变。这个十人委员会添加了两块铜板的不正义的法律，其中有一条法律蛮横地禁止平民与贵族通婚，而通常情况下不同国家公民之间的通婚都是允许的；这条法律后来被平民大会通过的卡努莱法令废除了。① 这些十人委员会的成员还在各种政治行为中放纵自己，残忍而又贪婪地对待人民。你们肯定知道狄西摩斯·维吉纽斯的故事，这件事在我们许多最伟大的文学作品中都有记载。由于一名十人委员会成员的疯狂的淫欲，狄西摩斯在市政广场的讲坛上亲手杀死了他自己的贞洁的女儿，然后哭着奔向阿吉都山去寻找驻扎在那里的军队；士兵们停下正在进行的战争，首先武装占领了圣山，然后占领了阿文廷山，就像他们以前出于相同的理由所做的一样……②

……卢西乌斯·昆克修斯被任命为独裁官……③

……在我看来，[我们的祖先]最充分地加以认可，并且极为聪明地将它保存下来。

【38】说完这些话，大家都沉默着，期待西庇阿继续往下讲。这时图伯洛说话了：阿非利加努，由于在这里的长者没有对你提出进一步的要求，所以让我来告诉你，我想要你给你的谈话添加些什么内容。

西庇阿 当然可以，我很乐意听到你的建议。

图伯洛 在我看来你已经赞扬了我们的国家，尽管莱利乌斯请你讨论

---

① 传说此事发生在公元前 445 年。

② 此处大约缺失 3 页。

③ 约为公元前 458 年。

的不仅是我们的国家，而且是一般的国家。从你的谈话中我还没有了解到，凭着什么样的教育、习俗或法律，我们将能建立或保存你本人推荐的这种国家。

【39】**西庇阿**　图伯洛，我想我们的谈话很快就会找到一个更加合适的地方考虑这些国家的建立和保存；但就相关的理想国家而言，我想我已经对莱利乌斯的询问做出了恰当的回应。首先，我定义了值得赞扬的三种国家类型，以及作为它们的对立面的三种坏的国家类型。其次，我证明了这些类型中没有一个是理想的，但有一种由三种好政体均衡混合而成的政体比这三种政体中的任何一种都要优越。至于用我们自己的国家作为榜样，我之所以这样做，不是为了帮助我定义理想的体制（要做到这一点根本不需要使用榜样），而是为了通过一个最伟大的国家的实际历史来显示我现在用我的理性和语言竭力想要弄清楚的东西到底是什么。如果你问的是理想国家的本性，而不涉及任何民族所提供的榜样，那么我们必须使用自然本身提供的模式，因为你对我们当前的城市和民族的模式［并不满意］……①

【40】**西庇阿**　……他就是我长期以来一直在寻找并且急于发现的人。

莱利乌斯　你寻找的也许是一个机智的人吧？

西庇阿　没错。

莱利乌斯　从在场的人中间你就能找到很多，比如，你本人就是。

西庇阿　但就整个元老院来说，我确实只希望它能拥有机智的平均水平！然而，也会有一位聪明人擅长骑巨兽②（这种情景我们在阿非利加经常遇到），用温和的语言或触摸就能指引巨兽去聪明人想去的地方。

莱利乌斯　我记得，当我是你麾下的一名将官时，我经常看到这种景象。

西庇阿　好的，那个印度人或迦太基人驾驭的巨兽对人很温和，对人

---

①　此处原文大量缺失。接下去西庇阿讨论理想的政治家。

②　指大象。

的驾驭方式很习惯；但是，隐藏在人心中的力量，以及作为心灵组成部分的所谓理性，要控制和征服的不仅仅是一头巨兽，或是一头很容易制服的动物——也就是说，它确实要去完成几乎不可能做到的事情，因为凶猛的［野兽］也必须制服……①

【41】……［野兽］喝的是血，从各种残忍行为中获得快乐，乃至于把人杀死也不能使它得到满足……

……但是对一个贪婪的、渴望的、纵欲的，以及对沉缅于感官快乐的人……

……以及第四，忧虑，总是感到悲伤和悲哀，折磨自己……

……由于愤怒和痛苦而苦恼，或者由于恐惧和胆怯而惊恐……

……就像一名缺乏训练的驭手从马车上被拉下来，遭到践踏，被撕裂，死去……

【42】西庇阿　……可以这样说。

莱利乌斯　我现在明白你会把什么样的义务和功能②赋予我正在寻找的这种人。

西庇阿　除了这样一项义务（因为这项义务包含大多数其他义务），当然不太会赋予他其他义务，这就是不断地考验和改善自己，敦促其他人模仿他，凭着卓越的生活和品性，把自己当做他的同胞公民的一面镜子。正如演奏弦乐、管乐和声乐时需要保持各种不同乐音之间的某种和谐，精细的听觉会对它们的任何变音和不协调感到难以容忍，这种和声依靠对各种声音进行调整而协和一致，由上、中、下各种阶层协调意见组成的国家也像音乐，依靠各种不同因素的协和一致而发出协调的奏鸣。歌唱时音乐家们称之为和声的东西，在国家中称为和睦，这是每个国家的一种最紧密、最牢固的安全纽带，并且如果没有正义，这样的协和决不可能存在。

---

① 此处大约缺失1页。
② 亦即理想的政治家的工作。

【43】……①

【44】**西庇阿**　……充满正义。

莱利乌斯　我同意你的意见，并且向你保证，我们必须把迄今为止我们有关国家的论述视为一钱不值，必须承认我们想要取得进一步的进展没有任何基础，除非我们不仅能够否认没有非正义便不能管理国家的论点，而且也能确定地证明没有最严格的正义便不能管理国家。不过，要是你们同意，我们今天不再讨论，而是留待明天再继续（因为剩下的问题相当多）。

这个建议得到了赞同，这一天的谈话到此结束。

第三卷

【1】……②

【2】……通过车子［来弥补］他行动的迟缓……以及［理性］，理性发现人笨拙地发出一些不成形的、混乱的声音，于是便清晰地给这些声音分

---

①　奥古斯丁说："然后，当西庇阿相当全面、仔细地分析了正义对国家如何有益，缺乏正义对国家如何有害以后，谈话参加者之一菲鲁斯插话，要求对这一问题做更为详尽的讨论，对正义做更加深刻的说明，因为普遍流行着一种看法，认为没有非正义便不可能管理国家。西庇阿表示要仔细讨论这个命题，并且说如果不能证明这个命题是无根据的，那么他们此前有关国家问题的讨论都无法获得任何进展，没有非正义便不能管理国家这个命题是错误的，而没有最严格的正义便不能管理国家才是正确的。"（《上帝之城》第2卷，第21章）

②　奥古斯丁曾概述了该卷的讨论内容。"由于对这个问题的讨论延续到下一天，因而在第三卷里继续就这个问题进行了热烈的争论。菲鲁斯首先叙述了那些认为没有非正义便不可能管理国家的人的看法，并特别声明那不是他本人的意见。他极力支持非正义说，反对正义说，用各种近似正确的理由和实例想要证明，前者如何有益于国家，而后者对国家是无用的。这时莱利乌斯根据所有在场的人的要求，开始为正义辩护，并且断言，没有什么东西比非正义更有害于国家，没有高度的正义便不可能对国家进行统治，也不能使国家长存。在大家认为这一问题已经得到满意的阐述之后，西庇阿回到他原先的谈话中断的地方，重复了自己的意见，提出简略的国家定义，称国家乃是人民的事业。"（《上帝之城》第2卷，第21章）本卷开头部分大约缺失了1页。该卷首先反思人天生的弱点，并且阐述人如何凭着神灵的恩赐来克服这些弱点。

类；理性给事物命名，把名称作为区分事物的标记；就这样，从前孤立独处的人通过语言快乐地交际，形成了相互间的联系。理性还给无数的声音打上一些它发明的标记，使远距离的人可以交际，由此我们也能表达自己的愿望，记载以往的事件。除了语言的技艺，还添加了数，它不仅对人类生活是必要的，而且它本身也是不变的、永恒的。熟悉这门技艺首先鼓励人去仰望天空，他们的凝视不再是呆望，而是在观察星辰的运动，通过计算黑夜和白天……①

【3】……他们的思想甚至提长到更高的水平，通过行动或反思，他们能够做出某些如我所说配得上诸神奖赏的发明。因此，让我们承认那些讨论生活原则的人是伟大的，他们提出来的原则确实是真理；让我们承认他们是博学的，是真理和美德的教师，只是我们不要忘记决不能嘲笑另一门技艺，无论它是由那些有着治理各种国家的实际经验的人发明的，还是由那些博学者潜心思考加以发展的——我指的是政治的技艺和民众的训练，借此培养人们的能力和良好的品性，这在过去是常有的事，一种几乎难以置信的、神圣的美德。如果有人相信在心灵生来拥有的能力之上还要添加学问和更加丰富的知识，要通过处理公共事务来获得经验，如同记载在这篇论文中的参加讨论的这些人一样，那么每个人都必定会想到要把这些优于其他所有人的造诣结合起来。因为，把管理重大事务的经验与学习和掌握其他技艺结合起来，还有什么能比这样做更值得敬佩？或者有谁能比普伯里乌·西庇阿、盖乌斯·莱利乌斯、卢西乌斯·菲鲁斯更加接近理想？由于担心省略某些对一个杰出人士的完善和卓越来说是必备的东西，他们又给自己的国家和祖先的传统习惯添上了最初源于苏格拉底的外来的学问。因此，那些有愿望、有能力达到这两个目标的人——也就是说，在我看来，通过获得学问和通过遵守他们祖先的习俗来使自己完善，无论如何都应当得到最高的荣誉。如果这两条

---

① 此处大约缺失 3 页，解释人类文明的发展，接下去谈到哲学的兴起和政治技艺的发展，作为文明的顶峰。

通达智慧的道路只有一条可以选择，那么尽管过一种献身于学习最高尚技艺的安宁生活对某些人来说似乎更加快乐，但可以肯定政治家的生活更值得受到赞扬，更容易获得名望；最伟大的人通过这样的生活赢得荣誉；例如玛尼乌斯·库里乌斯，"没有任何人能用刀剑或黄金战胜他"……①

【4】我们必须承认这两种类型的学问都配得上智慧这个名称，然而这两类人之间的区别存在于这样一个事实之中：一类人通过训诫和教导获得自然赋予人的礼物的滋养，而另一类人通过制度和法律。确实，只有我们自己的国家产生了许多这样的人，如果说由于聪明这个词的用法受到严格限制②，因此他们算不上"聪明"，那么他们肯定配得上获得最高赞扬，因为他们推进了那些聪明人的告诫和发现。如果我们考虑现在和过去有多少值得赞扬的国家存在，那么我们记得建立一个足以经受岁月考验的稳固的国家需要自然迄今为止能够产生的最高的理智的力量，即使我们假定每个这样的国家只有一个天才，也必定会产生众多的天才！假定我们调查意大利的那些民族，拉丁人、萨宾人、沃尔西尼人、萨莫奈人，或者伊拙斯康人，假定我们考察大希腊；如果［我们考虑］亚述人、波斯人、布匿人，如果……这些……③

【5】**菲鲁斯**　你们给我委派了一项光荣的任务，竟然要我为邪恶辩护！

莱利乌斯　我假定你有足够的理由担心，如果你重复那些一般的反对正义的论证，那么你也会被人认为赞成这些论证，而你本人实际上是正直的、光荣的，你在这方面几乎就是我们无与伦比的典范；我们相当熟悉你与其他一方争论的习惯，因为你认为这种方式最容易抵达真理！

菲鲁斯　好吧，我只好迁就你一下，在完全明白自己在做些什么的时候，我得把自己弄得一身污泥。就好像那些找金子的人是不怕脏的一样，所以我们在寻找比世上所有黄金更有价值的正义的时候，肯定不应当躲避任何艰辛。正如我要阐述其他人的论证一样，我希望也能使用其他人的语调！

---

① 可能引自恩尼乌斯：《编年史》第 12 卷。

② 被哲学家限制。

③ 此处大约缺失 4 页。

因为我卢西乌斯·富里乌斯·菲鲁斯现在必须转述希腊人卡尔涅亚得的观点，① ……此人惯于表述……无论什么适合他的……②

【6】……［不要对我］而是要对卡尔涅亚得做出回答，他经常运用他的诡辩才能使最好的论证显得荒唐可笑……

【7】……正义在户外，正义是突出的和显著的……

……超过其他所有美德，这种美德就是全心全意为其他人谋利益……

【8】**菲鲁斯**　……应当发现和保存……而另一位写了四卷论正义本身的论文。③ 我并不期待从克律西波④ 那里得到什么伟大的、惊人的论述，他有他自己独特的讨论方法，按照语词的含义考察一切，而不是按照事实的分量。对这些英雄来说，提升这种衰落的德性（在其真实存在的地方，热爱其他所有人胜过热爱自己，为其他人的利益而不是为自己的利益而存在，这种德性是最仁慈、最慷慨的），把它安置在距离智慧本身不远的神圣宝座上，这样做是恰当的。他们确实不缺乏提升它的愿望（否则他们为什么要写这方面的论文？他们不是为了这个目的，又是为了什么？），也不缺乏这种能力，在这些方面他们超过其他所有人；但是他们可怜的处境击败了他们的热情和雄辩。因为我们正在考察的正义是政治的产物，而不是自然的产物；如果它是自然的，就像热和冷、苦与甜一样，那么正义和非正义对所有人都相同。

【9】但是事实上，如果一个人能坐上巴库维乌斯⑤ 那著名的"长着飞翼

---

① 卡尔涅亚得（Carneades），约公元前 214 年—前 129 年，新学园派创始人。

② 此处大约缺失 30 行。拉克唐修说："在西塞罗的著作中，菲鲁斯提到了那场推翻公义的讨论。我相信，就像在讨论国家这个主题一样，他本来应该对此进行辩护和赞扬，而不是去证明一个国家无法统治。卡尔涅亚得为了能够驳斥亚里士多德和柏拉图，在第一天作为一名公义的倡导者为公义辩护，为此收集了各种论证，但在第二天却推翻了所有的论证。"（《神圣原理》第 5 卷，第 14 章）

③ 这里显然提到柏拉图和亚里士多德。亚里士多德论正义的论文已缺失，第欧根尼·拉尔修的《著名哲学家的生平与著作》第 5 卷第 1 章中第 9、22 节处提到亚里士多德论正义的论文。

④ 克律西波（Chrysippus），约公元前 280 年—前 207 年，雅典哲学家，曾任斯多亚学派首领。

⑤ 诗人，全名马库斯·巴库维乌斯（Marcus Pacuvius），大约出生于公元前 220 年。

的巨蟒拉的马车"出行，访问各个民族和城市，那么他首先会看到，在保存着无数个世代所发生的事件的记载、以永恒不变出名的埃及，有一头被埃及人称做阿皮斯的公牛被当做神，还有许多各种各样的怪兽被当做神。还有在希腊，就像和我们罗马人在一起，他会看到宏大的神庙，安放着人形的神像，这种习俗被波斯人视为邪恶。事实上，人们说泽西斯①曾下令焚毁雅典人的神庙，理由只有一个，他认为把这些以整个宇宙为家的神灵关在墙内是一种亵渎。② 但是后来曾计划攻打波斯的腓力，以及实际攻打波斯的亚历山大，说他们发动战争的理由是想要为希腊人的神庙复仇；希腊人认为不应当再重建这些神庙，因为这样一来他们的后代就可以亲眼看到波斯人有多么不虔敬。有许多人，比如尤克昔涅海岸边的陶里安人、埃及国王布希里斯、高卢人、迦太基人，相信举行人祭是虔诚的，是最令不朽诸神喜悦的！人们的生活原则确实如此不同，克里特人和埃托利亚人认为当海盗和抢劫是光荣的，斯巴达人曾经宣布他们的长枪所及之处都属于他们。雅典人也曾经公开宣布世上出产橄榄和粮食的土地都归他们所有。高卢人认为耕种土地生产粮食是可耻的事；于是他们拿起武器，到别人的土地上去抢粮。我们最正义的人民禁止其他种族越过阿尔卑斯山种植橄榄和葡萄，以便让我们自己的橄榄园和葡萄园最值钱，这样做是精明的，但不是公正的；所以你们很容易理解智慧和公平并不一致。以制定优秀的法律和最公平的司法制度而闻名于世的莱克古斯确实规定，富人的土地应当由穷人来耕种，就好像后者是奴隶。

【10】如果我希望描述正义的概念、原则、习俗、现有的习惯，那么提到这些事情，我不仅能告诉你们不同的民族有哪些差别，而且能告诉你们在一座城市里都会有成千上万的变化，甚至我们自己的城市也是这样。例如我们在这里的朋友玛尼留斯，他是法律专家，面对伏科尼乌法案的条文，他可以就妇女继承遗产的权利问题给你们提供不同的建议。事实上，这部

---

① 泽西斯（Xerxes），波斯皇帝，公元前 485 年—前 465 年在位。
② 参见西塞罗：《论法律》第二卷，第 10 章；希罗多德：《历史》第 1 卷，第 131 节。

法案是为了男人的利益而通过的，充满了对妇女的不公正。为什么女人就不能拥有她自己的金钱？为什么维斯太贞女可以有一个后代，而她的母亲就不能？另一方面，为什么必须限制一位妇女可以拥有的财产的数量，如果普伯里乌·克拉苏的女儿是她父亲唯一的子女，那么法律就允许她拥有 100,000,000 个小银币，而我的女儿甚至不可以拥有 3,000,000 个小银币？……①

【11】……［如果至高神］为我们提供了法律，那么所有人应当服从同样的法律，不同的人不应当在不同的时间拥有不同的法律。但是我要问，如果服从法律是一个正义善良的人的义务，那么他要服从什么样的法律？服从现存所有不同的法律吗？但是德性不允许自相矛盾，本性也不允许多样性；法律是由于我们害怕惩罚，而不是由于我们拥有正义感才加诸我们的。因此，没有天然的正义这样的事情，由此亦可推论，没有人生来就是正义的。或者说，他们会告诉我们，尽管法律是多种多样的，但善人会自然而然地遵守真正正义的法律，而不会遵守那些被人们认为是正义的法律？他们说，②善良正义的人的义务就是给每个人以他应得的东西。那么好吧，首先，如果我们想要给不会说话的动物以它应得的东西，那么它是什么呢？因为不是才能平庸者，而是那些杰出的博学者，比如毕泰戈拉和恩培多克勒，宣称相同的正义原则适用于一切生灵，并且坚持要惩罚那些伤害动物的人。因此，伤害野兽是一种罪，这种罪……他希望……

【12】……③

"如果有人希望追随神的正义，然而却对神的律法无知，那么他就会把他自己国家的法律当做真正的正义来拥抱，尽管这些法律的制定不是出于正义，而是出于实用。为什么天下万民有各种各样的法律，而每个国家只实行对本国事务有用的那些法律呢？然而，有用与罗马人自己教导的正义之间有

---

① 此处大约缺失 15 行。
② 这是一个关于正义的定义，参见柏拉图：《国家篇》332c。
③ 此处缺失一大段，拉克唐修和德尔图良在他们的著作中提供了相关的一些信息。

着天渊之别。他们通过祭司团宣战，按照法律条文处罚公民，他们总是抢劫他人的财产，为自己的利益占领整个天下。"(拉克唐修：《神圣原理》第6卷，第9章)

"由于哲学家们的论证是虚弱的，因此卡尔涅亚得大胆地驳斥他们，因为他明白这些论证应当受到驳斥。他的批评要点如下：人们根据有利原则为自己立法，因此由于习俗的不同而各不相同，在同一些人那里因时代变化而常常发生变化，自然法是不存在的，所有的人和其他动物在自然的引导下都为自身追求利益，因此，要么根本不存在任何正义，要么如果可能存在什么正义，那也是最大的愚蠢，因为在关心他人利益的同时必然要损害自己的利益。他进一步提出了下列论证：所有凭借权力而昌盛的人民，其中包括把自己的权力扩大到全世界的罗马人民本身，如果他们希望自己是正义的，即如果他们把他人的东西归还原主，那么他们将不得不回到自己的陋屋过贫穷、可怜的日子。"(拉克唐修：《神圣原理》第5卷，第17章)

"上面的定义中还有把国家利益放在首位这句话。当人们之间失去了一致，美德就根本不存在了。因为，我们所谓的国家利益只能是对另一个国家或民族的不利，也就是用暴力扩展疆域、增加本国的实力、增进税收，做这些事情都不是美德，而是对美德的征服。""无论谁为他的国家做了这些所谓的善事，就被捧上天去。他们自己认为这些事是善事，亦即攻城略地，把国库装满黄金，使国家富裕，而人们说他具有最伟大、最完全的善。这不仅是民众和无知者的谬误，而且也是哲学家的谬误，因为他们甚至提出不正义的戒律，认为愚昧和邪恶是保持纪律和权威所需要的。"(拉克唐修：《神圣原理》第6卷，第6章)

【13】菲鲁斯 ……所有那些对人民操有生杀大权的人都是僭主，但他们宁可让别人称他们为国王，而这个称号是给至善的朱庇特的。而当某些由于拥有财富、出身高贵，或者拥有其他优势的人掌握了国家权力，形成统治集团，这些统治者被称做显贵。如果人民掌握了最高权力，一切事情都要按照他们的意愿办理，这被称做自由，而实际上是放纵。如果人与人、阶层与

阶层之间相互恐惧对方，没有任何一方对自己的力量充满自信，于是便会在普通民众和有权势的人之间产生某种妥协，结果就导致西庇阿赞扬过的那种混合政体；这样一来，正义之母不是自然或愿望，而是软弱。因为我们必须在下列三样事情中选择其中之一：行非正义之事，而不是忍受非正义；既行非正义之事，又忍受非正义；既不行非正义之事，又不忍受非正义。最好的选择是行非正义之事而不受惩罚，如果你能做到这一点的话；而次一等的选择是既不行非正义之事，又不忍受非正义；最倒霉的就是在行非正义之事和忍受非正义之间永久地挣扎。这样，他首先……完成……①

【14】……当他被问到，什么样的罪恶驱使他凭借一条海盗船把整个大海变得不安全时，他回答说：“就是使你让世界变得不安全的那种罪恶。”②

【15】**菲鲁斯**　……智慧敦促我们要增加我们的人力，增添我们的财富，扩张我们的疆域；因为，除了把土地从其他人手中夺过来，镌刻在我们最伟大的将军们的纪念碑上的颂词，“他扩展了帝国的疆界”，还能是什么意思？智慧还敦促我们要尽可能多地统治臣民，享受快乐，变得富裕，当统治者和主人；另一方面，正义教导我们要宽恕所有人，要考虑整个人类的利益，给每个人他所应得的东西，不要去碰神圣的或公共的财产，或者属于其他人的财产。那么，无论我们讲的是个人还是国家，你们服从智慧的结果是什么呢？财富、权力、富有、公职、军权、国王的权柄。但是，由于我们现在正在讨论的是国家，国家事务对我们的目的来说更加重要，而相同的事实在涉及正义的时候也适用于个人和国家两种情况，所以我想最好还是讨论一个民族的智慧。其他民族就不用提了，就说我们这个民族，阿非利加努在昨天的讨论中追溯了它的开端；它的帝国现在拥有整个世界，它从最弱小的［成长为］最强大的，是通过正义还是通过智慧？……③

---

① 此处缺失一大段，下一节可能是其中的一部分。
② 这段话是一名海盗与亚历山大大帝的对话。参见奥古斯丁：《上帝之城》第 4 卷，第 4 章。
③ 此处大约缺失 30 行。

菲鲁斯　……除了阿卡狄亚人和雅典人，我假定，他们害怕由正义颁布的这种规定会在某些时候起作用，因此就虚构了这个故事，说他们是从土里生长出来的，就像田鼠从耕地里钻出来似的。

【16】对于和后面的论证相同的论证，通常先由那些不擅长争辩的人来回答；所有和这个主题有关的讨论都具有更大的分量，因为在探讨什么是善人的时候，我们要求他们公开和坦白，不使用辩论的技巧和论证的诡计——这些人① 说，一方面聪明人不是善人，因为使他快乐的不是善和正义本身，而是由于善人的生活摆脱了恐惧、焦虑、担忧、危险；而另一方面，恶人的心灵总是受到连续的困扰，接受审判和惩罚的场景总是在他们眼前晃悠。他们又说，做不正义的事情所带来的利益和好处还没能大到这样的地步，能抗拒持续的恐惧，或者一直担心某些惩罚已经逼近，自己正在受到威胁……损失……②

【17】**菲鲁斯**　……假定有两个人，一个是美德、公平、正义、荣誉的模范，另一个是极端邪恶和胆大妄为的典型；假定有一个民族错误地相信，善人是邪恶的、欺诈的罪犯，而恶人则是正直和荣誉的榜样。那么让我们想象，按照这种为一个民族的所有成员持有的看法，善人会受到骚扰、攻击、逮捕；他会被挖眼睛，判刑，捆绑，打烙印，受驱逐，成为乞丐，最后也会被所有人公正地视为最不幸的人。然后，与此相反，让那个恶人受到赞扬，受到礼遇，受到所有人的热爱；让他担任各种公职，掌握军权，以各种途径得到财富，最后，让他得到普世的名望，成为世上最优秀的人，享有世上最大的幸运。现在我要问你，有谁能如此疯狂，乃至于怀疑自己宁愿成为哪一种人？ ③

【18】这种事情对国家和对个人都是一样的；没有人会如此愚蠢，乃至于宁愿做一名正义的奴隶，而不愿做一名不义的主人。我不需要继续举例。

---

① 指伊壁鸠鲁主义者，他们倡导正义有助于幸福。
② 此处大约缺失 1 页。
③ 参见柏拉图：《国家篇》361—362。

在我担任执政官期间①，你们是我的顾问，我当时在考虑与努曼提亚缔结条约。有谁不清楚昆图斯·庞培曾经缔结过这样的条约，而曼昔努斯也一样？但是后者，一位杰出的人士，非常赞成我按照元老院的决定提出的建议，而前者努力为自己的意见辩护。如果我们寻求谦虚、正直、荣誉，那么这些品质属于曼昔努斯；但若我们寻求理性、智慧和谨慎，那么庞培是最优秀的。

【19】……②

"这位卡尔涅亚得受雅典人的派遣赴罗马作使节，他就正义问题进行争论，当过执政官的伽尔巴和加图听过他的讨论，他们也是当时最伟大的演说家。然而就在第二天，这位卡尔涅亚得又用相反的论证推翻了他自己的结论，否定了他在前一天加以赞扬的正义。他确实不像哲学家应该做的那样具有坚定的勇气，捍卫自己的观点，而是把争论当做一种就正反两种观点进行论证的演讲术的训练。他习惯于这样做，他能够驳斥任何被其他人肯定的观点。在西塞罗的著作中，菲卢斯提到了那场推翻正义的讨论。我相信，就像在讨论国家这个主题时一样，他本来应该为国家进行辩护和赞扬，而不是去证明一个国家无法统治。卡尔涅亚得为了能够驳斥亚里士多德和柏拉图，在第一天以正义的倡导者的面貌出现，为正义辩护，为此收集了各种论证，而在第二天，他却又推翻了所有论证。"（拉克唐修：《神圣原理》第5卷，第16章）

【20】……

【21】……莱利乌斯，如果我不认为我们在这里的朋友确实想要得到我本人也渴望的东西，亦即你们也应当参加我们的讨论，那么我不会犹豫不决，尤其是因为你昨天告诉我，你可能会讲得太长。但这是不可能的，我们全都请求你不要让我们失望……

---

① 菲鲁斯于公元前136年担任执政官。

② 菲鲁斯转述卡尔涅亚得为非正义所做的辩护，剩余部分缺失。在拉克唐修的《神圣原理》中提到过卡尔涅亚得辩护的主要内容。

莱利乌斯　……但是他①肯定不会拿我们的年轻人当他的听众。如果他确实相信他所说的话，那么他是一名无赖；但若不是，我宁可这样想，那么他所说的话无论如何都是十分有害的……

【22】……真正的法律是正确的理性与自然的一致，具有普遍适用性，是不变的、永久的；它用命令召唤人们履行义务，用禁止抵御各种恶行。它不会徒劳无益地对善人下达命令或禁止，尽管它对恶人也不会有任何效果。试图改变这种法律是一种罪恶，试图废除它的任何一个部分是不允许的，要完全废除它更是不可能的。我们不能通过元老院或人民解除法律义务，也不需要在我们自身之外去寻找法律的解释者。在罗马和在雅典不会有不同的法律，现在和将来不会有不同的法律，而只会有一个对所有民族、所有时代都永久不变的法律，我们所有人只有一个主人和统治者，那就是神，因为神是这种法律的创造者、颁布者、实施这种法律的有强制力的法官。无论谁违反这种法律就等于变得不是他自己，就等于否定他自己的人性，由于这一原因，他将遭受最严厉的惩罚，哪怕他逃脱了日常被看重的惩罚……

【23】……理想的国家决不会发动战争，除非为了捍卫国家的荣誉或安全……

……但是普通公民经常通过快速死亡来逃避这些甚至连最愚蠢的人都能感受到的惩罚——赤贫、流放、监禁、鞭笞。但是，尽管死亡好像给个人提供了一种逃避惩罚的方法，但对一个国家来说，死亡本身就是惩罚；因为一个国家应当坚实地创建，以至于永存。因此，人的死亡是自然的，而国家的死亡是不自然的，死亡对人来说不仅是必然的，而且在许多情况下是人们期望的。另一方面，如果我们可以拿小事情与大事情相比，那么在一个国家的颠覆、摧毁、灭亡和整个宇宙的衰退和瓦解之间有某些相似性……

【24】……在对方没有挑衅的情况下就发动的战争是不正义的。因为，只有为了复仇或保卫自己而发动的战争才是真正正义的……

---

①　可能指卡尔涅亚得。

……除非公开宣布过的战争才是正义的，除非首先要求赔偿……

……但我们的人民通过保卫同盟者而获得对整个世界的统治……①

【25】……我们难道看不见，自然把统治一切的权力赋予最优者，让强者去统治弱者？否则的话，为什么神统治人、心灵统治肉体、理性统治情欲、愤怒，以及心灵的其他恶的因素？……

……但是我们必须区别不同种类的统治和臣属。因为心灵既统治肉体，也统治情欲；但是心灵统治肉体就像国王统治他的臣民，或者父亲统治他的子女，而心灵统治情欲就像主人统治奴隶，心灵在约束和粉碎情欲的力量。所以国王、统帅、行政官、议员以及公民大会统治公民，就像心灵统治肉体；而主人对他的奴隶的约束就像心灵的最优秀部分，理性，约束心灵自身邪恶和软弱的因素，比如淫欲、愤怒，以及其他不安宁的情绪……

【26】……肉体的各个部分就像儿子一样受到统治，因为它们准备服从，而心灵的各个部分就像奴隶一样被紧紧地勒上了马嚼子……

……当那些有能力统治自己的人处于其他人的统治之下时，就产生一种不公正的奴隶制；而当这些人是奴隶的时候……

【27】……在其中，我同意一种令人担忧的、冒险的正义不适合聪明人……

【28】……德性显然想要得到荣誉，没有其他奖赏……然而，尽管它乐意得到荣誉，但并不苛求……对这样的人，你能提供什么样的财富、权力、王国？因为他认为这些东西都是凡人的东西，而他自己拥有的东西则是神圣的……尽管人们普遍地不感恩，或者有许多人妒忌，或者掌权者敌视德性，不给德性以恰当的奖赏，但德性可以通过许多安慰来解除痛苦，坚持它自身的卓越……

……他们的身体不会升天，因为自然不会允许来自土的东西离开

---

① 下面的残篇按照奥古斯丁的解释是为奴隶制和帝国主义的正当性辩护的一部分论证，其观点坚持某些民族和个人天然地适宜被其他民族统治。参见奥古斯丁：《上帝之城》第19卷，第21章。对照参见亚里士多德：《政治学》1254a—b。

土。①……

……最勇敢的人决不……勇敢、活力、忍受的……

……我假定，皮洛斯的财富打动不了法伯里修，而萨莫奈人的宝藏打动不了库里乌斯！……

……我们光荣的加图回到他的萨宾人中间，正如我们听他本人说的那样，他经常回家探访；他坐在家里，拒绝接受一度是他的敌人，而现在处于他的保护之下的萨莫奈人的礼物……

【29】……亚细亚……提比略·革拉古……对他的同胞保持诚信，但却违反我们的同盟者和拉丁人的条约规定的权利。如果这种蔑视法律的习惯开始扩散开来，使我们的统治从依靠正义改变为依靠武力，使我们不得不依靠威慑来统治那些一直服从我们的人，那么尽管我们自己这一代人也许能够因为保持警惕性而获得安全，然而我们后代和国家的长期稳定令我担心；如果能够保持我们祖先的原则和习俗，那么我们的国家本来可以永世长存。

【30】莱利乌斯说完以后，所有在座的人都说他的谈话使他们感到极大的快乐；但是西庇阿的快乐超过其他所有人，他显得格外兴奋。

西庇阿 莱利乌斯，你的论证如此雄辩，我相信，不仅我们的同事塞维乌斯·加尔巴，你在他活着的时候总是认为他无与伦比，甚至任何一位阿提卡演说家，也不能在魅力……【与他相同】……②

……他缺乏两种品质，自信和语言能力，从而阻止他对人民讲话，或者在讲坛上……

……公牛对着被监禁的人咆哮……

【31】**西庇阿** ……带回……因此，那么怎么能被称做"人民的事业"呢，而这正是"共同体"的含义？因为有一个人在残忍地压迫所有人，没有任何形式的正义，而那些聚集在一起的人之间也没有任何一致的合作，尽管这是

---

① 西塞罗在这里提到赫丘利和罗莫洛如何成为神。参见奥古斯丁：《上帝之城》第22卷，第4章。

② 此处缺失大约4页。

人民的定义的一部分。叙拉古的情况也是这样。蒂迈欧把这座著名的城市称做希腊城市中最大的，世界上的城市中最美的，它的城堡、海港、宽阔的街道、门廊、神庙、城墙令人叹服，它的水道一直通向城市的中心和各处，但在狄奥尼修斯统治的时候，这些东西不是一个共同体，因为没有任何东西属于人民，人民自身也是一个人的财产。因此，只要有僭主统治，如我昨天所说的那样，我们就一定不要说我们有一种共同体的坏的形式，而应当如现在逻辑证明了的那样，说我们根本就没有共同体。

【32】**莱利乌斯**　说得好，我现在明白你讲话的意图了。

西庇阿　那么你明白了，甚至完全由一个派别控制的国家也不能真正地被称做共同体，是吗？

莱利乌斯　这确实是我的看法。

西庇阿　你的看法完全正确，因为在伯罗奔尼撒大战以后，臭名昭著的三十僭主极不正义地统治了他们的城市，这个时候"雅典人民的事业"又在哪里？这个国家古代的荣耀，它的美轮美奂的建筑物、它的剧场、它的体育场、它的柱廊、它著名的神庙入口①、它的卫城、斐狄亚斯的精美作品，或者美丽的庇莱厄斯港口，能使它成为一个共同体吗？

莱利乌斯　决不可能，因为它们都不是"人民的事业"。

西庇阿　当十人委员会统治罗马，对他们的决定不得上诉的时候，在他们掌权的第三年，当自由失去了它的全部法律保障的时候，怎么样？

莱利乌斯　没有"人民的事业"；人民起来造反，想要夺回他们的财产。

【33】**西庇阿**　我现在要提到第三种政体，这种政体对我们来说显得困难一些。当一切都由人民掌握，处在人民的权力之下时，当由民众来对任何人实施惩罚时，当民众肆意扣留、逮捕、抢劫时，当一切都属于人民，而我们把共同体定义为"人民的事业"，在这种情况下，莱利乌斯，你能否认我们拥有一个共同体吗？

---

①　此处原文为"Propylaea"，意思是雅典卫城的雅典娜神庙的入口。

莱利乌斯 我马上就可以否认这种政体下一切属于民众的政体是共同体，比其他政体更快。因为我们确定，叙拉古、阿格里根图、雅典这些城市由僭主统治，或者罗马由十人委员会统治时，根本就没有共同体；我无法看到共同体这个名称怎么能够更加适用于民众的专制统治。西庇阿，按照你的极好的定义，首先，仅当个人按照一种公正的合作关系聚集在一起时才有所谓人民。而你提到的这种聚集确实就像一名僭主，就好比它就是一个人，甚至是一名更加残忍的僭主，因为没有什么东西能比虚假地僭用人民的名义更可怕的怪物了。当法律把这些疯子的财产托付给他们的男性亲戚时，由于[他们自己不能恰当地管理他们的财产，因此疯狂的民众会使"人民的事业"陷入无人照看的地步。]……①

【34】……引用的[许多论证确实]证明了一个王国是一个共同体，而"人民的事业"也可以[同样公正地]用于[贵族政体]。

姆米乌斯 甚至更加公正，因为一名国王就像一位主人，因为他是一个人，而对一个国家来说，没有比由选举产生的一些好人来统治更有利的事情了。无论如何，我宁要王政，也不要一个自由的民治政府，因为第三种可能性是一切政体中最坏的。

【35】**西庇阿** 斯普利乌，我明白你总是反对人民掌权；虽然你对这种权力所表示的怨恨比你习惯表示的要少，但我同意你的看法，这三种政体没有一种应当受到较少的赞许。但我不同意你贵族政体优于王政的说法；因为，如果统治国家的是智慧，那么一个人拥有智慧或几个人拥有智慧能造成什么差别呢？我们当前的论证被某些带有欺骗性的术语所误导；当我们讲到"最优秀的人"时，似乎不可能有比他们更优秀的人了，因为还有什么人能比最优秀的人更优秀？但是当我们提到国王时，我们马上想到他是一个不正义的国王；②然而，在我们讨论王政本身时，并不涉及国王正义不正义的问

---

① 此处大约缺失 3 页。
② 痛恨国王的头衔是罗马人的传统。

题。因此，如果你提到国王，只要想到国王指的是罗莫洛、庞皮留斯、图鲁斯，也许你就不会认为这种政体不受人欢迎了。

姆米乌斯 那么你要把什么样的赞扬保留给民众的政体呢？

西庇阿 斯普里乌，你认为罗得岛的政体怎么样，我们一起访问过那里？你认为它根本不是一个共同体吗？

姆米乌斯 我肯定认为它是一个共同体，是一个我们决不应当加以嘲笑的共同体。

西庇阿 你说得相当正确。但是，你可记得，那里的所有人都轮流担任议员，他们有轮换制度，每个人在一年中担任几个月的议员，另外几个月就当普通公民。他们参加会议，领取报酬，同样的人在剧场里和在元老院里决定各种大事以及其他各种事务。元老院拥有权力就像民众拥有势力一样……①

[第三卷残篇]

（1）因此在个人身上有某些不安宁的成分，它们要通过快乐来振作，它们由于遭受痛苦而崩溃。（诺尼乌斯：《学说精要》第 301 页，第 6 节）

（2）……让他们看自己能做些什么。（诺尼乌斯：《学说精要》第 364 页，第 8 节）

（3）……腓尼基人通过航海贸易，最先把贪婪、奢侈的生活、各种各样的贪得无厌引入希腊。（诺尼乌斯：《学说精要》第 431 页，第 15 节）

（4）……臭名昭著的撒达纳帕鲁斯，②他的罪行远比他的名字更为丑

---

① 本卷其余部分缺失。

② 撒达纳帕鲁斯（Sardanapalus），亚述国王，约公元前 668 年—前 626 年在位，他的亚述名字是"Assur-bani-pal"。

恶……（《学述》第 10 卷，第 362 页）①

（5）……除非某人希望以整座阿索斯山作为纪念碑。因为阿索斯山或奥林波斯如此高大……？《普利斯亚努》第 6 卷，第 13 章，第 70 行）②

第四卷 ③

【1】……能预见未来的心灵也能记起过去……

……实际上，如果人宁愿死，也不愿变成动物或其他什么东西，哪怕仍旧能够保持人的心灵，那么拥有野兽的心灵和人的身体岂非更加可悲！在我看来，之所以如此，乃是由于心灵优于身体……

……他认为一只公羊的善和普伯里乌·阿非利加努的善是不一样的……

……同一天体由于运行而造成黑暗和黑夜，既对计算日子有用，又对劳动以后的休息有用……

……大地在秋天张开怀抱，接收果实，大地在冬天让种子休眠，以便生长，大地在盛夏让某些种子变得柔软，让某些种子干燥……

……当他们雇用牧人放牧时……

【2】……按照年纪和阶层安排等级非常方便，元老院议员的选举也在骑士中进行！依照某些归还了马匹的平民的决定，在寻找一种新的分配金钱的方式时想要废除这个有用的制度真是太愚蠢了。

【3】现在考虑一下为了使这个公民联合体过上一种幸福和光荣的生活所做的其他聪明的规定；因为这就是人们聚集在一起的最初目的，④在其共同体

---

① 《学述》（*Scholia*）是保存在中世纪手稿中的一些希腊文本诠释汇编，作者不详。

② 《普利斯亚努》（*Priscianus*），拉丁古籍，作者不详。

③ 整个第四卷除了第 2—4 章以外，全部缺失。其他文字皆为其他古代作家的引用，出处不一一注明。

④ 参见亚里士多德：《政治学》1252b—1253a。

中实现这一目的部分要通过建立习俗，部分要通过法律。现在要说的是，首先，我们的人民从来不想由官方建立一种教育制度，由法律规定，在各种情况下统一，用它来教育自由人出身的青年；希腊人为了解决这个问题浪费了许多精力，但这是我们的客人波里比乌①在我们的体制中发现的、唯一遭到忽视的地方。因为……

……习惯上给那些服兵役的人指定监护人，为的是在第一年指导他们……

……不仅像在斯巴达，那里的儿童学习偷窃……②

……如果年轻人没有情人，会被认为是一种耻辱……

【4】**西庇阿**　……年轻人要赤裸着身体行走。我们可以称之为羞怯的基石的东西就是从这样的古代习俗中产生的！他们的年轻人在运动场上锻炼，这样的制度有多么荒唐！他们的军训制度远远谈不上严格！③他们之间的接触与恋爱关系极其自由和轻率！更不用提埃利亚人和底比斯人了，那里的自由人的情欲不受任何约束；斯巴达人自己的与年轻男子的恋爱关系也十分自由，只要不发生凌辱之事；保护这些青年男子的只有薄薄的一道墙；他们允许拥抱和同寝，只要在相互之间放置一些衣物。

莱利乌斯　西庇阿，我看得很清楚，凡是提到被你批评的希腊人的训练制度，你就宁可攻击最著名的城邦，而不攻击你钟爱的柏拉图，你甚至不提他，尤其是当……

【5】……我们热爱的柏拉图甚至比莱克古斯还要超前，因为他实际上提出了一切财产公有，没有哪个公民可以说某样东西是他自己的……④

---

① 波里比乌（Polybius），希腊人，生于公元前204年，死于公元前122年。罗马人征服马其顿后（公元前168年），波里比乌被带往罗马充当人质，后来得到小西庇阿的允许接触罗马档案，撰写《历史》。

② 参见普罗塔克：《莱克古斯传》17—18。

③ 此处原文为"ephebi"，指雅典人的军训制度，满18岁的雅典青年要参加两年军训，第一年进行体育和军事方面的基本训练，第二年履行军人职责。

④ 参见柏拉图：《国家篇》416—417。

……但是我……以同样的方式，就像［柏拉图］要在荷马头上涂香油，缠羊毛，把荷马从他发明的城邦中赶出去。① ……

【6】……除了使受到谴责的人脸红，监察官的判决几乎不包含其他什么惩罚。由于监察官的判决只涉及一个人的名声，不会产生其他影响，所以监察官的谴责被称为"丧失名誉"。……

……据说首先对他们的严酷感到恐惧的是国家……

……确实也不应当像希腊人通常所做的那样②给妇女派一名总督，而应当有一名监察官教导男人如何统治他们的妻子……

……这样，在羞耻方面进行锻炼有很好的效果；要禁止所有妇女酗酒……

……此外，如果有哪个女人名声不好，她的亲戚就拒绝吻她……

……就这样，厚颜无耻（petulantia）一词根源于寻求（peto），无耻（procacitas）一词根源于要求（proco）……

【7】……因为我不赞同一个民族既是世界的统治者，又是世界的征税者；另一方面，我认为节俭是家庭和国家最好的税收……

……在我看来，信誉可以通过履行自己的诺言来得到。……

……我认为，地位很高、名声很好的公民吹捧、巴结、游说，都［表示］狭隘……

【8】……我崇拜它的卓越，不仅是这个主题本身，而且还有它的风格。它说"如果他们不同意"，等等。朋友间的争论，而非敌人间的争吵，被称做不一致。……因此法律考虑的是邻居间的不一致，而不是争吵……

……人的关怀和人的生命有相同的界限；因此根据祭司法，葬仪的神圣……

……由于暴风雨来临时他们丢下海战阵亡者的尸体没有埋葬，因此他们

---

① 参见柏拉图：《国家篇》397e—398a。

② 参见亚里士多德：《政治学》1322b。

被处死……

……在这场争论中我不是站在人民一边，而是站在好人一边……

……如果你不给他们或者只给他们很少的合法权利，那么很难抗拒人民的意志……

……如果我诚实地为他预言……

【9】……当人民像某些伟大的、聪明的主人一样，把掌声和批准赋予他们时，他们会造成何等黑暗，引起何等恐惧，激起何等愿望！①……

【10】……他们把演戏和剧场视为可耻的，所以他们希望剥夺和这些事情有联系的所有人的公民特权，甚至要监察官下令把他们赶出部落……

西庇阿 ……除非日常生活习惯允许，喜剧也不能一直进行观众接受的可耻的表演，……【喜剧】有谁没有攻击过，或者倒不如说有谁没有迫害过？喜剧宽恕过谁？喜剧确实伤害过那些邪恶的、蛊惑民心的政客和那些在国家里煽动分裂的人，像克莱翁、克莱俄丰、叙佩伯鲁斯。② 我们可以允许他们这样做，尽管这些公民宁可忍受监察官的羞辱也不愿忍受诗人的羞辱。但是对统治国家多年，在和平和战争时期都有重大影响的伯里克利，用诗句污辱他就不太合适，这样的诗句应当在剧场里朗诵，而不是被我们自己的普劳图斯或奈维乌斯用来辱骂普伯里乌和格奈乌斯·西庇阿，或者被凯西留斯用来诬蔑马库斯·加图……另外，我们的十二铜牌法，尽管只对少量罪行规定了死刑，但确实对污蔑罪做出了惩罚规定，任何人都不能用唱歌来污辱其他人，也不能在创作的歌曲中包含对其他人的污辱。这是一种良好的统治，因为我们的生活方式必须由行政官员和法庭来审判，而不能由能干的诗人来审判；我们也一定不要成为可耻的对象，除非我们有机会在法庭上回答问题，为我们自己辩护……早期的罗马人不希望在舞台上赞扬或责备任何活着的人……

---

① 西塞罗在这里讲的是诗人，可能是喜剧家。

② 阿里斯托芬以及其他喜剧家嘲笑过这些雅典政客。

【11】……雅典的埃斯基涅斯① 是一位最雄辩的演说家，他管理国务，尽管他年轻时是一名悲剧演员；雅典人经常派遣也是悲剧演员的阿里斯托德谟② 担任使者，去和腓力谈判最重要的和平与战争问题……

第五卷

【1】"古代的习俗和强大的人，建立罗马国家的坚实基础。"③ 这些如此简洁、真实的诗句似乎是我们的诗人从神谕中得来的。只有在建立国家时也建立习俗，又有人保护这些习俗，否则只有人，或者只有习俗，都不足以建立和长期维持一个幅员辽阔的国家。因此，在我们这个时代以前，我们祖先的习俗已经培养了优秀的人，优秀的人维持着我们古代的习俗和祖先的制度。然而，尽管传到我们手里时国家就像一幅美丽的绘画，但由于年代久远，它的颜色已经褪去，而我们自己这个时代不仅忽略了用它原来的颜色修复它，而且甚至没有不怕麻烦地保存它的外形，也就是说，保存它的轮廓。因为，被诗人说成是"建立罗马国家的坚实基础"的"古代的习俗"还有多少保存下来了呢？如我们所见，它们已经被彻底湮没，人们不仅不再遵从这些习俗，而且已经不知道了。关于人我该说些什么呢？丢失我们的习俗的原因在于缺乏人，对于这种大恶，我们一定不要只是提出解释，而必须以各种可能的方式为自己辩护，就好像被人指控犯了大罪。由于我们自己的过错，而不是由于偶然的原因，我们只保留了国家的形式，但早已失去了它的本质……

---

① 埃斯基涅斯（Aeschines），约为公元前 397 年—前 322 年，雅典演说家和政治家，德谟斯提尼的政敌，被后者称做三流演员。

② 阿里斯托德谟（Aristodemus），雅典政治家，当过演员，曾于公元前 347 年作为雅典代表团成员赴马其顿与腓力进行和平谈判。

③ 引自恩尼乌斯《编年史》的诗句。

【2】……［没有任何东西］能像正义的统治那样与国王的统治相像，它包括对法律的解释，因为臣民们习惯于向他们的国王寻求法律裁决。由于这些原因，适宜耕作和放牧的广阔、富饶的土地和田野，被放在一边，当做国王的财产，不需要他本人去耕种或照管，这样做可以使他不必因为自己的私事而在处理人民的事务时分心。任何普通公民也不能在发生纠纷时担任法官或仲裁者，而是每一案件都要由国王本人来裁决。在我看来，我们自己的国王努玛最严格地遵循了这种希腊国王的古代习俗。因为我们其他的国王尽管也履行这种义务，但他们花费了大量的时间打仗；因此他们关注战争法，而在努玛统治下的长时间和平是我们这个城市的正义和宗教之母。如你们所知，甚至当这位国王仍旧拥有强大的武力时，他就制定了法律。这确实是对我们正在谈论的这些公民的恰当关心……

【3】……但不管怎么说，就像一位有效的家长，某些耕种土地、建造房屋、保管账目方面的经验是必要的……

西庇阿　……知道……不会使你不高兴……根和种子的……不会吗？

姆米乌斯　根本不会，如果有这种必要的话。

西庇阿　那么你不认为这样的知识只适合庄园的总管吗？

姆米乌斯　决不，因为缺乏精心照料是务农最常见的错误。

西庇阿　那么管理耕种的管家知道土地的性质，管理家务的管家知道如何读和写，他们都对他们知识的实际有用性感兴趣，而不是因为拥有这些知识会感到快乐。以同样的方式，我们管理国务的政治家肯定应当努力熟悉正义和法律，应当考察它们的起源。但他不应当允许自己把时间都用在商议上，或者用于阅读和撰写这些主题，因为如我们所说，他必须能够完成一个国家的管家的工作；他必须与最高层面的正义进行充分的交流，因为没有最高的正义，就无人可以是正义的；他一定不能对民法一无所知，但他的民法知识应当像航海的舵手所掌握的关于星辰的知识，或者像医生所掌握的医学知识；因为他们各自使用自己的某种技艺，但不允许这些知识妨碍他履行特别的义务。但这个人会看到……

【4】……在这些国家里，最优秀的人寻求赞扬和荣耀，避免蒙受耻辱和丢脸。他们确实也不像是由于害怕受到法律规定的惩罚而远离犯罪，就像自然给人以羞耻感那样，而是由于害怕正义的批评。掌权的政治家运用公共舆论的力量来强化这种感觉，通过原则的实施和系统的训练来使之完善；所以，羞耻感使公民远离犯罪决不亚于恐惧感。这些批评要随同表扬一道进行，讲述得越广泛，发展得越充分。

【5】涉及日常生活行为，这个制度规定了合法的婚姻、合法的子女，规定要供奉家族的路神和灶神①，所以所有人都可以使用公共财产以及他们自己的个人财产。除非生活在一个良好的国家里，否则就不可能很好地生活，除非建设一个良好的国家，否则就没有任何东西可以产生更大的幸福。因此我总是感到惊讶，[这个] 如此重要的东西……

【6】**西庇阿** ……正如舵手的目标是成功的航行，医生的目标是健康，将军的目标是胜利，所以这个国家的指导者以他的同胞公民的幸福生活为目标，并且竭力使这种幸福生活富裕、充足、尊贵、荣耀。我想要他完善这一成就，这是人间最伟大的事业和最有可能……

……你的文章在什么地方赞扬过这样一位统治者，他考虑他的人民的利益胜过考虑他们的愿望？……

【7】…… [我们的] 祖先由于渴望荣耀而被许多神奇的、令人敬佩的行为所激励……

……国家的杰出人士必须用荣耀来滋养，仅当所有人都把荣耀赋予他们的领袖时，国家才能持久……

……然后依靠美德、劳动、勤奋……才能保存这些最杰出人士的天赋的能力，除非一种火热的精神以某种过于顽强的方式……他……以某处 [方式] ……

……这种美德称做勇敢，是由精神的高尚和对痛苦和死亡的完全蔑视构

---

① 此处原文为 "Lares"（拉瑞斯，罗马人的路神）和 "Penates"（佩奈特，罗马人的灶神）。

成的……

【8】……就像马凯鲁斯生气勃勃、喜爱争斗一样，马克西姆谨小慎微，喜欢思考……

……包括在这个世界中……

……因为他能使你们的家庭分担他老年的烦恼……

【9】……由于斯巴达的墨涅拉俄斯拥有某种令人喜悦的、迷人的口才 ①……让他在语言的简洁方面有所提高……

……由于在一个国家里没有任何事情能像投票和表达意见那样摆脱腐败，所以我无法理解，为什么用金钱腐蚀他们的人要受到惩罚，而用口才腐蚀人反而受到赞扬。事实上，在我看来，用语言腐蚀法官的人比贿赂法官的人所犯的罪行更加可恶，甚至拥有美德的人也能被演讲术腐蚀，尽管用贿赂不能……

……在西庇阿讲完这番话后，姆米乌斯表示完全同意，因为他对修辞学家有某种刻骨的仇恨……

……优秀的种子能够被播在最肥沃的土地上……

第六卷 ②

【1】……那么，你想完整解释这位进行统治的政治家的谨慎，这种品质的名称源于预见一词 ③……

……因此这位公民必定会看到，他总要武装起来，反对那些影响国家稳定的势力……

---

① 荷马：《伊利亚特》第 3 卷，第 212 行。
② 本卷在原手稿中完全缺失，残篇散见于一些古典著作。其中著名的《西庇阿之梦》由公元 5 世纪的拉丁作家马克洛庇（Macrobius）的《评西庇阿之梦》保存。
③ "谨慎"（prudentia）一词根源于"预见"（provideo）。

……公民中的这种分歧意见使一部分人与其他人分离，这种意见被称做煽动性的言论……

……在内乱中，美德确实比人数更重要，我认为必须衡量公民的美德而不是数共有多少人……

……因为我们的欲望是支配我们思想的强硬主人，它驱使和命令我们去做无数的事情；由于不可能以任何方式使这些愿望喜悦或满足，它们就诱惑那些已经被它们激起欲望的人犯下各种罪行。

……约束它的力量的人和那不受任何约束的暴行……

【2】……这样做确实更加伟大，因为同事们的意见虽然一致，但他们不仅没有受到相同程度的仇恨，而且人们对革拉古的热爱还缓和了对克劳狄的仇恨……

……他用这些话连续不断地攻击贵族和杰出人士的力量，庄严地在背后留下响亮的回声……

……所以，按照这位作者的说法，每天都有成千的人身穿紫袍来到市政广场上的讲坛……

……你记得，在这种情况下，由于多变的民众的聚集和青铜器皿的堆积，使葬礼得到出人意料的荣耀……

……因为我们的祖先希望婚姻是稳定的和长久的……

……我们手头都有莱利乌斯的演讲词，他的演讲告诉我们，祭司的长柄勺怎样令诸神高兴，引用他的话来说，萨弥亚人的碗……

【3】……［潘斐利亚人厄尔］①，死后躺在火葬堆上，然后又复活，讲了许多地下世界的秘密……这些有关灵魂不朽和天上的事情［不是］做梦的哲学家的虚构，或者是伊壁鸠鲁主义者嘲笑的那些不可信的故事，而是聪明人的推测……

【4】……倒不如说［柏拉图］是在开玩笑，而不是想把这些事情说成是

___
① 参见柏拉图：《国家篇》614—621。

真的……

【5】……①

【6】……

【7】……

【8】**西庇阿**　……尽管意识到他行为的高尚是对一个聪明人的美德的最好褒奖，然而那神一般的美德期待的确实不是用铅固定的塑像，而是得到一种更加稳定和永久的本性的奖赏。

莱利乌斯　那么它们是什么呢？

西庇阿　由于这是我们庆祝……假日的第三天，请允许我……

西庇阿之梦

【9】**西庇阿**　你们知道，我当时是在阿非利加的第四军团的军法官，在执政官玛尼乌斯·玛尼留斯的统率之下。我到达那个国家的时候，最大的愿望是会见玛西尼萨国王，由于各种很好的原因②，他是我们家族的一位非常亲密的朋友。当我见到他的时候，这位老人拥抱我，热泪盈眶；过了一会儿，他仰望苍天，说了这样一些话："啊，至高无上的太阳神，还有其他天神，我要感谢你们，在我离开今世之前，我在我的王国和我的屋檐下见到了普伯里乌·高奈留·西庇阿，仅仅是听到他的名字，我就感到精神振奋；这位高尚的、不可战胜的英雄的形象几乎丝毫没有从我的记忆中消退！"我向他询问他的国家的事情，而他也向我了解我们的国家，我们在一起谈了一整天。

【10】后来，这位国王殷勤地款待我，然后我们继续谈话，直到深夜；

---

①　第5—7章完全缺失。

②　老西庇阿曾经恢复玛西尼萨继承下来的疆土，并且给他的王国添加了一些土地。

老国王一个劲地说起阿非利加努，回忆他的言论和行为。后来，我们分开了，各自去休息，我马上进入梦乡，比通常睡得还要沉，因为旅途疲劳，时间也很迟了。我猜想，我们之间谈话的主题促使我做了一个梦；日有所思，夜有所梦，这种事情是经常发生的，就像恩尼乌斯所描述的那样，他提到了荷马；当然了，荷马醒着时候老是在谈话和思考。我梦见阿非利加努站在我面前，我熟悉他的样子，与其说通过他的形象，不如说直接通过他这个人。认出他来以后，我害怕得发抖，但他说："勇敢些，西庇阿，不要害怕，你要牢牢记住我的话。"

【11】"你看尽管我用武力使那边那座城市顺服了罗马人民，但它先前的冲突又起，无法安宁"（在星光照射下，他站在高处，手指着迦太基），"你现在的等级只比普通士兵高一点点，你就要去包围那座城市吗？两年内，你将成为执政官，你将推翻迦太基，通过你自己的努力，赢得你至今为止从我这里继承的这个父名①。但在摧毁迦太基、庆祝你的胜利以后，你将担任监察官；你将出使埃及、叙利亚、亚细亚和希腊；你将在缺席的情况下第二次当选执政官；你将胜利地结束一场大战；你将摧毁努曼提亚。但在驱车前往卡皮托利山的时候，你会发现这个国家由于我的外孙②的谋划而陷入动荡。"

【12】"然后，阿非利加努，你有义务向你的祖国显示你的品性、能力、智慧。但在那个时候，我看到摆在你面前有两条命中注定的道路。因为当你的年纪七倍于太阳转八圈的时候——这两个数字由于不同的原因都被认为是圆满的——当自然的进程到达你一生中命定的高峰时，那么整个国家都会只关注你和你的名字。元老院、全体优秀公民、同盟者、拉丁人，都会看着你；你将成为国家安全的唯一支柱，简言之，你的义务就是作为一名独裁官恢复这个国家的秩序，只要你能逃脱你的同胞的罪恶之手。"③

西庇阿说到这里，莱利乌斯惊叫起来，其他人也深深地叹息，而西庇阿

---

① 即阿非利加努。

② 指提比略·革拉古，他是老西庇阿的外孙。

③ 这是在怀疑西庇阿之死（公元前129年）是革拉古派所为。

温和地笑着说：请安静，别把我吵醒，你们再听一会儿，看下面怎么说。

【13】"但是，阿非利加努，一旦明确了这一点，你会更加渴望保卫这个国家；所有那些想要维护、帮助、扩大他们祖国的人在天上都会有一个为他们保留的特殊位置，可以在那里享受永远幸福的生活。人世间发生的一切，没有哪样事情比正义地把人们聚集在一起组成所谓国家，更能令统治整个宇宙的至上神喜悦。它们的统治者和维护者从那个地方来，并且会回到那里去。"

【14】虽然更多的是由于我自己的同胞中的欺诈念头，而不是由于对死亡的恐惧，我当时吓坏了；但不管怎么说，我问他，我的父亲鲍鲁斯和他，还有其他那些我们认为已经死去的人，是否真的还活着。

他说："他们当然还活着，他们就像越狱一样，摆脱了肉体的束缚；而你们所谓的生命，如人们所说的那样，实际上是死的。你看不见你父亲鲍鲁斯正在朝你走来吗？"

当我看到父亲的时候，禁不住泪如泉涌；但是他拥抱我，亲吻我，叫我不要哭泣。

【15】等我止住了悲伤能够说话时，我喊道："无比高尚、无可指摘的父亲，按照阿非利加努的说法，如果这才是生命，那么我为什么还要在世上滞留呢？我为什么不尽快到你那里去呢？"

他答道："不是这样的，除非庙宇遍布各地的神把你从肉体的监禁中解放出来，否则你无法进入我们这个地方。人获得生命并在那里居住的区域称做大地，你站在这座庙宇的中心就可以看到大地；人在那些被你们称做星辰的永恒的火焰之外得到灵魂，神圣的理智使这些圆形的天体有了生命，使它们以一种神奇的速度在确定的轨道上运行。因此你，普伯里乌，还有其他所有善人，都必须把灵魂留在肉身之中囚禁，一定不能抛弃凡人的生活，除非赋予你生命的那一位发布命令，免得你像是在躲避神赋予你的义务。"

【16】"但是，西庇阿，你要模仿你的外祖父，你要模仿我，你的父亲；热爱正义和履行义务吧，这些义务确实是对父母和亲人的，但大部分是对祖

国的。这样的生活是通往天上的一条大道，那些完成了人世间的生活、摆脱了肉体束缚的人聚集在天上，他们就居住在你现在看到的那个地方。"（就在那个星光最明亮的地方）"借用一个希腊用语，你们在大地上称那里为银河。"

我站在那里凝视四周，一切都显得格外美丽。那里有我们在大地上从未见过的星辰，全都比我们所能想象的更大。星辰中最小的就是那颗距苍穹最远，距大地最近的星球，它闪耀着的光芒是从别的星球[①]借来的。繁星密布的天穹比大地要大得多；大地本身在我看来是那么小，使我想要嘲笑我们的帝国，它只能遮住天穹表面的一个小点。

【17】当我仍在继续更加全神贯注地凝视大地时，阿非利加努说："你盯着下面的大地还要多久？你不明白你已经进入了一个崇高的区域吗？这九个圈就是所谓的九重天，构成了整个天堂。九圈之一，最外面的那一个，就是所谓的天穹；它包含其他各重天在内，它就是把其他各重天全都包含在内的至高神本身；行星的永久运行轨道就固定在天穹上。在它下面是七个其他的区域，按照与天穹转动相反的方向旋转。那些行星中有一颗在大地上被人称做萨图恩之星[②]。下一颗被人称做朱庇特之星[③]，它给人类带来幸福和健康。再下一颗星是红色的，它给人类居住的地方带来恐怖，你们把这颗星归于玛斯[④]。再往下是太阳，它几乎位于天穹和大地之间距离的中间，它是其他星辰的主人、首领和统治者，是宇宙的心灵和指导原则，它非常庞大，它的光芒照亮和充满一切。太阳由它的伴侣们陪伴，维纳斯[⑤]和墨丘利[⑥]有自己的轨道，月亮运行的区域最低，它被太阳的光芒照亮。月亮之下的一切都是有死的、可朽的、只有诸神恩赐给凡人的灵魂除外；而月亮之上的一切都是永恒的。第九重，或位于中心这一重，就是大地；大地不动，所处的位置最

---

① 月亮。
② 即土星。
③ 即木星。
④ 即火星。
⑤ 即金星。
⑥ 即水星。

低，一切具有重量的物体因其向下的本性而停留在大地上。"①

【18】看完这些神奇的景象，我从惊诧中回过神来。我说："我听到的这种响亮、悦耳的声音是什么声音?"②

父亲回答说："这是由各重天本身的运动引起的；它们之间的间隔不尽相同，但有着确定的比例，而高低音的混合可以产生各种和谐；如此庞大的天的快速运动不可能不发出声音；自然规定了在一个端点产生低音，而在另一个端点产生高音。因此，承载着行星的最高这重天运动得越快，发出的声音越高、越尖锐；而位置最低的运动着的这重天，即月亮所处的地方，发出的声音最低；第九重，亦即大地所在的那一重，是永远不动的，它一直静静地待在宇宙中心的那个位置。但是其余八重天，两两成对，以相同的速度运动，产生七种不同的声音——这个数字包含着一切事物的奥秘。有学问的人，通过在弦乐器和唱歌中模仿这种和谐，得以返回到这里来，就如其他一些人通过在凡世间把他们杰出的理智献身于神圣的追求而获得同样的奖赏。人的耳朵装满了这种声音就像聋子一样听不见了，因为你们没有比听觉更迟钝的感官了。在尼罗河从高山峻岭奔腾而下的那个叫做卡塔都帕的地方，我们可以看到相同的现象；住在附近的人已经失去他们的听觉，根本听不到响亮的声音。凡人的耳朵无法听到这种由整个宇宙的高速运动产生的伟大音乐，就好像你无法直视太阳，太阳的射线会征服你的视觉。"

【19】在观看这些奇观时，我不时地把视线转回大地。阿非利加努又说："我看到你仍旧在观看人类的住处。如果你认为它确实很小，那么就看着天上的事物蔑视大地上的事物吧。通过凡人的言语，你能获得什么名声，或者说通过这样的追求你能得到什么荣耀? 你看到大地上只有很少一些地方有人居住，有人居住的地带之间又隔着巨大的沙漠；你看到大地上的居民分布极广，不同地区之间没有任何联系；有些居民居住的地方是歪斜的，有些甚至

---

① 关于天文体系参见柏拉图：《国家篇》616b—617c；《蒂迈欧篇》36，38。

② 参见柏拉图：《国家篇》617b。

住在你们的对面；从他们那里，你当然无法期待任何荣耀。"

【20】"此外你会注意到，大地由某些地带环绕，其中有两个地带距离最远，由天穹的两个对立的极点支撑，那里冰天雪地；而大地的中央地带和那个最宽广的区域则被太阳烤焦。有两个地带是可以住人的；南方的地带（那些居民的脚底板正好与你们的脚底板相对）与你们居住的地带没有任何联系。观察一下你居住的北方地带，你会看到属于你们罗马人的地方只是其中很小的一部分。你们掌握的整个疆界，从北到南，从东到西，实际上只是一个由大海环绕的小岛，你们住在大地上的时候把这些海称做大西洋、大海或大洋。尽管它有着值得自豪的名字，但你现在看到它有多么小了吧！你假定你的名望，或者我们中的任何人的名望能够攀越高加索山，游过恒河，抵达居住在那里的居民吗？居住在太阳升起和降落的遥远土地上或者居住在极北或极南之地的居民，能听到你的名字吗？撇开这些不谈，你不会看不到，你热衷于传播的荣耀仅限于一个狭窄的地区。至于那些现在还在谈论我们的人又能谈多久？"

【21】"即使未来的世代希望把从他们的祖辈那里得到的、为我们撰写但尚未写就的颂辞传递给后代，那必定会在大地上发生的大洪水和大火灾①一定会阻碍我们获得永久的荣耀，更不必说永恒了。既然那些在你前面活着的人决不会提到你，那么在你之后活着的人是否谈到你又有什么要紧呢？"

【22】"在你前面活着的人决不在少数，他们肯定是好人；而听到过我们名字的人仅隔一年就无法想起我们的名字，不是吗？人们通常按照太阳的运行来确定年份，这是在用一个星球作标准；而当所有星球经过漫长的时间又回到它们的出发地，整个天穹的原初景象重新恢复，那么这样的一段时间可以真正地被称做'大年'②。我几乎不敢说在这样的一年里会有多少个凡人的世代；罗莫洛进入这些区域时太阳发生了日食，等到这种情况在同样的地点

---

① 这是斯多亚学派的观点。

② 关于大年，参见柏拉图：《蒂迈欧篇》39。

和同样的季节再次发生，你就可以相信所有行星和恒星都已经回到它们原初的位置，这时候一年才真的过去了。但是我们可以肯定，现在还没有过完一年的二十分之一。"

【23】"因而，如果你对能否回到这个杰出人士能够找到他们真正奖赏的地方来感到绝望，那么你想要维持在凡人中的名望又有什么价值呢？要知道，你甚至难以在一年中的很小一部分时间里维持。因此，只要你观望高处，沉思这个永恒之家和安息之所，你就不会再去关注群氓们的流言蜚语，或者相信凡人能够奖赏你的功绩。美德本身会用她自己的魅力引导你走向真正的荣耀。其他人要谈论你，就让他们说去吧；无论如何，在任何情况下，他们总是要说的。但是他们所有的谈论都局限在你现在看到的狭窄地区，更何况人的名声无法持久，人一旦死了，他说的话也就被后代遗忘了。"

【24】听他说完这些话，我说："如果确实有通天之路对那些为国良好服务的人敞开，那么我会受到这些如此崇高的奖赏的激励，加倍努力；尽管从童年起，我就已经追随我的父亲和你本人的足迹，并且从来没有辱没过你们的荣耀。"

他答道："你确实需要努力，但你要明白，可朽的不是你，可朽的只是你的身体。因为一个人的外表显示的不是你本人，真正的自我是灵魂，而不是可以用手指指出来的身体。所以你要知道，如果神就是有生命、感觉、记忆和预见，统治、管理、推动身体的那个东西，正如高于我们的至上神统治这个宇宙，那么你也是神。宇宙有些部分是可朽的，正如永恒的神推动宇宙，不朽的灵魂推动虚弱的身体。"

【25】"始终在运动着的东西是永恒的，有些事物把运动传递给其他事物，而其自身要靠其他的力来推动，当这种运动结束时，它必然停止生存。因此只有那些自动的事物本身决不会停止运动，因为它决不会抛弃自身；不，倒不如说它是其他一切被动的事物的运动源泉和始因。但这个始因本身没有开端，因为一切事物均源于始因，而始因决不能源于其他任何事物；因为那样的话，它就不是始因了，它的来源要归于其他事物。由于它决不会有开端，

因此它也决不会有结束。如果始因被摧毁，它就决不能从其他事物再生，也不能使其他事物产生；由于一切事物必定源于始因。由此可以推论，运动从那个自动者开始；但这个自动者既不能出生，也不能死亡，否则的话，由于不能得到来自始因的最初发出的力量，一切天空必然崩溃，一切自然必定灭亡。"

【26】"因此，事情很清楚，自动者是永恒的，谁能否认那就是灵魂的性质？因为任何由外力推动的东西都没有灵魂；而任何拥有灵魂的东西均由它自己的内力推动；因为这就是灵魂的独特本质和属性。既然灵魂是唯一自动的力量，那么灵魂肯定没有开端，是不朽的。因此，要在最优秀的事业中使用灵魂！保卫祖国是最好的任务，在这样的活动中受到训练的灵魂将会快速逃往这个永久的、适当的居所。当灵魂还被囚禁在身体中的时候，它向外观望，对在它之外的东西进行沉思；一旦能够离开身体，灵魂的逃亡会更加快捷。那些醉心于感官快乐、成为感官快乐的奴隶的人，他们的灵魂在臣服于快乐的欲望的唆使下，违反诸神的法律和凡人的法律——他们的灵魂在离开身体以后在野外漫游，而不是回到这里来，除非经受许多个时代的折磨。"

他离去了，我从睡梦中惊醒过来。

论 法 律

提 要

本文的拉丁文标题是"De Legibus",英文译为"Laws"。中文名译为"论法律"。本文采用对话体,主角是西塞罗本人,对话人有西塞罗的弟弟昆图斯和西塞罗的朋友阿提库斯。

《论法律》在内容上与《论国家》具有连续性,在一定意义上是《论国家》的一个补充。本文对话人之一、西塞罗的朋友阿提库斯对西塞罗说:"由于你已经写了一部关于理想国家的体制的论文,所以你也应当写一部关于理想国家的法律的论文。"(第一卷第 5 章)西塞罗自己也说:"我想我应当采取柏拉图那样的进程,他是一个非常博学的人,是他那个时代最伟大的哲学家,他首先写了一本关于国家的书,然后在另一本书中描述它的法律。"(第二卷第 6 章)

西塞罗是罗马共和国晚期最重要的政治思想家。他在本文中系统地探讨了古代罗马国家的法律及其实践。《论法律》未能完整地保留下来,现存部分共分为 3 卷,主要内容是法律和法的根源与本质、神圣法与自然法的区别、宗教法与行政官员法、保民官制度等,译成中文约 5.7 万字。

正 文

第一卷

【1】阿提库斯①　我真的认识这片园林和这棵阿尔皮诺②橡树，我在《马略颂》③里读到过相关的描写。如果诗中写的那棵著名的橡树还活着，那么肯定是这一棵。这棵树确实很老了。

昆图斯④　我亲爱的阿提库斯，那棵橡树的确还活着，而且永生，因为它是用想象力种植的。农夫辛勤照料的树没有一棵能活得像诗人用诗句种植的树那么长久。

阿提库斯　怎么会呢，昆图斯？诗人种的树是什么样的？在我看来，在赞扬你的兄长的同时，你似乎也在赞扬你自己。⑤

昆图斯　你也许是对的；但不管怎么说，只要拉丁文学还活着，这个地方就不会没有一棵橡树被称做"马略的橡树"，这棵树，如同斯卡沃拉在谈到我兄长的《马略颂》时说的那样，将"穿越无数个世代直到永远"。因为我想，你不会真的相信你钟爱的雅典人能够在他们的卫城上保存一棵不死的橄榄树⑥，或者相信今天在德洛斯岛上还能看到荷马诗中的乌利西斯⑦说他在

---

① 阿提库斯是西塞罗的挚友，罗马骑士，全名提多·庞波纽斯·阿提库斯（Titus Pomponius Atticus）。他长期客居雅典，故有"阿提库斯"的别号。

② 阿尔皮诺（Arpinum），西塞罗的出生地。

③ 西塞罗写的一首诗，可能写于公元前59年或更早。

④ 昆图斯是西塞罗的胞弟，全名昆图斯·西塞罗（Quintus Cicero）。

⑤ 昆图斯本人也写过一些诗。

⑥ 雅典人声称雅典娜在雅典卫城西面种的那棵橄榄树是阿提卡最早的橄榄树。

⑦ 参见荷马：《奥德赛》第6卷，第162行。

岛上看见的那棵高大挺拔的棕榈树。以同样的方式，活在人的思想中的不同地方的许多事物比自然能让它们存在的时间要长。因此，让我们假定这棵树就是那棵"果实累累的"橡树，"奇妙的、金色的朱庇特的信使"曾经从这棵树上起飞。即使时间或世代摧毁了这棵树，这里仍旧会有一棵橡树被人们称做"马略的橡树"。

阿提库斯 对此我深信不疑。但是，昆图斯，我下一个问题不是对你，而是必须对诗人本人提出。真的是你的诗句种植了这棵橡树，还是你根据传说描述了发生在马略身上的事情？

马库斯① 我会回答你的，阿提库斯，但在此之前，你自己先要回答一个问题。罗莫洛故去以后，他的灵魂在离你们现在的房子不远的地方出没，他在那里碰见普洛库鲁斯·朱利乌斯，他对朱利乌斯说自己是神，名叫奎利努斯，并且要朱利乌斯下令在那个地方建一座神庙献给他，这是事实吗？在雅典，同样离你的老房子不远，阿奎洛②抢走了俄里蒂亚，这是真的吗？传说中是这样的。

阿提库斯 你问这种问题的目的或原因是什么？

马库斯 除了使你不要对以某种方式传递给我们的传说过于吹毛求疵，没有其他目的。

阿提库斯 然而，涉及《马略颂》的许多部分，人们会问它们是虚构的还是真实的；由于你在诗中涉及最近发生的事件和一名在阿尔皮诺出生的人，③某些人要求你恪守事实真相。

马库斯 我本人并不希望被人视为造假；但与此同时，我亲爱的提多，你提到的"某些人"表现了他们的无知，因为他们对这种事情所要求的真实性可以在法庭上对证人提出，而不应对一名诗人提出。这些人无疑也相信努

---

① 即作者本人。

② 阿奎洛（Aquilo），传说中的北风神。

③ 马略是西塞罗的同乡，出生在阿尔皮诺。

玛和厄格利娅①谈话，说那只老鹰把帽子重新戴回塔奎纽斯②的头上！

昆图斯　那么，我亲爱的兄长，按照我的理解，你相信在历史和诗学中奉行不同的原则。

马库斯　确实如此，昆图斯；在历史中判断一切事物的标准是真实，而在诗学中一般把能否提供快乐作为标准；然而，在历史之父希罗多德的著作中，以及在塞奥波普③的那些著作中，人们可以发现无数虚构的故事。

【2】阿提库斯　我想要的机会来了，我不会白白放过。

马库斯　你这样说是什么意思，提多?

阿提库斯　人们很久以来就有一种愿望，或者倒不如说有一种要求，你应当写一部历史。因为人们想，如果你进入这个领域，我们就可以在这个部门的学问中与希腊人一争高下了。我自己的看法是，你不仅对那些在学问中获得快乐的人的愿望负有这种义务，而且也对你的国家负有这种义务，为的是让这块你曾经拯救过的土地④也能荣耀。因为我们国家的学问在历史上是有缺陷的，我本人明白这一点，也经常听你这样说。但是你肯定能够令人满意地弥补这个缺口，因为，至少你自己总是相信，学问的这个部门比其他任何部门都要更加接近演讲术。⑤因此，接受这个任务吧，我们请求你，找时间去履行这一迄今为止被我们的同胞忽略或轻视的义务。大祭司们的编年史是一些枯燥乏味的记录，在那以后，当我们提到法比乌斯⑥，或者加图⑦(他的名字总是挂在你的嘴上)、庇索⑧、芳尼乌斯、维诺纽斯的时候，尽管他们

---

①　厄格利娅（Egeria），传说中的水仙，罗马第二位国王努玛·庞皮留斯（Numa Pompilius）之妻。

②　据说塔奎纽斯·普利斯库（Tarquinius Priscus）当国王之前，一只老鹰叼走他的帽子，在空中盘旋并响亮地叫唤，然后又把帽子重新戴回他的头上，预言其远大的未来。

③　塞奥波普（Theopompus），公元前4世纪的希腊历史学家。

④　指公元前63年粉碎喀提林阴谋。

⑤　参见西塞罗：《论演说家》第二卷，第9章。

⑥　法比乌斯·庇克托尔（Fabius Pictor），公元前3世纪的罗马编年史家。

⑦　指老加图。

⑧　庇索，公元前133年担任罗马执政官，古罗马编年史家之一。

中的某一个会比其他人表现得更有活力，然而，还有什么能比这群人显得更加缺乏生气？安蒂帕特[①]，芳尼乌斯的同时代人，表现出某种活力，但带有粗野的性质，缺乏来自训练的精致与技巧；但不管怎么说，他可以对他的后继者起到警示作用，他们的写作应当更加努力。但是你们瞧，他的后继者，克劳狄和阿塞里奥，有什么精美的样品！这两个人不能拿来与科厄留斯相比，而只能和我们低能笨拙的早期历史学家相比。我为什么要提到玛凯尔[②]？他累赘冗长的文风确实表现出某些思考（尽管并非来自希腊人般的博学，而是来自罗马人的书记员的抄写），但他的演讲中包含许多荒谬的东西，他那些高雅段落的夸张也超过了一切限度。他的朋友西森那[③]已经轻易地超过了迄今为止我们其他所有历史学家，那些尚未发表著作、因此无法衡量的人除外。然而他从来没有被你们当做你们这个等级的演说家，在撰写历史时他几乎抱着一种幼稚的目的，克利塔库似乎是他唯一读过的希腊作家，他的唯一愿望就是模仿克利塔库。即使他在这一点上获得成功，他仍旧会被认为不是最高水平的历史学家。因此这个任务属于你，也就是说，如果昆图斯同意我的意见，这个任务的完成要靠你了。

【3】**昆图斯** 我完全同意，马库斯经常和我讨论这件事。我们之间只在一个问题上有不同意见。

阿提库斯 什么问题？

昆图斯 他撰写历史应当从什么时期开始。我认为应当从最早的时期开始，因为关于那个时代已经有某种风格的记载，只是人们不再读它们。而他宁可写他自己生活的时代，为的是能把他本人参与的那些事件包括在内。

阿提库斯 我倒是同意他的意见。因为最重要的事件都发生在我们这代人能够记忆的范围内；此外，他能够在其中荣耀他的亲密朋友格奈乌斯·庞培的事迹，并描写他自己担任执政官的那一年的辉煌的、值得纪念的事件。

---

① 罗马编年史家。

② 公元前 73 年的保民官，编年史家。

③ 公元前 78 年任监察官，撰写过内战史。

我宁愿他写这些事情，而不是去写俗话所说的"罗莫洛和瑞莫斯的事情"。

马库斯 阿提库斯，我明白人们要求我来完成这项任务确实已经很久了。如果我有闲暇，那么我不应当拒绝。但是当一个人的时间已经被占满，或者在他的注意力很分散的时候，他是无法接受这项伟大任务的；要接受这项任务，必须卸去其他工作和焦虑。

阿提库斯 你已经完成的作品不是超过我们任何一位同胞吗？你在撰写这些作品时有什么闲暇？

马库斯 我可以说，有些时候我还有些剩余时间，这些零碎时间我不允许自己浪费。比如，有几天空的时候就去乡下待着，按照计划写点东西。但是在这种情况下，我无法开始撰写一部历史著作，也无法在短时间内完成它，除非事先知道有很长一个时期的空闲；一旦开始这项任务，而又被迫把注意力转向别处，那么我的思路就会被打断；而要想恢复已经中断、尚未完成的写作，我发现不那么容易。

阿提库斯 你的这番陈述似乎在要求把你任命为无任所的使者，等于给你放假，给你绝对的、完全的自由。

马库斯 我更希望能够得到与我的年纪相称的闲暇，尤其是我不会拒绝按照我们祖先的习惯坐在顾问席上提出各种建议，履行一个仍旧有所作为的老年人的愉快的、令人尊敬的义务。因为在这样的情况下，我才有可能如愿完成你们要我承担的任务，以及其他甚至更加重要、更富有成果的活动。

【4】阿提库斯 然而我担心，没有人会接受这样一种要求得到闲暇的理由，你会始终不停地发表演讲，尤其是你已经改变了你的方法，采用了一种与以前不同的演讲风格。[①] 正如你的朋友洛司基乌斯在年老时说话变得缓慢，吹笛子也采用比较缓慢的节拍，你也一天天地变得比较有节制，不再使用你习惯的充满激情的瞬间爆发，结果就是你目前的演讲风格变得与哲学家慢条斯理的讲话没有什么差别了。由于这种风格甚至对极为老迈的人来说也不会

———————————

① 指西塞罗的演讲风格开始变得平静和缓慢。

显得过于冗长，所以我注意到你不会停止诉讼演说。

昆图斯 我肯定认为我们的人民会赞成你把精力投入履行法律方面的义务。因此，只要你认为恰当，我相信你应当试一试。

马库斯 是的，昆图斯，如果这样的尝试没有危险。但是我担心，我正在努力减轻我的劳动，但结果只会增加；我看到，在没有充分准备和精心思考的情况下我不会去进行通常的法律诉讼，而现在解释法律的任务又强加给我。我不会讨厌后一项任务，因为与此相关的劳动并不会剥夺我事先考虑我的演讲的机会，而在没有准备的情况下，我是决不敢对任何重要案子发表讲话的。

阿提库斯 那么你为什么不利用你所说的当前的"剩余时间"来为我们阐述这个主题，写一篇比你的先驱者更加深入的有关民法①的论文呢？因为我记得，你甚至在很年轻的时候就对法律感兴趣，而我当时也在跟斯卡沃拉学习，在我看来，你后来变得醉心于演讲术，但并没有完全放弃民法。

马库斯 你在催我进行长篇讨论，阿提库斯；不管怎么说，我还是愿意的，只要昆图斯也不愿讨论其他问题；既然我们现在有空，就让我来发表我对这个主题的看法。

昆图斯 我非常乐意听你说，我没有其他问题要讨论，或者说，还有什么能比这样度过一天更有益吗？

马库斯 我们为什么不去我们常去散步的地方，等我们走够了，可以坐下休息。一个接一个地讨论问题不会让我们缺乏乐趣。

阿提库斯 我们同意，如果你赞成，我们可以去利里斯河②，沿着河边的林荫道散步。不过，请你现在就开始发表你对民法的看法，一刻也不要拖延。

马库斯 我的看法？好吧，我相信在我们国家里有一些最杰出的人士，

---

① 原文为"jus civile"，译为"民法"，也有译为"市民法"或"罗马法"。

② 利里斯河（Liris）流经西塞罗在阿尔比诺的住宅附近。

他们的传统功能就是向人民解释法律，回答相关问题；然而就是这些人，尽管声称自己承担如此重大的职责，但却把他们的时间花在不重要的细节上。什么主题能像国法那么重大？什么事情能像提供法律咨询的人的任务那么细微？然而，这对人民来说是必要的。我不认为从事这个行业的人缺乏一般的法的概念，他们已经学习了所谓民法，以对人民有用为限度。然而就相关的学问而言，它算不上什么，尽管出于实用的目的，它是不可或缺的。那么，你要我阐释什么主题呢？你想要怂恿我完成什么任务？你要我写一篇关于屋檐和隔墙法的论文吗？或者写一个处理合约与法庭程序的手册？这些主题已经被许多作家精心处理过了，我相信，你们希望我处理的主题比它们重要得多。

【5】**阿提库斯**　如果你问我希望你处理什么，那么我合乎逻辑地认为，由于你已经写了一部关于理想国家的体制的论文，所以你也应当写一部关于理想国家的法律的论文。因为我注意到，你敬爱的柏拉图也这样做了，你对柏拉图的崇敬和热爱超过其他所有人。

马库斯　那么，你的希望是，就像柏拉图在某个夏日里，在克里特的一片柏树林里和克诺索斯的林荫道上，一会儿散步，一会儿休息，与克利尼亚和斯巴达人麦吉鲁斯讨论国家体制和理想的法律——你回忆一下柏拉图的描写——我们以相同的方式，在这片挺拔的白杨林中，在绿树成荫的河岸边上散步和休息，讨论同样的主题，我们的讨论涉及的面更宽，而不仅仅是那些法庭实践所需要的内容。

阿提库斯　我肯定喜欢听到这样的谈话。

马库斯　昆图斯怎么看？

昆图斯　没有比这更适合我的主题了。

马库斯　你真聪明，因为你一定明白其他任何讨论都不能如此清晰地带出这样一些问题：自然赋予人的禀赋、人心拥有的最优秀的财富、我们出生并被安置在这个世界上所要尽到的努力目的何在、人为什么要联合在一起、人中间有哪些天然的情谊。只有在这些事情都清楚地得到说明以后，才能发现法律和正义的源起。

阿提库斯 那么你不像大多数人现在所认为的那样，认为法律知识来自执法官的法令，或者不像人们曾经认为的那样，认为法律知识来自十二铜牌法，而是认为法律知识来自哲学最深刻的奥义？

马库斯 没错，庞波纽斯，在当前的谈话中，我们不是在学习如何用法律保护自己，或者如何回答某些诉讼者的问题。这样的问题也许是重要的，它们实际上确实很重要；从前有许多杰出人士专门处理过这些问题，现在也有某个人①在处理这些问题时拥有最高的权威和技能。在我们当前的考察中，我们打算以这样一种方式覆盖普遍正义和法律的整个范围，而我们自己的民法，如其名称所示，将被限制在一个很狭小的范围之内。因为我们必须解释正义的本性，而正义的本性必须到人的本性中去寻求；我们还须考虑各个国家的统治所依据的法律；所以我们必须涉及各个国家已经制定的法律和法令，把它们写下来；罗马人民的民法，如其名称所示，不会在它们中间找不到位置。

【6】昆图斯 我的兄长，你想得很深，只有找到源头，才能找到我们这些后来者的位置。那些以其他任何方式教民法的人都不会像讲授诉讼似的讲那么多寻求正义的道路。

马库斯 昆图斯，你错了，与其说导致诉讼的是法律知识，倒不如说是对法律的无知。但我们晚些时候再谈这个问题，现在让我们来考察正义的起源。

好吧，最博学的人已经确定从法律开始，按照他们给法律所下的似乎正确的定义：法律乃是植根于本性中的最高的理性，它命令人们做那些必须做的事情，禁止人们做那些一定不能做的事情。这种在人心中牢牢扎根并充分发展的理性就是法律。所以他们相信法律就是理性，它的天然功能就是支配

---

① 指塞维乌斯·苏皮西乌·鲁富斯（Servius Sulpicius Rufus），西塞罗的朋友，公元前51年担任执政官，写过大量的法律论文。

正确的行为和禁止错误的行为。他们认为，这种性质在希腊人中得名源于把
每个人应得的东西赋予他这样一种观念，而在我们的语言中，我相信这种性
质的得名源于选择。① 就像他们把公平的意思赋予法律这个词，而我们把选
择的意思赋予法律这个词，尽管这两种意思都恰当地属于法律。如果这是正
确的，就像我一般所认为的那样，那么可以在法律中找到正义的源起，因
为法律是一种天然的力量；它是有理智的人的心灵和理性，是可以用来衡量
正义和非正义的标准。由于我们整个讨论与民众的理性有关，所以有的时候
我们必须以民众的方式说话，把那些以书面形式写成的、支配或禁止人们做
某些事情的东西称为法律。这就是大众的法律定义。但是在决定正义是什么
的时候，让我们从那种最高的法律开始，它的缘起早于任何已经存在的书面
法，或者早于任何已经建立的国家。

昆图斯 这样做，对于我们已经开始的谈话来说，确实更加可取、更为
适宜。

马库斯 那么我们应当在源头处探寻正义的起源吗？因为一旦有所发
现，我们无疑要有一个标准来检验我们找到的东西。

昆图斯 我想这确实是我们必须做的事。

阿提库斯 我也同意你兄长的意见。

马库斯 所以，我们必须保存西庇阿在与此相关的六卷书中证明为最优
秀的国家体制，我们的全部法律必须适合这种类型的国家，由于我们还必须
反复灌输优秀的道德，而不是用书面规定一切，所以我将寻求正义在本性中
的根源，在本性的指导下进行我们的整个讨论。

阿提库斯 完全正确。确实，有本性作指导，我们就不可能走上歧途。

【7】**马库斯** 那么庞波纽斯，你赞同我们的观点（因为我明白昆图斯会
怎么想），不朽诸神的力量支配一切本性吗？或者说支配一切本性的是不朽

---

① 西塞罗认为"Normos"（规定）一词根源于"nemo"（分配），"lex"（法）一词根源
于"lego"（选择）。

诸神的本性、理性、力量、心灵、意志，或者能使我的意思表达得更加清晰的其他术语。要是你不同意，那么我们在讨论其他事情之前必须从这个问题开始我们的论证。

阿提库斯　要是你坚持，那么我肯定会同意，因为我们身边的众鸟啼鸣和潺潺流水使我放下心来，我们的谈话不会被我的同门弟子①在无意中听到。

马库斯　但你必须小心，因为他们时不时地会勃然大怒，就像那些有德行的人一样；如果他们听到我们的谈话，那么他们不会容忍你的背叛；在那本杰出的著作的开头处，作者②写道："神自身没有不幸，也不会给其他事物带来不幸。"③

阿提库斯　要是你高兴，你就继续说吧，我很想看到我承认的前提会导致什么结果。

马库斯　我不会论证得很长。你承认的前提可以导致这样的推论：被我们称为人的这种动物生来拥有预见和敏锐的理智，情感复杂，善于观察，记忆力强，富有理性，十分精明，创造他们的至上神赋予他们一个确定的卓越的地位；因为在如此众多不同种类的活物中，人是唯一拥有理性和思想的，而其他所有种类都没有。但是比理性更加神圣的东西是什么呢，我不说这种东西只存在于人身上，而是说存在于天地之中？理性在充分发展和完善的时候可以正确地被称做智慧。因此，由于没有任何东西比理性更好，由于理性既为人所拥有，又为神所拥有，所以理性是人和神共同拥有的第一样东西。但是，共同拥有理性必定也共同拥有正确的理性。而法律就是正确的理性，所以我们必须相信凡人和诸神共同拥有法律。进一步说，共同拥有法律者也必定共同拥有正义；因此，共同拥有法律和正义者被当做同一共同体的成

---

① 阿提库斯是一名伊壁鸠鲁主义者。

② 指伊壁鸠鲁。

③ 参见第欧根尼·拉尔修：《著名哲学家的生平与著作》第10卷，第139节。"幸福者和不朽者自身没有不幸，也不会给其他人带来不幸。"

员。如果它们确实服从同样的权威和权力，那么它们是同一共同体的成员；而实际上，它们服从上天的秩序、神圣的心灵和具有超凡力量的神。因此，我们现在必须把整个宇宙当做一个以诸神和凡人为其成员的共同体。就像在国家中确定法律地位的依据是家族的血缘关系一样——我会在恰当之处再谈这种体制①——宇宙中也有相同的情形，只是更加广泛、更加美好；所以，凡人和诸神按照血缘和世系关系聚集在一起。

【8】通过考察人的本性通常就可以进一步推进这个理论（它极有可能是正确的）；天体经过不断变化和运行，迎来一个适宜播下人类种子的时候。当这些人的种子散落和播种到大地上以后，它得到了灵魂这一神授的礼物。构成人的其他成分来自可朽者，因而是脆弱的和可灭的，而神把灵魂植入到人的身上。因此我们可以正确地说，我们自己和那些天上的存在者有一种亲族关系；或者我们可以称之为拥有共同的祖先或起源。因此在所有各种生灵中，除了人，没有其他生灵拥有关于神的任何知识，而在人类中，不管哪个民族，无论它是高度文明的还是野蛮的，都知道必须信神，哪怕不知道自己应当相信什么样的神。因此很清楚，一个人认识神，乃是因为他记得或知道自己的起源。

还有，人和神拥有相同的美德，而其他生灵都没有；然而，美德不是别的什么东西，它无非就是完善和发展到顶点的本性；因此人和神有相似性。如果这是真的，那么还有没有比这更为紧密、更加牢固的关系呢？请看，为了人类的福利和需要，自然丰盛地产出大量事物供人使用，她把这些东西作为礼物送给我们，而非随意产出；这样说是正确的，不仅因为肥沃的土地丰产谷物和水果，而且还有动物；很清楚，有些动物被创造出来供人类役使，有些动物用它们的产品供人享用，有些动物本身就是人的食物。还有，在自然的教诲下，无数的技艺被人发现；正是因为熟练地模仿自然，理性才获得各种生活必需品。

———————
① 相关的讨论已经缺失。

【9】自然不仅赋予人敏锐的思想，而且赋予人侍卫和使者般的感觉；感觉向人揭示许多模糊不清的、未能充分显示的形象，我们可以把这些形象称做知识的基础；自然赋予我们一个与心灵极为适宜的形体。当自然使其他动物屈身向下取食的时候，她只把人造就为直立的，让人仰望天空，也就是说，人和天空有关系，那里是人的第一个家。此外，自然还把人的脸部造成特别的形状，使它能准确表现人内在的品性；不仅是眼睛能够清楚表现我们的内心活动，而且是除了人以外其他任何动物都不具有的面容也能表现性格。（希腊人熟悉面容这个词所表达的意思，尽管他们没有给它起名。）我打算略去身体其他部分的官能和资质，比如声音的各种音调和讲话能力，这是促进人与人交际的最有效的工具；因为所有这些事情不属于我们这次谈话的范围，或者是归我们支配的时间所不允许的；此外，在我看来，这个主题在你们已经读过的西庇阿的那几卷书中已经得到恰当的处理。我们已经说了神创造和装备人，希望人成为一切被造物之首，在这种时候我们显然不必讨论所有细节，而只需依据自然本身，在没有任何帮助的情况下，就能凭借其自身的力量更进一步；因为在没有任何帮助的情况下，自然会从这样一些事物开始，自然通过最初的理智掌握这些事物的性质，在单独无助的情况下加强和完善理性的功能。

【10】**阿提库斯**　不朽的诸神啊，为了追溯正义的起源，你走得多么远啊！你的讲话如此雄辩，我不仅不希望仓促地进到我期待你讨论的民法，而且我不反对你就当前的论题讲上一整天；因为你已经谈论过的内容仅仅是另外一个主题的预备，其重要性超过构成导言的这个主题本身。

马库斯　我们现在正在简要涉及的这些要点确实是重要的；但在全部哲学家的讨论材料中，肯定没有比充分认识到我们生来追求正义、权力的基础不是人的意见而是人的本性更宝贵的内容了。一旦清楚认识到人与人之间的情谊，以及人与其同胞之间的团结，这一事实马上就能得到解释。没有任何一类事物之间会如此相似，某一个体完全是其他同类个体的副本，就像我们全都与其他人相同。不，如果坏习惯和错误的信仰没有扭曲比较虚弱的心灵，使它们转向它们愿意转向的其他方向，那么没有人能比他自己更像他自身，就像所有人都与其他人相像。所以，无论我们怎么定义人，一个简单的定义便可以适用于所有人。这就充分证明，人与人之间不存在任何差异。如果存在差异，那么一个定义便不可能适用于所有人；确实，那唯一把我们提升到其他动物之上、使我们能够推论、证明、反驳、讨论、解决问题、做结论的理性，确实是我们大家共有的，尽管所学的东西各不相同，但至少学习能力是一样的。感官对相同的事物有不同的感受，这些事物刺激感官，以同样的方式刺激所有人；我已经提到过的预备性的理智的开端在我们的心灵上打上烙印，也在所有人的心灵上打上烙印；话语是心灵的阐释者，尽管选用不同的语词，但在表达感情这一点上是一致的。事实上，任何种族中都不会有这样的人：找到了向导，却不能获得美德。

【11】人类的相似性也清楚地表现在它的邪恶倾向上，就像它的善良一样。因为快乐也吸引所有人；尽管快乐是一种导致邪恶的诱惑，然而它与某些天生为善的东西有某些相似之处。它以轻松和快乐使我们愉悦；由于这个原因，我们在思想上错误地视之为某种有益于身心的东西。通过类似的误解，我们躲避死亡，就好像死亡是本性的消解，我们希望活着，因为活着才能使我们处于我们出生时的环境之中；我们把痛苦视为最大的邪恶之一，不仅因为它的残忍，而且因为它会导致本性的毁灭。以同样的方式，道德上的高尚和名望有相似性，那些获得荣耀的人被认为是幸福的，而那些没有获得名望的人被视为不幸。悲伤、欢乐、欲望、恐惧同样渗入所有人的内心，即使不同的人有不同的信仰，但它并不能证明，比如说，把狗和猫当做神来崇拜的民族和那些折磨其他种族的民族的迷信性质不一样。有哪个民族不重视礼貌、善意、真诚和感恩？有哪个民族不痛恨和藐视傲慢、邪恶、残忍、忘恩负义的人？上述考虑向我们证明了整个人类必须联合起来，那么最后由此可以推论的是：掌握正当生活的原则使人变善。①

---

①　此处直译为："有关正当生活的原则的知识就是使人变好的东西。"

如果你们认可我已经说过的内容，那么我就继续往下说。如果你们还有什么问题需要解释，那么我们就先解释。

阿提库斯 我们没有问题了，如果我可以代表我们俩说话。

【12】**马库斯** 那么下一个要点是：自然把我们造就为相互之间共同拥有正义感，并将正义感传递给所有人。在整个讨论中我想要你们明白我把自然称做什么（自然把什么东西植入我们身上）；然而，由坏习惯引起的腐败如此盛行，也就是说，自然在我们身上点燃的火花被这种腐败熄灭了，与此相反的邪恶产生出来，确定下来。如果人的判断与自然一致，因此如诗人所说"人所拥有的一切我都拥有"，① 那么所有人都应当同等地遵守正义。从自然中得到理性的馈赠的那些人也得到正确的理性，因此他们也得到法律的馈赠，法律就是适用于命令和禁止的正确的理性。如果他们得到法律，他们也得到正义。现在所有人都得到了理性；因此所有人都得到了正义。苏格拉底经常诅咒第一个把功利与正义分开的人。他抱怨说，这种分离是一切恶行的根源，这样说是正确的。② 毕泰戈拉关于友谊的那句名言是怎么说的？③ 由此清晰可见，当一个聪明人仁慈地对待另一个人，而这个人拥有人们普遍拥有的德性时，会出现不可避免的结果，这在有些人看来是难以置信的——也就是说，他对自己的爱一点儿也不会超过对另一个人的爱。因为，完全相同的事物能有什么差别？如果说友谊中有一丁点儿差别，那么友谊这个名称就会消失；也就是说，一旦朋友为自己想得更多，那么友谊便不复存在。

上述内容确实只是我们剩下要讨论的内容的一个序言，其目的是为了更容易理解正义内在于自然。在我对这个论题简要说明之后，我将讨论民法，这是我们谈话的主题。

【13】**昆图斯** 关于这一点你确实不需要说得太多，你已经说过的话已

---

① 特伦提乌斯：《自我折磨的人》第77行。

② 克莱门在《杂记》第2卷第21章中第3行处告诉我们，苏格拉底的这个说法是由斯多亚学派第二任首领克林塞斯（Cleanthes，约公元前250年）转述的。

③ 西塞罗在此处引用了毕泰戈拉哪句名言不清楚，相关名言有"朋友是第二个自我"。

经让阿提库斯信服，我也一样，自然是正义的源泉。

阿提库斯 我怎能不信服呢？你刚才已经向我们证明了：首先，我们已经得到的供应和装备可以称之为诸神的礼物；其次，只有依靠一条原则人们才能共同生活在一起，这条原则对所有人都相同，并为所有人拥有；最后，所有人都凭着仁慈和善良的自然情感，凭着正义的合作而联合在一起。我们现在已经承认这些结论是正确的，是真理，所以我想，我们怎么能够把法律和正义与自然分开呢？

马库斯 没错，情况确实如此。但是我们正在追随哲学家们的方法——不是从前那些时代的哲学家，而是那些为了生产智慧而建立工作坊的哲学家。从前的哲学家松散地长时间地争论问题，而他们现在要系统地讨论每一个要点；① 他们不认为我们现在考察的这个论题能够完成，除非对正义来源于自然这个观点的具体要点单独进行讨论。

阿提库斯 当然了，你在讨论中已经丧失了独立性，否则你就是这样一种人，在争论中不能坚持你自己的判断，而是温和地接受其他人的权威！

马库斯 提多，我并非始终如此。但你要明白这场谈话的方向；我们整个谈话旨在推进国家的坚实基础、城邦的增强、民众疾病的治疗。由于这个原因，我想要特别小心，不要把未经明智思考和彻底考察的东西当做第一原则来确立。我当然不能期待这些原则会被普遍接受，因为这是不可能的；但我确实在寻求那些相信一切正确、高尚的事物因其自身的原因而被人们需要的所有人的赞同，除非某事物本身值得赞扬，否则没有任何事物可以算做好的，或者说除非某事物能因其自身的原因得到正确的赞扬，否则没有任何东西可以被算做大善。我要说，我期待的赞同来自所有这样的人，无论他们是和斯彪西波、塞诺克拉底、波勒蒙一道待在老学园里，还是追随亚里士多德和塞奥弗拉斯特，认同我们刚才提到的这个学派的学说，尽管在表达方式上他们有一些微小的差别；或者像芝诺那样，改变了用语但没有改变想法；或

---

① 尤其是斯多亚学派强调精确地区分哲学问题，系统地分别讨论每一个要点。

者像追随阿里斯托的那个严格的小宗派，他们相信除了美德和恶德，其他一切都是绝对平等的，这个派别现在已经瓦解，遭到驳斥。① 然而，只要那些实行自我放纵的哲学家② 仍旧根据快乐和痛苦来考察一切事物是否值得拥有，那么即使他们是正确的（在此没有必要与他们争论），我们也要吩咐他们在自己的花园里讨论问题③，甚至要求他们不要涉及对国家有影响的事情，因为他们既不懂这些事情，也不想弄懂这些事情。让我们恳求学园派——以阿尔凯西劳和卡尔涅亚得为代表的新学园派④——保持沉默，因为除了制造混乱，它对解决这些问题没有什么帮助；它会攻击我们认为已经美好地建构和安排的东西，会给我们带来一场浩劫；与此同时，我想战胜这个派别，所以我不敢把它从这场讨论中驱逐出去……⑤

【14】……甚至在这些事情上，不用他的馨香我们也能赎罪；而那些反对我的罪行，以及亵渎神明的罪行，实在无法赎罪。所以人们接受惩罚，更多地并非通过法庭的判决（因为世上曾有过任何地方都没有法庭的时候，直至今日仍有许多地方没有法庭；而在有法庭存在的地方，法庭判决也经常是不公正的）；有罪之人受折磨并非像悲剧中那样被举着火把的复仇女神追踪，而是罪人在意识到自己的罪孽以后心中产生的悔恨和精神上受到的折磨。

如果阻止人们做坏事的是惩罚而不是人的本性，那么在受惩罚的危险被消除以后，罪人为什么会感到不安呢？事实上，从来没有哪个无赖如此不要脸，乃至于承认自己犯下了罪行，不编造某些故事来为自己犯下的罪行做借口，说自己的行为是出于义愤，用某些正确的自然原则来为自己的罪行辩

---

① 斯彪西波（Speusippus）、塞诺克拉底（Xenocrates）、波勒蒙（Polemon）分别是柏拉图学园的继任首领，亚里士多德（Aristotle）和塞奥弗拉斯特（Theophrastus）是逍遥学派的创建者和第二任首领，芝诺（Zeno）是斯多亚学派的创立者，阿里斯托（Aristo）是一位非正统的斯多亚学派哲学家。

② 指伊壁鸠鲁主义者。

③ 伊壁鸠鲁的学生在花园中聚会。

④ 阿尔凯西劳（Arcesilaus）和卡尔涅亚得（Carneades）把怀疑主义引进学园派，被视为新学园派的首领。

⑤ 此处原文有缺失。

解。如果那些恶人敢于诉诸这样的原则，那么好人该有多么妒忌他们受到的保护啊！如果是惩罚、对惩罚的恐惧，而不是罪行本身的邪恶使人不去过一种错误的生活，不犯罪，那么就没有一个人能够被称做不义之人了，而恶人宁可被别人当做鲁莽之人；进一步说，我们中间那些不受美德本身影响的人是好人，而按照功利和有用的考虑来衡量，我们只是精明，而不是善良。在什么情况下，一个什么都不怕，只怕证人和法官的人会在夜幕降临的时候外出？如果他在旷野里碰到一个身上携带着财物、孤立无援、无人陪伴的行路人，那么他会怎么做？我们有美德的人、本性善良正直的人，会和这样的人讲话，帮助他，给他指路；而那个从来不为他人做任何事，以对他自己有利无利来衡量一切行为的人，我想他会做些什么已经很清楚了！然而，如果后者确实否认他会杀害那个行路人，抢劫他的财物，那么他之所以否认，决不会是因为他认为这样做是邪恶的，而是因为他害怕这一罪行被人知道，也就是说，他怕这样做后会给自己带来麻烦。啊，这是一种什么样的可耻的动机，不仅会使哲学家，而且会使一个朴实的乡下人感到脸红！

【15】但是，相信包含在各个国家的习俗和法律中的一切都是正义的，这是最愚蠢的想法。僭主制定的法律也是公正的吗？如果臭名昭著的"三十僭主"想要在雅典制定一套法律，或者说所有雅典人对僭主制定的法律都感到高兴，这样的法律就是公正的吗？在我看来，它们丝毫也不会比罗马独裁者提出的法案更公正，① 这部法案使独裁者可以无须审判，就处死他想要处死的公民而不受惩罚。正义是统一，它依据一种法律，亦即颁布命令与禁止的正确理性，把所有人类社会联系在一起。任何人要是不知道这种法律就没有正义，无论这种法律是否记录下来，或写在任何地方。

如果正义就是服从成文法和民族的习俗，如果像那些人所声称的那样，一切都应当以功利为标准来衡量，那么任何人只要认为对自己有利，只要能

----

① 显然指卢西乌斯·瓦勒留·福拉库斯（Lucius Valerius Flaccus）于公元前 82 年提出的法案，涉及苏拉的独裁权。

做到，就会蔑视和违反这些法律。由此可以推论：如果正义不存在于本性之中，如果以功利为基础的正义可以被功利本身所推翻，那么正义根本不存在。如果不把本性视为正义的基础，那就意味着人类社会所依赖的美德遭到毁灭。那样的话，哪里还有宽宏大量、热爱祖国、忠诚可靠、乐意助人、感恩戴德？这些美德都源于我们热爱同胞的天然倾向，而这就是正义的基础。否则的话，不仅是为他人着想，而且是为了荣耀诸神而虔诚地举行的祭仪都会消失；因为我想要维持这些事情不能通过恐惧来达到目的，而是依据存在于人和神之间的密切关系。

【16】如果正义的原则建立在民众的表决、国王的法令、法官的判决之上，那么正义就会批准抢劫、通奸和伪造遗嘱，因为通过民众投票或表决可以批准这些行为。如果愚蠢者的表决和决定有巨大的力量，可以通过他们的表决改变自然法则，那么他们为什么不把坏的、应该受到谴责的东西变成好的、有益的东西？或者说，如果法律能使正义变得不义，那么它不也能把好的变成坏的吗？而事实上，只要以自然为标准，我们就能够察觉好的法律与坏的法律之间的差别；依据自然，不仅可以区别正义与非正义，而且也可以完全区分高尚与卑鄙。因为，为所有人共同拥有的理智使我们能认识事物，把事物印在我们心上，而德性使我们知道哪些事情是高尚的，哪些事情是卑鄙的；只有疯子才会得出结论说这些判断只是一些意见，而不是由自然确定的。即使我们错误地使用这个术语，说树的德性或马的德性，也不是一种意见，而是依据自然。如果是这样的话，那么高尚和卑鄙的行为也一定要依据自然来区分。如果一般说来美德要接受意见的考验，那么它的各个部分也要接受这样的考察；如果可以这样说的话，那么有谁会不依据一个人自己的品性，而是依据某些外在的环境来判断这个精明能干的人？美德就是充分发展了的理性，它肯定是自然的；因此，一切高尚的事物同样也是自然的。

【17】正如真理与谬误、合理与不合理，都要依据它们自身，而不是依据其他事物来判断，所以理性在生活行为中的坚定的、连续的使用就是美德，而理性的不坚定的使用是邪恶，也要依据它们自身的性质来判断。

或者说，农夫按照自然来判断一棵树的性质，我们难道不该使用相同的标准来判断年轻人的品性？那么当我们按照自然来判断品性的时候，我们要用其他某些标准来判断作为品性所产生的后果的美德与邪恶吗？如果我们采用相同的标准对它们下判断，那么我们一定不能把高尚和卑鄙也归于本性吗？任何值得称赞的好的事物必定在其自身包含某种应当受到称赞的东西，因为按照理性，善本身之所以是善的，并非由于人们的意见，而是由于自然。因为，如果事情不是这样，那么人们便可由于人们的意见而成为幸福的人；还有什么样的说法能比这更荒谬呢？既然善与恶都要依据自然来判断，善与恶是自然的原则，那么确实也应当按照同样的方式，以自然为标准来判断高尚和卑鄙。但是我们被人的信念的多样性和他们之间的分歧搞糊涂了，因为在感觉中都找不到那么多的多样性；我们认为自然使感觉准确，而且说有关这些事情不同的人有不同的意见，同样的人也不能始终保持相同的意见，这样的说法是不真实的。实际上远非如此。要知道，我们的感觉不会被父母、保姆、教师、诗人或舞台歪曲，民众的情感也不会把我们的感觉引入歧途；但是有各种各样的阴谋在反对我们的心灵，要么是我刚才提到过的这些人策划的，他们认为我们的心灵仍旧很软弱，尚未成熟，从而随意加以粉饰和扭曲，要么是深深地潜伏在我们心中的敌人，亦即快乐，策划的，它与我们的各种感觉相伴——它是善的仿制品，然而却是一切邪恶之母。受到它的诱惑而腐败，我们无法清楚地察觉本性为善的事物，因为本性为善的事物并不伴有同样的勾引和诱惑。

【18】为了结束我们有关整个主题的讨论，从我们已经说过的话中，结论已经清楚地显示在我们面前。这个结论是这样的：正义和一切高尚的事物之所以值得追求，乃是因为它们自身。确实，所有好人都热爱公平和正义本身，对好人来说，爱上那些仅凭其自身不值得热爱的事物，犯这样的错误是不自然的。因此，必须为了正义本身而追求和培育正义；如果对正义来说是这样的，那么对公平来说也是这样，所有其他美德也都因为它们自身的原因而得到珍视。慷慨怎么样？慷慨是无偿的，还是寻求报答的？如果一个人是

仁慈的，那么他的仁慈是无偿的，没有任何报酬；如果他接受报酬，那么他是在受雇用。那些被称做慷慨或仁慈的人无疑是在履行义务，而不是在获取酬劳。因此，公正也不需要任何赏赐或工钱；因此要为了公正本身而寻求公正。同样的动机和目的就是一切美德的特点。

此外，如果寻求美德是为了获得其他利益，而不是为了美德本身，那么只会有一种美德，这种美德可以最恰当地称做罪恶。任何人以个人利益为自身一切行为的绝对的、唯一的标准，那么在此范围内他绝对不是一个好人；因此，那些用美德所带来的奖赏来衡量美德的人相信美德根本不存在，存在的只有罪恶。如果除了对自己行善，没有人愿意对其他人行善，那么我们到哪里去找仁慈者呢？如果那些感恩的人并非真心向他们的恩人谢恩，那么有谁可以被称为感恩者呢？如果不能像人们所说的那样"全心全意"，为了朋友本身而热爱朋友，那么友谊还能变成神圣的事情吗？按照这一理论，只要不再有可能从友谊中获得利益，就应当抛弃朋友！还有什么事情能比这样做更不符合人性？另一方面，如果应当为了友谊本身而追求友谊，那么由我们的同胞组成的社会，公平、正义，也应当为了它们本身而加以追求。如果不是这种情况，那么便不会有正义这种事，因为不正义的顶峰就是为了寻求报酬而正义。

【19】关于庄重、节制、自制我们该怎么说，或者关于谦虚、自尊、贞洁我们能说些什么？是因为害怕丢脸，或者害怕法律和法庭，我们才不应当放荡吗？人们保持清白和节制是为了有个好名声，他们脸红是为了得到好名声吗？我甚至羞于提到贞洁！或者倒不如说，我为那些哲学家感到可耻，他们相信逃避罪责是高尚的，而不是避免犯罪。

对此我们该怎么说？当耻辱本身是行为的一种内在的恶时，我们可以把那些因为害怕丢脸而回避淫荡的人称做贞洁的吗？如果你无视事物的本性在你的意见中应当予以赞扬还是应当受到谴责，那么还有什么东西你能予以恰当的赞扬或谴责？非常明显的生理缺陷会使我们反感，而性格上的缺陷反而不会吗？然而从后者产生的各种邪恶很容易被察觉。有什么事情比贪婪更可悲？有什么事情比纵欲更可耻？有什么事情比胆怯更可鄙？有什么事情比愚蠢更卑贱？我们应当说那些深深地陷入一种或几种罪恶的人因其遭受的惩罚、带来的损失、受到的折磨而是邪恶的，还是应当说这些罪行本身具有卑劣的本性，因此他们是邪恶的？同样的论证也可用于对美德的赞扬。最后，如果为了获得其他利益而追求美德，那么必然还有某些比美德更好的东西。是金钱，职位、美貌、健康吗？当我们拥有这些东西时，它们并不具有多少意义，我们也不知道它们能在我们身上存留多久。或者说，是快乐？我们哪怕提到它都感到可耻。但正是对快乐的蔑视和鄙弃，能够最清晰地察觉美德。

好吧，你们已经看到摆在我们面前的是一系列什么样的主题和观点，它们又是如何相互密切地联系在一起？确实，如果我不强迫自己停下来，我会扯得更远。

【20】**昆图斯** 请你告诉我，你要讲到什么主题为止？因为，我的兄长，如果能在这样的讨论中跟随你，我就大喜过望了。

马库斯 讲到最高的善为止，它是我们一切行为的标准，也是我们一切行动的旨归。这个主题在最有学问的人中间引起争论和分歧，而最后解决这个问题的时候终于到来了。

阿提库斯 这一点如何能够做到，卢西乌斯·盖留斯已经死了？

马库斯 他的死与这个问题有什么关系？

阿提库斯 噢，记得在雅典的时候，我的朋友斐德罗告诉我一件事，与你的朋友盖留斯有关。在执政官任期满了以后，他去希腊担任行省总督；到了雅典，他把当时的一批哲学家召集在一起，热心地建议他们解决某些争端。他说，如果他们真的不希望把他们的生命浪费在争论上，那么这些问题是能够解决的；与此同时，他答应尽自己的最大努力来帮助他们达成一致。

马库斯 庞波纽斯，这是人们在开玩笑时说的话，也经常引起人们的嘲笑；但我确实很想担任老学园和芝诺之间的仲裁者。

阿提库斯 怎么会这样呢？

马库斯　他们只在一个要点上有分歧，而在其他所有问题上却惊人地一致。

阿提库斯　是这样的吗？他们的分歧很小？

马库斯　是的，他们在所有根本问题上只有一点分歧。老学园的成员得出结论说，一切顺应自然、有助于我们的生活行为的事物都是某种善，而芝诺认为除了高尚的事物，没有任何事物是善的。

阿提库斯　就这一点进行争论确实太小，你认为这件事肯定不会破坏他们之间的关系，是吗？

马库斯　如果他们之间的差异是实际中的，而不是用词上的，那么你说得完全对。①

【21】阿提库斯　那么你同意我的好朋友安提奥库斯的意见（我不敢妄称他为老师）；我曾经同他一起生活过，他差一点没把我从我们的花园里拉走，带进相距没几步的学园。

马库斯　他确实是个聪明人，很精明，在他自己的专业范围内有很高的造诣；如你所知，他是我的朋友。至于我的观点是否和他完全一致，我们很快就能看到；但不管怎么说，我坚持整个争论是可以解决的。

阿提库斯　你为什么认为有可能解决？

马库斯　我的理由如下。如果芝诺像开俄斯岛的阿里斯托一样，说只有高尚的才是善的，只有可耻的才是恶的，而其他一切事物都一模一样，出现或不出现都没有什么差别，那么他和塞诺克拉底、亚里士多德、整个柏拉图学派就有很大的差别，在与整个人生哲学有关的最重要的问题上，他们之间有很大的差别。老学园认为高尚是最高的善，而芝诺认为它是唯一的善，与此相仿，老学园认为可耻是最大的恶，而芝诺认为可耻是唯一的恶；他把财富、健康、美丽称做有益而不是善，把贫穷、疾病、痛苦称做无益而不是恶。因此芝诺拥有和塞诺克拉底、亚里士多德一样的信念，只是以不同的方

---

① 也就是说，这个差别不小，但不是真正的差别。

式表述。一场关于行为目的的争论从这一分歧中产生了，但这一分歧是用词上的，而不是事实上的。由于十二铜牌法规定一块土地沿边界五步宽的土地的所有权决不能为所有者拥有，因此我们不允许这个精明的人绝对拥有学园的古代地产；在确定边界的时候，我们将遵守十二铜牌法的规定找三名仲裁者，而不是按照玛米留斯法的规定只找一名。

昆图斯 那么我们将做出什么决定呢？

马库斯 我们需要找到苏格拉底设置的边界，并且严格遵守。

昆图斯 我亲爱的兄长，刚才你已经很好地使用了民法和法规中的术语，我正在等候你讨论民法。尽管解决你提到的分歧是重要的，就像我经常听你说的那样，然而顺应自然地生活是最高的善无疑是正确的。因为这一点意味着过一种合乎美德要求的生活，或者说顺从自然，按照自然法生活，如果我可以称之为自然法的话；换句话说，在我们力所能及的范围内，尽一切努力去完成自然对我们的要求；在这些要求中，她希望我们合乎美德地生活，以此作为我们的法律。因此，尽管要在不远的将来解决与此相关的争论是可能的，但若我们想要完成我们一开始确定的任务，那么我们在这场谈话中无论如何解决不了这场争论。

【22】阿提库斯 不过我倒很愿意偏离一下主题。

昆图斯 我们可以在其他场合再谈这件事，现在让我们还是继续讨论我们开始那个主题，因为这场关于最大的善与最大的恶的争论肯定与我们的主题无关。

马库斯 你的建议是明智的，昆图斯；因为我到现在为止已经说过的话对我们当前的目的来说已经足够了。

昆图斯 ……① 我要你解释的不是莱克古斯、梭伦、卡隆达斯、扎留库斯的法律，也不是我们的十二铜牌法或平民大会的决议；但我相信，你会在今天的讨论中提出国家和个人的生活法则和训练体制。

---

① 原文此处有缺失。

马库斯　昆图斯，你所期待的肯定属于我们这次讨论的范围，我只希望自己有能力恰当地完成！但事情肯定是这样的，因为法律必须是一名改造者，纠正邪恶，教人向善，而从中可以推导出生活的指导原则。因此，智慧确实是众善之母，希腊人的所谓哲学，其含义就是"对智慧的热爱"。哲学是不朽的诸神赐给人类的最有用、最美好、最高尚的礼物。因为只有哲学，在其他所有智慧之外，把一件最困难的事情——认识我们自己——教给我们。这句重要的箴言意义重大，它不仅是给予人类的，而且是给予德尔斐的神的。因为能认识自己的人首先会明白自己身上具有某种神圣的因素，会把他自己的内在本性视为某种神的形象；所以他的思想和行为会始终以一种能与如此伟大的诸神的馈赠相应的方式进行，并且当他在考察自己和对自己进行彻底考验之时，他会明白自己在步入人生以后自然赋予他众多的禀赋，从而使他取得了许多成就和智慧。最初的时候，他在心中形成各种模糊的观念，而在智慧的引导下，这些观念受到启发，使他明白自己将成为一个好人，正是由于这个原因，他会是幸福的。

【23】心灵在获得了有关美德的知识和观念以后，放弃了对肉体的服从或对肉体的放纵，放弃了对快乐的追求，视快乐为可耻的污点，它摆脱对死亡或痛苦的所有恐惧，进入一种爱的合作关系，认识了因本性而和它联合在一起的其他人；当它接受对诸神的崇拜和纯洁的宗教时，它的眼睛和心灵都变得很明亮，所以它能选择善、排斥恶——这种德性被称做谨慎，因为它能预见——那么，还有更大的幸福能够描述或想象吗？还有，它观察天空、大地、海洋、宇宙的本性，明白所有这些事物从哪里来，必定回到哪里去，命中注定何时灭亡，怎样灭亡，它们的哪些部分是可朽的和短暂的，哪些部分是神圣的和永恒的；它几乎明白了宇宙的统治者或总督，知道自己不是被关在某个用狭窄的围墙包围起来的地方，而是整个宇宙中的一位公民，而整个宇宙就像一座城市——然后，位于这个宇宙的中间，它带着这样一种视野和对自然的理解观察万物；不朽的诸神啊，按照彼提亚的阿波罗的箴言，它对自己的认识有多么深刻！它将如何嘲笑和藐视那些被民众称为最有价值的东

西，把它们视为一钱不值！

【24】在进行辩护的时候，它会用辩证法来进行战斗，用科学来区别真伪，也就是说，用技艺来理解每一陈述的后果以及相反的陈述。当它明白自己生来就要参与国家生活的时候，它会认为自己不仅必须使用习惯的精巧的争论方法，而且还要运用更加丰富的连贯的风格；它要考虑，比如说，如何统治国家，建立法律，惩罚恶人，保护好人，表彰优秀公民，向同胞宣讲有助于他们幸福生活的法令，使他们能够接受；它还要考虑如何激发人们采取高尚的行动，号召他们远离恶行；它要安慰受到伤害的人，让勇敢者和聪明人的行为和见识流芳百世，让邪恶者遗臭万年。那些想要认识自己的人知道这样做会有多么巨大的力量，而智慧便是他们的父母和抚育者。

阿提库斯　你对智慧的赞扬给我留下了深刻的印象，你说得对，但是你这样做的目的何在？

马库斯　首先，庞波纽斯，它和我们将要处理的主题有关。假定我们讨论的主题具有同样高尚的性质；因为只有派生出它们来的源泉也具有高尚的性质，否则这些主题就无法拥有极大的尊严。其次，我既乐意赞扬智慧，而且也相信这样做是对的，因为我正在研究智慧，它使我成为现在这个样子，而无论我现在怎么样，所以我不能对它保持沉默。

阿提库斯　智慧确实配得上你对它的赞颂，如你所说，你有义务把它包括在你的讨论之中。

第二卷

【1】**阿提库斯**　我们散步已经够久了，你也要开始讨论一个新的部分，我们为什么不离开这里，去费瑞努斯河（我相信这是另一条河的名字）中的一个小岛，在那里坐下，完成我们的谈话？

马库斯　我当然同意，因为那个小岛也是我喜欢去的地方，我常去那里沉思、写作和阅读。

　　阿提库斯　我在这里也感到得不到足够的灵感，尤其是我在这个季节来，我厌恶那些豪华的乡间别墅、大理石走廊和镶花的天花板。我们有些朋友把我们面前的这些人工渠称做"尼罗河"或"尤里普斯海峡"——有谁看了以后不会嗤笑？所以，就像你刚才讨论法律和正义时把一切追溯到自然，以同样的方式，自然在人寻找娱乐和灵魂愉悦的一切事物中是绝对至高无上的。因此，我曾经感到惊讶（因为我原来以为在这附近除了石头和山岗什么也没有，你的讲演和诗歌使我有了这种想法）——我要说，我惊讶的是你竟然那么喜欢这个地方；而现在则相反，你在离开罗马时宁可去其他地方才能令我感到惊讶。

　　马库斯　确实如此，每当我有可能离开罗马几天，特别是在每年的这个时候，我总是来到这个可爱的、有益健康的地方，不过这样的机会很少。还有一个原因使我在这个地方感到特别快乐，但这个原因不能对你产生相同的效果？

　　阿提库斯　什么原因？

　　马库斯　实话告诉你，这里是我的故乡，也是我兄弟的故乡，我们是这个地区一个非常古老的家族的后裔；这里有我们祖先神圣的祭仪和我们家族的起源；这里有许多我们前辈的纪念。我还需要说什么吗？你朝那边看，那是我家的宅院，在我父亲的照料下，它得以重建并且扩大了；他身体不太好，一生大部分时间都在这里读书。不，我想让你知道，我就是在这里出生的，当时我的祖父还活着，按照当时的标准，我家的宅院很小，就像萨宾人的平民的住宅。由于这个原因，我心中始终保持对这个地方的美好记忆，一到这里就会使我感到极大的快乐；你记得，就像那位足智多谋的英雄，为了能够再次看见伊塔卡，他拒绝长生不老。①

————————

　　① 荷马中的英雄奥德修斯宁可回家，也不愿与仙女去过一种长生不老的生活。参见荷马：《奥德赛》第1卷，第55—59行。

【2】**阿提库斯**　我认为你确实有很好的理由喜欢到这里来，热爱这个地方。说句老实话，甚至我本人现在也变得比较喜欢那边的那所宅院和整个地方，因为这是你的出生地；我们总是记得那些与我们热爱和崇敬的人相关的地方，这些印象总是在以某种神秘的方式影响我们。甚至在我们热爱的雅典，使我感到喜悦的更多的不是那里众多的公共建筑和古代艺术家的优秀作品，而是对那些无与伦比的伟大人物的怀念——他们住在什么地方，在哪里坐过，在哪里讨论问题；我甚至喜欢去瞻仰他们的坟墓。因此，我今后会更加喜欢这个地方，因为你出生在这里。

马库斯　我很高兴，我已经把可以称做我的摇篮的地方指给你看了。

阿提库斯　我很高兴能熟悉这个地方。你刚才说这个地方是你的故乡，我认为你指的是阿尔皮诺，这样说到底是什么意思？难道你有两个故乡？或者说，我们都只有一个故乡吗？也许你认为聪明的加图的故乡不是罗马，而是图斯库兰？

马库斯　我确实认为他和所有意大利的城市居民都有两个故乡，一个按照自然，另一个按照公民权。比如加图，他出生在图斯库兰，但在罗马得到公民权，所以按照出生地，他是图斯库兰人，按照公民权，他是罗马人，一个故乡由出生地来决定，另一个故乡由法律来决定；就好像你热爱的阿提卡人，在忒修斯命令他们从乡间迁入城市（它被称做"astu"）①之前，既是他们自己镇里的公民，又是阿提卡的公民，所以我们既把出生地称做我们的故乡，又把接受我们的城市称做我们的故乡。但从热爱程度来说，我们必须把我们大家共同拥有公民权、而国家也由此得名的地方放在首位。我们准备为她献出自己的生命，献出我们拥有的一切，全心全意地为她服务。但是，好像我们的父母的故乡和接受我们的故乡一样亲密。因此我永远不会否认我的故乡在这里，尽管我的另一个故乡比它大，把它包括在内；[在我看来，每

---

① 传说阿提卡地区有几个城邦，后来忒修斯把它们联合起来，使所有居民都成为雅典城邦的公民。

一个意大利城镇的每一位居民以同样的方式］拥有两种公民权，但却把它们当做一种公民权。

【3】阿提库斯 那么，我们的朋友、伟大的庞培是对的，当他和你一道为安庇乌斯辩护、在法庭上讲话时，我听他说我们的国家确实要衷心感谢这座城市，因为她的两位救星来自这座城市。① 所以我赞同你的观点，你出生的这个城镇也是你的故乡。

我们已经到了岛上。确实没有比这里更为宜人的地方了。请看，它像船头一般劈开费瑞努斯河，把它分成两个大体相同的部分，河水冲刷着河岸，快速流过，但很快又汇到一起，把这块竞技场大小的土地抛在后面。流经小岛以后，费瑞努斯河完成了为我们提供一个讨论场所的任务，马上一头扎进利里斯河，就好像回到原先的贵族家庭，失去了它那不那么显赫的名字，使利里斯河水骤然变凉。我虽然见过许多江河，但却从未见过有哪条河的河水比这条河更冷，所以我几乎不敢用脚去试探水温，就像柏拉图的《斐德罗篇》中的苏格拉底所做的那样。②

马库斯 你说得没错，不过我经常听昆图斯说，伊庇鲁斯的那条雅弥斯河的景色丝毫也不比这条河逊色。

昆图斯 没错，你一定不要想象还有比我们的朋友阿提库斯家乡的阿玛塞亚神庙和那里的梧桐树更加漂亮的东西。③

不过，如果你们愿意，就让我们坐在这阴凉的地方，继续我们刚才的谈话。

马库斯 你提醒得好，昆图斯，我以为自己可以躲过去了呢；很清楚，我必须把欠你的债还清。

昆图斯 那就开始吧，我们把一整天都交给你了。

---

① 显然指马略和西塞罗。
② 柏拉图：《斐德罗篇》230b。
③ 阿提库斯在伊庇鲁斯的雅弥斯河边有一处地产。

马库斯 "缪斯的歌唱从朱庇特开始"，引自我翻译的阿拉图斯的诗。①

昆图斯 你的引语有什么意义？

马库斯 我们的讨论也要从朱庇特和其他不朽的天神开始。

昆图斯 好极了，兄长，这样做非常恰当。

【4】**马库斯** 那么，在讨论具体的法律之前，让我们再次观察一下法律的性质和本质，因为我担心，尽管我们在涉及所有问题时都要以此为标准，但我们仍旧时不时地会由于错误地使用术语而忘了作为我们法律的基础的理性原则。

昆图斯 是这样的，这是一种正确的讲解方法。

马库斯 好吧，我发现那些最聪明的人认为，法律不是人的思想的产物，也不是民众的任何决议，而是统治整个宇宙的某种永恒的东西，凭借其智慧可以使人做到令行禁止。因此他们习惯地说，法律是神的首要的、终极的心智，神的理性指引和制约着一切事物。所以诸神赐予人类的法律理应受到赞扬，它就是聪明的立法者使人令行禁止的理性和心灵。

昆图斯 在前面你已经几次谈到这一主题。但在涉及人民的法律之前，请你把这种属天的法律的性质清楚地告诉我们，从而使我们不受传统习惯的裹挟，用普通的谈话方式讨论这样的主题。

马库斯 当我们还是孩子的时候，昆图斯，我们就已经学会把"一个人召另一个人去法庭"，② 以及其他一些类似的规定称做法律。但我们必须对这些事情有真正的理解。这种理解是这样的：国家颁布的各种命令和禁令具有使人趋义避恶的力量，但这种力量的存在不仅早于民族和国家，而且与保护和统治天地的神同龄。因为没有理性，神圣的心灵就无法存在，神圣的理性也不可能不具有这种区别正确与错误的力量。没有一部成文法会命令一个人独自站在桥头抵抗整个敌军，并且在他身后把桥拆毁；然而我们不能因为这

---

① 阿拉图斯：《天象》，参见西塞罗：《论国家》第一卷，第 14 章。

② 出自十二铜牌法，参见西塞罗：《论国家》第二卷，第 36 章。

个原因就认定有这种高尚举动的英雄科克勒斯没有遵守法律的规定。即使在卢西乌斯·塔奎纽斯统治时期罗马没有关于惩治奸淫的成文法，但我们不能说塞克斯都·塔奎纽斯强暴曲昔皮提努的女儿卢克莱提娅没有违反永恒的法律！因为源自宇宙本性的理性确实存在，它在敦促人们正义地行动，阻止人们的错误行为，这种理性并非在它被写成文字时才成为法律，而是在它出现时就成为法律了；它的出现与神圣的心灵同时。因此至高无上的朱庇特的正确理性就是真正的、首要的法律，可以使人做到令行禁止。

【5】**昆图斯**　我同意你的看法，兄长，正确的、真实的东西也是永恒的，它并不随着成文法的产生而产生，随着成文法的终结而终结。

马库斯　因此，正如神的心灵是最高的法律，人身上的理性得以完善时，它也是法律；这种完善的理性存在于聪明人的心灵中；而那些根据情势的需要，为了指导国家而制定出来的各种规则之所以被称做法律，乃是由于人们的喜欢，而不是由于它们确实是法律。配得上法律这个名称的每一条法律都值得赞扬，下面的论证基本上可以证明这一点。当然了，人们都认为制定法律是为了保护公民的安全，是为了保护国家的安定，是为了让人过上安宁而幸福的生活；那些最早立法的人努力让他们的人民信服，把这样的法规写下来符合他们的意愿，只要接受和采用这些法规，使之生效，就能使他们过上高尚幸福的生活；在这些规定被制定出来并加以实施时，人们显然称之为"法律"。由此可以理解，那些违背自己的诺言和声明，给人民制定有害的、不公正的法规的人什么都可以制定，只不过它们不是法律。因此很清楚，"法律"这一术语的定义就包含着把正义的、真实的东西挑选出来的意思和原则。所以，昆图斯，我要按照那些哲学家们的习惯问你：如果国家缺乏某种东西，从而迫使我们认为它根本不是国家，那么我们必须把这种所缺的东西称做善吗？

昆图斯　是的，是最大的善之一。

马库斯　如果一个国家没有法律，那么我们必须认为它根本不是国家，对吗？

昆图斯 这一点无可否认。

马库斯 所以必须把法律视为最大的善之一。

昆图斯 我完全同意你的意见。

马库斯 那么由国家实行的许多危险有害的规定是什么？它们并不比土匪团伙根据自己的意愿做出的决定更加配得上被称做法律。如果无知的、不懂医术的人开出的药方是致命的毒药，而不是治病的药，那么这种药方不可能被称做医生的处方；同理，并非一个国家的任何种类的规定都能称做法律，哪怕国家接受它，因为这样的立法是毁灭性的。因此，法律是正义和不正义的事物之间的一条界限，法律的产生顺从自然，与最古老的事物同时；制定人的法律要与自然法的标准相一致，要惩罚恶人，保护好人。

【6】昆图斯 我完全明白你的意思，我相信从现在开始，我们一定不能把其他东西视为法律，甚至不能把其他东西称做法律。

马库斯 那么你认为"提提乌斯法"和"阿普莱乌斯法"不是真正的法律？

昆图斯 不是，连"李维乌斯法"也不是。

马库斯 你说得对，尤其是元老院只用一行字，在一瞬间就能把它们废除。而我已经对其本质做过解释的这种法律既不可能被宣布无效，也不可能被废除。

昆图斯 所以你意向中的法律当然就是这种永远不能废除的法律，是吗？

马库斯 没错，只要能被你们两个接受。我想我应当采取柏拉图那样的进程，他是一个非常博学的人，是他那个时代最伟大的哲学家，他首先写了一本关于国家的书，然后在另一本书中描述它的法律。在我背诵法律之前，我首先要赞颂法律。我注意到，扎留库斯和卡隆达斯做了同样的事，尽管他们撰写法律不是因为这样做有什么利益和快乐，而是为了在他们自己的国家里实行。柏拉图显然同意他们的意见，尽管法律也需要赢得某种程度的批准，而不是始终依靠武力来强制推行。

昆图斯 蒂迈欧否认扎留库斯实有其人，你怎么看？

马库斯 嗯，塞奥弗拉斯特认为扎留库斯实有其人，在我看来，塞奥弗拉斯特是公正的、值得信赖的权威（许多人对他的评价更高）；事实上，我的门客，那些洛克里亚人，是扎留库斯的同乡，他们到现在还在谈论扎留库斯。无论是否实有其人与我们的讨论无关，我的说法只是依据传说而已。

【7】所以从一开始我们就必须说服我们的公民，诸神是一切事物之主和统治者，世上所成就的事情都是由它们的意志和权威来完成的；它们同样是人的大恩人，知道每个人的品性，看到他做了些什么，犯了什么错，履行宗教义务时带着什么样的意图，是否虔诚；它们记下哪些人是虔诚的，哪些人是不虔诚的。心中充满上述念头的人不会拒绝真实有用的意见。更有甚者，任何人都不应当愚蠢狂妄地认为，人身上有理性和理智，而天和宇宙没有理性和理智，或者认为人类理智的最高理性能力几乎无法理解那些根本不受理性指导的事物？事实上，如果星辰的有序运行、昼夜的交替、四季的更迭、大地产出供我们食用的各种果实都不能使一个人产生感激之情，那么这样的人怎么能算得上是人呢？由于一切拥有理性的事物高于没有理性的事物，由于说某事物高于宇宙的本性是一种亵渎，所以我们必须承认自然拥有理性。只要记得我们在确认条约时如何频繁地发誓，知道批准这些条约对我们的幸福有多么重要，知道由于害怕受到神的惩罚而有多少人停止作恶，知道有不朽的诸神作为公民共同体的仲裁者和见证人，这样的共同体有多么神圣，那么有谁会否认这样的信念是有用的？

到此为止我们所说的内容都是讨论法律的一个开场白；柏拉图也是这么说的。①

昆图斯 确实如此，兄长；我尤其高兴的是你在讨论法律时提出了不同的问题，阐明了与柏拉图不同的思想。他的处理方式和你前面的阐述很不一样，你涉及诸神的开场白也和他的开场白不同。在我看来，你只在一件事上模仿他，这就是你的语言风格。

---

① 柏拉图：《法篇》第四卷，722d。

马库斯　我希望如此，也许吧；因为，有谁能够，或者更确切地说，有谁能在某个时候模仿他？如果我不希望完全做我自己，那么要转述别人的想法很容易，也能够做到。用实际上相同的话语转述相同的思想有什么难的？

昆图斯　我完全同意你的想法。我宁可你能够独立，就像你刚才说的那样。如果你愿意，请让我们听到你有关宗教的法律。

马库斯　我会尽力而为；由于这是私下场合，我们的谈话是私人谈话，所以我想按照法律条文的风格引述我的法律。

昆图斯　你这样说是什么意思？

马库斯　昆图斯，确实有某种法律用语，它虽然不像我们古代的十二铜牌法和圣规那么古老，然而为了拥有较大的权威，它的用语比现今的用语要古老些。我将要采用这样的风格，并且尽可能地做到简洁。不过，我将要提到的法律也不完整，只是其中的要点和精华，否则的话就会没完没了。

昆图斯　这是唯一可能的方式，让我们来听一听吧。

【8】马库斯①　"要留下财富，带着虔诚，纯洁地走向诸神。无论谁不这样做，神会亲自对他进行惩处。

"任何人不得拥有自己的神，无论是新神还是外来的神，除非是国家承认的神。在私下里要崇拜从祖先那里继承下来的神。

"要在城里建造神庙，在乡下设立圣地，在家中祭祀路神②。

"要保存家族和祖先的祭祀。

"要崇拜那些始终住在天庭的神，也要崇拜那些因功德而被接纳到天庭居住的神：赫丘利、利伯尔、埃斯库拉庇俄斯、卡斯托耳、波吕克斯、奎利努斯；要崇拜神赐予人的能使人升天的德性：理智、美德、虔诚、忠信。为了颂扬德性，要建立神庙，但不得为邪恶建立神庙。

"要奉行已经确立的祭仪。

---

① 第8章和第9章是西塞罗引述的法律条文。西塞罗的相关解释从第10章开始。
② "路神"原文是"Lares"。

"节日期间不得进行法律诉讼；在奴仆们完成工作以后要与他们一道庆祝节日。要合理安排一年的节日，定期庆祝。祭司要按照规定，代表国家向神奉献谷物和果实；要在规定的祭仪和规定的日子里进行；在其他日子里他们也要保存充足的供品，包括牛奶和幼畜。这些习惯不得违反，祭司们要决定每年献祭的方式和次数，规定什么样的牺牲是适宜的，让每一位神都喜悦。

"不同的神应有不同的祭司，大祭司要事奉所有神，小祭司①事奉个别的神。维斯太贞女要看守城市的公灶，使灶火永不熄灭。

"不懂举行公共祭仪和私人祭仪的恰当方法的人要向祭司们寻求指导。祭司要有三类：一类主持庆典和神圣的祭仪；一类负责向元老院和人民解释预言家和先知的晦涩话语；最优秀、最伟大的朱庇特的解释者，亦即公共占卜官，要根据征兆和鸟卜来预见未来，要保存占卜的技艺。祭司要负责监视涉及葡萄园、果园和人民的幸福的誓言；要把占卜得来的预兆告诉那些承担国家军事或政务的人，并要他们遵守；要预见诸神的愤怒，并设法防止；要注意观察天空某个确定区域的闪电，要使他们的观察地不受城市和田野的妨碍。无论哪位占卜官被认为不公正、不圣洁、有害、不守誓言，要立即解职；无论哪位占卜官对此表示抗拒而不是遵守，要被处死。

【9】"凡涉及条约、宣战、媾和、休战、遣使，要由祭司负责处理；是否开战要由他们决定。

"如果元老院做出这样的规定，那么各种奇迹和异象要由伊拙斯康人的预言家解释；埃图利亚的主要人士要掌握这门技艺。要向他们决定要崇拜的神奉献赎罪祭，在发生雷击的地方要举行赎罪祭。

"妇女不得参加夜间举行的献祭，那些以恰当的形式专门为女人举行的祭仪除外；妇女也不得参加任何秘仪，除了按照习俗参加刻瑞斯的希腊祭仪。

---

① 此处原文为"Flamens"，指专门事奉某些特殊神灵的祭司。

"盗窃圣物不能赎罪，应被视为犯下亵渎神的罪行；能够赎罪的过错要到公共祭司那里去赎罪。

"在没有赛车或角力项目的公共赛会上，公众的娱乐应当由唱歌来提供，用竖琴和笛子伴奏，这种有节制的活动应当与荣耀诸神相结合。

"祖先最优秀的祭仪要保留。

"除了伊达山大母神的侍奉者，并且要在指定的日子，其他任何人不得收受义捐。

"盗窃圣物或私自拿走托付给圣地代管的物品，视为与弑父同罪。

"对于作伪证者，神的惩罚是死亡，人的惩罚是羞辱。

"对乱伦者，大祭司将处以最严厉的惩罚。

"恶人不得用礼物去平息诸神的愤怒。

"要谨慎起誓，法律要处罚背誓者。

"不得用土地献祭，奉献金银和象牙的数量要控制在合理的限度内。

"家族的祭祀要永远保持下去。

"冥间诸神的权利是神圣的。已经亡故的亲属应被视为神灵；祭祀他们的花费和哭泣要有节制。"

【10】昆图斯 我亲爱的兄长，你那么快就完成了一部重要的法律！然而在我看来，你的这部宗教法与努玛的法律和我们自己的习俗没有太大的差别。

马库斯 嗯，由于西庇阿在我前一本论国家的书中提供了令人信服的证明，我们国家的早期是世界上最好的国家，所以，你难道认为我们不应该为那个理想国家提供与其性质相吻合的法律？

昆图斯 我当然认为应该。

马库斯 那么你必须期待有助于建立这种最佳类型的国家的法律。即使我们国家现在没有我提供的这些法律条文，以前也从来没有存在过，但无论如何在我们祖先的习俗中是可以找到的，它们当时具有法律般的约束力。

阿提库斯 那就把有利于你的这些法律的论证提出来，使我有机会说：

"如你所建议的那样。"

马库斯　阿提库斯，你真的这样认为？难道你没有不同的意见？

阿提库斯　重要的方面我没有不同的意见；至于那些小的方面，如果你喜欢，我也可以服从你的判断。

昆图斯　我也这样想。

马库斯　但我要警告你们，我的论证也许会很长。

阿提库斯　我希望如此！我们还能找到其他什么更乐意干的事情吗？

马库斯　法律要我们"纯洁地走向诸神"，这里指的是心灵的纯洁，因为一切都可以包含在心灵中。这样说并没有取消身体的纯洁；但我们必须明白心灵远比身体重要，在遵守身体纯洁的前提下，我们必须对心灵给予更大的关注。要知道，身体的污秽可以用水清洗或者过了一段时间后自然消失，而时间的流逝不可能使精神上的污点消失，河水的冲刷也不能洗去精神上的污点。

"要留下财富，带着虔诚"，这条规定的意思是，使神喜悦是正确的，但应该避免大量耗费钱财。我们甚至希望在人间实现贫富平等，为什么还要在向诸神献祭时耗费钱财呢？尤其是崇拜神、取得神的青睐的道路不能对所有人敞开，还有比这更会使神不悦的事情吗？

任何人都不能对这种事做出裁决，但是"神会亲自对他进行惩处"，宗教的力量通过人对即时惩罚的恐惧而得到加强。

崇拜"自己的神，无论是新神还是外来的神"，这个问题给宗教带来混乱，使我们的祭司面对一些不熟悉的祭仪。只有在我们的祖先自己也服从这条法律的情况下，"在私下里要崇拜从祖先那里继承下来的神"才是可行的。

我建议"要在城里建造庙宇"，这一建议与波斯巫师们的意见不同，据说在他们的建议下，波斯国王泽西斯下令焚毁希腊的神庙，理由是希腊人把诸神禁闭在庙墙里，而实际上一切圣地都必须对它们敞开，使它们可以自由来去，因为整个宇宙都是它们的庙宇和家。

【11】希腊人和罗马人的想法比较好：我们希望诸神住在我们的城市里，

我们可以虔诚地对待它们。最博学的毕泰戈拉说，参加宗教祭仪时我们的宗教虔诚感最强烈；希腊七贤中最聪明的泰勒斯说，人们在神庙中能够更深刻地感受到宗教的力量，人们一定会相信他们所看见的一切都充满了神，所有人都会因此而变得比较纯洁；如果他们的说法有道理，那么我们的想法会鼓励一种对国家有用的宗教态度。"在乡下设立圣地"的目的与此相同。对"路神"的崇拜也不能排斥，这种崇拜是由我们的祖先传下来的，建在农庄和家宅中，为奴仆和主人共有。

接下去，"要保存家族和祖先的祭祀"的意思是保存宗教祭仪，我们几乎可以说这些祭仪是诸神自己传给我们的，因为古时候的人最接近神。

法律规定了"要崇拜那些因功德而被接纳到天庭居住的神"，赫丘利以及其他神，这就清楚地表明所有人的灵魂都是不死的，而那些善良勇敢的人的灵魂是神圣的。把"理智、美德、虔诚、忠信"这些品质当做神来崇拜也是一件好事；在罗马，国家为每一种品质都建立了神庙，目的就在于使那些具有这些品质的人（所有好人都具有这些品质）相信神就在他们心中。

根据克里特人厄庇美尼德的建议，在为居隆所犯的罪行举行赎罪祭以后，雅典人为"羞耻"和"蛮横"建立了神庙，这是一件坏事；因为把美德当做神来崇拜是恰当的，"但不得为邪恶建立神庙"。建在帕拉丁山丘上的古老的"热病"祭坛，建在埃斯奎利山丘上的"厄运"祭坛，以及为其他邪恶的东西建立的祭坛，都必须废除。如果我们必须为诸神找名字，那么我们宁可挑选像"维卡波塔"（Vica Pota）和"斯塔塔"（Stata）这样的称号，前者源于胜利（Victory）和权力（Power），后者来自"坚定"的意思，像"无比强大者"和"战无不胜者"这样的称号要给予朱庇特；我们也可以使用我们想要的那些事物的名称，比如"安全"、"荣誉"、"财富"、"胜利"。由于享有好的事物能激励心灵，所以卡拉提努把"希望"当做神来崇拜也是正确的。我们也还可以把"幸福"或"今日的幸福"当做神，因为今日可以用于每一天；我们可以把"作为天意的幸福"当做神，使它可以帮助我们；我们可以把"作为机会的幸福"当做神，因为机会尤其涉及不确定的将来的事件；我们也可以把"初生的幸福"当做神，自出生以来让它成为我们的伴侣。①

【12】接下去，我们规定了节假日"不得进行法律诉讼"，自由人不得争吵，奴仆们也要停止劳动和繁重的工作。无论谁编订年历都要把这些节假日安排得适合农时。为了能够做到法律中规定的向神奉献"谷物、果实、幼畜"，需要仔细计算闰月的安排，努玛曾经聪明地设计了这种制度，但由于后来的大祭司不认真计算而变得混乱不堪。祭司和占卜官决定的"每年献祭的方式和次数"不得改变；他们规定了祭祀哪位神用成年牲畜，哪位神用幼畜，哪位神用公畜，哪位神用母畜。"不同的神应有不同的祭司"，这个惯例既有助于解释法律，又有助于冒犯宗教者的忏悔。"维斯太"这个名字来自希腊人（我们几乎原封不动地保留了这个希腊词，而不是把它翻译过来），②"维斯太贞女要看守城市的公灶，使灶火永不熄灭"。这一点更容易做到，其他妇女可以以她们为榜样，按照女性的贞洁本性，女性是可以保持贞洁的。

后面的规定确实与国家的状况以及宗教有关，没有那些负责公共祭仪的祭司们的帮助，举行私人祭仪不可能令人满意；因为人民始终需要显贵们的建议和权威才能共同掌握国家。

合法的崇拜在我对祭司做出的相关规定中也没有忽略。有些祭司通过"主持庆典和神圣的祭仪"来取得神的喜爱，有些祭司负责"解释预言家的话语"——尽管需要解释的并不太多，否则就没完没了了——在这样的安排下，不属于祭司团的人不拥有这方面的知识，哪怕是某些国家承认的预言家。但是占卜官的权威是国家最高级、最重要的权威，有重大影响。这并非因为我本人是占卜官我才这么想，而是因为事实迫使我们这么想。他们可以对高级官员主持的会议发号施令，也可以宣布废除或取消由这样的官员主持的公民大会制定的法令，如果我们考虑到他们的合法权力，那么还有谁的权

---

① 关于此节可参见西塞罗：《论神性》第二卷，第 23 章。

② 维斯太（Vesta）希腊原文是赫斯提亚（Hestia），参见西塞罗：《论神性》第二卷，第 27 章。

力比他们更大？如果一名占卜官说"改天再定"，一件已经开始的事情就要取消，那么还有谁能比他们更重要？他们可以迫使执政官辞职，还有什么权力比他们的权力更能给人留下深刻印象？他们有权下令召开或禁止召开公民大会或平民大会，有权废除那些不合法地通过的法律，还有什么样的权力比他们的权力更神圣？所以，在执政官和占卜官腓力普斯的聪明指导下，占卜官们的一道法令不就把"提提乌斯法"废除了吗？确实，没有他们的批准，行政官员在城里或在乡间发出的任何命令都无法生效。

【13】阿提库斯　请你等一会儿；我已熟悉了这些权力，也承认这些权力很大；但是你的同僚马凯鲁斯和阿庇乌斯之间存在着巨大分歧，而他们俩都是优秀的占卜官。我读过他们的书，一个认为那些占卜是因为对国家有某种实际的用处而捏造出来的，而另一个相信你们的技艺在一定程度上确实能够做出预言。我想听听你对这个问题的看法。

马库斯　我的看法？我认为被希腊人称为"曼提克"（Mantike）的占卜的技艺确实存在，而占卜的一部分涉及对鸟类和其他征兆进行观察——这部分技艺也属于我们罗马人的占卜术。如果我们承认神存在、它们的意志统治着宇宙、它们关心人类、它们有能力把未来的事情用征兆告诉我们，那么我看不出有什么理由要否定预言的存在。这些前提实际上是真的，所以我从这些前提推出的结论是必然的。进一步说，我们国家的记载，以及其他所有国家、民族、种族的记载，充满了大量的事例，占卜者做出的预言在后来的事实中神奇地得到证明。要知道，波吕伊都斯、墨拉普斯、摩苏斯、安菲阿拉俄斯、卡尔卡斯、赫勒努斯，都决不可能获得这样的名声；许多地方的人也不可能，比如弗里吉亚人、品考尼亚人、西里西亚人，尤其是把他们在这种技艺上的名声一直保持到今天的庇西狄亚人，都没有古代材料可以证明占卜的可信程度。如果不是这些人做出的预言有许多为后来的事实所证明，那么我们自己的罗莫洛确实不会在建立罗马城之前占卜，阿提乌斯·奈维乌斯的名字也不会一直流传至今。毫无疑问，占卜的技艺和知识由于时间的流逝和人们的忽视现在已经衰退了。因此我不同意马凯鲁斯的看法，他否认我们的同僚拥有这门技艺，我也不认同阿庇乌斯的观点，他说我们仍旧拥有它。我相信的是，占卜在我们的祖先中间有两种用场：一是偶然用来解决政治危机，二是经常用来做出某种决议。

阿提库斯 我相信你说的完全正确，你已经表达的观点比其他人的观点要强。但你还是继续讨论法律吧。

【14】马库斯 那我就继续说，如果可能，我要说得简单一些。下面要说的是有关战争的法律。我的法律规定，在发动、从事、结束战争时，正义和诚信是至高无上的，国家应当有人专门解释这条法律。还有，涉及"由预言家举行的祭仪、赎罪祭、涤罪祭"，我认为法律本身已经足够清楚。

阿提库斯 我同意你的意见，因为这些都是宗教仪式方面的事情。

马库斯 但涉及下面的内容，提多，① 我拿不准的是你是否会同意我的意见，或者说，我是否会攻击你的立场。

阿提库斯 你指的是什么内容？

马库斯 妇女参加夜间举行的祭仪。

阿提库斯 我同意你的看法，尤其是法律本身已经规定"那些以恰当形式专门为女人举行的祭仪除外"。

马库斯 如果我们废除夜间举行的祭仪，那么伊阿库斯崇拜、欧谟匹戴亚人的秘仪该怎么办呢？因为我们制定的法律不是专门针对罗马人民，而是针对所有高尚的、稳定的民族。

阿提库斯 我肯定你会把我们自己也参加的某些祭仪当做例外来处理。

马库斯 我确实会这样做。在我看来，在你们雅典人创建和贡献给人类生活的许多神圣组织中，没有比这些秘仪更好的了。因为凭借这些仪式，我们摆脱了野蛮的生活方式，受到教育，在一个文明国家中优雅地生活；就好像参加这些仪式被称做"入会"，我们从这些仪式中学到如何开始生活，不仅得到幸福生活的力量，而且得到抱着较好的希望去死的力量。一般说来我

---

① 阿提库斯全名提多·庞波纽斯·阿提库斯（Titus Pomponius Atticus）。

反对夜间举行的祭仪，其理由已经由某些喜剧诗人说明。如果在罗马允许在夜间举行秘仪，那么那个人①会怎么做，他竟然有预谋地在如此神圣的仪式中搞淫秽的勾当，而这种仪式即使在无意中瞥见也是一种罪过？

阿提库斯　很好，你就向罗马提出这样的法律吧，但不要剥夺我们按照习俗参加祭仪的权利。

【15】马库斯　我会这样做的；现在再来制定法律。我们必须做出严格的规定，让光天化日来保护我们的妇女的名誉，让她们在众目睽睽之下"按照习俗参加"在罗马举行的那些"崇拜刻瑞斯的希腊式祭仪"。我们的祖先严格处理这一类事情，元老院曾颁布法令禁止酒神秘仪，执政官甚至动用军队进行搜查和惩罚，由此可见一斑。我还可以引用下列事实来表明我们的做法并非过于严厉：在希腊的中心地带，底比斯的狄亚贡达颁布法律，永久禁止一切夜间举行的秘仪；还有阿里斯托芬这位最聪明的喜剧诗人在剧中对萨巴泽乌和一些外国传进来的神进行审判，把它们驱逐出境，以此尖锐地嘲讽人们崇拜怪异的神和参加夜间的祝祷仪式。

让我们继续："对神的无意识的冒犯要由公共祭司来举行赎罪祭"，冒犯者可以借此摆脱恐惧；而那些在宗教仪式中乱搞淫秽活动的人必须受到谴责，并被判处渎神罪。

接下去，由于"公共赛会"分别在剧场和竞技场举行，所以在竞技场里会有身体方面的竞赛，包括跑步、拳击、角力；也还有赛车，一直延续到取得决定性的胜利；另一方面，在剧场里应当充满"竖琴和笛子"的音乐，唯一的限制就是要适度，如法律所规定的那样。因为我同意柏拉图的观点，没有比各种音调的歌曲能够更加轻易地对年轻人和敏感的心灵产生影响，这种影响有好有坏，它的力量之大几乎无法用语言表达。音乐能激励倦怠者，又能让激动者镇静；它能约束我们的欲望，又能使我们的欲望自由。许多希腊城邦认为重要的事情在于保持古老的曲调；当他们的歌曲变得缺乏男子汉的

---

① 指克劳狄，他于公元前 62 年 12 月假扮妇女混入只允许女人参加的夜间祭仪。

阳刚之气时，他们的歌曲就变得阴柔软弱，这也许是因为受到了新音乐的甜美的诱惑，如有些人相信的那样，或者也许是其他的邪恶首先使他们严格的生活松懈，他们的耳朵和心已经发生改变，而他们的音乐也发生了相应的变化。由于这个原因，这个迄今为止最聪明、最博学的希腊人很害怕这样的衰退。因为他说，国家的法律变了，有关于音乐的法律不可能不变。[①] 然而我的意见是，这样的变化并非大到要害怕的地步，但另一方面也不要认为这种变化根本不重要；我确实看到有听众被李维乌斯和奈维乌斯的音乐深深地感动，他们坐立不安，随着曲调摇头晃脑。古代希腊曾经严厉地处罚这样的冒犯，明白这样的腐败早就已经潜入公民心中，在用邪恶的欲望和观念影响他们，从而使国家迅速彻底地毁灭——如果斯巴达真的像传说中那样下令去掉提摩修制造的竖琴上多余的四根弦 [②]，只留下七根。

【16】法律的下一条规定是："要保留祖先最优秀的祭仪。"雅典人向彼提亚的阿波罗询问应当奉行什么样的宗教仪式，神谕的回答是："你们祖先的习俗。"雅典人第二次再来，说他们的祖先的习俗已经发生许多变化，问他们在众多的习俗中应当奉行什么习俗，他们得到的回答是："最好的。"这里所谓最好的，无疑应当是最古老、最接近神的东西。

我已经禁止"义捐"，"除了伊达山大母神的侍奉者"可以在少数几天之内募捐；这样的习俗使人心充满迷信，同时又使人家徒四壁。

"盗窃圣物要予以惩罚"，这句话不仅适用于神庙的圣物，而且适用于任何"托付给圣地代管的物品"。许多神庙至今仍有让人存放物品的习俗，据说亚历山大曾把一大笔金钱存放在西里西亚的索里的一座神庙里，雅典的一位杰出公民克利斯提尼把女儿的嫁妆存放在萨摩斯岛的朱诺庙，因为他担心自己的财富不安全。

至于"作伪证和乱伦"，在这里肯定没有必要讨论。

---

① 参见柏拉图：《国家篇》424c。
② 据说提摩修（Timotheus）在通常的七弦竖琴上增加了四根弦。

"恶人不得用礼物去平息诸神的愤怒。"让他们听听柏拉图的看法。柏拉图说神在这种情况下会怎样想是毋庸置疑的，因为没有一个好人会接受恶人的礼物。

至于"要谨慎起誓"，法律条文中讲的话已经够了；如果誓言确实是一种约定，那么正是通过誓言，我们与神连在一起。"不履行宗教义务当然要受到处罚。"这句话可以面对任何批评，不会有误。悲剧中有的是遭遇这种命运的罪犯，我在这里还有必要举例吗？我最好还是讲一讲就在我们眼前发生的事。尽管我担心我的这个例子可能超过人的命运的范围，但我现在是在对你们讲话，不应当有什么保留；我只希望我下面要说的话能使不朽的诸神感到喜悦，而不是冒犯诸神。

【17】在我被流放这件事上，一些堕落的公民所犯的罪行违反了所有宗教法；他们污辱我们家族的神，在我家原先的宅基上建起一座供奉"放纵"①的神庙，看守我们神龛的人也被赶走。想一想吧，这些行为会带来什么样的后果（我们在这里不需要提到具体的人名）。我不允许城市的守护神②受到恶人的侵犯，在我的全部家产被歹徒们抢劫和破坏的时候，我把她从我家中移到她父亲的住处。元老院后来把我判定为意大利以及这个国家各个民族的救星。一个凡人还能获得比这更大的荣耀吗？那些践踏和破坏宗教的罪人已经四下逃散；而亵渎圣物超过其他所有人的那些首恶，他们不仅在生前要受到耻辱的折磨，而且死无葬身之地和恰当的葬礼。

昆图斯　亲爱的兄长，我知道这些事实，我衷心感谢神，只是事情的变化前后反差太大。

马库斯　昆图斯，那是因为我们对神的惩罚所具有的性质理解有误；我们被民众的意见误导，没有察觉真相。我们用死亡、身体的痛苦、心灵的悲哀、被法庭判决有罪来衡量人的不幸；我承认人生中这样的事是常有的，许

---

①　西塞罗的政敌在他的住宅原址上建了一座利伯拉神庙（Liberatas），西塞罗在这里故意说成"放纵"（Licentia），对政敌进行讽刺。

②　西塞罗原在家中存放一座密涅瓦的神像。在流放之前他把神像送往朱庇特神庙。

多好人都会碰上。但是罪犯除了遭受犯罪所导致的后果外，还会遭受来自罪的本性的可怕的报复，罪的本性就是对犯罪本身最严厉的惩罚。那些人从来不是我个人的仇敌，除非他们憎恨祖国；我们看到他们时而充满贪婪，时而充满恐惧，时而感到悔恨；并且无论做什么事情，时而充满对诸神的恐惧，时而蔑视宗教和法庭；他们通过行贿推翻法庭的权威，但他们收买的只是人，而不是神。

我到此打住，不再多说他们，尤其是我受到的可怕的报复也超过了我所愿意接受的。我只想简单地说一个事实：诸神的惩罚是双重的，一是在人活着的时候所受的精神上的折磨，二是死后的不光彩，活着的人不仅赞成处死这些罪人，而且欢欣鼓舞。

【18】我禁止"用土地献祭"，在这一点上我完全同意柏拉图的观点；如果我能翻译的话，他大概是这样说的："对诸神来说，土地就像家中的炉一样，是神圣的；因此没有人可以把它第二次奉献给神。城市里的金子和银子，无论是私人拥有的还是神庙里的，都会使人产生贪婪的念头。象牙取自动物的尸体，拿它献给神不洁净。铜和铁适用于战争，不适用于神庙。然而，任何木头的东西，如果是用一块木头造出来的，或者用石头雕刻的东西，可以奉献给我们的公共神庙；我们也可以奉献纺织品，只要它耗费的人工不超过一名妇女一个月的劳动。对神最适宜的颜色是白色，尤其是纺织品；除了军用品，不要使用染料。适用于所有神的最好的礼物是禽鸟，以及一名画工一天可以画好的画像；其他祭品也应当具有这样的性质。"① 这就是柏拉图做出的规定，而我除了考虑到人所犯的错误以及当前的生活资源，我没有像他一样在其他方面做出严格的规定；但是涉及土地，我担心，如果有关使用土地的迷信滋长，从而反对耕作，就会引起耕种的衰退。

阿提库斯 有关这些问题你已经给了我清晰的想法；现在还有"永久的祭祀"和"冥间诸神的权利"在等着你处理。

---

① 参见柏拉图：《法篇》955e—956b。

马库斯 庞波纽斯，你的记忆力真好！我已经把这些问题给忘了。

阿提库斯 没错，是这样的；但我之所以记得并希望你讨论的主要原因在于这些问题涉及祭司法和民法。

马库斯 你说得对，有关这些问题，一些博学的人已经谈了很多，写了很多。在我们这一次的整个谈话中，我的意图是在我力所能及的范围内把我们涉及的法律的各个部分与我们自己的民法的相关规定联系起来；我的处理仅限于能够把这些法律的来源说清楚。而一旦理解了潜在于法律之下的基本原则，那么能够遵循这一思路的任何人都不难明白处理各种奇案的法律，以及随时可能冒出来的关键问题。

【19】经常被那些专家们分成无数个部分的法律实际上都建立在一个原则之上，他们这样做要么是为了造成假象，使他们的知识显得数量巨大，很难掌握，要么更为可能的是，让人们以为他们的技能是无法学会的；因为学习一门技艺不仅是掌握知识，而且也包括掌握技能。以这部分法律为例，斯卡沃拉父子①（他们都担任大祭司，而且在法律方面也是最博学的）把我们刚才讲的这个主题的范围弄得多么复杂啊！普伯里乌之子说："我常听我父亲说，没有民法的知识，就不能做一名优秀的大祭司。"他指的是民法的全部知识吗？为什么？有关院墙或引水管的法律对大祭司有什么用，或者说，除了与宗教有关的民法以外，民法的任何部分对大祭司有用吗？我相信，与宗教有关的民法只占整个民法的很小部分，包括献祭、起誓、节庆、坟墓，以及同类性质的一些事情。那么在其他事情，祭仪问题除外，都被看轻的时候，我们为什么要看重这些事情？确实，即使这件比较重要的事情也可以归结为一条基本原则；也就是说，这些祭仪要永远保存下去，不断地在家族中传递，如同我的法律所规定的那样，"家族的祭祀要永远保持下去"。

我们当前有关这个主题的法律显然是由大祭司们制定的，为的是让那些

---

① 普伯里乌·穆西乌斯·斯卡沃拉（Publius Mucius Scaevola）及其子昆图斯·穆西乌斯·斯卡沃拉（Quintus Mucius Scaevola）。

遗产继承者能够履行举办祭仪的义务，不至于因为父辈的亡故而使这些祭仪被遗忘。在这条法律制定以后——这条法律对于我们理解专门的程序已经足够了——其他无数的细节也就出来，充斥了专家们的著作。因为他们试图准确地确定哪些人必须履行举办祭仪的义务。第一，对继承人提出这种要求是完全正当的；因为没有其他人可以说是接替了死者的地位。第二，根据死者的馈赠或遗嘱得到遗产与其他所有继承人得到的遗产一样多的人要履行举办祭仪的义务。他必须这样做，这样的要求是恰当的，与我们刚才讲过的原则相吻合。第三，如果死者没有继承人，那么通过实际占有[①]获得死者遗产最多的那个人应当履行举办祭仪的义务。第四，如果无人获得死者的财产，那么举办祭仪的义务就落到获得死者大部分地产的最大的债权人身上。第五，死者的债务人如果尚未向任何人偿还债务，那么要由他来履行举办祭仪的义务，因为这种情况视同为得到遗产。

【20】这就是我们从斯卡沃拉那里学到的东西，然而较早的法学家的学说有不同的说法。他们的法律用这样的术语来表达：举办祭仪的义务必须以三种不同方式履行，由继承人举办、由获得遗产最多的继承人举办、在大部分遗产都已遗赠的情况下，由获得遗赠者举办。

但是，让我们跟随大祭司。你们看到他的所有法规依赖于一个原则，亦即大祭司们决定举办祭仪要和财产继承联系起来，节庆也要由财产继承人来举办。[②] 斯卡沃拉父子还规定，如果遗产继承人自愿接受少于其他所有共同继承人继承的遗产，但不包括从遗产中需要扣除的部分，那么这样的继承人就不一定要履行举办祭仪的义务。关于财产的赠与，他们做出了不同的解释：家庭成员的赠与如果得到家长的批准，则赠与有效；若在家长不知道的情况下赠与，则赠与无效，除非家长以后给予批准。

从这些法规中会产生许多小问题，但任何有理智的人都能在没有帮助的

---

① 实际使用满一定期限而获得所有权。

② 这里讲的节庆似乎是指私人的或家族的节日，在节日中要举办祭仪。

情况下轻易地解决这些问题，只要参照那条基本原则。例如，假定某个继承人继承的财产少于其他所有共同继承人，为的是不需要履行举办祭仪的义务，但共同继承人中有一人后来在没有其他共同继承人的情况下独自继承了原先那个继承人放弃的部分，因此这个人所得的遗产总数，包括他前面继承的，不少于其他所有共同继承人继承的遗产，那么很容易得出结论，这个人应当履行举办祭仪的义务。事实上，这些权威甚至还规定，如果有人接受的遗产超过了不需要履行宗教义务的遗产数额，那么这个人可以通过出售遗产的形式来解除其遗产继承人的义务，因为在这种情况下那笔遗产便失去遗产的性质，就好像根本没有被继承一样。

【21】在我看来斯卡沃拉父子是最优秀的大祭司，是最能干的人，关于这一点和其他许多事情，我想问一个问题：你们为什么希望在熟悉了祭司的规定以后，还要熟悉民法？因为你们的民法知识必然会在某个范围内抵消大祭司的规定。因为把举办祭仪与财产联系在一起依据的是大祭司的权威，而不是依据任何法律。因此，如果你们只是大祭司，而不是别的什么，那么你们应当维护祭司团的权威；但由于你们在民法方面也是行家，你们就用你们的学问逃避你们自己做出的祭司的规定。普伯里乌·斯卡沃拉、提比略·科隆卡纽斯，以及其他大祭司已经决定，继承遗产与其他所有继承人继承的遗产相等的人必须承担举办祭仪的义务。这就是祭司的规定。有必要再给它添加一些民法的内容吗？财产划分写得很具体，乃至于要扣除 100 个"努米"①也有规定；这样一来也就有了办法，通过稍微减少一些要接受的遗产就可不必履行举办祭仪的义务。由于立遗嘱者对这样的行为没有预见，所以这位法律专家，这位穆西乌斯本人，他也是大祭司，建议继承者接受的遗产要少于其他所有共同继承人所继承的遗产的总和。先前的大祭司说无论继承人继承了多少遗产，都有这项义务；但是现在他们解除了他举办祭仪的义务。另一个办法直接来自民法，与大祭司的法规没什么关系；我指的是那种恶意的安

---

① 原文为"nummus"的复数"nummi"，音译为"努米"，罗马辅币，也就是"sestertius"。

排，通过出售遗产的方式来解除遗产继承人要履行的义务。用了这种方法，死者就好像完全没有留下遗产，而继承人通过签订一项正式的合同，使他获得的遗产看上去像是已被出售，因此不属于遗产的范畴……①

[狄西摩斯·布鲁图] 确实是一个有学问的人，是阿西乌斯的好朋友；但我相信他把十二月作为一年的最后一个月，而古人把二月当做一年的最后一个月。还有，他认为应该向故去的亲人奉献尽可能丰富的祭品，以示虔敬。

【22】墓地很大程度上成了宗教崇拜的对象，乃至于人们认为，不把死者葬在氏族的墓地里，不祭祀是有罪的；在我们祖先那个时代，奥鲁斯·托夸图斯对波皮留斯家族就做出过这样的裁决。"洁净日"不应当与荣耀天神的节庆日重合，"洁净"一词源于"死亡"，②因为洁净日是为死者举行的庆祝，除非我们的祖先想把那些离开现世生活的人归入神的行列。有法律规定，举行这类祭祀的时间不要和其他公共的或私人的节日重合。整部祭司法表现出深厚的宗教情感，以及对宗教仪式的尊重。所以我没有必要解释家族的哀丧日结束时要向拉耳③奉献什么牺牲，要以什么方式把取下的指甲掩埋入土，④用猪做牺牲有什么具体规定，或者从何时起埋葬死者的地方成了受到宗教保护的墓地。

在我看来，最古老的殡葬方式，按照色诺芬的说法，是居鲁士⑤使用过的那种方式。肉身回归于土，在那里安息，就好像死者的母亲给他盖上被子。⑥传说我们自己的国王努玛也是按照这样的仪式，被埋在离泉神⑦祭坛

---

① 此处原文有大量缺失。

② "洁净"原文是"denicales"，"死亡"原文是"denex"。

③ 拉耳（Lar），主管家族涤罪的神灵。

④ 罗马古代实行火葬时将死者指甲取下埋入土中。

⑤ 居鲁士（Cyrus），波斯国王，公元前559年—前529年在位，征服吕底亚、巴比伦、亚述、叙利亚、巴勒斯坦等地，创建波斯帝国。

⑥ 参见色诺芬：《居鲁士的教育》第8卷，第7、25节。

⑦ 此处原文为"Fons"，传说为罗马古神伊阿诺斯之子，音译为"芳斯"，为泉神。

不远的地方；我们还知道，高奈留家族直到今天仍然采用这种殡葬方式。苏拉获胜之后，下令把已经埋葬了的马略的遗骸挖出来，撒在阿尼奥河边，这是因为他当时胸中燃烧着的仇恨的怒火，使他无法控制自己的残忍。也许是担心自己死后也遭到同样的命运，因此在高奈留家族中，苏拉第一个要求死后火葬。说到阿非利加努时，恩尼玛斯说"他躺在这里"；这样说是对的，因为那些土葬的人被称为"躺着"。但是埋葬他们的地方并不会真的变成墓地，只有在举行了恰当的仪式，杀猪献祭以后才这样。这种说法现在适用于所有被埋葬的人，也就是说，他们"躺在土里"，而在当时仅指死者的尸体被撒上土掩埋。大祭司的法规确认了这种习俗的存在。要知道，在遗骨被撒上泥土之前，焚尸的地方尚不肯有神圣的性质，[而在遗骨被撒上泥土，葬仪被认为完成以后，那个地方才被称做墓地]；从那以后，而不是在此之前，才有了保护墓地的许多法律。普伯里乌·穆西乌斯宣布，如果有人在船上被杀，抛尸大海，那么他的家人不必行"玷污礼"，① 因为死者的遗骨不在大地上；但是死者的后代要杀猪献祭，哀悼三天，行赎罪礼；如果在海上死亡，那么除了献祭、赎罪礼、哀悼以外，其他一切如仪。

【23】**阿提库斯**　大祭司的这条规定我明白了，但我还想知道法律中有关殡葬的规定。

马库斯　确实很少，提多，而且我相信你也都知道；但是这些法规和宗教关系不大，主要讲墓地的法律地位。十二铜牌法规定："不可在城里安葬或火化死者"。我假定不得火化是因为有引发火灾的危险。但是添上"或火化"这几个字，表明遗体火化并不被视为安葬，安葬仅指将遗体埋入土中。

阿提库斯　为什么在十二铜牌法公布以后，仍有许多著名人士葬在城里？

马库斯　提多，我想这是因为在这部法律实施之前，有些人已经由于他们的功德而得到了这种权利，比如波利科拉和图伯图斯，他们的后代也依

---

① 死者亲属把自己弄脏是古代葬仪的一部分内容。

法继续享有这种特权；还有一些人，比如盖乌斯·法伯里修，由于他们的功德，而由法律给以葬在城里的特许。但是就像法律禁止在城里安葬死者一样，大祭司团也曾规定在公共场所修建坟墓为非法。你们都熟悉科利乌斯城门外的荣誉神庙。传说那里曾经有过一座祭坛，后来在祭坛附近发现了一个金属盘子，上面的铭文写着"献给荣誉女神"，便建了现在这座神庙。但那里有许多坟墓，这些坟墓被挖掉；因为祭司团做了决定，那个地方是公地，不能由于接受公民个人的献祭而使之具有神圣的性质。

十二铜牌法中也有其他一些规定，限制殡葬的花费和葬礼上的哭泣；这些规定大部分沿袭了梭伦的法律。[①] 十二铜牌法说："除此之外不要再做什么；不要用斧子把火葬用的木头削平。"你们知道下面的话，因为作为必修课我们从小学习十二铜牌法，尽管现在已经没有人学了。殡葬的开支限制在"三顶盖头，一件紫色托袈袍，十个吹笛手"；哭丧也受到限制，"妇女在葬礼中不得泪流满面，不得 lessum"。古代诠释家埃利乌斯·塞克斯都和卢西乌斯·阿基留斯承认，他们不很明白 lessum 这个词的含义，但猜测它可能是指某种丧服。卢西乌斯·埃利乌斯认为这个词是指丧礼中的痛哭，如字音本身所表示的那样。我倾向于后一种解释，因为这正是梭伦的法律中加以禁止的事情。这些规定值得称赞，既适用于富人，也适用于平民；它与自然相当吻合，人死后财富上的差别也就不存在了。

【24】十二铜牌法还禁止其他一些会增加悲伤的葬礼习惯。有一条法律说："不得收集死者的遗骨，以备后葬。"只有在战场上牺牲或在外国客死者例外。这些法律中也包含下列关于涂油膏和宴会的规定：禁止奴仆为主人涂油膏，禁止酒宴。禁止这些事情是恰当的，要是这些事情没有发生过，法律也就不用禁止它们了。"禁止使用昂贵的香水、巨大的花冠和香炉。"这些我们就不谈了。做出这些规定所依据的原则显然是，荣耀死者是给予死者的唯一奖赏，因为法律规定可以给死去的勇士及其父亲戴上花冠而不算违法。我

---

① 参见普罗塔克：《梭伦传》第 21 节。

想这是因为存在为一名死者举行数次葬礼和哀悼的习俗，这些事情也要由法律来加以禁止。这部法律还禁止在殡葬中使用黄金，但请注意有一个例外，"如果一个人的牙齿上镶有黄金，在安葬或火化他的遗体时不取下金牙不能视为违法"。请注意，在这条规定中，安葬和火化也是当做两件不同的事情来处理的。

此外还有两条关于墓地的法律，一条保护私人地产，另一条涉及坟地本身。由于害怕引起火灾，法律规定"未经主人允许，不得在距离他人住宅不足六十步的地方火化或修建坟墓"。但是，有关坟墓周围的空地或者有关墓地的所有权的规定是在维护墓地的权利。

这些就是我们在十二铜牌法中找到的相关规定，它们肯定与作为立法标准的自然相吻合。我们的其他法律都以习俗为基础；也就是说，如果葬礼伴有赛会，应予以公告；葬礼主办者可以带护卫和侍从；如果举行国葬，应当在公民大会上宣读对死者的颂词，随后可以有用笛子伴奏的演唱。这种演唱有一个名字叫"奈尼亚"（neniae），希腊人也用这个词来表示哀歌。

【25】**阿提库斯**　我很高兴听到我们的法律与自然相吻合，我们祖先的智慧也令我格外高兴。但我找不到限制修建墓碑的任何规定，就像限制其他方面的开支一样。

马库斯　你寻找这样的规定是对的，因为我想你已经看到修建盖乌斯·菲古卢斯的坟墓是一个多么奢华的例子。我们有许多材料可以证明，我们祖先那个时代很少有这样奢华的欲望。我们的法律的解释者确实把这条命令理解为冥间神灵无权要求葬礼中过分的开支和哭泣，这就意味着修建墓碑的奢华也要加以限制。聪明的立法家也没有忽视这个问题，因为在雅典，据说当前有关土葬的法律源自他们的第一位国王凯克罗帕，在最亲近的亲属为死者举行过葬礼以后，就用土掩埋遗体，让死者好像躺在大地母亲的怀抱中，然后在那里播种谷物，由谷物洁净过的土地又可用于生产。然后举行丧宴，亲属们在丧宴中可以戴花冠；在这种场合可以颂扬死者，只要所说的是真实的（因为虚假的颂扬被视为邪恶）……举行恰当的祭仪。后来，按照那个法勒隆人①的说法，葬礼变得耗资巨大，人们放声痛哭，于是梭伦立法加以禁止；而我们的十二人委员会几乎原封不动地把这条法律引进十二铜牌法，并且刻在第十块铜牌上。有关三顶盖头的规定，以及其他许多规定，都来自梭伦，至于哭泣，他们也照搬原话："妇女在葬礼中不得泪流满面，不得痛哭。"

【26】关于墓地梭伦没有做出其他规定，除了说不得毁坏墓地，不得把外人葬在墓地。如果任何人损坏墓地，要受到相应的惩罚，损坏墓地的行为包括玷污、损坏、捣毁坟墓、墓碑或柱桩。但是后来，坟墓越造越大，我们在凯拉米库②可以看到巨大的坟墓，于是法律规定任何人不得建造超过需要十个人工作三天的坟墓，也不得进行粉刷或竖立所谓的赫耳墨斯柱。颂扬死者的演讲也被禁止，除了举行公葬，并由官方指派演说家。为了限制哭泣声，甚至禁止大批男女参加葬仪，因为人们聚在一起会徒增悲伤。由于这个原因，庞塔库斯禁止外人参加家庭举行的葬礼。德美特利还告诉我们，殡葬和坟墓的规模日渐扩大，就像现在的罗马一样。德美特利本人曾通过立法来加以限制。你们知道，这个人不仅学识渊博，而且在治理国家方面也非常能干。所以他不仅规定了相应的惩罚来限制奢华，而且限制葬礼的时间；因为他下令要在天亮之前出殡。他还限制新造墓碑的大小，规定安放在墓前的石柱、石桌、石盆不得高于三肘；他还指定官员专门负责监督这些法律的执行。

【27】这些就是你的那些亲爱的雅典人的法律。现在让我们来看一看柏拉图是怎么说的，他把如何恰当地举行葬仪的问题委托给宗教法规的解释者；这种习惯我们到现在也还保持着。关于墓地，他做了下述规定。③他禁止把任何耕地或可耕地用做坟地，坟地应是那些适用于埋葬死者，而对活人

---

①　指法勒隆的德美特利（Demetrius）。

②　凯拉米库（Ceramicus），雅典两个坟场的名字，一个在城内，一个在城外，城外的坟场埋葬着最有功绩的雅典人。

③　柏拉图：《法篇》第十二卷，959d。

又不会造成损失的土地。大地像我们的母亲，为我们提供粮食，任何人都不能减少耕地，无论是活人还是死人。他禁止在坟前竖立高大的墓碑，碑的制造不能超过五个人五天的工夫。他还禁止在坟地安放刻有颂扬死者文字的巨石，其大小不得超过可镌刻四行英雄格诗——恩尼乌斯称这种诗的格律为"长格"。就这样，我们也已经知道这位杰出人物对墓地的权威看法。他还规定了葬礼的花费，按照每个人的富裕程度，从一个"明那"① 到五个"明那"不等。在此之后是柏拉图论灵魂不朽的著名段落，好人死后等待他们的是安宁，恶人死后等待他们的是惩罚。

我相信，我对整个宗教问题的考虑已经讲完了。

昆图斯 我亲爱的兄长，你是已经讲完了，什么都不缺。现在请你继续往下讲。

马库斯 我会的，因为你已经高兴得在催我了；我希望在今天的谈话中能完成这次讨论，尤其是像今天这样的日子。我记得柏拉图也是这样做的，他在一个夏日里完成了有关法律的讨论。② 因此我也要这样做，下面就来讨论行政官员。在宗教建立之后，他们在一个共同体的形成中肯定是最重要的。

阿提库斯 那就请你继续执行你已经开始的这项计划。

第三卷

【1】马库斯 我要像前面所做的那样，继续以那位天才为榜样，我经常赞扬他，也许有点过分，但我确实对他充满了崇敬之情。

阿提库斯 你指的显然是柏拉图。

---

① 明那（minas），希腊货币名。
② 参见柏拉图：《法篇》第三卷，683c。

马库斯 不会是别人了，阿提库斯。

阿提库斯 你对他的赞扬永远不会过分，也不会太频繁，因为甚至连我们那些反对赞扬他们自己团体①以外的人的朋友也允许我根据自己的意愿赞扬他。

马库斯 在这一点上他们肯定是对的。对一个像你这样品味高雅的人来说，还有什么事情能比这样做更恰当？在我看来，你在生活和语言方面都竭力把尊严和优雅结合在一起。

阿提库斯 我确实很高兴打断了你的话，因为你很好地证明了你的看法。但还是请你继续往下说吧。

马库斯 那么首先让我们用和法律的性质相适宜的赞美之词来赞扬法律本身。

阿提库斯 当然要这样做，就像你在讨论宗教法时所做的那样。

马库斯 那么你明白，行政官的功能是统治，公正、有益地发布与法律相一致的政令。就像法律统治行政官，行政官统治人民一样，我们完全可以说，行政官是会说话的法律，法律是不说话的行政官。还有，没有任何事情能比这样的统治更符合正义的原则和自然的要求（当我使用这样的表达法时，我希望你们明白我指的是法律），没有这样的统治，家庭、城市、国家、人类、自然界，乃至宇宙本身，都不可能存在。因为宇宙服从神，海洋和陆地服从宇宙，人类的生活服从"最高法律"颁布的命令。

【2】但是回到距离我们较近、我们比较了解的事情上来：一切古代民族都曾经接受国王的统治。这种权柄最初交给那些在正义和智慧方面超群出众的人，就像我们自己的国家实施王政时的情况一样。后来，王权传给了国王的后代，这种做法至今仍是现有王国的习惯做法。现在那些反对君主统治的人所希望的，不是不服从任何人的统治，而是不始终服从同一个人的统治。由于我们已经为自由的民族提供了一套法律体系，并在我们较早的那六

---

① 指伊壁鸠鲁主义者。

卷书①中陈述了我们对理想国家的看法，所以我们现在要提出与我们在那里描述的、我们认为最好的这种国家相适应的法律。因此，我们一定要有行政官员，没有他们的精心打理，国家不可能存在。事实上，对行政官员的安排决定了国家的整个性质。我们不仅要对行政官员的管理权限做出规定，而且要指导公民，使他明白自己有服从管理的义务。能有效实施统治的人在以往也必定服从过别人的统治，能很好地服从别人统治的人才能在以后当统治者。这样，服从统治的人必定会期盼在将来成为统治者，统治者也要记住自己曾经有过一定要服从他人统治的时候。我们必须像卡隆达斯那样，不仅在法律中规定公民有服从行政官员的义务，而且规定公民要爱戴、尊重行政官员。我们敬爱的柏拉图确实认为，造行政官员的反就像提坦②造天神的反，这些造反者应当被视为提坦的后代。

明确了这些事实以后，如果你们同意，我们现在就开始叙述法律条文。

阿提库斯 我不仅同意你的这个提议，而且同意你讨论的整个秩序。

【3】**马库斯** "政令应当是正义的，公民有义务服从政令，不得抗拒。行政官员（magistrate）应使用罚款、监禁、鞭打等手段惩罚那些不顺从、有罪的公民，除非有同级或更高级的行政官员，或者人民，禁止这样做；公民有对他们上诉的权力。在行政官员做出处死或罚款的判决以后，要在民众前进行公审，最终决定是否给以罚款或其他惩罚。在战场上对指挥官的命令不得申诉；行政官担任统帅指挥战争，其命令有效，具有约束力。

"要设置拥有部分权力的低级行政官（Minoris Magistratus），指导专门的职责指派给他们。在军队中，他们要指挥下级，担任他们的监理；在城市里，他们要管理公款、关押罪犯、执行死刑，监造金银铜币、处理诉讼，还要执行元老院的任何法令。

"要设置市政官（adeiles）作为城市管理的行政长官，他要管理市扬，

---

① 指《论国家》。

② 提坦（Titan），希腊神话中的天神乌拉诺斯和地神该亚的子女，受母亲唆使推翻乌拉诺斯的统治。

组织各种例行的赛会。这是从政的第一步，以后可以担任更高的职务。

"监察官（censoris）负责公民登记，记下他们的年龄、家庭、奴仆和其他财产。他们管理城里的神庙、街道、供水管、国库、征税。他们把公民划分为区①，并按照财富、年纪、等级进行划分。他们要负责征招骑兵和步兵、禁止独身、规范民众的道德、不让行为不端者继续留在元老院。监察官的职位应设两名，任期五年。监察官的职位不得空缺。

"负责裁决或者主持民事诉讼的人、正义的监管者，称做执法官（praetor）；执法官是法律的卫士。执法官的职位应当按照元老院的法令和人民的要求设置多名，他们拥有相等的权力。

"要有两名行政官掌握国王的权力。由于他们负责领导、司法和协商，根据这些职能，可以称他们为执法官、法官（iudices）、执政官（consuls）。在战时，他们要掌握最高权力，不从属于任何人，人民的安全就是他们最高的法律。

"无人可以在十年内再次担任同一职位。要遵守法律规定的有关任职最低年龄的限制。

"发生严重的战争和内乱时，如果元老院同意颁布法令，可由一个人拥有原先属于两名执政官的权力，但时间不得超过六个月。在占卜显示吉祥征兆后，他可被任命为独裁官（dictator）。他应有一名助手担任骑兵司令官（magister equitum），他的级别应当与执法官相同。

"在既无执政官，又无独裁官，亦无其他行政官员的情况下，占卜应由元老院掌握，元老院应指定一名元老按照惯例主持执政官的选举。

"当元老院颁布法令或人民下达命令时，拥有或不拥有国家全权的官员以及使节要离开城市，正义地进行正义的战争；他们要解救同盟者，要约束自己和自己的下级，增加国家的知名度，荣耀地回国。

---

① 罗马居民最初被划分为 3 个部落（Ramnes, Tities, Luceres），后来划分为 4 个市区（tribus urbanae）和 26 个（后改为 31 个）乡区（tribus rusticae）。

"出使的使节不得处理公务以外的事务。

"由平民推选的十位保民官（tribuni）负责保护平民。在他们的主持下，平民们通过的禁令和决定有效。保民官人身不受侵犯。保民官不能抛弃平民，使他们处于没有保护人的境地。

"所有行政官都有占卜权和审判权，元老院要由从前管理过国家的人组成。元老院的法令具有约束力。遇到有和主持元老院会议的官员平级或级别更高的官员反对元老院的法令，必须记录在案，加以保存。

"元老院议员等级的人不应受到任何羞辱，他们应当是其他公民的榜样。

"人民参与选举、审判、立法活动要通过表决来进行，高等级公民的表决要公开，平民可以自由地表决。

【4】"如果在常规的行政活动之外还有某些必要的事情要处理，人民要选举官员去负责处理，并赋予他相应的权力。

"执政官、执法判官、独裁官、骑兵长官，以及由元老院任命主持执政官选举的官员有权主持人民大会和元老院会议。平民推选的保民官有权出席元老院会议，并将必要的事情传达给平民。

"参加人民大会和元老院会议，行为要有节制。

"凡是元老院议员缺席元老院的会议，应当要求他解释理由，或者给予责备。元老院议员的发言要遵守秩序，要有节制。议员应当熟悉公共事务。

"不得在人民大会上使用暴力。地位相同或较高的官员拥有较大的权力。① 主持会议的官员应对可能发生的混乱负责。对坏议案行使否决权应被视为优秀公民为国家提供的服务。

"主持会议的官员要遵守占卜显示的预兆，服从国家的占卜官。在会议上宣读过的议案应存入国家的档案库。主持会议者不得接受民众一次提出多个问题的议案。他们应就当前的问题开导民众，并允许其他行政官员和个别公民开导民众。

---

① 意思是地位与主持会议的官员相等或较高的官员有权投票反对民众大会的决定。

"不得提出针对任何个人的法律提案。将处以死刑或剥夺公民权的案子只能在范围最大的公民大会上公审，由那些向监察官登记注册过的公民参加。

"任何官员不得馈赠或收受礼品，无论是在候任期间，还是卸任之后。

"违反上述规定者要给予相应的惩罚。

"监察官负责正式的法律文书。官员离职前应向监察官述职，但不能因此而获得不受追究的豁免权。"

这部法律已经读了。现在我要说："散会，我会下令把书写板散发给大家。"①

【5】昆图斯　我亲爱的兄长，你以十分简要的形式把有关行政官员的全部规定摆在了我们面前！然而，尽管你提出了一些新东西，但它们实际上与我们国家的情况相同。

马库斯　昆图斯，你说得很对。这正是西庇阿在我提到的那几卷书里给予高度赞扬和认同的那种拥有平衡体制的国家；没有关于行政官员的相关规定，这样的国家就无法形成。因为你必须明白，政府由它的行政官员和指导国务的人组成，从行政官员的不同设置可以看出不同的国家类型。由于我们自己的祖先发明了这种最明智、最平衡的体制，所以我就没有什么新发明，或者只有很少发明，是我认为应当引入这种体制的。

阿提库斯　那么，应我的建议和要求，你现在可以仁慈地说明你为什么认为这些有关行政官员的规定是最好的吗，就像你在处理宗教法时所做的那样？

马库斯　阿提库斯，我会按你的要求去做，用和那位最博学的希腊作家所进行的考察和讨论相一致的办法处理整个主题。在此期间我也会提到我们的法律，就像我以前做的那样。

阿提库斯　这正是我所期待的处理方法。

---

①　这是主持民众大会的行政官员的一句习语。

马库斯　　不过，我已经把有关该主题的大量讨论放在前一本著作中，要考察理想国家的性质，这些讨论是必要的；而涉及行政官员这个论题，某些要点已经首先由塞奥弗拉斯特加以考察，然后又有斯多亚学派的第欧根尼做了更为详细的研究。

【6】阿提库斯　　你确实认为连斯多亚学派都处理过这些问题？

马库斯　　除了我刚才提到的这位哲学家，没有其他人；而在他之后，则有杰出而博学的帕奈提乌。老一辈的斯多亚学派尽管也讨论国家，并且不乏洞见，但他们的讨论是纯理论的，不像我一样，打算让它成为对国家和公民有用的东西。由柏拉图开创的那个学派为我们提供了大部分思想资料。在他之后，亚里士多德和另一位柏拉图的学生，本都的赫拉克利德，用他们的讨论阐明了国家体制这整个主题。亚里士多德的学生塞奥弗拉斯特则把这些论题专门化了。亚里士多德的另一个学生狄凯亚库也没有忽视这一思想和考察的领域。后来，塞奥弗拉斯特的一位追随者，法勒隆的德美特利，我在前面提到过他，极为成功地把这些学问领出树荫和学者的隐居地，不仅让它们出现在阳光和尘土中，而且让它们上战场，甚至成为冲突的中心。我们可以提到许多学问一般的实际政治家的伟大名字，也可以提到许多几乎没有什么从政经验的博学者的名字；但是除去某个人，谁能轻易找到在研究学问和实际的治理国家两方面都超群出众的人？

阿提库斯　　我相信这样的人是能够找到的；事实上我在想，我们三人中间就有一个这样的人！但你还是继续往下说吧。

【7】马库斯　　行，这些哲学家想过只设一名行政官，而让其他所有人都服从他，这样做是否对国家最好。我明白，我们的祖先在赶走国王以后曾经认为这是最好的安排。但是，起先拥护国王，后来又把国王赶走，这样做更多的不是由于王政制度的错误，而是由于国王的错误，如果设立一位行政官来统治其他所有人，那么似乎只是废除了国王的名称，而这个体制仍旧存在。所以，塞奥波普在斯巴达设立监察官与国王平行，在我们这里则是设立保民官与执政官平行，这样做并非没有很好的理由。执政官拥有合法权力，

其他所有官员都必须服从他，只有保民官除外；这一职务是后设的，目的在于防止出现以往反复出现的事情。削减执政官权力的第一步就是设立这样一个不隶属于执政官的职务；第二步就是让这种官员不仅保护不服从执政官的普通公民，而且保护不服从执政官的行政官员。

昆图斯 你提到的这种情况是巨大的不幸。正是因为设立了这种官职，使得贵族政体衰落，而民众的权力增强。

马库斯 你错了，昆图斯。因为只设一名执政官，执政官的权柄对人民来说显得过于专横与专制，但这种情况并非不可避免，是吗？自从……以来，就一直有节制和限制这种权力的事情发生……①

……如果他不能区分有用和无用，怎么能够"保护同盟者"……

……［把这一点］用于［其他人］；而法律涉及所有人……

【8】他们将"荣耀地回国"。因为善良正直的官员除了荣誉，其他什么东西都不能从敌人或者同盟者那里带回。

还有，显然没有比"出使的使节处理公务以外的事务"更可耻的事情。这样的行为我就不说什么了，现在或从前，有些人在出使的时候接受遗产或收债，这也许应当归咎于人性的弱点。但我还想问一句：一名元老院的议员被委任为使节，但却没有任何义务，没有任何指令，没有任何公务要处理，还有什么事情比这种事更可耻？事实上，这种习俗给元老院带来了特权和利益，在我担任执政官的时候，如果不是受到一位与此毫不相干的保民官的阻挠，我经过元老院全体会议的批准，已经能够废除这种类型的出使；不过我确实把这种使节的任期限定为一年，而以前是无期限的。所以这种可耻的陋习被保留下来，但它的任期受到了限制。

现在，要是你们乐意，让我们丢下行省，回到有关这座城市的事情上来。

阿提库斯 我们确实乐意这样做，但那些仍在行省里的人就绝对不会高

---

① 从这里开始，原文有大段缺失。

兴了。

　　马库斯　然而，提多，如果他们服从这些法律，那么没有任何地方会比这座城市和他们自己的家更能令他们感到亲切；没有什么地方会比行省更能使他们感到辛苦和厌烦。

　　但是接下去有关"平民的保民官"的法律不需要讨论，因为我们国家也有保民官。

　　昆图斯　但是，我亲爱的兄长，我确实想要问你对这种权力的看法。在我看来，这种权力是可恶的，它生于内乱，也用于内乱。如果我们不怕麻烦回忆一下它的起源，那么我们将看到它正是在我们公民的纷争中产生的；当时这座城市的一些部分被武装力量占领，整个城市被包围。但是后来，在它很快被扼杀以后，就像十二铜牌法规定要杀死畸形婴儿那样，不知怎么搞的，它很快又复活了；在它第二次诞生之后，它变得比从前更加邪恶，更加令人憎恶。

　　【9】有什么罪行是它没有犯下的？它采取的第一项行动——与它的邪恶本性相应——就是剥夺元老们的所有特权，让最卑贱的人和最高贵的人在所有方面相等，从而产生极度混乱与无序。即使在摧毁了贵族们的权威以后，它也从不安宁。盖乌斯·弗拉米纽斯和其他一些人的成年往事就不用说了，保民官提比略·革拉古给最优秀的公民留下了什么权利？然而比革拉古早五年，保民官盖乌斯·库里亚提乌，这个最卑鄙、最邪恶的家伙，采取了一项史无前例的行动，竟然把执政官狄西摩斯·布鲁图和普伯里乌·西庇阿囚禁起来！而这两位执政官是什么样的人哪！再说，难道不是保民官提比略·革拉古搞颠覆，在广场上扔匕首，让公民们互相残杀（这是革拉古自己对他的行径的描述），在这个国家引发了一场彻底的革命？我为什么还要继续提到萨图尼努斯、苏皮西乌，以及其他所有保民官，从他们开始，这个国家不诉诸刀剑就不能保护自己？但我为什么要引用影响他人的古代例子，而不是从我们自己的经验中引用最近的例子呢？有哪个胆大妄为、仇视我们、阴谋颠覆我们的人没有磨快保民官的匕首来反对我们？他们实际上想在国家的黑暗

时期把部族搞乱，但这些邪恶堕落的败类不但未能在任何家族，甚至未能在任何部族中找到这样的人。而我们确实有一种值得自豪的优点，给我们带来名声的不朽，任何奖赏都不能诱使保民官们反对我们，只有一个根本无权当保民官的人这样做了。但是，他造成了什么样的破坏——这样的破坏确实只能是在一头可恶的、丧失理智、丧失任何美好希望的野兽的疯狂蛊惑下，通过那些疯狂的暴民造成的？因此，我要衷心感谢苏拉制定的保民官法，剥夺了保民官作恶的权力，只给他们留下救济权；至于我们的朋友庞培，尽管在其他所有事情上我总是给予他高度赞扬，甚至是最高的赞扬，但说到他对保民官的权力的态度，我只好沉默，因为我不希望批评他，而要赞扬他我又不可能。

【10】**马库斯** 昆图斯，你对保民官制度的弊端看得很清楚，但是无论批评什么制度，完全不提它的好处，只是列举它的坏处，指出它的不足，那是不公平的。如果你收集某些执政官的恶行，我不在意提到他们的名字，那么用这样的方法，即使是执政官制度也可以谴责。我确实承认，保民官的各种权力中有一种恶的因素；如果没有你提到的这些恶，我们就无法实现我们在设立保民官制度时想要让它发挥的好作用。你说："保民官拥有的权力太大。"有谁否认这一点？但是人民的力量本身更凶狠、更猛烈；然而，如果有一位领导人在控制这种力量，那么它会比没有领导人的时候温和些。因为领导人会意识到自己正在冒风险，而冲动的民众根本不会有什么风险意识。你会反对说："保民官有时会怂恿民众。"是的，没错，但他们也经常安抚民众。难道所有保民官都如此穷凶极恶，十位保民官中竟然没有一个能保持清醒的头脑吗？噢，提比略·革拉古不仅实际上无视其他同僚的否决，而且还剥夺同僚的权力，从而使他自己倒台。在他的同僚行使否决权来反对他时撤销同僚的职务，除了这个原因，他的垮台还有什么原因？

但是，想一想我们的祖先在这件事上的智慧。当元老院把这种权力给予平民后，冲突停止了，反叛结束了，找到了一种妥协的办法，使得卑贱者相信自己已经与贵族平等；而这样的妥协是对国家的唯一拯救。你说："我们当时有两位革拉古。"是的，你还可以提到其他许多保民官；因为每次有十位保民官当选，你在每一时期都可找到有些保民官是有害的，但也许更多的保民官是不负责任的，也没有什么影响力；与此同时，如果元老等级的人不招人忌恨，平民便不会为了维护自己的权利进行绝望的斗争。因此很清楚，要么是根本不应当废除王政，要么是不应当把自由真正地而非虚假地给予平民；而应当在规定平民服从贵族的权威的条件下把这种自由授予平民。

【11】但是，我亲爱的兄弟，以我自己为例，我也曾和保民官的权力打交道，但并没有给我理由抱怨保民官制度本身。因为并非普通民众受到唆使，忌恨我的地位；而是相反，监狱被打开，奴隶被征召，甚至还有军队的威胁。我真正不得不与之斗争的不是那个无赖①，而是国家生活中最严重的危机；如果我不服从它，我的国家就不能长久享用我的服务带来的利益。结果证明我是对的；因为当时在那里的人，不仅是那些自由的公民，而且是那些配得上自由的奴隶，有谁没有为我的安全献身？如果我为这个国家的安全所提供的服务没有得到普遍的赞同，如果那些受到唆使的暴民对我的仇恨没有导致我的流放，如果是保民官的权力唆使民众反对我的，就像革拉古煽动民众反对莱纳斯，萨图尼努斯煽动民众反对麦特鲁斯，而我无论如何也要忍耐，那么我亲爱的兄弟，我能得到的安慰更多的不是来自雅典的哲学家，他们的工作就是提供这样的安慰，而是来自那些雅典的杰出公民，当他们被流放时，他们宁可放弃那座不感恩的城市，也不愿允许它继续作恶。

你说自己不能完全认同庞培在这件事上的态度；但在我看来，你对这样一个要点没有给予足够的注意——他不仅要决定什么是最理想的、最好的，而且要决定什么是实际中必要的。因为他明白这种职位在我们国家是必不可少的；我们的人民在还没有经历过这种制度的时候那么渴望设立这种制度，而在知道它是怎么一回事以后，他们怎么能缺少它呢？一个聪明的公民有责任与一种本身并非恶的制度打交道，就其亲近民众而言，它是不可挑战的，

① 指克劳狄。

但不要把保护这种制度的责任留给民众的领袖，免得带来邪恶的后果。

我亲爱的兄弟，你明白在这种对话中说"很对"或"完全正确"，习惯上就是打算转到一个新的主题。

昆图斯 事实上，我并不同意你的看法，但我还是希望你继续往下讲。

马库斯 那么你坚持己见，保持原先的看法？

阿提库斯 是的，我也和昆图斯的看法相同，不过让我们听你继续讲。

【12】**马库斯** 在后面的法律中，我们规定把"占卜权和审判权"赋予"所有行政官"。把审判权授予行政官旨在确定人民可以对法律判决提出上诉；把占卜权授予行政官旨在找到令人信服的理由，阻止许多无益的民众集会；因为不朽的诸神经常用征兆来阻止人们不公正的要求。

"元老院要由从前管理过国家的人组成"，这条规定确实是一种流行做法，它确保进入这个高贵等级的人全部经过民众的选举，监察官则被剥夺了自由选择的权利。但是我们已经对这一缺陷规定了一项补救措施，因为元老院的权威是由我们的下一条法律合法地确立的："元老院的法令具有约束力。"如果元老院被承认为国家政策的领袖，其他所有等级都要捍卫元老院的法令，愿意让这个最高等级用它的智慧指导国家的统治，那么把最高权力赋予人民、把实际的权力赋予元老院这一妥协，就有可能维持我描述过的那种平衡的、和谐的体制，尤其是当我们的下一条法律也能被遵守的时候。这条法律是："元老院议员等级的人不应受到任何羞辱，他们应当是其他公民的榜样。"

昆图斯 兄长，你提出的这条法律太好了，不过"元老院议员等级的人不应受到任何羞辱"这条规定太一般，需要监察官加以解释。

阿提库斯 尽管整个元老等级对你非常忠诚，想起你担任执政官就感恩不尽，但我还是要冒昧地说，惩罚元老等级的恶行的任务将把所有法官和监察官的精力耗尽。

【13】**马库斯** 我们不需要进入这方面的讨论，阿提库斯。因为我们谈的不是当前的元老院或者我们这个时代的人，而是将来的人；也就是说，在

他们中的任何人都自愿服从我的这些法律的情况下。我们的法律要求元老院议员不受任何羞辱，所以任何有可耻污点的人都不能进入这一等级。当然了，不通过教育和训练很难做到这一点；如果我能找到恰当的地方，又有时间，我也许可以对此再做说明。

阿提库斯　你肯定不难找到恰当的地方，因为你正在按通常的秩序处理整个法律体系，至于时间，我们有整整一天。如果你略去教育和训练问题不谈，那么我会坚持要你回到这个问题上来。

马库斯　是的，阿提库斯，你可以在恰当的时候提醒我，其他可能会被我忽略的问题你也可以提醒我。

"他们应当是其他公民的榜样。"如果我们能确保这一点，我们就能确保一切。因为正如杰出人物的邪恶欲望和罪行会习惯性地腐蚀整个国家，他们的节制也会改善或改进整个国家。有人批评我们共同的朋友、优秀的卢西乌斯·卢库鲁斯在图斯库兰的别墅过于奢华，他的回答被认为很恰当。他说自己有两个邻居，一位是罗马骑士，住在他的上面，另一位是被释放的奴隶，住在他的下面；由于他们的别墅都很豪华，所以他认为自己也必须拥有像那个低等级成员一样的特权。但是卢库鲁斯，你难道不明白，哪怕他们有奢侈的欲望，这也是你的过错？如果你不这样做，那么他们也不会得到这样做的许可。因为谁能忍受看到这些人的别墅里堆满各种雕塑和绘画，而这些东西有些是公共财产，有些是属于诸神的圣物？负有消除这种贪欲职责的人自己也陷入这样的贪欲，那么还有谁想要制止他们的贪欲呢？

【14】身居高位的人做坏事还不那么可悲——尽管事情本身相当恶劣——因为这些人还有许多限制。如果你回首我们早期的历史，你会看到我们的优秀人物的品格会在整个国家再现；杰出人物的生活发生什么变化，整个国家也会发生什么变化。我们可以更加充满自信地说我们这种理论比我们亲爱的柏拉图的理论更加健全。他认为，音乐品质的变化能改变一个民族的品性。而我相信，贵族的生活习惯和方式发生变化，会导致一个民族的品性发生转变。由于这个原因，上层人士做坏事对国家特别危险，因为他们不仅放纵自

己干下许多邪恶的勾当，而且用他们的邪恶影响整个国家；不仅因为他们是腐败的，而且还因为他们腐蚀别人，他们所起的坏榜样比他们的罪行带来的危害更大。但是这条适用于整个元老院议员等级的法律在实际应用中范围更窄。因为只有很少人——实际上确实很少——担任很高的职务，拥有巨大的声望，只有他们有权力腐蚀一个民族的道德，也有权力改造他们。

关于这个问题今天已经谈得够多了，在我的前一部著作中这个问题处理得更加彻底；因此让我们开始讲余下的问题。

【15】下一条法律讲的是投票表决，按照我的法律，"高等级公民的表决要公开，平民可以自由地表决"。

阿提库斯　我确实注意到这个问题，但我无法弄清这条法律的意思，或者搞不懂你阐述这条法律时所用术语的意思。

马库斯　我会加以解释，提多。这个主题很难，人们经常对它进行考察。问题在于，选举行政官员、审判民事案件、表决法律提案，应当公开表决还是秘密表决？

昆图斯　这也有什么问题吗？我担心会再次与你有分歧意见。

马库斯　我肯定你不会，昆图斯。因为我的看法也正是你一直坚持的观点，也就是说，没有比公开表决更好的表决办法了。但我们必须考虑这种办法是否切实可行。

昆图斯　但是，我亲爱的兄长，请允许我说，正是这样的观点比其他观点最容易把一些缺乏经验的人引入歧途，并且经常给公共事务带来障碍；我的意思是某些办法是聪明的，好的，但不是切实可行的；也就是说，人民是不能反对的。这是因为，首先，主持会议的官员只有用高压手段才能通过某些事情；其次，宁可在正确的事情上被压服，也不能在错误的事情上退让。但是每个人都知道秘密表决剥夺了贵族的所有影响。当人民自由的时候，这样的法律绝不是人民想要的，只有当他们受到有权有势的人的专制统治，他们才要求有这样的表决。（由于这个原因，我们有一些记录，一些掌握国家大权的人在口头表决时，而不是在用投票板表决时遭到严厉谴责。）因此，即使是在很糟糕的情况下我们也能找到办法，剥夺那些渴望得到民众表决支持的、掌握了大权的民众领袖的权力，但我们不应当给人民提供一种隐蔽的办法，使他们可以通过投票板隐藏他们错误的投票，而贵族却对他们的真正看法一无所知。由于这些原因，品性高尚的人没有一个曾提出或支持像你这样的办法。

【16】确实，有四部关于投票表决的法律。第一部涉及行政官员的选举；这是伽庇尼乌斯法，由一位不知名、低等级的人提出。两年后出了卡西乌斯法，涉及在人民面前公开审判，是由卢西乌斯·卡西乌斯提出来的。他是一名贵族，但是——我这样说并不带有对其家族的偏见——他的提案偏离贵族精神，采用民众青睐的办法来讨好民众。第三部法律是卡波的法律，用于采纳或拒绝法律提案。这位卡波是一个闹派性的无耻的公民，即使回到他们那个派别的同盟者中间去，也不能得到贵族对他个人安全的保护。所以，除了审问叛国罪，口头表决的办法似乎已经不复存在，甚至连卡西乌斯法也对口头表决略去不提。但是盖乌斯·科厄留斯规定，这样的审判也要用投票板表决，然而到了快要死的时候他后悔了，因为他为了摧毁盖乌斯·波皮留斯给国家造成了伤害。事实上，我们的祖父终其一生，竭力反对在这个镇子①上使用投票板表决，尽管他的妻子（我们的祖母）是马库斯·格拉提狄乌的姐妹，马库斯·格拉提狄乌提出过一项使用投票板表决的法案。正如民众后来说的那样，格拉提狄乌在酒盅里掀起了大浪，就好像他的儿子马略后来在爱琴海掀起了大浪。确实……对我们的［祖父］……事情报告上去，执政官马库斯·斯考鲁斯说："马库斯·西塞罗，我希望你能做出选择，以你在处理一个小镇上的事务中表现出来的同样的精神和精力，为这个伟大国家的幸福献身。"

因此，由于我们现在不仅仅是在讲述罗马人民的现行法律，而且是要恢复已经消失的古老法律，或者制定一些新法律，所以我想你应该提出的不是

---

① 指阿尔皮诺。

那些可以从罗马人民那里得到的现行法律，而是实际上最好的法律。你敬爱的西庇阿由于卡西乌斯法而受到责备，因为据说是他的支持使得这部法律的实施成为可能，如果你提出用投票板表决的法案，那么你必须单独为此负责。因为我不赞成这种法案，我们的阿提库斯也不赞成，从他的表情我就能看出来。

【17】**阿提库斯** 这些受到民众欢迎的办法确实从来没有让我高兴过，我认为最好的体制就是马库斯担任执政官期间实行的体制——把权力赋予贵族的体制。

马库斯 好吧，我明白了，即使不用投票板表决，你也会否决我的法律！但让我解释一下——尽管西庇阿在我的前一本著作中已经为这些想法提供了足够的辩护——我以这样一种方式把自由赋予人民，同时确保贵族拥有最大的影响力，确保贵族有机会使用这种自由。因为涉及投票表决，我的法律条文是这样的："高等级公民的表决要公开，平民可以自由地表决。"这条法律蕴含的意思是，取消实行各式各样的秘密投票的法律，除非规定任何人不得查看投票板，任何人不得询问投票者或与投票者交谈。马略法甚至规定投票的过道要修得很窄。如果做出这些规定是为了防止贿选，如同实际存在的那样，那么我不反对；如果法律从来不能防止行贿，那就让人民继续持有投票板，作为他们自由的保障，而我们的法律也规定，他们可以自愿把投票板展示给任何一位最优秀、最尊贵的公民，人民在这一点上也享有自由，他们有权通过荣耀对方来赢得贵族的青睐。用这样的方法，昆图斯，你刚才提到的结果已经完成了——通过投票板表决遭受处罚的人少于通过口头表决遭受处罚的人，因为人民对于拥有这种权利感到满意；就让他们保持这种权利吧，因为在其他所有事情上，他们都受权势和喜好的支配。所以，不用再解释贿选带来的腐败效果，你难道不明白，一旦消除了贿选，人民在投票之前就会询问贵族的看法？因此我们的法律把表面的自由授予人民，同时保存了贵族的影响，消除了不同阶级之间发生争执的根源。

【18】下一条法律提到哪些官员"有权主持人民大会和元老院会议"。

接下去则是一条重要的规定，在我看来这条规定好极了。"参加人民大会和元老院会议，行为要有节制。"所谓节制，我指的是镇定和平静的行为，因为主持会议的行政官员不仅要规范和决定参会者的精神和欲望，而且还要把握他们的面部表情。尽管很难在民众大会上保持这样的节制，但在元老院里要做到这一点并不难，因为元老院议员并不是那种要依据他人的权威来形成自己观点的人，倒不如说，他希望受尊重的原因在于他本人。我们对议员有三点要求：第一，"出席会议"，因为有全体议员的出席可以增添元老院的议事活动的尊严；第二，"发言要遵守秩序"，也就是轮流发言；第三，"要有节制"，发言不要漫无止境。因为从演讲者的角度看，简洁地表达意见是一种美德，不仅在元老院里是这样，在其他任何地方也是这样。绝对不能纵容冗长的发言，除非第一，元老院正在采取某种可恶的行为——这种情况通常在某些势力不合法的影响下产生——而又没有任何行政官员设法阻止它，在这种情况下讲一整天是好事；① 或者第二，所议的事情极为重要，或是为了赢得元老院对一项明智的政策的支持，或者需要提供足够的信息，在这种情况下长篇大论是必要的。顺便说一句，我们的朋友加图能够娴熟地处理这两种情况。我还添加了一条规定："议员应当熟悉公共事务。"熟悉国家的情况对一名议员来说显然是必要的。这条规定含义很广，议员必须知道可以调动的军队的数量、国库的状况、谁是我们的同盟者、谁是我们的朋友、有哪些附属国、它们各自适用哪些法律、协议和条约。议员还必须熟悉立法程序，知道我们沿袭了祖宗的哪些先例。由此你们可以形成这样一种看法，广博的知识、无比的勤奋、杰出的记忆力是一名打算履行自己职责的元老院议员绝对不可缺少的。

我们的下一个论题是人民的集会，在这方面我们的首要规定是："不得使用暴力。"没有什么事情比在一个有固定体制的国家里使用暴力更具摧毁性，更违反正义和法律，更不适合文明人。另一条规定是"尊重否决权"。

---

① 用冗长的发言来阻止法令的通过。

没有比这更有益的事情了，因为好的议案受挫折强过坏的议案被通过。

【19】我的法律规定了"主持会议的官员的责任"，而在极为聪明的克拉苏的看法中完全没有这一条。当格奈乌斯·卡波怂恿的骚乱引起执政官盖乌斯·克劳狄的注意时，元老院在它颁布的法令中采用了克拉苏的看法。元老院规定召开人民大会期间不得发生骚乱，不得反对主持会议的官员，主持会议的官员在议案付诸表决以后和骚乱出现时有权下令休会。事情不可能解决，但仍旧怂恿这样的骚乱，这就是在诉诸暴力，而依据这条法律，怂恿骚乱者应当受到惩罚。下一条法律是："对坏议案行使否决权应被视为优秀公民为国家提供的服务。"这条法律清楚地预示了对坏议案行使否决权的公民将受到赞扬，那么还有谁不希望用这样的行动来拯救国家呢？

后面的规定在我们国家的习俗和法律中已经能够找到："主持会议的官员要遵守占卜显示的预兆，服从国家的占卜官。"记住自己要在国家处于危机时拯救国家是一名好占卜官的义务。他还必须记住自己被任命为最伟大、最优秀的朱庇特的解释者和助手，就好像他自己下令要助手观察占卜的征兆一样；也好像天空的某些部分被划出来指定给他，为了国家他可以经常从上苍那里得到帮助。

后面的规定涉及"颁布法律"、"一次只能提出一个议案"、"把讲话机会给予普通公民和行政官员"。

然后是两条来自十二铜牌法的非常好的法律：一条是"禁止制定针对某些个人的法律"；另一条是"只能在范围最大的公民大会上公审将处以死刑或剥夺公民权的案子"。在保民官制度尚未设立、人们也没有想到需要这一制度之前，我们的祖先为了保护后代做出了多么令人钦佩的规定啊！他们不希望为了惩罚某些个人而专门制定法律，这就是"针对某些个人"的意思。法律这个词的意思是适用于所有人的规定或命令，没有任何事情比只针对某些个人的法律更不公正。我们的祖先还希望影响公民个人命运的裁决只能在百人队代表大会上做出；因为按照财富、等级、年纪分类以后，他们的决定比不做任何区分在部落公民大会上做出的决定要明智。由于这个原因，卢西乌斯·科塔，一位非常有能力、非常富有智慧的人，在讨论我的事情时更加明确地纠正了他的意见——那些反对我的所有法令都是不合法的。此外他还说，在那些大会出现了手持武器的奴隶，部落公民大会没有做出判处死刑或剥夺公民权的有效决定，任何公民大会通过针对个人的法律都是无效的。他从中得出结论，我不需要用法律去废除那些反对我的不合法的法令。但是你和其他杰出人士认为整个意大利最好还是宣布对我的看法，为了反对我，这些奴隶和土匪声称通过了一项法律。

【20】下一条法律涉及"接受金钱"和"贿赂"。我们的规定只能在具有法律形式的情况下才能生效，也必须由法庭来强制执行，因此我补充说："违反上述规定者要给予相应的惩罚"，这样一来，每个人都要对自己的行为负责，使用暴力的要判处死刑或被剥夺公民权，贪婪者要处以罚金，贪图功名者要受到羞辱。

我的最后几条法律从来没有在我们中间使用过，但对公共利益来说是必要的。我们没有法律监护人，没有保存法律文书的习惯，我们的官员想要它们是什么样就什么样；我们可以从国家的书记员那里得到这些文书，但没有正式的记录。希腊人在这方面比较仔细，因为他们选举了"法律监护人"，他们不仅负责保管法律文书，我们以前在罗马也这样做过，而且还负责监督人们的行为，要他们遵守法律。按照我的法律，这项责任可以委托给监察官，因为我规定监察官的职位不得空缺。"官员离职前应向监察官述职"，监察官则提供一份关于他们任职表现的初步报告。在希腊，这项工作由官方任命的检察员来做，但指望由他们来进行严格的检查是不合理的，除非他们自愿这样做。由于这个原因，最好还是让离职的官员向监察官述职，但他们"不能因此而获得不受追究的豁免权"。

现在我们结束了有关行政官员的讨论，除非你们还有什么相关的问题要问。

阿提库斯 哪怕我们不说话，这个主题本身就没有什么可以提醒你还有一个要点需要讨论吗？

马库斯　还有一个要点？我想你指的是法庭，庞波纽斯，这个要点与行政官员的主题相关。

阿提库斯　你难道不认为你必须说一说罗马人民的法律，这是你计划要说的？

马库斯　什么原因使你认为我忽略了这一点？

阿提库斯　事情是这样的，那些要处理公务的人对公共事务一无所知，这是最可耻的事情。因为你刚才提到这样一个事实，我们要从国家的书记员那里得到我们需要的法律条文；以同样的方式，我注意到有许多人拥有行政官员的职位，但对法律授予他们的权力一无所知，只知道他们的书记员希望他们知道的事情。因此，如果你认为履行举办宗教祭仪的义务可以使人增强义务感，这是一个值得专门讨论的论题，那么在你阐述了你的宗教法以后，你肯定也要讨论行政官员的合法权力，现在，你的行政官员已经由法律确立了。

马库斯　要是我能做到，我就简单地说一说。因为你父亲的朋友马库斯·朱尼乌斯就这个主题写了一篇很长的论文献给你父亲，在我看来，这本书写得很细致，很翔实。我们现在必须独立地考察和讨论自然法，而涉及罗马法，我们必须遵循先例和传统。

阿提库斯　我同意你的意见，这正是我所期待的处理方法。[①]

《论法律》残篇

（1）让我们把自己当做幸福的，死亡会赋予我们的要么是一种比我们的尘世生活更好的存在，要么至少不比现在差。因为灵魂摆脱肉体，但仍旧保持着它自己的活力的生活是一种神一样的生活；另一方面，如果我们已经没

---

① 本书到此中断，其余部分缺失。

有意识，那么也就不会有任何邪恶降落在我们头上了。（拉克唐修：《神圣原理》第 3 卷，第 19 章）

（2）同一个自然联系和支持着宇宙，宇宙的所有组成部分都处于和谐状态，所以人也由自然联系在一起；但由于他们的堕落，他们发生争吵，不明白他们出自一个血统，从属于同一种保护的力量。如果明白了这个事实，那么人肯定能过一种像神一样的生活！（拉克唐修：《神圣原理》第 5 卷，第 8 章）

（3）太阳已经过了正午，这些小树已经不能给此地提供足够的树荫，所以让我们去利里斯河，在那些桤树的浓荫下完成我们的谈话？（马克洛庇：《农神节》第 6 卷，第 4 节）

论至善与至恶

提　要

本文的拉丁文标题是"De Finibus Bonorum et Malorum"，英文译成"Ends of Good and Evil"，这个标题的字面含义是"关于善与恶的端点"，"善"与"恶"这两个词是复数形式。在古希腊思想中，善与恶是伦理学探讨的中心，而讨论善恶又和"目的"联系在一起。"目的"的希腊文是"Telos"，英文译成"End"或"Aim"。终极目的就是人为之努力的最高目标。亚里士多德说过："一切技艺与一切研究，一切活动与一切计划，总以某种善（好）为目的；所以说，至善(最终之好)是一切事物所追求者，此言不虚。"[①]在这样的探讨中，"目的"更多的不是被理解为具体的目标，而是表示目的链的终端，即至善。与此相对的则是最无价值的另一个端点，即至恶。希腊文中有"善的端点"（Telos agathon）和"恶的端点"（Telos kakon）这样的表达法，译成拉丁文就是"Finis bonorum"，"Finis malorum"。本文标题已有的中文译法很不确定，有的译成《论善恶的定义》，有的译为《论目的》，本文译为"论至善与至恶"。

本文写于公元前45年夏，献给罗马贵族共和派的马库斯·朱尼乌斯·布鲁图（Marcus Junius Brutus）。布鲁图曾于该年8月拜访过西塞罗，7

---

① 亚里士多德：《尼各马可伦理学》1094a1—4。

个月后，布鲁图就和其他共和派成员一起谋杀了凯撒。

全文由三个相对独立的对话构成，分别讨论当时流行的三种伦理体系。对话中各种体系的阐释者都是已经过世的西塞罗年轻时的朋友，而西塞罗本人在对话中一直扮演批判的角色。全文共分为五卷，第一卷阐述伊壁鸠鲁主义的伦理学，第二卷从斯多亚学派的立场出发对伊壁鸠鲁伦理学进行批判，第三卷阐述斯多亚学派的伦理学，第四卷从老学园派哲学家安提奥库斯的立场出发加以批判，第五卷阐述安提奥库斯的相关思想，而后又从斯多亚学派的观点出发予以批判。译成中文约 13 万字。

正　文

第一卷

【1】亲爱的布鲁图，我非常明白，下面这篇用拉丁文写成的文章试图呈现的主题是技能完善、学识深邃的哲学家已经在希腊文中处理过的，肯定会受到来自四面八方的批评。某些在学问上有点自命不凡的人完全否定哲学家的研究。其他一些人不那么反对哲学，但他们认为学习哲学不必牵扯一个人那么大的兴趣和关注。第三类人学过希腊文，但轻视拉丁文，他们会说自己宁可把时间花在阅读希腊文献上。最后我猜想，会有某些人希望我把写作转移到其他领域，他们断言我的写作尽管是一种优雅的再创造，但却与我尊严的品性和地位不符。对于所有这些反对意见，我认为必须做一些简要的答复。在我写的那本赞扬哲学的书①中，为了捍卫哲学，反对霍腾修斯对哲学的严厉攻击，我已经充分回答了那些对哲学的任意批评。你本人，以及其他一些我认为有能力判断的人，对这本书的喜爱，鼓励我进一步努力，我也不

_____

① 指西塞罗已经佚失的著作《霍腾修斯》。

希望被人认为不能保持我已经被激起的兴趣。提出第二类批评的人无论对哲学的认可有几分，但他们肯定不希望迫害哲学，而是要求对这种玄妙的学问有所约束。一旦开始这种研究，它就不受任何限制或控制。前一类人的态度实际上是全然阻止我们接触哲学，后一类人则想要限制本质上不受任何限制的事情，希望我们在这门学问上半途而废，他们的态度比前一类人更不合理。如果智慧是能够获取的，那么让我们不仅赢得智慧而且享受智慧；如果获取智慧是难的，那么探求真理没有终结，直至真理被发现。我们追求的对象是可爱的，但在追求中悬挂休战旗则是卑劣的。如果我们确实喜欢写作，有谁能粗暴地阻止我们？如果我们发现写作是一种辛苦的劳动，有谁会给别人在这方面的努力设定限制？这种人无疑就是特伦提乌斯剧中那个希望他的新邻居不要"挖土、耕地、挑担"[①]的克瑞美斯；但他要劝阻的不是一般的劳动，而是奴隶的劳动；只有爱管闲事的人才会对像我爱好的劳动提出抗议。

【2】因此，一项更加困难的任务是对付那些轻视拉丁作品的人的反对意见。关于他们，首先使我感到惊讶的是，在他们非常愿意阅读从希腊文逐字逐句翻译过来的拉丁文剧本的时候，他们为什么要讨厌把他们的母语用于阐述严肃而重要的主题？我们几乎可以对每一位罗马人说，谁那么仇恨乃至于藐视和排斥恩尼乌斯[②]翻译的《美狄亚》或巴库维乌斯[③]翻译的《安提俄帕》，尽管喜欢欧里庇得斯[④]的这些剧本，但却不能忍受用拉丁文写的书？他会喊道，我可以读米南德[⑤]的两部同名喜剧，还需要去读凯西留斯[⑥]译的《年轻的伴侣》和特伦提乌斯[⑦]译的《安德罗斯少女》吗？我要对这种人表示强烈

---

① 特伦提乌斯：《自我惩处者》第 1 卷，第 1 章，第 17 行。
② 恩尼乌斯（Ennius），约公元前 239 年—前 169 年，罗马诗人、悲剧家。
③ 巴库维乌斯（Pacuvius），约公元前 220 年—前 130 年，罗马悲剧家。
④ 欧里庇得斯（Euripides），约公元前 480 年—前 406 年，希腊悲剧家。
⑤ 米南德（Menander），约公元前 342 年—前 291 年，希腊喜剧家。
⑥ 凯西留斯·斯塔提乌（Caecilius Statius），约公元前 200 年，罗马喜剧家。
⑦ 普伯里乌·特伦提乌斯·阿菲尔（Publius Terentius Afer），约公元前 190 年—前 159 年，罗马喜剧作家。

的不同意见，我承认索福克勒斯①的《厄勒克特拉》是杰作，然而阿提留斯②
粗劣的译文也值得我读一下。李锡努斯③称他为"意志坚强的作家"，而在
我看来，他仍旧是作家，因此他的作品值得一读。在我们自己的诗人中间，
完全缺乏经验的表现要么是风格一成不变，要么是风格变化无常，乃至于到
了怪异的地步。我认为，不懂得我们的母语，就不能被称做善于阅读的人。
如果我们读"Utinam ne in nemore"（那会在林间空地上吗）④ 就像读希腊文
的相同段落一样容易，那么我们会反对把柏拉图论美德与幸福的对话译成拉
丁文摆在读者面前吗？假定我们这方面不仅仅起一个翻译的作用，而是在保
存我们所选择的权威的学说时，添加我们自己的批评和改编，那么这些反对
者有什么理由把希腊作品摆在这些风格优美、而非仅仅是翻译希腊原文的创
作之上？他们也许会说，书中的主题已经由希腊人处理过了。那么他们阅读
众多希腊作家的作品，视之为必要的理由何在？以斯多亚学派为例：它的学
说有哪些方面是克律西波⑤还没有涉及过的？然而我们还是要读第欧根尼⑥、
安蒂帕特⑦、涅萨库斯⑧、帕奈提乌⑨，以及其他许多人的著作，更不必说我们
的朋友波西多纽⑩ 了。还有，塞奥弗拉斯特处理的论题是亚里士多德已经处
理过的，但他还是给我们提供了不少快乐。伊壁鸠鲁主义者碰到伊壁鸠鲁和
其他古人处理过的主题不会停止写作。如果希腊作家在不同背景下处理相同
主题的作品可以找到希腊读者，那么为什么罗马人处理相同主题的作品找不

---

① 索福克勒斯（Sophocles），约公元前 496 年—前 406 年，希腊悲剧家。
② 阿提留斯（Atilius），约公元前 200 年，罗马悲剧家。
③ 可能是波喜乌斯·李锡努斯（Porcius Licinus），一位文学批评家，比西塞罗略年长。
④ 恩尼乌斯的《美狄亚的流放》。
⑤ 克律西波（Chrysippus），约公元前 280 年—前 207 年，斯多亚学派哲学家，曾任斯
多亚学派首领。
⑥ 第欧根尼（Diogenes），斯多亚学派首领，公元前 156 年访问罗马。
⑦ 安蒂帕特（Antipater），约公元前 44 年任斯多亚学派首领。
⑧ 涅萨库斯（Mnesarchus），斯多亚学派的首领，安提奥库斯的老师。
⑨ 帕奈提乌（Panaetius），约公元前 180 年—前 111 年，斯多亚学派的首领。
⑩ 波西多纽（Posidonius），斯多亚学派哲学家，帕奈提乌的学生，西塞罗的朋友。

到罗马读者？

【3】即使我直接翻译柏拉图或亚里士多德，就像我们的诗人翻译希腊剧本一样，请你告诉我，把这些超凡的理智介绍给我的同胞难道不是一项爱国的服务吗？然而，迄今为止我实际上并没有这样做，尽管我并不感到采用这样的办法有什么障碍。只要我认为适当，在可以这样做的恰当场合，我明确保留借用某些段落的权利，正如恩尼乌斯常规性地借用荷马，阿弗拉尼乌①常规性地借用米南德。我也不会像我们的鲁西留斯②那样，反对把自己写的东西供世人阅读。我只希望他的波西乌斯能一直活到今天！还有，西庇阿和鲁提留斯担心受到鲁西留斯的批判，鲁西留斯抗议说，他只为塔壬同、康珊提亚、西西里的公众写作。这句话说得相当简洁，就像鲁西留斯其他话语一样，但是他那个时代还没有这样的学术批评来指责他所尽的最大努力，他的作品也有一种比较轻松的语调，表现出成熟的智慧，但没有表现出渊博的学识。然而，如果我大胆地把我的书题献给你，那么我不需要害怕读者；你作为一名哲学家，甚至可以希腊人为竞争对手。还有，你本人在这种探险中也向我发起了挑战，把你那篇讨人喜欢的论文《论美德》献给我。我不怀疑某些人厌恶拉丁文的原因在于他们正好碰上了某些拙劣的作品，是希腊文的坏书的译得很糟糕的拉丁译本。我不想和这些人争吵，除非他们也拒绝阅读主题相同的希腊作家的著作。如果论题高尚，文风精致、庄严、优雅，有谁不愿意读拉丁文的书籍？只有那些野心勃勃、彻头彻尾地推崇希腊文风的人不愿意读，就好像斯卡沃拉在雅典担任执法官时碰到的阿布西乌。我要再次提到鲁西留斯，他十分用心地讲述了这则轶事，把下面这些极好的诗句置入斯卡沃拉之口：

"阿布西乌，你发誓这样做适合你，

但你要做一名希腊人我们必须驳斥你，

---

① 阿弗拉尼乌（Afranius），约公元前150年，罗马悲剧作家。
② 鲁西留斯（Lucilius），约公元前148年—前103年，罗马讽刺杂感文（satura）的创始人。

像你这样时尚、品味高雅的人

否认自己是'罗马人'和'萨宾人'!

你嘲笑你名人辈出的家乡

比如勇敢的彭提乌斯和特利塔努,

他们站在罗马掌旗手的前列。

所以,当我在雅典的时候,

你前来向我致敬,'长官阁下'

你的怪诞让我也说起了希腊文,

'你好',侍从官提多!

'你好',标枪手提多!

——从此以后阿布西乌仇恨我,

把我列为他最凶恶的对手。"

穆西乌斯的讽刺保存至今。但我始终感到困惑,极度轻视本土产品现在成为时尚,其根源何在。要寻找这种根源现在当然不是时候,但我认为,如我经常争论的那样,被人们通常认为词汇贫乏的拉丁语实际上比希腊语词汇丰富。一旦我们自己有了能干的演说家和诗人,无论他们是否还在模仿,能说我们拉丁语缺乏修辞手段或纯洁的文风吗?

【4】以我本人的情况来说,正如我相信自己在罗马人民任命我担任的岗位上,从事政治活动,付出辛勤劳动,冒着各种危险,履行了我的职责,所以我必定义不容辞,用我的热情和能力,竭尽全力,在我们的同胞中推进学问的发展。我不必过分关心那些宁愿读希腊文的人,只要他们真的在读希腊文,而不是假装这样做。我要为这样的人服务,他们乐意享有两种语言的文献,或者能得到拉丁文的书,因此并不感到特别需要希腊文书籍。还有,那些宁愿我写其他一些主题的人可以得到满足,因为我已经写了很多——事实上我们国家没有人比我写得更多了——如果我的生命能够延长,我也许会写得更多。即便情况并非如此,任何一名仔细阅读过我的哲学著作的人都会宣布,我的著作没有哪一本比当前这本书更值得一读。在所有哲学论题中,有

哪个论题能像生活那么重要，尤其是在这几卷书中提出的问题：为幸福生活和正确行为提供准则的目的，或终极的目标，是什么？被自然当做最想要追求的东西是什么？被自然当做终极之恶想要避免的东西又是什么？最博学的哲学家对这个主题各持己见；所以，考察什么是最高的善，什么是生活的各种关系中最真实的规则，有谁认为把这样的任务交给我是在贬低我？我们杰出的政治家争论过这样的论题吗？比如女仆生的孩子是否属于雇她的那一方，普伯里乌·斯卡沃拉和玛尼乌斯·玛尼留斯持有一种看法，马库斯·布鲁图持有与他们相反的观点（这样的讨论不仅提出了法律上的重大问题，也对生活事务具有实际的重要性；我们乐意反复阅读相关的文章和其他同类性质的文章）；这些覆盖整个行动领域的问题能予以忽视吗？法律方面的主题无疑更受欢迎，但哲学方面的主题无疑更有趣味。然而，这是一个可以留给读者自己去决定的要点。在当前这本著作中，我们相信我们或多或少提供了一个有关至善与至恶整个主题的详尽无遗的解释。这本书打算包括一个尽可能完整的解释，不仅包括我们自己接受的观点，而且包括所有不同的哲学流派所表达的不同学说。

【5】让我们从最容易的地方开始，首先考察伊壁鸠鲁的体系，在大多数人看来，这种体系广为人知。你将看到，我们对这个体系的解释甚至比自称拥护他的学派的人通常提供的解释还要准确。因为我们的目的是发现真理，而不是把某人当做对手来驳斥。卢西乌斯·托夸图斯，一位熟悉各种哲学体系的学者，曾经为伊壁鸠鲁的快乐主义理论提供了精致的辩护；我对他作答，而盖乌斯·特里亚留，一位学问精湛、品性严谨的年轻人，在讨论中起一名助手的作用。两位绅士都到我在库迈的住处来问候我。我们首先交换了一些关于文学的看法，他们俩对文学都抱着极大的热情。然后，托夸图斯说："发现你有空闲，我们想听一听你的解释，为什么你不恨我的老师伊壁鸠鲁，就像那些不赞同他的观点的大部分人所做的那样。我本人把他视为一个察觉到真理的人，他把人类从最大的谬误中解救出来，把如何认识幸福和快乐告诉他们。事实上，我认为你就像我们的朋友特里亚留，你讨厌伊壁鸠

鲁是因为他忽视了你在你的柏拉图、亚里士多德、塞奥弗拉斯特那里发现的优雅的文风。因为我难以相信你认为他的观点不对。"

我说："托夸图斯，我向你保证，你完全错了。我没有挑剔你老师的文风。他恰当地表达了他的意思，给了我清楚明白的理智的表述。如果哲学家拥有雄辩的口才，那么我不会加以轻视，如果哲学家没有雄辩的口才，那么我也帮不了什么忙。在有些地方我对他不太满意，可能还不止一处。不过，'有多少人就有多少颗心'，① 所以也有可能是我错了。"

他说："请你告诉我，你不满意的地方在哪里。我承认你是一个公正的批评者，只要你真的明白他的学说。"

我说："噢，我非常明白伊壁鸠鲁的全部想法，除非斐德罗和芝诺没有对我说真话。我听了他们俩的课，尽管我可以肯定，除了他们对这个体系的忠心，其他没有任何地方令我信服。我确实经常在我们的朋友阿提库斯的陪伴下去听这些老师的课，他崇敬这两位教师，尤其热爱斐德罗。我们每天都在私下里讨论我们在课堂上听到的内容，我们没有什么理解上的问题，我们要争论的问题是：我能把什么当做真的来接受。"

【6】他说："那么问题在哪里？我很想知道你不同意什么？"

我答道："让我从自然哲学开始，这是伊壁鸠鲁特别自豪的地方。首先，我要说，他在这方面完全是二手货。他的学说都是德谟克利特的，只有很少修正。而在他试图改进的地方，依我看来，他只是把事情弄得更糟。德谟克利特相信有某种被他称做'原子'的东西，也就是坚硬的，乃至于不可再分割的、在一个既没有顶、又没有底、也没有中间、既无中心、又无边缘的无限真空中运动的物体。原子的这种运动使它们发生碰撞和结合；在这样的过程中，我们可以看见的所有事物产生了。还有，一定不要把原子的这种运动理解为有一个起点，而应当理解为永恒的运动。在遵循德谟克利特的这些地方，伊壁鸠鲁没有犯错误。但他们各自都有很多地方是我不同意的，尤其

___
① 特伦提乌斯：《福米奥》第454行。

是，研究自然有两个问题要问：第一，什么是一切事物从中被造出来的那个质料？第二，什么是一切事物被造的动力？德谟克利特和伊壁鸠鲁讨论了质料问题，但没有考虑动力或动力因的问题。这是他们俩共有的缺陷，我现在要说的是伊壁鸠鲁的失足之处。他相信这些相同的原子是不可分割的，坚硬的，原子由于本身具有重量而垂直向下坠落，他认为这就是一切物体的天然运动；然而这个能干的家伙遇到了一个难题，这就是如果所有物体都沿着直线向下运动，如我所说，垂直下落，那么没有一个原子会和其他原子相撞，于是他引入了一个他自己的发明，说原子会发生轻微的转向——可能是最小的偏离；于是就产生了原子间的碰撞、结合、联结，从而导致这个世界、这个世界的所有部分、所有部分中的所有东西的被创造。整个这件事不仅是一个幼稚的幻想，而且甚至没有达到它的作者所期望达到的目的。伊壁鸠鲁说的偏离本身就是一种虚构，因为他说原子的偏离没有原因——然而，说某事情的发生没有原因，这是对自然哲学的最大冒犯。所以他也无缘无故地剥夺了他本人宣称为一切有重量的物体所具有的自然运动着的原子，亦即沿着一条直线向下运动，但他的虚构并没有达到目的。因为，如果所有原子都偏离，那么没有原子会联合在一起；或者说，如果某些原子偏离，某些原子沿直线运动，那么依据它们的天然趋势，第一，无论是否给原子指定不同的运动，有些直线运动，有些偏离，其结果是一样的；第二，这也是德谟克利特的弱点，原子的这种零乱的运动不可能导致我们所知道的这个世界的有序的美。作为一名自然哲学家也不应当否认质料的无限可分；这个错误是伊壁鸠鲁确实应当避免的，如果他愿意让他的朋友波利埃努教他几何学，而不是使波利埃努本人不懂几何学。德谟克利特是一个有教养的人，通晓几何学，认为太阳的尺寸巨大；伊壁鸠鲁认为太阳的直径可能只有一肘长，因为他声称太阳的大小就像太阳显现的那样，或者略大一些，或者略小一些。因此，在伊壁鸠鲁改变德谟克利特学说的地方，他把它们改得更糟了；而他采用的那些观点，功劳完全归于德谟克利特——原子、虚空、影像，或者如他们所称的'流射'（eidola），流射的冲击不仅是产生影像的原因，而且是产生思想的原因；他们用来表示无限空间的概念，他们称之为'apeiria'，完全是从德谟克利特那里派生出来的；还有，他们说每天都有无数个世界产生和消失。我完全拒斥这些学说；但我仍旧希望以德谟克利特为唯一导师的伊壁鸠鲁不要毁谤其他人都对之欢呼的德谟克利特。

【7】"下面是哲学的第二个部分，有关方法和辩证法的部分，被称做'逻辑学'。在我看来，你们学派的创始人完全缺乏逻辑的盔甲。他取消了定义，缺少有关划分或分割的学说，也没有提供推理或三段论的规则、解决悖论的方法、发现多义性的谬误的方法。他把实在的标准确定为感觉；在他看来，一旦把感觉确定为区别事物真假的标准，其他各种可能的区别真假的标准马上就被摧毁了……①

"……如他所宣称的那样，他极为强调自然本身的立法和批准，这就是快乐和痛苦的感觉。他坚持这些感觉潜在于选择和回避的行为的底部。这是阿里斯提波的学说，昔勒尼学派更加有力和更加坦率地坚持这一学说；但不管怎么说，我判定这种学说最终与人的尊严不合。在我看来，自然把我们创造出来，赋予我们更高的目的。我也可能是错的，但我绝对相信托夸图斯获得这个别号②首先不是因为他在和对手的决斗中获得了身体上的快乐，他也不是为了快乐而在第三次担任执政官时参加了反拉丁姆人的维塞利斯河战役。而在判处他的儿子斩首时，他倒确实是剥夺了他自己的大量快乐，因为他把他的父爱这种自然天性献祭给了国家和他的军事职责。

"所以，想一想和格奈乌斯·屋大维一同担任执政官的提多·托夸图斯吧；当他如此严厉地处理他那通过被德修斯·西拉努斯收养来摆脱父亲控制的儿子时——一个来自马其顿的代表团指控托夸图斯的儿子接受贿赂，而这位执法官还在那个行省，托夸图斯把他的儿子招来出庭，在听取双方的辩论

① 此处有缺失。
② 托夸图斯（Torquatus）一词的原意是"戴着奖励项圈的"。公元前300年，提多·曼留斯·托夸图斯（Titus Manlius Torquatus）在与一名高卢大力士决斗中杀死后者，并摘取他所戴的项圈，因而得此别号。

后他判决他的儿子在担任公职期间有罪，其行为与其高贵的血统不配，他判处他的儿子永远从他的视野里消失——想一想这个时候托夸图斯自己有什么快乐可言。我要省略为了祖国和朋友所有好人都要忍受危险、辛苦和实际的痛苦，他们的所作所为不仅不是为了寻求快乐，而且实际上是完全放弃快乐，他们宁愿承受各种痛苦，而不愿在履行职责时有什么弄虚作假。让我们转向那些似乎不太重要，但同样确凿无疑的事情。托夸图斯，或者在这里的盖乌斯·特里亚留，你们从文学、历史、学问、阅读和背诵大量诗歌中得到过什么真正的快乐？请别告诉我这些追求本身就是快乐，别说我提到的托夸图斯家族的行为本身也是快乐。伊壁鸠鲁和梅特罗多洛①从来不采取这条辩护方针，任何有理智的或者掌握了你们这个学派的学说的人也不会采用这条方针。还有，对那个经常提起的问题，为什么有那么多人是伊壁鸠鲁主义者，尽管不是唯一的原因，但最吸引民众的是相信伊壁鸠鲁宣称正当的行为和高尚的道德是内在的，它们本身就是令人欢愉的，也就是说它们能产生快乐。这些高尚的人不明白，如果这是真的，那么就会完全颠覆这一理论。如果承认善就是自发的、内在的快乐，甚至与肉体的情感无涉，那么美德因其自身的原因就成为人们向往的东西，知识也是这样；但伊壁鸠鲁决不可能允许这样的说法。"

我说："这些就是我不能接受的伊壁鸠鲁的学说。至于其他，我希望他本人最好还是多掌握一些学问（因为连你们也必须承认他在学问上有缺陷，不足以称他为有教养的人），或者不管怎么说，他不能阻止其他人学习。尽管我明白他在阻止你的时候没有成功。"

【8】我讲话的目的是引出托夸图斯的发言，而不是发表一篇我自己的讲话。但是特里亚留插话了，他笑着说："嗯，你实际上已经把伊壁鸠鲁完全从哲学合唱队中赶了出去。除了说他的文风，他表达的意思可以理解，你还给他留下什么？在你看来，他在自然哲学方面的学说是不健全的二手货；他

---

① 梅特罗多洛（Metrodorus），伊壁鸠鲁的学生。

试图增进他的权威，但结果只是把事情弄得更糟。辩证法他一点没有。他把主要的善等同于快乐，但首先，这样做本身就是一个错误，其次，这样做也不是原创性的；因为在他之前的阿里斯提波已经说过了，而且说得更好。最后，你总结说伊壁鸠鲁是一个没有教养的人。"

我笑道："好吧，特里亚留，不赞成一个人的看法，最重要的就是把反对意见说出来。如果我接受伊壁鸠鲁的学说，那么还有什么能阻止我成为一名伊壁鸠鲁主义者？尤其是这个体系在它的祖师爷那里是非常容易的。你一定不能挑剔属于不同学派的成员之间的相互批评，尽管我总是感到污辱、谩骂、争吵、发脾气、固执己见，有损哲学的尊严。"

托夸图斯说："我和你的想法差不多，没有批评就不可能争论，但若发脾气或固执己见，要想恰当地争论同样也是不可能的。我有一些话要说，我想对所有这些做一个总的回答，如果我这样做不会令你疲倦。"

我说："你假定我要说的话已经说完了，现在想要听你说了，是吗？"

"对，你喜欢我对伊壁鸠鲁的整个体系做一番快速评论，还是讨论快乐这一个论题，这是争论的主题之一。"

我说："噢，这要由你来决定。"

他说："很好，这是我愿意做的事，我要解释一个论题，这个论题是最重要的。自然哲学我们放到后面再说，尽管我既要向你证明原子的偏离，又要向你证明太阳的大小，还有被伊壁鸠鲁批评和矫正的德谟克利特的许多错误。但是现在我要说的是快乐，我没有任何原创性的东西要贡献，然而我充满自信，我所说的内容甚至可以要求你接受。"

我说："你可以相信我不是一个固执己见的人，如果你的证明令我满意，我会很高兴地被你说服。"

他高兴地说："我会的，只要你能恪守诺言。但我宁可连续讲话，而不是一问一答。"

我说："随你的便。"于是他就开始了。

【9】他说："我要用这个体系的作者本人认可的方式来开始我的发言，

首先确定我们正在考察的对象的本质和属性；我并非认为你对此一无所知才这样做，而是因为这是进行考察的逻辑方法。我们正在考察什么是最后的、终极的善，所有哲学家都同意这种最后的终极之善必须具有这样的性质，它是其他一切作为手段的事物的目的，而它本身不是其他任何事物的手段。伊壁鸠鲁在快乐中寻找这种终极之善，他把快乐当做主要的善，把痛苦当做主要的恶。他的相关证明如下：动物一出生就寻找快乐，把快乐当做主要的善，而在痛苦面前动物会后退，因为痛苦是主要的恶，所以要尽一切可能回避痛苦。在自然本身公正诚实的判决的推动下，只要这一点不被推翻，结果就是这样。因此伊壁鸠鲁拒绝用任何必要的论证或讨论来证明快乐值得向往，痛苦需要回避。他认为这些事情可由感官察觉，好比火是热的，雪是白的，蜜是甜的，而不需要用精致的论证来证明，只要能注意到它们也就足够了。（他认为，这是因为对一个事物作形式上的三段论证明和注意或回想起该事物是不同的；前者是发现深奥难懂的真理的方法，而后者是为了阐述显明的事实。）剥夺了人的感觉，也就没有给人留下任何东西；由此可以推论，自然本身就是判断事物是否与自然相一致的法官。除了快乐与痛苦，自然还能察觉或判断出什么来指导向往或回避的行为？然而，我们学派的某些成员想要修饰这一学说；这些人说诉诸感觉来向其他人判明善恶是不够的；快乐本身值得向往，痛苦本身需要回避，这些事情也可以用理智和理性来把握。据此他们宣布，趋善避恶是一个天然植根于我们心中的观念。还有一些人的观点我同意，他们注意到有许多哲学家提出各种论证来证明为什么不能把快乐当做善，把痛苦当做恶，他们认为我们对自己最好不要过于自信；在他们看来，需要用精致的、理性的论证来对快乐与痛苦的本性作理论上的深入探讨。

【10】"但是我必须向你解释所有这些贬低快乐、提升痛苦的错误想法是如何产生的。在这样做的时候，我要向你完整地解释这个体系，阐述这位伟大的真理探讨者、人类幸福的建筑师的真实教导。没有人排斥、厌恶、回避快乐本身，因为它是快乐，但由于有些人不知道如何合理地追求快乐，因此

他们碰到的后果是极端的痛苦。还有，没有人热爱、向往、追求痛苦本身，因为它是痛苦，但在具体环境中，辛劳和痛苦会给他带来某些巨大的快乐。举一个小例子，如果不能从锻炼身体中得到某些好处，我们中有谁会去参加艰苦的体育锻炼？有些人选择不会带来任何坏的后果的快乐，有些人回避不会带来快乐后果的痛苦，谁有权利对这些人说三道四？另一方面，我们带着义愤和厌恶斥责那些误入歧途、追求短暂快乐的人，说他们在欲望的支配下变得盲目，不能预见必定要出现的痛苦和麻烦；同样的责备也归于那些由于意志软弱而不能履行义务的人，说他们意志软弱就等于说他们回避辛劳与痛苦。这些情况非常简单，也容易区别。在自由的时刻，当我们的选择权不受践踏，没有任何东西能够阻止我们选择的时候，每一种快乐都是受欢迎的，每一种痛苦都是要被回避的。但在某些紧急情况下，由于义务的召唤，经常会发生拒绝快乐、接受痛苦的事情。因此哲人①在这些情况下始终坚持这样一个选择原则：拒绝快乐以确保其他更大的快乐，忍受痛苦以回避其他更大的痛苦。

"这就是我坚持的理论，我为什么要担心它不能与我们托夸图斯家族的祖先的理论相协调呢？你刚才正确地提到了他们的历史，表现出你对我的仁慈和朋友间的情感；但是我不会由于你吹捧我的家族就受贿，你不会看到我是一名不那么坚定的对手。因此请你告诉我，你对他们的行为做何解释？你真的相信他们指控一名武装的敌人，如此残忍地处决他们的孩子，处决他们自己的亲骨肉，而没有想到他们自己的利益或好处吗？啊，甚至连野兽也不会以这种方式行事；它们不会疯狂地盲目奔跑，乃至于我们察觉不到它们的运动和攻击有任何目的。你能假定这些英雄在做出他们著名的举动时没有任何动机吗？他们的动机是什么，我会放到后面再考虑，而现在我要充满自信地断言，如果他们那些无疑非常荣耀的行为是有动机的，那么他们的动机不是出于对美德的热爱也不是为了美德。他从对手那里夺来了荣誉项圈。是

---

① 此处"哲人"的原意是聪明人，特指哲学家或学习哲学的人，与之相对的则是蠢人。

的，这样做也使他自己避免了死亡。他在巨大的危险中表现勇敢。是的，就在他率领的军队面前。他这样做得到了什么？荣誉和尊敬，这是生命安全的最强大的保证。他判处自己的儿子死刑。如果他这样做是没有动机的，那么作为如此野蛮、缺乏人性的人的后代，我感到遗憾；如果他的目的是通过给自己施加痛苦来确立一名统帅的权威，在一场艰苦的战争中加强纪律，使他的军队畏惧这种惩罚，那么他的行为旨在确保他的同胞的安全，而他知道自己的安全也取决于他的同胞的安全。这是一个广泛运用的原则。你们学派的人，尤其是你本人，勤奋地学习历史，在那里找到了展示你的口才的地方，回忆古代勇士和杰出人物的故事，赞扬他们的行为，但不是在功利的基础上赞扬他们，而是依据抽象的道德高尚①。而所有这些事情都可以归结为我刚才建立起来的选择的原则——为了获得更大的快乐而拒绝快乐，为了逃避更大的痛苦而接受痛苦。

【11】"到此为止，那些著名英雄的辉煌功绩已经讲够了。而一切美德具有产生快乐的趋势是我在后面恰当的地方将要处理的论题。我现在要开始解释快乐本身的本质和属性，我要努力消除无知者的错误观念，使你明白这个被人视为追求感性、放荡、奢侈的学派有多么严谨、节制、简朴。我们追求的快乐不是那种对我们的身体产生直接影响，从而带来愉悦感的快乐——一种令感官感到快乐的感觉；与此相反，我们认为最大的快乐是一种痛苦完全消除以后的体验。当我们摆脱了痛苦的时候，从烦恼状态中完全解脱出来，这本身就是一种满足的源泉。但是，能引起满足的一切都是快乐（正如能引起烦恼的一切都是痛苦）。因此，痛苦的完全消除可以正确地称为快乐。比如，饥饿和口渴被食物和饮料完全驱除，烦恼被驱除这一事实接着就会带来作为后果的快乐。所以一般说来，消除痛苦引起的快乐接替了痛苦。因此伊壁鸠鲁坚持不存在介于快乐与痛苦之间的中间状态；某些思想家假定的中

---

① 此处"道德高尚"原文是"honestumipsum"，英文译为"moral worth"，因其与道德卑劣相对，故译为道德高尚。

间状态就是完全没有痛苦，而伊壁鸠鲁认为没有痛苦本身就是快乐，更有甚者，他认为无痛苦是最高等级的快乐。有自我意识的人必然会感到快乐或痛苦，但伊壁鸠鲁认为完全无痛苦就是快乐的界限和最高点；超过这一点，快乐可以是多种多样的，但它不可能在强度或程度上有什么差别。然而在雅典，我父亲曾经告诉我，他要用他的智慧取笑斯多亚学派；在凯拉米库确实有一尊克律西波的塑像，塑像有一只手向外伸，这个姿势表示克律西波使用下面这个三段论时的愉悦：'你的手向外伸，它想要什么东西吗？'回答说：'不，什么也不要。''如果快乐是善，那么它想要快乐。''是的，我肯定它会要。''因此，快乐不是善。'如果塑像能讲话，那么像我父亲说得那样，连一尊塑像也不会使用这个论证；因为尽管用它来反对昔勒尼学派很有说服力，但它并不能触及伊壁鸠鲁。如果渗透到感官中使感官产生愉悦感才是唯一的快乐，那么手或其他肢体都不能在没有痛苦的情况下在一种令人愉悦的快感中得到满足。伊壁鸠鲁认为，不感到痛苦是最高的快乐，所以克律西波的对话人承认的第一点是对的，克律西波的手在那种情况下什么也不要，但他承认的第二点是不对的，如果快乐是善，那么克律西波的手也会要它。而它不想要快乐的原因就在于，没有痛苦也就是处在快乐的状态中。

【12】"下面的例子很容易显示快乐是终极之善这一见解的正确性。让我们想象一个人生活在充足的、生动的、各种各样的快乐之中，既有肉体的快乐，又有心灵的快乐，既没有当前的痛苦，又没有未来的痛苦；还有什么可能有的生存状态我们能描写得更好或者更加值得我们向往？处在这种状态下的人首先拥有强大的心智的力量，足以抵挡一切对死亡或痛苦的恐惧；他知道死亡意味着完全的无意识，痛苦无论长短总会消失，强烈的痛苦总会缓解。还有，这样的人不害怕任何迷信，不担心以往的快乐会衰退，而会在记忆中不断得到更新——他的命运不会有任何改变。另一方面，假定精神上的重负和肉体上的痛苦把人摧垮。他没有希望得到最终的解脱，也不能得到当前的或未来的快乐。有谁能描写或想象更加可悲的状态？如果充满痛苦的生活是最需要回避的事情，那么从中可以推论，在痛苦中生活是最大的恶；这

种观点蕴含着快乐的生活是终极之善。事实上，心灵本身不拥有任何它可以依赖的终极的东西。各种恐惧和悲伤都可以使人回溯到痛苦；[①] 除了痛苦没有其他任何事物的本性能够引起忧虑或苦恼。

"还有，快乐和痛苦提供了向往或回避的动机，是行为的发源地。之所以如此，乃是因为正当的行为由此而来，而只有作为获得快乐生活的手段，行为才值得赞扬。某事物本身不是其他一切事物的手段，而其他一切事物都是该事物的手段，这就是希腊人所说的'目的'，亦即最高的、终极的或最后的善。因此必须承认这种主要的善就是快乐地生活。

【13】"那些只认定美德是这种主要的善的人被名字的魅力所迷惑，不明白自然的真正要求。如果他们愿意听一听伊壁鸠鲁的话，那么他们会从重重谬误中解放出来。你们的学派夸大了美德的超验的美；要是它们不会产生快乐，谁会认为它们值得赞扬或向往？我们尊敬医术不是因为我们对作为一门科学的医术有什么兴趣，而是因为它有益于健康；航海术由于它的实用价值，而不是由于它的科学价值而受到赞扬，因为它传达了成功航行的规则。必须被视为生活的技艺的智慧也一样，如果它不会带来结果，也就不会被人向往；而它之所以被人向往，乃是因为它是引发和产生快乐的工匠。（我附加给快乐的含义对你们来说现在是清楚的，但你们一定不要由于这个术语与其他术语的不可靠的联系而加以歪曲，用来反对我的论证。）使人的生活不安的最大因素是对善恶的无知；有关善恶的错误观念频繁地剥夺我们最大的快乐，用最残忍的心灵的痛苦折磨我们。因此我们需要智慧的帮助，驱除我们的恐惧和欲望，根除我们所有的谬误和偏见，把智慧当做我们获得快乐的确实可靠的向导。只有智慧能在我们心中驱除悲伤，给我们警告，给我们预见，保护我们；接受她的教导，你们可以生活在安宁中，扑灭心中升腾的欲望的火焰。因为欲望是不能得到餍足的；欲望不仅毁灭个人，而且毁灭整个家庭，并经常动摇国家的根基。欲望就是仇恨、争吵、争斗、分裂、战争

---

① 指身体的痛苦。

的根源。欲望不仅盲目地夸耀自己，而且攻击别人；欲望甚至被囚禁在心中还要相互争吵，不能不使整个生活痛苦不堪。因此，只有在心中赶走了虚荣和谬误的哲人，才有可能过一种不受悲伤和恐惧干扰的生活，满足于在自然规定的界限内生活。没有任何东西能比伊壁鸠鲁的学说更有用，更有助于幸福，他把欲望划分为不同的类别。他划分的第一类欲望既是自然的，又是必要的；第二类欲望是自然的，但不是必要的；第三类欲望既不是自然的，又不是必要的。他的分类标准是，满足必要的欲望只需要很小的代价，满足自然的欲望的代价也很小，自然本身十分丰饶，很容易使欲望满足，能使欲望满足的东西很容易获取，在数量上也可加以限制；但是想象的欲望找不到边界或限制。

【14】"所以，如果我们注意到无知和谬误使整个生活混乱，而只有智慧能够保护我们不受欲望的攻击和恐惧的威胁，智慧教导我们甚至在面对幸运时仍旧要有节制，智慧把所有通向安宁与和平的道路都告诉我们，那么我们为什么还要犹豫不决，不敢宣称智慧值得向往，因为它可以给我们带来快乐，不敢宣称愚蠢需要回避，因为它会带来有害的后果？

"同样的原则会引导我们宣布，节制也不是由于它本身的缘故才被人向往，而是由于它给我们带来心灵的平静，用一种和谐的安宁感使我们的心安宁。是节制在警告我们，要用理性来指导我们的向往与回避。判断做什么或不做什么是正确的，但这还不够；我们还需要依据我们的判断来忍耐。然而，很多人缺乏坚定的目标；美丽的快乐一旦落入他们眼中，他们的决心马上化为乌有，向他们的欲望投降，成为欲望的囚徒，不能预见由此带来的必然后果。仅仅为了一项小小的、不必要的快乐，为了一项他们可以用其他手段获得，或者完全可以无痛苦地加以摒弃的快乐，他们染上严重的疾病，或者失去幸福，或者遭受耻辱，经常受到法律和法庭的惩罚。另一方面，那些决心拥有快乐并避免一切痛苦后果的人，那些保持判断力、避免在快乐的诱惑下做他们知道完全错误的事情的人，可以通过摒弃快乐而获取最高的快乐。他们也经常自愿忍受痛苦，由此避免遭受更大的痛苦。这就清楚地证明，不节制并非由于它自身而被人向往，而节制被人向往不是由于它摒弃快乐，而是因为摒弃快乐会产生更大的快乐。

【15】"同样的解释也可以用于作为善的勇敢。从事艰苦的劳动，忍受痛苦，这些事情本身并不诱人，忍耐、勤劳、警觉本身也不诱人；还有，更多地受到赞美的美德刚毅也不诱人，甚至连勇敢也不诱人；但我们以实现这些美德为目标，为的是能够无忧虑、无恐惧地生活，尽可能地摆脱心灵和身体的痛苦。恐惧死亡会给安宁的生活造成浩劫，甚至中止生命的进程，屈服于痛苦、软弱无力地忍受痛苦是一件可悲的事情；这样的软弱使许多人背叛他们的父母或朋友，使有些人背叛他们的祖国，使许多人最终毁灭自己。而另一方面，有一种完全摆脱忧虑和悲伤的、强烈的、高尚的精神。它使死亡变得轻省，因为死亡只是回到人出生前的那种状况。它教导我们，要通过回忆来面对死亡，巨大的痛苦将被死亡终结，微小的痛苦会有频繁的间隙，而那些中等的痛苦处于我们的控制之下；如果它们是可以忍受的，那么我们能够忍受，如果它们是不可忍受的，那么当上演的剧目不再使我们快乐的时候，我们会悄悄地退出生命的舞台。上述考虑表明，胆小和怯懦受到责备，勇敢和坚忍受到赞扬，并非由于它们自身；前者遭到排斥，因为它们产生痛苦，后者受到向往，因为它们产生快乐。

【16】"为了完成我们对美德的列举，我们剩下要说的是正义；实际上，我们对正义的处理和其他美德是一样的。我已经说明智慧、节制和勇敢与快乐有着如此密切的联系，不可能把它们与快乐分开或隔离。正义的情况也一样。正义不仅不会给任何人带来伤害，而且正相反，总是给人增添某些利益，部分是由于它安静地对心灵产生影响，部分是由于它给人们带来希望，供给那些纯洁的本性确实需要的东西。正如鲁莽、放纵和胆怯一直折磨着心灵，引发麻烦和不和，所以深深地扎入心中的不公正仅凭其在场的事实就会引起不安定；而一旦它在某些邪恶的行为中找到表现的方式，那么无论这个行动有多么秘密，也不可能确定地感到自己始终不会被发现。犯罪的通常情况是，首先是遭到怀疑，其次是流言蜚语，然后是受到指控，最后是接受审

判；许多作恶者甚至会提出反对自己的证据，就像你在担任执政官期间所发生的那样。即使有人认为自己有同伴的良好保护，但仍旧害怕上苍的眼睛，认为心中的忧愁和痛苦是上苍派来惩罚他们的天意。犯罪意识的重负、法律的惩罚、对同胞的仇恨，都会给人增加同等的烦恼，所以作恶对于减轻生活的烦恼有什么贡献？然而，不管怎么说，某些人还是放纵自己，从他们的恶行、野心、热衷权力、淫欲、暴饮暴食，以及其他欲望中产生的痛苦必定会加剧，而决不会减轻；对它们来说恰当的主题是约束，而不是改进。因此，本性健全的人在真正的理性的召唤下走向正义、公平和诚实。因为对一个没有雄辩的口才或力量的人来说，撒谎不是好办法，这样的人难以成功实现他的计划，在达到目的后也难以为继。另一方面，对有钱和能干的人来说，慷慨的行为似乎更为可取，慷慨为他们赢得热爱和善意，这是安宁生活最可靠的保障，尤其是在确实没有犯罪动机的时候；从自然中产生的欲望容易得到满足而无须对任何人造成伤害，而那些虚幻的欲望必须加以抵制，因为他们热爱的东西并非真正需要的；内在于非正义本身的损失大于它能带来的利益。因此，不能说正义被人们向往是由于正义本身，正义之所以被人向往是由于它能带来满足。尊敬和热爱使人满足，因为它们使生活变得更安全，充满快乐。因此我们认为要避免不公义是因为它会带来不良后果，更多的是因为当不公义居于人心中时，它决不会让人自由呼吸，或者给人片刻的安宁。

"其他所有哲学家都喜欢雄辩地详细阐述这些美德，如果连这些美德的荣耀，归根到底，都不以快乐为基础就没有意义，而快乐是唯一自身拥有吸引力的，引诱人的东西，那么无疑，快乐是最好的、最终的善，幸福的生活无非就是快乐的生活。

【17】"这个已经牢固地建立起来的学说有以下自然的推论，对此我要加以简洁的说明。(1) 善与恶本身的目的，亦即快乐和痛苦，是不会错的；而人们之所以做错事在于不知道哪些事物是快乐与痛苦的产物。(2) 我们声称精神上的快乐与痛苦出自身体的快乐与痛苦（我允许你们就此进行争辩，任何不这样想的伊壁鸠鲁主义者都会使他们自己变得不值一提；我明白许多人

都这样做，虽然那些权威人士没有这样说）；尽管人们体验到令人愉悦的精神上的快乐和令人厌恶的精神上的痛苦，然而我们断言它们都出自身体的感觉，以身体的感觉为基础。（3）我们认为这一点并不排除精神上的快乐和痛苦比身体上的快乐和痛苦更加强烈；因为身体只能感受当前对它呈现的东西，而心灵还能知晓过去和未来的事情。即使承认身体的痛苦与精神的痛苦相等，然而我们的痛苦感会由于相信某些无限的、长时间的恶会在今后降临在我们头上而剧增。同样的考虑也可以转过来用于快乐：如果一种快乐没有对今后可能出现的恶的后果的预见，那么这种快乐会变得更大。这就清楚地表明，精神上的快乐或困顿对我们的幸福或不幸的贡献大于同样强度的身体的快乐或痛苦。（4）我们不认为快乐一消失，马上就会产生不安，除非快乐已被痛苦取代；而另一方面，即使没有积极的快乐来取代痛苦，人也乐意失去痛苦，这一事实表明快乐就是无痛苦。（5）正如我们预见到好事而感到快乐，所以我们通过回忆好事也能感到快乐。傻瓜由于回忆从前的恶而遭受折磨，哲人通过感恩地回想以往得到的赐福而感到快乐。我们有能力在持久的遗忘中忘掉我们的不幸，也有能力通过回忆我们以往的成功而唤来快乐。当我们把注意力放在以往的事情上，随之发生的是悲伤还是快乐要根据这些事情过去是恶的还是善的。

【18】"这确实是一条通往幸福的捷径——宽广、简单、径直！因为很清楚，完全摆脱痛苦和悲伤并享有身体和精神的最高快乐，人不可能拥有比这更大的善了。所以请注意这种理论如何把改善生活的各种可能性都包含在内，而每一项有助于我们获取主善的帮助都是我们的目标。被你们斥责为酒色之徒的这位伊壁鸠鲁响亮地说：不能明智、光荣、正义地活着的人就不能快乐地生活，能够这样生活的人不可能不快乐。一座内讧的城市不可能繁荣，一个争斗的家庭也不能繁荣，一个内心分裂、反对自己的人不可能幸福，一颗充满不同嗜好的心更不可能幸福。由于内心不相容的意见和欲望发生冲突而摇摆不定的人不知道什么是和平或安宁。如果说比较严重的身体疾病会削弱生活的快乐，那么心灵的疾病必定会更多地削弱生活的快乐！那些

追求财富、名声和权力的过分的、幻想的欲望，以及追求淫荡的快乐，除了是精神的疾病，其他什么都不是。还有，如果不知道心灵需要察觉某些与身体痛苦无关联的痛苦，那么现在或将来的悲伤、麻烦、伤心、忧虑会困扰和消蚀人的心灵。然而，没有只遭受这些疾病中的某一疾病的伤害的傻瓜，因此没有一个傻瓜是幸福的。还有，死亡是始终悬挂在人头顶上的坦塔罗斯①之石，迷信是摧毁心灵一切安宁的毒药。此外，他们不会回忆他们的过去，也不能享受他们当前的幸福；他们只是在等待将来的事情，但由于将来的事情必然是不确定的，所以他们被痛苦和恐怖所消蚀；他们受到的最大折磨是发现自己来得太迟了，他们的财富、住处、权力、名声都已经化为乌有。激励他们艰苦奋斗的是希望，但他们决不可能从中获得任何快乐。再来看其他一些人，他们心胸狭隘，悲观厌世，他们心怀恶意，喜爱妒忌，脾气暴躁，不合群，恶语谩骂，野蛮无礼；他们成为爱情的奴隶，厚颜无耻、轻率鲁莽、放荡不羁、刚愎自用，但又优柔寡断、主意多变。这些错误使他们的生活变成了一连串的灾难。从中推出的结论是：没有一个蠢人能够快乐，也没有一个哲人能够不快乐。这就是我们确立的真理，比斯多亚学派的结论更加确定。因为他们坚持说，除了被他们称做'道德高尚'的模糊的鬼影，其他没有任何东西是好的，道德高尚这个称号比实际要好；他们说以道德高尚为基础的美德不需要快乐，因为它本身就是它自己最充足的幸福。

【19】"与此同时，斯多亚学派的这一学说可以用另一种形式加以叙述，而我们不仅不反对这种形式，反而会加以认可。伊壁鸠鲁就是以这种形式讲述他那永远幸福的哲人的：他的欲望被限制在一定范围内；他蔑视死亡；他对神圣的本性拥有真观念，不受恐惧的玷污；如果那是一种比较好的境况，那么他会毫不犹豫地离开今生。在有了这样的准备以后，他享受着永久的快乐，因为没有哪一刻他体验到的快乐不与痛苦保持平衡；因为他抱着感恩的心回忆过去，他充分理解和把握当前的幸福，他不依赖未来；他期待着未

---

① 坦塔罗斯（Tantalus），希腊神话传说中的吕底亚王。

来，但能在当前找到他真正的快乐。还有，与那些傻瓜的生活相比较，他完全摆脱了我刚才提到的邪恶，在生活中获得巨大的快乐。还有，哲人可能面对的任何痛苦都不会过于激烈，他有更多的理由快乐而不是悲伤。还有，伊壁鸠鲁说得好：'哲人只受到运气的微小的惠顾，而他的理性则给他最大的福利；他享受这些福利并且终生受益。''从无限延续的生活中产生的快乐不会比从我们知道有限的今生中产生的快乐更大。'伊壁鸠鲁认为，你们学派始终予以强调的逻辑学，无论作为行为的指南还是作为思想的助手，都是无效的。他把自然哲学看得最重要。这门科学首先向我们解释了术语的意义、陈述的性质、一致性与对立的法则；其次，对自然事实的彻底掌握可以把我们从迷信的重压下解放出来，使我们摆脱对死亡的恐惧，使我们抵挡无知带来的困扰，无知本身经常是可怕的忧虑的原因；最后，学习自然的真正需要也可以改善道德品质。此外，只有牢牢掌握良好地建立起来的科学体系，遵守来自上苍的、因此人人皆知的规则或准则——只有使这种准则成为检验我们所有判断的标准，我们才有望始终保持我们的信念，不被任何人的雄辩口才所动摇。另一方面，没有对自然界的充分理解，就不可能保持我们感觉到的真理。还有，每一种精神的表现都在感觉中有其根源；所以某些知识是不可能的，除非所有感觉都是真的，就像伊壁鸠鲁的理论所说的它们那个样子。那些否认感觉有效性，说没有任何事物可被察觉的人排除了感觉提供的证明，他们甚至不能解释他们自己的论证。此外，通过取消知识和科学，他们取消了理性的生活与行动的所有可能性。就这样，自然哲学提供了面对死亡恐惧的勇气；提供了抵挡宗教恐吓的决心，提供了心灵的安宁，因为它消除了对自然奥秘的所有无知；它提供了自制，因为它解释了欲望的本性，区分了欲望的不同种类；还有，就像我刚才所说的那样，伊壁鸠鲁还制定了知识的准则或标准，提供了一种识别真理与错误的方法。

【20】"剩下还有一个论题与这场讨论密切相关，我指的是友谊这个主题。你们学派认为，如果快乐是主要的善，那么友谊就会停止存在。而现在伊壁鸠鲁宣布，友谊就是智慧发明的获取幸福的一种手段，没有其他手段比友谊

更伟大，更有成果，更能给人带来快乐。他不仅用他的雄辩口才，而且以他的生活和行为赞扬这一学说。古代的神话故事表现了伟大的友谊。考察来自远古时代的丰富多样的传说，你们会发现友谊有三种，从忒修斯开始，到俄瑞斯忒斯结束。然而，伊壁鸠鲁在一所小房子里保存了那么多朋友，用同情和爱心把他们团结起来；这种情况在伊壁鸠鲁学派里仍在继续。但是回到我们的主题上来，因为在这里不需要个人实例。我注意到伊壁鸠鲁主义者以三种方式处理友谊这个论题。（1）有些人否认我们朋友的快乐本身也是我们所向往的，就像向往我们自己的快乐。这种学说被某些批评者认为损害了友谊的基础；然而在我看来，这一学说有助于捍卫这些伊壁鸠鲁主义者的立场，要巩固他们的理论基础并不困难。他们争论说，友谊像美德一样不能与快乐分离，这一点我们已经讨论过了。孤独的、没有朋友的生活一定会遭遇各种危险。因此理性本身建议我们交友；有了朋友可以提供自信，也就有了获取快乐的切实的希望。正如仇恨、妒忌、轻视是快乐的障碍，友谊是快乐最可靠的保存者和创造者，既是为了我们的朋友，也是为了我们自己。它给我们提供了当前的快乐，它激励我们对近期和遥远的将来抱有希望。因此，没有友谊就不可能确保生活中的连续不间断的满足，不能爱友如爱己，也就不能保存友谊。因此，这种无私确实发生在友谊中，而友谊和快乐也有着密切的联系。我们为我们朋友的快乐而感到快乐，就像我们自己的快乐；我们为我们朋友的痛苦而感到痛苦，就像我们自己的痛苦。因此，哲人对待他的朋友和对待他自己的感觉是完全一样的，感受他的朋友的快乐和感受他自己的快乐是完全一样的。关于美德与快乐的基本联系我们已经说过的所有的话在谈到友谊的时候都必须加以重复。伊壁鸠鲁说得好（我说的几乎就是他的原话）：'同样的信条给了我们勇气去克服今后一切持久延续的邪恶，因为我们察觉到友谊是今生今世生活中最坚强的堡垒。'（2）其他一些伊壁鸠鲁主义者虽然不乏洞察力，但在反对学园派的无礼批评中不那么勇敢。他们担心，要是我们认为友谊值得向往仅在于它能给我们提供快乐，那么友谊也就完全成了跛足的东西了。因此他们说，缔结友谊的最初意向、提议和进展是由快乐的欲望推动的，等交际进到亲密的地步，双方的关系发展成强烈的爱，这就足以使我们仅仅由于我们的朋友自身的缘故而热爱他们，尽管这时候没有实际利益在友谊中发生。我们由于熟悉某些地方、神庙、城镇、运动场、竞技场、赛马和猎犬、角斗和斗兽表演而喜爱它们，是吗？那么，这种情况在我们和同胞的交际中发生，岂非更加自然，更加合理！（3）第三种观点是，哲人之间订立了某种合约，要爱友如己。我们能够理解这种事情是可能的，我们看到这种事情经常发生。很清楚，没有比这样的结盟更有效的获得幸福的手段了。

"上述所有考虑不仅要证明，有关友谊的这种理论并不会由于把主善等同于快乐而感到窘迫，而且还要证明，不把主善等同于快乐就不能为任何友谊找到根基。

【21】"如果我已经提出的学说比光天化日还要清晰明亮，如果这种学说完全来自自然，如果我的整个讲话完全依赖感觉提供的毫无偏见、不可驳斥的确证，如果口齿不清的婴儿，甚至不会说话的动物，在自然的教导的推动下，也能找到声音宣称，没有快乐就没有幸福，没有痛苦就无所谓艰苦——它们在这些事情上的判断既不是有教养的，也不是有偏见的——那么这个人听到了自然的呼唤，坚定而又充分地把握了自然的要旨，并用来指导所有神志清醒的人进入和平与幸福、安宁与安详的道路，我们难道不需要向他表示最大的感谢？你们喜欢说他没有教养。其原因在于他拒绝考虑任何名称高尚但无助于我们获得幸福的教育。如果他把时间花费在跟随诗人上，就像你鼓励特里亚留和我去做的那样，那会怎么样？诗人不能给我们任何确定有用的东西，只能给我们提供幼稚的玩笑。如果他像柏拉图一样学习音乐、几何、算术、天文，那会怎么样？这些从错误前提出发的东西不可能是真的，即使它们是真的，也不能使我们的生活更快乐、更幸福。我要说的是，如果他像这些人一样，研究这些技艺，而忽视非常困难但会带来丰硕成果的最大的技艺，亦即生活的技艺，那会怎么样？不，伊壁鸠鲁不是没有教养的人，那些人要求我们学习我们在童年就已经学过的东西，一直学到老，我们会为此感

到脸红，而他们才是真正的庸人 ① ！"

最后他做了结论。他说："我已经解释了我自己的观点，现在我愿意把它作为你的判断对象。迄今为止，我还从来没有机会聆听你的批评。"

第二卷

【1】这时候，他们俩都看着我，表示他们准备听我讲。于是我就开始了。我说："首先，请你们不要想象我将要给你们上一堂正式的课，就像某个职业的哲学家。甚至在哲学家中间，我也不太赞成用这样的方法。被人们称做哲学之父的苏格拉底从来不做这种事。这种方法是他的同时代人，所谓智者，用的方法。林地尼的高尔吉亚，智者之一，首先发明了这种方法，在聚会时'要人提问'，也就是说，要求某人讲述他想要听到讨论的主题。如果这种时尚后来没有传入我们自己的学派，那么我确实要把这种大胆的做法称做厚颜无耻。但是我们从柏拉图那里读到苏格拉底如何嘲笑前面说的这位高尔吉亚，如何嘲笑其他智者。苏格拉底自己的方法是向对话人提问，然后通过盘问引出他们的观点，从而使他能够以回答他们的问题的方式表达自己的观点。这种做法被他的后继者抛弃，但后来又被阿尔凯西劳 ② 复活。他定下一条规矩：那些想要听他讲话的人不许向他提问，而应当陈述自己的观点，在他们讲完自己的观点以后，他就起来反驳他们。阿尔凯西劳的学生竭尽全力捍卫自己的观点，而被这些学生提问的其他哲学家在这个时候却沉默了；这就是今天的风尚，甚至在学园派中也是这样。比如，某个自称是学生的人说，'在我看来，主要的善就是快乐'，而另一个人就在所谓的讨论中坚持相

---

① 原文为"Philistine"（腓力斯人），腓力斯人是地中海东岸的古代居民，比喻市侩、无知者、庸人。

② 阿尔凯西劳（Arcesilaus），约公元前 316 年—前 242 年，学园派哲学家。他把怀疑主义引入学园派，被称做"中期学园派"（the Middle Academy）的创始人。

反的观点；所以不难理解，那些说自己拥有某种观点的人实际上并不坚持他
们承认的这种观点，他们只想听到有什么观点可以用来反对这种观点。我们
要采用一种更加富有成果的讨论方法，因为托夸图斯不仅把他自己的观点，
而且还把他持有这种观点的理由告诉了我们。还有，尽管我非常欣赏他的长
篇讲话，但我还是认为最好在讲完一个论点的时候停一下，弄清楚我们每个
人承认什么和否认什么，然后从他们认可的观点中进行推论，以便最终得出
结论。托夸图斯的阐述就像一道山洪，裹挟着大量的杂物奔腾而下，我们无
法从洪流中捞出或救出什么东西来，我们找不到恰当的地方可以踏入这道湍
急的演讲之流。然而，在哲学考察中，讲究方法的、系统的讨论必定要从某
个开场白开始，就像法律条文的开头，'本法规内容如下'，以便参加争论的
各方可以就争论的主题达成一致。

【2】"这条规矩是柏拉图在《斐德罗篇》中立下的，[①] 伊壁鸠鲁赞同这条
规矩，他明白每一场讨论都必须遵守这条规则。但他没有看出这条规则意
味着什么。因为他说对将要讨论的事物他没有一个确定的定义；然而没有定
义，讨论者有时候就不可能对要讨论的主题达成一致。就拿我们现在要讨
论的这个问题为例。我们试图发现'善之端点'，如果不对'端点'和'善'
这些术语本身的意思进行比较和解释，怎么可能知道我们所说的'善之端点'
是什么意思，有什么样的性质？这种揭示潜在的含义，揭示某个具体事物
是什么的过程就是定义的过程；你自己不自觉地经常在使用定义。因为你不
断地把'端点'或'最后的、终极的目的'定义为'其他一切正当的行为都
是它的手段，而它本身不是其他任何事物的手段'。到此为止，你讲得很好。
在许多恰当的地方你也把善本身定义为'生来值得向往的东西'、'有益的东
西'、'给人快乐的东西'、'我们喜爱的东西'。好吧，由于你并不完全否认
定义，而是在适合你的目的时加以运用，那么要是你不在意，你现在就给快
乐下一个定义，它是我们当前考察的整个主题，如果你能这样做，我会非常

---

① 柏拉图：《斐德罗篇》237b。

高兴。"

托夸图斯喊道："呵，谁不知道快乐是什么？谁需要一个定义来帮助他理解快乐？"

我答道："我想说我本人就是这样的人，我确实不相信自己已经充分理解了快乐的本性，对快乐有了一个很圆满的观念和了解。我还要大胆地断言，伊壁鸠鲁本人也不知道快乐是什么，他对快乐的看法是不确定的。他总是唠唠叨叨地说，必须仔细筛选构成我们所使用的这个术语的基础的各种含义，然而他经常不明白'快乐'这个术语的意义，我指的是，不知道和这个术语对应的概念是什么。"

【3】托夸图斯笑道："得啦，这真是个大笑话，提出快乐是事物向往的目的，是最后的、终极的善这一学说的作者竟然不知道快乐本身是什么！"

我答道："嗯，伊壁鸠鲁不知道快乐是什么，世上其他所有人也不知道。"

他问道："怎么会这样呢？"

我说："因为人们普遍认为，快乐是一种在敏锐的感官中激起并在感官中扩散所产生的某种令人愉快的感觉。"

他说："那又如何？难道伊壁鸠鲁不承认你说的这种意义上的快乐？"

我说："我得说他并非始终承认，他有的时候承认，但又把话说得太满；他庄严地发誓说，除了从食物和饮料中产生的快乐、耳朵带来的快乐这些粗俗的给人满足的形式，他甚至不明白存在什么样的善，在哪里能找到善。我歪曲他的话了吗？"

他喊道："听到这些话我感到可耻，我不能解释这些话的意思！"

我说："噢，我一点也不怀疑你能够轻松地加以解释。你没有理由要为分享一位贤哲的观点而感到可耻——据我所知，只有他一个人胆敢僭越贤哲这个称号。因为我没有假定梅特罗多洛本人声称自己是个贤哲，尽管伊壁鸠鲁把贤哲的称号授予他时，他没有拒绝；古时候著名的七贤得到这个称号不是凭他们自己的投票，而是凭人们的普遍看法。还有，我现在要肯定伊壁鸠鲁在说出这些话的时候，他所说的快乐的意思无疑与其他所有人都一样。每个人都用希腊语词'hedone'和拉丁语词'voluptas'来表示通过感官激发出来的令人愉快、令人兴奋的感觉。"

他问道："好吧，你还想说什么？"

我说："我会告诉你的，尽管我这样做更多的是为了弄清真理，而不是为了满足批评你或伊壁鸠鲁的愿望。"

他答道："我也更多的是为了从你这里学到你可以贡献的东西，而不是为了批判你的观点。"

我说："那么你还记得罗得岛的希洛尼谟宣布的主善是什么，他想象其他一切事物都要以这一主善为标准？"

他说："我记得他认为摆脱痛苦就是善。"

我说："嗯，这同一位哲学家对快乐持有什么看法？"

他说："他认为快乐本身并非值得向往的。"

我说："那么他认为感到快乐和感到不痛苦不是一回事？"

他说："是一回事，他在这个地方犯了大错，因为，如我刚才所说的那样，痛苦的完全消除是快乐增加的极限。"

我说："噢，'摆脱痛苦'这个公式我会晚些时候考虑它的含义；但除非你极端固执，否则你必须承认'摆脱痛苦'和'快乐'表示的意思不同。"

他说："嗯，在这一点上你会看到我是固执的，因为这个命题再真实不过了。"

我说："请你告诉我，当一个人口渴的时候，他在喝水这个行为中有什么快乐吗？"

他答道："这是不可否认的。"

我说："这种快乐和抑制了口渴是同样的快乐吗？"

他说："不，这是一种不同的快乐。因为抑制了口渴的快乐是'静态的'快乐，而真正克制口渴的快乐是'动态的'快乐。"

我问道："那么你为什么要用相同的名字称呼两样不同的事情？"

他答道："你不记得我刚才说的话了，当所有痛苦都被消除的时候，快乐可以在种类上有所变化，但不能在程度上增强？"

我说："噢，是的，我记得；尽管你的用语在形式上相当正确，但你的意思不很清楚。'变化'（varietas）是一个很好的拉丁词，我们严格地把它用于不同的颜色，但把它用于许多不同事物时则是在隐喻，我们讲变化的诗歌、变化的演讲、变化的品性、变化的命运。从许多不同的事物中产生不同的快感，我们也可以说快乐是变化的。如果这就是你说的变化，那么我能理解这个术语，就好像你没有提到它我也明白一样。但是你说我们在摆脱痛苦时体验到最高的快乐，这个时候我无法把握你使用'变化'这个词的意思；我们享用能在我们的感官上引发快乐的东西，这个时候我们体验到一种积极的或'动态的'快乐，引发快感的快乐会发生变化，但前一种由无痛苦组成的快乐不会增加——尽管我还是弄不明白你为什么要称它为'快乐'。"

【4】他问道："噢，有什么事情比摆脱痛苦更令人愉快？"

我答道："我还是不明白，即使没有更好的东西了（我暂时放弃这个想法），也不能因此而认为可以被我称为痛苦之否定的东西就是与快乐相同的东西？"

他说："它们绝对相同，痛苦之否定确实就是一种非常强烈的快乐，也可能是一种最强烈的快乐。"

我说："要是按照你的解释，主善完全由无痛苦组成，那么你为什么不加以坚持而不动摇？你为什么不坚持这一善的观念而不接受其他观念？有什么必要在这里引进一位堕落的贵妇人快乐来陪伴那些高尚的女主人美德？她的名字遭到怀疑而声名狼藉。你们伊壁鸠鲁主义者老是喜欢对我们说，你们不懂伊壁鸠鲁用快乐表达什么意思。我是一个有理性、好脾气的争论者，听到这个论断（我经常公正地对待它），我有时候也会变得有点恼火。我不懂希腊词'hedone'和拉丁词'voluptas'的意思吗？请你告诉我，这两种语言中哪一种是我不熟悉的？还有，所有被选为伊壁鸠鲁主义者的人都知道这个词的意思，我怎么会不知道呢？你们这个派别貌似有理地争论说，渴望学习哲学根本不需要成为学者。你们确实言行一致。我们的祖先把老辛昔那图 ① 从犁边带来担任独裁官。你们为了你们的团伙而洗劫乡村，你们的团伙无疑值得尊敬，但它的追随者没有什么教养。好吧，如果说这些先生能够理解伊壁鸠鲁的意思，那么我就不能吗？我会向你证明我能。首先，我所说的快乐和他用 hedone 表示的意思是一样的。人们经常感到难以给希腊词找到意思完全对应的拉丁词，但在这里我们不需要寻找。拉丁语中找不到能比 voluptas 更好地表达相应的希腊词的意思的词了。世上每一个懂拉丁文的人都会给这个词添上两个意思：心灵的快乐和身体的兴奋引起的快感。另一方面，特拉贝亚 ② 剧中的一位人物提到'心灵的过分快乐'（voluptatemaniminimiam），意思是高兴（laetitiam），凯西留斯剧中的一个人物也想表达同样的感觉，把自己说成是'有各种各样高兴的高兴'（omnibus laetitiislaetum）。在这里有一个区别，'voluptas'这个词可以表示心灵的感觉，也可以表示身体的感觉（按照斯多亚学派的看法，前者是一种邪恶的感觉，他们把这种感觉定义为'非理性地相信自己享有某些巨大的善，从而感到心灵在提升'），而'laetitia'（欢乐）和'gaudium'（高兴）这两个词不能用于身体的感觉。然而，按照所有讲一口好拉丁语的人的用法，'voluptas'在于享受某种感官带来的使人高兴的刺激。你要是愿意，也可以把'iuvare'（高兴）这个词用于心灵。（'iuvare'被说成既是心灵的又是身体的，形容词'iucundum'就是从这个词派生而来。）但你要明白说'我极为高兴乃至于不知所措'的人和说'现在我心中充满着燃烧的火焰'的人之间的区别，他们中一个人欣喜若狂，另一个人备受痛苦的折磨，还有一种中间状态，'尽管我们相识只是最近的事'，③ 在这里讲话者既不感到高兴，也不感到悲伤；同

---

① 全名卢西乌斯·昆图斯·辛昔那图（Lucius Quincitus Cincinnatus），公元前 458 年罗马的独裁官。

② 特拉贝亚（Trabea），公元前 2 世纪中叶罗马喜剧作家。

③ 第一句引文出自一位不知名的喜剧作家，第二句引文出自罗马喜剧家凯西留斯·斯塔提乌，第三句引文出自特伦提乌斯《自我惩处者》第 1 卷，第 1 章。

理，在享受最值得向往的身体快乐和忍受极度痛苦之间也有一种中间状态。

【5】"好吧，你认为我已经恰当地掌握了这些术语的意思，还是认为我仍旧需要去听希腊文或拉丁文的课？即使假定我不懂伊壁鸠鲁在说些什么，我仍旧相信我的希腊文知识很丰富，所以使用如此无法理解的话语也可能是他的错误。两种原因的晦涩可以得到原谅：一是故意采用，就像赫拉克利特，'他拥有晦涩哲学的称号，他渊博的哲学那么隐晦'；① 二是主题的抽象，而非文风问题，可以柏拉图的《蒂迈欧》为例。但是在我看来，伊壁鸠鲁不想清楚明白地表达自己的看法，如果说他能做到的话，而他所讨论的主题既不像自然哲学那样深奥，又不像数学那样专门，而是一个简单易懂的论题，一个人们已经普遍熟悉的论题。你们伊壁鸠鲁主义者认为我们懂得什么是快乐，只是不明白他的快乐指的是什么；这就证明并非我们不懂这个词的真正意思，而是伊壁鸠鲁在讲一种他自己的习语，不知道我们接受的术语。如果他的快乐所指的东西和希洛尼谟一样，认为主善就是完全无纷扰地生活，那么他为什么要坚持用快乐这个术语，而不是用'摆脱痛苦'，就像明白自己意思的希洛尼谟所做的那样？如果他的观点是这个主善必须包括动态的快乐（所以他把鲜明的快乐称做动态的快乐，与摆脱痛苦这种'静态的'快乐相对），那么他真正的目的何在？他不可能使任何'认识他自己'的人——研究自己的本性和感觉的人——相信摆脱痛苦和快乐是一回事。托夸图斯，这是在对观念施暴，要从我们心中把有关语词含义的知识连根拔掉。谁不知道经验世界包含感觉的三种状态：第一，享受快乐；第二，感受痛苦；第三，既无快乐又无痛苦，这无疑是我本人当前的处境，也是你当前的处境？快乐就是吃一顿丰盛晚餐时的感觉，痛苦就是在拉肢器上折断腿的感觉；但是你真的看不到这两个极端之间有一个居间的状态，大量的人既不感到满足，又不感到痛苦？"

他说："我确实不知道，我认为所有无痛苦的人就是在享受快乐，而且

---

① 可能引自鲁西留斯。

无痛苦是最高形式的快乐。"

我说："那么你认为一个不口渴的人为另一个人调了一杯饮料，他和那个口渴而喝饮料的人感受到的快乐是一样的吗？"

【6】这时候，托夸图斯喊道："如果你不在意的话，让我们中止问答。我从一开始就告诉你，我宁愿连续地发言。我的预见非常准确，我知道我们会走到强词夺理、吹毛求疵地争辩的地步。"

我说："那么你宁愿采用修辞学的方法，而不是争论的辩证模式吗？"

他喊道："呃，正如连续的讲话只适合演说家，不适合哲学家！"

我说："这是斯多亚学派的芝诺的观点，他曾经，说语言的功能一般说来有两项，如亚里士多德所区分的那样；一种是修辞学的功能，就像手掌，一种是辩证法的功能，就像握紧的拳头；因为修辞学家使用一种扩张的风格，而辩证法家的风格是紧缩的。所以我会顺从你的希望，按照修辞学家的方式讲话，但我用的是哲学家的修辞学，而不是我们在法庭上使用的那种修辞学。后者，由于它以一种流行的风格被使用，必然会在有些时候缺乏精致。然而，托夸图斯，伊壁鸠鲁轻视辩证法，而这是一门由察觉事物的本质、判断事物的属性、进行系统的、合乎逻辑的论证组成的完整的科学，所以我要说，伊壁鸠鲁的阐述是十分混乱的。在我看来，他完全没有把科学的精确性带入他想要表达的学说。以我们刚才讨论过的具体内容为例。你们伊壁鸠鲁主义者说，主善是快乐。那么，好，你们必须解释快乐是什么；否则就不可能弄清要考察的主题。如果伊壁鸠鲁弄清了快乐的意思，那么他就不会陷入这样的混乱。他要么坚持阿里斯提波意义上的快乐，亦即通过感官引发的令人快乐的激动，而要是公牛会讲话，也会把它称做快乐；或者说要是他宁愿使用自己的习语，而不是讲'达那奥斯人、迈锡尼人、连同雅典的斯基翁人'①的语言，以及这些抑抑扬格的诗句祈求的其他希腊人的语言，那么他会把快乐这个名称限定为摆脱痛苦这种状态，而蔑视阿里斯提波理解的

---

① 可能引自某位悲剧家。

那种快乐；或者要是他赞同两种快乐，就像他事实上是赞同的一样，那么他必须把快乐和无痛苦结合在一起，承认二者是终极之善。许多杰出的哲学家实际上把终极之善解释为合成的。例如，亚里士多德把美德的实施与延续整个一生的幸福结合起来；卡利弗把快乐与道德高尚联系起来；狄奥多洛斯在道德高尚上添加了摆脱痛苦。伊壁鸠鲁也会以他们为榜样，把我们正在讨论的、属于希洛尼谟的观点与阿里斯提波的陈旧学说结合在一起。它们之间真有区别，并有各自的目的；由于双方都说无可置疑的希腊语，所以阿里斯提波把快乐称做主善，不把无痛苦当做快乐，而希洛尼谟把无痛苦当做主善，从来不用快乐这个名称来表示这种对痛苦的否定，实际上也根本不把快乐当做值得向往的事情。

【7】"你一定不要认为这只是语词之争，因为这些事情本身不同。无痛苦是一回事，感到快乐是另一回事；然而你们伊壁鸠鲁主义者试图把这些相当不同的感觉结合在一起——不仅把它们放在一个名称下（这一点我比较容易容忍），而且真的把它们当做一样而不是两样东西；而这是绝对不可能的。赞同两种快乐的伊壁鸠鲁必定会承认两种快乐；而他实际上也真的这样做了，尽管他在语词上不加区分。他在许多段落中赞扬我们全都用相同的名字来称呼的那种真正的快乐，他甚至说自己无法想象有什么善是与阿里斯提波所说的那种快乐相连的。这就是他在单独处理主善这个论题时所用的语言。还有另外一篇论文以简要的形式包含着他最重要的学说，我们知道他在其中谈论智慧女神的每一个神谕。他写了下面这些话，你托夸图斯当然是熟悉的（因为每一名好伊壁鸠鲁主义者都用心背诵这位祖师爷的权威学说，把这些简洁的警句或箴言当做获得幸福的灵丹妙药）。所以，我要请你仁慈地注意我是否正确地翻译了这条箴言：'如果耽于声色者从中找到快乐的东西能使他们摆脱对诸神、死亡、痛苦的恐惧，如果他们能够限定欲望的界线，那么我们没有理由责备他们，因为他们在各个方面都能充分地得到快乐，在任何地方都不会碰上痛苦或悲伤，而痛苦或悲伤是仅有的恶。'"

这时候，特里亚留无法再克制自己。他插话说："严肃一点，托夸图斯，伊壁鸠鲁真的说过这些话吗?"（我相信特里亚留知道这是真的，他只是想听到托夸图斯承认这一点。）

托夸图斯一点也不胆怯，他坚定地回答说:"确实如此，这些都是他的话。但是你不明白他的意思。"

我反驳说:"噢，是的，如果他说的是一回事，指的是另一回事，那么我决不可能理解他的意思。但是在这里他已经相当清楚地表达了他理解的意思。如果他在这里说的意思是耽于声色者不应当受到责备，只要他们是哲人，那么他是在胡说。如果是这样的话，他也可以说杀害父母的凶手不应当受到责备，只要他们摆脱贪婪和对诸神、死亡、痛苦的恐惧。即便如此，给这些人以保留条款有什么意义? 为什么要虚构这样的人，尽管按照肉欲生活，但他们只要没有其他缺点，便不受最聪明的哲学家对他们的肉欲的责备? 伊壁鸠鲁，按照你的说法，最高的快乐就是不痛苦，那么你不会由于这些人的生活目标是追求任何一种快乐而责备他们吗? 然而，第一，我们可以发现耽于声色之人，他们不怕宗教禁忌而'在圣盘中进食'，第二，我们可以发现对死亡毫无恐惧之人，他们总是引用《女歌手》①中的诗句:'再活六个月我就够了，第七个月我要下地狱!'或者说，他们想从伊壁鸠鲁的伟大药方中得到一瓶治疗痛苦的解毒药，'如果痛苦是强烈的，那么它是短暂的;如果痛苦是长期的，那么它是轻微的，因为会有缓解的间隙'②。只有一点我无法弄明白:一个人怎么可能既耽于声色，又限制他的欲望?

【8】"还有，'如果他们能够限定欲望的界限，那么我们没有理由责备他们'，这是什么意思? 这就相当于说，'如果他们没有恣意挥霍，我就不会指责他们恣意挥霍'。他也可以说，如果他们是诚实的，他就不会指责他们不诚实。我们这位严峻的道德主义者在这里坚持，沉湎于声色口腹之乐本身不应当受到谴责! 托夸图斯，我承认，根据快乐是主善的前提，他这样想是完

---

① 凯西留斯·斯塔提乌的喜剧《女歌手》(Hymnis)，译自米南德的希腊剧本。

② 参见本文第一卷，第12章。

全正当的。但我一想起这样的图景就会感到遗憾，就像你喜欢这样做似的：纵欲者在宴会上狼吞虎咽，被人抬回家，第二天还没等恢复过来，就又去赴晚宴；如俗话所说，这些人从来看不到日落，也看不到日出；这些人耗尽家产，沦为赤贫。我们中间没有人会假定这种恣意挥霍的人的生活是快乐的。不，他们只是酒色之徒，他们有一流的厨师和点心师，他们有鱼、家禽，以及其他种种精选的食物，只是要小心他们的消化。他们有'重新打孔的酒桶里舀来的大碗美酒'，或如鲁西留斯所说的'琼浆玉液'；他们有歌舞表演，以及通常的余兴，而伊壁鸠鲁响亮地宣布说，除了这些东西，他不知道什么是善；他们有漂亮的娈童侍候，还有窗帘、银器、科林斯铜器、宴会的摆设，宴会厅，应有尽有；以这样的恣意挥霍为例，我决不认为这些人生活得好或生活得幸福。我的结论是：这种快乐不是快乐，这种快乐不是主善。著名的莱利乌斯年轻时曾是斯多亚学派的第欧根尼的学生，后来又是帕奈提乌的学生。他被称做'哲人'，不是因为他对食物没有判断力（一颗聪明的心不一定配有良好的上腭），而是因为他不太重视饮食。'蔬菜的晚宴，世人嘲笑你，无视你的价值，但我们古罗马的圣贤莱利乌斯赞美你，抨击一个又一个的饕餮之徒。'好啊，莱利乌斯，你确实是'圣贤'。'他喊道，普伯里乌·伽洛尼乌，暴食暴饮是饕餮者的无底深渊，说实话，你是一个可怜的魔鬼，一生中从来没有好好地吃过一顿饭，尽管你有鲜鱼、龙虾、鲟鱼。'这些诗句也写得很逼真。诗人不把价值定在快乐上，而是说吃得好才是头等重要的快乐。请注意，他没有说伽洛尼乌从来没有快乐地进餐（这样说是不真实的），而是说伽洛尼乌从来没有吃好过。他在快乐和好之间所做的区别是多么严格啊。结论就是：尽管所有晚餐吃得好的人也吃得快乐，然而吃得快乐的人不一定吃得好。莱利乌斯总是吃得好。'好'是什么意思？鲁西乌斯会说：'晚餐烧得好，作料加得好'，啊，但是现在这顿晚餐'伴有诚实的谈话'，带来的结果是'一顿愉快的晚餐'；因为他来参加晚餐时有着一颗安详的心灵，认为自己的自然的需要可以满足。因此莱利乌斯否认伽洛尼乌曾经吃过一顿好饭是对的，说他不快乐也是对的，尽管伽洛尼乌的所有注意力都集中于餐桌上的快乐。无人会否认他快乐地进餐。但他为什么吃不'好'？因为'好'意味着正确、值得尊敬、有价值；而伽洛尼乌的进餐是错误的、应受谴责的、卑劣的；所以他吃得不好。不是莱利乌斯认为他的'蔬菜的晚宴'比伽洛尼乌的鲟鱼更美味，而是他完全轻视美味佳肴带来的快乐；如果他认为主善由快乐组成，那么他是不会这样说的。

【9】"所以，如果你想要正确地指导你的行为，如果你想要始终一贯地使用这种可敬的人民的语言，你必须抛弃快乐。当我们感到不能在涉及吃饭时称某样东西为主善时，我们能在涉及生活时称之为主善吗？但我们的哲学家是怎么说的？'欲望有三种：自然而又必要的欲望、自然但不必要的欲望、既不自然又不必要的欲望。'我们来看，这是一种笨拙的划分，它把欲望分成三类，而实际上只有两类。这不是划分，而是砍成碎片。伊壁鸠鲁藐视的、受过科学训练的思想家通常这样分：'欲望有两种，自然的欲望和想象的欲望；自然的欲望又可分为两类，一类是必要的，一类是不必要的。'这样的划分才是圆满的、恰当的。把属（species）当成种（genus）是一种划分的错误。还有，让我们不要拘泥于形式。有人认为伊壁鸠鲁藐视辩证法的细节，他的文风忽视区别，但我们在这一点上必须迁就他，只要他的意思正确就行了。但我不能真心实意地赞同他的看法，我只是对一名说要限制欲望的哲学家表示宽容。欲望有可能保持在一定限度内吗？欲望必须摧毁，完全根除。按照你的原则，没有一种欲望是它的拥有者不能在道德上认可的。他会是一定限度内的守财奴，会是一名有节制的奸夫，会是一个对应的耽于酒色的人。这是一种什么哲学，不对邪恶发出致命的一击，而是满足于节制我们的恶行？虽然我对这种划分的本质相当赞同，但我对它的形式不满。让他把第一类欲望称做'自然的需要'，而把'欲望'这个术语用在别的场合，在处理邪恶、放纵和其他所有主恶的时候审视它。

"欲望的这种分类是伊壁鸠鲁喜欢扩大的一个主题。不是我对他进行挑剔，而是我们期待这个伟大、著名的哲学家能够大胆地坚持他的教条。但他似乎经常过分积极地按照人们共同接受的这个术语的一般意义来证明他的快乐，从而时不时陷入十分棘手的处境。它留下这样的印象，没有什么行为是卑鄙的，为了快乐的缘故他随时打算承认它，只要能保证不被发现。后来，由于这个结论使他感到脸红（天生本能的力量毕竟是压倒一切的），于是他转而寻找掩护，断言没有任何事物能增强无痛苦这种快乐。我们敦促说，'啊，原来如此，但是你的感觉不到痛苦的静止状况根本就不是快乐。'他会说：'我不在意名称。''行，但是这些事情本身也是绝对不同的。''噢，我可以找到成千上万的人，他们不像你们那样追求精确和令人厌倦，而是乐意把我教给他们的东西当做真理来接受。''我们为什么不再进一步证明，如果不感到痛苦是最高的快乐，那么不感到快乐就是最大的痛苦？为什么不能接受这条推论呢？''因为痛苦的对立面不是快乐，而是无痛苦。'

【10】"假定他看不到这个证明有多么有力，他宣称没有这种快乐就完全不知道善意味着什么（他把善具体限定为上腭的快乐、耳朵的快乐，以及其他各种不加解释就无法具体化的附加的快乐）。我要说我们这位严谨的哲学家承认快乐是唯一的善，但他看不到快乐甚至是不值得向往的，因为按照他自己的说法，只要我们摆脱了痛苦，我们就根本不需要快乐。这有多么自相矛盾！如果伊壁鸠鲁学过定义和划分，如果他明白表述的意义，或者明白术语的习惯用法，那么他就决不会陷入这样的窘境。而现在，你们看他做了什么。他把某个事物称做快乐，而以前没有任何人称之为快乐；他把两样不同的事物混在一起了。在一个时候，他贬低动态的快乐（他把能令人高兴的东西定义为动态的快乐，所以我们想到的是散发着甜蜜气味的快乐），这时候你会以为自己在听玛尼乌斯·库里乌斯讲话，而在另一个时候，他又拼命颂扬动态的快乐，告诉我们他甚至不能想象还有其他的善。现在，语言没有召唤哲学家来回答，而是要由治安人员来处理。他的道德是有缺陷的，而不仅仅是他的逻辑。他不谴责荒淫的行为，只要能摆脱不受约束的欲望和对后果的恐惧。借此他似乎有了皈依者，那些想要成为酒色之徒的人只需要回到哲学家那里去。

"我明白，他把这种主善的起源一直追溯到动物的诞生。动物一出生就能感受快乐，它把快乐当做善来追求，把痛苦当做恶来回避。按照他的说法，纯洁的动物是判断善恶的最好的法官。这就是由你解释的或在你们学派的颂扬中表达的立场。这是多么大的谬误啊！能引导一个嗷嗷待哺的婴儿辨别善恶的是哪一种快乐，它是'静态的'还是'动态的'？老天保佑，因为我们已经从伊壁鸠鲁那里学到了这些用语。如果它是静态的，那么天生的本能显然趋向于自保，这是我们同意的；但若是'动态的'，也就是你们坚持的东西，那就没有什么快乐卑劣得不能接受；还有，我们新生的动物没有在最高形式的快乐中找到最初的动力，因为按照你们的解释，最高形式的快乐是由无痛苦组成的。然而要证明这一点，伊壁鸠鲁不能诉诸婴儿，也不能诉诸动物，按照他的说法，它们就像一面镜子反映着自然；他很难说天生的本能引导着婴儿或幼畜向往无痛苦的快乐。无痛苦的快乐不能激发食欲；感觉不到痛苦的静止状态不能提供推动力，不能推动意志（所以希洛尼谟在这个地方也错了）；能提供动力的是能引起快乐和兴奋的积极的感觉。因此，伊壁鸠鲁用来证明天生向往的快乐的主要论证是婴儿和动物受动态的快乐的吸引，而不是它们受仅由无痛苦组成的静态快乐的吸引。说天生的本能从某一类快乐肇始，而又在另一类快乐中找到这种主善，确实是前后矛盾的。

【11】"至于比较低等的动物，我认为它们的判断没有价值。它们的本能也许是错的，尽管我们不能说它们是任性的。一根树枝被有目的地扭弯和缠绕，另一根树枝本来就长得弯弯曲曲；同样，野兽的本性虽然不是教坏的，但它的本性确实是堕落的。还有，在婴儿身上，天生的本性不是寻求快乐；它的本性只是趋于自重、自保，不受伤害。每一种动物，从它出生那一刻起，就热爱它自己和它的全部肢体；一开始，这种自重注意到了心灵和身体，然后再注意到每一肢体。心灵和身体都有某些优秀的地方；幼畜长大以后对此有了模糊的意识，后来就开始区别对待，寻找最初的自然天赋，回避它们的对立面。欲望最初追求的这些天然对象是否包括快乐，是一个争议很多的问题；但是认为它只包括快乐，不包括肢体，不包括感觉，[①] 不包括精神

---

① 指肢体和感觉的健全。

活动，不包括身体的完整，不包括健康，那么在我看来是最大的愚蠢。这就是源头，整个关于善与恶的理论必然从这里产生。波勒莫，在他之前还有亚里士多德，认为欲望追求的原初对象是我刚才提到的这些东西。由此产生的老学园派的学说和逍遥学派的学说，认为善的目的就是按照自然去生活，也就是说，在美德的陪伴下享受自然赋予的最初的礼物。卡利弗把快乐和美德结合在一起；狄奥多洛斯把无痛苦……① 在所有这些哲学家提到的前提下，他们的善的目的也就合乎逻辑地出来了：在阿里斯提波那里是纯洁的快乐；在斯多亚学派那里是与自然的和谐，他们把与自然的和谐解释为合乎道德或合乎道德的良好生活，并进一步解释为依据对本性的理解而生活，按照本性选择事物，排斥与本性相反的事物。就这样，有三种不包含道德高尚的目的：第一种是阿里斯提波或伊壁鸠鲁的目的，第二种是希洛尼谟的目的，第三种是卡尔涅亚得的目的；有三种包含道德之善并有某些附加因素的目的：波勒莫的、卡利弗的、狄奥多洛斯的；还有一种简单的理论是芝诺发明的，这种理论完全依据正当性，也就是依据道德高尚。（至于皮浪、阿里斯托、厄里鲁斯，他们很早以前就被轰下台了。）除了伊壁鸠鲁，其他所有人都是前后一贯的，他们的最终目的与他们的第一原则是吻合的——阿里斯提波认为快乐是目的，希洛尼谟认为摆脱痛苦是目的，卡尔涅亚得认为享受自然的原初对象是目的。

【12】"而伊壁鸠鲁，如果他说快乐是吸引的最初对象，那么他是在阿里斯提波的意义上使用快乐的，因此他不得不坚持与阿里斯提波相同的终极的善；如果他是在希洛尼谟的意义上把快乐当做他的主善，那么与此同时，他岂不是应当允许自己把前一种快乐，也就是阿里斯提波意义上的快乐，当做最初的吸引吗？

"事实上，当他说感官本身的判断决定了快乐是善、痛苦是恶的时候，他把更多的权威赋予了感觉，超过我们在私人诉讼中担任法官时法律赋予我

---

① 此处原文有缺失。

们的权威。我们不能裁决不在我们权限范围内的任何事情；法官在他们的判决中加上'如果这件事情在我的权限范围内'这样的文字实际上没有任何意义，因为如果这件事不在他们的权限范围内，他们的裁决在文字没有提到的范围内同样无效。什么东西是由感觉来判断的呢？甜、酸、光滑、粗糙、近、远，一个物体是静止还是运动，是方的还是圆的。因此，公正的判断只能由理性来下，它首先要有关于人的事务和神的事务的知识的帮助，这些知识可以正确地被称做智慧；它其次要有美德的帮助，理性应当成为所有感官的女主人，而你把理性视为快乐的侍女和下属。在把它们全部召来开会的时候，她会首先对快乐宣布说，她不仅不会占据我们理想的主善的宝座，而且会承认自己是道德高尚的同伴。而对于无痛苦，她的判决相同。卡尔涅亚得会被逐出法庭，因为包括快乐或无痛苦在内的关于主善的理论，或者不包括道德高尚的关于主善的理论，都不会得到批准。这样就只剩下两种观点。深思熟虑之后，理性的最终判决将是：根本无所谓善，只有道德高尚，也无所谓恶，只有道德卑劣，其他所有事情要么完全不重要，要么它们是否值得向往或回避不太重要，它们只是被选择或被排斥；或者说，理性喜欢并加以承认的理论包括道德高尚的完美，它们会由于添加原初的自然对象以及生命的完全展开而变得更加丰富。如果理性能首先确定这些不同理论之间的争执是关于事实的，还是仅仅转变为语词上的分歧，那么她的判断会更加清楚。

【13】"在理性权威的指引下，我自己现在要采用一个相同的步骤。如果可能，我要限制论题，将所有过于简单的、不包括美德的理论排除出哲学。它们中首先是阿里斯提波的理论和昔勒尼派的理论，他们勇敢地在那些能够最大程度地激发快感的快乐中寻找他们的主善，而藐视你的无痛苦。他们看不到，正如自然为了赛跑而设计了马，为了拉犁而设计了牛，为了狩猎而设计了狗，所以，如亚里士多德所观察到的那样，人为了两个目的而出生：思想和行动，人就像以往一样，是会死的神。昔勒尼学派持有相反的观点，他们认为这种像神一样的动物的产生是为了满足进食和生殖的快乐，就像某些

愚笨的、智力上有缺陷的绵羊——这种观点在我看来达到了荒谬的顶峰。对阿里斯提波的回答我们就说这些，他所说的快乐并非我们大家都在使用的意义上的快乐，而他认为这种快乐不仅是最高的，而且是唯一存在的。你的学派拥有一种不同的观点。然而，如我所说，阿里斯提波错了。人的身体构成和精神上的卓越的理性能力都不表明他出生的唯一目的就是享受快乐。我们也不能听希洛尼谟的话，他的主善时不时地，或者倒不如说非常频繁地与你自己坚持的主善，即无痛苦，相同。如果痛苦是一种恶，那么没有这种恶就足以构成良好的生活。如果恩尼乌斯喜欢，那就让他说'够了，你说得太多了，善就是不生病吗？'①但是让我们承认，幸福不依靠回避恶，而依靠获得善。让我们不要在所谓积极的快乐中去寻找善，就像阿里斯提波愚蠢地接受的那样，或者在无痛苦中寻找善，就像希洛尼谟所认为的那样，而要在一种积极的生活，或沉思的生活中寻找善。

"同样的论证可以用来反对卡尔涅亚得的主善，他更多的不是从他本人接受的欲望出发来推进他的主善理论，而是把他的主善当做一种武器和斯多亚学派战斗；尽管如此，如果给欲望添上美德，那么可以认为欲望是重要的，有助于增进幸福的总量，而这是我们要考察的一个主题。那些把美德与快乐联系起来的人所做的工作不太被人认可，因为他们所说的快乐被理性认为具有的价值最低，那些把美德与无痛苦联系起来的人所做的工作也不太被人认可，因为无痛苦即使是对恶的回避也不是主善；我也无法理解为什么他们要以这样一种小心翼翼的、吝啬的方式工作。你会认为他们不得不购买一种要被添加到美德上去的有用的货品。一开始的时候，他们挑选了一些他们所能发现的最便宜的东西来添加，然后他们各自只挑了一样东西，而不是把所有直接由自然认可的东西与道德高尚联系起来。阿里斯托和皮浪认为这些东西都是完全没有价值的，比如说在最完善的健康和最可悲的患病之间进行选择没有任何意义；所以人们很久以前就相当正确地放弃与他们争论。因

---

① 引自恩尼乌斯悲剧《赫卡柏》。

为，他们坚持美德在这种意义上的独特的重要性，在这个时候他们剥夺了美德在任何外部事物中进行选择的权力，否认美德有任何起点或基础，结果摧毁了他们想要珍视的美德。还有，厄里鲁斯在把知识作为一切的基础，这时候他盯着一种确定的善，但这种善并不是最大的善，也不是可以用来用做生活指导的善。于是，厄里鲁斯本人在很久以前就被抛弃了，甚至连克律西波都不愿意找麻烦去驳斥他。

【14】"剩下的还有你们的学派，因为学园派的哲学家不想去把握任何确定的东西，对获得某种真理的知识表示绝望，想用显而易见的可能性作为他们的向导。然而，伊壁鸠鲁是一个更加麻烦的对手，因为他把两种不同的快乐结合在一起；除了他本人和他的朋友，后来还有那么多卫士保卫他的理论，以及一般公众对这种理论的支持；他们虽然无能，但却是最强大的支持者。除非我们驳倒这些对手，否则就必须抛弃所有美德，所有荣誉，所有真正的功绩。就这样，在所有其他体系都被排除以后，剩下的还有一场决斗，参加战斗的不是我本人和托夸图斯，而是美德与快乐。像克律西波这样深邃和勤奋的作家当然能察觉到这样的战斗，他认为快乐与美德之间的竞争是整个主善问题的关键。我自己的观点是，如果我能成功地证明道德高尚是存在的，道德高尚本身值得向往，那么你的整个体系就会顷刻瓦解。因此，托夸图斯，我会从定义道德高尚开始，现在这个场合需要这样的简洁，然后我会逐一处理你的观点，除非我的记性出了毛病。

"所谓道德高尚，我们把它理解为这样一种本性，这种本性尽管没有任何功用、利益和报酬，但却能在其自身中并由于其自身而得到公正的肯定。我已经给出的这个正式的定义有助于指出它的本性；但用人们一般的判断，或者根据品性高尚者的所有目标和行为，可以更加清楚地解释它的本性。善者做许多事情，但并不因此从中谋利，而只是出于正当、道德和公义的推动。人与较低的动物之间有许多区别，其中最大的是自然赐予人以理性和一种积极主动的理智，人能以最快的速度同时做几件事，能敏锐地察觉事情的原因和结果，能进行类比，能把分离的事物结合，能把将来和现在联系起来，能对生命的整个过程进行考察。还有，理性激励人为了他的种族而奋斗，理性使人的语言和习惯有一种天然的一致性，理性推动个人，从友谊和亲情开始，扩大他的利益，首先与他的同胞，然后再与全人类构成社会联系。理性提醒道，就像柏拉图在给阿尔基塔的信①中所说，人并非生来只为了自己，而是为了国家和亲人，他只有很小一部分是为了自己。自然也赋予人类沉思真理的愿望。这一点最清楚地表现在我们有闲暇的时候；当我们的心灵自由自在时，我们渴望获得知识，哪怕是天体的运动。这种原初的本能引导我们热爱诸如此类的所有真理，亦即所有值得信任的、简明的、一致的东西，仇恨那些不诚实的、虚假的、骗人的东西，比如诈骗、伪证、不公正。进一步说，理性拥有一种庄严和宏伟的内在成分，与其说它适宜服从，倒不如说它要求服从，它认为人的命运中的偶然事件不只是可以忍受的，而且也是不重要的；理性拥有一种崇高的、庄严的品质，它不畏惧任何事物，永远不向任何东西屈服。注意到这三类道德上的善，那么后续的就是第四类，拥有同样的美，并且确实超出其他三类。② 这就是秩序和约束的原则。通过认识某些与这条原则在外在的美和庄严方面相似的东西，我们进到语言和行为的道德领域中的美。我们提到的前三种优秀的道德都对这第四种有所贡献：它畏惧鲁莽；它躲避来自任何人的淫秽的话语或行为的伤害；它害怕做或者说任何显得与人性不符的事情。

【15】"托夸图斯，道德高尚有一个充分的、详细的、完善的纲领，由四种美德组成，你也提到过四种美德。然而，你的伊壁鸠鲁告诉我们，他完全不知道那些以这种道德为标准确定主善的人赋予这种道德什么本性或属性。如果道德高尚是所有相关事物的标准，那么这些人不会允许快乐是道德的任何组成部分，而伊壁鸠鲁声称由于这些东西完全没有感觉（这是他的原话），所以他不知道道德这个术语有什么意义可以添加。在一般的用语中，

---

① 柏拉图：《信札》第9封。
② 上面依次提到希腊传统四主德，即智慧、正义、勇敢、节制。

'honestum'（受尊敬的）① 仅指受到普遍尊重的、地位很高的东西。伊壁鸠
鲁说，受到普遍尊重的东西虽然经常比某些形式的快乐更加令人愉快，然而
它只是作为获得快乐的手段为人向往。你明白这是一种多么不同的看法吗？
这位著名的哲学家，其影响不仅遍布希腊和意大利，而且也遍及所有野蛮人
的土地，竟然说如果道德高尚不是由快乐组成的，他就不知道什么是道德高
尚，除非它确实是能赢得大众欢迎的东西。而在我看来，受大众欢迎的东西
经常是相当卑劣的，如果受大众欢迎的东西不卑劣，那么也只有在大众正好
因其本身或为其本身而表示欢迎时，它们才不卑劣；即便如此，我们也不能
因为受到大众广泛欢迎而称其为受尊敬的，受尊敬的东西具有这样的性质，
哪怕人们不知道它的存在，或从来不说起它，它仍旧因为其自身之美和可爱
而值得受到赞扬。因此，在直觉的不可抗拒的力量的推动下，伊壁鸠鲁在另
外一段话中说了你刚才也说过的话，不合乎道德地（受人尊敬地）生活就不
可能快乐地生活。这时候他说'合乎道德'是什么意思？'合乎道德'和'快乐'
是一回事吗？如果是这样的话，这样说不就相当于说，除非你合乎道德地生
活，否则你就不可能合乎道德地生活？或者说，除非你把公众舆论当做你的
标准，否则你就不可能合乎道德地生活？那么，他的意思是没有公众舆论的
批准，他就不能快乐地生活吗？但是，有什么能比让蠢人的流言蜚语来决定
哲人的行为更可耻？那么他在这段话中如何理解'合乎道德的东西'？很清
楚，只能是那些因其自身就可正确地得到赞扬的事情。如果它作为获得快乐
的手段而得到赞扬，那又有什么光荣可言？你可以从粮食供货商那里得到快
乐。不，如此高度尊重道德高尚，乃至于说没有它就不可能快乐地生活的伊
壁鸠鲁，不是把'合乎道德的'（受人尊敬的）与'受大众欢迎的'等同起来，
认为没有大众的尊敬就不可能快乐地生活的那个人！他不明白任何'合乎道
德的'事情也就是正确的事情，它们因其本身或为其本身而值得赞扬，它们

---

① 拉丁文"honestum"原意是受尊敬的，可以用做"善"的同义词，指道德上的"好"
或"善"。

独立的、内在固有的本性就值得赞扬。

【16】"托夸图斯，这就解释了你为什么会以无比自豪的热情，如我注意到的那样，告诉我们伊壁鸠鲁如何响亮地宣布，不能合乎道德地、明智地、正义地生活，就不能快乐地生活。你的话语的效验源于这些语词所表示的宏伟的事物；你不断地提醒我们注意，你竭尽全力庄重地宣布，伊壁鸠鲁不时地赞扬道德和正义。就好像哲学家们从来没有提到过这些名字，所以我们也不应当把它们用于哲学，但它们在你的嘴里有多么好听啊！伊壁鸠鲁很少对我们谈论智慧、勇敢、正义、节制。然而，对这些伟大名称的热爱引诱人类中最能干的人献身于哲学研究。柏拉图说，视觉是我们拥有的最敏锐的感觉，然而我们的眼睛不能拥有智慧；我们能看见智慧吗？她会唤起人们何等炽热的爱！为什么会这样？因为她拥有最高的能力和巧妙的获取快乐的技艺吗？正义为什么受赞扬？那句熟悉的谚语，'你可以在黑暗中和正义者玩猜单双的游戏'，是怎么产生的？这句谚语讲的是具体场合中的诚实，但也有一般的含义，在所有行为中，影响我们的应当是行为本身的性质，而不是行为中有无证人。你提到的那些威慑是多么虚弱和无效——良心受谴责，害怕受惩罚，担心最终的报应！我们一定不要把那些无原则的人描述为意气消沉的胆小鬼，为了自己过去的罪行折磨自己，对一切都感到害怕；而要知道这样的人会精明地算计自己的行为能带来什么好处，他是一个老手，精明能干，擅长欺骗，行事诡秘，根本就没有证人或同谋。别以为我这是在讲卢西乌斯·图伯洛，他在担任执法官时几乎不加掩饰地接受凶犯的贿赂。次年，保民官普伯里乌·斯卡沃拉在平民大会上提出动议对他进行审查。议案通过了，元老院指派执政官格奈乌斯·凯皮奥负责审讯，而图伯洛突然逃离这个国家，不敢出庭，他的罪行得以公开。

【17】"因此，这不仅是一个无赖的问题，而且是一个狡诈的无赖的问题。就像昆图斯·庞培，他不仅否认他与努曼提亚人订立的条约，而且在良心面前装聋作哑；而要聆听良心的呼唤并不困难，所以他不是一个胆小的无赖，而是根本不听良心的呼唤。我们称这个人诡秘，决不是说他对自己的

罪行改悔，而是说他会对另一个人的无赖行为表示义愤，这就是我们所说的狡猾的老手的意思。

"我记得，普伯里乌·塞克斯提留·鲁富斯和他的朋友商量处理下面的事情。他是昆图斯·法迪乌斯·伽卢斯的遗嘱执行人。法迪乌斯的遗嘱包含一项内容，要求塞克斯提留允许把所有地产传给他的女儿。塞克斯提留现在否认有这项安排，他以为可以这样做而不受惩罚，因为没有人能够指责他。我们中无人相信他的否认，他比立遗嘱人更有可能撒谎，因为这涉及他自己的利益，而立遗嘱人是以书面的形式提出他本人有义务提出的要求。实际上，在发誓遵守伏科尼乌法①以后，塞克斯提留继续说，他不会大胆地破坏它，除非他的朋友认为他必须这样做。我当时还很年轻，而在场的许多人都很有经验；他们全都建议他不要把地产交给法迪娅，而不是建议让她按照伏科尼乌法得到她有权得到的东西。要是按照这些把荣耀和公正放在利益与好处之上的人的建议，那么塞克斯提留可以保留一大片地产，而不是一个铜币。所以，你假定他后来会后悔吗？一点也不。正好相反，这笔遗产使他成了富人，他后来兴高采烈。认为自己中了头彩，赢得了幸福，不是用不合法的手段，而是有法律的帮助。按照你们学派的说法，为了获得钱财去冒险是正确的，因为金钱会给人带来许多令人愉悦的快乐。

"因此，正如那些认为正确和受人尊敬的事物因其本身而被人向往的人所说的，必须经常在光荣和合乎道德的事业中冒险，用快乐衡量一切的伊壁鸠鲁主义者为了获得相当大的快乐可以去冒险。如果有一大笔钱或遗产摆在面前，而钱财可以带来巨大的快乐，那么你们的伊壁鸠鲁，如果他希望达到他自己的善的目的，会像西庇阿有机会通过引诱汉尼拔返回阿非利加、从而赢得巨大的名声一样采取行动。在这样做的时候，他冒着巨大的危险。这项伟大事业的目标是荣誉，而不是快乐。同样，你们伊壁鸠鲁主义的贤人，在某些重要利益的诱惑下，如果需要，也会有很好的理由为之战斗到死。如果

---

① 伏科尼乌法（Voconian Law）规定妇女继承地产。

环境允许他犯罪而不被发觉，那就太好了；如果他被发现，他也会轻视任何惩罚。因为他已经接受教育，要轻视死亡、流放，甚至轻视痛苦本身。你在对恶人施行惩罚时，确实会使它难以忍受；而你坚持说哲人总会得到相当数量的善，这个时候的惩罚就容易忍受了。

【18】"假定我们的作恶者不仅能干，而且极为强大，就好像马库斯·克拉苏，他实际上曾经接受他的天生的善良本性的指引，或者像我们现在的朋友庞培，他的正直行为应当得到我们的感谢，因为他要是不公正，也不会受到惩罚。但是无人能够予以谴责的不公正行为有多少！如果你的朋友要求你在他临终时把他的地产交给他的女儿，不要在任何方面违背他遗嘱中的要求，如法迪乌斯所为，或者不要对任何人讲起它，那么你会怎么办？你无疑会把钱交出去，伊壁鸠鲁本人也可能会这样做，就像塞克斯都之子、一位谨慎的学者佩都凯乌所做的那样；佩都凯乌留下了一个可以使我们回想起他的修养和正直的儿子，是我们今天的朋友。在努西亚有一位名叫盖乌斯·普罗提乌的优秀的罗马骑士，无人知道他去世了，但塞克斯都自愿去找到普罗提乌的遗孀，按照她丈夫的遗嘱把地产交给她，令她十分惊讶。但我想向你提出的问题是：你本人无疑也会做同样的事，你们这些以自己的利益和快乐为唯一标准的伊壁鸠鲁主义者通过这些事实可以看到天然本能的力量，你们的表现证明你们的真正目标不是快乐而是义务；我要说的是，这岂非证明了趋向于公正的自然冲动比遭到腐蚀的理性更强大吗？卡尔涅亚得说，假定你知道有条蛇躲在某个地方，而有某个人不知不觉地就要踩到蛇身上，而他的死亡会给你带来某种好处，那么你要是不提前对他发出警告，那么你就做了一件坏事。但你的邪恶仍旧不会受到惩罚，因为有谁能证明你知道那里有条蛇？我没有必要再多说了。如果公正、诚实、正义在人的本性中没有源泉，如果这些品质只对人的功利有价值，那么我们显然无法在任何地方找到好人。在我的《论国家》中，莱利乌斯已经充分讨论了这个主题。

【19】"让我们以同样的方式考察节制或适度，它们意味着服从理性，控制欲望。假定一个人悄悄地屈服于邪恶的冲动，这不是冒犯纯洁吗？某项行

为即使不会带来什么耻辱，它本身也可以是有罪的，是吗？还有，一名勇敢的士兵参加战斗，为国家流血牺牲，他这样做取决于对快乐的仔细算计，还是在本能的推动下热血沸腾？来吧，托夸图斯，如果伟大的英佩里苏①正在听我们争论，那么关于他的两篇讲话哪一篇能使他更满意，是你的还是我的？我说他的任何行动都不是为了自私的目的，而是来自爱国主义的冲动，而你认为他的行动只是为了他自己。如果你想把意思说得清楚一些，那么你会更加准确地说他的全部行动都是在一种追求快乐的欲望的推动下进行的，请你告诉我，你认为他会接受这样的说法吗？假定你的观点成立，你喜欢的那位托夸图斯的行动是为了他自己的利益（我马上就要说他是为了自己的利益，而不说他是为了自己的快乐，尤其在谈论一位伟大人物时更应如此），那么他那位在其家族中第一个担任执政官的同事普伯里乌·德修斯怎么样？当他立下死誓，策马冲进拉丁人密集的阵营时，他还会想到个人的快乐吗？这个时候到哪里去享受快乐？他明明知道自己马上就会死去，但仍旧带着激情，胜过伊壁鸠鲁要我们去追求快乐。如果德修斯的功绩没有赢得赞扬，他的儿子也就不会在第四次担任执政官时模仿他；还有，他的孙子统率大军与皮洛斯作战时也遭遇失败，但他的后代仍旧前赴后继，为国捐躯。我要克制自己，不再更多地举例。希腊人这方面的例子不多，莱奥尼达、厄帕米浓达，还有其他一些人。如果我开始讲述我们的民族英雄，我无疑会让快乐成为美德的囚徒，然而在我讲完以前，天都要黑了。奥鲁斯·瓦里乌斯以其担任法官时的严格著称，在前一名证人讲完，等着传唤后面的证人时他对其他法官说：'要么是我们已经有了足够的证据，要么是我不知道什么样的证据才是足够的。'好吧，我已经引用了足够的证据。你本人是你们这个家族的高贵后裔，当你还是个年轻人时，激励你去和普伯里乌·苏拉争夺执政官职位的原因是快乐吗？由于你父亲的勇敢，你赢了，他是一位什么样的执

① 全名提多·曼留斯·英佩里苏·托夸图斯（Titus Manlius Imperiosus Torquatus），罗马将军、执政官，在公元前 340 年的拉丁战争中亲手杀死不服从军令的儿子。

政官啊！他的一生，尤其是在担任执政官以后，他是一位爱国者！在他的支持下，我处理了一件事关所有人的利益，而不是我自己的利益的大事。①

"你想得很妙！在你的描述中，你一方面让人享有大量的令人愉悦的快乐，摆脱现在或将来的所有痛苦，另一方面，你用极度的痛苦折磨人，说他没有资格得到任何快乐或拥有得到快乐的希望；然后你开始问，谁比后一种人更悲惨，或者谁比前一种人更快乐；最后你得出结论：痛苦是主恶，快乐是主善！

【20】"呃，有一位拉努维乌的卢西乌斯·索里乌斯，你们可能已经不记得他了；他的生活原则就是尽可能享受所能发现的所有最大的快乐。他对快乐的欲求和他找乐子的嗜好和才能相当。他躲避一切迷信，乃至于嘲笑一切献祭和神庙，而他的家乡在这方面是出了名的；他也摆脱了对死亡的恐惧，最后为了国家死在战场上。伊壁鸠鲁对欲望的分类对他没有任何意义，他不知道满足有什么限制。与此同时，他非常注意自己的身体健康，积极参加锻炼，又饥又渴地上餐桌，吃最开胃、最容易消化的食物；为了快乐他喝酒很多，但又不至于损害健康。伊壁鸠鲁认为缺少某些快乐就不能理解什么是善，但索里乌斯不放纵自己。他从来没有经历过什么痛苦；要是有痛苦，他也会坚毅地忍受它，他会马上去看医生，而不是去看哲学家。他身体健康，体格健美。他极为受人欢迎。简言之，他的一生是由各种各样的快乐构成的。你的学派宣称他是一个幸福的人，至少你们的理论要求你这样做。但我却认为——我不敢说他——美德本身会对我说，她不会毫不犹豫地把勒古鲁斯看得高于你们所说的这个典型的幸福人。勒古鲁斯在除了他对敌人许下的诺言，没有人强迫他的情况下自愿从祖国返回迦太基；然而美德宣布，当勒古鲁斯这样做的时候，他比索里乌斯更幸福，勒古鲁斯忍受着不能入睡和饥饿的折磨，而索里乌斯却在他的玫瑰花装饰的躺椅上欢宴。勒古鲁斯参加了大战，两次担任执政官，取得胜利，然而他前面所取的所有功绩都比不上最

---

① 指处理喀提林阴谋。

后遭遇的灾难，为了荣誉和自尊，他选择了返回敌营。在我们这些听说此事的人看来这是一个遗憾的结局，但忍受这种结局的他却充满了快乐。使人幸福的不是欢乐和荒淫，也不是轻薄的笑声和戏谑；那些幸福者的命运经常很悲惨，但他们的意志是坚强的、真实的。遭到国王强暴的卢克莱提娅召来她的同胞作见证，然后自杀。这件事在罗马人民中激起了义愤，他们在布鲁图的领导下在这个国家里赢得了自由，为了感谢卢克莱提娅，她的丈夫和父亲成为这个国家第一年的执政官。在我们赢得自由以后的第六年，地位卑微的穷人维吉纽斯宁愿亲手杀死自己的女儿，也不愿让她去满足阿庇乌斯·克劳狄的淫欲，而克劳狄当时掌握着国家的最高权力。

【21】"托夸图斯，你要么必须驳斥这样的行为，要么必须放弃保护快乐。但是快乐能为自己做出什么样的辩护呢？如果快乐不能举出著名人物作为她的证人或支持者，你又能为她说些什么？我们这方面从公共记载和编年史中引用了那些把他们的生命花费在光荣的事业上、无法容忍你们这种快乐的人作为证人，而你的讲话中根本没有历史方面的内容。在伊壁鸠鲁学派中，我从来没有听人提到莱克古斯、梭伦、米尔提亚得、塞米司托克勒和厄帕米浓达，而他们总是挂在其他哲学家的嘴上。我们罗马人现在也开始谈论这些论题，我们的朋友阿提库斯从他的知识宝库中为我们提供了一长串伟大人物的名字！谈论他们不比连篇累牍地谈塞米斯塔①要好些吗？让我们把这种事留给希腊人去做。在哲学和其他各个知识部门我们确实要感谢他们，然而，有些问题我们不能谈，而他们却是可以谈的。斯多亚学派和逍遥学派之间有一场激烈的战斗。一个学派宣称唯有道德高尚才是善，另一个学派，在赋予道德迄今为止最大的价值时，仍旧认为某些身体的和外在的事物是善。这是一场光荣的、高水平的争论！因为整个争论转向道德的真正价值。但一个人要是和你的朋友争论，他不得不聆听大量的粗俗形式的快乐！伊壁鸠鲁总是没

---

① 塞米斯塔（Themista），兰普萨库的莱翁透斯（Leonteus）之妻，莱翁透斯是伊壁鸠鲁的一个学生，他的文章赞扬塞米斯塔。

完没了地唠叨这些东西！所以，相信我，托夸图斯，如果你向内心看，研究你自己的思想和禀赋，那么你不会继续捍卫你认同的这种学说。我要说的是，看到克林塞斯在讲课中机智地使用的一幅图景，你也会感到脸红。他要听众想象这样一幅描绘快乐的图画，快乐是一位女王或王后，盛装打扮，坐在宝座上；她的一边站着美德，是女王的侍女，侍候女王是她们的唯一目的，她们要做的事情只是在女王耳边提出告诫（只要画家的技艺也能表达这一点），要她谨慎从事，不要冒犯公共舆论，以及不明智地做那些会带来痛苦的事情。'至于我们美德，生来就是您的奴仆，这是我们唯一要做的事。'

【22】"但是你会告诉我（这是你最强大的论点），伊壁鸠鲁否认任何不能合乎道德地生活的人能够快乐地生活。就好像我非常在意伊壁鸠鲁说些什么或否认些什么！我要问的是，一个认为主善是快乐的人怎样说才能前后一致？你认为索里乌斯、开俄斯的波斯图米乌，或者他们所有人中的大师奥拉塔没非常快乐地生活，你的理由何在？伊壁鸠鲁本人说，追求感官快乐的人无可指责，只要他们不是彻头彻尾的傻瓜，——这就相当于他的附加条件'只要他们摆脱恐惧'的意思。在为欲望和恐惧提供药方时，他实际上为感性快乐提供了自由放纵。他说，消除了这些情欲，那么他在荒淫的生活中也就找不到什么可责备的东西。由于你们伊壁鸠鲁主义者把快乐作为唯一的向导，所以你们也就既不可能维护美德，也不可能保持美德。一个约束自己不做错事，以避免带来伤害的人不能被认为是好的和正义的。你无疑知道'那些热爱善的人没有一个是好的'这句诗；相信我，没有比这更真实的话了。只要他的动机是害怕，他就不是正义的；一旦他停止害怕，他肯定也不是正义的；如果他能隐瞒他的恶行，或者有足够的力量不在乎，那么他不会感到害怕；他肯定宁愿要没有实在的善的名声，也不要没有名声的实在的善。所以无疑，你们的学派想要得到虚假的正义，而不是真实的东西。你们学派的教导大体上是：我们藐视自己的良心发出的可靠的呼唤，追求其他人可能错误的想象。涉及其他美德我们也可以这样说。由于以快乐为美德的基础，你们把美德的基础建立在沙滩上。呃，再以伟大的托夸图斯

为例，他真的能够被称做勇敢的吗？我感到很高兴，尽管我这样说有点奉承你，而如你所说，我无力贿赂你。我要说的是，我对你拥有的名字和高贵的出身感到高兴；我对那位杰出的奥鲁斯·托夸图斯确实有一种个人的回忆，他是我自己最热爱的朋友，你们一定熟悉他在各种环境下对我的忠诚和热心。然而，我认为我急于感受和表达的感谢是恰当的，如果我知道他这样做不是毫无私利的，那么我不会对他的友谊表示感谢；除非你选择说他这样做是为了他自己的利益，任何人的正义行为都是为了自己的私利。如果你这样说，那么我们就赢了，因为我们的一条原则、我们想要实现的意图是：尽义务就是对自己的奖赏。这一点是你的伟大导师不允许的；他期待着让任何事情都得到补偿，得到它应得的或多或少的快乐。但是我要转过来谈老托夸图斯。如果他接受高卢勇士在阿尼奥河畔的挑战是为了赢得快乐，如果他由于其他原因而打败了那名高卢勇士，夺下他的荣誉项圈，并得到了相应的称号，而不是因为他认为这样的行为才配得上是人，那么我不认为他是勇敢的。还有，如果谦虚、自控、贞洁，一句话，如果节制依赖于对惩罚或耻辱的恐惧，而不是取决于保持自己内在的神圣性，那么什么样的奸淫、邪恶或淫欲，当它确信可以隐瞒、不受惩罚或放纵的时候，不会起来搞破坏或造反。

"或者请你告诉我，你拥有托夸图斯这个光荣的名字，无比聪明而又有天赋，你如果不敢对公众承认你的所有行为、目标和努力是真实的，不敢承认激励你去完成事业的动机，简言之，不敢承认你认为生活中的最大的善是什么，那么我们会怎么想？再转过来说，你获得公职还不久，将要在大会上对民众讲话（你要宣布你在行使正义时要遵守的原则，如果你认为可以，你会按照传统习惯提到你的祖先和你自己），那么是什么报酬或者出于什么样的考虑，你会宣布寻求快乐是你担任公职的目的，快乐是指导你行为的向导，是你生活中的一切行为的向导？你会喊道：'你要让我用那么愚蠢的方法去对无知的民众讲话？'好吧，你可以在法庭上讲这样的话，或者说如果你害怕那里的民众，你就在元老院里说。当然了，你决不会这样做。啊，如果不是因为讲这样的话是可耻的，你为什么不敢说？那么，你对托夸图斯和我说这样的话，这算是一种什么样的赞美！

【23】"但是，让我们承认你的立场。快乐这个词并不崇高，而我们也许并不明白它的意义，因为你总是重复说我们不明白你用快乐这个词的意思，就好像它是一个深奥难懂的概念！如果说我们理解你谈论的'不可分的原子'和'宇宙的空隙'这些根本不存在、也决不会存在的事物，那么我们的理智不能掌握连每只麻雀都知道的快乐的意思吗？如果你一定要说我不仅不知道什么是真正的快乐（它是感官的一种令人愉快的活动），而且也不知道你用快乐这个词是什么意思，那么又会怎么样？因为在一个时候，你用快乐来表示我刚才定义过的感觉，称之为'动态的'快乐，认为它肯定会产生一种感觉的变化；在另一个时候，你说它是一种不同的感觉，是快乐的顶峰或顶点，而它又只是由完全无痛苦组成的，你称之为'静态的'快乐。好吧，假定快乐是后一种感觉。我们承认，在任何公共集会的场合，你的所有行为的动机是想要避免痛苦。你担任公职和你全部生命中的所有行为的唯一目的是为了你自己的利益，如果你认为这样说不够庄严和不那么受人尊敬——除了能得到报酬的事情，其他什么也不做；除了对你自己的利益有好处的事情，其他什么事情也不做——那么想一想听众中间会发出什么样的怒吼吧！你似乎不久就有机会担任执政官了，是吗？到那时候你会采取一条生活的原则，可以在私下场合和朋友之间使用，而不敢在公共场合公开承认吗？啊，快乐只是一个经常被你挂在嘴边，在法庭和元老院里使用的逍遥学派和斯多亚学派的词汇。义务、公正、道德、忠诚、正直、荣誉、职务的尊严、罗马人民的尊严、国家的安危、为祖国而死，当你以这种方式讲话时，我们会肃然起敬，而你自己无疑会暗暗发笑。因为在这些高尚的字眼放射的光芒中，快乐找不到自己的位置，不仅被你们学派称为'动态的'快乐找不到位置——我要说的是，每个人，无论是文雅的还是粗野的，凡是能说拉丁语的人都知道它的意思就是快乐——而且没有人会把这种'静态的'快乐称为快乐，除了你们伊壁鸠鲁学派。

【24】"好吧，你肯定自己有权使用我们的词汇，而所表达的意思却是你自己的吗？如果为了使它看起来比较重要，你采用一种不自然的表达方式，那么这样做是不真诚的。你会使用一种造作的语言，而表达的意思却并非你的内心想法吗？或者说，你会改变你的观点，就像换衣服一样，一套在室内，一套在户外吗？在外在全都是表演和虚伪，而你真正的自我却隐藏在其中？请你想一想，这样做诚实吗？在我看来，真实的观点是光荣的，值得赞扬的，高贵的，可以在元老院、公民大会、各种场合公开宣讲，所以一个人不需要为说出自己并不可耻的想法而感到可耻。

"还有，友谊何以可能？如果一个人不爱另一个人，不为另一个人，他怎么能是另一个人的朋友？'爱'是什么意思——友谊这个词就是从'爱'中产生出来的——除了希望别人得到最大可能的利益，即使自己得不到任何好处？他会说：'做一名无私的朋友对我有利。'不，这样做也许只是看起来对你有利。除非你确实是无私的，否则你不可能做到这一点；除非你真的感受到爱，否则你怎么能是一位无私的朋友？爱不是从任何自私的算计中产生的一种普通的后果。爱产生于自身，是一种自发的成长。你会说：'我的自私的考虑在引导我。'那么，在有自私的考虑相伴时你的友谊才存在。如果说自私的考虑催生了这种情感，那么它也会摧毁这种情感。但是请你告诉我，如果像通常所发生的那样，自私的考虑与友谊相伴时你会怎么做？抛弃你的朋友吗？这是一种什么样的友谊？保留他做朋友吗？这样做不是与你的原则有冲突吗？你记得你自己说过，出于自私考虑的友谊是可以向往的。'如果我在危难时舍弃朋友，那么我会变得不受欢迎。'好吧，首先，除非这种行为是卑鄙的，否则它不会不受欢迎。如果你不能抛弃一个朋友，因为这样做会给你带来不便的结果，那么你仍旧会希望他去死，使你自己从这种无利可图的关系中解脱出来。如果他不仅不能给你带来任何利益，而且会使你遭受财产损失或历经艰辛，甚至要冒生命危险，那么你会怎么办？你会考虑自己的利益，而且会想到每个人生来都是为了自己和自己的快乐吗？你会代表一个朋友冒着生命危险去见一名暴君吗，就像那位著名的毕泰戈拉主义者①去见西西里的僭主？假定你是皮拉德斯②，你会说自己就是俄瑞斯忒斯，代替你的朋友去死吗？或者假定你是俄瑞斯忒斯，你会说皮拉德斯在撒谎，并说出你自己的真实身份；如果他们还是不相信，你不会提出请求不要让你们一起去死吗？

【25】"是的，托夸图斯，你个人会去做所有这些事，因为我不相信对痛苦或死亡的恐惧能引导你采取任何高尚的行动。但我们的问题不是什么行为与你的品性一致，而是什么行为与你的信念一致。你坚持的这个体系，你学习和接受的原则，摧毁了友谊的所有根基，而无论伊壁鸠鲁如何高度赞美友谊，就像他所做的那样。你告诉我说：'伊壁鸠鲁本人有许多朋友。'请问，有谁否认伊壁鸠鲁是一个好人，仁慈而又富有人道？我们在讨论的是他的理智，而不是他的品性。让我们抛弃希腊人攻击和污辱观点不同者的轻浮习惯。伊壁鸠鲁可以是一位仁慈而又忠实的朋友，但如果我的看法是对的（因为我不那么教条），那么他不是一位非常敏锐的思想家。'但是他赢得了许多信徒。'是的，也许这是他应得的；但民众的证言不能说明太多问题；正如在每一门技艺、学问、科学中，在正义的行为中，出类拔萃者是极为罕见的。我认为，伊壁鸠鲁本人确实是个好人，以前的或现在的许多伊壁鸠鲁主义者忠于他们的朋友，在生活中表里一致，严格要求自己，用义务而不是快乐支配他们的行为——所有这些都在增强道德上的善的价值，削弱快乐的价值。某些人的生活和行为事实上驳斥了他们承认的原则。在我看来，大多数人说得比做得好，而这些人正好相反，他们做得比说得好。

【26】"但我承认这些都是离题话。让我们回到你说的友谊上来。在你的一个意见中，我似乎认出了伊壁鸠鲁本人的一个说法——友谊与快乐不能分离，友谊之所以值得培养，其原因在于没有友谊我们就不能安全地生活，不

---

① 指芬提亚斯（Phintias），他去见西西里僭主狄奥尼修斯（Dionysius），为他的朋友达蒙（Damon）求情，狄奥尼修斯原谅了他们，并且请求成为他们的好朋友。

② 西塞罗在这里提到的是巴库维乌斯的戏剧《两名俄瑞斯忒斯》（*Dulorestes*）中的一幕，陶里（Tauri）的国王索亚斯（Thoas）想要杀死两名俘虏中的一位名叫俄瑞斯忒斯的俘虏。

能摆脱警觉，从而也就不能快乐地生活。对这一点的回答我们已经说够了。你引用了近期伊壁鸠鲁主义者的这句比较富有人性的格言，而据我所知，这位祖师爷本人从来没有说过。情况是，尽管我们在一开始的时候抱着功利的目的向往交友，然而随着朋友间亲密程度的增长，我们因我们的朋友本身的原因而爱他，而此时我们对快乐的所有期盼都离开了我们的视野。对这种情况的期待有几个依据，我仍旧不想对他们进行驳斥，因为这些依据对我而言是充分的，而对他们来说是不充足的。他们的观点大体上是说，特定场合产生合乎道德的行为是可能的，推动这些行为发生的原因不是对快乐的预期和向往。你进一步断言，其他一些思想家讲到哲人相互立约，对朋友产生感情，就好像对待自己；你说这是可能的，并且事实上经常发生；而这样做非常有助于获得快乐。如果人们能够顺利地立约，那就让他们热爱公正、自控，以及其他所有美德本身，其爱的原因在于这些美德本身，而不是获得报答。另一方面，如果我们为了友谊的结果，为了利益和功利而培养友谊，但对缔结友谊没有热情，对友谊本身缺乏内在的向往，那么可以怀疑我们会把土地和房屋的价值看得高于朋友的价值，是吗？你再次重复伊壁鸠鲁对友谊的赞扬没有什么用处。我问的不是伊壁鸠鲁实际上说了些什么，而是他在说这些话的时候能否与他的整个理论一致。'追求友谊的最初动机是功利。'好吧，但你在这里肯定没有把特里亚留算做一个比普特利的谷仓更有价值的财富，如果他们属于你？引用一句伊壁鸠鲁的格言，'朋友是一种保护'。你能保护自己、法律会保护你、日常友谊能为你提供足够的保护；你会由于自身的强大而藐视它，也容易躲避仇恨和妒忌——伊壁鸠鲁提供了这样的行为规则！在任何情况下，有这么大一笔收入要放弃，你会搁置我们心中的那种浪漫的友谊；你会有很好的理由为自己有效地辩护。但是谁来聆听你的'严肃的思想或快乐的思想'，如格言所说，谁来倾听你所有的秘密和隐私？然而，最好的聆听者是你自己，但你也可以对一般的朋友倾诉。假定友谊能提供你提到的这些便利，但拿它们与巨大的财富相比又如何？所以你看，尽管你想用友谊自身的魅力来衡量友谊，认为它具有无法超越的价值，但以利益为标準，值钱的财产就超越了最富友爱之情的亲密关系。所以，如果我们是真正的朋友，你必须爱我本人，而不是爱我的财产。

【27】"我们在这些明显的事情上不要逗留得太久。我们已经最终证明，如果快乐是唯一的标准，那就没有给美德或友谊留下什么余地，也就不需要进一步说些什么。我还是不想让你认为我不能回答你的任何要点，所以我现在要多说一些，用以回答你的讲话中的剩余部分。哲学的整个目的和目标就是获得幸福；追求幸福的欲望是唯一动力，引导人们学习哲学。但是不同的思想家用不同的事物构成幸福。按照你们学派的观点，幸福由快乐组成，与此相反，不幸则由痛苦组成。所以让我们开始考察你认为幸福是什么。我假定你会承认，如果有一种东西叫幸福，那么它必须能够被哲人完全获得。如果曾经赢得的幸福可以失去，那么幸福生活是不可能的。因为有谁能对那些容易腐朽的东西和不稳定的东西充满自信，认为自己能够长久安全地占有它们？然而一个人拥有的东西的长久性不确定，他就必不可免地在某些时候失去它们，从而变得不幸。但是，在最重要的时刻感到不安的人没有一个能是幸福的。因此，根本就没有任何人能够幸福。因为，我们通常讲的幸福的生活不是指生活的一部分，而是指它的全部；'一生'确实意味着结束和完成了的生活；人也不可能在一个时候是幸福的，在另一个时候是不幸的，因为认为自己不幸的人不可能幸福。幸福一旦获得，就应当像智慧一样永久，这是幸福生活的有效目的；幸福并不等待我们凡世生活的结束，如同希罗多德《历史》中的梭伦警告克娄苏时所说的那样。

"我也可以答道，伊壁鸠鲁，你本人说过，长寿不能给幸福增添任何内容，而在很短暂的时刻也能享受快乐，就好像快乐是永恒的。在这一点上，伊壁鸠鲁严重地前后不一。他把快乐当做主善，然而他又说在一生或永久的时间里产生的快乐并不比有限的时间里产生的快乐大。如果一个人在美德中找到唯一的善，他可以说通过美德的圆满就可以使幸福生活圆满；因为他的主张是，主善不会由于时间的延续而增长。如果一个人认为幸福是由快乐构成的，那么他怎么能否认时间的延续使快乐增长而又保持自己的观点前后一致？如果时间的延续不会使快乐增长，那么时间的延续也不会使痛苦加剧。或者说，如果痛苦随着时间的延长而加剧，那么为什么快乐不能由于时间的延续而使它变得更加令人向往吗？伊壁鸠鲁根据什么理由说神是幸福的和永生的（因为他总是这样说）？去掉永生，朱庇特并不比伊壁鸠鲁更幸福；而他们各自拥有主善，亦即快乐。你会说：'伊壁鸠鲁也会遭受痛苦。'是的，但他不会想到任何痛苦，因为他对我们说，如果他被烧死，他会大声喊道：'这有多么令人愉快啊！'所以，除了神是永生的，伊壁鸠鲁在哪一点上比神低劣？但是，除了最高的、永无止境的快乐，永生还能提供什么好处呢？如果这样说会造成前后不一，那么你使用虚浮的语言又有什么用呢？身体的快乐（如果你喜欢心灵的快乐，那么我也会加上，而你一直认为心灵快乐的根源在于身体）构成了幸福。好吧，谁能保证哲人的快乐是永久的？我们知道产生快乐的事物不在哲人的掌控之中，因为幸福并非由智慧本身构成，智慧只能作为手段引起或促使快乐的产生。然而，所有获取快乐的感官都是外在的，外在的东西必定依赖机会。因此，幸福成了幸运的奴隶；而伊壁鸠鲁说，运气对哲人也有影响，但是极少！

【28】"你会说，这些事情微不足道。哲人生来拥有自然本身的财富，如伊壁鸠鲁所说的那样，这些东西是很容易获取的。这话说得好，我不想反驳；但是伊壁鸠鲁自己的说法是：人与人之间处于战争状态。他告诉我们，最简单的食物，也就是最粗劣的食物和饮料给人提供的快乐并不亚于最精美的宴会给人提供的快乐。我认为，如果他说吃什么食物不会对幸福造成什么差别，那么我同意，还有什么我更应当为之鼓掌，因为他在这里道出了真理。当没什么快乐的苏格拉底说饥饿和口渴是食物和饮料最好的调味品时，我会听他的话。但我不会听这样的人讲话，他把快乐当做唯一的标准，在生活上像伽洛尼乌，而讲起话来像'节俭的'庇索，因为我相信他是不诚实的。他说，自然的财富容易获得，因为要满足人的自然要求并不需要多少东西。无疑如此，只要你们伊壁鸠鲁主义者不把快乐的价值估得那么高。他说，从最便宜的东西中产生的快乐和从最昂贵的东西中产生的快乐一样多。

呵，他的鉴赏力和他的理智一样迟钝。轻视快乐本身的人可以自由地说鲟鱼的价值不比鲱鱼高；但是主善由快乐构成的人必须用感官判断一切，把那些能使人产生快乐的感觉的事物称做最好的事物，而不是用理性判断一切。然而，假定我们接受他的观点，让他能花很小的代价得到最大的快乐，或者说，如果他能做到，那么我也不在乎；让我们承认从色诺芬所说的构成波斯人的健康食谱①的水芹中找到的快乐和柏拉图所说的叙拉古式的宴会中②得到的快乐一样多；我要说的是，假定我们承认快乐就像你们学派所说的那么容易获得；但是有关痛苦我能怎么说呢？痛苦能带来折磨，使幸福成为绝对不可能的事情，也就是说，如果痛苦真的是主恶，痛苦带来的折磨使幸福成为绝对不可能的事情。堪称伊壁鸠鲁第二的梅特罗多洛把幸福描写为'身体非常健康，对将来的健康充满自信。'（我这里说的几乎是他的原话。）有谁能对自己未来的健康充满自信，我不说一年，而只说这个晚上？从中可以推论我们决不可能摆脱对作为主恶的痛苦的恐惧，即使我们现在没有痛苦，它在任何时候都可能降临于我们。如果始终萦绕着对最大的恶的恐惧，生活怎么能够幸福？他说道：'嗯，但是伊壁鸠鲁教给我们一个漠视痛苦的办法。'我要说的是，仅仅是漠视最大的恶这个想法就是荒唐的。但是请你告诉我，这个方法是什么？他说：'最剧烈的痛苦是短暂的。'首先，你说的短暂是什么意思？其次，你说的最剧烈的痛苦是什么意思？为什么最剧烈的痛苦就不能延续数日？你可以发现最剧烈的痛苦可以延续几个月！除非你的意思是突发疾病，瞬间使你毙命。但是没有人害怕这样的痛苦。我想要你减轻这样的痛苦，就好比我看到伤害我杰出可敬的朋友、马库斯之子格奈乌斯·屋大维的痛苦一样；不是短时间内只有一次，而是反复多次，延续很长时间。老天爷啊，他忍受了什么样的折磨啊！他的所有关节都感到像火烧一般。然而人们不认为他是不幸的，因为这样的痛苦不是最大的恶，而是只把它当做一种

---

① 参见色诺芬：《居鲁士的教育》第 1 卷，第 2 章，第 8 节。
② 参见柏拉图：《信札七》326b，《国家篇》404d。

痛苦。如果他过着一种被各种快乐包围的奢侈的和邪恶的生活，那么他才是不幸的。

【29】"至于你的格言，最剧烈的痛苦是短暂的，延续的痛苦是轻微的，我弄不清它们是什么意思。因为我看到痛苦在某个时候既是剧烈的，又是延续的；忍受痛苦的真正方法是另一种方法，而不是为了道德高尚本身而热爱道德高尚的人不能使用这种方法。勇敢有它自己的戒律和法则，它具有一种约束力，禁止男人在痛苦中表现得像女人一样软弱。因此必须把痛苦当做一种耻辱，我说的不是感到痛苦（这在某些时候是无法避免的），而是菲罗克忒忒斯的哀号和'莱姆诺斯的岩石的悲泣'，'直到不会说话的石头发出悲泣的声音，附和着他的抱怨、悲叹和呻吟。'① 如果伊壁鸠鲁能够做到，那就让他说：'菲罗克忒忒斯，最剧烈的痛苦是短暂的！'让他以这种方式发出咒语，使这个'被毒蛇咬了，器官和血脉剧痛而颤抖不已'的人的痛苦平息。啊，但是他在过去的十年里躲在他的洞穴里受尽折磨！'如果痛苦是长期的，那么它是轻微的，因为会有缓解的间隙。'首先，我要说这不是常态；其次，记忆犹新的近期痛苦和对即将迫近的痛苦的恐惧在折磨人，在这样的时候，缓解的间隙有什么用？伊壁鸠鲁说，那就让他去死。这也许是最好的结局，但是这样一来，'瞬间强烈的快乐'这条公理又成了什么？如果这是真的，你建议他结束自己的生命没有犯罪感吗？所以，让我们宁可告诉他，让痛苦去削弱、摧残、征服人是卑鄙的、无人性的。至于你们派别的公式，'如果痛苦是强烈的，那么它是短暂的；如果痛苦是长期的，那么它是轻微的'，是从书中抄来的陈词滥调。美德、高尚、忍耐、勇敢——这些才是缓解痛苦的止痛药。

【30】"但是我一定不能离题太远。让我重复一下伊壁鸠鲁的临终遗言，来向你证明他的实践和原则之间的差异。他说：'伊壁鸠鲁致赫玛库斯，问候你。今天是我最幸福的一天，也是我生命的最后一天，我给你写下这些

---

① 可能引自阿提乌斯（Attius）的剧本《菲罗克忒忒斯》（*Philoctetes*）。

话。我正在承受尿淋和痢疾之苦，这些疾病极为严重。'不幸的人啊！如果
痛苦是主要的恶，那么这是唯一要说的话。但是让我们听他自己的原话。他
继续说：'但是一想到我的理论和发现，我心中产生的喜悦就会抑制住我肉
体上的痛苦。请你好好照顾梅特罗多洛的那些孩子。如果你能做到这一点，
你的一生就无愧于我，也无愧于哲学。'当我读到这里的时候，我要把伊壁
鸠鲁之死和厄帕米浓达、莱奥尼达之死相提并论。厄帕米浓达在曼提尼亚打
败拉栖代蒙人，自己也受了重伤。他一睁开眼就问自己的盾牌是否还在。他
的战友流着泪告诉他说，是的。他又问道，敌人被打退了吗？在这一点也得
到满意的答复后，他吩咐他们拔出刺在他身上的长矛。鲜血涌出，他在这个
欢乐和胜利的时刻死去。拉栖代蒙人的国王莱奥尼达必须在可耻的逃跑与光
荣的战死之间做选择，他带领三百名斯巴达勇士在温泉关与敌人遭遇。一位
伟大的统帅之死扬名于世，但是哲学家们大多数死在床上。然而他们怎么死
还是有区别的。伊壁鸠鲁在临终时刻说自己是幸福的。一切荣誉归于他！他
写道：'我心中产生的喜悦抑制了最剧烈的痛苦。'一位哲学家，伊壁鸠鲁，
他的话引起了我的注意，而你忘了自己从逻辑来看必须说的话。首先，如果
你认为自己找到的快乐是真实的，我指的是你的著作和发现，那么你不可能
真正地感受到快乐。你感受了和身体相关的所有感觉，然而你总是坚持说，
没有人能够感受到身体的快乐或痛苦。伊壁鸠鲁说：'我在以往的感觉中得
到快乐。'以往的什么感觉？如果你的意思是身体的感觉，那么我注意到，
不是对身体快乐的回忆，而是你的哲学理论，抑制了你当前的痛苦；如果你
的意思是心灵上的感觉，那么你的学说，认为心灵既没有快乐，也和肉体没
有最终的关系，是一个谬误。其次，你为什么要托人照顾梅特罗多洛的孩
子？在这一忠实于朋友和履行义务的重要行为中（我非常尊敬这样的行为），
你遵循的是身体快乐的标准吗？

【31】"是的，托夸图斯，你们这些人可以随意歪曲伊壁鸠鲁的思想，但
你在伊壁鸠鲁这封著名的信中找不到一行字与他的教导相符和相容。因此，
他是他自己的驳斥者，他正直的品性否定了他的著作。托人照顾朋友的孩

子、对友情的忠诚、在生命的最后一息遵守庄严的义务，证明了这个人的内心是无私的、正直的，不受快乐的召唤，不受奖赏的诱惑。一个濒临死亡的人身上有如此强烈的义务感，我们还需要什么更加清晰的证据来说明道德和刚毅之所以被人向往的原因在于它们自身？但是，这份几乎被我逐字逐句翻译过来的、令人敬佩的遗嘱与他的哲学的主要内容有矛盾，不仅与一名哲学家的尊严不符，而且也和他自己以前的说法不一致。他对死亡反复做过详尽的论证，也在我提到的书中简洁明了地说道：'死亡根本不会影响我们，因为经历了死亡也就没有了感觉；没有了感觉，死亡也就不能在任何方面影响我们。'这句格言也可以说得更好或者更加优美。因为'经历了死亡'这个短语没有说清楚是什么经历了死亡。无论如何理解其中的含义，我想要知道的是：如果死亡消解了所有感觉，剩余的事情都不能影响我们，那么他为什么要在遗嘱中做出如此准确和具体的规定，要求'遗产继承人阿密诺库和提谟克拉底，在征求赫玛库斯的意见以后，拨出一笔足够的钱用于每年盖没里恩月①庆祝他的生日，还要拨出一笔钱用于每隔二十天召开一次学园例会，纪念他本人和梅特罗多洛'？我不否认，你可以认为这些话是可敬的，仁慈的，但是，作为一名哲学家，尤其是一名自然哲学家（伊壁鸠鲁声称自己是自然哲学家），认为无论哪一天都可以是某人的生日，这是一名哲学家应当做的事吗？某一天能够不断重复出现吗？这确实是不可能的。或者说，会有相似的一天？这也是不可能的，除非隔了几千年以后，所有天体又同时回归于它们的起点。②由此可见，根本就无所谓某人的生日这回事。'但是某些日子就是这么定的。'十分感谢你提供的消息！但是，假定有生日，一个人死后也要纪念他的生日吗？用遗嘱来做出这样的规定——这样做，对一个用神谕般的口气告诉我们人死后没有任何事情能影响我们的人来说，恰当吗？

---

① 盖没里恩月（Gamelion），雅典历法的 7 月。

② 这种观点可在柏拉图的《蒂迈欧篇》中找到，为古代天文学家接受，称之为"大年"，或"完全年"，由 12954 个太阳年组成。参见柏拉图：《蒂迈欧篇》39。

做出这种规定的人后来变成了'一位征服者，向我们报道'① 有无数个世界和无边无际的空间。德谟克利特做过这样的事情吗？（其他哲学家我就略去不谈了，只提这位哲学家，他是伊壁鸠鲁唯一的老师。）如果要纪念一个特殊的日子，为什么不庆祝他变成圣贤的日子，而要庆祝他出生的日子呢？你会反对说，他要是不先出生，就不会变成一名圣贤。你同样还可以争辩说，要是他的祖母没有出生，等等。对一个有学问的人来说，让人在他死后举行集会来纪念他的名字是不适宜的。我不想提到你保存的这些周年纪念日，或者你从那些具有幽默感的人那里得来的一丝机智。我们不想争吵。我只想指出，纪念伊壁鸠鲁的生日是你的事，而不是伊壁鸠鲁需要用遗嘱规定的事。

【32】"回到我们的主题上来（因为当我们的讨论偏离到伊壁鸠鲁的信上去的时候，我们正在讨论的主题是痛苦）。整个问题现在可以用下列三段论来表示：正在承受最大的恶的人不会幸福；圣贤总是幸福的，但有时候承受痛苦；因此痛苦不是最大的恶。还有，圣贤不会忘记以往的幸福，忘记过去的不幸是一种义务，这些话是什么意思？再说，我们有能力选择记住什么吗？当西摩尼得和其他某些人要教塞米司托克勒记忆术的时候，塞米司托克勒回答说自己宁可学习遗忘术；他说：'因为我甚至记得那些我不希望记住的事情，但是我无法忘记我希望忘记的事情。'伊壁鸠鲁是一个非常能干的人，但他要我们做的事情还是给了我们过于沉重的负担。呃，你像你的祖先曼留斯一样严格，但你为什么要命令我做超过我能力范围的事。如果对以往的恶的回忆确实是令人愉快的，从而证明某些格言比你的学派的教义还要真实，那会如何？有句谚语说'辛勤劳动在结束时是令人愉快的'；伊壁鸠鲁写得好，（你们都知道这句话的希腊文，所以我试着把它译成拉丁文）'回忆伤心的过去是甜蜜的'。但是让我们回到过去的幸福这一点上来。如果你的学派用这些话表示盖乌斯·马略先前的成功转变为失败，他被流放，身无分文，身陷泥淖，通过回忆以往的胜利来忍受痛苦，那么我会听你的，也会毫无保

---

① 卢克莱修：《物性论》第1卷，第74行。

留地同意你的说法。如果一名圣贤明智的计划和善良的行为都能成功地从他的记忆中抹去，那么这位圣贤的幸福要想达到最后终极的圆满确实是不可能的。但对你来说，这是在通过回忆以往享有的快乐来获得幸福；这些幸福必定是身体的快乐——如果是别的快乐，那么精神的快乐全都产生于身体与心灵的联系就不再是真的了。然而，如果以往的身体快乐也能提供快乐，那么我不明白为什么亚里士多德会对撒达纳帕鲁斯的墓志铭长时间地思考。[①] 这位著名的叙利亚国王吹嘘说自己把以往曾经享有的所有快乐都带进了坟墓。亚里士多德问道，一个死人怎么能够体验到即使在活着的时候也只能在实际享有快乐的时候才能体验到的这种感觉？所以，身体的快乐是匆匆过客，短暂易逝，它留下的更多的是遗憾，而不是回忆。同理，阿非利加努对自己的祖国说：'休息吧，罗马，你的敌人……'，最后还有光荣的结论，'我的辛劳已经打赢了战争，为你取得了安全'[②]，我们必须认为阿非利加努比撒达纳帕鲁斯幸福。他过去的辛劳给他带来现在的快乐，而你要我们停滞在过去的快乐中；他回忆那些与身体快乐从来没有任何联系的经历，而你从来没有离开过身体。

【33】"还有，你怎么可能为你们学派的这条格言进行辩护——一切精神的快乐与痛苦都以身体的快乐和痛苦为基础？托夸图斯（我想我是在对你说话），你个人从来没有在某些事物中为了该事物本身而经历快乐吗？我不再提道德高尚、善、美德的内在美这些我们前面谈过的话题。我会提议谈一些不那么严肃的事情，读或写一首诗或一篇演讲、学习历史或地理、雕塑、绘画、戏剧、赛会和斗兽、卢库鲁斯的乡间别墅（我不想说你的别墅，因为那会给你提供一个逃跑的空子，你会说它是身体快乐的一个来源）；但是讨论我提到的这些事情，你会把它们与身体的感觉联系在一起吗？它们本身就没有什么东西能给你提供快乐吗？坚持追溯我说的以身体为例的快乐——你表

---

① 出自亚里士多德已佚失的著作。
② 显然引自恩尼乌斯《编年史》。

示自己不愿争论；如果声明放弃——你就得完全放弃伊壁鸠鲁的快乐概念。

"至于你自己的论点，精神的快乐和痛苦大于身体的快乐与痛苦，因为心灵能把握全部三个不同的时间，而身体只能察觉当前的感觉，说一个人由于赞同我享有的快乐而获得的快乐比我本人感受到的快乐还要多，这样说肯定是荒谬的。[心灵的快乐出自对身体的快乐的赞同，心灵的快乐大于身体的快乐，因此表示祝贺的人感受到的快乐大于受到祝贺的人的快乐。]但是，当你试图证明圣贤的幸福的基础在于他享有最大的精神快乐，而精神的快乐无限大于身体的快乐时，你没有看到你面临的困难。因为从中可以推论，他经历的精神上的痛苦也会无限地大于身体的痛苦。因此，你坚持认为始终幸福的那个人不可避免地会在某些时候是不幸的；事实上你也决不可能证明他的幸福是不变的，只要你以快乐和痛苦为唯一标准。因此，托夸图斯，我们必须为人找到其他一些主善。让我们把快乐留给其他一些比较低级的动物，在主善这个问题上，我们看到你们学派诉诸这些低级动物。如果连动物也是在它们的一些本性的推动下采取行动，这就决定性地证明了它们除了快乐以外还有其他一些目的，那么我们又该怎么办呢？有些动物表现出仁慈，甚至会以自己的麻烦为代价，比如生育幼崽和抚养后代；有些动物在奔跑和吼叫中得到快乐；有些动物是群居的，它们形成一个社会共同体；在某些鸟身上，我们可以看到爱的踪迹，还能看到认知和回忆；我们在许多场合甚至可以看到它们为失去朋友而悲伤。因此，如果动物也拥有某些和人相似的与快乐无关的美德，那么人除了以美德为获得快乐的工具，怎么能不表现美德？我们能说远远超越其他一切生灵的人所拥有的天性中没有这种非同寻常的天资吗？

【34】"事实上，如果快乐就是一切，那么低等动物要比我们优秀得多。大地本身无须它们耕作，就从她的库房里为它们提供了大量的、丰富的食物；而我们从事着最艰苦的劳动，也无法完全满足我们的全部需要。然而，我不能认为人的主善和野兽的主善可以相同。我们有各种培育文化的机构，我们有各种自由的研究，我们有合乎美德的友情，如果这些事情都只是为了

追求快乐，那么它们又有什么用呢？假定泽西斯率领他的庞大的战船、骑兵部队、步兵部队，在赫勒斯旁架桥渡海，切断阿索斯，在陆地上长驱直入——假定在他率领大军抵达希腊时，有人问他为什么要使用庞大的战争机器，他会回答说，他想要从绪曼图斯得到一些蜂蜜！人们肯定认为他没有发动战争的恰当动机。所以我们拥有所有最高尚的成就和美德的圣贤，不会像泽西斯一样乘船渡海和登山，而是在精神上上天，入地，下海——说他的目标是快乐就相当于说，他所做的全部最大的努力就是为了那么一点儿蜂蜜。

"不，托夸图斯，相信我，我们生来就是为了比较崇高、荣耀的目的。这一点也并非只有精神能力为证，包括他们能记住无数的事实，尤其是你能记住的事情几乎是无限的；人有预见未来的能力，几乎不缺预言；人有节制感，能约束欲望；人热爱正义，是人类社会忠诚的卫士；人能轻视痛苦和死亡，可以顽强地忍受各种辛劳和甘冒各种危险。这是我们精神方面的天赋。但是，我还是要你考虑我们的肢体，我们的感觉器官像身体的其他部分一样，你不会把它们当做同伴来尊敬，而是当做美德的仆人。即使身体拥有许多高于快乐的价值属性，比如力量、健康、美丽、敏捷，请你告诉我，对你的心灵你怎么想？古时候最聪明的哲学家相信心灵包含一种神圣的、属天的成分。而如果主善是由快乐组成的，如你的学派所声称的那样，那么幸福的理想会在享受最剧烈的快乐中日夜流逝，没有一刻停息，每一种感官都受到激励，感受到无比的快乐。但是选择一整天享受这种快乐的人配得上被称做人吗？昔勒尼学派不会拒绝它，这是真的；在这一点上，你们的朋友更加体面，但是昔勒尼学派也许比较前后一致。让我们越过对这些'技艺'[①]的考察，不谈它们是否具有头等重要性，我们的祖先会把缺乏这些技艺的人称做'呆子'或'一无是处'，但我要问你是否相信，我不说荷马、阿基洛库斯或品达，而说斐狄亚斯、波吕克利图、宙克西，是否把快乐当做他们的技艺的目的。匠人拥有的外在的理想高于有着道德美的优秀公民的外在理想吗？但

---

① 即美德，参见本文第四卷，第 2 章。

是，除了由于以快乐为主善的人判断问题不是用他的心灵的理性和商讨的部分，而是用他最低的欲望的能力来判断问题，产生这一重大谬误并使之广泛传播的原因还能是什么呢？我要问你，如果诸神存在，如你的学派也相信的那样，他们怎么能够幸福，因为他们不能享受身体的快乐？或者说他们是幸福的，但没有那种快乐，那么你为什么要否认圣贤也有一种与神相似的、纯粹的精神活动？

【35】"托夸图斯，读一读那些颂词吧！不要读荷马写的赞扬英雄的颂词，不要读居鲁士、阿革西劳、阿里斯提德或塞米司托克勒、腓力或亚历山大，而要读那些歌颂我们自己的伟人的颂词，读那些歌颂你自己的家族的颂词。你找不到任何人赞扬获得快乐时的技艺和狡猾。这不是墓志铭要表达的意思，就像靠近城门边上的一块墓志铭写着：'许多国家同意这里躺着的人是罗马的第一公民和最伟大的公民。'我们要假定许多国家同意卡拉提努是罗马最伟大的公民，因为他在获得快乐方面无人能比吗？我们要说，年轻人就是有着远大前程和高尚品格的人，我们要断定他为了自己的利益而进行研究，为了他的个人利益而为所欲为吗？我们看不到这样的原则会产生什么样的剧变和混乱吗？它使仁慈和感恩消失，它使和谐相处的纽带松弛。如果你为了自己的利益把钱借给别人，这不能算做仁慈的行为——这是放债；对放高利贷谋利的人不需要感恩。事实上，如果快乐篡夺了主权，那么所有主要的美德必然会被赶下宝座；还有一系列与圣贤的品性不吻合的卑劣的品质难以证明，除非道德上的善应当是一条至高无上的自然法。我们不用再提出进一步的论证了（因为它们在数量上是无限的），任何对美德的高度赞美必定要避免与快乐亲近。你不要期待我进一步论证这个要点，你要向内看，研究你自己的意识。在充分和仔细的内省以后，问自己一个问题：你愿意宁静地度过一生，这是你经常谈论的，在永无止息的快乐中摆脱所有痛苦，甚至（这是你们学派喜欢附加的先决条件，但实际是不可能的）摆脱所有对痛苦的恐惧，还是做整个人类的恩人，给困窘者带来帮助和安全，甚至以忍受赫丘利式的忧伤为代价？忧伤确实是我们的祖先得到的给予悲惨的一个黑暗的

名字，哪怕是神也不躲避辛劳。我会向你提问，从你这里得到回答，要是我不担心你会说赫丘利本人用艰苦的劳动保存了人类是为了快乐！"

到此为止我做了结论。托夸图斯说："我要把你的论证拿去向权威请教。我也许可以自己去请教，但我宁可找一些武装得较好的卫士来和你争论。""你无疑是在暗指我们杰出的、博学的朋友西洛和菲洛德谟。"他答道："你说得对。"我说："很好，但是，让特里亚留对我们的争论做一些裁决会更显得公平些。"他笑道："我正式提出反对，因为他在这个问题上会有偏见。你已经对我们显示了仁慈，而特里亚留的表现就像一个真正的斯多亚主义者。"特里亚留插话说："啊，下一次我会更加大胆地战斗，因为我已经掌握了我刚才听到的论证，尽管我不会攻击你，直到我看见你被你说的那些教练武装起来。"说完这些话，我们的散步和讨论告一段落。

第三卷

【1】我亲爱的布鲁图——如果"快乐"自己站出来，面对如此可怕的驳斥为自己辩护，那么我相信她一定会失败。我们上一卷的论证已经把她打败，她会服从真正的价值。如果她继续坚持战斗，反对美德，把快乐的东西置于道德善之上，或者坚持认为身体的快乐或由身体的快乐带来的精神上的满足拥有比坚定而又尊严的品格更高的价值，那么她一定会输得很惨，很丢脸。所以，让我们把她给打发了，让她待在自己的领域内，免得她用迷人的魅力和奉承劝诱给严格的哲学争论设下圈套。摆在我们面前的问题是：到哪里去找作为我们考察对象的主善？我们消除了快乐，而至善就是无痛苦的学说也遭到几乎相同的反对；事实上，没包含美德的成分，主善就不能被人接受，而美德是能够存在的最卓越的事物。

因此，尽管在与托夸图斯的争论中我们没有吝惜自己的气力，然而一场以斯多亚学派为对手的、更加激烈的斗争在等着我们。因为，快乐是一个不适宜进行非常精致或深刻讨论的论题；她的卫士在辩证法方面缺乏技艺，他们的对手在加以驳斥时也没有什么困难。事实上，伊壁鸠鲁本人宣称，根本就没有必要对快乐进行争论，快乐的标准在于感觉，要对快乐加以证明完全是多余的；事实的提醒就是我们的全部需要。因此，我们以前的争论用双方各自的一个简单陈述就可以说清楚。托夸图斯的讲话没有什么深奥难解的内容，而我自己的解释，我相信，就像大白天一样清楚明白。但是斯多亚学派，你们清楚，采用一种极为精致的，或者相当难懂的论证风格；如果希腊人有这种感觉，那么我们就更加如此了；我们实际上需要发明语词，创造新的术语以表达新的观念。当一个相当有学问的人想到，日常生活实践之外的各个知识部门都要大量创造新词，要确定一个新词来表示一个科学部门正在处理的观念时，这种必然性不会使他感到惊讶。因此，逻辑和自然哲学都要使用连希腊人都不熟悉的术语，几何、音乐、语法也一样，它们有自己的语言习惯。甚至完全属于实践领域和世俗生活的修辞学手册，都要为了教育的目的而使用一种个别的、独特的措辞。

【2】撇开这些自由艺术和才艺不谈，如果艺术家不使用那些对我们来说不知道，但他们自己熟悉的语词，那么甚至连他们也不能保存他们这个行业的传统。不，农业本身，一个完全不被优雅技艺承认的科目，也不得不铸造专门术语来表示它所拥有的事物。更有甚者，哲学家也被迫要做同样的事；因为哲学是生活的科学，不能用街头巷尾的语言来处理它的主题。还有，斯多亚学派的所有哲学家在这个方面都是最伟大的发明家，他们的奠基人芝诺与其说是新观念的发现者，倒不如说是新术语的发明者。如此博学的人使用一种一般假定比我们自己的语言还要丰富的语言，如果说他们用不熟悉的术语处理深奥难懂的主题是允许的，那么对那些初次大胆探讨这些论题的人来说，不是更应当允许吗？还有，这种抗议有时不仅来自希腊人，而且来自那些与其被视为罗马人，不如被视为希腊人的人，[①] 我们经常宣称，在词汇的

———————

① 参见本文第一卷，第 3 章。

丰富性上我们不仅没有被希腊人超越，而且实际上比他们还要强些。因此，我们必须这样说，不仅要在我们自己的技艺领域内这样说，而且要在那些属于希腊人的那些领域内这样说。然而，应当允许我们把那些我们的前辈一直在使用的希腊语词当做拉丁语词来使用，比如哲学、修辞学、逻辑、语法、几何、音乐，我们可以把这些词当做我们自己的词；这些词所代表的观念可以说是传入拉丁语的，但我们在使用中已经熟悉了这些希腊语词。有关术语问题我就讲到这里。

至于我的主题，布鲁图啊，我经常担心我有关这个论题写下来的东西会遭到你的批评，因为你本人是哲学方面的老手，是哲学的这个最高部门[①]的行家。如果我采用一名老师的态度，那么这样的批评是我应得的。但我自己不会因此而有什么进步。我把我的著作题献给你，不是为了把那些你已经完全掌握的东西教给你，而是因为你的名字给我提供了一种非常稳定的支持感，因为我发现在你那里有着对我们共同进行的这种研究的最公正的判断和批评。因此，你会像以往一样密切关注我，在我与你的叔父、那位杰出的天才进行的争论中担任裁判。

我下到我在图斯库兰的庄园，想从年轻的卢库鲁斯的图书室里找几本书；和我往常的习惯一样，我去了他家找书。到了那里以后，我发现马库斯·加图坐在图书室里，而我并不知道他会在那里。他的座位边上摆了一大堆斯多亚主义的书；你知道，他读起书来狼吞虎咽，好像从来吃不饱；在元老院里集合等候开会的时候，他也常在那里勇敢地宣讲一些对民众的无用的批评，但他对公共事务却一点也不关心，这确实是他的实际做法。所以我可以相信，在有那么多书可以供他阅读的时候，他会放纵自己，花一整天阅读，就好像在文献中滥施奸淫，假如奸淫这个词可以用到如此高尚的爱好中去的话。偶然的相遇，我们各自都感到相当惊讶，他马上站起身来，我们开始互致问候。

---

① 指伦理学。

他说："什么风把你给吹来了？我猜你是从你的庄园来。要是我知道你在图斯库兰，那么我会去拜访你。"

我答道："对，赛会昨天开始了，所以我离开城里，下午时候才到图斯库兰。我到这里来找一些书。顺便说一句，加图，我们的朋友卢库鲁斯很快就会来熟悉这些图书，我希望他在图书室里能得到更多的快乐，胜过他在别墅里干其他事。我非常关注他所受的教育（当然了，尽管这项责任特别要由你来承担），通过这种教育，他能变得像他的父亲、我们亲爱的凯皮奥，也能变得像你一样，要知道你和他的关系那么密切。我本人对他也格外有兴趣。我珍惜有关他的祖父的记忆（你非常明白我高度尊敬凯皮奥，我相信，要是他今天还活着，他一定会站在时代的前列）。还有，卢库鲁斯总是出现在我心中，他很优秀，在精神和思想上与我联系很多，我们之间有着很深的友谊。"

加图说："我要赞扬你对这些人的忠诚，他们把自己的孩子交给你照料，我也要赞扬你对这个孩子深情的热爱。我自己的责任，如你所说，我决不会否认，但我要你与我共同承担。还有，我可以说这个年轻人在我看来似乎已经显示出节制与才干；但你知道他有多么年轻。"

我说："我当然知道，但现在确实是他努力学习的时候了，如果能在这个最容易接受教育的年纪集中精力学习，将来走上人生道路就有很好的准备。"

他说："没错，我们以后会反复谈到这件事，我们需要更加充分地讨论，以便采取共同行动。但是让我们先坐下，行吗？"

于是我们落了座。

【3】加图说："请你告诉我，你有你自己的大图书室，有什么书是你必须到这里来找的？"

我答道："我来找一些亚里士多德的笔记，① 我知道这里有。我想在整个

---

① 指亚里士多德讨论伦理学的一些笔记或讲稿，已佚失。参见本文第五卷，第 5 章。

假日里把它们读一遍，我并非经常能有这样的空闲。"

他说："我多么希望你能把宝押在斯多亚学派身上！你们这些人都想把美德当做主善。"

我答道："当你思考与我一样的主题时，你也许可以约束一下对新术语的使用。我们的原则是一致的，只是我们的用语不太一样。"

他答道："确实如此，我们之间的差别很小。一旦宣称某事物值得向往，也就相当于把它当做一种善；然而，除了道德高尚之外，你熄灭了美德之光，亦即道德高尚本身，从而也就完全推翻了美德。"

我答道："加图，你的话听上去很有理，但你要知道你的高尚意图与皮浪、阿里斯托是一样的，他们使一切事物在价值上相同，是吗？我想知道你对他们的观点怎么看？"

他说："我的观点？你问我的观点是什么？历史告诉我们，或者我们自己在我们的公共生活中看到，那些善良、勇敢、正义和节制的人在自然本身的指引下，没有任何学问的帮助，做了许多光荣的事情——他们接受的自然的教育比他们有可能从哲学中受到的教育还要好，如果他们接受的不是那个把道德高尚视为唯一的善、把道德卑劣视为唯一的恶的哲学体系。其他所有哲学体系——它们程度不同，但无疑是所有体系——都把美德并非其中一个好的或坏的成分的一些东西当做主善，如我所认为的那样，不仅不能给我们变成好人提供任何帮助或支持，而且实际上在腐蚀我们的品性。我们要么必须坚持道德高尚是唯一的善，要么承认幸福由美德构成是绝对不可能的。在这种情况下，我看不出有什么必要自找麻烦学习哲学。如果哲人也可以是不幸的，那么我们为什么要把那么多价值赋予你所吹嘘和赞美的德性。"

【4】我答道："加图，你到现在为止说的话也可以很好地由一名皮浪或阿里斯托的追随者说出来。如你所知，他们的想法和你是一样的，你谈论的这种道德高尚不仅是主要的善，而且是唯一的善；从中必定可以推导出哲人总是幸福的这个命题，我注意到你坚持这个命题。那么，你赞扬这些哲学

家，认为我们必须采用他们的观点吗？"

他说："我肯定不会要你采用'他们的'观点，因为在事物中按照自然进行选择的是美德的本质，所以使一切事物绝对平等的哲学家不会把它们分为较好的或较差的，从而也就没有留下在它们中间做选择的余地，进而也就消除了美德本身。"

我说："你说得好极了，但是请你告诉我，如果你说只有正义的、合乎道德的事物才是好的，那么你不也就承认了这个命题，取消了其他一切事情之间的所有差别吗？"

他说："如果我确实取消了一切差别，那么是这样的，但是我没有。"

我说："怎么会呢？如果只有那个被你称做合乎道德的、正义的事物值得赞扬，这样做是合适的（如果用一系列同义词来表示它，可以较好地理解它的本性），那么美德就是唯一的善，然而我要说，除了美德之外，你还有其他目标需要追求吗？或者说，如果除了卑鄙的、可耻的、丢脸的、邪恶的、有罪的、愚蠢的事物（为了弄清楚什么是恶，我们也使用了不同的术语）是恶的，其他没有什么事物是恶，那么还有什么事物你宣称应当躲避？"

他反驳道："你很清楚我要说些什么；但是我怀疑，要是我说得太简短，你会在我的答案中挑毛病。所以我不想逐点逐条地回答你。由于我们现在有空，所以我想要阐述芝诺和斯多亚学派的整个体系，除非你认为这样做不合适。"

我喊道："不合适？绝对不会。你的阐述对我们要解决的问题会有很大的帮助。"

他说："那就让我们试试看，尽管斯多亚学派的体系有很多困难、晦涩的成分。有一个时期，连希腊人用来表达新观念的那些术语，当它们还处在比较新的时候，我们似乎也无法忍受，尽管今天的日常使用已经使我们熟悉了这些术语；那么你想，拉丁语又会是一种什么样的情况？"

我说："困难当然也不会小。如果说芝诺用一些新词汇来表达他的某些新观念是允许的，那么加图这样做就不允许呢？我们同样不需要僵硬地规定，如果有人们比较熟悉的语词可以用来表达相同的意思，那么并非只能用一个语词来表达一个意思。这是一名笨拙的翻译者的办法。而确实，我自己的办法是，如果不能用一个词来表达希腊文用一个词表达的意思，那就用几个词来表达。与此同时，我认为我们可以得到比较公平的待遇，在没有现成的拉丁词可用的时候，就使用希腊词。为什么可以用'ephippia'（马鞍）和'acratophora'（盛放纯酒的瓮），而不可用'proegmena'和'apoproegmena'？因为后者可以准确地译为'praeposita'（更为可取的）和'rejecta'（不能接受的）。"

他说："谢谢你的帮助，我肯定会选用你已经提供的拉丁词；在其他地方，要是你看到我有困难，要来帮助我。"

我答道："我会尽力而为，但是命运总是青睐胆大者，所以请你勇敢地开始探险。除此之外，我们还能找到什么更加高尚的消遣？"

【5】他开始了："我采纳的这个体系的人认为：一个生物在出生的时候（这是一个恰当的起点）会感受到自己有一种依附，有一种保存自己的动力，喜爱自己的形体以及那些有益于保存自己形体的事物；而另一方面，它会有一种反感，害怕自己的毁灭以及那些威胁自己生存的事物。在证明这个观点的时候，他们举证说：婴儿在感受快乐或痛苦的时候，想要得到有益于它们健康的东西，排斥那些与此相反的东西；除非它们热爱自己的形体，害怕自己的毁灭，否则就不会是这种情况。然而，除非它们具有自我意识，因此也爱自己，否则它们不可能有这种期望。这就可以推导出一个结论：自爱为行动提供了最初的动力。与此相反，按照大多数斯多亚主义者的意见，快乐不能被当做自然冲动的最初目标；我非常同意他们的观点，这是由于，如果我们认为自然把快乐列为欲望的最先的目标，那么我担心这样做会带来许多不道德的后果。事实上，没有人在有权选择时，会不喜欢自己的身体各部分都健全，而是喜欢有伤残或扭曲，尽管它们同样有用；除此之外，我们对最初在自然的推动下所采纳的目标的喜爱似乎不需要进一步的证明。

"还有，认知行为（我们可以称之为理解或知觉，如果这些语词令人厌恶或晦涩，我们也可以用'katalepseis'①）——我们采用这些语词是因为它们本身，因为它们拥有或者包含真理。这在儿童身上也可看到，他们使用理性为自己寻找东西，从中取乐，尽管他们在这样的活动中实际上一无所获。我们想，科学也一样，人们之所以选择科学是由于科学本身，因为科学中有某些东西值得选择，也因为科学是由认知行为组成的，包含着用理性推理把事实确立起来。如斯多亚学派所相信的那样，对我们来说，在心里赞同虚假的东西比其他一切违反自然的事情更加讨厌。

"（还有，身体的肢体或部分，有些是因为它们的用途而由自然赋予的，例如手、腿、脚、内脏，关于内脏的功用甚至连医生们的意见也不完全一致；而身体的其他一些部分没有实用目的，似乎只起装饰作用；例如孔雀的尾巴、鸽子的羽毛及其变化的颜色，男人的乳头和胡子。）② 这些话也许说得过于直白；因为涉及堪称自然最初成分的事情，对它们很难使用美化的文风，我自己也不想刻意加以修饰。另一方面，在处理更加严肃的论题时，与主题相伴的风格会本能地产生，鲜明的语言也会增加主题的尊严。"

我答道："没错，但是在我心中，对一个重要论题做清楚的陈述必定拥有卓越的风格。对你正在处理的这类主题使用修饰性的文风，那是幼稚的做法。有理智、有教养的人会满足于能清楚明白地表达他的意思。"

【6】他说道："那就让我们继续往下说，因为我们已经偏离了自然的原初冲动这个主题；在以后的阶段，这些冲动必定要达到和谐。下面就要说到一些基本的分类：与自然相一致的事物本身，或者能与自然相一致、因此值得选取的事物，具有正面的价值——斯多亚学派称之为'axia'（基本原则）——他们宣布这样的事物是'有价值的'（我假定可以这样翻译）；另一方面，他们把与前者相反的事物称做'无价值的'。最初存在的主要事物就这样确立起来，那些与自然相一致的事物因其自身的缘故而'被选取'；同

① 希腊文"知觉"。
② 这段插入语与上下文无关。

理，与它们相反的则'被排斥'，最初的'恰当行为'（我用这个短语翻译希腊词'kathekon'）就是按照该事物的天然构成保存自身；下一步则是获取那些顺应自然的事物，排斥那些违反自然的事物；找到这一选择或排斥的原则，接下去就是为了选择而在具体条件下使用'恰当的行为'；然后，这样的选择成为一种固定的习惯；最后，选择充分合理化，与自然处于和谐之中。在这最后阶段，可以恰当地被称做善的东西才出现，它的真正本性才被理解。人受到最初的吸引，倾向那些顺应自然的事物；一旦他有了理智，或者倒不如说有了'概念'——在斯多亚学派的术语中是'ennoia'——他就察觉到这一秩序，也就是支配行为的和谐，因此他对这种和谐的尊重远远超过他最初喜爱的所有事物；通过运用他的理智和理性，他得出结论，人的主善就蕴藏在这里，主善就是因其自身而值得赞扬和向往的事物；由于主善存在于斯多亚学派所谓的'homologia'（一致）之中，要是你同意，我们可以称之为'一致'（conformity）——由于我说主善存在于其中，而其他一切皆为手段，只有道德行为和道德高尚本身可以算做善，尽管它是后来的发展，但无论如何它是因其自身的力量和价值而成为唯一令人向往的事物，而自然最初的对象中没有一个是因其自身而被人向往的。由于这些被我称做'恰当的'行为以最初的、自然的对象为基础，因此可以推论前者是后者的手段。我们可以正确地说，'恰当的行为'是获得自然最初的需要这一目的的手段。然而，我们一定不能从中推论它们的获得就是终极的善，这就好像合乎道德的行为不是最初自然的吸引之一，而是从它们中生长出来的一样，如我所说，是后来的发展。与此同时，合乎道德的行为顺从自然，它对我们的欲望的推动比最初吸引我们的所有对象更加强烈。但是在这一点上，我们从一开始就必须警觉。如果从中推论出这种观点包含两个终极的善，那就是一个错误。因为，即使一个人想要达到他的目的，用长枪和弓箭对准真正的目标，他的终级目的与终极的善也是相对应的，如我们所宣布的那样，而不是他直接瞄准的东西；在这个比喻中，人必须采取为了瞄准目标所需要的一切行为，然而，尽管他做了为实现目标所需要做的一切，他的'终极目的'也会与我们在生活行为中称之为主善的东西相对应，而他的实际命中目标在我们的用语中是'被选择的'，而不是'令人向往的'。

【7】"还有，由于一切'恰当的行动'均以自然的最初冲动为基础，因此可以说智慧本身也以它们为基础。然而经常发生这样的事情，给他人介绍的新朋友比介绍者本人地位更高；因此我们不要感到惊讶，尽管出于最初的自然本能我们赞扬智慧，但智慧本身后来变得与我们更加亲近，超过使我们接近智慧的那些本能。诚如我们的肢体被造成现在这个样子，所以很清楚，把这样的肢体赋予我们是为了让我们过某种生活；所以，我们的食欲，食欲在希腊文中是'horme'，显然不是为我们可以选择的任何一种生活设计的，而是为我们的某种具体生活方式设计的；这个道理也可以用来解释理性和理性的完善。正如一名演员或舞者，给他设计的只是戏剧或舞蹈的某个具体部分，所以我们必须以某种确定的方式引导我们的生活，而不能为所欲为。我们把这种确定的方式称为'一致的'或合适的。事实上，我们并不把智慧当做航海术或医药术来考虑，而是当做我们刚才提到过的演出和跳舞的技艺一样来考虑；这门技艺的目的，它的实际练习，包含在这门技艺本身之中，而不是某种外在于它的东西。同时也还有另外一个要点，标志着智慧和这些技艺的不同。后者中有一种完善的运动与其他各种运动一起构成了这门技艺的对象；而在行动方面，如果你们同意，我们可以称之为'正确的行动'或'正确地履行的行动'，这在斯多亚学派的术语中是'katorthomata'，包含着美德的全部因素。因为只有智慧是完全自足的，而其他技艺做不到这一点。然而，把医药术或航海术的目的与智慧的目的完全同等看待是错误的。因为智慧还包括高尚和正义，包括高于人的全部拥有物的卓越，而其他技艺做不到这一点。还有，即使我刚才提到的这些美德也不能由任何人获得，除非他明白，除了道德高尚和道德卑劣，其他一切事物均无差别。

"我们现在可以看到，我确定的用来支持下列推理的原则有多么引人注目。就最终目的而言——无疑，你们已经注意到我一直把希腊术语'telos'译成'最后的或终极的目的'，或者译成'主善'，而我们也可以用'finem'（最后的东西）来代替'最后的或终极的目的'——由于我们的最终目的是与自然和谐一致地生活，那么我们必定可以推论：所有哲人在所有时间都享有幸福、完善和幸运的生活，摆脱一切阻碍、干涉或缺乏。这条基本原则不仅是我正在讨论的这种哲学体系的原则，而且也是我们的生活和命运的原则，我们应当相信道德高尚是唯一的善。这一原则可以用修辞学的方式来增强和解释，也可以借用大量的措辞和深刻的论证来予以充分的说明；而对我来说，我喜欢斯多亚学派的简洁而又有针对性的'结果'。

【8】"他们以三段论的形式提出下列论证：无论什么善都是值得赞扬的；无论什么值得赞扬的东西都是道德上高尚的；因此，善的东西就是道德上的高尚。在你看来这是一个有效的推论吗？必定如此。你可以看出它的结论由从两个前提中必然引出的内容组成。对这个结论做出的回答一般是否定大前提，说并非一切善的东西都是值得赞扬的，因为我们不可能否认值得赞扬的东西在道德上是高尚的。然而，坚持有某些善的东西不被人向往，这是一个悖论；或者说令人向往的东西不令人快乐是一个悖论；或者说某事物令人快乐，但却不值得尊重，是一个悖论；从而原先的结论也就得到了认可，一切善的东西都值得赞扬。而值得赞扬就是道德上的高尚。由此可以推论：善的东西也是道德高尚的。

"其次，我要问，有谁会为一种悲惨的或者不幸福的生活感到自豪？由此可以推论，一个人只能为自己的命运感到自豪，当它是幸福的时候。这就证明了，幸福的生活是值得自豪的；我们不能说任何一种生活都值得自豪，而只能说道德高尚的生活值得自豪。因此，合乎道德的生活是幸福的生活。配得上得到或能赢得赞扬的人格外有理由感到自豪和自我满足；我们讲了那么多人只能公正地称为幸福的事情，因此这样的人的生活只能与我们说的幸福生活完全对应。因此，如果幸福的标准是道德高尚，那么道德高尚也必须被尊为唯一的善。

"再说，除非能够确定痛苦不是一种恶，否则我们不能否认被我们称做勇士的人有着一颗顽强、坚定、高尚的心灵，是吗？正如把死亡当做恶的人不可能不害怕死亡，所以在任何情况下，一个人不可能藐视或轻视被他判断为恶的东西。人们一般都承认这一点，我们拿来作为我们的小前提；勇敢的、精神高昂的人藐视与人有关的一切偶然事件，不把它们当回事。从中推出的结论是：不卑鄙的东西没有一样是恶的。还有，你的真正崇高、杰出、伟大、勇敢的人阅尽人间沧桑和人生浮沉，我的意思是，这是我们要培养的品格，我们理想的人毫无疑问必定对自己有信心，对自己过去和将来的生涯有信心，自视甚高，认为没有任何邪恶的东西会落到哲人的头上。对这个命题还有另外一个证明，只有道德高尚是善，生活得高尚，亦即合乎美德地生活，就是生活得幸福。

【9】"我明白哲学家中确实存在着各种意见，我指的是那些把主善置于心灵的哲学家，我把主善称做终极目的。采用这个观点的某些人陷入了谬误，但我无论如何，不管他们属于何种类型，认为这些把主善置于心灵和美德的人不仅高于那三位把主善与美德完全分离，并将主善等同于快乐、无痛苦、自然的最初冲动的哲学家，而且高于另外三位认为若无增强美德就不能完善、从而给美德添加这样或那样我刚才列举过的三样东西的哲学家。① 但是，那些声称终极之善就是一种为知识而献身的生活的思想家相当不靠谱；那些声称一切事物无差别，哲人依靠对一切事物一视同仁来确保幸福相当不靠谱；还有，那些声称哲人最终的善和最高责任是抵抗表象、坚定地认同感觉的实在性的人相当不靠谱，比如学园派的某些成员就持这种观点。习惯上，我们需要分别对待这些学说，详尽地做出回答。但对那些不证自明的事情我们不需要耗费劳动；如果我们不能在与自然一致和违背自然的事物之间做选择，谨慎这种昂贵的、受到批评的美德也就被完全废除了，还有什么事情能比这更加明显？因此，消除了我们刚才提到的这些观点，以及其他与之相似的观点，剩给我们的结论就是：主善就在于在生活中把有关自然原因的知识运用于行为，选择与自然相一致的事物，排斥与自然违背的事物；换言

---

① 关于这些不同的学派，参见本文第五卷，第8章。

之，主善就是与自然和谐一致地生活。

"在其他技艺中我们谈论一种'合乎技艺的'表现，但必须在后果的意义上考虑这种性质，它是某种行为的结果；这就是被斯多亚学派称做'epigennematikon'（后天成长的本性，后来的自然）的东西。把一个行动说成是'聪明的'，如果把这个术语用于行动的开端，那么这样的用法完全正确。而哲人的每一项行动的所有部分必定也是完善的；因为值得向往的事物，如我们所说的那样，是由他的行动组成的。背叛祖国、对父母施暴、抢劫神庙，是一种罪，这些冒犯是行为的结果；所以恐惧感、悲伤感和欲望是一种罪，哪怕它们没有产生外部的结果。后者是一种罪不在于它们的后续结果，而就在于它们的开端；与此相同，从美德中产生的行为可以判定为从一开始就是正确的，而不是它们后来的完成是正确的。

【10】"还有，在这场谈话中被频繁使用的'善'这个术语也可以用定义来解释。斯多亚学派的各种定义之间确实有很大差别，但它们全都指向同一个方向。我个人赞同第欧根尼把善定义为凭自然得以成全的东西。在这个定义的引导下，他还宣布所谓'有益'（让我们用这个词来表达希腊文'ophelema'的意思）就是一种与其完善本性相一致的存在者的运动或状态。因此通过经验、观念的结合、比喻、逻辑推论，心灵中产生事物的观念，使某些事情变得为人所知。赋予我们善的观念的方法是这里列举的第四种或最后一种方法。通过推论，心灵从那些与自然一致的事物上升，最后达到善的观念。同时，善是绝对的，没有什么程度问题；善被人认识，并由于其自身的内在属性而被宣布为好的，而非通过与其他事物的比较。正如蜂蜜，尽管很甜，但它被感到甜是因为它自身有某种特殊的味道，而非通过与其他事物的比较；所以我们正在讨论的这种善确实具有最好的价值，然而它的价值取决于它所属的种类，而非取决于它的数量。价值，在希腊文是'axia'，不能算做一种善，也不能算做一种恶；所以，无论你把它的数量增加多少，它仍旧保持在同样的种类中。因此，美德的价值是独特的，它取决于种类而不取决于程度。

"还有，心灵中的情感骚扰和折磨蠢人的生活（希腊人用'pathos'这个词讲这种人，根据词义我可以把它译成'疾病'，但疾病这个词不能适用于所有场合，比如，没有人把可怜或愤怒说成是疾病，尽管希腊人称它们为'pathos'。所以让我们接受'情感'这个词，这个词的发音听起来像是表示某些危险的事物，这些情感不是由自然的任何影响激发的。情感可以分为四类，其下还可再做划分，亦即悲伤、恐惧、欲望，以及被斯多亚学派用一个也可以表达身体感觉的词'hedone'来表达的快乐，但我宁可把它称做'愉悦'，意思是处于高兴状态时心灵在感觉上的提升）；我要说的是，自然的影响不能激发这些情感，它们全都只是幻想的、轻薄的意见。因此，哲人总是想要摆脱这些情感。

【11】"一切道德高尚都内在地值得向往，这种观点是我们和众多其他哲学体系共同拥有的。除了有三个学派完全把美德关在主善的大门之外，其他所有哲学家都承认这种观点，尤其是斯多亚学派的哲学家，我们现在涉及的就是他们，他们认为除了道德高尚，其他没有任何事物可以被称做善。但这种立场非常简单，也很容易捍卫。因为有谁，或者曾经有过谁，他的贪婪如此炽烈，他的欲望如此不受节制，为了达到目的，他甚至甘愿犯下任何罪行？尽管肯定可以不受惩罚，但他不愿清白无辜，而要上百次用罪恶的手段来达到目的？

"还有，我们的好奇心之下隐藏着什么获利的欲望，使我们要去了解自然的奥秘、天体运动的模式和原因？有谁在粗野的状态下生活，或者有谁对自然的推动反应迟钝，乃至于对这些高尚的研究感到厌恶，把它们当做不能带来任何快乐和价值的事情来躲避？有谁会在聆听我们祖先睿智的话语和勇敢的行为时感到没有快乐，比如讲到阿非利加努，或者讲到我的曾祖父，他的名字总是挂在你的嘴上，以及讲到其他勇士和德高望重之人？另一方面，出身高贵、有教养、接受过良好教育的人，有谁会对这样的道德卑鄙不感到震惊，哪怕并没有给他个人带来什么伤害？有谁看见一个他相信过着一种放荡、邪恶生活的人会不感到厌恶？谁会不痛恨卑鄙、空虚、轻薄、下贱？还有，如果我们确定卑鄙不是因其自身而需要躲避的事物，那么有什么样的论证可以用来反对在各种私下秘密的场合或在黑夜的掩护下作恶的人，除非受到对卑鄙行为的内在本能的厌恶感的阻拦？可以用无数的理由来支持这种观点，但它们不是必然的。因为，没有任何事物比因其自身而在道德上为善的事物更值得向往；同理，没有任何事物比因其自身而在道德上为恶的事物更需要躲避。还有，道德高尚是唯一的善这条原则我们已经讨论过了，包括从中可以得到的推论，道德高尚所产生的后果比那些中性事物更有价值。另一方面，愚蠢、胆怯、非正义和不节制由于它们带来的后果而需要加以躲避，当我们说这句格言时一定不能把它理解为与我们已经确立的只有道德卑鄙才是恶这条原则有冲突；因为我们在这里提到的后果不是一种身体上的伤害，而是导致卑鄙行为产生的邪恶（我宁可用'恶意'而不是'邪恶'来翻译希腊文 kakia）。"

【12】我说："加图，你的讲话确实非常清晰，准确地表达了你的意思。事实上我感到你正在用拉丁文教哲学，使哲学归化为罗马公民。迄今为止她在罗马都像一个外国人，羞于用我们的语言讲话；对你们斯多亚学派的体系来说更是如此，因为它的思想和语言非常精确和雅致。（我知道，有些哲学家能用任何语言表达他们的思想；因为他们完全不懂划分和定义，他们承认自己只是在赞扬那些自然认可、无须论证的学说。因此，他们的观念并不深奥，他们也不愿把气力花在逻辑证明上。）所以，我一直在注意地听，努力记住你用来表达我们正在讨论的这些概念的所有术语，因为我自己也很快就要用到这些术语。好吧，我认为你相当正确地把美德的对立面称做'邪恶'。这和我们语言中的用法是一致的。我相信，'邪恶'这个词所表示的是那些本性'该咒骂的'东西；或者说'该咒骂的'这个词是从'邪恶'这个词派生出来的。① 如果你用'恶意'翻译 kakia，那么这个拉丁词的用法会把我们引向另一个意思，即某种具体的恶。正因如此，我们用'邪恶'作为一般

---

① "该咒骂的"拉丁原文是"vituperari"，"邪恶"拉丁原文是"vitio"。

的‘美德’的对立面。"

加图说："好吧，这些已经确立的原则是一场大争论的结果。在逍遥学派这一边，他们并没有顽固地坚持自己的观点（事实上，他们在逻辑上的无知使他们讨论某些问题的习惯风格缺乏凝聚力）；而你们的领袖卡尔涅亚得以他在逻辑方面的杰出才能和雄辩的口才把争论推向高潮。卡尔涅亚得本人从来没有就整个所谓‘善与恶的问题’停止争论，人们一般认为斯多亚学派和逍遥学派之间事实上没有什么不同意见，他们的分歧仅在于用词。然而，在我看来，没有什么事情能比这些哲学家在这些观点上的意见分歧更明显了。我认为，斯多亚学派和逍遥学派之间存在着巨大差别，既是事实上的，又是用语上的。逍遥学派说在他们的体系中一切被称做善的事物都有助于幸福；而我们的学派不相信整个幸福是由依附于这些事物的一定数量的价值构成的。

【13】"还有，什么事情能比这个学派的痛苦是恶、哲人在拉肢器上受折磨时不能幸福这些理论更加明确？而不把痛苦当做恶的体系则清楚地证明了哲人在最痛苦的折磨中仍旧保持着他的幸福。人们为了他们的国家自愿承受痛苦，这个时候比他们为了其他某些较小的原因而承受痛苦更容易忍受，这一事实表明痛苦的强烈程度取决于承受者的心灵状态，而不取决于痛苦本身的内在本性。进一步说，按照逍遥学派的理论，好事物有三类，人越是能得到身体的或外在的好事物，就越幸福；但是我们斯多亚学派不能接受同样的立场，从中推论说一个人拥有这些好事物的价值越高，他就越幸福。逍遥学派认为幸福的总和包括身体的有利条件，但我们完全否认这一点。我们认为，这些好事物的增添并不能使生活更幸福、更值得向往，或者使生活具有更高的价值；身体的有利条件对生活的幸福影响更小。显然，如果智慧和健康都值得向往，那么二者的结合会比智慧更值得向往；但并非如果二者都具有价值，那么智慧加上财富就比智慧本身具有更高的价值。我们认为健康具有某种价值，但我们不把它当做一种善；与此同时，我们也不会赋予它很高的价值，乃至于把它置于美德之上。这不是逍遥学派的观点，他们必须说一

项道德上为善、且不伴有痛苦的行动比相同的、伴有痛苦的行动更值得向往。我们的想法与此不同——无论对错，我都放到后面再考虑；但是两种看法之间怎么会有这么大的差别呢？

【14】"在阳光的照射下，灯光黯然失色；一滴蜂蜜放入爱琴海就荡然无存；在克娄苏的巨大财富中，一个银币就等于无，或者只相当于从这里去印度迈出的第一步。同理，如果接受斯多亚学派以善为目的的定义，那么从中就可以推论你们赋予身体有利条件的全部价值在美德的辉煌和尊严中必定黯然失色和荡然无存。正如'适时'（让我们用这个词翻译'eukairia'）不会由于时间的延续而增加（因为被我们称做适时的事物已经获得它们恰当的尺度），所以正当行为（我这样翻译'katorthosis'，因为'katorthoma'指的是某个单一的正当行为），我说的是，正当行为也是适时的，由和自然和谐组成的最终的善本身是不能增添或增加的。因为我所说的这些事物就像前面提到的'适时'，不会由于延续而变大。根据这个理由，如果幸福得以延续而不是比较短暂，那么斯多亚学派不把它看得更吸引人或更值得向往；斯多亚学派用了这样一个比喻：假定一只鞋是合脚的，那么许多既不大又不小的鞋不会因为数量之多而优于那只合脚的鞋，所以在好事物中，善仅在于其构成之适宜和适时，数量巨大的好事物不会比数量较少的好事物具有更高的地位，延续时间长的事物也不会比短暂的事物具有更高的地位。我们的论证也一样，如果长时间延续的良好健康比短暂的健康更有价值，那么运用时间最长的智慧就最有价值。如果是这样的话，也就无视一个事实：如果要按照时间长短来估量健康的价值，那么估量智慧的价值要用适时；所以，使用这个论证的人同样也要说，延长了的死亡或分娩比迅捷的死亡或分娩更有价值。他们看不到，某些事物由于快捷而变得比其他延长的事物更有价值。所以，与我们已经讲过的那些原则相一致，按照那些把好事物视为目的的人的理论，被我们称做极端的或终极的善是有程度之别的；他们还认为一个人能比其他人更聪明，一个人的行为同样能比其他人的行为更加有罪或更加正义；而我们不认为那些说好事物不是目的的人在程度上有什么差别。这是因为，

沉入水底的人和在水下离水面不太远的人一样无法呼吸，小狗在开眼的时候就像刚出生时一样盲目；同理，在德行上取得某些进步的人和毫无进步的人一样可悲。

【15】"我明白，所有这些说法显得有些悖理，但摆在我们面前的结论无疑是真实确定的；由于这些推论都是基于前提的逻辑结论，因此不能怀疑这些推论的真实性。然而，尽管斯多亚学派否认美德或邪恶可以在程度上有所增加，但他们还是相信美德或邪恶各自可以在范围上有所增长和扩大。① 还有财富，按照第欧根尼的看法，对于快乐和健康来说那么重要，不仅有助于快乐和健康，而且对它们来说是基本的，但就其与美德的关系来说并不具有同样的效果，也不像在其他技艺中那种情况；因为金钱可以是通向快乐和健康的向导，但不能构成快乐和健康的基本因素；因此，如果我们把快乐或好的健康当做一种善，那么也一定要把财富当做一种善，然而，如果智慧是一种善，不能从中推论我们也必须宣布财富是一种善。不是善的任何事物也不能是一个好的事物的根本；因此，激发欲望的是那些形成技艺的原初材料的认知和理解行为，但由于财富不是一种善，所以财富在任何技艺中也不能是基本的。即使我们承认对技艺来说财富是基本的，也不能把同样的论证用于美德，因为美德（如第欧根尼所论证的）需要大量的思想和实践，与技艺的范围不同，美德包含着终生的坚守、力量和贯彻，而这些性质在技艺中并不能同样显现。

"接下去就是有关事物之间差异的一个说明，如果我们坚持一切事物之间绝对没有差别，那么整个生活就会陷入混乱，如阿里斯托所说，智慧就没有什么作用或功能，因为事物之间没有任何差别能贯穿整个生活行为，也没有做任何选择并予以实施的需要。同理，在证明了只有道德是善、只有卑劣是恶的结论以后，斯多亚学派进一步确定在这些对幸福或不幸不具有重要性的事物中，还是有一些差异的成分在起作用，使它们中某些事物具有肯定性

---

① 亦即它们可以在一个较大或较小的范围内实施。

价值，某些事物具有否定性价值，还有某些事物是中性的。还有，在这些有价值的事物中——例如健康、无可怀疑的感觉、无痛苦、名望、财富，等等——他们说某些事物给我们提供了恰当的理由，使我们对这些事物的喜欢超过其他事物，而其他一些事物则不具有这种性质；同样，在那些具有否定性价值的事物中，有些提供了恰当的理由使我们排斥它们，比如痛苦、疾病、失去感觉、贫困、耻辱，等等，而其他一些事物则没有提供。因此，用芝诺的术语来说，在'proegmena'及其对立面'apopoegmena'之间就产生了区别——芝诺在使用丰富的希腊语时仍旧时不时地铸造一些新词，而用贫乏的拉丁语是无法做到这一点的；尽管你们喜欢说拉丁语实际上比希腊语更丰富。然而，为了能够比较容易理解这个术语的意思，解释一下芝诺在铸造这个术语时的方法不会显得离题。

【16】"芝诺在一座王宫里说，没有人说国王是'被提升'（这是'proegmenon'的原意）到这个高贵的位置上来的，但可以用这个术语来指称那些地位显赫、几乎接近或仅次于国王的人；同理，在生活行为中，'proegmenon'这个称号，也就是说，'被提升'的这个词，不是用来指称第一等级的事物，而是用来指称第二等级的事物；因为对这些第二等级的事物我们也可以用'有关的'（这是一个字面的翻译）或者'进一步的'和'退一步的'这些词，或者用我们一直在用的'更为可取的'或'优秀的'，它们是'遭排斥'这个词的对立面。如果这里的意思是明白易懂的，那么我们不需要对这些词的用法一丝不苟。但由于我们宣布一切好的事物拥有第一等级的地位，从中可以推论被我们称做'更为可取的'或'优秀的'事物既不是善的又不是恶的；同理，被我们定义为无差别的东西只拥有中度的价值——因为在我看来，我可以用'一般的'这个词来再现他们的术语'adiaphoron'。因为事实上，居间的这类事物既包含某些与自然相一致的东西，又包含某些与自然相违背的东西，这是不可避免的；既然如此，这一类事物中应当包含某些具有中度价值的东西；承认了这一点，这一类事物中的某些东西应当是'更为可取的'。因此，我们有很好的理由做出这一区别；

为了进一步说清问题，他们提出以下例证：比如我们的目的或目标是掷跖骨，使之直立，掷出以后直立的跖骨在一定程度上就是'更为可取的'，或者说它在朝着设定的目标前进，而掷出以后没有直立的跖骨则正好相反；然而，'前进了的'跖骨并非所要达到的目的的构成要素，所以'更为可取的'事情就其所要达到的目的而言是真的，但它决不是目的的构成要素。

"接下去我们来谈把好事物分成三类：第一类是最终目的的'构成要素'（我用这个词来表示'telika'这个术语，我们已经同意，为了弄清含义我们无法用几个词来表达一个词的意思）；第二类是具有'创造性的'好事物，亦即希腊文'poietika'的意思；第三类是兼有两种情况的好事物。'构成要素'这一类好事物的唯一例子是道德行为；'创造性的'好事物的唯一例子是朋友。按照斯多亚学派的观点，智慧既是构成要素，又是创造性的；因为它本身是一种恰当的活动，属于被我称做构成要素的这一类；而当它引发或创造合乎道德的行为时，它也可以被称做创造性的。

【17】"那些被我们称做'更为可取的'事物，在某些情况下因其自身的缘故而更为可取，在某些情况下因其创造的某些结果而更为可取，在某些情况下，这些事物同时兼有两方面的缘故；因其自身的缘故而更为可取的事物，比如某种容貌、表情、姿势、运动，因其自身而要么是更为可取的，要么是应当受到排斥的；另外一些事物被当做更为可取的是由于它们产生某些结果，比如金钱；还有一些事物是更为可取的是由于两方面的缘故，就像健全的感觉和良好的健康。关于好名声（这个术语在此语境下比'荣耀'能更好地翻译斯多亚学派的'eudoxia'），克律西波和第欧根尼曾经声称，除了好名声可能拥有的实际价值，其余根本不值得伸出一个手指头去争取，我完全同意他们的看法。另一方面，他们的继承者发现自己难以抵挡卡尔涅亚得的攻击，宣布好名声因其自身的缘故是更为可取的和值得向往的，出身高贵、接受过良好教育的人希望在他们的父母和亲戚中间拥有好名声，也希望拥有一般的好名声，这是由于好名声自身的缘故，而不考虑任何实际的好处；他们争辩说，就像我们希望自己的子女富有，哪怕这个孩子是在我们自

己死后出生的，这是由于他们自身的缘故，所以人必须撇开任何实际利益，为了好名声本身而考虑自己死后的名声。

"我们虽然宣布道德高尚是唯一的善，但道德高尚无论如何要和采取恰当的行动相一致，而实际上我们既不把恰当的行动算做善，又不把恰当的行动算做恶。在中性事物的范围内有合理的成分，对中性事物的意义可以做解释，对采取合理的行动也可以做解释；因此，恰当的行动就是一个可以对其表现做出合理解释的行动；这就证明恰当的行动是一样居间的事物，既不能算做善，也不能算做善的对立面。然而，由于这些既不能算做美德又不能算做邪恶的事物包含着有用的因素，因此它们的有用因素值得保存。还有，这个事物的中性类别也包括行动，亦即理性要求我们采取的行动，或者理性要求我们的行动产生某些中性的后果；但是我们把所采取的合理行动称做恰当的行动，因此恰当的行动也被包含在既不是善、又不是善的对立面的这一类事物中。

【18】"很清楚，由哲人采取的某些行动处于中性事物的范围之内。那么好，当他采取这样的行动时，他判定这个行动是恰当的。他在这一点上的判断决不会有误，因此恰当的行动存在于中性事物的范围之内。我们也可以用下列论证来证明同样的事情：我们看到被我们称做正确行为的事情是有的；而这个采取了的行为是完全恰当的；因此不完全恰当的事情也是有的；所以，如果恢复作为原则的信任是一个恰当的行为，那么必须把恢复信任也当做恰当的行为；添上'作为原则'这一限制就使之成为正当的行为：而其本身的构成就被视为恰当的行为。还有，被我们称做中性的这个事物的类别无疑包含某些值得挑选或者需要排斥的事物；因此恰当的行为这个术语包含行为的方式和规定。这就表明，由于爱自己是自然赋予所有人的特点，愚蠢者和聪明者都会选择与自然一致的事物，排斥与自然违背的事物。因此，有一个恰当行为的领域对聪明者和愚蠢者来说是共同的；这就证明了恰当的行为与我们称做中性的事物有关。由于这些中性事物构成了所有恰当行为的基础，因此我们有很好的理由指出：我们所有实际的思考都是在与这样的事物

打交道，包括活着的愿望和放弃生存的愿望。当一个人的环境包含大量与自然一致的事物时，他适宜继续生活；当一个人拥有或预见到的事物大多数都违背自然时，对他来说放弃生存是恰当的。这就清楚了，哲人在这种情况下放弃生命是恰当的，尽管他是幸福的；我们也清楚了，愚蠢者可以继续生活，尽管他是可悲的。我们已经反复多次说过，斯多亚学派的善与恶是后来生长出来的东西；而自然的原初事物，无论它令人喜欢还是令人厌恶，都会落入哲人的判断和选择，从而成为智慧要加以处理的问题。因此，继续活着和放弃生命的理由完全由前面所说的原初事物来衡量。因为拥有美德的人并非一定要用延续生命来保持美德，而那些没有美德的人并非一定要寻死。哲人在某个享有最高幸福的时刻放弃生命，如果时机恰当，这样的行为经常是恰当的。因为斯多亚学派的观点意味着过一种与自然和谐一致的幸福生活需要把握恰当的时机。所以，智慧在这样的时刻命令哲人离开她。因此很清楚，就像邪恶不能为自杀提供理由，哪怕那些可悲的蠢人，要是拥有我们所说的那些与自然相一致的事物，那么他们继续活着也是恰当的。由于蠢人放弃生命和继续活着同样可悲，所以他的生活不值得向往这种性质不会由于生命的延长而增加，我们有很好的理由说，那些享有大量自然事物的人必须继续活下去。

【19】"还有，斯多亚学派认为，自然创造了父母对子女的爱，理解这一点很重要；父母对子女的爱是我们追溯人类在共同体中生活时找到的根源。只要看一下我们的身体和四肢的构造，我们就一目了然，它们足以表明自然的设计包括生育后代在内。然而，如果说自然在一个时候要生育后代，而后又不为后代提供给养，不让后代得到珍爱，那么这是不一致的。甚至在低等动物身上，也能清晰地察觉自然的运作；看到它们在抚养后代上花费的劳动，我们似乎真的听到了自然的召唤。因此很清楚，躲避痛苦是合乎自然的，也很清楚，我们从自然本身得到热爱我们所生育的后代的冲动。从这种冲动中发展出相互吸引，从而使人联合起来；这也是自然赐予的。人的共同本性要求每个人感到其他人是自己的同类，这是一个事实。正如身体的某些

部分，比如眼睛和耳朵，它们因其自身的原因而被造，而身体的其他部分，比如腿或手，也对其他肢体有帮助；所以某些大型动物生来就是孤独的；而海鳃，像它的名字一样，有着宽敞的壳，名为'豆蟹'的动物寄居在海鳃的壳里面，为海鳃放哨，它游出海鳃的壳去瞭望，然后又缩回海鳃的壳里，就好像在为主人担任警卫——这些动物，还有蚂蚁、蜜蜂、仙鹤，也会采取某些行动，不是为了它们自己，而是为了其他的同类。在人群中，这种相互帮助的关系显得更加密切。由此可以推论，人生来就适合组成集体、社会和国家。

"还有，他们认为宇宙是由神意支配的；凡人与诸神都是一个城市或一个国家的成员，我们每个人都是这个宇宙的一部分；从中我们可以推出这样一个自然的结论：我们应当热爱共同体的利益超过热爱我们自己的利益。就好像法律把全体的安全置于个别人的安全之上，所以善良的、聪明的、守法的人意识到自己对国家应尽的义务，考虑全体的利益超过考虑自己或其他个别人的利益。卖国贼无须给予更大的责备，他和那些为了自己的利益或安全而背叛共同利益和安全的人是一样的。这就解释了为什么要赞扬那些为共同体而死的人，因为我们热爱国家胜过爱我们自己。我们听到有人声称自己死后，哪怕宇宙发生大火他们也不在乎（这句名言通常是以人们熟悉的希腊文诗句来表达的[①]），我们感到这种想法是邪恶的，毫无人性；而为了我们后代自身的缘故，我们无疑定会考虑后代的利益。

【20】"正是这种情感使得人在死的时候要立遗嘱，为子女指定监护人。事实上无人愿意在沙漠里度过一生，哪怕他在那里能得到无限的快乐，这就表明我们生来就要组成社会，生来就要和我们的天生的伙伴和同胞交往。再说，自然激励我们尽力为多数人谋福利，使我们有这样的愿望，尤其是使用自然赋予我们的知识和智慧的原则。因此很难发现有人不把自己拥有的任何知识传授给别人；不仅要学，而且要教，我们这方面的嗜好如此强烈。就像

---

① 据说罗马皇帝提比略和尼禄引用过这句话。

牛有一种天生的本能，会竭尽全力与狮子搏斗，保护小牛，人也有非同寻常的奉献精神，就像神话传说中的赫丘利和利伯尔，感到有一种自然的冲动，要做人类的保护者。还有，当我们把至善、至尊、至高、至大、大救星、万众之主、万军之主的称号献给朱庇特时，我们蕴含的意思是人类的安全在他的掌控之中。当我们自己相互轻视和怠慢时，期待不朽的诸神珍爱我们，这有多么不一致！因此，就像在我们知道自然赋予我们的这些肢体有什么实用目的之前就已经在使用它们，所以凭着本性我们在国家这个共同体中联合起来成为同盟者。如果不是这样的话，那就没有正义或仁慈的安身之处。

"但是，就像他们认为人是由于权利的约束而联合起来，所以他们认为人与动物之间不存在权利。克律西波说得好，其他一切动物都是为了凡人和诸神造出来的，但生存在它们自己的社会中，所以人可以为了自己的目的使用这些动物，不会变得不正义。克律西波说，人的本性是这样的，由于个人和人类之间有一部法典，所以恪守这部法典的人是正义的，偏离这部法典的人是不正义的。这就像一个剧场，剧场是公共场所，但也可以说一个人在剧场院里的具体座位属于他，这样说也是对的；所以，在国家里或者在宇宙中，尽管它们对一切人都是共有的，但拥有私人财产并不影响正义的原则。还有，我们看到自然把人造得爱护同胞，从这种自然倾向我们可以推出哲人会有从事政治和实施统治的愿望，也会有按照自然生活的愿望，想要娶妻生子。甚至爱的情欲，当它是纯洁的时候，也不能认为它与斯多亚圣贤的品性不配。至于昔尼克学派的原则和习惯，有些人说，如果环境表明与行为相合，那么这些原则有利于哲人；有些斯多亚学派的人则无条件地拒斥昔尼克学派的这些原则。

【21】"为了保卫宇宙同盟，人与人之间存在着团结和友爱，斯多亚学派认为'利益'和'伤害'（他们的术语是'ophelemata'和'blammata'）是共通的，前者行善，后者行恶；他们宣布，利益和伤害不仅'共通'而且'相等'。他们认为'无益'和'有益'（我用这样的词来翻译'euchrestemata'和'duschrestemata'）是'共通'的，但不'相等'。因为'有益'和'有害'

的事物分别是善和恶，它们必定相等；但'有益'和'无益'属于我们说过的'更为可取的'和'要加以拒斥的'这一类事物，可以有程度上的差别。'利益'和'伤害'被宣布为'共通的'，但正义的和有罪的行为不是'共通的'。①

"他们赞扬友谊的培育，把它划入'有益的'事物这一类。有些人承认哲人会把他的朋友的利益视为自己的利益，有些人则说人必定会更加珍视自己的利益；与此同时，后者承认通过别人的损失来使自己富有是一项应当受到谴责的行为，因为我们似乎拥有一种自然的趋向于正义的倾向。但是，我正在讨论的这个学派特别反对人们为了具体事物的功利而采纳或赞同正义和友谊的观点。因为如果是这样的话，相同的对功利的要求也会摧毁和颠覆正义和友谊。事实上，如果正义和友谊不是由于它们本身的缘故值得向往，那么二者的存在皆为不可能。还有，权利（他们断言）恰当地来说是自然存在的；权利对哲人的本性来说是外在的这种说法不仅是错的，甚至会伤害任何人。在伙伴关系中对朋友或恩人犯下错误不可能是正义的；坚持诚信是最好的办法，也是最正确的和最有说服力的，公平和正义的事物也是高尚的，倒过来说，高尚的事物也是正义的和公平的。

"他们还在我们已经讨论过的美德中添上辩证法和自然哲学。他们把这两种东西都冠上美德之名；前者是由于它是一种方法，可以保护我们不会赞同任何谬误或者上当受骗，使我们能够维持和保护我们已经学到的有关善与恶的真理；他们认为，没有辩证法的技艺，任何人都会受到诱惑，离开真理，落入谬误。因此，如果说一切可悲的事物都有鲁莽和无知存在，那么给正确的技艺加上美德的称号可以消除可悲。

【22】"我们也有很好的理由把同样的荣誉授予自然哲学，因为按照自然生活的人必须把这样做的原则建立在整个世界的体系和统治之上。如果没有关于自然的整个计划以及诸神的生活的知识，人也不能正确地对善与恶的事

---

① 从结果或手段的角度看行为的道德与不道德，一个行为是善的或恶的；从这两方面看，行为没有程度上的差别，要么是善，要么是恶，或者要么是对，要么是错，在这一点上是绝对的。而无差别的事物（亦即既善又恶的事物）或多或少是有益的或有害的。

物做出判断，不能回答人的本性是否与宇宙本性相和谐的问题。不懂自然哲学的人不能明白古代格言和哲人箴言的价值（它们的价值巨大），比如'识时务'、'追随神'、'认识你自己'、'不偏不倚'，等等。也只有这种知识能够给人灌输一种自然的力量，使之养成正义、维持友谊、增进友爱；不揭示自然的奥秘，我们就不能理解我们对诸神的虔诚感和感恩的程度。

"然而我开始察觉到我已经在放纵自己，我的讲解超出了原定计划的需要。事实上，斯多亚学派的体系的神奇结构，以及它的论题的奇妙结果在引导我；请你严肃地告诉我，这难道不会引起你的敬意吗？没有什么比自然更完善，更有秩序，然而是什么力量使自然拥有如此美妙的结构，如此坚实的联结，形成一个整体，自然是一种什么样的技艺的产物？在什么地方你能找到一个与其前提不一致的结论，或者前面的陈述与后面的陈述有差异？在什么地方有哪些部分彼此之间缺乏密切的联系，如果你更换一个字母，你就动摇了整个结构？尽管我们确实找不到任何地方可以替换。

"那么，如他们所刻画的那样，哲人的品格多么庄严，多么崇高，多么一致！由于理性已经证明道德高尚是唯一的善，那么从中可以推论哲人必定永远幸福，无知者非常喜欢给自己加上的所有称号实际上都属于哲人。哲人比塔奎纽斯更有权利取得国王的头衔，因为塔奎纽斯既不能统治自己，又不能统治他的臣民；哲人比苏拉更有权力得到'人民之主'①（这就是独裁者的本义）的称号，苏拉是三种瘟疫般的邪恶之主：淫荡、贪婪、残忍；哲人比克拉苏更有权利被称做富有的，克拉苏什么都不缺，但也不可能在没有开战借口时渡过幼发拉底河。正确地说，哲人拥有一切，也只有他懂得如何使用一切；正确地说，只有他可以被称做美丽的，因为心灵比身体更美丽；正确地说，只有哲人是自由的，因为他不服从任何人的权威，也不是任何欲望的奴隶；正确地说，只有哲人是不可征服的，尽管他的身体可以戴上枷锁，但没有任何东西能捆住他的灵魂。哲人也不需要等待任何时候，一个人是幸福

---

① 原文为"magister"，原为罗马独裁官的旧称号。

的还是不幸福的要到今生的最后一天才能决定；梭伦，古希腊七贤之一，曾经向克娄苏提出过这个著名的警告；如果克娄苏有过幸福，那么他会带着他的幸福不受干扰地走向居鲁士为他准备的火葬堆。如果一切善都是幸福、唯有善才是幸福是真的，那么还有什么东西比哲学更珍贵，还有什么东西比美德更神圣？"

第四卷

【1】加图用上面这些话做了结论。我说："加图，考虑到你要阐述的主题范围之广和难点之多，我认为你的解释非常忠实，非常流畅。很清楚，我要么放弃一切作答的念头，要么花时间彻底思考一番；要完全把握如此精致的体系不是一件易事，哪怕里面有错误（我现在还不敢大胆地这样说），但至少它的首要原则以及主体已经高度完善了。"加图答道："你不能这么说！当我看到你处在新法律的制约之下，① 你的原告已经结束了对你的指控，而你作为被告要在同一天，在三个小时之内完成你的辩护，你以为我会允许休庭吗？你看到自己当前的处境有点不妙，就像那些被你用拖延时间的办法战胜了的人一样。所以，你要像其他人一样处理这个问题，尤其是这个主题是你熟悉的，其他人从前处理过，你自己也反复处理过，所以你几乎不可能被我弄糊涂，或者缺少材料。"我喊道："我抗议，我不想用这种方式轻巧地挑战斯多亚学派，也不完全同意他们的观点，我只是在有节制地约束自己；坦白说，他们的学说中有许多地方我无法理解。"他说："我承认某些部分是晦涩的，然而斯多亚学派不会故意使用一种晦涩的方式；晦涩的根本原因在于学说本身。"我答道："那么为什么同样的学说由逍遥学派来解释时，每个词

---

① 庞培于公元前 52 年通过法律，把法庭上原告的指控时间限制在两小时以内，把被告的辩护时间限制在三小时，并要求在同一天完成。

都那么容易理解？"他喊道："同样的学说？斯多亚学派和逍遥学派之间的差别我说得还不够吗，不仅是用词上的差别，而且还有他们整个体系的根本差别？"我答道："哎，加图，如果你能证明这一点，那么你可以把我说成是真心的皈依者。"他说："我确实认为我已经说够了。所以，如果你愿意，让我们先来讨论这个问题；或者说，如果你喜欢另外一个论题，那么我们就晚些时候再谈。"我说："不，我得谨慎地考虑一番，除非这么不公平的规定，出现一个问题就处理一个。"他答道："如果这是你的方式，那么我的提议就更加合适，但是，让一个人自己做选择还是公平的。"

【2】我说："那么好，加图，我的观点是这样的：柏拉图、斯彪西波、亚里士多德和塞诺克拉底，他们的老门徒以及他们后来的学生波勒莫和塞奥弗拉斯特，发展了一整套学说，就其完善性而言，没有留下进一步要做的工作；所以，当芝诺还是波勒莫的学生的时候，他没有理由不同意他老师的意见和他老师的前辈的意见。我下面要提到他们的理论纲要，在我处理你的整个讲话时，如果你听到有什么问题需要纠正，请不必等待；如果你这样做，那么我会感到高兴，因为我不得不把他们的整个体系摆在与你的整个讲话相冲突的位置上。好吧，这些哲学家看到：第一，我们生来就被造就为有一种认识和理解一般美德的能力，我指的是正义、节制，以及其他同类的美德（所有这些美德都在某些方面和技艺相同，而差异仅在于这些技艺所使用的材料和处理它们的方法），还有，哲学家们看到我们带着比追求艺术更高的热情追求美德；第二，我们拥有一种被植入的，或者倒不如说一种内在的对知识的嗜好；第三，我们天生拥有一种与我们的同胞过社会生活的倾向，由此整个人类结成团体和共同体。这些本能在人被赋予的最高本性中最清晰地展示出来。与此相应，他们把哲学分为三个部分，如我们所知，这种划分是由芝诺提出来的。这些部分中有一个部分是给道德品性的构成提供规则的科学；我想，这个部分是我们当前讨论的基础。由于我将在晚些时候考虑诸善之目的是什么的问题。所以，我现在只说，我想到的这个可以恰当地被称做政治科学（在希腊文中这个词的形容词是 politikos）的论题在早期逍遥学派

和学园派中得到过充分的、权威的处理，他们的意见本质上一致，但在术语上有差别。

【3】"关于政治和法律，他们写了那么多书！他们在他们的论文中留给我们那么多演讲规则和实例！首先，他们用一种优美、精致的方式处理那些需要严密推理的论题，一会儿使用定义，一会儿使用划分；你们的学派也这样，但你们的文风相当粗糙，而他们的文风非常优雅。其次，在那些需要添加装饰和尊严的主题中，他们的措辞多么庄严，多么辉煌！论正义、论节制、论勇敢、论友谊、论生活品行、论追求智慧、论政治家的生涯，等等，斯多亚学派那里没有吹毛求疵，没有琐碎的细节，只有崇高的段落、华美的装饰、清晰的论题。作为其结果，想一想他们讲给卓越者听的安慰和鼓励吧！事实上，他们的修辞练习是双重的，就像这些主题本身的性质。争论中的每一个问题都可以在一般的层面上讨论，忽略相关的人和环境，也可以在事实、法律或术语的层面上讨论具体的人和环境。因此他们进行两方面的训练，从而使他们在两类争论中都能做到惊人的流畅。这整个领域是芝诺和他的继承者不能或不愿涉足的，不管怎么说他们没有触及这个领域。克林塞斯确实写过一篇修辞学论文，克律西波也写了一篇，但它们像什么？他们提交了一本完整的手册，供每个想要掌握自己舌头的人使用；铸造新词、抛弃那些在实际使用中得到认可的词，他们的文风可想而知。你会说：'想一想他们的论文主题有多么宏大吧！比如，整个宇宙是我们自己的家园。'你看到了斯多亚学派的一项任务，让一个西尔塞伊①的居民信服整个庞大的世界就是他自己所在的街区！'如果这样做了，必定会激发听众的热情。'你在说什么？一名斯多亚主义者激起听众的热情？他更像是要熄灭学生有可能产生的任何热情。哪怕是你讲过的那些简洁的格言，唯有哲人是国王、独裁者、百万富翁，这些话无疑说得漂亮极了，你当然是从修辞学教师那里学来的，但是当斯多亚主义者在谈论美德的力量，把美德摆得那么高，说美德自身就

---

① 西尔塞伊（Circeii），意大利北部的一个海滨城市。

能给予幸福的时候，这些格言从他们的嘴里说出来有多么突兀啊！他们小小的、贫乏的三段论只不过是针刺的孔①，可以令理智信服，但不能归化人心，听众们会扭头就走。他们所说的内容可能是真的，肯定也是重要的，但他们谈论这些事情的方式是错的，他们的方法太低级了。

【4】"下面要说的是逻辑和自然界科学，因为伦理学的问题，如我所说，我们晚些时候再谈，到那时再集中精力讨论伦理学的结果。在这两个部门中，没有什么内容是芝诺想要更改的，它们全都已经达到了最令人满意的状态。因为在逻辑这个主题中，还有什么问题是古人留下来还没有处理过的？他们给大量术语下了定义，留下了论定义的论文；他们把一个事物划分成部分，留下大量的实例，并为划分这门技艺的过程制定了规则；他们也处理了矛盾的法则，运用这条法则达到属于种。然后，在推理中，他们从那些被他们说成不证自明的前提出发，运用规则，最后得出结果，使推论在具体案例中有效。还有，他们区分了多种不同的推理形式，说明它们在精致的三段论中有什么差别！想一想吧，他们多么庄严地重申，我们一定不能期望在没有理性帮助的感觉中发现真理，也不能在没有感觉帮助的理性中找到真理，我们一定不能分离感觉和理性！他们不是最先制定了构成今天那些贩卖逻辑学知识的教师的规则吗？克律西波无疑对逻辑学做过大量研究，但芝诺在这方面做的工作比其他学派少得多；他在这个部门的某些部分做的事情没有改进他的前辈的工作，而在其他部分他完全予以忽视。覆盖推理和演说整个领域的有两种知识，一种是论题的知识，一种是逻辑的知识，后者由斯多亚学派和逍遥学派做了处理，而对于前者，尽管逍遥学派教得很好，但斯多亚学派根本没有触及。关于论题，它是论证的储藏室，做好准备供人使用，你们学派没有给予最基本的关注，而他们的先驱者已经提出了规范的技巧和方法。这种关于论题的知识拯救了那些对相同主题进行论证的从来不离开他的笔记本的懒汉。一个人知道一般的标题下会有什么样的例子出现，知道如何引出

---

① 比喻使人烦恼的小动作，刺耳的话。

实例，就能使用论证，无论距离实际有多么远，在争论中始终采用相同的辩论方针。事实上，尽管某些天才人物能够做到雄辩而没有什么体系，但不管怎么说，知识是一位比自然更安全的向导。自发的创作是一回事，对其进行系统的、科学的安排是另外一回事。

【5】"同样的话也可用于自然哲学，逍遥学派和你们学派都对自然哲学进行研究，不仅是为了伊壁鸠鲁承认的两个目的——摆脱迷信和对死亡的恐惧。除了有这些好处，研究天文现象可以使研究者产生一种自控的力量，因为连诸神中间都有约束和秩序；通过沉思创世和诸神的行迹，也能使研究者的心灵高尚；通过领悟至高的主和统治者的意志、谋划和目的，还能使研究者的心灵正义，哲学家们告诉我们，主的性质是由真正的理性和最高的法则构成的。研究自然哲学也能提供无穷无尽的获取知识的快乐，在完成了日常事务以后，这是唯一能在闲暇时间提供高雅娱乐的科学研究。在哲学的这个完整部分中，斯多亚学派在大部分要点上追随逍遥学派，坚持有诸神存在，世界是由四种元素组成的。然后就是那些非常困难的问题，我们要不要相信作为理性和理智的源泉的第五种基质的存在，以及与此相连的下一个问题，灵魂是由什么元素构成的，而芝诺宣布火是构成灵魂的元素；下面的细节，但只有很少，他与他的前辈有了分歧，而在主要的问题上，他同意整个宇宙及其各个部分是由一个神圣的心灵和基质统治的。然而，就处理这些问题的完善性和丰富性而言，我们发现斯多亚学派是贫乏的，而逍遥学派的库藏极为丰富。他们观察和记录下来的各种动物的类别、生殖、结构、生命史是多么丰富啊！还有关于植物的！他们对原因的解释和对不同自然现象的证明有多么丰富，在范围上多么广泛！所有这些藏品给他们提供了无数用来解释每一具体事物本性的结论性证明。所以，在我看来，他们似乎根本就没有必要改变学派的名称；[①] 芝诺不打算在每一细节上追随逍遥学派，这不能改变他是从他们中产生出来的这一事实。在我看来，伊壁鸠鲁也一样，就自然哲学

---

① 亦即芝诺的学派要称做斯多亚学派，而不是逍遥学派。

而言，他只是德谟克利特的学生。他做了某些修正，或者说做了相当多的修正，但在大部分要点上，无疑是最重要的问题，他只是他的老师的应声虫。你们的领袖也一样，然而却不愿承认最初的发现者对自己有恩。

【6】"撇下这一点不提，让我们现在，如果你乐意的话，转向伦理学。主善这个主题是哲学的关键，什么样的贡献可以使芝诺与他的前辈、这一学说的原创者区分开来？加图，在主善这个标题下，你提供了斯多亚学派对'诸善之目的'的详细解释，以及他们给这个术语添加的意思；但我还是要重新叙述一下，以便使我们能够察觉，如果能做到的话，芝诺到底贡献了什么样的新成分。先前的思想家，他们中最精细的是波勒莫，把主善解释为'按照自然生活'。这个公式从斯多亚学派得到三种解释。第一种解释是这样的：'在一种关于自然的因果关系的知识的光芒照耀下生活。'他们声称，这一目的概念与芝诺的目的概念相同，是对你的短语'按照自然生活'的一种解释。他们的第二种解释是：'全部或者大部分时候按照一个人应当履行的中等义务去生活'，从而把主善解释为与前面不同的东西。这就是只有哲人才能做到的'正当的行为'（你对'katorthoma'的翻译），但这样的行为还是一种没有发展起来的义务，也就是说它是不完善的，蠢人有时候也可做到。还有，这个公式的第三种解释是：'在生活中尽全力或最大可能地享受一切与自然相一致的事物。'这一点并非仅仅取决于我们的行为，因为它包含两个因素：第一是享有美德的生活方式，第二是与自然相一致的事物的供给，但这不受我们的控制。但是，这第三种或最后一种解释所理解的主善是不能与美德分离的，只有哲学可以达到以主善为基础的生活；这就是关于诸善之目的的解释，如我们在斯多亚学派本身的作品中所读到的，是由塞诺克拉底和亚里士多德给予的。因此他们所描述的自然的最初构成也是你们的起点，或多或少以下面这些术语表达出来。

【7】"每一自然有机体都以自保为目标，所以为了确保自身的安全和存活，它拥有自己独特的形态。他们宣称，为了实现这个目的，人请求技艺的帮助，也请求自然的帮助；其中最主要的就是生活的技艺，可以帮助人保护

自然赐予他的礼物，获取他缺乏的那些东西。他们进一步把人的自然分成灵魂和身体。他们宣布灵魂和身体的每个部分都因其自身的缘故而值得向往，因此他们说各种美德也是因其自身的缘故而值得向往；与此同时，他们不断地赞美灵魂，认为灵魂在价值上无限地超越身体，因此他们也把美德和心灵置于身体之善之上。但他们认为智慧是整个人的卫士和保护神，是自然的同伴和助手，所以他们说智慧的功能在于保护一个心灵和身体相一致的存在者，在这两方面帮助和保存它们。为这个理论奠定了第一个广阔的基础以后，他们继续描述其中较大的细节。他们认为，身体的诸善不需要具体解释，但灵魂的诸善需要详细考察。首先，他们发现灵魂的诸善中有正义的萌芽；任何哲学家最初的教导都是父母热爱子女是一项自然的安排；所以他们指出，自然规定了男人和女人通过婚姻结为一体，在时间秩序上优先，这是一切家庭情感的根源。从这些最初的原则出发，他们追溯一切美德的起源和发展。心灵的高尚产生于同一根源，由此为我们反对命运的干扰提供了证据，因为哲人可以控制这些事情；面对衰亡和命运的打击，由老哲学家的箴言指导的生活很容易得到提升。还有，从自然赋予的因素中产生某些崇高的品质，部分源于对自然奥秘的沉思，因为心灵内在地拥有对知识的热爱，由此也会产生论证和讨论的愿望；还有，由于人是唯一被赋予节制和羞耻感的动物，因此人有和同胞交往、结成社团的愿望，他会谨言慎行，以避免任何不名誉的可耻行为；从自然赋予的这些开端或萌芽开始，如我前面所说，发展出节制、自控、正义等等完善的美德。"

【8】我说："加图，我正在提到的这些哲学家有一个理论纲要。把它摆在你的面前，我很想知道由于什么原因芝诺要脱离这个建立已久的古老体系。每一有机体都本能地寻求自保，他对这个学说在什么地方不满？或者说每一个动物都有自爱的情感，从而推动它想要获得自身的安全和拥有无可怀疑的专门类型？或者说，由于每一种技艺的目的都有某种自然的基本要求，涉及整个生活的技艺也必须这样看，是吗？或者说，由于我们以灵魂和身体的形式存在，灵魂和身体及其美德是因其自身的缘故而被采取的吗？或

者说，他会破例把卓越性优先赋予灵魂的美德？或者说，是因为对他们有关谨慎、知识、人的同伴关系、节制、自控、庄严和一般的美德的学说有什么意见？不，斯多亚学派承认这些学说都是可敬的，芝诺脱离这个学派的原因不在这里。按照我的理解，斯多亚学派会指责古人在其他事情上有某些重大失误，这些热心追求真理的人发现自己无法容忍这种情况。他们把良好的健康、摆脱一切痛苦、健全的视力或其他感觉称做各种善，说这些事物与它们的对立面之间没有什么要选择的，还有什么说法能比这种说法更加愚蠢，更加违背常理，更加不能容忍？按照他的说法，所有这些被古人称做好的事物并非好的，而是'更为可取的'；所以身体方面的优秀，古人称之为'因其自身的缘故而值得向往'，但它们不是'值得向往的'，而是'值得接受的'；简言之，一种获得与自然一致的事物的丰富供给再加上美德的生活，不是比美德的生活或只有美德'更值得向往'，而只是'更值得接受'；尽管如果有可能，美德本身能使生活幸福，然而哲人在最幸福的时刻还是缺乏某些东西；因此他们会尽力保护自己不遭受痛苦、疾病和伤残。

【9】"这样的理智多么敏锐啊！创造新哲学的这一理由多么令人满意啊！但进一步往下说，你已经为我们现在遇到的学说提供了一个权威的概要：所有人的愚蠢、不正义，以及其他邪恶都是相同的，一切罪恶都是相等的；那些通过自然和训练在美德方面取得巨大进步的人是相当可悲的，除非他们真正拥有美德，否则他们的存在和最邪恶的人的存在并无什么差别；所以最伟大、最出名的柏拉图，假定他不是一位哲人，其生活不会比任何放荡不羁的无赖的生活更好，更幸福。如果你喜欢，这就是经你修正过的那种老哲学的新版本，一套不可能在公共集会、法庭、元老院中使用的术语！因为谁能容忍一位自封的道德权威以这样一种方式说话？谁能允许他实际上拥有和其他所有人相同的观点，但却把不同的名称强加给相同的事物，只改变术语，而不改变对它们的看法？一名律师能在为当事人辩护时宣布说，流放和没收财产不是邪恶吗？它们是'被排斥的'，而不是'被回避的'吗？表示仁慈不是法官的义务吗？或者假定他正在民众大会上讲话，而汉尼拔站在城门口，

对着城墙投掷标枪，在这样的时候他能说当俘虏、受奴役、死亡、亡国不是邪恶吗？如果除了哲人其他人都不能拥有真正的勇敢或好运，那么元老院在对阿非利加努颁布法令时，怎么能用'凭他的勇敢'、'凭他的好运'这样一些习惯用语呢？斯多亚学派用他们自己独特的术语表达的学说没有真正的新意，他们的观念还是原来的，但裹上了另外一层外衣；由此可见，这是一种什么样的哲学，在公共场合讲流行的用语，而在论文中用自己的习语？那些人把财富、权力、健康称做'诸善'，你把它们称做'更为可取的事物'，你并没有赋予它们更多的价值，所以，你称之为'诸善'或是'更为可取的事物'又有什么区别呢？由于这个原因，像帕奈提乌这样一位杰出的权威、西庇阿和莱利乌斯著名社交圈的成员，在写给昆图斯·图伯洛的信中谈到忍受痛苦；他本来应当表明自己的立场，但他没有这样做，而是说如果痛苦是真的，那么痛苦就不是恶；他限定了痛苦的性质和属性，衡量了痛苦与自然的差异程度，描述了忍受痛苦的方法。由于他是一名斯多亚主义者，所以按照他的意见，你使用的那些愚蠢的术语应当受到谴责。

【10】"但是加图，我想更加深入地了解你陈述的这个体系的真实面貌；让我们贴近主题，对你刚才阐述的学说和我认为比你的学说更优秀的学说进行比较。如果你愿意，让我们假定你和这些古人拥有共同的信念，而我们可以讨论那些尚有争议的地方。"加图说："我很乐意进一步深入讨论，如你所说的那样贴近主题；而到现在为止，你提出的论证都是一些流行观点，而我期待着你能给我一些比较独特的论证。"

我说："你想从我这里得到些什么？我会尽力而为，但要是我缺少素材，我也不会回避使用被你称做流行的论证。但是，让我们一开始就假定我们对自己有一种热爱的情感，自然赋予我们的最初的推动就是自保的愿望。在这一点上我们是一致的，其中也就包含着这样的意思，为了保持我们的恰当品性，我们必须研究我们自己是谁。所以，我们是人，是由灵魂和身体组成的，而灵魂和身体是有不同种类的。我们必须尊重灵魂和身体，这是我们最早的自然本能所要求的，我们必须依据灵魂和身体来构造我们的目的、我们主要的和终极的善。如果我们的前提正确，那么我们必须宣布这个目的就在于获得最多的、最重要的与自然相一致的事物。所以，这就是他们坚持的目的，他们所相信的最高的善就是我已经相当详细地描述过的事物，而他们更为简洁地用'按照自然生活'这个公式来表达。

【11】"现在让我们请你们的领袖来解释，或者最好请你本人来解释（谁更有资格代表你们学派讲话？）：从相同的首要原则出发，你们认为应该怎样达到'主善就是生活中的道德'这个结论？这个说法和你们的'合乎美德地生活'，或者'与自然保持和谐地生活'是等值的。你用什么手段，或者在什么地方上，突然抛弃了身体，而和身体相关的东西都是与自然一致的，不受我们的控制，最后则是义务本身？所以我的问题是：智慧怎么会突然抛弃那么多受到自然强烈推荐的事物？即使我们不是在寻找一个人的主善，而是在寻找某些完全由心灵构成的某些生灵(让我们允许自己想象有这样的生灵，为的是方便我们发现真理)，即便如此，这个生灵也不会接受你们的目的。因为这样的存在者也会寻求健康和摆脱痛苦，也会有自保的愿望，也想得到安全以及刚才具体提到过的各种好东西；而以按照自然生活为目的，如我所说，它的意思就是拥有所有或大多数最重要的、与自然相一致的事物。实际上，你可以随意造一个你喜欢的生灵，即使它像我们所想象的那个存在者一样没有身体，但它的心灵必定会拥有某种可以与身体属性相类似的东西，因此不可能在我已经提出的方式之外再用其他方式为它确立一个诸善的目的。另一方面，克律西波在考察不同生灵的种类时说，在某些生灵中身体是主要部分，在某些生灵中心灵是主要部分，还有某些生灵被赋予的身体和心灵是相等的；所以他开始讨论适合具体种类的生灵的终极之善由什么构成。他还把人归入以心灵为主要部分的那一类生灵，然而他在界定人的目的时又使它显得主要不是由心灵，但也不是由其他东西构成的。

【12】"但是，如果有仅由纯粹理智构成的生灵，那么唯一正确的做法就是把主善置于美德，进一步的附加条件则是这个理智本身并不拥有与自然相一致的东西，就像身体拥有健康那样。但是，哪怕想象一下以这种样式构成

的生灵都是不可能的。

"与此相反，他们还强调存在一些极为细小的、不可见的、无色无味的东西，对此我们也承认；伊壁鸠鲁说快乐也一样，最细小的快乐也会经常丧失和消失。但是那些重要的、长久的、数量巨大的事物，比如我们提到的身体的优点不属于这一类。因此，对那些微小的、不可见的事物，我们不得不承认，无论我们是否拥有这样的事物，对我们都没有什么区别（就拿你举过的例子来说，你在太阳光下点不点灯都没有什么区别，在克娄苏的巨大财富上加不加一个小银币都没有什么区别）；而另一方面，对那些不会完全消失的事物，无论如何它们的区别不会很大（如果一个人过了十年幸福生活，再给他加上一个月同样幸福的生活，这本身虽然具有某种价值，是一件好事，但是不添加也不会毁灭他已有的幸福）。身体方面的善与后一类事物不同。因为要通过努力才能获得身体方面的善；所以我有时候认为斯多亚学派在开玩笑，他们说在合乎美德的生活和合乎美德的生活加上油瓶或者肉刷之间，哲人宁可要合乎美德的生活再加某样东西，然而他们不会因为添加了某样东西而变得更加幸福。请你告诉我，这个例子真是个好例子吗？这是在嘲笑中予以否定，而不是严肃的拒绝吗？如果一个人对要不要油瓶感到困惑，那么这样的人不应当受到嘲笑吗？但是，使一个人摆脱身体的伤残和痛苦，你会赢得他最诚挚的感谢；甚至哲人，如果遭受僭主的严刑拷打，那么他不会像丢了油瓶一样，而是感到自己经受了残酷的折磨，明白自己要和痛苦这个最厉害的对手对抗，他会聚集所有的勇敢和坚韧来巩固自己，对付摆在他面前的酷刑。——还有，问题不在于诸如此类的善是否微小或者会不会完全消失，而是这样的善对整体有什么贡献。如果我们讲的快乐生活以快乐为基础，那么在各种快乐中有一种快乐消失了，尽管非常微小，但它仍旧是以快乐为基础的生活的一部分。在克娄苏的巨大财富中失去了半个小银币，但它仍旧是构成这笔财富的一个部分。因此，如我们所称呼的那样，与自然一致的环境在快乐的生活中可以很不起眼，但你必须说它们是这种幸福的组成部分。

【13】"然而，由于你我必须同意，如果确实有某种向往与自然相一致的事物的自然本能，那么正确的办法就是把所有这样的事情都添加到一个确定的总体中去。一旦确定了这一点，那么我们也就开辟了一条道路，可以在闲暇中考察你提出来的这些可分离的、微小的，乃至于完全无法感知的事物的消失和重要性问题，以及它们各自对幸福有什么贡献。有什么观点没有分歧意见？我的意思是：没有人会去反对最高的和终极的目的，向往终极的东西，在这一点上一切自然的物种都相似。每一物种都内在地爱自己；因为有哪一种存在的事物会抛弃自己或自己的任何部分、任何习惯、任何能力，或抛弃任何与其本性一致的事物，而无论它们处在何种状态？什么物种会忘记自己最初的构成？从一开始到最后结束，肯定没有哪样事物会不保持自己恰当的能力。既然如此，在现存的一切物种中，怎么只有人类会放弃人的本性，忘记自己的身体，不是在整个人身上，而只在人的某个部分中发现人的主善？还有，斯多亚学派怎么会坚持、承认，普遍接受这个公理，作为我们考察对象的目的对所有物种都相同吗？如果相同，我们就要说其他所有种类的事物也要在它们的机体的最高部分找到它们的目的；因为我们已经看到斯多亚学派怎样理解人的目的。你为什么犹豫不决，不愿改变你的有关最初本能的想法？你为什么不说一切动物从诞生那天起就关爱自己，专注于自身的保存？你为什么不说每个动物都热爱自身最优秀的部分，关注自身的保护，而其他各种事物也都会专注于保存自身最优秀的部分？然而，如果在该事物某个部分之外没有任何好的部分，那么在什么意义上我们能说某个部分是最优秀的？与此相反，如果其他事物也值得向往，那么最高级、最值得向往的事物为什么不在获取其他事物的时候形成，或者说这些事物才最有可能在数量上是最大的，是最重要的？斐狄亚斯能够从头到尾制作一尊雕像，也可以取来其他人粗凿成的塑像毛坯，然后接手完成它。后一种情况典型地代表了智慧的工作。智慧没有亲自创造人，但是她接手自然粗凿成的人的毛坯；她的工作是凝视自然，完成由自然开始创作的雕像。那么由自然凿成的人的塑像毛坯是一种什么样的东西？智慧的功能和任务是什么？为什么要由她来完

成最后的工作，从而使人得以圆满完成？如果人仅仅是由某种理智的运作构成的，亦即只是理性，那么它的最高的善必定按照美德活动，因为美德是理性的圆满完成。如果人只是一个身体，那么它的主要事情就是健康、无痛苦、美和休息。

【14】"但是事实上，我们正在寻找人的主善。我们在寻找中肯定要问人的整个本性要获取什么。所有人都同意智慧的责任和功能完全在于使人圆满完成；但是某些思想家（你们一定不要想象我在这里讲的只是斯多亚学派）提出主善完全在于超出我们控制的那一类事物之中的理论，就好像他们在讨论某些无心灵的生物；与此相反，某些思想家无视心灵以外的一切，就好像人没有身体；然而心灵不是某种空洞的、无法理解的东西（这样的心灵概念是我无法理解的），而是某种质料性的基质，因此连心灵也不能仅仅满足于美德，它想要免除痛苦。事实上，每个这样的学派就好比无视身体的左侧，而想要保护身体的右侧，或者就心灵而言，就像厄里鲁斯那样，承认心灵的认知，但对它的实际功能未做任何解释。他们挑挑拣拣，挂一漏万，执着于某一点，所以他们的体系都是片面的。在考察人的主善时，圆满而又完善的哲学不会遗漏心灵或身体的任何部分。事实上，你的朋友加图和我们全都承认美德是人最高级、最高尚、最卓越的部分，而哲人是人类的最圆满、最完善的典型，因为哲人试图用美德的光芒令我们的精神眼光眩晕。每一种动物，比如马和狗，都有某种最优秀的好品质，而与此同时，它们也要求健康和摆脱痛苦；同理，你所说的人的圆满就是在他的主要优点中，亦即在美德中，获得主要的荣耀。情况就是这样，我感到你没有花费足够的精力研究自然的过程。无疑是自然在引导谷物的生长，从长出叶片到抽穗，然后把叶片当做没有价值的东西扔掉；但是，当自然在人身上发展出理性能力时，她不会对人做同样的事。因为自然不断地给人添加新的能力，而无须抛弃她以前的馈赠。就这样，自然在感性之后又添加了理性，而在创造出理性之后她并没有抛弃感性。假定酿酒的技艺，其功能是把酒以及它的所有部分带入最佳状态，至少让我们假定酿酒的技艺是这样的（为了举例说明，我们可以虚构

一个假设的情况，就好像你们喜欢这样做）；假定酿酒的技艺就是内在于酒自身的能力，那么这种能力无疑想要像从前那样，拥有有益于酒的完善的条件，使其自身位于酒的其他部分之上，把自己视为酒这样东西里面最高贵的成分。同样，当一个动物有机体获得了保护有机体的感觉能力，那么这是真的，但这种能力本身也在保护自己；而添加了理性以后，理性就被置于主导地位，自然先前的一切馈赠都被置于理性的保护之下。与此相应，理性决不会放弃保护其他较早成分的任务；它的任务就是控制这些成分，使整个生命过程前进；所以我无法不对你的老师们的自相矛盾感到惊讶。自然的欲望，它们被称做'horme'，还有义务，甚至美德本身，他们把这些东西算做与自然相一致的事物。然而，当想要达到至善时，他们越过所有这些事情，给我们留下两个而不是一个任务，即我们'采用'的和我们'想要'的事物，而不是把两项任务置于一个目的之下。

【15】"但是你抗议说，如果使我们幸福的是美德以外的其他事物，那么美德就无法确立。这实际上完全是另外一条思路：不可能在某个地方找到美德，除非美德选择和排斥的所有事物都可以视为趋向于某个善的总和。这是因为，如果完全无视我们自身，我们将陷入阿里斯托式的错误和谬误，忘掉被我们指定为美德本身之来源的东西；而在没有忘记这些东西的时候，我们并不把它们视为处于目的或主善之中，这样一来我们就会像厄里鲁斯那样走过头，不得不同时采用两条不同的生活原则。厄里鲁斯确立了两个不同的终极之善，假定他的观点是正确的，那么他必须把它们联系在一起；但由于他把它们分开，当做两种相互排斥或可以相互替代的东西，那么这样的想法当然是极为任性的。因此，真理正好就像你们所说的那样，美德除非拥有那些构成善的总和的东西作为最初的天生的对象，否则绝无可能存在。我们开始要寻找的是能够保护而非抛弃自然的美德，因此美德如你们所察觉的那样是能够保护我们本性的某个具体部分，其余部分则动摇不定。人的构成本身，如果它能讲话，会声称它的最初的、尝试性的、欲望的运动旨在保存它来到这个世界上所带有的自然品性。但在这个阶段，自然的主要意向还没有完全

展开。好吧，假定它已经展开了，那又如何？我们能把它解释为无视人的本性以外的其他部分吗？如果人仅仅是由理性能力构成的，那么确实只有美德包含善的目的；如果人还有身体，那么按照你们的说法，自然对我们的启示会引导我们抛弃我们在获得启示以前拥有的东西。在这个意义上，'与自然和谐一致地生活'意味着偏离自然。有些哲学家在把感性说成一种比较高贵、比较精神性的能力以后，就把感性扔到一边。与此同时，你的朋友在解释了本能的欲望以后试图在美之中掌握美德，把美德之外的一切都扔在一边，忘记了本能的欲望涉及的范围极为广泛，从欲望最初的目的一直到对终极目的的向往，不明白他们这样做实际上摧毁了他们极为崇敬的美的基础。

【16】"因此，在我看来，那些把善的目的确定为合乎道德的生活的人都错了，其他人则错得更加厉害。皮浪的错误无疑最大，因为他的美德概念没有留下任何东西作为欲望的对象。其次要算阿里斯托，他不敢只留下纯粹的否定，而是把哲人欲望的动机说成'偶然进入他心灵的任何东西'和'他碰到的任何东西'。就阿里斯托允许某些欲望存在而言他比皮浪好，但在其他方面比皮浪糟，因为他严重地偏离自然。斯多亚学派像我们已经提到过的这些哲学家一样，把善的目的仅仅置于美德之中，而在试图为各种行为寻找基础时，他们的想法只是皮浪思想的一个改进，就其不在想象的'触及心灵的东西'中寻找行为基础而言，他们做得比阿里斯托好，而在讲到某些事情，比如'适应自然的'东西和'因其自身的缘故而被采用'的东西，进而拒绝把它们包括在善的目的之中时，他们对自然的抛弃，其程度与阿里斯托相当。阿里斯托虚构了他的含糊不清的'触及心灵的东西'，而斯多亚学派尽管承认自然的原初对象，这是真的，但却不允许这些对象与他们的目的或诸善之总和有任何联系。在提出这些'较为可取的'原初对象，以便承认某种选择事物的原则时，他们似乎在追随自然，而在拒绝让它们与幸福有任何联系时，他们又抛弃了自然。

"到此为止我说过的话已经表明芝诺为什么没有理由摆脱早先的权威。现在让我们把注意力转向我的其他观点，除非你加图想对此做出回答，或者说我已经说得太多了。"

加图答道："不是这样的，我渴望你完成你的论证，你的讲话在我看来并不长。"

我答道："那就太感谢你了，能和你加图讨论美德的对象以及所有这些美德的类型，我还会有什么其他的念头？但是，首先，你要观察你们全部学说中最重要的部分，注意那摆在整个阵营之首的内容，亦即唯有道德高尚是善、诸善之目的就是合乎道德的生活，认为诸善之目的仅由美德构成的人都与你分享这一观点。你的观点是：如果除了道德高尚之外还有其他东西能算在道德高尚之内，那么不可能构造美德概念的框架，我刚才提到的哲学家也会坚持这一点。我认为这样做对芝诺比较公平，在与波勒莫进行争论时，芝诺采用波勒莫有关自然的原初冲动的学说，以他们共同拥有的基本内容为出发点；我们还要标出他们之间开始产生分歧的地方，不要采用芝诺的立场，因为那些思想家甚至不承认主善以自然本能为基础，尽管他们独自察觉到了自然本能，并且使用了相同的论证和学说。

【17】"当你如你所想的那样，证明了唯有道德高尚是善，然后转过来说当然要有适合我们本性的利益摆在我们面前作为起点，在对这些好处进行选择时美德也能存在的时候，我把这个观点当做一个很大的例外。认为美德在于行为的选择是一个错误，因为这就意味着终极之善本身也要寻求别的东西。诸善之总和确实必须包含一切值得采纳的东西，包括选择或向往，已经获得这些东西的人可以不再想要任何东西。那些认为主善由快乐组成的人，请注意他们做什么与不做什么是很清楚的，没有人会怀疑这一点，乃至于怀疑他们的各种义务的范围是否恰当、他们的义务要以什么为目的、必须避免什么。一旦弄清一个人的义务是什么，有哪些行为规范，那么我现在坚持的终极之善马上就会变得很清楚。但是，除了抽象的权利和道德之外你没有其他标准，不能为义务找到源泉，不能为行为找到起点。而在寻找起点的过程中，你们都会转向自然；我说的你们既包括那些说自己会追随进入他们的心灵或他们的心灵所触及的任何东西的人，又包括你们自己。你们两部分人都

会遇到自然非常公正的回答，幸福的标准要在其他地方寻找，而行为的源泉却是从自然本身产生；我们必须要有一个能覆盖行为源泉和终极之善的原则；正如人们不相信阿里斯托的学说，他认为在美德与邪恶之间做任何选择都没有什么差别，芝诺的下列说法也是错的：（1）除了美德或邪恶，其他任何事物对获得主善的影响很小；（2）尽管其他事物对幸福没有什么影响，然而它们对我们的欲望有影响；如果你高兴，你可以说欲望对获得主善没有任何关系！但是，他们承认这个过程，首先确认有主善，然后转向自然，要求自然提供最初的行为或义务的动机，还有比这样做更为自相矛盾的事情吗？行为或义务不会为欲望提供向往那些与自然一致的事物的动机，而是这样的事物在激励欲望的产生并为行为提供动机。

【18】"现在我要提到被你称为'后果'的那些简要的论证。我要从一个无法更加简明的论证开始：'一切善都是值得赞扬的；一切值得赞扬的事物都是道德高尚的；因此一切善也是道德高尚的。'这把匕首多么锋利啊！但是谁能承认你的大前提？（如果这个大前提成立，那就不需要小前提了，因为如果一切善都值得赞扬，那么一切善的事物都是高尚的。）我要说的是，除了其学说被你排斥的皮浪、阿里斯托和他们的同伴，谁会承认你的推论？亚里士多德、塞诺克拉底，以及所有追随他们的人，不会允许这一点，因为他们把健康、力量、财富、名声和其他许多事物称做善，但不称其为值得赞扬的。所有这些人虽然认为诸善之目的不只限于美德，然而他们把美德视为高于其他一切事物；而你的假设会成为那些完全割断美德与诸善之目的之间的联系的人的一个态度吗？——伊壁鸠鲁、希洛尼谟以及卡尔涅亚得的支持者。或者说卡利弗或狄奥多洛斯怎么能够承认你的前提，他们把完全属于另外一个范畴的因素与道德高尚结合在一起？那么加图，你会承认这些有争议的前提，从中得出你想要的任何结论来吗？还有，下面这个论证是一个复合三段论，按照你的说法这是一种最荒谬的推理形式：'凡是好的事物都是令人向往的；凡是令人向往的事物都是人们想要的；凡是人们想要的事物都是值得赞扬的。'这一过程还可以继续下去，但我要在这里停下，因为正如前

面所说，没有人向你保证人们想要得到的事物都是值得赞扬的。至于你的其他论证决不意味着'结果'，而是一定程度上的愚蠢；当然了，对此负有责任的是斯多亚学派的领袖，而不是你。'幸福是一件值得自豪的事情，但在没有高尚道德的时候任何人都不可能有很好的理由感到自豪。'波勒莫会把这个小前提让给芝诺，让给他的老师和他们这个团队，让给把美德看得高于一切，然而又用其他一些事物来定义主善的其他哲学家；如果美德是一件值得自豪的事情，它确实值得自豪并超越其他一切，乃至于无法用言语来表达，那么波勒莫要是生来只拥有美德而缺乏其他一切的话他会拥有幸福；然而他不会承认除了美德以外其他一切事物都不能当做善。另一方面，那些把他们的至善与美德一道悬置的人也许会倾向于承认幸福包含某些值得自豪的理由，尽管他们真的有时候把快乐也当做值得自豪的事物了。

【19】"所以你看到，你的假设要么无法得到认可，要么即使得到认可也不会给你带来好处。在我看来，涉及所有这些斯多亚学派的三段论，我认为它们应当与哲学和我们自身相配，尤其是当我们探讨的主题是至善的时候，这些论证必须可以用来修正我们的生活、目的和意志，而不只是修正我们的用语。你说这些简洁明了的论证使你感到兴奋，但它们能使其他人改变观点吗？这里有一些人都非常兴奋地想知道为什么痛苦不是邪恶；斯多亚学派告诉他们说，尽管痛苦是烦人的、讨厌的、可恶的、违反自然的、难以承受的，但它不是恶，因为它不包含不诚实、邪恶或恶意，不包含道德上的过失或卑鄙。听到这些话的人可以发笑，也可以不发笑，但他离开时不会比来时更能忍受痛苦。然而，你说认为痛苦是恶的任何人都不会勇敢。为什么像你这样认为痛苦是恶、令人厌烦、几乎无法忍受的人就比较勇敢呢？胆怯来源于事实，而不是来源于语词。你声称改变一个字母整个体系就会崩溃。好吧，你认为我正在改变一个字母，还是在改变整个段落？即使允许斯多亚学派配得上你对他们整个完善的体系和逻辑联系(如你所描述的那样) 的赞扬，因为它们前后一致、论证路线正确，但若它从错误的前提出发，那么我们仍旧不必接受一连串的推理。现在你的祖师爷芝诺在建构他的第一原则时抛弃

了自然；他把至善放在被我们定义为美德的卓越理智的位置上，宣称除了道德高尚，其他没有任何东西是善的，如果在其他事物中有某个事物比其他事物更好，那么美德就不能确立；他坚持源于这些前提的逻辑结论。我无法否认，这些话说得好极了！但是如此荒谬的结论表明产生这些结论的前提不可能是真的。因为你们明白，逻辑学家教导我们：如果从一个命题推导出来的结果是错误的，那些作为这些结果之来源的命题本身必定也是错误的。下述三段论可以作为这一点的证明，这个三段论不仅是真的，而且不证自明，逻辑学家把它当做公理：如果 A 是 B，那么 C 是 D；但是 C 不是 D；因此 A 不是 B。就这样，如果你的结论被推翻了，那么你的前提也被颠覆了。那么你的结论是什么呢？那些不聪明的人全都一样可悲；哲人全都是最幸福的；所有正确行为都一样，所有罪恶亦然——这些说法初听起来还蛮有理，但经过仔细考察就显得不那么令人信服了。因为人们的理智、自然的事实、真理本身似乎在响亮地说：没有任何事情能使它们相信芝诺所说的相等的事物之间没有实际上的差别。

【20】"后来，那个小个子腓尼基人（你们明白，你们的那些来自昔提乌姆的当事人最初来自腓尼基 ①）带着他那个民族惯有的狡猾，发现自己在自然问题上完全站不住脚，于是就在语词上要花招。首先，他允许我们把那些在我们学派中称之为诸善的事物当做'有价值的'和'适合自然的'，他开始承认，尽管一个人是聪明的，亦即最幸福的，但他仍旧需要某些好处，这些好处即使不敢大胆地称之为诸善，也应称之为'适合自然的'。他坚持说，即使柏拉图不是个聪明人，也不会和僭主狄奥尼修斯一模一样；狄奥尼修斯没有得到智慧的希望，其最佳命运就是去死；而柏拉图有望得到智慧，过上较好的生活。其次，他允许我们说某些罪恶可以忍受，某些罪恶无法原谅，因为某些罪恶违反了责任，而某些罪恶过犯较少；某些傻子非常愚蠢，乃至于完全不能获得智慧，而某些人可以通过自身巨大的努力获得智慧。在所有

---

① 芝诺来自塞浦路斯的昔提乌姆，这是腓尼基人的一个殖民城邦。

这些讲法中，尽管语言奇特，但他要表达的意思和其他人的意思一样。他赋予这些他本人认为不好的事物的价值实际上并不比那些认为它们是好的人赋予它们的价值更低。那么通过更换它们原来的名字，他想要得到什么？他至少必须消除它们的重要性，赋予它们比逍遥学派赋予它们的价值更低的价值，以便形成差别，显得他的意思有区别，而不仅仅是语词上的差别。再次，关于幸福本身、一切事物的终极目的和目标，你和你的学派说了些什么？你们不会同意说它就是自然所需要的一切事物的总和，而是认为它只由美德组成。现在的所有争论一般说来，要么转变为有关事实的争论，要么转变为有关名称的争论；对事实的无知或错误理解就像对语词的无知和错误理解一样，分别引起各种形式的争论。如果分歧的根源不在当下，那么我们必须小心翼翼地使用那些为人们普遍接受的、最合适的用语，亦即那些清楚地表达了事实的用语。如果较早的哲学家没有弄错事实，我们怎能怀疑他们的用语更加方便？所以让我们先考虑他们的观点，晚些时候再转向用语问题。

【21】"他们的说法是：当某些与自然相一致的事物出现在人的心灵中时，欲望受到激励；所有与自然相一致的事物都具有某些价值，可以按照它们各自具有的重要性来衡量它们的价值；那些与自然相一致的事物，有些不能激励我们经常提到的那些欲望，这些事物既不能称做高尚的，也不能称做值得赞扬的，这些事物可以在一切生灵中激起快乐，但在人身上只有理性才能激起快乐；那些依赖理性的事物被称做高尚的、美好的、值得赞扬的；而前一类事物被称做自然的，这类事物再伴以那些道德高尚的事物，从而使幸福得以完善和完整。他们进一步认为，那些把一切有益的事物称做诸善的人并没有赋予它们更高的价值，超过不把它们称做诸善的芝诺，在此范围内最卓越的是道德高尚和值得赞扬的东西；但若有人要在道德高尚加健康和道德高尚加疾病之间作选择，那么自然本身无疑会引导我们去进行选择；与此同时，道德高尚是有效的，它优于其他一切事物，如果偏离它已经决定了的正确道路，那么不会发生任何惩罚或奖赏；通过自然给我们装备的美德，一切艰难

难困苦和障碍都能踩在脚下；我不是说这些艰难险阻会变得轻省或比较容易克服（否则的话美德的功绩又在哪里？），而是说这样一来就可以引导我们确认这些事物不是我们的幸福或不幸的主要因素。简言之，古人把某些事物称做'好的'，芝诺把同样的事物称做'有价值的'、'被采用的'、'适合自然的'；他们把一种由我们前面提到的大量最重要的事物组成的生活称做幸福；与此相反，芝诺不把任何事物称做'好的'，而是说它们自身具有某种特殊的魅力使其成为值得向往的，除了合乎美德的生活，没有任何生活是幸福的。

【22】"加图，如果我们把讨论转向事实，那么你我之间的分歧就不成其为问题了，因为只要比较一下术语改变之后的实际所指，在每个具体点上你我的观点都是一样的。芝诺不明白这一点，他用奇特的语言把自己伪装起来；只要他深思一下他说的话，想一想他使用的语词的实际含义，他和皮浪、阿里斯托之间还有什么差别？另一方面，如果他排斥皮浪或阿里斯托，那么就那些他实质上同意的语词展开争论有什么意义？如果柏拉图的学生能复活，如果柏拉图学生的学生能够复活，那么他们不会以这样的口吻对你说话吗？马库斯·加图，我们听说有一位哲学家如此忠诚，有一个人如此正义，有一名法官如此正直，有一位像你这样的证人如此谨慎，但使我们感到惊讶的是为什么你要把我们排除在斯多亚学派之外，斯多亚学派关于善恶的观点是芝诺向波勒莫学来的，而波勒莫表达这些观点的用语初看上去是惊人的，但通过考察是可笑的。如果你接受他们的观点，为什么不按照他们自己的术语来掌握这些观点？或者说受到权威的影响你发生了动摇，但你能够不喜欢我们中的任何人，甚至不喜欢柏拉图本人吗？尤其是你竭尽全力想在国家中扮演领导的角色，我们是可以拿起武器帮助你保卫国家，为你带来最高荣誉的人。呃，发明了政治哲学的是我们；我们使政治哲学成为一个体系；政治哲学的术语和原则是我们的创造；我们论述了各种形式的统治、它们的稳定性、它们的革命，国家的法律、体制、习俗，对此我们详尽地做了描写。还有，演讲术是政治家最值得自豪的优点；而你通过阅读我们历史上的

那些天才，你的口才变得多么丰富啊.'请你告诉我，对于这些人讲的这番话，你能做出什么样的回答?"

加图答道："就像你把这番话放入他们口中一样，我也请求你当我的代言人；或者说，要不是我现在宁可听你本人讲话，打算在别的时候再回答你的卫士，那么我宁可请你给我一些时间来回答他们，我指的是在我对你本人做出回答的时候。"

【23】"好吧，加图，如果你真的想要回答，这也就是说到了你必须说点什么的时候了；面对天赋如此之高的权威人士的各个方面，你注意到斯多亚学派发现了那些先前自然无法发现的真理；斯多亚学派使用他们的洞察力，讨论了同样的主题，获得了比较大胆和深刻的结论：首先，他们说健康不是值得向往的，而是值得选择的，这不是因为健康就是善，而是因为健康具有某些积极的价值（而不是那些毫不犹豫地称健康为善的学派附加给健康的更大的价值）。好吧，你不能忍受那些长胡子的守旧者（就像我们称呼自己的罗马人的祖先）的看法，他们相信如果一个合乎道德地生活的人也是健康、富裕、有名望的，那么他过着比其他人更好、更为可取、更值得向往的生活，尽管其他人的生活也是善的，就像恩尼乌斯诗篇中的阿克迈翁，'受到疾病、流放、贫困等各方面的围攻'。所以那些理智迟钝的老人认为前一种生活更加值得向往，更加优秀，更加幸福；而另一方面，斯多亚学派认为它只是更可为取的，不是因为它是一种更加幸福的生活，而是因为它更适合自然。我们必须假定斯多亚学派发现了一个逃脱了其前辈视野的真理，亦即那些被犯罪和谋杀玷污了的人并不比那些过着虔诚和正直的生活，但没有获得理想完善智慧的人更不幸福。正是在这一点上，你提到的那些斯多亚学派非常喜欢使用的类比是极为荒谬的。每个人都知道有人试图潜入深水打捞东西，而那些离水面较近的人尽管能比潜入深水的人能更快地浮出水面喘气，但实际上并不能比在深处的人更能呼吸。你由此推论说美德方面的改善和进步不适宜用来拯救那些完全邪恶的人，除非他真的获得美德，就好比他不可能浮上水面。还有，小狗刚睁开眼睛时和它刚出生时一样看不见东西，

由此可以推论，在还没有获得智慧时，柏拉图在精神上也和法拉利斯①一样盲目。

【24】"加图，我认为美德方面的进步和你所描述的情况之间没有什么可比性，你认为一个人无论有多少进步，仍旧和那些想要逃脱的人的情形相同，除非他真的浮出水面。而在他浮出水面之前，他是不能呼吸的；小狗睁开眼睛之前是盲目的，就好像它们始终是盲目的。好的类比应当这样说：一个人视力模糊，一个人不够健康，如果对他们进行治疗，那么他们的情况会日渐好转；一个人的身体逐渐强壮，一个人的眼睛逐渐明亮；同理，那些诚心追求美德的人会变得越来越好，他们的邪恶和谬误会逐步减少。你肯定不会坚持说老提比略·革拉古比他的儿子更不幸福，前者献身于为国服务，而后者以全力毁灭国家。但老革拉古还不是一个哲人。那么谁是哲人？或者什么时候，什么地方有哲人，怎样才会有哲人？老革拉古仍旧在渴望名声和荣誉，从而在美德上达到一个新的高度。拿你的祖父德鲁苏斯与盖乌斯·革拉古相比，他们几乎是同时代人。前者在努力治疗后者给国家带来的创伤。如果没有什么事情比不虔诚和犯罪更能使人如此可悲，如果所有愚蠢者都是可悲的，当然了，他们是可悲的，那么一个为国服务的人无论如何不像那个盼望国家毁灭的人那么可悲。因此，在美德方面取得一定进步的人的邪恶会极大地减轻。可是你的老师们在允许美德进步时否认邪恶的减退。那些比较能干的人对这个论证的回答值得考察。他们的论证是：技艺或知识方面会有进步，和技艺和知识相反的东西也会有进步；但是美德是绝对的，不可能再增加；因此邪恶也一样，它们作为美德的对立面是不能逐渐发生变化的。那么请你告诉我，确定性可以拿来解释不确定性吗，或者说不确定性可以拿来否定确定性吗？现在，如你们斯多亚学派所说，无论作为主体的主善能否增加不确定的东西，某些邪恶的东西肯定比其他确定的东西更坏。然而，你们不

---

① 法拉利斯（Phalaris），公元前 6 世纪中期西西里阿格里根图（Agrigentum）城邦的僭主，施行暴政，曾铸造一空心铜牛烤活人，后成为残暴的代名词。

使用对不确定性有所启发的某些确定的东西，你们在努力用不确定的东西否定确定的东西。因此，你可以用我刚才使用过的论证来彻底击败对方。如果这个论证是一种邪恶不会比另一种邪恶更坏，而依据事实，如你所察觉的那样，诸善之目的本身不能增加，那么你必须更换你的诸善之目的，因为所有人的邪恶确实不一样。而我们必须坚持，如果一个结论是错的，那么它所依赖的前提不可能为真。

【25】"现在，使你陷入如此绝境的是什么？就是你在构造你的主善时表现出来的骄傲和自负。坚持道德高尚是唯一的善，也就打消了关心人的健康、管理财产、参与政治、处理事务、履行义务；不，实际上也就抛弃了道德高尚本身，而按照你的说法，它就是存在的一切和存在的全部目的；克律西波十分强烈地表达了反阿里斯托的观点。由于这个难点，使那些如阿提乌斯所说的'巧舌如簧'的人得以产生。当欲望被废除之时，智慧就没有了立足之处；当一切选择和差别都被消除之时，欲望也就被废除了；当一切事物都绝对相同和相等时，任何区别都不可能存在；你的悖论给你带来的困惑比阿里斯托的悖论还要糟糕。他的悖论不管怎么说还是坦率的、公开的，而你的悖论是不真诚的。要问阿里斯托是否把无痛苦、富裕、健康视为诸善，他的回答是否定的。好吧，那么它们的对立面是恶吗？不，同样也不是。要是问芝诺，那么他的回答会一模一样。我们会惊讶地问道，如果我们认为健康或疾病没有区别，无痛苦或受折磨没有区别，吃得饱、穿得暖或受冻挨饿没有区别，那么我们怎么可能指导我们的生活。噢，阿里斯托说，你们的一生会无比辉煌，你们的一言一行都会是善的，你们决不会知道什么是悲伤、欲望和恐惧。芝诺的回答是什么？他告诉我们，这个学说是一个哲学怪物，它会使生活变得完全不可能；他的观点是：道德与邪恶之间有一条确定的巨大鸿沟，而其他一切事物之间没有任何差别。到此为止，这个说法与阿里斯托的观点相同；但是听一听下面的话，如果你能做到的话，请克制一下你的笑声。芝诺说，那些居间的事物之间没有差别，但它们仍旧具有这样一种性质，它们中有些是被选择的，有些是被排斥的，还有一些是被完全漠视的；

也就是说，它们是这样一些事情，有些是你们想要拥有的，有些是你们不想拥有的，还是一些是你们不在乎的。——'但你刚才告诉我们，它们之间没有差别。'——他会答道：'我现在仍然这样说，但我的意思并不是说它们之间在美德和邪恶方面没有差别。'

【26】"请你告诉我，有谁不知道这一点？但是让我们来听一听他必须说些什么。——他继续说道：'我不把你提到的这些事物，健康、有权、无痛苦，称做善，但我会用希腊文称它们为"proegmena"，用你们的语言来说就是"带来"的意思（尽管我宁可用"可取的"或"较为突出的"，这些词的发音更加平滑，也更容易被接受），另一方面，我不把疾病、贫困和痛苦称做邪恶，而是，如果你乐意，称做"被排斥的事物"。因此，我不说"值得向往的"，而是说对这些事物做"选择"，不说"想要的"，而是说"采纳"它们，不说"躲避"它们的对立面，而是说"抛弃"它们。'亚里士多德和柏拉图的其他学生说了些什么？他们把一切顺应自然的事物称做善，把一切违反自然的事物称做恶。因此，你看到你的老师芝诺和阿里斯托之间只是在用语上一致，但在实质上有区别，而芝诺和亚里士多德以及其他人之间在实质上一致，只在用语上有区别吗？所以，既然我们对事实取得了一致看法，那么我们为什么不用通用的术语呢？或者说我们要请他证明：如果我相信某样东西是好的，要是我称之为'更为可取的'，我就会更加轻视金钱；如果我称某样事物是令人厌烦的、难以忍受的、违反自然的，要是我称之为恶，我就能更勇敢地忍受痛苦。我们的朋友马库斯·庇索经常表现得很机智，但从来没有比他嘲笑斯多亚学派的这一观点时更加机智。他说：'你们在说什么？你们告诉我们，财富不是好的，但你们说它是"较为可取的"；这样说有什么帮助吗？你们这样做能消除贪婪吗？如果能的话，以什么方式消除贪婪？如果这是一个语词问题，那么从"较为可取的"开始比从"好的"开始要花更长的时间。'——'这无所谓。'——'不管怎么说，用"较为可取的"这个词确实会给人留下较为深刻的印象。我不知道"好"这个词有什么派生词，但我假定"较为可取的"这个词的意思是"把它摆在其他事物前面"；

这在我心中就意味着某些较为重要的事情。'据此庇索还坚持说，通过把事物划分为'较为可取的'，芝诺赋予财富的重要性比亚里士多德赋予财富的重要性还要大，亚里士多德承认财富是一种善，但与正直和道德高尚相比，财富不是大善，而是一种比较轻微的善，应当受到藐视，而不应被人极大地向往；按照芝诺在术语方面的发明，他会宣布，他给予那些他否认其善恶的事物的名称实际上或多或少比我们称呼它们的名称更加吸引人。如你所知，庇索就是这样说的，他是一位优秀的人，也是你的忠诚朋友。请允许我再说几句话作为最后的结论。因为要回答你的所有论证是一项冗长的任务。

【27】"语词上的花招同样也给你提供了王国、帝国和财富，面对如此巨大的财富，你会宣布世上的一切事物都是哲人的财产。你会说，也只有哲人是美的，只有哲人是自由人和公民，而蠢人则是所有这些的反面，按照你的说法，甚至疯子也会讨价还价。斯多亚学派称这些命题为反论，而我们称之为'惊人的真理'。然而通过仔细考察，它们有什么惊人的地方？我要向你请教你给每个术语附加了哪些意思，这样做不会发生什么争论。你们斯多亚学派说一切过失都相等。我现在不想嘲笑你，因为我处理过同样的主题，当时你在起诉卢西乌斯·穆瑞纳，而我在为他辩护。在那个场合，我在对陪审团讲话，而不是在对学者讲话，我当时讲话甚至必须带点炫耀，而我现在则必须更加严密地推理。各种过失是相等的。——请你告诉我，为什么？——因为没有任何事物能比好更好，或者没有任何事物能比坏更坏。——请做进一步解释，因为人们在这一点上分歧很大；请你给出专门的论证，以证明一切过失都相等。——我的对手说，假定有几把没有调准琴弦的竖琴，所以它们全都跑了调；过失与此相同，所有过失都是对规则的偏离，所以它们全都是对规则的偏离，因此它们是相等的。——这又是一个错误的类比：我的对手说，如果一名船长翻了船，失去了船上装的麦秸，或者失去了船上装的金子，那么他犯了同样的过失；同理，如果一个人毫无理由地打了他的父母或者打了他的奴隶，那么他犯了同样的过失。——请你想一想，货物的性质与航海的技艺有没有关系！所以，无论船上运的是金子还是麦秸，都与航海者

的好坏没有关系；而父母和奴隶之间的差别是一个无法忽略的差别。因此，过失所施加的对象的性质在航海中没有什么差别，而在行为中则造成所有差别。确实，在航海这个事例中，如果船的失事是由于粗心大意，那么丢失金子所造成的过失大于丢失麦秸。这是因为人们一般认为谨慎是一种美德，有助于我们掌握一切技艺，所以每一门技艺的每一位匠人都必须拥有谨慎。因此，这个论证也打破了一切过失相等的说法。

【28】"然而他们坚持自己的观点，不肯放弃。他们论证说，每一过失都证明了品性方面的虚弱和无能；所有蠢人都拥有同等性质的恶，因此所有过失必定相等。人们承认一切蠢人都拥有相同程度的恶，所以卢西乌斯·图伯洛就像普伯里乌·斯卡沃拉遭受惩罚时那样虚弱和不稳；尽管在不同的情况下所犯的过失没有差别，但过失的大小与环境的重要性成正比！因此（我的讲话现在必须做出结论），你的斯多亚学派的朋友们付出了辛勤的劳动，但在我看来这是一个主要缺陷——他们认为自己能同时坚持两个相互对立的观点。同一个人既说道德高尚是唯一的善，又说我们拥有天然的本能，要寻求对生活有指导意义的事物？这样一来，他们想要获得与前面提到的阿里斯托的学说相容的观点；而当他们试图摆脱这个观点时，他们实际上采用了逍遥学派的观点，尽管他们仍旧在坚持使用他们自己的术语。还有，由于不愿放弃这些术语，他们变得比以往更加怪异和笨拙，充满风格甚至方法上的乖戾；帕奈提乌努力避免这种斯多亚主义的笨拙的发展，也批评了斯多亚主义令人厌恶的学说和乖戾的逻辑。帕奈提乌在学说上比较柔和，在风格上比较清晰。如他的作品所示，柏拉图、亚里士多德、塞诺克拉底、塞奥弗拉斯特、狄凯亚库① 的话经常挂在他的嘴上；我强烈建议你仔细研究一下这些人的著作。不过，天快要黑了，我必须回家。就当前来说我们已经说够了；但我希望我们可以经常进行这种谈话。"

他答道："确实应该，除此之外我们还有更好的办法吗？我首先要求得

————————
① 狄凯亚库（Dicearchus），亚里士多德的学生。

你的同意，听一听我对你的驳斥。但是请你务必记住，除了术语上的差别，你实际上接受了我们的全部观点，而我正好相反，不接受你们学派的任何内容。"

我说："我们确实该分手了！但我们还会见面的。"说完这些话，我就走了。

第五卷

【1】亲爱的布鲁图，我曾经习惯于和马库斯·庇索一道去那座被称做托勒密学园的建筑听安提奥库斯的讲座，和我们一起来运河的有我的兄弟昆图斯、提多·庞波纽斯和卢西乌斯·西塞罗，我把卢西乌斯当做自己的兄弟，而实际上他是我的第一位堂弟。那一天，我们安排了午后去这座学园散步，因为那个地方午后相当安静，没有什么人。我们按照约定的时间在庇索的住处会合，然后向学园走去，那里距迪庇隆门约有四分之三哩，我们一边走，一边聊着各种话题。这所著名的学园快要到了，我们全都沉浸在喜悦之中。庇索评论说："我说不清这是一种自然的本能，还仅仅是一种幻觉，一看到这个传统记载的古代名人聚会的地方，我就感到心潮澎湃，远远超过聆听他们的事迹和阅读他们的作品。我首先想到的是柏拉图，第一位哲学家，我们知道他在这里主持讨论；这座花园不仅使我们想起柏拉图，而且好像把他带到我们面前。这里也是斯彪西波、塞诺克拉底、塞诺克拉底的学生波勒莫常来的地方，波勒莫习惯坐在那个位置。我知道，我们的元老院（我指的是霍提里亚的那座建筑，而不是现在那座扩建过的新建筑）也能使我想起西庇阿、加图、莱利乌斯，以及我的祖父；地点确实有暗示的力量。记忆的科学训练① 就是以地点为基础的。"

---

① 希腊人有专门的记忆术，由诗人西摩尼得发明，按照设定的地点记忆事件。

昆图斯说道："说得好，庇索。我刚才在路上注意到科洛努斯村，它使我想起曾经在那里居住的索福克勒斯，你知道他是我最崇敬的人。我的记忆力甚至把我带得更远，我好像看到俄狄甫斯在路上行走，他温和地问道，'这是什么地方？'——这无疑是幻觉，但仍旧强烈地影响着我的情绪。"

庞波纽斯说："我的感受与你们不同，你们喜欢攻击我，说我是伊壁鸠鲁的忠实信徒，而我确实花费了很长时间待在伊壁鸠鲁的花园里，与斐德罗在一起，你们知道他是我最亲密的朋友；但是，我服从古老的格言，我'想的是那些活人'。但我不能忘记伊壁鸠鲁，哪怕是我在贫穷的时候；不仅我的肢体里有他的影子，而且我的一举一动都有和他相似的地方。"

【2】我插话说："我相信我们的朋友庞波纽斯是在开玩笑；毫无疑问他非常机智，因为他在雅典待了很长时间，几乎可以算得上一名雅典人；我实际上希望他能姓阿提库斯。但是，庇索，我同意你的意见，地点可以激起我们的想象，使我们对那些名人的记忆栩栩如生，这是一种很普遍的经验。你记得我怎样和你一道去梅塔普顿①，在我看见这个毕泰戈拉临终的地方和他坐过的椅子之前，我都没有打算在那里逗留。我知道，在整个雅典，许多地方可以提醒人们有名人曾在那里生活，但就眼前来说，是那边那所房子引起了我的注意，因为不久以前它还属于卡尔涅亚得②。我好像现在就看见他了（因为他的画像是我们熟悉的），我能想象他曾经在这里为失去伟大的理智而悲哀，险些失声。"

庇索说："好吧，我们似乎全都和这个地方有些联系，那么使我们的年轻朋友卢西乌斯感兴趣的是什么呢？他也乐意访问德谟斯提尼和埃斯基涅斯曾经战斗过的地方吗？因为我们全都受到自己最喜爱的学问的特别影响。"

卢西乌斯红着脸答道："请你们别问我，我真的去过法勒隆的海湾，据他们说，德谟斯提尼曾经在那里练习发音，以便使他的声音能盖过吵闹。还

---

① 梅塔普顿（Metapontum），意大利南部卢卡尼亚的城市，哲学家毕泰戈拉的出生地和死亡地。

② 卡尔涅亚得死于公元前 129 年。

有，我刚才离开大路走下左边的小径，参拜了伯里克利的陵墓。事实上，在这座城市里，这种地方多得很；无论我们走到哪里，都有历史的遗迹。"

庇索说："好吧，西塞罗，如果能引导各地的年轻人以伟大人物为榜样，那么这样的热情适合他们。如果只能激起他们的思古幽情，那么他们就只不过是在闹着玩。但是我们大家都要鼓励你——我希望这就像是在鞭策一匹愿意奔驰的骏马——下定决心去了解英雄，并以他们为榜样。"我说："庇索，你明白他正在按你的要求去做，但无论如何还是要感谢你对他的鼓励。"庇索像通常那样友善地说："好，让我们大家尽力鼓励年轻人的进步；我们尤其要试着使他对哲学产生兴趣，要么让他以你为榜样，你们之间有这样的亲情，要么让他在现有的学习中取得更大的进步。"庇索问道："卢西乌斯，你需要我们的敦促，还是自然而然地会去学习哲学？你一直在听安提奥库斯的课，我认为你是个很不错的学生。"卢西乌斯答道："我想在一种温和或者庄重的气氛中学习。你后来有没有听过有关卡尔涅亚得的课？卡尔涅亚得马上就吸引了我，而安提奥库斯又在从另一个方向召唤我；我没有其他的课可听。"

【3】庇索说："也许这些课都不容易，尽管我们的朋友在这里（他指的是我），但我还是要大胆地敦促你离开新学园，去找老学园；你听安提奥库斯说过，老学园不仅包括斯彪西波、塞诺克拉底、波勒莫、克冉托尔等人，而且也包括以亚里士多德为首的早期逍遥学派，如果不提柏拉图，那么我几乎认为亚里士多德配得上称为哲学家之王。我要请你参加他们的行列。通过他们的著作和教导，你可以学到整个学问、历史和文风；还有，他们的著作包括各种知识，不掌握这些知识，没有人能够在从事更高职业时说自己已经准备好了。他们还造就了演说家、将军、政治家。至于那些不那么显赫的职业，这个专门制造各种专家的工场造就了许多数学家、诗人、音乐家和医生。"我答道："庇索，你知道我同意你的看法，而你在一个最恰当的时候提到这一点；因为我的堂弟西塞罗渴望听到你所说的老学园的学说，以及逍遥学派的学说，论诸善之目的。我们肯定你能够毫不费力地阐述这些学说，因

为来自拿波勒斯的斯塔昔阿斯在你家住了好多年，我们还知道你在雅典跟随安提奥库斯学习这个主题，学了好几个月。"庇索笑着答道："好吧，你似乎已经安排我们的讨论要从我开始，让我来看能给这位年轻人上一堂什么样的课。如果有神谕预言我会在学园里像一名哲学家那样讲话，那么我不会相信，而在这里我想没有任何问题。只是在我帮助我们的年轻朋友时，不会使你们其他人感到厌烦。"我说："什么，令我厌烦？噢，请你讲话的是我。"这时候，昆图斯和庞波纽斯也说他们希望听庇索讲话，于是庇索就开始了。布鲁图，我要请你仁慈地考虑他的讲话是否对安提奥库斯学说的恰当总结，我相信这是你最认同的体系，因为你经常听他的兄弟阿里斯图讲课。

【4】庇索的讲话如下："刚才我已经以最简要的方式提到了逍遥学派的体系的教育价值，这方面我已经讲够了。它的安排和其他大部分体系一样，由三个部分组成：第一个部分处理自然；第二个部分处理论述；第三个部分处理行为。逍遥学派彻底考察了自然哲学，（诗意地说）天空、海洋和陆地上没有任何地方被他们忽略。更有甚者，在他们处理存在者的要素和宇宙的构成时，他们创立了他们的学说，不仅使用可能的推论，而且用数学证明给出结论；他们使用的大量材料都是通过观察得来的事实。亚里士多德对一切生物的出生、生长和构造提供了一个完整的解释，塞奥弗拉斯特解释了植物的自然史及其一般构造；他们所获得的知识有助于解决许多晦涩的问题。在逻辑学中，他们的教导包括修辞和辩证法的规则；他们的奠基人亚里士多德从实施论证开始，详细讨论了每个论题的正题和反题；他不像阿尔凯西劳总是就每个命题进行争论，而是确定每个主题正反两方面可能存在的所有论证。哲学的第三个部分考察对人的管理；逍遥学派也处理了这个问题，不仅包括个人行为的原则，而且包括国家的管理。从亚里士多德那里我们学到了品性、习俗和体制，从塞奥弗拉斯特那里我们还学到了法律，不仅包括几乎所有希腊城邦，而且包括那些野蛮人的国家。他们都对政治家做了恰当的界定，写了长篇论文描述体制的最佳形式；塞奥弗拉斯特对这个主题的处理更加充分，他讨论了政治变革的力量和时机，以及随着环境的需要对政治变革

实施控制。在可供选择的各种理想的行为中，他们赋予醉心于沉思和学习的退隐生活最高地位。这样的生活被说成是哲人的高尚生活，几乎与诸神的生活类似。他们用一种优秀的、启发式的风格来处理所有这些论题。

【5】"他们有关主善这个主题的书有两类：一类在风格上是通俗的，曾被他们称做普及性的著作；另一类则包含精细的研究。他们以笔记的形式留下了后一类论文。这种差别使它们显得有时候前后不一；而实际上他们的学说的主要部分没有分歧，在我提到的所有哲学家之间也没有分歧。但是涉及他们考察的主要对象，亦即幸福，或者涉及哲学必须思考的一个问题，即幸福是否完全处于哲人的控制之中，或幸福是否会受到灾难的伤害或摧毁，在这个地方，他们有时候确实存在着一些分歧和不确定之处。这个结果主要是由塞奥弗拉斯特的著作《论幸福》引起的，他在书中赋予命运极为重要的地位；如果这样说是对的，那么仅有智慧就不可能保证幸福。在我看来这个理论过于柔弱，缺乏勇气，不适合美德的力量和尊严。因此我们最好接受亚里士多德和他的儿子尼各马科的看法；后者撰写的伦理学著作被说成是亚里士多德写的，但我看不出为什么他的儿子就不能模仿父亲。还有，我们可以在大部分问题上使用塞奥弗拉斯特的观点，只要我们在美德问题上保持一种比他更加坚强的力量和决心。所以，让我们把自己限制在这些权威的范围之内。在我看来，他们的继承者确实比其他学派的继承者优秀，但无法与他们的前辈相比，乃至于我们可以想象他们自己的老师。比如，塞奥弗拉斯特的学生斯特拉托是一位自然哲学家，尽管他在这个领域很伟大，但他在许多方面没有什么创造，而在伦理学中他几乎没有任何思想。斯特拉托的继承人吕科有着丰富的文采，但他的内容是贫乏的。吕科的学生阿里斯托的文风是雅致的、优美的，但缺乏一种我们期待在一位伟大的思想家那里能够看到的权威；他写了很多，这是真的，他也写得很好，但他的作品缺乏某种分量。

"我忽略了许多作家，包括博学的、引人入胜的希洛尼谟。我确实不知道人们为什么要把他算做逍遥学派；因为他把主善定义为无痛苦，而拥有一种不同的主善观就是拥有一种不同的哲学体系。克里托劳斯承认自己模仿古人，而实际上他在分量上最接近古人，又拥有一种流畅的文风；然而连他对祖先的原则也不是真的接受。他的学生狄奥多洛斯把道德高尚等同为无痛苦。他有自己的立场，对主善的看法也不一样，因此无法正确地把他算做逍遥学派。在我看来，我们的老师安提奥库斯似乎最为谨慎地坚持了这些古人的学说，因此他的学说与亚里士多德和波勒莫的学说是相同的。

【6】"因此，我们向我们的年轻朋友卢西乌斯提了很好的建议，使他非常向往聆听有关主善的学说；因为你只要确定了一个哲学体系中的这个要点，你就确定了一切。其他任何论题某种程度上的不完整或不确定不会比忽视具体问题的重要性带来更大的不幸；而对主善的不确定必然包含着对行为原则的不确定，这种不确定必定使人出轨，使人不知朝着什么港口前进。另一方面，确定了事物的目的、知道了终极之善与终极之恶，我们也就发现了一幅生活地图，找到了一张人必须履行的所有义务的图表，因此也就找到了每一行动都会涉及的标准；由此出发，我们能够发现和建构所有人都向往的幸福规则。

"构成主善的是什么，人们对这个问题的看法有很大差别。因此让我们采用卡尔涅亚得的分类，我们的老师安提奥库斯也非常喜欢使用这个分类。卡尔涅亚得考察了有关主善的所有观点，不仅包括迄今为止哲学家的实际观点，而且包括他们有可能采用的观点。然后他指出，没有一门知识或技艺能够提供它自身的起点，它的主题必定位于它之外。我们没有必要扩大或举例说明这一点，因为显然没有一门技艺仅限于它自身；一门技艺与它处理的主题有区别；就像医学是有关健康的技艺，航海是有关驾船的技艺，谨慎或实用智慧是行为的技艺；由此可以推论，谨慎也必定有某些事物作为它的基础或出发点。现在实际上所有人都同意，与谨慎相关的主题，以及它所期望获得的目的，受到某些与我们的本性有密切关联的事物的限制；这些事物必定能够直接激发或唤醒欲望的冲动，在希腊文中这种冲动称做'horme'。人一开始存在的时候，这种欲望的冲动激发了我们的本性——对此人们还没有达成一致意见。伦理学家们的所有分歧都是从这里产生的。诸善与诸恶之目的是什么，诸善与诸恶之中何者是终极的和最后的，对这些问题的完整考察可以在最早的自然本能中找到它的源头；找到了这个根源，也就找到了有关主善和主恶的争论的起点。

【7】"有一个学派认为快乐是我们最早的欲望，摆脱痛苦是我们最早的冲动；另一个学派认为摆脱痛苦是最先受欢迎的事情，痛苦是最先被回避的事情；还有其他学派从被他们定义为与自然相一致的原初目标出发，这些目标包括身体各部分的健全与平安、完善的感觉、无痛苦、力量、美，等等；与此相比，则有最初卓越的理智，它是美德的火花和种子。现在这些学派中的某一个首先必须确定激发我们的本性、使我们感受到欲望或冲动的事物是什么；它不可能是上述三类事物之外的东西。由此可以推论，每一正确的回避或追求的行动都以这些事物为对象，与此相应，这三类事物之一必定成为谨慎要处理的对象，我们称之为生活的技艺；在处理这三类事物之一时，谨慎产生出整个行为的直接动机。

"无论被谨慎确定为原初自然冲动的对象是什么，都将产生与上述三类对象相应的有关正确行为或道德高尚的理论。因此，道德要么是由我们追求快乐的行为组成的，尽管有人不能成功地获得快乐，要么是由我们追求无痛苦的行为组成的，尽管有人不能确保无痛苦，要么是由我们追求与自然相一致的事物的行为组成的，尽管有人不能获得任何这样的事物。因此，人们对诸善与诸恶之目的的看法之所以有分歧，其原因就在于他们对原初的自然对象有不同的看法。——当然还有人从相同的原初对象出发，分别把真正获得快乐、无痛苦、与自然相一致的原初事物作为正确行为的唯一标准。

"就这样，我们已经提出了六种关于主善的观点。后三种观点的主要持有人是：以获得快乐为标准的阿里斯提波；以无痛苦为标准的希洛尼谟；以享有被我们视为与自然相一致的原初对象的卡尔涅亚得——也就是说，卡尔涅亚得没有发明这个观点，而是为了论证坚持这个观点。前三种观点是可能的，但实际上只有一种被真的采用，尽管这样做需要巨大的勇气。在仅仅是某种意向的意义上，没有人曾经断言获得快乐是行为的唯一目标，尽管不成功，但这种意向本身是值得向往的，合乎道德的，是唯一的善。也没有任何人认为回避痛苦的努力本身是一件值得向往的事情，尽管没有人能够真正回避痛苦。另一方面，道德由获得与自然相一致的事物的各种努力组成，这种努力尽管不成功，但它本身是唯一值得向往的事情，是唯一的善，这实际上是斯多亚学派持有的观点。

【8】"所以，这就是六种简明的关于诸善与诸恶之目的的观点，其中有两种没有人捍卫，有四种为人们实际坚持。关于至善的复合的或二元的定义共有三种，如果你们仔细考察，可能有的定义也就是这三种。有一种观点把道德与快乐结合起来，这是卡利弗和狄诺玛库采用的观点；或者把道德与无痛苦结合起来，这是狄奥多洛斯采用的观点；或者把道德与自然的原初对象结合起来，这是古人的看法，我们把它当做学园派和逍遥学派的观点。

"但是我们不可能马上就阐明我们的整个立场；因为我们当前不仅要坚决抛弃快乐，而且要在此基础上阐明自然赋予我们追求更加伟大的事物的意愿，对此我们晚些时候会加以说明。无痛苦实际上也应当与快乐一起抛弃。我们没有必要寻找其他论证来驳斥卡尔涅亚得；因为对主善做出的任何可理解的解释如果不包括道德的因素，那么在此基础上提出来的体系不会给义务、美德或友谊留下任何空间。还有，把高尚的道德与快乐或无痛苦结合在一起，实际上贬低了起到支撑作用的道德。为了同时坚持行为的两个标准，就要一方面声称摆脱邪恶是至善，另一方面涉及我们的自然本性中最无意义的部分，从而要不是玷污了道德的话，就会使道德的光芒模糊。剩下的还有斯多亚学派，他们从逍遥学派和学园派那里拿来了他们的整个体系，观念相同，但所用的名称不同。

"处理这些不同学派的最佳方式就是分别驳斥它们；但就当前来说，我们必须先把手头的事情处理好；我们会在有空的时候再去讨论其他学派。

"心灵的平静与安宁是德谟克利特的主善，他称之为'euthumia'，我们必须把他的观点从当前的讨论中排除出去，因为这种精神上的平静本身就是我们所说的幸福；我们正在考察的问题不是幸福是什么，而是什么产生幸福。还有，皮浪、阿里斯托、厄里鲁斯的那些不可信的、被人抛弃的理论也不用带到我们刚才划定的范围中来，我们根本不必费心去考虑他们的观点。因为整个讨论是对目的进行考察，也就是说必须从我们已经讲过的那些适合自然，并被自然采纳的东西开始确定诸善和诸恶的界限，它们就是那些最先因其自身的缘故而成为人所向往的对象的那些东西；就这样，在不包含道德高尚或卑鄙因素在内的领域中，我们已经完全消除了那些人的观点，他们坚持说有些事物比其他事物更为可取是没有理由的，这些事物之间没有任何差别；厄里鲁斯也一样，如果他真的认为除了知识没有任何事物是好的，那么他也摧毁了所有合理行为的动机和通向正确行动的线索。

"就这样，我们消除了所有其他哲学家的观点，也不可能再有其他任何观点；因此，必须坚持古人的学说。所以，让我们追随也为斯多亚学派所采用的老哲学家的实践，从下面这个前提出发。

【9】"每个生灵都热爱自己，从出生的那一刻起，它就努力保持自己的存活；这是因为，自然赋予它最初的冲动，现于自保的本能它寻求保护，在与自然相一致的、有可能最好的条件下保存自身。起初这种倾向是模糊的、不确定的，所以它仅仅以保护自身为目的，而无论其品性如何；这个时候它不知道自己，也不知道自己的能力和本性。然而，等稍微长大一点，它开始理解事物的影响和在一定程度上关心自身，逐渐取得进步。这个时候，自我意识产生了，这个动物开始理解它为什么拥有前面说过的本能欲望，并试图获取它感到适合其本性的事物，排斥与其本性不合的事物。因此，每个动物都在适合其本性的事物中找到了它的欲望的对象。从而也就产生了诸善之目的，亦即按自然生活，并在那些最有可能适合其本性的条件下生活。与此同时，每一种动物都有自己的本性；其结果，其本性之实现构成了所有相似的目的（某些事物对所有比较低级的动物是共同的，对比较低级的运动和人是共同的，所以它们全都拥有共同的本性），然而，我们正在考察的终极的、最高的对象必须加以区别，它们属于不同种类的运动，而每一种动物又有它自己独特的地方，以适合其个别本性的需要。因此，当我们说一切动物的目

的都是按自然生活的时候，一定不能把这句话理解为所有运动都只有一个相同的目的；然而，就像我们正确地说，一切技艺都拥有某个知识部门，而每一种技艺也都有它自己独特的知识部门，所以我们说，一切动物都有共同的目的——按照自然生活——但由于它们的本性各异，所以按照自然生活对于马来说是一回事，对于牛来说是一回事，对于人来说是另外一回事，不过就其最高目的而言，它们是相同的，不仅在动物中相同，而且在自然滋养、增长，予以保护的所有事物中都是相同的。在这些事物中，我们注意到，植物在某种意义上也能活动，采取有助于生长的行动，所以它们也能达到它们这个种类的目的。最后我们可以在一个非常广泛的意义上毫不犹豫地说，一切拥有生命的存在物的本性就是自保，在有可能最好的条件下保存自己这个种类；一切事物生来拥有生命，拥有一个相似但不相同的目的。由此可以推论，人的终极之善就是按照自然生活，我们可以把这句话的意思解释为按照人的充分发展了的本性生活，为其提供一切需要。所以，这就是我们必须解释的理论。如果还需要大量的解释，你们会感到我需要克制自己。但这是因为卢西乌斯也许是第一次听到这个有争论的主题，我们必须原谅他的年轻。"我说："你讲得很好，你的风格到现在为止适宜各种年纪的听众。"

【10】庇索说："那么好，解释了决定事物为什么值得向往的原则是什么以后，我下面就要来说明为什么事情会像我陈述的那样的理由。让我们首先从我最先提出来的这个命题开始，在实在的顺序上它也是最先的；让我们理解为什么一切生灵都热爱自己。毫无疑问，人们实际上都承认这一点，因为它确实是自然的基本事实，每个人凭着感觉提供的证据都能掌握这一点，即使有人否认，也不会有什么人听他的话；尽管如此，我们还是不能省略步骤，我假定我还必须提供理由。然而，你怎么会形成动物仇恨自己的观念呢？这种事情在用语上就是矛盾的。动物是自己的敌人，我们所说的本能欲望会故意为自己划定一个有害于它自身的事物的范围；然而，动物又会因其自身的缘故去做某些事；这样一来动物会同时既爱自己又恨自己，但这是不可能的。还有，如果人是自己的敌人，那么他会把善当做恶，把恶当做善，

他会回避那些值得向往的事物，寻求那些必须回避的事物；但这样一来，他的整个生活不可否认地就会颠覆。我们可以看到有少数人试图用某种手段终结自己的生命，但是这些人，或者像特伦提乌斯所说的那种'决心使自己受苦，以减少对他的儿子做错事'的人（用他自己的话来说），不能算做恨自己。他们有些人的动机是悲惨的，有些人的动机出自情欲；他们中的许多人由于愤怒而变得疯狂，睁大双眼走向毁灭，并且认为这对自己最有利。因此他们会真诚地说：'这就是我的道路，如果对你适合，你也可以这样做。'那些真的对自己宣战的人会想到自己白天遭受身体上的折磨，晚上遭受精神上的折磨，但他们不会驳斥自己，说自己被误导和表现鲁莽；而这样的悲哀正好表明他们爱自己，关心自己。每当我们听到一个人毁灭自己、成了他自己最坏的敌人、他对活着感到厌倦的时候，你可以确信这些事情实际上正好解释了这个推论，连这样的例子也可以证明每个人爱自己。我们说没有人恨自己还不够，我们还必须明白没有人会认为自己处于何种环境对他来说没有区别；这是因为，要是我们认为自己处于何种环境无关紧要，感到自己处于绝对中性的环境中，以此为自己对待那些实际上有差别的事物的态度，那么这种想法对于我们的向往是毁灭性的。

【11】"如果有人尽管承认自爱的事实，但想要坚持这种本能的情感实际上指向某些其他对象，而非指向有这种感觉的人自身，那么这样说也是极为荒谬的。说到友谊、正确行动或美德，无论正确与否，它们具有某些可以理解的意思；而说我们自己为了其他某些事物，例如快乐，而爱自己是完全没有意义的。我们显然不是为了快乐的缘故而爱自己，而是因为我们自己的缘故而快乐。然而，每个人不仅爱自己，而且确实非常爱自己，还有比这更加不证自明的事实吗？有谁，有多少人在临近死亡时，'恐惧得血液停止流动，害怕得脸色变得苍白'？在死亡面前急剧退缩无疑是错的（与此相同，在受苦时表现软弱也应受到谴责），但每个人都会有这种感觉，这个事实实际上证明了自然回避毁灭；有这种表现的人越多——达到某种应当受到谴责的程度——从中越能推论那些勇敢的表现只是例外，而非天生软弱的某种适度表

现。我的意思不是说那些回避死亡的人会感受到死亡，因为他们相信死亡意味着生命中好事物的丧失，或者因为他们害怕死后的某种恐怖，或者因为他们担心死亡本身非常痛苦，而是说连那些不会考虑这些问题的儿童也经常受到死亡的惊吓，就好像我们吓唬他们，说要把他们从高处扔下。巴库维乌斯说：甚至'缺乏理性预见的野兽在受到死亡威胁时也会毛发耸立'。谁不认为当哲人决心去死的时候，他也会受到离开朋友或离开阳光的影响？这是自然冲动的力量显现，是极为明显的，许多人忍受乞讨就是为了能够活着，人们在死亡逼近时会克制愤怒，忍受痛苦，就像戏剧中的菲罗克忒忒斯；尽管受到严刑拷打，但他仍旧坚持猎鸟，以延续生命；如阿提乌斯所说，'他缓慢地对着飞鸟射出利箭'，拔下它们的羽毛，为自己做外衣。但是，当树和植物的本性几乎相同时，我能谈论一般的人和一般的动物的本性吗？就像那些非常有学问的人所想象的那样，无论情况如何，有某种更高的、更加神圣的力量把这种能力赋予它们，或者说它们是某种变易的结果，我们看到，在动物中用感官和肢体来提供的保护在植物中是用它们的皮和根来提供的。在这个问题上我真的同意那些人的观点，他们认为一切事物均由自然加以规范，如果自然忽视它们，那么自然本身的存在也会变得不可能；然而在这一点上我允许某些人有别的想法，他们可以接受他们喜欢的观点：每当我提到'人的本性'时，如果他们喜欢，让他们把我的意思理解为'人'，就好像人的本性和人之间没有区别。因为个别的人不会比抛弃他自己的人格更容易失去寻找对他来说为善的事物的本能。因此，这些最聪明的权威在寻找主善在自然中的基础时是正确的，他们认为这种寻找适合其本性的本能欲望内在于所有人，因为这种本能建立在使他们爱自己的天然的吸引力之上。

【12】"弄清自爱完全是一种自然本能以后，我们下面必须考察什么是人的本性，因为我们的考察对象就是人的本性。现在很清楚，人由身体和心灵组成，尽管心灵起着比较重要的作用，而身体的作用相对来说不那么重要。然后我们要进一步观察，人的身体拥有一种优于其他动物的构造，他的心灵不仅装备有感觉，而且拥有理智的主导因素，可以命令人的整个本性服从理

智，人的心灵还被赋予了神奇的理性能力、认知能力、掌握知识和其他所有美德的能力。事实上，就重要性而言，身体的能力无法与心灵的能力相比。还有，身体的能力比较容易理解。所以我们就从身体的能力开始。

"很清楚，我们身体的各个部分和整个形体非常好，身体的形态与我们的本性非常吻合；我们的眉毛、眼睛、耳朵有特殊的构成，其他部分也和人的本性相适应，从而使我们可以毫不犹豫地相认。当然了，这些器官必须健康、富有活力，有它们的天然运动和用途；我们不能缺少其中的任何部分，也没有任何部分可以生病或软弱无能——这是自然的要求。还有，我们的身体有某种活动方式，它的运动和姿势与我们的本性相和谐；这些方面的任何错误都会引起运动或姿势的扭曲、变形或异常——比如一个人用手走路，或者向后倒着走，而不是向前走——会使人显得不像人，就好像他的恰当的人性被剥夺了，变得仇恨他自己。因此，那些放荡的女人和缺少男子汉气度的男人的坐姿、他们没精打采的柔弱举动，是违反本性的，尽管这些举动实际上来自心灵的某些缺陷，但在人们眼中就是人的身体方面的反常。而与此相反，良好的、有节制的行为举止就是身体与本性的和谐的表现。

"现在我们转向心灵，心灵的作用不仅存在，而且也是某种品性；心灵必定拥有它的各个组成部分，也不缺少任何美德。人的感觉也会拥有几种优点或美德，由对可感事物的几种快速反应无懈可击地表现出来。

【13】"另一方面，心灵和被称做理智的心灵的主导部分拥有许多美德或优点，但这些东西属于两个主要的类别：一类由那些优点组成，是由它们自己的本性带来的，它们被称做非意愿性的；另一类取决于我们的意愿，通常在更加专门的意义上被称做'美德'；后者是心灵的突出荣耀和特征。接受和记忆属于前一类，而实际上这一类优点都被包含在'才能'这个名称之中，它们的拥有者被称做'有才能的'。另一类由崇高的美德组成，这样说是恰当的，我们说过它们取决于人的意愿，比如审慎、节制、勇敢、正义，以及其他同类美德。

"上面所说就是对身体和心灵的一个非常简要的解释。它以纲要的形式说明了人的本性所需要的东西；它清楚地表明，由于我们热爱自己，所以想要我们心灵和身体的所有能力完善，这些能力由于其本身的原因而与我们有密切的联系，对于我们的一般幸福极为重要。以保存自己为目标的人必然会热爱他自己的各个部分，它们越是完善，越能得到他的同类的敬佩。我们向往的生活是一种完全用心灵和身体的美德装备起来的生活；这样的生活必然由主善引导，抵达值得向往的事物的范围。明白了这一真理，就不能怀疑人因其自身的缘故自愿地感受到对自己的爱，身体和心灵的组成部分也一样，在它们运动或静止的时候展示的能力也一样，因其自身的吸引力而受到尊敬，因其自身的缘故而被向往。从这些解释可以推论，我们的能力中最值得向往的是那些拥有最高本能价值的能力；所以，最值得向往的优点是我们最高贵的组成部分的优点，它们因其自身的缘故而被向往。结果就是心灵的优点高于身体的优点，心灵的自愿的美德超过心灵的非自愿的美德；前者确实是所谓专门意义上的'美德'，它们是非常卓越的，因为它们源于人的最神圣的成分——理性。无生命的或几乎无生命的生物处在自然的管辖之下，它们的至善在于身体；因此就像我所想的那样，我们可以非常机智地说，把心灵赋予一头猪，为的是让心灵起到盐的作用，不让它变坏。

【14】"但是某些动物拥有一些类似美德的东西，例如狮子、狗、马；我们观察到这些动物不仅像猪一样运动，而且有某种程度的精神活动。然而在人那里，最重要的是心灵，是心灵的理性部分，这是美德的源泉；美德被定义为理性的完善，逍遥学派的这一学说我们不必过于频繁地解释。

"植物也有动物一样的生长和发展；所以按照生命的青春和衰老，我们可以讲葡萄的生和死，或者讲一棵树的老或小；我们可以恰当地假定，就像动物一样，有些事物对它们的本性来说是合适的，有些事物与它们的本性是相违背的；农业的知识和技艺对它们的成长和抚育来说有如后母，修剪、扶直、支撑，使它们能朝着自然规定的目标前进，直到葡萄本身，要是它们能讲话，也承认这是对待它们的恰当模式和照料。当然了，以葡萄为例，照料它们的力量实际上是某些外在于葡萄的东西，没有培育，葡萄自身并不拥有足够的力量获得最大可能的发展。假定自然也把某种程度的感觉、嗜好、运动的力量赠予葡萄，那么你认为它会做些什么？它不会尽力为自己提供以前要靠园丁的帮助才能获得的利益吗？你有没有注意到，它会怎样保护它的感觉能力，以及它的所有本能，并会发展出一些附加的器官？就这样，它始终拥有的属性与后来添加的属性相结合，现在它的目的不会和照料它的农民的目的一样，而是想要按照它后来获得的本性生活。所以它的目的与它前面的目的和善相似，但不相同；它不再寻求植物之善，而是寻求动物之善。再假定赋予它的不仅有感觉，还有人的心灵。它原有的属性继续保持，但这些新添加的属性会更加宝贵，这难道不会使心灵的最优秀部分成为一切组成部分中最宝贵的？它难道不会在其充分发展的本性中找到它的目的或主善，因为理智和理性是一切能力中最高级的？欲望的一系列对象中的最后一个对象就这样产生了；从自然最初的吸引力开始，沿着一条逐渐上升的道路，我们抵达了顶峰，亦即完善的身体与充分发展的理性的精神能力的完美结合。

【15】"就像我开始时说的那样，我已经解释了自然的计划，如果每个人一生下来马上就认识他自己，就能理解他的本性的力量是一个由几个部分组成的整体，那么他马上就能察觉到事物的真正本质，而这就是我们考察的主题，亦即我们欲望的最高和最终的目标，他也就不会犯任何错误。但是我们的本性在一开始的时候总是躲避我们，使我们无法完全明白或理解它，后来随着我们的成长，我们逐渐地，或者说缓慢地，认识了我们自己。因此，我们自己感觉到的自然在我们身上创造的最初的吸引力是模糊的、晦涩的，我们最初的嗜好本能只是在努力确保我们的安全和不受伤害。然后，我们开始看着自己，明白自己是什么，自己与其他生灵有什么不同，这时候我们开始追求我们的本性想要获得的东西。在比较低级的动物身上，我们观察到与此相似的过程。起初，它们不会离开它们出生的地方。然后，它们在它们的几种欲望本能的影响下开始运动；我们看到小蛇在滑动，小鸭子在游泳，黑鸟在飞，公牛在用它们的角，蝎子在用它们的刺；每一种动物实际上都在它们的本性的引导下生活。在人那里也可以清楚地看到一个相似的过程。婴儿

刚生下来时无助地躺着，就像毫无生命力；当他们获得一点力气以后，便开始使用他们的心灵和感官；他们努力站起来，使用他们的双手，认识了他们的保姆；然后在与其他儿童的交往中他们获得快乐，喜欢与同伴在一起，参加游戏，喜欢听故事；他们对其他儿童慷慨大方；他们在家里拥有特殊的利益；他们开始思考和学习，想要知道他们看见的人的名字；在与同伴的竞争中他们为胜利而兴奋不已，为失败而感到沮丧和泄气。这一发展过程中的每一步都必须假定有理性在起作用。人的能力由本性构成，设计这些能力就是为了获得各种美德；因此，儿童没有人教，就会受到与美德相似的东西的驱动；他们拥有美德的种子，我们的本性的最初成分，它们的发芽和开花就是美德。我们从一出生就有这样的构成，在我们身上包含着行动的原初本能、爱的原初本能、慷慨和感恩的原初本能；我们也被赋予适合知识、审慎和勇敢的本能，反对与之相反的东西的本能；因此我们在儿童身上看到的美德的火花就是理性，必须用它来点燃哲学家理性的火炬，以理性为神圣的向导可以达到自然的目标。如我已经反复说过的那样，在不成熟的年代，理智是虚弱的，它对我们本性的观察就像处在迷雾中；而随着心灵的成长和强大，它学会了认识我们的本性，从而影响着下一步发展；而如果只依靠它自己，只能达到一种不完善的状态。

【16】"因此我们必须深入事物的本性，彻底了解它们的需要，否则就无法认识自己。把这句格言当做人的想法过于崇高，因此它被说成来源于神。因此，庞提亚的阿波罗要我们'认识自己'；但是认识自己的唯一道路就是认识我们身体的和心灵的力量，过一种充分运用身体和心灵的生活道路。

"由于我们原初的欲望本能是对前面所说的自然的充分完善的那些部分的拥有，因此在获取我们欲望的对象时，必须允许我们的本性以此为最终目的，这就是我们的主善的构成；这个目的作为一个整体必须因其自身而本能地被向往，它的几个组成部分实际上也必须因其自身而被向往，这一点已经得到证明。

"然而，如果有人认为我们对身体的好处的列举不完整，因为我们省略了快乐，那么让我们把这个问题推延到其他时候。因为快乐是否是我们所说的与自然相一致的原初事物，对我们当前的考察来说没有差别。如我所认为的那样，如果快乐没有给自然之善的总和添加任何东西，那些省略它是对的。如果相反，快乐确实拥有某种赋予它的属性，那么这一事实也不能损害我们刚才提出的有关主善的一般纲要；要是对于我们已经解释过的自然的原初对象来说，快乐是后加的，那么这样做只是在身体的一系列好处中添加了一样好处，不会改变我们对主善的解释。

【17】"到此为止，我们的所有论证完全以自然的原初吸引为基础。但是从这里开始，让我们采用另一条推理路线，除了自爱的论证以外，再来证明我们的本性的每一组成部分，心灵的或身体的，都拥有它们自己独特的能力，这一事实可以证明我们的几个组成部分的活动是完全自动的。让我们从身体开始。你注意到人们如何隐瞒残缺或畸形的肢体吗？如果可能的话，他们会竭尽全力隐匿他们身体上的缺陷，至少也要让它看上去没有什么异样；他们甚至接受痛苦的治疗，想要恢复他们肢体的本来面貌，尽管他们的肢体不仅不能改善，而且还会萎缩。由于每个人实际上都会本能地认为自己整个人是值得向往的，不是由于其他事物的缘故，而是因其自身的缘故，所以我们可以认为，当某一事物完全因其自身的缘故而被向往时，它的组成部分也因其自身的缘故而被向往。还有，自然本身会把身体的运动和姿势判断为不重要的吗？人的行走姿势和坐姿，他的相貌和样子——这些东西中有哪些我们认为配得上或配不上自由人吗？我们不是经常认为有些人非常可恶，就好像他们的某些举动或姿势违反了自然的法则或原则吗？既然人们试图消除相貌上的缺陷，那么为什么不能考虑说，美是因其自身的缘故而令人向往的？如果我们身体上的不完善或残缺因其自身的缘故要加以避免，那么我们为什么不能以同样的或者更大的理由，因其自身的缘故而追求相貌出众？如果我们要避免身体运动和姿势方面的丑陋，为什么我们不追求美？健康、力量和无痛苦也是这样，我们对它们的向往不仅是因为它们有用，而且也是为了它们自身的缘故。我们的本性以其所有组成部分的充分发展为目标，所以我

们的本性向往那些因其自身的缘故而与本性最一致的身体状况；要是身体有病、有痛苦或者很虚弱，我们的本性就会完全淆乱。

【18】"现在让我们来考虑更加高贵的心灵的组成部分。它们愈是崇高，它们所表现的本性愈是正确。我们对学问和知识的热爱是内在的、伟大的，无人怀疑这些事情强烈地吸引着人的本性，而无须其他任何利益的诱惑。我们注意到，即使用惩罚的手段也不能阻止儿童学习和考察他们周围的世界，不是吗？我们把他们赶走，但他们马上又会回来。他们乐意认识事物，渴望获得知识；他们热衷于参加各种盛典、赛会和演出，为了观看演出，他们甚至可以忍受饥渴。还有，以那些热衷于各门博雅学问的人为例，我们看到他们丝毫也不在意健康或俗务，他们忍受着各种不便，着迷似的学习各种知识，对他们付出的无穷无尽的辛劳给予的报偿只有他们在获取知识时的快乐。我相信荷马对塞壬①之歌做的想象性的解释与我们说的情况类似。吸引经过塞壬居住的小岛的航海者的东西显然不是塞壬歌声的甜美、新奇和多样，而是她们掌握的知识；学习的热情使航海者驾船驶向悬崖峭壁。下面是塞壬对乌利西斯②发出的邀请（我翻译过荷马史诗的一些段落，包括这一段）：'乌利西斯，阿耳戈斯的骄傲，快来听我们歌唱。从来没有人径直驶过湛蓝的海面，而是停下来听我们歌唱，我们甜美的歌声使他们着迷。聪明人会在他的灵魂中装满了和谐再启程回家。我们知道特洛伊发生的可怕的战争，希腊人凭着上苍的旨意对特洛伊开战，我们知道广阔的大地上发生的一切事端。'③荷马明白，如果使他的英雄陷入圈套的魔法仅仅是一首愚蠢的歌，那么他的故事不会那么可信！塞壬提供的是知识，如果智慧的爱好者把知识看得比回家更加重要，那么没有什么可惊讶的。渴望无所不知无疑会给人留下肤浅的印象，但这种渴望必须得到尊重，它标志着一颗卓越的心灵在

---

① 塞壬（Siren），希腊神话中的人身鸟足的女神，有多名，住在地中海的小岛上，用美妙的歌声引诱航海者触礁沉没。

② 即奥德修斯。

③ 荷马：《奥德赛》第12卷，第184行以下。

对知识的热爱的引导下沉思更高的事物。

【19】"阿基米德聚精会神地在地上画几何图形，甚至不知道他的故乡的城池已经被攻破，你认为这是一种什么样的学习热情！阿里司托森在音乐理论上耗费了多少精力！阿里斯托芬终生研究戏剧的热情多么巨大！我还应当提到毕泰戈拉、柏拉图或德谟克里特吗？我们知道他们为了求知，去了大地遥远的地方！对这些事实视而不见的人决不会迷恋这些高尚的研究。有些人宣称我提到的这些学问之所以被人追求是因为这样做能得到精神上的快乐，而他们不愿看到的这些事实已经证明，它们之所以被向往是因其自身的缘故，心灵在这样的学习中感到兴奋，但不会带来任何实际的好处，它们只是乐意拥有知识，哪怕知识对它的拥有者肯定没有好处。对如此明显的事情做进一步的考察还有什么意义吗？让我们问自己这样一个问题：我们为什么会对星辰的运动感兴趣，我们为什么要思考天体，研究所有自然晦涩的、秘密的领域；我们为什么能从历史研究中得到快乐，乃至于乐意弄清历史的每一个微小的细节，我们乐意回到被我们忽略的地方，一直追溯到我们的起点。我并非不明白，历史是有用的，又能给人带来快乐。我们为什么要读那些虚构的文章，从中不可能引出任何有用的东西？我们为什么渴望知道那些完成某些大事的人的名字、他们的父母、他们的出生地，以及其他许多不重要的细节？那些地位最卑微的、根本没有指望参与公共生活的人，甚至有一些是工匠，他们学习历史有什么乐趣可言？还有，我们可以注意到，那些最渴望聆听和阅读公共事务的人是那些由于年龄限制而在公共事务中没有任何发展前景的人。因此我们不得不推论，学习的对象和知识本身包含着某种魅力，吸引我们去学习和研究。老哲学家们说哲人生活在福岛上，在那里他们解脱了所有烦恼，摆脱了对生活必需品的要求，除了把所有时间花在学习和研究自然知识上，其他不做任何事情。另一方面，我们看到，这样的学习不仅是幸福生活的一种消遣，而且也是对不幸的一种舒缓；因此，当有人落入敌人或僭主之手，被关入监狱或被流放时，他们用学习来缓解他们的悲伤。法勒隆的德美特利是这座城市的统治者，当他被他的祖国不公正地放逐时，他去

了托勒密国王在亚历山大里亚的宫廷。他掌握了我们对你称赞过的各种哲学体系，作为塞奥弗拉斯特的一名学生，他用他遇到的灾难给他提供的闲暇写作一系列优秀的论文，不是为了他自己的某种实际用途，因为他已经无法参政，而是在这种培养心灵的活动中，他为自己较高的本性找到了一种食粮。我自己经常听说，瞎眼的前执法官和学者格奈乌斯·奥菲狄乌声称，他感到真正的失明胜过瞎眼给他带来的不便。最后以睡眠为例：如果睡眠不能给我们的身体带来休息，使我们的疲劳得以恢复，那么我们会认为睡眠违反本性，因为它剥夺了我们的感觉，使我们的整个活动停止；所以，要是我们的本性不需要休息，或者能以其他方式得到休息，那么我们会很满意；因为在做事和学习的兴趣的驱使下，我们经常不睡觉，几乎到了违反自然的地步。

【20】"我们并不缺少更加令人惊讶，而实际上又是绝对明显的令人信服的自然的启示，这在人身上无疑更加具体，几乎在所有生灵身上都表现出一种对持续不断的活动的渴望。以任何术语表达的持续的休息是无法忍受的。如果冒着被视为不恰当地强调一个由老一辈思想家核准的观察领域的危险，那么我要说在幼小的儿童身上可以察觉这一事实，这些思想家都会去儿童室，我自己的学派在这一点上超过其他学派，因为他们相信在儿童身上可以最清楚地看到自然的计划的泄露。我们注意到，甚至婴儿也不能保持安静。年龄大一些的儿童更乐意参加需要用力的游戏，连吓唬和惩罚也不能约束他们。年龄越大，他们的活动热情越高。最令人兴奋的美梦也不能使我们接受永久的睡眠，我们认为恩底弥翁①的命运不比死亡更好。观察一下人的精力吧，甚至一名臭名昭著的懒汉，他的心灵和身体也在不停地运动；他不从事任何职业，但他会去赌博，会去体育场，会找人聊天，会参加聚会，会从事高尚的需要理智的消遣。那些被我们捕获后养起来供娱乐用的野兽也能发现自己的不幸，尽管它们比以前自由的时候得到更好的喂养；它们想念自

————————

① 恩底弥翁（Endymion），希腊神话故事中的人物，俊美的牧羊人，月神塞勒涅爱上了他，宙斯应月神的要求使他永远处在睡眠状态，以永葆青春。

己拥有的自然权力，想念自由自在，无拘无束的活动。因此，人更加能干，更加完善，他越是不参加那些具体事务，他需要关心的事情就越少，虽然养得胖胖的也是一种独特的快乐。有能力的人要么选择一生从事私人活动，要么受到激励而雄心勃勃，选择从政或参军，或者完全献身于学习和学问；热心学习的人从他们的目标中获得快乐，而实际上要忍受焦虑和失眠，在运用人的本性中最高尚、最神圣的部分时（我们必须考虑理智和理性的明确界限），他们不要求快乐，也不回避辛苦；他们不停地对古人的发现感到惊讶，或者从事他们自己的新的探索；他们的学习欲望永不满足，他们忘记了其他事情，他们不会去寻找避风港，也不会停止思想。这样的追求就像一道强烈的符咒；我们甚至也能看到，那些承认追随其他诸善之目的的人，用有用或快乐给诸善下定义的人，把他们的整个生命花费在考察和揭示自然的过程上。①

【21】"因此我们可以说，自然把我们设计出来就是为了活动。活动是各种各样的，重要的活动会遮蔽那些不那么重要的活动；最重要的活动是：第一（这是我自己的想法以及我们现在所涉及的那些体系的观点），对天体和自然的奥秘进行的沉思和研究，只有理性才能深入其中；第二，政治方面的实践和理论；第三，与审慎、节制、勇敢、正义，以及其他美德的原则相吻合的活动，所有这些我们都可以归于道德这个术语；成年的时候，我们在自然本身的引导下在知识和实践两个方面上升。所有事物一开始都是细小的，但经过常规的发展阶段就会长大。这样说是有理由的，也就是说在出生的时刻，我们的软弱阻碍我们去看和做最好的事情。美德和幸福的光芒，这两样东西最值得向往，但它们后来才降临到我们身上，很晚我们才对它们的性质有充分的了解。柏拉图说得好：'一个人要是能够获得智慧和确定的真信念，哪怕在老年时获得，也可以说他是非常幸福的。'②因此，有关自然的原初之

---

① 指伊壁鸠鲁学派研究自然。
② 柏拉图：《法篇》653a。

善我们已经说够了，现在让我们来考虑后面更重要的事情。在人的身体的形成和发育中，自然的过程是使某些部分一出生就完善，而其他部分则要在成长时加以塑造，无须外在的和人为的帮助。另一方面，自然把其他能力赋予心灵，使它像身体一样完善，自然用感觉装备它，使它具备完善的感知能力，几乎不再需要什么，或者在它们的发展中不需要其他任何帮助；但是自然忽略了人的本性的最高级、最高尚的部分。自然确实赋予人的本性以理智的能力，在人出生时就把它植入人的心灵，使它能够接受各种美德，但自然没有把任何萌芽状态的最高的理念教给它，而只是奠定了教育的基础；在自然的恩赐中有一些基本的组成部分，也就是美德。但是关于美德本身，她只提供了美德的胚芽，而没有别的。因此，美德的胚芽和我们在一起（当我说和我们一起的时候，我的意思是和我们的知识在一起），再加上赋予我们的基本原则，共同寻找它们的逻辑发展，直到我们的目标完全实现。美德更有价值，比那些感觉和身体方面的才能更值得人本能地向往；因为美德更加卓越，是理智的无与伦比的、无法察觉的完善。因此，荣誉、敬佩和热情都指向美德，指向与美德和谐一致的行为，心灵这样的性质和过程都可以归入道德高尚这一名称。

【22】"对所有这些观念进行诠释，指明这些术语的意义，指出它们的价值和性质，我们稍后再说，而现在我们只解释这种道德；我用道德来指代我们欲望的对象，不仅因为我们爱自己，而且因为我们因其自身的缘故本能地爱自己。儿童可以为我们理解人的本性提供一个暗示，在儿童身上观察人的本性就像通过一面镜子进行观察。他们之间的竞争有多么热烈！他们之间的竞赛有多么火热！赢了的时候，他们有多么高兴，输了的时候他们有多么沮丧！他们多么讨厌受到责备！他们多么想要得到赞扬！在同伴中他们最想躲避什么样的劳动！对我们和蔼地告诉他们的事情，他们记得有多么牢！他们多么渴望得到回报！在最高尚的品性中这些痕迹非常明显，其中，道德上的卓越，如我们所理解的那样，已经由自然勾勒出轮廓。但是，这幅画属于人的童年，还有待今后人的品格完全成形时加以补充。有谁那么不像人，乃至

于对卑鄙的东西不感到排斥，对良好的东西不表示赞同？谁不痛恨过着放荡
的生活的年轻人？谁正好相反，不尊敬年轻人的谦虚和服从，尽管他个人并
不在意？谁不痛恨叛徒，福莱格赖的浦鲁斯·努米托尔，尽管他为我们国家
提供了服务？谁不赞美和颂扬考德鲁斯，这座城市的保护者，或者荣耀厄瑞
克透斯的女儿？或者讨厌图布卢斯的名字？或者喜欢想起阿里斯提德？我们
能忘记我们听到或读到某些虔诚、友谊、伟大的事迹时感受到的强烈情感
吗？但是，我不需要谈论我们自己、我们的出生、我们所受的教养引导我们
走上荣耀之路，想一想没有受到教育的大众吧——在剧场里，一名演员说：
‘我是俄瑞斯忒斯’；另一名演员说：‘不，他不是，我才是俄瑞斯忒斯。’这
时候剧场里响起了暴风骤雨般的掌声。然后他们各自向困惑的国王提出一个
解决办法：‘你把我们俩都杀了吧；我们要死在一起。’这一幕①每一次上演，
不都会激起观众的巨大热情吗？由此证明，人们毫无例外地赞扬这种品质，
不仅不为自己谋求利益，而且执着于对自己不利的事情。上述众多的高尚例
子不仅仅是浪漫的故事，而且也是真实的历史，尤其是我们自己国家的历
史。是我们挑选了最有道德的公民去伊达山接受神像；是我们派遣卫士去见
王子；是我们的将军为了拯救国家而献出生命；是我们的执政官警告逼近罗
马城墙的敌人的国王，说他的医生已经对他下毒；在我们这个共同体里，人
们荣耀那位以自杀来抗拒强暴的贵妇人，荣耀那位杀死自己的女儿使她免遭
羞耻的父亲。所有这些事迹，以及其他在伟大道德的激励下完全忘记个人利
益的人做的无数的事情，有谁看不到它们之所以受到我们的赞扬没有其他方
面的考虑，只有道德上的高尚？

【23】"我们简要地提出这样的考虑（我的目的不是尽可能详尽地解释，
因为这种事没有什么不确定的地方），这些考虑导向一个明确的结论：一切
美德，以及从它们中间产生出来的、内在于它们的高尚的道德，是值得人本
能地向往的。但是，在我们正在谈论的整个道德领域，没有什么能比人类

① 参见本文第二卷，第24章。

的团结更加光荣，更加广大，从我们一出生，人与人之间就有合作者的关系、利益的合作、真实的爱，父母热爱子女，婚姻和父子关系又把整个家庭连为一体，这种影响又逐渐越出家庭的范围，首先通过血缘，然后通过婚姻、友谊、邻居、同胞、政治上的同盟和朋友，最后把整个人类团结在一起。给每个人应得的东西、慷慨、平等，以及我说的人类的团结和同盟，这种情感被定义为正义；与此相联的有义务、仁慈、大方、善意、谦恭，以及同类的优雅。当这些东西专属于正义时，它们也是其他美德共享的因素。由于人的本性生来拥有一种内在的城邦和民族的情感，这在希腊文中被称做'politikon'，所以各种合乎美德的行为都可以和我刚才描述的人的团结情感相和谐，正义转过来又会把它的力量渗透到其他美德中去，并以增进这些美德为目标。只有勇敢的、聪明的人能够保持正义。因此，我正在说的这种美德的统一性和相互结合的性质也属于前面说过的道德高尚；道德高尚既是美德本身，又是合乎道德的行为；与这些美德和谐一致的生活可以视为正确的、合乎道德的、连贯的、与自然一致的。

"与此同时，这种相互渗透的美德的复合体能够被哲学家从理论上分为三个分离的部分。尽管美德之间如此密切地结合在一起，相互渗透，我们无法把某些美德与其他美德完全分开，但另一方面，每一种美德又有它自己独特的功能。因此，勇敢在艰难困苦中展现，节制在快乐中展现，审慎在选择善恶时展现，正义在给每个人以应得的东西时展现。由于各种美德包含的成分不仅关心自己，而且关心别人，并以其他人为自己的目的，所以导致这种感觉的产生，朋友、兄弟、同胞，最后是全人类（因为我们坚信一切人都团结在一个社会中），它们都因其自身的缘故而值得向往。然而这些关系没有一样可以用来构成目的和终极之善。所以我们发现因其自身的缘故而值得向往的事物有两类：一类由前面说过的构成终极之善的事物组成，亦即心灵之善或身体之善；后一类是外在的诸善，也就是，它们既不属于心灵之善，又不属于身体的善，比如朋友、父母、孩子、亲戚、祖国，我们本能地感到它们珍贵，然而它前一类事物并不包括它们。确实，如果所有这些善虽值得向往，但却外在于我们，这些善是主善的组成部分，那么没有人能够获得主善。

【24】"如果一切事物都是获得主善的工具，如果友谊、关系，以及其他外在的善不是主善的组成部分，那么你会如何表示反对？回答是这样的：我们认为这些由行使义务而产生的外在的诸善是从相互联系着的某类具体美德中产生的。例如，对朋友和父母履行义务的行为有利于行为者，这种履行义务的表现实际上是正确的行为，正确的行为产生于美德。哲人在自然的引导下以正确的行动作为他们的目标，但另一方面人不可能完善，人只是被赋予高贵的品质，能够经常对高尚的冲动做出反应，这种冲动有点类似道德高尚。如果他们能够充分察觉处于绝对完善和完成状态中的道德高尚本身，如果他们对它的影子和名声也会感到兴奋，那么在其他最辉煌、最荣耀的事情中，这是一件会令他们感到何等狂喜的事情！热衷于快乐的人，尽管他们最强烈的情欲得以满足，我们可以假定他们中有谁能够感受到他最热烈期待的对象被捕获时能有这样的感受，就像老阿非利加努打败了汉尼拔，或者小阿非利加努消灭了迦太基？在节日中顺着台伯河航行的人有谁经历过卢西乌斯·鲍鲁斯沿着这条河航行抓获珀耳塞斯国王时感受到的愉悦？我亲爱的卢西乌斯，来吧，想象一样美德的崇高结构；然后你无疑会感到那些用伟大和正义指引自己的人总是幸福的；会明白当他们做这些事的时候，所有幸福的变化、时间的流逝和环境的变迁与美德相比是多么微不足道和虚弱。没错，被我们算做身体之善的事物是构成最高幸福的一个因素，然而没有它们，幸福仍然是可能的。这些补充性的诸善是细微的，在美德的照耀下，它们就像阳光下的星辰，是不可见的。然而，尽管这些身体的好处对幸福只具有细微的重要性，但要说它们完全不重要则过于绝对；那些坚持这一观点的人在我看来忘记了由他们自己确立的自然的首要原则。我们必须赋予身体之善以某些分量，只要明白什么样的分量是恰当的。这些以真理而非炫耀为目标的真正的哲学家，一方面否定甚至连那些非常高明的导师也承认与自然相一致的事物的所有价值，另一方面明白美德具有很强的说服力，道德高尚拥有崇高

的威望，而其他所有诸善尽管不是毫无价值的，但它们的价值很小，就好像无价值一样。人的语言使人可以在恰当赞扬美德的时候并不蔑视其他的一切；简言之，这就是对主善的充分的、完全的、完整的解释。

【25】"所有其他学派都想从这个体系中得到某些部分，但又想要抛弃它的原本。亚里士多德和塞奥弗拉斯特经常带着敬佩的口吻，赞扬为了知识本身的缘故而追求知识；厄里鲁斯信服这一点，他坚持说知识是主善，其他任何事物都不能作为目的本身来向往。这些古人夸大了义务，认为它高于人类的幸福；阿里斯托抓住这一点，宣布除了美德或恶德没有任何事物需要回避或值得向往。我们的学派把无痛苦包括在与自然一致的事物中；希洛尼谟把它当做至善。另一方面，卡利弗，以及后来的狄奥多洛斯，一个热爱快乐，另一个热爱无痛苦，他们都不能正确对待道德高尚，而按照我们的学派，道德高尚是高于其他一切的。甚至赞同快乐的人也在找借口，美德这个名称始终挂在他们嘴边；他们宣布快乐只是欲望的最初目标，后来的习惯会产生某种第二本性，从而为许多并非旨在快乐的活动提供动力。剩下的还有斯多亚学派。斯多亚学派从我们这里拿走的不是一两样东西，而是我们的整个体系。把偷来的东西抹去标记是窃贼的常见做法；而斯多亚学派，为了把我们的观点当做他们自己的，改变了那些名称，也就是那些东西的标记。因此我们下面还要说的就是：我们的体系是唯一值得那些研究博雅艺术的学生、博学者、杰出人士，政治家和国王们学习的哲学。"

说完这些话，他停了下来，然后他又说："现在怎么样？你认为我已经很好地利用了我的特权，让你们听我上了一堂课吗？"我答道："嗯，庇索，你已经利用这个机会显示了你的理论知识，就像在其他许多场合一样，我认为，如果我们有更多的机会聆听你的讲话，那么我们的回答不需要希腊人的帮助。我更想相信你的话，因为我记得，你伟大的老师，拿波勒斯的斯塔昔阿斯，一位无可争议的逍遥学派的名人，曾经提出过与你的体系不同的观点，他的观点与那些看重好运和厄运，身体的诸善以及诸恶的人的观点相同。"他说："没错，但我们的朋友安提奥库斯比斯塔昔阿斯更加高明、更加坚定地阐述了这个体系。尽管我不想知道我在说服你的时候获得了多大的成功，但我确实想知道我在多大程度上令我们在这里的朋友西塞罗信服；因为我想要绑架你的学生。"

【26】对此，卢西乌斯回答说："噢，我对你所说的相当信服，我认为我的堂弟也一样。"庞索对我说："现在怎么样？这位年轻人同意你的意见吗？或者说，当他已经掌握了一个体系的时候，你宁可要他研究一个会使他一无所知的体系吗？"我说："嗯，我给他自由，但是你不记得了，你陈述的这个体系仍旧有待我的认可？因为有谁能不认可一个对他显得像是可能的陈述？"他说："但是，人能够认可一个他不能完全感知、认知和知道的事物吗？"我答道："庞索，对这一点我们不需要争论。使我否认感觉可能性的唯一原因就是斯多亚学派给这种能力下的定义；他们认为人无法感知任何事物，除非有一个描述真的具有被感知的性质，而其他虚假的陈述都不具有这种性质。在这一点上我与斯多亚学派有分歧，与逍遥学派则没有分歧。然而让我们放下这个问题，因为它涉及一个非常冗长的争论。我想对你发起挑战的地方是有关哲人的学说，哲人总是幸福的，他们的幸福是各种各样的，你提到这个观点时过于匆忙。你的讲话忽略了这一学说。除非这个学说已经得到证明，否则我担心真理会在塞奥弗拉斯特一边，他认为不幸、悲伤、身体上的痛苦与幸福是不相容的。因为说一个人幸福，同时又说他被邪恶压倒，这是非常矛盾的。我完全无法理解，幸福和不幸怎么能放在一起。"他答道："你的问题是在什么情况下提出来的？如此有效的美德还需要到她自身之外去寻找幸福吗？或者说，要是你接受这一点，你会否认，即使受到某些邪恶的伤害，有美德的人也能幸福吗？""哦，我会尽可能提高美德的有效，但是让我们根据她的准确的大小程度来讨论这个问题。现在唯一的要点是：如果美德之外的东西能被划入善一类，那么她能如此伟大吗？"他说："要是你承认斯多亚学派的观点，唯有美德能产生幸福，那么你也对逍遥学派承认了这一点。我们把斯多亚学派不敢称做邪恶，但承认它令人厌烦、有害、'被排斥'、与自然不一致的东西称做邪恶，尽管它们很细微，几乎可以加以忽略。

因此，如果一个人被令人厌烦的、被人排斥的环境所包围也能幸福，那么当他被细微的邪恶包围时他也能幸福。"我答道："庇索，你是一个相当敏锐的律师，一眼就能看出争论的真正要害。因此我请你集中精力。因为到现在为止，你还没有掌握我的问题的要点，虽然应受责备的是我。"他答道："我的精力很集中，我正在等待你对我的考察做出答复。"

【27】我说："我的答复是：我现在问的不是美德能产生什么结果，而是有关美德的前后一贯的解释是什么，有关美德的自相矛盾的解释是什么。"他说："这是什么意思？"我说："芝诺首先阐述了美德的崇高，然后神谕般地说，'美德不需要到她自身之外去寻求幸福'，有些人说，'为什么？'他答道：'因为除了道德上的善以外，其他没有任何事物是好的。'我现在不想问这些话是不是真的，我只想说，芝诺的陈述在逻辑上和前后一贯上是令人敬佩的。假定伊壁鸠鲁也说了相同的话，哲人始终幸福——因为他喜欢大声激昂地说空话，他确实告诉我们，当哲人受到痛苦的折磨时，他会说'这有多么快乐！我毫不在意！'——好吧，我不会去和这个人讨论为什么他在善的本性问题上误入歧途，但我要坚持他不明白，从他自己发出的誓言，痛苦是最大的恶出发，必然的推论结果是什么。现在我要采取同样的路线来反对你。关于什么是善，什么是恶的问题，你的解释与那些从来不关心哲学家，甚至对哲学家的画像视而不见的人的观点完全相同，就如谚语所说：哲学家把从头到脚的健康、力量、姿势、美丽、健全称做善，把丑陋、疾病和虚弱称做恶。关于外在的诸善，你确实是小心谨慎的；由于这些身体的优点是善，你无疑会把那些产生它们的事物称做善，亦即朋友、孩子、亲戚、财富、等级和权力。请注意，我没有反对这些东西；我要说的是，如果哲人有可能遇到的不幸就是你说的邪恶，那么聪明对于幸福来说就不够了。"他说："倒不如说，对于最高的幸福来说不够，但对于幸福来说足够了。"我答道："我注意到你前不久就做过这种区别，我明白我们的老师安提奥库斯也喜欢说同样的话；但还有什么话比说一个人是幸福的，但不够幸福更不能令人满意？任何东西添加到足够之上，都会使它太多；现在没有人会拥有太多的幸福；因此

没有人能够比幸福更幸福。"他说："那么你对昆图斯·麦特鲁斯怎么看，他看到自己的三个儿子当了执政官，三个儿子中间还有一个当了监察官，有过凯旋仪式，他的第四个儿子当了执法官，在他去世的时候他的四个儿子都还健康地活着，他的三个女儿都结了婚，他自己也当过执政官、监察官、占卜官，有过凯旋仪式？假定他是一名哲人，他不比勒古鲁斯更幸福吗，勒古鲁斯落在敌人手里，挨饿，缺乏睡眠而死，你能假定他也是一名哲人吗？"

【28】我说："你为什么要问我这个问题？你应当去问斯多亚学派。"他说："你认为他们会做出什么样的回答？""麦特鲁斯不比勒古鲁斯更幸福。"他说："那么好，让我们就从这里开始。"我说："我们仍旧在偏离主题。因为我不是在问什么是真的，而是在问每个学派必须始终一贯地说什么。我只希望他们确实允许幸福有程度的差别！然后你就会看到一场崩溃！因为如他们所认为的那样，善只由美德构成，善存在于实际的道德高尚之中，美德和道德高尚都不会增长，作为唯一的善，它必定会使它的拥有者幸福，当这样构成的幸福不允许增长的时候，怎么可能有人比其他人更幸福呢？你明白这有多么合乎逻辑了吗？事实上（因为我必须说明我的真实想法），他们的体系是一个令人惊讶的、前后一贯的整体。结论与最初的原则一致，中间的步骤与结论和前提一致，每一部分实际上都与其他部分一致。它就像几何学：假定了前提，你就必须假定一切。承认除了道德高尚以外没有其他的善，你就必须承认幸福由美德构成。或者反过来说：假定了后者，你就必须假定前者。而你的学派不那么合乎逻辑。当你们说'三类善'的时候，你们的解释在平滑地移动。但是当抵达结论时，它发现自己遇到了麻烦；因为它缺乏一个论断：哲人不会缺少幸福所必要的条件。这就是道德的风格，苏格拉底的风格，也是柏拉图的风格。学园派喊道：'我敢断定这一点。'而你不能，除非你抛弃论证的前面部分。如果贫困是一种恶，那么没有乞丐能够幸福，哪怕他像你一样聪明。但是芝诺竟然说，一个聪明的乞丐不仅是幸福的，而且是富裕的。痛苦是一种恶：所以一个被钉死在十字架上的人不能幸福。孩子是一种善：所以没有孩子是可悲的；祖国是一种善：所以流放是可悲的；健康

是一种善：所以疾病是可悲的；身体健全是一种善：所以残废是可悲的；好的视力是一种善：所以瞎眼是可悲的。哲学家的安慰也许能够减轻这些不幸，但他怎么能够使我们完全忍受所有的恶？假定一个人同时瞎眼、残废、身患重病、流放、无子女、贫困、受到严刑拷打，芝诺，你把他称做什么？芝诺会说：'一个幸福的人。'他也是一个最幸福的人吗？芝诺答道：'当然是。因为我已经证明幸福没有程度的区分，美德也没有程度的区分，而幸福本身由美德组成。'你在这里画了一条界限；你不相信他是最幸福的。那么好，我们可以相信你说的话吗？在一个由普通人组成的陪审团面前传唤我吧，你决不能说服他们相信受到这种伤害的人是幸福的；把这种情况说给有学问的人听，两个人中间可能有一个会对他们的论断表示怀疑，无论美德如何有效，他们仍旧会怀疑拥有美德的人被关进法拉利斯①的铜牛中时仍旧是幸福的；但在其他方面，他们会毫不犹豫地说，斯多亚学派的学说是前后一致的，而你们的学说是自相矛盾的。学园派说：'啊，那么你同意塞奥弗拉斯特的伟大著作《论幸福》中的观点吗？'然而，我们正在偏离这个主题，庇索，让我长话短说，我完全同意塞奥弗拉斯特的说法，如果不幸如你所说的那样是邪恶。"他说："那么你不认为它们是邪恶？"我说："无论我对这个问题做出什么回答，你必然会遇到困难。"他问道："怎么会这样呢？"我答道："因为要是它们是邪恶，忍受它们的人不会是幸福的；另一方面，如果它们不是邪恶，整个逍遥学派的体系就崩溃了。"他笑着喊道："你害怕我把你的学生抢走。"我说："啊，欢迎你来转变他，如果他需要转变信念；因为要是他属于你的派别，那么他也属于我的派别。"

【29】庇索说："那么听着，卢西乌斯，因为我必须对你讲话。哲学的全部重要性，如塞奥弗拉斯特所说，就在于获得幸福；因为我们全都拥有获得幸福的强烈愿望。你的堂弟和我都同意这一点。因此我们必须考虑的是，哲学家的这些体系能给我们幸福吗？他们肯定说能。要是不能，为什么柏拉图

---

① 参见本文第四卷，第23章。

还要旅行去埃及，向那些野蛮人的祭司学习数学和天文？他后来为什么要去塔壬同拜访阿尔基塔，或者去罗克里拜访其他毕泰戈拉学派哲学家，厄刻克拉底、蒂迈欧和阿里翁，想给他的苏格拉底形象添加一些毕泰戈拉学派的色彩，把他的研究扩展到苏格拉底拒绝的那些部门？毕泰戈拉本人为什么要去埃及寻访波斯巫师？他为什么要步行穿越广阔的蛮荒之地，乘船渡过浩瀚的大海？德谟克利特为什么也这样做？据说德谟克利特弄瞎了自己的眼睛（这件事情真实与否不是我们要考察的），目的肯定是为了让心灵尽可能不受干扰，他放弃父亲的遗产，丢下他的土地，不就是为了全神贯注地探索幸福吗？尽管他假定幸福由知识组成，但他仍旧研究能使他心灵快乐的自然哲学；这就是他的主善，被他称做'euthumia'，或者经常称做'athambia'，也就是无纷扰。但是，他对这个主题的论说无论有多么优秀，仍旧是不完美的，因为他几乎没有提到美德，也没有清晰地界定美德。后来，苏格拉底在雅典开始考察这些问题，首先是在这座城市里，后来转移到我们现在这个地方，当时没有人怀疑正确的行为和幸福在于美德。芝诺从我们学派得到了这个学说，开始'以不同的方法处理相同的事情'，就好像起草一份起诉书的序言。你们现在对他的做法表示认可。认为他无疑可以改变事物的名称；你们原谅他的前后矛盾，但我们不能！他否认麦特鲁斯的生活比勒古鲁斯的生活更幸福，但不是称之为更加值得向往的，而是称之为'较为可取的'、'值得采取的'；谈到选择，那么麦特鲁斯的生活是'可选择的'，勒古鲁斯的生活是'要排斥的'。我把他所谓'较为可取的'、'值得采取的'生活称为比较幸福，尽管我不会像斯多亚学派一样，给这样的生活添加细节，赋予它们以各种价值。我用熟悉的名字称呼熟悉的事物，而他们发明新的术语来表达相同的意思，这里有什么差别？这就像在元老院，总是有人要求有翻译，所以当我们对你们学派的人讲话时，我们必须使用一位翻译。我把任何与自然相一致的事物称做好，把违背自然的事物称做坏；这样做的也不是只有我，你和克律西波在处理各种事务时也经常这么说，但你在教室里不这么说。这是为什么呢？你认为哲学家应当讲一种与普通人不同的语言吗？有学问的和无学问的人对事物的价值可以有不同看法；但是在有学问的人对事物的价值取得一致意见时——如果他们是人，那么在事情的本质保持不变的情况下，他们应当采用人们认可的表达形式——他们乐意铸造新的术语。

【30】"但我现在提出的指责是前后不一致，你也许会说我经常跑题。你把前后不一致视为语词问题，但我认为这是一个事实问题。我们必须牢牢把握美德的力量，在这方面我们有斯多亚学派做我们最坚强的支持者，其他所有事物如果与美德对立，都一定会崩溃和灭绝；至于他们认为有益的、'被采纳的'、'被挑选的'、'较为可取的'（他们给这些术语下定义以表示它们拥有相当大的价值）其他所有事物，当我给它们命名的时候，它们从斯多亚学派那里得到了那么多名称，有些是新的，有些是原创的，就像你的用语'改进的'和'退化的'，有些在意思上相同（值得向往的事物和被挑选的事物有什么差别？在我看来，它只是在我耳朵里多了一个比较响亮的、可供选择的声音）；然而，当我说这些事物都是好的时候，唯一的事情就是它有多么好，当我称这些事物值得向往时，唯一的问题就是它有多么值得向往。另一方面，我不认为它们比你的'被选择的'东西更加'值得向往'，如果称它们为好的我不把它们视为比你的'改进了的'更有价值，那么所有那些外在的事物必定会被美德压制和崩溃；美德的光芒会像阳光一样遮蔽它们。但是你会说，包含某些邪恶的生活不可能幸福。不管怎么说，如果你把一小把野燕麦混入谷堆，那么你会说它不是丰富的谷堆；一桩生意如果既有巨大的利润又有微小的损失，那么你会说它是一桩不赢利的生意。一个原则在其他一切事物中为好，另一个原则在一切行为中为好，是这样吗？你不按照生活的最大部分来判断整个生活吗？你怀疑美德在人的事务中起着最大的作用，它会抹去其他作用的痕迹吗？所以，我要大胆地把和自然一致的其他事物称做好，而不是用它们的老名字来骗人或者发明新名字；我将把大量的美德放在天平上衡量。请你们相信我，这架天平能称大地和大海。这是一个普遍的规则：任何事物都可以根据它最显著的主要部分得到它们的名称。我们说一个人很讨人喜欢，如果他曾经垂头丧气，他就永远不是讨人喜欢的

吗？呃，这条规则对马库斯·克拉苏不适用，按照卢西乌斯的看法，克拉苏
是会笑的，但他在一生中只笑过一次；然而这并不妨碍他得到'不笑者'的
名称，就像卢西乌斯说他笑过一样。萨摩斯的波吕克拉底被称做'幸运者'。
除了把自己最心爱的戒指扔进大海，[1] 落在他头上的不幸事件不止一次，然
而碰到一样麻烦就使他成为不幸者了吗？后来，他在鱼肚子里又找到了那枚
戒指，这件事情使他又成为幸运者吗？如果波吕克拉底是愚蠢的（他肯定是
愚蠢的，因为他是一名僭主），那么他决不是幸福的；如果他是聪明的，那
么当他被大流士的总督奥洛特斯钉死在十字架上时，他甚至更加不幸福。你
说：'许多邪恶落在他身上！'有谁否认这一点？但是他的美德会驱除这些
邪恶。[2]

【31】"或者你甚至会否认逍遥学派说过的话：所有人的生活都是好的，
所有哲人的生活都是好的，所有拥有美德的人的生活都是好的，它们总是好
与坏的融合，是吗？这是谁说的？斯多亚学派会这样说吗？根本不会，这是
那些用快乐和痛苦来衡量一切的人说的，他们不是响亮地喊叫哲人拥有的他
喜欢的东西总是超过他不喜欢的东西吗？他们承认如果美德不会产生快乐，
那么他们从来不会因为美德的缘故而伸手，当这样的人也赋予美德那么多重
要性的时候，我们该做些什么呢？我们说，你们喜欢提到的细小的心灵上的
优点也会超过身体的所有的善，从而使身体的善变得无法察觉。谁会在那里
大胆地说，如果可能，为了确保绝对的无痛苦，哲人会永远抛弃美德？我们
学派中有谁（把那些被斯多亚学派定义为'艰苦'的事情称做邪恶并不可耻）
曾经说过，快乐地犯罪胜过痛苦地做好事？我们认为这是由于患有眼疾而退
出斯多亚学派的赫拉克利亚的狄奥尼修斯的诽谤。尽管芝诺从来没有这样教
他，感受痛苦是无痛苦的！尽管他不接受教训，但他听到的教导是：痛苦不
是一种恶，因为痛苦不是道德上的邪恶，用男子汉的精神可以克服它。如果

---

① 这个故事见于希罗多德：《历史》第3卷，第40章。
② 亦即假定他是聪明的。

狄奥尼修斯是逍遥学派的人，那么我相信他决不会改变观点；逍遥学派说痛苦是一种恶，但是根据忍受痛苦的义务，痛苦会带来坚毅，他们的教导与斯多亚学派的教导相同。尽管你的朋友阿尔凯西劳在争论中是教条主义的，但仍旧是我们中间的一个，因为他是波勒莫的学生。他受到拉肢器的折磨，而他的亲密朋友伊壁鸠鲁主义者卡尔米德来看他。卡尔米德悲痛地想要离开。而阿尔凯西劳悲伤地喊道：'留下来吧，我的朋友卡尔米德，从这里到那里都没有痛苦。'（指他的脚到他的胸部）然而，卡尔米德宁愿完全无痛苦。

【32】"这就是我们的体系，你认为它前后不一致。然而我看到美德属天的、神圣的地方，它如此伟大，凡是能看到由她激发的伟大光荣的行动的地方，就不会有悲伤，尽管痛苦还是有的，你要毫不犹豫地宣称一切哲人总是幸福的，但一个人有可能比另一个人更幸福。"

我说："好吧，庇索，在这里你需要大量的辩护，如果你能掌握，那么欢迎你来转变我们的信念，不仅使我的堂弟西塞罗，而且使我本人。"昆图斯说："我认为在这个地方已有的辩护是令人满意的，令我高兴的是，我私下里已经给予这种哲学（我认为它非常丰富，超出我们学习时的预期）比其他学派更高的评价，我要说的是，我很高兴地发现这种哲学比其他哲学更精致——而有些人说这是它的不足之处。"庞波纽斯开玩笑地说："不会比我们的哲学更精致，但我要声明：使我最高兴的是你的讲话。你阐述了我认为无法用拉丁语表达的观念，你的表达就像希腊人用他们熟悉的语言一样流利。但我们没有时间了，如果你们乐意，直接去我家吧。"说完这些话，我们感到心满意足，一齐朝着镇上的庞波纽斯家走去。

图斯库兰讨论集

提　要

本文的拉丁文标题是"M. Tulli Ciceronis Tusculanarum Disputationum"，英文译为"M. Tullius Cicero's Tusculan Disputations"，意思是"马库斯·图利乌斯·西塞罗的图斯库兰讨论集"。图斯库兰是罗马近郊的一个地方，西塞罗在那里有一处庄园。

本文的写作始于公元前 45 年 7 月，当时作者已经完成了《论至善与至恶》，但尚未开始撰写《论神性》。同年 12 月，凯撒曾经到西塞罗的图斯库兰庄园来拜访西塞罗。他们的谈话仅限于文学和哲学，也提到了这本《图斯库兰讨论集》，但没有谈政治。

本文采取对话的形式，但和作者的许多著作一样，对话经常演变为长篇的阐述和论证。两位对话人以字母 M 和 A 来代表，但它们究竟指代何人不确定。因为 M 可以表示 Marcus（马库斯）、Magister（教师），A 可以表示 Adolescens（年轻人）、Auditor（听讲者）、Atiicus（阿提库斯）。指代阿提库斯的可能性不大，因为他此时已年过花甲。

本文的主要内容是伦理，写给一般的听众，用于陶冶情操。全文共分五卷，第一卷讨论如何解除对死亡的恐惧，第二卷讨论如何忍受痛苦，第三卷讨论如何解除灵魂的苦恼，第四卷讨论灵魂的其他错乱，第五卷讨论凭借美德足以获得幸福。译成中文约 14 万字。

正　文

第一卷

【1】在最终确定可以从当律师的辛苦和履行元老院的义务中全部或大部分解脱出来以后，我再一次——简单地说，布鲁图，这是在你的鼓励下——回到这些学问中来，它们尽管保存在我的记忆里，但由于环境的变化而被搁置，而在间隔了很长时间以后，它们现在又复活了。我的观点是这样的：由于对生活中的正确行为产生影响的各门技艺的体系和指导方法都必然和以哲学为名的学习智慧有关，所以我感到通过撰写拉丁文的著作来推进这种学习是我义不容辞的责任；这样做不是因为向希腊作家和教师学习哲学是不可能的，而是因为我始终坚信，我们的国人在各个地方都比希腊人显得更有智慧，无论是在进行独立的发现，还是在改进从希腊人那里接受的东西——只要他们判定哪些事情值得他们付出巨大努力。至于道德习俗、生活规范、家庭和家族事务的管理，我们的方式肯定更好，更有尊严；在政治统治和策略方面，我们的祖先无疑采用了比其他民族更好的规章和法律。在战争技艺方面我还需要说什么吗？在这个领域，我们的国人已经证明了他们的勇猛善战和纪律严明。除了学习书本，希腊人和其他民族在其他方面的天赋根本无法与我们相比。哪里能够找到这样的热忱，哪里能够找到如此坚强、伟大、诚实、忠心的灵魂，哪里能够找到有哪个民族拥有堪与我们祖先相比的各方面的优点？希腊人在知识和文学的各个部门超过我们，因为在没有竞争的地方很容易获胜。在希腊人那里，诗人是最老的文人，荷马和赫西奥德生活在罗马建城之前，阿基洛库斯①生活在罗莫洛统治的时代，在很晚的时候诗歌才

---

① 阿基洛库斯（Archilochus），约公元前 720 年—前 676 年，希腊抒情诗人。

来到我们中间。大约在罗马建城 510 年以后，李维乌斯 ① 在凯库斯之子盖乌斯·克劳狄担任执政官的那一年创作了一部戏剧，而马库斯·图狄塔努在恩尼乌斯出生前的那一年从事创作，他比普劳图斯和李维乌斯还要年长。

【2】后来我们的国人知道了这些诗人，对他们表示欢迎。虽然《起源》②这本书中说道，赴宴的客人习惯上要在笛声的伴奏下吟唱，荣耀著名人物的美德，但是加图的一篇讲话表明这种才能在当时不受尊敬，因为他在讲话中批评马库斯·诺比利俄把诗人当做跟班，随他去行省赴任。我们知道，诺比利俄实际上是在担任执政官的时候把恩尼乌斯 ③ 带到埃托利亚去的。创作诗歌得到的尊敬越少，人们献身于诗歌的热情越小，然而这些作家还是凭着他们的天赋证明了他们是诗人，其荣耀并不亚于希腊诗人。或者我们可以假定，如果出身高贵的法比乌斯·庇克托尔 ④ 想要赢得绘画方面的名声，那么我们也就不会有那么多波吕克利图和帕拉西乌 ⑤ 了？公众的尊敬是技艺的保姆，所有人都会在名声的激励下为之献身；而当这些追求遭到公众反对时，这些技艺就总是被人忽视。希腊人认为，在器乐和声乐中可以找到受过最高教育的证明；因此就有了厄帕米浓达，我心中的希腊历史上的名人，据说他擅长在竖琴伴唱下歌唱，而再往前许多年，塞米司托克勒被认为缺少文化，因为他拒绝在宴会上表演七弦琴。因此音乐家的行当在希腊特别兴旺，每个人都想学音乐，不熟悉这门技艺的人不会被人视为接受过完整的教育。希腊人最尊重几何学，于是没有人享有比数学家更大的荣耀，而我们罗马人则把这门技艺限制于丈量和计算的实用目的。

【3】但是我们很快就对演说家表示欢迎——不是一开始就有成熟的演说

---

① 李维乌斯·安德罗尼柯（Livius Andronicus），约公元前 240 年，最早的罗马诗人。

② 死于公元前 149 年的监察官马库斯·波喜乌斯·加图（Marcus Porcius Cato），即老加图，撰写的一本历史著作，仅存残篇。

③ 昆图斯·恩尼乌斯（Quintus Ennius），生于公元前 239 年，罗马诗人。恩尼乌斯原为希腊人，从执政官诺比利俄获得罗马公民权。

④ 法比乌斯·庇克托尔（Fabius Pictor），公元前 302 年，绘制神庙壁画。

⑤ 波吕克利图（Polyclitus），希腊著名雕塑家；帕拉西乌（Parrhasius），希腊画家。

家，而是只有一些事先做好准备的演讲者——我们后来才有了成熟的演说家。据说加尔巴、阿非利加努、莱利乌斯非常博学，而加图通过勤奋学习超过了他们；然后是雷必达、卡波和革拉古们；在他们之后直到今天，这些能干的演说家一点儿也不亚于希腊人。哲学至今仍旧受到冷遇，拉丁文学并没有给它带来光明的前景。我们一定要照亮它，提升它。如果说在过去繁忙的时候我曾为我的国人服务，那么如果有能力，我在闲暇之时也可以为他们服务。我必须竭尽全力，因为现在据说已经有一些拉丁文的书写了出来，但很粗糙，这些作家的资质还不够当此重任。一位作家可能具有正确的观点，但不一定能够用精练的风格表达；但是承认有思想但不能清楚地叙述和表达，或不能用文采吸引读者，这就表明作者犯了不可原谅的错误，说明他误用了他的闲暇和笔。其结果就是，这些作家写的书只有他们自己阅读，或者只在他们自己的小圈子里阅读，不能到达公众手中，而这本来是这些作品应该做到的。由于这个原因，如果说过去由于勤奋我已经为我的同胞赢得了演讲方面的名声，那么我将以极大的热情去研究哲学，而哲学也是使我以往的努力得以产生的源泉。

【4】有如亚里士多德，一位拥有丰富的知识和语言的最高天才，在修辞学家伊索克拉底的名望的推动下，开始像伊索克拉底一样教年轻人讲话，把智慧与口才结合起来，我也有同样的计划，不是把我早先对这门有关表达的技艺的热情搁在一边，而是在一门更加宏伟、更加富有成果的技艺中使用它；我一直确信，以完善的形式表现的哲学能以圆满的、吸引人的风格处理最大的问题。我献身于这种努力，实际上达到了敢于用希腊人的方式提供论文的地步；例如，最近在你离开以后，由于有许多亲密朋友和我待在一起，我在我图斯库兰的家中想看看在这样的练习中我能做些什么；正如年轻时我曾经不停地在法庭上演讲——没有人曾经发表过那么长时间的演讲——现在是我老年时的演讲。我请我的朋友们随意提出他们想要讨论的主题，然后由我来展开讨论，我坐着说，或者一边散步一边说。结果是，五天的谈话形成了五卷论文——这是希腊人的说法。这个过程是：由一个自称为听众的人表

达观点，然后由我提出反对意见。如你所知，这是老苏格拉底的论证方法，用来反对你的对手的立场；苏格拉底认为，用这种方式最有可能发现那些可能的真理；为了使我们的讨论可以比较方便地延续下去，我将把这些成果摆在你们面前，它的形式是讨论，而不是叙述。下面我们就这样开始。

【5】A　我认为死亡是一种恶。

M　对死者而言，还是对要死者而言？

A　对二者而言。

M　由于死亡是一种恶，所以它是不幸。

A　没错。

M　所以那些已经死了的人和要死的人是不幸的。

A　我想是的。

M　所以没有一个人不是不幸的。

A　绝对没有。

M　实际上，如果你希望保持前后一致，那么任何已经出生的人和将要出生的人，不仅是不幸的，而且永远不幸。因为，如果你的意思是只有那些要死的人是不幸的，那么你就提出了一个例外，因为没有一个活人——由于所有人必死——能在死的时候终结他们的不幸；已经死了的人也是不幸的，我们生来永远不幸。我们还可从中必然地推出，那些几百年以前死去的人也是不幸的，或者说，任何曾经出生的人都是不幸的。

A　我就是这种观点。

M　那么请你告诉我，你不怕那些故事吗——冥府的三头狗刻耳柏洛斯、咆哮的考西图斯河水、艄公阿刻戎的渡口，"坦塔罗斯被水淹至下颚，却忍受着焦渴的折磨，他刚想要喝水，水就会退去？"① 还有，你不怕西绪

____

① 刻耳柏洛斯（Cerberus），希腊神话中把守地狱入口处的恶狗，有三个头。考西图斯河（Cocytus），冥府之河。阿刻戎（Acheron），冥河船夫。坦塔罗斯（Tantalus），希腊神话中的吕底亚国王，因触怒主神宙斯，被罚永世站在水中，水深至下巴，当他口渴想喝水时，水便减退。

福斯^①的故事吗——"他汗流浃背，却怎么也推不动巨石？"或者说，面对不徇私情的判官米诺斯和拉达曼堤斯^②你也不感到害怕？在他们的法庭上，卢西乌斯·克拉苏和马库斯·安东尼乌斯^③都不会为你辩护，你也不可能请德谟斯提尼^④来帮忙，因为他正在希腊陪审团面前忙碌；你必须面对大量听众，为你自己辩护。你担心的可能就是这些事，所以你把死亡视为无法终结的恶。

【6】A　你以为我会如此疯狂，乃至于相信这样的故事？

M　你不相信它们是真的？

A　当然不相信。

M　哎呀，你这样说真的很不幸。

A　为什么？

M　因为我能非常有力地反驳这些故事。

A　有谁做不到？要证明这些诗人和画家的妖魔鬼怪是虚假的臆造有什么困难？

M　然而有许多哲学家的著作也充满了对这些故事的批判。

A　他们肯定没有什么事可做，因为有谁那么愚蠢，竟然担忧这些事情？

M　要是不幸的人不在冥府里，那么就不会有任何人在冥府里了。

A　我也这么看。

M　那么被你说成是不幸的人们在什么地方呢，或者说他们的住处在哪里？如果他们存在，那么他们必定在某个地方。

A　咳！我假定他们不在任何地方。

---

①　西绪福斯（Sisyphus），希腊神话中的人物，生前是暴君，死后被罚在地狱中把巨石推上山，每当他把巨石推上山顶时，巨石又会滚下山，如此循环，永不止息。

②　米诺斯（Minos）和拉达曼堤斯（Rhadamanthus），希腊神话中的冥府判官。

③　卢西乌斯·克拉苏（Lucius Crassus）和马库斯·安东尼乌斯（Marcus Antonius），西塞罗之前的老一代演说家。

④　参见本文第五卷，第 36 章。

M　所以你假定他们根本不存在。

A　就像你说的那样，没错，我还假定他们之所以不幸，其原因就在于他们根本不存在。

M　现在我必须说，我更希望你害怕刻耳柏洛斯，而不愿看到你做出如此鲁莽的陈述。

A　怎么会呢，请你告诉我？

M　你肯定一个被你否认其存在的在者存在。你的理智到哪里去了？一旦说某个不存在的在者是 ^{①} 不幸的，你也就肯定了他的存在。

A　我不会迟钝到说这种话。

M　那么你是怎么说的？

A　我说马库斯·克拉苏，以他为例，由于死亡而失去了高贵的幸福，他是不幸的，而格奈乌斯·庞培之所以不幸，是因为他的名望被剥夺，简言之，所有不再能见到阳光的人都是不幸的。

M　你又回到了原来的地方，因为如果他们是不幸的，那么他们必须存在；而刚才你说已经死去的人不存在。如果他们不存在，他们就不能是任何东西。因此他们也不能是不幸的。

A　我也许还没有表达我的意思。我想，当一个人存在的时候，不存在这个事实就是彻底的不幸。

M　你在说什么？比从不存在更加不幸吗？从中可以推论，那些还没有出生的人现在是不幸的，因为他们不存在，而我们，如果我们死后是不幸的，那么我们在出生之前就是不幸的。我的有关我的出生的先前的记忆没有告诉我说我是不幸的；如果你的记性比我好，我想知道在你的记忆中你处于一种什么样的状态。

【7】A　你在开玩笑，就好像我的立场不是那些已经死了的人是不幸的，而是那些还没有出生的人是不幸的。

---

① 在拉丁文中，"esse"一词既有"存在"的意思，又是系动词。

M   那么你说他们存在。

A   不。我说他们是不幸的，因为在他们存在以后他们不再存在。

M   你看不出你的陈述是自相矛盾的吗？说某个不存在的在者不仅是不幸的，而且是任何东西，还有什么说法能比这种说法更矛盾？当你走出卡佩那城堡，看到卡拉提努、西庇阿、塞维留斯、麦特鲁斯们的坟墓时，你认为他们不幸吗？

A   你在强迫我进行语词之争，所以我从现在开始不像前面那样说他们是不幸的，而只说"不幸"，原因就在于他们不存在。

M   那么你不说"马库斯·克拉苏是不幸的"，而只说"马库斯·克拉苏不幸"。

A   是这样的。

M   你就好像是在说，用这种命题陈述任何事物不一定非要说"是"或"不是"。作为入门的第一步，你没有花大力气学习逻辑吧？这是一门基础课。每一个命题——眼下我突然想要用 axioma 这个词，如果我能找到更好的，那么晚些时候我会用另外的词——都是一个真的或假的陈述；因此当你说"马库斯·克拉苏不幸"或者"马库斯·克拉苏是不幸的"，我们就能确定这个陈述是真的还是假的，否则你就什么也没说。

A   好吧！我现在假定已经死去的人不是不幸的，因为你强迫我承认那些根本不存在的人不能是不幸的。但这又怎样？我们这些活人就不是不幸的吗，因为我们不得不死？当日子一天天过去，我们不得不想到我们在某一刻将要死去时，活着又有什么可以令人满意的呢？

【8】M   现在你终于明白你从人类的命运中卸下了一副何等不幸的重担？

A   此话怎讲？

M   是这样的：如果死亡甚至对于已经死去的人来说也是不幸，那么我们在活着的时候就处在一种无限的、永久的恶的状态之中；就好像我看到了一个目标，而当我们抵达它的时候，却又什么也看不见了，这有多么令人担忧啊。在我看来，你似乎赞同西西里岛人厄庇卡尔谟①的格言，他谈吐得体，富有洞察力。

A 他的什么格言？我不熟悉。

M 如果我能用拉丁文说，那么我会说的；你知道我在讲拉丁语的时候不习惯插入希腊语，而在讲希腊语的时候也不习惯插入拉丁语。

A 没错。但是请你告诉我，厄庇卡尔谟的格言是什么？

M 我躲避死亡，但我死后就没有什么可在意的了。

A 我已经想起这句话用希腊文该怎么说了。然而，由于你强迫我承认已经死去的人不是不幸的，所以要是你能做到，请你继续使我认为不得不死的人也不是不幸的。

M 要做到这一点不难，我还有更加远大的目标。

A 怎么会不难呢？你说的更加远大的目标是什么？

M 就好比死后不存在恶，被时间超越的、你承认不是恶的死亡也不是恶；由此可以推论，不得不死也不是恶，因为不得不死的意思就是进入一种我们认为不是恶的状态。

A 请你解释得更加充分一些，因为在我信服之前，你最后的那个观点就已经迫使我同意了。但是，你说的更加远大的目标是什么？

M 要是我能做到，我会告诉你，死亡不仅不是恶，而且肯定是一种善。

A 我要问的不是这一点，但我仍旧愿意听你讲解；尽管你不能把你的想法完全成功地说出来，但你还是成功地说明了死亡不是恶。我不想打断你讲话，我希望听到你连续的阐述。

M 你在说什么？如果我向你提问，你也不做回答？

A 这样做会显得不礼貌；如果不是出于必要，我希望你尽量少提问。

【9】M 我会尽力为你解释，使你满意，但我不会把自己当做庇提亚的

---

① 厄庇卡尔谟（Epicharmus），生于公元前 540 年，喜剧创始人。

阿波罗，他的神谕是确定的，不可更改的，而我的陈述只是芸芸众生中的一个可怜的凡人提出来的一连串可能成立的推测。要想进一步说出确定的结论是我做不到的。确定性属于那些说这样的事物是可知的，并且声称自己拥有智慧的人。

　A　你就尽力而为吧，我们这方面已经做好了聆听的准备。

　M　我们首先必须考虑众所周知的死亡本身到底是什么。有些人认为死亡是灵魂与肉体的分离；有些人认为不存在这样的分离，而是灵魂和肉体一起灭亡，一起毁灭。在那些认为有灵魂分离的人中间，有些人认为灵魂一离开肉体就会在空中消散，有些人认为灵魂还会存在很长时间，有些人认为灵魂会永远存在下去。还有，灵魂本身是什么，处在我们身上的哪个部位，灵魂的起源是什么，对这些问题也有许多分歧意见。有些人认为，灵魂实际上就是心脏（cor），所以我们有"糊涂的"（excordes）、"疯狂的"（recordes）、"和谐的"（concordes）这样一类说法；两次担任执政官的聪明的政治家纳西卡①被称为"智慧的"（corculum）；"精明能干的埃利乌斯·塞克斯都②无比审慎（cordantus）"。恩培多克勒认为灵魂就是渗透到心脏里的血；有些人认为灵魂是脑的某个部分，他们中有人说心是灵魂的居所，有人说脑是灵魂的居所；有些人把灵魂等同于呼吸（amina），就像我们罗马人实际上认为的那样——我们用的名称就解释了这一点，因为我们说"临终"（agereanimam）、"咽气"（efflareanimam）、"富有朝气的"（animosus）、"趾高气扬的"（bene animatus）；还有，"灵魂"（animus）这个词实际上来自拉丁文的"呼吸"；斯多亚学派的芝诺认为灵魂是火。

【10】我提到的这些看法，亦即灵魂是心、脑、生命气息、火，是人们一般的观点；但也有一些独特的观点是个别思想家拥有的，就如很久以前的

---

　①　普伯里乌·高奈留·西庇阿·纳西卡（Publius Cornelius Scipio Nasica），公元前162年的执政官。

　②　埃利乌斯·塞克斯都（Aelius Sextus），公元前198年的执政官。

老哲学家①拥有的观点，而时间上离我们最近的是阿里司托森②，他是音乐家，也是哲学家，他认为灵魂是自然物体的一种专门的调谐，类似声乐和器乐中的和谐；灵魂对整个物体的本性和构成做出反应，产生不同种类的振动，就好像嗓子发出声音；这位思想家并没有逾越他擅长的技艺的范围，但他同时也做出了有价值的贡献，而灵魂的具体含义很久以前就已经由柏拉图说清楚了。③塞诺克拉底否认灵魂有形体或任何基质，他说灵魂是数，就像很久以前毕泰戈拉说过的那样，而数的力量在自然中是最高的。塞诺克拉底的老师柏拉图设想灵魂有三重性质④；居于统治地位的部分是理性，他把理性的处所放在头部，就像一个堡垒；其他两个部分，激情与欲望，他希望它们是顺从的；他也确定了它们的处所，激情位于胸部，欲望在横膈膜以下。狄凯亚库⑤也参加了讨论，他写了三卷书记载这场讨论，整个场景设在科林斯；他在第一卷中说有许多有学问的人参加了讨论，他在另外两卷中描写了斐瑞克拉底。斐瑞克拉底是福昔奥提人，丢卡里翁的后裔，他争论说灵魂完全不存在，灵魂这个名字是没有意义的，用"animalia"和"animantes"这些术语指称"拥有灵魂的动物和植物"是不合理的；人或动物身上都没有一个可以对灵魂做出应答的精神的或生理的原则，我们拥有的行动或感觉能力分布在全身，不能与身体分离，由此可见灵魂没有与身体分离的存在，除了以这种方式塑造而成的单一的、其感性活动和力量都要归因于身体各部分的自然结合的身体，不存在任何东西。在天才和勤奋方面远远超过任何人的亚里士多德——柏拉图总是例外——在掌握了众所周知的他认为是一切事物根源的四类元素的观念以后，他考虑还有第五种，心灵从它而来；因为心灵能够反映、预见、学习、教导、发现、记忆，等等；心灵爱、恨、向往、恐

---

① 指苏格拉底以前的哲学家。

② 阿里司托森（Aristoxenus），塔壬同人，最初跟随毕泰戈拉学派研究哲学，后来成为亚里士多德的学生。

③ 参见柏拉图：《斐多篇》89。

④ 即理性（ratio）、激情（ira）、欲望（cupiditas）。参见柏拉图：《蒂迈欧篇》69。

⑤ 狄凯亚库（Dicaearchus），亚里士多德的学生，阿里司托森的同学。

惧，感受痛苦和欢乐；他认为，这些活动以及其他类似的活动在前四类元素中找不到；他使用了第五类，但没有给灵魂起一个名字，他实际上把一个新的术语"endelecheia"用于灵魂，指某种不间断的、永久的运动。

【11】上述观点就是人们有关灵魂的所有观点，除非我正好有所遗漏。确实，有一位德谟克利特，一位无疑非常能干的人，由于他认为灵魂是由细小圆滑的物体由于偶然的碰撞而组合在一起构成的，所以让我们把他忽略；因为没有什么东西是他的学派的思想家无法用一群原子构造出来的。这些观点中哪一种观点是真的，要由神来决定；而这些观点中哪一种观点最为可能，这是一个难题。我们现在是要在这些观点中做出决定，还是返回最初提出来的主题？①

A　如果能做到，我希望兼顾二者，但要把它们结合在一起是困难的。如果不对这些进一步的问题进行讨论我们就能摆脱对死亡的恐惧，那就让它成为我们的目标；但若这是不可能的，除非这个有关灵魂本性的问题首先被破解，那就让我们先来解决这个问题，然后再讨论其他问题。

M　我认为你想采取的步骤比较便利；因为理性的考察会表明，无论我陈述过的观点中哪一个观点是真的，死亡都不是恶，或者说得更好一些，死亡是一种积极的善。因为，如果灵魂是心、血、脑，那么由于它是物体性的，它会随着身体的安息而消亡；如果它是呼吸，那么它也许会消散在空中；如果它是火，那么它会熄灭；如果它是阿里司托森所说的和谐，那么它也会消失。我们还有必要提到狄凯亚库吗，他说灵魂根本不存在？按照所有这些观点，没有任何东西可以属于死后的人，因为感觉的力量随着生命一道失去；还有，对一个无感觉的在者而言，没有任何事物可以对它形成差别。其他教师的观点提供了希望，如果这正好令你感到高兴，灵魂在与身体分离的时候找到了上天之路，朝着它们的居所奔去。

A　这种观点确实令我高兴，我非常希望它是真理，即使无法证明它是

---

① 即讨论死亡问题，见本文本卷第5章开头。

真的，我也希望能被它说服。

M 那么我们的帮助对你还有什么必要？我们无法超过柏拉图的雄辩，是吗？把你的注意力转向他讨论灵魂的那本书。① 你会意识到没有必要了。

A 我已经这样做了，我确实读了好几遍；但是令我感到遗憾的是，我在读这本书的时候表示赞同，而等我把书放在一边，开始思考灵魂不朽的时候，我先前的赞同又全部溜走了。

M 你这样说是什么意思？你来假定灵魂在人死后仍然存活，或者假定死亡就是灵魂的毁灭？

A 我假定了。

M 好吧，你假定人死以后灵魂仍然存活，是吗？

A 我还承认它们是幸福的。

M 假定人死以后灵魂毁灭呢？

A 我承认它们不是不幸的，因为按照这个假设的前提，它们根本不存在；在你的论证力量的推动下，我们稍微后退了一点。

M 你在什么意义上，或者由于什么原因，认为死亡是一种恶，如果我们的灵魂在人死后依然存活，能使我们幸福，如果我们死后没有感觉，我们也不会有什么不幸？

【12】A 要是不麻烦，或者你能做到，首先请你清楚地说明灵魂在人死以后依然存活；其次，如果你做不到——因为这是一件难事——请你证明死亡是对恶的摆脱。我担心的要点就在这里，恶不是无感觉，而是将要失去感觉。

M 我们可以引用最高的权威来说明你希望确立的观点，通常情况下人们都会这样做，因为它的分量最重；而且我们一开始就要引用古代的权威，因为他们最接近起源和神圣的祖先，对真理的印象比较清晰。因此，我们在被恩尼乌斯称做"古人"的那些人中间就看到一种确定的信念：处于死亡状

---

① 指柏拉图《斐多篇》。

态的人是有感觉的，生命在停止的时候不是彻底毁灭。其他许多例子也汇集着这种看法，从祭司法到葬仪，如果那些拥有领导才能的人心中不相信死亡不是一切事物的毁灭，而是生命的转移和改变，对于优秀的男女来说是一种升天的向导，对其他人来说，他们的鬼魂去了地下，但仍旧活着，那么他们不会认真地遵守这些法律和仪式，也不会坚决禁止和惩罚那些亵渎的行为。因此，在我们国人的信念中，如恩尼乌斯按照传统所写的那样，"罗莫洛生活在天上，永远和诸神在一起"；而希腊人信奉赫丘利① 是一位伟大的、乐于助人的神，并把这种信念传给我们，直至大洋；罗马人还信奉塞墨勒之子利伯尔为神，还有廷达瑞俄斯的两个儿子，他们不仅帮助罗马人在战争中取胜，而且还担任胜利的信使。噢，希腊人把卡德摩斯的女儿伊诺称做"leukothea"，我们的国人不是把她当做马图塔来崇拜吗？我不想再举更多的例子了，整个天界不都充满了原本为凡人的诸神吗？

【13】事实上，如果我考察希腊作家的古老记载，从中寻找例子，那么我们看到，那些一流的人物正是通过这条道路升天而成为人们崇拜的神。看一看他们留在希腊大地上的坟墓，想一想在秘仪中神明如何离你而去——因为你参加过秘仪——你确实就会明白这种信念的流传有多么广泛。事实上，在人们还不知道那种许多年后才开始研究的自然哲学时，他们只拥有这种从自然的启示中得来的信念；他们没有接受过系统的教育，经常受到幽灵鬼怪的骚扰，大多数是在晚上看到的，于是他们相信那些已经死了的人还活着。

还有，随着这一点进一步成为我们相信诸神存在的最确定的基础，人们说整个世界没有哪个民族野蛮到心中没有诸神，许多人确实对诸神有错误的看法，但这通常是人的本性腐败的结果；无论如何，既然所有人都相信神力和神性的存在，它不是人的推论或虚构的产物，也不是通过规章和法律建立起来的信仰，而是世上各民族通过考察一致赞同的事情，所以它必须被视为

---

① 赫丘利（Hercules），希腊神话中的大英雄赫拉克勒斯。

自然法则。那么，对亲人的去世感到悲伤的人是由于他们认为亲人的舒适生活被剥夺了，是吗？消除了这种想法，你马上就能消除悲哀。人在这种时候感到悲伤不是因为他自己有什么不幸，当然也可以是他自己的不幸使他感到悲伤和痛苦；但我们哭嚎流泪的习俗源于这样的想法：我们热爱的人失去了舒适的生活，我们感到失去了他们；我们的这种情感不能归于任何理性的或教导的过程，而应归于自然的推动。

【14】但是，我们主要的证明是自然本身提供的无言的对灵魂不朽的判断，因为所有人确实都在深深地担忧死后将会发生什么事情。斯塔提乌①在《年轻的伴侣》中说："他播下的树种是为将来的岁月做准备的。"除了关心将来的岁月，他心中还在想些什么？农夫尽管一粒浆果也看不见，仍旧辛勤播下树种，那么伟大人物就不会播下法律、规章和公共政策的种子吗？生儿育女、延续家族、收养义子、精心准备遗嘱、墓碑、铭文——除了我们既想到现在又想到将来，这些东西有什么意义？这样做有什么意义？你能怀疑我们人的理想本性应当用我们所遇到的最优秀的本性来构成吗？那些人认为自己生来就是为了帮助、护卫、保存他们的同胞，除了在他们中间，我们还能在人类中找到更好类型的本性吗？赫丘利死后成为神灵中的一员，除非他在自己凡人的生活中开辟了一条他要走的道路，否则他决不可能成为神。随着时间的流逝，这样的例子被世上的宗教情感奉为神圣。

【15】还有，在我们这个共同体中，我们假定人们心中会怎样看待那些为国英勇捐躯的优秀军人？他们的名字应当只限于他们短暂的一生吗？为国牺牲的人没有一个不抱有永垂不朽的希望。塞米司托克勒本来可以过一种安宁的生活，厄帕米浓达也可以这样做，尽管我能做到，但我不用再从外国的历史上引用古代的例子了；然而人心中不知为什么会出现一种根深蒂固的与将来有关的不祥预感，在那些最伟大的天才身上，在那些最崇高的心灵中，这种感觉非常强烈。一旦消除了这种情感，有谁会如此疯狂，在艰难险阻中

---

① 凯西留斯·斯塔提乌（Caecilius Statius），罗马喜剧诗人，死于公元前 168 年。

连续度过一生？到此为止，我在讲政治家，那么诗人怎么样？他们就不希望死后变得出名吗？下面这段诗歌是什么意思？"国人们，请看恩尼乌斯老人的形象！他曾经歌颂你们祖先的伟大业绩。"这位诗人要求那些他使他们的祖先出名的人给予他名声方面的补偿，他人写道："愿人们不要为我的丧葬流泪哭泣。为什么？因为我的名字在活人们的口头流传。"难道只有诗人们这样？匠人们也希望流芳百世。斐狄亚斯不能得到把自己的名字刻在密涅瓦的铜盾上的许可，这个时候他为什么要在盾面上刻出与自己相似的形象？我们的哲学家怎么样？他们难道没有把自己的名字写在他们撰写的论轻视名望的书上吗？如果说人们的普遍赞同是自然的声音，那么世上所有人都同意有某些东西属于那些已经死去的人，而我们也必须拥有同样的观点；如果我们认为杰出才能或道德高尚最清楚地揭示了人的本性的含义，它们是对最高本性的赞美，那么由于最优秀的人为后代提供的服务最多，很有可能他们死后也能感受到某些事情。

【16】正如凭着自然的本能我们相信诸神的存在，凭着理性的推论我们学习和认识它们的本性，所以凭着全人类的一致同意，我们认为灵魂拥有永久的生命，我们必须依据理性来了解它们的居所和本性。对此无知，也就引发了虚构地下的世界和带来恐怖，你对此表示藐视似乎并非没有理由。身体倒地，用土掩埋，这就是我们埋葬①这个词的来源，于是人们就认为人死以后生活在地底下；这一信念经过诗人的夸张导致严重的误解。剧场里的观众，包括无知识的妇女儿童，听到这样的诗句后会感到无比激动："我现在前往阿刻戎，沿着崎岖的羊肠小道，穿过位于突兀陡峭山岩之下的洞穴，巨石嶙峋，那里就是黑暗可怕的下界。"这样的错误观念至今仍在我心中显现。虽然知道死者的尸体被焚毁，但人们仍然想象地下世界发生的事情，却不知如果没有身体，这样的事情是不可能发生的，也难以理解。人们无法用心智想象灵魂如何独自生活，于是就试图赋予灵魂一定的形象或形状。这就是荷

---

① 埋葬（humare）一词派生于土（humus）。

马整个"祭招亡魂"(veknia) 的来源①，也是我的朋友阿庇乌斯·克劳狄·浦尔契② 的"亡魂显灵"(veknomanteia) 的来源，在我们附近还出现了阿维努斯湖③，"灵魂，亡故者的影子，被激起，在渊深的阿刻戎的出口处受到祭血的召唤"。他们甚至希望鬼魂说话，但没有舌头、嘴巴，或者没有喉咙、胸和肺起作用，这种事情是不可能发生的。他们无法在心中构成鬼魂的印象，一切事物都要接受他们的眼睛的检验；确实，要有强大的理智才能使心灵摆脱感觉和分离的念头，摆脱习惯的力量。我相信在漫长的、前后相连的几个世纪里一定还有其他思想家，但在文献告诉我们的范围内，叙罗斯的斐瑞居德④ 第一个宣称人的灵魂不朽，他极为受人尊敬，我的同宗⑤ 登上宝座时他还活着。他的门徒毕泰戈拉坚决支持这种说法，毕泰戈拉在苏泊布斯⑥ 统治时期来到意大利，后来他在整个大希腊地区变得至高无上，既由于他的训练体系受到的赞誉，也由于他的个人的影响；许多个世纪以后，毕泰戈拉学派的名字仍旧那么响亮，乃至于使人们认为这个学派以外的任何人都不配称为博学者。

【17】但我还是回到老毕泰戈拉学派这里来。除了那些可以用数和几何图形来解释的问题，他们一般说来没有给他们的观点提供合理的证明。据说柏拉图来到意大利向毕泰戈拉学派学习，他不仅赞同毕泰戈拉学派的灵魂永恒的观点，并且第一个提供了合理的证明；不过你要是不反对，让我们撇开这个证明不谈，也抛弃对灵魂不朽的全部期望。

A 你已经激起了我的巨大期望，然后你想让我突然落空吗？凭天起

---

① 见荷马：《奥德赛》第 11 卷，奥德修斯在那里祭召亡魂。

② 阿庇乌斯·克劳狄·浦尔契（Appius Claudius Pulcher），公元前 54 年的罗马执政官，后与西塞罗一同担任占卜官。

③ 阿维努斯湖（Avernus），位于坎帕尼亚的库迈，被视为冥府的入口。

④ 斐瑞居德（Pherecydes），约公元前 6 世纪，据说是毕泰戈拉的老师。

⑤ 指罗马国王塞维乌斯·图利乌斯（Servius Tullius），西塞罗开玩笑地把他称做是他家族的创建者。

⑥ 塔奎纽斯·苏泊布斯（Tarquinius Superbus），罗马国王，遭到放逐。

誓，我宁愿跟着柏拉图走上迷途，我知道你对他是尊重的，因为我经常从你嘴上听到对他的敬佩之词，而不愿接受他的对手的那些观点。

M 好极了！要知道我自己也很乐意跟着这位思想家走上迷途。我们实际上对许多事情确信无疑——我们无论如何不能怀疑，因为这是数学家们相信的——我指的是，他们认为大地位于宇宙中心，与整个天穹相比，它的大小就像一个点，数学家称之为 kentron（中心），是吗？进一步说，我们并不怀疑生成万物的四元素具有这样的性质：它们彼此分配和划分，土和湿因其自身的倾向和重量而垂直向下进入陆地和海洋，剩下的两部分，一个是火，另一个是气，就像开始提到的两个部分一样，因其自身的重和重量而进入宇宙的中央位置，但与前二者相反，后二者垂直飞向天空，或是因为它们的本质内在地具有向上的倾向，或是因为它们较轻的本质而使它们离开较重的物体。如果这些事实是明确的，那么灵魂在离开身体以后，或者是气状的，即具有气息的性质，或者是火状的，向高处升腾。然而，如果灵魂是某种数，那么这种说法是精妙而非明晰，如果灵魂具有亚里士多德所说的第五性质——与其说它是无法理解的，不如说它是没有名字的——那么有一种纯洁的基质自身在运动，使灵魂尽可能离开大地。因此，灵魂以及它的所有活动与心或脑没有联系，也不在恩培多克勒所说的血液里，而无论灵魂是我们提到的这些东西中的哪一种。

【18】至于狄凯亚库，以及他的同时代人和同学阿里司托森，尽管他们非常博学，但我们在这里就不提了。他们中的一个似乎从来都不会感到痛苦，因为他甚至感觉不到灵魂的存在，另一个沉溺于他自己的音乐，试图把它带进哲学。但是我们可以承认，不同音高的声音产生美妙的音乐，这些声音的不同组合会带来和谐；可是我不知道，处于各种状态和姿势下的身体要是没有灵魂，怎么能产生和谐。尽管这位音乐家确实有学问，不过还是请他把哲学留在他的老师亚里士多德手中，他自己则继续讲授音乐。希腊有句谚语说得好："熟悉哪一行，就干哪一行。"还有，让我们完全抛弃灵魂由不可分割的细小圆滑的物体偶然会聚而成的观点，尽管德谟克利特认为这种会聚

会产生热，灵魂是热的气，也就是气息。如果灵魂如我们所认为的那样来自构成一切事物的四类元素，那么帕奈提乌①的观点最值得赞扬，他认为灵魂是由燃烧着的空气组成的，并且必然趋于上升；要知道火和气这两类较轻的元素不包含向下的趋势，而是趋于上升。因此，如果灵魂在空中消散，那么这种情况发生在距离大地一定距离的时候；如果灵魂仍旧活着并保持它们的性质，那么它们一定会升入高空，穿越距离大地最近的稠密的气；这是因为灵魂比我刚才所说的稠密的气更热；从我们的身体就可以知道这是一个事实，我们的身体由土性元素构成，由于灵魂的活动而变热。

【19】还有，由于没有什么能比灵魂更敏捷，因此灵魂更容易离开和摆脱我经常说的空气，闯出一条它自己的道路，没有任何速度能与灵魂的速度相比拟。如果灵魂的基质没有掺入其他成分，没有发生改变，那么它必然能够快速穿透和分开包围着我们的大气，处于大气中的云彩和大风都是由地上蒸发的湿气汇聚而成的。灵魂穿过大气后抵达一个新的地区，遇见和认出与它自己相似的基质，这个时候它就停留在由非常稀薄的气构成的火里，在阳光的温暖照耀下，停止向上飞升。来到这个与它本身的基质相似的光明和温暖的地方，它就变得几乎不动，与周围的环境处于平衡的状态，然后，而不是在此之前，找到它的天然家园；由于这里的状况与灵魂本身相似，所以它的各种需要都能得到满足，它以滋养和维持星辰的食粮来滋养和维持自己。就像我们肌体中的火，我们拥有的各种欲望使我们的身体发热，尤其是妒忌那些拥有我们想要的东西的人而使我们的身体变得更热，因此只有当我们抛弃身体，摆脱欲望和妒忌时，我们才会真正幸福；我们现在实际上正在这样做，排除了各种忧虑，我们就会感到需要观察和关注某个对象，当我们自由自在时，我们就会全身心地投入观察和思考，因为自然在我们心中放入了一种永不餍足的看见真理的期盼；对要去的那个天上的地方想象越多，认知的欲望越强烈，我们就越容易认识天上的事物。要知道，这种美甚至在大地上

---

① 帕奈提乌（Panaetius），斯多亚学派哲学家，小西庇阿的朋友。

也激发过被塞奥弗拉斯特称做"父辈和祖先的"、充满认知欲望的哲学。当居住在大地上的人们都还处在昏暗之中时，他们就乐意运用敏锐的心智进行观察。

【20】就像现在人们看到本都海①和著名的海峡，昔日有条船从中经过，那船被称做"阿耳戈斯，因为杰出的阿耳戈斯英雄们曾经驾着它去寻找金羊毛"，或者看见大洋里的海峡，"惊涛骇浪在那里把欧罗巴和利比亚劈开"，便会产生某种想象，请你告诉我，当我们能够亲自对整个大地，以及它的位置、形状、轮廓，有人居住的地带和因严寒酷暑而荒无人烟的地带一览无遗时，我们会感到这是一种何等宏伟的景象？我们甚至并不是在用我们的眼睛区分我们看到的东西，因为人体实际上没有知觉，而是像自然哲学家或医生们所清楚地看到和教导我们的那样，从灵魂的处所到眼睛、耳朵、鼻子有通道。我们知道，由于全神贯注地思考问题或者生病，尽管睁着眼睛，张着耳朵，它们也没有受伤，但我们却看不见或听不见，由此可见，是灵魂在看和听，而不是有如灵魂窗口的那些部分在看和听，要是没有灵魂，它们什么也察觉不到，除非灵魂是积极的、精力集中的。使用同样的心灵，我们所获得的事物的印象如此不同，比如颜色、滋味、冷热、气味、声音，这一事实说明了什么？依靠它的五个信使，灵魂永远不能得到什么确定的印象，除非它自己是唯一的法官，判断一切。还有，当灵魂自由地抵达它的自然的家园时，它能够发现更加纯洁透明的东西。而在我们当前的状态中，尽管如人们所说，那些自然用高超的技艺塑造的从肉体到灵魂的孔道是开着的，然而它们被属土的东西包围着；而在除了灵魂没有其他东西时，便不会有任何身体上的障碍能够阻止灵魂察觉事物的本性。

【21】如有需要，我们可以详细讲述灵魂在抵达天际时看到的神奇景象，它们数量巨大，种类繁多。每当我想到这些事，我就对某些哲学家的厚颜无耻感到惊讶，他们出于对自然的好奇，欣喜地感谢自然知识的发现者和创立

---

① 本都海（Pontus），即现今黑海。

者，乃至于把他当做神；据他们说，是他使他们摆脱了最难忍受的僭主——永久的恐惧和日以继夜的担忧。他们摆脱了什么样的恐惧？他们摆脱了什么样的担忧？有哪位驼背干瘪的老妇会如此愚蠢，如果不学习他们的自然哲学，就会害怕他们害怕的东西？①"奥耳库斯在阿刻卢西亚的高大神庙，② 死神常去，乌云密布。"这位哲学家吹嘘说自己不怕这样的地方，认为它们是假的，他难道不感到脸红吗？由此可知，未受教育的人的自然理智会相信它们是真的。他们认为：死亡一旦降临，他们就会完全毁灭。这真是一项重大发现！就算这是真的——我不想挑战它——又有什么可喜或值得吹嘘的呢？在我看来确实没有任何理由不相信毕泰戈拉和柏拉图的信仰。即使柏拉图未作任何证明——请注意我肯定他做出了贡献——他的威望本身也能使我信服；而实际上，他提出了一系列的证明，他似乎不仅想要说服别人，而且也已经说服了自己。

【22】有相当多的思想家反对这种信仰，他们认为死亡犹如经灵魂判死刑，然而这只能表明他们认为灵魂不朽不可信是无理由的，因为他们不能理解或掌握无身体的灵魂的性质。假定他们能够理解居于身体中的灵魂的性质、形状、大小、状况。假定所有这些都隐藏在活人身上无法察觉，但这不是正好表明灵魂的形象是不可见的，或者表明灵魂是能够逃脱我们眼睛的精致的基质吗？让那些说自己不能理解无身体的灵魂的思想家想一想吧，他们会明白自己对有身体的灵魂又理解多少。当我思考灵魂的时候，我感到很难表达一个居住在并不属于它自己的家园里的灵魂的概念，这样的概念要比离开了身体、自由地进入天空、来到它自己的家园的灵魂概念还要可疑。如果

① 参见卢克莱修：《物性论》。"听我说，一个神，崇高的明米佑。因为是他首先发现那个生命的原则，它现在被称为智慧；借他的技巧，他把生命从那样汹涌的波涛中，从那样巨大的黑暗中，驾驶到如此清朗而风平浪静的港口里来停泊。"（第5卷第8行起）"即使是恩尼乌斯，在他不朽的诗篇里，也宣言着亚基龙河那些地窟的存在。虽则他说我们的灵魂和躯体不能到达那里，而只有那些奇异的憔悴的魅影。"（第1卷第120行起）

② 引自恩尼乌斯：《安德洛玛刻》(*Andromache*)。奥耳库斯（Orcus）原为希腊神祇，混同于冥王普路托（Pluto），阿刻卢西亚（Acherusia），意大利坎帕尼亚的一个湖泊。

我们可以理解我们从来没有见过的东西的本性，那么我们无疑可以理解神和无身体的神圣的灵魂。狄凯亚库和阿里司托森确实说过，灵魂根本不存在，因为很难理解灵魂是什么，或者它的性质是什么。重要的问题在于明白，只有灵魂才能看见灵魂，"认识你自己"阿波罗的这句箴言就是这个意思。这句箴言的意思不是说我们要认识我们的肢体，我们的身高和体重；我们并不是我们的身体，我在对你们讲话的时候也不是在对着你们的身体讲话。所以，当阿波罗说"认识你自己"的时候，他的意思是"认识你的灵魂"。身体犹如盛放灵魂的一个器皿或灵魂的居所，你的灵魂的行动就是你的行动。因此，认识灵魂是神的行为，否则那位极为富有洞察力的人士不会把这句箴言说成是神说的。①

如果灵魂自己也不知道灵魂的本性，那么请你告诉我，它也不知道自己的存在和运动吗？柏拉图就此提出了著名的论证，由《斐德罗篇》中的苏格拉底阐述，而我则把它放在《论国家》的第六卷中。

【23】"凡是永远处在运动之中的事物都是不朽的。那些要由其他事物来推动的事物会停止运动，因此也会停止生命。只有那个自动的事物决不会停止运动，因为它决不会抛弃它自身；它也是源泉，是其他被它推动的事物运动的开端。另一方面，开端是没有出生的，因为一切事物的产生都源于开端，而开端本身则不可能源于其他任何事物，如果开端也有出生，那么它就不是开端了。进一步说，由于开端本身没有起源，所以它决不会灭亡；因为一旦开端被摧毁，那么它就决不会从其他任何东西再产生出来，它自身也不能创造出其他任何事物，而一切事物必定要在开端中有一个起源。结果就是，运动的开端来源于自动者，它的灭亡就像它的产生一样，是不可能的；否则的话，整个宇宙，一切生成的事物都将崩溃，成为死寂的，要找到另一个能使之再次产生的运动源泉也决无可能。"②

---

① 也有传闻说这句箴言是希腊七贤之一的泰勒斯或梭伦所说。
② 柏拉图：《斐德罗篇》245c。

所有平凡的哲学家——这样的称呼对那些不同意柏拉图、苏格拉底，以及他们的学派的人来说似乎是恰当的——即使都凑在一起，绝无可能如此细致地阐述问题，也不能准确地得出这个结论。所以，灵魂意识到自己在运动，同时也意识到使自己运动的力量在于它自身，而不是由于任何外在力量的推动；这就是对永恒的证明——除非你还有什么要说。

A 我发现自己没有什么相反的看法，你的观点很容易接受，因此我支持你提出来的观点。

【24】M 那么，请你告诉我，你认为那些宣称人的灵魂中有神圣元素的人的观点不太重要吗？要是我说能看到有多少这样的元素产生，那么我也可以说能看到有多少这样的元素消灭。事实上，我能用血液、胆汁、痰液、①骨头、肾脏、血管来说明肢体和整个身体是如何组成和构造起来的；然而灵魂本身，除了说有了灵魂我们才有了生命以外，灵魂本身没有什么特点，而维持人的生命要有一个自然过程，就好像一棵葡萄或一棵树，这样的东西我们说是有生命的。还有，要是说除了追逐或逃避人的灵魂没有其他特点，那么它会像野兽一样了。

所以我们要说，首先，灵魂有记性，可以记住无数的事情。柏拉图希望能有对前世的记忆。② 在题为《美诺篇》的书中，苏格拉底问一名小童有关正方形的几何问题。那名小童对这些问题做了儿童所能做的回答，尽管这些问题很难，但通过回答问题，他逐步获得结论，就好像他学过几何学；苏拉拉底以此为证，认为学习就是回忆。在就要被处死的那天晚上，苏格拉底更加细致地阐述了这个主题，他说全然无知的人能回答这些问题，表明在这个时候他不是在学习，而是在通过回忆唤醒已有的知识；除非灵魂在进入肉体之前已经主动地获得了知识，否则我们确实不可能从小就拥有大量观念，而它们就好像刻在我们的灵魂上，被称做"ennoiai"。由于灵魂没有可感物体

---

① 希腊人认为人有四种体液：血液、黑胆汁、黄胆汁、痰液。参见本文第四卷，第10章。

② 对先前存在状态中看到的事物的回忆。参见柏拉图：《斐多篇》73a。

意义上的存在，如柏拉图到处争辩的那样——他认为有开端和终结的事物不存在，只有与其本性始终保持一致的事物是存在的；他把这样的事物称做"idea"，而我们称做"型相"——灵魂在肉体中就像在囚室里一样，不能理解型相；灵魂拥有知识，因此我们对自己拥有那么多知识感到惊讶。灵魂在突然降临这个杂乱无序的居所时不能清晰地看见型相，只有依靠回忆才能形成或发现型相。因此，按照柏拉图的说法，知识无非就是回忆。

但是，我对回忆更加感到惊讶。什么东西使我们能够回忆，或者说回忆有什么性质，它的起源是什么？我要问的不是记忆力，人们都说西摩尼得或塞奥德特的记性好，也不是基尼亚斯的记性，皮洛斯派他担任去罗马元老院的使者，也不是卡尔玛达斯的好记性，或者司凯普斯的梅特罗多洛的好记性，他最近刚刚去世，或者我们自己的霍腾修斯的好记性。我正在说的是人们一般的回忆，那些从事某些比较高级的学习和技艺的人的回忆，这些人的精神能力难以估量，他们真的是博闻强记。

【25】那么我为什么要这样说呢？我认为，我们现在必须弄清以这种方式展现出来的力量是什么，它是什么时候产生的。它肯定不是心脏、血液、大脑或原子的某种性质。至于它是不是气或火，我不知道，我不像其他人那样，羞于承认自己的无知。面对一个如此困难的事物做判断，我会承认自己的无知；我想要发誓说，无论灵魂是气还是火，它是神圣的。请你认真考虑：你真的认为灵魂来自潮湿的土吗？我们如此惊人的记忆力能从这样的地方产生或形成吗？即使你不能做出正确的回答，你也能看出其中包含的问题；即使你不能看出其中包含的问题，你肯定明白它的重要性。那么我们该怎么办？我们认为灵魂就像一间房间，我们把要记住的事物放进去，就像倒进某种器皿吗？这是荒唐可笑的，这样的灵魂有底吗？有形状吗？或者说，它能拥有什么样的合适的房间？或者我们认为灵魂就像蜡板，事物在它上面留下印记，记忆就是由那些在心灵中留下印记的事物的踪迹组成的吗？语词能有什么样的踪迹？真实的物体能有什么样的踪迹？进一步说，要有多大的空间才能再现众多的事物？

还有，我要问，那种能把隐藏的秘密揭示出来的力量是什么，亦即所谓发现和发明？在用某种本体构成的人中，有人首先给各种事物命名，极为睿智的毕泰戈拉认为这是一项伟大的成就；有人首先把散居的人聚集起来，让他们过一种社会生活；有人用为数不多的文字符号把看起来似乎无限的语音表示出来；有人标出行星的轨迹，向前运动或静止不动，难道你认为所有这些创建都来自属土的、可朽的、可灭的本体吗？所有这些人都是伟大的，他们的前辈也是伟大的；他们的前辈中有人发现了大地上生长的果实，发明了衣服和房屋，有人规定了生活必需的秩序，有人想出了防御野兽的方法，正是在他们的指引下，我们人类逐渐开化文明起来，从生活必需的手艺中发展出艺术。通过他们，我们的耳朵可以在由多种性质的声音组合起来的音乐中得到强烈的愉悦；我们观察星辰，包括那些固定在某个点上的恒星和那些名字就表明其在漫游的行星，尽管实际上并非如此，①观察星辰旋转和运动的人教导说，人的灵魂要像神，神的话语创造了天上的星辰。当阿基米德用天球仪再现了月亮、太阳和五大行星的运动时，他做了柏拉图《蒂迈欧篇》②中的那位创世神一样的事情，用天球仪的加速或减速来控制几种运动。正如没有神就不会有这个世界一样，如果没有神圣的天赋，阿基米德就不能用天球仪模仿星辰的运动。

【26】在我看来，那些更加出名的领域似乎也不能离开神的影响；我必须说，没有来自上天的激励，诗人不可能写出他的颂歌，没有某种上天的力量，演说家也不可能词句铿锵，思想横溢。至于哲学，一切技艺之母，又怎能例外地不是诸神的发明呢？柏拉图说它是神赐的礼物，我也这样认为。它首先指导我们崇拜诸神，其次教我们植根于人类的社会联合中的正义，最后教我们灵魂的节制和高尚，从而驱除蒙蔽心灵的黑暗，使我们看到所有天上和地下的事物，看到最先出现和最后出现的事物以及位于二者之间的事物。

---

① 西塞罗在《论神性》第二卷第 20 章中说，五大行星被错误地称做"行星"，因为它们都按照确定的轨道在那里永久地运行。

② 柏拉图：《蒂迈欧篇》47。

在我看来，能够带来这一系列重要成果的力量完全是神圣的。因为，什么是对事实和语词的回忆？什么是发明？甚至在价值更高的神那里也找不到比发明更宝贵的东西。我不认为诸神喜爱神仙的食物①或给诸神斟酒的赫柏②，我不相信荷马说的话，该尼墨得③由于长得英俊而被诸神掳走，当了宙斯的酒侍；没有正当的理由可以说明拉俄墨冬④为什么要受到如此残忍的伤害。荷马想象出这些事情，把人的情感加给诸神；而我宁可把神的情感归于我们。但我们应该如何理解神的属性呢？活动、智慧、发明、记忆。因此，如我所说，灵魂是神圣的，欧里庇得斯曾大胆地说灵魂就是神⑤；实际上，如果神是气或火，那么人的灵魂也是气或火；正如属天的事物的本性就是脱离土和湿气，所以人的灵魂中没有这两种元素的踪迹。如果存在亚里士多德最先表述的第五种元素⑥，那么它就是诸神和灵魂的属性。

【27】在《安慰》⑦一文中，我们已经用准确的话语表述和证明了这种观点："我们在土中显然找不到灵魂的始源，因为没有任何迹象可以表明灵魂是从土中生长或用土塑造出来的，或者是用土的粒子混合而成的，潮湿、气和火也和灵魂没有什么关系。这些元素不拥有任何记忆、思想、反省的力量，不能记住往昔、预见未来和把握现在，这些能力只能是神的能力，只能从神那里来到人身上，而无法在其他地方找到。灵魂的基本特性非常独特，有别于其他那些普通的、众所周知的元素。我们必须说，凡是有感觉、能思

---

① 原文为"ambrosia"，意为神仙的食品。

② 赫柏（Hebe），希腊青春女神，即罗马神话中的朱文塔斯，宙斯与赫拉的女儿，侍候诸神，给他们斟酒。

③ 该尼墨得（Ganymede），特洛伊王子，年轻美貌，相关事迹见荷马《伊利亚特》第5卷，第265行以下。

④ 拉俄墨冬（Laomedon），特洛伊王，伊罗斯和欧律狄刻的儿子，普里阿摩斯的父亲。事迹见荷马：《伊利亚特》第20卷，第233行以下。

⑤ 参见欧里庇得斯：《残篇》第1007行。

⑥ 参见本文本卷，第10章。

⑦ 西塞罗的《安慰》（Consolatio）一文现已佚失，西塞罗的女儿图利娅于公元前45年去世，西塞罗撰写此文以抚慰自己的悲伤。

考、有生命、有活力的东西必定是属天的和神圣的，由于这个原因，它也是永恒的。即使我们所理解的神明本身也只能被理解为不受约束的、自由的心灵，与一切可灭的质料无关，但它又能知道一切，推动一切，其自身处于永恒的运动之中。"人的心灵也是同一类事物，具有同样的性质。

那么这种心灵在哪里，是什么样的？你的心灵在哪里，是什么样的？你能说得出来吗？即使我并不拥有我所希望拥有的所有感知能力，难道你不允许我使用我过去拥有的感知能力？灵魂就像眼睛不能看到它自己，但却能识别其他事物。灵魂不能看到它自己的形状，那又怎样——它也许可以这样做，但那又怎样——它肯定能看见自己的力量、智慧、记忆和敏捷。这才是它的伟大之处，这才是它的神圣之处，这些东西才是永久的。我们甚至不需要考虑它的外在形态或居处。

【28】这就好比我们首先看到天穹的美丽和明亮，于是对我们的思想无法把握的、它的旋转速度①感到惊讶，其次是看到适合大地上的果实成熟和动物生长的昼夜交替和四季划分，然后看到它们的统治者和向导太阳、作为月历的标志的月亮的盈亏，然后看到在黄道十二宫中沿着不变的轨道运行的五大行星以及夜间群星闪耀的天穹，尽管行星之间的运动有差别，然后看到隆起于海面之上的整个地球，②坚定地位于宇宙的中心，它有两个地带是可以居住和耕种的，我们住在这两个地带中的一个。"北极位于七星③之下，可怕的北风神从那里送来寒冷的冰雪。"另一个地带在南部，是我们不知道的，希腊人称为"对地"④；其他地带是无人耕种的，因为我们想，那里要么是严寒，要么是酷热。然而在我们居住的地方，季节的变化不会停止。"天空晴朗，阳光明媚，树木郁郁葱葱；葡萄欢乐地生发绿芽，浆果结出累累的果实，田野布满丰收的庄稼，鲜花盛开，泉水涌流，牧场绿茵。"众多的家

---

① 天穹围绕大地转，24 小时转一圈。
② 柏拉图、亚里士多德认为地球是球面的，西塞罗本人的看法在这里不清楚。
③ 即大熊星座。
④ "对地"（antixthon, counter-earth），又被称做"antipodes"。

畜，有些可供我们食用，有些可供我们骑乘，有些可以用来耕地，有些可以用来制衣；而人本身被塑造成这个样子，他可以观察天空，耕种田地，让广袤的大地和大海都为人服务——当我们看到这些事情以及其他诸如此类的事情时，如果这些事物像柏拉图说的那样都有一个开端，或者像亚里士多德所说的那样万物始终存在，我们能够怀疑它们之上有某位在者或造物主，有某位总督管辖着一切吗？所以，就好像你们看不到神，但无论如何可以通过神的创造认识神，你们尽管看不见人的心灵，但通过记忆和发现，通过心灵运动的迅捷，通过心灵中的德性的美丽，你们能够认识心灵的神圣力量。

【29】那么心灵在什么地方呢？我相信它在头脑里，我可以提供一些理由来说明我的信念。但是，我会在其他时候解释灵魂的处所。你们身上无疑有灵魂。但它的本体是什么呢？我想灵魂是专门的、个别的。如果假定灵魂是火或者气，那么它和我们讨论的目的无关。现在请注意，就好像尽管你既不知道神的住处，也不知道神的相貌，但你可以认识神一样，你也应当能够认识你的灵魂，尽管你不知道它的处所和形状。还有，我们在研究灵魂时决不能怀疑灵魂的存在，灵魂绝不是用各种成分混合、组合、结合、黏结起来的，更没有什么两重性；如果是这样的话，那么灵魂肯定不能被分割、分离、划分、肢解；因此，灵魂是不死的，因为灭亡就是毁灭到来之前的那个统一体的分离、分割或分开。正是抱着这样一些想法和信念，苏格拉底在面对审判时不寻求庇护，不对他的审判者卑躬屈膝，而是从他的灵魂中表现出一种高尚的坚定，但不是傲慢；直到生命的最后一天，他还在详细地讨论这个问题；而在几天前，尽管他可以轻而易举地越狱，但他还是拒绝了；最后，就在快要手握那致命的杯子时，他还在高谈阔论，就好像不是濒临死亡，而是要升天似的。

【30】苏格拉底思考并且证明，离开肉体的灵魂有两条道路，或两个方向。他说，如果灵魂被人间罪行所玷污，或是沉湎于各种欲望，或是由于家庭罪恶和丑行使自己蒙受耻辱，或是策划不可饶恕的阴谋使国家遭受暴力，那么这样的灵魂面对的道路远离诸神；如果灵魂使自己保持纯洁无瑕，很少

染上与肉体有关的恶习，虽然处在肉体中，但却远离恶习，过着一种神明般的生活，那么这样的灵魂很容易回到它们早先离开的那个地方。这个时候，苏格拉底想到自己有如天鹅，天鹅并非无缘无故地奉献给阿波罗的，它显然从这位神明那里得到了预见的能力，可以预见死亡，因而总是唱着歌欢乐地死去，而所有善良的人和有学问的人也应如此。事实上，任何人对这一点都不能表示怀疑，除非在全神贯注地思考灵魂时我们会有凝视落日般的感觉，就好像完全失去了视力；以同样的方式，心灵的眼睛在凝视自身时会变得迟钝，由于这个原因，我们在沉思时需要放松。而在提出论证时，我们也会充满疑虑、犹豫、困惑和各种恐惧，有如漂泊在一望无际的大海中的一叶孤舟。

然而，这是古代的事情，也是希腊人的事情。加图①在离开人世时感到很快乐，就好像为死亡找到了理由；因为，作为我们主人的神明禁止我们在得到他的允许之前就离世；但若神明本身已经给出了适当的理由，就好像他以往对苏格拉底，现在对加图，以及对其他许多人那样，那么你们这些真正的哲人会高高兴兴地离开这个黑暗的地方，进入光明之地。哲人他不会去打碎监狱的镣铐，因为法律禁止他这样做，而会像服从某个长官或合法权威那样，听从神明对他的召唤和释放。如这位哲学家②所说，哲学家的整个生活就是在为死亡做准备。

【31】实际上，当我们让灵魂摆脱享乐，即摆脱肉体，让灵魂摆脱私人财产，那是肉体的奴婢和仆役，让灵魂摆脱公共事务，摆脱其他一切事务的时候，难道我们是在做其他什么事情吗？我要说，我们所做的不就是召唤灵魂回归自身，迫使它独处，完全与肉身分离吗？而使灵魂与肉体分离不正是学习死亡吗？因此，请你们相信我，让我们做好使自己脱离肉体的准备，也就是习惯死亡。这对我们在大地上旅居，过一种与天上相仿的生活是需要

---

① 马库斯·波喜乌斯·加图（Marcus Porcius Cato），公元前46年战败后宁可自杀，也不愿得到胜利者凯撒的惩罚或宽恕。

② 指柏拉图，参见《斐多篇》67d。

的，对我们摆脱这里的枷锁也是需要的，我们的灵魂在离开这里时不会感到犹豫。在获释时，一直戴着肉身的枷锁的灵魂行动会比较缓慢，如同多年被铁链捆绑的人一样。等我们到达那里的时候，我们才算活着，而不是在此之前就活着；因为我们的今生确实是死亡，如果需要的话，那么我会为之痛哭。

A　你在《安慰》一文中已经这样做了，每当我阅读它时，我最希望做的事情就是离开这个世界，听你刚才这么一说，我更希望能够这样做。

M　这一时刻将会很快到来，无论你是退缩，还是加快步伐，因为生命正在飞快地流逝。然而，就像你不久前所认为的那样，死亡是一种恶，而我更倾向于说除此以外人生没有什么事情不是恶的；如果我们确实认为自己是诸神，或者认为自己有诸神陪伴，那么就没有什么比死亡更好的事情了。

A　这样说有什么区别？①

M　噢，有区别，对那些不满意我们的结论的人来说有区别；不过，在我们的讨论中，我决不让你保留任何可能的理由，认为死亡是一种恶。

A　我已经承认你的想法具有真理性，怎么还会这样想呢？

M　你问有谁会这样想？有一群反对者正在到来，他们中不仅有伊壁鸠鲁主义者——我个人并不轻视他们，但不知道为什么所有学识渊博的人都蔑视他们——而且还有我喜欢的狄凯亚库，他也竭力反对灵魂的不朽。他撰写了题为《列斯堡人》的三卷书，因为这场旨在反对灵魂不朽的讨论发生在米提利尼。而另一方面，斯多亚学派慷慨地让我们过一种乌鸦般的生活，他们认为灵魂可以存在很长时间，但不能永久长存。

【32】就这样，你是否同意我说说，就算这种观点是对的，死亡也不能算做一种恶？

A　只要你喜欢，不过现在没有任何人能使我放弃灵魂不朽的观点。

M　我赞赏你，不过我们对任何事情都不能过于自信，因为我们经常受

---

① 指"不恶"与"善"的区别。

到某些重要结论的影响，从而放弃或改变我们相对比较清晰的观点；就我们
当前的观点来看更是如此，因为这个问题中仍有不清楚的地方。因此，我们
在陷入困境时要打起精神来。

A　很好，但我努力不让这种情况发生。

M　那么我们有什么理由要回避我们斯多亚朋友的观点？我指的是那些
人，他们说灵魂在离开肉体后依然存在，但不会永存。

A　当然不用回避，他们认为灵魂在没有肉体的情况下可以存活，这是
整个问题最困难的地方，但即使把这个很容易相信的观点砍去，只要承认他
们的观点，就可以得出一个合理的推论，亦即灵魂在存活了很长时间以后不
会死亡。

M　你的批评是公正的，整个情况就是这样。那么当潘奈提乌的观点与
他尊敬的柏拉图有分歧时，我们要相信他的观点吗？每当提到柏拉图，他
就赞美柏拉图是最富有智慧的，是最神圣的，是哲学家中的荷马，然而他
不赞成柏拉图灵魂不灭的观点。他认为，无人否认一切事物有生必有灭；灵
魂有生，就像子女与他们的父母相似所表明的那样，这种相似不仅在于身
体特征，而且在于性格。他提出的第二个证明是：任何能感受痛苦的事物都
会生病，任何会生病的事物必然会死亡；灵魂能感受到痛苦，因此灵魂也会
死亡。

【33】这些论证是可以驳斥的。因为这些论证表明他不知道这样一个事
实，当做出一个关于灵魂不朽的陈述时，它指的是那始终能够摆脱无序冲突
的心智（mens），而不是指那些能够受到困顿、愤怒、欲望攻击的那些部分，
潘奈提乌的论证直接针对柏拉图，而柏拉图把这些部分视为边远的、与心灵
分离的东西。① 这和动物很相似，动物的灵魂没有理性的踪迹；这也和人的

---

① 柏拉图在《国家篇》439处区分了理性的灵魂和非理性的灵魂，又将非理性的灵魂
区分为激情和欲望。斯多亚学派反对非理性的灵魂的假设，认为灵魂是一个整体。西塞罗站
在柏拉图一边，并且同意柏拉图在《斐多篇》78中的观点，认为灵魂是单一的、非复合的。
西塞罗在此处使用了另一个术语心智（mens），但没有说明它与灵魂（animus）的关系。

肉体的构成很相似，灵魂位于什么样的人的肉体中会使灵魂有极大的区别；肉体中有许多状况能使心灵变得敏锐，也有许多状况会使心灵变得迟钝。亚里士多德确实说过，一切富有才能的人都脾气乖张，这使我感到安心，因为我比较迟钝。他给出了一长串例子，就好像这个观点可以成立，所要做的就是为这一现象添加理由。如果肉身的自然状况会对心灵的特点产生影响——无论心灵位于何处，这样的状况都会使心灵与肉体相似——那么这种相似并不一定包含着灵魂产生的理由。那些不相似的情况我就省略不提了。现在我希望潘奈提乌就在这里——他曾和阿非利加努生活在一起——我会问他，阿非利加努的侄儿和他的家族中的哪一位相似，他的脸型完全像他父亲，但他的生活方式却和所有浪荡公子相同，乃至于找不到比他更荒淫无耻的人了；我还会问潘奈提乌，普伯里乌·克拉苏的孙子和谁相似，普伯里乌·克拉苏如此聪明、雄辩、优秀，其他许多杰出人物的子孙和谁相似，这些人的名字我无须逐一列举。但是，我们为什么要谈这些事呢？难道我们忘了当前要考虑的问题，关于灵魂的永恒我们已经谈够了，哪怕灵魂是可灭的，死亡也不包含恶？①

A　我没忘，不过你在谈论灵魂永恒时讲的离题话我也很乐意听。

【34】M　我明白你有崇高的目标，你希望能够上天朝觐。我希望这是我们的命运。但假定就像这些思想家所认为的那样，灵魂在人死后并不继续存活；如果真是这样的话，那么我们对幸福生活的希望便被剥夺了。这样的观点会带来什么样的恶果呢？假定灵魂也像肉体一样死亡，那么人死以后还会有什么痛苦，或者肉体还会有什么感觉？任何人都不会这样说，尽管伊壁鸠鲁指责德谟克利特这样说过，而德谟克利特的追随者都否认这一点。所以灵魂也不会有什么感觉，因为灵魂不存在于肉身的任何地方。由于根本不存在这第三样东西，那么恶在何处？是因为灵魂离开肉体时必然带来痛苦吗？尽管我应当相信这一点，但它有多么微不足道啊！我认为这样说是错

——————

① 参见本文本卷，第11、31章。

的，事实上这种离去经常是无感觉的，有时甚至会有快乐的感觉；无论真相如何，整件事情都是微不足道的，因为这种离去只是一瞬间的事。使人烦恼，使人感到痛苦的是要抛下生活中所有美好的事物。不过，说抛下所有邪恶的事物更加真实！我为什么要为人间的生活哭泣？我这样做是正确的，公正的。我的目标是避免那种认为死后不幸的思想，在这样的时候，我们有什么必要用哭泣来使生活变得更加不幸呢？我曾经在那篇文章中尽力为自己寻找安慰。如果我们的目标是探求事情的真相，那么死亡使我们离开邪恶，而不是离开美好。昔勒尼人赫格西亚曾经举大量实例来讨论这个问题，乃至于后来托勒密国王①禁止他讲授这个问题，因为听了他的讲演以后有许多人自杀。卡利玛库斯②曾为安拉契亚人克莱奥布洛图写过一篇铭文，说此人没有遭遇任何不幸，只是读了柏拉图的书，就从城墙上跳进大海。我提到的这位赫格西亚写过一本书——《绝食者》，其中有个人想把自己饿死，朋友们对他进行劝说，而他则列数人生的种种烦恼来回答。我也能这样做，但我不像他那么极端，认为生活对任何人都没有好处。其他人我就不说了，生活对我没有任何好处吗？我被剥夺了家庭生活的快乐和公共生活的荣耀，如果我们在这些事情发生之前就死去，那么死亡使我们摆脱的是恶，而不是善。

【35】让我们假定某些杰出人物从未遇到邪恶，遭受命运的打击。著名的麦特鲁斯③有四个儿子，都成为国家要人，而普利阿姆④有50个儿子，其中17个是合法婚生的；在两个例子中，命运都掌握着控制权，但表现不一；

---

① 托勒密·斐拉德福（Ptolemy Philadelphus），埃及国王，史称托勒密二世，公元前283年—前246年在位。

② 卡利玛库斯（Callimachus），语法学家、诗人，生活于托勒密二世统治下的亚历山大里亚。

③ 马其顿的凯西留斯·麦特鲁斯（Caecilius Metellus），死于公元前115年。曾任执政官、监察官、占卜官。

④ 普利阿姆（Priam），荷马史诗中的特洛伊国王，在他统治时特洛伊城遭毁灭，被阿喀琉斯之子涅俄普托勒摩杀死在宙斯祭坛上。

麦特鲁斯由他的儿子、女儿、孙子、孙女抬上火葬堆，而普利阿姆失去家人，逃往祭坛避难，死在敌人手下。如果他在儿女们还活着，宝座还很稳固的时候就死去，"王权尚在，宫殿精美，装饰绚丽"，那么他离开的是善还是恶？在那个时候死去，他离开的无疑是善。这当然是一个比较好的结局，以后的诗人也不必唱出如此悲哀的歌曲："我看到火海吞噬了一切，暴力中止了普利阿姆的生命，他浑身血污倒在朱庇特的祭坛前。"在这样的时刻与场合，对他来说还能有什么比遭受暴力更好的事情发生！如果他在此之前就死去，那么他完全可以避免这样的结局，可以不用再去感受各种邪恶。我们亲爱的朋友庞培在拿波勒斯身患重病，后来得以康复。拿波勒斯的居民头戴花冠前去庆贺，当然了，这样做的还有普特利人；这样的行为无疑是愚蠢的、希腊式的，但毕竟可以算做幸运的证明。如果庞培在那个时候死去，被他躲掉的是善还是恶？被他躲掉的无疑是恶。如果他在那个时候死了，他就不用和他的岳父①开战，不用再仓促地拿起武器，不用背井离乡，不会失去他的军队，不会在无人保护的时候落入武装起来的奴隶之手；他的子女和财富也不会落入敌人之手。如果他在拿波勒斯就死去，那么他就不会在他最兴旺的时候倒下；但由于他活了下来，所以他必须面对令人难以置信的灾难和不幸！

【36】死亡能够使人逃脱这些事情，这些事尽管还没有发生，但有可能发生；而人们不认为这些事情有可能发生在自己身上；每个人都希望自己有麦特鲁斯那样的好运，就好像幸运之人多于不幸之人，或者认为凡人的事务中有确定的东西，或者认为抱有希望比恐惧要明智。

我们可以退一步承认死亡会剥夺人的幸福，但这样一来，我们也必须承认死者感到需要幸福生活，而这是一种恶的状态，是吗？他们肯定会说，必然如此。但是一个根本不存在的人能"丧失"（carere）任何东西吗？"丧失"这个术语带有某种忧郁的色彩，因为它的潜在含义是：他有过，但现在没有

---

① 指朱利乌斯·凯撒，庞培于公元前 59 年娶凯撒之女朱利娅。

了，他失去了，他寻找，他想要得到。我认为这些都是那个"丧失"了某些东西的人的不快；他感到需要眼睛，失明是可恨的；他感到需要孩子，无子女是可恨的。然而，这些都是对活人而言，至于死人，没有一个会"丧失"，我不仅说他们不会丧失幸福生活，而且说他们甚至不会丧失生命。我这里讲的是那些根本不存在的死者，而我们这些存在的人会丧失触角或翅膀吗？有谁会这样说？肯定谁也不会这样说。为什么会这样？就像你，既不因为某种获得的技艺，又不因为本性而不具有某种东西，你不会"丧失"什么，哪怕你意识到自己不具有它。这一论证必须反复坚持，因为我们已经确定，如果灵魂是可朽的，那么我们不能怀疑死亡带来的毁灭是彻底的，不会有一丁点儿感觉留下；一旦确定了这一点，我们必须彻底弄清楚"丧失"的含义，以便在使用时不出错。"丧失"意味着缺少你希望拥有的东西；"丧失"这个词含有希望的意思，除非在另外一个意义上使用，比如用于发高烧，这时候它的意思是"没有"。一个人没有得到某种东西，意识到自己并不拥有它，这是在一种相当不同的意义上使用这个词的，哪怕这种状况很容易忍受。"丧失"不能与恶连起来使用，因为恶不是一样值得悲伤的东西；"丧失"用于和恶相对立的意义上的善。然而，哪怕是活人，他要是不想要善，也不会"丧失"善。然而，对活人而言，说你缺乏一个王座还是可以理解的——对你这样说可能不太准确，但对被剥夺了王权的塔克文①完全可以这样说——但对死人这样说就变得无法理解了，"丧失"是对有感觉者而言，死去的人没有感觉，因此死去的人不可能"丧失"。

【37】然而，在这个根本不需要哲学的问题上，我们有什么必要谈论哲学？有多少次，不仅我们的领袖，而且整个军队冒死冲锋！如果真的怕死，那么卢西乌斯·布鲁图就不会为了阻止被他赶走的暴君卷土重来而在战斗中倒下，与拉丁人殊死搏斗的老德修斯、与伊拙斯康人激战的他的儿子、与皮

---

① 塔克文（Tarquin），全名塔奎纽斯·苏泊布斯（Tarquinius Superbus），罗马国王，公元前 510 年被赶出罗马。

洛斯打仗的他的孙子①就不会冲向敌人的刀枪，西班牙就看不到西庇阿在战争中为国捐躯②，卡奈就看不到保卢斯和盖米努斯倒下③，维努西亚就看不到马凯鲁斯倒下④，利塔纳就看不到阿尔比努倒下⑤，卢卡尼亚就看不到革拉古倒下⑥。他们中的任何人如果放在今天会是可悲的吗？甚至就在他们倒下的时候，他们也不是可悲的，因为在呼出最后一口气以后，他们就完全失去了感觉。对此有人会提出反对意见，认为没有感觉是一件可怕的事情。是的，没有了感觉确实可怕，如果它意味着"缺乏"；然而很清楚，一个本身并不存在的人也不可能留下什么，他既不会丧失什么，也不会感到什么，既然如此，还有什么可怕的呢？这样的想法确实经常出现，但那是因为灵魂害怕死亡而退缩。然而比大白天还要清楚的是，灵魂和肉体遭到毁灭的时候，整个生命也就死亡了，彻底消失了，曾经存在过的生灵变成了无；掌握这一点的人会非常清楚，从未存在过的人头马和曾经是国王的阿伽门农之间没有任何区别，马库斯·卡弥鲁斯和现在的内战没有任何关系，就像我和他那个时候的罗马沦陷没有任何关系。既然如此，卡弥鲁斯为什么要因为想起在他之后差不多350年所发生的事情而感到悲伤，或者说，我为什么要因为想到一万年以后会有某个民族攻占我们的城市而感到忧伤？我们对祖国的热爱不能用我们的感觉来衡量，而要用我们国家本身的获救来衡量。

【38】因此，死亡不能威胁一直关心着国家和家庭利益的哲人，虽然每天都有各种偶然情况发生，由于生命的短暂，死亡总是近在咫尺，而他虽然肯定无法感知他的后裔，但他总是想着他们。所以，得出结论、认为灵魂可朽的人可以轻视不朽的功德，但这种功德不是出于对名誉的渴望，如果是这

---

① 德修斯·穆斯（Decius Mus），于公元前340年与拉丁人交战，于公元前295年抗击萨莫奈人，于公元前279年与皮洛斯交战。最后一次的历史事实不详。

② 公元前211年，普伯里乌·西庇阿和格奈乌斯·西庇阿被汉尼拔打败。

③ 公元前216年。

④ 公元前208年。

⑤ 公元前215年。

⑥ 公元前213年。

样的话，就不会有快乐，而是出于对美德的渴望，即使不以美德为目标，对美德的渴望也肯定会确保名誉的获得。

正如我们的出生带来了一切事物的开端，所以死亡给我们带来了一切事物的终结，如果这是自然的法则，那么正如我们的出生没有给这个世界增添什么，所以我们的死亡也没有把什么东西从这个世界带走。由于死亡对活人或死人都没有什么关系，所以这里能有什么恶？死者根本不存在，死亡又无法触及活人。① 有些人把死亡想得比较轻松，认为死亡与睡眠相似，② 就好像有人希望活了60岁以后在睡眠中活到90岁。不过除了他自己，连他的家人也不希望这样。假如我们喜欢听神话故事，那么我们听说，从前恩底弥翁在卡里亚的拉特姆山睡着了，③ 我想他可能到现在还没有睡醒。你不会认为恩底弥翁当时在为月亮担心吧？④ 使他入睡的正是月亮女神，为的是在他睡着时可以亲吻他。不，一个已经没有什么感觉的人还会担心吗？你也要睡觉，而且每天都睡，就像每天都要穿衣一样；然而，你虽然明白在死亡的赝品即睡眠中没有感觉，但却要对死亡中没有感觉这一事实表示怀疑吗？

【39】让这样的故事见鬼去吧，这完全是老妪之见，认为在我们的时间还没有到来之前就死去是可悲的。请你告诉我，你说的"时间"是什么？是自然规定的时间吗？自然赋予我们生命就像贷款给我们，让我们使用，没有规定偿还的时间。所以在自然想要收回的时候拿走生命，你又有什么可抱怨的？这些正是你接受贷款的条件。这些发牢骚的人认为，应该平静地忍受儿童夭折，婴儿死在摇篮里也一定不要悲伤。然而在后一种情况下，自然极为残忍地要回了她的馈赠。他们说："婴儿还没有品尝到生活的甜蜜，而那些已经开始享受生活的人抱有更大的希望。"然而对任何事情这样想会显得更

---

① 有生命就不会是死亡，凡有生命之处就没有死亡。
② 荷马把睡眠说成死亡的兄弟，参见荷马：《伊利亚特》第14卷，第231行。
③ 恩底弥翁（Endymion），古希腊神话传说中的美貌青年，卡里亚（Caria）在小亚细亚西部。
④ 此处拉丁原文是"laborare"，用来表示"月食"。

加合适：与其一无所得，不如稍有所获。在考虑生命的时候为什么就不这样想呢？卡利玛库斯说得不错："普利阿姆的哭泣远远超过特洛伊鲁。"① 另一方面，有些人在接近成年的时候死去却被人拍手叫好。为什么会这样？我想，如果能够长寿，那么活得越长越快乐。对人来说，没有任何东西比智慧更宝贵，年老带走了一切，却给了我们智慧。实际上，活多久才算长命，或者对人来说，活多久才算是长寿？"人一会儿是儿童，一会儿是青年"，老年不是在"紧随我们，在我们尚未察觉的时候突然到来"吗？但是，由于我们无法进一步扩展，我们就说它很长。所有这些事情被说成是长的或者短的，其依据就是它们各自命中注定的时间。叙帕尼斯河从欧罗巴的某个地方流入本都，据亚里士多德说，那里生活着一种小动物，其生命只有一天。它们当中若能存活八小时，便被视为活到晚年；若能活到太阳下山，便被视为活得很长，如果是在夏至，情况便更是如此。把我们人所能活的最长寿命与永恒相比，我们的生命差不多就像那些小生物那么短暂。

【40】让我们藐视所有愚蠢的行为——我无法把比较温和的名称用于这样的琐事——把公正地生活的全部意义放在灵魂的坚毅和崇高上，漠视和嘲笑人间琐事，实施各种德性；在现时代，我们被这些病态的想象弄得丧失了男子汉气概，结果就是，如果在我们从占卜者②那里得到的诺言还没有实现之前，死亡就降临了，我们就感到自己的幸福好像被剥夺了，我们受到了嘲笑和欺骗。不朽的诸神啊，如果我们的心灵始终处于期待和困惑的痛苦折磨中，那么走上那条已被证明不会再给我们留下焦虑和忧愁的道路会给我们带来何等的快乐啊！塞拉美涅令我着迷！③ 他的精神多么崇高！尽管我们一边读他的事迹一边流泪，但这位名人之死不是可悲的；他被"三十僭主"关进监狱，像口渴一般喝下毒药；他把杯中残液吸干，笑着说："为英俊的克里底

---

① 特洛伊鲁（Troilus），普利阿姆之子，在特洛伊战争中被阿喀琉斯所杀。

② 原文为"迦勒底人"（Chaldaean），原为族名，擅长占卜预言，后成为预言家的通称。

③ 塞拉美涅（Theramenes），雅典政治家，公元前 404 年被以克里底亚（Critias）为首的"三十僭主"处死。

亚的健康干杯!"克里底亚曾经残忍地虐待他。我可以解释,希腊人在宴会
上通常为客人干杯。尽管死亡已经降临于这颗高尚的心灵,但他在喝下毒药
后仍在为他的敌人干杯,对他的敌人做出预言。① 如果认为死亡是恶,有谁
会称赞这颗伟大的心灵面对死亡表现出来的镇静?几年之后,苏格拉底像塞
拉美涅一样来到这座监狱,面对同样的酒杯,受到同样的审判。法官对苏格
拉底宣布了死刑,苏格拉底发表讲话,柏拉图在书中是怎样记载的?

【41】苏格拉底说:"法官大人,判死刑对我来说是件好事,因为死亡无
非有两种后果:要么完全消除了一切感觉,要么是一种转移,灵魂从一处移
居到另一处。如果感觉消失了,死亡就像进入无梦的睡眠,那么神明啊,获
得死亡真是一种奇妙的收获!我们能找到多少个比这样的夜晚更美好的日
子,如果从今以后我一直都像这样睡得香甜,那么还有谁能比我更幸福?如
果那些故事里的说法是真的,灵魂在死亡中迁往供死者居住的另一个地方,
那我就更加幸福了。你们要这样想,当你们逃离了那些所谓的法官的时候,
你们来到那些真正的法官面前,他们是弥诺斯、拉达曼堤斯、埃阿科斯、特
里普托勒摩斯,他们由于生前正直而死后成为神。② 这对你们来说只是一种
普通的朝圣吗?请你告诉我,如果你真的能够在那里见到奥菲斯、穆赛乌
斯、荷马、赫西奥德,你会怎么想?如果我能有这样的机会,我情愿死许多
次。如果我能见到帕拉墨得斯、埃阿斯,以及其他遭受不公正审判的人,那
么我该有多么高兴!我可以考察一下统率大军征讨特洛伊的大王的智慧,或
者考察奥德修斯、西绪福斯的智慧,就像我在这里向人们提问一样,而不用
冒着被处死的危险。投票判我无罪的法官们,你们也不要害怕死亡。恶不会
降临到好人头上,无论是生前还是死后,不朽的诸神也不会对他的命运无动

---

① 公元前403年,"三十僭主"集团与色拉绪布卢(Thrasybulus)领导的流放者发生战
斗,克里底亚在战斗中死去。

② 在希腊宗教神话传说中,冥府中有三位判官,即弥诺斯(Minos)、拉达曼堤斯(Rha-
damanthus)、埃阿科斯(Aeacus)。此外还有所谓的半神,如特里普托勒摩斯(Triptolemus),
它们生前是人,死后成为神。参见本文本卷,第5章。

于衷，我个人的命运也决不是偶然的。实际上，我一点也不怨恨那些控告我和判我死刑的人，除了他们相信自己正在伤害我。"苏格拉底以这种方式说了很多话，最妙的是结尾。他说："时间到了，我去死，你们去活。然而哪一种情况比较好，我想只有不朽的诸神知道，而凡人是不知道的。"①

【42】我宁愿拥有这样的灵魂，而不要所有判处他死刑的人拥有的全部财富。他说除了诸神无人知道哪一种情况更好，但他本人确实知道——因为他在前面说过他知道——只不过他要把自己的原则坚持到底，不对任何事物下断言。让我们坚持这样的原则，不把任何由自然给予人类的东西视为恶的，让我们明白，如果死亡是恶，那么这种恶是永久的。由于死亡似乎是一种可悲生活的终结，如果死亡是恶的，那么它的恶不会有任何终结。但我为什么要以苏格拉底和塞拉美涅这样一些在美德和智慧方面格外出名的人为例呢？②有一位拉栖代蒙人（他甚至连名字也没能保留下来）极为蔑视死亡，监察官③判处他死刑，他在被带去处死的时候神情欢乐，面带笑容。一名仇敌对他说："你不是嘲笑莱喀古斯的法律吗？"他答道："我非常感谢他，因为对我进行这样的处罚，我就不用偿还欠朋友的钱或高利贷了。"他真是一位令斯巴达感到骄傲的人！我想，这位有着崇高精神的人一定受到了不公正的审判。我们国家也有无数这样的例子。我还需要说那些领袖和首领的事吗？加图已经记载了那些军团的士兵慷慨赴死的情景，而他们明明知道自己不可能再回来。拉栖代蒙人以同样的精神战死在温泉关，西摩尼得写道："客人，长眠于此的斯巴达人告诉你们，请看我们是如何遵守国家法律的。"交战时波斯人自夸说："我们密集的投枪让你们看不见太阳。"有位斯巴达人说："那么我们就在阴影下战斗。"④我引用了男人的例子，那么斯巴达妇女又怎样呢？有位妇女送自己的儿子去打仗，听到儿子战

---

① 参见柏拉图：《申辩篇》40c。西塞罗引用不是逐字逐句对希腊文的翻译。
② 作者接下去就转入引用不那么出名的例子。
③ 原文为"ephors"，斯巴达官职名，负责监察包括国王在内的各级官员。
④ 参见希罗多德：《历史》第7卷，第266章。但谈话者是两名希腊人。

死的消息，她说："我生他就是为了这个目的，就是要他毫不犹豫地为祖国献身。"

【43】姑且认为斯巴达人的英勇顽强是因为强大的国家对他们的训练。是的，但我们难道我们不对一位并非不知名的哲学家，昔勒尼人塞奥多洛的行为感到惊讶？国王吕西玛库用钉十字架威胁他，而他说："请你用这种骇人听闻的刑罚威胁那些衣着华丽的宫廷大臣吧，对我塞奥多洛来说，在地上腐烂还是在空中腐烂没有什么区别。"引用这句话使我想到要说一说土葬和火葬，这个问题不难，尤其是我们前不久说到人死以后没有任何感觉；而苏格拉底对这个问题的看法在与他的死亡有关的、我们已经提到多次的那本书中有清晰的表述。苏格拉底长时间地谈论灵魂不死，而处死他的时候已经逼近，克里托问他死后希望如何安葬，他说："朋友们，看来我的许多辛苦都白费了，我没能使克里托明白我将从这里飞走，而且什么也不会留下。不过，克里托，如果你能追上我或者抓住我，那么你可以用你认为合适的方法埋葬我。不过请你相信，当我离开这里时，你们没有一个人能追上我。"[①] 他说得非常好，既没有拒绝朋友的帮助，同时又表明他自己与整个这类事情无关。第欧根尼也谈过这个问题，不过比较粗鲁。作为一名昔尼克派，他话语尖刻。他吩咐朋友不要埋葬他。他的朋友说："我们怎能把它交给猛禽和野兽吞噬？"他答道："噢，不是这样的，你们可以在我身边放一根棍子，我好用来驱赶野兽。"朋友说："怎么可能呢？到了那个时候你已经没有感觉了。"他说："既然我已经没有感觉了，那么即使我被猛禽恶兽撕咬，对我又有什么伤害呢？"阿那克萨戈拉死在兰普萨库，临终时他的朋友们问他，如果发生不测，要不要把他的遗体送回故乡克拉佐门尼。他说："完全没有必要，因为从任何地方通往冥间的道路都一样远。"处理安葬问题只有一条原则需要坚持：无论灵魂是死去还是继续活着，安葬只和人的肉体有关；灵魂一旦消失或者逃离，肉体就不再有任何

---

① 柏拉图：《斐多篇》115。西塞罗引用不是对柏拉图原文逐字逐句的翻译。

感觉。

【44】然而，还是有许多人在这个问题上受骗。阿喀琉斯用战车拉拽赫克托耳的尸体，我想他肯定认为这样可以折磨赫克托耳，让他受苦，而他自己发泄了愤怒，或者实施了报复，而可怜的妇女看到这一暴行，嚎啕大哭。"我看见了难以忍受的悲惨景象，赫克托耳被绑在战车后面拉拽。"那真的是赫克托耳吗？他有多长时间是赫克托耳？阿西乌斯①说的要好得多，阿喀琉斯最后变聪明了。"要知道，我交给普利阿姆的是尸体，赫克托耳已经被我杀死了。"所以你拉的不是赫克托耳，而是他的身体，它曾经是赫克托耳的身体。你们瞧！另外一个鬼魂从地下跑出来，不让他的母亲睡觉。"母亲啊，我呼唤你，睡眠使你忘掉忧愁，你不可怜我；起来吧，埋葬你的儿子。"这些诗句在笛声的伴奏下悠扬地演唱，使所有听众陷入一片悲伤，在这样的时候人们不难认为，那些没有得到安葬的人是可悲的。"在野兽和猛禽尚未……"他害怕的是他的母亲会忘记埋葬他的被肢解的尸体，但他不害怕他的母亲把他的尸体火化。"我请求你，不要让我残存的尸骨裸露，散落田野。"他写下一连串美妙的七韵步诗，我不明白他究竟害怕什么。因此我们应当坚持原则，当你看到有人在惩罚死去的敌人的尸体时，你不需要对人死以后的任何事情感到忧虑。在恩尼乌斯气势磅礴的诗句中，堤厄斯忒斯发出一连串的诅咒。他首先希望阿特柔斯在海难中死去，这无疑是一道残忍的诅咒，会引发人们感到死亡可悲，但接下去的话是没有意义的："把他钉在嶙峋的岩石顶上，让他糜烂的血肉玷污石壁，让他流出污黑的血。"哪怕是石头也不会比"钉在岩石顶上"的他更无知觉！这是堤厄斯忒斯在想象阿特柔斯应当受到折磨。如果尸体有感觉，那么这些折磨是残忍的，如果尸体没有感觉，那么这样的折磨毫无意义。后面的话也毫无意义："让他死后没有坟墓安身，让他在终结今生时找不到安息的场所。"你们瞧，他们所受的欺骗有多么深：他认为坟墓是肉体的避难所，死人在坟墓中找到安宁。没有把儿

---

① 阿西乌斯（Accius），生于公元前 170 年，罗马悲剧诗人。

子教好，没有教会他在具体情况下应当关心什么，这是珀罗普斯 ① 的重大过错。

【45】但我为什么要注意个别人的信仰，因为我们可以观察到各民族在这方面都受到欺骗？埃及人给尸体涂抹香料，把它保存在家里；波斯人甚至给尸体涂蜡，以便尽可能长时间地保存；波斯祭司的习惯是不埋葬死者的尸体，除非尸体已被野兽撕碎；在叙卡尼亚，普通平民要供养公用狗，而贵族家庭饲养家用狗；我们知道这种狗很名贵，尽管饲养它们耗资不菲，但人们还是尽力供养，为的是人死后让它们来撕咬尸体，那里的人认为这是最好的葬礼。为了满足好奇心，克律西波 ② 收集了大量的这方面的例子，但有许多细节令人厌恶，所以我们还是避而不谈。我们可以在总体上轻视这个问题，但不能无视与我们有关的地方，只要我们记住，我们活人知道死者没有任何感觉。迫于习俗和公共舆论，我们可以去参加葬礼，但我们一定要明白，这些葬礼与死者没有任何关系。

在生命终结时如果能在所获得的各种名望中得到安慰，那么就能以最为平静的心情面对死亡。只要以完美的德性彻底履行了自己的职责，就不能说这样的人活得太短。我自己的一生就有过多次适宜死去的时候，但愿我能这样做！因为在这种时候已经没有什么东西需要继续获取了，生命的职责已经圆满地履行了，剩下的只有与命运的搏斗。因此，如果我的论证未能使我们蔑视死亡，那么已经过去了的生命会使我们认识到自己已经活够了，甚至活着太久了。意识是会消失的，死者虽然没有意识，但它们并非没有名望和荣耀给它们带来的独特的幸福。我们也许不应当追求名誉，但它有如影子，总是追随美德。

【46】如果民众能对好人做出真正的判断，那么这是一件值得赞扬的好事，但并非给他们带来幸福的原因。我本人无法说（无论我的说法是否能

---

① 珀罗普斯（Pelops），希腊神话人物，坦塔罗斯之子，他父亲把他剁成碎块供神食用，宙斯使他复活，但他的肩膀已被得墨忒耳吃掉，只得用象牙肩膀代替。

② 克律西波（Chrysippus），生于公元前 280 年，斯多亚学派的首领。

被接受）莱喀古斯和梭伦不拥有立法者和政治组织者的名望，无法说塞米司托克勒和厄帕米浓达不拥有军事领袖的名望。尼普顿①用海水淹没萨拉米岛，比人们对萨拉米战役胜利的记忆的消逝还要快；波埃提亚的留克特拉比留克特拉战役的名声消失得更快。库里乌斯、法伯里修、卡拉提努、两位西庇阿、两位阿非利加努、马克西姆、马凯鲁斯、保卢斯、加图、莱利乌斯，以及其他无数名人，他们的英名沉寂得较慢；任何人只要在某种程度上与他们相似，不仅得到民众的赞誉，而且得到善人的真正认可，他就能充满自信地面对死亡；我们发现这样的死亡是最高的善，而没有任何恶隐藏其中。事业越是顺利，人越是希望死，因为继续积累成功已经不能给人带来更多的愉悦，而事业的衰退却会给人带来烦恼。这似乎就是那位拉栖代蒙人众所周知的名言的意思。著名的奥林匹克赛会获胜者、罗得岛的狄阿戈拉斯在一天之中看见自己的两个儿子成为奥林匹克赛会的胜利者，这位拉栖代蒙人走近这位老人，向他表示祝贺，并且说："赶快去死吧，狄阿戈拉斯，因为你命中注定不能升天。"希腊人认为这样的成就是荣耀的——这样的评价也许过分了——所以对狄阿戈拉斯说这种话的这位拉栖代蒙人觉得，一个家庭里有三位奥林匹克赛会的胜利者实在是太辉煌了，因此这位父亲已经没有必要再留恋人世间的生活，以免今后受到命运的嘲弄。

我已经回答了你的问题，虽然话不多，但我认为够了，因为你已经承认死者不会落入邪恶的困境，而我努力想要说得详细一些的原因在于：在你承认的前提下，我们在期盼和悲伤中找到安慰。对于我们自己的悲伤或者感到的悲伤，我们应该有节制地忍受，不要使自己像是自我爱怜之人；如果相信我们珍爱的人会像普通民众想象的那样陷入邪恶的困境，那么这真是一种难以忍受的痛苦。我希望能从自己心中彻底除去这种观念，正是因为这个原因，所以我才尽力详细地解说。

---

① 尼普顿（Neptune），意大利水神，后来等同于希腊海神波赛冬。

【47】A 你说得太详细吗？我不这么想。你的讲话的第一部分使我希望自己去死，而你的后一部分讲话有时候使我感到不愿意死，有时候感到无动于衷；然而，你整个讲话的结果是，我不再把死亡当做一种恶。

M 那么我们不需要像修辞学家通常所做的那样，给谈话来个结尾吗？或者说，我们现在可以完全不理睬修辞学的要求？

A 不，请不要这样，我们有很好的理由说你一向给这门技艺带来荣誉；同时说老实话，这门技艺也给你带来荣誉。那么你的结尾是什么？但无论它是什么，我都愿意听。

M 有些人在论文中经常引用不朽诸神对死亡的看法，但这不是个人的虚构，而是依据希罗多德和其他许多作家的权威说法。最重要的是阿耳戈斯女祭司的两个儿子，克勒奥比和比同。① 这个故事很出名。女祭司在每年固定的时候乘车去参加隆重的祭祀，从镇上到神庙很远；驭畜迟迟未到，我刚才提到的两位青年便脱去衣服，在身上抹油，驾起辕轭拉车。女祭司就乘着这样的车子来到神庙。按照故事的说法，女祭司请求女神赐给她的儿子以凡人所能得到的最好的赏赐。两位青年和母亲一起吃了饭，然后入睡，但第二天早晨，人们发现他们已经死去。据说，特洛罗福尼乌和阿伽美德也有过类似的请求。在德尔斐为阿波罗修建神庙以后，他们向阿波罗献祭，请求神对他们的辛勤劳动给予赏赐。他们没有说明具体要求赏赐什么，只说想要凡人所能得到的最好的赏赐。阿波罗向他们显灵，答应第三天给他们赏赐，等到第三天清晨，人们发现他们已经死去。有人认为做出明确判断的显然是那位在预言方面远远超过其他神灵的神。

【48】还有一个关于西勒诺斯②的故事。据记载，他被弥达斯③抓获，而为了获释，他给这位国王这样一条教诲："对人来说，最好的事情是不出

---

① 参见希罗多德：《历史》第1卷，第31章。

② 西勒诺斯（Silenus），希腊神话中半人半神的精灵，酒神狄奥尼修斯的同伴和追随者。

③ 弥达斯（Midas），弗里吉亚国王。

生；次好的事情是尽快死去。"欧里庇得斯在《克瑞司丰特》中也提出这样的看法："婴儿诞生，全家庆贺，在这样的时候细细回想人生的种种不幸，我们其实应当为之哭泣；如果某人用死亡结束了可悲的辛劳，他的朋友应当为他庆幸和赞美。"克冉托尔在《安慰》中也有类似的看法。据说有一位特里纳人厄吕西乌为儿子的夭折深感悲伤，他去了呼唤精灵之处，问自己为什么会遭受这样的不幸。结果他得到了写在书板上的三行字："活着的时候人的无知的心灵充满彷徨。欧绪诺斯因死亡而赢得命运的奖赏，这样的结局对他和对你们都比较好。"通过对这些权威材料的引用，修辞学家们认为，这是不朽的诸神通过命运来给出他们的判决。有一位古代著名修辞学家阿基达玛甚至写过一篇死亡颂，其中列举了大量的人间不幸；他在文中没有提供哲学家们提出的深入的论证，而是展示了他自己的雄辩。为国捐躯，自愿去死，不仅被修辞学家们公认为是光荣的行为，而且也是幸福。他们追溯到厄瑞克透斯①，他的女儿们为了同胞公民的生命而急切地愿意牺牲自己。还有考德鲁斯②，他穿着奴隶的衣服，混入敌群，免得穿着国王的服饰被敌人认出，因为有神谕说，"如果国王倒下，那么雅典人将获胜。"美诺寇斯③的例子也没有遗漏，此人根据相似的神谕，为了国家的胜利慷慨地献出自己的生命；伊菲革涅亚④在奥利斯要人们用她献祭，"为的是用她的血换取敌人的血。"

【49】修辞学家从他们那个时代进到较近时代的例子，哈谟狄乌和阿里

---

① 厄瑞克透斯（Erechtheus），传说中的雅典国王。

② 考德鲁斯（Codrus），传说中的雅典国王，在抗击伯罗奔尼撒人的进犯中为国家英勇献身。

③ 美诺寇斯（Menoeceus），底比斯国王，七雄攻打底比斯期间，自愿以自己的生命献祭，以退敌兵。

④ 伊菲革涅亚（Iphigenia），阿伽门农的女儿。当希腊联军远征特洛伊的时候，在奥利斯受到狩猎女神的阻拦而无法起航，阿伽门农根据神谕要用伊菲革涅亚献祭，谎称为伊菲革涅亚和阿喀琉斯举行姻礼而把伊菲革涅亚骗来奥利斯。伊菲革涅亚知道自己上当受骗后，起初很痛苦，后来决心为国家献身。

司托吉顿①经常挂在他们的嘴上，人们对斯巴达的莱奥尼达、底比斯的厄帕米浓达记忆犹新。但他们不知道我们罗马人的例子，如果列举出来会有长长的一大串，我们看到有那么多人光荣地选择了死亡。情况就是这样，我们必须运用我们雄辩的口才把这些信息传递给人类，使他们开始希望死亡，或者停止对死亡的恐惧。实际上，如果生命的最后一天给灵魂带来的不是毁灭，而是换一个地方，那么还有什么比这更令人向往呢？另一方面，如果在生命的最后一天，灵魂遭到彻底的毁灭，那么还有什么能比在人生艰辛的旅途中合上双眼，永久地睡去更好呢？如果是这样的话，那么恩尼乌斯说得比梭伦好。我们的诗人说："不要流泪向我致敬，不要在我的骨灰前哭泣。"而你们睿智的梭伦说："愿我的亡故不会缺乏眼泪，让我们把哀伤留给朋友，让他们伤心地把我们埋葬！"对我们来说，如果神对我们做出了判决，要我们离开生命，那么我们应该高高兴兴地、心怀感激地接受，认为这是让我们摆脱囚牢和镣铐，使我们返回永恒的、显然属于我们自己的家，或是让我们摆脱一切感觉和烦恼；另一方面，要是没有什么判决，我们也应当平静地对待这一天，让其他人去觉得这一天是可怕的，而我们则感到这一天是幸福的，因为我们不把不朽的诸神限定的事情或者不把作为万物之母的自然赋予的任何事物当做恶的。我们的出生和被造不是某种盲目的、偶然的、意外的力量作用的结果，而是那一直关心着人类的力量在起作用，它生养和哺育人类不是为了让他们在忍受各种艰辛之后死去，陷入永恒的恶。让我们把死亡当做庇护所或避风港。让我们张满风帆朝着那里前往！即使有逆风把我们吹回，稍后我们也一定能再去那个地方。对所有人来说是必然的事情，难道会只对一个人是可悲的？这就是我的结束语，免得你认为我有什么遗漏或省略。

　　A　我确实有了一个结束语，我可以告诉你，它增强了我的信念。

---

　　①　哈谟狄乌（Harmodius）和阿里司托吉顿（Aristogiton）是雅典青年，公元前514年因反对暴政而遇害。

M 我要说，那太好了。不过现在让我们关心一下自己的健康。明天以及我们待在图斯库兰家中的其他日子里，让我们继续讨论这些问题，特别是那些能使我们从焦虑、恐惧、欲望中解脱的问题，这才是整个哲学田野里最丰硕的果实。

第二卷

【1】布鲁图啊，在恩尼乌斯的悲剧中，涅俄普托勒摩 ① 说他必须扮演那位哲学家，但仅在某些方面，因为他并不完全赞同按照那位哲学家的方式行事；而另一方面，我认为自己"必须"按照哲学家的方式行事，因为在我没有其他事情可以忙碌的时候，没有比从事哲学更好的事情了？但我不会像涅俄普托勒摩所说的那样"仅在某些方面"，因为只知道哲学的某些方面，而不知道它的全部是很困难的；如果只学了一点儿哲学，那就不可能从中挑选出一点儿，也不可能继续热切地学习和掌握其他知识。在繁忙和严肃的生活中也一样，像涅俄普托勒摩所说的那样，经常只有很少一点知识是有益的，结果实的；我们虽然不能从哲学的整个田野中收获大量的谷物，但这些果实能够使我们在一定程度上摆脱欲望、困惑或恐惧；比如说，后来在图斯库兰我的住处举行的讨论似乎导致一种对死亡的蔑视，它虽然高贵，但没有什么价值，不能使灵魂摆脱恐惧，因为害怕不可避免的事情的人没有办法使灵魂安宁；而不仅因为死亡不可避免，而且因为死亡不能给他带来威胁，从而不害怕死亡的人，才能为他的幸福提供一种有价值的帮助。我确信会有许多人急着反对我的观点，但我没有办法加以回避，除非我什么也不写。在我的那些讲演中，我希望得到大多数人的赞同（因为演讲术是一种赢得民心的艺术，雄辩的真正目标就是赢得听众的赞同）——但甚至在那些批判中也可以

---

① 涅俄普托勒摩（Neoptolemus），参见本文本卷，第 35 章。

发现有些人拒绝赞扬任何事情，除非他们认为自己能够成功地加以模仿；他们认为自己在个人能力方面的局限就是过于雄辩；当他们发现自己充满各种想法和语词时，就声称自己宁可贫乏，也不愿夸夸其谈（这就是所谓"阿提卡风格"的起源，说自己在模仿这种风格的人其实对这种风格一无所知，而他们在法庭上几乎成了哑巴）——所以我们有什么理由认为我们当前就完全没有机会依靠先前支持过我们的民众？真正的哲学满足于少数评判者，它有意识地回避公众。因为对公众来说，哲学是令人厌恶的、可疑的。所以，如果有人想要攻击哲学，那么他能够得到公众的赞许。如果有人想要辱骂所有哲学，那么他可以获得公众的支持；如果他想攻击我们支持的学派，那么他可以从其他学派得到有力的支持。

【2】然而，在《霍腾修斯》①中，我们已经从总体上对这些辱骂哲学的人做了答复，而在《学园派哲学》第四卷中，我们认为自己相当准确地代表学园派提出了所有的呼吁。我们从不反对批评，甚至衷心欢迎批评，因为即使在希腊哲学最繁荣的日子里，如果没有反对者和不同意见，哲学就不能保持活力，希腊哲学也决不能取得如此崇高的荣誉。

由于这个原因，我鼓励一切有能力的人努力掌握希腊人在这个研究领域取得的著名成果，把它输入这个城市，正好像我们的祖先凭着他们孜孜不倦的热情把所有其他真正需要的东西传到这里来发扬光大。确实，我们在修辞学方面的名声从一个卑微的起点抵达一个高峰，其结果就像几乎存在于一切事物之中的自然法则一样，有开端，有衰退，并且命中注定要在一个很短的时间内归于无；面对这个邪恶的时代，让哲学在拉丁典籍中诞生，让我们支持它，让我们准备陷入矛盾和接受驳斥。有些人确实不够耐心，他们受制于某些有限的不变的观点，不得不支持与这些东西相一致的观点，而这些观点他们通常并不赞同；然而，我们有可能性的原则作指导，可以在真理得以显现自身的那些相似真理之处进一步前进；我们参加辩论而不固执己见，受到

_____

① 《霍腾修斯》（*Hortensius*），西塞罗的一本著作，已佚失。

驳斥时也不感到愤怒。

一旦这些研究向我们转移，我们将不再需要希腊图书馆，大批作家的写作使我们的图书馆拥有无数的书籍；许多人说过，希腊人想用书本塞满这个世界，如果我们这里也有大批作家进行这些研究，那么也会有这样的结果。要是我们能够做到的话，让我们激励那些受过自由教育和拥有准确论证能力的人去有序地、讲究方法地研究哲学问题。

【3】有这样一类人，他们想要别人称他们为哲学家，据说他们用拉丁文写过许多书，[①]我本人并不藐视他们，因为我从来没有读过这些书；根据他们自己的证词，这些作家说自己对定义、排列、准确性、风格毫不在意，我不能忍受阅读那些没有趣味的东西。这个学派的追随者说了些什么，他们考虑过什么问题，一般有知识的人都知道。因此，尽管他们认为自己毫不在意如何表达，但我不明白在他们那个圈子里为什么要阅读这些书。因为任何人，哪怕是那些不接受他们的教导的人，或者那些不太热情的门徒，都阅读柏拉图和苏格拉底学派的其他人的著作，以及他们的后继者的著作，而除了他们的支持者，很少有人阅读伊壁鸠鲁和梅特罗多洛的著作；与此相同，只有那些赞同其内容的人才阅读这些拉丁作家的著作。我们认为，一切写下来的东西都应当获得有教养的读者的认可，即使我们自己不能成功地做到这一点，我们也不认为应当放弃这方面的努力。因此，下述考虑总是引导着我喜欢逍遥学派的规则，喜欢学园派就每个问题的两个方面展开讨论，不仅是因为除此之外没有其他途径可以在每个具体问题上发现可能的真理，而且也因为我发现这是修辞学的最佳实施方法。亚里士多德首先使用这种方法，后来又有许多人追随他。然而我们记得，我们经常听他讲课的斐洛[②]在授课时，在一个时间里教修辞学家的规则，在另一个时间教哲学家的规则。我受到朋友的

---

① 参见本文第一卷，第 3 章。作者在这里指的是阿玛菲纽（Amafinius）和其他一些把伊壁鸠鲁主义通俗化的作家。

② 拉利萨（Larissa）的斐洛，试图融合学园派与斯多亚学派的思想。他于公元前 88 年来到罗马，西塞罗听过他的讲课。

劝说追随这种做法，在图斯库兰我的家中讨论问题时，我也加以使用。因此，就像前天一样，在花了一个上午进行修辞学的练习以后，我们下午去了名叫学园的体育场，① 我不用叙述的方式记载我们在那里进行的讨论，以便尽可能准确地反映我们的实际情况。

【4】在体育场散步时，我们进行了争论，一开始的情况是这样的：

A 我无法表达我的愉悦之情，或者说，我无法表达从昨天的讨论中得到的安慰，尽管我并非整天都对生命感到困惑，但我心中偶尔会有恐惧和痛苦，会想到明亮的白天终有一天会逝去，生活中所有的舒适都会消失。请你相信，我已经从这种困惑中完全解放出来，我想，任何事情都会成为焦虑的源泉。

M 对此你不必感到惊讶，这里已经显露出哲学的影响；哲学是灵魂的医生，它在我们虚幻的心灵中除去困惑的重压，使我们从欲望中获得解放，驱逐我们的恐惧。但是哲学的影响不可能对所有人一模一样；如果掌握它的人具有相宜的品性，那么哲学的作用是巨大的。如古谚所说，不仅"幸运帮助勇敢者"是真的，而且哲学思想也会在一个更高的水平上起作用，通过哲学的教导，人的品性得到增强，就如勇敢得到增强。很清楚，自然在人出生时就赋予人以某种持久的、高尚的精神，使人可以俯视尘世间的事物，所以一篇反对死亡的讲话可以在一颗勇敢的灵魂中找到栖息地。但你认为这些具有真正影响的论证，除了某些例外，对每个发现、推论、写下这些论证的人都有影响吗？坚定地按照理性的要求拥有确定的原则和生活规范的哲学家少之又少！认为自己学派的信条不是知识的展示，而是生活规范的哲学家少之又少！能控制自己、服从自己的教条的哲学家少之又少！我们可以看到他们中的有些人非常轻薄和虚幻，就好像从来没有学过哲学；我们看到另外一些人十分贪婪，不仅想要获得名声，而且还有许多人是欲望的奴隶，所以他们公开的讲话和他们的生活之间存在着巨大的反差；这在我看来真是一件可耻

---

① 西塞罗在他的图斯库兰庄园里有两处体育场，一处叫做吕克昂，一处叫做学园。

的事情。这就好比一名自称为语法学家的教师却犯下语法错误，一名希望别人把他当做音乐家来看待的人唱歌跑了调；在自认为有知识的主题中犯错误，这一事实增强了这种耻辱；同样，不能遵守他的生活原则的哲学家更加可耻，因为他没有能够履行他自己的教师的职责，尽管说他要提供生活原则，但他自己却在生活行为中犯错误。

【5】A　如果像你所说的那样，那么我们没有理由担心你是在用借来的羽毛戏弄哲学？训练有素的哲学家却过着一种可耻的生活，还能找到什么更强的论证可以用来证明哲学的无用性？

M　这实际上不是证明，因为所有可以耕种的土地都能产出；阿西乌斯的格言是错的："良好的种子尽管播种在贫瘠的土地上，然而出于本性它仍旧能长出丰硕的果实。"以同样的方式，我们说并非所有受过教育的心灵都能结果。还有，让我们继续同一比较，正如一块土地，无论有多么好，未经耕种就没有收获，所以，未经教导，灵魂就没有产出。缺少教导，哲学就不会生效。耕种灵魂的是哲学；哲学把我们心中的邪恶连根拔掉，使我们的灵魂适合接受种子。所以，我们可以说，在灵魂中播种，让它长成以后结出丰硕的果实。所以让我们继续讨论，就像我们开始时那样。如果你愿意，请告诉我你希望讨论什么问题。

A　我认为痛苦是最大的恶。

M　甚至比耻辱还要大吗？

A　我不敢冒险这么说，我耻于这么快就改变立场。

M　要是你倾向于接受这种观点，那么你会感到更可耻。对你来说，把任何东西视为比耻辱、罪恶、卑鄙更糟糕，还有比这更卑劣的观点吗？要逃避这些东西会有什么样的痛苦，我不说排斥它们，而要说自觉自愿地接受、忍耐和欢迎它们？

A　这实际上就是我的观点。所以，如果说痛苦确实不是主要的恶，那么它至少是一种恶。

M　你瞧，由于我简短的提醒，你已经排除了多少对痛苦的恐惧？

A　我看得很清楚，但我想要得到更加充分的解释。

M　好吧，我来试试看，但这是一项严肃的任务，我需要一个不会抗拒的灵魂。

A　你可以相信我，就像我昨天做的那样；今天，我也会追随这个论证，无论它把我引向何方。

【6】M　让我先来谈一下属于不同思想流派的许多哲学家的虚弱。在他们中间，首先，就其影响与所处的时代而言，当属苏格拉底学派的阿里斯提波①，他毫不犹豫地宣布痛苦是主要的恶；其次，伊壁鸠鲁相当顺从地支持这种没有骨气的观点；在他之后有罗得岛的希洛尼谟②，他说无痛苦是最高的善，痛苦是一种大恶。除了芝诺、阿里斯托、皮浪以外，③其他人的观点和你刚才表述的观点非常接近，也就是认为痛苦是一种恶，但是有比痛苦更坏的恶。所以我们看到，尽管自然的本能和天生的价值感马上就会起来反对你的痛苦是最大的恶的说法，强迫你在面对耻辱的时候放弃你的观点，然而哲学作为人生的导师，这些个世纪以来一直在坚持这种观点。④什么样的职责、名声、荣耀会具有这样的价值，能使那些相信痛苦是最大的恶的人愿意以身体的痛苦为代价来确保它们？进一步说，如果认定痛苦是最大的恶，那么什么样的耻辱和降格才能使人甘愿承受痛苦？还有，不仅在受到攻击的极端痛苦的瞬间，而且在意识到会有进一步痛苦的时候，如果痛苦包含着最大的恶，有谁不会感到可悲？有谁能摆脱痛苦？结果就是，绝对没有任何人是幸福的。梅特罗多洛⑤无疑认为始终拥有良好体格和自信的人是完全幸福的；但是有谁能够拥有这样的自信？

---

①　阿里斯提波（Aristippus），约公元前 435 年—前 366 年，苏格拉底的学生，昔勒尼学派的创始人，主张感性的快乐是最高的善。

②　希洛尼谟（Hieronymus），属于逍遥学派，大约生活在公元前 300 年。

③　阿里斯托（Aristo），芝诺的学生；皮浪（Pyrrho），希腊晚期怀疑主义的创始人。

④　西塞罗在这里提到了"芝诺、阿里斯托、皮浪以外"，所以他在这里讲的哲学不是指全部哲学家，而是指那些认为痛苦是主要的恶的哲学家。

⑤　参见本文本卷，第 3 章。

【7】至于伊壁鸠鲁，他的讲话方式使我感到非常可笑。因为，在一段话中，他断言如果哲人遭受火焚或折磨——你们可能会等着他说，"那么他会服从和忍受，但不会投降"。我以赫丘利的名义起誓，这是一种崇高的赞扬，配得上大神赫丘利，我现在正在呼唤着他的名字；但这对伊壁鸠鲁来说还不够，他有一颗苛刻的心；如果哲人发现自己处在法拉利斯①的铜牛肚子里，他会说："这有多么甜蜜，我一点儿都不在乎！"真的很甜蜜吗？或者是"不那么痛苦"，只是有点不舒服？那些反对痛苦是恶的哲学家②一般不会走到这个地步，说受折磨是甜蜜的；他们说它是令人不快的、艰难的、可恨的，违反自然的，然而它不是一种恶；说痛苦是唯一的恶、最坏的恶的伊壁鸠鲁认为，哲人会说它是甜蜜的。我不要求你像伊壁鸠鲁一样用同样的词汇描述痛苦，如你所知伊壁鸠鲁醉心于快乐。如果他愿意，可以让他在自己的床上说出他在法拉利斯的铜牛肚子里会说的话；我不想赋予智慧以如此神奇的抵抗痛苦的力量。如果哲人能够勇敢地忍受痛苦，那么对于履行职责来说已经够了；我不要求他还要欢乐；因为痛苦无疑是一种使人抑郁的状况，是令人不快的、违反本性的，很难服从和忍受。看一看菲罗克忒忒斯吧，我们必须对他的呻吟感到遗憾，因为他在奥依塔看见强大的赫丘利由于极度痛苦而大声吼叫。③因此，在"毒蛇咬伤他，毒液渗入他的血管，残忍地折磨他"的时候，他从赫丘利那里得到的弓箭并没有给他带来什么舒服。于是他大声喊叫，祈求帮助，想要快点死去："啊！谁能把我放在大海中的悬崖顶上？我的伤口和溃疡何时能够止息？"④当他被迫以这种方式喊叫时，我们似乎很难说这与恶无关，这是一种大恶。

① 法拉利斯（Phalaris），公元前6世纪中期西西里阿格里根图（Agrigentum）城邦的僭主，施行暴政，曾铸造一空心铜牛烤活人，后成为残暴的代名词。

② 指斯多亚学派。

③ 菲罗克忒忒斯（Philoctetes），波亚斯（Poeas）之子，只有他同意为赫丘利点燃火葬堆，得到赫丘利的弓箭作为奖赏。在远征特洛伊的时候，菲罗克忒忒斯被赫丘利的毒箭所伤。他大声吼叫，强迫希腊人把他留在莱姆诺斯岛。

④ 这些诗句来自阿西乌斯的《菲罗克忒忒斯》。

【8】让我们来看赫丘利本人，死亡本身打开了通往永生的大门，这个时候他在极度痛苦中死去。在索福克勒斯的《特腊庆妇女》中，他发出了什么样的吼叫啊！① 戴娅妮拉拿到了衣衫，蘸上肯陶洛斯②的血，让赫丘利穿在身上。赫丘利说：

"啊，残忍得难以言表，痛苦得难以忍受，

身体和灵魂浸透了悲伤！

不是朱诺可怕的愤怒不能平息，

不是可恶的欧律斯透斯③给我带来这样的恶，

她只是奥奈乌斯发狂的女儿。

用这领紧身衣衫捕获了我

不知不觉地勒紧我的身体，

让我几乎喘不过气来；

而现在它又要把我变色的鲜血全部吸走。

随着毒液渗透，我气力全消；

被这张死亡之网毁灭。

不是敌人的手，不是大地产出的巨灵一族④

更不是半人半马的肯陶洛斯

给我的身体带来这些打击，

不是希腊人的力量，不是蛮族人的残忍，

---

① 西塞罗在这里翻译希腊悲剧家索福克勒斯的悲剧《特腊庆妇女》第 1046 行以下。奈苏斯（Nessus，半人半马的怪兽）调戏赫丘利的妻子戴娅妮拉（Deianira），赫丘利用毒箭射中了它。奈苏斯诱骗戴娅妮拉收集它的毒血，用来作为爱情的保障。后来约莱（Iole）用衣衫蘸了毒血，拿给赫丘利。

② 肯陶洛斯（Centaur），希腊神话传说中生活在帖撒利的一种半人半马怪兽，有许多位。

③ 欧律斯透斯（Eurystheus），迈锡尼国王，他命令赫丘利去完成十二项工作。

④ 希腊神话中诸神与巨灵在福勒格赖平原（Phlegraean Plain）大战。

不是被我驱逐到大地远方的残忍的种族

而是一名妇女的手，杀死了我这个男人。

【9】啊，我的儿子①——你的名字配得上你的种族，

不要因为我的死让你母亲的爱占上风。

用你孝顺的手把她带到这里来。

让我看明白，你选择的是她还是我。

来吧，我的儿子，勇敢些！为你父亲的痛苦流泪吧！

遗憾吧，各个民族都将为这些不幸流泪！

啊！想一想，我的嘴里竟然发出姑娘般的悲伤，

而从未有人看到我对任何病痛发出呻吟！

我的男子汉气概被摧垮，变得如女子一般的柔弱。

过来，儿子，站近点，看你父亲的身体怎样被撕裂！

诸位生育万物的天神啊，

我请求你们用闪电霹雳对我轰击！

痛苦一阵阵袭来，就像火焰在我体内燃烧。

啊，我曾经获得胜利的双手，

我的胸膛，我的背，我胳膊的肌肉，

涅墨亚的雄狮不是在你的掌握下

痛苦地磨着利齿喘出最后一口气？

这只手曾经让不情愿的毒蛇勒俄娜安静，

这只手曾经打垮双形怪兽厄律曼修，

这只手曾在黑暗的塔塔洛斯②拉回许德拉生的三头狗，

这只手曾经杀死了盘绕成金字塔形的巨龙

它在警觉地守卫金树，不是吗？

---

① 赫丘利和戴娅妮拉之子叙鲁斯（Hyllus）。

② 塔塔洛斯（Tartarus），即地狱。

我们的征服之手还面对其他事情，

但没有一样能使我们名声卓著。"

看到强大的赫丘利如此不耐心地忍受着痛苦，我们还能嘲笑痛苦吗？

【10】让埃斯库罗斯 ① 走上前来，我们听说他不仅是一名诗人，而且是毕泰戈拉学派的成员；在埃斯库罗斯的悲剧中，让我们看普罗米修斯如何忍受着前往莱姆诺斯盗窃火种给他带来的痛苦！"曾经有一个时期，火对凡人来说是秘密，机智的普罗米修斯偷走了火种，统治着朱庇特的命运之神对普罗米修斯进行惩罚。"他被钉在高加索的悬崖上时说了这样一些话：

"巨灵的后裔，与我们血缘相通，

苍天的子女，看到陡峭悬崖上钉着一名囚犯，

就像咆哮的大海上的一艘孤舟，

温和的舵手害怕夜晚的到来而抛锚，

萨图恩之子朱庇特把我钉在这里，

他 ② 的权力要穆尔基伯 ③ 的双手

用他残忍的技艺把我钉在悬崖上，

几乎撕裂我的四肢，穿透我的身体，

让我以这'愤怒'女神的要塞为家。

更有甚者，朱庇特的使者，每隔三天，

在昏暗的夜晚弯着利爪扑向这里，

撕咬我身上的肉做野蛮的晚餐。

它们撕咬我的肝脏，发出阵阵尖叫

用长羽毛的尾巴扫去我的鲜血。

---

① 埃斯库罗斯（Aeschylus），著有悲剧《被缚的普罗米修斯》，已佚失。

② 此处原文为"Jove"，即朱庇特。

③ 穆尔基伯（Mulciber），火神伏尔甘的父名。

当我的肝脏痊愈长出新肉

贪婪的他又返回这里享用可怕的肉食。

我就这样受尽折磨，滋养这名看守

夜色伴着无穷无尽的悲伤照着我的身形。

你们瞧，朱庇特的锁链捆绑着我

我无法驱赶停在我胸部的猛禽。

我反复等候受折磨的时刻到来

期盼死亡能够终结我的厄运。

但是朱庇特的权力不让我死。

岁月流逝，年复一年

令人悲哀的命运紧紧把我捆绑。

阳光暴晒，我身上的汗水流淌，

淋湿了高加索山上的岩石。"

【11】所以我们似乎很难说受到如此的伤害不是恶，如果我们说他是可悲的，那么我们确实要承认这种痛苦是恶。

　　A　到此为止，你实际上一直在为我的观点辩护，我很快就会加以说明；不过，你从哪里引来这些诗句？我好像没见过。

　　M　我也很快就会告诉你，因为你有权提问。

　　A　好吧，那么我们接下去该说什么呢？

　　M　我想，在雅典逗留的时候，你经常去听哲学课，是吗？

　　A　没错，是这样的。

　　M　那么你会注意到，在那个时候尽管无人非常雄辩，然而在他们的讲课中经常会穿插一些诗歌。

　　A　是的，斯多亚学派的狄奥尼修斯经常这样做。

　　M　你说得对。但他引用诗歌就好像在听写，不注意选择，或者不考虑它的适用性。我们的斐洛曾经抑扬顿挫地朗诵诗歌，精挑细选，非常恰当。

由于我到老年时也非常喜爱这种学校里的练习，所以我遵循先例，勤奋地引用我们的诗人；但在找不到恰当诗句时，我经常翻译希腊诗人的作品，使拉丁人的口才在讨论中也可以不缺少这种修饰。但你注意到诗人带来的危害吗？他们让勇士哭泣，使我们的灵魂衰弱，除此之外，他们的做法相当迷人，不仅朗读，而且背诵。就这样，当诗人的影响与家庭的坏规矩、萎靡不振的隐退生活结合在一起的时候，就对男人的力量产生了很大的影响。当柏拉图试图为共同体寻找最高的道德和最佳状况时，他正确地说要把诗人赶出他的理想国。然而我们无疑受过希腊式的教育，从幼年开始阅读和记忆诗人们的诗句，把这样的教导和教训当做一名自由人应当继承的遗产。

【12】但我们为什么要对诗人表示愤怒呢？哲学家，美德的教师，已经打算说痛苦是最大的恶了。而你，年轻人，在前面说自己也拥有这样的看法，我当时问你，痛苦是否是一种比耻辱更大的恶，我直截了当地要你抛弃这种想法。如果对伊壁鸠鲁提同样的问题，他会说，中等程度的恶是一种比最大的耻辱还要坏的恶，因为没有一种恶只被包含在耻辱中，除非耻辱伴随着痛苦的环境。那么，当伊壁鸠鲁实际上肯定痛苦是最大的恶时，他感到什么样的痛苦呢？[①]我无法找到比一名哲学家说出来的这种情感更坏的耻辱了。因此，当你回答说你把耻辱当做一种比痛苦还要大的恶时，你给了我所想要的一切。如果你坚持这个真理，你会看到对痛苦的抗拒，我们也一定不会如此努力地追问痛苦是否是一种恶，以便加强灵魂忍受痛苦的能力。斯多亚学派用愚蠢的三段论[②]来证明痛苦不是恶，就好像问题的难点是语词而不是事实方面的问题。芝诺，你为什么要欺骗我？你说在我眼前出现的可怕的事情根本不是恶，这时候我受到你的吸引，想要知道这种情况怎么可能是真的，被我当做完全可悲的事情怎么会不是恶。他说："除了卑鄙和邪恶，其他没有任何事物是恶的。"你的讲话是愚蠢的，因为你没有消除我痛苦的原因。我

---

① 伊壁鸠鲁说耻辱不是恶，除非它由痛苦跟随；然而如果痛苦一直跟随着耻辱，那么他必须承受说出他所做的事情的痛苦。

② 参见本文本卷，第 18 章。

知道痛苦不是邪恶的，但你不要再这样教我，说痛苦和不痛苦没有差别。他说："对于引导人们走向幸福生活来说，它不会造成任何差别，幸福生活只建立在美德的基础上；但是不管怎么说，痛苦需要回避。"为什么？"因为它是令人不愉快的、违反自然的、难以忍受的、使人抑郁的、残忍的。"

【13】这里有一大堆话，全都涉及对我们可以用一个词"恶"来表示的事物的表达。当你说它是令人不愉快的、违反自然的时候，是一样几乎难以忍受的事情的时候，你正在给我提供一个痛苦的定义，你没有撒谎。但是，你不应当在一大堆空洞辞藻的掩饰下屈服于这种观点。"除了荣耀的，其他没有任何东西是善的；除了卑鄙的，其他没有任何东西是恶的。"这只是一种期望，而不是证明。更加优秀、更加准确的陈述是：所有这些事物作为自然的产物都不能算做恶，所有这些事物作为自然都应当算做善。① 一旦确定了这一点，也就消除了语词上的分歧，就可以发现斯多亚学派的基本倾向是正确的，我们称做荣耀、公正的东西有时成为美德，有时置于美德的名称之下——这一点是显而易见的，相比而言，一切被视为身体的善和幸运的东西似乎是无足轻重的，而即使把所有的恶都堆积在一起，与耻辱这种恶相比，也可以发现它们根本不是恶。因此，就像你一开始承认的那样，如果耻辱比痛苦更坏，那么痛苦显然是无足轻重的，而你认为呻吟、尖叫、气馁、泄气是卑鄙的，与男子汉不符；只要仍旧存在着荣耀、高贵和高尚，而你让自己的眼睛始终关注它们，那么痛苦肯定会使你走向美德，由于意志的有意识的努力，痛苦会变弱；所以，要么是根本就没有什么美德在，要么是所有痛苦遭到藐视。你相信明智的存在吗，要是没有明智，我们就不能理解任何美德的意思？② 那又如何？明智要你去做那些没有实际收入，因而只是无用地白费气力的事情吗？节制会让你自由行动而不受任何自我约束吗？奉行正义的人会由于遭受痛苦而暴露秘密、背叛盟约，不履行义务吗？我要问，你会如

---

① 这是柏拉图、亚里士多德等人的观点。

② 西塞罗主张四种主要的美德：明智（prudential, prudence）、节制（temperantia, temperance）、勇敢（fortitude, fortitude）、正义（iustitia, justice）。参见本文第三卷，第8章。

何解释那些勇敢者的伟大灵魂，它们坚定不移，蔑视日常生活中的琐事？当你碰上偶然事件躺倒在地，为你的命运叹息的时候，你能听到"这个人多么勇敢"这样的话吗？如果你已经变成这副模样，那么甚至没有人会说你是一个人。因此，勇敢必定是痛苦的坟墓。

【14】你难道不明白失去一件科林斯器皿却可以使你其他货物安全？但若你失去一样美德（当然美德是不能失去的），① 或者承认有一样美德是你不拥有的，你不认为你什么美德也不拥有吗？② 你会把一个有着高尚的精神、坚忍顽强、维持尊严、蔑视命运的人，或者是诗中的菲罗克忒忒斯，或者是你，当做勇敢者来看待吗？因为我宁可不以你为例，但是，躺在"阴暗潮湿的地方，面对不会说话的墙壁发出的悲叹、抱怨、呻吟、喊叫的回音"的人肯定不是勇敢者。我不否认痛苦的真实存在，否则为什么还要勇敢？但我说只要有一定程度的忍耐，通过忍耐可以克服痛苦；如果没有痛苦，我们为什么还要荣耀哲学，自夸为哲学家？面对痛苦的叮咬，如果你喜欢它咬得更深一些，如果你毫无防备，那就伸出你的喉咙让它咬；如果你被碰上了伏尔甘的兵器，那就坚定地抵抗；③ 因为如果不抵抗，你的荣誉的卫士就会离你而去。举例来说，克里特的法律——无论是朱庇特批准的，还是如诗人所说，是米诺斯按照朱庇特的决定批准的——还有莱喀古斯的法律，用狩猎、跑步、饥渴、严寒、酷暑来教育年轻人忍受艰苦；还有，在祭坛前，斯巴达的男孩要接受雨点般的鞭打，"鲜血从皮下渗出流淌"，有时候甚至被打死，如我在访问时听说的那样，但他们中间没有一个发出尖叫或呻吟。怎么办？男孩子能做的事情男子汉做不到吗？习惯拥有的力量理性不具备吗？

【15】劳苦和痛苦之间有某些差别；它们有密切的联系，但不是一回事。

---

① 斯多亚学派的哲学家对美德能否失去持不同看法。

② 斯多亚学派认为所有美德都不可分离，是一个整体，一个人要是拥有一样美德，他也就拥有了全部美德。哲人做任何事情都与所有美德相符。

③ 伏尔甘（Vulcan），罗马火神，即希腊神话中的赫淮斯托斯，相关事迹参见荷马：《伊利亚特》第 18 卷，第 478 行；维吉尔：《埃涅阿斯纪》第 8 卷，第 33 行。

劳苦是超出一般常规地用心力或体力去完成工作或履行义务；而痛苦是使人的身体不舒服的运动，是人的情感所反对的、厌恶的。我们的希腊朋友用一个术语表达这两样东西，① 他们的语言比我们的语言丰富，因此他们把一个勤劳的人称做献身于痛苦的人，或者倒不如说是痛苦的热爱者；② 我们更恰当地称他们为劳苦者，因为劳苦是一回事，感到痛苦是另外一回事。啊，希腊人，你们有时候也会感到词汇的贫乏，而你们自认为有充足的词汇！我说劳苦是一回事，感到痛苦是另外一回事。盖乌斯·马略的血管被割伤，他感到痛苦；当他在烈日下率领车队行进时，他非常劳苦。两件事情之间确实有某些相似，习惯于劳苦的人比较容易忍受痛苦。因此，那些赋予希腊国家以具体统治形式的人喜欢让年轻人的身体受到劳苦的磨炼，斯巴达的公民对妇女也使用同样的规则，而生活在其他奉行奢侈生活方式的城邦里的人都"被建议躲在围墙后面的阴影里"。然而，斯巴达人希望"他们的少女关心摔跤、太阳、尤洛塔河③，她们辛勤劳作，远胜野蛮人"。这些辛苦的工作有时候与痛苦交织在一起；受到驱赶、鞭打、摔倒，辛苦本身也会无情地带来一定的痛苦。

【16】实际上，当兵——我指的是我们自己的军队，而不是斯巴达人的军队，他们在行进时有笛声伴奏，除了行进曲的节奏外，没有话语的鼓励——从我们自己的"军队"④ 这个词，你可以马上看出这个名字是怎么来的；行军非常辛苦，士兵们身上背着半个多月的给养，全部必需品，所有的防护装备；我们的士兵把盾牌、刀剑、头盔视为他们的肩膀、胳膊和双手；因为他们说，武器是士兵的肢体，一旦有需要，他们就抛去其他行装，把武器拿在手中，他们挥舞他们的武器，就像使用他们的肢体。看一看军团的训

① 希腊人实际上有两个术语：劳苦（πόνος, labor）和痛苦（ἄλγος, dolor）。但在有些情况下，劳苦也可以有痛苦的意思。
② "勤劳"一词希腊文是"φιλόπονος"，由"爱"（φιλό）和"劳苦"（πόνος）两个词合成。
③ 尤洛塔河（Eurotas），斯巴达的一条主要河流。
④ "军队"（exercitus）一词的另一个意思是受过训练的人。

练吧，进攻和呐喊无疑非常辛苦！因此，勇敢会使他们做好在战斗中受伤的准备。率领一队未受训练的士兵，他们虽然一样勇敢，但他们的行为就像女人。为什么新兵和老兵有这样的差别，就像我们最近所经历的事情一样？① 征兵通常要考虑年龄，而我们的习俗教导人们要忍受辛劳和藐视受伤。不，我们看到大批伤员从战场上抬下来，未受训练的新兵会可耻地哭嚎，无论他的伤有多么轻，而经过训练的勇敢的老兵只希望医生给他包扎，他们会像欧律庇卢斯②一样说话。

欧律庇卢斯 帕特洛克罗，我到你这里来寻求帮助，请你在残忍的死亡到来之前伸出援手；敌人伤了我，我的血流个不停，请你用你的智慧找到某种方式来使我避免死亡；伤员太多，我根本就没法进入埃斯库拉庇俄斯的儿子们③的营帐。

帕特洛克罗 你确实是欧律庇卢斯，可怜的受苦人！

【17】哭嚎声一阵阵传来，然而请注意欧律庇卢斯的回答并不那么伤心，他甚至还提出了一个必须镇静地承受痛苦的理由。

欧律庇卢斯 凡是置敌人于死地的人应当知道自己也会有同样的结果，也会遭到毁灭。

我在想，帕特洛克罗会把他带走，放在床上为他治伤。是的，如果他还拥有常人一样的情感。但事情并非如此。帕特洛克罗向欧律庇卢斯询问战况。

帕特洛克罗 告诉我，请你告诉我阿耳戈人的情况，现在怎么样了？

欧律庇卢斯 那里发生的事情真是难以言表。

帕特洛克罗 哎，你真笨！

---

① 西塞罗此时想着公元前 48 年，凯撒率领的由老兵组成的军团和庞培未受良好训练的部队战斗。

② 欧律庇卢斯（Eurypylus），希腊荷马史诗中的人物，但此处引用可能来自恩尼乌斯的悲剧《阿喀琉斯》。

③ 指两位希腊医生波达勒里奥斯（Podalirius）和马卡昂（Machaon），参见荷马《伊利亚特》第 2 卷，第 732 行。

安静一会儿吧，把伤口包好！欧律庇卢斯能做到的事情，伊索普斯① 做不到。

欧律庇卢斯 赫克托耳幸运地冲进我们的战阵……

然后，他忍住伤痛讲述了整个故事，一名士兵对荣耀的热爱使这名勇士忍住伤痛。那么，这名老兵能够做到的事情，受过训练的哲学家做不到吗？他肯定能这样做，而且能做得更好。到此为止，我谈的都是通过训练养成的习惯，还没有涉及理性的哲学。老年妇女经常饿两三天，而要是把一名运动员的食物拿走一天，他就会大声喊叫说自己无法忍受，而他本来是要使奥林波斯的朱庇特喜悦，他所受的训练是为了荣耀这位最伟大的神。习惯的力量是巨大的。猎手可以在下雪的山上过夜，印度人可以忍受自焚；受到全身穿着盔甲的武士的攻击，拳击手不会发出一丝呻吟。但我们为什么要提起这些把奥林匹克赛会上的胜利看得和古时候的王权一样重要的人呢？看看剑斗士吧，他们要么是罪犯，要么是野蛮人，他们能忍受多么沉重的打击啊！你们瞧，这些训练有素的人宁愿承受打击，而不是卑劣地躲避！显然易见的是，他们经常把使他们的主人或公众满意视为高过一切！甚至在由于受伤而极度虚弱的时候还在对他们的主人说自己感到快乐；只要能使主人满意，他们宁可自己倒下。拥有一般德性的剑斗士会呻吟或改变姿势吗？他们中有谁会让自己遭受耻辱，我说得不是他们的双腿，而是可耻地倒下？在接到命令要接受命运的打击时，有谁会在倒下时缩着脖子？这就是训练、实践和习惯的力量。"这个肮脏的、只配在这种地方过这种生活的萨莫奈"② 能这样做，那么出身名门望族的人的灵魂有哪个部分会如此虚弱，不能通过系统的准备来增强？剑斗士的表演在有些人眼中是残忍的、野蛮的，我也倾向于认为按现在这种方式它是野蛮的。但在那个时候，罪犯们挥舞刀剑进行生死决斗，没有

---

① 伊索普斯（Aesopus），著名的罗马演员，西塞罗的朋友。尽管他可以在舞台上扮演欧律庇卢斯，但在战场上他无法像受过训练的欧律庇卢斯一样忍受伤痛。

② 这是罗马戏剧家鲁西留斯（Lucilius）的一句诗，萨莫奈（Samnite）是一名按照古老的萨莫奈风俗装束起来的剑斗士，常常是萨莫奈人。

更好的办法可以让眼睛学会如何抵抗痛苦和死亡，虽然对耳朵来说也许还有许多办法。①

【18】我已经讲了训练、习惯和准备。如果你愿意，让我们考虑哲学方面的问题，除非你希望对我已经说的话做一些评论。

A　你要我打断你的讲话吗？我丝毫没有这样的愿望。我发现你的讲话非常有帮助。

M　无论感到痛苦是不是恶，让斯多亚学派去解决，他们试图用一连串相关的、琐碎的三段论来证明痛苦不是恶，这样的证明不能给心灵留下任何印象。②对我来说，无论痛苦是什么，我都不认为它有那么重要，我认为人们在想象中受到痛苦的虚假形象的过分影响，而一切痛苦其实都是可以忍受的。我从什么地方说起好呢？你对我已经简要提到过的相同观点还有什么要说的？以便我更加容易地进一步推进我的论证。人们普遍认为，无论有无学问，人的性格是勇敢、高尚、坚韧，能忍受世事兴衰带来的痛苦；我们说不会有任何人认为以这种精神忍受痛苦的人不配受到赞扬。勇敢者需要这种忍耐，人们赞扬这种忍耐，所以回避痛苦的到来，不能忍受痛苦，不就是卑劣吗？然而，尽管所有正确的心灵状态也许都被称做美德，但这个术语并非适用于所有美德，而是所有美德都由于一种美德而得名，这种美德比其他美德更明亮，因为它来自"男人"③这个词，美德这个词是从男人这个词派生出来的；坚忍是男人特有的美德，它有两个作用，即蔑视死亡和蔑视痛苦。所以，如果我们希望证明自己拥有美德，我们必须练习，或者倒不如说，由于"美德"这个词是从"男人"这个词借用来的，所以如果我们希望自己是男人，我们必须加强练习。你也许会问，这种治疗性的哲学声称拥有的技艺怎么会是这样的呢。

---

① 通过观看剑斗士表演，使人目睹流血和死伤，以后对此类事变得习惯。

② 参见本文本卷，第 12 章。

③ "男人"一词拉丁文是"vir"（复数 viri），同一词根的"virtus"（美德）的原意是"坚忍"、"刚毅"。

【19】伊壁鸠鲁又进了一步——不是作为一个心怀叵测的人，而是一名有着最佳意愿的绅士——对他的能力范围给出建议。他说："要漠视痛苦。"谁在说这样的话？就是这位宣称痛苦是最高的恶的哲学家。他的说法前后不那么一致。让我们来听一听。他说："如果痛苦到达顶点，那么它一定是短暂的。""请你对我再说一遍！"① 我不太明白你说的"到达顶点"是什么意思，"短暂"又是什么意思？"所谓到达顶点，我指的是没有什么东西更高了，所谓短暂，我指的是没有什么东西更短了。我蔑视这种痛苦，它甚至在还没有来之前就已经过去了。"如果这种痛苦像菲罗克忒忒斯的痛苦一样剧烈，那又怎样？"我承认它对我来说相当剧烈，但同时我要说它不在高处；因为他的痛苦仅仅在脚上；痛苦可以在各处，可以在眼睛里，可以在头部，可以在胸部。"所以他根本不承认有最高的痛苦。他说："连续的痛苦给我带来的更多的是快乐而不是烦恼。"② 我现在不能说如此杰出的人是无感觉的，但我想他是在嘲笑我们。我说这种最高的痛苦不一定是短暂的——我说的是"最高"，哪怕另外还有十个原子更差——我可以说出许多高尚者的名字，按照他们自己的解释，他们忍受了好几年痛风的折磨。但是这个狡猾的无赖从来不确定程度和连续性，所以我要知道他说的"最高的"痛苦或"最短的"时间是什么意思。我们什么都不用说了，我们要迫使他承认，不应当到一个声称痛苦是最大的恶的人那里去寻找摆脱痛苦的办法，然而就是这个人在受到腹痛的攻击和尿淋的折磨时也可以有勇敢的表现。③ 我们必须上别处寻找治疗痛苦的方法，实际上我们应当到这样的人那里去找，在他们眼中，荣誉是最高的善，卑鄙是最高的恶。④ 他们在场的时候，你肯定不敢呻吟和痛苦地

---

① 引自巴库维乌斯：《伊利娥娜》（*Iliona*）。

② "在肉体上，痛苦并不会持续太久，相反，极度痛苦的出现都是为时甚短，仅仅超过肉体快乐的痛苦也不会持续多少天。即使是久卧病榻，其肉体上的快乐也超过痛苦。"（第欧根尼·拉尔修：《著名哲学家的生平与著作》第 10 卷，第 140 节）伊壁鸠鲁还说过，我们认为许多痛苦优于快乐，长时间忍受痛苦以后会有更大的快乐到来。

③ 参见第欧根尼·拉尔修：《著名哲学家的生平与著作》第 10 卷，第 21 节。

④ 指斯多亚学派。

摇晃身子，因为美德本身会用它们的声音责备你。

【20】你已经见过拉栖代蒙人的男孩、奥林比亚的年轻人、在竞技场上默默承受沉重打击的野蛮人，那么要是你正好有什么痛苦，你会像女人一样尖叫，而不是镇定地忍受它吗？"痛苦是无法忍受的，人的本性不能忍受痛苦。"很好。男孩子由于热爱名誉而忍受痛苦，其他人由于害怕耻辱而忍受痛苦，许多人由于恐惧而忍受痛苦，这么多人在这么多不同的地方忍受痛苦，而我们却在担心我们的本性不能忍受痛苦吗？人的本性不仅能够忍受痛苦，而且甚至需要痛苦；因为人的本性提供的东西没有比荣誉、名望、卓越、荣耀更好的了。用这些术语我想表达的只有一件东西，但我用了一连串的词，为的是让我的意思尽可能清楚。我想说的实际上就是：越是人本身所向往的东西越是优秀，其根源在于美德，或者说以美德为基础，而美德自身是值得赞扬的；事实上我宁可把它描述为唯一的最高的善。还有，我们用这样的语言来讲述荣耀的东西，所以我们用相反的语言来讲述卑鄙的东西；没有任何东西比人的卑鄙更令人厌恶、更可耻、更低下。

如果迄今为止你都相信这一点——因为你在开始时说还有比痛苦更可耻的恶——那么你仍旧是自己的主人。然而我们以这样或那样的方式表达自己，就好像有两个自我：一个做主人，另一个服从；这个短语仍旧表现出某种洞见。

【21】灵魂分成两部分：一部分拥有理性；而另一部分缺乏理性。我们受到指引，要做我们自己的主人，这种指引的意思是，理性应当约束鲁莽。作为一条规则，所有人的心灵天然地包含虚弱、消沉、奴性的成分，包含着软弱无力。如果人的本性不是别的什么，那么没有任何生灵比人更丑陋；但是理性，世界的女主人和女王，站在近旁扶持人，凭她的力量努力前进，她成为完善的美德。必须让这部分灵魂服从理性的统治，这是人的责任。它是怎样统治的呢？就像主人统治奴隶，将军统率士兵，父母统治儿子。如果被我说成是服从的这部分灵魂可耻地指导自己行动，如果它像女人一样悲伤和哭泣，那就让我们的朋友和亲戚密切监护它；我们经常发现从来不被任何理由

说服的人经常会被耻辱征服。因此我们几乎要像对待奴隶一样用锁链和看守来对付他们，而对待那些意志比较坚定的人，尽管不需要用最大的气力，我们要警告他们注意荣誉，像一名好士兵一样履行职责。在《尼普塔》[①]中，那个最聪明的希腊英雄受伤以后没有大声嚎哭，而是非常有节制地说："走稳一些，免得颠簸让我感到疼痛。"巴库维乌斯在这一点上超过索福克勒斯，因为在索福克勒斯的剧本中，受伤的乌利西斯令人遗憾地嚎叫；而那些抬伤员的人也会注意他的尊严，在他呻吟时毫不犹豫地对他说："你，乌利西斯，尽管我们看到你不幸地受了伤，然而你表现出来的软弱与一名习惯于终生征战的士兵很不相称。"聪明的诗人明白忍受痛苦的习惯是一位不能藐视的教师。于是疼痛难忍的乌利西斯说："住嘴！给我住嘴！我疼痛难忍，真可恶！我在受折磨。"然后他开始失去控制，大声说："你们给我小心点，你们在护送我，可是你们的摇晃增加了我的伤痛。"你们瞧，不是身体的痛苦得到平息，而是灵魂的痛苦在受到斥责以后变得沉默，是吗？所以，在《尼普塔》结尾的地方，在他的最后时刻，他也责备其他人："你们适宜抱怨厄运，而不是悲叹；这个男人的职责竟然是像女人一样哭泣。"可见，灵魂的虚弱部分服从理性，就像受过训练的士兵服从严格的指挥。

【22】这样的人身上会有完善的智慧——迄今为止我们真的从未见过这样的活人，但若有一天找到这样的人，哲学家可以用语词来描述他的品性——所以，这样的哲人，或者倒不如说在这样的人身上发现的如此完全和完善的理性，将统治他的本性中较为低下的部分，其方式就像正义的父母统治有着优良品性的儿子；他用一个暗示就能确保他的意愿得到执行，没有麻烦，没有困惑；他会振作精神，做好准备，武装自己，像对付敌人一样面对痛苦。他还需要什么样的武器？他会对自己说，"要警惕任何卑劣、懈怠、非男子气的东西"，以此来巩固自己。让他眼前不断出现理想的、光荣的榜样；让他想起爱利亚学派的芝诺，宁愿忍受僭主的折磨，也不愿供出同伴；

---

① 巴库维乌斯翻译或模仿的索福克勒斯的悲剧《尼普塔》（Niptra）。

让他想一想德谟克利特的追随者阿那克萨库①的故事，阿那克萨库忍受各种折磨而决不求饶，最后倒在塞浦路斯国王提谟克莱翁的魔爪之下。出生在高加索山脚下的印度人卡拉努斯②没有受过什么训练，但自愿被活活烧死。与此相反，我们却不能忍受脚痛或者牙痛（假定整个身体都痛）；其原因就在于快乐和痛苦的时候有某种女子气或轻浮的思考方式，使我们的自控能力融化，由于软弱而流失，所以我们不喊叫就不能忍受蜜蜂的叮咬。按照出身，盖乌斯·马略是个地地道道的乡下人，但他无疑是一名真正的男子汉，如我前面所说，③医生给他动手术时他拒绝捆绑，而在他之前没有任何在不捆绑的情况下动手术的记录。从那以后为什么许多人喜欢他？这就是榜样的力量。所以，你明白为什么恶是想象的产物，而不是真实的本性了吗？然而，同一位马略也表明痛苦是非常难忍的，因为他并没有把另外一条腿伸出去挨刀子；就这样，作为一名男子汉，他忍受痛苦，而作为一个人，他拒绝在没有实际必要的时候忍受更大的痛苦。所以整个观点就是：要做你自己的主人。我现在已经把自主的特点说清楚了，心灵的忍耐、勇敢、伟大不仅使整个灵魂服从，而且实际上减轻人的痛苦。

【23】正如在战斗中，胆小软弱的士兵一见到敌人就扔掉盾牌，望风而逃，在逃跑中死去，身上甚至没有一处伤痕，而那些坚强的士兵却安然无恙；同样，那些不能忍受痛苦的人会遭到鞭打和杀害，而那些经常面对进攻的人却能获胜。灵魂与身体可有一比：身体每一部分都绷紧时更能负重，而一旦松懈下来则会感到压力难忍；灵魂也一样，一旦振作起来就能承受所有的压力，而一旦松弛下来，则无法在各种重压下复原。如果我们想要获得真理，则灵魂的每一个部分都必须尽力，履行各种功能；也只有在这种情况

---

① 阿那克萨库（Anaxarchus），色雷斯人，伴随亚历山大大帝，后被塞浦路斯国王提谟克莱翁（Timocreon）所杀。

② 亚历山大大帝东征攻陷巴比伦以后与古印度的裸体哲人卡拉努斯（Callanus）交朋友。

③ 参见本文本卷，第15章。

下，各种功能的发挥才能得到保证。在痛苦问题上要遵守各种警告，决不要沮丧、软弱、懒惰、奴性十足或女人气十足，无论如何也不能发出菲罗克忒忒斯式的尖叫。男子汉偶尔发出呻吟是允许的，而尖叫甚至对一名妇女来说都是不允许的，十二铜牌法无疑也禁止在葬礼中使用这种方式来表达悲哀。勇敢的、聪明的人实际上不会大声呻吟，除非努力想要坚强起来，就好像赛跑的选手大声吼叫。运动员在训练中也做同样的事，实际上，拳击手打倒对手的一瞬间大声喊叫，这不是因为他们感到痛苦或伤心，而是因为吼叫使整个身体更有力，打出去的拳头力量更大。

【24】还有，当男子汉想要喊得更响亮一些的时候，光是抖动身子、喉咙、舌头够吗？我们知道声音从他的喉咙里猛烈进出。不！要用尽全身的力量，甚至要用牙齿和脚趾的力量，就像俗话所说，它们发出低沉的喊声。① 苍天在上，我已经看到马库斯·安东尼乌斯②跪在地上，凭借瓦里安法案竭尽全力为自己辩护。就好像投石机和其他发射飞镖的机器，绳索绷得越紧，发出的力量越大，拳击手的肌肉绷得越紧，打出去的力量也越大。由于肌肉有强大的效果，如果用它来增强灵魂，那么用呻吟来克服痛苦是允许的；但若声音哀婉、虚弱、沮丧、乞怜，那么我很难用男子汉这个名称来称呼那些屈服于痛苦的人。如果呻吟确实能减轻痛苦，那么我们无论如何会发现它和勇敢者的品性有一致的地方；如果呻吟根本不能减轻痛苦，我们为什么还要羞辱自己呢？还有什么事情能比女人般地哭泣更加可耻？还有，这条规则是为范围广泛的痛苦而设，因为我们的灵魂必须竭尽全力抵抗一切，而不仅仅是抵抗痛苦。愤怒难平，欲望沸腾，我们必须回到同一堡垒中安身，我们必须拿起同样的武器；然而，由于痛苦才是我们要讨论的主题，所以让我们把对其他事情的说明放在一边。为了使我们能够平静地忍受痛苦，让我们用整个心灵去反思，这是一项巨大的收获，诚如俗话所说，这样做是极为高尚

---

① 此处拉丁原文为"用所有脚趾头的力量"，英译者转译为"用牙齿和脚趾的力量"，来自马用尽力气上陡坡。

② 参见本文第一卷，第5章。

的。我前面说过——这一点必须经常重复——自然把我们造就为荣誉的热情追求者，一旦我们得到了荣誉的光芒，我们就为确保荣誉做好了承受痛苦的准备。有了来自灵魂的朝向真正名望的冲动，我们才能面对或感受战斗的危险，宁愿战死，也不愿离开荣誉指定的岗位半步。德修斯们看着敌方战阵的刀光剑影，他们全都担心受伤会使他们的名声和荣耀受损。你不能想象厄帕米浓达在流血不止、即将死去时发出呻吟吗？为了受到奴役的国家，他离开了拉栖代蒙人的王后。这是对极度痛苦的安慰，这是对极度痛苦的缓解。

【25】但是你会说，在和平时期，在家里，坐在靠椅上的时候会怎样？你令我想起那些不经常上阵打仗的哲学家；他们中有一位，赫拉克利亚的狄奥尼修斯，意志不那么坚定，他向芝诺学习勇敢，而在痛苦时忘了他学到的东西。他得了肾病，在躲避痛苦时一直不停地叫喊，并且说自己先前学到的有关痛苦的观点是虚假的。克林塞斯是他的同学，有人问克林塞斯为什么改变了以前的观点，他答道："因为我献身于哲学，但不能忍受痛苦，这就足以证明痛苦是一种恶。我已经花了许多年学习哲学，但仍旧不能忍受痛苦，因此痛苦是一种恶。"按照这个故事的说法，克林塞斯接着站起来朗诵了引自《七雄攻迪拜》① 的一行诗："安菲阿拉俄斯，你在阴曹地府中听到这句话了吗？"他指的是芝诺，他对狄奥尼修斯不相信芝诺的教导感到伤心。我们的波西多纽② 不这样，我好像经常与他见面。庞培喜欢讲这个故事，我来复述一下。庞培放弃了叙利亚，到达罗得岛 ③ 以后，想去听波西多纽讲课；他得知波西多纽得了关节痛风，但仍旧去见了这位著名的哲学家。见面的时候，庞培向波西多纽表示问候和敬意，并且说自己很后悔以前没能听他讲课，而波西多纽说："你今天可以听我讲课，我不会因为身体有病就让你这

---

① 埃斯库罗斯的悲剧《七雄攻迪拜》（*Epigoni*），由阿西乌斯翻译为拉丁文，迪拜又译底比斯，"厄庇戈尼"（Epigoni）的意思是指反对古希腊底比斯七人集团的后裔，他们在父辈们进军失败十年以后东山再起，终于占领了底比斯。

② 波西多纽（Posidonius），叙利亚人，斯多亚学派哲学家，西塞罗的朋友。

③ 庞培于公元前 62 年离开他在东部的军事指挥权，返回意大利。

样的杰出人士一无所获。"庞培接着又说，他和这位卧病在床的哲学家认真、充分地讨论了这样一个命题："除了高尚，其他没有任何事物是善的。"每当波西多纽病痛发作时，他就会不断地喊："痛苦啊，你这样做是无用的！因为无论你给我带来什么麻烦，我都不承认你是一种恶。"

【26】在各种事业中，能带来荣耀和名望的辛劳经过努力都会转变为可以忍受的。我们不是看到，在那些被称做体育的、受到高度尊敬的运动中，参加竞赛的人没有一个会躲避痛苦吗？还有，猎手和骑兵在不停地追求荣誉时也不会躲避任何痛苦。我有什么必要提到竞选国家的官职？火与水能够阻挡那些曾经在选举中获胜的人吗？所以，阿非利加努经常把苏格拉底的学生色诺芬挂在嘴上，赞扬色诺芬的看法，战争的辛劳对将军和士兵来说一样严峻，只是因为将军的地位使他的辛苦变得轻省。[①] 但与此同时，对荣誉的不完整的看法影响着那些没有受过哲学教育的大众，他们看不到荣誉的真正本质；所以，他们在名望和民众的决定的影响下发生动摇，以为大多数人都赞同荣耀的东西。然而就你而言，你会成为公众人物，而我不像你那么依赖他们的判断，也不希望你接受他们对公平的看法；你必须使用你自己的判断；如果你保持自己对公正的看法，那么你不仅战胜了自我，这是我在前不久确立的规则，而且战胜了这个由人和事物组成的世界。你可以把这一点确定为你的目标。如果我可以这样说的话，想一想灵魂的伟大吧，要尽一切可能提升灵魂，要嘲笑和蔑视痛苦，这是世上最公正的事情；你不要依赖公众的意见，也不用赢得他们的掌声，灵魂可以在自身中找到快乐。还有，在完成时缺少荣耀和公众赞同的事情在我看来更加值得赞扬，公众的意见是无法避免的——因为一切良好的事物都要在光天化日之下完成——同理，除了良心的批准，更有权威的美德也没有观众。

【27】还有，让我们先来考虑一下这样一个观点，如我经常说的那样，必须通过努力增强灵魂来忍受痛苦，灵魂在各个领域应当表现出相同的水

---

① 参见色诺芬：《居鲁士的教育》第 1 卷，第 6 章，第 25 节。

平。在许多场合下，许多人勇敢地承受着伤痛，要么是为了胜利，要么是为了名誉，甚至是为了保持自己的权利和自由而忍受饥渴，然而同样一些人在放松努力以后，甚至不能忍受疾病带来的痛苦；情况之所以如此，其原因在于，凡是他们打算承受的痛苦，他们就忍受了，他们这样做不是根据某种原则或哲学的教导，而是由于拥有追求名声的动力或欲望。因此，我们发现某些不开化的野蛮人能够拿着刀剑英勇战斗到底，但却不能像病人一样忍受痛苦。另一方面，不那么勇敢的希腊人有足够的精神力量，但却不能勇敢地面对敌人；有些人可以表现出忍耐精神，作为一名男子汉应当能够忍受病痛，而钦布里人和凯尔特人在战斗中生龙活虎，在生病时痛哭流涕。这是因为没有任何事物能够保持同样的水准，除非能从确定的原则开始。有人发现，某些人出于野心而采取行动，或者依据未经证实的观点采取行动，他们在追求或试图达到目标时不会泄气；所以要么痛苦不是恶，要么即使要把恶的名字赋予所有令人不愉快的和不自然的事物，但这种微不足道的事情也会被在任何地方都无法用肉眼看见的美德遮蔽。出于上述考虑，我每天都在祈愿这条原则能够传播得更加广泛，它的运用能够覆盖一个比回避卑劣和确保荣誉更大的领域；我们拥有蔑视的权利，不仅蔑视痛苦，而且蔑视命运的打击，尤其是，作为昨天讨论的一个结果，我们已经准备好这样一个藏身的堡垒。如果神会对碰上海盗的水手说："你们自己跳海吧，那里有海豚在准备救你们上岸，就像麦昔那的阿里翁一样"，[①] 或者说，"尼普顿[②]的、帮助过珀罗普斯骏马在等着你们，送你们去你们想去的地方，快驾着马车在波浪中行驶"，那么水手们会抛弃一切恐惧；同理，当令人不快的痛苦骚扰你的时候，如果痛苦过于剧烈，难以忍受，那么你可以看到你的藏身之所。在有的时候我会说这非常适合我的想法。但是，你也会坚持你的观点。

A 并非如此，我希望能有两天时间来摆脱我对这两件极为害怕的事情

---

① 参见希罗多德：《历史》第 1 卷，第 23 节。

② 海神，相当于希腊人的波赛冬。

的恐惧。

    M   那么我们明天在水钟旁练习演说，我想你不会拒绝这样的安排。

    A   没错，早晨练习演说，然后讨论，就像今天一样。

    M   是这样的，我们会按照你的意向来安排。

第三卷

【1】布鲁图，由于我们是由灵魂和身体组成的，我现在想的是为什么对身体的照料和维持会成为一门技艺，这门技艺的功用使得人们把这门技艺的发现归功于不朽的诸神，① 把它当做神圣的，而另一方面，一门治疗灵魂的技艺在被发现之前，人们还没有深切地感到有这种需要，在其没有变得广为人知之前也没有多少人学习它，对它表示欢迎，而是被许多人怀疑和仇视？这是因为我们可以用灵魂判断身体的疲乏和痛苦，而用身体无法明了灵魂的疾病吗？结果就是，灵魂在它的判断工具有病的时候对自身的状况下判断。如果在我们出生的时候，自然就赋予我们洞察和知识，用来察觉她的能力，在她的杰出指引下完成生命的旅程，那么肯定没有任何人在任何场合需要方法上的指导；然而，她已经给了我们某些虚假的洞察力，受到坏习惯和坏信仰的影响，我们内心的理智的火花很快熄灭，没有留下一丝自然之光。美德的种子生来就在我们的性情中，如果允许它们生长成熟，自然自身就会引导我们过上幸福的生活，然而，一旦进入阳光之下，有了知识，我们马上发现自己处在一个充满错误信仰的邪恶的世界中，所以我们就好像喝了奶妈的奶，深深地受骗；当我们离开奶妈与父母在一起，然后被交给主人照管的时候，我们受到各种欺骗，真理让位给非实在，自然本身的声音让位给固定的偏见。

---

    ①   阿波罗和他的儿子、医神埃斯库拉庇俄斯。

【2】还有诗人，他们有一些美好的、明智的教训，供人聆听、阅读、学习，深深地渗入我们的心灵；此外还要加上公众的意见，与公众结合在一起，形成一种错误的倾向，因此我们显然被邪恶的信念玷污，彻底违反本性；我们认为这些人已经清楚地洞察和获得了自然的意义，他们认为，对人来说，没有比获得官职、军权和荣耀更高尚的雄心了，没有比它们更值得向往的东西了，没有比它们更卓越的东西了；这就是吸引所有贵族的东西，在他们寻求真正的荣誉时，只有这些东西才是本性所寻求的目标；当一切都落空，无法获得美德的高贵形象，而只有荣耀的幻影时，他们发现了自己。真正的荣耀具有真正的实在和清楚的轮廓，而非虚假的幻影；这是善良者的一致意见，是真正无偏见的判断，荣耀诚实地确定了最卓越的功德问题；荣耀返回到美德，成为美德之音的回响；当荣耀公正地履行义务时，善人一般是不会加以蔑视的。然而，另一种荣耀是固执和自私，是真正的荣耀的副本，一般以谬误为支撑，凭借虚假的勇敢而获得荣耀之美名和公共的名声。人的这种虚幻的荣耀尽管拥有某些高贵的雄心，但它是盲目的，由于不知道应当到什么地方去寻找或发现目标，它们中有些给自己的祖国带来彻底的毁灭，有些使自己垮台。① 这样的人在寻求卓越时受到误导，他们不注意确定目标，而且犯有方向错误。其他人怎么样？在获取利益和得到快乐的欲望的裹挟下，他们的灵魂发生错乱，他们的心灵很不健全（对所有无智慧的人来说这是一种自然的结果），难道不应当对它们进行治疗吗？灵魂的病痛比身体的病痛伤害要轻吗，或者说身体的病痛可以接受治疗，而治疗灵魂就没有办法吗？

【3】但是灵魂的疾病比身体的疾病更加危险，数量更多。因为它们直接攻击灵魂，使灵魂变得可恨，如恩尼乌斯所说："生病的灵魂总是迷失道路，既不能抵达目的地，又不能忍耐，也决不可能停止欲想。"其他我们就不用说了，现在请你告诉我，什么样的身体疾病能比苦恼和欲望这两种疾病更严

---

① 西塞罗在这里似乎想到凯撒和庞培。

重？我们看到，灵魂发现了治疗身体这门技艺，人的构成和人的本性对于治疗身体有很大贡献，尽管并非所有身体都服从治疗，都能马上痊愈，而与之相反，灵魂打算接受治疗，服从哲人的指导，无疑能够被治愈，那么，我们能够接受灵魂不能治疗自己这种想法吗？确实有一门医治灵魂的技艺，我指的是哲学，寻求哲学的帮助治疗灵魂一定不能像治疗身体疾病那样向外寻求，我们必须竭尽全力，使我们成为自己的医生。然而，涉及一般的哲学，我想我在《霍腾修斯》中已经恰当地列举了大量理由，使学习哲学变得吸引人。还有，由于时间关系，我几乎不停地讨论和撰写了大量的主题；我和我的朋友们在图斯库兰我的家中进行的讨论充分体现在这些书中。前两天，我们讨论的主题是死亡和痛苦，第三天的讨论构成第三卷。那天下午，我们下到我们的学园，我请参与者提出一个争论的主题。下面就是我们后续的讨论。

【4】A　在我看来，哲人似乎也有苦恼。

M　哲人一定不会有恐惧、欲望、勃然大怒这样一些灵魂的错乱吗？一般说来，这些现象属于希腊人称做"不幸"①的这类情感；但我还是把它们称做"疾病"，这是一个直译，但它不符合拉丁语的习惯用法。希腊人把怜悯、妒忌、狂喜、快乐这些不服从理性的灵魂的运动都视为疾病，而我们则正确地说，焦虑不安的灵魂的相同的运动是"错乱"，但不是我们日常所说的疾病，除非你有其他看法。

A　我的看法和你一样。

M　你认为哲人也会有这样的情感吗？

A　我想无疑如此。

M　在我看来，你自吹的智慧并不具有很高的价值，就像那心灵的不健全。

---

① 此处希腊原文为"πάθη"，英文译为"suffering, misfortune"。西塞罗由于热心地为拉丁文化辩护而解释有误。

A　你这是什么意思？你把灵魂的每一次骚动都当做心灵的不健全吗？

M　这不仅是我的观点，而且也是我们祖先的看法——提到他们经常会激起我的敬意——我认为，在苏格拉底以前好几个世纪，一切现有哲学的源头都与生活和行为有关。

A　请你告诉我，你这种看法是怎么得出来的?

M　"不健全"这个术语意味着身体的疾病或心灵的疾病。（这是不健康的一种状况，而他们把灵魂的疾病称做"不健全"。现在哲学家们把疾病这个术语用于灵魂的所有错乱，他们说，没有一个蠢人能摆脱这种疾病；有这种疾病的人是不健全的，所有不聪明的人的灵魂都有病；因此，所有不聪明的人都有一颗"不健全"的心灵。）他们认为，灵魂的完整健康由一种平稳和安宁的状态组成；他们把"不健全"这个术语用于不处于这种状态的心灵，因为在一个错乱的灵魂中，就像在一个错乱的身体中一样，不可能有健全的健康。

【5】他们对灵魂状态的描述不乏洞见，比如他们用"没头脑"和"反常"来表示心灵缺少启发；我们从中必须明白，用这些术语来描述这些状态的人认为斯多亚学派的观点来自苏格拉底，斯多亚学派一直坚持这一观点，所有不聪明的人都处在一种"不健全"的状态中。患有某些疾病的灵魂——如我所说，哲学家现在用疾病这个术语来表示那些错乱的运动——并不比患病的身体更健全。由此可以推论，智慧是灵魂的一种健全状态，而愚蠢是一种不健康的状态，亦即心灵的不健全和反常；拉丁语能够比希腊语更好地表达这些性质，有许多例子可以说明这一点。但我们不能扯得太远，还是要先来处理当前的问题。

所以，我们当前讨论的这个问题的性质和意思完全可以用"失常"这个术语来表示。我们必须明白，健全的心灵不是由于某种疾病的运动而被抛入错乱的状态，与此相反，"不健全"这个术语必须用于处于错乱状态中的心灵。所以拉丁语的习惯用法是最好的，我们说，那些不受约束的人放纵欲望，表示愤怒，就是偏离了他们自己（尽管事实上愤怒本身来自欲望，因为愤怒的定义是一种报复的欲望）。所以，那些人被说成是偏离了自己，因为他们不处在心灵的控制之下，而自然把整个灵魂的王国都交由心灵来控制。我现在不能轻易地给出"疯狂"这个希腊术语①的词源；我们比希腊人更加清楚地区分了这个词所包含的真实意思，因为我们区别了心灵的"不健全"和"疯狂"，前者与愚蠢相连，有广泛的含义。希腊人希望加以区别，但他们使用的术语不成功；被我们称做疯狂的东西，他们称做 μελαγχολία（疯狂），就好像心灵只受黑胆汁的影响，在许多实例中则受到愤怒、恐惧和痛苦更加强大的力量的影响，我们在此意义上说阿塔玛斯、阿克迈翁、埃阿斯、俄瑞斯忒斯式的疯狂。②十二铜牌法不允许任何遭受这种痛苦的人继续控制他的财产；因此我们读到的文字不是"如果心灵不健全"，而是"如果他疯了"。因为他们想，愚蠢的人尽管不稳定，亦即心灵不健全，但无论如何还能履行日常义务，过一种正常的生活，有正常的行为；而疯狂则被他们视做心灵在各个方面的盲目。尽管这种状况比心灵不健全更严重，但我们要注意的是聪明人也会疯狂，但聪明人的心灵不会不健全。这是一个不同的问题，现在让我们返回主题。

【6】我认为，按你的看法，你认为聪明人会有苦恼。

A 这确实是我的看法。

M 不管怎么说，你有这种看法很自然，因为我们都不是从石头缝里蹦出来的；我们的灵魂很敏感，会受到各种影响而感到苦恼，就好像风暴吹来。在我们的学园中拥有很高地位的、著名的克冉托尔这样说并不荒谬："我完全不能同意那些人大声赞美无知觉的状态，这样的状态既不能存在，也不应当存在。让我们逃避疾病；如果我生了病，让我拥有感觉的能力，无论是对我的身体动刀子还是动钳子。这种无感觉的状态根本无法达到，除非以灵魂的野蛮或身体的僵硬为代价。"但我们要小心，不要让它成为那些对

---

① 希腊原文为"μανία"。
② 这些都是希腊神话和诗歌中的疯狂的典型。

我们本性的软弱加以奉承以及对其弱点自鸣得意的人的用语，因为我们让自己勇敢，不仅是为了砍去恶的枝节，而且为了拔去恶的所有根须。然而，一定会有某些恶的根须留下。我们无论如何要让人们相信，除非治愈灵魂，否则邪恶就没有终结，而没有哲学，灵魂的治疗是不可能的。因此让我们把自己放在哲学手中接受治疗，因为我们已经有了一个开端；如果我们愿意，那么我们将被治愈。我确实还会再进一步，因为我将要处理的主题不仅是苦恼，尽管这是首先要处理的，而是如我所述，还要处理整个灵魂骚动的问题——希腊人宁可称之为"疾病"。如果你同意，让我们以斯多亚学派为榜样，他们的做法是对其论证用简明扼要的陈述；我们在这样做了以后，再按照我们的习惯方式自由地闲聊。

【7】勇敢者也是依靠自己的，"自信"被错误地在贬义上使用，尽管这个词派生于"confidere"（to have trust，信任），其中含有褒义。依靠自己的人肯定不会过分地害怕，因为自信和胆怯肯定有差别。然而，有苦恼的人也会有害怕。因为凡是有那些事物的出现会使我们苦恼的地方，我们也担心这些事物逼近的威胁。所以苦恼与勇敢不匹配。所以，会苦恼的人也会害怕，会有灵魂的沮丧和意气消沉。在人会受到这些情感影响的地方，也会有屈从的感觉，而承认自身受到打击的从容只会偶然地产生。承认这一点的人必须承认害怕和胆怯。勇敢者不受这些情感的影响，因此也不受苦恼的影响。如果一个人不勇敢，那么他就不是聪明的。因此，聪明人不会受到苦恼的影响。还有，勇敢者也一定充满热情，充满热情的人必定不可征服，不可征服的人必定藐视世间琐事，认为这些事情不值一提。然而，无人可以轻视那些能使他承认自己感到苦恼的事物。由此可以推论，勇敢者决不会有苦恼。但是，所有聪明人都是勇敢的。因此，聪明人没有苦恼。正如眼睛如果出了问题就不能在正常条件下发挥作用，而其他肢体或者整个身体如果不正常，就不能履行自己的功能，完成自己的工作；灵魂也一样，如果灵魂焦虑不安，就不适合承担它的工作。而灵魂的工作就是正确使用理性，聪明人的灵魂总是处在能够最好地使用理性的状况下。因此，

它决不会陷入混乱的状况。而苦恼就是灵魂的无序。因此聪明人决不会有苦恼。

【8】希腊人称节制为"σώφρων"，他们用这个术语来表示我通常所说这种美德，有这种美德的人有时候是节制，有时候是自控，偶然有时候是审慎；但这种美德也可以正确地被称做"节俭"，与这个含义较窄的术语相应，希腊人把"节俭的"人称做"χρήσιμοι"，也就是节约开支，而我们的术语含义较广，因为它表示所有的禁戒和不过量（希腊人没有专门的术语来表示这种意思，但可以使用"ἀβλάβεια"，这个词的意思是对任何东西无害，而无害是灵魂的一种品质）。可见，"节俭"也包含其他所有美德；如果它的含义不那么广泛，被限制在日常接受的某个狭窄范围之内，它决不会成为卢西乌斯·庇索受到高度赞扬的名字。人由于害怕而抛弃他的岗位，这是胆怯的证据，人由于邪恶而不能使别人恢复对他的信任，这是不公正的证据，人由于粗心而不能很好地管理事务，这是愚蠢的证明，这些品德被一般地称做节制，因此"节制"成为包括勇敢、公正、审慎三种美德在内的美德（这是所有美德的一个共同特点，因为它们全都相互联系、结合在一起）。因此，我把"节制"本身当做第四种美德。因为它的特别作用就是通过不断地反对欲望，在各种场合下保持克制，从而对灵魂的急切的冲动进行引导；与之相对的恶是"卑鄙"。我认为，"节制"是从"果实"这个词派生出来的，来自土中的事物没有比它更好的了；而"卑鄙"是从"毫无价值"（nequidquam）这个词派生出来的，（这个说法有点尖刻，但我们还是可以尝试，免得人们把它当做开玩笑）说一个人毫无价值也就是说他"没有任何用处"。因此，一个"节制的"人，或者要是你愿意，一个自制或有节制的人必定是坚强的，坚强的人必定是镇定的，镇定的人必定是摆脱任何骚动的，因此，他也摆脱任何苦恼。所有这些都是聪明人的特点。因此，聪明人远离苦恼。

【9】我在想，荷马的那段话表明阿喀琉斯的悲伤到了何等地步："每当我想起自己的荣誉和荣耀如何被剥夺，我的心就在膨胀，止不住的愤怒涌上

我的心头。"① 赫拉克利亚的狄奥尼修斯② 笨拙地争辩：在膨胀的时候，他的手能正常吗？或者说，在膨胀和发炎的时候，他的其他肢体能没有过失吗？同理，灵魂在膨胀的时候处在一种有缺陷的状况下。但是，聪明人的灵魂总是摆脱缺陷，从来不会发炎，从来不会肿胀，这是灵魂愤怒时的状况；因此，聪明人决不会愤怒。因为，如果他会愤怒，那么他也就是贪婪的。对愤怒的人来说，贪婪尤其是一种想要对伤害自己的人施加最大痛苦的欲望。还有，如果他能确保目标的实现，那么他必定会极大地喜乐。因此，他的喜乐就是其他人的不幸。聪明人不可能这样，也不可能感到愤怒。但是，如果聪明人会受苦恼的影响，也就会受愤怒的影响，而他在摆脱愤怒时也会摆脱苦恼。如果聪明人会感到苦恼，那么他也会感到同情，他也会感到妒忌。我说妒忌时用的不是"invidia"，这个词用在一个人作为妒忌目标的地方；然而，"invidentia"这个词从"invidere"派生而来，可以正确地使用，以避免"invidia"的模糊性，它来自看到对手的成功，就好像《七雄攻迪拜》剧中的台词："谁会斜眼看我的子女们的诺言？"它似乎是很差的拉丁文，但阿西乌斯说得很好；因为正好像"videre"（看）后面要跟一个宾语，所以"invidereflorem"（看诺言）比后面跟与格的"flori"更好。语言的习惯用法阻碍我们这样做，这位诗人声称他这样说是对的，他有更大的自由这样做。

【10】因此同一个人既受怜悯又受妒忌的影响。因为会由于别人的不幸而感到痛苦的人也会由于别人的幸运感到痛苦。比如，塞奥弗拉斯特对他的朋友卡利斯塞涅之死感到悲伤，而对亚历山大的成功感到烦恼；所以他说，卡利斯塞涅倒在一个掌握着最高权力的人脚下是无比幸运的，但是人们不知道如何衡量成功。然而，由于怜悯是一种由于邻居的不幸而带来的苦恼，所以妒忌是一种由于邻居的成功而带来的苦恼。所以说，会感到怜悯的人也会感到妒忌。然而，聪明人不会感到妒忌，因此他也不会感到怜悯。但若聪明

---

① 荷马：《伊利亚特》第9卷，第646行。
② 参见本文第二卷，第25章。

人习惯于感到苦恼，那么他也会习惯于感到怜悯。因此，聪明人远离苦恼。

这就是斯多亚学派的陈述，它以一种过于复杂的方式进行推理。但是这个主题需要扩张和更加详细的叙述。无论如何，我们必须使用他们用过的这些思想家的观点，使用他们用来表示勇敢和男子汉精神的观点。因为逍遥学派是我们的朋友，他们的思想、学问、热情无比丰富，而他们在用"中度"来表示灵魂的骚动或疾病状态时不能成功地令我信服。因为每一种恶，哪怕是中度的，也是一种恶；而我们的目标是聪明人根本不会有恶。因为就像人的身体，哪怕有中度的疾病，也是不健康的；所以在灵魂中，所谓中度的或节制的状态就是不健康。

所以，我们的国人就像在许多场合一样表现出良好的直觉，把"苦恼"这个名字赋予灵魂的不悦、焦虑、不安，这种状况与不健康的身体相似。希腊人几乎用相同的术语来描述所有心灵的骚动，他们用"πάθος"，也就是"疾病"，来指称灵魂中出现的任何混乱的运动。我们的描述要好一些；因为灵魂的苦恼与身体的不健康状况非常相似；但是欲望不像疾病，无节制的快乐不像疾病，它是一种灵魂的过分激动和快乐。真正的恐惧不像疾病，尽管它与苦恼有紧密的联系。但我们这样说是恰当的，就像身体中的疾病，灵魂中的苦恼有一个名字，其含义与痛苦没有区别。因此，我们必须追溯引发灵魂苦恼的这种痛苦的踪迹，就好像我们在诊断身体的疾病。医生们认为，他们发现了疾病的原因也就发现了治疗疾病的方法，同理，我们发现了苦恼的原因，也就有可能治愈它。

【11】所以就在整个这种想法中，我们确实不仅发现了灵魂苦恼的原因，而且也发现了灵魂所有其他骚动的原因，这些原因可被分为四类，并可继续细分。灵魂的一切骚动都是灵魂的某种运动，要么是由于缺乏理性，要么是由于轻视或不服从理性；灵魂的这种运动的激发有两种方式，要么由善的念头激起，要么由恶的念头激起；这样，我们就有了同等划分的四种骚动。从善的念头出发有两种行为：一种是过分的快乐，也就是说，由于某些巨大的善的念头而使快乐超过了限度；另一种是无节制地期盼一种假定的大善，这

种期盼是对理性的不服从，可以正确地被定义为欲望或贪欲。因此，过分的快乐和贪欲这两类来自善的念头的骚动骚扰着灵魂，就像其余害怕和苦恼这两种来自恶的念头的骚动一样。害怕是一种严重的、受到威胁的恶的念头，苦恼是一种严重的、迫在眉睫的恶的念头，灵魂新接受的这种恶似乎是造成灵魂痛苦的确定原因；它意味着感受到痛苦的人相信自己必须痛苦。然而，如果我们希望自己命中注定的一生在安宁和平静中度过，我们必须竭尽全力抗拒像恶灵一样愚蠢地对着人的生命发散和发射的骚动。让我们在别的时候再来处理灵魂的其他骚动，① 现在，如果我们能做到的话，让我们来驱逐苦恼。实际上，让驱除苦恼成为我们的目标，因为你已经说过你认为聪明人会受苦恼的影响，而这种想法我绝不愿意苟同。苦恼是一种讨厌的、可悲的、可恶的、要尽力加以避免的东西。

【12】你对悲剧中的英雄怎么看？"坦塔罗斯的后裔，珀罗普斯之子，王家血统的俄诺玛俄斯，用一场强迫的婚礼赢得了希波达弥亚？"是的，他是朱庇特的孙子！那么，他怎会如此沮丧和灰心？"正在向我走近的朋友，你要忍耐；你马上飞走，免得我的会传染疾病的影子对好人起作用，在我的身体里，犯罪的力量如此强大，正在跃跃欲试。"你堤厄斯忒斯会对自己进行判决，由于另外一个人的罪恶的力量而剥夺你自己的人的视力吗？或者说，你不认为太阳神的这位出名的儿子与他自己父亲的光芒不配？"我的眼睛变得模糊，我的身体日渐消瘦，我的面颊苍白，挡住我的一汪眼泪；我的脸未曾清洗，我的胡须未曾修剪，我的胸部满是污垢。"② 啊，愚蠢的埃厄忒斯，你给自己堆积多少疾病，实际上它们并没有把灾难带给你，而是你使它们成为根深蒂固的恶，灵魂一发烧，你新接受的邪恶的念头就隐藏着苦恼；然而

---

① 在本文第四卷中处理。

② 珀罗普斯（Pelops），坦塔罗斯（Tantalus）的儿子，他的父亲把他剁成碎块供神食用，宙斯使他复活。后来他到了厄利斯，与国王俄诺玛俄斯（Oenomaus）比赛驾车。珀罗普斯获胜，与公主希波达弥亚（Hippodamia）结婚，并继承王位。堤厄斯忒斯（Thyestes）是珀罗普斯和希波达弥亚之子，迈锡尼国王阿特柔斯的兄弟，他勾引阿特柔斯的妻子埃洛珀，并欲篡夺王位。

我们必须假定，你之所以悲伤，乃是因为失去了你的王位，而不是失去了你的女儿。① 你仇恨她，这样做也许有很好的理由；而没有王位，你就不能忍耐。还有，人在悲哀时还会有无耻，他的悲哀白费了，因为他无权统治自由人。这方面有僭主狄奥尼修斯为例，他被逐出叙拉古以后，在科林斯当了一名学校老师；然而没有了统治权，他变得非常虚弱。还有什么事情能比塔克文对那些拒绝忍受他的傲慢的人开战更无耻吗？我们知道，他发现在维恩廷人和拉丁人的帮助下实行复辟是不可能的，所以他就撤往库迈，在那座城市里因年迈和心灵的苦恼而进了坟墓。

【13】那么，你假定聪明人有可能被苦恼压倒，也就是说，与邪恶在一起吗？确实，当所有骚动都是邪恶的时候，"苦恼"的意思实际上就是被放在拉肢刑架上拷问。贪欲包含着情欲，过分的快乐包含着轻佻，恐惧包含着堕落；但是苦恼包含着更加糟糕的事情，它意味着衰败、折磨、极大的痛苦、可怕；它撕碎和腐蚀灵魂，把灵魂带向绝对的毁灭。除非我们剥去它的外衣，让它飞走，否则我们就不能摆脱邪恶。

还有，苦恼是从某些巨恶的印象中产生的，它似乎在不断地困扰我们，这一点无论如何非常清楚。伊壁鸠鲁认为，恶念产生苦恼是一种自然的结果，② 在此意义上，任何藐视邪恶的人如果想象巨恶将会降临到自己身上，他马上就会感到苦恼。昔勒尼学派认为，并非每一种恶都会引起苦恼，而是未曾预料到的恶引起苦恼。最大的苦恼确实不会有通常那样的效果，因为所有突如其来的灾祸都会比其他灾祸更严重。因此，下面这些诗句可以正确地加以赞扬："我生育他们，抚养他们，但我知道他们要去赴死。我派他们去特洛伊打仗，保卫希腊。我非常明白战争是致命的，但我并没有打算派他们去赴宴。"③

---

① 埃厄忒斯（Aeetes），科尔喀斯王，赫里俄斯和珀耳塞的儿子，喀耳刻的兄弟。

② 伊壁鸠鲁学派认为苦恼是自然的和必然的。斯多亚学派认为苦恼与自然相违背，是故意的。

③ 引自恩尼乌斯：《忒拉蒙》（Telamo），忒拉蒙是萨拉尔斯王，大埃阿斯和透克罗斯的父亲。

【14】因此，这种对未来的预见减缓了人们对早就预见到的邪恶的逼近的恐惧。欧里庇德斯在剧本中让忒修斯说的话值得称道，因为可以按照我们现在经常的做法把它转译为拉丁文："从一张聪明的嘴里我学到了这一教训，在心中我深思将要到来的厄运；最终的死亡或是不光彩的流放与逃跑，我一直在思考我的其他对手的分量；如果命运会带来可怕的灾难，那么没有任何事情我没有做好准备。"①忒修斯说他从一位聪明人那里学来的教训，欧里庇德斯这样说的意思是他本人学到了教训。因为他曾经是阿那克萨戈拉的学生，据说当阿那克萨戈拉听到自己的儿子的死讯时，他说："我知道自己生下的是一名凡人。"这句话表明，这种事情对没有思考过它们的人来说是残忍的。因此，一切被视为邪恶的事情的到来比与它不期而遇无疑不会更加令人悲伤。所以，尽管这并非产生最大苦恼的一个原因，然而有所预测和预见对减轻痛苦有重要作用，所以凡人应当思考人生旅程中会出现的一切兴衰。在这里无疑可以看到卓越的、神圣的智慧，也就是说要深入理解人生的兴衰，而当这类事情真的发生时就不会感到惊讶；在事情真的发生之前，在思想上要想到任何事情都会发生。"因此，在命运发出微笑时，任何人就应当在心中想起自己在开始时承受的艰辛；在回归家乡时，要想到自己在国外经历的危险和遭受的损失；儿子的恶行、妻子的离去、钟爱的女儿患病，要把这些事情视为凡人的共同命运，免得在心中视之为怪异；预期之外的幸运应当完全被当做收益。"

【15】当特伦提乌斯②对来自哲学的教训给出这样恰当表达时，我们这些畅饮哲学清泉的人难道不能用更好的术语表达它，更加稳定地感受它吗？因为，在这里我们看到了聪明人，他们看起来总是相同的，据说克珊西帕声称她的丈夫苏格拉底更糟糕，因为她说自己看见苏格拉底离开家和回家的时候面部表情都没有什么变化。苏格拉底的面容无论从哪方面看都不如我们的

① 引自欧里庇德斯一部已经佚失了的悲剧，希腊文引自普罗塔克：《道德论集》（*Moralia*）112D。
② 引自特伦提乌斯：《福米奥》第2部，第1场，第11行。

老克拉苏①严厉，按照鲁西留斯的说法，克拉苏的面容表情十分镇静，一生中只笑过一次，而史书告诉我们，他的面容一直保持不变，因为他从心中得到的命令就是不变。

因此，在面对生活变化和各种机遇时，我确实接受了昔勒尼学派提供的武器，使自己能够在长期预先思考的帮助下，抵抗生活中遇到的各种攻击；我同时断定我们所说的邪恶隐藏在我们的信念中，而不是隐藏在我们的本性中；因为如果邪恶是一种充分的实在，它怎么会由于被预见而变得轻省？但是，如果我们首先考虑伊壁鸠鲁的观点，那么我们有可能对这个主题做出更加准确的陈述；他假定，如果人们认为自己被邪恶包围，那么他们无论是否有所预见，都一定会感受到苦恼。所以，按照他的说法，邪恶并不会由于预先的思考而减弱，此外他还认为考虑还没有到来的邪恶或根本不会到来的邪恶是愚蠢的；他说，一切邪恶在到来时都非常可恨，但一直在想着灾难将会降临的人实际上就是在使邪恶变得更加持久；如果邪恶不是命中注定要到来的，那么就没有必要让自己成为邪恶的牺牲品；这样的人由于经历邪恶或思考邪恶而总是受到折磨。伊壁鸠鲁发现朝着两个方向努力可以减轻苦恼：让灵魂不要思考的痛苦，回想对快乐的思考。他认为灵魂能够服从理性，遵循理性的指导。因此（这是他的观点）理性禁止灵魂沉浸在极度的痛苦中，灵魂要从郁闷的反思中撤离，不把它的敏锐的思想用来思考邪恶，要从这样的思想中撤离，要急切地再次敦促自己观察各种快乐，要用心灵的全部力量投入快乐；按照这位哲学家的说法，聪明人的生活充满了对以往的反思和对未来快乐的预见。我们用自己通常的方式陈述这个观点，而伊壁鸠鲁主义者有他们自己的表达方式。但是，让我们来看一下它的实际含义，略去他们的文风不提。

【16】首先，他们对预先思考邪恶的指责是错的。因为没有任何事情比思考死亡和连续地想人生中间没有任何事情是不会发生的更适宜减少苦恼；

———
① 马库斯·克拉苏（Marcus Crassus），公元前105年的执法官。

没有比把我们的国家当做一个人来思考，学习和服从法律更有用的事情；这样做的效果不是使我们总是悲伤，而是防止我们进入这种状况。对自然进行反思的人会思考生命的多样性和人类的虚弱，这样的人不会由于想到这些事情而感到悲伤，他们在这样做的时候最彻底地履行了智慧的功能。因为他无疑会有收获，在思考人生兴衰的时候，他享受到哲学特有的功能，进一步发现在三个方面有助于他的恢复和解脱：首先，他长期思考发生灾难的可能性，尽管这并非减轻烦恼的最佳方法；其次，他明白必须以人的精神忍受人的命运；最后，他看到存在的不是邪恶，而是罪过，当他看到这是个人无法保证的事情时，他没有罪过。

至于伊壁鸠鲁的提议，他要求我们不要思考邪恶，但我不会这样做，因为这是无效的、空洞的。我们受到环境的刺激，把它当做邪恶的，但我们没有办法隐藏它或遗忘它；环境把我们撕成碎片，使我们焦虑，驱使我们，和环境的接触是非常剧烈的；① 它们不允许我们呼吸。伊壁鸠鲁，尽管遗忘与自然相对立，但你嘱咐我们"遗忘"，你能摆脱自然提供的这种减轻长期痛苦的帮助吗？确实有一种治疗在缓慢地起作用，但是需要很长的时间。你吩咐我思考善，遗忘恶。如果你明白哪些事情是善的，那么会有某些事情与人最相配，会有某些事物配得上一名伟大的哲学家。

【17】假定毕泰戈拉、苏格拉底或柏拉图对我这样说："你为什么要屈服？为什么要悲伤？为什么要向命运投降？她也许能折磨你，刺痛你，但她肯定不能瓦解你的力量。美德中有一种强大的力量，如果它们在睡觉，那么把它们唤醒。一旦你有了最主要的美德，我指的是勇敢，那么它会迫使你振作精神，会使你藐视人的命运中发生的一切。下一种美德是节制，也就是自控，我在前面 ② 把它称做 'frugality'，她不会让你承受任何耻辱和邪恶。还有什么能比一个女人气的男人更邪恶和更可耻？甚至正义也不会让你以这种方式

---

① 参见本文第二卷，第 25 章。
② 指本文本卷，第 8 章。

行事；在这种情况下似乎也没有对正义的需要，然而，由于你有各种需要，尽管你源于人，有不朽的诸神的属性，在你对收到的回报不满时，你无疑会不正义，期盼某些不属于你自己的东西。还有，'明智'告诉你，在她看来，美德对于导向一种善良的生活以及一种幸福的生活是自足的，你在这个时候会对她做出什么样的回答？明智应当依赖或受限于外在事物吗？这些事物没有自己的起源，也不会返回自身，所以明智在完满的自足中不会向其他地方寻求任何东西；我不明白，人们为什么会认为'明智'配得上如此热烈的以言词和急切的行动表达出来的崇拜。"伊壁鸠鲁，如果你召唤我向善，我会服从，我会追随，把你当做我唯一的向导，我也会按你的吩咐忘记罪恶，这一点更容易做到，因为我认为它们不应当算做恶。但是，你正在把我的思想转向快乐。这是什么样的快乐？我想你指的是身体的快乐，或者由于身体的缘故而获得的快乐，这样的快乐在回忆和期盼中找到了它们的位置。其他还有什么吗？我对伊壁鸠鲁的观点做出这样的解释对吗？伊壁鸠鲁的门徒会说我说得不对，他们断言我没有弄懂伊壁鸠鲁的意思。伊壁鸠鲁确实没有这样说，但我在雅典听到他们中间理智最敏锐的、坏脾气的小个子芝诺这样说过，[①]他在老年时仍坚持用最大的嗓门说话；他说他是幸福的，因为他享有当前的快乐，他保证自己会终生享有快乐，或者在一生中大部分时候享有快乐而无痛苦的干扰，即使痛苦来临，极端的痛苦也会非常短暂，即使痛苦延长，其中也会包含更多的快乐而不是包含更多的邪恶；对此进行反思会给他带来快乐，尤其是他满足于先前享有的善的事物，而没有对死亡和诸神的恐惧。你们现在已经有了用芝诺的话来代表的伊壁鸠鲁的幸福观，对此不可能予以否认。

【18】这又如何？有这样的想法或思考这样的生活有助于解除我前面刚刚讲过的堤厄斯忒斯或埃厄忒斯的痛苦吗，或者有助于解除被驱逐流放、贫困交加的泰拉蒙的痛苦吗？看见他，人们都会惊讶地问："我们在这里见到

---

① 这位芝诺是伊壁鸠鲁学派的，是西塞罗同时代人。

的是那位世人普遍赞美的、著名的泰拉蒙吗？大家都在看着他，而希腊人见到他都会扭转头去。"如同一位诗人所说，如果有人看见这个"幸运的人"，必定会去向最诚实的老哲学家，而不是向那些热衷于快乐的人寻求治疗。因为，有了丰富的善，这些微不足道的事情又算得了什么？如果你喜欢，假定无痛苦就是最高的善——尽管不能说无痛苦就是快乐，[①]但我们现在没有必要考究一切——那么我们会因此而被导向为悲伤寻找解脱吗？如果你喜欢，假定痛苦就是最高的恶，那么不痛苦的人摆脱了恶，就能马上享有最高的善吗？伊壁鸠鲁，我们为什么要回避问题？为什么不承认当你抛弃一切羞耻感的时候，你习惯上所说的东西就是快乐？这是不是你的原话？例如，在包含你的全部学说的那本书中（我现在不想起一名翻译的作用，免得有人认为我在虚构），你说："如果从善物中除去通过味觉获得的快乐，除去通过听音乐获得的快乐，也除去通过眼睛观看到的运动着的人物所产生的魅力，或者除去通过整个人的任何感官所获得的其他快乐，我就不能赋予善以任何意义。也不可能做出这样的陈述——唯有心灵的快乐才可以算做善，因为我理解的善就是心灵处于快乐的状态，对一切快乐抱有希望——也就是说，我希望本性能够自由地享受一切快乐而不掺杂任何痛苦。"我逐字逐句地引用伊壁鸠鲁的原话，让你们都能明白伊壁鸠鲁对快乐的理解。稍后他又说："我经常问那些聪明人，如果消除了各种好处，善还能包含什么内容，除非他们假定自己说的话缺乏意义；我从他们那里学不到任何东西；如果他们选择要继续唠唠叨叨地谈论'美德'或'智慧'，那么除了我在上面已经提到的各种方式的快乐，其他没有任何意思。"他接下去说的话也起着同样的作用，他整本以最高的善为主题的书充斥着同样性质的话语和情感。那么，你想要通过"回忆"来使英雄泰拉蒙从困顿中摆脱出来吗？如果你发现你的亲戚悲伤欲绝，你会给他一条鲟鱼，而不是与他进行一场苏格拉底式的谈话吗？你会敦促他听音乐，而不是让他听柏拉图讲话吗？你会给他送上五彩缤纷的鲜花，

---

① 无痛苦是既非快乐又非痛苦的居间状态。

请他用眼睛观赏，请他用鼻子闻吗？你会焚香，给他戴上花冠和玫瑰花吗？如果还有什么，那么很清楚，你将抹去他的全部眼泪。

【19】这些内容是伊壁鸠鲁必须承认的，否则就要从他的书中把我逐字逐句引用的话去掉，或者最好是把整本书扔掉，因为这本书中充斥着快乐。但我们必须询问一个人该如何摆脱困境。他说："真正的幸运一旦降临，就会超过高贵的出身；一度为我拥有的王座可以告诉人们地位有多么尊贵，权力有多么傲慢，我的幸运降临，我极度富有，这就是我的命运。"你在说些什么？为了使他停止悲伤，我们必须给这个可怜的人斟上蜜酒吗？或者我们要做同类的事情？在同一位诗人那里，你们可以看到另一面："赫克托耳，大权虽然在握，但失道寡助。"① 我们必须帮助她，因为她正在请求帮助："何处能够找到明确的保护？我能相信什么样的帮助，采用什么样的逃跑或退却的方式？堡垒和城市完了！我能向谁求援？在我的国家里，祭坛被打碎，神庙被烈火吞噬，高大的城墙狼烟四起，大火烧毁了一切，松林也火光熊熊……"你知道后面的诗句，尤其是："啊，我的父亲、我的祖国，普利阿姆的宫殿庄严巍峨，被多如蚂蚁的野蛮人包围，我看到你的天花板跌落，象牙和黄金镶嵌的屋顶崩塌。"啊，多么神奇的诗人！无论我们现代的欧佛里翁 ② 的模仿者如何贬低他。他感到，未能预料的、突如其来的灾难更加令人伤心。因此，在刻画了一幅富有的、似乎要永存的宫殿图景以后，他又说了什么？"我确实看到大火吞噬了一切，普利阿姆的生命被暴力中止，血迹玷污了高大的朱庇特祭坛。"③ 多么宏伟的诗篇，故事优美，曲调忧郁。让我们来解除她的痛苦。怎么办？让我们把她放在羽毛褥垫上，带一名笛手来演奏，为她点上甜蜜的馨香，给她找些糖浆和别的东西来吃。在这里我们终于有了一些善物，使我们能够摆脱最伤心的痛苦。因为就是你

---

① 诗句引自恩尼乌斯的剧作《安德洛玛刻》。

② 欧佛里翁（Euphorion），公元前 3 世纪的诗人。在西塞罗时代，欧佛里翁有许多崇拜者。

③ 参见本文第一卷，第 35 章。

在前不久解释说，你甚至不能理解还有其他什么办法。因此，我应当同意伊壁鸠鲁的看法，如果我们同意善的含义，那么我们要通过回忆悲伤来反思善。

【20】有人会说：那又如何？你认为伊壁鸠鲁指的是这类东西吗，或者认为他主张放荡好色的吗？我肯定不这么想。因为我看到他有许多话语表现出一种质朴和崇高的精神。① 因此，如我常说的那样，当前问题的关键是他的理智，而非他的道德。无论如何嘲笑他刚刚才批准了的快乐，但我仍会记得他所认为的最高的善。他不仅使用了快乐这个术语，而且清楚地陈述了他使用这个词的意思。他说："风雅、拥抱、看戏、音乐、物体的形状，似乎给眼睛提供愉悦的印象。"我没有虚构，也没有误解，是吗？我长期以来受到驳斥。因为，我为什么要去解答那些无法解决的问题呢？但是，等一等！伊壁鸠鲁也说过，痛苦不消除，快乐不会增加，最高的快乐就是无痛苦。短短几个词包含着三大错误。第一个错误是自相矛盾。因为他刚刚说过，除非能感受到某些使人快乐的东西，否则他甚至不能理解任何善；而现在正好相反，他说无痛苦就是最高的快乐。还有什么能比这样的说法更加自相矛盾？第二个错误是，有三种自然状态，一是快乐，二是痛苦，三是既不快乐又不痛苦，他在这里认为第一种状态和第三种状态是相同的，对快乐和无痛苦没有做任何区别。第三个错误是，他和其他某些哲学家一样，尽管他认为美德是我们渴望追求的目标，哲学被发明出来就是为了能够确保获得美德，但他严格地把美德视为最高的善。"是这样的，他经常赞扬美德。"没错，他经常这样做，而盖乌斯·革拉古也经常这样做，在他滥发救济，花钱似流水的时候，然而不管怎么说，他在讲话时仍以国库的保卫者自居。那么既然我已经看到了这些行为，为什么还要听信他们的言语呢？著名的庇索被称为"节俭者"②，

---

① 例如，参见第欧根尼·拉尔修：《著名哲学家的生平与著作》第 10 卷，第 140 节。"活得不愉快，就不可能活得明智、美好和公正。"

② 参见本文本卷，第 8 章。

但始终一贯地反对粮食法。① 这部法律通过时，尽管他是执政官等级的人，但他也在那里领粮食。革拉古注意到庇索站在人群中，他当着罗马人民的面责问庇索说，你庇索反对这部法律，为什么还要来领粮食。"革拉古，我不喜欢你搞的这部法律，要在所有公民中分配我的财产；但你既然已经这样做了，那么我应当来领取我的一份。"这些严肃的话语和这位睿智的政治家不是十分清晰地表明公共财产被塞普洛尼乌法浪费了吗？如果阅读革拉古的演讲，那么你会说他是国库的保护者。伊壁鸠鲁说快乐的生活是不可能的，除非能有美德伴随；他说命运对聪明人没有作用；他宁要俭朴不要丰盛的饮食；他说聪明人没有任何季节是不快乐的；所有这些思想都配得上一名哲学家，但涉及快乐就不一致了。"他指的不是你这种快乐。"让他的快乐表示他喜欢的任何快乐；他确实指的是那种与美德无缘的快乐。好吧，如果我们不明白快乐，难道我们也不明白痛苦吗？因此我要说，那些以痛苦为标准来衡量最大的恶的人无法引入美德之名。

【21】然而，伊壁鸠鲁主义者非常出色（因为没有人比他们更狡猾），他们抱怨说我像一名党棍似的反对伊壁鸠鲁。啊！好吧，那么我假定我们之间的争执就像是在争夺职务和地位。② 在我看来最高的善在灵魂中，在伊壁鸠鲁看来最高的善在身体中；在我看来最高的善在美德中，在他看来最高的善在快乐中。是的，伊壁鸠鲁主义者在战斗中诉诸对他们的邻居的忠诚；有大量的人已经做好参与进来的准备；③ 但我并不感到困惑，我藐视他们认为已经解决了的问题。当前存亡攸关的问题是什么？是和迦太基开战吗？当马库斯·加图和卢西乌斯·伦图卢斯在这个问题上持有不同立场时，他们之间从来没有发生过激烈的争论。伊壁鸠鲁主义者的恼怒表现得过分了，尤其是他们支持的这个观点不能激发大量的热情，他们决不敢在元老院里鼓吹它，在

---

① 即塞普洛尼乌法（Sempronian Law），由盖乌斯·塞普洛尼乌·革拉古（Gaius Sempronius Gracchus）于公元前 123 年提出。

② 政治上的竞争而非哲学上的竞争，在哲学争论中热情和刻薄是没有用的。

③ 在伊壁鸠鲁主义者的号召下，那些想为快乐的生活找到理由的人都会来帮忙。

公共集会上鼓吹它，在军队或监察官面前鼓吹它。但是，让我们在其他时间再来处理这些人，在与我们的意图相关的时候，我们这样做不是为了向谁挑战，而是为了向真理的话语投降。在此，我只做一个暗示：如果聪明人真的依据身体的标准来判断一切，或者说得更恰当一些，只用对他有利的东西，或者只按照他自己的利益来判断一切，那么由于这样的真理不可能赢得鼓掌，所以让他们把快乐隐藏在自己的胸中，让他们停止如此自负地讲话。

【22】剩下的还有昔勒尼学派的观点，他们认为苦恼产生在未曾预料到的事情发生的地方。如我在前面所说，这确实是一个重要观点；[1] 我知道这也是克律西波的看法，未能事先预见到的事情会带来更加强烈的震撼，但震惊并非一切。敌人的突然进犯会比预料中的进攻引起更大的震惊，海上突如其来的风暴比预料到的风暴引起更大的恐慌，这是真的，这样的例子有很多。但是，仔细考虑一下未曾预料到的事情的性质，你会发现，除了事情的效果因其突然性而被放大，其他什么也没有。这有两个原因：第一，事情发生的范围没有给定；第二，在有足够的预见力可以事先发出警告的地方，发生了邪恶，这里面包含着责备，使得苦恼更甚。时间有减轻痛苦的作用，随着时间的流逝，尽管同样的恶还在延续，但不仅是苦恼感逐渐淡化，而且在许多情况下苦恼会消除。许多迦太基人在罗马是奴隶，许多马其顿人在珀耳塞斯被俘后成了奴隶。[2] 我在年轻时在伯罗奔尼撒也看到一些科林斯人是奴隶。他们全都可以发出《安德洛玛刻》剧中那样的悲伤："我亲自目睹了这一切……"然而，随着时间的流逝，我看到他们已经停止唱哀歌。他们的容貌、言谈、姿势以及其他，都使人会说他们是阿耳戈斯或昔居翁的自由人；看到科林斯的突然毁灭，[3] 我的印象比它的居民的印象更加深刻，因为长时间的沉思使他们的灵魂变得僵硬和麻木。我读过克利托玛库的一本书[4]，迦

---

① 参见本文本卷，第 13、14 章。
② 公元前 168 年。
③ 科林斯（Corinth）于公元前 146 年被罗马人包围和攻占。
④ 克利托玛库（Clitomachus），迦太基人，属于新学园派，卡尔涅亚得的继承人。

太基被毁以后，他把这本书送来安慰他被俘的同胞，里面包含被克利托玛库收入书中的卡尔涅亚得的一次讲座。提出来供讨论的问题是：在祖国沦陷时聪明人似乎会感到苦恼。卡尔涅亚得用来反对这个命题的论证在书中有详细记载。所以，这位哲学家可以把这种治疗方法有效地用于最近的灾难，但由于灾难的长期延续而无人感到有这种需要；如果同一本书被送往多年前的战俘手中，那么它不是治疗伤口的药方，而只能起到揭开创口的作用。痛苦会缓慢地、一点一点地减轻，不是实际情况有了改变或能够改变，而是人的经验提供了理性以往接受的教导，曾经被放大了的事情实际上比它们显示得要小。

【23】那么有些人会说，那还有什么必要进行论证，或者说，我们通常对悲伤者提供的安慰还有什么必要？我们经常把这样的话当做准则挂在嘴上："没有任何事情是不可预料的。"但是对一个认识到某些事情必然发生的人来说，失去某物所产生的痛苦不是要容易承受得多吗？这种讲话方式没有拿来任何实际的恶，它提出的全部建议就是任何事情都可能发生，因此可以期待。然而这样的讲话方式在提供安慰时不是无效的，我倒认为它有很大作用。因此，事情未曾预料不足以解释由此产生的所有苦恼；它们引起的震惊也许巨大，但并不能使事情更严重；它们似乎显得更严重，那是因为人们对它们的记忆犹新，而不是因为它们的突然性。因此，发现真理的方法是双重的，不仅在显得为恶的事物中，而且在显得为善的事物中。我们考察真实事件的性质和范围，比如我们在处理贫困时用了大量论证来说明实际需要是多么小，或者精美的论证丢在一边，提出实例，有时引用苏格拉底，有时引用第欧根尼，有时引用凯西留斯①的著名诗句："甚至破衣烂衫下也经常隐藏着智慧。"贫穷者穿的衣服都是一样的，但是什么原因使得盖乌斯·法伯里修认为可以忍受，而其他人说不能忍受？同理，第二种安慰方法是：告诉痛苦者所发生的事情对人生来说是自然的。这样的论证路线不仅包括承认人的真

---

① 凯西留斯·斯塔提乌（Caecilius Statius），罗马悲剧诗人，死于公元前 168 年。

实处境，而且承认人出生以后所面临的一切都可以忍受。

【24】在涉及贫困时可以引用许多忍受贫困的例子，在嘲笑公职时可以指出有许多人没有担任官职，但因此而更加幸福；人们一般会赞扬那些宁可退隐也不愿从政的人，我们不要略去那位伟大国王的著名的抑扬格的诗句，① 他在诗中赞扬老人，请老人保佑自己在以后的日子里能默默无闻地度过。② 同样，在举例时也要注意那些已经失去子女的人，使伤心者过分的悲伤可以透过其他人忍受的痛苦而减轻；以这种方式，他人对痛苦的忍受可以使得一开始显得非常巨大的不幸变得很轻。所以，通过回忆，人们逐渐认识到他们原先的想法是非常错误的。还有，著名的泰拉蒙说："我生育他们，抚养他们。"忒修斯说："在心中我深思将要到来的厄运。"阿那克萨戈拉说："我知道自己生下的是一名凡人。"③ 所有这些人通过长期思考人类的命运，懂得了不能轻信大众的想法，一定不能过分恐惧。在我看来，聪明人的事先考虑和时间的流逝对人产生的效果是一样的；一旦掌握了事情的根由，亦即认识到预见恶之到来是最大的恶，但决不会大到足以毁灭幸福的生活，那么聪明人将会恢复理性，而本性会使人回复到自然。因此，我们所需要的全部结论就是由于未曾预料到的事件带来的震惊更加严峻，但不是像昔勒尼派所想象的那样，两个人遇到同样的不幸，只有那个未曾预料到的人才是苦恼的牺牲品。所以当悲伤到来时，在被告知这是人类的普遍命运时，据说有些人会感到更深的痛苦；也就是说这是我们进入这个世界的法则，没有一个人能够永久逃避邪恶。

【25】由于这个原因，如我们的朋友安提奥库斯 ④ 所说，卡尔涅亚得习惯性地指责克律西波，因为克律西波赞同欧里庇得斯的著名段落："那里没

---

① 参见本文第二卷，第 16 章。

② 参见欧里庇得斯：《伊菲革涅亚》第 15 行。

③ 参见本文本卷，第 13、14 章。

④ 安提奥库斯（Antiochus），斐洛的学生和西塞罗的朋友。他试图调和斯多亚学派、逍遥学派和学园派的体系。

有凡人，只有痛苦和疾病；许多人必定埋葬他们的子女，然后又重新开始；死亡是一切的终结；人类做这些痛苦的事情是徒劳的，来自土必定回归于土；成熟的生命就像谷物一样被收割。所以，顺从必然性吧。"① 以这种方式讲话，根本就没有减轻痛苦的作用；因为他争论说，悲伤产生于这样一个事实，我们是残忍的必然性的奴隶。欧里庇得斯的讲话方式适宜给那些从其他遭受邪恶的、坏品性的人带来安慰。然而我的观点极不相同。必须服从人的命运的思想阻止我们抗争，就好像这样做是在反对神，它同时也对我们提出警告，我们是凡人；这种反思是对悲伤的巨大缓解，具体引用那些例子不是为了振奋那些本性邪恶的心灵，而是为了引导悲伤者思想，悲伤者必须忍受这些人承担的重负，他看到许多人生来就具有忍耐的精神。因此我们必须以各种方式支持那些由于遭受痛苦而不能站立的人。克律西波认为苦恼（λύπη）②之得名就好像整个人的瓦解，但如我在开始时所说，一旦我们解开了苦恼的根源，我们就可以完全根除它。因为它无非就是有关当前的、迫在眉睫的大恶的观念和信念。因此，看到摆在我们面前的善的应许，我们就能忍受身体上的痛苦，以及极为尖锐的精神上的痛苦；光荣而又辉煌地度过的生活提供了一种完全的安慰，既不用涉及逼近过着这种生活的人的苦恼，也可以看到这种灵魂上的痛苦是肤浅的。

【26】但是，除了严峻的恶的观念，我们也还涉及义务的观念，对所发生的事情表示苦恼是对的，③ 这些事会带来深深的痛苦，但不是在事情发生之前。这种观念产生了一种不同的悲伤的方式，在亲人死去的时候，女人们捶胸顿足，嚎啕大哭。因此，荷马和阿西乌斯笔下的阿伽门农"经常在悲伤时从头上连根扯下一绺头发"，④ 这句话激发了彼翁⑤的妙语，愚蠢的国王在

———————————

① 出自欧里庇得斯的《许昔皮腊》（*Hypsipyla*），该剧本已佚失。
② 参见柏拉图：《克拉底鲁篇》419c。
③ 例如在亲朋好友死亡的时候。
④ 参见荷马：《伊利亚特》第 10 卷，第 15 行。
⑤ 彼翁（Bion），公元前 3 世纪的昔勒尼派哲学家。

悲伤时揪自己的头发，就好像秃顶是悲伤的解脱。但所有这些表现的根源就在于相信悲伤是一种义务。因此，埃斯基涅斯攻击德谟斯提尼，说他在女儿去世一周后的感恩祭上奉献牺牲。"但这是多么高超的修辞学技艺，多么丰富的语言，多么精彩的格言，多么美妙的词句！"你看，修辞学家可以谈论任何事情。所有好人在亲属死亡时要尽可能表示悲伤，这是一种义务，但除了根深蒂固的观念，没有人会赞同这一点。因此，当灵魂感到悲伤时，其他人会寻找孤独，如荷马所说的柏勒洛丰："他就独自在阿勒伊昂原野上漂泊，吞食自己的心灵，躲避人间的道路。"① 我假定，尼俄柏被诗人想象为化成一块石头，在悲伤中永远沉寂，而他们认为赫卡柏由于有一颗炽烈的、愤怒的灵魂，所以就想象她变成一条母狗。② 还有其他一些悲伤者经常在与孤独本身的对话中寻找快乐，就像恩尼乌斯剧中那位著名的保姆说："可怜的人啊，我现在渴望对天地讲述美狄亚的悲伤。"③

【27】他们在悲伤的时候做这些事情，认为这样做是正义的、恰当的，自己有义务这样做；这样一个事实可以表明他们的根据来自义务感，认为自己应当悲伤的人由于对悲伤的这种解释，会在有人表现出高兴的时候采用一种忧郁的态度来指责自己的错误行为；如果在家庭中遇上什么不幸，而孩子们的言语和行动仍旧表现出快乐，那么母亲和教师确实会对儿童进行惩罚，不仅用言语责骂，而且用皮鞭强迫他们流泪。这样做的意义何在？悲伤实际停止的时候，人们会明白通过悲伤不能获得任何东西，事实不是表明这完全是一种意愿吗？关于那些自虐者——希腊文是"εαυτὸν τιμωρούμενος"——特伦提乌斯说了些什么？"克瑞美斯，我在心中确信，只要我有不幸，我的

---

① 荷马：《伊利亚特》第6卷，第201行。

② 尼俄柏（Niobe），希腊神话人物，底比斯王安菲翁的王后，夸耀自己有七子七女，嘲笑勒托只生阿波罗和阿耳忒弥斯二人。阿波罗射死尼俄柏的全部子女，她因此整天哭泣，被宙斯变成石像。参见荷马：《伊利亚特》第24卷，第617行。赫卡柏（Hecuba）是普里阿摩斯的妻子，在特洛伊战争中失去丈夫和所有儿子，自己也被俘，后对色雷斯国王复仇，变成了一只母狗。

③ 参见欧里庇得斯：《美狄亚》第20行。

儿子就会少犯错。"① 他下定决心要不幸。你能想象有人会下决心反对他的意愿吗？"我认为自己应当生病。"如果不能不幸，他就认为自己"应当生病"。因此，你们瞧，恶来自信念，而不是来自本性。那些环境不允许他们悲伤的人又如何呢？例如在荷马那里，每日里有人丧失生命对悲伤起了一种缓解作用；所以我们发现有这样的诗句："我们看到每天都有那么多人倒下死去，有谁能够了却悲伤？我们的责任是埋葬已经丧命的同伴，保持坚强的心灵，对死者致哀一天。"② 因此，只要愿意，一个人有权服从时间的召唤，把悲伤抛在一边。或者在任何情况下我们首先平静下来，我们要问，什么时候我们不能服从时间的召唤，抛弃焦虑和苦恼呢？人们常说，格奈乌斯·庞培负伤以后在海中沉没，那些目击这一残忍而又遗憾场面的人在震惊的时候想到的是自己的安全，因为他们看到自己被敌人的战船团团包围，当时除了敦促桨手划桨，确保他们能安全逃离，其他什么事情也做不了；在到达推罗以后，他们才开始对庞培表示悲伤和哀悼。因此，恐惧有力量驱逐聪明人的苦恼，而理性就没有力量驱逐他们的苦恼吗？

【28】事实上，悲伤对我们没有任何好处，放纵悲伤是无用的，还有什么能比明白这一事实更能使我们放弃悲伤？如果它能使我们抛弃悲伤，那么它也可能约束悲伤。因此必须承认，苦恼只是出于某种意愿和信念的放纵。那些愿意承受任何不幸的人的坚忍表明了这一点，他们有过许多痛苦的经历，他们认为自己最终成功地抗击了命运，就像欧里庇得斯剧中的那个人物所说："我并非第一次遇到如此悲惨的一天，我不久前就在这样烦恼的大海中航行，良好的动机像新戴上嚼子的小马那样跳跃，但我后来也就顺服地忍受痛苦，就像我现在对自己的不幸沉默不语。"③ 因此，由不幸带来的筋疲力尽会使苦恼变轻，我们必须明白不幸本身不是悲伤的根源。

那些没有进入"智慧状态"的、最杰出的哲学家，不是全都认为自己

① 特伦提乌斯：《自我惩处者》第 147 行。
② 荷马：《伊利亚特》第 19 卷，第 226 行。
③ 欧里庇德斯：《佛里克苏》残篇。

处在极其恶劣的困境中吗？^①这是因为他们不聪明，而世上没有比不聪明更大的恶了；然而他们并不悲伤。为什么会这样？因为人们无法认为这种恶是正确的、惯常的、是一种义务，而我们却认为这样的苦恼是一切苦恼中最大的苦恼，其中包含着悲伤。^②所以亚里士多德谴责那些老哲学家，说他们有罪，极端愚蠢或者自吹自擂，因为他们认为自己是使哲学趋于完善的天才；但他也认为通过若干年的进步，哲学会臻于完善。另一方面，据说塞奥弗拉斯特在临死的时候祈求自然赋予人长寿，长寿与否对动物来说没有什么差别，对人来说差别巨大；如果人的寿命能延长，那么所有思想体系都会臻于完善，人生会由于获得所有学问而变得丰富。因此他抱怨说，他虽然到达了应许之地的边缘，但却要死了。还有，所有最优秀的、最有影响的哲学家不是都承认自己不知道许多事情，必须不断地学习吗？然而，尽管他们明白自己陷入了愚蠢的泥淖，没有什么事情比这更糟，但他们仍旧无法克服困境。他们在思想上不认为表示悲伤是一种义务。那些认为不应当表示悲伤的人又怎么样？就好像昆图斯·马克西姆·昆克塔特^③被带到担任执政官的儿子的坟前，就好像几天内失去两个儿子的卢西乌斯·鲍鲁斯^④，就好像马库斯·加图^⑤对待自己当选执法官的儿子的死亡，就好像我在《安慰》一文中汇集的其他例子。除了想到悲痛和伤心对男子汉不适宜，是什么在使他们如此平静？因此，当其他人习惯于苦恼，认为这样做是正确的时候，这些人认为这样做是一种堕落，要在思想上驱逐苦恼。由此可以明白，苦恼不是自然的，而是一个信念问题。

---

① 按照斯多亚学派的观点，不能完全获得智慧的人是全恶的，他们的生活和那些最坏的人的生活没有差别。西塞罗嘲笑他们的这个悖论。

② 最优秀的哲学家认识到他们知识的不完善和世人的愚蠢，但苦恼并不能克服这些问题。所以亚里士多德通过思考哲学未来的进步来缓解这种不完善。

③ 全名昆图斯·马克西姆·昆克塔特（Quintus Maximus Cunctator），公元前 218 年的独裁者。

④ 全名卢西乌斯·艾米留斯·鲍鲁斯（Lucius Aemilius Paulus），征服马其顿的罗马统帅。

⑤ 全名马库斯·波喜乌斯·加图（Marcus Porcius Cato），监察官。

【29】与这种观点相对立，有人主张：有谁会如此疯狂，乃至于自愿选择伤心？他们说，引起悲伤的是本性；你们的克冉托尔认为，我们必须对悲伤让步，因为悲伤从内部发起攻击，无法抵挡。所以在索福克勒斯的悲剧中，尽管英雄俄琉斯以前为埃阿斯之死安慰过泰拉蒙，但他听到自己的儿子的死讯时还是崩溃了。剧中这样描写他的心灵变化："他曾用温和的话语安慰另一个人的对手，但当命运转变、灾难落到他自己的头上，他却崩溃了，所以他不拥有任何智慧，这些话语对其他人是明智的，对他自己却不起作用。"① 他们以这种方式进行论证，试图证明没有任何手段可以抵抗本性；然而，他们承认人是苦恼的牺牲品，超过自然的力量。所以我们要问，什么是他们谈论的"疯狂"？——这个问题和他们向我们提出的问题相同。

但是人成为悲伤的牺牲品的原因不止一个。首先，有一种我们已经说过的信念，认为事物是恶的，看到它和确信它呈现，苦恼就不可避免地尾随而来。其次，认为强烈地表达悲伤可以使死者满意。此外，还有某种女人常有的迷信，以为承认自己崩溃了，在某种压倒一切的力量的打击下趴在地上，更容易使不朽的诸神感到满意。但是，大多数人看不到这些想法有多么自相矛盾。他们赞扬那些平静地面对死亡的人，但若有人对其他人的死亡保持平静，他们就认为这种人应当受到谴责。这样做可能有一定的意义，就好像恋人常说的那样，任何人都应当爱别人胜过爱自己。如果你爱别人、爱我们最亲的人，就像爱我们自己，那么这是一件极好的事，是一件正当的、公正的事；但是请你仔细考虑一下，爱别人胜过爱自己是不可能的。在友谊中也不应当这样想，我的朋友爱我应当胜过爱他自己，或者我爱他胜过爱我自己；如果能这样的话，就会导致生活及其所有义务的混乱。

【30】但这个问题可以放在其他时间处理，而我们当前只要能够约束自己，不要可悲地失去我们的朋友也就够了，我们担心我们的爱会超越它们本

---

① 出自索福克勒斯已佚失的悲剧。

身的希望，如果爱有意识，那么它们肯定会进一步超越对我们自己的爱。

他们提出的反对意见是①大部分人不能从安慰的话语中得到解脱，还有安慰者本身承认自己受到命运的攻击时是可悲的，这些说法都要受到驳斥。因为这里的错误不在于本性，而在于我们自己，你可以责备我们的愚蠢。②那些想要得到解脱的人不能得到解脱是可悲的，那些以不同的精神对待他人的不幸和自己的不幸的人也是可悲的；但作为一条规则，他们不像那些谴责邪恶的恶人、谴责野心的野心勃勃的人那么坏；因为察觉别人的错误而忘了自己的错误，这是一种独特的愚蠢。但是毫无疑问，大家都同意痛苦的长期延续可以使人消除苦恼，其主要证据在于，不仅时间的延续会产生这种效果，而且连续的思考也会产生这种效果。如果环境相同，人也相同，悲伤的原因或悲伤的人没有发生变化，感受到的悲伤怎么会变化？因此，不断地想环境中不存在恶，会对痛苦产生一种治疗作用，而非仅仅是时间的延续能起这种作用。

【31】在这一点上，他们用他们"中度"③的陈述来对抗我。如果他们以本性为依据，那么提供安慰还有什么必要？因为本性自身会确定限度；但若他们以信念为依据，那么让我们把这些信念完全抛在一边。我认为，必须坚持苦恼是一种有关当前的恶及其蕴含的恶的观念，感到苦恼是一种义务。

芝诺给这一定义做了正确的添加，亦即认为这种有关当前的恶的观念是"新"的。然而，他的追随者不仅把这个词解释为前不久发生意义上的"新"，而且解释为只要想象中的恶保存着某种活力。例如，著名的卡里亚国王毛索鲁斯之妻阿耳忒弥西娅，在哈利卡尔纳苏斯建造了一座葬礼纪念碑，在这座碑的影响下她终日悲伤，日渐衰弱。她悲伤的念头每天都是"新"的，仅当这种念头随着时间的流逝完全消失，它才不是"新"的。

因此这些就是提供安慰者的义务：消除苦恼的根源和枝节，减轻它或者

---

① 参见本文本卷，第28章。

② 指由于我们自己的错误而遭到的不幸。

③ 参见本文本卷，第10章。

尽可能使它缩小；制止它的发展，不允许它进一步扩张，或者把它转向别处。有些人认为安慰者的唯一义务就是坚持说邪恶根本不存在，就像克林塞斯的观点①；有些人像逍遥学派一样，喜欢恶不那么严重这样的观点。还有一些人喜欢把注意力从恶转向善，如伊壁鸠鲁所为；有些人，像昔勒尼学派，认为它足以表明没有任何发生了的事情是未曾预料到的。另一方面，克律西波考虑提供安慰时要做的主要事情，在于从悲伤者的心中消除我们已经描述过的那些信念，悲伤者认为自己正在履行一种必须履行的义务。还有某些人喜欢关注提供安慰的所有方式（因为人们受影响的方式不同），最近我在《安慰》一文中把它们全都归在一起，因为我的灵魂处在一种发烧的状态，我试图用一切方式来治愈它。

但是选择恰当的时间治疗灵魂的疾病是必要的，正如治疗身体的疾病，好比有人对著名的普罗米修斯说："然而，普罗米修斯，我认为你知道这一点，医生的话针对愤怒的心。"普罗米修斯答道："是的，如果一个人要求治疗的话，因为笨重的双手不可能治愈伤口。"②

【32】因此，治疗的第一步是提供安慰，告诉伤心者不存在恶或只有很少的恶；第二步是讨论人生的共同命运，讨论个别悲伤者的命运的特点；第三步是使伤心者认识到悲伤没有任何益处时指出悲伤是无用的，悲伤是非常愚蠢的。克林塞斯安慰过那个不想要安慰的"聪明人"。如果你成功地令悲伤者相信不存在任何恶的东西，只要它不可耻，那么你就成功地消除了他的愚蠢，而不是消除了他的悲伤；然而，这种教训的腔调不受欢迎。不过，在我看来，克林塞斯没有看到苦恼的情感有时候也能从他本人承认是最大的恶的事情中产生。有故事说，苏格拉底说服了阿尔西庇亚德，说他尽管身居高位，但他不是真正意义上的人，和一名穷看门人没有什么区别；阿尔西庇亚德对此极为悲伤，流着泪恳求苏格拉底教他美德，以驱除自身的卑劣——克

---

① 参见本文第二卷，第25章。
② 埃斯库罗斯：《被缚的普罗米修斯》第377行。

林塞斯，对此我们该怎么说？^①在这件事情中使阿尔西庇亚德感到苦恼的确实不是邪恶吗？另外一个观点：吕科^②的话是什么意思？在提到减轻苦恼的时候他说，苦恼是由环境、命运不佳、身体不舒服引起的，而不是由灵魂的邪恶引起的。所以我要问你：阿尔西庇亚德所感到的悲伤难道不是来自邪恶和灵魂的缺陷吗？至于伊壁鸠鲁建议的安慰，我们在前面已经说得够多了。

【33】"你不是唯一的一个"，这个短语尽管被频繁使用，并经常有益，但它的安慰效果也不一定完全可靠。如我所说，它是有益的，但并非在所有情况下都如此。有些人嘲笑它，但它确实在如何进行治疗上造成了差别。我们必须指出那些明智地忍受痛苦的人是如何忍受的，而不是指出他的辛苦有何不便。克律西波有关安慰的建议^③是最可靠的，但在苦恼的时候难以实行。要对一名悲伤者证明他的悲伤出于他自己的选择，因为他认为自己必须这样做。所以，我们不必对我们在法庭上并非总是采用同样的立场感到惊讶（我们用这个术语来表示辩论时的论证路线），但我们采用的路线适用于特定的时机、不同的争论性质和不同的诉讼者的人格；我们在减轻苦恼时要采取同样的行为，因为我们必须考虑在每个具体案例中什么样的处理方法能被接受。不过，我们的论证已经有点偏离了你提出来讨论的主题。你的陈述是，聪明人认为凡是在没有耻辱的地方就没有恶，或者没有大恶，邪恶将被智慧克服，变得几乎看不见；因为聪明人不会用那些想象出来的信念支持痛苦，或者认为自己应当残忍地受折磨，为悲伤所削弱，这样想是正当的，因为他认为没有任何事情比这样做更堕落。但不管怎么说，在我看来，尽管没有任何事物是恶的，除非它也能被说成是可耻这个实际问题不应在这个时候专门

---

① 柏拉图著作中没有这个故事，故事见于奥古斯丁《上帝之城》第14卷，第8章。"如果我没记错的话，他们举的例子是阿尔西庇亚德。他认为自己是幸福的，但当苏格拉底使用论证揭示他有多么不幸，因为他愚蠢的时候，他哭了。所以，对他来说，愚蠢是一种有用的、可取的悲伤的原因，他发现自己完全不应该像现在这个样子，因此感到悲伤。但是斯多亚学派说，聪明人不会经历这样的悲伤。"

② 吕科（Lyco），弗里吉亚人，逍遥学派的首领。

③ 见本文本卷，第31章。

提出来，但我们的论证过程表明，我们已经看到苦恼中无论有什么邪恶都不能归于本性，而是由于人的意愿和错误信念做出的判断进入了人的头脑。还有，我们已经处理了一种最痛苦的苦恼的形式，为的是，有了这样的经历，我们可以不必费尽心机寻找治疗其他苦恼的办法。

【34】习惯上对不同的苦恼进行安慰有确定的话语，比如贫困、一辈子没有担任过公职、没有获得名望，有确定的谈话形式处理流放、国家的毁灭、奴役、软弱、盲目等可以用灾难这个术语来表示的事件。希腊人把这些主题分类，在不同的书中分别予以讨论；他们不需要寻找主题，而这些讨论都充满了魅力。然而，正如医生既关心整个身体，也处理身体的各个部分一样，所以哲学既要从整体上驱除苦恼，也要消除任何有具体原因的错误观念，比如贫穷带来的刺激、耻辱的痕迹、流放的阴影，以及我刚才提到的有可能发生的事情。但是有一些安慰的方式适用于若干种环境，等你准备好了，你就会听到相关的内容。① 在各种情况下我们必须回到一个源头，聪明人将远离一切苦恼，苦恼是没有意义的，沉浸于苦恼不能达到任何目的，苦恼的根源不在于本性，而在于一种判断、一种信念，当我们在心中认为悲伤是一种义务时，我们就被唤去表现悲伤。消除了整个意愿，我们所说的由意愿决定的悲伤和苦恼马上就能消除，而与此同时，那些刺激和灵魂躲避的症状则会留下。让他们说这是相当自然的，只要不在和这个术语相连的尖刻、丑陋、意气消沉的意义上使用这个词，因为苦恼不能与智慧同行，也就是说，苦恼不能以任何方式分享智慧的习惯。但是苦恼的根源有多么深，苦恼有多么巨大，有多么痛苦！当苦恼的主干被颠覆了，所有这些苦恼也一定会被消除，如果有需要，我们可以分别对它们进行讨论。无论这样做是否值得，我现在有的是闲暇。各种形式的苦恼有许多名字，但只有一条原则。妒忌（invidere）是苦恼的一种形式，其他还有竞争（aemulari）、戒备（obtrectare）、怜悯（misereri）、烦恼（angi）、悲叹（lugere）、悲痛（maerere）、

_____

① 在本文第五卷中。

痛苦（aerumnaadfici）、哀诉（lamentari）、烦乱（solicitari）、悲伤（dolere）、不悦（in molestia esse）、折磨（adflictari）、绝望（desperare）。斯多亚学派给这些苦恼下过定义，我用这些术语表示苦恼的表现；它们的意思不尽相同，我们将在其他地方处理它们之间的差别。然而，它们只是我们在一开头就说过的那个根的根须，我们可以寻找它们，割除它们，使它们无法再被见到。有谁否认这是一项艰巨的任务？但又有哪项高尚的任务是不艰巨的？只是我们要同意接受哲学的治疗，那么哲学就将宣布她的胜利。我们现在要告一段落了。只要你愿意，涉及这一点以及其他所有问题，我都已经为你准备好了。

第四卷

【1】布鲁图，我有许多理由持续地对这些天才和我们国人的美德表示惊叹，我看到这些学问在很晚的时候才成为他们热望的目标，从希腊传入这个国家；因为，尽管从这个城市开端的时候，占卜、宗教祭仪、公民集会、诉讼、元老院、骑兵和步兵、整个军事体系，都已经按照惯例建立起来——在某些地方也依据法律——王政一度流行，而后来当这个共同体从暴君的统治下解放出来，它就取得了神奇的进步，并有了超越其他国家的信念。但这里不是我谈论祖先的风俗习惯、国家的发展方向和组织的地方；我在其他地方已经对它做了十分详细的描述，尤其是在我讨论国家的六卷书中。而现在我要考虑的是，为什么这些起源于国外的学问不仅成为人们热望的目标，而且也得到长期的关注和培育。这种现象并不奇怪，甚至也没有超出我们的先人毕泰戈拉的视野，他以智慧而闻名于世，居住在意大利，与你的家族的创建者、并使他的国家自由的卢西乌斯·布鲁图生活在同一时代。毕泰戈拉的教导广泛传播，我认为它渗入了我们的国家，这不仅是一种猜测，而且也有某些证据表明它受到欢迎。那个时候在意大利有强大的希腊人的城邦，它们繁

荣昌盛的那个地区被人称做大希腊，毕泰戈拉本人以及在他之后的毕泰戈拉主义者在这些城邦里产生着重要影响，有谁能想象我们国人的耳朵听不到他们的智慧所激起的反响？不，我还认为对毕泰戈拉主义者的崇敬也是把国王努玛当做毕泰戈拉主义者的一个原因。当人们熟悉了毕泰戈拉的训练和规矩，从他们的祖先那里听到了国王的公正和智慧以后——在很长的时间里他们对以往的事件一无所知——他们相信具有超人智慧的努玛是毕泰戈拉学派的学者。

【2】我们可以推测的内容也就是这些了。尽管有许多毕泰戈拉主义的行迹可以汇集在一起，但我不想使用它们，因为这不是我当前的目标。据说，他们的习惯是以韵文的形式逐步提出某些教导，他们把思想隐藏在沉思中，他们用唱歌和竖琴来使他们的心灵安宁；权威作家加图在他的《起源》中说，我们祖先的待客习惯是为客人举行宴会，用笛子伴奏演唱歌曲，颂扬杰出人士的功德。由此可见在那个时候，除了诗歌以外，已经有歌手在音乐的伴奏下演唱。十二铜牌法也已经表明，歌曲的创作在那个时代已经很普遍，因为铜牌法中规定不得唱侮辱邻居的歌曲。① 所以，在纪念诸神和执政官的庆典中演奏乐器决不是这个时代不开化的证据，而是我正在提到的毕泰戈拉学派的训练的一个特点。我也认为，阿庇乌斯·凯库斯②的诗歌是毕泰戈拉主义的，帕奈提乌在写给昆图斯·图伯洛的信中高度赞扬这一点。我们古人的习俗也有许多来自毕泰戈拉主义，这部分内容我就省略掉，免得我们好像是从别的来源学到这些事情，或者以为这些事情是我们自己发现的。回到我们主要的论证，在一个十分短暂的时期涌现了大量的诗人和著名的演说家！所以我们可以看到，只要我们的国人有这样做的愿望，就有力量获得各方面的成功。

【3】我们将在其他地方谈论的学问需要兴起，并要持之以恒。而研究智

① "十二铜牌法"第八块上规定："以文字诽谤他人，或当众演唱侮辱他人的歌词，处死刑。"

② 全名阿庇乌斯·克劳狄·凯库斯（Appius Claudius Caecus），公元前 312 年的监察官。

慧，在我已经提到的范围内，早已存在于我们的国人之中，但在莱利乌斯和西庇阿之前，我看不到有任何人可以被称为哲学家。在他们还很年轻的时候，雅典人派遣一个使团造访我们的元老院，其中有斯多亚学派的第欧根尼和学园派的卡尔涅亚得，他们中有一个人是居勒尼人，其他的来自巴比伦，由于这些人以前从来不参与公共生活，所以他们肯定不曾离开过他们的教室或被挑选承担这样的使命，除非当时某些杰出的罗马人已经熟悉哲学研究。尽管他们已经开始就某些主题进行写作、研究法规、研究语言、回忆祖先，然而哲学是一切技艺中最富有成果的，它教导的是正确的生活方式，生活比著作对哲学的推动更大。然而，始于苏格拉底的真正精制的哲学在逍遥学派中安了家（斯多亚学派以不同的语言讲述了同样的事情，而学园派讨论了逍遥学派和斯多亚学派之间的争论），但几乎没有或者很少有拉丁人研究哲学；之所以如此，其原因就在于这个民族完全被实际事务所吸引，或者是认为这样的研究不可能从无知的读者那里得到什么评价。阿玛菲纽的声音填补了这条沉默的鸿沟。他发表了他的著作，激起了人们的兴趣。他公开进行教学，人们从四面八方赶来听讲，这是因为他的哲学很容易掌握的，也给人还来乐趣，或者是因为除此之外就没有更好的教学了。阿玛菲纽之后，有许多人模仿他，于是有了许多相同的体系。通过他们的著作，整个意大利掀起了学习热潮，但是他们的学说容易掌握表明他们的主要论证不精确，他们的学说的大部分内容适合无学识的人的口味，他们以为这样做可以获得支持。

【4】但是，让每个人捍卫自己的观点，因为判断是自由的；我将坚持自己的规则，不想与某个我感到必须服从的学派的法则相连；我会在每个问题中寻找最为可能的处理方法；对此我在其他场合进行过多次实践，后来在我图斯库兰的家中也这样做。因此，三天的讨论已经完成，第四天的讨论由本卷组成。像我们前天所做的那样，我们下到下面那个体育场展开讨论，^① 讨论情况如下：

---

① 参见本文第二卷，第 3 章。

M　让任何愿意这样做的人陈述他想要讨论的主题。

A　在我看来，哲人似乎不能摆脱灵魂的各种混乱。

M　但是根据昨天的讨论，哲人似乎可以摆脱苦恼，除非你出于权宜之计同意我的看法。

A　哲人肯定不会苦恼，因为你的论证方针以一种奇特的方式向我赞扬了它自己。

M　那么你认为哲人不会苦恼？

A　我认为不会。

M　如果这样的感觉都不能给哲人的灵魂带来混乱，那么就没有任何感觉能够了。请你告诉我，恐惧会打扰他吗？答案是，恐惧是对尚未呈现的事物的感觉，这种感觉的出现引起苦恼。消除了苦恼也就消除了恐惧。剩下的还有两种混乱，狂喜和欲望，如果发现哲人与它们无关，那么哲人的心灵始终保持平和。

A　我相当赞成这种看法。

M　那么你想怎么办？我们应当像水手一样，马上扬帆起航还是先把船只划出港口？

A　你这样说是什么意思？我不太明白。

【5】M　克律西波① 和斯多亚学派在讨论时花了相当大的篇幅对灵魂的混乱进行划分和定义，而他们声称要进行的灵魂治疗和防止灵魂混乱却不多；与此相反，逍遥学派提出了许多使灵魂安宁的论证，但把棘手的有关灵魂混乱的划分和定义问题搁在一边；所以我的意思是，我应当马上开始雄辩地论证，还是先使用一下辩证法之桨？

A　当然是后一种方式。而只有使用了两种方式，我提出来的这个问题的各个方面才能得到完整的处理。

M　没错，这才是更加正确的方式；但若有什么晦涩之处，你必须等我

---

① 参见本文第一卷，第45章。

讲完以后再提问。

A 我已经准备好了，而你在陈述的时候必须比希腊人更加清晰地把这些相当晦涩的问题讲清楚。

M 我会尽力而为，但需要你的特别关注，因为我担心，要是你说没听到，我的整个讲话也就成了碎片了。

我们宁可用"混乱"而不是用"疾病"这个术语来表示希腊人所谓的"πάθη"，我将按照时间先后进行追溯，首先是毕泰戈拉，然后是柏拉图，他们把灵魂分成两个部分；他们认为灵魂的一个部分有理性，另一个部分没有理性；他们把有理性的那个部分当做平和的处所，亦即一种平静和安宁的连续状态；他们把灵魂的另一部分当做愤怒和欲望这些激情的处所，它们与理性是相反的、敌对的。这些可以作为我们的起点，我们一定要使用斯多亚学派的定义和划分来描述这些灵魂的混乱，因为在我看来，他们在处理这个问题时表现出惊人的洞察力。

【6】芝诺有关灵魂混乱的定义是这样的，他把"πάθος"解释为灵魂外在于正确的理性，是违背本性的一种烦乱。[1] 某些哲学家更加简洁地把灵魂的混乱定义为对不应有的事物的过度期待，但是他们也用激烈这个词来表示远离平稳本性的期待。他们进一步认为，可以两种期待中的善和两种期待中的恶为根源来区分灵魂的混乱，结果就有四种灵魂混乱：源于善物的欲望和快乐，对当前呈现的善表现出来的快乐和对未来之善的欲求；源于恶物的恐惧和苦恼，恐惧针对未来的恶，苦恼针对现在的恶。因为被人恐惧的未来事件在它们呈现时也会引起苦恼。另一方面，快乐和欲望建立在对未来的善的信念上，由于被沉思所点燃的欲望急于趋向明显的善，快乐也会在觊觎某些对象的过分激动中表现自身；因为按照自然的法则，所有人都在追求明显的善而躲避它的对立面；因为在任何明显的善显现自身时，理性本身都会推进这种显现，以确保获得它们。在这种情况发生的地方，斯多亚学派以一种同

---

[1] 参见第欧根尼·拉尔修：《著名哲学家的生平与著作》第 7 卷，第 110 节。

样聪明的方式使用"βόμλησις"这个术语来表示这种期待，[①] 而我们应当用"希望"这个词。他们认为只有在哲人那里可以发现这种希望，并以这样一种方式来定义它：希望是对任何事物的合理期待。然而，希望外在于理性，也会被猛烈地唤起，它是一种欲望或未经约束的愿望，在所有蠢人那里都能看到。还有，我们在拥有善物的地方感到满足，这种情况的出现有两种方式：灵魂有了这种合理的满足，并且获得满足的方式是安宁与平和的，那么可以用"欢喜"来表示；另一方面，灵魂处在一种无意义的过分的激动之中，这样的满足可以称做过量的或过分的"快乐"，他们把它定义为灵魂不合理的激动。由于我们以同样的方式天然地期望善，就像我们天然地躲避恶，所以这样的期待在合理的时候，应当被称做"谨慎"，因此也只有在哲人那里能够看到谨慎；但若谨慎与理性分离，而和卑鄙可怜的懦弱联系在一起，那么可以称做恐惧；因此"恐惧"是外在于理性的谨慎。然而，哲人不受当前邪恶的影响；而蠢人在面对期待中的恶时会感到苦恼，并受到邪恶的影响，他们的灵魂在不服从理性的时候总是垂头丧气的，躲躲闪闪的。因此苦恼的第一个定义是：苦恼是灵魂与理性发生冲突时的躲避。这样就有了四种混乱，以及三种相反的状态，因为苦恼没有相反的状态。

【7】但是，他们认为所有混乱应当归咎于判断和信念。因此他们更加准确地定义它们，由此不仅可以明白它们错在哪里，而且可以明白在什么范围内我们可以控制它们。所以，苦恼是一种有关当前的恶的新形成的信念，它的主体认为感受到灵魂受压抑和畏缩是正确的；快乐是一种有关当前的善的新形成的信念，它的主体认为感受到狂喜是正确的；恐惧是一种有关威胁性的恶的信念，对它的主体来说似乎难以忍受；欲望是一种有关预期中的善的信念，它的主体认为一旦拥有这种善就是有益的。但是，如我所说，他们不认为只有混乱和信念是这样来的，而且混乱的结果也依赖于它们；所以苦恼导致某种刺激和痛苦，恐惧导致灵魂的畏缩和逃跑，过分的快乐导致狂喜，

---

① 参见第欧根尼·拉尔修：《著名哲学家的生平与著作》第 7 卷，第 116 节。

欲望导致不受约束的期待。还有，我们把他们先前默许的所有定义都包括在信的行为。

但是，对这些不同类别的混乱还可以不断划分，[①] 例如苦恼（aegritudini）可以再分为：妒忌（invidetur）、竞争（aemulatio）、戒备（obtrectatio）、怜悯（misericordia）、焦虑（angor）、悲叹（luctus）、悲痛（maeror）、痛苦（aerumna）、悲伤（dolor）、哀诉（lamentatio）、烦乱（solicitudo）、不悦（molestia）、折磨（adflictatio）、绝望（desperatio），等等；恐惧（metum）可以再分为：呆滞（pigretia）、蒙羞（pudor）、惊吓（terror）、怯懦（timor）、震惊（pavor）、卑怯（exanimatio）、困惑（conturbatio）、昏厥（formido），等等；快乐（voluptali）可以再分为：幸灾乐祸（malevolentia）（对其他人遭遇的邪恶感到快乐）、开心（delectatio）、炫耀（iactatio），等等；欲望（libidini）可以再分为：生气（excandescentia）、狂怒（doium）、仇恨（inimicitia）、敌意（discordia）、愤怒（indigentia）、贪婪（desiderium）、期待（cetera），等等。

【8】他们还给这些苦恼下了定义：他们说妒忌是由于邻居的繁荣而引起的苦恼，尽管邻居的繁荣对妒忌者没有伤害；因为要是任何人由于相信邻居的繁荣伤害了自己，那么就不能正确地把他描述成妒忌者，就好像人们说阿伽门农妒忌赫克托耳；然而要是任何人没有受到邻居的利益带来的伤害，然而却对他的邻居的欢乐感到悲伤，那么肯定可以说他妒忌。竞争这个词的用法有两种，有褒有贬。竞争可以用于对美德的模仿（我们不在这个意义上使用，因为这样做值得赞扬）；竞争可以是一种苦恼，如果其他人拥有了想要得到的东西，而这个人却没有得到。另一方面，我把戒备理解为"ξηλοτυπία"，某个人自己觊觎的东西为他人拥有，属于他人，从这样的事实中产生苦恼。怜悯是一种苦恼，产生于邻居遭遇不测的悲惨，因为没有

---

① 西塞罗提到不同的混乱的希腊术语可见第欧根尼·拉尔修：《著名哲学家的生平与著作》第7卷，第111节。

人会同情受惩罚的杀人凶手或叛徒。焦虑是难以忍受的苦恼；悲伤是由于所热爱的对象过早死亡而产生的苦恼；悲痛是哭泣的苦恼；烦恼是难以承担的苦恼；深深的悲伤是折磨人的苦恼；哀诉是伴随着抱怨的苦恼；压抑是伴随着沉思的苦恼；内心沉重是持续的苦恼；憔悴是伴随着身体痛苦的苦恼；绝望是没有任何改善希望的苦恼。属于恐惧的划分可以按下面的方式定义：呆滞是发生在辛劳以后的恐惧；蒙羞是引起血液快速流动的恐惧；惊吓是令人瘫痪的恐惧，它会使人脸色苍白、浑身颤抖、牙齿打战，正如蒙羞使人面红耳赤；怯懦是接近邪恶时的恐惧；震惊是精神失去平衡的恐惧，因而有恩尼乌斯的诗句说："震惊从我心中赶走了所有的智慧"；卑怯是尾随惊吓的恐惧，就像惊吓的跟班；困惑是一种使思想瘫痪的恐惧，昏厥是一种持续的恐惧。

【9】快乐的再划分可以按这样的方式描述：幸灾乐祸是一种快乐，产生于邻居遭遇的、不会给别人带来什么益处的邪恶；开心是一种快乐，通过听觉的魅力来安慰灵魂，与这种耳朵的快乐相似的还有视觉的快乐、触觉的快乐、嗅觉的快乐、味觉的快乐，全都属于流动的快乐这一类，如果我可以这样说的话，它们渗入灵魂。炫耀是一种以外在的举止表现出来的快乐，过分地自吹自擂。欲望的再划分可以用这样的方式来定义：愤怒是想要惩罚某个被认为实施了不应有的伤害的人的欲望；另一方面，狂怒是突如其来地表现出来的愤怒，希腊文是"θύμωσις"；仇恨是根深蒂固的愤怒；敌意是寻求时机进行报复的愤怒；发怒是对内心和灵魂可以察觉到的更大的痛苦的愤怒；贪婪是永不满足的欲望；期待是想要看到某些不在场的人的欲望。他们还区别出期待的另外一种意义，使它不仅表示被表述者对某个人或某些人的期待（逻辑学家们使用的术语是"κατηγορήματα"），还可以表示对事物的期待，例如一个人期待发财，想要出名；贪婪是想要拥有实际事物的欲望，比如想要得到名望、金钱。他们还进一步说，一切混乱的源头是不节制，不节制就是反对心灵和正确理性的所有指导，完全外在于理性的控制，灵魂的渴望得不到指导或约束。因此，正如节制使渴望减轻，使渴望服从正确的理性，使心灵保持周全的判断，不节制是节制的敌人，它使心灵的整个状况处于骚动

和混乱之中，结果是使灵魂陷入苦恼、恐惧以及其他各种形式的混乱。

【10】这种情况就像身体里的血液败坏了，或者痰液和胆汁过剩，身体也就开始生病；这些体液的相互争斗剥夺了灵魂的健康，使人生病。还有，从这些体液的混乱中首先产生的是疾病（希腊文术语是"νοθήματα"），此外，与这样的疾病相应的是病痛产生的结果，对某些事物表现出不健康的厌恶；其次，斯多亚学派把某些病痛称做"ἀῥῥωστήματαφιλογυνία"，这些病痛在相应的厌恶中也有它们的对立面。① 斯多亚学派在这一点上给予过多的关注，主要是克律西波，在灵魂的疾病和身体的疾病之间进行类比。让我们省略这样的段落，只抓住他们的论证要害，全部引用是没有必要的。我们要明白混乱处在永久的运动中，如同信念的浪潮掠过反复无常的骚乱；然而，当这种灵魂的激烈骚动变成长期的，并且在我们的血管和骨髓中停留，那么既会有疾病和病痛，也会有作为这些疾病和病痛的"对立面"的厌恶。

【11】我正在涉及的疾病和病痛之间在理论上有差别，但不管怎么说，在实际中它们是结合在一起的，它们的起源可以在欲望和快乐中找到。因为在觊觎金钱的时候，理性不是马上就能当做一种苏格拉底式的治疗方法来治疗欲望，邪恶在血管中循环，捆绑有活力的器官，疾病和病痛就发生了，而疾病一旦生成，就不容易驱除；这种疾病的名字就叫做贪婪。与此相同，其他的疾病，像渴望名声，像喜欢女人，希腊人称之为"φιλογυνία"，其他所有疾病和病痛，都以相同的方式产生。人们还认为这些疾病的对立面起源于恐惧，像阿提留斯②的喜剧《恨女人》中的对女人的仇恨，像蒂孟所说的恨人类，他称之为"μισάνθρωπος"，像不好客；所有这些灵魂的疾病起源于对想要回避和仇恨的事物的恐惧。他们进一步把灵魂的病痛定义为一种强烈的信念，持久而又根深蒂固，比如对一种实际上并不想要的东西表现得异乎

---

① 斯多亚学派认为灵魂的疾病源于欲望和快乐的混乱，并有其对立面，比如热爱荣耀是灵魂的疾病，它的对立面就是仇恨人类。疾病会带来相应的厌恶，与其相反，是它们的"对立面"。

② 阿提留斯（Atilius），喜剧诗人，约公元前 200 年。

寻常地想要。还有，厌恶的产生被定义为一种强烈的信念，持久而又根深蒂固，比如对一种不需要回避的事物特别想要回避，就像必须回避似的；进一步说，这种信念是一种判断行为，把知识用在判断者并不具有知识的地方。病痛还有下列划分：贪婪、虚荣、怯懦、任性、贪吃、酗酒、爱吃美食，以及其他。贪婪也是一种强烈的信念，持久而又根深蒂固，它把金钱视为最想要的东西，而其他病痛的定义也与此相仿。贪婪的这些定义还有不好客这样一种类型，不好客是一种强烈的信念，持久而又根深蒂固，它小心翼翼地回避来访者；同样的定义也可以给予希波吕特的"恨女人"和蒂孟的"恨人类"。

【12】现在可以提到健康方面的类比和这种类比的最终使用了（但是斯多亚学派的方式讲得更少）；就好像有些人比较容易得某些病，有些人比较容易得另外一些病，所以我们说某些人容易受凉，某些人容易腹痛，不是瞬时间的痛，而是经常痛；以同样的方式，有些人容易产生恐惧，有些人容易产生其他的混乱，因此我们在某些情况下讲忧虑的脾气，因此有忧虑的人，在某些情况下讲易怒，与愤怒不同，一个是易怒，一个是愤怒，正如忧虑的脾气与感到忧虑不一样；并非在某些时候感到忧虑就都有忧虑的脾气，也不是那些有忧虑脾气的人始终感到忧虑，正如醉酒和习惯性的醉酒之间有区别，花花公子是一回事，恋爱是另外一回事。还有，有些人容易生一种病，有些人容易生另外一种病，这样的倾向有广泛的意义，可以用于所有混乱。它显然也在一系列缺陷中表现，但是没有专门的名字。因此，人既被称做妒忌的，又是贪婪的、恐惧的、怜悯的，指的是有这样一种陷入混乱的倾向，而不是始终急于陷入混乱。所以个别人容易陷入某种混乱的倾向可以和身体的病痛相比，除非身体的病痛可以被理解为病痛的倾向。就善的事物而言，有些人更能采纳某些善，而有些人更能采纳其他的善，这可以称做爱好；就恶的事物而言，类似的情况可以称做偏好，以表示它在摔跤；而对既非善又非恶的事物，它用的是前一个名字。

【13】就像身体与疾病、病痛、缺陷有关，所以灵魂也和它们有关。疾病用来表示整个身体的崩溃，病痛用来表示带来虚弱的疾病，缺陷是身体各

部分不匀称，有些肢体有残缺、畸形或丑陋。所以前面两样东西，疾病和病痛，是震惊的结果，是整个身体健康发生混乱；而缺陷可以由它自身察觉，尽管一般的健康没有受到损害。关于灵魂，我们只能从理论上把疾病与病痛分开。然而，缺陷是一种习惯或贯穿一生的不一致和不和谐。所以在一种信念的反常中，带来的结果就是疾病和病痛，它的另一个结果就是不一致和混乱。因为不是每一种缺陷都需要和谐，比如那些并不远离智慧的人的气质确实与它本身不和谐，只要他是不聪明的，但这不是歪曲和坚持错误。然而，疾病和病痛是缺陷的再划分，混乱是否属于这个类别是个问题。缺陷是永久性的，而混乱处在变化中，所以混乱不属于永久的缺陷。还有，可以在恶的情况下比较身体与灵魂的性质，也可以在善的情况下比较身体与灵魂的性质。身体的主要优点是美丽、气力、健康、活力、灵巧；灵魂也是这样。就像身体各部分要进行调整，它们之间关系的相互协调就是健康，所以灵魂的健康意味着它的判断和信念是和谐的，灵魂的这种健康就是美德，对此有人说它就是节制，有人说是对节制的服从，紧随节制，但无论怎么说都没有具体差别，他们说，节制只在哲人身上存在。进一步说，有一种灵魂的健康，经过治疗消除了灵魂的骚动以后，不聪明的人也能快乐。就好像身体由匀称的肢体组成，加上某种迷人的色彩，被称做美丽，所以在灵魂中美这个名字给予信念和判断的平衡和一致，与某种稳定性相伴，由追随美德或由美德的真正本质组成。所以，灵魂的力量与身体的气力相似，身体的肌腱和作用也可以用同样的术语来描述。身体的灵巧也被定义为敏捷，对理智也可以使用同样的术语，包含着赞扬的意思，因为灵魂可以在瞬间思考大量的事情。

【14】但灵魂和身体也有不同的地方，强壮的灵魂不像身体那样受疾病的攻击，身体会发生反常，尽管可以不受责备，而灵魂的反常不是这样，因为在灵魂中一切疾病和混乱都是轻视理性的结果。因此，灵魂的反常只能在人身上发生；灵魂的反常可以与动物的行为相比，但是动物不受灵魂混乱的攻击。然而有机灵和迟钝这样一种差别，有天赋的人就像科林斯产的铜器，不易受铜锈的侵蚀，他们不太容易受疾病的攻击，恢复起来也比较快，而对

迟钝的人来说就不是这样了。并非有天赋的人的灵魂都会与任何疾病和混乱相连，有些混乱，比如怜悯、苦恼、恐惧，甚至首先与人性相似。还有，人们认为灵魂的病痛和疾病比那些作为美德对立面的重大缺陷还要难以消除。缺陷可以消除，但疾病不像缺陷那么快被治愈，它会持续存在。现在，你有了斯多亚学派有关混乱的主要观点，他们称做"合理的结论"，因为他们的论证特别精确。我们的论证已经清楚地探明了这些礁石和它们所有吸引人的地方，① 考虑到这个主题的难度，我们只有提供了格外清晰的解释，才能继续讨论剩下的问题。

A 你的解释非常清晰，但若每个观点都需要更多的考察，那么让我们把问题放到其他时候处理；因为当前我们正在等着你刚才提到的扬帆起航。

【15】M 如我在其他场合说过，并且不得不反复提到的那样（因为有一系列问题与生命和以美德为源头的道德相连），我要说美德是灵魂的一种平和的气质，它使灵魂拥有可赞美的品质，并使其按照自身的性质值得赞扬，从美德中产生的不是权宜之计，而是良好的倾向、意见、行动和正确的理性，虽然美德本身可以很好地被总结为正确的理性。所以，这样的美德的对立面是恶意（与被希腊人称做"κακία"的怨恨相比，我更喜欢使用这个术语，因为怨恨是一种具体的、确定的恶，而恶意可以用于所有恶）；通过恶意，灵魂产生了混乱的骚动，如我们前面所说，产生了偏离理性的骚动，与心灵的宁静和安宁的生活相反。因为恶意引入了焦虑和严重的苦恼，压迫灵魂，使它感到恐惧；恶意还点燃了热烈的期待，我们在一个时候称之为欲望，另一个时候称之为淫欲，它们使灵魂无法做到节制和自控。灵魂一旦确定了它的欲望的目标，就会心荡神移，为所欲为，"不再有任何规矩"，诚如诗人所说，"灵魂的过分快乐就是完全的愚蠢"。对这样的恶意的治疗只能在美德中发现。

---

① 参见本文本卷，第 4 章，西塞罗使用辩证法之桨划出港口，现在已经探明了斯多亚学派棘手的区别和定义，他在这里比做礁石，现在他可以高兴地扬帆起航了。

【16】还有什么事情比男子汉的沮丧、软弱、向痛苦屈服更加可悲，更加堕落，更加可怕？最接近这种可悲状况的人是那些害怕靠近某些邪恶的人，他们的灵魂由于焦虑不安而瘫痪。作为这种恶的力量的象征，诗人想象在地下世界里有巨石高悬在坦塔罗斯的头上①，"惩罚他的罪恶，因为他缺乏自控，狂妄自大"。

这就是对愚蠢的一般惩罚；心灵在各种情况下撤离理性，总是悬挂着某种恐惧。还有那些心灵烦恼的混乱，我指的是苦恼和恐惧，总是贪婪地觊觎某些事物的欲望、空洞的渴望、过分的快乐，有了这些鲜明的情感，心灵离开失常也就不远了。由此可以明白我现在描述的受到约束的人的性格：有时候清醒，有时候有节制，有时候平稳和缓，我倾向于把"节制"这个术语作为这些意思相同的名称的最初来源。除非能够按照这个术语理解美德，否则决不会有"节制者行事正义"这个谚语的广泛使用，就像斯多亚学派所说的"哲人"，但是当他们这样做的时候，他们的用语被认为太自负、太夸张。

【17】因此，无论什么人，约束和连贯使他的灵魂安宁，使他与自身和平，所以他不会在苦恼中悲伤，不会由于恐惧而崩溃，不会在实现雄心时精疲力竭，也不会在过分的无意义的渴求中伤感——他正是我们要找的哲人，他是幸福的，他能想到没有任何人间事务是他不能忍受的，能使他气馁，或者没有任何过度的快乐能使他狂喜。在一个关注永恒、知道宇宙之广袤的人的眼中，人世间瞬时发生的事情又算得了什么？不，哲人的灵魂一直在提防那些不能预见、无法期待的奇怪的事情，凡人的雄心或者简短的人生的某个片断，对哲人来说又能怎么样呢？进一步说，他会抱着一个坚定的目标向着各个方向搜索，试图发现可靠的处理烦恼和焦虑的办法，他平静地承担重任；能这样做的人不仅免除了烦恼，而且避免了一切混乱。当灵魂摆脱了这样的疾病，会给人带来完全的幸福；那些由于某些确定的原因而受到骚扰，

---

① 坦塔罗斯（Tantalus），希腊神话中的吕底亚国王，因他把自己的儿子珀罗普斯剁成碎块给神吃，触怒主神宙斯，罚他永世站在水中。

内心不平和的人，失去的不仅是安宁，而且是心灵的健康。

因此，当逍遥学派说灵魂必然屈服于混乱，要给混乱确定一个不应逾越的限度的时候，我们必须把这种观点和言谈视为软弱无力。我需要请你给邪恶规定一个限度吗？或者说，邪恶不会拒绝服从理性，是吗？或者说，当灵魂处于非常强烈的愿望和激动万分的时候，在肯定没有良好的结果时，理性非常落后，是吗？或者进一步说，被沉重的负担压倒，在强大的压力下很难有抵抗的决心，这些不是邪恶吗？过分悲伤或过分快乐都要归于欺骗吗？如果这种欺骗在蠢人身上留有会被时间消磨的印象（有这样的结果，尽管相同的欺骗过程还在延续，以一种方式长期存在，以另一种方式持续存在），那么灵魂根本就不会受到这样的触动。我要问，我们能提出什么样的"限度"？比如他们最关注的苦恼。盖乌斯·芳尼乌斯①的书中记载说，普伯里乌·卢庇留斯为他兄弟竞选执政官的失败感到苦恼。但他似乎逾越了限度，最后死于苦恼。因此，他必须表现得比较克制。假定他在这一打击下表现出一定的克制，但如果他又失去了子女，那将会如何？会产生一种新的苦恼，会产生新的后果。那么好吧，假定他后来又遭受身体的病痛，又失去财产，又瞎了眼，又遭到流放。如果添加一系列与各种恶相对应的苦恼，那么苦恼就成为完全无法忍受的了。

【18】因此，为恶寻找"限度"的人这样做，就好比让一个从琉卡斯山顶上跳下来的人在想要停住的时候停住。正好比这是不可能的，所以混乱激动的灵魂要想控制自己或停下来是不可能的；一般说来，在发展过程中导致毁灭的事物在起源上也是邪恶的。还有，苦恼和其他所有形式的混乱，在发生的时候，其倾向也是从一开始就趋向更大范围的死亡。这是它们的本性使然，一旦开始与理性分离，它的自我放纵的、虚弱的本性就会一直发展下去，找不到停下来的办法。因此，无论逍遥学派喜欢有限度的混乱，还是喜

---

① 盖乌斯·芳尼乌斯（Gaius Fannius）写过历史或编年史，他是普伯里乌·卢庇留斯（Publius Rupilius）同时代的人。后者是公元前 132 年的执政官。

欢有限度的非正义、有限度的懒惰、有限度的无节制，都不会有什么区别；这是因为给恶设定限度的人还是接受了一部分恶，这在它自身中或对它自身来说都是可恨的，更为可悲的是整个地面太滑，一旦开始移动，它们就会很快滑倒，没有任何办法让它们停下来。

【19】我们认为需要消除的混乱，逍遥学派认为不仅是自然的，而且是自然赋予我们的，出于一种实用的目的，他们这样说的意图何在？他们的用语是这样的。首先，他们竭力赞扬"易怒"，称之为勇敢的磨刀石，并且说这是愤怒的人对敌人发起攻击，他们甚至说不忠诚的公民会表现得更加激烈；"进行这场战斗是正确的，为法律、为自由、为国家而斗争是恰当的"；以冷冰冰的方式提出的逻辑论证不包含任何实质：除非勇敢表现为极端愤怒，否则这些话没有意义。其次，他们不是仅就勇敢进行争论，他们认为在需要的时候没有愤怒的表现，就等于没有发出严厉的命令。最后，除非演说家以愤怒为武器，不仅在提出指控的时候，而且在进行辩护的时候，否则他们不会赞同演说家，尽管这种愤怒不真实，但应当用语言和姿势伪装愤怒，让他们的演讲点燃听众的愤怒。简言之，他们说自己不把任何不知如何愤怒、我们称之为温和的人当做人来看待，他们不加区别地在贬义上使用这个术语。他们确实不仅赞扬这种欲望（因为愤怒如我最近定义的那样是复仇的欲望）这种情感，称之为希望或愿望，而且认为它是自然出于最高的有用性而赋予人的；因为除非一个人对事物有欲求，否则他就真的不能做任何事情。塞米司托克勒夜间在公共场所行走，因为他说自己睡不着，他在回答别人的问题时说，米尔提亚得胜利纪念碑不断地把他唤醒。谁没有听说过德谟斯提尼睡眠很少？他说自己总是感到悲伤，因为有一种勤奋在破晓前把他唤醒，鞭策他。最后，没有火热的期待，哲学本身的领袖在他们的研究中决不可能取得如此巨大的进步。我们得知毕泰戈拉、德谟克利特、柏拉图都旅行到极远之地；他们认定自己的义务就是去一切有东西可学的地方，无论它是什么。可是我们认为，没有深刻热烈的期待也有可能这样做，不是吗？

【20】至于苦恼本身我们说过，应该把它视做可恶的、野蛮的怪物来回

避，他们说这是由本性决定的而没有实际利益的考虑，为的是，人类如果逾越了罪过的限度，那么在矫正、批评和耻辱的时候会感到痛苦。因为想要逃避非法侵入带来的惩罚似乎使罪人能够毫无痛苦地忍受耻辱；而要是能忍受各种伤害则更好。因此在阿弗拉尼乌的剧中有这样真实的一幕，那个游手好闲的浪子说："啊，我多么可悲！"严厉的父亲则回答说："所以会有痛苦，让痛苦按其愿行事。"

他们也说对剩余的苦恼进行再划分是有用的，例如怜悯，它使我们对那些不应承受不幸的人提供帮助，使他们减轻痛苦；他们说，有竞争感和妒忌感的人要么看到自己没有获得和别人一样的收获，要么看到别人的收获和自己的收获一样多，在这种时候，即竞争的感觉和妒忌的感觉也并非没有它们的用处；即使有人确实成功地驱逐了恐惧感，但在那些恐惧法律、行政官员、贫困、耻辱、死亡、痛苦的人那里，生命中的谨慎行为还是会达到顶点，这些恐惧不可能完全驱除。然而在以这种方式争论时，他们承认需要有一把利剪，但又说完全剪除既是不可能的，又是不必要的，因为他们考虑到在几乎所有情况下"中度"是最好的。他们以这样的方式表述他们的观点，你认为它说明了某些问题，还是什么都没有解释？

A 对我来说，它肯定说明了某些问题，所以我等着看你会怎样回答。

【21】M 我也许会找到一种回答的方式，但我首先要讲一些别的事。你看到学园派的追随者表现出来的可敬的保留吗？[1]因为他们只谈论他们认为与目的有关的事。斯多亚学派对逍遥学派的问题做出了回答。让这些派别去拼死搏斗吧，我所关心的只是小心地寻找似乎最为可能的结论。那么在这个问题中我们能找到什么使我们可以通向可能性的端口。不这样做，人的心灵就不能进步。我认为芝诺对他有关混乱的定义的使用是正确的。他的定义是："灵魂混乱是灵魂外在于正确理性、违背本性的一种烦乱。"[2]或者更加简

① 西塞罗希望说明，学园派的追随者并不想努力支持一种以往的成见，或参与派别之争，而是要发现最接近真理的观点。

② 参见本文本卷，第6章。

洁地说："混乱是对不应有的事物的过度期待"，然而不适当的期待又可以理解为远离平稳的本性。我要问，逍遥学派能提出什么观点来反对这些定义呢？此外，使用斯多亚学派用语的人主要是那些用智慧和洞察来进行争论的人，其他人则在进行修辞学的工作，"点燃和磨砺灵魂"。或者说，勇敢者并不勇敢，除非他开始发脾气，这是一个事实吗？是的，对角斗士来说是这样的，然而就在这些人中间我们也经常看到一种平和的精神："他们聚一起，谈天说地，提问和回答。"① 所以他们似乎相当冷静而不是愤怒。然而，要是你喜欢，可以假定这类人拥有鲁西留斯所描述的帕西戴努斯的精神："他说替我杀了他，因为我是胜利者，如果你问怎么杀，那么我想我有我的计划；首先要用利剑刺穿他可鄙的肚子和胸膛。我仇恨这个家伙，我在愤怒中和他搏斗，我无法紧握利剑苦苦等待，这是我在愤怒中感受到的仇恨。"②

【22】但是，在荷马那里我们发现埃阿斯没有这种角斗士的狂怒，而是面带笑容去和赫克托耳决一死战；他的出击给朋友带来欢乐，给敌人带来颤抖，而赫克托耳本人，按照荷马的解释，他的心也在胸中加快悸动，为发出挑战而感到后悔。③ 还有，在他们双方靠近讲话的时候，在他们就要开始交战的时候，甚至在实际的打斗中，都没有表现出狂怒和疯狂。我既不认为那位赢得"托夸图斯"之名的著名士兵④ 在扯下高卢人的项圈时是愤怒的，也不认为马凯鲁斯⑤在克拉提狄表现出来的勇敢是因为他愤怒。我们对阿非利加努⑥确实知道得更多，因为我们对他记忆犹新，我甚至可以发誓，当他在战斗中用盾牌掩护阿利努斯·佩利努斯，把利剑刺向敌人胸膛的时候，心中

---

① 引文出处不详。

② 卢西乌斯·鲁西留斯（Lucius Lucilius），一名罗马骑士，剧作家，死于公元前 102 年。帕西戴努斯（Pacideianus），一位著名的角斗士，贺拉斯曾经提到过他。

③ 参见荷马：《伊利亚特》第 7 卷，第 211 行。

④ 提多·曼留斯·托夸图斯（Titus Manlius Torquatus），公元前 361 年，在一场战斗中杀死一名身材魁梧的高卢大力士，夺下他戴在脖子上的荣誉项圈（torquis），得此别号。

⑤ 马库斯·克劳狄·马凯鲁斯（Marcus Claudius Marcellus），第二次布匿战争中的罗马英雄，曾在克拉提狄（Clastidium）战斗中杀死高卢人的国王维利多玛鲁（Viridomarus）。

⑥ 指小西庇阿，公元前 146 年征服迦太基。

并没有充满狂怒。我对卢西乌斯·布鲁图不能那么确定，对暴君的无限仇恨确实可以使他更加勇猛地向阿伦斯扑去，我看到他们在对方的打击下受伤后各自倒下。那么你为什么要在这种地方提到愤怒？是因为勇敢没有它自己的动力，除非失去理智才能勇敢吗？还有，你认为赫丘利是因为狂怒的勇敢才升天，他与厄律曼托斯山上的野猪和涅墨亚的狮子搏斗的时候是狂怒的吗？或者说忒修斯也是这样，当他紧紧攥住马拉松的公牛角的时候？如果勇敢不包含一丁点儿疯狂，那么狂怒就完全是虚有其表，因为根本不存在完全丧失理性的勇敢。

【23】藐视命运、轻视死亡、认为痛苦和辛劳可以忍受。通过判断在思想上确立这样的原则，我们正在寻找的坚强稳固的勇敢就会显现，除非我们所说的鲁莽冲动的激烈行为是在一种狂怒的情绪中完成的。在我看来，甚至连大祭司西庇阿①也证明了这条斯多亚箴言的真理，哲人决不会冲动，他在离开提比略·革拉古这位软弱的执政官时似乎并没有对他发火，而是去召集所有想要国家安全的人跟随他，他本人当时没有担任官方职务，但他以前担任过执政官。我不能说我本人在公共生活中的行为是否勇敢，如果我曾有过勇敢的行为，那么我肯定不是在愤怒中采取行动的。或者说，还有什么心灵状态比愤怒更加不健全？恩尼乌斯把愤怒称做"心灵不健全的开端"是多么正确啊！愤怒会给脸色、声音、眼睛、呼吸带来什么样的改变，使得健全的心灵无法控制言语和行为？还有什么能比荷马所说的阿喀琉斯和阿伽门农争吵更加堕落？②我不需要提到埃阿斯，③因为无论如何愤怒导致他发疯和死亡。所以，勇敢不需要以狂怒为基础。勇敢本身就能给自己提供充足的装备和武器。我说的是充足，因为我们无疑在一定的意义上把喝醉酒、心灵的反

---

① 普伯里乌斯·高奈留·西庇阿·塞拉皮奥（Publius Cornelius Scipio Serapio），公元前138 年担任执政官，对提比略·革拉古之死负有责任。

② 参见荷马：《伊利亚特》第 1 卷，第 122 行。阿伽门农从阿喀琉斯那里抢走了布里塞伊斯（Briseis）。

③ 参见荷马：《奥德赛》第 11 卷，第 542、563 行。

常也称做勇敢，疯子和醉人经常非同寻常地鲁莽行事。埃阿斯很勇敢，但他在疯狂时最勇敢；"当达那奥斯英雄们后退的时候，他的行为无比勇敢，他保证了大家的安全，在愤怒中重新开始战斗。"①

【24】因此我们要说心灵的不健全是有用的吗？考察一下勇敢的定义，你就会明白勇敢根本不需要愤怒。所以，勇敢是灵魂忍受邪恶时服从最高法则的一种气质，勇敢是在与似乎致命的邪恶相遇或搏斗时保持稳定的判断；勇敢是关于可怕的邪恶的知识，是不怕邪恶，是对邪恶保持稳定的判断，或者更加简单地如克律西波所说（因为上述这些定义要归于斯斐鲁斯②，按斯多亚学派的说法，他在下定义方面非常能干，这些定义有很多相似之处，但或多或少地解释了一般人的看法）——克律西波是怎么说的呢？他说，勇敢是关于忍受邪恶的知识，是在忍受邪恶时毫无畏惧地服从我们的存在的最高法则的一种气质。我们可以抨击这样的人，就像卡尔涅亚得所做的那样③，但我有点疑虑，他们是唯一真正的哲学家；我们全都拥有勇敢的美德，尽管它被隐藏在一层面纱之后，我刚才提到的定义哪一个没能揭示勇敢这个概念的含义？在做了这样的揭示以后，有谁会提出进一步的支持，认为武士、将军、演说家不疯狂就不能有任何勇敢的行为？还有，在我们提供的例子中，说任何不聪明的人都是疯子的斯多亚学派不是已经把他们的结论提出来了吗？消除了混乱，尤其是消除了一切疯狂，结果就是这些人的言论都像是在说胡话。我们看到，他们的论证路线是断言一切傻瓜都是疯子，这就好像是说一切烂泥都有一股恶臭。然而事实并非总是这样。搅动一下烂泥你就会明白！同理，疯狂的人并非总是愤怒的，刺激他一下，你就会明白他是否愤怒。还有，你们这种所谓好斗的狂怒④，要是发生在家里，那么他会对妻子、

①　可能引自巴库维乌斯的悲剧。埃阿斯打退特洛伊人的故事，见《伊利亚特》第 15 卷，第 742 行。

②　斯斐鲁斯（Sphaerus），斯多亚学派哲学家，色雷斯人，芝诺的学生。

③　像卡尔涅亚得攻击克律西波一样攻击斯多亚学派。

④　逍遥学派赞扬的。

儿女、家人怎么样？你认为狂怒会像战斗中一样有用吗？心灵混乱的时候有什么事情能够做得比心灵平和的时候更好？有什么人在愤怒的时候心灵不发生混乱？因此，就像一切邪恶都是"道德缺陷"，我们的国人很好地把狂怒之人称做"不和气"，因为没有任何邪恶比狂怒更堕落。

【25】但在所有人中间，演说家不应当是狂怒的；假装成狂怒并不合适。或者说，你认为我在法庭上以一种比平常激烈和有力的说话方式提出诉讼是狂怒吗？还有，审判结束的时候我在法庭外写演讲稿，你肯定不会认为我在愤怒地写作，是吗？"对这种行为就没有人惩罚吗？拿脚镣来！"① 确实无人认为伊索普斯在扮演这个角色时是在愤怒，或者认为阿西乌斯写作时是在愤怒，对吗？这样的角色由演说家来扮演确实会比演员演得更好，只要他是一名真正的演说家，但是他们在表演的时候并不痛苦，心灵也是平和的。至于欲望，赞扬欲望是一件多么荒唐的事情啊！你提到了塞米司托克勒、德谟斯提尼，还提到毕泰戈拉、德谟克利特、柏拉图。这是什么意思？你把忠诚称做欲望吗？在你提出的例子中，忠诚在崇高的目的中的表现必定是和平的。还有，什么样的哲学家能去赞扬一切疾病中最可恨的苦恼？但是你会说，阿非利加努不是恰当地说过"所以会有痛苦，让痛苦按其愿行事"吗？是的，因为他是在对一名游手好闲的浪子讲话，而我们的问题是，这样说是否前后一致，与哲人有关。但是无论如何，让那名百人队长拥有逍遥学派所赞扬的那种愤怒吧，在这里我没有必要提到其他人② 的愤怒，因为我担心泄露修辞学家的秘密。对这个不依赖理性，不依赖灵魂的情感的人来说，这是一种帮助；但另一方面，我们要问的是哲人，如我经常所证明的那样。

【26】也有人敦促说，感受到竞争、妒忌、遗憾是有用的。如果能做到的话，一个人为什么要表示遗憾而不提供帮助呢？或者说，我们不表示遗憾就不能慷慨吗？我们能，因为我们不一定会为了别人的缘故而去分担别人的

---

① 出自卢西乌斯·阿西乌斯（Lucius Accius）的《阿特柔斯》（*Atreus*）。

② 西塞罗指演说家，他本人也是一名演说家。修辞学家们教导说，言语必须适合不同气质的不同人，但哲学家只关心哲人。

痛苦，但如果我们能够做到的话，我们一定能够减轻别人的痛苦。妒忌邻居有什么用？贬义的"竞赛"有什么用？（这个词的含义与"竞争"相似）①竞争的标志是对邻居的好处感到焦虑，意识到自己没有这样的好处，而妒忌的标志是对邻居的好事感到焦虑，意识到别人拥有的好处和自己拥有的好处一样多？谁会同意让自己苦恼，而不是去努力争取自己想要的东西？想要拥有什么东西而又不去做任何事情，这是心灵的彻底反常。还有在作恶的时候，谁能正确地赞同"中度"状态？②如果一个人放纵淫欲，他又怎能不淫荡，不贪婪？如果一个人放纵愤怒，他又怎能不狂怒？如果一个人放纵恐惧，他又怎能不害怕？因此，我们要假设哲人是淫荡的、狂怒的、焦虑的、恐惧的吗？关于哲人的高尚和优秀，你想怎么说就怎么说，但最简单的说法是，智慧就是有关神圣的事物和凡人的事物的知识，就是熟悉它们的原因，就是对神圣事物的模仿，而所有人在美德方面都有某些缺陷。你会说，你认为智慧会陷入我们已经描述过的混乱吗，就好像乞求狂风怜悯的大海？智慧有什么力量能够影响心灵的意识和一致？你认为某些未曾预见的或突如其来的运气能做到这一点吗？什么样的幸运能降临提前考察过人的命运和失败的人？至于有关过犹不及的表述③，我要问的是，如果自然的生长也会被推向过度，那么它还是自然的吗？一切过度的增长都产生于一个根源，这就是欺骗；欺骗应当根除，而不是修剪。

【27】但是我有一个想法，你对哲人的考察不像对你自己的考察那样有针对性，（因为你认为哲人摆脱一切混乱，你希望自己也能这样）而我们要注意哲学提供的治疗对灵魂的疾病有多大疗效。因为确实存在某些治疗法，自然也并没有被证明是人类的敌人，乃至于使我们发现了那么多有益于身体健康的方法，而没有发现一样有益于心灵健康的方法；自然对心灵甚至提供

---

① "竞赛"的拉丁文是"aemulatione"，"竞争"的拉丁文是"rivalitati"。

② 参见本文第三卷，第10章。

③ 指逍遥学派的观点，他们认为一切事物的中庸和中度状态是最好的、最自然的状态，一切过度都应当纠正。

了更好的服务，为身体提供的帮助从外部起作用，灵魂的健康产生于灵魂内部。但是灵魂越是伟大、神圣、高尚，它们需要的照料就越多。所以，我们使用的理性要能清楚地看到什么是最优秀的，如果弃之不顾，那就会被大量的欺骗所纠缠。因此，我现在的讲话必须完全针对你。你的意图是对哲人进行考察，但也许你正在考察你自己。我列举的处理心灵混乱的方法是多种多样的。因为并非每一种苦恼都要用同一种方法来减轻；一种方法可以用于悲伤者，另一种方法可以用于怜悯者或妒忌者。还有，在处理所有四种混乱的时候，我们也要考虑它们之间的差别，看我们的方法是否适合一般的混乱者，或者需要用一种更加激烈的方法来处理各种混乱，比如恐惧、欲望，等等；感到苦恼的具体原因是人们认为不应当帮助苦恼者，或者不知道出于各种原因的苦恼是否应当完全消除；比如假定某人因贫穷而苦恼，而问题在于你是否要论证贫困并非一种邪恶，或者论证人不应当为任何事情苦恼。如果担心苦恼的承受者会屈服于苦恼，担心一个人会无法说服自己安于贫困，那么后一种论证无疑更好些；而苦恼一旦被我们昨天使用的恰当推论消除了，[①]那么贫困的邪恶也以某种方式被消除。[②]

【28】但是，灵魂的这种混乱全都可以用缓解的方法得到消除，人可以用这种方法表明，既非善引发高兴或欲望，亦非恶引发恐惧或苦恼。然而另一方面，说明了混乱本身是错误的根本，其中不包含任何自然的或必要的东西，就可以从中找到治疗苦恼的确定方法。比如，面对悲伤者衰弱的灵魂，赞扬那些有尊严地、坚定地服从人类命运而无焦虑的人，在这样的时候，我们看到苦恼本身得到缓解；这种情况通常发生在这样的人身上，他们认为自己无论如何应当平静地忍受恶的伤害。有人认为快乐是善，有人认为金钱是善；可以用我已经说明了的方法召唤一个人脱离纵欲，召唤另一个人脱离邪恶。我们的另外一种谈论苦恼的方法对于提供巨大的缓解，消除苦恼确实更

---

① 参见本文第三卷，第 32 章。
② 尽管贫困没有得到专门的解决。

加有效，但用于一般的民众却很少有成功的例子。还有，没有任何方法能够缓解某些进一步的苦恼，比如有人对自己缺乏美德、缺乏高尚的精神、缺乏义务感、缺乏正直的品性而感到苦恼①，他确实应当为他感受到的邪恶感到焦虑；有一种不同的处理方式可以用于他的情况，这种方法能够赢得所有哲学家的普遍赞同，哪怕他们对其他要点均持不同意见；因为他们必须同意灵魂偏离正确的理性而产生骚动是错误的，所以即使引发恐惧或苦恼的事情是恶的，引发欲望或快乐的事情是善的，但无论如何它们引发灵魂的骚动本身是错的；我们希望被我们描述为勇敢和精神高尚的人性情平和，坚定，性格庄重，嘲笑人类的一切荣辱兴衰。这样的品性与悲伤、恐惧、欲望、过度的快乐不合。因为这些东西是那些认为世俗生活比他们的灵魂更重要的人的品性特点。

【29】如我前面所说，这就是所有哲学家都有一种治疗方法的原因，亦即拒绝谈论引发灵魂混乱的事情，攻击苦恼这种感觉本身。

所以，在处理实际的欲望时，我们唯一的首要目标是扼制它，我们一定不要去考察激发淫欲的原因是不是善的，而要去考察淫欲本身一定要受到扼制；无论是道德上的正义，还是快乐，或者是二者的结合，或者承认有三种善②是最高的善，哪怕是不适当地强烈欲求美德本身，也都要以威慑的方式使用同样的谈话方法。还有，人类的本性，如果恰当地考察，其本身有各种方法使灵魂安宁，为了能够更加容易地察觉灵魂的独特形象，必须清楚地解释灵魂的一般状况和生活原则。所以，当欧里庇得斯创作悲剧《俄瑞斯忒斯》的时候，他不是没有理性的，据说苏格拉底曾背诵剧本的前三行："没有任何如此可怕的话语、没有命运、没有上天降临的愤怒，是人的本性不能承受和忍受的。"还有，为了说服承担者必须承受命运，列举一些榜样是有帮助的。我要这样说，尽管在昨天的讨论中我们提出了缓解苦恼的方法，还

---

① 参见本文第三卷，第32章。
② 灵魂、身体和幸运。参见本文第五卷，第9章。

有在我的《安慰》中，我是在悲伤中写下这篇文章的（因为我不是所谓的"哲人"），我使用的方法是克律西波禁止在灵魂激动时使用的办法，就好像灵魂的激动会对人的本性施加强烈的作用，我这样做的目的是使我的悲伤服从治疗。①

【30】我们还必须说一说恐惧，它与我们已经充分讨论过的苦恼有密切联系。就像苦恼的原因被归于当前的恶，所以恐惧的原因要归于将要来临的恶，经常有人说恐惧是苦恼的一个专门部分；有人把恐惧定义为忧虑，②因为他们认为恐惧是将要发生的烦恼的先驱。当前的恶也要由同样的理性来忍受，就像将要发生的邪恶要受到同样的理性的藐视；在两种情况下我们必须小心，我们在过度、怯懦、软弱、残暴、羞辱、堕落时感到有罪。尽管我们必须谈论恐惧本身的前后不一致、软弱和琐碎，但无论如何，藐视引发恐惧的实际事物还是一个特别的收获。所以面对我们最大的恐惧对象，死亡和痛苦，采取藐视的态度是最适当的，这在我们第一天和接下去几天的讨论中已经讨论过了；如果我们就这些问题达成一致意见，我们就能极大地缓解恐惧。

【31】到此为止，我们处理了有关恶的信念。现在让我们处理有关善的信念，也就是高兴和欲望。我认为整个与灵魂混乱有关的一连串推理都转向一个事实，一切混乱都在我们的控制之中，它们全都是一种判断的行为，全都是有意识的。因此，对灵魂混乱抱有别的想法都是一种有待消除的欺骗，都是一种有待抛弃的信念；在等待恶的地方，必定要有忍耐，所以在等待善的地方，必须以一种更为冷静的态度对待那些被认为是重大的、令人兴奋的对象。此外，等待善与恶有一种共同的特点，如果我们难以让承受者信服这些使灵魂发生混乱的事物没有一样应当被当做善的或恶的，那么我们无论如何要对不同的情感使用不同的处理方式，恶意、淫荡、焦虑、恐惧都要以某

____
① 参见本文第三卷，第 31 章。
② 此处"忧虑"拉丁原文为"paramolestia"，仅在该处出现，这是一个复合词，表达"感觉到将要来临的苦恼"。

种方式进行不同的处理。现在对任何人来说都很容易对善与恶的本性使用推论，他们会否认不聪明的人决不会感到高兴，因为在任何时候他都不会拥有任何善物。而我们当前要使我们的语言适合普通的思想。如果你愿意，我们可以假定那些被认为是善的事物，亦即职位、财富、快乐，以及其他等等，是善的；但无论如何，在得到这些东西时过分地高兴则是可耻的，这就好像一个人可以笑，但他要是狂笑，那同样是不可原谅的。由于同样的缺陷，灵魂在高兴的时候或者在躲避痛苦的时候是感情外露的，追求某些事物的时候表现的渴望就像欢乐时的高兴一样表现出相同的弱点；就如不适当地受到压抑的人不恰当地表现得兴高采烈也应当被判定为软弱和卑劣。妒忌也属于一种苦恼，面对别人遭遇的恶表现得兴高采烈，十分满意，二者通常都要通过指出其野蛮的程度来矫正。还有，就像适当被认为是小心，不适当被认为是害怕，所以欢乐是适当，兴奋是不适当，为了更加清楚，我们在欢乐和高兴之间做了区别。① 我们在早些时候已经评论说灵魂的躲避决不可能是正当的，高尚的精神才是正当的。在奈维乌斯的悲剧中，赫克托耳以一种精神表达了欢乐："父亲，你的赞扬使我兴奋，你配得上赞扬。"而英雄特拉贝亚以另一种精神表达欢乐："得到金钱，媒婆就会服从我的意愿和期望；如果我去了那里，当我的手指触摸到那扇大门，它们就会打开，克律西斯看到我突然出现在那里，她会急切地扑上前来，向我伸出欢迎的双臂，会把她的全部交给我。"他自己的话所表达的期盼有多么美好："……命运女神本身会告知我的命运。"

【32】对于这种堕落的快乐，只要密切关注一下就能完整地洞察它。正如那些在享受性的快乐中激动万分的人是堕落的一样，那些用激荡的灵魂觊觎这种快乐的人是有罪的。事实上，通常被称做爱欲（上苍保佑我，要是我能想出其他适用于它的术语）的这种欲望具有十分琐碎的特点，我看不到任何东西能与之相比。关于爱欲，凯西留斯讲了这样一些话："他认为诸神不

① 参见本文本卷，第6章。

是至高无上的，他是一个傻瓜，过着一种无知识的生活；因为爱欲有使他疯狂的力量，爱欲使他聪明或愚蠢，爱欲使他生病，但是他又能使谁被爱，被想念，被追求。"① 在诗歌的鼓励下改变生活是多么好啊！因为它认为爱欲是耻辱和动摇的改进者，适合那个由诸神陪伴的地方。我讲的是喜剧，在喜剧中根本不存在我们不赞成的任何耻辱。阿耳戈斯英雄们的领袖在悲剧中是怎么说的？"更多的是为了爱，而不是为了荣誉，你们使我避开伤害，安然无恙。"但这又怎样？美狄亚心中燃烧的爱欲之火是一场多么大的灾难啊！然而，在另一名诗人那里，她竟敢告诉她的父亲自己赢得了一个丈夫。"爱神把他给了我，他比父亲更强大，更优秀。"

【33】但是，让我们允许诗人有怜悯，他们的故事让我们看到朱庇特本身也被牵扯到这种耻辱中来。让我们求助于哲学家，美德的教师，他们说爱欲不是淫荡；关于这一点，我们与伊壁鸠鲁势不两立，但我认为他所说的也并不是谎话。所谓的友爱又是什么呢？为什么没有人爱一名丑陋的年轻人或者爱一名漂亮的老人呢？我认为这种情况产生的根源在于希腊人的体育，他们在体育场上允许这种自由的爱情发生。恩尼乌斯说得好："男人袒露衣衫之际，便是耻辱开始之时。"尽管这样的爱可能尚处于节制的边界之内，我认为这是可能的，但它们带来了心灵的焦虑和烦恼，更因为它们以自身为法则，没有其他约束。还有，女人的爱欲不值一提，自然对女人的爱欲赋予了更大的宽容，她们不难理解诗人所讲的该尼墨得② 强奸的故事，也不会不明白拉伊俄斯③ 说那些话的目的以及他在欧里庇得斯剧中表达的愿望，是吗？教养最高和成就最大的诗人在他们的诗歌中为他们的生活最终找到了什么样的出路？阿凯乌斯④，一位在他的国家出了名的勇士，关于年轻人的爱欲

① 参见本文第三卷，第 23 章。

② 该尼墨得（Ganymede），年轻美貌的特洛伊王子，相关事迹见荷马：《伊利亚特》第 5 卷，第 265 行以下。

③ 拉伊俄斯（Laius），欧里庇得斯的悲剧《克律西普》中的一位年轻人，珀罗普斯（Pelops）之子。

④ 阿凯乌斯（Alcaeus），希腊抒情诗人。

他写了些什么！关于阿那克瑞翁①我什么也不说，因为他的作品全都是爱情诗。然而，除此之外，瑞吉姆的伊彼库斯，从他的作品就可以看出他是一个放纵情欲的人。

【34】实际上，我们看到上面所有例证中提到的爱欲都是淫荡的。我们哲学家已经对爱欲提出了权威的看法（关于这种权威观点，狄凯亚库对我们的柏拉图的批评是公正的）。斯多亚学派实际上既说哲人会经历爱欲，又把爱欲本身定义为在美貌的刺激下建立一种友好关系的努力。如果在世上真有一例不带焦虑、期盼、担忧、思念的爱的例子，那么如果你愿意，你可以这样定义爱欲，因为这样的爱欲没有淫荡的成分；但是我们的探讨要涉及淫欲。如果另一方面确实有某些爱欲必须被算做无法消除的，或者不健全的心灵无法驱除的，就好像《琉卡狄亚的姑娘》②中的例子，"啊！会有某位神灵担心我！"那么在这种情况下，如果可以享受爱欲的快乐，所有神灵都会"担心"。"啊，我多么不幸！"没有什么比这更加真实。另外一位也有理由说："你疯了吗，急着抱怨？"甚至他自己的家人也认为他的心灵不健全。请你注意他的情欲的悲剧色彩！"神圣的阿波罗，帮帮我；尼普顿，我称你为伟大的主人，天上的风啊，你也是！"他认为整个宇宙都会来帮助他的爱欲，只有维纳斯被他轻蔑地拒绝。"维纳斯，我为什么要告诉你呢？"他说这位女神由于情欲而不会担心他，就好像他不为情欲所动而去说或做这样无耻的事情。

【35】要想使人明白情欲的欺骗，就要使人清楚地明白他所欲求的对象是卑微的、可鄙的、绝对无意义的，在别的地方，或者以其他方式，他的欲求可以轻易得到满足，或者使他明白，用其他方式可以把情欲整个地驱除。他也必须转移他的兴趣，他的担心和他拥有的东西；最后，偶然的变化也经常能治愈他，就像病人慢慢地康复。也有某些人认为老的爱欲可以被新

①　阿那克瑞翁（Anacreon），萨摩斯宫廷中的抒情诗人。
②　古罗马喜剧作家图庇留斯（Tupilius）的剧本。

的爱欲代替，就好像一根钉子取代另一根钉子；然而必须对他提出警告，不要因为爱欲而发疯。由于没有比爱欲更加强烈的灵魂骚动了，所以即使你不愿意指责它实际上是穷凶极恶的，我指的是私通、诱奸，再加上乱伦，所有这些可耻的事情都应当受到谴责——但是即使我们不谈这些，心灵在爱的时候发生的混乱本身是令人厌恶的。过分是疯狂的标志，把它省略掉，还有哪些平常的根本无益的事情！"残忍、怀疑、仇恨，这是铁定的事实，战争后才有和平。你应当依据理性宣布不做这些不确定的事情，你试图带着理性去疯狂，但你不会得到更多的东西。"[1]心灵如此前后矛盾和反复无常，谁会不为它的极端邪恶感到惊恐？我们也必须弄清楚所有混乱的这个特点，也就是说，没有哪个例子不能归因于信念、判断和自愿的选择。如果爱欲是一件自然的事，那么所有人都会爱，并且始终爱相同的对象，我们也就不会发现有人的爱欲会由于羞辱、反思、满足而受到阻碍了。

【36】下面要说的是愤怒，只要灵魂的混乱在延续，心灵无疑就不健全并开始吵架，甚至就像两兄弟之间吵架。阿伽门农说："世上有谁能比你更加厚颜无耻？"墨涅拉俄斯说："世上有谁能比你更邪恶？"你知道他们接下去说了些什么；两兄弟一人一句，相互嘲笑和辱骂，我们很容易看出他们是阿特柔斯的儿子，正是阿特柔斯策划了对他的兄弟[2]实施一项闻所未闻的惩罚。"必须让他遭受更多的不幸，粉碎他那颗残忍的心。"用什么样的办法才能粉碎它呢？听一听堤厄斯忒斯怎么说吧。"我的兄弟敦促我把自己的儿子献给邪恶的父亲当食物。"他把自己的儿子的肉摆在父亲面前。愤怒不会像疯狂一样朝着什么方向发展吗？所以我们恰当地说，愤怒的人超越了控制，亦即超越了思考，超越了理性，超越了理智，而正是它们应当对整个灵魂实施权威。所以，要么是愤怒者的牺牲品试图猛攻，直到愤怒者获得自控。(但是除了把灵魂散乱的部分重新归位，它又能如何控制自己？）要么它们如果

---

① 特伦提乌斯：《阉人》（*Eunuchus*）第 1 卷，第 1 章，第 14 行。
② 堤厄斯忒斯（Thyestes）。

有力量采取报复，那么愤怒者一定会受到乞求，请求放到其他时间处理，直到他们的愤怒平息下来；但是平静中也肯定包含着已经点燃的灵魂的烈火，反抗理性的批准；因此我们对阿尔基塔①讲的话表示赞同，他生他管家的气，说："如果我不生气，你会闯下什么样的大祸！"

【37】那么，说狂怒是有用的或自然的那些聪明人在什么地方？（心灵的不健全能是有用的吗？）或者说，与自然相一致的事物能与理性对抗吗？还有，如果狂怒是自然的，那么一个人怎么会比另外一个人更加狂怒？或者说，报复的欲望怎么会在实施报复之前消失？或者说，怎么会有人对自己的愤怒表示后悔？比如我们看到国王亚历山大在杀死他的朋友克利图以后几乎不能原谅自己，这就是忏悔的力量。一旦明白了这一点，还会有谁怀疑灵魂的这一行动也完全是一种信念或意愿？有谁会怀疑灵魂的疾病，比如贪婪、渴求名望，起源于这样一个事实，即一种很高的价值被附加于引起灵魂疾病的那个事物？因此我们应当明白，灵魂的混乱与信念完全相关。如果自信，②亦即灵魂稳定地依靠某种知识和坚定的信念，在这里表示的同意不是仓促地给出的，那么缺乏自信也是对某种预料中的威胁性的邪恶的恐惧；如果希望是一种对善的期待，那么恐惧必定是一种对恶的期待。和恐惧一样，灵魂的其他混乱的成分是恶。因此，就像前后一致是知识的特点，混乱则是欺骗的特点。还有，那些被描述为生性狂怒、怜悯、妒忌的人，他们的灵魂有一种不健康的构成，然而都是可以治疗的，就像苏格拉底所说的那样。声称能够依据一个人的相貌发现他的本性，佐皮鲁斯指责苏格拉底具有他所列举的一系列邪恶，当佐皮鲁斯遭到其他人的嘲笑，说他们无法在苏格拉底身上看到这些邪恶时，苏格拉底本人出来应对这种指责；苏格拉底说自己确实天然地具有趋于这些邪恶的倾向，但是在理性的帮助下他已经远离这些邪恶。因此，正如每个健康者对于某种疾病具有

---

① 阿尔基塔（Archytas），柏拉图时代毕泰戈拉主义的哲学家。
② 参见本文第三卷，第 7 章。

天然的倾向，所以一个灵魂会更加倾向于一种邪恶，而另一个灵魂会更加倾向于另一种邪恶。然而有些人说自己的邪恶不是出于本性，而是由于他们自己的过错，把自己的邪恶归于有关善与恶的错误观念，其结果就是一个人比另一个人更加倾向于一种骚动或混乱。但是一种长期存在的恶就像身体的疾病，要想治愈它就会有比混乱更多的苦恼，而治疗眼睛的突然肿痛比治疗长期的眼睛发炎更加快捷。

【38】现在我们已经发现了灵魂混乱的原因，所有灵魂的混乱均起源于依据信念和意愿做出的判断。让我们最终结束这一讨论。此外我们还必须知道，我们现在已经发现了善恶的界限，就其能被人力所发现的范围而言；对于哲学所能希冀的范围而言，没有任何主题比我们这四天以来讨论的主题更加重要或更加有用。我们对死亡和缓解痛苦，使之变得能够忍受的解释很少，在此之后我们添加了缓解苦恼，人没有更大的邪恶可与苦恼相比。尽管所有灵魂的苦恼都是一种负担，与心灵的丧失没有太大差别，但我们无论如何习惯于说，在所有其他例子中，无论是陷入某些混乱，还是陷入恐惧、兴奋、欲望，这样的人只是灵魂发生骚动和混乱；而在他们屈服于苦恼的地方，我们称他们为邪恶的、颓废的，是烦恼和毁灭的牺牲品。所以你提出的建议似乎并不是偶然的，而是有很好的理由，我们应当分别讨论苦恼的问题和其他混乱，因为苦恼是邪恶的源泉。我们有一种治疗苦恼和其他灵魂疾病的方法，这就是指出它们全都是信念和意愿问题，我们之所以服从这样的治疗只是因为服从这种治疗是正确的。哲学许诺要彻底根除一切邪恶的根源——欺骗。因此，让我们自觉自愿地接受这种治疗，因为当这些邪恶在我们身上安生，我们不仅不可能快乐，而且不能处于健全的状态。所以让我们要么否认理性的完善，尽管与此相反的事实是没有理性就不能做任何正确的事情，要么就像哲学是由一系列理性论证所组成的那样，如果我们希望善良和幸福，让我们向理性寻求一切帮助和支持，过一种善良和幸福的生活。

第五卷

【1】布鲁图，在图斯库兰的这场讨论到第五天结束，我们在这一天讨论的主题得到你的热烈赞同，就像我们所有主题一样；从你勤奋撰写并题献给我的这本书①，以及从我和你的无数次谈话中，我已经明白你坚信美德对于幸福生活来说是自足的。虽然痛苦的命运以诸多不同方式对我造成伤害，使我想要证明这一点非常困难，但试图使它变得比较轻省无论如何值得我们花最大的力气；因为哲学处理的所有主题没有一个比它更需要庄严和高尚的语言。这一动机促使那些最先投身于哲学研究的人把其他所有考虑放在一边，全身心地追求最好的生活状态，抱着过一种幸福生活的希望，他们在追求中付出了大量的心血和劳苦。然而，如果美德可以为人所知，通过人们的努力可以完善美德的观念，如果在美德中可以找到幸福生活的恰当的支持，那么有谁不会通过哲学研究建立高尚的美德，并努力实行之？另一方面，如果美德与各种怜悯和不确定的偶然事件相连，是命运的婢女，那么我担心她是否有足够的力量维持自身，在希望中确保幸福生活；我们不应当把信心建立在美德上，就像我们对上苍祈祷一样。想到自己命途多舛，有许多时候我开始对你的这种观点失去信心，并对人类的软弱感到极度恐惧。我害怕的是，自然赋予我们虚弱的身体，伴以无法治愈的疾病和无法忍受的痛苦，自然赋予我们灵魂，我们的灵魂分有身体的痛苦，此外还有灵魂自己的各种烦恼和不幸纠缠不清。我从其他人的软弱，或许还有我自己的软弱，而不是从美德本身对美德的力量形成判断，所以用这样的语气斥责自己。如果美德存在的话——布鲁图，怀疑美德是否存在毁了你的叔父②——我们会认为，除了美德本身，其他没有任何事情与美德有关，我们会把所有问题归于人的命运，

---

① 指马库斯·布鲁图的著作《论美德》，该书已佚失。
② 指尤提卡城的加图（Cato Uticensis），尤提卡（Utica）是北非迦太基西北的城市。

认为要藐视命运，藐视人生的偶然性。与此相反，我们夸大由于恐惧而带来的关于厄运的探讨，厄运通过我们的悲伤而呈现，我们宁可谴责事件的进程而不谴责我们自己的错误。

【2】但是要修正这种错误，就像要修正我们其他的过失一样，必须到哲学中去寻找办法；从早年开始，我就出于自己的选择，热情地投入了哲学的怀抱；而当前我灾难深重，就像在暴风雨中颠簸，我又在哲学中寻找避难所，就像我启航一样。啊，哲学，你是生活的指南、美德的发现者，邪恶的驱逐者！没有你，我会变成什么样子，整个人生会变成什么样子？你使城邦诞生，你使散居的个人形成共同的社会生活，你首先用共同的习俗把他们联合起来，然后用婚姻约束他们，再用共同的文字和语言把他们联系在一起。你发现了法律，你是道德和秩序的教师。我要到你那里避难，我要到你那里寻求帮助，我要把自己托付给你。这种信任曾经是充分的，现在则是全心全意的。还有，按照你的教训，平凡地度过每一天是一种永久的错误。那么我们要使用谁的帮助而不依靠你的帮助？你已经赋予我们生活的安宁，摧毁了对死亡的恐惧。哲学为人类的生活提供服务，但她远未得到她应得的赞扬，大多数人对她无知，许多人还在滥用她。即使无法理解哲学，但又有谁有权滥用她，粗暴地玷污她，邪恶地对她不感恩，乃至于谴责必须受到尊重的她？如我所想，这种欺骗和精神上的黑暗笼罩着未受教导的灵魂，使它们无法回忆遥远的过去，也想不到人类的生活方式最早是由哲学家提供的。

【3】尽管我们看到哲学是伟大的古代的一项事实，然而我们承认它的名称来源较近。无论如何，谁能否认智慧本身不仅在事实上，而且在名称上也是古老的？由于发现了神圣的事物和凡人的事物，以及一切现象的开端和原因，智慧在古人那里获得了荣耀的名称。所以，我们的国人认为那七位著名人物是聪明人，称他们为七贤（希腊人称之为"σοφοί"），而在莱喀古斯之前的许多个世代（按照传说，荷马也生活在这个城市建立之前），回到乌利

西斯和涅斯托耳的英雄时代，①如历史所说，他们是聪明人，被当做有智慧的。传说肯定不会说顶天的阿特拉斯、被锁在高加索山上的普罗米修斯、被变成星辰的刻甫斯和他的妻子、女婿、女儿是聪明人，除非他们对天上事物的神奇发现使他们的名字转入神话传说。②从他们开始，不断有人献身于沉思自然，他们被称做聪明人，这个称号一直延续到毕泰戈拉时代；按照柏拉图的学生、本都的赫拉克利德的说法，后来又有渊博的费留斯，他们说毕泰戈拉是一位博学者，他和弗里乌斯城的居民的统治者莱翁讨论某些主题。莱翁对他的才能和口才感到惊讶，问他最可信赖的这门技艺的名称是什么；而毕泰戈拉说自己不熟悉任何技艺，而是一名哲学家。莱翁对这个新术语感到惊奇，问谁是哲学家，他们和其他人有什么区别。这个故事继续往下说，毕泰戈拉答道，在他看来人生就像一个节日，来自整个希腊的人聚集起来，在他们面前要上演最雄伟的赛会；在节庆上，身体受过训练的一些人赢得胜利的花冠，其他一些人被买卖所吸引，而属于某个阶层的一些人是最典型的自由人，他们既不赢取鼓掌，也不谋利，而是前来观察这里发生了什么事，这些事是怎样完成的。我们也一样，就好像我们从某个城市来到这里参加人群拥挤的节日庆典，我们离开原有的生活和存在方式而进入这种生活，有些人是野心的奴隶，有些是金钱的奴隶，但也有极少数人把其他一切视为乌有，只是密切扫视着事物的本性；这些人给自己起了个智慧的热爱者的名字（这就是哲学家这个词的意思）；正如在赛会上最有教养的人只是观看而无所追求，在生活中，沉思和发现事物的本性远远超过其他所有追求。

【4】无论从哪方面看，毕泰戈拉都不仅是这个名称的发现者，而且扩张了哲学的实际内容。他在弗里乌斯进行了这场谈话之后到达意大利，后来他

---

① 乌利西斯（Ulysses），荷马史诗人物奥德修斯的拉丁名字。涅斯托耳（Nestor）是荷马史诗中的人物。

② 阿特拉斯（Atlas），传说为朱庇特之子，普罗米修斯之兄，后来被珀耳修斯变成石头。阿特拉斯顶天的故事见赫西奥德：《神谱》第517行以下；普罗米修斯（Prometheus）从天上盗窃火种给人类，触怒宙斯，被锁在高加索山上。刻甫斯（Cepheus）是埃塞俄比亚王。

丰富了所谓大希腊地区的私人生活和公共生活——有关他的学说我们也许可以在别的时间谈论。从古代直至听过阿那克萨戈拉的学生阿凯劳斯①的课苏格拉底的时代，哲学处理的问题是数和运动，考察一切事物的产生和回归，哲学家们热心地考察星辰的大小、距离、运行轨道，以及所有天文现象；而苏格拉底第一个把哲学从天上召唤下来，使它居住在城市里，甚至进入家庭，迫使哲学思考人生和道德，善与恶；苏格拉底灵活的讨论方法、多样的讨论主题和巨大的天才永久地进入了柏拉图的文学杰作，也产生了许多相互争斗的哲学派别；我从中专门挑选一个我认为与苏格拉底的实践最一致的派别，我试图隐藏我的个人观点，使其他人能从蒙蔽中解放出来，在各种讨论中寻找最为可能的解决方法；卡尔涅亚得遵守这样的习惯，我在其他许多场合以及最近在图斯库兰庄园，努力在讨论中实施相同的风格；实际上我已经把前面几卷写好送给你，其中有我们第四天讨论的结果；在第五天，当我们在同一地点就座以后，下面这个主题被提出来讨论。

【5】A 在我看来，美德不足以引导我们过上幸福的生活。

M 但我可以向你保证，我的朋友布鲁图认为美德足以引导我们过上幸福的生活，要是你允许的话，我认为他的判断比你的判断高明得多。

A 你无疑可以这样做，然而摆在我们面前的问题不是你有多么热爱他，而是我陈述的观点有什么问题，我希望你加以讨论。

M 你真的认为美德不足以引导我们过上幸福的生活吗？

A 是的，我绝对这样认为。

M 那么请你告诉我，美德能为正当、高尚、值得赞扬地生活，简言之，引导人们过上良好的生活，提供充分的帮助吗？

A 它肯定能。

M 你能说过着邪恶生活的人不可悲，或者如你所承认的那样，过着良好生活的人不幸福吗？

① 米利都的阿凯劳斯（Archelaus），约公元前 450 年。

A 我为什么不能这样说？哪怕受到严刑拷打，一个人仍旧能够正当、高尚、值得赞扬地活着，并且因此而过上一种幸福生活，只要你理解我现在使用的"好"这个术语的意思，我的意思是坚定、庄严、智慧、勇敢地活着；这些品质也和它们的拥有者一道被拷问，因为幸福的生活是没有野心的生活。

M 那又如何？我要问的是，幸福生活就是孤独地离开牢房的门槛和大门，带着坚定、庄严、勇敢、智慧和其他美德，急匆匆地走向刽子手，在拷打或痛苦面前不退缩吗？

A 如果想做点好事，你必须寻找新的论证。你已经提供的论证对我没有用，不仅因为它们是陈腐的，而且因为，就好像酒会在水中失去滋味①，吸一小口会比喝一大口斯多亚学派的葡萄酒更有滋味。例如，把你的美德大军放在拉肢架上拷问，在它们面前出现庄严的景象，使它们认为这就是幸福生活，要快速赶往那里，而不是忍受它应当受到的痛苦。然而，引导灵魂离开这幅景象，从美德的图景转向实在的真理，剩下的问题就是：一个人在受折磨的时候能幸福吗？所以让我们现在提出这个问题，至于美德，我们不要害怕它们的抗议和抱怨，说幸福生活抛弃了它们；我们不能没有明智的美德，明智本身能看到并非所有好人都是幸福的，我们可以回想起许多有关马库斯·阿提留斯、昆图斯·凯皮奥、玛尼乌斯·阿奎留斯②的事情；当幸福生活（如果它决定回复到幻象而不是实际的事实）想要去上拉肢架的时候，明智会对人进行约束，并且说它不是痛苦的同伴。

【6】M 我打算让你采取这样的论证方针，虽然在一场你希望由我来指导的讨论中对你做出这样的规定对你显得不公平。但是我想知道我们在前几

---

① 希腊人和罗马人常在酒中兑水喝。

② 马库斯·阿提留斯·勒古鲁斯（Marcus Atilius Regulus）于公元前255年第一次布匿战争期间在阿非利加被打败。昆图斯·塞维留斯·凯皮奥（Quintus Servilius Caepio）于公元前105年被钦布里人打败。玛尼乌斯·阿奎留斯（Manius Aquilius）于公元前88年被米特拉达铁斯（Mithridates）捕获，并被残忍地处死。

天的讨论中有没有结果。

A　当然有一些暂时的结果。

M　如果是这样的话，你说的这个问题几乎已经有了结论。

A　请你告诉我，怎么会呢？

M　灵魂在错误想法的刺激下产生动荡和骚乱，它嘲笑所有理性，说理性没有给任何幸福生活留下余地。因为死亡总是近在眼前，而痛苦总是威胁性的，在恐惧死亡或感到痛苦时，有谁不是可悲的？进一步说，如果害怕贫困、耻辱、丢脸（这些情况经常发生），如果害怕软弱和盲目，最后还有，如果害怕受奴役（这是常有的命运，不是个别人的，而是强有力的社团的），面临这样的恐惧，还有谁能够幸福？还有，不仅害怕将来的不幸，而且现在实际上承受和忍受着不幸（还可加上流放、悲伤、无子女），在这样的打击下，人苦恼得几乎要崩溃，请你告诉我，他能不是完全可悲的吗？还有，我们看到在淫欲的疯狂驱使下一个人充满激情，他抱着一种无法满足的期盼想要得到一切，竭尽全力寻求快乐以抚慰他的饥渴，说他极为可悲能不对吗？还有，轻薄、浮夸、心荡神移、奢侈，这是在他眼前出现的更加幸福的生活，这样的人难道不是更加可悲的？因此，这些人是可悲的，那些与此相反的、没有恐惧警示的、没有苦恼侵蚀的、没有淫欲燃烧的、没有虚假念头的人是幸福的。正如没有风的吹拂，可以把大海视为安宁的，如果没有足够的力量使灵魂烦恼，那么可以察觉到灵魂是安宁的。一个人不应当觊觎任何东西，他的灵魂也不应当有任何空幻的激情，如果有什么事情落在一个关注命运和其他一切琐事的人身上，而他在可以忍受的范围内既不恐惧，也不感到焦虑，那么有什么理由他不应当幸福？如果美德使这成为可能，为什么仅有美德本身的力量不能使人幸福？

【7】A　无论如何我要向你保证，幸福的人没有恐惧、焦虑、贪婪、没有无法控制的激动，更不要说我们在讨论另外一个问题时已经涉及这一点，因为我们前面讨论的结果是：哲人摆脱一切灵魂的骚动。

M　这场考察已经结束了，因为这个问题似乎已经有了结论。

A 差不多。

M 然而你在这里像数理学家一样争论，而不像哲学家。因为几何学家想要证明某些命题的时候，把在前面的证明中与主题相关的、已经证明了的一切当做确定的，他们要做的事情只是解决还没有处理过的难题；哲学家则把那些可用于他们正在进行的考察的一切都收集在一起，哪怕在别处已经彻底讨论过了。如果情况不是这样，那么在问美德是否足以导向幸福生活时，斯多亚学派的哲学家为什么要浪费口才呢？他只需回答他前面已经说过没有任何事情是好的除非它是对的也就够了，一旦证明了这一点，他可以说由此可知幸福生活必须与美德联系在一起，从前提可以推出这一点，而与此相反，如果幸福生活与美德有关，那么如果不对也就没有任何好。不过，这不是他们的论证方式；他们的书籍分别处理对与最高的善，而从善的本性中推出美德包含足够的力量导向幸福的生活；他们也分别处理与此相反的命题，因为每一主题都必定受到相关的证明和告诫的攻击，尤其是在这样一个短暂的时刻。不要想象在哲学中会有一个更加独特的声音，或者想象某个哲学前提更有成果，更加重要。哲学在这里提供了什么？她可以确定，凭着上苍的恩赐，服从法则的人总是可以武装起来抗击命运的骚扰，他自身就拥有过一种好的和幸福的生活所需要的各种支持，简言之，他始终是幸福的。但我也必须看到这个说法在什么时间范围内是对的。与此同时我也要高度评价简单的事实，哲学确实做出过这样的许诺。以泽西斯①为例：尽管拥有各种特权和命运的恩赐，步兵、骑兵、战船、无数的金银，但他仍旧不满足，他宣布无论谁要是能发现一种新的快乐，就给予奖赏；然而即使能够找到什么新的快乐，他仍旧会感到不满意，因为淫欲没有限度。我希望我们能够提供一种奖赏，激励某些人在这个问题上提出更加确定的信念。

【8】A 我也抱有同样的希望，但我要提一个小问题。就算我认同你一个接一个的陈述，亦即同意如果正确就是好，那么美德能够确保幸福生活，

———————

① 泽西斯（Xerxes），波斯国王。

同理，要是幸福生活系于美德，那么除了美德，没有其他任何东西是好的；但是你的朋友布鲁图依据阿里斯图和安提奥库斯①的权威不接受这一点，因为他认为幸福生活系于美德，哪怕在美德之外也应当有某些善。

M 那又如何？你认为我应当驳斥布鲁图吗？

A 不，你必须按你自己的意愿办事。制定规则的不是我。

M 那就让我们在别处处理某人的观点是否前后一致的问题。我不同意你经常提到的安提奥库斯的观点，以及你最近提到的阿里斯图的看法，在我仍旧执掌兵权时，我曾在雅典和他见过面。②我的看法是：在邪恶的包围下无人能够幸福，如果有身体方面的恶和命运，那么哲人也会被邪恶包围。③这里使用的论证是（安提奥库斯在他的著作的一系列段落中也陈述过）：如果美德本身就能产生幸福生活，那么它不是最高的幸福；其次，大部分事物因其构成形式而得名，即使有某些缺失，它们较大的部分，比如气力、健康、富裕、荣誉、荣耀，等等，这些东西还是被当做本质而不是细节；以同样的方式，幸福生活尽管在某些地方是跛脚的，然而它名称来自构成它的较大的部分。对这个观点当前没有必要提供充分解释，然而在我看来，这个陈述似乎有不一致的地方；因为我不明白一件事，幸福的人为什么要更加幸福（因为如果有什么缺失，他也就不那么幸福），至于这个陈述，每一事物都从构成它的较大的部分得到它的名称和估量，有一些例子可以说明我们所描述的这种情况；但就像他们说恶有三种——人为其中的两种恶所困扰，所以人的命运为各种灾难所困，他的身体在各种痛苦的折磨下削弱——我们要说这些"有需要，但是很少"的人能够确保幸福的生活吗，更不必说最高的幸福

————————

① 阿里斯图（Aristus），学园派哲学家，西塞罗的朋友。安提奥库斯（Antiochus），阿里斯图的兄弟，他试图调和斯多亚学派、逍遥学派和学园派的体系。布鲁图对这两兄弟极为崇敬。参见本文第三卷，第25章。

② 西塞罗于公元前50年从西里西亚（Cilicia）行省总督任上返回，他的士兵在战场上把他当做统帅（Imperator）来欢呼。

③ 逍遥学派和学园派都把疾病、痛苦、贫穷称做恶，斯多亚学派则称之为不便（ἀποπροηγμένα）。

生活了？

【9】这是塞奥弗拉斯特已经证明无法加以捍卫的立场。在确定了打击、拉肢、酷刑、国家的毁灭、流放、无子女对于恶的生活的产生有巨大的影响，是可悲的以后，他不敢用高尚的、有尊严的语调谈论这个问题，他的思想是中庸的和低调的。他在多大范围内正确不是我们现在要处理的问题，但无论如何他的想法无疑是前后一贯的。所以，满足于把这些受到批判的结论当做前提来承认，这样做不是我的方式；但这是所有哲学家中最精细、最博学的哲学家的观点，他说有三种善的时候没有认真地进行分析；有人严厉地批评他，首先是他写的那本关于幸福生活的书，他在书中详细讨论了为什么一个被拷打受折磨的人不能幸福的原因；在此过程中，据说他也说过幸福生活不能在刑具上产生。他确实没有在其他任何地方说得如此彻底，但他确实说过同样的意思。因此，如果我承认可以把身体的痛苦算做恶，可以把不幸翻船算做恶，那么他说并非所有好人都是幸福的，被他算做恶的东西会降临所有好人，在这样的时候，我应当对他生气吗？塞奥弗拉斯特在所有哲学家的书和讲课中受到过严厉的批评，因为他在他的《卡利斯塞涅》中证明了这样一条公理："是命运，而非智慧，统治着人类的生活。"他们说，没有哪位哲学家说过比这更加垂头丧气的话了。到此为止，他们是对的，但我不明白还有什么事情能够说得更加前后不一致。因为，如果没有这么多身体的善和这么多外在于身体、存在于偶然性和命运中的善，如果命运是外在于身体的那些事物的女主人，也是属于身体的那些事物的女主人，命运对这些事物的控制比预见更多，那么命运是不合理的吗？

或者说我们宁可追随经常表达许多高尚情感的伊壁鸠鲁？他在一贯性的问题上没有什么麻烦，他说的话能够连贯起来。伊壁鸠鲁赞扬朴素的生活，这种生活确实配得上哲学家，但只有苏格拉底或安提司泰尼①这样说，那些

---

① 安提司泰尼（Antisthenes），约公元前 444 年—前 368 年，希腊哲学家，苏格拉底的学生，昔尼克学派的创始人。

认为快乐是善的限度的人并不这么说。伊壁鸠鲁说无人能够快乐地生活，除非他也能荣耀、明智、正义地生活。[1] 如果他不继续把这种"荣耀、明智、正义"也说成是快乐，那么没有任何东西比它更加庄严，没有任何东西更配得上哲学。还有什么观点能比他的"幸运对聪明人没有什么影响"[2] 更好吗？但这样的话是这样一个人说的吗？在说了痛苦不仅是主要的恶，而且也是唯一的恶以后，他说自己能够忍受所有身体方面的重压，而且能在最后痛苦的那一刻响亮地喊出反抗命运的话。梅特罗多洛甚至用更好的语言表达了相同的意思，他说："命运啊，我已经抓住了你，我已经占领了各条通道，建起了屏障，使你无法靠近我。"在开俄斯的阿里斯托或斯多亚学派的芝诺嘴里高贵地说出：除了耻辱，没有任何东西是恶的；但是你，梅特罗多洛，你在身体里储藏了所有好东西，在你把最高的善定义为身体的稳定状态和它的确定的延续的希望时，你阻挡了命运的逼近吗？怎样阻挡？你今天晚上就会被剥夺这样的善。

【10】但是仍旧有一些缺乏经验的人被这些陈述捕获，由于有这种观点存在，有大量的人以这种方式思考问题；然而，不要看具体的思考者说了些什么，而要看每个具体的思考者必须说什么，这是一个准确的推理者的标志；举例来说，我们在这场讨论中坚持的观点——我们希望好人始终幸福。在这里我说的好人指谁是很清楚的，因为我们说过具备所有美德的、杰出的人既是聪明的，也是善的。让我们来看被描述为幸福的人是什么人。在我看来是那些为善所环绕而与恶没有联系的人，当我们使用幸福这个词的时候，除了善的充分结合和与恶的完全分离，这个词没有其他意义。如果在美德之外还有其他任何善，那么美德不能确保做到这一点；如果我们把贫穷、默默无闻、卑微、孤独、失去财产、严重的身体痛苦、健康不良、软弱无力、瞎眼、失去祖国、流放，以及最为悲惨的成为奴隶，都当做恶，那么幸福就好

---

[1] 参见第欧根尼·拉尔修：《著名哲学家的生平与著作》第 10 卷，第 140 节。

[2] 第欧根尼·拉尔修：《著名哲学家的生平与著作》第 10 卷，第 144 节。

像是一堆恶；在所有这些令人苦恼的境况下——还会有更多的事情发生——哲人会被卷入其中；偶然性会光顾他们，偶然性也会攻击哲人；如果这些事情是"邪恶"，而哲人也会卷入这些恶，那么谁能说明哲人能始终幸福？因此，由于他们把我在上面列举的这些事情当做"邪恶"，所以我不允许我的朋友布鲁图，或者那些教导过我们的人，或者古代的那些哲学家，如亚里士多德、斯彪西波、塞诺克拉底、波勒莫等等，也说哲人始终幸福。如果"哲人"这个具有高贵特征的头衔会使他们快乐——最配得上这个头衔的是毕泰戈拉、苏格拉底和柏拉图——那就让他们约束自己的灵魂，藐视使他们头晕目眩的事物，力气、健康、美貌、财富、出众、富裕，而不会将与这些事物对立的事物视之无物；这样的话，他们就会以最清晰的声音宣布他们既不害怕命运的攻击和民众的舆论，也不害怕痛苦或贫穷，认为一切事物均在自己的掌控之中，被他们算做善的事物没有一样能超越他们的控制。然而，没有任何办法使他们有可能说出一种真正的既伟大又高尚的情感，他们把同样的事情既当做善的又当做恶的，就像一般民众那样。诸神保佑，伊壁鸠鲁雄心勃勃地想要获得荣耀的头衔，他也认为哲人始终幸福。这种想法的宏伟捕获了他，如果注意到自己曾经说过的话，那么他决不会这样说；因为说痛苦既是最高的又是唯一的恶，又假设哲人在受到严刑拷打、备受痛苦的时候仍旧会说"这有多么甜蜜"，那么还有什么能比这更加前后不一。因此，我们一定不能根据哲学家的片言只语来下判断，而要根据他的一贯想法来下判断。

【11】A　你正在引导我赞同你的意见。不过请当心你自己的一贯性，别出差错。

M　我的一贯性有什么问题？

A　我最近读了你的《论至善与至恶》第四卷，在我看来，在反对加图的论证中你希望表达的是我赞同的这种观点，亦即除了高尚的术语，芝诺和逍遥学派之间没有差别；如果是这样的话，如果它与芝诺的思想相符，美德对于确保幸福生活有强大的力量，那么你为什么不允许逍遥学派说这样的话？我认为我们应当关注的是事实，而非语词。

M　你在用加了封印的文件驳斥我，把我说过或写下来的话提出来当做证据。① 用这样的办法去对付其他没有能力按规则进行论证的人吧，这样的人会证明：我一天天地活着；我说任何触动我心灵的事情都是可能的；所以只有我是自由的。尽管如此，当我们在前面谈论一贯性的时候，我考虑的不是问芝诺和他的学生阿里斯托接受的观点，亦即只有正义的东西才是善的，是不是真的，而是假定它是真的，然后问仅仅依靠美德如何可能过上完全幸福的生活？因此，如果你愿意，让我们假定布鲁图这个聪明人始终幸福，他在多大范围内保持了前后一致是他自己要考虑的事。至于这种光荣的观点，还有谁能比他更配得上拥有？所以无论如何，让我们坚持哲人也是最幸福的这个观点。

【12】如果说昔提乌姆的芝诺，一名外国人和晦涩的短语铸造者，也能以拐弯抹角的方法进入古代哲学的殿堂，那么让我们从柏拉图的权威中取得这种最有分量的观点，在他的著作中，我们经常发现除了美德其他没有任何东西是善的这种表达。比如在《高尔吉亚篇》中，有人问苏格拉底当时被认为最幸运的佩尔狄卡之子阿凯劳斯② 是不是幸福的。他说："我不确定，因为我从来没有和这个人说过话。""你在说什么？你就不能用其他办法知道这一点吗？""确实不能，我做不到。""那么你显然也会说你不知道这位伟大的国王是否幸福，是吗？""我既不知道他受教育的状况，又不知道他是否善良，这种时候我怎么下判断？""什么？你认为幸福取决于这些东西吗？""我绝对相信善人是幸福的，恶人是不幸的。""所以阿凯劳斯是不幸的吗？""如果他不正义，那么他当然是不幸的。"③ 你不认为苏格拉底也把幸福的生活全然仅仅系于美德吗？还有，他在葬礼演说词中不也说过这样的话吗？他说："有人把有益于通向幸福生活的一切都系于自身，而不是依赖碰上好运的他人的

---

①　在法庭上把文件加上封印以防止篡改。有些演说家不发表自己的演讲词，担心被人引用，作为反对他们的证据。

②　当时的马其顿国王。

③　柏拉图：《高尔吉亚篇》470d—e。

怜悯，或与之相反，听凭命运摆布，这样的人最能确保过上最好的生活。这样的人是自制的、勇敢的、聪明的，这样的人，无论他得到的我有幸福是否长存，尤其是他的子女的出生和死亡，在任何时候，他都会服从那句古代的格言，既不会过分欢乐，也不会过分悲伤，因为他总是依靠自身实现他的全部希望。"[①] 我的全部讲话都来自柏拉图的这一学说，就好像来自一口神圣的清泉。

【13】除了自然，我们共同的母亲，我们还能有什么更加确定的起点？她生养的一切，不仅有动物，还有从土中长出来、依靠根部维持自己生命的东西，她都想要它们各从其类，日益完善。所以，树、藤以及在地面上生长、不能离开土地的植物，有些冬夏常青，有些冬天落叶，春天发芽；如果没有外力的阻拦，那么在种子所包含的力量的推动下，任何植物都会有内部运动，鲜花盛开，果实累累；它们全都趋于完善，直抵它们本性的界限。但我们在动物身上更容易察觉到自然单纯而又简单的力量，因为自然赋予它们感觉；对那些有游泳能力的动物，自然让它们在水中安家；对那些飞鸟，自然让它们在空中自由飞翔；有些动物会爬，有些动物会走；自然让有些动物独处，让有些动物群居，让有些动物野蛮，让有些动物温顺，还有一些动物躲藏在地底下。还有，每一种动物都有它自己的本能，它们遵循自然法则，不会过一种与其习性不同的生活。正如自然赋予每一类生灵某种突出的特点，使其能保存自身，不会偏离其本性，所以自然赋予人某些更加卓越的品性；尽管"卓越"这个词必须用于可以比较的对象，但是从神的心灵派生出来的人的灵魂无法做比较，准确地说，除了神，不能拿它来与任何东西相比。如果这个灵魂受过训练，如果它的视觉能力得到增强，那么它不会被谬误弄得盲目，其结果当然就是灵魂的完善，亦即完善的理性，同时这也意味着美德。如果幸福就是没有任何匮乏，是其自身的堆积和满溢，这就是美德的独特标志，那么所有拥有美德的人确实是幸福的。在此范围内，我与布鲁

---

① 柏拉图：《美涅克塞努篇》248a—b。

图的观点一致，也就是说，与亚里士多德、塞诺克拉底、斯彪西波、波勒莫
的观点一致。①

然而在我看来，拥有美德的人似乎也是极为幸福的，因为对一个确信自
己拥有善的人来说，他还会缺少什么使生活幸福的东西呢？或者说，没有这
种自信的人怎么能够是幸福的呢？而对善做出三重划分的人必然没有这种
自信。

【14】因为，他怎么能对身体的力量或幸福的保证有这种自信呢？除非
善是确定的和延续的，无人能是幸福的。那么，这样的思想家的善物中有什
么能是这样的呢？这使我想要对他们使用拉科尼亚人的一句格言，当某位商
人吹嘘说自己把大量的商船派往遥远的海岸时，拉科尼亚人说：“捆绑在缆
绳上的幸福并非人们最想要的。”或者说，能够逃脱我们掌握的任何东西都
不能算做能使幸福生活圆满的东西，这还有什么问题吗？任何能够造就幸福
生活的东西都不会萎缩，都不会被抹去，都不会失落。任何担心失去诸如此
类的东西的人是不会幸福的。我们的希望是，幸福的人是安全的，坚不可摧
的，有坚强防护的，他不会有任何微小的害怕，也不会有任何恐惧。正如无
辜不表示人有轻微过失，而是表示完全没有罪过，所以我们一定不要用无畏
这个词表示人有一点儿害怕，而要用来表示完全没有任何恐惧。除非灵魂在
面临危险、辛苦、痛苦的时候能够坚忍，并且具备抗拒一切恐惧的气质，勇
敢还能是什么？除非把所有的善都建立在正义之上，并且只建立在正义之
上，否则肯定找不到所有这些品质。还有，充满邪恶的人怎么能够享有我们
热切期望达到的目标——安宁？（安宁是我用来表示幸福生活所依赖的无痛
苦的一个术语）我们希望哲人能够表现勇敢的精神，要做到这一点，他只能
认为一切事情都取决于他本人，除此之外，他又如何能够昂首挺胸，轻视
人世间的一切兴衰枯荣？腓力写信给拉栖代蒙人，说自己会阻止他们的一
切努力，而拉栖代蒙人在回答他的恐吓时问，他是否也打算“阻止”他们去

───────────

① 参见本文本卷，第 10 章。

死；在拉栖代蒙人的身上，我们不是比在整个国家里更容易找到这种真正的人吗？还有，与我们正在讲的这种勇敢相关，有一种节制控制着所有这些情感，幸福生活的任何成分都不能使勇敢者摆脱苦恼和恐惧，而节制既能把他从淫欲中召回，又能禁止他自暴自弃，陷入无节制的渴望。如果我们前一天的讨论还没有充分说明这一点，那么我现在应当说，这是美德的工作。

【15】让我们进一步说，灵魂的骚动产生不幸，灵魂的安宁产生幸福的生活；灵魂骚动的过程是双重的，人们在等待着由于邪恶而产生的苦恼和恐惧，而人们对于什么是善的错误观念导致过度的喜乐和欲望，所有这些事情都与审慎和理性冲突——所以，你会犹豫不决，不知道应当把幸福的名字给予安宁、审慎、摆脱灵魂骚动的人，还是应当把幸福的名字给予那些骚动不安、纠缠不清、不和谐的人吗？哲人始终处于安宁的状态，所以哲人始终是幸福的。我们还要进一步说，一切善物都令人喜悦，令人喜悦的东西值得信任和尊重；还有，我们可以把这样的东西描述为荣耀的；如果它是荣耀的，那么它肯定值得赞扬；还有，值得赞扬的东西肯定也是正义的；因此，善的东西是正义的。但是，被我们的对手算做善的东西，甚至连他们自己也没有把它宣布为正义的；因此，唯一的善就是正义的东西；由此可以推论，幸福的生活仅仅取决于是否正义。因此，充分拥有这些东西并不能阻止极端的可悲，不能把这些东西称做善，或当做善。如果你对充分拥有健康、气力、美貌、敏感、活力有什么疑问，要是喜欢，你还可以在这些东西之上添上运动时身体的柔软和快捷，如果有人获得财富、名望、权力、资源、荣耀，如果拥有这些东西的人不正义、不节制、充满恐惧，此外还有理智迟钝，甚至缺乏理智，那么把这样的人称做可悲的你会感到犹豫不决吗？那么，在什么意义上一个人拥有这些善物的时候可以是非常可悲的？我们一定要小心，免得我们得出的结论不真实，正如任何事物都由它自己的颗粒堆积而成①，所以幸福生活是由与幸福本身相似的那些部分组成的。如果是这样的话，我们必

———————

① 好比小麦、大麦、燕麦等。

须得出结论，幸福是由正义的善物组成的，而不是由别的什么东西组成的；如果它是由其他不同的东西组成的，那么就不会有这样的结果；否认了这一点，还有什么可以理解的幸福剩下呢？一切具有善的性质的事物是可以欲求的；值得欲求的东西肯定能够得到赞许；得到赞许的东西必定受到欢迎和赞同；因此，它必定也是优秀的。如果是这样的话，那么值得欲求的东西必定值得赞扬。由此可以得出结论：唯有正义的东西才是善的。

【16】如果想要掌握这一结论，我们感到必须把大量的事物宣布为好的；我省略了没有被我包括在善的范畴中的财富，因为任何卑劣者都能占有财富，这种人不是你认为能拥有善物的人；我省略了良好的出身和公共的名声，这些东西是由那些傻瓜和无赖联合起来发出的声音造成的；对那些无足轻重的东西——我们必须称它们为好的——比如牙齿白，眼睛亮，颜色鲜明，以及安提克莱娅①在为乌利西斯洗脚时赞扬的那些东西，"优雅的谈吐，柔软的身体"，如果我们把这些东西当做善，那么在严肃的哲学家那里我们能发现什么东西，可以说成比普通民众和那些傻瓜的信仰更为严肃和高尚？"但是等一等！因为斯多亚学派把被逍遥学派称做善的同样的东西也称做利益或偏好。"②他们确实这样做了，但他们没有说因此就会造就幸福生活；与此相反，逍遥学派认为，没有这些东西，生活就不能幸福，哪怕假定生活是幸福的，但肯定不是最幸福的。我们希望生活最幸福，苏格拉底著名的结论确证了我们的观点。这位哲学领路人的论证方式是：每一个灵魂的偏好就是这个人本身；这个人怎么样，他的讲话也就怎么样；行为与语言相似，生活与行为相似。进一步说，好人身上的灵魂的偏好值得赞扬，因此好人的生活值得赞扬；由于好人的生活值得赞扬，因此这个理由是正确的。通过这些论证中可以得出结论：好人的生活是幸福的。这样的观点是正确的——我以诸神和凡人的名义发誓——是我们在前面的讨论没有充分掌握的，或者说我们

___

① 安提克莱娅（Anticlea），乌利西斯（Ulysses）之母。
② 参见本文第二卷，第12章；第四卷，第12章。

的讨论只是为了娱乐和消磨时光。我们已经说过，哲人始终摆脱灵魂的一切骚动，我称之为干扰，是吗？安宁在他的灵魂中占据统治地位吗？他是节制的、坚定的、无恐惧的、无苦恼的、无渴望的、无欲望的，他能不幸福吗？这是哲人贯穿始终的特点，因此哲人始终幸福。再说，好人怎能不按照他恪守的值得赞扬的标准来判断他的一切行为和情感？他用这种幸福生活的标准来判断一切，因此幸福生活值得赞扬；如果没有美德，那就没有任何东西值得赞扬；因此，幸福生活要由美德来完成。

【17】这一结论可以用下面的方式再次得到证明：在悲惨的生活中，或者在既不悲惨又不幸福的生活中，没有任何东西值得赞扬或荣耀；然而在有些人的生活中，有些事情值得赞美、颂扬、学习，就好比在厄帕米浓达的生活中，"被我提出来的这些意见剥夺的是拉栖代蒙人的荣耀"，① 也好比在阿非利加努的生活中，"黎明时分太阳从迈奥提斯沼泽那边升起，世上无人能与我的功绩相比"。② 所以，如果幸福生活是一个实在，那么它值得赞美，颂扬，学习，因为其他没有任何东西值得赞扬和学习。一旦确立了这一点，你就会明白这个结论：在任何情况下，除非生活也是正义的，生活才能幸福，必定会有另外一些东西比幸福生活更好。他们肯定认为正义的东西比幸福生活更好，因此会有某些东西比幸福生活更好；还有什么陈述能比这种说法更加刚愎自用？请你告诉我，当他们承认恶有足够的力量使生活悲惨的时候，他们肯定不承认美德有同样的力量使生活幸福吗？从这些对立的论断中推出的结论也一定是对立的。在这里我要问克里托劳斯的著名的平衡是什么，他宣布，如果把属于灵魂的善物放在一杆秤上，把属于身体的善物和来自人以外的善物放在另一杆秤上，那么第一杆秤很快就会下沉，其分量超过第二杆秤上的东西，包括陆地和大海。

【18】这位思想家和著名的塞诺克拉底，以及其他一些最具影响力的哲

---

① 这是刻在底比斯的厄帕米浓达塑像上铭文的第一行，参见鲍桑尼亚：《希腊游记》第15卷，第15节。

② 这是恩尼乌斯为大西庇阿写的一句墓志铭。

学家高度赞扬美德，诚恳地贬低和排斥其他一切事物，那么是什么东西在阻碍他们得出不仅幸福生活依赖于美德，而且最高的幸福也依赖于美德这个结论？事实上，如果不承认这一点，那么必定会导致美德的毁灭。这是因为，易受苦恼影响的人必定易受恐惧的影响，恐惧是对将要到来的苦恼的焦虑和预期；还有，易受恐惧影响的人也易受惊吓、胆怯、恐怖、胆小的影响；[①] 他必定会在某个时候被打败，我们无法认为阿特柔斯的著名格言是为他而说："让人们在生活中学会不知道什么叫失败。"但如我所说，我们讲的这个人会被打败，他不仅会被打败，而且还会当奴隶；另一方面，我们希望美德总是自由的，总是不能被打败的，否则的话，美德也就消失了。还有，如果美德能为导向善良的生活提供足够的帮助，那么它也能为幸福生活提供足够的帮助。美德肯定足以使我们勇敢地生活，如果勇敢足以使我们精神振奋，那么它实际上也决不可能被任何事情阻拦，它始终是不可战胜的。从中可以推论，勇敢就是没有后悔、没有不足、没有障碍；所以它始终是富足的、完善的、繁荣的，因此，它始终是幸福的。美德能够为勇敢的生活提供足够的帮助，因此也能为幸福的生活提供足够的帮助。正如愚蠢虽然能够确保它觊觎的目的，但我们决不能认为它也能充分地达到目标，所以智慧始终满足于当前的命运，它自己决不会感到后悔。

【19】你认为我们的执政官盖乌斯·莱利乌斯与那些最初被民众抛弃、后来又被民众赋予执政官地位的人有相似性吗（如果一名像他这样的聪明人和好人在选举中落选，那么这不是民众抛弃好执政官，而是好执政官抛弃民众）——我要问的是：如果你可以选择，你会像莱利乌斯那样当一次执政官，还是会像秦纳那样当四次执政官？我不怀疑你会做出什么样的回答，我对我提出的问题确实感到自信。我不会向世上所有人提出同样的问题，因为其他人也许会答道，他不仅会把当四次执政官放在当一次执政官之前，而且会说像秦纳那样统治一天胜过许多杰出人物过一辈子。莱利乌斯对任何人提

---

① 参见本文第四卷，第 8 章。

供一点儿帮助，都会令他自己感到满意，而秦纳下令处死他的同事，包括执政官格奈乌斯·屋大维、普伯里乌·克拉苏、卢西乌斯·凯撒①，他们是最高尚的人，他们的优秀品质已经在和平与战争时期得到证明，此外还有马库斯·安东尼乌斯，我本人听到的所有演说家中最雄辩的人，还有格奈乌斯·凯撒，我认为他是文雅、礼貌、机智、魅力的典范。那么杀害他们的人幸福吗？在我心中正好相反，凶手显然是可悲的，这不仅是由于他的行为，而且是由于为他采取了这样的行为，就好像这样的行为是允许的；然而对任何人来说作恶都是不允许的，这是对语言的误用在诱导我们，因为我们说"允许"任何人做他有权做的事。请你告诉我，在盖乌斯·马略②与他的同事卡图鲁斯分享战胜钦布里人的胜利荣耀的那一天，在他几乎就是莱利乌斯第二的时候（我认为他与莱利乌斯确实很相似），或者当他的胜利引发了内战，他本人陷入愤怒之中时，在他回答卡图鲁斯的那些朋友的要求时，他不止一次说"让他去死"的时候，他会更幸福吗？在这一行为中，那个服从了不虔诚的语词的人比那个下达罪恶命令的人更幸福。因为忍受暴行比实施暴行要好，前进一小步以迎接近在咫尺的死亡的逼近，如卡图鲁斯所为，比马略用谋杀这样的人的办法以削弱他六次担任执政官的名望并玷污他的一生的最后时期要好。

【20】狄奥尼修斯是叙拉古的僭主，25岁掌权，统治这个国家达38年。这座城市极为美丽，非常富有，这都是他用奴隶制的摧毁性的力量换来的！然而有真实可信的作家告诉我们，这个人的生活方式极为节制，处理公务十分勤勉，然而他的本性是不审慎、不正义的；这就意味着在能够看清真相的众人眼中他必定是极为可悲的。因为他不能确保他贪婪地想要达到的每一目标，哪怕是在他认为自己能够达成所希望的一切的时候。尽管他出身高贵，

---

① 格奈乌斯·屋大维（Gnaeus Octavius）、普伯里乌·克拉苏（Publius Crassus）、卢西乌斯·凯撒（Lucius Caesar）等三人均在马略于公元前87年实施恐怖统治时死去。

② 盖乌斯·马略（Gaius Marius）与卡图鲁斯于公元前101年共同战胜钦布里人，他曾七次当选执政官，公元前86年死于第七次执政官任上。

家庭备受尊敬（尽管对此有不同说法），尽管他有许多朋友和亲人，也有许多年轻人按照希腊人的风俗追随他，与他保持恋人关系，但他并不相信他们，而是把照料他的生活起居的事情交给那些他从那些富裕家庭挑选来的奴仆，他消除了标志着他们奴仆身份的名字，还有那些难民和不文明的野蛮人的名字。为了满足他对独裁统治的不正当的期盼，他以这样一种方式进行选择，几乎把自己禁闭起来。据说他竟然到了这样一种地步，让他年幼的女儿们学习使用剃刀，这样他自己就不必面对剃头匠把剃刀架在他脖子上的危险了；于是那些年幼的公主降格去做剃头匠的卑贱工作，为她们的父亲理发；后来，等她们长大以后，他又从这些姑娘手中拿走了铁制工具，让她们用赤热的胡桃壳为他理发。他有两个妻子，来自他自己这座城市的阿里丝托玛柯和来自洛克利斯的多丽丝，他只在夜晚去看她们，而在他到达之前，他会派人检查每一个地方，采取各种安全措施。他在寝宫周围挖了很宽的壕沟，进出寝宫只有一座小小的木头吊桥，在关上寝宫大门时也拉起吊桥。他也不敢冒险出现在公众面前，而是在一座高塔上对民众说话。还有一次，他想要玩皮球（他热衷于这种消磨时光的游戏），他脱下长袍以后把他的佩剑递给一名他看到的年轻人。一名熟人开玩笑说："无论如何，这是一个值得你托付生命的人。"那个年轻人笑了，而狄奥尼修斯下令处死他们，因为他认为他们中的一个指出了谋杀他的方法，而另一个笑着赞同这种意见；对这一行动，狄奥尼修斯感到一生中最大的苦恼，因为他处死了他深深爱着的人。无法控制情欲的人确实处于不停的冲突之中，满足了一个欲望，你就不得不抗拒另一个欲望。而这位僭主亲口对自己的幸福做了判断。

【21】有一位奉承者名叫达摩克利斯，他在谈话中大肆夸耀狄奥尼修斯的军队和资源，赞美他的暴政的伟大，国库的富有，宫殿的巍峨，还说无人能比狄奥尼修斯更幸福。狄奥尼修斯说："达摩克利斯，既然在你看来我的生活那么愉快，那么你本人想试一试我的这种幸福生活吗？"达摩克利斯说自己想试一下，于是狄奥尼修斯让他坐在一把金椅上，椅子上有精美的绣花靠垫，旁边的餐桌上放满金银器皿。餐桌旁站立着几名精选的、绝顶漂亮的

男仆，随时听从他的吩咐。香水、鲜花、馨香、美食，应有尽有，达摩克利斯认为自己真的是一名幸福的人了。此时，狄奥尼修斯让人用马鬃拴上一柄利剑，悬挂在这个幸福的人的脖子上方。所以，他既不敢左顾右盼，看那些漂亮的侍者和精美的餐具，也不敢伸手去拿桌上的食物，怕那些花冠滑落；最后他终于恳求这位僭主放他走，说自己肯定不希望这样的幸福。狄奥尼修斯此举似乎（不是吗？）清楚地表明，对一名始终处于警觉状态的人来说不会有幸福。还有，他甚至无法返回正义的道路，把自由和权力交还他的同胞公民；因为他从年轻时就从来不为别人着想，乃至于陷入这样的谬误和恶行，哪怕他神志清醒，他也不可能有安全。

【22】他强烈地担心朋友对他不忠诚，而在处理两名毕泰戈拉主义者的时候他显示出他有多需要朋友，他接受了其中的一位作为死刑保证人，而另一位在指定行刑的时候出现在他面前，要求解除这种保证。此时狄奥尼修斯说："我可以作为你们这种友谊的第三方！"对他来说，割断与朋友的亲密联系，切断自己享受社会生活的权利，没有任何交谈的自由，这有多么可悲啊！尤其是这个人从小接受过博雅教育和相关的训练。事实上，我们听说他是一名热心的音乐家，也是一名悲剧诗人——他的修养有多高没什么关系，因为在这种技艺中，每个人都可以发现他自己的工作是杰出的，胜过在其他技艺中；迄今为止我还不知道有哪位诗人（我是阿奎纽斯的朋友）不认为自己是最优秀的；"你对你的作品着迷，我对我的作品着迷"，这就是他们的方式——但是回到狄奥尼修斯这里来，他自己弃绝文明生活的精神享受，他与逃犯、罪人、野蛮人交往，他认为无人配得上自由，或者说，他不希望有任何朋友是自由的。

【23】这样一个人的生活，除了可怕、可悲、令人厌恶之外，我无法想象会是别的样子，我确实不会拿它与柏拉图或阿尔基塔这些知识渊博的圣贤的真正的生活相比；我想到的是属于这座城市的另一位人物——阿基米德，他按照自己的标准在那里生活了许多年，而在人们眼中，他是一个默默无闻、微不足道的人。我在担任财务官的时候去那里寻访过他的坟墓，叙拉古

人根本不知道他的坟墓在哪里（因为他们完全否认它的存在），我发现他的坟墓周围满是荆棘；我记得有人说他的坟墓上刻有一些诗句，还说他的坟墓上竖着一个圆柱和一个圆球。于是我仔细地察看墓地（因为位于阿格里根特门的坟地里有许多坟墓），发现有一处茂密的灌木丛露出一个小圆柱，还有一个圆球。我马上就对叙拉古人说（有一些当地的名人陪着我），我相信这就是我要找的东西。我们派了几名奴仆带着镰刀前去清障开路，然后我们进到墓碑的基座旁；墓志铭大约还有一半可以辨认，但是后一半已经看不清了。所以，你瞧，这是希腊最著名的城市之一，在这里也确实产生过一个伟大的学派，然而要是没有一名阿尔皮诺[①]人的指点，叙拉古人竟然不知道这位最能干的公民的坟墓。但是，让我们返回我开始说这段离题话的地方。世上凡是与缪斯有过交往的人，也就是说，受过博雅教育的人，有谁会不选择当这样的数学家，而不选择当僭主？如果我们考察他们的生活方式，我们看到前者的心灵在科学研究问题中找到它的营养，乐于发挥它的创造才能——这是令人最愉快的精神食粮——而后者的心灵处于谋杀和暴行中，恐惧是它日日夜夜的伴侣。来吧，拿德谟克利特、毕泰戈拉、阿那克萨戈拉与狄奥尼修斯相比，什么样的王座和财富能使你把这些东西看得高于他们在其中找到快乐的学习？你们正在寻找的"最优秀的"东西必定在一个人的最优秀的部分占有它的地位。但是，在人身上有什么地方能比明智善良的心灵更优秀？如果我们希望自己幸福，那么我们必须享有这样的心灵之善；但是心灵之善是美德；因此，幸福的生活必定与美德相连。因此，所有可爱的、荣耀的东西，如我在前面[②]所说，都是对善的回报，但我必须带点夸张地再说一遍，它似乎充满欢乐；由于我们非常清楚幸福的生活来自无休止的圆满的欢乐，因此我们可以推论幸福生活来源于正直。

【24】但是仅凭论证，我们无法抵达我们想要揭示的真理，我们必须把

---

① 阿尔皮诺（Arpinum），西塞罗的出生地。

② 参见本文卷，第15章。

它当做明显的诱因摆在眼前，使我们可以更加从容地转向知识以及对知识的意义的理解。让我们假定有一个杰出的人拥有最优秀的品质，让我们发挥一下想象力，设想这样一幅图景：第一，他必定拥有杰出的理智，因为在迟钝的心灵中不容易发现美德；第二，他必定拥有探索真理的热情。灵魂著名的三个产物由此产生：第一是关于宇宙的知识和揭示自然的奥秘，第二是在规范生活原则时区别什么东西要追求，什么东西要避免，第三是判断每一前提的后果，明白哪些东西与前提不合，其中包含什么样的论证和判断的真理。所以请你告诉我，聪明人终生过着这样的生活，在学习中度过他们的夜晚，这时候他们的灵魂该有多么激动和快乐！比如说，当他发现所有天体的运动和旋转，看到无数星辰在天穹上和谐一致地运动，而其自身又固定在某个位置上，其中七颗行星沿着自己或高或低的轨道前进，其轨迹表明它们的轨道是固定的，——无疑正是这些奇观激励着古人做进一步的探索。由此产生对宇宙开端的考察，就好像一颗种子，万物由此发端，繁育、生长，要找到每一种事物的起源，无论是无生命的还是有生命的，是哑巴还是会讲话的，要回答什么是生命，什么是死亡，什么是一事物改变为另一事物，大地起源于什么，保存大地的平衡需要多大的力量，盛下大海的洼地有多大，什么样的引力使一切事物都趋向世界的中心，这里也是这个球体最低的地方。

【25】灵魂夜以继日的沉思产生了德尔斐的神灵喜欢的知识，心灵应当知道它本身，感受到它与神的心灵相连，这是永不停息的、圆满的欢乐的源泉。对诸神的力量和本性进行沉思，点燃了获得与神灵的永生相似的不朽的欲望，当它看到事物的原因一环扣一环，形成一条长链时，灵魂也不认为自己受这个短暂的生命的限制，但无论如何它们从永恒到永恒，前后相继，这是受理性和理智支配的。哲人凝视着这幅图景，他向上看，或者环顾四周，看着宇宙的所有部分和地区，这时他的灵魂是何等的安宁，然后他又转过来更加深刻地对人进行反思！于是他有了关于德性的知识；各种德性生长起来，他发现了什么样的本性可以当做善物之目的，而其对立面就是恶的东西，他找到了我们必须选择的义务的对象和生活中的行为规则。通过对这些

问题和其他相似问题的探讨，我们所获得的主要结论就是我们这场讨论所要达到的目的——美德足以导致幸福的生活。第三个产物是①智慧领域中的自由传播，给事物下定义，区分种类，把它们联系起来，得出公正的结论，明察正误——这是推理的技艺和知识；除了下判断这个最大的用处之外，它还特别能提供一种与智慧相匹配的高尚的快乐。但这是闲暇时候的事情，让我们想象哲人也要参与公共福利的维护。②此外他还能参与什么更加高尚的事务？他的审慎会给他的同胞公民带来真正的利益，他的公正会使他不把公众的利益转移给自己的家庭，他在处理各种事务时坚定地保持着美德。还有从友谊中产生出来的成果，博学者在友谊中分享他们的思想和意见，他们的一生几乎同呼吸、共命运，他冷冻的日常交往散发着迷人的魅力。请你告诉我，这样的生活还需要使它更加幸福吗？面对如此丰满和强烈的欢乐生活，命运本身也要让位。所以，如果灵魂这样的善，亦即美德，就是幸福，所有哲人已经充分经历过这样的欢乐，所以我们必须承认他们全都是幸福的。

【26】A　哪怕受到严刑拷打和在拉肢刑架上受刑，也这样吗？

M　你认为我是在谈论紫罗兰和玫瑰花铺成的床吗？或者说，伊壁鸠鲁仅仅是戴着哲学家的面具，把哲学家这个头衔授予自己，我们要让他说（我要坚决地说，他确实这样说过，尽管他的讲话前后不一致），哲人被火烧，被拉肢，他不会在任何时间喊叫说"我根本不把它当一回事"，尤其是伊壁鸠鲁把恶限定为痛苦，把善限定为快乐，他嘲笑我们的这种"正义与卑劣"，还说我们忙于述说空洞无意义的语词，除了身体粗糙和平滑的感觉，没有任何东西能使我们产生兴趣吗？我们要让这个有着不同判断力，但几乎与动物的本能没有什么差别的人忘记他自己，在他拥有的善与恶都受到命运支配时轻视命运，当他受到严刑拷打，在拉肢刑架上受刑的时候，他躺在那里不仅能感受到这种作为最大邪恶的痛苦，而且他也只有在痛苦的时候，说他自己

———————————

① 指辩证法。
② 指政治学。

是幸福的吗？他无法为自己提供只有用灵魂的力量才能找到的忍受痛苦的帮助，他不是习惯性地练习忍耐，学会刚毅，培养坚强的品性，而是通过回忆以往的快乐，并且仅仅在这样的回忆中找到安宁，这就好比一个大汗淋漓、无法忍受酷暑中的人要选择回忆在阿尔皮诺河中潜水，我实在不明白以往的快乐怎么能够减缓当前的邪恶。但就像这个人一样，如果他为了保持前后一致，无法选择说哲人是否始终幸福，那么那些认为没有任何东西值得追求、在找不到公正的地方没有任何善的人又该期待什么？我要说，逍遥学派和老学园派应该在某个时候结束他们结结巴巴的讲话，勇敢、公开、响亮地宣布幸福生活会进入法拉利斯①的铜牛肚子。

【27】假定存在三种善物（为了最终摆脱斯多亚学派布下的精致的罗网，我明白我比一般情况下使用了更多的论证），假定你希望把这三种东西称做善，好像身体的善和外在的善就趴在你面前，因为它们是人的"偏好"，而其他那些神的善所发挥的影响远及天涯海角，上抵苍穹，在这种情况下，我为什么还要声称某人确信自己是幸福的，但不是最幸福？

然而，哲人会害怕痛苦吗？在我们看来，痛苦是幸福的主要障碍，我们要抗拒死亡，包括我们自己的死亡和我们亲人的死亡，还要抗拒我们的痛苦和灵魂的所有其他各种混乱，所以我想，我们前几天的讨论足以给我们提供充分的武装；痛苦似乎又是美德最活跃的对手，它会朝着德性最猛烈地投出标枪，威胁着灵魂的勇敢、坚忍和耐心，使之瓦解。那么，美德必须让位于痛苦，哲人和坚定者的幸福生活必须屈服于痛苦吗？伟大的天神啊，这是何等的堕落！斯巴达的男子在身体受到痛苦的打击时不会叫喊，我亲眼看到拉栖代蒙人的年轻人组成的部队不可思议地顽强战斗，用他们的拳脚、双手，甚至用指甲和牙齿，哪怕失去生命也不接受失败。还有什么国家能比印度更野蛮？然而在印度人中，那些圣贤赤身裸体地生活，在兴都库什山②的冰雪

---

① 法拉利斯（Phalaris），公元前 6 世纪中期西西里阿格里根图（Agrigentum）城邦的僭主，施行暴政，曾铸造一空心铜牛烤活人，后成为残暴的代名词。

② 兴都库什山（Hindu Kush），位于现今阿富汗。

天地里忍受寒冷，没有痛苦的表现，他们自愿投入火中时，甚至都不会哼一声；印度的妇女在丈夫死去以后相互之间争着看谁是最受丈夫宠爱的（因为一个印度男子通常有不止一个妻子），那个最后的胜利者会在她的亲戚的陪同下欢乐地与她死去的丈夫一起上火葬堆，而被击败的对手则会悲伤地离去。习俗决不可能征服本性，因为本性不可征服；然而在我们身上，我们的灵魂已经被树荫、凉亭、奢侈、安逸、懒惰、松懈所腐蚀，我们的本性已经被虚假的信念和邪恶的习惯弄得衰弱不堪。有谁不知埃及人的习俗？他们的心灵受到堕落的迷信的感染，他们宁愿受折磨，也不去伤害朱鹭、毒蛇、猫、狗、鳄鱼，他们哪怕不愿意做任何事情，想要退缩，也不会受到任何惩罚。[①] 我在这里讲的是人，那么动物会怎样？它们也不愿经受寒冷与饥饿，不愿在山岭上奔跑，不愿在森林中漫步吗？它们也不会为了保护幼崽而忍受伤痛，拼死搏斗，遭到偷袭也不反击吗？对于那些雄心勃勃的、通过使人顺服来出人头地的人，那些觊觎名声和荣耀的人，那些热衷于满足欲望的人，我就省略不提了。生活中有的是这样的例子。

【28】但是，让我们控制一下自己雄辩的口才，返回我们开始讲这些离题话的地方。我要说，幸福生活会让它自己接受折磨，它会追随正义、节制，尤其是勇敢的足迹，灵魂的伟大和忍耐不会看到刽子手就停步不前，如我所说，[②] 当灵魂保持着大无畏的精神、所有美德面临考验的时候，灵魂不会站在监狱的门槛之外。还有什么能比灵魂离开服侍它的那些荣耀的伴侣、处于孤独状态更加邪恶，更令人讨厌？但这种情况决不会发生，因为没有幸福生活就没有美德，没有美德就没有幸福生活。[③] 所以美德不能忍受逃离灵魂，而会匆忙赶去与灵魂一道遭受任何痛苦和折磨。因为行事高尚、一贯、清醒，不做任何会后悔的事情，不做任何违背自己意愿的事情，不期待任何事情，就好像它必定会到来，不对任何未曾预料到的奇怪的事情表示惊讶，

---

① 参见希罗多德：《历史》第 2 卷，第 65 节。

② 参见本文本卷，第 5 章。

③ 这是作者想要证明的。

把一切事情置于他自己的判断标准之下，坚持他自己的决定，这才是哲人的品性。我确实无法想象还有比这更加幸福的事情。

对斯多亚学派来说，这个结论确实很容易得出，因为他们认为按照自然生活、与自然保持和谐一致是最高的善，这不仅是哲人既定的义务，而且也存在于他的力量之中，所以对他们来说必然会推导出这样的结论：当一个人在他的力量中拥有主善时，也就有了幸福生活的力量，因此哲人的生活被认为是始终幸福的。你现在已经知道了我在幸福生活问题上的最勇敢的观点，我们在这一点上最真实，除非你还有其他更好的建议。

【29】A 我没有什么更好的建议，但如果不会给你带来麻烦（由于你并不拘泥于某个确定的思想学派，并且从各个学派中吸取在你看来最接近真理的一切），我想向你了解一个偏好。前不久，你敦促逍遥学派和老学园派勇敢地、毫无保留地说哲人始终是最幸福的，你自己已经讲了很多与他们拥有的意见相反的观点，并采用通过斯多亚学派的推理得出的结论，我现在想听到的是，你认为他们这些说法怎么能够保持一贯性。

M 让我使用一下只有我的哲学思想派别所允许的自由，亦即不按照学派自己的声明来决定任何事情，而是察看整个领域，① 为的是可以让别人用他们自己的长处来决定这个问题，而不诉求任何人的权威。你想要建立的好像是那些相互攻伐的派别所拥有的关于善恶之界限的观点，但无论如何美德足以确保幸福生活，我们知道卡尔涅亚得经常热心地讨论这个命题，在反对斯多亚学派时，他总是急于驳斥对方的学说，大发脾气，而我冷静地处理了这个问题。而要是斯多亚学派正确地确定了善的界限，② 那么这个问题也就解决了，从中可以推导出哲人永远幸福的结论。不过，要是可能的话，让我们考察一下剩下的那些思想学派各自的观点，以便使这个有关幸福生活的高尚教条能与他们的全部观点和学说相适应。

---

① 参见本文本卷，第 4 章。
② 参见本文第三卷，第 23 章。卡尔涅亚得同意美德足以保证幸福，但道德上的正确并非唯一的善。

【30】在我看来，这样一些有关"界限"的观点仍旧应当保持和支持。首先是四条简单的界限：无物为善，除非它在道德上正确，如斯多亚学派所说；无物为善，除了快乐，如伊壁鸠鲁所说；无物为善，除了无痛苦，如希洛尼谟所说；无物为善，除了享有自然的最初的善，要么是全部的善，要么是其中主要的善，如卡尔涅亚得在反对斯多亚学派时所争论的那样。这些界限是简单的，下述界限是综合的：善有三类，灵魂是最高的善，身体是第二位的善，来自外部的善是第三位的，这是逍遥学派的观点，老学园派的观点与此相仿；狄诺玛库和卡利弗把快乐和正直当做一对善，然而，逍遥学派的狄奥多洛斯又把摆脱痛苦和正直放在一起。① 这些观点得到了某些坚定的支持，而阿里斯托、皮浪、赫里洛斯②等人的观点则已化为乌有。让我们来看这些观点对我们有什么好处，而斯多亚学派的观点可以放在一边，我想我已经充分地支持了他们的观点。此外，逍遥学派也可以排除，除了塞奥弗拉斯特，以及追随他的任何对痛苦表示恐惧的软弱者，但无论如何可以允许他们中的其他人像通常那样行事，也就是说，抬高美德的尊严和伟大。他们在赞扬美德的时候以他们习惯的雄辩口才把美德吹到天上，在这种时候他们很容易把其他一切踩在脚下，并且在与美德的比较中加以藐视，他们不允许人们说追求声誉必须付出痛苦的代价，他们否认那些达到目标的人是幸福的；尽管痛苦与某种邪恶有关，然而幸福这个术语有着广泛的含义。

【31】就好像把商业定义为赢利，把耕作定义为生产，如果一个人始终能够逃避一切损失，另一个人能够始终逃避坏天气带来的损害，如果他们各自能在主要方面达到繁荣，那么可以把生活定义为幸福，这不是因为生活充满各种善物，而是因为善在生活的主要方面和重要方面占有优势。因此，按照这些哲学家的推理，幸福生活将追随美德而来，甚至追随痛苦的折磨而

---

① 狄诺玛库（Dinomachus）和卡利弗（Callipho），昔勒尼学派哲学家，狄奥多洛斯（Diodorus）是克里托劳斯的学生，属于逍遥学派。

② 关于阿里斯托和皮浪，参见本文第二卷，第6章；赫里洛斯（Herillus）是迦太基人，芝诺的学生，属于斯多亚学派。

来，乃至于在痛苦的陪伴下进入公牛的肚子，^① 按照亚里士多德、塞诺克拉底、斯彪西波、波勒莫的权威观点，威胁和贿赂都不能使之变坏而放弃美德。卡利弗和狄奥多洛斯的观点相同，他们俩都热情地拥抱正直，一切没有获得正直的事物必定会被他们远远地排在正直之后。其他人就好像在海峡边上，他们仍旧想要游过去——伊壁鸠鲁，希洛尼谟，以及其他任何愿意支持可怜地被抛弃的卡尔涅亚得的人。但他们中没有任何人不把灵魂当做真善的法官，乐意指导灵魂，使它能够藐视仅仅与善与恶有某种相似的东西。在我看来，你所认为的伊壁鸠鲁的状况也是希洛尼谟、卡尔涅亚得，以及其他所有人的状况，他们中有谁没有充分地反对死亡或痛苦？如果你愿意，让我们从被我们称做软弱者或享乐者的这个人^②开始。你认为他害怕死亡或痛苦吗？他把他死的那一天称做幸福的，他借助回忆他所发现的鲜活的真理来忍受和压制剧烈的痛苦，在这样做的时候，他并没有唠叨。在他看来，人死的时候感觉就消失了，没有感觉也就与我们没有关系了；^③他还恪守有关痛苦的格言，痛苦的剧烈程度会由于它的短暂而减轻。请你告诉我，你那些自负的朋友^④在面对这两种最强的痛苦原因时怎么能够比伊壁鸠鲁解释得更好？或者你认为伊壁鸠鲁和其他哲学家不适宜遇上任何被认为是邪恶的东西？有什么人不强烈地惧怕贫困？没有一个哲学家会这样。

【32】不，能让伊壁鸠鲁感到满足的东西微不足道！有关平淡的生活，没有人比伊壁鸠鲁说得更多。为了获得爱、为了实现野心、为了日常生活，人们需要金钱，而他既然把这些东西都抛诸脑后，为什么还会感到有金钱方面的需要，或者说，他为什么还会想到钱的问题？如果说西徐亚人有可能像阿那卡尔西斯一样丝毫不想金钱，那么为什么对像我们这样的一个国家的哲学家就不可能呢？有记载说阿那卡尔西斯写过这样一封信："阿那卡尔西斯

---

① 参见本文第二卷，第 7 章。
② 指伊壁鸠鲁，参见本文第二卷，第 19 章。
③ 第欧根尼·拉尔修：《著名哲学家的生平与著作》第 10 卷，第 124—126 节。
④ 指斯多亚学派。

致汉诺，你好。我身上披着西徐亚人的披风，我脚上穿着厚鳂鱼皮做的鞋，我的床是土堆的，我没有珍肴美味可吃，仅靠牛奶、奶酪、肉类生活。因此你可以来看我，就像去看望一个安宁的人；至于你喜欢的礼物，请把它们送给你的同胞公民或献给不朽的诸神。"① 除了那些悖离正当理性的腐败者，各个学派的几乎所有哲学家都能显示这种精神。看到游行队伍展示大量的金银器皿，苏格拉底说："啊，我不需要的东西有这么多呀！"② 一些使者从亚历山大里亚给塞诺克拉底带来 50 塔伦特，这在当时是很大一笔钱，尤其是在雅典，塞诺克拉底把他们带到学园里吃晚饭，但摆上餐桌上的食物仅仅够吃，也没有任何摆设。第二天，他们问塞诺克拉底要他们中的哪个人把钱点给他。他说："什么？昨天的家常便饭还没有告诉你们我不需要钱吗？"当他看到使者们的脸沉下来时，他接受了 30 个明那，以避免对国王的仁慈不恭。犬儒派的第欧根尼比较坦率直言，当亚历山大要他说出所需要的东西的名字时，他说："走开些，别挡住我晒太阳。"亚历山大显然干扰他舒适悠闲地晒太阳。实际上，第欧根尼以此说明他的生活条件比波斯大王还要优越，他证明自己没有什么需要，而这位国王的需要永远不能满足，他不会失去这些决不能使这位国王感到满足的快乐，而这位国王决不可能享有这位哲学家的快乐。

【33】我要说，你知道伊壁鸠鲁区别了不同种类的欲望，他的区分虽然不那么精确，但仍旧有用。③ 他说，有些欲望是自然的和必要的，有些欲望是自然的但不是必要的，还有一些欲望既不是自然的也不是必要的；要满足必要的快乐所需要的东西很少，因为自然有丰富的馈赠，第二种欲望他认为既不难满足又不难摆脱，第三种欲望他认为应当完全拒斥，因为它们是完全无意义，更不能视为必要的，它们与自然没有任何联系。他的门徒对此做了

---

① 这封信的希腊文已经佚失。据说这封信是某些智者伪造的，托名阿那卡尔西斯（Anacharsis）。

② 第欧根尼·拉尔修：《著名哲学家的生平与著作》第 2 卷，第 25 节。

③ 第欧根尼·拉尔修：《著名哲学家的生平与著作》第 10 卷，第 149 节。

一个很长的论证，那些属于他们轻视的种类的快乐，他们具体地加以贬低，但都想得到充分的供给。他们说，淫荡的快乐一般说来很容易得到满足，人的本性需要它们，他们认为价值的标准不应当是出身、地位或等级，而应当是美丽、年纪、形体，当有健康、义务、名声方面需要的时候，节欲并不困难，总的说来，这种快乐是可以期待的，也不应该有障碍，但它们决不是有益的。① 伊壁鸠鲁整个关于快乐的教导是这样的，他认为快乐总是由于其本身而被希望和欲求，因为它就是快乐，按照同样的原则，痛苦总是被回避，因为它就是痛苦，所以哲人会使用一系列算计来平衡他的行为，如果快乐会带来更大的痛苦，那么他会回避快乐，而当痛苦确保能够带来更大的快乐，那么他会承受痛苦；所有可以带来快乐的事物，尽管是由身体感官来判断的，但仍然会再次传递给灵魂；由于这个原因，当身体感受到愉悦的时候它拥有当前的快乐的感觉，而灵魂既能与身体一道察觉当前的快乐，又能预见将要到来的快乐；就这样，哲人会始终拥有无尽的快乐，这种对快乐的期待和对已经实现的快乐的回忆结合在一起。

【34】同样的推论也可用于食物，奢侈浪费的盛大宴会遭到藐视，因为他们说本性并不需要如此精心制作的食物就能得到满足。有谁看不到，需要就是所有食物的调味品？大流士在溃败逃跑时喝了被尸体污染的泥浆水，还说从来没有喝过比这更好的饮料，他从前喝水的时候显然从来没有感到口渴。托勒密② 吃东西的时候从来没有感到饥饿。因为他在埃及巡游时与他的随从失散，一间茅屋的主人给了他一块粗糙的饼，在他看来，没有任何东西能比这块饼更加美味了。据说苏格拉底经常步行直到夜晚，有人问他为什么这样做，他回答说走路可以使他感到饥饿，这样他就能吃上一顿更加美味的晚餐。还有，我们难道不知道拉栖代蒙人公餐时摆在他们面前的食物？僭主狄奥尼修斯与他们一道进餐，他说这些黑黝黝的清汤不合他的胃口，厨子答

---

① 第欧根尼·拉尔修：《著名哲学家的生平与著作》第 10 卷，第 118 节。

② 可能是指埃及国王托勒密一世，公元前 323 年—前 284 年在位。

道："这不奇怪，你还没有调味品。"这位僭主说："请你告诉我，调味品是什么？""打猎，流汗，跑步到尤洛塔河边，饥饿，口渴，这些东西就是拉栖代蒙人的宴会的调味品。"除了人的习惯，我们还可以从动物那里学到同样的教训，把任何一样东西扔给它们都能使它们感到满足，不再进一步寻求，只要这样东西不使它们本能地感到讨厌。有某些国家，像我刚才提到的拉栖代蒙人一样，通过日常训练学会在俭朴的生活中得到快乐。色诺芬在描写波斯人的食物时说，他们只拿水芹就面包吃。然而，如果本性感到需要某种更加美味的食物，那么大地和树木提供了大量丰富的食物和美好的滋味！节食带来的干燥有助于增进无与伦比的健康，① 而与此相反，汗流满面，脸色苍白的人像一头胃里填满食物的催肥的公牛；你会明白那些最热的人在追求快乐时距离快乐最远，食物带来的快乐与胃口有关，而与饱足无关。

【35】提摩修② 在雅典享有盛名，是这个国家的一位领袖人物，据说他与柏拉图一道吃饭，受到很好的款待，感到非常快乐，第二天见面时，他说："昨天的晚餐确实令人愉快，不仅在昨晚，而且在第二天。"为什么会这样？因为当我们的胃里装满了酒肉时我们不能恰当地使用我们的心灵。柏拉图有一封优雅的信写给狄翁的亲戚，其中有一段话大概是这样的："当我到达那里以后，我在那些出名的幸福生活中找不到快乐，那里的生活充满了意大利人和叙拉古人的宴饮，一日参加两次宴会方才满足，夜晚也决不独眠，在这样的环境和放纵的生活中成长起来的人决不可能成为明智的人，更不要说节制了。什么样的本性能容得下这些成分奇妙的混合？"③ 在没有明智和节制的地方，生活有什么魅力可言？叙利亚富有的国王撒达纳帕鲁斯的错误可以告诉我们这一点，他的坟墓上刻有这样的铭文："我吃过所有的美味佳肴，我品尝过爱情带来的所有欢乐，但我拥有的这一切都已随同我的财富留在

---

① 希腊人的四原素是土、气、火、水，它们混合以后的主要属性是干、热、冷、湿。干燥的身体被认为是最健康的、最强大的。

② 提摩修（Timotheus），公元前 378 年—前 356 年间的雅典将军。

③ 柏拉图：《书信》第 7 封，326b。

我的身后。"亚里士多德说:"能够刻在公牛坟墓上的字有什么不能刻在一位国王的坟墓上?"他说自己在死的时候拥有的东西在生前也只带来片刻欢愉。那么为什么会有对财富的要求,或者说,为什么贫困就不能拥有幸福?拿塑像来说,或者拿你爱好的绘画来说,如果有人能在塑像和绘画中找到快乐,那么与富人相比,穷人就不能享受它们吗?在我们城市的公共场所有大量塑像。而把它们当做私人财产的人也不能经常看它们,只有在去乡下别墅时才能偶然看到它们;当他们想起这些塑像如何得到时,他们在良心上会感到一阵刺痛。①时间不允许我详述贫困的原因,事情很清楚,自然本身告诉我们,我们的日常需要非常少,这些需要非常容易便宜地得到满足。

【36】那么默默无闻、不重要,不出名会阻碍聪明人幸福吗?你要当心,免得民众的厚爱和我们觊觎的荣耀成为我们的负担而不是快乐。穷人家的妇女外出打水,这是希腊人的习惯,一位妇女在打水时看到德谟斯提尼从旁边经过,于是附在她的同伴耳边说:"他就是伟大的德谟斯提尼!"据说德谟斯提尼听了以后很高兴,但这样说确实贬低了我喜爱的德谟斯提尼。还有比这更微不足道的事情吗?"啊,作为一位演说家他有多么完美!"是的,但他确实曾经学习如何在大庭广众下讲话,他也少不了自言自语。因此我们必须明白,决不能把公众赋予的荣耀视为因其本身而值得觊觎的东西,也不要把默默无闻当做一件极为可怕的事情。德谟克利特说:"我来到雅典,那里没有一个人认识我。"从默默无闻走向荣耀是多么庄严和坚定啊!如果笛手和琴手按照他们自己的嗜好,而不是按照民众的嗜好来规范音乐的节奏,那么掌握着远远高于音乐的技艺的哲人所要寻求的难道不是最真实的东西,而是普通人的快乐吗?还有什么事情比假定这些人受到藐视,把他们当做不识字的木头更加愚蠢?事实上,哲人藐视我们毫无价值的野心,拒绝接受民众赋予他们的荣耀,因为他们自己并未去寻求;但是在改悔的时候开始之前我们不知道如何轻视他们。自然哲学家赫拉克利特有一段话讲到以弗所的重要公民

---

① 有些罗马行省总督在他们的驻扎地偷窃塑像。

赫谟多洛斯，他说必须处死所有以弗所人，因为他们在把赫谟多洛斯赶出城
邦时说了下面这些话："在我们中间不要让任何一个人比其他人优越；如果有
这样的人出现，那么让他去别的地方生活，在别的人群中生活。"①这种情感
难道与任何人无关吗？人们不恨所有拥有卓越美德的人吗？阿里斯提德怎么
样（我宁可举希腊人的例子，而不是罗马人的），他不是被驱逐出国，因为
他太正义了吗？他们由此躲过了什么样的烦恼，而这个人从来没有处理过任
何公众事务！在闲暇时投身于文献学习，还有什么事情能比这件事更令人愉
快？我在这里说的文献是指那些给我们提供了无限伟大的自然的知识的文
献，涉及我们居住的这个真实的世界，涉及天空、陆地、海洋。

【37】现在，名望受到藐视，金钱也受到藐视，那么剩下的东西还有什
么可怕？我假定是流放，这被算做最大的邪恶之一。如果流放是一种恶，因
为名望会由于流放而受到伤害和损失，那么可以把它解释为一件可悲的事
情，如果一个人被迫与国家分离是邪恶的，那么我们的行省里充满了可悲的
人，他们很少返回自己的国家。"但是流放使他们的财产被没收。"这又算什
么？关于贫困我们不是已经说够了吗？事实上，如果我们现在查考流放的真
正意思，那么我们可以知道它并不是一个耻辱的名字，所以请你告诉我，流
放与长期居住在国外又有什么差别？有许多最高贵的哲学家居住在国外，塞
诺克拉底、克冉托尔、阿凯西拉、拉昔德斯、亚里士多德、塞奥弗拉斯特、
芝诺、克林塞斯、克律西波、安蒂帕特、卡尔涅亚得、克利托玛库、斐洛、
安提奥库斯、帕奈提乌、波西多纽，还有其他无数哲学家，他们一旦离开，
就从来没有返回祖国。"是的，但这样做没有什么耻辱可言。"流放会给哲人
带来耻辱吗？我们贯穿全文的主题是哲人，在这样的打击下他无法恢复；而
我们的目的并不是安慰那些受到公正判决的流放者。最后，在面临所有不幸
的时候，那些以快乐为生活目标和准则的人的办法是最容易的，这就意味着
他们可以在能够提供快乐的地方幸福生活。所以透克洛斯说的话适宜各种情

---

① 第欧根尼·拉尔修：《著名哲学家的生平与著作》第9卷，第2节。

况:"一个人的国家就是他生活得好的任何地方。"比如苏格拉底,在被问到他属于哪个国家时,他说:"我属于这个世界。"他把自己当成整个世界的本地人和公民。提多·阿布西乌怎么样?他不是在雅典学习哲学,过着十分安宁的流放生活吗?然而,要是他服从伊壁鸠鲁的准则,不参加公共事务,那么这样的事情就不会发生在他的头上。伊壁鸠鲁怎么会由于生活在他的国家里而比生活在雅典的梅特罗多洛更幸福?或者说柏拉图怎么会比塞诺克拉底过得更好,或者说波勒谟怎么能比阿凯西拉过得更好?把哲人和善人驱逐出去的国家又有什么价值可言?比如,我们的塔克文国王的父亲达玛拉图离开科林斯,因为他不能忍受库普塞鲁的暴政,他逃到塔尔奎尼,在那里建造住所,生儿育女。他宁可享受流放的自由,而不愿在国内当奴隶,对他来说这样做肯定不是愚蠢的,对吗?

【38】再接着说,当灵魂被转移到快乐上去的时候,灵魂的感情、焦虑、烦恼会由于遗忘而减轻。[1] 因此,伊壁鸠鲁大胆地说哲人拥有的善始终多于恶,因为哲人始终拥有快乐,这样说并非没有道理;由此出发,他得出我们正在搜寻的结论:哲人始终幸福。"哪怕他没有视力或听力?"是的,因为他在自己人中间藐视这些东西。让我们从你如此害怕的瞎眼说起,请你告诉我,失去了视力能有什么快乐?有些人甚至争论说,所有快乐实际上都存在于感觉之中,只有通过眼睛视觉才能感受到快乐,以同样的方式,味觉、嗅觉、触觉、听觉也受感觉器官的限制;一个人如果只有眼睛,那么它什么也感受不到;[2] 接受我们所看对象的是灵魂。灵魂可以通过许多不同的方式拥有快乐,甚至不用视力;因为我在讲的是一名受过教育的人,他的生活就是思想;我们甚至可以说哲人的思想很少需要眼睛来支持他的思索。如果夜晚不能使他停止幸福生活,为什么与夜晚相似的白天能使他停止?昔勒尼学派的安蒂帕特做过这样一个评论,话虽粗鲁,但主旨很清楚,当他的女伴抱

---

① 这是伊壁鸠鲁的观点。
② 参见本文第一卷,第20章。

怨他是个盲人时，他说："这又有什么关系？你认为晚上我们就没有快乐了吗？"再以著名的老阿庇乌斯①为例，他的眼睛瞎了很多年，但从他担任的各种职务和处理的各项事务来看，他的不幸从来没有影响他履行私人的或公共的义务。我们听说，盖乌斯·德鲁苏斯②家里不断地有许多顾客来，他们自己无法看清争取权力的方式，于是就请德鲁苏斯这个盲人来指导他们。在我童年的时候，前执法官格奈乌斯·奥菲狄乌既在元老院陈述他的观点，又给他的朋友提供咨询意见，他还用希腊文写历史，在文学方面也有自己独到的见解。

【39】斯多亚学派的狄奥多图是个盲人，他在我家住了许多年。这真是一件难以置信的事情，在哲学研究中他的专注程度远远超过以前，他按照毕泰戈拉学派的风格演奏竖琴，他让人日夜不停地给他读书，在这些活动中他不需要用眼睛，他还做了一些没有视力难以做到的事情，教他的学生几何学，口头指导他的学生画线。阿司克勒彼亚得显然是厄里特里亚学派的一名重要追随者，有人问他瞎眼给他带来了什么，他答道，多了一个人陪他外出；③只要我们也能像某些希腊人日常所做的那样行事，④那么极度的贫困也能忍受，所以眼睛瞎了是可以忍受的，只要我们能克服自身的软弱。德谟克利特眼睛瞎了以后肯定不能分辨黑白，但他仍旧能够区分善与恶、正义与不义、荣耀和耻辱、有益和无益、大与小，他虽然看不到颜色的变化，但仍旧可以过幸福的生活，而要是没有真正的思想，要分辨这些是不可能的。这个人相信眼睛的视力是灵魂透视事物的一个障碍，当其他人甚至看不到摆在他们面前的东西时，他可以看到无限，而不会有任何边界使他停止。据传说，荷马也是一个盲人；我们看到的是他的画像而不是他的诗歌；有什么地区、

———————————

① 阿庇乌斯·克劳狄·凯库斯（Appius Claudius Caecus）于公元前 312 年修建阿庇安大道。

② 全名盖乌斯·利维乌斯·德鲁苏斯（Gaius Livius Drusus），他的兄弟马库斯·利维乌斯·德鲁苏斯（Marcus Livius Drusus）是公元前 91 年的保民官。

③ 富人出席公共集会时有许多朋友陪同，而贫穷的哲学家只身前往。

④ 指乞讨或在富人家里当食客。

海岸、地点、战斗、战阵、水手划桨、人和动物的运动不被他描述得栩栩如生？我们在阅读的时候，他使我们看到了他本人看不见的东西。那又如何？我们要认为荷马感受不到灵魂的愉悦和快乐，或者感受不到任何博学者所能感受到的快乐吗？或者说，如果不是这样的话，那么阿那克萨戈拉或德谟克利特本人，我们刚才提到过他的名字，怎么会离开他们祖传的土地，完全献身于通过这种学习和探索获得神圣的快乐？占卜家提瑞西亚①也是这样，诗人把他说成是聪明的，他从来不为自己的眼盲感到悲叹。而另一方面，荷马把波吕菲摩斯描述成凶残的巨人，说他与一头公羊说话，称赞它交了好运，能够去它想去的任何地方。②这位诗人说得对，这个巨人本身并不比那头公羊更聪明。

【40】耳聋真有什么邪恶吗？马库斯·克拉苏半聋，但他同时还忍受着更大的烦恼，乃至于听到自己在说坏话，并感到这样做不对。我们的乡下人一般不懂希腊语，希腊人一般也不懂拉丁语；因此对他们的语言来说，我们就是聋子，对我们的语言来说，他们就是聋子，对其他无数的语言来说，我们全都是聋子，因为我们不懂这些语言。"但是聋子听不到好歌手的声音。"是听不到，但他们在想睡觉的时候也听不到锯子尖锐刺耳的声音，听不到猪被割断喉咙时的尖叫，听不到闪电雷鸣。音乐也许对他们有某种魅力，但他们会想到，首先，许多聪明人在音乐发明之前就过着幸福的生活，其次，通过阅读可以得到比听人朗读更大的快乐。我们在前面把瞎眼转移为听觉的快乐，所以我们也可以把耳聋转移为视觉的快乐；一个能与自己对话的人不需要与其他人对话。

如果所有事情都发生在一个人身上，让他完全失去视力和听力，同时还要忍受最剧烈的身体上的痛苦，那么一般说来，他在这种情况下会完蛋；但若这些痛苦无限延长，不断地折磨他，那么仁慈的苍天啊，在看不到忍受痛

---

① 提瑞西亚（Tiresias），古代底比斯的盲人预言家。
② 参见荷马：《奥德赛》第 9 卷，第 447 行。

苦的理由时，我们为什么还要继续忍受呢？有一个安全的避难所近在眼前，这就是死亡，它同时又是永久的，在那里没有任何感觉。吕西玛库用死亡威胁塞奥多洛，塞奥多洛对他说："如果你有斑蝥①那样的威力，那真是你的一项伟大成就。"珀耳塞斯乞求不要被牵去参加胜利归来仪式，保卢斯对他说："那是一件能让你安身的事情。"我们在第一天考察死亡的性质时说了很多，而第二天，我们又详细地讨论了痛苦；记住这些讨论的人肯定可以认为，我们既不需要等待死亡，也不需要害怕死亡。

【41】在我看来，我们在生活中应当遵循这样一条希腊人的宴会规则："要么喝酒，要么走开！"对，要么与其他人一道享受饮酒的快乐，要么尽早离开，免得成为那些喝醉了酒使用暴力的人的牺牲品。就这样，通过逃跑，一个人可以逃避他无法面对的命运的攻击。这条建议和伊壁鸠鲁的建议是一样的，希洛尼谟也用许多话重复了同样的意思。

如果有哲学家认为美德本身相当软弱无能——我们所说的一切都是荣耀的和值得赞扬的，而他们所说的只是空洞花哨的语词，没有实际的意思——但仍旧认为哲人始终幸福，那么请你告诉我，从这些必须返回苏格拉底和柏拉图的哲学家身上你能得出什么样的结论？他们中有些人②说灵魂之善的卓越标志就是身体之善或外部之善的丧失，有些人③认为这样的东西根本不是善，一切善都在于灵魂。卡尔涅亚得有着卓越的判断能力，争论者选择他来对这场争论进行裁决；被逍遥学派当做善的一切东西也被斯多亚学派当做有益的东西，逍遥学派不顾他们自己的观点把比斯多亚学派更多的价值添加给财富、良好的健康和其他同类事物，在这个时候卡尔涅亚得说，决定性的因素不在于用词，而在于事情本身，争论的双方实际上并没有什么分歧。因此，其他学派的哲学家需要考虑一下如何能够坚持他们自己的立场；但无论如何我本人欢迎这一事实，我同意哲人拥有的持久的力量可以导致良好的生

---

① 一种毒虫。

② 指逍遥学派和学园派。

③ 指斯多亚学派。

活，他们的宣言像哲学家的话语那样高尚。

由于我们明天早上就要分手，所以让我们牢记这五天的讨论。我想我自己会把它们全都写下来。（因为除此之外，我还能有其他什么更好的办法消磨时光?）我将把这第二套 [①] 五卷本的书送给我的朋友布鲁图，由于他，我不仅努力写哲学，而且受到鼓励。在这样做的时候，我无法肯定能在多大程度上有益于他人，但无论如何，在我极度悲伤，受到各种的困扰的时候，我找不到其他的安慰。

---

① 西塞罗《论至善与至恶》也分为五卷，也题献给布鲁图。

论 神 性

提 要

本文的拉丁文标题是"De Natura Deorum",英译名为"On the Nature of Gods"。中文篇名定为"论神性"。

公元前45年夏,西塞罗完成了《论至善与至恶》和《图斯库兰讨论集》的写作。他的下一个目标是思考神与世界的关系问题。他相信,没有宗教的支持就不可能保持道德。所以,在对伦理学的细节问题做进一步探讨之前,他先要解决一些神学上的难题:一个理性的人能否信仰和实践某种宗教以构成道德的基础?伊壁鸠鲁主义的无神论倾向和立场是否合理?怎样才能与斯多亚学派的泛神论和迷信倾向保持距离?为了解决这些问题,西塞罗没有直接陈述他自己的看法,而是按照学园派的信条,对已有各种观点进行考察,然后再决定哪一种观点最接近真理,以便加以采纳。这就产生了《论神性》这部对话。

本文共分三卷(第一卷44章,第二卷67章,第三卷40章)。原文除第三卷有大约三分之一缺失外,基本保存完整。作者虚构的对话时间是公元前77年或前76年,地点是科塔的住所。除了科塔,其他出场的人物有威莱乌斯、巴尔布斯和西塞罗本人。这些人都是历史中的真实人物,西塞罗的实际年龄比这些人要小得多。虚构的对话连续进行了三天,每天的内容构成一卷。威莱乌斯代表典型的伊壁鸠鲁派,巴尔布斯是斯多亚派,科塔则持学园派的观点。现存原文译成中文约9.8万字。

正　文

第一卷

【1】无论如何，有许多哲学部门还没有得到充分的探讨，而对诸神本性的考察，如你布鲁图所明白的那样，是一个非常困难和晦涩的问题，把它和灵魂理论联系起来非常有趣，而对于规范宗教又极为重要。关于这个主题，那些著名学者持有的看法五花八门，这就有力地证明了这样一个观点，哲学的起源和起点在于无知，学园派的建议提得好，"抑制你的判断"，他们相信事情是不确定的；还有什么事情能比草率的判断更加糟糕？还有什么事情比拥有一种不真实的意见，或者顽固地坚持一个缺乏恰当考察、理解和知识的命题更加错误，或者更加不配哲学家的尊严和真诚？以当前的主题为例，大多数思想家都肯定诸神的存在，这是一种最有可能成立的看法，而且我们在自身本性的引导下都会倾向于接受这种看法；但普罗泰戈拉声称自己对此不确定，而弥罗斯的狄阿戈拉斯和昔勒尼的塞奥多洛则认为诸神根本不存在。还有，即使在那些坚持诸神存在的人当中，也有许多相互冲突的观点，要全部罗列这些观点一定会冗长乏味。关于诸神的外在形象、它们的家园和居所、它们的生活方式，哲学家们都提出了许多不同的观点，并在他们中间广泛地开展争论；但是分歧最大的问题则是：诸神是否什么都不做，什么都不关心，超然于世界之外，也不照料和管理这个世界；或者与此相反，一切最初由诸神创造出来并由诸神安排的事物都将永远由诸神来控制和运行。在这个问题解决之前，人类必将继续生活在最大的不确定性中，对最重大的事情一无所知。

【2】过去和现有都有一些哲学家认为诸神不干预人的任何事务。如果他们的意见是真的，那么怎么会有虔诚、敬仰或宗教？我们之所以怀着纯洁和

神圣之情供奉这些神圣的力量，并以此为我们的义务，就在于我们假定不朽的诸神会注意这些事情，它们也会为人类提供某些帮助。如果与此相反，诸神既没有力量，也没有意愿帮助我们，如果他们根本不关心我们，也不留意我们的行为，如果它们对人的生活不可能产生任何影响，那么我们崇拜、荣耀不朽的诸神，或者向它们祈祷还有什么理由呢？虔诚也像其他美德一样，要想长期维系不能仅仅依靠外在的表现和伪装；虔诚一旦消失，敬仰和宗教必将随之消失。这些东西一消失，我们的生活就会变得无序，陷入混乱；对诸神的虔敬一旦消失，人们之间的忠诚、团结以及正义本身，一切美德之女王，都极有可能随之消失。

然而也有另外一些哲学家，那些杰出的、著名的，相信神的理智和理性统治和支配整个世界；不仅如此，诸神也关注着人的生活；大地产出谷物和其他果实，天气、季节、气候的种种变化使大地的产物生长、发育和成熟，这些在他们看来都是不朽的诸神对人类的恩赐；他们还引述了一些事物，这在写作本文各卷时将会提到，这些事物都好像具有这样的性质，它们是由诸神建造出来供人使用的。但是，卡尔涅亚得抱着一种具有积极主动心灵的人都能激发出来的寻求真理的强烈欲望，对这个观点提出了许多反驳意见。事实上，没有哪个主题会像这个主题一样，不仅在无知识的人中间，而且在受过教育的人中间，存在着如此众多的观点和分歧；这些观点无疑可能都是错的，因为正确的观点肯定不会有一种以上。

【3】在这个问题上，我们既能平息那些善意的批评，又能使那些恶意的挑剔者沉默，让后者为自己的行径后悔，让前者的批评带来他们的知识。友好的规劝应当用解释来对待，而敌对的攻击要用驳斥来对付。

我注意到，人们对我近年来在一个短暂的时期内写了大量的著作有许多议论，评价各不相同；有些人对我突然对哲学产生这么大的热情的原因感到好奇；有些人则急切地想要知道我对各种问题提出了什么肯定的结论。我也注意到，还有许多人对我选择拥护这样一种在他们看来剥夺这个世界的光明、使之陷入黑夜的哲学感到惊讶，对我竟然奋起捍卫一种已经被抛弃、长期被遗忘的思想体系感到困惑。

实际上，我并非一名研究哲学的新手。我从早年开始就对哲学研究投入了大量的时间和精力，在我显得最不像要这样做的时期，我对哲学的追求最强烈，我的演讲中充满哲学格言就是一个明证，我和那些有学问的人保持着友谊，他们经常光顾我家，还有那些杰出的教师，狄奥多图、斐洛、安提奥库斯和波西多纽，曾是我的老师。如果一切哲学学说真的要有实际的体现，那么我可以说，无论是公开场合的行动还是私人的行为，我总是凭借理性和理论实践了这种哲学的教义。

【4】如果还有人问我是什么动机促使我到了暮年才提笔讨论这些教义，那么没有什么问题能比这个问题更容易回答了。我此时已经过着一种悠闲的退隐生活，没有别的事可做，而国家公共事务的管理已经不可避免地进入一种独裁专制的状态。在这样的环境下对我的同胞讲哲学，我首先认为它符合国家的利益，也是我的义务，在我看来，拥有如此重要而又崇高的思想对于国家的尊严和荣誉有重要贡献，也应当在拉丁文献中拥有它的地位；我对这件事不会后悔，因为我能清楚地觉察到，许多读者在我的激励下不仅热衷于学习，而且还自己成了作者。许多有造诣的研究希腊学问的学者不和他们的同胞交流学习心得，因为他们怀疑在教学中把他们从希腊人那里学来的东西转化为拉丁语的可能性。然而，在文体方面，我相信我们已经取得了很大的进步，甚至连有着丰富词汇的希腊人也不能超过我们。推动我从事这项研究的另一原因是我自己的心灵创伤，我不得不承受，巨大的不幸几乎将我摧垮。[①] 如果我能找到其他更加有效的医治我的悲伤的方法，那么我就不会求助于这种具体的安慰形式；但是这种安慰向我充分展示了它的最佳方式，不仅要醉心于阅读书籍，而且要献身于对整个哲学撰写论文。传授这个学科的各个部门和分支的最稳妥的办法就是写一篇论文，从总体上讨论它们的方法；因为哲学的论题全都联系在一起，构成一个连贯的体系，这是哲学的一

---

① 西塞罗这里说的"巨大不幸"，指他女儿图利娅（Tullia）于公元前 45 年去世。

个显著的特点；我们可以看到一个论题与另一个论题相联系，所有论题都相互联系和相互依赖。

【5】然而，那些人想要了解我对各种问题的个人看法，他们的好奇程度显得不太合理。在讨论中，权威的力量不应大于所需要的论证的力量。那些自称是教师的权威确实经常是那些想要学习的人的障碍；因为这些学生不再运用自己的判断，而是把他们选择的老师所提出的任何意见都奉为定论。正因如此，我一直都不赞同人们传说中的毕泰戈拉学派的做法，当问到他们在争论中提出的论断的理由时，他们总是习惯说，"这是大师本人说的"，所谓的"大师本人"就是指毕泰戈拉。一种先入之见是如此强大，而这样的权威没有理性的支撑。

有些人对我选择这样一个体系作为我效忠的对象感到惊讶，对于他们，我想我在我的四卷本的《学园派哲学》中已经做出了充分回答。我并不是要去坚持一个被遗弃的目标或者捍卫一种现在被抛弃的立场。人死了，他们的学说没有随之灭亡，尽管这些学说也许正在失去它们权威的代表人物。以完全否定的辩证法，亦即不做任何肯定判断的哲学方法为例。这种方法源于苏格拉底，中经阿凯西拉使之复活，再经卡尔涅亚得使之巩固，一直传到我们所处的时代都很兴旺；而我明白它在希腊现在已经像个弃儿。但我并不把它说成是学园派的过错，而是归于人类的愚昧。如果理解任何一种哲学体系都不是轻而易举的，那么要掌握全部哲学体系岂非更加艰巨！然而，这就是他们面临的任务，借助争论的方法去发现真理，对所有学派做出肯定和否定。在从事如此漫长而又艰巨的任务中，我不敢吹嘘自己已经完成了这项任务，但可以说我已经做了尝试。与此同时，这种方法的坚持者要免除一切指导方针是不可能的。我在别处确实更加充分地讨论过这一点；① 但有些人就是那么迟钝，好像需要解释。我们的立场不是无物为真，而是断言所有真观念都和与之相似的假观念相连，在其中找不到确定无误的标准来指导我们的判断

---

① 在《学园派哲学》中。

和赞同。① 由此产生一个推论，许多感觉都是可能的，具有某些清晰性，可以用来指导聪明人的行为，但它们还不是完善的知觉。

【6】为了完全摆脱各种错误的批评，现在我要把各个学派关于神性的学说摆在读者面前。这个论题适合召集世界上的所有人坐下来做出判断，宣布这些学说中哪一种是对的。如果证明所有学派都是一致的，或者发现某一位哲学家发现了真理，那么我会承认学园派在强词夺理，但不会在此之前。如果是这样的话，我会倾向于喊出《年轻伴侣》② 这部喜剧中的台词："诸神啊，凡人啊，乡民们，法官们，请听我的呼唤；我向你们祈祷，我向你们乞求，我向你们起誓，你们每一个都要为我作证。"这当然不是为了某些微不足道的琐事而祈求，就像剧中某个角色所发出的抱怨。"在这片土地上发生的一桩可怕的罪恶和暴行；有一位妇人拒绝从情人手中接过一样礼物"。而是出庭参加审判，发表自己的意见，关于宗教、虔诚、神圣，关于祭仪，关于荣耀和忠于誓言，关于神庙、神龛和庄严的祭祀，甚至关于我本人主持过的占卜，③ 我们应当持有何种看法，因为所有这些事情最终都取决于不朽诸神的本性这个问题。可以肯定的是，学问最大的人对这一最重大的问题持有极为不同的意见，必定会影响到那些认为自己已经获得某些知识的人，使他们感到疑惑。

这一点经常给我留下深刻印象，但在某个场合我的印象尤其深刻，那是在我的朋友盖乌斯·科塔，我们就不朽的诸神这个论题进行了一场非常彻底的讨论。那是在拉丁节期间，我应科塔之邀前去拜访他。我发现他正坐在客厅里与元老院议员盖乌斯·威莱乌斯争论问题。威莱乌斯被伊壁鸠鲁主义者视为伊壁鸠鲁学派在罗马的主要代表。和他们在一起的是昆图斯·鲁西留

———————

① 学园派的知识论只承认"合理的可能性"，而斯多亚学派的知识论则设定了一个有关确定性的先验标准，要求承认真观念。

② 《年轻伴侣》（*The Young Companions*）是一部喜剧，由凯西留斯·斯塔提乌（Caecilius Statius）译自米南德（Menander）的希腊喜剧。

③ 西塞罗于公元前 53 年当选为占卜官（Augurs）。

斯·巴尔布斯，他是斯多亚学派的一位有造诣的学者，被列为这一体系的讲希腊语的主要阐述者。

科塔一看到我，就向我问候，他说："你来得正是时候。我和威莱乌斯在争论一个非常重要的问题，按照你的爱好，你一定有兴趣参加。"

【7】我答道："如你所说，我来得确实正是时候。因为有来自三个哲学流派的三位领军人物在这里聚会。事实上，我们只需要再添上马库斯·庇索，那么每个重要的学派就都有发言人了。"

科塔说："噢，如果我们的老师安提奥库斯在他最近题献给在这里的善良的巴尔布斯的那本书中所讲的话是真的，那么你就不需要为你的朋友庇索的缺席而感到遗憾了。安提奥库斯认为，尽管斯多亚学派的学说在表达形式上和逍遥学派的学说不同，但它们在本质上是一致的。巴尔布斯，我想知道你对这本书的看法。"

巴尔布斯说："我的看法？呃，我对像安提奥库斯这样一位一流的思想家竟然会看不到斯多亚学派与逍遥派之间有着一条什么样的鸿沟感到惊讶，他看到了它们之间的分歧，正确地指出这种分歧不仅在于用语，而且在于根本性质，他把权利和便利划为一类，认为二者只有数量或程度上的差别，而不是类别上的差别。这不是轻微的语词上的分歧，而是学说上的根本差异。然而我们可以在别的时候讨论这个问题。现在，要是你乐意，让我们继续已经开始了的论题。"

科塔大声说道："我同意，但是要让新来者知道讨论的主题是什么。"他看了我一眼，继续说道："我来说一下，我们正在争论诸神的本性。这个问题在我看来，始终是一个极为晦涩的问题，你进来的时候我正在向威莱乌斯询问伊壁鸠鲁在这个问题上的看法。所以，威莱乌斯，如果你不在意，请继续你刚才已经开始的讲述。"

威莱乌斯答道："我会这样做的，尽管是你而不是我由于一位同盟者的到来而增强了力量。"他朝着我们这边微笑了一下，继续说道："因为你们俩都是斐洛的门徒，从他那里学到了没有任何事物是可知的。"

我答道："我们学到什么是科塔的事，但我请你不要认为我来是为了当他的同盟军，我只是一名听众，而且是一名公正的、毫无偏见的听众，我没有任何约束或义务勉强维护某些确定的意见。"

【8】这时候，威莱乌斯充满自信地开始讲话，（我不必说）这是伊壁鸠鲁主义者的习惯做法，唯恐别人误以为他们对自己表达的观点有怀疑。我们可以假定威莱乌斯刚从伊壁鸠鲁所说的"介于世界之间"的诸神的集会上下来。① 他说："我要给你们讲述的学说不是那些毫无根基的想象的产物，比如柏拉图《蒂迈欧篇》里的工匠神和世界的创造者，斯多亚学派的老巫婆'普罗诺娅'②（我们可以把它译为拉丁文的'天命'）；也不是这样的学说，世界本身就具有心灵和感觉，是一个球形的、闪闪发光的、旋转的神；这些都是无理性的哲学家的幻想。你们的大师柏拉图有什么样的心灵之眼能够看到宇宙宏大的建造过程，像他所说的那样，看到是哪一位神在辛辛苦苦地建造宇宙？在这项工程中采用了什么方法？用的是什么工具、杠杆和器械？谁在帮它从事如此巨大的工程？气、火、土、水怎么能够服从和执行这位建筑师的意愿？作为其他一切事物之基础的五种基本形状③又是从哪里来的，它们能够在我们的心中留下印象并使我们产生感觉？继续详述该体系的每一个细节就显得过于冗长了，它们似乎都是虚构的理论，而不是真正研究的结果；最好的一个例子是，这位思想家说这个世界不仅有一个起源，而且把它几乎说成是手造的，还宣布它将会永存。如果一个人想象有生成的事物是永存的，那么你认为他学过自然哲学吗？有什么合成的事物是不会分解的？有什么有开端的事物没有终结？至于你们斯多亚学派的'天命'，鲁西留斯，如果它与柏拉图的创造者相同，那么它的动力和工具是什么？整个工程又是怎样计划和执行的？与此相反，如果有某些不同，那么我要问为

---

① 伊壁鸠鲁认为，诸神居住在无数个世界之间的空间中。

② 普罗诺娅（Pronoia）是斯多亚学派的"天命"的拟人化名字，拉丁文为"Providentia"。

③ 柏拉图的"基本形状"即菱锥形、立方形、八边形、十二边形和十八边形，他认为这些形状分别是火、土、气、以太和水的形状。

什么它要把这个世界造成有终结的，而不像柏拉图的造物主，把世界造成永恒的？

【9】"我还要对你们俩提一个问题：为什么这些神灵经过无数个世代的酣睡以后突然苏醒过来，作为世界的创造者积极地活动？因为即使世界不存在，我们也不能由此推断世代也不存在——我所说的世代的意思，不是那些可以用组成年的日和夜来构成的时期，因为我承认这个意义上的世代没有苍穹的旋转运动是不会产生的；但是从无限的过去有一种无法用时间的有限划分来衡量的永恒，而要用一种自然的理智的绵延来衡量；当时间根本不存在的时候说曾经有时间，这是难以想象的。所以，巴尔布斯，我要问的是，你们的天命为什么在经历了你讲的那段时间以后，仍然静止不动？为了避免辛劳吗？但是神不知道什么是辛劳，也不存在辛劳的问题，因为所有元素，天空、火、大地、海洋，都服从神的意愿。还有，神为什么要像一位市政官一样，用光线和天体来装饰苍穹？如果它是在装饰自己的住所，那么它在从前无限的时间里似乎一直居住在黑暗的茅棚里！我们要假定从那以后我们看到装点着大地和天空的多种多样的美为神提供了快乐吗？但神怎么能在这一类事物中得到快乐呢？如果这样做确实能使它快乐，那么它就不会长期忽视这种快乐。或者如你们学派通常所坚持的那样，这些美是为人设计的吗？是为了聪明人的缘故？如果是这样，那就没有必要为很少的一些人的利益耗费那么大的努力。是为了愚蠢的人的缘故吗？但是第一，神没有理由要去为这些恶人服务；第二，它这样做有什么好处？一切愚蠢者都谈不上是否极端可悲的问题，这首先因为他们是傻瓜，（还有什么能比愚蠢更可悲？）其次是因为生活中还有许多麻烦，聪明人能用生活中的好处来平衡这些麻烦，而傻瓜既不能回避它们的逼近，又不能忍受它们的出现。

【10】"另一方面，那些说这个世界本身就有生命和智慧的人完全没有察觉这种有理智的活生生的存在能够拥有什么样的可察觉的形状。稍后我会谈及这一点，而当前我会把自己限制在对他们的愚蠢表示惊讶，因为他们竟然认为一个不朽的并得到赐福的存在者是球形的，理由仅仅是因为柏拉图宣

称球形是一切图形中最美的。在我看来，关于物体的形状，我更喜欢圆柱体、正方体、锥体或者三棱锥。那么他们把什么样的存在方式赋予他们球形的神？噢，它一方面以一种我们无法想象的速度做圆形运动，另一方面又自转。但是我不明白，为了心灵的稳定和幸福，什么地方能够容得下这样一种存在者。还有，人体要是进入这种状态，哪怕是身体的最小部分受到影响都是痛苦的，能假定这样的旋转运动不会使神痛苦吗？很清楚，大地作为世界的一部分也是神的一部分。然而我们看到大地表面有很大一部分是无人居住的荒漠，其中有些地方由于距离太阳近而被烤焦，有些地方由于距离太阳远而被冰封。如果世界是神，那么世界的这些部分必须被视为神的肢体，分别承受着酷暑和严寒。

"鲁西留斯，关于你们这个学派我就说这么多。为了说明这些比较古老的体系，我要追溯到你们最遥远的先驱者。米利都的泰勒斯是最先思考这类问题的人，他说水是事物的第一原则，神是从水中创造万物的心灵——假定诸神存在而没有感觉；如果心灵本身可以存在，不需要形体，那么他为什么要把心灵作为水的附属物？阿那克西曼德的观点是，诸神不是永生的，而是在一个漫长的时间里有生有灭，诸神是许多个世界，数量上多得数不清。但是，如果神不是永生的，我们怎么能够接受它是神？接下来是阿那克西美尼，他认为气是神，它在时间上有一个开端，在空间上无法度量，是无限的，它始终在运动；但若神不仅可以恰当地拥有某种形体，而且可以拥有一切形体中最美的形体，那么无形的气怎么能是神呢？任何有开端的事物怎么会不是可朽的呢？

【11】"下一个是阿那克萨戈拉，阿那克西美尼的后继者，这位思想家第一个提出这个宇宙的秩序和运动是由一个无限的心灵的理性力量设计并予以完善的。在这样说的时候，他看不到在无限的东西里面不会有可感的、连续的运动这样的事情，一般说来，感觉只能发生在主体本身在感觉的冲击下变得有感觉的时候。进一步说，如果他打算把他的无限的心灵说成是一个有限的生灵，那么必须有某个内在的生活原则想象为一种生物，那么这种生物必

然具有某种内在原则来修正这个名字。但心灵本身就是最内在的原则。所以心灵有一个外在的身体包裹着。但这是阿那克萨戈拉不允许的；然而，赤裸裸的、纯粹的心灵，没有任何作为物体附属物的感觉器官，这似乎已经超出了我们的理解能力。克罗通的阿克迈翁，他把神性赋予日月星辰，也赋予灵魂，但却没有察觉到自己是在把不朽性归于可朽的事物。毕泰戈拉相信有一个灵魂贯穿和渗透在宇宙的整个本体中，而我们人的灵魂就是这个宇宙灵魂的一个碎片，但他没有注意到，把人的灵魂和宇宙灵魂分割开来也就意味着对神的肢解和分割，使之枯竭；当人的灵魂不幸福的时候，就像大多数人会有这种事情似的，神的一个部分也会不幸福；但这是不可能的。还有，如果毕泰戈拉的神是纯粹的灵魂，那么它又是如何被植入或融入这个世界的呢？接下去，克塞诺芬尼把心灵赋予宇宙，他认为宇宙就是神，因为宇宙是无限的。他的心灵观和其他人的心灵观一道受到批评，但他在无限性问题上受到的批评更加严厉，因为这个无限者是不会有感觉的，也不会与任何外部事物有联系。巴门尼德用他的想象力虚构了某种与王冠相似的东西——他给它起的名字是日冕 ①——一种环绕天空的、连续的光环，他称之为神；但是无人能够想象这种光环具有神的形式或感觉。他还有其他许多荒唐的观念；他把战争、纷争、欲望等等都当做神，而这些事情最终都会由于疾病、睡眠、时间的流逝而被遗忘；他还把星辰当做神，但这种做法我在提到另外一位哲学家时已经进行了批判，现在谈巴门尼德的时候无须要再提。

【12】"恩培多克勒犯了许多错误，而他所犯的最可悲的错误在他的神学中。他把神性赋予在他的体系中作为宇宙构成的四种组成要素的四种本体，尽管这些本体显然既有生成又有消亡，而且完全没有感觉。还有普罗泰戈拉，他声称自己对于诸神没有什么明确的看法，无论它们存在还是不存在，或者它们长得像什么样，而关于神性他似乎根本没有任何想法。而德谟克利特所犯的错误令人惊愕，他有的时候把诸神说成瞬时的影像，有时把诸

———————
① 希腊文是"στεφάνην"。

神说成散发或发射出这些影像的始基，有时又把诸神说成是人的科学的理智！与此同时，他否定一切事物的不变性，进而否定永恒性，涉及神更是如此绝对地否认和神相关的一切，乃至于根本没有留下任何关于神圣的在者的观点！阿波罗尼亚的第欧根尼把气当做神。但是气怎么能有感觉，或者神怎么能有任何形状呢？要列举柏拉图的不一致的地方那就太冗长了。他在《蒂迈欧篇》中说，要说出这位宇宙之父的名字是不可能的；[①] 而在《法律篇》中，他反对一切关于神性的考察。[②] 还有，他认为神是无形体的（希腊文是 ἀσώματον），但无形体的神是无法察觉的，因为无形体的神必然不能有感觉，也不会有实际的智慧和快乐，而这些属性对于我们神的观念来说是基本的。然而，在《蒂迈欧篇》和《法篇》中，他都说世界、天空、星辰、大地和我们的灵魂是神，还有那些祖辈的传说要我们相信的诸神；但这些命题显然既是根本错误的，又是相互矛盾的。色诺芬几乎犯了同样的错误，尽管说得比较少；在他的回忆录 [③] 中，苏格拉底争论说追问神的形式是错误的，还说太阳和灵魂是神，他有时说只有一个神，有时又说有许多神；他所犯的错误和我引用柏拉图时指出的错误几乎是一样的。

【13】"安提司泰尼在他的《论自然哲学家》中也说，流行的信仰中有许多神，但自然中只有一个神，这样也就剥夺了神性的所有含义和本体。斯彪西波也一样，他追随他的舅舅柏拉图，说有某种统治一切事物的有生命的力量，并试图根除我们心中的诸神的观念。亚里士多德的《哲学》[④] 的第三卷有许多混乱的概念，与他的老师柏拉图的学说没有什么不同的地方；他有时候把神说成是理智，有时候又说这个世界本身就是神；他有时候在这个世界之上又设置某个更高的存在者，并赋予这个存在者通过反向运动规范和维持

---

① 参见柏拉图：《蒂迈欧篇》28c。柏拉图说："要找到这个宇宙的造物主和父实在是一项艰巨的任务，即使找到了也不可能告诉每个人。"

② 参见柏拉图：《法篇》821，中译者注。

③ 即色诺芬的《回忆苏格拉底》。

④ 指亚里士多德的一篇哲学论文，已佚失。

这个世界运动的作用；① 然后他又说太空中的热② 是神，不明白天空是这个被他称做神的世界的一部分。然而，被他赋予天空的神的意识在快速旋转的状态中怎么能够留存呢？如果我们把天空也说成是神，那么人们接受的信仰中的诸神住在哪里呢？还有，在坚持神是无形体的时候，他剥夺了神的感觉和智慧。可是，无形体的存在者怎么可能运动，如果它始终处在运动中，它又怎么能够安宁与幸福？在这个主题中，他的学友塞诺克拉底并不比他聪明。他的多卷本的《论诸神的性质》并没有对神的形式提供合乎理智的解释；因为他说一共有八个神，其中五个神就是五大行星，处于运动状态；还有一个神由所有恒星组成，就好像不同的成员组成一个神；他还把太阳当做第七个神，把月亮当做第八个神。然而，这些不具有感觉的存在者不可能有幸福感。本都的赫拉克利德是柏拉图学派的另一位成员，他的著作充满了幼稚的神话；有时候他把这个世界当做神，有时候他把理智当做神；他还把神性赋予行星，认为神是没有感觉的，神的形像是变化的；而在同一卷书中他又把大地和天空列入诸神的行列。塞奥弗拉斯特也是令人无法忍受地自相矛盾；他一会儿把心灵称做神，一会儿又把天空称做神，然后又将星座和天空中的星辰称做神。我们也不必在意他的学生斯特拉波，在这个所谓的自然哲学家看来，自然是神力的唯一策源地，自然本身包含着出生、成长和死亡的原因，但它完全没有感觉和意识。

【14】"巴尔布斯，我终于要提到你们斯多亚学派了。芝诺的观点是，自然的法则是神圣的，其作用就在于行使正义和禁止过犯。他想要使我们理解这种法则是活生生的，然而我们无疑希望神是活生生的存在者。然而在另一段话中，芝诺声称以太就是神——如果说没有感觉的神还有意义的话，那么当我们祈祷、求援、起誓的时候，神的形像决不会向我们呈现。在其他书中，他又认为渗透于一切自然的'理性'拥有神的力量。他也把同样的力量

---

① 西塞罗在这里似乎有点误解亚里士多德的行星旋转理论，亚里士多德提到过"反向旋转"的概念，但并没有把它运用于整个宇宙。

② 指以太。

赋予星辰，在别的时候甚至赋予年、月、季节。还有，在解释赫西奥德《神谱》（或诸神的起源）的时候，他完全排除了关于诸神的传统观念，因为他不把朱庇特、朱诺、维斯太，以及其他拥有名字的任何存在者当做神，而是教导说这些名字被寓意地赋予一些不会说话的、无生命的事物。芝诺的学生阿里斯托拥有同样错误的观点。他认为神的形式是不能理解的，否定诸神有感觉，神是否是一个活的存在者事实上无法确定。克林塞斯和我们刚才提到名字的阿里斯托一同听过芝诺的课，他有时说世界本身就是神，有时又把这个名称给予宇宙的心灵和灵魂，有时又决定，最确定无疑神就是那遥远的环绕苍穹的火，所谓的以太，它把整个宇宙包围在自身中，又处于极高的位置；而在他写的反对快乐主义的著作中，他的观点近乎荒唐，一会儿想象诸神具有某种确定的形像，一会儿把完满的神性赋予星辰，一会儿宣称没有任何事物比理性更神圣。结果就是，我们凭借理智所理解的神，我们想要形成的与神的印象相对应的神的观念，完全彻底地消失了。

【15】"芝诺的另一位学生培拉修斯说，人们把那些为了文明做出某种重要发现的人神化，甚至用神的名字来称呼那些有利于健康的事物本身；他没有进一步说它们是诸神的发现，而是说它们就是真正的神。但是，把神圣的荣耀赋予卑贱丑陋的事物，把已经死去的人列入诸神的行列，对他们的崇拜只能采取悲伤的形式，世上还有什么事情比这更可笑？克律西波是斯多亚学派最能干的释梦者，他收集了一大堆我们不知道的神——这些神确实完全不为我们所知，甚至凭借想象也不能猜到它们的形像和性质，尽管我们的心灵似乎能够想象任何事物；他说神的力量存在于理性中，存在于宇宙的灵魂和心灵中；他把这个世界本身称做神，渗透一切的世界灵魂也是神，在理智和理性中起作用的指导灵魂的原则也是神，事物的共同本性也是神；被他称做神的还有命运的力量、支配着未来事件的必然性，除此之外，还有我在前面定义为以太的火，还有所有流动的、可以化解的本体，比如水、土、气、太阳、月亮、星辰，还有无所不包的事物的一；甚至还有那些获得不朽的人。他还争论说，被人称做朱庇特的神是以太，尼普顿是大海上的气，被称做刻

瑞斯的女神是大地；他还以同样的方式处理所有其他诸神的名字。他还把朱庇特等同为神圣的法律，它是永久的、永恒的，是我们生活的向导和义务的教导者，并进一步称之为必然性或命运，关于未来事件的永恒真理。这就是包含在他的《论神性》第一卷里的内容。在第二卷中，他试图把他在第一卷中叙述的神学与俄耳甫斯、穆赛乌斯、赫西奥德、荷马的神话调和起来，于是对这些学说一无所知的最早的古代诗人也都成为真正的斯多亚主义者。在这个方面，巴比伦的第欧根尼追随他的做法，在《密涅瓦》一书中把这位从朱庇特而生的处女神诞生的神话理性化，把其中的寓意解释为一种自然过程。

【16】"到此为止，我已经提供了一个粗略的阐述，它们更像疯子做梦，而非哲学家经过深思熟虑的意见。它们不会比诗人的意见更加合理，文风上的魅力使它们比诗人的看法更加有害。诗人曾经告诉我们，诸神在欲望的推动下怒不可遏，近乎疯狂，诗人刻画的诸神间的战争和战斗令我们惊愕，诗人还提到它们的打斗、创伤、仇恨、争吵、出生、死亡、抱怨、悲伤、奸淫、偷情、囚禁、与凡人交媾，从而生下有死的后裔。我们可以把巫师的奇迹、埃及的疯狂的神话、流行的信仰和诗人的错误归为同一类，都是自相矛盾的、源于无知的产物。

"任何想到这些学说卑劣和非理性特点的人都必须敬重伊壁鸠鲁，把他列入我们正在考察的诸神之列。① 因为只有他首先察觉到诸神存在，因为自然本身已将诸神的观念刻在所有人的心灵上。有哪个国家或部落的人不天生地拥有某种诸神的观念？伊壁鸠鲁用'前见'② 这个词来表示这种观念，亦即一种先天就有的关于某事物的观念，没有他人就无法进行理解、考察和讨论。从他那部天才的著作《论准则》中，我们可以学到这一论证的力量和

---

① 罗马诗人卢克莱修把伊壁鸠鲁当做一位神。他说："他是一位神，确实是一位神，……他第一个发现了现在被称为哲学的生活准则。"参见卢克莱修：《论自然》第5卷，第8句。

② 希腊文是"πρόληφιν"。

价值。

【17】"因此，你们看，我们所要进行的考察的基础已经很好地奠定了。因为对诸神的信仰不是由权威、习俗、法律建立的，而是立足于人类一致的、持久的赞同；因此诸神的存在是一个必然的推论，因为我们拥有一种本能的，或者倒不如说内在的关于诸神的观念；而一种为所有人凭着本性共同拥有的信仰必定是真的；因此必须承认诸神存在。由于这一真理，不仅在哲学家中，而且也在普通人中，几乎被所有人接受，因此必须承认它是我在上面说过的'前见'，或者关于诸神的'先天的'知识。（我们必须用新术语来表达新观念，正如伊壁鸠鲁本人在一种新的意义上使用前见，以前从来没有人这样用。）我们有这样一种前见，所以我们相信诸神是幸福的和不朽的。赋予我们有关诸神本身的这种观念的自然，也在我们心中刻上了它们是幸福的和不朽的这样一种信仰。如果是这样的话，那么伊壁鸠鲁的著名格言就是对的：'凡是幸福者和不灭者，自身既无烦恼，也不使任何他物烦恼；因之也不受愤怒和偏爱之情拘束，因为这些情感只存在于弱者中。'①

"如果我们寻求的只是对诸神的虔诚的信仰和摆脱迷信，那么我已经说得很充分了；诸神的高尚品性，既是永恒的又是幸福的，会接受人们虔诚的崇拜（因为敬畏就是它应有的最高要求）；而进一步说，所有对神的力量和对神的愤怒的恐惧都会被驱散（因为人们知道，既幸福又不朽的存在者的本性会排除愤怒和偏爱，而一旦排除了这些恐惧，我们就不会再惧怕上天的力量）。但是为了加强这一信念，心灵还要借助于试图发现神的形像、神的生活方式、神的理智的运作。

【18】"关于神的形像，我们有本性的启示，辅之以理性的教导。所有种族的所有人都会从其本性中产生诸神具有人的形像的观念，无一例外；因为，无论是在人醒着或睡着的时候，诸神曾以其他形像向任何人显现过吗？

---

① 伊壁鸠鲁格言第一条，中译文见北京大学外国哲学史教研室编：《古希腊罗马哲学》，第 343 页。

但是，不依靠这种本能的观念，通过对一切事物的考察，理性本身也会表达同样的看法。可以恰当地说，最高尚，从而幸福而又永恒的存在者，也应当是最美的；但有什么东西的肢体构造、特点、形状、轮廓能比人的形体更美？鲁西留斯，你们斯多亚主义者至少不会（因为我的朋友科塔一会儿这样说，一会儿那样说）用夸大人体各个部分的美和有用来描述神圣的造物主的技艺。但若人形之美超过其他一切生灵的形像，那么神必须拥有最美的形像；因为大家都同意诸神是最幸福的，没有美德就没有幸福，没有理性美德就不能存在，而美德只能在人的身上发现，由此可以推论诸神拥有人的形像。然而，诸神的形像不是肉体，而只是和身体的本体相似的东西；它不包含血液，但有类似血液的东西。

【19】"伊壁鸠鲁的这些发现本身非常深刻，表达得又非常准确，不是每个人都能弄懂的。但我仍旧根据你们的理智，对它做出比主题的需要更加简洁的阐述。由于伊壁鸠鲁不仅凭借他的心灵之眼察觉到事物的深奥和晦涩，而且把它们当做有形的实体来处理，所以他教导说，不能用感觉而要用心灵去把握诸神的本体和本性，因为它们不是像固态物体那样的物体或个体，考虑到物体的实际存在，伊壁鸠鲁称之为'有形物'①；但是我们能够察觉事物的影像，事物的影像是相似的、连续的，从无数的原子中产生无数完全相同的影像，这些影像也朝着诸神涌去，我们的心灵愉快地凝视着这些影像，从而理解这个既幸福又永恒的存在者。还有一条最强大的无限的原则需要我们最仔细的研究；我们必须明白无限的下列特性，一切事物都有其对立面和对应物。这条特性被伊壁鸠鲁称做'对应'②的原则。依据这条原则可以推论，有多少可朽的事物，就有多少不朽的存在者，如果毁灭的原因是无限的，那么保存的原因也必然是无限的。

"巴尔布斯，你们斯多亚学派也喜欢问我们，诸神的生活方式是什么？

---

① 希腊文是"στερέμνια"。
② 希腊文是"ἰσονομίαν"。

它们如何消磨时光？答案是，它们的生活显然是最幸福的，充分地享有一切美好的事物。神是不活动的，不需要从事任何职业；它既不辛苦，也不操劳，但它对自己的智慧和美德感到喜悦，它绝对肯定地知道自己始终享有完美永恒的快乐。

【20】"这就是我们应当在幸福这个术语的专门意义上称之为幸福的神，而你们斯多亚学派的神在我们看来似乎是过分辛苦了。如果这个世界本身就是神，那么还有什么能比以难以置信的速度围绕天穹轴线旋转，没有片刻静止更不安宁？而宁静是幸福的基本条件。另一方面，如果某个神居住在这个世界中，做它的总督和舵手，保持着星辰的轨道、季节的变化、创生的有序，监视着陆地和海洋，保护人类的生命和财产，那么它的工作是多么烦琐和辛苦啊！而我们已经认为幸福是由心灵的安宁和完全免除各种义务组成的。他和其他一些人①教导我们，这个世界是自然生成的，不需要一名工匠来建造，而你们却说没有神的技艺就不会有创世的行为，而实际上要完成这个过程非常容易，自然过去创造了世界，现在也在创造世界，将来还会创造无数的世界。你们与此相反，由于看不到自然在没有某种理智的帮助下如何创造世界，于是你们就像引入一位神以完成剧情的悲剧诗人一样求助于神；②其实你们只要想一想无边无际的空间在任何方向都是无限的，你们肯定就不会请求这样一位神的干预了，心灵在这样的空间游弋，但永远找不到它可以停下来的边界和终点。在这个长宽高均为无限的空间里有无限多的原子在运动，它们是分离的，但又联结在一起，构成各种形式的事物，而你们却认为离了铁砧和吼声这些事物就不能创造出来，因此要有一个使我们日夜都感到恐惧的神圣的工匠；面对一个忙忙碌碌、预见一切、沉思一切、留意一切、关心一切的神，有谁能不害怕呢？这种神学的结果，首先就是你们的必然性学说，或者命运学说，你们称做'εἱμαρμένην'，这一理论认为每一事

---

① 指伊壁鸠鲁和其他某些哲学家。
② 希腊悲剧的结尾处经常出现一位"发现之神"，以解开难解之结。

件都必然服从永恒的法则和因果性的链条。然而，认为一切事情的发生都由命运决定的哲学都归属于命运的力量的哲学能有什么价值？这是乡间老妇的信仰，是乡间老妇的无知。下一个结果就是你们的预言或占卜，如果我们听从你们的话，那么我们将深深地陷入迷信，乃至于热衷占卜、先知、预言、释梦。伊壁鸠鲁把我们从这些迷信的恐惧中拯救出来，恢复了我们的自由，因此当我们虔诚地崇拜自然的超验之主时，我们不害怕这些我们知道既不会给自己带来不幸，也不想把不幸带给他人的存在者。

"我担心，由于对这个主题的热心，我已经讲得太多了。然而面对一个如此宏大而又极好的主题，我很难在没有完成之前就丢下它，尽管我的任务更多的是当一名听众，而不是当一名讲者。"

【21】然后科塔接过了讨论。他带着惯有的礼貌说："好，威莱乌斯，要是你不讲完，你也不会有机会听到我的发言。我总是认为，证伪比证实容易。我经常这样想，刚才听你发表高见的时候我也这样想。要是问我对神性怎么看，我很有可能不回答；要是问我对你刚才所做的描述是否相信，那么我会说似乎不太可能。但在考察你的论证之前，我要先表达对你本人的看法。我想，我经常听你的朋友卢西乌斯·克拉苏①说，在所有罗马的伊壁鸠鲁主义者中间他无疑把你列在首位，甚至那些来自希腊的伊壁鸠鲁主义者也无人能与你媲美；在知道了他对你的格外敬重之后，我想他说这番话有朋友偏爱的成分。而我本人，尽管当着你的面赞扬你在我来说很勉强，但我还是要说，你对一个最困难、最晦涩的问题所做的阐释是最清晰的，不仅穷尽了对该主题的处理，而且风格优雅，这在你们学派中是不常见的。在雅典的时候，我经常去听芝诺②讲课，我们的朋友斐洛曾经称他为伊壁鸠鲁主义合唱队的领队；事实上正是在斐洛的建议下我才去听芝诺讲课——无疑，这样做

① 有些手稿有这个名字，有些没有，而在西塞罗《论演说家》第三卷，第77节以下，克拉苏被说成没有专门的哲学知识。所以很有可能此处住在威莱乌斯家中的某个哲学家的名字已经佚失。

② 西顿的芝诺（Zeno of Sidon），伊壁鸠鲁学派哲学家，勿与斯多亚学派的芝诺相混。

为的是，听了这个学派的首领的阐述以后，我就能够更好地判断怎样才能彻底驳斥伊壁鸠鲁主义的学说。芝诺和大多数伊壁鸠鲁主义者不一样，他的风格非常清晰、优雅、有说服力，就像你一样。然而，就像我刚才在听你讲话时的感觉一样，经常令我感到恼火的是，一个富有聪明才智的人竟然会选择一套如此卑微，或者倒不如说如此愚蠢的学说（请你原谅我的话）。这样说倒不是我自己现在要提出什么更好的理论。就像我刚才说过的那样，在几乎所有主题中，尤其是在自然哲学中，我比较善于指出什么观点是错的，而不善于说出正确的观点。

【22】"要是问我神的存在和本性，我会以西摩尼得为榜样；僭主希厄洛问他这个问题时，他说自己需要一天时间考虑；第二天，当希厄洛重复这个问题时，他说自己需要两天时间考虑，以此类推，最后希厄洛感到奇怪了，问他为什么需要越来越多的时间，他答道：'因为我思考的时间越长，我就感到这个问题越来越晦涩。'但是据说，西摩尼得不但是一个富有魅力的诗人，而且在其他领域都知识渊博，富有智慧，所以我猜想，他心中有许多精妙的观点，但无法决定它们中哪一个是最真实的，因此他对获得真理完全绝望。但是，你们的大师伊壁鸠鲁讲的话（我宁愿与他讨论而不是与你讨论），我能说它不是哲学，而是日常生活中的常识吗？

"在对诸神本性的考察中，我们要问的第一个问题是：诸神存在还是不存在？人们会说：'很难否定它们的存在。'如果这个问题是在公众集会上提出的，那么我们无疑会得到这样的回答，但在私人谈话中，在一个像我们现在这样的场合下，要做出回答就很容易。假定我现在是一名大祭司，我的义务就是庄严地维护已有宗教的权利和教义，那么我会很高兴地信服神存在这条根本的教义，不是当做一个信仰的条款，而是当做一桩事实。我心里有时候也会出现许多混乱的想法，使我认为神根本不存在。但是请注意我对你有多么仁慈。我不去攻击那些你们学派和其他学派共有的信条——例如我们现在正在讨论的这个问题，因为几乎所有人，包括我本人在内，都相信诸神存在，因此我不再挑战这一点。与此同时，我怀疑的只是你用来证明这一点的论证的恰当性。

【23】"你说，所有国家和民族的人实际上都信神，这一点足以证明诸神的存在。但这种论证既是不确定的，又是错误的。首先，你怎么知道其他民族相信什么？我认为有许多野蛮的、不开化的民族根本就没有神的观念。其次，被称做无神论者的狄阿戈拉斯，以及后来的塞奥多洛，不是都公然否认神的存在吗？还有，你刚才间接提到的阿布德拉的普罗泰戈拉，那个时代最伟大的智者，他在一本书的开头写道，'关于诸神，我不能肯定它们如何存在，或它们如何不存在'，雅典公民大会做出判决，把他逐出这座城市和这个国家，在市场上烧毁他的著作；我相信，这一事例阻止了很多人相信无神论，因为仅仅是对神的存在表示怀疑都不能逃避惩罚。对于盗窃神庙圣物、亵渎神灵、发伪誓的人，我们又该怎么说？鲁西留斯说：'假定卢西乌斯·图布卢斯、卢普斯、卡波，或者尼普顿的某个儿子相信诸神的存在，他们还会成为撒谎者和浪荡子吗？'所以，我们发现你的论证不能牢固地建立，不像你想的那样很好地证明了你想要证明的东西。不过，由于其他哲学家也在追随这一论证路线，所以我现在暂且把它放在一边，转向你们学派独有的学说。

"我承认诸神存在，请你告诉我它们的起源、它们的居所、它们的身体性质和灵性、它们的生活方式，这些都是我想要知道的事情。你对这些问题的回答都诉诸无规则运动的原子的作用，你用原子来解释我们面前的一切事物的由来。然而，首先，我要说没有原子这种东西。因为不存在……① 无形体的，而是所有空间都充满物体；因此不可能有虚空这样的东西，也没有不可分的物体这样的东西。

【24】"我现在只是在充当自然哲学家的喉舌，叙述他们的观点；我不知道它们是对的还是错的，但它们看起来至少比你们学派的观点更有可能成立。德谟克利特的学说，或者他的老师留基伯的学说，令人无法容忍，它认

---

① 此处似乎有相当多的词句佚失。

为存在某种细小的粒子，有些粗糙，有些平滑，有些是圆的，有些是方的，有些是弯的，有些是钩形的，天空和大地就是用这些粒子造出来的，不是由于自然法则的强迫，而是由于某种偶然的碰撞——这就是你盖乌斯·威莱乌斯终生拥有的信仰，改变你的所有行为原则比放弃你的祖师爷的这些教条要容易得多，因为你在学习这些学说之前就已经决定要成为一名伊壁鸠鲁主义者了；所以你面临着选择，要么接受这些令人无法容忍的观念，要么交出你已经采用的这个学派的头衔。停止当一名伊壁鸠鲁主义者，你会接受什么呢？你会说：'要我放弃幸福和真理的原则是根本不可能的。'那么伊壁鸠鲁主义是真理吗？我不想跟你扯幸福问题，因为在你看来，甚至神的幸福都和出生、死亡、闲散有关。而你发现的真理在哪里？我假定就是你说的无数个世界，每时每刻，有些诞生，有些毁灭，是吗？或者就是你说的不可分的粒子，产生了创世的奇观而又无须本性或理性的指导？但我扯得太远了，忘了刚才开始时对你说的要随和。因此我要假定一切事物都是由不可分的粒子构成的，但这并不能使我们有所进展，因为我们想要发现诸神的本性。假如我们允许诸神由原子构成，那么从中可以推论诸神不是永恒的。因为由原子构成的东西在某个时间开始存在，如果诸神在某个时间开始存在，那么在它们开始存在之间就没有神，如果诸神有开端，那么它们必然也会灭亡，就像你在前面争论柏拉图所说的世界一样。幸福和永恒是你用来表示神性的两个关键词，在你的体系的什么地方我们能找到它们？为了找到出路，你说了一大堆莫名其妙的话，在前面 ① 提出了一个公式：神没有身体，但有类似于身体的东西，神没有血液，但有类似于血液的东西。

【25】"这是你们学派一个非常普遍的做法。你提出一个悖论，然后当你企图逃避批评的时候，你就引入某些绝对不可能的东西来支持它，这样一来你就可以更好地放弃有争议的论点，而不是为它提供无耻的辩护。比如，伊壁鸠鲁看到，如果原子因其自身的重量而下坠，那么我们就不会有意志自

---

① 见本文本卷，第 18 章末。

由，因为原子的运动是由必然性决定的。他想找到一种方法以逃避决定论（德谟克利特显然忽视了这一点），于是他就说原子向下坠落的时候由于引力的作用会发生偏斜。这一辩护使他比放弃原先的观点更可耻。他在与逻辑学家的战斗中也这样做。逻辑学家们接受的学说是：在'要么是，要么不是'这样的选言命题中，两个选言肢必有一真。伊壁鸠鲁大为震惊，要是承认'伊壁鸠鲁明天要么活着，要么死去'这样的选言命题，那么必然有一个选言肢是必然的。于是，他完全否定选言命题的必然性。还有什么能比这样做更愚蠢？阿凯西拉曾经批评芝诺，因为他自己认为所有感觉都是虚假的，而芝诺说有些感觉是虚假的，但并非所有感觉都是虚假的。伊壁鸠鲁担心，要是承认有一个感觉是假的，那么就不会有感觉是真的；因此他断言，一切感觉都是真理的报道者。在这些例子中他的做法都欠周详，原想轻轻地避开一击，却把自己暴露在重拳之下。关于诸神的本性，他的做法也一样。为了避免假设包含着消散和毁灭的原子的集合，他说诸神没有身体，但有类似于身体的东西，诸神没有血液，但有类似于血液的东西。

【26】"一名占卜者见到另一名占卜者能够不笑是令人惊讶的，而伊壁鸠鲁主义者们相互见面时还能一本正经更令人惊讶。'它不是身体，而是类似身体的东西。'如果联系到蜡像或泥塑，那么我能理解这个猜想的意思，但在谈论神的时候，我无法理解'类似身体的东西'或'类似血液的东西'是什么意思；威莱乌斯，你也不理解，只不过你不承认罢了。

"事实上，你们的人只是在不清醒的时候重复伊壁鸠鲁所说的胡言乱语，我们在他的著作中读到，他吹嘘自己从来没有老师。哪怕他本人没有说过这样的话，我也很相信这一点。就像一所粗制滥造的房子的主人自诩说，他没有雇用建筑师就建成了那所房子！他身上确实没有留下学园、吕克昂，甚至普通学校学生的痕迹。他可能听过塞诺克拉底讲课——天哪，这是一位什么样的大师！——有些人认为他听过，但他自己矢口否认，但他必定知道！他说自己在萨摩斯听过柏拉图的学生潘菲鲁斯的课（伊壁鸠鲁年幼时与父兄一道住在萨摩斯，他的父亲涅俄克勒斯去那里殖民，得到土地，但农庄收成不好，我相信那里还有一所学校）。然而，伊壁鸠鲁无数次嘲笑这位柏拉图主义者，只怕自己显得好像从某个教师那里学到些什么。德谟克利特的一位追随者瑙西芬尼受审时，他站起来证明瑙西芬尼有罪，他不否认自己听过瑙西芬尼的课，但却想尽办法诽谤他。然而，要是他没有从瑙西芬尼那里听到德谟克利特的这些学说，那么他听到什么呢？伊壁鸠鲁的自然哲学中有哪些东西不是来自德谟克利特呢？哪怕他做了某些改变，比如我刚才提到的原子的偏斜，但他的体系的大部分内容都与德谟克利特的体系相同，原子、虚空、影像、无限的空间、无数的世界、它们的诞生和灭亡，等等，事实上这些内容几乎构成了他的整个自然哲学。

"至于你们的'类似身体的东西'或'类似血液的东西'这些公式，你给它附加了什么意思？我公开承认在这一点上你比我知道得多，我也满足于这种状况，但是为什么用语言把它表达出来，我们中的一个人能够理解，而另一个人却不能理解呢？我当然明白身体是什么，血液是什么，但我一点儿也不懂'类似身体的东西'是什么，'类似血液的东西'是什么。你并非是在对我隐藏真理，就像毕泰戈拉对陌生人隐藏真理一样，你也不是在故意隐晦地讲话，就像赫拉克利特一样，而是（在我们中间可以讲得坦率一些）你自己也并不比我更理解这些话的意思。

【27】"我明白你主张的是诸神具有某种外在的形像，但这种形像不是坚实的、固态的，没有确定的形态或轮廓，而是非混杂的、轻盈的、透明的。所以我们可以用同样的语言来描述科斯岛的维纳斯：她的肉不是真正的肉，而是一种很像肉的东西；她白里透红的脸庞没有真正的血，而是某种很像血的东西；我们对伊壁鸠鲁的神同样也可以说，它没有真正的本体，但有某种很像本体的东西。假定我把这个我甚至无法理解的观点当做真正的教义接受下来，那么请你告诉我，你们的这些像影子一样的神有什么样的形像和特点。关于这个论题，你们提出来的证明诸神具有人的形像的论证没有什么过错：首先，由于我们的心灵拥有某个先在的观念，所以当人想到神的时候，呈现在他心中的是人的形像；其次，由于神性胜过其他一切性质，所以它必

定也是最美的，而最美的形像莫过于人的形像。你们提出来的第三个理由
是，没有其他形像可以成为理性的居所。好吧，让我们逐个考察这些论证，
看它们会带来什么样的结果；我个人认为它们建立在一种随意的、无法接受
的假设的基础之上。首先，有哪位学者如此盲目，乃至于看不到某些聪明通
过想象把人的形像赋予神，以便使无知者的心从邪恶的实践转向服从宗教，
或者是借助迷信给人提供崇拜用的塑像，因为人们相信这样做可以直接接近
神？诗人、画家、工匠进一步加强了这些观念，他们发现很难把诸神刻画成
人以外的其他任何事物的形像。你提到过的人相信自己是最美的这种信念可
能也对产生这一结果起了作用。但是，作为一名自然哲学家，你肯定能够看
到自然是一位多么有魅力的媒人！你能假设陆上或水中的某种动物不喜欢自
己的同类而喜欢其他种类的动物吗？如果不是这样，那么牛为什么不去找驴
交配？马为什么不去找牛交配？你能想象，老鹰、狮子、海豚认为还有比它
们的形像更美丽的形像吗？如果自然同样教导人类认为自己这个种类的形像
最美……① 这就是我们会认为诸神与人相似的原因，对此值得惊讶吗？假定
动物拥有理性，你认为它们会各自把自己的种类视为最卓越的吗？

【28】"坦率地说（如果我要说出我的真实想法），尽管我并不缺乏自尊，
但我仍旧不敢假定自己比那头远足欧罗巴的公牛② 更漂亮；因为我们在这里
的问题不是人的理智或说话的能力，而是外部形像和外貌。确实，如果我们
选择各种形像的结合，你难道不喜欢添加在那个在海中游弋的怪物、人鱼特
里同③ 身上的人体吗？在这里，我遇上了最难处理的地方，天然的本能是如
此强大，乃至于每个人都希望自己像个人，而不像其他。是的，每只蚂蚁也
都希望自己像只蚂蚁！进一步的问题还有，像什么人？英俊者何其少也！我

---

① 此处有词句佚失。
② 指希腊神话中化身为公牛的宙斯。
③ 特里同是希腊神话中的怪物，"它有神的躯体，它的前胸后背，从头部到腹部完全
像人，而从臀部以下则是一个海洋生物，有两条长长的尾巴，尾巴末梢有一对状如新月的倒
钩"。（《阿耳戈英雄远征记》第 5 卷，第 1610 行，企鹅古典丛书）

在雅典时，一整个训练方队也找不到一个英俊的青年——我看到你在笑，但事实就是如此。另一个要点是，如果我们喜欢青年，如某些老哲学家所说，哪怕是他们的缺点也会令人愉快。阿凯乌斯'赞美他手腕上的痣'；手上有痣当然是身体的瑕疵，但阿凯乌斯认为它是美的。昆图斯·卡图鲁斯是我们的同事的父亲和朋友，他挚爱你的同乡洛司基乌斯，写了下面这些赞美他的诗：'我在黎明时分伫立，迎接冉冉升起的白昼之神；啊，你们瞧，洛司基乌斯在我左边出现，好像带来一片光明；天神啊，请你原谅，我要说这个人比神更美。'对卡图鲁斯来说，洛司基乌斯比神还要美。而实际上，洛司基乌斯是个斜眼，直到今天还是这样；不过没有关系，在卡图鲁斯看来，斜眼使洛司基乌斯显得可爱，给洛司基乌斯增添了魅力。

【29】"让我回到诸神上面来。我们能想象有哪位神是斜眼的吗，我不说像洛司基乌斯那样的斜眼，而只说有点斜视？我们能把某个神画成长着痣、狮子鼻、招风耳、浓眉、大头吗——这些缺点在人中间并不罕见？或者说神完全没有人的瑕疵？假定我们赞同你的看法，我们要说诸神全都一模一样吗？如果不是，那么诸神的美会有程度之别，因此会有神不是最美的。另一方面，如果它们全都一模一样，那么学园派在天上也会有许多追随者，这是因为，如果神与神之间没有差别，那么就不可能有关于诸神的知识和感觉。

"再说，威莱乌斯，你假定我们在想到神的时候只能把它想象成人的形像，这个观点是否有可能完全不对？你无论如何也要维护你的荒谬吗？我们罗马人很可能会像你说的那样去想象神，因为从孩提时代起我们就知道朱庇特、朱诺、密涅瓦、尼普顿、伏尔甘①、阿波罗的相貌，就像画家和雕塑家所刻画的那样，不光有相貌，还有武器、年纪和服饰。但是埃及人、叙利亚人，以及几乎所有未开化的民族都不知道它们。在他们中间你会发现一种对某些动物的信仰，比我们在圣地和神像前敬拜诸神的信仰更加牢固。我们经常看到神庙被我们的国人抢劫，神像被我们的国人偷走，但无人听说埃及人

———————————
① 伏尔甘（Vulcan），罗马火神。

捕杀过鳄鱼、朱鹭和猫。从中你会做出什么推论？埃及人不相信他们神圣的公牛阿皮斯是神吗？这和你相信救世主，相信你们当地的朱诺是女神完全一样。你在梦中见到这位女神的时候，她总是穿着羊皮袍子，手持长矛与盾牌，脚上蹬着拖鞋。然而这不是阿耳戈人的朱诺的相貌，也不是罗马人的朱诺的相貌。因此可见，朱诺对阿耳戈人有一种相貌，对拉努维乌人有一种相貌，对我们又有另一种相貌。我们卡皮托利山上的朱庇特和非洲人的朱庇特·阿蒙确实不一样。

【30】"自然哲学家，亦即自然的观察者和探索者，却到愚蠢的心灵中去寻求真理的证据，他难道不应当感到可耻吗？按照你的原则，可以合法地断言朱庇特总是长着胡子，而阿波罗从来不长胡子，密涅瓦有一双灰眼睛，而尼普顿有一双蓝眼睛。是的，在雅典有一尊广受赞扬的伏尔甘的雕像，是阿卡美涅①建造的，这是一尊站像，有些跛足，虽有衣衫褶子遮掩，但仍旧可以看得出来。所以我们要把神视为跛足的，因为传说中的伏尔甘是跛足的。现在请你告诉我，我们要按照所知的诸神的名字来辨认诸神？然而首先，诸神有许多名字，就像人类有许多语言。你无论走到哪里都叫威莱乌斯，而伏尔甘在意大利、阿非利加、西班牙却有不同的名字。还有，神的名字的总数即使在我们的祭司书中也不大，但却有无数的神。它们没有名字吗？你们伊壁鸠鲁主义者不得不这么说，因为当它们全都一模一样时，怎么会有更多的名字呢？威莱乌斯，当你不知道某件事的时候，你承认自己不知道，而不是滔滔不绝地讲出一大堆连你自己都会厌恶的废话，那该有多好啊！你真的相信神看上去像我或者像你吗？当然了，你不会相信的。

"还有，我要说太阳、月亮或天空是神吗？如果它们都是神，那么我们必须说它们是幸福的，也是聪明的；但是它们幸福是由什么形式的快乐构成的，智慧又怎么能够居住在无感觉的事物之中？这些都是你们这个学派使用

---

① 阿卡美涅（Alcamenes），雅典雕刻家，鼎盛年约为公元前444年—前400年，是斐狄亚斯（Phidias）最出名的学生。

的论证。那么好吧，如果诸神不拥有人的形像，如我已经证明了的那样，也不具有天体那样的形状，如你所确信的那样，那么你为什么还要犹豫不决，不马上否定它们的存在？你不敢这样做。好吧，你这样的做法无疑是聪明的，尽管在这件事上，你怕的不是公众，而是诸神本身。我本人熟悉那些崇拜每一尊可鄙神像的伊壁鸠鲁主义者，尽管我明白，按照有些人的说法，伊壁鸠鲁确实废除了诸神，而只在名义上保留诸神，以免冒犯雅典人。因此，在他的那本精选的格言或警句集中，你称之为《要义》，我相信第一条格言是这样的：'凡是幸福者和不灭者，自身不经历烦恼，也不使他物烦恼。'

【31】"有人认为这条格言的用词和表达是故意的，尽管实际上这是由于作者无法清楚地表达自己的意思；他们的怀疑对这位最实的人来说是不公正的。这条格言的意思确实是可疑的，我们不知他的意思是有一位幸福者和不灭者，还是如果有一位幸福者和不灭者，它就会如何如何。他们没有注意到尽管他的用语在这个地方是晦涩的，但在其他许多地方，他和梅特罗多洛一样，却像你刚才似的讲得很清楚。伊壁鸠鲁确实认为诸神存在，我也从来没有碰到过有谁像他那样害怕那些他自己说根本不可怕的东西，我指的是死亡和诸神。按照伊壁鸠鲁的看法，恐惧对那些普通人不会起什么大的作用，不会在他们心中萦绕；尽管会被判处死刑，但仍有成千上万的人抢劫，只要有机会，他们就抢劫神庙；我假定前者的心中萦绕着对死亡的恐惧，后者的心中萦绕着对宗教的恐惧！

"既然你没有勇气否认神的存在（现在我就像是在和伊壁鸠鲁本人说话），那么还有什么东西阻碍你把太阳、世界，或某种形式的永生的理智，当做神呢？他答道：'除了人以外，我从未见过任何事物拥有一个有理性、有目的心灵。'好吧，但你见过太阳、月亮、五大行星这样的事物吗？太阳用一条轨道的两个极点限定自己的运动，完成一年的行程。月亮被太阳光照亮，用一个月完成它的行程。五大行星也有相似的轨道，有的接近大地，有的远离大地，从相同的起点开始，用不同的时间走完同样的距离。伊壁鸠鲁，你曾见过这样的事情？好吧，让我们否定日月星辰的存在，因为除非能够触摸或看见，我们不能说任何事物存在？神怎么样？你从来没有见过神，是吗？那么你为什么要相信神存在呢？按照这个原则，我们必须把历史或科学告诉我们的那些罕见的事情一扫而光。接下去还要说，内陆的人应该拒绝相信海洋的存在。怎么可能有如此狭隘的心灵？由此可以推论，如果你出生在塞利福斯，从来没有离开过这片土地，你平时见过的野兽不会比兔子和狐狸大，当有人把狮子和豹子讲给你听的时候，你会拒绝相信它们的存在；如果有人跟你讲大象，你会觉得他是在跟你开玩笑！

"威莱乌斯，你们这个学派摒弃逻辑学家的工具——你们这个团伙对这门知识一无所知——但却用三段论的形式表达这个学说。你假设诸神是幸福的，我们承认。然后你说，没有美德，无人能够幸福。

【32】"我们同样也很愿意承认这一点。没有理性，美德就不能存在。对此我们也必须表示同意。你又补充说，只有人身上才有理性。你假定谁会承认这一点？如果这样说是对的，那么你为什么要通过一连串的步骤来达到它？你可以直截了当地把它当做公认的来接受。你的连续步骤又如何？我看到你一步步地从幸福进到美德，再从美德进到理性；但是你从理性是怎么进到人的？这不是一个步骤，而是一个俯冲。

"我确实不明白为什么伊壁鸠鲁要说诸神像人而不是说人像诸神。你会问我：'这有什么区别？如果 A 像 B，那么 B 像 A。'我明白这一点，但我的意思是，诸神不可能从人的形像中派生出它们的形像；因为诸神一直存在，没有出生——也就是说如果它们是永久的；而人是有出生的；因此人的形像先于人存在，它就是不朽诸神的形像。我们一定不能说诸神有人的形像，而要说我们的形像是神的形像。

"对此你可以做选择。而我想要知道的是，这样的好运是怎么发生的(因为按照你们学派的意见，宇宙中没有任何事情是设计出来的)——就算如此，什么样的偶然性如此有力，从原子的一次偶然碰撞中，竟然诞生了具有诸神形像的人？我们要认为诸神的种子从天空落到地上，由此产生了人，与诸神相似的后代吗？我希望这是你讲述的故事，我很乐意知道我和神有亲缘关系！但是你并没有说这些事——体验生活你只是说我们与诸神相似是由偶然性引起的。现在还需要寻找论证来驳斥这个观点吗？我只希望我发现真理能与揭示谬误同样容易。

【33】"你充分而又准确地考察了从米利都的泰勒斯开始的哲学家有关神的学说，一个罗马人有这么大的学问真令我感到惊讶。你认为他们是不是都发疯了，因为他们声称没有手脚诸神也能存在？哪怕思考一下人的肢体的功能也会使你相信诸神不需要人的肢体吗？不走路就不需要脚，没有东西要抓就不需要手，身体有各个组成部分，没有哪个组成部分是无用的，没有哪个组成部分的存在是没有理由的，没有哪个组成部分是多余的，所以没有哪一组技艺能够模仿自然的造物，不是吗？所以，神似乎有舌头却讲话，神有牙齿、硬腭和下巴却没有用处；自然附加给身体的生殖器官——神会拥有这些器官，但却没有用处；不仅外部器官是这样，那些内部器官，心、肺、肝以及其他，也是这样；如果这些器官是无用的，那么它们肯定是不美的——而你们学派却说神拥有身体是因为它是美的。

"像这样一些梦呓般的观点不仅鼓励伊壁鸠鲁、梅特罗多洛、赫玛库斯驳斥普罗泰戈拉、柏拉图和恩培多克勒，而且怂恿一名娼妇像莱恩惕一样写下一本驳斥塞奥弗拉斯特的书吗？她的文风无疑是最漂亮的阿提卡式的，但那又如何！——这种事情在伊壁鸠鲁花园里是大量的、合法的。然而你本人过于敏感了，芝诺确实真的援引过法律。我不需要提到阿布西乌。至于斐德罗，尽管他是一个温文尔雅、谦恭有礼的老绅士，但如果我的讲话太尖锐，他也曾大发脾气。伊壁鸠鲁大肆攻击亚里士多德，粗鲁地辱骂苏格拉底的学生斐多，仅仅因为在某个哲学问题上观点有分歧，他就写了好几卷书讨伐提谟克拉底，而提谟克拉底是他的亲炙弟子梅特罗多洛的兄弟，他采用了德谟克利特的体系，但对德谟克利特没有任何感恩的表示，他还恶待自己的老师瑙西芬尼。

【34】"至于芝诺，他不仅辱骂与他同时代的人，比如阿波罗多洛、西鲁斯，以及其他一些人，而且还把哲学之父苏格拉底称做罗马无赖的雅典翻

版；他总是称克律西波为克律西帕，对他进行暗讽。① 你本人刚才在考察哲学家的观点时，就像元老院的监察官点名一样，把这些杰出人士都称做傻瓜、白痴、疯子。如果这些人都不能察觉有关神性的真理，那么就要担心神性完全不存在了。

"至于你们学派对这个问题的解释只不过是神话故事，甚至连在灯下纺纱的老妇也不会接受。你没有察觉到，如果我们同意凡人和诸神具有一样的形像，那么就留下了一大堆麻烦。你不得不说神也要像人一样进行身体锻炼，凡是适合人做的事情神也要做；走路、跑步、躺倒、弯腰、坐下、用手拿东西，最后甚至交谈和演讲。至于你说诸神有男有女，嗯，你必须明白这样说会带来什么结果。我甚至无法想象你们学派的伟大创立者是怎样获得这种观念的。还有，你一直不停地喧嚷说神必定是幸福的和不朽的。但是，如果没有两只脚，就会阻碍它的幸福吗？为什么你的'幸福'或'福'——无论我们用哪个术语，都显得很僵硬，但是这些词必须在使用中软化——就不能用来表示远处的太阳，或者用来表示我们的这个世界，或者某些没有身体或肢体的永恒的理智？你唯一可能做出的回答就是：'我从来没有见过幸福的太阳或世界。'好吧，但你除了这个世界以外，见过别的世界吗？你会回答说，没见过。那你为什么敢断定这些世界的存在，不是成千上万个，而是无数个？'这是理性对我们的教导。'但是理性也在教导你，我们正在寻找一个无比卓越的存在者，它是幸福的，又是永恒的——除此之外，没有其他什么东西构成神性——它在不朽性上超过我们，所以也在心灵方面超过我们，它在心灵方面是卓越的，它在身体方面也是卓越的。如果说我们在所有其他方面都比神低劣，为什么我们的形像会与神相同呢？人最接近神的地方在于美德，而不在于相貌。

【35】"（把同样的观点再推进一下）还有比否认生长在红海或印度的那些巨型动物的存在更加幼稚的事情吗？哪怕是最勤奋的考察者也不可能收集

---

① 克律西波（Chrysippus），阳性名词；克律西帕（Chrysippa），阴性名词。这样说表示轻蔑之意。

生活在陆地、海底、沼泽、江河里的生物的全部知识，由于从未见过它们，我们就要否认它们的存在吗？

"现在来说一下你喜爱的外形相似的论证，这个论证其实毫无意义！狗的外表和狼不是很像吗？——引用一下恩尼乌斯的话，'我们的形像和丑陋的猿猴何其相似'——但它们的习性不同。大象在野兽中是最聪明的，但在形体上是最难看的。我讲的是动物，但我们人不也是这样吗？相貌相似者性格迥异，品性相似者相貌迥异。事实上，威莱乌斯，一旦按照这条路线开始论证，让我们来看它将把我们引向何方。理性只存在于人身上，你把这一点当做公理来宣布；但别的人会宣布理性只能存在于陆地上的生灵的身上，它出生、成长、受教育，由灵魂和身体组成，会生病，会死亡——简言之，理性只能存在于一个凡人身上。如果站出来反对这些假设，你为什么只受困于形像呢？如你所见，理智存在于人身上，只和我刚才提到的这些属性相联系；然而你说哪怕这些属性都被剥夺了，只剩下外在的形像，你也能认识神。这不是在考虑问题，而是在为你要说些什么掷钱币。除非你确实从来没有注意到，不仅在人身上，而且在一棵树身上，任何多余的东西都是无用的、有害的。如果有一个多余的手指头，那该有多么恶心！因为五个手指就够了，多一个手指既不雅观又无用处。而你的神按它的实际需要不仅手指是多余的，而且它的头、颈、脊椎、肋骨、胃、背、脚、臀、腿都是多余的！如果说这是为了确保它的不朽，那么拥有这些肢体与生命有什么关系？它要一张脸干什么？生命更多地依赖脑、心、肺、肝，它们才是生命的居所；人的脸部和容貌与他的生命力没有关系。

【36】"然后你批评那些用创世的宏伟和美丽来进行论证的人，他们观察这个世界本身及其组成部分，天空、大地、海洋，还有装点它们的日月星辰，他们发现了季节变化的法则及其循环往复的周期，他们推测，必定有某个最高的、超验的存在者创造了这些事物，使它们运动，并引导和统治它们。尽管这种猜测也许远离目标了，但我能够看出他们在追求什么；至于你，请你告诉我，你引入的这幅宏伟的画卷不显然就是神的理智的创造物，

从而使你推断诸神存在吗？你说：'我们心中有一种固有的神的观念。'是的，长胡子的朱庇特，戴头盔的密涅瓦；但你们因此就相信诸神真是这个样子的吗？没有学问的民众都要比你聪明——他们不仅把人的肢体赋予神，而且还让这些肢体有用。因为他们把弓、箭、矛、盾、三叉戟、霹雳给了神；即使他们看不见诸神的行动，也不会认为神无所事事。甚至被我们嘲笑的埃及人也只把对他们有用的动物神化，比如朱鹭，这种鸟身材高大，有坚硬的双腿和角状的长喙，能消灭大量的蛇；它们杀死并吃掉那些被西南风带到埃及来的长着飞翼的蛇，使埃及免遭瘟疫，不被活蛇咬，不闻死蛇的臭味。我还可以讲述埃及蝥、鳄鱼和猫的用处，但我不希望太冗长。我只想说明，野蛮人神化这些动物也是因为它们提供的好处，而你们的诸神不仅不提供你能说得出来的好处，而且根本就不做任何事情！伊壁鸠鲁说'神没有烦恼'。伊壁鸠鲁就像一个被溺爱的孩子，显然认为游手好闲是最好的。

【37】"然而，就是懒散的儿童也会在积极的游对中取乐；难道我们要假设神一直在度假，在沉睡，任何轻微的活动都会影响它的幸福？这种话不仅剥夺了与神性相符的诸神的活动，而且鼓励人们懒惰，因为要是参与积极的活动，连神也不能幸福。

"假如我们承认你的观点，神有人的形像和相貌，那么它住在哪里？它的家在什么地方？它平时做些什么？你说它是幸福的，它的幸福由什么构成？因为一个幸福的人必定会积极地享有他得到的赐福。至于所处的位置，甚至连无生命的元素也有它们各自特定的区域；土占据最低的位置，水覆盖土，气处于较高的位置，发光的以太位置最高。动物也可再分为陆地上的动物和水中的动物，第三类则是两栖动物，既可生活在水中，又可生活在陆上；据信，还有某些动物在火中诞生，偶尔能在燃烧的火炉中看到它们的踪迹。[①] 因此，关于你的神，第一，我要问，它住在哪里？第二，它在空间运

---

① 亚里士多德和小普林尼说过这种事情，参见亚里士多德：《动物之生殖》第3卷，第9节，《动物史》第5卷，第19节。普林尼：《自然史》第11卷，第42节。

动的动机是什么，或者，它是否运动？第三，任何一种有生命的存在都会有某种与其本性相吻合的目的，什么是神想要得到的东西？第四，它的心灵活动和理性用于何处？第五，它如何幸福，如何不朽？在这些问题中你无论提出哪一个都很棘手。基于这种不确定的前提进行的论证不能得出有效的结论。你断言，神的形像通过思想而不是通过感觉得来，神既不是固体的，也没有持久的同一性，无数的原子不断地发出流射，在我们心中产生相同的影像，我们对神的知觉基于这种相似和连续，我们察觉到神是幸福的、永恒的。

【38】"我们正在谈论的是诸神的名字，我们的谈论能有什么意义？如果诸神只能依靠思想的能力，而没有形体或具体的轮廓，那么我们想到神和想到人头马有什么差别？其他所有哲学家都认为这种心灵的图景是纯粹空洞的想象，而你却说它们是到达和进入我们心灵的某种影像。好吧，如果我好像看到提比略·革拉古在卡皮托利山上演讲，为马库斯·屋大维拉选票，那么我会解释说这只是一种想象；而你的解释是，革拉古和屋大维的影像确实留存在那个地方，所以当我来到卡皮托利山的时候，这些影像就在我的头脑中诞生了；你说神的情况也一样，它们的影像不断地进入我们的心灵，使我们产生幸福的、永恒的神的信仰。假定这样的影像不断地进入我们的心灵，但这只是某种影像的呈现，怎么能够作为一个理由来假定这个影像是幸福的、永恒的？你的这些影像有什么样的本性，是什么时候产生的？这种放肆的言论是从德谟克利特那里借来的；但他已经受到广泛的批评，而你又不能发现令人满意的解释，整个理论已经踌躇不前，穷途末路。说荷马、阿基洛库斯、罗莫洛、努玛、毕泰戈拉和柏拉图的影像进入我的心灵，还有什么能比这更不可能，更不必说这些影像呈现了这些人的真实相貌了？所以，这些影像是怎么产生的？它们是谁的影像？亚里士多德告诉我们，诗人俄耳甫斯从未存在过；毕泰戈拉学派说我们今天拥有的《俄耳甫斯颂歌》的作者是某位刻考普斯；然而俄耳甫斯，亦即按照你的说法他的影像，经常进入我的心灵。进入我的心灵和你的心灵的同一个人的影

像实际上是不同的影像吗？那些从不存在而且决不可能存在的东西，比如斯库拉和客迈拉，它们的影像为什么会进入我们的心灵？我们从未见过的人、地方和城市的影像为什么会进入我们的心灵？为什么我想要一个影像，马上就可在心中产生一个影像？为什么在我睡觉的时候，影像也会不期而至呢？

【39】"影像流持续不断地呈现，集合而成一个印象。这该有多么浪费！如果你坚持说自己理解这个学说，那么我只能可悲地说我不理解！你怎么能够证明影像流是连续的，或者说，要是它是连续的，影像怎么能是永久的？你说原子可以无限地供给。那么你还会继续论证说，出于同样的理由，一切事物都是永久的，是吗？你把'对应'（要是你同意，我们把 ἰσονομίαν 译成对应）的原则当做避难所，并且说有可朽的本体必定有不朽的本体。这么说来，有可朽之人必有不朽之人，有生在陆地上的人必有生在海里的人。'有毁灭的力量必有保护的力量。'假定是这样的，它们也只能保护已经存在的事物，而我不清楚你们的诸神是否存在。就算你们的诸神存在，诸神的图景又怎能从原子中产生？即使并不存在的原子存在，它们之间的运动和碰撞能产生结合，但不能创造形像、形体、颜色、生命。因此，你的证明神的不朽性的论证完全失败了。

【40】"现在让我们来考虑神的幸福。没有美德当然不可能幸福。但美德就其本性而言是活动的，而你的神则完全不动。因此它没有美德。因此它也没有幸福。那么它的生活是怎样构成的？你会回答说：'神的生活由连续不断的善的事物构成，不混杂任何恶。'善的事物——什么事物？我假定是快乐——当然了，也就是身体的快乐，因为你们学派不承认其开端和终结都与身体无关的心灵的快乐。威莱乌斯，我假定你不像伊壁鸠鲁学派的其他人，他们羞于提起伊壁鸠鲁的某些言论，伊壁鸠鲁说自己除了与感官快乐和肉体快乐相连的善，不知道其他还有什么善，他实际上还恬不知耻地把肉体快乐一样样列举出来。那么好吧，为了让诸神沉浸于快乐，你们要给诸神吃些什么，喝些什么，提供什么和谐的音乐和色彩绚丽的鲜花，什么使人快乐的触

觉和嗅觉？诗人安排了琼浆玉液、珍馐美味，还有赫柏或该尼墨得①为诸神斟酒；而你会怎么做，我的伊壁鸠鲁主义者？我没看到你的神享受这样的快乐，或者它如何享受快乐。所以，人似乎比神更幸福，因为人能够经历的快乐的范围很广。你告诉我，这些快乐都是微不足道的，就像'挠痒痒'（这是伊壁鸠鲁的说法）。你什么时候才能停止开玩笑。噢，甚至我们的朋友斐洛也会对伊壁鸠鲁主义者鄙视感官快乐感到不耐烦；他记忆力特强，能随口引用伊壁鸠鲁著作中的大量格言。他还引了许多梅特罗多洛的话，梅特罗多洛是伊壁鸠鲁在哲学上的同伙，其言论更加大胆；梅特罗多洛批评自己的兄弟提谟克拉底，因为后者不愿以肚腹为标准来衡量幸福的各个要素，他的批评不是偶然的，而是重复了多次。我看到你点头表示同意了，你熟悉这些话；如果你否认，我可以写好几卷书。但我现在不是在批评你以快乐为唯一的价值标准——这属于另外一项考察。我试图证明的是：你的诸神无法体验快乐，因此按照你的意见，诸神也不能有幸福。

【41】"'但它们没有痛苦。'这样说就能满足充满善物的、理想的幸福吗？'诸神不停地沉思自己的幸福，它的沉思没有其他对象。'我请你想象这样一幅生动的图景：一位神处于永恒思考中，'我拥有多么好的时光，我有多么幸福！'然而我看不到这位幸福的神怎能不害怕毁灭，因为它没有片刻能暂缓受到无穷无尽的原子攻击和震撼，而从它自身又会永不停息地发射出影像流。因此，你的神既不是幸福的，也不是永恒的。

"是的，伊壁鸠鲁确实写过一些关于神圣与虔敬的书。但他实际上说了些什么？你会以为自己在听某位大祭司布道，好比科隆卡纽斯、斯卡沃拉，而不是在听一个摧毁整个宗教的基础，推翻不朽诸神的神庙和祭坛的人讲话，他在这样做的时候不像泽西斯那样使用武力，而是使用论证。如果诸神不仅对人类置若罔闻，而且不关心任何事物，不做任何事情，那么你有什么理由坚持人要崇拜诸神？'神是卓越的、杰出的，它的本性必定吸引聪明人

---

① 赫柏（Hebe），希腊神话中的天庭侍酒女童，该尼墨得（Ganymede）是侍酒男童。

来崇拜它。'某个存在者全身心地享受自己的快乐，一直无所事事并将继续无所作为，这能是一种什么样的卓越？再说，你怎么能够对一个从来不给你任何东西的人表示虔敬？或者说对一个从来没有给你提供过任何服务的人，你会感到亏欠吗？对诸神虔敬是正当的，但若神和人之间没有任何共同的地方，如何能有公正可言？宗教是崇拜神的知识；如果我们既没有从诸神那里得到什么好处，又没有得到好处的希望，那么我看不出为什么要崇拜诸神。

【42】"另一方面，如果我们看不到神性有什么特别卓越的地方，我们有什么理由要崇敬神性呢？至于摆脱迷信，这是你们学派最喜欢夸耀自己的地方，但若剥夺了诸神的所有力量，就容易摆脱迷信了；除非你认为完全否认诸神存在的狄阿戈拉斯或塞奥多洛还有可能是迷信的。我认为甚至连普罗泰戈拉也不可能，他认为诸神是否存在不确定。所有这些思想家的学说不仅废除了迷信，其中包含着对诸神的毫无根据的恐惧，而且也摧毁了由虔诚地崇拜诸神组成的宗教。还有一些人认为，关于不朽诸神的整个观念都是由聪明人为了国家的利益虚构出来的，为的是让那些连理性都无法控制的人能被宗教引上履行义务的道路；这一观点确实也完全摧毁了宗教。科斯岛的普罗狄科说诸神是把那些对人的生活有益的东西人格化，请你告诉我，按照他的理论宗教还剩下什么？还有一些人教导说，某些勇敢的、著名的、强大的人死后被神化了，这些人才是我们惯于崇拜、祈祷、敬畏的真正对象——但它们完全没有宗教的含义吗？这种理论主要是由欧赫墨鲁发展的，我们的诗人恩尼乌斯尤其模仿和传播了他的思想。欧赫墨鲁描写了某些神的死亡和葬仪；我们应当把他当做宗教的坚持者还是一个十足的摧毁者？关于厄琉息斯秘仪的神圣而又庄严的圣地我就不说了，'来自远方的部落都到这里来寻求入会'①，我也略去萨莫色雷斯岛和莱姆诺斯岛上庆祝的神秘仪式，那些秘仪'在幽暗的丛林中，整夜都有成群的崇拜者'②，因为解释这些秘仪并使之理

---

① 这句引文出处不详。
② 这句诗可能源于阿西乌斯的剧本《菲罗克忒忒斯》。

性化更多地涉及自然哲学，而不是神学。

【43】"在我看来，哪怕是杰出的德谟克利特对诸神的本性也没有确定的观点，伊壁鸠鲁就是从他的思想之泉中取水浇灌自己的花园。他在某个时候认为，宇宙包含神的影像，在某个时候又说在同一宇宙中存在着构成心灵的成分，它们就是神；在某个时候他说诸神是有生命的影像，但对我们不会产生有利或有害的影响，在某个时候他说神是某种巨大的影像，把整个世界都包含在内。所有这些虚幻的观点与其说与他本人相符还不如说与他的出生地相符；^① 因为有谁能在心中构成这种影像的图景？有谁会敬重它们，能认为它们配得上我们的崇拜和敬畏？

"然而，在否定神的恩赐和仁慈时，伊壁鸠鲁也从人心中彻底根除了一切宗教。因为他一方面断定神性的至善和卓越，另一方面却否认神的仁慈，也就是说他取消了至善和卓越的最基本的成分。还有什么能比善良和仁慈更善、更卓越？取消了神的善良和仁慈，你也就取消了神的所有的爱和亲情，或者对其他任何存在，人或神的尊重。由此可以推论，诸神不仅不关心人类，而且不关心其他神。

【44】"你批评的斯多亚学派的教义要真实得多！他们认为所有聪明人都是朋友，甚至认为所有陌生人都是朋友，因为没有比美德更可爱的东西了，拥有美德的人无论住在哪个国家都应当受到我们的尊敬。至于你，当你把善良和仁慈视为弱点时，你造成了多么大的伤害啊！完全撇开神的本性和属性不谈，你认为甚至人的仁慈和善良也只能归结为人的软弱吗？好人之间就没有天然的亲情吗？'爱'这个词的声音有某种吸引力，拉丁文的友谊就是从这个词派生的。^② 如果我们把友谊建立在对我们自己有利的基础上，而不是对我们所爱的人有利，那么它就根本不是友谊，而只是在拿私利做交易。在这样的交易中，我们的价值标准就是牧场、土地、牲畜的标准；我们尊重它

---

① 德谟克利特出生在色雷斯北部的阿布德拉，这个城镇的居民以愚蠢闻名。

② 西塞罗认为友谊（amicitia）派生于爱（amor）。

们乃是因为我们可以从它们那里获利，而人之间的亲情和友谊是无私的；因此对诸神来说更是如此，尽管诸神不需要回报，但它们既相互爱，又关心人的利益。如果不是这样的话，我们为什么要崇拜它们，并向它们祈祷？祭司和占卜官为什么要主持祭仪，解读预兆？为什么要向上苍发誓和请愿？你告诉我：'呃，但是伊壁鸠鲁真的写过一本论神圣的书。'伊壁鸠鲁是在和我们开玩笑，尽管他作为一名粗心的、自由散漫的作者并不那么幽默。如果诸神根本不关心人的事务，还有什么神圣可言？一个不关心任何事情的有生命的存在者又是什么意思呢？

"有如我们大家的好朋友波西多纽在其《论神性》第五卷中争论说，伊壁鸠鲁并非真的相信诸神存在，关于诸神他所谈论的一切都只是为了摆脱民众的憎恶，这种观点无疑更加真实。他不可能如此愚蠢，竟然真的把神想象为像一个虚弱的人，仅在形体和相貌上相似，但在本体上不同，拥有人的所有肢体，但完全不用它们，对任何事物都不会表示善良和仁慈，不关心任何事物，也不做任何事。我要说，第一，这种性质的存在者绝对不可能存在，伊壁鸠鲁明白这一点，所以他尽管口头上承认诸神，实际上消灭了诸神。第二，即使神存在，但对人不表现善良或仁慈，那么我会和它说再见——我不会对它说，'神啊，对我发发慈悲吧'，因为它不会对任何事物发慈悲，因为，如你告诉我们的那样，任何仁慈和亲情都是软弱的标志。"

第二卷

【1】科塔说完后，威莱乌斯做答。他说："我确实太鲁莽，竟然想跟一名学园派哲学家辩论，而且他还是一名训练有素的演说家。一名学园派要是不精通修辞学，我不会那么害怕，一名演说家无论多么雄辩，要是没有掌握这一哲学体系，我也不会那么害怕；我不会在一连串的空话面前感到困惑，也不会受困于表达笨拙的精妙思想。而你科塔在这两方面都可谓出类拔萃；

你缺少的只是一名听众和一名法官。但是我对你的论证的回答可以留待其他时间再谈，要是鲁西留斯同意的话，现在让我们先听听他的意见。"

巴尔布斯说："如果科塔能用他消灭假神的雄辩来呈现真神的图景，那么我宁可再听科塔讲话。哲学家、祭司、科塔这样的人拥有的诸神的观念不应当是变化的、不确定的，而应当像我们学派那样有严格的规定。至于对伊壁鸠鲁的驳斥已经完成了，甚至可以说已经过头了。但是科塔，我还是很想听到你自己是怎么想的？"

科塔说："你难道忘了我一开始说的话？我发现，讲我自己不认为如何比讲我自己认为如何要容易，尤其是这样的主题。哪怕我有清晰的看法，我仍旧愿意先听你接着说，而我自己已经说了那么多。"

巴尔布斯答道："那么好吧，我顺从你的希望；我会尽可能简洁，因为伊壁鸠鲁的谬误确实已经遭到驳斥，我的论证也就被剥夺了冗长的理由。一般说来，我们这个学派的哲学家把你提出的不朽的诸神这个论题分成四个部分：首先他们证明诸神存在，其次他们解释诸神的本性，再次他们说明诸神统治世界，最后说明诸神关心人类的命运。然而在我们当前的讨论中，我们先谈前面两个部分，第三部分和第四部分涉及面太广，我想最好留待其他时间再谈。"

科塔喊道："不，我们现在都有空，我们正在讨论的这个主题与其他事务相比拥有优先权。"

【2】鲁西留斯说："第一点似乎不需要论证。因为当我们仰望星空沉思天体时，我们必然会想到有某种拥有理智的力量在统治着这些天体，还有什么事情能比这更明显？如果不是这样，恩尼乌斯的诗怎么能够引起读者普遍的共鸣，'仰望苍穹，星光闪烁，人类都把它当做朱庇特来祈祷'；啊，不仅当做朱庇特，还当做世界之主，用它的首肯统治万物，如恩尼乌斯所说，它是'诸神与凡人之父'，一位无所不在、无所不能的神。在我看来，如果有人怀疑这一点，那么他为什么不怀疑太阳的存在；后者的存在会比前者更明显吗？神在我们的心灵中的呈现足以使我们建立对神的稳定永久的信仰，随

着时间的流逝，这种信仰会日益增强，随着人类世代的更替，这种信仰越来越深地扎根。而我们看到，随着时间的流逝，其他迷信和虚幻的意见在消失。今天还有谁相信人头马或银蛟曾经存在？在什么地方你现在还能找到头脑简单的老妇害怕曾经被人相信的冥府的魔鬼？岁月使想象的虚构湮灭，使本性的判断坚定。

"因此，无论是在我们这个民族还是在其他民族，对诸神的敬畏和对宗教的尊重变得越来越坚定，越来越深厚。这不是无法解释的，偶然的；它是一个结果，首先，这是因为诸神实际上经常显身展示它们的力量。例如拉丁战争期间，独裁者奥鲁斯·波斯图米乌和图斯库兰的屋大维·玛米留斯在瑞吉鲁斯湖决战，有人看到卡斯托耳和波吕刻斯骑着马参战。同样，在较近的历史中，廷达瑞俄斯的这两个儿子带来了马其顿的珀耳塞斯战败的消息。事情是这样的：我们一位年轻的同时代人的祖父普伯里乌·瓦提尼乌夜间从他担任总督的莱亚特回罗马，两位骑着白马的年轻武士前来向他报告，国王珀耳塞斯在那一天被关押。到达罗马以后瓦提尼乌向元老院报告了这个消息，却以谎报重大事件、散布谣言之罪被起诉；而后来保卢斯发来的军情快报证实那个国王是在那天被捕的，于是元老院奖给瓦提尼乌一块土地，还豁免了他的军务。还有史书记载，罗克里人在萨格拉河战役中大败克罗通人，战报当天就在奥林匹亚赛会上传开。经常有人听到法翁斯[①]的声音，诸神也经常显灵，迫使那些心灵既不虚弱也非不虔诚的人承认诸神的真正存在。

【3】"还有，关于未来事件的预言和预兆只能证明未来事件将要出现，或者预示给人的警告——因此有幽灵、警示、前兆、预兆这些词。哪怕我们认为有关摩苏斯、提瑞西亚[②]、安菲阿拉俄斯、卡尔卡斯、赫勒努斯的故事都是毫无根据的、空想的虚构（要是与事实完全不合，他们在占卜方面的能力甚至不可能被传说吸收），来自我们自己的历史中的实例就不会教我们承

---

① 法翁斯（Fauns），神话中的农牧神。
② 提瑞西亚（Tiresias），传说中的盲人预言家。

认神的力量了吗？普伯里乌斯·克劳狄在第一次布匿战争中的鲁莽的故事不会对我们有所触动吗？克劳狄以为可以戏弄诸神，因此当那些小鸡从笼子里放出来但不肯吃食时，他就下令把它们扔到水里去，不愿意吃就让它们喝；这个玩笑的代价是开玩笑的人的眼泪和罗马人的大灾难，罗马人的舰队大败。还有，在同一场战争中，他的同事朱尼乌斯不是由于违背卜卦而在暴风雨中丧失了他的舰队吗？这些灾难带来的后果是：克劳狄被判叛国罪，而朱尼乌斯则自杀身亡。凯留斯写道，盖乌斯·弗拉米纽斯对宗教的警示置若罔闻，因此在塞拉西美尼湖战役中惨败，给我们国家带来沉重打击。这些人的命运可以表明，我们的帝国是那些服从宗教警示的统帅赢来的。还有，如果我们仔细比较我们的民族性格和其他民族的性格，那么可以发现，我们在其他所有方面都和他们相当，甚至比他们低劣，然而在宗教方面，亦即对诸神的敬畏，我们远远超过他们。为了寻找一头失踪的猪，阿图斯·那维乌斯把葡萄园分成几块，我们应当轻视阿图斯那位著名的占卜官吗？① 如果国王霍斯提留没有在阿图斯的占卜官的指点下指挥那些重大战役，那么我会表示同意，我们可以这样做。由于我们的贵族的疏忽，占卜的技艺已被遗忘，占卜遭到轻视，仅被当做一种外在的表演；其后果就是，国家公共管理的最重要的部门，尤其是在进行涉及国家安全的战争时根本不进行占卜；在渡过江河之前不占卜，在长枪尖上有闪光时不占卜，征召公民入伍也不占卜（因为这种起过积极作用的活动已经不存在了，我们的将军只有在放弃占卜以后才担负起军事统帅的职责）。但在我们的祖先中，宗教是强大的，有些统帅代表国家蒙着头发誓，把自己当做牺牲奉献给诸神。从西彼拉圣书中，从占卜官的神谕中，我可以引用许多例子，以证明这些都是铁的事实，无可置疑。

【4】"普伯里乌·西庇阿和盖乌斯·菲古卢斯执政期间，我们罗马占卜

---

① 拉瑞斯（Lares），罗马人的路神、精灵。西塞罗在这里讲的故事与在《论占卜》中讲的故事不一样。他在《论占卜》中说，阿图斯向拉瑞斯起誓，要是能找到丢失的猪，就把园中最大的那串葡萄献给它。他找回了猪，然后又借助占卜发现在园子的哪个部分能找到那串最大的葡萄。

官的预言和伊拙斯康人的预言都被事实证明是正确的。提比略·革拉古在第
二次担任执政官任满时要举行继任人的选举。在宣布候选人名单时，监察选
举的官员突然倒地身亡。但革拉古无论如何也要开始选举。察觉到公众会由
于这件事怀疑程序的正确性，他就把这个问题提交给元老院。元老院投票决
定'按照惯例处理'。于是派出预言家占卜，并宣布那名监察选举的官员没
有按规定办事。我父亲曾经告诉我，这时候革拉古暴跳如雷。他喊道：'我
怎么没有按规定办事？我作为一名执政官和占卜官，已经按照占卜得来的征
兆把名字都写在投票板上。你们这些野蛮的伊拙斯康人，你们懂得罗马人的
法律吗，你们有能力为我们的选举立法吗？'他叫他们卷起铺盖滚蛋。而后
来，在担任了撒丁岛行省总督以后，他从驻地写信给占卜团，说自己读了
圣书以后认识到自己的占卜不合规矩，当时他选了西庇阿的园林搭帐篷占
卜，然后就穿越城界去主持元老院会议，把城界之忌给忘了，会后又穿越
城界去接受征兆；① 因此，当时选出的执政官就变得不合规范了。占卜官们
把他的信转交给了元老院；元老院决议让当选的执政官辞职，而他们这样做
了。我们还能要求比这更加典型的例子吗？在这里我们看到一位最富有智慧
的政治家，或者说一位最伟大的政治家，他宁愿坦白一个他本来可以隐瞒的
错误，也不愿让任何不洁的怀疑玷污国家；执政官们宁愿立即辞去国家的最
高职务，也不愿违背宗教的意愿多执掌一会儿权力。占卜官是最庄严的职位
之一，卜者的技艺当然也是受神激励的。考虑到这些事例和无数相同事实的
人难道还能不承认诸神存在？假如有人解释某些存在者的意愿，那么由此可
以推论这些存在者本身必定存在；有人解释诸神的意愿，因此我们必须承认
诸神存在。也许可以争论，并非所有预言都是无休止的。然而，并非每个病
人都能痊愈，这并不能否认医术的存在。有关未来事件的迹象是诸神显示给
我们的；人可以对这些迹象发生错误，但错误在于人的推理能力，而不在于
神的性质。因此，所有民族的所有人都同意诸神存在，人人心中都刻有这种

---

① 卜者一旦穿越城界，预兆就会失灵。

信念。

【5】"关于诸神的本性有许多意见，但无人否认它们的存在。我们的老师克林塞斯确实提出过四个理由来解释诸神的观念怎样在人心中形成。他提到的第一个理由就是我刚才讲过的那个论证，即对未来事件的预知；第二个理由是温和的气候给我们带来的巨大好处、大地丰饶的产物，以及我们所获得的大量恩赐；第三个理由是敬畏雷电、暴风、骤雨、风雪、冰雹、洪水、瘟疫、地震、石雨、血雨、地沉、地裂、怪人、怪兽、流星、彗星，希腊人称为'彗星'，而在我们的语言中称为'长发星'，近期发生的屋大维战争期间，①天上出现彗星，预示着那场可怕的灾难；②还有天上同时出现两个太阳，据我父亲所说，图狄塔努和阿奎留斯执政那一年天上同时出现两个太阳，而像太阳一样伟大的西庇阿·阿非利加努的光芒熄灭了，他是罗马的第二个太阳；所有这些警示性的预兆都使人相信某种天上的、神圣的力量存在。他说这种信仰的第四个理由，也许是最重要的理由，是天穹、日月星辰的秩序、运动和美，这种景象本身足以证明这些事物不是偶然性的结果。如果有人走进摔跤学校或参加公共集会，看到一切都已安排妥当，井然有序进行，那么他不可能假定这种状况是偶然的，没有原因；他明白有某个存在者在发号施令。面对天体的周期运动，众多星体的有序，在漫长的岁月中从来没有出过一点差错，他必然会做出推论：这些世界的强大的运动是由某个心灵来规范的。

【6】"克律西波的理智极为敏锐，他的话似乎表明他所说的只是自然本身教给他的东西，而不是他自己的发现。他说：'如果在这个世界上有某种东西是人的心灵、理智、能力、力量不能创造的，那么这些东西的创造者必然比人卓越；天体，以及其他一切事物，展示出一种永久的秩序，这是人不能创造的；因此它们的创造者必然比人卓越；还有比神更好的名字可以用

---

①　格奈乌斯·屋大维（Gnaeus Octavius），苏拉的同党，当时与米特拉达铁斯（Mithridates）开战，屋大维战败。

②　指马略和苏拉剥夺反对党成员的公权。

来称呼这个创造者吗？确实，如果神不存在，宇宙中还有什么东西比人更卓越？神拥有理性，这是能够存在的事物中最卓越的；如果有人认为整个世界上没有任何事物比他卓越，那么那肯定是个无知的傻瓜；因此，肯定有某种东西比人卓越；因此神存在。'还有，如果你看到一所宽敞美丽的房屋，哪怕你没有看到主人，你也不可能相信它是由老鼠和鼬建造的；如果你想象这个精美的宇宙，各种美丽的天体，广阔的大地和海洋，是你的住所而不是诸神的住所，你难道不会被认为是个疯子吗？还有，我们明白所处位置较高的事物价值较大，而大地所处位置最低，并被一层厚厚的气包围，不是吗？因此，在观察某些区域和城市的时候我们可以看到这种情况，我指的是那里的居民由于空气沉闷而变得心灵愚钝，而整个人类居住在大地上，亦即处于宇宙中空气最浓厚的地方，这种情况也发生了。然而，甚至连人的理智也必定引导我们得出宇宙心灵存在的结论，这个心灵具有卓越的能力，实际上就是神的心灵。但是，（如苏格拉底在色诺芬的书中所说）人的理智又是从哪里'捡'来的呢？如果有人问我们从哪里获得湿气和渗透我们全身的热，获得真实的土的本体的肌肉，最后获得我们维持生命的气息，那么答案显然是，我们从土中获得肌肉，从水中获得湿气，从火中获得热量，从气中获得气息。

【7】"但是，我们在什么地方能够找到比这些东西更加卓越的东西呢，我指的是理性，或者要是你喜欢，你可以用几个术语来指称它，理智、目的、思想、智慧，它们是怎么得来的？难道这个世界拥有其他各种元素，唯独没有这种最珍贵的元素？然而，要是没有这种最珍贵的元素，那么一切优于这个世界的事物无疑都不存在，一切比这个世界更卓越、更美丽的事物都不存在；比它更优秀的事物不仅不存在，而且无法想象。如果没有比理性和智慧更优秀的东西了，那么这些能力必然也被我们承认的比其他一切事物更优秀的东西拥有。还有，带着同情心考虑一下事物之间的联系和亲缘关系，有谁会否认我说的是真理？大地怎么可能在一个时期鲜花盛开，在另一个时期变得满目荒凉；我们周围的许多事物怎么可能同时发生变化，标志着太阳

在夏季向我们逼近，在冬季离我们远去；海洋与海峡怎么可能随着月亮的升降发生潮汐；星辰的轨道怎么可能在旋转的天穹上保持？如果没有一个神圣的、渗透一切的灵来维持宇宙的各部分的统一，那么这些过程与和谐是不可能的。

"这些学说解释得越充分，越流利，如我所提议的那样，它们就越容易回避学园派的吹毛求疵；但若以一种简洁的三段论的方式表达，如芝诺所做的那样，那么它们似乎很容易受到攻击。流动的江河不那么容易受到污染，而封闭的池塘极易受到污染；同样的道理，流利的表述能够冲涮批评的泡沫，而封闭的推理和论证很难保护它自己。

【8】"芝诺曾经把我们详细阐述的这些思想压缩成这样一种形式：'拥有理性能力的事物优于不拥有理性能力的事物；没有任何事物比这个世界更优秀；因此这个世界拥有理性能力。'同样的论证可以用来证明宇宙是聪明的、幸福的、永恒的；因为拥有这些属性的事物比不拥有这些属性的事物优秀，没有任何事物比这个世界更优秀。从这个论证中可以得出这个世界就是神的结论。芝诺还做过这样的论证：'任何缺乏感觉的事物都不可能在其自身拥有一个部分是有感觉的；但是这个世界有某些部分是有感觉的；因此这个世界不是无感觉的。'他还进一步表达这个论证。他说：'无生命或无理性的事物不能生出有生命或有理性的事物；这个世界生出了有生命或有理性的事物；因此这个世界是有生命的或有理性的。'接下去，他还用一个他喜爱的对照来证明他的论证：'如果一支能吹奏乐曲的长笛长在一棵橄榄树上，那么你肯定不会质疑这棵橄榄树拥有某些演奏长笛的技艺的知识；如果一棵悬铃树长出一把能演奏优美乐曲的竖琴，那么你同样也会推论这棵悬铃树拥有音乐技艺；这个世界产生了有生命、有理性的东西，为什么我们不能断定这个世界是有生命的有智慧的呢？'

【9】"尽管我对这个主题的处理方式已经背离了我开始时提出的建议（因为我说这一部分不需要详细讨论，因为诸神的存在对任何人都是显而易见的），但我还是想要从物理学或自然哲学中找到根据来证明这一点。一切事

物能够得到滋养和生长在于它们本身能得到热的供应，没有热，它们的滋养和生长是不可能的，这是一条自然法则；一切事物都通过运动或活动来提供热和火；得到滋养和生长的事物拥有一种确定的、统一的运动；我们只要有这种运动，就有感觉和生命，而一旦这种运动停止或熄灭了，我们也就死亡了。克林塞斯做出进一步的论证来加强这一学说，说明每一活物中的这种热的供应有多么伟大。他说，没有任何食物能坚硬到 24 小时都无法消化，甚至身体排出的粪便仍有余温。动脉和静脉像火苗一样从不停止跳动，经常可以看到，动物的心脏被剖出来以后仍旧像一团火苗猛烈跳动。因此，一切活物，无论是动物还是植物，都是因为身体中有了热才有活力。由此必然可以推论，这种自身拥有少力的热元素渗透在整个世界。

"我们要进一步考察这个真理，更加详细地解释这个渗透一切的火元素。这个世界的所有部分（我只提最重要的）都由热来支撑和维持。首先，我们来看土元素。石头与石头的摩擦或撞击会产生火，地底下挖出来的东西会冒热气，冬天从井里可以打上热水来，大量的地热被压缩在地下洞穴里，这种情况在冬天尤甚，因此贮藏在地下的热更加密实。

【10】"我需要很长时间和大量的论证才能说明大地接受的所有种子、从土中生长出来并在土中扎根的所有植物，它们的源起和成长都在于土壤中的热。水的液体性质首先表明水也包含着热量；除非也能变成液体或被热量融化，否则水就不会结冰或凝成霜雪；这就是湿气碰上北风而变得坚硬，碰上其他地方吹来的风变成雾，碰上热而变得柔软而融化的原因。还有大海在被风剧烈搅动时变热，因此可以很容易明白液体中蕴含着热；我们不能假定这种热有外部的来源，而是通过激烈的运动从海洋的最深处迸发出来的，就好像我们的身体由于运动和锻炼而变热。还有气本身，尽管它是一种最冷的元素，但这绝不是说它就完全没有热了；它确实包含着相当一部分热量，因为气本身也是从水中蒸发来的，我们必须把气视为某种蒸发了的水，这种蒸发是由水中包含的热的运动引起的。当水在火上沸腾时，我们也可以看到同样的过程。剩下还有第四种元素，依其本性它就会变得很热，也会把健康的温

暖和生命输送给其他所有基质。因此，从世界的所有部分都由热来维持这一事实可以推论，这个世界本身能够不断地保存就在于有这个相同的或相似的基质，我们还要明白这个热和火的原则渗入整个自然，构成了阳性和阴性的生育原则，是一切有生命的物体诞生和成长的必要原因，无论是动物还是扎根于大地的植物。

【11】"因此有一种元素把整个世界结为一体并使之保存，这种元素拥有感觉和理性；因为一切自然物，只要不是单一的、同质的，而是复合的、组成的，都包含着某种支配原则，例如，在人身上就是理智，在较低的动物身上就是某种类似理智的东西，它是欲望的源泉。据信，在树木和植物中，这种支配原则位于根部。我使用'支配原则'这个术语作为希腊文'ἡγεμονικόν'的对应词，意思是任何事物的这个部分必须或不得不在该类事物中拥有至高无上的地位。由此可以推论，包含着整个自然的支配原则的元素必定也是一切事物中最卓越的，最应统治和支配一切事物。我们现在看到，世界的各个部分（世界上的任何事物都是这个世界的一部分）都有感觉和理性。因此可以推论，包含着这个世界的支配原则的那个部分必定拥有感觉和理性，只是这些感觉和理性的形式更高级、更强大。因此这个世界拥有智慧，能把一切事物聚集在世界中的元素是极为优秀的，是完全理性的，因此这个世界是神，这个世界的所有力量都被神性聚集在一起。还有，这种炽热的世界之火比我们所知的、使事物保持活力的火更加纯粹，更加灿烂，更加易动，因此也能更为快捷地推动感觉。因此，就像人和动物由于拥有这种火而保持体温，由于拥有这种火而具有运动和感觉一样，考虑到这个世界拥有一种纯粹的、自由的、纯洁的烈火，渗透到世界各处，所以讲这个世界没有感觉是荒谬的；尤其是，这种世界之热的运动不是来自外部的源泉，而是自动的，在运动中自发的；把运动和活动传输给热，又凭着这种热把这个世界聚集在一起，还能有什么事物比这个世界更强大？

【12】"让我们来听听柏拉图怎么说，因为他几乎被信为一名神圣的哲学家。他认为运动有两类，一类是自发的，一类是从外中输入的；自发的运动

比外力输入的运动更为神圣。①他相信前一种运动只存在于灵魂中，因此灵魂是运动的唯一源泉和起源。由于一切运动都产生于世界之热，由于这种热是自发的，而不是来自其他事物的推动，由此可以推论，这种热就是灵魂，由此可以证明这个世界是一个有生命的存在者。

"这个世界拥有理智的另一项证明是由这样一个事实提供的：这个世界无疑比它的任何元素更好；就像我们身体的任何一个部分不可能比整个身体更有价值，所以整个宇宙必定比宇宙的部分价值更高；如果是这样的话，那么宇宙必定拥有智慧，要是宇宙不拥有智慧，那么人尽管是这个世界的一部分，会由于拥有理性而必然比整个世界拥有更高的价值。

"还有，如果我们从原初的秩序一直考察到最完善的秩序，那么我们最终必将抵达神。我们注意到，首先在植物王国，自然的恩惠限制于为其成员提供滋养，维持成长。对动物，自然恩赐给它们感觉和运动，还有一种欲望或冲动，使它们能够趋利避害。对人，自然扩大了它的恩赐，添加了理性，藉此控制欲望，使其不得放纵。

【13】"第四级或最高一级是生来善良而又聪明的存在者，它们从一开始就内在地拥有正确的理性和一致性；这个等级必须视为高于人的等级，这是神的属性，亦即这个世界的属性，它必定需要拥有我所说的完善的、绝对的理性。还有，任何有机的整体必定拥有一个终极完善的目标，这是不可否认的。我们在葡萄园里或在牲畜身上可以看到自然行进在它自己的道路上，走向充分发展；我们在绘画、建筑，以及其他技艺中可以看到一种趋向于完善的目标，整个自然界更是如此，它必定有一个趋向于完成和完善的过程。各种确定模式的存在者在趋向于实现其完善的过程中会遇到许多外在的障碍，但没有任何障碍能够阻止整个自然的发展，因为它把一切模式的存在者都拥抱于自身之中。由此可以推论，必定存在着这个最高的第四等级，不受任何外力影响。这是宇宙的自然所处的等级；由于它具有优于一切事物的特性，

①　参见柏拉图：《蒂迈欧篇》89。

不会受到任何事物的阻挠，因此它必然是一个理智的存在者，也是一个聪明的存在者。

"再说，包含一切事物在内的存在者必定是最优秀的存在者，还有什么能比否认这一点更不合逻辑？或者说，承认这一点，但是否认它是有生命的、有理性的、有智慧的，还有什么能比这更不合逻辑？除了是一切事物中最优秀的，它还能是别的什么呢？如果它像一棵树或一只动物，远远不是最高的，那么必然要把它算做最低级的存在者。如果它有理性，然而从一开始就不是聪明的，那么这个世界必定处在比人类还要糟糕的状态；因为人可以变得聪明，如果在以往所有时间里，这个世界是愚蠢的，那么它显然从来不拥有智慧；所以它必然比人低劣。而这样说是荒谬的。因此必须相信这个世界从一开始就是聪明的、神圣的。

"事实上，没有任何事物能像这个世界一样无所匮乏，它有充分的供给，它的每个部分和细节都是完成的、完善的。

【14】"对此克律西波有一个很巧妙的说法，制造盾牌套是为了盾牌的缘故，制造刀鞘是为了刀的缘故，所以一切事物，除了这个世界本身，被造出来都是为了其他事物的缘故；这样，大地产出谷物和果实是为了动物的缘故，大地产出动物是为了人的缘故；例如，马是为了驮人，牛是为了耕地，狗是为了狩猎和看门；而人本身的产生是为了沉思和模仿这个世界；他决不是完善的，但他是完善者的一个片断。世界正好与此相反，由此它包含一切事物于自身中，没有任何事物外在于它，它是全善的；那么它怎么能不拥有最优秀的东西呢？世上没有比理性和理智更优秀的东西了，所以这个世界不可能不拥有它们。克律西波还举了许多例子，很好地说明了成熟的个体优于不成熟的个体，比如马的优秀品质多于马驹，狗的优秀品质多于幼犬，人的优秀品质多于幼童；同理，完善的和完成的存在者必定拥有世上最优秀的东西；但是没有任何东西比这个世界更完善，没有任何事物比美德更优秀；因此美德是这个世界的一个基本属性。还有，人的本性是不完善的，但在人身上可以实现美德；在这个世界中更是如此，因此这个世界拥有美德。因此，

这个世界是聪明的，因此也是神圣的。

【15】"察觉到了这个世界的神性，我们还必须把同样的神性赋予星辰，星辰是由以太最活跃、最纯洁的部分形成的，不是由其他任何元素复合而成的；它们是火热的、透明的。因此，它们也有权利被说成是拥有感觉和理智的活生生的存在者。克林塞斯认为，触觉和视觉这两种感觉可以证明星辰是由火组成的。因为太阳的光芒比其他任何火都要灿烂，它把自己的光芒洒向万里无垠的宇宙；而太阳的光线不仅使被照的事物发热，还能使它燃烧，如果它不是火，这种事情就是不可能的。克林塞斯接着说：'由于太阳是用火造成的，它从大洋中的水蒸气中得到滋养，因为要是得不到某种滋养，火就不能继续，由此可见它类似于我们日常生活中使用的火，或者类似于包含在动物身体中的火。我们日常生活中的火是一种毁灭性的力量，烧毁一切，不管传到哪里，都会击溃和驱散一切事物。另一方面，身体中的火是生命和健康之热量；它是维护性的，提供滋养，促进生长，维持生命，赐予感觉。'因此他俩坚持说，这种火无疑和太阳类似，因为太阳也使万物各从其类，繁荣昌盛。由于太阳与那些蕴藏在动物身体中的火相似，所以太阳也必定是活的；其他天体也必定如此，因为它们起源于我们称之为以太或天空的天上的火。由于有些生物生在陆地上，有些生物生在水中，有些生物生在空中，因此如亚里士多德所认为的那样①，在那种最适合产生动物的元素中没有动物是不可思议的。星辰占据着以太的区域，由于以太是最精致的元素，并总是处在活泼的运动之中，由此可以推断，出生在这个区域的动物都具有最敏锐的感觉和最迅疾的运动；由于星辰产生于以太，因此我们可以合理地推断星辰拥有感觉和理智。由此可见，星辰可以算做神。

【16】"我们可以观察到，那些生活在空气稀薄纯洁的国度里的人比那些生活在空气浓厚混浊的国家里的人更加机智、更加敏锐；据信用做食物的那些实体对精神是否敏锐也有影响；因此星辰很可能具有最因此天体很有可能

---

① 无疑出自亚里士多德已经佚失的对话《论哲学》（De Philosophia）。

具有卓越的理智，因为它们居住在这个世界的以太区，受到穿越太空来自海洋和大地的蒸气的滋养。还有，星辰秩序和运行规则最清楚地证明了星辰的意识和理智；因为没有设计，有规范有节奏的运动是不可能的，这种运动不包含任何随意性的迹象或偶然改变节奏；星辰的秩序和永久的规范表明的既不是自然的过程，因为它是极为理性的，也不是偶然性，因为偶然性喜欢改变节奏，拒绝规范；由此可以推论，由于星辰拥有理智和神性，星辰按其自由意志运动。亚里士多德还因为这样一个观点受到赞扬，他说一切生物的运动都可归于下列三个原因之一：本性、力量、意志；[①] 日月星辰都处在运动之中，而按照本性运动的物体要么由于它们重而下坠，要么由于它们的轻而上升；但是（他争论说）天体不是这样的，它们沿着环形的轨道运动；也不能说星辰在某种更强的外力的推动下做出与自己的本性相反的运动，因为还能存在什么更加强大的外力？因此剩下的结论就是：天体的运动是自愿的。

"任何明白这一真相的人如果否认诸神的存在，不仅表明他的无知，而且表明他的邪恶。至于他到底是否认诸神存在，还是完全剥夺诸神对人的关心，还是完全剥夺诸神的活动，不会造成太大区别；因为在我看来，一个完全不活动的存在者很难说是存在的。因此，诸神的存在如此明显，我很难认为否认诸神存在的人心智健全。

【17】"我们剩下还要考虑神性的特点；关于这个主题，没有比从实际的肉眼转向心灵之眼更困难的事了。这一困难使得那些没有受过教育的普通人和那些与普通人类似的哲学家不在面前竖起人的形像就不能察觉神；科塔已经揭示了这种思维模式的狭隘，我不需要再讨论。但是假定我们有了一个确定的、预想的神的观念，第一，它是一个活生生的存在者，第二，它的卓越是世上其他任何事物都无法超越的，那么我看不到任何事物能与这个预想的观念相吻合，除非我们判定这个世界本身就是一个活生生的存在者，就是神，因为它是一切事物中最优秀的。让伊壁鸠鲁嘲笑这个观念吧，要是他愿

---

① 可能也引自亚里士多德的《论哲学》。

意——他是一个很少开玩笑的人，他身上很少有阿提卡式的幽默——让他断言自己无法认为神有一个'球形的、旋转的身体'。然而无论如何伊壁鸠鲁不可能让我放弃一个他本人也接受的观点；他认为诸神存在，理由是必定存在某种样式的杰出的、至高无上的存在者；然而显然没有任何东西能比这个世界更卓越。无法怀疑一个拥有感觉和理性活生生的存在者比没有这些属性的存在者卓越；由此可以推断，这个世界是一个拥有感觉、理智和理性的存在者；这一论证导出这个世界是神这个结论。这些要点在我们稍后考虑这个世界的创造物时会显得更容易到来。

【18】"与此同时我要提醒你，威莱乌斯，不要再炫耀你们学派对科学的无知了。你说你认为圆锥体、圆柱体或棱锥体比球体更美。呃，哪怕是在审美标准上你们伊壁鸠鲁主义者也有自己的标准！然而，假定你提到的这些形体对眼睛来说更漂亮——尽管我并不真的这么认为，因为还有什么形体能比在其自身中包含其他一切形体的形体更美，它没有粗糙之处，没有表面碰撞之处，没有缺口或凹陷，没有隆凸或低洼之处？有两种形状比其他所有形状更优美，在立体图形中是球体（希腊文是'σφαῖραν'），在平面图形中是圆形（希腊文是'κύκλος'）；只有这两种图形的各个部分拥有绝对统一的属性，圆周上的任何点到圆心的距离相等；没有比它们更简洁的图形了。如果你们伊壁鸠鲁主义者不明白这一点，那是因为你们从来没有在地上画过图形；你们甚至没有掌握足够的自然哲学，乃至于不能理解如果天体是其他形状的，它们就不能保持统一的运动和秩序。因此你们说这个世界本身的形状不一定是圆的，可能还有其他形状，有无数个世界，它们的形状各不相同，还有什么论断比你们这些论断更不科学？如果伊壁鸠鲁学过二乘以二等于四，那么他肯定不会这样说话；可是他在忙于咀嚼主善的时候，忘了抬头看恩尼乌斯所说的'天空的嘴'。

【19】"天体也有两类，① 有些从东向西运行，从不改变和偏离它们的轨

_____

① 即恒星和行星。

道，而有些则在相同的轨道上同时不断地自转和公转。这些事实马上表明苍穹的旋转运动和天体的环状运动，只有球形才可能有这样的运动。

"首先来说太阳，天体之首。它的运动是这样的：它把光线洒向大地上的这些国家，然后又把它们留在黑暗中，有时候是这一边，有时候是那一边；黑夜是由遮蔽了阳光的大地的影子引起的。太阳白天的路径和夜晚的路径都有规矩。太阳距离大地的距离有时候远，有时候近，引起温度的变化。太阳在轨道上自转了三百六十五又四分之一天后就走完了一圈，这就是一年；太阳在轨道上向北和向南的偏斜引起夏季和冬季，以及跟随其后的其他两个季节。就这样，四季的变化使陆地和海洋滋生出各种生物。

"还有，太阳走完一圈要花一年，月亮走完一圈要花一个月；当它离太阳最近的时候，它的光线最弱，当它离太阳最远时光线最强。不仅它的形状和轮廓会发生盈亏圆缺的变化，而且它在天空中的位置也发生偏北或偏南的变化。月亮的运行也有冬至和夏至这样的至点，月亮也会释放出许多流射，滋养和刺激动物的成长，促使植物的生长和成熟。

【20】"最奇妙的是那五颗被错误地称为行星或漫游者的星的运动——因为某个事物如果始终保持有规则的、确定的运动，那就不能称做漫游者，无论是前进和后退，还是朝着其他方向运动。这种规则性在我们说的这些星中表现得更加神奇，它们有时隐藏，有时显身，有时逼近，有时退隐，有时领先，有时后随，有时快，有时慢，有时停止不动。根据这些星辰的不同运动，数学家提出所谓的大年，[①] 当太阳、月亮和五星完成它们各自的行程，回复到开始时的相对位置，这就构成了一个大年。关于大年的时间长度有激烈的争论，但它必定是一个确定的时间。被我们称做萨图恩（土星）的那颗星，希腊语称为 'Φαίνων'（放光者），离太阳最远，大约要用三十年时间才能走完它的轨道。在运行中，它不断地变化，时而前进，时而后退，黄昏时消失，黎明时出现，但它从来没有改变过这些运动方式或者改变过完成这

---

① 参见柏拉图：《蒂迈欧篇》39。

些运动所需要的时间。土星之下靠近大地的是朱庇特（木星），希腊语称为
'Φαέθων'（燃烧者）。它用十二年的时间通过黄道十二宫，它的行迹也表现
出类似土星那样的多样性。在木星下面那条轨道上的是玛斯（火星），希腊
语称为'Πυρόεις'（发火者），我相信它十二个月少六天的时间走完它的
轨道。再下面是墨丘利（水星），希腊语称为'Στίλβων'（昏暗者），它大约
要用一年的时间通过黄道十二宫，并且它与大地的距离从未超过一个区宫，
虽然它有时在太阳之前，有时在太阳之后。五星中轨道最低、最靠近大地的
是维纳斯（金星），希腊语称为'Φωσφόρος'（光明者），而在拉丁语中，当
它出现在太阳之前时就被称为'亮星'，当它跟在太阳后面时就被称做'昏
星'；它的运行周期是一年，与其他四星一样，它走着之字形通过黄道十二
宫，与太阳的距离不超过二个宫区，有时在太阳之前，有时在太阳之后。

【21】"对我来说，没有合理的理智和目的，我根本无法理解星辰运行的
这种规则，守时，尽管它们的轨道极为不同。如果我们注意到这些星辰的属
性，我们不得不把它们纳入诸神的行列。

"还有，那些所谓的恒星也表现出它们的理智和智慧。它们每日里的旋
转自也表现出精确的规则。它们不像那些不懂自然哲学的人所断言的那样只
被以太携行，或者固定在苍穹上；因为以太并不具有携带星辰、使其凭自身
的力量旋转的性质，以太是稀薄的、透明的、恒温的，不能很好地持有星
辰。所以恒星有它们自己的形体，和以太分离，不依附于以太。这些星辰持
续地、永不停止地旋转，它们惊人的、难以置信的规则，都清楚地表明它们
拥有神力和理智；所以任何不能察觉它们本身拥有神性的人似乎不能理解任
何事情。

"所以在天上没有偶然、无常、无序，或游离不定，而是有绝对的秩序、
精确、计算、规则。任何没有这些性质、虚假、伪造、充满谬误的事物，属
于大地和月亮（最低的天体）之间的区域，属于大地的表面。因此，任何认
为天体的神奇的、难以置信的规则性是不合理的人，他自己无法被视为理性
的存在者，因为这种规则性是万物得以保存和安全的唯一源泉。因此，如果

讨论这个主题，我相信从芝诺本人那里取得我的第一原则是不会错的，他是真理寻求者之王。

【22】"芝诺提出一个自然的定义。他说：'自然是一团火，像工匠一样娴熟地从事生产。'他认为一门技艺或手艺的具体功能就是创造和生产，我们的技艺用手做的事情，自然用更加高超的技艺来完成，也就是用工匠般的火来完成，而这种火是其他所有技艺的老师。按照这种理论，在方法和途径的意义上，自然的每一部门都像工匠，而芝诺不仅把包含一切事物于自身的这个世界本身的自然说成'像工匠一样的'，而且它确实就是一名工匠，它的深谋远虑为它的作品的用途和目的的每一个细节都做了规划。就像其他自然实体靠它自己的种子来产生、滋养和成长，这个世界的自然也经历了意志、意图、欲望（希腊语称为'ὁρμας'）的各种运动，其方式和我们经历情感和感觉并采取恰当行动完全一样。这就是世界心灵的自然，因此可以正确地称为审慎或深谋远虑（即希腊语中的'πρόνοια'）；这种深谋远虑主要集中在保障世界的三个目标上：第一，它要适宜生存；第二，它要绝对完整；第三，最主要的，它要非常美丽，要拥有各种装饰。

【23】"我们已经讨论了作为一个整体的世界，我们也讨论了天体；它们清楚地向我们显示有一大帮神，它们既不是懒散的，也不是令人厌恶地活动或辛苦地劳作。因为它们没有血管、神经和骨头的身体；它们也不需要吃饭喝水，乃至于处于一种过分敏锐或过分迟钝的滑稽状态；它们的身体也不会使它们害怕摔跤、挨打、生病、衰竭——这些危险曾使伊壁鸠鲁虚构出无实体的、无所事事的诸神。与此相反，诸神拥有最优美的形体，住在空中最纯洁的区域，它们控制自己的运动和行程，齐心协力地保存和维护这个宇宙。

"最聪明的希腊人和我们的祖先从诸神的伟大恩赐中找到了很好的理由，认识了许多神并给它们命名。他们认为，人类得到的有用的东西必须归结为神对人的仁慈。因此，来自某个神的东西就用神的名字来称呼；就好像我们把玉米叫做刻瑞斯，把酒叫做利伯尔，特伦斯写道：'没有刻瑞斯和利伯尔，维纳斯就变得冰冷。'在另外一些情况下，某种特殊的力量本身也被称做神，例如'信念'和'理性'；我们实际上已经看到它们被尊为神，如埃米留斯·马库斯·斯考鲁斯①在卡皮托利圣山的献祭中已经这样做了。还有奥鲁斯·阿提留斯·卡拉提努曾经对'希望'作献祭。你从这里可以看到'美德'神庙，马库斯·马凯鲁斯将它重建为'荣誉'神庙，而它最早是在许多年前利古里亚战争期间由昆图斯·马克西姆建立的。'财富'、'拯救'、'统一'、'自由'、'胜利'，所有这些都因为它们具有巨大力量而被尊为神，这些力量似乎需要一个神圣的起源。属于同一类的还有'欲望'、'快乐'，维纳斯和鲁本提纳也被神化了——这些东西是邪恶的，不自然的（尽管威莱乌斯不这么看），然而这些邪恶的东西经常会压倒我们的天然本能。因此，作为各种福祉的创造者的这些神被当做神是由于它们恩赐的福祉的价值，我刚才列举的这些名字确实表达了拥有各种力量的诸神。

【24】"还有，人的经验和一般的习俗也会出于感恩而把那些杰出的恩人尊为神。这就是赫丘利的起源，也是卡斯托耳和波吕丢刻斯的起源，此外还有埃斯库拉庇俄斯和利伯尔。（我指的是塞墨勒之子利伯尔，不是我们的祖先将其与刻瑞斯和利伯拉并列、敬畏崇拜的那个利伯尔，这种崇拜的性质只能在秘仪中启示；但是利伯尔和利伯拉是刻瑞斯的子女，在我们拉丁语中，liberi 的意思就是子女，这种用法至今仍旧保留在利伯拉这个例子中，但却不适用于利伯尔。）②罗莫洛的起源也相同，他被等同于奎里努斯。这些恩人被恰当地视为神，既是至善的，又是不朽的，因为他们的灵魂还活着，享有永恒的生命。

"另一种理论，科学的理论，也是许多神的源头，诗人用神话故事给这些神提供了人的形像，它们以各种迷信形式充斥在人的生活中。芝诺曾经讨论过这个主题，克林塞斯和克律西波后来做过更加详细的解释。例如，整个

---

① 埃米留斯·马库斯·斯考卢斯（Aemilius Marcus Scaurus），罗马执政官。

② 在拉丁语中，"liber"和"libera"做男性和女性子女解时的复数都是"liberi"，作为神名的利伯拉有复数形式，作为神名的利伯尔没有复数形式。

希腊有一种古老的信仰，凯鲁斯①被他的儿子萨图恩阉割，萨图恩又被他的儿子朱庇特囚禁。这些不道德的故事想要表达的无疑是一种精致的科学理论。它们的意思是，创造万事万物的天上的以太或火这种最高级的元素是没有身体的，而身体需要与另一身体交媾才能生育子女。

【25】"他们还用萨图恩来表示维持着时令和季节的周期变化的那个存在者，在希腊文中，这个神的名字实际上就是这个意思，因为萨图恩的希腊名字是克洛诺斯（Κρόνος），也就是'Χρόνος'，意思是'一段时间'。而另一方面，萨图恩这个拉丁名字的得名在于这样一个事实，他'吃饱了'，或者他'饱足了'；故事中说他习惯于吞食他的儿子——意思是'时间'吞食着'时代'，它对以往的岁月永不满足。朱庇特用铁链捆绑萨图恩，为的是让时间的进程不至于无限，朱庇特可以用星辰组成的锁链约束它。

"至于朱庇特本身——这个名字的意思是'帮助众人的父亲'，这个词稍加曲折变化，我们称之为约夫（Jove），词根是'iuvare'（帮助）；诗人们称它为'众神和众人之父'，我们的祖先称之为'最优秀、最伟大的'，之所以称之为'最优秀'，意思是'最仁慈的'，之所以放在'最伟大的'之前，乃是因为普世的仁慈更伟大，或者至少可以说比拥有大量财富更可爱——如我前述，②恩尼乌斯也用下面这些话提到它：'仰望苍穹，星光闪烁，人类都把它当做朱庇特来祈祷。'这段话的意思比这同一位诗人的另一段话更直接：'无论从天上放射光芒的是什么力量，我都要诅咒它！'我们的占卜官的套话'愿约夫电闪雷鸣'，意思是'愿天空电闪雷鸣'。在欧里庇得斯许多精美的段落中有这样一则简洁的祈祷：'您看到，无边无际的以太覆盖苍穹，轻柔地拥抱大地；这使您被尊为众神之神，至高无上的约夫。'③

【26】"按照斯多亚学派的理论，海洋和天空之间的气被神化以后称做朱诺，约夫的姐姐和妻子，因为它和以太相似，并和以太有紧密的联系；他

---

① 凯鲁斯（Caelus），希腊天神乌拉诺斯（Uranus）的拉丁名字。
② 指本文本卷，第 2 章。
③ 欧里庇得斯：《残篇》第 386 行。

们把这种气视为阴性的，把它归为朱诺，因为它极为柔软。（然而我相信朱诺这个名字的词根是‘iuvare’，帮助）剩下还有水和土，以此构成神话传说中的三个王国。于是整个海洋王国赋予尼普顿（‘Neptune’），据说是朱庇特的兄弟；这个名字的词根是‘nare’（游泳），词首和词尾稍有变化，就像‘Portunus’（港口神）这个词的变化一样，这个名字的词根是‘portus’（港口）。整个土或大地被神化为父神狄斯（Dis），这个名字的另一种写法是‘Dives’（富裕），相当于希腊语中的‘Pluto’，因为一切事物都生于土而最终又复归于土。据说他和普罗塞庇娜（Proserpina）结婚（这确实是一个希腊名字，源于希腊文‘Persephone’）——他们认为普罗塞庇娜就是玉米的种子，故事中说她消失在土中，她的母亲到处寻找。这位母亲是刻瑞斯（Ceres），是‘Geres’的一个讹误，‘Geres’的词根是‘gero’（生育），因为她是玉米的生育者；从她的希腊名字德墨忒耳（Demeter）源自‘Ge Meter’（大地母亲）也可以看到对词首字母的随意改变。同样，‘Mavors’（玛沃尔斯）① 这个词源于‘magna vertere’（最大的颠覆者），而‘Minerva’（密涅瓦）的意思要么是‘扫荡者’，要么是‘威胁者’。

【27】"还有，由于开端和终结对一切事物来说都是最重要的部分，所以他们认为伊阿诺斯（Janus）② 在献祭中是领头的；这个名称源于‘ire’（走），因此 jani 就是走廊，‘januae’就是房子的前门。还有，维斯太（Vesta）这个名字来自希腊人，他们称它为女神赫斯提亚（Hestia）。它负责掌管我们的祭坛和灶台，因此所有祈祷和献祭总是以它为最后一个，因为它是我们最私秘的事物的保护者。与这种功能紧密相连的是佩奈特（Penates）或家政神，这个词要么源于‘penus’（粮仓），要么源于这样一个事实，它们住在房子里面的粮仓里，所以诗人也把它们称做‘penetrales’（住在里面的）。阿波罗这个名字也是希腊的；他们说它就是太阳，还把狄安娜等同于月亮；‘Sol’

---

① 即玛斯（Mars）。
② 看守门户的两面神。

（太阳）这个词可能来源于'solus'（唯一的），要么是因为太阳这么大的天体是唯一的，要么是因为太阳一升起其他星星都变得昏暗，只有它是唯一可见的；卢那（Luna）这个名字派生于'lucere'（闪耀）；它和'Lucina'是同一个词，因此在我们国家人们在生孩子时向朱诺·鲁西纳祈祷，就好像希腊人把显身的狄安娜称为'Lucifera'（带光者）一样。它还被称做'Diana Omnivaga'（游荡者），不是因为它狩猎，而是因为它被列为七大行星或七大漫游者之一。它被称为狄安娜是因为它把晚上的时间变得有点像白天。①人们也向它祈祷，请它帮助生育，因为孕期偶然有七个月的，更一般的是九个月；月亮旋转一周被称做月份（menses），因为它们覆盖某个可计量的时间段。蒂迈欧以他的才能曾经在他的史书中记载了这样一件事：以弗所的狄安娜神庙在某天夜里被焚，而亚历山大大帝正是在那天晚上降生的，这一点也不值得奇怪，因为女神离家出走，无疑是想在奥林庇亚丝②分娩时在场。我们的国人之所以把这位女神称做维纳斯是因为它'临在'（venire）一切事物；它的名字不是从'venustas'（美）这个词派生出来的，倒不如说美来源于它。

【28】"因此你们看到这种想象的诸神是怎样从真正的、有价值的自然哲学中发展出来了吗？这些虚假的信仰、疯狂的谬误和迷信的水平并不高于乡间老妇所讲的故事，其来源正是因为误入歧途。我们知道诸神的长相、年纪、穿着、武器，还知道他们的谱系、婚姻、亲属关系，所有关于他们的一切都被歪曲为和虚弱的人相似。他们实际上被刻画为有欲望和情感的——我们听说他们有爱情，有悲伤，会生气；按照神话传说，他们甚至会打仗或争斗，不仅在荷马那里我们看到诸神在两军对垒时代表他们交战，而且还进行他们自己的战争，比如对提坦神和巨灵神开战。这些故事和信仰是非常愚蠢的，充满着胡言乱语和种种荒谬。尽管我们轻蔑地驳斥这些故事，但我们

---

① 狄安娜的词根是拉丁文"dies"（白天）。
② 奥林庇亚丝（Olympias），亚历山大大帝之母。

还是可以理解神的位格和本性渗透在几种元素的实体中，刻瑞斯渗透在大地中，尼普顿渗透在海洋中，等等；按照习俗赋予它们的名称，敬畏和崇拜诸神，是我们的义务。但是崇拜诸神的最好的，也是最纯洁、最神圣、最虔诚的方法就是用纯洁、诚心、清白的思想和言语崇拜它们。因为不仅有哲学家，而且还有我们自己的前辈，已经区分了宗教与迷信。那些为子女的长寿而整日祈祷献祭，以便自己可以得到子女供养的人被称做'迷信的'（superstitious），这个词源于幸存者（superstes），尽管这个词后来已经获得更加广泛的含义。另一方面，那些一丝不苟地遵守并重复敬神仪式的人则被认为是'宗教的'（religious），这个词源于动词'relegcre'（一遍又一遍地读），就好比'elegant'源自'eligere'（选择），'diligent'源自'diligere'（号召），'intelligent'源自'intellegere'（理解），因为所有这些词都含有'religious'这个词具有的选择（legere）的意思。因此，'迷信的'和'宗教的'这两个术语分别遭到否定和肯定。我想，关于诸神及其本性的证明我已经说得够多了。

【29】"下面我要说明神圣的天命统治这个世界。科塔，这当然是一个很大的论题，你们学派曾经对此进行过激烈的争论，我在这里的对手无疑主要是他们。至于你和你的朋友，威莱乌斯，你们简直不理解这个主题的用语；因为你们只读自己人写的著作，对于它们著作如此迷恋，乃至于反对其他所有学派而不愿聆听它们的观点。例如，你本人昨天①告诉我们，斯多亚学派把'普罗诺娅'或'天命'伪装成一个老巫婆，这是因为你错误地认为斯多亚学派把天命想象为某个统治这个宇宙的神。而实际上，'天命'是一个简略的表达；当我们说，'雅典人的国家由议事会统治'时，'战神山的'这几个词是省略掉的；所以，当我们讲这个世界由天命统治的时候，你必须明白'诸神的'这几个词省略了，而完整的表达法是'这个世界由诸神的天命

---

① 西塞罗似乎原来打算把这部作品分成三部分，即分别记述三天进行的三次讨论。这里存留的"昨天"一词表明作品未曾做最后修订。

统治'。所以你和你的朋友不必浪费智力来取笑我们——你们这个部落中也无人浪费得起。如果你们这个学派能够接受我的建议，那么你会放弃任何幽默的企图；幽默对你不适合，你在各种情况下都不擅长幽默。但这条建议并非针对你一个人，你的风度与你的出生相符，具有罗马人温文尔雅的风度；但这条建议针对你们其他所有人，尤其针对这个体系的缔造者，一个无教养的、没受过教育的人，他抨击每一个人，完全没有洞察力、权威或魅力。

【30】"因此我要宣布，这个世界及其所有组成部分从一开始就由神的天命安排了秩序，并一直由神的天命统治。我们学派通常把这一论题分成三部分。第一部分以证明诸神存在的论证为基础，如果承认诸神存在，那就必然承认这个世界由诸神的智慧统治。第二部分证明一切事物都受一种有意识的本性的支配，凭借这一本性，这个宇宙才以最美丽的方式运行；这就证明，从中可以推论这个宇宙是从有生命的最初的原因中产生出来的。第三部分，其论证来自我们对创世、大地和天空的奇观的感受。

"因此，首先，一个人要么必须否定诸神的存在，像德谟克利特那样把诸神说成'幻影'，或者像伊壁鸠鲁那样把诸神说成是'影像'，要么必须承认诸神的存在，从而也必须承认它们是活动的，这种活动是一种最显著的活动；而没有任何事物能比统治世界更显著，因此这个世界是由诸神的智慧统治的。如果不是这样，那么就必然有某些比神的更优秀、更强大的东西，无论它是什么，无论是无生命的自然，还是创造出我们所看见的最美丽的对象的强大力量所体现的必然性；在这种情况下，诸神的本性在力量上并不优于其他事物，因为它也是必然性或统治天空、海洋、陆地的自然支配的对象。但是事实上不存在比神更优秀的事物，由此可以推论世界是由神统治的；因此神不服从或臣服于任何形式的自然，神本身统治一切自然。事实上，如果我们承认神的理智，那么也就承认了神的天命，承认天命对最重要的事物起作用。那么，诸神不知道这些最重要的事物，不知道如何指引和维护它们，或者无力担负如此重大的责任吗？但是这种不知道与神的本性相悖，而说神太虚弱，无法承担它的重任，也和神的威严不符。这就证明了我们的论题：

这个世界由神的天命统治。

【31】"然而从诸神存在这一事实（假定它们存在，而且它们确实存在）中必然推出它们是有生命的存在者，它们不仅有生命，而且拥有理性，结成某种团体或伙伴关系。由此可以推论，它们拥有和人一样的理性能力，都能理解真理，都拥有法律，执行正义，禁止错误。因此我们看到，人的智慧和理智也是从神那里来的；这就解释了我们的祖先为什么要把'心灵'、'信仰'、'美德'、'和谐'神化，用公费为它们建神庙，当我们崇拜它们的威严和神像时，我们怎么能够否认它们与诸神一道存在而不自相矛盾呢？如果人类拥有理智、信念、美德、和谐，这些东西如果不是从天上的力量来的，它们怎么能在大地上流动呢？还有，既然我们拥有智慧、理性和审慎，那么诸神必定更加完善地拥有它们，不仅拥有它们，而且在最广大的范围内，对价值最高的事物实施它们；但是没有任何事物比宇宙更广大，价值更高，因此可以推论：宇宙由诸神的智慧和天命统治。最后，由于我们已经确定地证明了我们可以看到其辉煌的力量和闪光的这些存在者的神性，我指的是太阳、月亮、行星、恒星、天空、世界本身，及其所包含的一切对人有用，给人类带来巨大好处的东西，因此我们的结论是：一切事物由神的理智和智慧统治。我的论题的第一部分就说这么多。

【32】"接下去我必须证明，一切事物都处在自然的支配之下，以最佳方式运行。但首先我必须简要解释一下'自然'这个术语本身的意思，从而使我们的学说更容易理解。有人把自然定义为一种在物体中引起必然运动的非理性的力量，有人把自然定义为理性的、有序的力量，它用来产生每一结果的方法清楚地展示了它的目的，它拥有一种没有任何手工或工匠能与之竞争或模仿的技艺。他们指出，种子具有这样的潜能，尽管它体积很小，如果它落入某种能接受并持有它的实体，获取适当的质料，就能得到滋养，成长为某个种类的生物，有些生物被设计为只能用自己的根系吸收营养，有些生物则能移动、感觉、欲望，繁衍它们的种类。还有某些思想家用自然这个词指代整个存在——比如伊壁鸠鲁，他一切存在的事物的自然分成原子、虚空，

以及它们的属性。另一方面，当我们讲到作为维持和统治这个世界的原则的自然时，我们的意思不是认为这个世界像一块泥土、一堆石头，只拥有聚合的原则，而是像一棵树或一个动物，它的结构不是偶然的，而是有序的，包含类似某种设计的东西在内。

【33】"如果说扎根于土的那些植物由于自然的技艺而获得它们的生命和活力，那么大地本身必定由相同的力量来维持，就好像一旦接受了种子，它就在腹中孕生万物，使其得到滋养和成长，而大地本身又是由更高的、更加外部的元素滋养的。还有，大地的蒸发物为气、以太、天体提供了滋养。就这样，如果大地由自然维护和提供活力，同样的原则必定用于这个世界的其他部分，因为植物在土中扎根，动物通过呼吸空气来维持生命，气本身在我们看、听、说的时候又成为我们的伙伴，因为没有气的帮助，这些行为是不可能的；不，它甚至像我们一样运动，因为无论我们是在行走还是在挪动肢体，它似乎就在给我们让路，或在我们面前退却。有些东西朝着大地的中心行进，那里是大地的最低点，有些东西离开大地的中心向上运动，有些东西围绕大地的中心做圆周运动，从而构成了这个世界的连续的本性。还有，这个世界的本性的连续性是由四种物体的循环变形组成的。因为土变成水，水变成气，气变成以太，然后这个过程逆转，以太变成气，气变成水，水变成土，土是四种物体中最低的。就这样，这个世界的组成部分由于这些构成世界万物的这四种元素的循环往复而形成一个整体。这种世界的结构要么以我们所见的这种形式永存，要么能持续很长时间，乃至于无限。无论哪一种情况是真的，都能推论出这个世界受自然的统治。想一想舰队远航或排兵布阵，或者（从例证转回自然过程）想一想藤蔓和树木的生长、动物的形体和肢体结构——这些事情难道不能证明自然就像这个世界本身一样拥有某种技艺吗？因此，我们要么承认没有任何事物受到一个有感觉的自然的统治，要么承认这个世界就是这样统治的。确实，将其他一切自然及其种子包含于自身的宇宙，其自身怎能不受自然的统治？因此如果有人宣称一个人身上的牙齿或头发是自然生长的，但包含了牙齿和头发的整个人却不是一个自然的有

机体，那么他看不到从自身中产出某些事物的事物必然比从这些事物中产生的那些事物拥有更加完善的自然。

【34】"但是，播种者、种植者、生育者，或者说自然所统治的一切事物，它们的驯养者和抚养者是这个世界；这个世界把营养和食物给了它的全部肢体或部分。但若这些世界的部分是由自然统治的，那么这个世界本身必定也需要自然的统治。现在这个世界的统治不包含任何可受指责的东西；存在的元素已经既定，从中可以产生最好的状况。因此，让某些人去证明这个世界还能更好。但是，永远不会有人做到这一点，能够轻易地改变某些细节的任何人，要么使这个世界变得更糟，要么就是在对事物的自然提出一种不可能的改善的要求。

"如果这个世界的所有部分的结构在有用和美这两方面都不可能更好了，那就让我们来考虑，这是偶然的结果，还是与此相反，这个世界的组成部分处于这样一种状况，如果不受理智和神的天命的控制，它们就不可能黏合在一起。如果自然的产物比技艺的产物更好，没有理性技艺就不能产出任何作品，那么也不能把自然视为无理性的。当你看到一尊雕像或一幅绘画，你承认这是艺术的实施；当你远远地看到海上的航船，你也不会怀疑有一位训练有素的舵手凭着理性和技艺在为它导航；当你看到日晷或水钟，你会推论它凭着技艺而不是凭着偶然性报时；既然如此，怎么能够假定这个世界没有目的或理性而又不至于自相矛盾呢，这个世界既包括所有这些技艺的产物，又包括制造它们的工匠在内？我们的朋友波西多纽最近制造了一架天球仪，可以显示太阳、月亮、五大行星每 24 小时在天穹上的位置，假定有旅行者把这架天球仪拿给不列颠人或西徐亚人看，会有一名土著人怀疑这架天球仪是一位理性存在者的作品吗？

【35】"然而这些思想家却在怀疑这个一切事物从中产生并拥有其存在的世界，争论它的产生到底是偶然的还是必然的，或者说它是神的理性和理智的产物；他们认为阿基米德用模型模仿天体的运行，表现出比创造天体的自然更加伟大的力量，尽管原本所表现出来的技艺在许多时候比副本要精妙

得多。你记得阿西乌斯^①诗中的牧羊人吗？他以前从来没有看到过船，当他从山顶远远地望见海上驶来阿耳戈斯英雄的新奇的大船时，他吃惊地大声叫道：'那个庞然大物是什么？它来自大海深处，发出巨大的声响；它急速行进，激起层层波浪；时而卷起浪花，像一团破碎的云；时而高高竖起，像一块巨大的岩石；时而急速旋转，像海浪撞击后的旋涡。它是岸边漂来的某个物体的残骸，还是特里同用他的三叉戟在海底戳了一个大窟窿，被抛向天空的巨石？'他起初对他看到的这个不认识的东西感到惊讶。然后，当他看到船上的勇士，听到水手的歌声时，他继续说道：'活泼的海豚喷着鼻息穿过浪花，我的耳朵听到这样的曲调，就像老西尔瓦诺斯在吹风笛。'所以，就像这个牧羊人开始以为他看到的是一个没有生命、没有灵魂的物体，但后来随着有了比较清楚的迹象，他开始怀疑他原先不确定的这个事物的真正本性，那么对哲学家来说，如果他们对自己最初看到的世界感到疑惑，而后来看到它确定而又规则的运动，看到它的所有现象都受确定的体系和不变的统一性支配，就能推论出这个世界的宏大结构不仅是其居民的住处，而且也是它的统治者和建筑师的住处。

【36】"但是在我看来，他们对天上和地下的被造物的奇观似乎并不怀疑。首先是位于这个世界的中心的大地，它从四面八方被活生生的、可吸入的气围绕。'气'（aer）原来是一个希腊词，但现在已经被我们接受，成为一个拉丁词在频繁地使用。气又被无穷无尽的以太包围，以太由火的最高的部分组成。'以太'像'气'一样也是外来词，我们现在把它当做拉丁词来使用，巴库维乌斯为他的读者提供了一个翻译，'我要说的是，被我们称做天的东西，希腊人称做以太'，就好像说这番话的人不是个希腊人似的！你会说：'他在讲拉丁文。'如果我们没有假定我们在听他讲希腊文，那么这样讲就对了；但在另外一段话中，巴库维乌斯告诉我们：'我是在希腊出生的，我

———————
① 阿西乌斯（Accius），生于公元前170年，罗马诗人。引文出自他的《美狄亚》（*Medea*）。

的讲话透露了这一点。'让我们还是转回更加重要的问题。从以太中产生天体的无数的火，其中最主要的是太阳，它的光辉照亮一切，它比大地要大许多倍。无数庞大的火对大地和地上的事物不仅无害，而且有益，尽管有这样的限制，要是它们的位置发生变化，如此巨大的热量会变得无法控制，大地不可避免地会被焚毁。

【37】"存在某种固体的、不可再分的粒子，它们由于重力的作用而发生碰撞，由此产生这个精细而美丽的世界，如果有人能说服自己相信这样的观点，我一定不感到惊讶吗？我不明白，为什么认为这种情况有可能的人不想一想，如果有无数的 21 个字母的复制品，用黄金或者你喜欢的任何材料制造，把它们混合在一起倒在地上，是否有可能产生一部可供读者阅读的恩尼乌斯的《编年史》。我怀疑，凭着偶然性，它们恐怕连一个句子都不会产生！按照你的朋友们的断言，由于这些没有热量，没有性质（希腊文是'ποιότητα'），没有感觉的粒子的偶然碰撞，这个世界产生了，完成了，或者说每一刻都有无数个世界，有些诞生，有些衰亡——然而，如果原子的碰撞能够创造一个世界，为什么不能建造一条走廊、一座神庙、一间房屋、一座城市，这可是不那么困难的事情？事实上，他们沉溺于这种随意的关于这个世界的争论，而在我看来，我无法认为他们曾经抬头观看过这个极为美丽的天空——这是我的下一个论题。所以亚里士多德说得好极了：'假定有这么一些存在者一直生活在大地下面，它们的住所舒适而又高雅，饰有许多雕塑和绘画，人享有的奢侈品它们应有尽有，生活得非常幸福；尽管它们从来没有到地面上来过，但它们听到过存在着某些神或神力的传闻；然后在某个时刻，大地开裂，使它们能够离开隐蔽的住所进入我们居住的区域；突然间它们看到了陆地、海洋和天空，看到了瑰丽的云彩，感受到强大的风，它们看到了太阳，不仅明白了太阳的大小和美丽，而且也明白了太阳是整个天空明亮的源泉；等到夜幕降临、大地变黑以后，它们看到整个天空繁星闪烁，月盈月亏，天体升降，以及行星永恒的、固定不变的轨道——看到这一切，它们难道不会马上就相信诸神的存在、相信所有这些奇迹都是诸神的作品

吗?'　①

【38】"亚里士多德的看法就说到这里;而我们自己也可以想象这样一种黑暗,厄特那火山爆发使相邻地区蒙上阴影,所以整整两天,无人认识自己的邻居,直到第三天,太阳出来了,他们感到自己好像复活了;现在假定从一开始天空就是黑暗的,这种情况发生在我们自己身上,然后我们突然看到了天上的光芒,对宏伟的天空我们会怎么想? 由于这些景象每日重复出现,我们的心灵已经习惯,不再为之惊讶,我们对司空见惯的事情也不再感到惊讶或好奇;就好像只有新奇的而非重要的事情也需要探讨其原因。看到星辰在天穹上有规则的运动,看到它们之间的精确的联系及其与一切事物的关联,如果还要否认这些事物拥有一种理性的设计,能够维持这种现象,它们的智慧超越了我们的理解能力,认为这些事情的产生是偶然的,那么这样的人还算是个人吗? 当我们看到某个机械装置时,比如天球仪或钟表,我们不会怀疑这些发明是理性的产物;整个天穹神奇的旋转、惊人的旋转速度、精确的运行轨道、每年的季节变化,为万物提供安全和保障,当我们看到这一切的时候,我们怎么能够怀疑使它们得以产生的不仅是理性,而且是超验的、神圣的理性呢? 现在,我们可以把精致的论证放在一边,宣布它们是神的天命的创造物,用我们的眼睛观看它们的美丽。

【39】"首先让我们来看整个大地,它位于这个世界的中心,是一个固体的球面,用自然的引力把它的所有组成部分聚集在一起,花草树木覆盖着大地,其数量之多不可思议,其种类之多亦无法穷尽。此外还有常年流水的小溪、凉爽清澈的河水、郁郁葱葱的河岸、幽深无人的空谷、陡峭的悬崖、高耸的山峰、广阔的平原;还有地下的金银矿脉、数量无限的大理石。想想各种各样的动物吧,无论是驯服的还是野生的! 想想鸟类的飞翔和歌唱! 想想牛羊成群的草原和充满生命的森林! 然后,为什么我还需要提到人类? 他们已经被任命为土壤的耕种者,他们不让大地成为野兽出没的荒原或荆棘丛生

---

① 引自亚里士多德佚失了的著作《论哲学》。

的旷野，辛勤劳动，用房屋装点陆地、岛屿和海滨。如果能亲眼看到这些事情，在心中留下它们的印象，那么这样做的人没有一个会怀疑神的理性。然后，大海是多么美丽啊！海面一望无边！岛屿星罗棋布！海湾和海滨的美景！海里的动物数量巨大，种类杂多，有的在海洋深处居住，有的在水面漂浮和游泳，有的用壳攀附在岩石上！大海本身渴望大地，拥抱海岸，使两种元素几乎融为一体。再想想与大海接触的气，随着昼夜交替，气时而清新凉爽，升上高空，时而变得浓厚，形成云层，吸收湿气后变成雨水降落大地，时而来回旋转形成风。气引起了每年的冷暖变化，气支撑着鸟类的翅膀，通过动物的呼吸，气滋养和维持着动物的生命。

【40】"剩下要说的元素还有以太，它距离我们的住处最远，所处的位置最高，它环绕着整个苍穹，是这个世界的边界，喷火的天体在以太中以令人惊叹的方式在各自有规则的轨道上运行。比地球大许多倍的太阳围绕大地转动，它的升起和下降引起了白天和黑夜；它朝着大地逼近，然后又离开大地，每年两次朝着不同方向返回至点，使大地发生季节变化，一个时期使它愁容密布，另一个时期使它笑容满面，直到大地与天空同乐。还有月亮，我们的数学家证明它的体积是地球的一半略多一点，它的轨道与太阳相仿，在一个时候与太阳并行，在另一个时候与太阳背离，但都会把它从太阳那里借来的光照到地球上来，因此月光的亮度也在变化，在一个时候与太阳并行，乃至遮蔽太阳的光芒，在另一个时候，月亮就钻进了地球的阴影，由于其相对于太阳和大地的居间位置而使它对光线突然消失。所谓的漫游者（行星）沿着同样的轨道环绕大地运行，以同样的方式升降，时而加速，时而迟延，有时甚至完全静止。没有比这更加神奇、更加美丽的景象。此外还有大量的恒星聚集在各个星座中，因其构成不同的图形与人熟悉的各种对象相似而得名。"

【41】讲到这里，巴尔布斯看着我说："现在我想引用一些阿拉图斯^①的

---

① 阿拉图斯（Aratus），公元前 3 世纪诗人，在马其顿王国宫廷中生活，著有天文诗《天象》（*Phaenomena*）。

诗，你本人还很年轻的时候就已经把它们翻译成拉丁文；这些诗句激动人心，我至今仍能记住许多。好吧，当我们连续用肉眼观看，没有任何变动时，'其他各种天体日夜不停地在天穹中快速穿行'，没有一个热爱思考自然统一性的人会对凝视它们感到厌倦。'距天轴最远的两个点被称做极点。'两个永不降落的星座（大熊星座和小熊星座）绕着北极圈旋转。'希腊人称其中的一个为狗尾巴星座，另一个为旋涡星座'。① 后者是极为明亮的星星，我们整个夜晚都能看见，'我们的国人称之为七耕牛星'；较小的狗尾巴星座的星辰数量与旋涡星座相同，组合也类似，并围绕同一个极旋转；'腓尼基人的水手相信它，在夜间用它来导航；尽管另一个星座亮得更早，范围更广；然而这个星座虽小，航海者却更加相信它，因为它沿着一个内圈旋转，经过的路程较短。'

【42】诗人又进一步叙述这些星座的美丽：'两个熊星座之间有一条眼睛喷火的巨蛇，像一条河流快速流淌，在两个熊星座的上下显现弯曲的蛇身。'巨蛇的样子异乎寻常，但最醒目的部分是它的头的形状和眼睛的明亮：'它的头部不是一颗星在发光，它的眉下有两束亮光，它残忍的双眼射出两道冷光，它的下巴还有一颗闪亮的明星；它弯曲着优雅的脖子，它的头朝向后方，就好像注视着大熊的尾巴。'巨蛇的其他部分整个晚上都能看见，而'它的头在那一刻沉入大海，它的升起和降落都在那个地方。'在巨蛇头的旁边，是'一个憔悴的、疲惫不堪的人的形像'，希腊人'称之为跪着前行的人，这里是最亮的地方'。这是在巨蛇的后面，而在巨蛇顶部的是捕蛇者。'希腊人叫他奥菲库斯，这个名字非常响亮！他双手紧攥蛇身，而他自己被蛇紧紧缠绕，然而他竭尽全力决不松手，脚上还踩着天蝎的眼睛和胸。'捕蛇者之后是'护熊者，通常被称做驭熊者，因为它驾辖把熊赶向北极。'接下去是这两行诗：'在驭熊者胸部下方的是熠熠发光的牧夫座，这个名字非常响亮'，牧夫座的脚下是'处女座，手握玉米站立，光芒四射。'

---

① 这两个希腊名字的意思分别为"狗尾巴"（Cynosure）和"旋涡"（Helice）。

【43】"这些星座分布有序，精确地放射着光芒，清楚地展示着神圣的创造主的技艺。'熊星座的上头你能看到双子座；双子的肚子下就是巨蟹座，它的螯内就是狮子座，闪烁着光芒。'御夫座'隐藏在双子座的左侧，对面是熠熠闪光的旋涡座，它的左肩站立着山羊座。'接下去：'山羊座十分庞大，而小羊羔朝着人类发出微弱的光。'在山羊的脚下是'庞大的公牛座'，在它低垂着的头部众星繁多，希腊人称它们为许阿得斯[①]，因为它们带来雨，希腊文是 ὔειν；而我们的国人愚蠢地称它们为'吃奶的猪'，就好像许阿得斯（Hyades）这个名字源于'猪'，而不是源于'雨'。御夫座后面是张着双手的仙王座，'紧靠熊星座运行'。走在它前面的是仙后座，'仙后座的群星昏暗模糊，周围的漫游者却很明亮，悲伤的安德洛墨达在她母亲面前一闪而过。她的头触及骏马座的肚腹，骏马昂首挺立，骄傲地抖动着鬃毛；这两个星座的边界连在一起，难分难解，拥有一颗共同的星。靠近它们的是白羊座，长着弯曲的羊角。'白羊座旁是'双鱼座，一条鱼比较靠前，更接近寒冷的北风'。

【44】在安德洛墨达的脚下，你可以看到英仙座的轮廓，'那里吹着来自北极的暴风'，在它旁边，'它的左膝四周是光线微弱的昴宿星团。略微倾斜一点，可以看到天琴座，再接下去就是天鸟座，振翅飞越苍穹'。与骏马座的头部相近的是阿夸留斯[②]的右手，然后是整个人的形状。'接下去是摩羯座，占据一个广大的区域，一半是动物，一半是人；它宽阔的胸中吹出冰冷的气息；提坦用它永恒的光芒照耀摩羯，它调转车头登上冬日里的天空。'在这里我们看到，'天蝎座向上抬升，巨大的尾部拖着弯曲的天弓座；靠近天鸟座向前滑行，另一侧是振翅翱翔的天鹰座。'然后是海豚座和'身体弯腰向下的猎户座'。跟在它后面的是'明亮的天犬座'。再往后是天兔座，'永不疲倦地奔跑；天犬座的尾部是滑动的南船座，白羊座覆盖着南船

---

① 许阿得斯（Hyades），即毕宿星团。
② 阿夸留斯（Aquarius），即宝瓶座，但在西方是一个人的形象。

座的顶部，鳞鱼座明亮的腹部触及天河的河岸。'你可以看到天河的绵长蜿蜒，'在最高处你可以看到铁链捆绑双鱼的尾巴……然后在邻近天蝎座的螫针的地方，你会看到圣坛，吹拂着温暖的南风'。在它旁边是人头马座，'身体前倾，朝向马蹄，右手抓住巨兽，朝着明亮的圣坛走去。在这里，九头蛇许德拉从下面升起'。它的身体弯弯曲曲，'闪闪发光的巨爵座就在它身子的中间，蛇的尾部是天鸟巨大的鸟嘴；就在这里，靠近双子座，可以看到天狼星，它的希腊文名字是 Προκύων。'有哪个疯子会相信这些星座和繁星点缀的苍穹是由上下随意运动的原子偶然创造出来的？其他缺乏理智和理性的存在者能创造它们吗？没有一个高级的理性，它们不能被创造，即使创造出来，它们的本性也不可能被理解。

【45】"不仅这些事情是奇妙的，而且没有任何事情比这个世界的稳定性和一致性更神奇，甚至连我们想象任何更加持久的事情都不可能。它的位于四面八方的组成部分都受到同样的吸引力而朝向它的中心。所有天体都被束缚在一起，永远保持统一；这种功能是由渗透在整个世界中的理性的本体来完成的，它是一切事物的动力因，把所有外围部分的粒子都引向中心。因此，如果这个世界是圆的，它的所有部分都由于普遍的均衡而聚集在一起，那么大地也必然是同样情况，它的所有组成部分必定朝着中心（在一个球面中，最低点就是中心）聚集，没有任何事物能够打破这种连续性，使它巨大的引力和物体消解。按照同样的原则，大海虽然在大地之上，但也会朝着大地的中心倾斜，所以它也会像大地一样成为球形的，各个方向都相等，它的边界从来不会泛滥或溢出。气是水的邻居，它由于很轻而向上运动，但与此同时又水平地朝着各个方向扩散；就这样，当它与海洋贴在一起的时候，它的本性驱使它上升，通过薄雾和热气的调和，为生物提供生命的气息和健康。这种气又被天空的最高层覆盖，亦即以太；以太本身保持着稀薄和灼热的本性，不与其他元素混杂，但与最外层的气相接。

【46】"星辰在以太层沿着它们自己的轨道运行，由于它们自身的内在引力而保持着球形，也正是由于它们的形状，它们能够维持它们的运动和形

态；我在前面已经做过解释，^①球形最不容易遭受外来的伤害。但是星辰也拥有火的基质，由于这个原因，它们也受到大地、大海、水的蒸汽的滋养，太阳一照耀，田野和水面都会变热，产生蒸汽；星辰和整个以太得到滋养和补充以后又把这些蒸汽送返大地，被大地重新吸收；在这样的过程中，没有任何质料受到减损，或者只有很少部分蒸汽被星辰的火和以太的烈焰消耗。作为这种情况的后果，所以我们学派的哲学家相信，最后将会发生一场世界大火，尽管据说帕奈提乌曾经怀疑过这一学说，因为当所有的湿气都被耗光以后，大地就不能再得到滋养，气也不能继续流动，在它吸光了所有的水以后，它也就不能向上升腾了；就这样，除了火，没有任何东西剩下，而作为一个有生命的存在者和神，这团火又将创造一个新世界，又会诞生一个有序的宇宙。我不能让你感到我在天文学上逗留得太长，尤其是对这个被称做行星的系统；这些行星行动各异，却处在和谐中，最上面的土星冷冰冰，中间的火星热气腾腾，两星之间是光线温和又温暖的木星；火星下面的两颗行星服从太阳，而太阳本身把光明洒向整个世界，也照亮了月亮，这就是万物孕育、诞生和成长的源泉。事物之间的这种协调，为了保障这个世界的生存、自然的这种和谐结合，如果有谁对它不留下深刻印象，那么我敢肯定他从来没有思考过这些事情。

【47】"现在我们从天上的事物转到地下的事物，它们不也清楚地展示着一位有理智的存在者的理性设计吗？首先，从土壤中生长出来的植物有主干，使它们能保持稳定，拥有力量，同时又通过根部从土壤中汲取汁液，得以滋养；树干有树冠和树皮覆盖，防热御寒。还有，藤本植物用卷须抓住支撑物（就像用小手），像动物那样攀升。如果在它们边上种卷心菜，据说它们会避开，就像躲避瘟疫和有毒的东西，不愿与卷心菜有任何接触。再想一想动物的多样性，它们拥有什么样的能力能够保持自己的种类？我们看到，为了保护自己，有些动物长兽皮，有些动物长绒毛，有些动物长鬃毛，有些

---

① 见本文本卷，第18章。

动物长鳞片；有些动物身披羽毛，有些动物长角，有些动物长着翅膀，能飞起来逃避敌人。自然为每一种动物提供了丰盛的、适宜的食物。我可以详细说明这些动物的形体如何被造得适宜获取和消化食物，它们身体的各个组成部分有多么巧妙和精密，它们肢体的结构有多么神奇。它们的脏器，至少是包含在身体里面的器官，没有一样是多余的或维持生命所不必要的。自然也赋予动物感觉和欲望，欲望使它们产生动力去接近食物，感觉使它们能够区别有益的东西和有害的东西。还有，某些动物通过奔跑接近食物，某些动物通过爬行接近食物，某些动物通过飞翔接近食物，某些动物通过游泳接近食物；某些动物用自己的牙齿和开裂的嘴巴咬住食物，某些动物用爪子抓食物，某些动物用弯曲的喙叼食物；某些动物吮吸食物，某些动物撕咬食物，某些动物整个儿吞咽，某些动物慢慢地咀嚼。某些动物体形矮小，很容易用嘴巴从地上取食，某些动物体形比较高大，比如鹅、仙鹤、天鹅、骆驼，取食时就要借助它们长长的头颈；大象甚至还有一个长鼻子，否则它高大的身躯使它很难够到食物。

【48】"以其他种类的动物为生的动物，自然赋予它们力量或速度。对某些动物，自然甚至赋予它们某种技能和狡诈；例如蜘蛛，有一种蜘蛛张开大网，捕食撞到网上的飞虫，还有一种蜘蛛为了……① 静悄悄地守着，捕捉任何落入其中的动物，吞食它们。有一种蚌，希腊人称做'皮那'（pina），长着两片巨大的壳，与小虾结成同伙获取食物；当小鱼游进张开的蚌壳以后，小虾就咬蚌一下，表示可以把壳合上了；就这样，两类完全不同种的动物竟然结成同盟共同获取食物。在这个例子中使我们感到好奇的是，它们之间的合作是出于某种契合，还是出生时就拥有的本性。想到那些出生在陆地上的水生动物，我们也同样感到神奇，例如鳄鱼、海龟、水蛇，它们都出生在陆地上，一旦能爬了，它们就去水中生活。还有我们经常看到母鸡孵鸭蛋，孵出来的小鸭子起初会把母鸡当做妈妈，但是一见到水，就会离开母鸡跑向水

---

① 此处原文有缺失。

中，就像回到它们的自然之家。自然植入各种动物的这种自保的本能是多么强大啊！

【49】"我曾经在一本书上读过，有一种鸟名叫琵鹭，专门跟在别的潜水觅食的鸟后面，等这些鸟嘴里衔着鱼钻出水面，琵鹭就会猛扑过去啄它们的头，直到它们扔掉猎物。还有记载说，琵鹭这种鸟先是吞吃大量河蚌，再用胃里的热把它们消化一下，然后把它们吐出来，然后再挑那些能吃的部分来吃。还有海蛙，据说它习惯于泥沙掩蔽自己，潜伏在水边，等鱼游近，把它当做某种可吃的东西时，它就将鱼捕来吞食。鸢子和乌鸦相互之间好像生活在天然的战争状态中，每当发现对方的蛋，都要将其毁灭。另外一个事实（由亚里士多德观察到，我引用的这些例子大多数来自他）只会进一步唤醒我们的惊诧，仙鹤排成三角形穿越大海，迁徙到比较温暖的地方。前方的空气被三角形的顶角劈开，从三角形的两边掠过，仙鹤的翅膀就像在船舷两侧划动的船桨，而三角形的底部就像船尾，可以得到风的助力。在飞翔中，后面的鸟可以把头颈靠在前面的鸟背上休息；头鸟不能这样做，因为它前面没有别的鸟，因此它要休息的时候就飞到后面，让另一只已经休息好的鸟代替它的位置；在整个行程中，它们就这样不断地轮换。我还能添加一系列相同的例子，但你已经明白总的意思了。为了保障自己的安全，动物在进食的时候保持高度警惕，它们也能非常高明地隐匿自己的巢穴，这一类故事甚至更加出名。

【50】"另外一类令人惊讶的事实是，狗通过呕吐来给自己治病，埃及的朱鹭通过清洗来给自己治病——而这样一种治疗模式，仅仅是在最近，在几代人之前，才由某些能干的医生发现。我还听说，某些国家的猎人用毒药拌肉做诱饵捕杀黑豹，吃了毒肉以后，黑豹会去寻找一种解毒的草药，只要能够及时找到，它们就不会死；克里特岛上的野山羊如果被毒箭射中，它们就会去找一种叫做白藓的草药，一吃下这种草，箭就会从它们身上脱落。雌马鹿一产下幼崽，就会用一种叫做鹿角的草药清洗身体。我们还看到许多种动物都知道如何用自身的武器抵御暴力和危险，公牛用它们的角，公猪用它们

的獠牙，狮子用它们的牙齿；有些动物通过飞行来保护自己，有些动物通过躲藏来保护自己；乌贼会喷出墨汁，鮒鱼会放电，还有许多动物会排放恶臭来驱逐追捕者。

【51】"为了确保这个世界秩序的长存，神的天命做了最精心的安排，让各种动物和植物世代延续。各种植物都有种子来繁衍种类，种子被包裹在每棵植物的果实之中；除了让大地重新布满植物，种子也为人类提供了丰富的食物。我还要谈在动物身上展现出来的保存种族的理性设计吗？首先是雄性和雌性之分，这是为了种族的繁衍而设计出来的。然后是动物的身体构造，非常适宜繁衍后代，无论雄性动物还是雌性动物都有强烈的交配欲望。当精子被安放在适当的地方，它就会吸取各种营养，在子宫内形成胚胎；在哺乳动物中，等到胎儿一降生，母亲的所有食物几乎都转化成奶汁，而新生的幼崽不需要任何指导，会本能地寻找母亲的乳房，从母亲那儿吸取营养。一胎产崽很多的动物，比如母猪和母狗，有许多乳头，而一胎产崽很少的动物只有很少乳头，这些情况告诉我们，没有任何事情是偶然的，这都是天命的安排。我还需要描述抚养和保护幼崽，直至幼崽能够保护自己的那些动物表现出来的亲情吗？尽管据说鱼类把鱼卵产在水里，任由它们漂流，在水中孵化。

【52】"据说乌龟和鳄鱼在陆上产卵，用泥土把卵盖起来以后就离开，任由它们自己孵化，自己生长。母鸡和其他母鸟则要寻找一个安静的地方筑巢生蛋，并把四周尽可能柔软地围起来，使鸟蛋既安全又温暖；母鸟孵出幼鸟以后，就用自己的翅膀为幼鸟御寒，为幼鸟抵挡酷热的太阳。当幼鸟能够使用稚嫩的翅膀时，母鸟就教它们飞翔，等它们翅膀长硬了，就让它们自己去生存。还有，人的技艺和劳作为某些动植物的保存和安全做了贡献。没有人的照料，有许多种动物和植物是无法存活的。

"在不同区域，也可以看到自然为人类的耕耘提供了大量的便利。尼罗河灌溉着埃及，夏季洪水满溢，秋季洪水退去，留下松软而肥沃的泥土，适宜耕种。幼发拉底河滋养着美索不达米亚平原，就好像每年都给它带来新的土地。印度河是世上最大的河流，不仅使土地变得肥沃和松软，而且还带来大量类似谷物的种子。我还可以举出大量的例子来说明各地的土地肥沃，物产丰富。

【53】"不是仅在每年的一个季节里提供如此丰盛多样的食物，而是使我们能够连续不断地得到新颖而又丰富的快乐，仁慈的自然是多么伟大！自然把合乎时宜的、有益健康的季风当做礼物送给我们，不仅有益于人类，而且有益于各种动物和植物！季风削弱了夏季的酷暑，引导航船安全而又快速地穿越大海。尽管可以提供大量的例子，但我只能省略。要罗列河流提供的种种便利、潮汐……① 大海的潮流、森林覆盖的山脉、远离海岸的盐床、大地上生长的丰富的药材，以及为我们的生命和生活所必需的无数技艺，是不可能的。还有，昼夜的交替也是为了保全所有生物，使它们在一个时间活动，在另一个时间休息。上述各条论证路线都可以证明，神的理智和智慧神奇地统治着我们这个世界上的一切事物，使万事万物得以安全和保全。

"在此有人会问，这个伟大系统的创造是为了谁呢？是为了花草树木吗？它们虽然没有感觉，但从自然那里得到供养？但这样说无论如何是荒谬的。是为了动物吗？诸神似乎更不会为了这些不会说话、没有理性的动物劳师动众。那么我们要说创造这个世界到底是为了谁呢？无疑是为了那些使用理性的、活生生的存在者；它们是诸神和人类，它们确实比其他所有事物更卓越，因为理性是一切事物中最优秀的。因此我们相信，这个世界以及这个世界所包含的一切事物都是为了诸神和人类的缘故才被创造出来的。

【54】"如果我们考察人体的整个结构，以及人性的构成和完善，就会更容易理解神的天命对人类的关照。有三样东西对维持动物的生命来说是必需的：食物、水、空气；为了接受这些东西，就要有一个完善的嘴巴，还要有一个呼吸空气的鼻子。嘴巴里的牙齿用于咀嚼和软化食物。前面的牙齿锋利，用来咬各种食物；后面的牙齿，亦即所谓臼齿，把食物磨碎，这一过

① 此处原文有缺失，可能涉及月亮引起的潮汐变化。

程显然还要舌头的协助。舌头下面是咽喉,舌根与咽喉相连,吃进嘴里的食物首先经过咽喉。嘴的两边连着扁桃体,远及颚的两端。舌头的快速运动把食物往下推,而咽喉接受食物以后又继续把它往下推。稀薄的食物被咽喉的下半部分咽下,浓稠的食物被咽喉的上半部分吞下。气管,或医生所说的'trachea',它的入口处连着舌根,稍高于舌头与食道的联结处;气管通向肺部,接收吸入的空气,然后又从肺部呼出;气管的入口处有一个盖子一样的东西,保护气管不被任何意外吸入的食物堵塞。食道下面是胃,它是一个接受食物和饮料的容器,而心和肺则参与呼吸。胃有许多奇妙的活动,它主要由肌纤组成,胃有许多层,弯曲盘绕;胃压缩接收来的干的或湿的食物,使它们可以被消化和吸收;胃一张一弛,压缩和混合接收到的所有食物,凭着胃拥有的丰富的热量,食物被消化,这一过程也有呼吸参与,食物经过一番消化,就很容易把营养输送到身体的其他部分。

【55】"和胃相反,肺叶松软,像海绵一样多孔,用来呼吸空气;肺叶的收缩和张开就是呼吸,收缩时呼出,张开时吸入,从而源源不断地提供维持生命所必需的空气。由胃分泌出来的营养物通过某些秘密管道从肠到达肝脏之门,进入肝脏。营养物又通过不同的管道从肝脏继续下传到脾脏。胆从营养物中产生胆汁,肾也从营养物中产生某种液体;剩余的营养物进入血液,流回聚集着所有管道的肝脏之门。经过这样一番循环,营养物进入了中空的静脉,被彻底消化,流向心脏,再从心脏通过大量的血管分配给身体的每个部分。我们不难解释肠子的蠕动如何将食物残渣排泄出去,然而这个论题必须省略,以免我们的讨论变得令人恶心。所以我还不如展示下面这个例子来说明自然的难以置信的技艺。吸入肺部的空气由于和肺部接触而被加热,一部分空气在呼气时排出,一部分空气被吸入心脏的一个心室;血液通过我们上面已经提到过的中空的静脉从肝脏流入另一心室;以这样的方式,在这些器官的作用下,血液流向动脉和静脉。这两种血管数量巨大,遍布全身,见证了神圣工匠的神奇力量。我为什么还要谈到构成身体框架的骨头?整个骨架安全稳定,有关节相连,适宜做各种形式的运动和活动。此外还要提到连

接身体各关节的肌腱，它的分布很像从心脏散布于整个身体的静脉和动脉。

【56】"我可以提供其他许多例子来说明自然之天命的明智和精心，说明诸神赐予人类的礼物之充裕和宏伟。首先，天命使人在地上直立，从而能够仰望上苍，获得有关诸神的知识。在大地上出生的人不是大地的居住者，而是天上的事物的观察者，其他任何动物都不能进行这种观察。其次，位于头部的感觉器官是外部世界的报道者和信使，它们的结构和位置都很适宜它们发挥功能。作为观察者的眼睛占据最高位置，看到的区域最广，可以最好地履行它们的职责。耳朵也一样，它要履行接受声音的功能，因此它们所处的位置也在身体的高处。鼻子的位置也很高，因为所有气味都向上升腾，由于它要识别食物和饮料，因此它们有很好的理由被安放在靠近嘴巴的地方。要区别不同种类食物滋味的味觉位于脸部，因为这里有进食的通道。而触觉显然散布于整个身体，这样我们就可以感受到任何接触，甚至感受到细微的冷热变化。正如建筑师造房子总是把排水沟放在房子后面，远离主人的眼睛和鼻子，否则就有令人讨厌的景象和气味出现，所以自然也把人的身体的相应器官安排在远离脸部的地方。

【57】"还有，哪位工匠能比自然更高明，能灵巧地造出这样的感官？首先，一层质地精良的视网膜覆盖着眼睛，一方面使我们能够获得清晰的影像，一方面充做眼睛的外表。自然把眼球造得极为灵活，可以迅速避开外来的伤害，也可以朝着某个方向凝视。瞳仁或所谓'小木偶'[①]是真正的视觉器官，它非常微小，很容易避开外来的伤害；眼睑非常柔软，又不会妨碍观看，它能够反复迅速开合，不让任何异物进入眼睛。眼睑上还有一排睫毛，眼睛张开时它可以挡住外物进入眼睛，人睡觉时不再需要看，而此时眼睑也就休息了。还有，眼睛所处的位置是凹进去的，每一面都有突出物加以保护；在上方有眉毛的遮挡，额头上的汗水不会流入眼睛，在下方有微微鼓起

———————————

[①] "瞳仁"的拉丁文是"pupula"，"小木偶"的拉丁文是"pupa"，瞳仁被称为小木偶是因为它映现出观看者的影像，像一尊小小的偶像。

的面颊保护眼睛；鼻子则像一堵墙，把两只眼睛隔开。另一方面，听觉器官始终张开，因为哪怕睡觉的时候我们也需要这个器官，一听到什么声音，我们就能从睡梦中惊醒。内耳的蜿蜒曲折使外物无法进入耳内，如果这条通道很直的话，那么外物就能进到里面去；而自然把耳朵造得连最小的虫子进入耳道都会被耳垢粘住。我们把这个器官的外部称做耳朵，它的结构既可保护听觉器官，又可收集声音，免得声音在还没有触及感官之前就溜走。耳道的入口处坚硬而多软骨，结构复杂，能够放大声音；这就像七弦琴用玳瑁壳或牛角产生弦音的回声，或者像声音通过狭窄的回旋形走廊发出回音，产生扩音的效果。与此相同，鼻孔也是始终张开的，入口非常狭窄，不让任何有害的东西进入；它们还始终保持湿润，以防止灰尘和异物。味觉器官更是隐藏在嘴巴里面，既能防止伤害，又能随时履行功能。

【58】"人的所有感觉都要远远胜过那些比较低级的动物的感觉。首先，我们的眼睛能很好地感知那些诉诸视觉的艺术品，比如绘画、塑像、雕刻，以及身体的运动和姿势；我们的眼睛还能判断美和排列，以及颜色和形状；这还不是最重要的，因为它还能辨认美德与邪恶、愤怒与友好、欢乐与悲伤、勇敢与懦弱、胆大与胆小。耳朵也是奇妙的识别器官，能够判断不同的音调、音高、音符，无论是管乐还是弦乐，还能分辨许多不同的音质，哀伤的或沉闷的、圆润的或嘶哑的、低沉的或尖锐的、坚定的或犹豫的，只有人的耳朵才能对这些音质的差异做出区分。与此相同，我们的鼻子，我们的味觉器官和触觉器官，都有很强的分辨能力。为了使这些感官愉悦，人们发明了许多技艺，甚至远远超出我的需要。这方面明显的例子是香料、厨艺和豪华的服饰。

【59】"现在来谈人的真实的心灵和理智，人的理性、智慧和预见；在我看来，看不到人的这些能力之完善在于神圣的天命的人本身就缺乏这些能力。科塔，在讨论这个论题时，我真希望拥有你这样的口才。我想你不会不在人的理解的行为中首先描述我们的理解力，然后描述我们把前提与结论结合在一起的能力，这种能力我指的是以三段论的形式，从给定的命题出发，

推出结论的能力，以及用简洁的定义界定具体术语的能力；最后我们可以达到对知识的力量和性质的理解，这是最卓越的部分，甚至带有神圣的性质。还有，你们学园派想要削弱甚至废除的那些能力也非常值得注意，我指的是通过感觉和理智领悟和理解外部的事物；通过整理和比较我们的知觉对象，我们也创造出服务于我们实际需要和娱乐的技艺。再来看语言天赋，你们喜欢把语言称做'技艺的女王'——这是一种多么荣耀、多么神圣的能力！首先，语言使我们能够学习我们不懂的东西，把我们懂的东西教给其他人；其次，语言是我们鼓励和说服他人的工具，使用语言可以安慰悲伤者，驱除恐惧，抵制鲁莽，平息愤怒或诱惑；最后，语言把我们联结在公正、法律和公民关系的锁链之中，正因如此，我们才脱离了野蛮状态。仔细想一想人是怎么讲话的，语言的技巧实在令人难以置信。首先，从肺部到口腔有条发声的通道，在心灵的推动下，从这里发出声音。其次，口腔里有舌头和牙齿，它们调节和限定发出的声音，与嘴巴的其他部分相配合，控制语音和语调。由于这个原因，我们这个学派喜欢把舌头比做琴拨，把牙齿比做琴弦，把鼻孔比做发出回声的地方。

【60】"自然赋予人类能干的双手，人的双手从事的技艺何其多也！柔韧的关节使手指能够灵活地开合，伸开或攥紧。就这样，通过手指头的活动，手可以绘画、塑像、雕刻，可以弹琴和吹笛子。除了这些娱乐用的技艺，还有那些实用的技艺，我指的是耕作、建筑、纺织、缝纫，以及各种各样的冶金；由此我们可以明白，正是通过使用工匠般的双手，我们有了思想的发现和感官的观察，获得我们所有的便利，从而使我们能够拥有藏身之所、保暖的衣物和各种防护，拥有城市、堡垒、房屋和庙宇。还有，人的辛勤劳动，也就是说人的双手的工作，也为我们带来了大量丰盛的食物。手在田野里采集各种产物，有些可以马上食用，有些可以储藏起来，以备后用；我们的食谱还包括肉、鱼、禽，有些是打来的，有些是喂养的。我们也能驯服四脚动物，供我们骑乘，让它们的速度和力量为我们所用。我们让某些动物替我们负重，我们给某些动物套上轭具，我们利用大象惊人的敏锐感觉，也利用猎

狗敏锐的嗅觉；我们从大地的洞穴中挖出铁，这是我们耕作土地所需要的，我们开采深埋地下的铜、银、金，既为了实用也为了装饰；我们砍伐大量的树木，有些是野生的，有些是种植的，部分用于取暖和烹调，部分用于建造房屋，避暑御寒。还有，木头对造船很有价值，有了船就可以航行到世界各地去获取大量生活需要的物品；由于有了航海术，我们人类才有力量驾驭自然最强大的产物，即海洋和风浪，使用和享受海洋的各种产物。同样，人类还有了完全控制陆上产物的能力。我们享有平原和山区的果实，河流与湖泊也是我们的，我们播种谷物，我们种植树木，我们通过灌溉使土壤变得肥沃，我们在河流上筑坝，改变河道。简言之，凭着我们的双手，我们在自然界创造了第二个世界。

【61】"还有，人的理性不是甚至能够洞察天空吗？我们人是唯一能够知道星辰升降和运行轨道的动物，人规定了日、月、年，懂得日食和月食，能够预测它们将在什么时候发生，是偏食还是全食。通过对天体的沉思，心灵获得有关诸神的知识，产生了虔敬，以及与虔敬相伴的正义和其他美德，美德是过一种与神的存在相似的幸福生活的源泉，它使我们除了不能不朽之外，在其他各个方面都不比天上的存在者低劣，美德对于幸福来说是无形体的。我想我的这些解释已经充分证明人的本性在各方面都优于其他所有动物；由此清晰可见，这样的形体构造与肢体配置不可能是由偶然性创造的，这样的心灵力量和理智也不可能是由偶然性创造的。在最后得出结论的时候，我剩下还要说明的是，人在这个世界上使用的一切都是为了人的缘故而被创造和提供的。

【62】"首先，这个世界本身是为了诸神和凡人的缘故而被创造出来的，其中包含的事物都是为了被人享有而被提供和安排的。因为这个世界就是诸神和凡人共同的住所，或者是双方共有的城市；只有他们才能使用理性，才能按照正义和法律生活。因此，必须认为雅典是为雅典人创建的，斯巴达是为斯巴达人创建的，包含在这些城市里的一切都可以正确地说属于它们的人民，与此相同，这个世界包含着的一切事物必定属于诸神和凡人。还有，日

月星辰的运行尽管也对维持这个世界的结构做出贡献，但它也为人类提供了一幅壮观的景象；没有一双眼睛会对这幅景象感到厌倦，没有任何景象比它更美丽，没有任何智慧和技艺比它更高明；通过测定星辰的轨道，我们知道什么时候会发生季节变化和转换；如果说只有人才知道这些事情，那么我们必然要断定它们是为了人才被创造出来的。然后是长满各种谷物和菜蔬的大地，无比充裕——你认为大地丰盛地出产这些东西是为了野兽还是为了人？葡萄和橄榄我该怎么说，它们多汁美味的果实与低等动物毫不相干？事实上，野外的兽类对播种、耕耘、采摘、储藏的技艺一无所知，所有这些产物都由人来享用和料理。

【63】"笛子和七琴弦是为那些能够使用它们的人造出来的，因此我们也必须同意，我讲到的这些东西只是为那些能够使用它们的人提供的，即使其中有一部分被某些比较低级的动物偷走或抢走，我们仍旧不承认这些果实是为这些动物创造的。人不是为了老鼠和蚂蚁而去储藏粮食，而是为了他们的妻子、孩子和家人；所以如我所说，动物只能靠偷窃来享用这些东西，而它们的主人则公开而自由地享用它们。因此必须承认，大地丰盛地提供的所有这些东西都是为了人，除非我们果园里出产的丰盛果实不仅会使我们的嗅觉和味觉感到快乐，而且还会使我们怀疑自然是否把这些东西仅仅馈赠给人！所以大地生产的果实不是既提供给人又提供给动物，而是我们可以看到，动物本身被创造出来也是为了人的利益。绵羊除了为人类提供织毛衣的羊毛，还能有什么用处？事实上，要是没有人的照料和牧养，它甚至不能长大或生存，不能生产任何有价值的东西。再想一想狗，它忠实可靠，为主人看守家园，热爱主人，憎恨陌生人，追踪时嗅觉灵敏，狩猎时反应敏捷——所有这些品质都表明，它被创造出来是为了服务于人的便利。我为什么要说到牛呢？牛背的形状清楚地告诉我们，牛不适宜负重，而它的脖子生来就是为了套上轭具，它的宽大有力的肩膀适合拉犁。由于有了牛，土地才得以开垦，没有人伤害牛，所以诗人告诉我们，黄金时代的人说'后来黑铁的种族出现了，他们首先制成了致命的弓箭，并且

杀死温驯驾轭的牛，吃它们的肉。'① 牛为人类提供的服务被看得非常有价值，乃至于吃牛肉被视为一桩罪过。

【64】"讲述骡子和驴子提供的服务需要很长时间，但骡子和驴子的被造无疑是为了人的使用。至于猪，它只能提供食物；克律西波确实真的说过，把灵魂给予猪只是为了让灵魂像盐一样不让猪腐败；② 由于这种动物适宜做人的食物，所以自然把猪造得繁殖力最强。我为什么要提到各种美味的鱼？或者提到鸟，它给我们带来了那么多的快乐，乃至于我们斯多亚学派的天命在一定的时候显得像是伊壁鸠鲁的门徒？要是没有人的理智和狡诈，鸟甚至无法被捕捉；尽管我们相信，某些鸟，飞鸟或者在我们的占卜官呼唤时会说话的鸟，被创造出来就是为了提供征兆。我们捕猎森林中的大型猛兽，既是为了获取食物，又是为了训练战争中的追击，我们也为了使用大象而驯服大象，我们还从动物身上提取许多治病疗伤的药物，就好像我们从树根草木中提取药物一样，在长期使用和试验中我们逐渐了解了它们的价值。让你的心灵之眼俯瞰整个大地和海洋，你能看到辽阔肥沃的平原、郁郁葱葱的山林、畜群点缀的牧场、千帆竞发的大海。不仅要看大地的表面，而且要看地下的宝藏，这些东西也是为了人的使用而被造出来的，也只有人能够找到它们。

【65】"我下面要说的主题可能会被你们抓住批判，这在科塔来说是因为卡尔涅亚得总是热衷于批评斯多亚学派，这在威莱乌斯来说是因为没有比预言更能引起伊壁鸠鲁嘲笑的技艺了；而在我看来，预言的技艺提供了神的天命关心人的福利的最强有力的证据。我当然会提到占卜，我们看到在许多地区，在许多事情上，在私人场合，尤其是在公共场合，都在施行占卜。那些在献祭时能观察牺牲的人做了许多观察，那些占卜官、神谕、解梦和预兆预言了许多事件，这样一门知识导致许多东西的获取，满足了人的愿望和要求，也避免了许多危险。这种力量，或者技艺，或者本能，显然是由不朽的

---

① 引自西塞罗翻译阿拉图斯的《天象》第 129 行以下。

② 参见克莱门：《杂记》（*Stromata*）第 7 卷，第 34 章。

诸神恩赐给凡人的，没有其他动物得到过这种恩赐，能预见未来的事件。如果单个占卜的例子不能令你信服，那么把它们都集合起来，其力量必定能使你信服。不朽诸神的关照和天命并不是完全给予人类，也不会延伸到所有个人。因此我们可以逐步缩小人的范围，逐步下降到较小的群体，最后抵达单个的个人。

【66】"由于我们上面已经讲过的理由，如果我们相信诸神关怀所有人，无论他们居住在什么地方，居住在哪个海岸，哪个地区，居住在远离我们居住的这个大陆的遥远的地方，那么诸神也关心住在太阳升起之处和太阳落下之处之间的土地上、与我们为邻的那些人。如果诸神关心那些居住在被我们称做'圆形大地'的巨岛上的人，那么诸神也关心占据它的各个部分的人，即欧罗巴、亚细亚、阿非利加。因此诸神也珍惜这些部分的部分，例如罗马、雅典、斯巴达、罗得岛；它们也珍惜与这些城市的全体公民有别的个别公民，比如抗击皮洛斯的战争中的库里乌斯、法伯里修、科隆卡纽斯，第一次布匿战争中的卡拉提努、丢利乌斯、麦特鲁斯、鲁塔提乌，第二次布匿战争中的马克西姆、马凯鲁斯、阿非利加努，以后还有保卢斯、革拉古、加图，或者我们父辈所处时代的西庇阿和莱利乌斯；我们自己的国家和希腊，双方都产生了许多杰出的人物，如果没有神的帮助，他们中没有一个能成为这样杰出的人物。就是由于这个原因推动着诗人们，尤其是荷马，把某些神与他们的主要英雄联系起来，比如乌利西斯、狄俄墨德斯、阿伽门农或阿喀琉斯，在艰难困苦中与他们相伴相随；还有，诸神经常亲自出现在人面前，就像我在上面提到过的那样，由此表明它们既关心整个人的团体，也关心个人。关于未来事件的预兆也同样做出了证明，对人发出预兆有时候在人睡着的时候，有时候在人醒着的时候。通过征兆和牺牲的迹象，以及通过其他许多方式，我们得到许多警示，久而久之，占卜术就发展起来了。因此，没有哪个伟人没有受到神的激励，没有得到神启示。指出某个人的庄稼或葡萄园被风暴摧毁，或者指出他的贵重的财物偶然遭到抢劫，并由此推论这些人遭受不幸是由于遭到诸神的憎恨或忽视，这样做并不能推翻我们的论证。诸神

关心大事，忽视小事。而伟人总是在各项事业中繁荣昌盛，这正是我们这个学派的教师和哲学之王苏格拉底充分讨论过的问题，美德会给我们带来充足的财富。

【67】"关于诸神的本性这个主题，我想这些话就是我必须要说的。至于你，科塔，请听我说，你应当为相同的目标辩护，你要想到自己是一位有地位的公民，是一名大祭司，你要利用你们这个学派享有的争论自由，要么反对我的论证，要么赞成我的论证，你要尽力施展你雄辩的口才，这是你经过修辞学的训练得来的，是在学园里长期锻炼的结果。为了支持无神论而进行争论的习惯是一种邪恶而又亵渎的练习，不管这样做是出于信仰还是出于伪装。"

第三卷

【1】当巴尔布斯说这些话的时候，科塔笑了。他说："巴尔布斯，要你来告诉我应当支持什么观点太晚了，因为在你侃侃而谈的时候我就在想我能提出什么样的论证来对你做出回应，尽管更多的不是为了驳斥你，而是为了请你解释我不太明白的要点。然而，每个人都必须使用他自己的判断，所以对我来说要我接受你希望我接受的观点是困难的。"

这时候威莱乌斯插话了："科塔，你想象不出我有多么渴望听你讲话。我们的朋友巴尔布斯很乐意听到你对伊壁鸠鲁的批评；而我在你批评斯多亚学派的时候会十分注意聆听。我希望你已经准备好了，就像你通常所做的那样。"

科塔答道："是的，那当然了，威莱乌斯，因为我要对鲁西留斯说的话和要对你说的话极为不同。"

威莱乌斯说："怎么会呢，请你告诉我？"

"因为我想你的祖师爷伊壁鸠鲁并没有严肃认真地探讨不朽诸神的问题，

只是他不敢否定诸神的存在，以免招来别人的反感或指控。而当他断言诸神懒惰冷漠，尽管拥有像人一样的肢体，但从不使用的时候，他似乎也不认真，只是认为只要肯定某一类幸福永恒的存在者存在就够了。至于巴尔布斯，我敢肯定你一定注意到有多少话是他必须说的，他说的话尽管缺乏真理，然而却是前后一贯的、系统的。因此如我所说，我内心更多的不是想驳斥他，而是想听他解释我不太明白的要点。因此，巴尔布斯，我让你选择，你愿意逐个回答我就这些我不完全赞同的观点所提出的问题呢，还是愿意听我的整个讲话？"

巴尔布斯答道："噢，我宁可回答你想要得到解释的任何问题；或者说，如果你想就你不太明白的观点提问，乃至于驳斥我的观点，那么我愿意按照你的愿望行事，要么逐一回答你的提问，要么等你讲完以后一次性回答所有问题。"

科塔说："很好，那么就让争论本身带领我们前进吧。

【2】"但在进入主题之前，让我先说几句自我辩解的话。巴尔布斯，你的权威对我影响很大，在你提出你的结论的时候，你要我记住自己既是科塔又是一名祭司。你的意思无疑是我必须坚持从我们的祖先那里继承下来的有关不朽诸神的信仰，以及相关的祭仪、仪式和宗教义务。而对于我来说，我从前一直这样做，今后也将继续这样做，没有任何人的雄辩口才，无论是有学问的人还是没有学问的人，能够说服我放弃从祖先那里接受的有关崇拜不朽诸神的信仰。在任何宗教问题上，指引我的是大祭司提多·科隆卡纽斯、普伯里乌·西庇阿、普伯里乌·斯凯沃拉，而不是芝诺、克林塞斯或克律西波；我宁愿聆听既是占卜官又是哲学家的盖乌斯·莱利乌斯[①]在他那篇著名的演说中讨论宗教，不愿聆听斯多亚学派领袖的谈话。罗马人民的宗教由祭仪和占卜组成，要是把所有那些预言式的警告算在内，包括对西彼拉圣书的

---

① 盖乌斯·莱利乌斯于公元前143年担任执法官期间成功地反对了把选举占卜官的权力转移给人民大会的提案。

解释和根据各种征兆得出的预言，那么宗教还有第三个附加的部分。我总是在想，宗教的这些组成部分没有一个应当轻视，我坚信罗莫洛的占卜和努玛建立的祭仪奠定了罗马国家的基础，如果没有神的青睐，罗马肯定不会有今天这样强盛。巴尔布斯，这就是作为一名祭司的科塔的观点，而现在你有义务让我知道你的观点。你是一名哲学家，我必须从你这里得到你对你的宗教的证明，而我必须相信我们的祖先讲的话，这些话甚至无须证明。"

【3】巴尔布斯答道："你想要我提供什么证明呢，科塔？"

科塔说："你把你的讨论分成四部分，首先你证明诸神存在，其次你描述诸神的本性，第三你说明这个世界由诸神统治，最后你说明诸神关心凡人的幸福。如果我没有记错，这就是你对论题的划分。"

巴尔布斯说："你说得很对，但请你告诉我，你想知道什么。"

科塔答道："让我们一个要点一个要点地说，首先是诸神存在，除了绝对无信仰者以外，这个信念被普遍接受，它也从来没有在我的心中消失，我相信它是因为我们祖先的权威，但你并没有教我这个信念为什么是真的。"

巴尔布斯说："如果你已经信服它，为什么还要我来教你呢？"

科塔说："因为我进入这个讨论，就好像自己从来就没有听说过或反思过不朽的诸神。把我当做一个无知的、从未受过教育的小学生吧，把我想要知道的事情教给我。"

他说："好吧，那么告诉我你想知道什么？"

"我想知道什么？首先，你在讨论这个论点时说它甚至不需要讨论，因为神的存在是一个显而易见的、普世公认的事实，然而后来，你还是对这个论点做了长篇累牍的论述。"

"科塔，这是因为我经常注意到，你在法庭上讲话也总是对着法官滔滔不绝地把你能想到的论证全部讲出来。是的，希腊哲学家也总是这样，所以我也尽力去这样做了。而你提出的这个问题就好像问我：你用一只眼睛就能看见我，就能取得用两只眼睛同样的效果，为什么你还要用两只眼睛看？"

【4】科塔答道："你的比喻在多大程度上有效，这个问题我留给你自己

去回答。事实上，在法庭上争论一个不证自明的、各方承认的观点不是我的做法，因为争论只能削弱它的清晰性；另外，如果我在法庭辩论时确实这样做过，我也不会在当前如此抽象的讨论中这样做。你的两只眼睛有同样的视野，而且你声称被智慧拥有的事物的本性希望我们拥有两扇窗户，从心灵到眼睛，所以你闭上一只眼睛是没有道理的。你实际上对神的存在是不证自明的这一观点并非感到真正的自信，因此你试图用一系列论证来证明它。而对我来说，一个论证就足以证明神的存在，亦即它是由我们的祖先传给我们的。而你貌视权威，诉诸理性的武器。既然如此，那就让我来看看你的论证吧。

"你引入所有这些论证都是为了证明诸神存在，然而正是这些论证使你对在我看来无可怀疑的事情产生了怀疑。我不仅能记住你的论证的数量，而且能记住它们的顺序。你的第一个论证是：当我们抬头仰望天空时，我们马上就能察觉到存在着某种统治着天体的力量。你还引用了诗句，'仰望苍穹，星光闪烁，人类都把它当做朱庇特来祈祷'，[①] 就好像我们中有人真的把朱庇特的名字赋予你的苍穹而不是卡皮托利圣山上的朱庇特，或者就好像这些东西[②] 是神圣的这种看法是显而易见的，普遍公认的，而实际上在威莱乌斯以及其他许多人看来这些东西根本没有任何生命！你还认为，相信诸神是一种普世的、日益流传的信念，这是一个很有分量的论证。然而有谁会满足于这样一个重要的问题由傻瓜的信念来决定？尤其是你本人曾经说过，所有愚蠢都是一种疯狂。

【5】"你还说诸神向我们现身[③]——例如，他们在瑞吉鲁斯湖向波斯图米乌斯现身，在萨拉利亚大道上向瓦提尼乌斯现身，还有洛克里斯人在萨格拉战役中的故事。你真的认为被你称做廷达瑞俄斯之子的那两位存在者是凡人，有凡人的父母吗？生活年代离他们不远的荷马说他们死后埋在斯巴达，而你

---

① 参见本文第二卷，第 2 章。
② 指天体。
③ 参见本文第二卷，第 2 章。

说他们骑着白马，没带随从，遇见瓦提尼乌，不是向元老院的主要议员马库斯·加图，而是选择瓦提尼乌这个粗鲁的家伙，向他报告罗马人的伟大胜利！还有，你真的相信那个至今仍然可以在瑞吉鲁斯湖边看到的留在岩石上的马蹄印是卡斯托耳的马留下的吗？相信你所说的廷达瑞俄斯之子这样的著名人物的灵魂是神圣的，是永恒的，而不是相信他们已经在火葬堆上烧毁的身体还能骑马参加战斗，这样岂不是更好吗？如果你坚持认为这种事情是可能的，那么你应该告诉我们如何可能，而不是用这些荒诞无稽的故事来搪塞我们。"

巴尔布斯说："你真的认为这些事情是荒诞无稽的故事吗？你难道不知道奥鲁斯·波斯图米乌在市政广场上建造了奉祭卡斯托耳和波吕丢刻斯的神庙？你难道不知道元老院有关瓦提尼乌的决议？至于萨格拉，希腊人实际上有一句谚语，每当他们想要强调某件事情，他们就说它'像萨格拉发生的事情一样确定'。希腊人的权威肯定对你有影响，是吗？"

科塔答道："啊，巴尔布斯，你用来和我作战的武器是一些传闻，而我想从你这儿得到的是证明。……①

【6】"……接下去将要发生的事件；因为没有人能够回避将要发生的事件。然而，预见将要发生的事件经常没有什么好处，人们可悲地受到无穷的折磨，到最后甚至丧失希望，得不到任何安慰，尤其是你们学派还断言，一切都是命中注定的，而命运的意思就是永远如此，永恒不变；因此，如果未来的事件肯定要发生，那么预见未来的事件有什么好处呢，或者说它又怎么能够帮助我们躲避这些事件呢？还有，你的占卜术是从哪里来的？谁在动物肝脏的纹理中发现了意义？谁听出了乌鸦的叫声的含义，或者摇签落地的方式？我并非不相信这些事情，我也不是在嘲笑你提到的阿图斯·那维乌斯这样的占卜家；② 问题在于这些占卜的方式该怎样理解？这是哲学家必须教导

---

① 此处佚失科塔的部分论证，涉及现身和预言。
② 参见本文第二卷，第3章。

我的事情，尤其是你的占卜家说了这么一大堆谎言。'噢，哪怕医生也会经常出错'——这就是你的论证。① 但是医学和占卜之间有什么相同之处，我知道医学的理性基础，然而我不明白占卜的来源？还有，你认为德西家族的献祭可以平息诸神的怒气。但是，诸神为什么如此不公，非要牺牲像德修斯这样的英雄才能平息它们对罗马人的愤怒呢？不，德西家族的献祭是一种统兵的伎俩，或者如希腊人所说是一种'策略'，尽管使用这种伎俩的将军想要为国献身；他们的想法是，如果一名统帅在战斗中冲锋陷阵，那么他的士兵就会跟随他，这一点已经得到证明。至于法翁斯说话，② 我从来没有听到过；如果你说你听到过，那么就算你说得对，尽管我不知道法翁斯在大地上是什么样子。

【7】"因此，巴尔布斯，到现在为止，依据你的解释，我还是不明白神的存在；我相信神，但斯多亚学派没有做出最起码的解释。至于克林塞斯，如你所告诉我们的那样，他认为诸神的观念以四种方式在人的心中形成。这些方式中有一种我已经充分讨论过了，这就是源自我们对未来事件的预见；第二种方式的依据是天气的灾变和其他变化；第三种方式的依据是归我们支配的物品的用处和充足；第四种方式的依据是星辰的有序运动和苍穹的匀整。关于预见我们已经讲过了。至于陆上或海上的自然灾变，我们无法否认有许多人害怕这些事情的发生，认为这些事情是由不朽的诸神引起的；但问题不是是否有人认为诸神存在，而是诸神存在还是不存在？至于克林塞斯引入的其他原因，一个源于归我们支配的物品的充足，一个源于星辰的有序运动和苍穹的匀整，我们将在讨论神圣的天命时处理，而你巴尔布斯对此已经谈了很多；我们也会把你归于克律西波的那个论证推迟到那个时候再处理，由于宇宙中存在着某些事物不可能由人创造，所以宇宙中必定有比人等级更高的存在者；你还把这个世界之美比做一所房子中的家具，推论出整个世界

---

① 参见本文第二卷，第 6 章。
② 参见本文第二卷，第 2 章。

的和谐与共同目的；芝诺在这个问题上的简要论述和他提出的小三段论，也会推迟到我已经提到的那个时候加以处理；与此同时要加以恰当处理的还有你关于火的力量和热的科学性质的所有论证，你把火的力量和热视为生育的普遍源泉；前天 ① 在试图证明神的存在的时候，你想要说明整个世界和日月星辰都拥有感觉和理智，你所说的一切我也会保留下来，到恰当的时候再处理。但像从前一样，我要一遍遍反复问你的问题是：你相信诸神存在的理由是什么？"

【8】巴尔布斯答道："呃，我确实认为我已经说明了理由，但从你驳斥它们开始，你似乎每一次都把我置于被拷问的位置，而当我准备回答时，你又突然改变话题，不给我留下回答问题的机会。所以，那些头等重要的问题都放过去了，没有任何评论，比如占卜和命运都被你十分简单地打发了，而我们学派习惯上要讨论很久，尽管他们的讨论与我们正在处理的论题不是一回事。因此，请你循序渐进，在这场争论中先处理当前的问题。"

科塔说："好的，当然可以。由于是你把整个主题分成四部分，而第一部分我们已经讲过了，所以让我们考虑第二部分。它在我看来似乎是这样的：你想要说明诸神是什么样的，但你实际上说明它们根本不存在。你说过很难切断心灵与眼睛的联系，然而你毫不犹豫地争论，没有任何事物比神更加优秀，所以这个世界必定是神，因为在宇宙中没有任何事物比这个世界更优秀。是的，如果我们能够把这个世界想象为活生生的，或者说，如果我们能够用我们的心灵察觉这个真理，完全就像用我们的眼睛看见外部的物体一样，那就好了！但是，当你说没有任何事物比这个世界更加优秀时，你说的优秀是什么意思？如果你的意思是更加美丽，那么我表示同意；如果你的意思是对我们更加便利，我也表示同意；如果你的意思是没有任何事物比这个世界更聪明，那么我表示绝对不同意；这不是因为很难把心灵与眼睛分离，而是因为我越是这样做，我就越不能

---

① 原文中提到前天表明作者原来计划将整部作品分为三部分，分别记载三天的讨论。

把握你的意思。

【9】"'没有任何事物比这个世界更加优秀。'好，我要说在大地上没有任何事物比我们的城市更加优秀；但你不会因此而认为我们的城市拥有推理，拥有一个思维着的心灵，是吗？或者说，由于它不具有思维着的心灵，你也不会因此而认为一只蚂蚁比这座极为美丽的城市更高级，是吗？理由是城市没有感觉，而蚂蚁不仅有感觉，而且有推理和记忆的心灵。巴尔布斯，你必须明白你能让你的对手承认什么，不能随心所欲地加以认定。芝诺著名的老三段论简要地扩充了你的整个论题，你认为这个三段论是有效的。①芝诺的论证是这样的：'有理性的事物比无理性的事物优秀；没有任何事物比这个世界更优秀；因此，这个世界是有理性的。'如果你接受这个结论，那么你就要继续证明这个世界是完善的，乃至于能够读书；因为跟随芝诺的足迹，你能建构这样一个三段论：'能识字的事物比不能识字的事物优秀；没有任何事物比这个世界更优秀；所以，这个世界能识字。'按照这个推理模式，这个世界还会是一名演说家，甚至是一名数学家、音乐家，事实上它会是各门学问的专家，简言之，它会是一名哲学家。你反复强调这个世界是一切被造物的唯一源泉，自然的能力不包括创造与它本身不一样的事物的能力；那么我要承认这个世界不仅是一个有生命的存在者，而且还是一个长笛和竖琴的演奏家吗？因为它也产生了擅长这些技艺的人。好吧，你们斯多亚学派的创始人确实没有向我们说明为什么要把这个世界视为理性的，或者有生命的。因此，这个世界不是神，尽管没有任何事物比它更优秀，因为没有任何事物比它更美丽，没有任何事物比它更有益于我们的健康，没有任何事物比它更好地成为我们观赏的美景，没有任何东西比它的运动更规则。如果整个世界不是神，那么星辰也不是神；你想把无数的星辰当做神，你对它们统一的、永恒的运动感到惊讶，因为它们表现出神奇的、有规则的运动，对此我表示理解。但是巴尔布斯，拥有确定的、有规则的轨道，与其说是神，不如

---

① 此处文字有讹误，与本文第二卷第 8 章的意思相冲突。

说是自然。

【10】"你认为还有什么事情能比位于卡尔昔斯的尤里普斯海峡①，或者墨昔那海峡，或者'用汹涌澎湃的波涛把欧罗巴与阿非利加劈开'的洋流变化更有规则？西班牙和不列颠海岸的潮汐没有神的干预就不会涨落吗？如果把所有有规则的、周期性的运动变化都说成是神，我们岂不是也要说每隔三日或四日复发的疟疾也是神圣的，因为没有什么事情比它发作的过程更规则了？所有这些现象都在呼唤一种理性的解释，而在你没有能力提供这种解释的时候，你就逃向神，把神当做避难所。

"你还敬佩克律西波的一个精巧的论证，他无疑是一位精明而又老练的思想家（我用精明这个形容词来指那些机智的人，而老练指的是这些人的心灵经过长期思考而变得技艺娴熟，就像通过艰苦劳动手上起了老茧）；②他的论证是这样的：'如果有某个人不能创造的事物存在，那么该事物的创造者比人优秀；人不能创造我们在这个世界上看到的事物；因此能够创造该事物的创造者超过人；但是除了神还有什么事物能超过人呢？因此神存在。'整个论证包含着与芝诺的论证相同的错误，他没有给'优秀'、'超过'这些词的意思下定义，也没有区分自然和理性。克律西波进一步宣称，如果神不存在，那么这个自然的宇宙中就不包含任何比人更加优秀的事物；无论谁认为没有任何事物比人更优秀，他都认为是高度的傲慢。让我们承认把自己看得比这个世界更高当然是傲慢的，但是认识到自己是有意识、有理性的存在者，而猎户座和巨犬座没有意识和理性，不仅不是傲慢的标志，而且是智慧的标志。他还说：'如果我们看到一所漂亮的宅邸，那么我们应当推论它是为它的主人建造的，不是为老鼠建造的；正因如此，我们必然把这个世界视为诸神的宅邸。'如果我认为这个世界被造得像一所房子，而且不是由自然

① 卡尔昔斯（Chalcis），地区名，尤里普斯海峡（Euripus）位于尤卑亚岛与希腊大陆之间。

② "老练"一词的拉丁文是"Callidus"，源于"callum"（坚硬的皮肤），引申出"熟练"、"有经验"、"擅长"等含义。

建造的，就像我将要说明的那样，① 那么我肯定会这么看。

【11】"然后你告诉我，色诺芬著作中的苏格拉底问过这样一个问题：如果这个世界不包含理性的灵魂，我们的理性灵魂是从哪里捡来的？② 我也会提问：我们的语言能力、数数的能力、音乐的技艺是从哪里得来的？除非我们假定太阳和月亮靠近的时候会进行交谈，或者像毕泰戈拉所相信的那样，整个世界构成一幅和谐的乐曲。巴尔布斯，所有这些都是自然的馈赠——不是像芝诺所说，自然'像工匠一样行走'（我们等一下再考虑这句话的意思），而是自然自己运动，并将这种运动和活动传输给一切事物。所以我完全同意你提到的自然精确的规则性，你把它说成是相互关联，和谐- -致的；但我不能接受你的论断，如果没有神圣的气息把它们联系在一起，这种情况就不会出现。正好相反，这一体系的内聚和持续仍靠自然的力量而不是神的力量；它不拥有你说的那种'协和'（希腊术语是'συμπάθειαν'），而是一种更加伟大的自身成长，我们更不能假定它是由神的理性创造的。

【12】"你们这个学派又如何驳斥卡尔涅亚得的论证呢？如果没有任何物体是不死的，那么就没有任何物体是永生的；如果没有任何物体是不死的，那么甚至连分解或消解都是不可能的。每个生物凭其本性都能感受；因此没有任何生物能够逃避接受外部来的印象，也就是说要承受和感觉；如果每个生物都要承受，那就没有任何生物是不死的。因此，同样的道理，如果每个生物都能被分割为部分，那就没有任何生物是不可分割的，没有任何生物是永生的。但是每个生物都有这样的结构，乃至于必然要承受外来的力量；因此可以推论，每一生物都是有死的、可毁的、可分的。正好比，如果所有的蜡都是可变的，那么由蜡制成的任何东西都是可变的；如果银和铜是可变的基质，那么由银和铜制成的东西都是可变的；同样的道理，如果构成万物的所有元素都是变化的，那么没有任何物体是不变的；按照你们学派的观点，

---

① 此处提到要说明的意思在现存文本中没有出现，已经佚失。
② 参见本文第二卷，第6章。

构成万物的所有元素都是变化的，因此一切物体都是变化的。如果有某种物体不死，那么就不会是任何物体都会变化了。因此可以推论，一切物体都会死。事实上，每个物体都要么由水，或气，或火，或土组成，要么由它们组合而成，要么由某几种元素组合而成；但是这些元素没有一种是不会毁灭的；由土构成的任何东西都是可分的，液体的基质是柔软的，因此很容易破碎，而火和气很容易受到外来的各种冲击，很容易屈服和消散；此外，在变形的时候，所有原来的元素都会毁灭，土转变为水，从水中产生气，从气中产生以太，这个过程也可以逆转；如果说每个生物都是由这些元素构成的，那么就没有任何生物是永生的。

【13】"撇下这条论证路线不谈，要想找到一个没有出生或永生的生物也是不可能的。每一个生物都有感觉；因此它会感受冷热，品尝甘苦——它不能通过任何感官接受快乐的感觉而不接受痛苦的感觉；如果它能感受快乐，那么它也能感受痛苦；但是能经历快乐的存在者也必定会毁灭；因此必须承认每一个生物都会死。此外，如果有任何事物不能感受快乐或痛苦，那么它一定不是一个生物，另一方面，如果它是一个生物，那么它必然能感受快乐和痛苦；能感受快乐和痛苦的生物不能是永生的；每一个生物都感受快乐和痛苦，因此没有任何生物是永生的。此外，没有任何生物不拥有欲求和躲避的天然本能；但是欲求的对象是与其本性一致的东西，躲避的对象是与其本性相悖的东西；每一个生物都寻求某些东西，躲避某些东西，但它要逃避的是与其本性相悖的东西，而与其本性相悖的东西具有毁灭它的力量；因此每一个生物必定会灭亡。有非常多的证据可以无可争辩地证明，还有许多其他有说服力的证据可以证明，没有任何一个拥有感觉的事物是不会灭亡的；事实上，感觉的实际对象，比如冷和热、快乐与痛苦，等等，一旦过度，就会引起毁灭；任何生物也不能缺少感觉；因此没有任何生物是永生的。

【14】"由于每个生物必定要么由一种基质组成，要么由土或火或气或湿气组成——这样的动物是不可想象的——或者由几种元素复合的基质组成，每一种元素都有自己的倾向性位置，在自然的推动下运动，一种到底部，一

种到顶部，一种在中间；这样的元素可以在一段时间内凝聚，但不可能永远如此，因为每一种元素最终都将回到自己所属的地方，所以没有生物是永生的。

"但是巴尔布斯，你们学派的哲学家习惯于把万物追溯到火这种元素的力量，我相信，在这一点上，他们都继承了赫拉克利特，尽管每个人的理解不尽相同；然而，由于他不希望别人理解他的意思，[①] 所以让我们把他撇下；但你们的学说是一切力量都具有火的性质，动物要是丧失了热就会死亡，在各个自然领域，一样东西如果还是热的，那么它还活着，或者还有生命力。但我对此不太明白，为什么有机体的热的消失会带来死亡，而不是气或湿的消失带来死亡，尤其是过分的热也会毁灭有机体；因此你们关于热所说的话也可以用到其他元素上。然而，让我们来看从中能推出什么结论。我相信，你的观点是，除了火，整个自然界不包含其他有生命的存在者。为什么是火而不是气，要知道气（anima）构成了有生命的存在者的灵魂（animus），有生命的这个术语就是从灵魂这个词派生出来的？你有什么理由确定没有火就没有灵魂？认为灵魂具有复合的性质，灵魂由火和气复合而成似乎更加合理。然而，如果火凭其自身就是有生命的，没有混入其他任何元素，那么是我们身体里的火使我们拥有感觉，因此火本身不会没有感觉。在此我们可以重复一下前面用过的论证：[②] 凡是有感觉的事物必然感受快乐和痛苦，而能感受痛苦的事物必定会灭亡；由此可以推论，你们甚至不能证明火也是永生的。还有，你不也要认为所有火都需要燃料，否则就不能持久吗？太阳、月亮和其他天体有时候要从淡水中吸取营养，有时候要从海中吸取营养，是吗？克林塞斯用这个理由来说明，'太阳折回，不再越过它夏季的至点'，到了冬季也一样；太阳不能走得太远了，以免无法取食。整个主题我们以后再来考虑，而现在让我们以下面这个三段论来结束：凡是会灭亡的东西不会是

---

① 赫拉克利特被人称为"晦涩的哲学家"。
② 参见本文本卷，第 13 章。

永久的基质；火要是不添加燃料就会熄灭；因此火不是永久的基质。

【15】"但是，我们能让神不具有任何美德吗？呃，我们要把明智赋予神吗？明智由关于善的事物、恶的事物、不善不恶的事物的知识组成。对一个不经历或不会经历任何恶的事物的存在者来说，它需要选择善恶的能力吗？理性或理智怎么样？我们运用这些能力从已知步入未知，但对神来说没有什么东西是未知的。然后是公义，赋予每一事物自身应有的东西——这种事情和诸神有什么关系？就像你告诉我们的那样，公正是人类社会和人的共同体的产物。还有节制，由放弃身体快乐组成；如果在天上有节制的地位，那么在天上也有快乐的地位。至于勇敢，怎么能够察觉到神是勇敢的？在它们忍受痛苦的时候？在它们辛勤劳动的时候？在它们遇到危险的时候？这些事情都与神无关。所以神既不是理性的，又不具有任何美德；这样的神是不可想象的！

"事实上，每当我想起斯多亚学派的这些话，我就不能蔑视粗俗者和无知者的愚蠢。由于无知，你们有了许多迷信，就像叙利亚人的鱼神崇拜①，以及几乎把每一种动物都神化的埃及人；甚至在希腊，他们也崇拜许多神化了的人，在阿拉班达有阿拉班都，在泰奈多斯岛有泰奈斯，从前称做伊诺的琉科忒亚和她的儿子帕莱蒙在整个希腊受到崇拜，还有赫丘利、埃斯库拉庇俄斯、廷达瑞俄斯的儿子；罗莫洛和其他许多人受到我们的人民的崇拜，把头脑中的公民权延伸一下，就相信他们是最近被接纳到天上去的公民！

【16】"呃，这些都是无知者的迷信，而你们哲学家怎么样？你们的教条就要好些吗？我省略其他教条，因为它们确实非同寻常！而把这个世界本身就是神这个观点当做真的——因为我假定，这就是'仰望苍穹，星光闪烁，人类都把它当做朱庇特来祈祷'这行诗的意思。但我们为什么还要添加许多其他的神呢？它们在那里太拥挤了！至少在我看来神太多了！因为你们把所有星辰都当做神，给它们起一个动物的名字，比如山羊、蝎子、公牛、狮

---

① 阿斯卡隆的叙利亚人崇拜大衮——一种长着女人脸的鱼。

子，或者给它们起一个没有生命的事物的名字，比如船、圣坛、日冕。即使允许这样做，一个人又如何可能把剩下的神都从头到尾说清楚？当我们把谷物称做刻瑞斯，把葡萄酒称做巴库斯的时候，我们是在使用熟悉的形象语言，但你假定有人会如此疯狂，乃至于相信他正在吃的食物是神吗？至于你宣称由人变成神的那些例子，你应当解释，我也乐意听到，这种神化如何可能，为什么现在不再有这种情况发生。而根据你现在的说法，我不明白'身体被奥依塔山上的火堆烧毁'的这位英雄①，如阿西乌斯所说，怎么能够经由他的火葬堆'走向他父亲的永恒家园'？而荷马告诉我们，乌利西斯在另一个世界遇到过他以及其他死者。

"无论如何，我想知道我们崇拜的是哪一位赫丘利；那些晦涩难懂的古书的研究者告诉我们，赫丘利有好几个，最古老的那个是朱庇特的儿子，而这位朱庇特也是最古老的，因为在希腊人的早期作品中我们也能找到几个朱庇特。朱庇特与吕西索俄是赫丘利的父母，据说曾和阿波罗为了一只三脚鼎发生过争执！我们听说过另一位埃及的赫丘利，他是尼禄之子，编纂过弗里吉亚圣书。第三位赫丘利来自伊达山的狄吉提，曾在墓前献祭。第四位赫丘利是朱庇特与拉托娜之妹阿丝特里娅所生的儿子，主要受推罗人崇拜，据说他就是宁妇卡莎戈的父亲。第五位是印度的赫丘利，被称做伯鲁斯。第六位是我们熟悉的，是朱庇特和阿克美娜之子，这里的朱庇特指第三位朱庇特，因为就像我要解释的那样，我们的传说中也有几位朱庇特。②

【17】"由于我的讲话已经使我进入这个论题，所以我要告诉你，关于崇拜诸神的恰当方式，我从祭司的律法和我们祖先的习俗中学到的东西多于从斯多亚学派的论证中学到的东西，努玛传给我们一些破旧的、微不足道的祭

---

① 这段话中，英雄指希腊神话中的赫拉克勒斯。荷马史诗中提到，奥德修遇到赫拉克勒斯的鬼魂，而赫拉克勒斯正在与不死的神灵欢宴，身边有美足的赫柏陪伴。（《奥德赛》第11卷，第602—604行）然而亚历山大里亚学派的批评家阿里斯塔库（Aristachus）认为这是伪造的，与《伊里亚特》中的说法有出入。在《伊里亚特》中，赫拉克勒斯被赫拉杀死，而赫柏则是一位处女。

② 这一解释从本卷第21章开始。

祀用的器皿，对此莱利乌斯①曾经用他那可爱的金嗓子做过讨论。如果我采用你的学说，那么有人问我这样一些问题，我该如何回答：'假定诸神存在，那么宁妇就是女神吗？如果宁妇是女神，那么潘和萨堤罗斯②也是神；但它们不是神，因此宁妇也不是。然而，它们都有国家为它们建立和供奉的神庙；因此有没有其他拥有神庙供奉的诸神也不是神？进一步，请你告诉我：你把朱庇特和尼普顿算做神，因此它们的兄弟奥耳库斯也是神；神话中的冥府河流，阿刻戎、考西图斯、皮利福来格松，以及卡隆和刻耳柏洛斯，都要算做神。不，你说我们到此要划一条界限，那么好吧，奥耳库斯也不是神，对于它的兄弟你又该怎么说呢？'这些论证是卡尔涅亚得提出来的，其目标不是建立无神论（还有什么能对哲学家更无用？），而是证明斯多亚学派的神学没有价值；于是他曾经探讨引向深入。他会说：'如果把这些兄弟都包括在诸神的行列中，那么他们的父亲萨图恩呢？难道我们能否认他是神吗？在西部那些国家的普通人最崇敬他。如果他是神，那么我们也必须承认他的父亲凯鲁斯是神。如果凯鲁斯是神，那么这位天神的父母，以太和白天，必然被当做神，他们的兄弟姐妹也一样，爱、诡计、恐惧、苦役、嫉妒、命运、老年、死亡、黑暗、痛苦、悲伤、仁慈、欺骗、蒙恩、赫司佩鲁斯的女儿们、梦，等等，所有这些都被认为是厄瑞布斯和夜晚所生育的子女。'所以，你要么必须接受这些怪物为神，要么否定你最初的设定。

【18】"还有，如果你把阿波罗、伏尔甘、墨丘利以及其他当做神，那么你会怀疑赫丘利、埃斯库拉庇俄斯、利伯尔、卡斯托耳和波吕丢刻斯是神吗？因为后者受到的崇拜并不比前者逊色，而且在某些地方后者甚至更受崇拜。我们要把那些由凡人的母亲生育的当做神吗？阿里泰乌，著名的橄榄发现者，阿波罗的儿子、忒修斯，尼普顿的儿子，以及其他所谓诸神的儿子，就不能被当做神吗？女神们的儿子又怎样？我想他们肯定更有权利声称自己

---

① 参见本文本卷，第 2 章。

② 宁妇（Nymph），希腊神话中的仙女；潘（Pan），希腊神话中的森林神；萨堤罗斯（Satyrs），希腊神话中的羊人。

是神；因为就好像民法中的规定，自由的母亲生下的儿子也是自由的，所以按照自然法，母亲是神的儿子也是神。根据这些理由，阿斯泰巴香亚岛的居民最忠心地崇拜阿喀琉斯；如果阿喀琉斯是神，那么俄耳甫斯和瑞索斯也是神，他们的母亲是一位缪斯女神，除非凡人与海神的结合优先于凡于与地神的结合！如果他们不是神，因为无人崇拜他们，那么其他人又怎么能是神呢？是否可以做这样的解释：人们实际上是在把神的荣耀赋予人的美德，而不是赋予他们的不朽？巴尔布斯，这似乎也是你想要说明的观点。所以，如果你认为拉托娜是神，那么你怎么能够不认为赫卡忒是神呢？因为她的母亲是拉托娜的妹妹阿丝特里娅？赫卡忒也是一位女神吗？我们在希腊看到过她的圣坛和神庙。如果赫卡忒是女神，那么欧曼尼德斯为什么不是女神？如果她们是女神——她们在雅典有神庙，在罗马有富里娜圣地，如果我对富里娜这个名字的解释是对的，那么富里娜圣地也属于她们①——那么'愤怒'也是女神，她们起着监视和惩罚犯罪的作用。如果干预人间事务是神的本性，那么主掌生育的精灵也必须视为神，我们习惯于在阿德亚②境内列队向她奉献牺牲；她的名字是娜提奥，源于'出生'（nasci），因为人们相信她保护产妇。如果她是神，那么你提到的那些抽象的东西也都是神：荣耀、信念、理性、和谐，甚至希望、富裕，以及其他任何能够想象出来的观念。如果后一个命题不成立，那么前一个命题也不成立，因为后续的例证都源于前面的假设。

【19】"所以，如果我们崇拜的传统的神真的是神，那么你能提供什么理由我们为什么不应当把伊西斯和俄西里斯包括在内呢？如果我们这样做了，为什么要排斥野蛮人的神呢？因此我们必须承认牛、马、朱鹭、隼、驴、鳄鱼、鱼、狗、狐狸、猫，以及其他许多野兽是神。或者说，如果我们否定

---

① 富里娜，罗马神话人物，相当于希腊神话中的欧曼尼德斯，富里娜的圣地亦即欧曼尼德斯的圣地。

② 阿德亚（Ardea），一座拉丁古城，曾是崇拜维纳斯的中心，至西塞罗时代已不再重要。

它们是神，那么也必然要否定它们的起源是神。这样，我们又该如何解释呢？如果伊诺，希腊人称为琉科忒亚，罗马人称为马图塔，被尊为神，因为她是卡德摩斯的女儿，那么大洋神之女珀耳塞伊斯与太阳神所生的子女喀耳刻、帕西淮、埃厄忒斯不也是神吗？实际上，我们的殖民地基凯城邦的罗马人热心崇拜喀耳刻。如果喀耳刻是女神，那么美狄亚呢？她的父母是埃厄忒斯和伊底伊亚，她的祖父母是太阳神和大洋神。她的兄弟阿伯绪耳图斯[①]（巴库维乌斯称他为艾吉亚留，尽管在古代作品中前一个名字更常用）是不是神呢？如果这些人都不是神，我担心伊诺会怎么样，因为她具有同样的起源。或者说，如果我们允许伊诺是神，那么我们也要允许安菲阿拉俄斯和特洛福尼乌[②]是神吗？罗马的税务检察官否认波埃提亚的某些圣地可以免除法律规定的税款，坚持说曾经是人的人不可能成为神。如果这样的人可以成为神，那么厄瑞克透斯必定是其中的一个，我们可以在雅典看到他的祭司和神庙。如果我们承认他是神，那么我们有什么理由怀疑考德鲁斯和其他为了他们国家的自由而战死的英雄是神呢？如果我们感到这一说法毫无道理，那么我们也必须把前面引申出来的例子全部排斥。我们很容易看到，大多数国家为了倡导勇敢的精神，在纪念勇士时给他们冠以神的荣耀，使人们在为国服务时能够更加勇敢地面对危险。这是雅典人把厄瑞克透斯和他的女儿神化的原因，同样的情况还有雅典的纪念勒奥那托的神庙，名叫勒奥科里翁。阿拉班达人更多地崇拜他们的城市的创建者阿拉班都，而不是崇拜伟大的诸神。在那里，妙语连珠的斯特拉托尼库[③]说了一句精彩的话，有个讨厌的家伙坚持说阿拉班都是神，而赫丘利不是的时候；斯特拉托尼库说：'好吧，那就让阿拉班的愤怒落到我的头上，让赫丘利的愤怒落到你的头上。'

【20】"至于你用天空和星辰来说明宗教的起源，你不觉得你在走一条漫长的道路吗？你说太阳和月亮是神，希腊人把太阳说成阿波罗，把月亮说成

---

① 阿伯绪耳图斯（Absyrtus），希腊神话人物美狄亚的兄弟，被美狄亚所杀。
② 特洛福尼乌（Trophonius），传说中的德尔斐阿波罗神庙的建造者。
③ 斯特拉托尼库（Stratonicus），一位雅典音乐家。

狄安娜。如果月亮是神，那么启明星和其他行星也必须算做神；如果行星是神，那么恒星也是神。但是为什么不把彩虹包括在诸神行列中呢？它非常美丽，并且由于它神奇的形象而有了伊里斯是萨乌玛斯之女的传说。[①] 如果彩虹是神，那么你又怎么看待云彩呢？彩虹本身就是着上颜色的云，还有一朵云彩生下人头马的传说。如果你把云列为神，那么你也得把季节列为神，罗马的一些祭仪就是用来祭祀它们的。如果是这样的话，那么还有雨、暴风、飑、龙卷风，都得看做神。不管怎么说，扬帆启航之前向海浪献祭是我们的将军遵循的习俗。还有，如果刻瑞斯的名字来源于她孕育的果实，如你所说[②]，那么大地本身就是一位女神（人们确实相信大地是一位女神，就像女神忒路斯）。但是如果大地是神，那么海洋也是神，你把它称为尼普顿[③]；因此河流和泉水也是神。事实上，马叟用他从科西卡岛凯旋的战利品建立一座神庙奉献给泉神，在占卜官的祷文中我们可以看到台伯河、斯宾诺河、阿尔摩河、诺底努斯河，以及其他一些罗马的邻国的河流的名字。因此，要么让这一过程无限地延续下去，要么就一个也不承认；由于这种无限制的迷信是不能接受的；因此这些说法一个也不能接受。

【21】"因此，巴尔布斯，我们也必须驳斥这种理论，这些通过把人神化并进而成为我们真心崇拜和敬畏对象的诸神在现实中并不存在，而只存在于我们的想象中……[④] 首先，这些所谓的神学家列举三位朱庇特，他们说，第一位和第二位朱庇特出生在阿卡狄亚，其中有一位的父亲是以太，传说中他也被认为是普洛塞尔皮涅和利伯尔之父；另一位的父亲是凯鲁斯，他在传说中也被说成是保护神和战神密涅瓦之父；第三位是克里特岛的朱庇特，萨图恩之子，在岛上可以看到朱庇特的坟墓。在希腊人中，朱庇特的儿子也有各种各样的头衔。第一组称为雅典诸王，最早的朱庇特国王和普洛塞尔庇涅所

---

① "伊里斯"（Iris）的词义是"彩虹"，"萨乌玛斯"（Thaumas）的词义是"奇观"。

② 参见本文第二卷，第 26 章。

③ 参见本文第二卷，第 26 章。

④ 此处原文中断，缺失原因不详。

生的儿子特里托帕却乌、欧布勒乌和狄奥尼修斯。第二组是有两位，是上述第三位朱庇特和勒达所生的儿子，卡斯托耳和波吕丢刻斯。第三组据有些人说是珀罗普斯之子阿特柔斯的儿子阿尔科、墨拉普斯和特莫鲁。还有，第一组缪斯有四位——塞克西诺、奥埃德、阿尔凯、美勒特，她们是第二位朱庇特的女儿；第二组缪斯是第三位朱庇特和涅莫绪涅所生，共有九位；第三组缪斯是庇厄卢斯和安提俄珀的女儿，她们被诗人称做庇厄里得斯或庇厄里得的侍女，她们的名字和数量与我刚才提到的那一组相同。你认为太阳的名字'索尔'①来源于他的唯一性，但是神学家们甚至提到许多位太阳神！有一位是朱庇特之子，以太之孙；另一位是许珀里翁之子；还有一位是伏尔甘和尼罗之子——被埃及人视为太阳城之主的就是这一位；第四位据说是英雄时代的阿堪塞所生，生活在罗得岛上，是雅律苏斯、卡米鲁斯、林杜斯和洛得斯之父；第五位据说是埃厄忒斯和喀耳刻在科尔基所生。

【22】"伏尔甘同样也有好几位：第一位是天神之子，被视为密涅瓦和阿波罗之父，古代历史学家把阿波罗称为雅典的保护神；第二位是尼罗之子，埃及人称为弗萨，并尊其为埃及的保护神；第三位是第三个朱庇特和朱诺之子，在传说中他是莱姆诺斯岛的冶炼大师；第四位是美玛留斯之子，是西西里附近的火山岛之主。有一位墨丘利是天神之子，他的母亲是白天女神；传说中把他描述成一位浪荡公子，沉迷于普罗塞庇娜的美色。另一位墨丘利是瓦伦斯和福洛尼斯之子，他就是冥府中的墨丘利，与特洛福尼乌等同。第三位墨丘利是第三个朱庇特和迈亚的儿子，据说是珀涅罗珀所生的潘的父亲。第四位墨丘利是尼罗之子，埃及人可能认为说出他的名字是有罪的。第五位墨丘利在弗纽斯受到崇拜，据说这位墨丘利杀了阿古斯，因此逃亡到埃及，给埃及人带来了法律和书写技术。他的埃及名字是索斯，这也是埃及年历上的第一个月的名字。然后是好几位埃斯库拉庇俄斯，第一位是阿波罗之子，在阿卡狄亚受到敬拜；据说这位埃斯库拉庇俄斯发明了外科手术用的探针，

---

① 索尔（Sol），罗马太阳神，相当于希腊神话中的赫利俄斯。

还第一个用绷带包扎伤口。第二位埃斯库拉庇俄斯是第二位墨丘利的兄弟，据说遭到雷电，被埋在绪诺苏莱。第三位埃斯库拉庇俄斯是阿西浦斯和阿西诺埃的儿子，据说他第一个使用催泻药，第一个拔牙；他的坟墓和墓地在阿卡狄亚，距离吕西乌斯河不远。

【23】"阿波罗中最古老的我刚才提到是伏尔甘的儿子，雅典的保护神。第二位阿波罗是考律巴斯的儿子之一，生于克里特；传说中说他为了统治这个岛，与朱庇特本人进行过一场恶斗。第三位阿波罗是第三个朱庇特和拉托娜的儿子，据说是从北方大陆来到德尔斐的。第四位阿波罗属于阿卡狄亚人，被阿卡狄亚人称做诺米俄斯，他为阿卡狄亚人带来了法律。狄安娜同样也有好几位。第一位是朱庇特和波罗塞尔庇涅的女儿，据说她是长翅膀的丘比特的母亲。第二位狄安娜名气更大，传说中把她说成第三个朱庇特和拉托娜之女。第三位狄安娜的父亲是乌庇斯，母亲是格劳克，希腊人常常以她父亲的名字乌庇斯来称呼她。我们还有许多位狄奥尼修斯。第一位是朱庇特和普洛塞耳皮涅之子。第二位是尼罗之子，传说中是他杀死了尼萨。第三位的父亲是卡比鲁斯，据说他是统治亚细亚的国王，为了纪念他而设立萨巴吉亚节。第四位是朱庇特和月亮女神的儿子，奥菲斯祭仪据说就是纪念他的。第五位是尼苏斯和绪俄涅之子，每三年庆祝一次的节日据说是由他创立的。第一位维纳斯是天空和白昼的女儿，我在埃利斯看到过她的神庙。第二位维纳斯降生在浪花泡沫中，据说她与墨丘利生下第二位丘比特。第三位维纳斯是朱庇特和狄俄涅之女，伏尔甘之妻，但也和战神玛斯生了安特罗斯。第四位来自叙利亚和塞浦路斯，被称做阿丝塔忒，据说曾是阿多尼斯的新娘。第一位密涅瓦就是我们刚才提到过的阿波罗的母亲。第二位密涅瓦是尼罗之女，赛斯的埃及人敬拜她。第三位密涅瓦我们在上面提到过是朱庇特生的。第四位密涅瓦是朱庇特与俄刻阿诺斯之女考律弗所生，被阿卡狄亚人称做考里娅，阿卡狄亚人说她发明了四匹马拉的车。第五位又叫帕拉斯，据说杀死了企图强暴她的父亲；这位密涅瓦被刻画成脚跟上长着翅膀。第一位丘比特据说是墨丘利和第一个狄安娜之子。第二位丘比特是墨丘利与第二个维纳斯之

子。第三位即安特罗斯，是玛斯与第三个维纳斯所生的。

"从希腊人的古代传说中还可以找到许多这样的例子，你要明白我们必须与之战斗，以便使宗教不被破坏。然而你们的学派不仅没有驳斥它们，而且想通过解释它们各自的含义来肯定它们。但是现在还是让我们回到主题上来。

【24】"……① 那么你认为还需要更精致的论证才能驳斥这些观念吗？理智、信念、希望、美德、荣誉、胜利、平安、和谐，以及其他同类性质的东西显然都是一种抽象，不是人格化的神。它们要么是内在于我们自身的属性，比如理智、希望、信念、美德、和谐，要么是我们欲望的对象，比如荣誉、平安、胜利。我明白它们有价值，我也明白有人祭拜它们的雕像；但不做进一步的说明，我不明白为什么这些雕像拥有神性。命运很有可能也属于这一类，但它总是与反复无常或冲动有关，而这些性质显然与神不合。

"还有，你们斯多亚学派为什么如此热衷于用寓意和词源的方法解释这些神话？凯鲁斯② 被他的儿子阉割，萨图恩被自己的儿子囚禁，而你们却把这一类故事理性化，使得这些故事的作者不仅不是疯子，而且成了真正的哲学家。至于你们的词源研究是牵强附会的，你们的天才真是用错了地方！萨图恩之所以被称做萨图恩是因为他'吞食岁月'，玛沃尔斯③ 之所以被称做玛沃尔斯是因为他'颠覆伟大的东西'，而密涅瓦的意思要么是'减少'，要么是'发出威胁'，维纳斯的意思是'访问'一切事物，刻瑞斯的意思是'孕育'。这是一种多么危险的做法！有许多神的名字你们无法说出它们的意思。威约维斯④或伏尔甘这个名字你会怎么解释？尽管你们认为尼普顿的名字源于'游弋'，但并非任何名字都可以仅仅通过字母拼写方面的相似就能为它提供词源上的解释。在我看来，在这个问题上你们似乎比尼普顿本人更加茫然！

---

① 此处原文有大量缺失。
② 凯鲁斯（Caelus），老天神，相当于希腊神话中的乌拉诺斯（Uranus）。
③ 玛沃尔斯（Mavors），即战神玛斯。
④ 威约维斯的拉丁原文"Vejovis"，伏尔甘的别名。

最早是芝诺，然后是克林塞斯，最后是克律西波，他们力图把这些纯粹想象的神话故事理性化，为各种各样的神的名字来源提供理由，为此而碰到大量的、没有必要的麻烦。但在这样做的时候，你们显然承认事实与流行的信仰大相径庭，因为所谓的诸神实际上是事物的属性，根本不是神化了的人。

【25】"如果让这种错误继续下去，那么不仅会给诸神的名字带来伤害，而且会给崇拜诸神带来害处；我们看到帕拉丁山上有供奉'发烧'女神的神庙，'丧亲'女神奥波娜① 的神庙靠近拉瑞斯② 的神庙，埃斯奎利山上还有供奉'不幸'女神的圣坛。因此让我们把这些在讨论不朽诸神时产生的、有损于诸神尊严的错误从哲学中驱逐出去；关于这个主题，我知道自己持有哪些观点，但我不知道怎样才能同意你的观点。你说尼普顿是渗透在大海中的世界灵魂，刻瑞斯也一样；但是你的拥有理性灵魂的大海或大地这个观念的意思不仅是我完全无法理解的，而且是我丝毫不能领悟的。因此必须到别的地方去寻求指导，以证明诸神的存在和诸神的本性；至于你对诸神的解释很可能是不成立的。现在让我们来考虑下面的论题：首先，这个世界是否由天命统治；其次，诸神是否关心凡人的事务。按照你的划分，这些论题是我需要加以讨论的；如果你们俩同意，我感到它们需要某种详细的讨论。"

威莱乌斯说："我完全赞同，因为我预见到会有更加重要的问题出现，我对你已经说过的观点表示强烈的赞同。"

巴尔布斯说："我不想用提问来打断你的讲话，所以我们会在其他时间讨论你的观点，假定我同意你的观点。但是……"③

……

"不，不可能这样；争斗即将爆发，我要用好话奉承他吗，为了达到我的目的？"④

---

① 奥波娜（Orbona），主掌丧亲的女神。
② 拉瑞斯（Lares），罗马人的路神。
③ 原文至此缺损严重，接续部分的内容是科塔谈论人类对理性的误用。
④ 引自恩尼乌斯的《美狄亚》，参见欧里庇得斯：《美狄亚》第 365 行以下。

【26】"你认为美狄亚在这里缺乏理性，她不是在为自己谋划场大灾难吗？还有，'只要他坚持自己的愿望，他的愿望就能实现！'这句话里的推理非常有力，而下面这句话包含着一切不幸的根源：'他的心灵已被扭曲，今天他把钥匙交到我的手中，我能用它打开愤怒之门，让他毁灭；悲伤给我，忧愁给他，把他毁灭，把我流放。'① 按照你们学派的观点，仁慈的诸神把这种理性的力量只赋予人类，而不赋予兽类；你看到诸神赐予我们的礼物有多么伟大了吗？美狄亚也一样，在她逃离父亲和祖国的时候，'她的父亲紧紧追赶，试图抓住她；这时她抓起男婴，撕裂他的肢体，把身体碎片抛向田野；趁她父亲忙于捡起散布四处的肢体，她逃之夭夭，任由父亲沉浸在无限悲痛之中；为了自己的安全，她竟然牺牲自己的亲人的性命'②。美狄亚是有罪的，但她是完全理性的。还有，当阿特柔斯为他的兄弟安排那个可怕的宴会时，他难道没有深思熟虑？'我必须实行一项伟大的恶行，挫伤和打碎他那坚强的心灵。'③

【27】"我们也一定不要忽略'勾引兄弟之妻'的堤厄斯忒斯，阿特柔斯对他做了完全真实、恰如其分的评价：'我认为其中潜伏着巨大的危险，如果王家贵妇都能被勾引，那么王家的血缘就会败坏，王家的血统就会变得不纯。'但是他的兄弟堤厄斯忒斯策划的这项阴谋是多么狡诈，把通奸作为谋取王位的手段；（阿特柔斯说）'天父已经对我显示预兆，保护我的统治，我的畜群中有一只金色绒毛的羔羊；堤厄斯忒斯曾经大胆地把它从我的宫中偷走，我的妻子成为这件事的同谋'。你看到了吗，堤厄斯忒斯的行为极端邪恶，但却是完全理性的？并非舞台上才有这样的罪恶，日常生活中更是如此，罪恶更大。在家庭中，在法庭上，在议院里，在讲台上，我们的同盟国，我们的行省——全都知道作为正确行动的正义可以由理性来指导，错误的行动也可以由理性来指导，但是行善的人很少，作恶的人很多；所以，如

① 引自恩尼乌斯的《美狄亚》，参见欧里庇得斯：《美狄亚》第 371、394 行以下。
② 可能引自阿西乌斯的《美狄亚》，这部分情节在欧里庇得斯的《美狄亚》中是没有的。
③ 此处引文和下面两处引文引自阿西乌斯的《阿特柔斯》。

果不朽诸神不把任何理性能力赋予我们，情况可能会好些，而不是赋予我们理性的能力却带来如此可悲的结果。葡萄酒没有多少好处，而对病人来说经常有害，因此最好不给病人喝葡萄酒，而不是冒一定的危险让他们喝，从而使病人痊愈的希望破灭。同样的道理，如果人类从来没有得到过这些被我们称为'理性'的聪明、机智、灵巧，那么情况也许会好些，获得这样的理性只对少数人有益，而对大多数人来说则是灾难，如果广泛而又慷慨地把理性赋予人类，那真是太不幸了。因此，如果说神的理智和意志关心人的幸福是因为神把理性赋予人，那么神只关心少数人的幸福，赋予少数人以合乎美德的理性，我们看到这样的人如果不是完全不存在，那么也是极少的。然而我们不能假定不朽诸神只关心极少数人，由此可以推论不朽诸神不关心任何人。

【28】"你们学派在碰到这种论证时通常会说：许多人错误地误用诸神的恩赐，从这一事实并不能推出诸神没有赋予我们优秀的品质；许多人滥用他们获得的遗产，但不能由此推论他们不曾从父辈那儿获得好处。有人否认这一点吗？这一类比有什么可比性？当戴娅妮拉把浸透人头马的鲜血的外衣交给墨丘利时，她并不想伤害他。当那个士兵用剑割开伊阿宋的医生无法治愈的伤口时，其本意也不是要对伊阿宋行善。许多人在打算做恶时做了好事，而在打算行善时做了坏事。因此馈赠的本性并不展示馈赠者的意愿，接受馈赠者很好地使用馈赠事实上也不能证明馈赠者提供馈赠的意愿良好。有哪一个欲望的行为，邪恶的或有罪的，没有经过事先的考虑，亦即在理性的帮助下付诸实施？这就好比说，每一信念都是一个理性的行为，如果信念是对的，那么理性就是好东西，如果信念是错的，理性就是坏东西。但是神赋予我们的仅仅是理性（如果神确实这样做了的话）——是我们把它变成了善的或恶的。神把理性馈赠给我们，这件事本身并非仁慈的行为，就像留下遗产一样；因为如果神的意愿是毁灭人类，它还能把其他什么礼物馈赠给人类呢？如果不公正、放纵和懦弱不以理性为基础，它们还能从什么地方产生出来呢？

【29】"我们刚才提到英雄时代传说中的人物美狄亚和阿特柔斯，他们冷静地盘算着利益和损失，策划着残暴的罪行。那么喜剧中的鸡毛蒜皮的小事呢？这些事情就始终缺乏理性吗？《阉人》[①]中的一个年轻人不是做了相当精致的论证吗？他说：'我现在该怎么办？……她曾经将我拒之门外，现在却又来叫我回去；那么我应该回去吗？不，哪怕她跪下来求我。'而《年轻伴侣》中的一个人物毫不犹豫地使用理性的武器，以学园派特有的方式，与公认的观点对抗。他说，'深深地坠入爱河与深深地陷入债务时，有一个吝啬残忍的父亲是一件好事，他不爱你，也不关心你的幸福'，再加上其他一些推论，这真是一条杰出的警句，'这样你就可以骗他的房租，或者伪造他的签名截获还款，或者派你的听差去吓唬他；最后，大把花掉从守财奴的父亲手中榨取来的钱真是一件赏心悦目的事！'然后他继续论证温和、仁慈的父亲对儿子的爱是一种灾难，因为这样一来，'我无法想象我怎么能够欺骗他，怎么能够偷他的东西，怎么能对他搞阴谋；他的仁慈钳制了我所有的诡计和谋略'。没有理性，这些阴谋诡计能存在吗？诸神赋予福米奥多么高尚的天赋，使他能够说出这样的话：'把那老家伙带上来——我的计划全都准备好了！'

【30】"让我们撇下戏院，来看法庭。法官就要入座了。他要审理什么案子？他要把在档案馆纵火的人找出来。一个人怎么能犯下如此阴险的罪行？然而，有一位著名的罗马骑士昆图斯·索西乌斯承认是他干的。法官要把篡改公共账目的人找出来。好吧，这是卢西乌斯·阿莱努斯干的，他伪造了六名高级税吏的手迹，还有谁能比这个家伙更阴险？再来看其他审判——托洛萨的抢劫黄金案[②]、犹古塞涅的谋反案；往前追溯，有错判的图布卢斯受贿案，往后观察，有佩都凯乌提出指控的乱伦案；然后是在新法律的指导下进行的审判，谋杀案、投毒案、挪用公款、伪造遗嘱，这样的案件每天都在发生。'我宣布，这名盗贼在你的帮助和建议下犯下了盗窃罪'，理性就是这

---

① 特伦提乌斯的喜剧《阉人》（*Eunuchus*）。

② 托洛萨（Toulouse）人参与高卢人的暴动，他们的神庙于公元前 106 年被塞维留斯·凯皮奥洗劫，庙中有大量黄金。凯皮奥返回罗马后因抢劫神庙罪受到严厉惩罚。

一类指控的源泉；各种违约的诉讼也由此产生，比如监护、委托、合伙、信托，等等；买卖、雇佣、借贷中的违约也会产生诉讼；因此我们有了根据普拉托里安法 ① 进行的公开审判；这张法网捕捉形形色色的犯罪，包括我们的朋友盖乌斯·阿奎留斯提出的'恶意欺诈行为'，他还对欺诈的含义做了引申，认为一个人假装要做某件事，而实际上做的是另外一件事，这就是欺诈。那么我们真的认为这一系列罪恶的渊薮是不朽的诸神播下的种子吗？如果诸神把理性赋予人，那么它们也把邪恶赋予人，因为邪恶就是有害的狡诈和欺骗；以此类推，诸神也把诡计、罪恶赋予人，没有理性，这种行为的酝酿和实施就不可能。就像那部悲剧中的老保姆所说，'如果佩里翁森林里的大树还没有被砍伐'，② 我们也可以说，'如果诸神还没有把你们说的这种狡诈赋予人类'。很少有人善用理性，而且他们经常被滥用理性者摧毁；滥用理性者比比皆是，从而使得神把理性和智慧赋予人类的目的好像是为了欺骗，而不是为了诚实。

【31】"但是你坚持对此应当负责的是人而不是神。这就好比说医生应当为严重的疾病负责，舵手应当为肆虐的风暴负责。尽管医生和舵手只不过是凡人，但哪怕是对他们发出这样的指控也是荒谬的。有人会说，'如果不是这样的话，谁会雇用你？'而对神甚至可以更加响亮地加以驳斥：'你们说错误与人的邪恶相连，但你们为什么不把一种能够拒斥所有邪恶和犯罪的理性能力赋予人类呢？'那么，对诸神的错误还有什么可辩解的吗？我们人在留下遗产时希望能给我们的后代带来好处，我们也会被这种希望蒙蔽，而神怎么会被蒙蔽呢？神怎么不会犯错误，就像太阳神所为，它允许法厄同驾驭他的马车？尼普顿也犯了错，它同意它的儿子忒修斯完成三个愿望，从而造成希波吕特的死亡。这些都是诗人的故事，而我们作为哲学家要立足于事实而不是虚构。但无论如何，哪怕是这些诗歌中的诸神，如果知道它们的恩惠会

---

① 普拉托里安法（Plaetorian Law）是一部禁止利用债务剥削年轻人的法律。
② 恩尼乌斯《美狄亚》的序诗，译自欧里庇得斯的希腊文同名剧本。

给它们的子孙带来灾难，也不会犯下这种善意的错误。开俄斯的阿里斯托有一句名言，如果听众误解好的学说，那么哲学家对听众有害（所以阿里斯提波学派有可能产生放荡不羁者，芝诺学派有可能产生厌恶人类者），如果他的名言是对的，那么很清楚，如果他们的学生将会坠落，那么这些哲学家最好保持沉默，而不是去伤害听讲的学生；同理，如果人类滥用诸神善意的馈赠，用理性伤害和欺骗他们的同伴，那么没有得到这种天赋比得到这种天赋要好得多。这就好比有一名医生明明知道，要是让病人喝酒而不同时喝大量的水，病人就会马上死去，但他还是开出酒作为治病的药，那么这名医生必须受到谴责；所以你们斯多亚学派的天命也要接受批判，因为它把理性赋予那些它明明知道会恶意使用它的人。除非，你也许会说天命不知道这一点？我希望你会这么说，但是你不敢，因为我们都知道你有多么尊敬天命这个名字！

【32】"现在我们可以结束这个论题了。如果按照哲学家的一致意见，一方面愚蠢是一种比身体疾病或命运打击更大的恶，另一方面没有人能获得智慧，那么按照你们的说法受到诸神充分关照的我们确实处于不幸的深渊之中。就好比说无人是健康的和说无人能健康没有什么区别，所以我不明白无人是聪明的和无人能聪明有什么区别。

"然而，我们对这个完全清楚的观点说得太多了。忒拉蒙用一句话就把证明诸神关心凡人的整个论证打发了：'如果它们关心凡人，那么好人就会昌盛，恶人就会悲惨，但事情并非如此。'[①] 如果诸神确实关心人类，那么它们必须把所有人都造成好人；如果它们做不到，那么它们至少应当使好人有好结果。可是，为什么迦太基人在西班牙打败了两位最勇敢、最高尚的西庇阿？为什么马克西姆要埋葬他那个当了执政官的儿子？为什么汉尼拔要杀死马凯鲁斯？为什么保卢斯在迦南遭到惨败？为什么勒古鲁斯被拱手交给残暴的迦太基人？为什么西庇阿·阿非利加努在自己家里都不安全？这都是很久

---

① 引自恩尼乌斯的《忒拉蒙》。

以前的例子，让我们来看比较近的。为什么我的叔父普伯里乌·鲁提留斯，一位有着崇高荣誉和渊博学问的人，现在却在流放中？为什么我的同事德鲁苏斯在自己家中遭到暗杀？为什么大祭司昆图斯·斯凯沃拉，一位节制和谨慎的楷模，在维斯太雕像前被暗杀？为什么我们有这么多杰出的公民被秦纳消灭？最奸诈的盖乌斯·马略怎么能够迫害像昆图斯·卡图鲁斯这样受人尊敬的公民呢？如果我想要列举所有结局悲惨的好人，那么白天太短了；如果我想要列举那些一直昌盛的恶人，那么白天也太短了。为什么一个马略可以七次担任执政官，然后在自己的床上寿终正寝？为什么像秦纳这样极其残酷的人统治了那么长时间？你会说他最终受到了惩罚。

【33】"但是阻止他杀戮这么多杰出人士，而不是后来再让他受惩罚会更好些。野蛮的畜生昆图斯·瓦里乌斯在受到最严厉的折磨以后死去，如果这是对他刺杀德鲁苏斯、毒死麦特鲁斯的惩罚，那么这是他罪有应得；但若他的受害者能够得到解救，岂不是更好吗？狄奥尼修斯统治一个富饶繁荣的城市达38年之久；而他在之前，僭主庇西特拉图在被称做希腊之花的雅典又统治了多少年！（你会说）'啊，但是法拉利斯受到了惩罚，阿波罗多洛也受到了惩罚。'是的，但在他们受到惩罚之前他们折磨和杀害了许多人。许多强盗也经常受到制裁，但我们仍旧不能说抢劫者比被抢劫者死得更痛苦。据说德谟克利特的门徒阿那克萨库被塞浦路斯的僭主残忍地杀害；爱利亚学派的芝诺也是被折磨死的。我还需要提到苏格拉底吗，每当我阅读柏拉图，我就止不住热泪盈眶。因此你看，如果诸神关心人的幸福，那么它们的裁定已经消除了人与人之间的所有区别。

【34】"昔尼克学派的第欧根尼曾经说过，哈帕卢斯这个被认为最幸运的强盗就是反对诸神的最有力的证人，因为他的寿命很长，日子也很好过。我前面提到过的狄奥尼修斯，在洗劫了罗克里的普罗塞庇娜神庙以后，起航返回叙拉古，由于旅途一帆风顺，所以他笑着说：'朋友们，你们瞧，对盗窃神庙罪诸神会给予什么样的馈赠！'这个家伙非常能干，十分清楚地把握了事实真相，以后也一直保持着同样的信仰；他的船队航行到伯罗奔尼撒海

岸，进入奥林匹亚的宙斯神庙，他从神像上刮下沉甸甸的金袍，这件金袍是僭主格罗用战胜迦太基人获得的战利品中取出的部分黄金做成的；他一边刮一边开玩笑说，金袍在夏天太重，在冬天太冷，他把一件羊毛衫扔在神像上，说这样就一年四季都适宜了。他还下令拔去埃皮道伦的埃斯库拉庇俄斯神像的金胡子。他说，当这位神的父亲阿波罗在所有神庙里都没有长胡子的时候，做儿子的不宜长胡子。他甚至下令搬走所有神庙里的银桌。他说，虽然这些桌子上都刻着'善良的诸神的财产'的字样，但他想利用它们的善良获利。他还毫无顾忌地拿走胜利女神的金像，以及一些神像托在手上的金钵。他说，他这样做只是在接受它们的恩赐，向诸神祈求恩赐，却又对它们的恩赐熟视无睹，这是愚蠢的。据说他还经常在市场上拍卖这些从神庙里抢来的赃物，等到收完钱以后，他又下令买主在某个规定的时间之前把它们归还神庙；就这样，在对诸神的不虔诚之上，他又加上了对凡人的不公正。

【35】"尽管如此，狄奥尼修斯没有被奥林匹亚的朱庇特用雷霆劈死，埃斯库拉庇俄斯也没有让他得上可怕的疾病。他死在自己的床上，并且举行了庄严的葬礼；他用不合法的手段获得的王位由他儿子继承，就好像这是一个正义的、合法的王国。我在扩大这个论题时是有点犹豫的，因为你们会认为我的论述会助长犯罪；如果无辜和有罪的意识本身不是一种强大的力量，如果没有任何神的设计的假定，那么你们这样想是合理的。毁掉这种意识，那么一切都会崩溃；就好比一个家庭或国家要是没有对正确行为的奖励和对错误行为的惩罚，那么就会完全缺乏合理的体系和秩序，所以，如果诸神的统治不区分善恶，那么就根本没有神对这个世界的统治。

"也许有人会反对说，'诸神不管小事，不会留意小小的农场和葡萄园，朱庇特也不会注意到农作物的枯萎或遭受冰雹的袭击；甚至国王们在他们的王国中也不会注意到各种琐事'。这就是你的论证方式。就好像我前不久 ①真的是在抱怨鲁提留斯关心他在福米埃的地产，而不关心他自己的安全。

---

① 参见本文本卷，第32章。

【36】"但这是所有凡人的方式：他们认为他们外在的财产，他们的葡萄园、玉米地和橄榄园，以及他们的丰收果实，简言之，他们舒适而富裕的生活，都来自神，但没有人认为自己的美德是神的恩赐。这样想无疑有很好的理由，因为我们的美德可以获得别人的称赞，也是我们自豪的理由，如果我们不是从我们自身而是从神那里获得美德，那么我们就没有资格这么做了。另一方面，当我们获得某些荣誉，在我们的农场里获得某些收成，或者得到某种成就，或者避免了某种灾难，我们会对诸神表示谢恩，而不是把荣誉归于自己。那么曾经有人因为自己是个好人而向神谢恩吗？没有，人只为他的荣誉、财富、安全而感谢诸神。人们给予朱庇特最优秀最伟大这些称号，不是因为他们认为朱庇特使我们公正、节制或智慧，而是因为朱庇特使我们安全、健康和富裕。也没有任何人曾经发誓，如果墨丘利使他成为一个聪明人，他就向墨丘利交纳什一税！确实有故事说，毕泰戈拉在发现了新的几何定理以后向缪斯祭献一头公牛！但我不相信这种说法，因为他甚至拒绝向提洛岛的阿波罗神献祭，不愿把血洒在它的祭坛上。然而，回到我的观点上来，人类的一般信念是我们要向诸神祈求幸福，但要向自己寻求智慧。我们可以为理性、美德和信仰建造神庙，但我们知道这些东西就在我们身上；希望、安全、财富、胜利是我们必须向诸神寻求的幸福。所以，正如第欧根尼所说，恶人的昌盛和幸福完全否定了诸神的力量。

【37】"'但有时候好人会有善终？'不错，我们可以举出这方面的例子，但不能把它们归于不朽的诸神。著名的无神论者狄阿戈拉斯有一次访问萨莫色雷斯岛，有个朋友对他说：'你认为诸神不关心人间的事务，你难道没有注意这些画，上面画着许多人向诸神祈祷，由此可以证明由于他们向神祈祷，从而逃脱了狂风暴雨，安全返航？'狄阿戈拉斯说：'确实如此，但这只是因为没有任何一幅画，画着这些人遭遇海难，淹死在大海里。'在另外一次航行中，他遇上了暴风，船只在海浪中剧烈颠簸，船上的人感到害怕，嘟哝着说这是因为把他带上了船。狄阿戈拉斯对他们说，同一航道上还有其他许多船只也遇上了风暴，然后问他们是否认为每只船上都有一个狄亚戈拉

斯。事实上，你的品性和过去的生活与交好运还是交厄运没有什么关系。

　　"我们的朋友说：'诸神就像人间的统治者，不可能事事关心。'这个类比有什么可比性？如果一位人间的统治者故意忽视过错，那么他应该受到指责。

　　【38】"而神绝不会把无知当做借口。你说神的力量十分伟大，即使罪人本身由于死亡而逃脱，惩罚也会落在他的子孙后代身上，你的辩解实在太惊人了！这真是一个神的所谓公正的范例！有哪个国家会允许这样的法律，让子孙后代为他们的父亲或前辈犯下的罪行负责？'坦塔罗斯的房子难道要永远遭受破坏吗？密提罗斯的死亡难道还不足以洗刷污点吗？'①很难说清到底是斯多亚学派的哲学家被诗人误导，还是诗人依据哲学家的权威，因为他们都讲述了某些可怕的、可恶的传说。被希波那克斯的讽刺作品或阿基洛库斯的诗句刺痛的人不能治愈由神引起的痛苦，而只能治愈由自己引起的痛苦；当我们想到埃癸苏斯或帕里斯的欲望时，我们不会认为这是出于天意，有关他们的罪恶的传说已经充斥我们的耳朵；我会把治愈大量病人的功劳不是归于埃斯库拉庇俄斯，而是归于希波克拉底；我决不会认为拉栖代蒙人的生活规范是从阿波罗那里得来的，而是认为来自莱克古斯。我断言，毁灭科林斯的是克里托劳斯，而毁灭迦太基的是哈德鲁巴；②是这些凡人毁灭了两座光荣的城市，而不是神的愤怒使它们毁灭——更何况按照你们学派的观点，神是不会愤怒的。

　　【39】"但不管怎么说，神应该能帮助这些伟大而又繁荣的城市，使它们能保存下来，因为你自己也喜欢说没有什么事情是神做不到的，而且不费吹灰之力；神凭着它的心灵和意志就能毫不费力地移动它的肢体，所以你说神

---

　　①　这些诗句可能引自阿西乌斯的《提厄斯忒斯》。

　　②　克里托劳斯（Critolaus），希腊联军的司令官，公元前147年被罗马人打败，次年科林斯被占领并被毁灭。哈德鲁巴（Hasdrubal）带领迦太基远征军攻打努米底亚国王玛西尼萨。因为这位国王是罗马人的盟友，罗马人以此为借口发动了第三次迦太基战争，导致迦太基的毁灭（公元前146年）。

的力量能够创造万物，推动万物，改变一切。你说这不是迷信的故事或老生常谈，对此你做了系统的、科学的解释；你断言，构成万物的质料是完全可变的，从质料的转变中可以产生任何事物，而无论有多么突然，但是这种宇宙本体的塑造者和操作者是神的天命，因此天命无论在何处运动，都能实现它的意愿。因此，要么天命不知道它自己的力量，要么天命不关心人的事务，要么天命缺乏判断力，不能判断什么是最好的。'天命不关心个人。'这不奇怪，天命甚至不关心城邦，也不关心整个部落和民族。既然它藐视各个民族，那么它嘲笑整个人类又有什么可惊奇的呢？但是，你怎么能够既说诸神不可能关心一切，又相信诸神托梦给不同的人呢？我提到这点是因为你们斯多亚学派相信梦的真实性。你还说人对神起誓是恰当的，是吗？好吧，起誓是由个人做出的，可见神的心灵甚至聆听个人的话语；所以你看，诸神并不像你想象的那样全神贯注，是吗？假定它既要旋转天空，又要监视大地和控制大海，它怎么会允许诸神无所事事呢？它为什么不多派一些赋闲在家的神，巴尔布斯，按你的说法神的数量多得无法计算，来管理人间的事务呢？

"关于诸神的本性，或多或少这就是我必须说的话了；我的企图不是否定神的本性，而是让你明白这个问题有多么晦涩，有多么难以解释。"

【40】讲完这些话以后，科塔的发言结束了。但是鲁西留斯说："你确实对斯多亚学派虔诚地精心构造的天命观进行了猛烈的攻击。但是，傍晚就要来临，你要另外确定一个时间让我们对你的观点做出回答。因为我必须代表我们的圣坛、炉灶、神庙、城墙对你进行反击，你作为一名祭司宣称这些东西是神圣的，要比用堡垒更加精心地用宗教仪式来护卫这座城市；只要我还在呼吸，我的良心就禁止我放弃这些宗教仪式。"

科塔答道："我唯一的希望就是受到驳斥。我的目的与其说是对我阐述的这些学说做出判断，倒不如说是对它们进行讨论，我相信你能轻而易举地战胜我。"

威莱乌斯插话说："噢，没问题，他认为哪怕朱庇特对我们托梦——尽管梦本身对斯多亚学派有关诸神本性的探讨来说不那么重要。"

谈话到此结束，我们分开了，威莱乌斯认为科塔的讲述比较正确，而我感到巴尔布斯的讲述似乎更接近真理。

《论神性》残篇

1. 西塞罗明白人崇拜的对象是虚假的。在说了大量旨在颠覆宗教的事情以后，他又补充说："这些事情一定不要公开讨论，免得这样的讨论摧毁这个国家已经建立的宗教。"（拉克唐修：《神圣原理》第 2 卷，第 3 章，第 2 节）

2. 西塞罗在讨论诸神本性时说："首先，由神意从质料中创造万物是不可能的，因为质料有过和拥有它自己的力量和本性。因此，建筑师在建造房屋时不是自己制造材料，而是使用那些已经准备好了的材料，制作模型的人则使用蜡块。与此相仿，神意手边一定有材料，但这些材料不是他自己的创造，而是备用的。但若材料不是神造的，那么土、水、气、火也不是神造的。"（拉克唐修：《神圣原理》第 2 卷，第 8 章，第 10 节）

3. 西塞罗在《论神性》的第三卷提到"斯巴达的克勒奥美涅"。（迈乌斯：《维吉尔的古代解释者》，第 45 页）

4. 西塞罗在《论神性》第三卷中说："人超过其他一切较低级的动物。"（狄奥美德斯：《语法学》第 1 卷，第 313 节）

5. 西塞罗在《论神性》中说："大年包括三千年。"（塞维乌斯：《论〈埃涅阿斯纪〉》第 3 卷，第 284 行）

6. "西塞罗习惯使用 Spirabile（能呼吸的）这个词，尽管他在《论神性》中用的是 spiritable。"（塞维乌斯：《论〈埃涅阿斯纪〉》第 3 卷，第 600 行）

7. "眼睛的'角质门'的意思是，它们像角一样坚硬，比身体其他部分还要坚硬，因为它们感觉不到寒冷，西塞罗在《论神性》中也是这样说的。"（塞维乌斯：《论〈埃涅阿斯纪〉》第 6 卷，第 894 行）

学园派哲学

提 要

　　本文的拉丁文标题是"Academica"，意思是"学园派"，中文篇名定为"学园派哲学"。根据西塞罗写给友人阿提库斯和瓦罗的信件中透露的信息，本文写于公元前 45 年，最初是一篇讨论知识论的论文，后来经过修改，成为现在这部对话，其形成过程较为复杂。

　　本文未能完整地保存下来，现存部分均属于未定型之前的初稿。第一卷亦称做"卡图鲁斯"，对话人卡图鲁斯① 西塞罗在其中阐述了中期学园派的卡尔涅亚得的怀疑主义及可能性学说，霍腾修斯② 在其中反对老学园派的安提奥库斯的教条主义，而西塞罗本人则阐述中期学园派的斐洛的观点，指出可能性在柏拉图主义中是一以贯之的。第一卷现存部分大约相当于原文的四

---

　　① 卡图鲁斯，全名昆图斯·鲁塔提乌·卡图鲁斯（Quintus Lutatius Catulus），罗马政治家，公元前 78 年与雷比达一道任执政官。他反对庞培的独裁统治，死于公元前 60 年。在对话中，卡图鲁斯承认他本人对哲学没有什么研究，他所说的是他父亲的观点。老卡图鲁斯死于公元前 87 年，是一位知识渊博的文化名人，但西塞罗由于年纪的关系不能直接以老卡图鲁斯为对话人，于是以小卡图鲁斯为对话人。
　　② 霍腾修斯，全名昆图斯·霍腾修斯（Quintus Hortensius），生于公元前 114 年，死于公元前 50 年，罗马著名的演说家和政治家。他也是苏拉的支持者，公元前 69 年当选执政官。他反对庞培以及"前三头"的统治，于公元前 60 年退隐。

分之一。本文第二卷亦称做"卢库鲁斯"，对话人卢库鲁斯①通过攻击怀疑主义而为安提奥库斯辩护，而西塞罗则为怀疑主义辩护。有学者将第一卷和第二卷称做学园派哲学"前篇"和"后篇"，但实际上这两个部分并不构成前后篇的关系。

初稿完成以后，西塞罗对文章做了修改，将整部对话称做"学园派哲学"，西塞罗和瓦罗成了仅有的对话人，西塞罗成为中期学园派和新学园派的辩护人，而老学园派则归于瓦罗。"学园派哲学"初稿的对话时间设在西塞罗担任执政官的公元前63年和卡图鲁斯去世的公元前60年之间的某个时候。第一次对话的场景为卡图鲁斯在库迈的海滨别墅，第二次对话则发生在霍腾修斯在包里的乡间别墅。改写以后，西塞罗设定的对话时间与实际写作时间大体接近，即公元前45年的某一天，场景为瓦罗靠近卢克里尼湖畔的别墅。对话人都是西塞罗的同时代人，在历史上实有其人。

现存原文编为两卷，第一卷12章，第二卷48章，译成中文共约6.3万字。

正　文

第一卷

【1】我的朋友阿提库斯最近和我待在一起，我们住在库迈乡间我的别墅里；马库斯·瓦罗②派人送信来，说他昨天傍晚从罗马启程来到库迈，要不

---

① 卢库鲁斯，全名卢西乌斯·李锡尼·卢库鲁斯（Lucius Licinius Lucullus），约生于公元前110年，死于公元前57年，著名的政治家。他是苏拉的支持者，因征服本都王国国王米特拉达铁斯而出名。他拥有大量财富，喜欢文学，经常资助文士。

② 瓦罗，全名马库斯·特伦提乌斯·瓦罗（Marcus Terentius Varro），生于公元前116年，死于公元前28年，是当时最博学的学者，百科全书式的作家。

是旅途疲劳，他原来打算径直来看我们。听到这个消息，我们想没有任何障碍能够阻止我们马上去看他，我们和他有着共同的兴趣爱好和悠久的友情；于是我们急忙朝他的别墅走去，我的别墅离他的住处只有一箭之地，这时我们看到他远远地朝我们走来。我们给了瓦罗朋友式的拥抱，长时间寒暄以后，我们和他一起回到他的别墅。我们起先闲聊了一会儿，我问他罗马有什么新闻。

这时候，阿提库斯说："别提这些事了，这种事情我们无法问，听到回答时也不会没有苦恼；还不如问他本人最近做了什么新鲜事。因为瓦罗的缪斯女神已经有很长时间保持沉默了，但无论如何我还是相信你的朋友不是在度假，而是把已经写好的东西藏了起来。"

瓦罗说："哦，不，肯定不是这样，因为我认为去写想要藏起来的东西实在太鲁莽；我手头有一项重要任务已经做了很长时间；我已经开始撰写一本题献给我们在这里的这位朋友①的著作，我向你保证这是一件大事，既要大量涉猎，又要精雕细刻。"

我说："瓦罗，我等待你的著作已经有很长时间了，但无论如何我不敢索取它；因为我从我们的朋友利伯那里听说（我无法隐藏任何诸如此类的事情，你知道他是一名热心的学生），你从来没有丢开这本书的写作，而是一刻不停地在努力。然而，我现在要向你提出一个我以前从来没有向你提过的问题，我正在思考你我共同研究过的那些学说，用拉丁文解释从苏格拉底开始的那个著名的老哲学体系，你尽管写了大量的东西，而且在这方面很出色，但却忽略这一主题，而在我看来，研究这门学问的好处远远超过其他学问和知识，这到底是为什么？"

【2】瓦罗答道："经常有人向我提出你问的这个问题，对此我也做过深入的思考。所以我在回答你的时候不需要搜肠刮肚，而只需说出我当下的念头，因为如我所说，对你提出的这个问题我已经思考很长时间了。我看到哲

---

① 指西塞罗。

学在希腊人的论文中已经得到最详尽的阐述，我认为我们民族对哲学感兴趣的任何人，如果是在希腊人的教导下学习的，那么他们会去读希腊文的著作，而不会去读拉丁文的著作；另一方面，如果他们畏惧希腊人的学问和体系，那么他们甚至不会注意哲学，因为没有希腊学问的人是不能理解哲学的；因此，我不愿写这些没有学问的人不可能理解、有学问的人又不会去读的东西。但是你明白（因为你自己也经历过同样的学习过程），我们学园派和阿玛菲纽或拉比利乌①不同，他们用日常语言讨论问题，不使用任何专门术语，完全忽视定义、划分和巧妙的三段论证明，他们实际上不相信有修辞学或逻辑学这门学问。但是我们服从逻辑学家和演说家的规则，就好像这些规则是法律，因为我们学派认为掌握这些能力是优点，新术语也必须使用；如我所说，有学问的人宁可去找希腊人，而无学问的人也不会接受我们的教导，所以我们所有的辛苦都会白费。如果按照伊壁鸠鲁的体系，那么还有自然哲学，他这方面的思想来自德谟克利特，对此我能写得像阿玛菲纽一样清楚；因为一旦消除了在动力因意义上的原因，那么谈论细小物体——这是他的原子的名称——的偶然碰撞又有什么非比寻常的？你知道我们学派的自然哲学，我们的体系是两方面的结合，一方是动力因，另一方是被动力因塑造的质料，我们的自然哲学也必然带来几何学；但是请你告诉我，解释几何学必然要用什么样的术语，或者他能使谁弄懂几何学？这个学派甚至在伦理学或道德选择与规避这个部门也处理得非常简单，因为它公然将人的善等同于牛的善，而我们学派的教师则表现出大量精细的考察，这是你不知道的。如果一个人是芝诺的追随者，那么使人明白道德与真正的、单一的善不可分割是他的一项重大任务，因为伊壁鸠鲁认为，没有刺激感官的快乐，根本无法猜测什么样的事物是善的；我知道你赞同老学园派，如果我们追随老学园派的引导，那么我们对这个体系的阐述该有多么准确，甚至多么精致，多么深

_____

① 阿玛菲纽（Amafinius）和拉比利乌（Rabirius），伊壁鸠鲁学派哲学家，著作全部佚失。

刻！我们不得不与斯多亚学派论战，因此，我把探讨哲学（在我能够做到的范围内）既当做生活的指导原则，又当做理智的快乐；我同意柏拉图的格言①，诸神赐给人类的天赋中没有比理智更伟大、更美好的了。但是我把对这种研究有兴趣的朋友送到希腊去，吩咐他们去找希腊人，让他们在源头畅饮，而不必在末流中啜汲；可以说到现在为止还没有人教导这些学说，也没有人适合学习这些学说，而我已经做了许多力所能及的事情（我对自己获得的成就不甚满意），让我们的国人能了解它们；由于我们的同胞卢西乌斯·埃利乌斯②之死，有些学说既不能从希腊人那里获得，也不能从拉丁人那里获得。然而，在我效法过的（不是翻译过的）我们国家的老一辈子作家中，我处理过美尼普斯的著作③，并且嘲笑过他，他那里有从哲学最核心的部分④派生出来的各种成分的混合，还有许多以精美的逻辑形式表达的言论；我的葬礼演说辞涉及这些问题，如果那些学问不那么好的读者试图用某种吸引人的文体来表达它们，那么我的这些演说辞更容易理解；在提到我的《人神制度稽古录》⑤的序言时，我要说，在这些地方我的目标是为哲学家而写，只要我能做到。"

【3】我答道："瓦罗，你说得对，我们像是游客，在我们自己的城市里闲逛，而你的书把我们一下子就引向目的地，使我们至少能够明白我们是谁，我们在哪里。你已经揭示我们这座城市有多大年纪，它的历史和年表，它的宗教律法和祭司制度，它的民事和军事机构，它的街区和地形，它的术语、等级、道德，我们所有宗教和世俗机构的理性基础；你也关注了我们的诗人、拉丁文学、拉丁语言，你本人用各种文体创作出各种韵律的精美诗歌，勾勒出许多哲学部门的纲要，它们足以激励学生，尽管尚不能完成对他

---

① 参见柏拉图：《蒂迈欧篇》47b。
② 全名卢西乌斯·埃利乌斯·斯提罗（Lucius Aelius Stilo），罗马骑士、学者。
③ 美尼普斯（Menippus），公元前2世纪中叶的昔尼克学派哲学家，讽刺剧作家。
④ 指伦理学。
⑤ 瓦罗的著作《人神制度稽古录》（*Antiquities*）已佚失。

的教导。尽管你提出的这种情况是可能的，一方面，有造诣的学生宁可去读希腊文的著作，而另一方面，不知道这些事情的人也不会去读拉丁文的著作，但是，请你现在告诉我——你放弃证明你的观点了吗？事实真相倒不如说是，那些不懂希腊文的人会去读这些书，那些能读希腊文的人也不会忽视他们自己国家的著作。那些有造诣的希腊人会去读拉丁文的诗歌，而不去读拉丁哲学家的著作，其原因何在？因为他们能从恩尼乌斯、巴库维乌斯、阿西乌斯，以及其他许多诗人那里得到快乐，这些拉丁诗人不仅复制了希腊诗人的语词，而且再生了希腊诗人的意义，是吗？如果他们能像模仿埃斯库罗斯、索福克勒斯、欧里庇得斯的诗人一样，以同样的方式模仿柏拉图、亚里士多德、塞奥弗拉斯特，那么他们从哲学家那里得到的快乐会多多少？不管怎么说，我看到我们模仿叙培里得斯和德谟斯提尼的演说家受到了赞扬。至于我自己（我要坦率地说），长期为各种雄心、公职、诉讼、政治兴趣，乃至某些政治责任所困，我曾经在一定程度上坚持这种学习，仅仅依靠阅读，直到我有机会重新进行研究，不让它们在我心中完全消失；但是现在，我一方面遭受不幸的打击[1]，一方面又已经退出政坛，于是我从哲学中寻找医治悲伤的办法，我认为这是我消磨闲暇的最体面的方式。这种工作最适合我的年纪，或者说它与我能宣称自己所取得的成就是最和谐的，此外它还是教育我们同胞的最有用的方式；如果情况不是这样，我看不出其他我们还能做什么。无论如何，我们在各个方面都那么出色的朋友布鲁图非常成功地把哲学拉丁化，使人感觉不到对同样的主题还需要希腊文的作品，他确实像你一样，是同一种学说的追随者，相当长的时间里，他在雅典听阿里斯图[2]的课，而你听过阿里斯图的兄弟安提奥库斯的课，并醉心于这方面的文献。"

【4】瓦罗说："虽然我需要你的帮助，但我会考虑你的观点。我听说的[3]关于你本人的新闻是怎么回事？"

---

① 指他的女儿图利娅之死。

② 阿里斯图（Aristus），学园派哲学家，继安提奥库斯之后，任老学园的首领。

③ 从阿提库斯那里听说的。

我说："你指的哪件事？"

"说你已经抛弃了古老的学园派，现在与新的派别打交道。"

我说："那又怎样？我们的朋友安提奥库斯不是比我们更自由地从这个新学派返回到老学派那里去了吗？我们不得不从老学派转向新学派。为什么呢？最新的理论无疑总是最正确的，错误较少，尽管安提奥库斯的老师斐洛，按照你的判断，一位伟大人物，在他的著作中断言不存在两个学园派，并证明这样想的人是错误的，我们也曾听他亲自说过。"

他说："你说得对，但我想你并非不熟悉安提奥库斯写的批评斐洛观点的文章。"

我说："正好相反，要是你不在意，我希望由你来复述你提到的这些论证和整个老学园派的理论，我已经有很长时间没有碰过它们了；与此同时，要是你喜欢，让我们坐下来谈话。"

他说："让我们坐下来，我身体相当弱。但是，让我们看阿提库斯是否喜欢让我承担你想要我承担的任务。"

阿提库斯说："我当然喜欢，一方面可以回忆我很久以前从安提奥库斯那里听来的学说，另一方面又能看这些学说能否令人满意地用拉丁语表达，还有比这更美的事吗？"说完这些话后，我们落座，相互之间都能看得清清楚楚。

然后瓦罗开始讲话："在我看来，而且人们也普遍同意，苏格拉底第一个把哲学从被自然本身隐藏于幽暗的奥秘之中揭示出来；虽然在他之前的所有哲学家都在从事哲学，但只是他才把哲学引向日常生活的主题，以便探索德性与恶行，以及普遍的善与恶，并使我们认识到，天上的东西，无论是我们的知识遥不可及的还是别的什么，纵然完全为我们所知，也与善的生活毫无关系。苏格拉底在几乎所有对话中使用了多种多样的讨论方法，这些被听众完全记录下来的内容表明他几乎没有肯定自己，而差不多都是在驳斥其他人；他断言自己除了知道自己无知以外，其他一无所知，他自己超过其他所有人的地方就在于其他人认为自己知道他们实际上不知道的事情，而他本人认为自己一无所知；他相信就是由于这个原因，阿波罗对他说你是所有人中最聪明的，^① 因为全部智慧就在于不要认为你知道你不知道的事情。他经常这样说，并一直保持这个观点，不过他的整个讨论赞扬了美德，鼓励人类热烈地追求美德，从苏格拉底学派成员的书中可以看到这一点，尤其是柏拉图的著作。但是，源于柏拉图这位非常丰富多产的思想家，有一种哲学建立起来，尽管它有两个名称，但实际上是一个统一的体系，亦即学园派和逍遥学派，它们学说一致而名称不同；柏拉图让他的外甥斯彪西波作为他的体系的继承人，但柏拉图有两位学问出众的学生，卡尔凯敦人塞诺克拉底和斯塔吉拉人亚里士多德；亚里士多德的同伴被称做逍遥学派，因为他们经常在吕克昂一边散步，一边争论；而其他一些人，由于他们继续在学园里聚会和谈话，这是另外一个运动场，因此得到学园派这个名字。两个学派都从柏拉图的丰富思想中吸取了大量营养，都提出了一套确定的学说规范，并加以充分阐述，但他们都抛弃了著名的苏格拉底的习惯，亦即以争论的方式讨论一切问题，不做出任何肯定的陈述。这样一来也就出现了苏格拉底完全加以排斥的东西：一套确定的哲学知识，再加一套规范的主题和一个形式化的学说体系。在开始的时候，如我所说，这确实是一个体系，但有两个名字，因为逍遥学派和老学园派在那些日子里没有区别。尽管我马上想到亚里士多德的多产要胜人一筹，但两个学派都从同一个源头吸取营养，双方都把事物分为想要得到的和想要回避的。"

【5】瓦罗继续说道："哦，我这是在干什么？想用这些事情教导你们吗？这样做哪怕不是传说中的那头猪在教导密涅瓦，然而无论谁要想教导密涅瓦都是在做蠢事。"^②

阿提库斯说："瓦罗，请你继续往下说，因为我非常热爱我们的文学和我们的同胞，我很高兴听到有人用拉丁文介绍你们学派的学说，你好像也正

---

① 参见柏拉图：《申辩篇》21a。
② 猪教导密涅瓦的故事未见记载，其寓意相当于"班门弄斧"。

在这样做。"

我说:"我已经把自己当做向我们国家倡导哲学的人,所以你认为我会怎么想?"

瓦罗说:"好吧,那就让我们按照原来的意见开始。从柏拉图那里继承下来的哲学已经有三个部分:第一部分涉及行为和道德;第二部分涉及自然的奥秘;第三部分涉及辩证法和修辞学,判断真理与谬误、正确与错误、一致与不一致。涉及生活中的正确行为的第一部分,他们①以自然为起点,声称必须遵循自然的秩序,必须到自然中去寻求作为一切事物终极目标的主善,而这种主善只存在于自然中;他们把在心灵、身体、财产等方面谋求与自然的完全一致确定为想要得到的事物和诸善之目的的界限。在身体的各种善中,他们确定有些善寓于整个身体,有些善寓于身体各个部分;健康、力量、美是整体的善,健全的感觉和各种特长是身体各部分的善,比如快速是脚的善,力气是手的善,清晰是嗓子的善,甚至独特的发音也成了舌头的性质。心灵之善由那些对理解美德有传导作用的性质组成,他们把这些性质分成天赋和道德特性——理解的敏捷和记忆力属于自然,它们各自是一种精神的和理智的属性,而道德特性属于兴趣或'习惯',部分通过勤奋的实践,部分通过理性塑造而成,而实践和理性属于哲学本身的范围。在这种哲学中,已经开始朝着美德前进但尚未完成的称做'进步',而整个已经完成的过程称做美德,这就是本性的'圆满',他们把它称做所有心灵能力中最杰出的能力。他们所说的'财产'是第三部分,他们说这部分是影响美德实施的某些东西。因为美德在与心灵之善和身体之善的联系中展示,还会有某些不能像幸福那样过多地归于本性的东西。他们把个人说成是城邦和整个人类的组成部分,认为个人通过'伙伴关系'而与他的同胞联系在一起。这就是他们对源于自然的至善的处理,其他所有的善是都有助于至善的增长或保护的因素,比如富裕、资源、名声、势力,等等。这就是他们有关诸善的三重

---

① 指最初的学园派。

划分的介绍。

【6】"这种划分和三类善相对应，大部分人认为这种划分是逍遥学派的观点。这样想确实没错，因为这种分类是他们的，但若人们以为上面所说的学园派和逍遥学派是两个不同的学派，那就错了。这一理论对双方来说是共同的，双方都坚持诸善之目的是为了获得事物全部的最大的，依其本性又是最原初的东西，因而又是本能地最想要得到的东西；这些东西中最伟大的东西就是存在于心灵和美德本身的东西。因此，整个古代的伟大哲学都认为幸福仅在于美德中，然而幸福并非至高无上的，并非不需要身体之善和所有其他适宜供我们上面讲过的具体美德使用的诸善。依据这个纲要，他们还提出生活行为的第一原则和义务本身，用这一原则保护自然规定的事情。由此产生避免懒惰或轻视快乐的义务，导向为了正义与高尚历经千辛万苦，以及与自然和谐的目标，从中又产生友谊以及正义和公平；他们把这些东西看得高于快乐，高于生活中大量的善物。这就是他们的伦理学体系，我把这部分的大意和纲要放在第一位。接下去是有关自然的学说，他们运用划分的方法把自然区分为两个原则，一个是主动的，一个是被动的，主动者对被动者运作，创造出实体。他们把主动的原则看做构成性的力量，对某种'质料'起作用；然而他们认为，两个原则每一个都要在二者的结合中呈现，因为没有一个使其聚集的力量，质料凭其自身不能形成一个具体的整体，没有某种质料，力量也无处作用（因为任何事物都必定在某处）。但是当他们提到力量和质料的产物时，他们称之为'物体'；如果我能使用'性质'这个术语——由于我们正在处理非同寻常的主题，你们当然会允许我偶然使用一些以前从来没有听说过的语词，就像希腊人自己所做的那样，他们处理这些问题已经有很长时间了。"

【7】阿提库斯说："那当然了，如果你找不到恰当的拉丁语词，我们确实会允许你使用希腊语词。"

"你们能允许我这样做，那你们确实太仁慈了；但我会尽量讲拉丁语，除非像我刚才那样实在找不到恰当的拉丁语词；至于'哲学'、'修辞学'、'物理学'、'辩证法'这些词，像其他许多词一样，已经被习惯地当做拉丁语词来使用了。因此，我用'性质'这个词来表示被希腊人称做'ποιότητας'的东西；即使在希腊人中间，这个词也不常用，而是哲学家的专门用语，其他许多术语也是这种情况。不过辩证法家们的词汇没有一个是日常语言的，他们的用词是他们自己的；这一特点确实也几乎为所有学问共有；要么是必须发明一个新词来指称新事物，要么是把其他事物的名字拿过来比喻性地使用。这是希腊人干的事，他们从事这些研究已经很多代了，而我们的尝试是第一次，所以应当给我们更多的自由！"

我说："瓦罗，情况确实如此，我认为你这样做实际上是在为你的同胞服务，因为你不仅扩大了他们储存的事实，而且也扩大了他们的词汇，如你所做的那样。"

"那么依靠你的权威，我们就大胆地使用新词，如果我们不得不这样做的话。好吧，性质有两类：原初的性质和派生的性质。原初性质的事物是同质的和单一的；从它们派生出来的事物是多种多样的。因此，气（这个词我们现在也当做拉丁词来使用）、火、水、土是原初的，而各种生灵和从地上长出来的东西是从它们那里派生出来的。因此这些东西可以定义为第一原则或元素（译自希腊文）；在它们中间，气和火是动力和推动性的力量，其他部分，我指的是水和土，是接受性的、被动的力量。亚里士多德认为还有第五种元素，它自成一类，与我上面提到的四种元素都不同，它是星辰和思想着的心灵的源泉。但他们认为有一种被称做'质料'的本体潜在于一切事物之下，它完全没有任何形式，也没有任何'性质'（让我们频繁地使用这个词，以便熟悉它），从这种质料中形成和产生一切事物，所以质料的总体可以接受一切事物，它的各个部分会发生变形，事实上哪怕它遭遇解体也不会化为无，而是变成它自己的组成部分，而这样的部分是无限的，因为不存在任何绝对最小的事物，不存在无法再分的事物；但是一切运动着的事物之间都有空间，使它们能够运动，这些空间也是无限可分的。由于被我们称做'性质'的这种力量以这样的方式在运动，由于它们前后摆动，所以他们认为整个质料本身也处在完全变化的状态之中，他们把由此产生的事物称做'有限制的'，由此又有具体的本体，其所有部分都相连，由此产生一个世界，在这个世界之外没有任何质料，没有物体，而处在这个世界中的一切事物都是它的组成部分，它们聚集在一起成为一个有感觉的存在者，完善的理性就在其中，内在于这个世界，它是不变的、永久的，因为没有更加强大的存在者使它毁灭；他们说这种力量就是世界灵魂，也是完善的理智和智慧，他们把它称做神或'天命'，神知道这个领域内的一切事情，尤其是统治天体，神也关心大地上与人相关的那些事情；他们有时候也把这种力量称做'必然性'，因为除非由它做出规定，'在一种命定的、不能改变的、永恒的、连续的秩序下'，其他任何事情都不会发生；虽然他们有时候也把它称做'命运'，因为由于它的晦涩和我们对原因的无知，它的许多运作是突如其来的，是我们无法预见的。

【8】"然后是哲学的第三部分，由理性和讨论组成，他们对这两方面的处理如下。真理的标准问题确实产生于感觉，但真理的标准不在感觉中；他们认为，心灵是事物的法官——只有心灵值得信赖，因为只有心灵才能察觉到永恒的、单一的、统一的、真实的、事物自身的性质。这种东西他们称之为'型相'，这个名称是柏拉图给予的；我们可以正确地把它称做'形式'。一方面，他们把所有感觉都视为呆滞的、迟钝的，不能完全察觉落入感觉范围内的事物，要么是由于这些事物太小而不能被感知，要么是在剧烈运动的状态中没有任何事物能永远保持静止，这些事物甚至不能保持自身的同一，因为一切事物都在连续地衰退和流变；由此他们把呈现出来的事物的部分称做意见的对象。另一方面，他们认为知识除了存在于心灵的观念和推理之中，不存在于其他任何地方；因此，他们赞成给事物下定义的方法，把这种'真正的定义'①用于他们讨论的所有事物。他们还赞成对语词进行推导，亦即陈述每一类事物拥有名字的原因——这个主题他们称做语源学，然后他们

---

① 即给事物下的定义，而不是给语词下的定义。

使用推导作为'象征'或事物的标记，以此作为向导，获得他们想要得到的证明或结论；在这个标题下是他们整个辩证法的学说，亦即以逻辑论证的形式表达的讲话；此外还要加上修辞学的能力，它是辩证法的一个副本，与说服这一目的相适应而连续地讲话。这就是他们的基本体系，是从柏拉图那里继承下来的；如果你们愿意，那么我会详细说明这个体系传到我这里又有哪些修正。"

我说："要是我也能替阿提库斯回答的话，我们当然希望你这样做。"

阿提库斯说："你说得对，因为他已经很好地阐述了逍遥学派和老学园派的学说。"

【9】"亚里士多德第一个对我前面提到的型相提出批评，型相在柏拉图的体系中奇妙地展现，柏拉图把型相说成是一种神圣的元素。风格迷人、品性正直的塞奥弗拉斯特以某种方式更加剧烈地破坏了这种老学说的权威；因为他否认幸福生活仅在于认识型相，从而剥夺了这种学说中的美德部分，削弱了它的力量。至于他的学生斯特拉托，他虽然有着敏锐的理智，但我们无论如何必须把他与那个学派分开；他放弃了哲学最基本的部分，即伦理学，完全献身于自然哲学的研究，甚至在自然哲学的研究中也和他的朋友大相径庭。另一方面，斯彪西波和塞诺克拉底是这一体系和柏拉图权威的最初继承者，继他们之后是波勒莫、克拉底，还有克冉托尔，他们聚集在学园中，竭力捍卫从前辈那里继承下来的学说。最后，波勒莫有了两位勤奋的学生芝诺和阿凯西拉，芝诺比阿凯西拉年长，是一位极为精细的辩证法家和非常敏锐的思想家，他对这个体系进行了改革。如果你们批准，我将详细解释这一改进了的学说，就像安提奥库斯曾经阐述过的那样。"

我说："我同意，至于庞波纽斯 ①，你看，他表示同意了。"

【10】"好的，芝诺决不像塞奥弗拉斯特那样想要割断美德的脚筋，而是与此相反，他想要使美德成为他的践行，因此他把幸福的所有成分都仅仅置

---

① 阿提库斯，全名提多·庞波纽斯·阿提库斯（Titus Pomponius Atticus）。

于美德中，在善的范畴中不包括其他东西，并把美德称做'高尚者'，用来指称统一、独特和独立的善。他说，其他所有东西，既非善的又非恶的，但不管怎么说，它们中有些与自然一致，有些与自然相悖；他还指出，在这些东西中还有一类是'居间的'。他教导说，与自然相一致的事物被选择，被视为具有某种价值，而与自然相悖的事物正好与此相反，但他也不把它们列为'居间的'事物这一类。他宣称这些事物不具有任何动力，而在被选择的事物中有些被视为具有较高价值，有些具有较低价值；价值越高，他称之为'更可取的'，价值越低，他称之为'遭拒斥的'。他这样做改变的是术语，而不是本体，所以在正确行为和罪过之间他放上恰当的和不恰当的行为作为居间者，只把正确行为划为善，把错误行为，亦即罪过，划为恶，而对恰当行为的遵守或忽视，如我所说，被他视为居间者。他的先行者说，并非所有美德都居于理性之中，是自然或习惯使某些美德完善，而他把所有美德都置于理性之中；他的先行者认为我上面提到的各种美德可以做这样的划分，而他争论说这绝对不可能，不仅是美德的践行，如他的先行者所认为的那样，而且美德的状态，其本身都是一样极好的东西，尽管没有连续的践行就没有人能拥有美德。还有，他的先行者没有从人性中完全消除情感，而是说悲伤、欲望、恐惧、高兴是自然的，但要约束它们，限制它们的范围，而芝诺认为聪明人完全没有这些'疾病'；老一辈的哲学家说这些情感是自然的、非理性的，并把欲望和理性分别置于心灵的不同区域，而芝诺不同意这些学说，他认为甚至连情感也是自觉的，对意见做出了判断才经验到情感，某种过度，或缺少节制，是一切情感之母。这些内容或多或少就是他的伦理学说。

【11】"关于自然的本体，他的观点如下。首先，在处理四种公认的基本元素时他没有添加第五种元素，而他的先行者把第五种元素视为感觉和理智的源泉；他提出自然的本体是一切事物的父母，哪怕感觉和心灵本身也是火。他的观点和那些坚持无形体的本体的思想家不同，比如塞诺克拉底以及其他较老的思想家，他们声称心灵是无形体的本体，心灵不能活动，而其他

任何事物都能活动，或者能以任何方式作用于不能活动的事物。在哲学的第三个部门，他做出了一系列改变。在这里，他首先提出关于感觉的新观点，他认为感觉来自外部的冲击（他称之为影像，我们可以称之为呈现，但不管怎样，让我们保持这个术语，因为我不得不在我剩余的阐述中多次使用它）；由感觉接受到的影像和居于我们身体内的精神认同行为相结合，成为一种自愿的行为。他认为并非所有影像都可靠，只有那些显现其本身特性的、反映对象的影像才是可靠的；可靠的影像，由其自身内在性质感受到的东西，他称之为'可掌握的'——你们能忍受这些生造的新词吗？"

阿提库斯说："我们可以忍受，否则你又如何表达 καταληπτική ？"

"影像被接受，并被当做真的，他称之为'掌握'，就好像用手攥着某个东西；实际上这个术语的意思就是用手握东西，只是在他之前无人在这个意义上使用这个词；他还使用了许多新术语（因为他的学说是新的）。用感官把握到的东西，他称之为感觉，一个感觉被牢固地掌握，不能被推理排除，他称之为知识，而没有被牢固掌握的感觉，他称之为无知，这也是意见的源泉，是一种与虚假和无知相连的不稳定的印象。但是作为一个阶段，他在知识和无知之间放上了我讲过的'掌握'，它是既不对也不错的印象，但又是'可靠的'。据此他认为感觉也是可靠的，因为如上所说，由感官获得的掌握之所以是真的或可靠的，不是因为它掌握了事物的所有属性，而是因为它不会放走任何能够存在的事物，自然把感觉赐给人，把它当做衡量知识的尺度和第一原则，离开它就没有任何后来的观念能够在心灵上留下印象，不仅是第一原则来自感觉，而且它还开辟了通往真理的更加宽阔的道路。另一方面，谬误、鲁莽、无知、意见、怀疑，简言之，与坚定和稳固的赞同相背离的一切，芝诺将它们与美德和智慧分开。在这些要点上，芝诺都偏离了他的前辈们的观点，提出了不同的想法。"

【12】瓦罗说完了这些话，我评论说："你确实已经简要而又准确地阐述了老学园派和斯多亚学派的观点；虽然我认为应当把斯多亚学派的理论当做对老学园派的一种纠正，如我们的朋友安提奥库斯所认为的那样，而不是一

种新体系。"

瓦罗说："你脱离了较早的理论，又支持阿凯西拉的创新，现在该你发挥作用了，解释一下自然和理性发生的断裂，以便我们判断这种分离是否完全正当。"

我答道："阿凯西拉开始他战斗的征程，不是为了获胜的固执愿望，这是我的看法，而是因为事实的可疑，这种可疑导致苏格拉底承认其无知，而他以前的哲学家，德谟克利特、阿那克萨哥拉、恩培多克勒，以及几乎所有老哲学家都一样，他们全都否认认识、感觉或知识的所有可能性，认为感觉是有限制的，心灵是虚弱的，生命是短促的，真理（按照德谟克利特的话来说）隐藏在深渊中，[①] 到处都充斥着意见和习俗，真理无处可以立足，连续的万物都包裹在黑暗之中。因此，阿凯西拉说无物可知，连苏格拉底留给他自己的知识的居所问题也是不可知的，[②] 所以阿凯西拉认为一切都模糊不清，不存在可被感知或被理解的东西，因此，他说不可作任何肯定的陈述，不可赞同任何命题，必须约束自己的鲁莽，不要把它说出去，因为要是对虚假的东西或者不能确定是否知道的东西做出肯定是极为鲁莽的，而肯定或批准知识和感觉，那就没有任何事情比这样做更可耻了。他的实践与这种理论完全一致，他通过争论引导他的大部分听众接受了这种理论，从关于同一主题的对立观点中可以发现同样有分量的理由，因此就容易对双方的观点都不加赞同。他们把这种学派称做新学园派，但在我看来，它似乎是古老的，柏拉图无论如何可以算得上是老学园的成员，他在他的书中没有肯定过任何东西，虽有许多对立的论点，也深入地研究一切，但没有做出确定的陈述。但还是让你所阐述的学园派称做老的，让这种学园派称做新的吧；到了卡尔涅亚得这里，他是从阿凯西拉算起的第四位继承人，在理论方面他仍旧和阿凯西拉有相同的地方。然而，卡尔涅亚得熟悉哲学的每一个部门，我从听过他

---

① 参见第欧根尼·拉尔修：《著名哲学家的生平和著作》第 9 卷，第 72 节。
② 意思是，我们甚至不知道是否无物可知，参见本文第二卷，第 23 章。

的课的人那里得知，特别是伊壁鸠鲁派的芝诺，虽然芝诺的许多观点与卡尔涅亚得有巨大差异，但无论如何，卡尔涅亚得值得格外尊敬，他的能力极强……"①

第二卷

【1】卢西乌斯·卢库鲁斯的伟大才能、他对这门最优秀的学问的巨大热忱，以及他在这种自由的学习中学到的一切，使他拥有了一种很高的地位，而在他可以在法庭上获得最大成就的时候，他割断了与罗马公共生活的联系。这是因为，当他还很年轻的时候，他和他那有着同样孝心和热忱的兄弟合作，管理着他父亲②的个人领地，他作为一名财务官被派往亚细亚，在那个行省里任职，取得了惊人的成就；当他不在罗马的时候，他被选为市政官，次年又当选执法官（根据法定的授权，这在一般情况下是允许的）；后来他被指派去阿非利加任职，然后当选执政官；由于忠于职守，他赢得了普遍的敬重，他的能力得到认可。后来，元老院派他去和米特拉达铁斯作战③，在这场战争中，他不仅超过了先前人们对他的勇敢的估计，而且超过了他的前辈的荣耀；这是更加惊人的，因为他在军事方面的才能无人预见，不像他年轻时在法庭上的表现，他在亚细亚担任财务官时保持着长期的和平，而穆瑞纳则在本都打仗。④他的天赋理智甚至更加令人难以置信，通过经验而非通过学校里的学习得来。他在整个赴亚细亚任职的旅途中，无论是走陆路还是走海上，他都在和一些专家讨论问题，阅读军事史，因此在抵

_____

① 第一卷的原文到此中断。

② 老卢库鲁斯在公元前 103 年指挥西西里的奴隶战争时，被指控为滥用职权。他的两个儿子尽力为父亲辩护，击败了原告塞维留斯。

③ 第三次米特拉达铁斯战争，始于公元前 74 年，卢库鲁斯当时是执政官。

④ 指第二次米特拉达铁斯战争，公元前 83 年—前 82 年。

达亚细亚的时候他已经成了一名将军，虽然他在罗马的时候还是一名对军事一窍不通的新手。他对事实有着惊人的记忆力，霍腾修斯对语词博闻强记，而卢库鲁斯的记忆更有价值，就好比在商务中事实比语词更有帮助；按照记载，这种形式的记忆在塞米司托克勒身上达到惊人的程度，我们很容易把他列为最伟大的希腊人，据说有人向他提供时髦的记忆术，而他回答说自己学的比忘的快——无疑这是因为他能牢记听到或看到的任何东西。有了这样的天赋，卢库鲁斯还要添加被塞米司托克勒所藐视的训练，因此他能把事实牢牢记在心中，就好像我们在写作中铭记我们想要记载的事情。所以，他在各种战争中都是一位伟大的统帅，在包围战、海战中，在整个军事装备和给养的整个领域中；那位从亚历山大时代以来人们公认的最伟大的国王①承认，他发现卢库鲁斯是一位伟大的将军，超过他所知道的任何人。卢库鲁斯还在建立和改革政制方面足智多谋，乃至于今日的亚细亚都仍在遵循他的足迹，保留他建立的政治体制。尽管对国家的利益做出了巨大贡献，但他的品性和理智的巨大力量在国外是不为人知的，在比我所能希望的更长的时间里也在罗马法庭和元老院的视野之外。还有，在他赢得了米特拉达铁斯战争的时候②，他的敌人的狡辩使他的胜利归来推迟了三年；当时我作为一名执政官理应为这位荣耀的英雄牵马引蹬，这对我就那个最重要的事件③提出的建议和产生的影响也有很高价值，尽管在这里不必要提起和我有关的这件事；所以，与其说我要剥夺对他的颂辞，倒不如说我要把人们对他的颂辞和我自己对他的赞扬结合在一起。

【2】卢库鲁斯生涯中这些值得全国庆祝的事情在希腊人和拉丁人的历史记载中赢得了公正的颂扬。有关他的公共生活的这些事实我和许多人共享，而下面这些私人生活的情节是我直接从他那里了解到的，只有少数人在场——因为卢库鲁斯对各门学问和哲学都比那些不太了解他的人所设想的更

---

① 指本都国王米特拉达铁斯，公元前 120 年—前 63 年。
② 于公元前 67 年底。
③ 西塞罗在这里想到的无疑是镇压喀提林阴谋事件。

加热心，情况确实如此，不仅在他的早年，而且在他担任财务官以后，甚至在他担负军事要职的时候，繁忙的军务，像画上所画的那样，能给一名统帅留下的闲暇实际上没有多少。但是为了理智和学问，在他担任财务官的时候，在他成为将军后的那几年，他让斐洛的学生安提奥库斯成为他的同伴，安提奥库斯在当时被视为主要的哲学家；由于拥有我前面提到过的强大的记忆力，他很容易掌握这些反复讲述的学说，因为这些东西他只要听一次就能掌握。还有，他非常乐意阅读安提奥库斯曾经与他讨论过的这些书籍。

有时候我会有些担心，涉及这种品格的人，我希望彰显他们的名声，而实际上却在削弱他们的名声。因为有许多人根本不喜爱希腊文学，更多的人根本不喜爱哲学；而剩下的人即使并不否定这些学问，但在他们看来讨论这样的论题不像伟大的政治家会去做的事情。但是我的想法不同，有人告诉我马库斯·加图到了老年还在学习希腊文学，而史书记载，普伯里乌·阿非利加努在担任监察官之前，在承担那次著名的使命的旅程中，① 让帕奈提乌当他唯一的陪同，我不需要再找进一步的例子来支持希腊文学或哲学。我剩下要做的事情就是回答那些人的批评，他们不愿让那些具有庄严公共品格的人陷入这类性质的谈话。这就好像说，杰出人士只能在私下里会面，或者谈一些微不足道的事情，或者讨论一些轻飘飘的话题！事实上，如果我的书中真有某些对哲学的赞扬，那么哲学的探索显然对所有品格最高尚的人都是最有价值的，我们这些被纳入这一等级的罗马人唯一需要警惕的是，不要让我们的私人学习侵蚀了我们对公共事务的兴趣。如果在担任公职，履行义务的时候我们不仅从来没有减少对公民大会的兴趣，而且就公共事务撰写文稿，如果我们不仅没有允许自己变得懒散和迟钝，而且努力服务于更多的人，那么有谁能够批评我们的闲暇？与此同时，按照我们的判断，我们不仅没有削弱而且是在实际上增加了那些人的名声，那么我们也能对他们杰出的公共的荣

① 普伯里乌·阿非利加努（Publius Africanus），指小西庇阿，公元前 144 年出使埃及和亚细亚，公元前 142 年担任监察官。

耀添加一些不为人知，未曾宣扬的事情。还有一些人声称，在我们的书中参与争论的人实际上不拥有相关主题的知识，但这些批评在我眼中看来只是对死者乃至对活人的嫉妒。

【3】那些不赞成学园派哲学体系的人还有一类相反的批评。如果某人除了赞同他本人信奉的学说外还赞同许多学说，那么倒是会给我们带来更大的麻烦。而在我们方面，提出我们与其他所有学派相冲突的观点是我们的习惯，我们不能拒绝让其他人与我们不同；尽管我们认为简易的信念是可以争论的，但我们希望带着最大的勤奋和热忱追求真理，发现真理而无任何争论。然而在每个知识部门都有许多阻碍，主题本身和我们的判断能力都缺乏确定性，所以最古老的、渊博的思想家有很好的理由不相信自己有能力发现他们想要发现的东西，但不管怎么说，他们并没有放弃，而我们也不会在热情耗尽以后放弃我们的探索；我们讨论的唯一目标是通过双方的争论引出某些结果或使之成形，这一结果有可能是真的，也有可能是最接近真理的。我们和那些认为自己拥有确定知识的人之间实际上并没有任何差别，除了他们不怀疑他们的信条是真的，而我们认为许多学说是可能的，我们能够轻易地接受这些学说，但几乎无法进一步把它们当做确定的；虽然缺乏支撑，但我们更加自由地、无拘无束地拥有我们的判断力，也不会被迫支持由某些大师几乎当做法令为我们确立的所有教条。因为，首先，所有其他人在他们能够判断什么学说是最优秀的之前都受到了约束；其次，他们在他们最不胜任的时候对他们一无所知的事情构成判断，要么处在某些朋友的指导之下，要么受某次演讲的影响，从一开始就随着天气的变化任凭风浪的摆布，一头撞向礁石。他们断言自己的老师是个聪明人，能赢得他们的绝对信赖，对此我会表示同意，就好像这个判断实际上能由新手做出似的（因为决定谁是聪明人是一项尤其需要聪明人才能做出的判断）；假定他们有这种能力，那么只有在听取了所有事实，也明白了所有其他学派的观点以后，才有可能做出判定，然后说自己信奉某一位大师的权威。然而不知怎么回事，或者说其他大多数人宁可走错路，他们总是竭尽全力捍卫他们喜爱的体系，而不是把它放

在一边，寻求最坚固的学说。

在其他许多场合我们已经对这些主题进行过详细考察和讨论，此外还有一次是在包里，在霍腾修斯的乡间别墅里，当时有卡图鲁斯、卢库鲁斯，还有我们自己。那是我们在卡图鲁斯的别墅里待了一天以后。我们到那里实际上很早，因为如果顺风的话，卢库鲁斯有意乘船去拿波勒斯，我有意去庞贝。我们在柱廊里站着谈了一会儿，然后围坐在一起。

【4】卡图鲁斯说："我们昨天的探讨确实已经接近穷尽，所以现在要加以处理的整个主题已经显现出来；但不管怎么说，我仍旧抱着很大的兴趣等待你兑现诺言，把你从安提奥库斯那里听来的学说告诉我们。"

霍腾修斯说："我希望自己说的内容没有扯得太远，因为对卢库鲁斯来说应当保持整个主题的完整。然而，它的完整性虽然有可能得到保存，因为我指出了它比较明显的观点，但我仍旧希望卢库鲁斯能给我们提供比较深奥的学说。"

卢库鲁斯说："霍腾修斯，你的期待肯定不会使我慌乱，尽管想要获得赞同并没有太多障碍，我不会慌乱乃是因为我不太在意我表述的观点能在多大程度上赢得赞同；我将要陈述的学说不是我自己的，如果它不健全，那么我对它也不想加以驳斥，更不是想要加以信奉。但我要为它辩护，尽管昨天的讨论几乎动摇了我的立场，但在我看来它还是非常深刻的，至少在现在看来还是正确的。因此我会采用安提奥库斯用过的办法（因为我熟悉这个主题，我曾带着极大的兴趣，专心致志地听他讲过，甚至听过不止一次），以便引起比霍腾修斯刚才对我的期待更大的期待。"

听了他的这番开场白，我们的注意力都集中起来。他说："我在亚历山大里亚代理财务官的时候，① 安提奥库斯陪伴在我身边，而当时，安提奥库斯的朋友，推罗人赫拉克利特，已经在亚历山大里亚；安提奥库斯有好几年是克利托玛库和斐洛的学生，在我们当前讨论的这个哲学学派中无疑是一位

① 公元前 87 年，卢库鲁斯受苏拉派遣赴亚历山大里亚，试图建立一支船队。

佼佼者，而这个学派在几乎被抛弃之后现在正在复兴；① 我以前经常听到安提奥库斯与赫拉克利特争论，然而双方都很温和。确实，卡图鲁斯昨天提到的斐洛的两本书在那时已经传到亚历山大里亚，也在那时候第一次到了安提奥库斯手中；尽管他本质上是一个最温和的人（实际上也无人能比他更温和），但他还是开始发脾气了。这使我感到惊讶，因为我以前从来没有见他发过脾气；他不断地要求赫拉克利特回想一下，问赫拉克利特是否真的认为这些学说是斐洛的，或者他是否从斐洛或其他学园派成员那里听说过这些学说。赫拉克利特始终回答说不是；但他仍旧认为无法怀疑这是斐洛的著作，因为我在那里的博学的朋友普伯里乌、盖乌斯·塞留斯、特却留斯·洛古斯②，都说他们在罗马听斐洛讲述过这些学说，并且从斐洛自己的手稿中抄录过这两本书。后来，安提奥库斯把卡图鲁斯昨天告诉我们的这些关于斐洛的观点告诉了他的父亲和其他一些人，甚至发表了一本书反对他自己的老师，这本书的名字就叫《索苏斯》。③ 然而在这些场合下，我越是听到赫拉克利特与安提奥库斯激烈地争论、安提奥库斯反对学园派，我就越接近安提奥库斯，为的是向他了解整个情况。后来我们有许多天和赫拉克利特以及其他一些有学问的人待在一起，花费了大量时间进行这次讨论，他们中间有安提奥库斯的兄弟阿里斯图，还有阿里斯托和狄奥，安提奥库斯曾经认为狄奥的权威仅次于他的兄弟。但我们必须省略直接反对斐洛的这部分内容，因为他是一位不那么热心的对手，他声称我们昨天所说的那些学说根本就不是学园派的学说；尽管他的说法并不真实，但他是一个比较温和的对手。所以还是让我们来谈一谈阿凯西拉和卡尔涅亚得。"

【5】讲完这些话以后，卢库鲁斯又开了一个头，我感到这是他真正的开始。他说："先生们，首先，我感到你们提到老自然哲学家的名字就像公民

---

① 指新学园派的兴起。
② 这些人情况不详。
③ 指索苏斯（Sosus），他是安提奥库斯的同乡，阿斯卡隆人，哲学立场从学园派转为斯多亚学派。

通常会提到他们的党派，他们总是引用某些古代名人，以便使自己变得像他们。他们追溯到普伯里乌·瓦勒留，在驱逐国王以后的第一年他担任执政官，他们也提到其他所有在担任执政官期间通过诉讼法的那些人；然后他们提到盖乌斯·弗拉米纽斯，他在第二次布匿战争前几年是保民官，他反对元老院的意志，执行土地法，后来两次担任执政官，他们还会提到卢西乌斯·卡西乌斯和昆图斯·庞培；这些人确实有办法能把普伯里乌·阿非利加努也包括在内。但他们说，那两位非常聪明、非常优秀的兄弟，普伯里乌·克拉苏和普伯里乌·斯卡沃拉是提比略·革拉古法案的支持者，前一个法案（如我们读到的）是公开的，后一个法案（如他们所怀疑的那样）是不公开的。他们还会提到盖乌斯·马略，无论如何，他们关于马略的说法没有什么不是真的。在列举了这么多杰出人物的名字以后，他们声称自己遵循由他们确立的原则。你们学派也一样，你们想要颠覆一个已经建立起来的哲学体系就像他们对付一个政治体系，你们引用恩培多克勒、阿那克萨戈拉、德谟克利特、巴门尼德、克塞诺芬尼，甚至引用柏拉图和苏格拉底。但是萨图尼努斯[①]——我要特别提到这个名字，他是我的家族的敌人——和这些古人没有任何相似之处，阿凯西拉的狡辩也无法与德谟克利特的质朴相比。但不管怎么说，你们的自然哲学家做得很少，在某些论题上没有发表什么意见，他们以一种激动的方式大声叫喊——有的时候我真的以为恩培多克勒疯了——说一切事物都是隐匿的，我们什么也察觉不了，什么也感知不到，完全不可能发现任何事物的真实性质；而你们学派中的大部分人在我看来似乎只是过于自信，以为自己懂得很多。如果这些老思想家拼命自恋，就像刚到这个世界上来的初生婴儿，那么我们要认为世世代代的成熟的理智和精确的考察也不能成功地使任何事情变得比较清楚吗？情况难道不是这样，就像提比略·革拉古在这个国家的贵族中间扰乱了和平的气氛，所以当这个最权威的哲学流派的发展趋向于停顿，然后产生了想要推翻已经建立

---

① 萨图尼努斯是马略的同事，被暴民所杀。

的哲学体系的阿凯西拉，他隐藏在这些权威的背后，否认一切知识和感觉的可能性？从这些老哲学家的列表中，我们必须去掉柏拉图和苏格拉底——之所以要去掉前者，乃是因为他留下了最成熟的思想体系，逍遥学派和学园派，它们名称不同，但本质一致，而斯多亚学派本身与它们的不同更多地在于术语，而不在于观点。至于苏格拉底，他曾经在讨论中贬低自己，抬高他希望加以驳斥的人；就这样，如他有时候所说的而非他所想的那样，他喜欢有规则地使用希腊人称做'讥讽'的办法，而芳尼乌斯说这也是阿非利加努的一个特点，但这不能视为阿非利加努的缺点，因为苏格拉底也有同样的习惯。

【6】"但是让我们假定，你想说那些古代学说并不是真正的知识，乃至于到了阿凯西拉的时代，他们的考察也没有取得任何成就，你想批评芝诺（这也是假定）没有做出任何新发现，他只是通过更换语词来对他的前辈进行矫正，你想要摧毁芝诺的定义，因为芝诺的定义只是把原来非常清楚的事情变得晦涩，是这样吗？尽管阿凯西拉表现出理智上的精确和风格上的魅力，但开始的时候没有多少人接受他的体系，拉昔德斯对他的体系加以保存，卡尔涅亚得则使之完成；卡尔涅亚得是阿凯西拉的第四位传人，他听过赫吉西努的课，而赫吉西努听过伊凡得尔的课，拉昔德斯的学生像拉昔德斯一样，都是阿凯西拉的学生。卡尔涅亚得本人长时间掌握这个学派，他的学生中也有某些人非常出色，克利托玛库是他们中的一个，以勤奋著称（他撰写的大量著作可资证明），还有以才能著称的有哈格农，以雄辩著称的有查玛德斯，以魅力著称的有罗得岛的美拉修斯。据说，斯特拉托尼库的学生梅特罗多洛与卡尔涅亚得过从甚密。还有，你们学派的斐洛多年来一直在注意克利托玛库；而斐洛在学园里并不缺乏支持。在和学园派进行争论的时候，我们要从这些哲学家中去掉某些人，尽管他们并非微不足道；他们认为，与那些认为任何事物都不能证明的思想家争论是没有意义的，他们批评斯多亚学派的安蒂帕特在这方面花费的时间太多；他们还断言不需要限定知识、感觉或者（如果我们想从字面上翻译这个词）'精神掌握'（'κατάληψιν' 是斯

多亚学派的术语）的基本性质，那些试图证明某些事物能够把握和察觉的人实际上是不科学的，因为没有任何事物能比 'ἐναργείᾳ' 更清晰（这是希腊人的说法，如果你愿意，让我们把它称做'清晰'或'明显'；如果有需要，就让我们造一些术语，免得我们在这里的朋友认为他不应当垄断创造新术语的许可）；好吧，他们认为找不到任何论证能比清晰本身更清楚，他们认为以这样的方式显现出来的真相不需要定义。另外一些人说，他们不会为这种清晰性辩护，正确的过程是就相关问题进行争论，对受到的指责进行回答，以免轻信。他们中还有许多人不反对定义，甚至不反对明显的事情，认为任何事实都适宜考察，人应当让自己的观点接受讨论。斐洛提出了某些革命性的学说，因为他很难赞同一般用来反对固执的学园派的论证；就像老卡图鲁斯对他的责备一样，他深刻地揭示了学园派的错误；还有，就像安提奥库斯所证明的那样，他滑入了他本人害怕跌入的立场。这是因为，当他坚持无物能被掌握时（这是我们选来表达 'ἀκατάληπτον' 的），如果他所说的'呈现'（关于 'phantasia' 的翻译，由于昨天的谈话，我们现在已经非常习惯），如芝诺所定义的那样，来自外部的物体留下的印记，由这些印记塑造而成，而这些外部的物体又不是它真正的来源（我们宣称芝诺的定义是绝对正确的，因为任何事物如果没有一个属于它的形式，哪怕它是虚假的，它怎么能以这种方式被掌握，能使你绝对相信它已经被察觉和认识?）——当斐洛削弱和废除这一点的时候，他也就消除了不可知与可知的标准，由此推论出无物能被掌握——那么他就在不经意间落入了他最想要避免的立场。因此，我们为学园派进行的整个辩护沿着这样一条路线进行，保存斐洛想要推翻的这个定义；除非我们的坚持获得成功，否则我们就得承认无物能被掌握。

【7】"让我们从感觉开始，假定人可以做出选择，那么面对感官得出的清楚明白的判断，如果神问人是否对他自己健全的、处于无毁损的状态的感觉感到满意，或是想要更好的东西，那么我看不到人有什么进一步的要求。

面对弯曲的船桨或鸽子的脖子这类问题①，我确实也不一定要推迟对这个问题的回答，因为我不是断言任何物体显得像是怎样，它就是怎样的那些人中的一员。让伊壁鸠鲁明白这一要点以及其他问题，而在我的判断中，如果感觉是健全的、健康的，一切障碍都已消除，那么感觉中包含着最高的真理。这就是我们在进行观察时经常希望变换光线和物体的位置，采用各种办法改变它们与我们的距离，直到物体的影像能使我们相信感觉构成的判断。声音、气味和滋味也一样，各从其类，所以我们中间没有任何人需要判断力更加敏锐的感官。通过实践和技艺的训练，我们的眼睛对绘画，我们的耳朵对音乐会更加敏感，在这个时候有谁看不到感官拥有的力量？画家能在阴影和背景中看到许多我们看不见的东西！笛手吹奏一个音符，然后说'这是安提俄珀'或'这是安德洛玛刻'②，我们一点也不会怀疑音乐中有许多东西我们听不见，而训练有素的乐师却能听见！我们没有必要谈论有关味觉和嗅觉的所有细节，它们无疑拥有某种识别能力，但都有某些缺陷。我们还有必要谈论触觉吗？如哲学家所说，它确实是一种内在的感觉，要么感觉到痛苦，要么感觉到快乐，如昔勒尼学派所认为的那样，它是我们判断真理的唯一基础，仅仅由感觉过程引起。因此，任何人有可能说一个经历痛苦的人和一个经历快乐的人之间没有区别吗，或者说持有这种看法的人不显然是一个疯子吗？但是我们所说的由感官察觉的这些物体的性质无论是什么，必定属于下列几类物体，据说不仅被实际的感官所感知，而且为某一类感官所感知，比如说：'这个东西是白的，那个东西是甜的，这个东西旋律优美，那个东西芳香无比，这个东西是粗糙的。'这类感知由我们的心灵来掌握，由心灵的理解所组成，而非由我们的感觉组成。然后是'这个东西是马，那个东西是狗。'再接下去是由一连串更大的感知联结在一起形成，就好像是对物体的

----

① 一半插入水中的桨显得弯曲，鸽子脖子的颜色似乎会发生变化，这是怀疑主义者经常引用的例证。参见本文本卷，第25章。

② 安提俄珀（Antiope）和安德洛玛刻（Andromache）分别是拉丁戏剧家巴库维乌斯和恩尼乌斯的剧本名。

完全把握，例如：'如果这是一个人，那么他是一个理性的、有死的动物。'这类感知在我们有关事物的观念中留下印记，没有它，一切理解、考察、讨论都不可能。如果有错误的观念（我知道你用观念来翻译'ἐννοίας'）——好吧，如果有这些错误的观念或者有某种无法区别的错误地呈现在心灵上的印记，我们怎能对它们起作用？我们又如何在给定的事实中看出一致的东西和不一致的东西？关于记忆没有留下任何位置，而记忆不仅对哲学来说是一个主要的基础，而且对一切生活行为和学问来说都是主要的基础。对虚假的东西产生记忆如何可能？一个人怎能记住他心中没有掌握的东西？什么样的学问能不由许多精神上的感知构成？如果消除了学问，你又如何区别有知者和无知者？当我们看到一个人保存着他察觉和掌握的东西，而另一个人没有的时候，我们无法随意说一个人有知识，一个人无知识。有一类学问拥有这样的知识，但只能精神上对事实进行想象，而另一类学问可以制造或制作某些东西，几何学家怎能想象既不存在，又无法与虚构的东西相区别的东西，或者说，演奏竖琴的乐师如何完成他的节奏和韵律？在属于同一类制造或制作的其他技艺中也会出现这样的结果，因为除非打算实践的人积累了许多观念，否则就不可能进行制造或制作？

【8】"伦理学研究为我们的察觉或把握的能力提供了最大的证据。我们实际上声称只有观念构成我们知识的基础（在我们看来观念不仅是对事实的掌握，而且是永久不变的掌握），同理，观念也是智慧的基础，是生活的学问，而生活是伦理保持自身一致的源泉。如果说这种一致性没有掌握和知道任何事物，那么我要问，它在什么时候产生，如何产生？我们也要考虑一下理想中的好人，他要承受一切痛苦的折磨，而不会背弃他的义务或诺言——我要问的是，如果没有掌握、察觉、知道某些能给他提供理由的事实，他为什么要恪守这些苛刻的规则？除非认定平等和良好的信念不可能是虚假的，否则他绝对不可能赋予它们那么高的价值。至于智慧本身，首先，如果不知道自己是不是智慧，她又如何配得上智慧的名字？其次，如果她想要作用的事物没有任何确定性，她又如何自信地计划或执行任何事务？确实，当她还

在对关系到一切事物的最后的和终极的善犹豫不决的时候，她又如何可能是智慧的？另外一个观点更加明显：必须要为智慧建立一个第一原则，以便在她要采取任何行动时，这个第一原则能与其本性一致；否则的话，迫使我们对呈现在我们视野中的事物采取行动的欲望（我们选这个词来当做 ὁρμήν 的同义词）就不能采取行动；然而，使我们能采取行动的东西必定要先被看见，必须要被相信，如果一个被看见的事物与虚假的东西没有区别，那么这种情况就不会发生；如果不能察觉所看到的事物与本性一致或不一致，欲望又如何推动心灵？还有，如果欲望不能让心灵明白它的作用是什么，心灵就决不会做任何事情，心灵决不会在欲望的推动下走向任何事物，一刻也不会；如果心灵在某个时候做某事，那么对它产生作用的东西一定是真的。如果你们的学说是正确的，那么岂不是必然导致完全取消理性这个'生命的开端和光明的源泉'的结果吗？你们学派会一直任性地继续坚持这一点吗？因为理性发动了探索，理性完善了美德，理性本身亦为探索所加强；但是探索本身是一种追求知识的欲望，探索的目标是为了发现；然而，没有人能发现虚假的东西，一直不确定的事物是不能被发现的；发现的意思是'揭示先前被遮蔽的东西'——这就是心灵如何开始探索，又如何最终察觉和把握的行为。因此，逻辑证明（希腊文是'ἀπόδειξις'）的定义是：'从已被察觉的事物推导出先前未被察觉的事物的推理过程。'

【9】事实上，如果所有感觉都是你们学派所说的这种感觉，因此它们有可能是虚假的，没有任何精神过程能够区别它们，那么我们怎么能说某人已经证明或发现了某些东西，或者能说我们相信逻辑证明相信到什么程度？哲学本身必须依靠论证来推进——她又怎能找到出路？智慧又会发生什么事情？不怀疑自身或做出决断是她的义务，哲学家把智慧做出的决断定义为'教条'，而抛弃教条是一种罪过；因为对这种决断的背叛就是对道德法则的背叛，这种罪过就是背叛朋友和国家的共同源泉。因此，不能怀疑哲人的决断可能是假的，因为它们不可能虚假，它们必须坚定地得到确立和认可，用任何论证都不能使之动摇；但这样的性质不能或似乎不能属于那些人

的理论，他们坚持感觉无法对虚假的呈现下决断。由此产生霍腾修斯提出的要求，你们学派应当说哲人至少察觉到了无物能被察觉这一事实。安蒂帕特曾经提出过同样的要求，他说断言无物能被察觉的人可以自圆其说地说这一事实能被察觉，亦即除此之外无物能被察觉，卡尔涅亚得的反对意见显得更加聪明，他宣称这种说法表面上看起来能自圆其说，但实际上不能保持一贯；因为说无物能被察觉的人不承认例外，所以，甚至连感觉的不可能性本身也不能以任何方式被掌握和察觉。安提奥库斯的看法似乎更加接近这种观点，他论证说，由于学园派认为无物能被察觉是一种决断（你们现在明白我用决断这个词来翻译'δόγμα'），所以他们在自己的其他任何决断中都不能动摇，尤其是这已经成为他们体系的基调，因为它是运用于整个哲学的一个尺度，是真与假、知识与无知的考验；由于他们采用了这个方法，想要教导什么样的感觉必须被接受，什么样的感觉要被拒斥，他们无疑必须察觉这个决断本身，这是真理与谬误的各种标准的基础；因为（他说）真理的标准和诸善之目的是哲学中两个最大的东西，不知道知识过程的开端，不知道欲望的目的，因此也不知道他要从哪里开始，最后到达哪里，这样的人不能成为哲人；如果对这些事情表示怀疑，对它们持不确定的态度，那就距离智慧甚为遥远。因此，按照这些论证路线，他们必须说至少有一件事情被察觉到了——要想察觉任何事物是不可能的。至于他们整个理论的不一致性，如果有人认为持有某种理论是不可能的，那么我想，我们说的已经够了。

【10】"接下去要说的这场讨论[①]尽管非常充分，但也有点更加深奥，因为它包含自然哲学的内容，所以对我的那些对手说话应当允许我拥有更大的自由，因为对一个努力剥夺我们的光明并在黑暗中行事的人，我还能有什么样的设想？[②]还有，讨论自然如何雇用匠人造出最初的动物，尤其是造人的那些具体细节是可能的——感官拥有的力量、感觉最初冲击我们的方式，

---

① 亦即在安提奥库斯的《索苏斯》中。
② 这是在批评怀疑主义，参见本文本卷，第 12、19、34 章。

接下去是在感觉的冲击下输入的欲望，然后是我们引导感官察觉事物。因为心灵本身是感觉的源泉，甚至连它本身也是感觉，心灵有一种自然的力量，在感觉的引导下趋向事物，推动事物。因此，某些感觉能够马上使用它抓住的东西，并排斥其他事物，这些就是记忆的源泉，而其他事物因其相互之间的相似性而连成体系，从中形成希腊人有时称为'ἐννοίας'，有时称为'προλήψεις'的有关事物的观念。再加上理性、逻辑证明和无数多样的事实，就有了关于事物的清晰观念，而经过这些步骤理性最终完全获得智慧。因此，人的心灵能很好地适宜获得有关事物的知识和稳定的生活，理性能够拥抱和掌握各种信息，即你们所谓的'κατάληψιν'，我说过我们从字面上把它译为'掌握'，心灵既喜爱这种掌握本身（因为对心灵来说没有任何事物比真理之光更亲近），也因为掌握有用而喜爱它。因此，心灵使用感觉，也创造知识作为第二套感觉，以加强哲学的构造，乃至于产生美德，整个生活秩序的唯一源泉。因此，那些断言无物可被察觉的人剥夺了我们这些可以作为生活工具或装备的东西，或者说，他们实际上推翻了以它为基础的整个生活，剥夺了心灵使之拥有生命的生灵本身，我们很难说这样的看法是鲁莽的。

"我确实也无法充分判定他们的计划是什么，或者他们这样说是什么意思。我们提到他们的时候有时候会说，'如果你们的意向是真的，那么一切都是不确定的'，而他们会回答说，'好吧，但这和我们有什么关系，它肯定不是我们的错；要责备就责备自然，因为如德谟克利特所说，自然把真理都隐藏在深渊之中。'其他人的回答比较精致，他们实际上抱怨我们对他们的指责，说他们认为一切事情都不确定，试图解释不确定与不能掌握之间的区别，对二者进行区分。因此让我们来谈做出这些区别的人，而对那些认为一切都不确定，就好像星辰的数目是偶数还是奇数都不确定，我们要撇下他们，因为他们毫无希望。他们认为（我注意到，这一点实际上极大地激怒了你们学派）有些事情是'可能的'，或者说这些事情实际上与真理相似，这一点为他们提供了生活行为和哲学考察与讨论中的判断标准。

【11】"如果我们没有真理与谬误的标准，因此无法区别真理与谬误，那么真理与谬误的标准是什么呢？如果我们有真理与谬误的标准，那么真理与谬误必定会有区别，正如对与错之间有区别一样；如果没有区别，就没有标准，既拥有真的呈现又拥有假的呈现的人根本不可能拥有任何真理的标准或标记。他们说自己只是在推动事物的可能性，虚假的东西不可能有同样的呈现，但他们又允许其他一切事物呈现，这样做是幼稚的。他们取消了判断一切事物的工具，但又说自己没有取消剩余的知识源泉；这就好比某人说他剥夺了一个人的眼睛，但没有剥夺他可能看见的东西。正如有没有看到只能由眼睛来认可，其他一切事物的有无都要由感觉来认可；但这些事物要凭着真事物的标记，而不是凭着对真事物与假事物共同的标记来获得认可。如卡尔涅亚得所说的那样，如果你提出'可能的呈现'或'可能的、不受阻碍的呈现'作为你的向导，那么你不得不返回我们正在处理的感觉。如果它与虚假的呈现是共同的，那么它不包含判断的标准，因为一个专门属性不能用共同的标记来表示；如果正好相反，它们之间没有共同点，那么我得到了我想要的东西，因为我正在寻找一种对我真实呈现的东西，如果它是假的，它就不能以同样的方式呈现于我。在真理的申斥下，他们陷入了同样的错误；他们想要区别被察觉的事物和得到清楚表达的事物，试图证明有这样的事物，尽管心灵和理智不能够察觉它，不能掌握它在心灵上留下的印记，但它有时候得到了清楚的表达。如果黑的东西可以呈现为白的，那么你怎能认为这个清楚地得到呈现的东西是白的？如果事物是不确定的，无论在精神上有无真的经历，我们怎么能够宣布既没有清楚地呈现，又没有精确地在心灵上留下印记的事物是确定的？按照这种方式，颜色或体积、真理或论证、感觉或其他清楚明白的东西，都没有留下。就是这个原因，他们通常会有这样的经历，无论他们说什么，都有人问，'不管怎么说，你察觉到这一点，是吗？'然而他们嘲笑提出这类问题的人，因为他们努力的目标不在于证明一个人可以对某个没有确定的独特标记，而又承认接受的事物做出肯定的判断。那么你们学派谈论的这种可能性是什么呢？如果某人正好想到某种可能的东西，于是

就把它当做确定的东西来接受，那么还有什么比这更微不足道？如果他们断言自己追随某个处境中的某种感觉，有过精心思考，但无论如何都找不到出路，那么首先，这是因为事物之间的呈现没有任何区别，全都无法信任；其次，当他们说哲人尽管能够十分警惕地进行探讨，但有时候得到的东西距离真理十分遥远，那么他们将无法相信自己能够像他们习惯说的那样朝着实际的真理前进，或者尽可能接近真理。为了使他们能够相信自己的判断，他们必然要知道真理的标记的性质，如果这种性质是晦涩的、被抑制的，那么请告诉我他们假定自己能获得什么样的真理？'那边那个事物的标记或证明是真的，因此我遵循它，但这个标记或证明也有可能表示虚假的，或者完全不存在的东西'，还有什么话能比他们的这个公式更荒唐？关于感觉我们已经谈够了，如果任何人想要颠覆我们所说的这些学说，那么真理会很容易为她自己提出辩护，哪怕我们拒绝这种信念。

【12】"现在，我们对展开叙述的这些事情已经很熟悉，让我们略述'赞同'或'认可'（在希腊语中是'συγκατάθεσιν'）这个主题——不是因为这不是一个广阔的论题，而是因为我们在前面已经奠定了它的基础。我们解释了感觉中存在的力量，与此同时我们也揭示了感觉掌握和察觉了许多事物，而没有赞同的行为就不会发生这种事。还有，无生命的和有生命的物体之间的最大差别在于有生命的物体有某些行为（完全不活动的动物是无法察觉的），我们要么必须否认有生命的物体拥有感觉，要么必须认定它的赞同是一种自愿的行为。另一方面，那些拒绝感知或赞同的人以某种方式剥夺了心灵本身；为了保持平衡，天平的一边增加重量以后另一边必须下沉，所以心灵也必须服从一种清楚的呈现；正如没有动物能不寻求获得呈现于它的视野、适合其本性的东西（希腊人称之为'οἰκεῖον'），心灵对向它呈现的清晰的对象不能不做出认可。不管怎么说，如果我们假定已经讨论过的这些情况是真的，那么所有关于认可的谈论都不着边际，因为一经察觉马上就是认可。然而也还会有这样的观点，没有对认可的记忆，那么有关物体的精神观念以及知识是不可能的；最重要的是，假定有某种意志自由，那么对一个不

认可任何东西的人来说，任何东西都不存在；如果我们心中没有任何稳定的东西，美德又能在什么地方？最荒唐的是说人的邪恶在他们自己的力量之中，除非有认可，否则没有任何人能犯罪，但同样的情况对美德而言不是真的，美德的完全一致和力量就在于它由那些它可以表示赞同亦即认可的事物构成。一般说来，在行动之前经历某些呈现对我们来说是重要的，因为我们的认可是对呈现做出的；因此，取消了呈现或认可，也就取消了生活中的所有行为。

【13】"现在让我们来考察这个学派提出的另外一些论证。但在这样做之前，你们有机会学到它的整个体系的'基础'。好吧，他们从建构一门'呈现的知识'（这是我们对这个术语的解释）开始，界定其性质和类别，尤其是可被察觉和掌握的性质，他们像斯多亚学派一样，在这方面做了详细的阐述。然后他们提出两个命题，把整个考察结合在一起，亦即：（1）某些物体呈现出某种形象，其他物体也呈现出相同的形象，所以这些形象之间不会有什么差别，因此不可能一部分对象能被察觉，另一部分对象不能被察觉；（2）不仅在它们之间在每个具体方面都相同的情况下，而且在无法区别它们的情况下，它们之间无区别。提出这些命题以后，他们把整个问题包括在一个三段论中，这个论证如下：'某些呈现是真的，其他呈现是假的，因此假的东西不能被察觉。但是，真的呈现与假的呈现完全相同，在这样的呈现中它们之间没有任何差别，因此，有些呈现能察觉、有些呈现不能察觉的事情不会发生。因此，没有任何呈现能被察觉。'他们拿一些命题做前提，从中推出他们想要的结论，有两个命题被他们视为确定的、无人能驳斥的。这两个命题是：第一，假的呈现不能被察觉，第二，呈现之间无区别，因此有些呈现能察觉、有些呈现不能察觉是不可能的。他们花费了很长的时间，用多种方法捍卫其他前提，这些前提也有两个：第一，呈现的物体有些是真的，有些是假的；第二，从真物体中产生出来的每一个呈现也拥有假物体产生的性质。他们没有放过这两个命题，而是加以精心运用和发展；他们把这些命题划分成几个范围很广的部分：首先，感觉；其次，从感觉和一般的经验中

产生的推论，他们认为这种推论缺乏清晰性；然后，他们进到下一个部分，认为哪怕使用推理和推论，也不可能证明无物能被察觉。他们把这些一般的命题划分为更小的部分，他们使用的方法和你们昨天看到在讨论其他所有论题时的方法相同；在处理感觉时，他们在划分过的每个主题中力图证明，一切真呈现都有与真呈现无法区分的假呈现相伴，这就是感觉的本性，要理解它们是不可能的。

【14】"在我看来，这种细致的区分无疑具有很高的哲学价值，但同时又远离了持有这一论证方针的作者们的立场。因为定义、划分、形象语言、比较、区别、精细的划分，是充满自信者的武器，用来捍卫他们信以为真的确定的学说，而不是大声叫嚷它们并不比虚假更真实的那些人的武器。因为，当他们定义了某个事物，有人会问他们这个具体的定义能否用于你喜欢的其他任何事物，这时候他们该怎么办？如果他们说能，那么他们如何证明这个定义是真的？如果他们说不能，那么他们就不得不承认，哪怕是这个真定义也不能用于假物体，用定义来解释的这个物体不能察觉，而这一点他们无论如何不能允许。同样的论证也可用于这场讨论的每个部分。这是因为，如果他们坚持说不能区分真呈现和假呈现，他们怎么能够再有所进步？他们又会遭遇以前遇到的问题；因为除非你接受作为前提的命题，把它当做已经充分得到证明的，不可能有任何假命题与它相似，否则推论就不可能有效；因此，如果一个推理以被掌握和被察觉的事物为基础，最后得出无物能被掌握的结论，那么我们还能找到什么论证比这个论证更加具有自我摧毁的性质？准确的讨论旨在揭示某些不明显的事物，运用感觉和显现来推进这一结果的获得，而这些思想家认为一切事物都好像存在而非真正存在，那么我们对他们该说些什么？他们假定这两个剧烈矛盾的命题是相互一致的，这时候他们就遭到驳斥，首先，某些呈现是假的，这种观点清楚地蕴含着某些呈现是真的，其次，以同样的腔调说假呈现与真呈现没有区别；但你们最初的假设蕴含着它们有区别——因此你们的大前提和小前提之间是不一致的。

"让我们以这样一种方式进一步推进，以免显得过分偏爱我们自己的观点；让我们彻底考察一下这些思想家的学说，不要遗漏。首先，被我们称做‘明晰’的东西本身具有向我们显示事物是其所是的充分的力量。所以，我们能够更加坚定一贯地依靠明晰的事物，进一步使用某些方法和关注，把我们自己从‘欺骗’中解救出来，而来自各种立场的挑剔的命题自身是清楚的。伊壁鸠鲁想要摆脱谬误，乃至于要颠覆我们认识真理的能力，他说把意见与清楚明白的真理区分开来是哲人的作用，但他没有进一步推进，因为他无法完全消除仅仅与意见相连的谬误。

【15】"因此，清晰明显的事物会遇到两个障碍，我们必须在同样数量的帮助下列阵反对它们。第一个障碍是人们的心灵不能专注于清晰的事物，因此无法认识它们的光明；第二个障碍是某些人被错误的、挑剔的论证所吸引，在无法驳斥这些论证的时候放弃了真理。因此我们必须把反对它们的论证准备好，这些论证我们已经讲过，推进为清晰性的辩护，我们要武装起来面对他们的论证，消除他们的挑剔，我决定下一步就这样做。因此，我先以分类的形式阐述他们的论证，甚至连他们自己也在练习有序的阐述。首先，他们试图说明，许多事物好像存在，而实际上绝对不存在，因为心灵受到不存在的事物的欺骗，其方式与受到真实存在的事物的影响相同。他们说，你们学派断言某些呈现是神发出的——比如梦、神谕、占卜、献祭启示的事情（他们断言斯多亚学派反对接受这些显现的人）——他们问神怎么可能有力量发出与真相极为接近的假的呈现？或者说，如果神这样做是可能的，那么尽管极为困难，他为什么不发出那些与假呈现有区别的呈现？如果这也是可能的，那么为什么真的呈现与假的呈现完全没有区别？其次，由于心灵能够完全自动，就像我们有想象的能力一样明显，我们有时候在睡眠时和发疯时得到幻象，所以心灵也可能以这样一种方式运动，不仅能够区别我们所说的呈现的真假，而且还能区分它们之间是否真的没有区别；比如有人发抖和脸色苍白，或是由于情感的作用，或是由于遇到某些外在的可怕的东西，没有办法能够区分这两种发抖和脸色苍白，就其情感的内在状态来说它们没有区别，而其中之一没有外在的原因。最后，如果根本不可能有假的呈现，那就

是另外一回事了；如果可能有假的呈现，那么为什么难以区别它们？为什么那些很像真呈现的假呈现与真呈现之间绝对没有区别？尤其是你们自己说过哲人处在疯狂状态下会不让自己做出任何判断，因为这时候他看到的呈现之间没有区别。

【16】"在对所有这些'虚假的感觉'进行回答的时候，安提奥库斯确实曾经提出过大量论证，还曾经就这一论题争论过一整天；但我并不认为自己最好也要这样做，而只是陈述一下争论的要点。第一个要点是，他们过分使用这种吹毛求疵的论证，而哲学通常不用这种论证——这种论证通过逐步增加或减少来进行——对此必须提出批评。他们把这种论证称做'σωρείτης'（连锁法），因为通过每次增加一粒谷子，他们最终可以获得一堆谷物。这种论证肯定是错误的、吹毛求疵的！因为你用这种方法会进到这样的地步。'如果只有神在人入睡之前的呈现才是可能的，那么它为什么与真呈现完全不同？其次，为什么难以将它与真呈现区分？再次，为什么根本不能区分它？最后，这个呈现和那个呈现为什么没有区别？'如果我的连续退让而使你得出这样的结论，那么这个错误属于我；如果这样的结论是你按照自己的意愿得出的，那么这个错误属于你。谁能向你保证神是无所不能的，或者谁能向你保证神能按其意愿行事？你怎么能够做出这样的假设：如果 X 与 Y 可能相似，那么难以分别认识 X 和 Y？然后，甚至不能分别认识它们吗？最后，它们是相同的吗？好比说，如果狼和狗相似，你最后会说它们是相同的。实际上，某些体面的事物与可耻的事物是相似的，某些善的事物与恶的事物是相似的，某些艺术品与非艺术品是相似的；那么，我们为什么还要犹豫不决地说它们之间没有区别呢？我们难道看不出它们的不一致之处吗？没有任何事物能不被从它自己所属的那个类别移入另一个类别。如果要证明不同种类的呈现之间没有区别，我们会发现每个呈现既属于它自己的种类，又属于另外的种类；那么，这种情况又怎么能够发生？所以，要处理不真实的呈现的困难只有一种办法，这就是承认这种情况经常发生，无论是通过想象呈现，还是由于睡眠，或是处在酒力的影响之下，或是由于疯狂；我们要宣布这种

性质的所有呈现都缺乏明晰性，对此我们必须牢牢地坚持。某人就某个物体对自己虚构一幅想象性的图景，此刻他会激励自己，在他的自我意识中努力回忆，这时候他难道不能马上察觉到清晰明白的呈现与不真实的呈现之间的差别吗？同样的道理也可用于梦。假定你想象恩尼乌斯与他的邻居塞维乌斯·加尔巴[①]一道散步，他曾经说'我想自己正在和加尔巴散步'；而当他做梦的时候，他会以这样的方式讲述这个故事：'我想诗人荷马站在我身旁。'厄庇卡尔谟[②]的例子也一样，他说：'我想我做了一个梦，梦见我死了。'而我们一旦醒来还会记得梦中的情景，我们不会把它们与我们的真实经验视为相同的东西。

【17】"你会说，我们在睡梦中经历的这些幻象与我们醒着的时候看见的呈现是相同的！首先，我要说它们之间有区别；但我们不要盯住这一点，因为我们讨论的要点是，我们睡着的时候并不具有和醒着的时候相同的精神或感觉的力量及功能。哪怕人在酒的影响下行动也和他们清醒的时候不一样；喝了酒的人的行动是多疑的、犹豫不决的，时而停顿，对感性的呈现做出的决定比较软弱，而在清醒的时候，他们会明白这些呈现有多么虚幻。人在疯狂的时候也一样，当疯子开始攻击的时候，他们意识到自己疯了，会说出一些对他们来说不真实的事情；还有，当他们的攻击减弱的时候，他们意识到自己疯了，会说出一些像阿克迈翁那样的话：'我心中的景象和我眼中的景象完全不一样。'[③]你说聪明人在遭到疯子攻击时会约束自己，把虚假的呈现当做真的来接受。所以在别的场合聪明人也经常这样做，就好像他自己的感觉中包含着沉重和迟缓的成分，或者就好像这些呈现相当晦涩，或者就好像由于缺乏时间他受到阻碍无法贴近观察。尽管有这种情况发生，聪明人有时候会约束自己的意见，但这一点可以拿来反对你们的学派；因为要是呈现是不可区分的，那么他要么始终约束他的意见，要么从来不约束他的意见。然

---

① 塞维乌斯·加尔巴（Servius Galba），公元前 239 年—前 169 年，古拉丁诗人。
② 厄庇卡尔谟（Epicharmus），约公元前 540 年—前 450 年，希腊喜剧诗人。
③ 阿克迈翁（Alcmaeon），恩尼乌斯悲剧中的人物。

而这些情况表明，在由这些思想家提出来的所有事例中，所谓'清晰的'就是缺乏本质的，他们实际上是在引起普遍的混乱。我们要寻找的是一个与尊严、一贯、坚定、智慧相吻合的判断标准，然而我们却到做梦、疯狂、酗酒中去寻找事例。我们注意到这些事例与我们所说的有多么不一致吗？如果我们注意到了，那么我们不应当以这样一种可笑的方式，用酗酒、入睡、疯狂做例子，在某个时候说处在这种状态下的人与清醒的人有区别，在另一时候又说他们之间没有区别。他们难道不明白他们把一切都弄得不确定，而这正是他们要驳斥的一种立场（我用'不确定'来翻译希腊文'ἄδηλα'）？因为，如果物体是这样构成的，当它们向正常人显现的时候就像对疯子显现时一样，那么有谁能对自己的神智健全感到满意？想要产生这种状态本身就是头脑不清醒的重大标志。他们诉诸双胞胎或用图章盖出来的印记之间的相似是幼稚的。我们中间有谁否认过相似的存在，因为在许多事情上相似性都那么明显？如果许多事物之间的相似足以使我们难以辨认，你为什么不满足于这一点，尤其是当我们承认这一点的时候，你为什么宁可发起一场完全排斥事物性质的争论，否认一切事物各从其类，不具有共同性质的两个或多个事物在任何方面没有区别？比如说，假定鸡蛋和鸡蛋非常相似，蜜蜂和蜜蜂非常相似，那么你为什么还要为此挑起争端呢？或者说你为什么要提到双胞胎？假定两名双胞胎是相似的，这会令你满意，但你想要他们不仅相似，而是完全相同，而这是绝对不可能的。然后你又到在学园中经常成为笑柄的自然哲学家那里去避难，甚至连他们你也不能掌握；你声称，德谟克利特说有无数个世界，还说它们中某些世界不仅相似，而且在细节上完全绝对相同，相互之间肯定无差别，还说人也是这样。你说如果一个世界可以与其他世界完全相同，那么在我们这个世界上，某些东西可以与其他东西完全相同，没有任何差别或区别；你为什么要说在其他无数的世界上，不仅有，而且真的有无数的昆图斯·鲁塔提乌·卡图鲁斯从德谟克利特所谓的原子中产生，德谟克利特宣称一切事物均由原子构成，而在我们这个庞大的世界里，却不可能产生另一个卡图鲁斯？

【18】"首先，我要说你确实把我召唤到了德谟克利特面前，但我对他的观点不是接受而是拒斥，理由是，更多的更有造诣的自然哲学家①清楚地证明了具体的物体拥有具体的属性。假定古时候著名的塞维留斯两兄弟确实像人们所说的那样完全相像，你肯定不会认为它们真的完全相同，是吗？出了家门，人们无法分辨他们，但待在家里，肯定能够分辨他们；在陌生人眼中他们无法分辨，在家人眼中，他们肯定有区别。我们难道不知道，有些人很难辨认，但是不断接触以后就很容易辨认了，哪怕他们极为相似？在这一点上你尽管反驳我，我不会反击，但我确实允许聪明人本身成为我们讨论的主题；当他遇到相似的事物时他不能区分它们，在这种时候他会约束自己的意见，不会赞同任何呈现，除非有证据表明它不属于虚假的呈现。然而，正如他有确定的区别真假的办法用于其他所有物体，所以面对你的相似性，他必定会运用同样的办法；正如一位母亲用她的双眼辨认她的双胞胎，所以你经过一段时间的熟悉能识别它们。你知道鸡蛋与鸡蛋相似这句谚语吗？据说德洛斯在繁荣时期，有许多人习惯养很多母鸡出售，那些养鸡人一眼就能看出哪只母鸡会下蛋。这个例子不会反过来反对我们的观点，因为我们的意图不是分别认识这些鸡蛋，而是同意这个鸡蛋与那个鸡蛋相似，但它们决不会完全相同，乃至于完全无法区别它们；我拥有一个标准使我能够判断它们的呈现是真的还是假的，当它们拥有某种假呈现不具有的性质时，我一点儿也不能偏离这个标准，如俗话所说，哪怕偏离一个手指头也不行，免得引起普遍混乱。因为，如果它们之间没有区别，那么不仅知识，而且真与假的性质也会消失；所以你有时候提出来的标志也是荒唐的，也就是说，你断言的不是呈现在心中留下的这些印记之间无区别，而是它们的种类没有区别，或者说它们的类别没有区别。就好像如果消除了真假的界限，那么这些呈现不是依据我们所说的类别来判断，不具有可靠性！你的赞同是谬误的顶点，你说如果没有任何事物的阻碍，那么你会追随可能性。我要说，首先，当真呈现

① 指斯多亚学派哲学家。

与假呈现之间没有区别的时候，你怎么能不受阻碍？其次，如果一个标准对真呈现和假呈现来说是共同的，那么还会有什么只对真呈现的标准？从关于'ἐποχή'的学说中必定会产生这些考虑，亦即'约束发表赞同的意见'，在这个方面，如果某些人对卡尔涅亚得的看法是真的，那么阿凯西拉的思想更加具有连贯性。如果没有任何事物呈现自身，那么该事物及其呈现都无法察觉，所以必须约束发表赞同的意见；有什么事情能如此琐碎，乃至于想要证明无法认识的事物？昨天有人说，卡尔涅亚得也曾经断言聪明人偶然也会寻找避难所，约束自己发表赞同的意见，也就是犯错误。还有，在我看来，某些存在的事物是可以被掌握的（我的观点已经过证明，甚至可以说我的证明已经太长了），我更加确定的是聪明人决不会约束自己的意见，亦即从来不对虚假的或不知道的事情发表意见。剩下的还有他们关于发现真理的论述，它必然会导向反对一切事物。好吧，我想知道他们发现了什么。他说：'噢，提出某个论述不是我们的做法。''那么请告诉我你们有什么神圣的秘密，或者说，你们学派为什么要把它当做可耻的东西隐藏起来？'他说：'为的是让我们的听众可以在理性的指引下前进，而不是在权威的指引下前进。'那么为什么不能把二者结合起来呢？这样做岂不是更好吗？但无论如何，他们有一个学说没有隐藏，亦即不可能察觉任何事物。你们的权威对这一点也没有提出反对意见吗？在我看来这方面的反对意见很多，因为谁会采用这样一种显然错误的学说，除非阿凯西拉能提供大量的事实，雄辩无比，而卡尔涅亚得甚至表现得更加伟大？"

【19】"这些学说实际上是安提奥库斯在亚历山大里亚的时候提出来的，许多年以后，当他与我一起待在叙利亚的时候，在他去世前不久，这些学说甚至变得更加教条。不过，我已经讲明了我的想法，现在我要向你提出某些建议，对此我不会犹豫不决，我这样做是把你当做一名非常亲密的朋友"——他在对我本人说话——"和一个比我稍微年轻几岁的人；你高度赞美哲学，在我们的朋友霍腾修斯与你有分歧的时候，你使他发生动摇，那么你会追随一种混淆真假的哲学，剥夺我们的判断力，剥夺我们的确认，剥夺

我们所有的感觉吗？基米利亚人是好人，但大自然或者他们所处的地理位置使他们看不见太阳，但甚至连他们也有火，也有光明，而被你认做权威的那些人用浓密的黑暗包裹我们，不给我们留下一丝火花，使我们能看见光明；如果追随他们，我们就被戴上锁链，尺步难行。因为他们通过取消赞同意见，也就取消了所有心灵的运动和身体的活动；这不仅是一个错误，而且是绝对不可能的。你也要十分小心，因为要坚持你们的这种理论，你并非最合法的；当你揭示出一个深深地隐藏起来的阴谋，并且发誓说你'知道它'的时候（我也会这样说，但我是从你那里学来的），你会断言实际上没有任何东西能够被学习、理解和察觉吗？请你务必注意，这种最荣耀的成就也会被削弱，你本人并非这方面的权威。"讲完这些话，他结束了自己的发言。

霍腾修斯非常敬佩卢库鲁斯的讲话，他在卢库鲁斯讲话的时候不断地举起双手表示赞同（这不是在表示惊讶，我不认为关于学园派曾经有过更加精细准确的争论）；他也开始鼓励我，要我放弃自己的观点，无论他是在开玩笑还是出于真心（因为我无法弄清楚）。这时候，卡图鲁斯对我说："如果卢库鲁斯的讲话战胜了你——他的讲话博闻强记，主题集中，通畅流利——那么我应当保持沉默，我认为，只要你认为合适，你不会害怕改变你的观点。但我也不会建议你接受他的权威的影响；因为他刚才警告过你。"卡图鲁斯笑着对我说："要你保持警惕，不要让某些邪恶的保民官——你很明白，他们总是得到大量的支持——控告你，在公民大会上审判你，否认有可能发现任何确定的事物，断言自己发现过某些确定的东西，你在这两个方面很好地保持了一致。请你不要害怕他的警告，尽管我本人宁愿你对他发表不同的意见，但若你改变了自己的观点，我也不会感到惊讶，因为我记得安提奥库斯本人尽管坚持自己的观点好几年，但在适当的时候，他还是抛弃了自己的观点。"卡图卢斯说了这些话以后，在场的每个人都看着我。

【20】我开始讲话了，这个时候我有些紧张，就像我平常遇到有重大事务要处理。我说："卡图鲁斯，卢库鲁斯的发言对我产生了重要影响，他的发言虽然学问渊博、顺畅流利、深思熟虑，但他提出来的这些论证无助于我

们推进当前所讨论的问题，更不要说能使我怀疑自己对此有作答的能力；然而他的巨大权威对我无疑会有影响，你的权威也不小，但你也不敢挑战他的权威。因此，我要先做一些预备性的评论，涉及我自己的名望，如果我可以用这个术语的话。如果我选择这样一个特殊的哲学学派作为我的支柱，其动机只是表面的或者只是为了好斗，那么这样做不仅是愚蠢的，而且在道德上应受谴责。如果我们在最琐碎的小事上批评固执的行为，并在实际中惩罚强词夺理，那么当争论的问题是整个体系和整个生活的原则时，我会为了争斗而参加争论，不仅欺骗其他人，而且也欺骗自己吗？因此，除非我认为按照政治斗争的方式进行当前的讨论是愚蠢的，否则我应当以朱庇特的名义起誓，发现真理是我热忱的动机，我叙述的东西确实是我拥有的观点。如果我已经发现了某些类似真理的东西并为之喜悦，那么我怎能不继续渴望发现真理呢？恰如我极为尊重正确的观点，我把以假当真视为最可耻的事情。我本人无论如何不属于那种从来不对虚假的事情表态、从来不做绝对的赞同、从来不拥有任何观点的人；这种人是我们正在讨论的聪明人。然而，尽管我拥有许多观点（因为我不是聪明人），但与此同时，引导我思想的方式不是依靠那小小的北极星，像阿拉图斯所说的那样，'腓尼基人夜晚航行的时候相信北极星的引导'，因为'北极星很少旋转，轨道很短'，而是依靠赫利孔山和灿烂的大熊星座，亦即依靠那些视野开阔但不那么精细的理论。其结果就是，我的涉猎面要更加广泛；但如我所说，这不是我们当前考察的主题。因为，当你所说的呈现撞击我的心灵或我的感官时，我接受了它们，我有时候真的对它们发表了意见（虽然我没有察觉它们，因为我认为无物能被察觉）——我不是聪明人，所以我顺从呈现，无法挺立抗拒它们；而在阿凯西拉看来，聪明人最强的地方在于他能避免上当，明白自己并未察觉，芝诺也同意这种看法——除了谬误、琐碎、鲁莽，从我们具有聪明人的尊严这个观念中我们并没有消除更多的东西。关于聪明人的坚定我需要说些什么呢？甚至你，卢库鲁斯，也认为聪明人决不会提出任何意见。由于你同意这一点（让我暂时与你交谈，但很快我就会恢复原样），所以让我们先来考虑下面这个三段论的有效性。

【21】"'如果聪明人对任何事情表示赞同，那么他就形成了一种意见；但是聪明人从来不形成任何意见；因此，聪明人不会对任何事情表示赞同。'阿凯西拉曾经接受这个三段论，因为他接受其中的大前提和小前提（卡尔涅亚得有时候也接受这个小前提，但这样一来，他实际上也就形成了一种意见，而我想，这是你不允许的）。而斯多亚学派和他们的支持者安提奥库斯都认为这个大前提是假的，即如果聪明人对任何事情表示赞同，那么他就形成了一种意见；他们争论说聪明人能够识别真假，能够识别可感知的事物与不可感知的事物。但在我看来，首先，即使所有事物都是可以感知的，给予赞同的习惯仍是危险的，不可靠的；由于对虚假的和不知道的东西表示赞同是一种严重的错误，所以应当撤回所有的赞同，以免走得太快而摔倒；虚假的东西与真实的东西、不可知的东西与可知的东西（假定有这一类东西我们很快就能看到）是那么接近，所以聪明人有责任在这样的悬崖前不相信自己。与此相反，假如我设定不存在任何可知的东西并接受你们的观点，聪明人不形成任何意见，那就证明了聪明人将会约束自己所有赞同的行为，因此你们要考虑一下你们持有这种观点还是持有相反的观点，即聪明人应该拥有某些意见。你会说：'我两种观点都不赞成。'因此，让我们强调一下无物能被察觉这个观点，所有争论都由此生发。

【22】"但是让我们先谈一下安提奥库斯，他从斐洛那里学来了我正在捍卫的这种学说，他研究这种学说的时间超过其他任何人，他也带着伟大的洞察力撰写这些主题，然而到了老年，他还是放弃了这个体系，比他从前习惯于辩护更热情。因此，尽管他有很强的深察力，但缺乏一贯性，所以他的权威削弱了。我好奇地想要知道到底是哪一天他得到了启示，承认了区别真理与谬误的标志，而在此之前好几年他一直都加以否认。他的想法是原创性的吗？他的意见与斯多亚学派的观点相同。他对他从前的观点不满意吗？他为什么不转入其他学派，尤其是为什么不转入斯多亚学派？他与斐洛的分歧是斯多亚学派的一个特别的信条。他对涅萨库斯有什么不满的地方？他对达耳

达诺有什么不满的地方？他们是当时斯多亚学派在雅典的首领。他从来没有离开过斐洛，除了在他有了自己的听众以后。但为什么会有这个老学园派的突然复兴？人们认为他想要获得这个名字的尊严，尽管他抛弃了学园派的实质；事实上有些人坚称他的动机是博取虚荣，甚至说他想要他的后继者成为一个安提奥库斯学派。但我更倾向于认为他无法抵抗所有哲学家的联合进攻（因为他们虽然在所有其他主题中都有某些相同点，但学园派的这个学说没有得到其他任何学派的赞成）；于是他放弃了，就像那些不能忍受太阳暴晒的人躲起来，到老学园派中去寻找荫凉。至于他在坚持无物能被察觉的时候习惯于使用的论证，那是由著名的赫拉克利亚的狄奥尼修斯的两个学说之一组成的，你们学派以此为同意的基础，确实无误的标志——他坚持这个学说多年，并接受了他的老师芝诺的权威，只有道德高尚的才是善的，或者是他在以后的辩护中用过多次的学说，道德是一个空名，最高的善是快乐，是吗？——尽管安提奥库斯试图用狄奥尼修斯改变观点来证明没有印象能被印在我们的心灵中，假的事物不能引发真的呈现，但他肯定他的这个来自狄奥尼修斯的论证也能由任何人自主得出。关于他，我会在其他地方详细讨论，而现在，卢库鲁斯，让我回到你的发言上来。

【23】"首先让我们来看，我们该如何对待你一开始提出的评价，你认为古代的哲学家都像搞分裂的阴谋家，他们习惯于提出某些知识渊博的优秀人物的名字。这些人虽然心中藏着卑劣的企图，但却显得像是高尚的人；而我们则宣称，我们拥有的观点是你本人承认由最高尚的哲学家认可的。阿那克萨戈拉说雪是黑的，如果我也这样说，你能忍受吗？你不能忍受，甚至连我自己也不能，而是把它当做可疑的观点说出来。这位阿那克萨戈拉是谁？他肯定不是一位智者（因为智者这个名称曾被用来指称那些为了炫耀或赢利而研究哲学的人），是吗？呃，他是一位极为出名的、非常有尊严的、有着最高理智的人。我为什么要谈论德谟克利特？说起理智和灵魂的伟大，我们能拿他和谁相比，而他大胆地一开始就说'这是我关于宇宙的看法'？——按照他的说法，他把一切都包含在宇宙之内，因为有什么东西能在宇宙之外？

有谁不把这位哲学家摆在克林塞斯和克律西波之前，或者摆在晚期的其他哲学家之前，在我看来，他们与德谟克利特相比，只能充当二流角色，是吗？但是德谟克利特的意思和我们理解的不一样，我们认为他并不否认存在某些真理，而是否认真理能被察觉；他断然否定真理的存在；与此同时他说感觉（不是模糊的）'充满黑暗'①——这是他用来描述感觉的术语。他的最大的崇拜者，吉乌斯的梅特罗多洛，在其著作《论自然》的开头处说：'我否认我们知道我们知道某事物还是一无所知，我们知道的只是我们不知道（或知道）或知道某些事物存在或没有任何事物存在这一事实。'你认为恩培多克勒在胡言乱语，但我认为他的讲话最适合他在讲的这个主题的尊严；如果说他坚持感觉不拥有足够的对它们遇到的事物下判断的力量，那么他毕竟没有让我们成为盲人，或者剥夺我们的感觉，是吗？巴门尼德与克塞诺芬尼——他们的诗不那么好，但毕竟是诗——几乎愤怒地痛骂那些无知者，这些人竟敢说他们知道，而实际上无物可被知道。你还说一定不能把苏格拉底和柏拉图划入他们这一类哲学家。为什么？我能更加确定地谈论任何人吗？我似乎和他们生活在一起，那么多对话使我们不可能怀疑苏格拉底认为没有任何事物可以被知道；他只做出一个例外，没有第二个——他说他只知道自己一无所知。为什么我还要谈论柏拉图呢？如果不接受这些学说，他肯定不会用那么多卷书来提出这些学说，否则的话他指出另一位导师的讥讽也就没有意义了，尤其是不停地指出。

【24】"你同意我不仅引述著名人物的名字，如萨图尼努所为，而且始终如一地以某些著名的、杰出的思想家为我的榜样吗？然而，我还有一些给你们学派找麻烦的哲学家，虽然他们的方法很琐碎，斯提尔波、狄奥多洛斯、阿列克西努，他们是某些臭名昭著的、尖刻的智者文章的作者（这个术语包含着小三段论的圈套）；但是，当我已经提到克律西波，他被认为是斯多亚学派的柱廊的拱壁，这个时候我为什么还要提到他们？他提出了那么多反对

---

① 希腊文是"σκότιος"。

感觉、反对日常经验认可的一切东西的论证！你会说，但他也驳斥了这些论证。在我看来，他不认为他这样做了；假定他驳斥了这些论证，如果他不明白它们不能轻易地抵抗，那么他无疑不会收集那么多论证，使我们陷入他们的巨大的可能性中。你对昔勒尼学派怎么看，他们决不是卑劣的哲学家？他们坚持说没有任何外在的东西可被他们感知，他们能察觉的东西只是由于内在的接触而产生的感觉，比如痛苦和快乐，他们不知道一个事物拥有具体的颜色或声音，而只是感到它们在以某种方式影响他们。

"关于权威已经说够了——虽然你对我提出问题，我是否不认为真理有可能被发现，有那么多能干的心灵耗费了无穷的精力在探索这个问题，从我们提到的古代哲学家开始，有那么多个世代过去了。请允许我晚些时候再考虑我们到底发现了什么，由你来仲裁。但是阿凯西拉并非仅仅为了批评对方而与芝诺交战，而是真的希望发现真理，这一点可从下面收集的材料中看出。一个人有可能不拥有任何意见，这不仅是可能的，而且是聪明人的义务，这一点不仅从来没有被清晰地指出过，而且甚至没有被他的任何先驱者陈述过；但是阿凯西拉把这个观点视为不仅是真的，而且是荣耀的，配得上聪明人。我们可以假定他向芝诺提出了这个问题：如果聪明人不能察觉任何事物，如果不形成任何意见是聪明人的标志，那会怎么样？芝诺无疑会回答说，聪明人放弃形成意见的原因无非是有某些事物能被察觉。那么这些事物是什么呢？阿凯西拉会问。答案无疑是呈现。什么样的呈现？这时候芝诺无疑会给呈现下这样的定义，所谓呈现是来自真实物体的印记、标志和模型，与它的实体相似。接下去是另外一个问题：真呈现是否和假呈现完全相同？对此我想象，芝诺足够敏锐地看到如果来自真实事物的呈现具有这样的性质，出自非存在的事物的呈现也能拥有与之相同的形式，那就没有任何呈现能被察觉了。阿凯西拉同意这个对定义的附加是正确的，因为要是真呈现具有假呈现可以拥有的性质，那么就不可能察觉假呈现和真呈现；但是为了说明来自真事物的呈现不会拥有具有相同形式的假呈现拥有的性质，他进一步强调这样一些论点。直到今天这个领域中还在使用这个论证。聪明人不会对任何在争论中不具有重要意义的事情表达意见；因为他可以察觉不到任何事物，然而却能形成一个意见——据说卡尔涅亚得接受了这个观点；虽然在我看来，他相信克利托玛库要超过相信斐洛或梅特罗多洛，我相信卡尔涅亚得并没有把这个观点当做有助于推进论证的东西来接受。但是让我们搁下这一点。如果取消了发表意见的行为和感知的行为，那么无疑会得出应当撤回所有表示赞同的行为的结论；所以，如果我能成功地证明无物可被察觉，那么你们必须承认聪明人从来不表示赞同。

【25】"如果连感觉也不能报道真理，那么还有什么东西能被察觉呢？卢库鲁斯，你用了一大堆论证来为感觉辩护；但这样做妨碍了你，使你不能有效地反对我昨天所说的那么多反对感觉的话。你断言，看上去好像折断了的船桨和鸽子的脖子不能推翻你的想法。首先，我要问为什么？因为在船桨的例子中我察觉到看到的东西不是真实的，在鸽子这个例子中我察觉到鸽子有几种颜色，而实际上确实不止一种颜色。其次，除此之外我们确实还说了很多话！假定我们所有论证都能成立，那么你们的人就垮台了。人会认为自己的感觉是真实的！如果是这样的话，那么你总是一名甘愿冒险进行辩护的权威！伊壁鸠鲁把问题说到这一步，如果在人的生活中有一个感觉撒了一次谎，那就不能相信任何感觉。这样说确实很坦率——相信自己的证据，并且固执地加以坚持！与此相同，伊壁鸠鲁主义者提玛戈拉斯闭上眼睛否认自己曾经真的看到过两朵火花从油灯中冒起，因为这是意见撒的谎，而不是眼睛撒的谎。尽管问题是什么存在，不是什么似乎存在！然而，就提玛戈拉斯所属的派别而言，他的观点也可以说是真的；至于你，你说有些感觉是真的，有些感觉是假的，那你怎么区分它们呢？不要再想你那堆论证，我们家里有一大堆！你说，如果有一位神想要考察你是否有健康、健全的感觉，问你还需要其他东西吗，你会怎样回答？我确实希望神能进行这样的考察！因为即使假定我们的视力是准确的，它的视野又有多宽？我能从这里指出卡图鲁斯在库迈的家，我能看到它就在我前面，但我不能指出他在庞贝的别墅，尽管没有任何东西挡住我的视野，而是我的视力不能看得更远了。啊，这是

一幅多么壮观的景色啊！我们能看见普特利，但我们看不见我们的朋友盖乌斯·阿维安纽斯，他很可能正在尼普顿柱廊散步；上课时经常有人引述某人的话，说有人能看清 225 里远的东西，[①] 鸟类肯定能看得更远。因此我应当大胆地对你们朋友的神做出回答，我对我的眼睛一点儿也不满意。他会说我的视力比处在我们下面的鱼类敏锐，是这样的，哪怕此刻它们就在我们眼皮底下，我们也看不见它们，但它们同样也看不见处在它们上面的我们；由此可以推论，我们被不透明的气包裹，所以看不见，而它们被不透明的水包裹，所以看不见。但是你说，我们不想要更多的东西了！啊，你认为鼹鼠不需要光明吗？我不想和这位神争论，说我的视力受到限制，无法准确地看清物体。你看见那边的船了吗？在我们看来它像是抛了锚的，而对甲板上的人来说，船是在行走的。为这种呈现找一个理由吧，无论如何只要你成功了——虽然我怀疑你能否做到这一点——你就不会说你已经有了一名真正的证人，而会说你的证人提供了虚假的证据。

【26】"我为什么要谈论一艘船？因为我明白你在思考那个可恶的船桨的例子，你可能想要一个更大的例子。还有什么能比太阳更大，数学家们声称它是大地的 19 倍？但在我们看来它很小！在我看来，它的直径只有一尺。另一方面，伊壁鸠鲁认为它可能比它看上去还要小，尽管小得不多；他认为太阳也不会比它看上去大很多，或者就像看上去一般大，所以眼睛要么完全不撒谎，要么不会太偏离事实。那么，我们上面讲的'撒一次谎'是怎么回事呢？让我们离开这个容易上当受骗的家伙，他认为感觉从来不撒谎——甚至不要说现在了，当太阳从东方升起，以极快的速度旋转，高速运行，在这个时候它看上去仍旧是静止的。为了限制一下我们的争论，请你明白我们现在的讨论变得多么具体。想要证明无物能被认识、察觉和理解有四个论证，这才是我们争论的主题：第一，有虚假的呈现这样的事物；第二，假呈现不能被察觉；第三，呈现之间如果没有区别，那么有些人能察觉、有些人不能

---

① 参见普林尼：《自然史》第 7 卷，第 85 章。

察觉是不可能的；第四，从感觉中不会产生真呈现，因为不存在与感觉完全相应的不能被察觉的呈现。任何人都承认这四个论证中的第二个和第三个；伊壁鸠鲁不承认第一个论证，而正在和我们讨论的你承认第一个论证；整个争论就集中在第四个论证上。因此，如果有人看着昆图斯·塞维留斯·盖米努斯，以为自己看到了昆图斯，那么他遇到了一个无法被察觉的呈现，因为没有标记可以区别真呈现与假呈现；如果消除了这种区别方式，他还有什么真正的方式来帮助他认识曾经两次与盖米努斯共同担任执政官的盖乌斯·科塔？你说在这个世界上不存在如此高度的相似。你无疑表现出勇敢的战斗精神，但你有一个从容不迫的对手；让我们假定这种高度相似不存在，但无疑它可以显得好像存在，因此它会欺骗感觉，如果有一个相似的例子做到了这一点，就会使一切事物变得可疑；因为这样一来就消除了公认的恰当标准，甚至是你看见的人本身也只是显得好像存在，但你不会做出这个判断，因为你说按照这样的标准，虚假的相似物不会拥有和真事物相同的性质。因此，由于普伯里乌·盖米努斯·昆图斯不可能向你显现，你有什么理由满足于一个不是科塔的人向你显现为科塔，就好像某个不真实的事物显现为真的？你说一切事物都有它自己的类别，无物能与其他事物相同。这确实是斯多亚学派的一个论证，但不那么令人信服——世上没有一根头发或一粒沙子与其他的头发或沙子在所有方面都相同。这些论断可以被驳倒，但我不想打仗；因为结果无论如何都不会影响我们正在讨论的要点，处在视线内的一个物体是否与另一个物体完全没有区别，或者即使有区别也无法分辨。如果说高度相似在人中间是不可能的，那么在塑像中间也不可能吗？请你告诉我，吕西普斯①用同样的铜，用同样的金属，用同样的雕刻师，以及用其他相同的必要的东西，也不能造出一百个形状相同的亚历山大雕像来吗？你用什么办法能把它们识别出来？好吧，如果我在同样的蜡版上印上一百个指环印，你有

① 吕西普斯（Lysippus）得到亚历山大大帝的许可造一尊亚历山大塑像，但他造了许多。

什么方法可以把它们区别开来？你不得不去找珠宝商帮忙，就好像你在德洛斯寻找能识别每一个鸡蛋的养鸡人。

【27】"你还搬出艺术来为感觉辩护。画家能看见我们看不见的东西，笛手吹出一个音符，乐师就能听出它的音调。好吧，有艺术修养的人是少数，没有艺术修养，我们既不能看，又不能听，这些说法不是可以用来反对你自己的观点吗？另外，大自然塑造我们的感觉、心灵以及整个人体结构，都表现出你所说的杰出的技艺。我为什么不那么害怕很快地提出意见？卢库鲁斯，你能否假定有某种力量，与我所说的天命和设计结合起来，创造，或者用你的话来说，塑造了人？这是一种什么样的技艺？你能干地处理了这些事情，以一种十分优雅的方式做了解释；那么好，让我们承认它们显现，只是没有得到肯定。我们马上就会提到自然哲学家（以及你刚才提到的物体，你刚才说我应当提到他们，他们好像帮你讲到依据显现识别虚假的东西），我们会处理一些不那么晦涩的内容，我将提出这个宇宙的事实，不仅有我们的学派，而且还有克律西波，写了许多这方面的书；斯多亚学派习惯于抱怨克律西波，说在仔细寻求事实，感觉批评极其清晰，反对所有共同经验，反对理性，回答他自己提出来的问题时，他得到了最糟糕的答案，因此是他为卡尔涅亚得提供了武器。我的观点都已经被你不辞辛劳地处理过了。你的论断是，睡着了的人、喝醉酒的人、神经不正常的疯子看到的呈现比醒着的人、头脑清醒的人、明智的人看到的呈现要弱。为什么呢？你说，因为恩尼乌斯醒来的时候没有说自己看见了荷马，而是说自己好像看见了荷马，而他的剧中人阿克迈翁说，'我心中的景象和我眼中的景象完全不一样。'此外还有某些关于喝醉酒的人的意思相同的段落。就好像任何人都会否认一个醒过来的人想他曾经在做梦，或者一个平息下来的疯子想到自己在疯狂的时候看见的东西不是真的！但这不是争论的要点；我们在问的是当这些东西被看见的时候，它们看起来像什么。除非我们确实认为恩尼乌斯只是在做梦，他在那段话中说，'噢，虔诚的心啊'，而实际上他并没有像醒着的时候那样听到所有的话；当醒来的时候他能想到这些显现是梦，而它们确实是梦，但在睡着的

时候，他把它们当做真的来接受，就好像醒着一样。还有伊利娥娜①的那个梦，'母亲啊，我在呼唤你'，她难道不是坚定地相信她的儿子在说活，甚至在醒来以后仍然相信？如果不是这样的话，她为什么要说'来吧，站在我身旁，听我说话；把你的那些话再对我说一遍，好吗？'她对自己在梦中看到的呈现的相信程度难道不如那些醒着的人吗？

【28】"关于那些神志不清的人我该说些什么？卡图鲁斯，对你的亲戚图狄塔努我们该怎么想？有哪个完全理智的人认为自己看到的这些东西与图狄塔努认为自己看见的幻象一样真实？剧本中的那个人说'我看见了，我看见你了，活生生的乌利西斯，是你吗？'尽管他实际上什么也没有看见，但他不是真的两次喊出他看见了吗？欧里庇得斯剧中的赫丘利用箭射穿他自己的儿子们的身体，好像他们就是欧律斯透斯，他杀死自己的妻子，还试图杀死自己的父亲，在这些时候，他难道没有受到那些假呈现的影响，就像他受到真实事物的影响一样？还有，你引用的、说'他心中的景象和他眼中的景象完全不一样'的阿克迈翁，他在同一段落中不是疯狂地喊道，'这股火焰是从哪里升起来的'，接下去是'他们来了，他们来了！他们靠近我了！他们要找的是我！'当他想要找那些忠心的女仆帮忙的时候，他说'救救我，把毒气赶走，可怕的火焰正在折磨我！它们像毒蛇一样悄悄到来，让我五雷轰顶，灼热难忍！'你也确实无法怀疑他似乎看见了这些东西吗？剧本的其他部分也一样，'阿波罗对着我，用尽左臂的全部力量，拉开他镀金的弓；狄安娜从月亮上投掷着火把'，如果他以前真的见过他们，那么他怎么会因为他们的显现而更加相信这些事情？在这个时候，'心灵和眼睛似乎是一致的'。所有这些事情被提出来都是为了证明最有可能确定的事实是什么，就心灵的赞同而言真呈现和假呈现之间没有区别。但是，当你们学派诉诸疯子或做梦者的回忆驳斥这些假呈现的时候，你们学派什么也没有得到；因为问题不是那些醒过来的人或不再疯狂的人通常会有什么样的回忆，而是疯子和

---

① 伊利娥娜（Iliona），巴库维乌斯同名剧中的人物。

做梦者在经历这些事情时看到的视觉形象有什么样的性质。不过，我现在正在离开感觉。

"事物能被察觉的原因何在？你们学派认为辩证法是发明出来区分或判断真假的。但这是一种什么样的真假，是关于什么主题的？辩证法家要对几何、文学、音乐中的真假做判断吗？这些主题是他不熟悉的。那么是哲学中的真假吗？太阳的大小与他有什么关系？说他能对至善做出判断意味着什么？他会如何进行判断？什么样的假设或者来自各种假设的什么样的推论才是有效的？什么样的命题是含义模糊的，从设定的前提中可以得出什么结论，这样做会产生什么不一致的地方？如果理性对这些东西或相同的事物做判断，它实际上是在对它自身做判断；但是它做出的许诺走得更远，乃至于说仅对这些事物做判断对于包含在哲学中的无数其他重要问题是远远不够的。通过这门学问①，你们学派储藏了那么多你们赞成的论证，在第一阶段，你们乐意传达讨论的内容、模糊命题的处理、三段论的理论，然后通过一个小小的添加的过程抵达连锁法得出的结论，这肯定是一个不稳定的、危险的位置，你们后来也承认这一类三段论是错误的。

【29】"那又怎样？我们要责备这种错误吗？事物的本性没有给我们绝对的认识能力，使我们能够准确地知道在某件事情上能走多远；情况就是这样，不仅在麦堆的例子中是这样，而且在任何情况下都是这样——这就好像通过一系列的步骤向我们提问，某某人是富人还是穷人，是有名望的还是默默无闻的，那边的那些物体是多还是少，是大还是小，是长还是短，是宽还是窄，我们根本不知道在增加或减少的过程中在哪一点上能给出确定的回答。你说连锁法是错误的，那么要是你能做到，就打碎连锁法，这样它就不会给你找麻烦了，只要你不用它，它也就不会给你找麻烦。他说：'在被问到（举例来说）三是多还是少的时候，克律西波在他能说出"多"之前十分警惕，就好像休息了似的，这被他们称做"ἡσυχάζειν"。'卡尔涅亚得说：'在

我看来，你不仅是休息，而且是打鼾；但这样做有什么好处？因为有人会弯下腰来把你弄醒，继续对你进行盘问，他会说，如果我在你保持沉默的那个数上再加上一，那就是多吗？这样一来，你又会遇上同样的困境。'何必多说呢？因为你承认我的观点，在少停止的那一点上或在多开始的那个地方，你不能把你的回答具体化；这一类错误广泛流传，我不知道还有什么地方是它没有去的。他说：'这种错误与我无关，我就像一名能干的驭手，在到达终点前我就会勒紧缰绳，如果马儿去的地方崎岖不平，我就会勒得更早；如果有人向我提出吹毛求疵的问题，我就不做回答。'如果你有问题的答案却不回答，那么这是一种傲慢自负的行为，如果你没有问题的答案，那么你也就没有掌握这个问题；如果问题是模糊不清的，那么我会放弃，而你说在此之前你都不会前进，直到你进到这个模糊不清的地方。如果是这样的话，那么你会在一件清晰的事情面前止步。如果你这样做仅仅是为了保持沉默，那么你不能在任何事情上获得成功，你无论沉默还是讲话，你的对手总能让你落入圈套，不是吗？但若事情与此相反，你总是毫不犹豫地回答'少'，一直到九，但在十的时候停下来，那么你坚持了一种赞同的意见，哪怕是从命题的确定性来看，它就像大白天一样清晰；但是你不允许我在那些模糊不清的问题上也这样做。所以你的学问没有为你反对连锁法提供帮助，因为它没有教你增加或减少的起点或终点。事实上，在这个连续步骤的终点上这同一门学问也在起着摧毁的作用，就像珀涅罗珀拆掉她的织物？对它提出责备的应当是你们学派还是我们学派？每一个陈述（他们称做'ἀξίωμα'，亦即命题）既真又假，这显然是辩证法的一个基本原则；那又怎么样？'如果你说你正在撒谎，并且你说的是真话，那么你在撒谎吗？'——这是一个真命题还是假命题？你们学派当然会说这些问题是'无法解决的'，但这样说比我们'不能把握'和'不能察觉'的东西更加伤脑筋。

【30】"但我要撂下这一点，提出下面这些问题：如果我们正在讨论的问题是无法解决的，没有一个判断的标准使你能够回答它们是真还是假，那么把命题定义为'既真又假'意味着什么？以两个一套的命题为前提得出的结

论会被视为自相矛盾的，一个被接受，一个遭排斥。你对下面这个三段论的过程会做出什么判断？'如果你说天亮了，并且你说的是真话，那么天亮了；你确实说天亮了，并且你说的是真话；因此天亮了。'你们学派无疑会赞同这类三段论，并且会说它完全有效，因此它是你们在课堂上要讲授的第一种类型的证明。因此，要么你们赞同这类三段论中的每一个三段论，要么你们这门学问不是好东西。请你考虑一下要不要赞成下面这个三段论：'如果你说你正在撒谎，并且你讲的是真话，那么你在撒谎；你说你正在撒谎，并且你讲的是真话；因此你在撒谎。'当你赞同前面那个同类的三段论时，你怎么能够不赞同这个三段论？这些谬误是克律西波的发明，甚至连他本人也无法处理。'如果你说天亮了，并且你说的是真话，那么天亮了；你确实说天亮了，并且说的是真话；因此天亮了。'对这个三段论他会怎样处理？他当然会表示同意，因为只要承认了它的前提，那么这种推论的本性就会迫使你承认它的结论。所以这个三段论和前面那个三段论，'如果你正在撒谎，那么你在撒谎；你正在撒谎；所以你在撒谎'，有什么区别？你说你既不能肯定它又不能否定它；那么你怎么能够处理其他三段论？如果学问、理性、方法，或者说三段论的证明，是有效的，那么它们在两个实例中都是一样的。他们走得更远的地方是要求把这些无法解决的问题视为例外。我给他们的建议也适用于某些法官，他们决不可能从我这里得到什么'附加条款'。他们不可能使藐视和嘲笑整个辩证法的伊壁鸠鲁承认'赫玛库斯今天或者活着或者不活'这样一种形式的命题的有效性，而辩证法家认为'或者 X 或者非 X'这种形式的选言命题不仅是有效的，而且是必要的；你可以看到你们这位朋友的思考有多么迟缓，因为他说，'如果我承认两种可能性都是必然的，那么我必然会推论赫玛库斯必定既活着又不活，而实际上具有这种性质的事物并不一定存在'。因此，让辩证法家，亦即安提奥库斯和斯多亚学派，与这位哲学家战斗，如果选言命题由两个对立的陈述组成——对立的意思是一个是肯定性的，另一个是否定性的——如果这种类型的一个选言命题是假的，那么这种类型的任何一个选言命题都不是真的；但是，他们和我会有什么争执，我是他们这个学派的一名门徒？在这种性质的事情发生的时候，卡尔涅亚得曾经这样处理过，他说：'如果我的结论是正确的，那么我会保持它；如果它是错误的，那么第欧根尼会还给我一个明那。'（因为斯多亚学派的第欧根尼教给他辩证法，收费一个明那①）因此我遵循从安提奥库斯那里学来的方法，我说不出我如何判断'如果天亮了，那么天亮了'这种命题是真还是假（因为我得到的教导是每一个假言推论都是真的），也无法判断'如果你在撒谎，那么你撒谎'这个推论是否属于同一类型。因此，我要么同时肯定这两个推论，如果前一个推论不是真的，那么后一个推论也不是。

【31】"让我们撇下所有这些复杂的对话和论证，展示我们真正的立场。一旦我们把卡尔涅亚得的整个体系展现出来，你们的安提奥库斯的学说就会马上从根本上崩溃。然而我不会以这样一种方式断定任何事情，免得有人怀疑我虚构；我以克利托玛库为例，他一直到很老的时候都是卡尔涅亚得的同伴，他是一名能干的迦太基人，爱好学习，十分勤奋。他有四卷书处理悬置判断，我下面的内容取自第一卷。卡尔涅亚得认为，对各种呈现的划分有两种：一种是分为可知与不可知；另一种是分为可能与不可能。学园派用前一种划分法，可知与感觉相对，不可知与清楚明白相对，而后一种划分一定不能忽视；按这种分法，他认为不存在这样一种类似感觉引起的呈现，但是由可能性的判断引起的呈现很多。因为无物是可能的这一点与自然相悖，必然导致你卢库鲁斯所说的生活的颠覆；因此，甚至有许多感觉也必须看做是可能的，如果心中认为感觉不可能有虚假的呈现这样的性质，那么也就不会有从正确的呈现中区别虚假的呈现的事了。因此，聪明人会使用他遇到的无论什么可能的呈现，无物呈现自身与可能性是相悖的，如果是这样的话，他的整个人生计划就不会以可能性的方式进行了。即使你们学派的人也会看到，聪明人追随许多可能的事物，他没有掌握、察觉或赞同这些事物，而只是拥有貌似真实的逼真的事物，如果他不赞同实它们，那就没有什么生活可言

---

① 明那（mina），希腊货币的名称。

了。另外一个观点：一个聪明人登上一条船，他这个时候在心中肯定还没有掌握相关的知识，使自己能够按照自己的意愿旅行，对吗？那么他怎样才能拥有这种知识呢？假定他要从这里去普特利，四里远，如果他有一名可靠的水手，天气又很好，那么他很有可能安全抵达。因此，他在这类呈现的引导下采取或不采取行动，他会比阿那克萨戈拉准备得更加充分，以证明雪是白的（阿那克萨戈拉不仅否认雪是白的，而且声称对他而言雪甚至显得不白，因为他知道雪是由水的固化而形成的，而水是黑的）；任何以这种方式与他发生接触的物体的呈现都是可能的，在没有受到阻碍的情况下是运动的。因为他不是一尊用石头或木头刻出来的雕像；他有身体和心灵，有易变的理智和感觉，所以有许多东西在他看来好像是真的，虽然在他看来这些东西并不具有导向知觉的明显独特的标志，因此才有聪明人不下判断的学说，因为虚假的呈现有可能具有和真呈现一样的性质。我们这些反对感觉的说法与斯多亚学派的观点没有什么区别，他们说许多事情是假的，与它们对感官的呈现很不相同。

【32】"然而，如果情况是这样的话，那么就让感官接受一个虚假的呈现，而他①就会站出来否认感觉能接受任何东西！这样一来，伊壁鸠鲁的第一原则与另外一个属于你们学派的原则结合起来，导致取消感觉和知觉的结果，而无须我们说一句话。伊壁鸠鲁的原则是什么？'如果感觉是假的，那么无物能被察觉。'你们学派的原则是什么？'存在着虚假的感觉。'接下去是什么？无须我说一句话，它的逻辑推论就宣布说无物能被察觉。他说：'我不承认伊壁鸠鲁的观点。'那么好，和伊壁鸠鲁去战斗吧，他和你完全不同；不要把问题扯到我身上来，我和你一样都认为感觉中有虚假的成分。虽然没有任何事情在我看来更值得惊讶了，但这些学说应当被肯定，尤其是应当由安提奥库斯来肯定，他非常熟悉我前不久说过的那些论证。哪怕有人出于慎重的考虑批判我们无物能被察觉的陈述，但那仍旧是不那么严重的批

---

① 指卢库鲁斯。

评；某些事物存在是可能的，这是我们的论断，而你们学派认为这个论断不恰当。它也许是不恰当的，但无论如何可以帮助我们绕过你们由于自相矛盾而产生的困难：'你们什么也看不见吗？你们什么也听不见吗？对你们来说，没有任何事物是清晰的吗？'我在前面引用过克利玛库斯解释的卡尔涅亚得处理你提到的这个困难的方式；现在让我给你他的另一种方式，他在这卷写给诗人盖乌斯·鲁西留斯的书中提到了相同的观点，尽管他在写给和玛尼乌斯·玛尼留斯一起担任执政官的卢西乌斯·山索里努斯①的那卷书中写过同样的主题。他几乎就是这样写的，因为我熟悉它们，我们正在处理的最初的体系或学说就包含在这卷书中。书中说道：'学园派认为，事物之间有不同，有些事物似乎是可能的，有些则相反；但这并不是某些事物能被察觉，某些事物不能被察觉的恰当的基础，因为许多虚假的物体也是可能的，而虚假的东西不能被察觉和认知。'因此他断言，那些说学园派剥夺了我们的感觉的人显然错了，因为这个学派从来没有说过颜色、滋味或声音是不存在的，他们的意图是这些呈现并不包含对它们来说独有的无法在其他地方找到的真理的标志和确定性。提出上述观点后他又说，'聪明人不表示赞同'这个公式可以在两种意义上使用：一种是聪明人完全同意根本就没有任何呈现；另一种是他约束自己，不对某事物表示赞同或不赞同，因此不做肯定或否定的回答。因此，一种意义是理论上的，他从来不对任何事情表示赞同，另一种意义是实践中的，每当需要的时候，他可以在可能性的指引下做出肯定或否定的回答。实际上，当我们认为约束自己不对任何事情表达意见的人确实也会采取行动时，那么这个看法就是有某些其他的呈现使我们采取行动，仅仅追随相应的呈现，我们对遇到的问题可以做出肯定或否定的回答，除非我们做出了回答而实际上并不赞成；但无论如何我们并非真的赞成所有这类性质的呈现，而只赞成那些没有受到任何阻碍的性质的呈现。如果我们确实获得你对这些学说的赞同，那么它们无疑是假的，但确实不是可恶的。因为我们没

---

① 公元前 149 年。

有剥夺你的光明，而你把这些事物说成是'被察觉的'和'被掌握的'，我们则把同样的事情（假如它们是可能的）描述为'显现'。

【33】"就这样，我们引入和建立了'可能性'，这种可能性不会带来任何困难，不会受到任何限制，它是自由的；卢库鲁斯，你无疑看到你先前诉诸的'明晰性'现在崩溃了。因为我正在讲的聪明人会用和你们学派的聪明人同样的眼睛观看天空、大地和海洋，能用同样的感官察觉他们遇到的其他所有物体。那边刮着西风的大海看上去是紫色的，我们的聪明人看到的也一样，尽管与此同时，他不会对这种感觉表示'赞同'，因为大海刚才看上去还是蓝色的，而到了明天大海看上去会是灰色的，它现在在阳光的照耀下变得发白，闪烁着光芒，而不像毗邻的那部分海洋，所以甚至连你也能解释为什么会发生这种事情，你无论如何不会坚持说对你的眼睛呈现的样子是真的！如果我们不能察觉任何事物，那么记忆的来源是什么？——这是你提出的问题。什么？除非我们已经理解感觉，否则我们就不能记住感觉吗？什么？据说波利埃努是一位伟大的数学家，在他接受了伊壁鸠鲁的观点、相信全部几何都是虚假的以后，他肯定没有忘记他拥有的知识，是吗？然而，虚假的东西不能被察觉，如你本人所坚持的那样；因此，如果记忆的内容都是被察觉的和被理解的，那么一个人记住的所有东西都是被掌握的和被察觉的；但是没有任何虚假的东西能被掌握，而西洛记得伊壁鸠鲁的所有学说；因此就事情的当前状态来说，这些学说都是真的。我能涉及的就是这些了，而你要么被迫承认这些事情，要么必须让我拥有记忆，承认它有一定的地位，哪怕掌握和知觉是不存在的。这门学问会怎么样？什么学问？就是他们自己承认使用推测多于使用知识的学问，或者只受显现引导的学问，它并不拥有使你们学派能够区别真假的方法，是吗？

"下面是能让你们的争论联系在一起的两个重要观点：第一是你们的陈述，任何人都不可能不对任何事物表示赞同，这一点无论怎么说都是'清晰的'。由于按照我的判断，帕奈提乌几乎可以说是斯多亚学派的首领，他说自己怀疑除了他以外所有斯多亚学派的成员都认为最确定的事情——占卜、预言、神谕、解梦——他约束自己，不表示赞同的意见，他甚至怀疑他自己的老师认为确定的那些事情，那么聪明人为什么不能对其他事情也这样做？还有什么命题是他可以拒斥或赞成，但却不能怀疑的吗？当你想要这样做的时候，你可以使用连锁法的论证，但他不能让其他任何事情停顿下来，尤其是当他能够追随没有受到阻碍时与真理相似的东西，而无须表示赞同？第二是你们学派的论断，如果不对任何事物表达赞同，那么任何行为都是不可能的；这是因为，首先，事物一定能被看见，这里面就包含着肯定，因为斯多亚学派说感觉就是表示赞同的行动本身，赞同的行为由欲望推动，后面跟着行为，如果消除了感觉，也就消除了一切事物。

【34】"关于这个问题，人们说过大量的话，写过大量的文章，既有赞同的，也有反对的，但整个主题可以简要地处理。尽管我自己的观点是，行为的最高形式 ① 反对感觉、抵抗意见、在崎岖的斜坡上约束表示赞同的行为，尽管我赞同克利玛库斯的意见，他写道卡尔涅亚得确实完成了几乎像赫丘利一样伟大的功绩，从我们的心灵中驱逐了凶猛的野兽，即表示赞同的行为，但这只是意见和仓促的想法，无论如何（抛弃这部分辩护）在没有遇到任何阻碍时，有什么东西能够阻拦追随可能性的人的行为？他说：'他实际上确定连那些他不赞同的事物也能被察觉，这些事物会阻碍他。'好吧，同样的事实也会阻碍你的航行、播种、娶妻、生育，在许许多多的事情上你只能追随可能性。

"把这一点撇在一边，你重复这个陈旧的、人们熟悉的、经常遭到拒斥的论证，但不是按照安蒂帕特的方式，而是如你所说用'更加自圆其说的方式'；你告诉我们安蒂帕特受到批评，因为他说一个人断言无物能被掌握，而这个论断本身能被掌握，二者是一致的。这种说法甚至在安提奥库斯看来也是愚蠢的、自相矛盾的；因为说有某事物能被掌握就不能说无物能被掌握。要更好地批评安提奥库斯对卡尔涅亚得的看法应当这样做，要让他承

———————
① 即理性的行为。

认，由于聪明人不能对那些未被掌握、察觉、知道的事物做出决定，因此这个特殊的决定本身，亦即聪明人不能察觉任何事物，被察觉了。正如聪明人不能做任何决定，所以没有决定他就不能生活！与此相反，他认为无物能被察觉这个具体意见就像已经提到过的可能的东西不能被察觉一样；因为如果在这种情况下有一个认识的标志，那么他会在所有其他事例中使用这个标志，但由于他没有得到这个标志，所以他使用可能性。因此，他并不担心自己使一切都陷入混乱，使一切都变得不确定。如果有一个关于义务的问题向他提出，或者有一个关于其他事物的数量的问题向他提出，实践使他成为这方面的专家，那么他不会以相同的方式作答，就好像这个问题是星辰的数量是奇数还是偶数，而会说他不知道；因为在不确定的事物中没有任何事物是可能的，而是在可能的事物中聪明人不会对做什么或回答什么感到困惑。卢库鲁斯，你没有忽略安提奥库斯提出的批评——这不奇怪，因为这个批评是最著名的——安提奥库斯曾经说斐洛认为这个批评最具有颠覆性；斐洛的批评是，做出假设以后，第一，存在某些假呈现，第二，它们与真呈现没有任何区别；斐洛没有注意到，当他因为呈现中明显存在着某些区别而承认前一个命题的时候，这一事实就受到后一个命题的驳斥，否认真呈现与假呈现有区别；没有什么办法能比它更不一致了。如果我们完全取消真理，那么这个观点就能成立；但是我们没有这样做，因为我们观察到某些事物是真的，就像我们观察到有些事物是假的一样。我们有'显现'作为表示赞同的基础，但我们没有什么标志可以用做感觉的基础。

【35】"甚至现在我都感到自己的方法限制太多。我们有广阔的领域可以施展口才，为什么要限制在如此狭小的地方，把它驱逐到斯多亚学派的荆棘丛中去？如果我正在和逍遥学派打交道，他们会说我们能察觉'来自真实事物的印象'，而无须添加重要的限制，'以某种虚假的事物不能采取的方式'。我会十分坦率地对待他们的坦率，不会把力气花在这个附加条件上；我说无物能被掌握，他说聪明人有时候形成意见，我甚至会约束自己，不去和他争斗，尤其是连卡尔涅亚得也没有激烈反对这种立场；情况就是这样，那么我

能做什么呢？我提出了有什么事物是能被掌握的这个问题；我得到了回答，但不是从亚里士多德或塞奥弗拉斯特那里，甚至也不是从塞诺克拉底或波勒莫那里，而是来自一个较小的人物，①‘一个这种类别的真呈现不能是一个同类的假呈现’。我没有遇到这样的呈现，因此我不怀疑可以对某些无法真正认识的事物发表赞同的意见，也就是说，我将拥有意见。逍遥学派和老学园派会允许我这样做，而你们学派会否认，安提奥库斯最先这样说，他的观点强烈地影响了我，既因为我热爱他，也因为他热爱我，或者说根据我的判断，他是我们这个时代最有造诣的、最敏锐的哲学家。我向他提出的第一个问题是，他为什么属于他自己承认所属的学园派？省略其他观点，老学园派或逍遥学派的哪些成员提出过我们正在处理的两个陈述，一个是，人所能掌握的唯一事情就是这种类型的真呈现不能是同类的假呈现，另一个是，聪明人从来不拥有意见？毫无疑问，没有任何人这样讲过，在芝诺之前没有人提出过这些命题。无论如何，我认为这两个陈述都是真的，我这样说不仅是为了适应当前的场合，而且因为这是我审慎的判断。

【36】"有一件事情我不太理解，你禁止我对某个我不知道的事物表示赞同，并说这是最可耻的和最鲁莽的，而你自己花了那么大力气，提出一套哲学体系，揭示了完全的自然科学，塑造了我们的伦理学，建立了关于主要的善和主要的恶的理论，描述了我将要从事的生涯，还实际上做好了准备，想要建立一个标准和辩证法与逻辑学的科学体系，你敢保证我在接受你的所有这些学说时不会摔跤，而决不会只是拥有一种意见吗？如果你能使我抛弃现有的学说，那么你要让我信奉什么体系？如果你说要让我信奉你自己的体系，那么我担心你只是在做一件相当冒失的事情，但你又不得不这样说。当然了，想要这样做的人也不是你一个，每个人都会敦促我信奉他的体系。好吧，假定我站出来反对逍遥学派，他们说自己与演说家有亲缘关系，信奉他们学说的著名人士经常统治这个国家；假定我反对伊壁鸠鲁学派，我自己的

---

① 指安提奥库斯。

朋友中有很多人是伊壁鸠鲁主义者，他们是高尚的充满爱心的人；我该如何对待斯多亚学派的狄奥多图，我从小就是他的一名学生，和他交往多年，他曾经住在我家，我对他既敬佩又热爱，而他藐视你提出来的安提奥库斯的学说？你会说：'我们的学说是唯一的真学说。'如果它们是真的，那么它们确实是唯一的，因为不会同时有几种相互之间不一致的真学说。那么到底是不希望摔跤的我们无耻，还是试图说服自己的他们冒失，他们认为只有自己才知道一切？他说：'我说的不是我本人知道，而是说聪明人知道。'好极了！你的意思无疑是'知道你的体系中的学说'。从头开始，智慧被一个不聪明的人揭示，我们对此会怎么想？但是，让我们不要谈论自己，而是谈论聪明人，我们所有的考察都针对聪明人，对此我已经说了好多遍。

"像大部分哲学家一样，你们自己的学派把哲学划分为三部分。因此，要是你同意，首先让我们来看在自然科学中有哪些考察。但是有一点要先提出来：有谁受到谬误的蒙骗，乃至于想要说服他自己，说他知道这个主题？我问的不是依据推测、不使用说服的力量的理论，这些理论被反复争论；让几何学家来说，他们说自己不是要说服人，而是要让人信服，他们用图形来证明他们所有的命题，直到你们学派满意为止。我要问的不是那些提出数学第一原则的人，他们在能够有所前进之前，必须承认这个第一原则——点没有大小，'边界'或'面'完全没有厚度，线没有宽度。我承认这些定义的正确性，但若我让聪明人发誓，你认为他会发誓吗，更不要说让阿基米德画出各种图形来证明太阳是大地的许多倍？如果阿基米德这样做了，那么他是在亵渎，因为他把太阳视为神。如果要他拒绝相信几何学的方法，在他们的教导中使用一种强迫性的力量，如你们学派所说，那么他不会相信哲学家的证明；或者说，如果他相信哲学家的证明，那么他会选择哪个学派的证明？我们可以把所有自然哲学家的体系都提出来，但这样做太冗长了；毕竟我想要知道的是他追随哪位哲学家。想象某人现在变成了聪明人，但还没有完全成为聪明人，那么他会选择什么样的学说或体系？无论他选择哪一种，但这种选择都是由一个不聪明的人做出的；假定他是一名充满灵感的天才，是自然哲学家中唯一的天才，他会选择赞同哪一种学说？他无法做出选择的学说不止一个。我不想提出有关无限含糊的问题，让我们只考虑，在构成宇宙的元素问题上他会赞同哪一种权威，因为这是争论最大的问题。

【37】"名列自然哲学家榜首的是泰勒斯，他是希腊七贤之一，其余六位贤人与他相比都会把第一的位置让出来，他说万物都由水构成。但是在这一点上，他并没有令他的同胞和友人阿那克西曼德信服；阿那克西曼德说存在着一种无定形的本体，宇宙就是从这种本体中产生的。后来他的学生阿那克西美尼认为气是无定形的，从气中产生的事物是有确定形状的，土、水、火就是这样产生的。阿那克萨戈拉认为这种质料是无限的，但是从中产生彼此间完全相同的细小颗粒，它们起初是混乱的，后来由神圣的心灵赋予秩序。稍早一些的克塞诺芬尼说宇宙是一，宇宙不变，宇宙就是神，它决不会产生，而是永远存在，宇宙是球形的；巴门尼德说最初的始基是火，火把运动传给大地，并从土中构成自己的形状；留基伯的始基是固态的物体和虚空；德谟克利特在这方面和他相同，但是发展了他的学说的其他部分；恩培多克勒提出了我们知道的四种基本元素；赫拉克利特提出了火；麦里梭提出当前无限、不变的宇宙存在，并将永远存在。柏拉图认为这个世界是神从无所不包的本体中创造出来的，它将永远延续。毕泰戈拉学派认为宇宙产生于数和数学家的第一原则。你们的聪明人无疑会从这些教师中选择某个人来追随，而他同时也会拒斥或谴责其余无数这样杰出的人士。但无论他赞同什么意见，他都会坚定地拥有，就像他用感官掌握那些呈现一样，他信服这种意见决不亚于他坚定地相信现在是白天，作为一名斯多亚主义者，他认为这个世界是明智的，拥有一种理智，是理智建造了它本身和这个世界，控制、推动和统治这个宇宙。他也会信服日月星辰和大地、海洋是神，因为一个'有生命的理智'贯穿和渗透于其中；然而，最终会在某个时候，这个世界上的一切都将被大火焚毁。

【38】"假定你们说的这些事情都是真的（因为你们瞧，我现在确实承认存在某些真理），但无论如何我否认它们是'被掌握的'和被察觉的。因为

当你们的斯多亚学派的聪明人预先把这些事实逐步告诉你们的时候，亚里士多德会走过来施展他雄辩的口才向你们宣布，这个世界从来没有开端，因为它决不可能从某个起点开始，它的结构如此壮丽辉煌，由于它的四面八方都是密实的，所以没有力量能给它带来巨大的变化，漫长的岁月也不会使这个有序的宇宙变得衰老，乃至于最后瓦解和灭亡。你被迫藐视这些观点，并且要用你的生命和荣誉来捍卫前一种观点，而对我来说，这些观点没有任何值得怀疑的地方。不要说那些未加考虑便发表意见的人的琐碎了，仅仅说我不必像你一样被迫捍卫哪一种观点，而是可以自由选择，我要比你更有价值！我要问，神在为我们（这是你们学派的观点）创造这个宇宙的时候，为什么要造出那么多水蛇和毒蛇，为什么要在大地和海洋上生出那么多会给人带来死亡的野兽？你们学派断言，没有某种神的技艺，我们这个高度完善、高度精确地建立起来的世界是不可能创造出来的（你们学派确实会让庄严的神去造蜜蜂和蚂蚁，所以我们甚至必须假定诸神的名单中包括某些密米昔德①）；你们断言，没有神，无物能被创造。你们瞧，在这个地方，你们可以插入兰萨库斯的斯特拉托的观点，使你们的神能够免除大量的劳役（诸神的祭司都有假日，所以让诸神自己也有假日比较公平）；他宣称，他不会使用神的活动来创造这个世界。他的学说是任何现存的事物都由自然的原因而产生，但他并不追随那个说我们这个世界是从那些处于虚空中的粗糙的或圆滑的、钩状的、弯曲的原子中产生的那个大师——斯特拉托认为这些学说是德谟克利特做的梦的一部分，德谟克利特讲话像一名空想家，而不像一名教师——而他本人逐步考察了宇宙的各个部分，他教导说，无论什么存在的东西或将要产生的东西都是由重力和运动的自然力引起的。他确实让神免除了巨大的劳役，也免除了我的恐惧！认为神留意自己的人，有谁不日夜恐惧神力把灾难降到自己的头上（灾难难道不会降临于他吗？），恐惧神会对他审判？不过，

———————————

① 密米昔德（Myrmecides），希腊雕刻家，以雕刻细小的作品出名。密米昔德这个名字的含义是蚂蚁之子。

我既不接受斯特拉托的观点，也不接受你的观点；因为在某个时候一种观点显得更加可能，而在某个时候另一种观点显得更加可能。

【39】"卢库鲁斯，你说的这些事情都是隐秘的，包裹在浓密的乌云之中，人的理智没有足够的能力向上穿透苍穹，向下看到大地底下的事情。我们不认识自己的身体，不知道身体的组成部分及其功能；医生想要知道身体的结构就解剖身体，把内脏拿出来看，然而经验学派断言这样做并不能使我们有关身体的知识增加，因为身体一旦剖开，内脏就很有可能改变它们的性质。为了看到整个大地是否牢牢地扎根，是否悬挂在宇宙的中心，我们有能力打开和分割宇宙的组成部分吗？克塞诺芬尼说，月亮上有人住，那里有许多城市和山脉；这些学说似乎很奇妙，但我比它们的作者更能发誓说它们与事实不符。你们学派甚至说，在我们居住的大地下方的另一面也有人住，他们的脚对着我们的脚，你们把他们称做'反向人'；你为什么要对我表示较多的愤怒，我并没有比那些听到你们的学说后认为你们丧失理智的人更多地嘲笑你们？如塞奥弗拉斯特所断言的那样，叙拉古人黑刻塔斯坚持说天穹、太阳、月亮、星辰，简言之，所有在高空中的东西，都是静止的，除了大地这个世界上没有任何东西在运动，大地用极快的速度沿着它的中轴线旋转和运动，其结果就好像大地是静止的，而天穹是运动的；这也是柏拉图在《蒂迈欧篇》中叙述的某些人的看法，但比较晦涩。伊壁鸠鲁，你的观点是什么？你真的认为太阳就像它看上去那么大吗？我并不认为它实际上是它看上去的两倍那么大！ ① 伊壁鸠鲁嘲笑你们学派，你们学派反过来也嘲笑伊壁鸠鲁。这种嘲笑伤不到苏格拉底和开俄斯的阿里斯托，因为他们认为你们处理的这些事情都是不可知的。但我现在要转到心灵和身体。请你告诉我，我们对肌肉和血管有充分的知识吗？心灵是什么，心灵在哪里，心灵存在还是像狄凯亚库所说的那样根本不存在，我们能把握这些问题吗？如果心灵存在，我们能像柏拉图所说的那样，知道它由三个部分组成吗，理性、激情、欲望，或

---

① 参见本文本卷，第 26 章。

者说它只是一个简单的统一体？如果它是简单的，那么它是火还是气，或者是血，或者如塞诺克拉底所说的那样，是一种无形体的数学公式（一种具有无法理解的性质的东西）？无论它是什么，它是有死的，还是永生的？有许多论证被提出来证明两种对立的观点。在你们的聪明人看来，这些观点中的某些部分是确定的，但在我们看来它们仅仅是可能的，这些观点与相反的理论包含相等的理由。

【40】"另一方面，你比较礼貌地指责我，说我不同意你的论证，也不同意任何人的论证，我要克服我的倾向，我要进行选择，为了与某人保持一致，然而你说的某人又是谁呢？谁？德谟克利特，因为如你所知，我已经成为那个等级中的一员！现在我会受到你们所有人的谴责：'你真的假定有虚空这样的东西吗？宇宙充满了物体，一个物体的运动会留下一个空间，但另一个物体会马上进入它留下的空间？原子存在吗？一切事物都由它组成，而它和这些事物都不相同？没有心灵的活动，能产生如此美丽的事物吗？一个世界包含着我们能看到的如此奇妙的秩序，在它的上下左右前后有无数这样的世界，相互之间都不相同吗？就好比我们现在在包里这个地方，也能看见普特利，所以也有无数其他人，和我们有着同样的名字、品性、功德、心灵、相貌、年纪，他们在同样的地方，讨论同样的主题吗？在睡觉的时候我们的心灵似乎也能看见某些东西，这是否意味着这些影像沿着某些通道经过身体进入我们的心灵？你一定不会接受这样的观念，或者对这些仅仅是虚构的东西表示赞同，对这些东西没有意见总比拥有错误的意见要好！'啊，这些事物并没有迫使我发表意见，对你来说，提出这样的要求确实是无耻的，而不仅仅是无知，尤其是你们的这些教条在我看来甚至是不可能的；因为我实际上不认为有你们学派接受的占卜这样的事情，你们学派宣称命运把这个宇宙联结在一起，而我轻视这种命运的存在，我甚至不认为这个世界是按照一个神圣的计划建造的；不过，它也许是这样的。

【41】"我为什么要慢吞吞地讲这些令人讨厌的事情？是为了让你们在离开的时候不知道我不知道什么吗？斯多亚学派允许在他们自己人中间争论，

但不允许任何人与斯多亚学派争论，是吗？芝诺和其他几乎所有斯多亚主义者认为以太是至高的神，拥有心灵，凭借心灵统治宇宙，克林塞斯，老一辈的斯多亚主义者，芝诺的学生，认为太阳是世界之主；但是聪明人迫使我们不认识我们的主人，因此我们不知道我们是太阳或以太的仆人。然后是太阳的大小——放射着万丈光芒的太阳好像正在盯着我看，提醒我要提到它——你们学派提到太阳的大小，就好像你们用尺子量过一样，而我宣布我不相信你们的丈量，就好像我不相信无能的建筑师；所以，讲得轻松一点，我们双方哪一方的想法是可疑的？尽管我认为你们的这些物理学的考察不应受到限制。因为研究和观察自然为精神和理智提供了天然的牧场；我们会得到提升，当升到高处时，我们可以俯视人类，仰视上面的东西，而在天穹上我们会轻视我们自己这个世界，因为它非常渺小。当我们顷刻间看到那个极为宏伟的场面和极为模糊不清的事物时，我们会感到仅仅是考察事物本身就是一件极为快乐的事情，而当有和真理相似的观念来到我们心中时，我们的心会充满最大的快乐。因此，你们的聪明人和我们的贤人都会进行这种研究，你们的聪明人在研究的时候带着赞同、相信、肯定的意向，而我们的贤人在研究的时候担心提出鲁莽的意见，所以会把他发现的东西当做与真理相似的东西。

"现在让我们来谈善与恶的问题，但在此之前还有几句话要说。当他们如此肯定地断言这些学说的时候，在我看来他们似乎忘了他们也失去了事实提供的保证，而事实似乎更加清晰。因为他们对天亮这样的事实的赞成或接受不会比他们相信有一群哇哇叫的人在下达命令或颁布禁令肯定得更多，如果他们丈量那边的雕像，他们不会比肯定他们无法丈量的太阳的大小是大地的 19 倍更加肯定雕像有六尺高。由此可以产生下列论证：如果不能察觉太阳有多大，那么他会以同样的方式认为其他一切事物都不能察觉；但是太阳的大小无法察觉；因此似乎察觉到太阳的他实际上什么都没有察觉。假定他们的回答是太阳的大小能被察觉，那么我不会与他们争论，除非他们说其他一切事物也能以同样的方式被察觉和被掌握；因为他们实际上不可能说掌握或察觉一样事物比掌握或察觉另一样事物要多或少，因为与所有事物相关的精神上的掌握有一个定义。

【42】"把话说回来，在善与恶的问题上我们能得到什么确定的知识？这个任务显然是确定可以作为至善和至恶之标准的目的；如果是这样的话，使那些主要哲学家产生最大分歧的问题是什么？我撇下那些现在似乎已被抛弃的体系——例如厄里鲁斯的体系，尽管他是芝诺的学生，你知道他与芝诺有多么大的分歧，而他与柏拉图几乎没有什么差别。麦加拉学派非常出名，我在记载中看到它的创始人是我刚才提到过的克塞诺芬尼；追随克塞诺芬尼的有巴门尼德和芝诺（由于他们，这个思想流派被称做爱利亚学派），后来有欧几里德，他是苏格拉底的学生，麦加拉人（由于欧几里德，这个学派也获得麦加拉学派的称号）；他们的学说是：至善始终是一，是相同的。这些思想家也从柏拉图那里得到很多东西。但从厄里特里亚人美涅得谟斯开始，他们接受了厄里特里亚学派的称号；他们把他们的善完全置于心灵，并且认为凭借敏锐的精神视觉可以发现真理。埃利斯学派教导和他们相同的学说，但我相信他们对这一学说的阐述内容更加丰富，风格更加华丽。如果我们轻视这些哲学家，认为他们已经过时，那么我们无疑不会轻视下列哲学家：阿里斯托，他曾经是芝诺的学生，证明了他的老师已经建立的理论，除了美德，无物为善，除非与美德相反，否则无物为恶；那些被芝诺视做存在于事物之间的作为行为之动机的东西，他认为是不存在的。阿里斯托的主善是那些被朝着两个方向推动的东西——他本人称之为'ἀδιαφορία'；而皮浪则相反，认为聪明人甚至不能用感官察觉到这些东西——这种无意识的名字是'ἀπάθεια'。因此，把所有这些意见撇在一边，让我们来看下面这些长期得到坚定捍卫的观点。其他一些人认为目的是快乐；他们的创始人是阿里斯提波，他曾经是苏格拉底的学生，从他开始他们得到了昔勒尼学派这个名字；在他之后有伊壁鸠鲁，他的学说现在更加出名，虽然在快乐这个实际的主题上它与昔勒尼学派并不一致。但是卡利弗把目的定义为快乐和道德上的善，希洛尼谟把目的定义为摆脱一切烦恼的自由，狄奥多洛斯持有相同的看

法，并把自由与道德上的善结合起来——后面两位哲学家是逍遥学派的；但是老学园派把目的定义为过一种合乎道德的生活并享用自然向人建议的基本的东西——波勒谟的著作证明了这一点，安提奥库斯对他极为赞赏；还有亚里士多德和他的拥护者似乎非常接近这一立场。卡尔涅亚得也曾经提出这个观点——但并非他本人持有这个观点，而是为了与斯多亚学派战斗——主善就是享用自然向人推荐的基本的东西。芝诺是斯多亚学派的创始人和第一任首领，他提出善之目的就是道德高尚的生活，这是从自然的建议中派生出来的。

【43】"下面是一些明显与我已经提到的所有善的目的相对应的观点，而恶有相反的目的。我把我在追随什么人的问题留给你处理，只是不要让任何人做出可笑的、无教养的回答，'你像谁，你就追随谁'；没有任何评论比它更欠考虑了。我渴望追随斯多亚学派，我的愿望能得到满足吗？——我不是从亚里士多德的立场出发，在我的判断中他是一名杰出的哲学家，而是从安提奥库斯本人的立场出发。安提奥库斯被称做学园派，但实际上他对学园派的贡献很少，他是一个真正的斯多亚学派哲学家。好吧，事情进到这一步，我们必须决定要斯多亚学派的聪明人还是要老学园派的聪明人。两个都要是不可能的，因为他们之间的争执不是关系到界限，而是关系到整个基本的所有权；生活的全部计划系于至善的定义，对至善的看法有分歧，对整个生活计划的看法就有分歧。因此他们不可能都是聪明人，因为他们的分歧太大；他们中只能有一个人是聪明人。如果波勒莫是聪明人，那么斯多亚学派的聪明人在赞同虚假的东西这一点上有罪过——因为你肯定会认为没有任何东西会如此与聪明人的品质相悖；另一方面，如果芝诺的学说是真的，那么同样的判定也会落到老学园派和逍遥学派身上。因此，安提奥库斯对二者都不同意吗？如果不是这样的话，那么我要说，他们中哪一个比较聪明？那又怎样？安提奥库斯本人对某些事情的看法与他那些斯多亚学派的朋友的观点不同，他岂不是在表明这些观点不可能是聪明人必须批准的观点吗？斯多亚学派认为一切罪过都相等，而安提奥库斯对此表示强烈不满；请你允许我仔

细考虑一下从中会产生什么观点。他说：'长话短说，你需要做决定！'事实上我认为双方的论证都很准确，都同样有效，不是吗？我难道不应当小心谨慎，免得犯罪吗？因为卢库鲁斯，你说抛弃一个教条是一桩罪；因此我一直在约束自己，不对自己不知道的事情发表意见——这是我和你共享的一个教条。再来看那些更大的分歧：芝诺认为幸福的生活仅在于美德；安提奥库斯对此怎么看？他说：'是的，是幸福的生活，但不是最幸福的生活。'芝诺是神，他认为有了美德就不会有任何匮乏；安提奥库斯是个微不足道的凡人，他认为除了美德还有许多事情和人有关，这些事情甚至是必需的。我担心芝诺把太多的东西赋予美德，超过了自然的允许，尤其是塞奥弗拉斯特已经雄辩地表达了许多相反的意见。关于塞奥弗拉斯特，我担心他很难保持一贯，他既说身体和财产存在某些恶，又认为一个人如果是聪明人的话，那么这些东西构成了他的整个幸福生活的环境。我正在被拉向不同的方向——在我看来，一会儿是后一种观点似乎更为可能，一会儿是前一种观点似乎更为可能。然而我坚定地相信，只有一种观点是真的，否则美德就被颠覆了；但是他们在这些要点上都持有不同的意见。

【44】"还有，我们无法把他们赞同的这些教义当做真的？聪明人的心从来不为欲望所动，或由于快乐而得意扬扬，是这样的吗？好吧，假定这是可能的，那么下面这些教义就是不可能的，聪明人从来不感到恐惧，聪明人从来不感到痛苦？聪明人从来不害怕他的国家会被摧毁吗？如果是这样的话，那就没有痛苦了，是吗？这是一个艰难的学说，但对芝诺来说是不可回避的，除了道德价值，他把其他一切都排斥在善的范畴之外，也把许多恶排斥在卑劣之外——当这些事物出现的时候，聪明人必定会感到害怕，在它们出现以后会感到后悔。但是我想要知道老学园派什么时候采用了这一类'决定'，断言聪明人的心灵不会陷入情感和动摇。这个学派坚持中道，认为所有情感中都有某种自然的尺度。我们全都读过老学园派的克冉托尔的《论悲伤》，这本书篇幅不大，但很精致，值得逐字逐句学习，这是帕奈提乌对图伯洛的吩咐。老学园派确实说过，我们说的这种情感是上天赋予我们心灵

的，它们有实际的用途——恐惧是为了谨慎，怜悯和悲伤是为了仁慈；他们还曾说愤怒是勇敢的磨刀石——至于这种说法对不对，让我们在其他场合再考虑。① 我不知道你们如何勇敢地开辟了进入老学园派的入口；但我不能证明这些学说，不是因为它们不能令我满意（因为斯多亚学派的大部分'令人惊讶的论证'，即所谓的悖论，属于苏格拉底），但塞诺克拉底在什么地方提到过这些观点，或者亚里士多德在什么地方提出过几乎相同的观点？他们不是说过，只有聪明人可以当国王，财富、英俊以及其他所有这些东西只属于聪明人，除了聪明人，无人能是执政官、执法官、将军，甚至警察，最后，只有聪明人才是公民和自由人，所有不聪明的人都是外国人和流放犯，都是奴隶和疯子吗？莱喀古斯和梭伦的立法，以及我们的十二铜牌法，都不是法律吗？除了聪明人创建的城市，其他就没有城市或国家了吗？你，卢库鲁斯，如果你接受你的朋友安提奥库斯的观点，那么你就必须捍卫这些观点，就像你必须保卫罗马的城墙，而我只需要温和地这样做，只要我感到合适。

【45】"我在克利托玛库那里读到，卡尔涅亚得和斯多亚学派的第欧根尼在卡皮托利圣山参加元老院的会议，时任执法官的奥鲁斯·阿尔比努开玩笑地对卡尔涅亚得说——卢库鲁斯，当时的执政官是普伯里乌·西庇阿和马库斯·马凯鲁斯，马凯鲁斯是你当过执政官的祖父的同事，马凯鲁斯的历史在希腊人中也有记载，他是一位非常博学的人——'卡尔涅亚得，按照你的观点，我也不是一名真正的执法官，因为我不是一个聪明人，这个城市也不是一个真正的城市，它的团体也不是一个真正的团体。'卡尔涅亚得答道：'按照我们在这里的斯多亚学派的朋友的观点，你不是。'亚里士多德或塞诺克拉底，安提奥库斯追随的两位大师，不会怀疑阿尔比努是一名执法官，罗马是一个城市，它的居民是一个团体；但是我们的朋友卡尔涅亚得，如我上面所说，显然是一名斯多亚主义者，虽然他只在很少地方结巴。我担心自己会滑入已有的观点，采用或证明我不知道某些事物（你尤其否定这一点），而

---

① 西塞罗在《图斯库兰讨论集》中处理过这个问题。

你会给我什么建议？克律西波经常庄严地发誓，在有关至善的众多可能的观点中，只有三个观点可以为之辩护——而其他一大批观点他都加以抛弃；因为他认为，目的要么是道德上的善，要么是快乐，要么是二者的结合；因为（他说）那些说主善就是摆脱一切烦恼的人试图回避不受欢迎的'快乐'这个词，但他们并没有走得多远，那些想要把摆脱烦恼与道德上的善结合起来的人也一样，与那些把道德上的善与自然的基本利益结合起来的人没有什么区别；这就是他所说的可以为之辩护的三种可能的观点。假定事情确实如此，那么我发现虽然很难把波勒莫的目的、逍遥学派的目的、安提奥库斯的目的分开，不会有更为可能的观点了，但无论如何我看到甜蜜的快乐在如何讨好我们的感官。我正在滑向伊壁鸠鲁的观点，或者滑向阿里斯提波的观点；美德在召唤我回来，或者说在用它的双手把我拉回来；它宣称这些都是动物的情感，而人应当与神相连。在我看来，一条可能的路线应当是中性的，所以，阿里斯提波只看到身体，就好像我们没有心灵似的，芝诺只考虑心灵，就好像我们没有身体似的，而我应当追随卡利弗，卡尔涅亚得在不断地为他的观点辩护，他的热忱表明他实际上接受这个观点（尽管克利托玛库曾经说自己从来没有能够弄明白卡尔涅亚得接受什么）；但若我愿意追随这个目的，真理本身以及正确的理性的力量难道不会回答说：'什么，当道德的本质要嘲笑快乐的时候，你会拿道德与快乐相配，就好像人与野兽相配吗？'

【46】"因此，剩下还要考虑的是这样一个对子，快乐与道德；在这个问题上，就我所能察觉到的而言，克律西波并没有太多东西要讲。如果一个人应当追随快乐，那么许多事物都会毁灭，尤其是人类的团结、慈爱、友谊、正义，以及其他美德；如果它们是没有私欲的，那么它们没有一个能够存在，因为在快乐的驱使下去履行义务的美德就根本不是美德，而是一种耻辱和欺骗性的伪装。持相反观点的一派甚至说，他们甚至不能理解'美德'这个词是什么意思，除非我们确实能够选用'道德'这个词来令民众满意；一切事物的善的根源在于身体——这是自然的标准、法则和命令，偏离它，

人的生活就不会有任何依循的对象。因此你们的人会假设我在听到这些观点以及其他无数这样的观点时，能无动于衷吗？卢库鲁斯，请你不要认为我比你缺少人性，我会像你一样受到影响。唯一的差别是你受到的影响很深，你默许、赞同、批准这一事实，认为它是确定的、可理解的、可察觉的、可以认可的、确定的，不能用任何理由驱除或消除的，而我正好相反，认为不存在这样一种东西，如果我对它表示赞同，我就不能经常对虚假的东西表示意见，因为没有被任何差别可以区分真与假，尤其是你们那些逻辑标准并不存在。

"现在我要进到哲学的第三个部分。有一种有关标准的观点是普罗泰戈拉的，他认为对一个人显现为真的东西就是真的；另一种观点是昔勒尼学派的，他们认为除了内在的情感，没有任何标准；还有一种观点是伊壁鸠鲁的，他把判断的标准完全置于感觉、关于物体的观念和快乐；然而柏拉图认为真理的整个标准和真理本身与意见和感觉分离，只属于思想活动和心灵。当然了，我们的朋友安提奥库斯肯定不赞成这些教师的任何学说，是吗？他甚至也不接受他自己前辈的任何学说——因为他在什么地方追随过思想丰富、写过好几卷讨论逻辑的书的塞诺克拉底，或者追随过思想敏锐、体系完整、无与伦比的亚里士多德？但他从来没有偏离过克律西波。

【47】"为什么要把我们称做学园派？我们使用这个光荣的头衔是一个错误吗？或者说，为什么要试图迫使我们追随相互之间并不一致的众多哲学家？甚至在辩证法家所教的基本内容，判断真假的恰当模式，假言判断'如果白天来临了，那么天亮了'这一件事情上有过多少争论！狄奥多图拥有一种观点，斐洛拥有一种观点，克律西波拥有另一种观点。克律西波与他的老师克林塞斯之间有多少差别？他们俩不都是杰出的辩证法家吗？安蒂帕特和阿基德谟，两位最固执的教条主义者，他们之间又有多少差别？所以，卢库鲁斯，你为什么要让我惹人厌恶，把我传唤到公民大会上来，就好像一名搞叛乱的保民官下令关闭店铺？你抱怨说我们取消了实用科学，除非你这样说是为了挑动匠人，否则你为什么要抱怨？如果他们从四面八方全都来到这

里，那么倒很容易挑动他们向你们进攻！首先，我会揭示这种不受欢迎的学说，说在你们看来，所有参加公民大会的人都是流放犯、奴隶和疯子；然后，我会提到你们关心的不是大多数人，而是你们自己；按照芝诺的说法，按照安提奥库斯的说法，你不知道任何事情！你会说：'你这样说是什么意思？''我们坚持说，哪怕不聪明的人也能理解许多事情。'但是，除了聪明人，你否认任何人能认识任何事物；芝诺曾经用姿势来证明这一点；他首先伸出右手，张开五指，说'这就是形象的呈现'；然后他略微弯曲五指，说'这就是表示赞同的行为'；然后他完全弯曲五指，握紧拳头，说这就是理解（正是在这个例证中，他把这个过程称做掌握，从而有了'κατάληψιν'这个名字，而在此之前这个词没有这样的意思）；然后他伸出左手用力握住右拳，说这就是知识，除了聪明人，没有任何人有这种力量——但是他们自己一般也不说谁是聪明人，是否有过聪明人。根据这种说法，卡图鲁斯，你现在不知道这是白天；霍腾修斯，你现在也不知道我们在你的乡间别墅里！这些论证确实并非那么不受欢迎的，是吗？尽管它们不那么精致，而前面那些论证要精致得多。但正如你所说，如果无物能被理解，艺术和技艺的实践就崩溃了，在这种情况下可能性并不能赋予我足够的有效性，所以我现在要反驳你，没有科学的知识，技艺就不能存在。宙克西斯、斐狄亚斯、波吕克利图拥有高超的技艺，他们能忍受说自己一无所知吗？但若有人向他们解释知识拥有的是什么力量，那么他们会停止愤怒；他们在听了解释以后甚至不会怨恨我们，因为我们消除的是不存于任何地方的东西，而留给他们的东西也足够了。我们祖先的预防措施也在支持这一理论，每个法官都要宣誓，要'在听了他自己的心灵的意见以后'做出判决，'如果他故意做出虚假的判决'（生活中有多少虚假的判决是不故意的），就要被判犯了伪证罪；在审判中，证人在提供证据时要说他'以为'，哪怕是他本人看见的事情，法官在做出判决时要宣誓，说他们确信这些'发生了'的事情'好像发生了'。

【48】"不过，卢库鲁斯，不仅我们的水手向我们发出了信号，而且西风也已经在飒飒地呼叫，是返航的时候了，而我也已经说够了；所以我必须结

束。让我们在以后的考察中讨论这些最优秀的人拥有的观点之间的巨大差别，由于自然的隐匿和所有这些哲学家的谬误（他们对善物及其对立面的看法极为不同，由于真理不可能超过一个，这些著名体系中有许多必然崩溃），而非由于我们的眼睛和其他感官感受到的虚假主体，以及'谷堆'和'撒谎者'的错误，在吸引斯多亚学派去捕捉它们。"

卢库鲁斯说："就这些主题展开争论，我并不感到遗憾；事实上我们应当更多地见面，尤其是当我们在图斯库兰的时候，考察我们认为适当的问题。"

我说："好极了，但卡图鲁斯的观点是什么？霍腾修斯的观点是什么？"

卡图鲁斯答道："我的观点？我想到了我父亲的观点，他曾经说过的观点确实是卡尔涅亚得的，他一开始认为无物能被察觉，但认为聪明人会对某些未被察觉的事物发表意见，也就是说，聪明人拥有意见，但有条件，他要明白这只是一种意见，他要知道没有任何事物能被理解和察觉；因此我虽然同意他们'ἐποχήν'（不对任何事物发表意见）的规则，但我强烈地赞同第二种观点，能被察觉的事物不存在。"

我说："我知道你的观点了，但我并不认为它可以忽略不计；但是，霍腾修斯，请你告诉我，你怎么想？"

他笑着答道："我没有想法！"

我说："我明白了，这是一个真正的学园派的判断。"

谈话到此结束，卡图鲁斯留在后面，而我们则朝我们的船走去。

论 老 年

提 要

本文的拉丁文标题是"Cato Majior De Senectute"，英文译为"Cato the Elder On Old Age"，意思是"老加图论老年"。中文篇名定为"论老年"。

西塞罗在公元前 44 年 5 月 11 日写给老友提多·庞波纽斯·阿提库斯的一封信中提到已经写完了《老加图》，而他在《论占卜》中提到这篇文章时称之为最近完成的著作。由此可以推论，本文写作时间大约是公元前 45 年 12 月 15 日到公元前 44 年 1 月 3 日，完成以后又做过修改。

西塞罗撰写本文时已经 62 岁，他的朋友阿提库斯 65 岁，两人都已步入老年，对老年人的心理负担有切身体会。作者采用对话体来写这篇文章，题献给阿提库斯。在人生旅途中，老年是不是一个令人可悲、无乐趣可言并且使人产生种种苦恼和恐惧的时期？这是老年人普遍遇到的问题。西塞罗在文中假借年事已高的老加图之口来论述自己的老年观，着重分析了使老年显得不幸福的四个原因，认为老年可以和人生的其他时期一样幸福，表达了一种明智而达观的精神。对话还以较多篇幅论述田园生活的种种乐趣，建议老年人在大自然中享受田园之乐。

对话虚构的讨论发生在公元前 150 年，主要对话人是老加图（时年 84 岁）、小西庇阿（时年 35 岁）、莱利乌斯（时年 36 岁），地点在老加图的家里。全文共分为 23 章，译成中文约 2.4 万字。

正 文

【1】"提多啊，如果我的帮助，能够消除你的烦恼，使你摆脱痛苦，那么我又能有什么好处呢？"① 亲爱的阿提库斯，这是那个"虽然很穷，但极为忠诚"的人对弗拉米尼努说的，但我也可以恰当地对你说同样的话。然而，完全可以确定的是，我不能像这位诗人说弗拉米尼努似的说你"日夜苦恼，焦虑不安"，因为我知道你的自制能力，甚至知道你的脾气，我明白你从雅典带回来的不仅是一个名字②，而且还有文化和实用的智慧。然而我不时地怀疑，由于相同的处境，你和我一样受到严重的困扰；要找到平息它们的办法是一项很困难的任务，必须推迟到其他时间去解决。

现在，我已经决定写一本论老年的书献给你，因为你我都已年迈③，我当然乐意减轻由此带来的重负，如果说它还没有降临，那么它肯定也已经飞快地向我们逼近；不过我能肯定的是，你会像处理其他事情一样，带着一颗冷静的、哲学的心，继续承受这一重担。当我下决心写这本书的时候，你的形象不断浮现在我心中，就像我们双方都可一起享用的贵重礼物。不管怎么说，这本书的写作令人如此愉快，不仅抹去老年的所有烦恼，而且甚至能使老年成为一种轻省的、幸福的状态。因此，对哲学的赞扬从不为过，因为它能使服从它的指令的人毫无烦恼地顺利度过生活的各个时期。

关于其他主题我已经谈得很多，也经常会有很多话要说；但我送给你的这本书的主题是论老年。为了使它更有分量，我没有像开俄斯的阿里斯托那

---

① 引文出自恩尼乌斯《编年史》的记载，是一名牧人厄庇罗特（Epirote）对提多・昆克修斯・弗拉米尼努（Titus Quinctius Flamininus）说的话。弗拉米尼努于公元前 198 年参加与马其顿王腓力的战争。西塞罗将这段引文用于他的终生朋友提多・庞波纽斯・阿提库斯。引文见恩尼乌斯：《编年史》第 10 卷。

② 提多・庞波纽斯・阿提库斯长期居住在雅典，阿提库斯是他的别号，阿提库斯有"阿提卡的"之意，所以西塞罗说他从雅典带回来一个名字。

③ 西塞罗时年 62 岁，阿提库斯 65 岁。

样假借提索努斯之口，阐述整个讨论（因为以神话的形式撰写这个主题没有什么权威性），我把它归于德高望重的马库斯·加图；我也提到莱利乌斯和西庇阿，他们在加图家中，对年迈的加图仍旧能够很好地生活表示惊讶，而加图则对他们作答。如果加图在这本书中的论证比在他自己写的书中还要博学，那么要归功于希腊文学，众所周知，加图在晚年的时候依然爱好学习。我还需要说些什么吗？从现在开始，加图的话就能向你完整地展示我关于老年的观点。

【2】**西庇阿**　加图，我在这里和盖乌斯·莱利乌斯说话的时候总是感到惊讶，一是对你处理一般事务时表现出来的智慧，你不仅是擅长，而且是无可挑剔；二是老年从来没有成为你的负担，事实上，根据我的观察，大多数老年人讨厌老年，他们说老年是一副重担，比埃特那火山还要沉重。

加图　我的朋友，我认为我的这些令你感到赞叹的事情做起来并不难。对那些本身缺乏手段，无法过一种合乎美德的幸福生活的人来说，人生的每个时期都是沉重的负担；而对那些寻求全善的人来说，自然法则必然施加于他们的事情没有一样是恶的。在这些事情中首当其冲的是老年：人人都希望长寿，而到了老年又都抱怨。人就是这样的愚蠢，这样的自相矛盾，这样的不合情理！他们说自己的时间被人偷走了，老年的到来比预期的还要快。首先，谁在迫使他们形成错误的判断？从成年变成老年比从童年变成青年能快多少？其次，如果他们活到八百岁，他们的重负又会比他们 80 岁的时候轻省多少？事实上，流逝的时间无论有多长，都不能安慰或抚慰愚蠢的老年。

因此，如果你习惯于对我拥有的智慧感到惊讶——如果我的智慧配得上你的评价，适合做我的名字①——那么我的智慧其实就在于遵循自然，以自然为最好的向导，把自然当做神来服从。既然她已经恰当地安排了人生这场戏剧的其他剧情，那么她不会像懒散的诗人一样忽略这最后一幕。然而，最

---

①　老加图的别号是"sapiens"（智慧的）。

后一幕是不可避免的，就好像季节到来时果园里的果实和成熟的谷物，会坠落和枯萎。但是，聪明人能够庄严地承受这种状态。而与自然抗衡，岂不就像巨灵向诸神开战吗？

莱利乌斯　你说得对，加图。我们俩都希望（至少是愿意）长寿——假定我也能代表西庇阿讲话——如果你能在我们尚未步入老年之前，告诉我们依据什么原则可以最轻松地承受随着岁月的增长带来的重负，那么这就是你带给我们的莫大的恩惠。

加图　我当然愿意这样做，莱利乌斯，尤其是，如你所说，这样做能使你们俩都感到愉快。

莱利乌斯　只要你感到不会给你带来太多的麻烦，加图。你已经走过了漫长的人生道路，而我们迟早也一定会走过这条道，所以我们的确希望看到你已经抵达一个什么样的境界。

【3】加图　我愿意这样做，莱利乌斯，只要我能做到。因为我经常听到我的同辈人的抱怨（因为谚语说"同类相聚"），前执政官盖乌斯·萨利那托尔和斯普利乌·阿尔比努和我年龄相仿，他们曾经悲叹说自己已经丧失了感官的快乐，而没有感官快乐的生活就根本不成其为生活，他们还抱怨说过去总是向他们献殷勤的人现在根本不把他们放在眼里了。而在我看来，他们责备的不是地方。因为他们抱怨的不幸是年老的结果，而同样的不幸也会落在我和其他老年人身上；但我知道，有许多这样的人承受着老年而没有发出抱怨，他们并没有因为从情欲的锁链下解脱出来而感到不幸福，也没有受到他们的朋友的嘲笑。对于所有这样的抱怨，应当受责备的是品性，而不是年纪。有自制能力的老人会发现老年是可以忍受的，他们既不会粗野又不会没有教养；而另一方面，乖僻和刻薄的脾气使得人生的每一时期都会变得令人厌恶。

莱利乌斯　你说得对，加图；但有些人也许会说，老年对你显得比较容易忍受是因为你拥有资源、财产和社会地位，而很多人不会有这样的好处。

加图　这种反对意见有点道理，但并不全对。比如，有这样一个故事，有一位塞利福斯岛①人在争吵的时候对塞米司托克勒说："你辉煌的名声归功于你的国家的荣耀，而不能归功于你自己。"塞米司托克勒答道："没错，我以赫丘利的名义起誓，如果我是塞利福斯人，那么我决不会变得如此出名；但即使你是雅典人，你也永远不会出名。"对于老年，我们也可以说同样的话：哪怕对聪明人来说，在极度匮乏中度过老年也不是一件容易的事；但对愚蠢者来说，哪怕极度富裕，老年也只能是一种重负。

西庇阿和莱利乌斯，美德的原则和实践无疑能为老年做最适宜的辩护，如果美德在人生的各个时期得到培育，那么它会在漫长的、繁忙的生涯结束的时候带来神奇的结果，不仅因为美德决不会在生命结束时辜负你——虽然这是一个高峰时刻——而且你也会由于意识到自己并未虚度此生和履行了诸多义务而感到无比欣慰。

【4】我非常喜爱收复塔壬同的那位昆图斯·法比乌斯·马克西姆，就好像他是我的同龄人，尽管当我还是个青年时，他已经是个老人了。他身上有一种尊严和谦恭，年龄的增长并没有改变他的性格；我刚认识他的时候，他还不是个老人，虽然年纪已经不小。他第一次担任执政官的时候我刚出生不久；他第四次担任执政官的时候我还是个小伙子，我作为一名战士跟随他前往卡普阿，五年后又跟随他去了塔壬同；然后又过了四年，我成了一名财务官，当时的执政官是图狄塔努和凯塞古斯，尽管那个时候他已经很老了，但仍旧发表演说，支持有关禁止收费和送礼的"辛西乌斯法案"。②在晚年，他仍旧像年轻人一样参加战争，沉稳耐心地拖垮了性急冲动的汉尼拔。我的朋友恩尼乌斯用崇敬的口吻谈到他，"巧施拖延之计，收复了国家的土地；他的安全比民众的鼓掌更加宝贵；他的美名将流芳百世。"

在收复塔壬同的战斗中，他确实足智多谋！我亲耳听到他反驳萨利那托尔，此人在这座城镇失守以后逃往要塞，还自夸说："昆图斯·法比乌斯，

———————

① 塞利福斯（Seriphos），基克拉迪（Cyclades）群岛中的一个小岛，象征小和微不足道。

② 辛西乌斯法（Cincian Law），于公元前204年由马库斯·辛西乌斯·阿利曼图（Marcus Cincius Alimentus）提出。

幸亏有了我，你才收复了塔壬同。"法比乌斯笑着说："你说得没错，要是你没有失守，我决不可能把它收复。"法比乌斯不仅在战争中，而且在国事中也有卓越的表现。在他第二次担任执政官时，保民官盖乌斯·弗拉米纽斯违反元老院的意愿，竭力想把皮昔尼和高卢的土地分配给平民，在没有得到他的同事斯普利乌·卡维留斯帮助的情况下，他坚决抵制了弗拉米纽斯的提案。还有，作为一名占卜官，他竟然大胆地说：凡是有利于国家安全的事情都会出现最大的吉兆，凡是与国家为敌的事情都会出现最大的凶兆。

在这位伟人的身上有许多值得称道的地方，但最令我敬佩的是他在忍受丧子之痛时表现出来的那种理智的态度，他的儿子是个卓越的人，担任过执政官。他在儿子的葬礼上发表的悼词被人广泛传诵，当我们读到它的时候，有哪位哲学家不会显得自鄙？他不仅在公共场合，在其同胞们的关注下是伟大的，而且在家中，在私人生活中更伟大。他的谈吐多么高雅！他的格言多么优美！他的古史知识多么丰富！他的占卜多么娴熟！作为一名罗马人，他阅读广泛，通晓整个历史，不仅熟知我们自己的战争，而且也熟知外国的战争。我在那个时候渴望与他交谈，从中受益，就好像我已经预见到，事实上亦如此，要是他走了就再也找不到其他人可以教导我了。

【5】那么，关于马克西姆我为什么要说那么多？因为你现在肯定明白，把像他那样的老年称做不幸福是奇谈怪论。然而，并非每个人都能像西庇阿或马克西姆那样，回忆占领过哪些城市，如何在陆地和海洋上战斗，指挥过哪些战役，赢得过哪些胜利。也还有一种宁静和安逸的老年，平静地生活，从事各种高尚优雅的研究，比如我们知道，柏拉图死的时候还握笔在手，时年 81 岁；① 又如伊索克拉底，按照他自己的说法，他 94 岁的时候创作《赛会颂词》，在那以后又活了五年。他的老师，林地尼的高尔吉亚，活了 107 岁，从来没有停止过他的学习和工作。有人问他为什么要活那么长，他答

---

① 此处不可按字面意义理解，只是说柏拉图至死都没有放弃写作。据说柏拉图是在参加了一场婚宴后去世的。参见第欧根尼·拉尔修：《著名哲学家的生平与著作》第 3 卷，第 2 节。

道："我没有理由逼近老年。"这真是一个高尚的回答，不愧为一名学者！

愚蠢者指责老年实际上是在把他们自己的过错归咎于老年；而我刚才提到过的恩尼乌斯没有这样做，因为他说："就像一匹骏马，经常在最后一圈赢得奥林匹亚赛会的胜利花冠，而在进入老年变得虚弱的时候，他要休憩了。"

他把自己的老年比做彪悍常胜的骏马的老年。你们俩无疑能清楚地记得他，因为从他去世到目前提多·弗拉米尼努和玛尼乌斯·阿基留斯两位执政官的当选只过去了 19 年，在凯皮奥和腓力（后者是第二次担任执政官）担任执政官的时候，他还没有去世，而在那个时候我已 65 岁，还在发表演说支持伏科尼乌法，声音洪亮，底气十足。那一年恩尼乌斯虽然已经 70 岁了，但对于人们认为最沉重的两个负担——贫困和老年，他却负重若轻，就好像以此为乐。

确实，当我思考这一主题时，我发现老年显得不幸福有四个原因：第一，老年使我们退出积极的活动；第二，老年使身体衰弱；第三，老年几乎剥夺了我们所有的身体快乐；第四，老年离死亡不远了。如果你乐意，让我们逐个考察这些原因，看它们包含着多少真理。

【6】"老年使我们退出了积极的活动。"退出什么活动？不就是那些年轻力壮才能从事的活动吗？老年人的身体虽然不强壮，难道他们运用理智也不行了吗？要是果真如此，昆图斯·马克西姆就无所事事了？西庇阿，你的父亲卢西乌斯·鲍鲁斯也无所事事吗？还有其他那些老人，法伯里修、库里乌斯、科隆卡纽斯，他们曾经用智慧和力量使这个国家得以保存，他们现在也无所事事了吗？

阿庇乌斯·克劳狄更加无用了，他不仅老了，而且眼睛也瞎了；然而当元老院倾向于和皮洛斯媾和并缔结盟约时，他毫不犹豫地直言陈词，恩尼乌斯以最感人的诗的方式把他的话记载下来："你们以前正直而又坚强的心到哪里去了？现在怎么变得如此糊涂，这么没有骨气？"后面一些话也很激烈，你们熟悉这首诗，而且阿庇乌斯本人的演说词依然存在。他发表这篇演说是在他第二次担任执政官后的第 17 年，他两次担任执政官之间的间隔有 10 年之久，在成为执政官之前他还当过监察官。由此可见，在同皮洛斯打仗的时候他无疑年事已高，而在我们的传说中却有这样的故事。

所以，说老年人缺少有用的活动是没有道理的，这就等于说舵手在航行中什么也没做，其他水手在爬桅杆、洗甲板、排积水，而他只是静静地坐在船尾掌舵。他可能是没有做年轻人正在做的事情，但他的作用要大得多，重要得多。他完成大事不是凭着肌肉、速度、灵活，而是凭着思想、品格、判断；在老年阶段，这些品质通常不是比较缺乏，而是比较丰富。

在你看来，我这个曾经当过士兵、队长、将军、统帅的人现在无事可做了，因为我不再打仗。然而，我仍在指导元老院的工作，告诉他们哪些仗应该打，该怎么打。迦太基当前并未入侵我国，但我对迦太基宣战，因为她正遭受内乱；在我知道她被完全摧毁之前，我都不会放松警惕。西庇阿，我请求不朽的诸神把完成这项工作的荣耀保留给你！这是你祖父的未竟之业，这位英雄去世已经 33 年，但人们一直没有忘记这位伟人。他死于我担任监察官的前一年，9 年以后我担任了执政官；当我担任后一个职务的时候，他第二次当选执政官。所以，如果他当时已经活了 100 岁，他会对他的高龄抱憾吗？当然不会。他不会把时间用在赛跑、跳远、标枪投掷、剑术上，但他会思想、推理、判断。如果这些精神素质不是老人的性格，那么我们的父辈也不会把他们的最高议事组织称做"元老院"。在拉栖代蒙人中间，担任主要行政官员的人被称做"长老"，他们事实上也是老年人。确实，如果你仔细阅读或聆听外国历史，你会发现最伟大的国家经常被年轻人推翻，而被老人维持或恢复。

"请你告诉我，你怎么那么快就失去了你的强大的国家？"这是诗人奈维乌斯在剧本《狼》中提出的问题。对此有好几种回答，其中的一种主要观点是："由于那群乳臭未干的新演说家和一批愚蠢的年轻人。"说得很对，因为鲁莽是年轻人的密友，审慎是老年人的收成。

【7】但是，有人说老年人的记忆力衰退。当然如此，如果你不练习，或

者说如果你生来就记性不好。塞米司托克勒能记住所有雅典公民的名字；那么你认为，在他老的时候，他就不能像吕西玛库一样教训阿里斯提德①吗？还有，我不知道活着的某些人的名字，但我能想起他们的父亲和祖父的名字；当我读到他们的墓志铭时，我不怕那种迷信的说法，说这样做会丧失记忆力；通过阅读墓志铭，我更新了对死者的回忆。我从来没有听说过有哪位老人忘了自己藏钱的地方！凡与他们切身利益有关的事情他们是不会忘记的，比如出庭的时间、约定的时间、谁是他们的债权人、谁是他们的债务人。

律师、祭司、占卜官、哲学家老了以后怎么样？他们记得的事情还少吗？老年人只要保持着他们对生活的兴趣，经常动脑筋想问题，就能保持良好的记忆力；在这方面，不仅在喧嚣的公共场合下是这样，而且在安静的私人生活中也是这样。索福克勒斯在耄耋之年仍在创作悲剧；当时他醉心于文学创作，乃至于被人认为不善理财，他的儿子把他告上法庭，说他年迈智衰，要求法庭剥夺其管理家产的权力——希腊的法律与我们相仿，要是家长挥霍家产，就会剥夺他们管理家产的权力。据说这位年迈的诗人把他刚刚完成并正在修改的剧本《俄狄甫斯在科洛努斯》读给陪审团听，并且问道："这个剧本在你们看来像弱智人写的吗？"他的辩护完了以后，陪审团判他无罪。可见，年迈并没有迫使他放弃自己的事业，荷马、赫西奥德、西摩尼得、斯特昔科鲁，或者伊索克拉底和高尔吉亚（我已经提到过他），或者任何一位大哲学家，毕泰戈拉、德谟克利特、柏拉图、塞诺克拉底，或者晚期的芝诺和克林塞斯，或者斯多亚学派的第欧根尼，你们俩在罗马都见过他，也是这样，是吗？或者倒不如说，他们在终生从事他们的事业，是吗？

但是现在即使撇下这些神圣的事业不谈，我也可以向你举出萨宾地区的一些罗马农夫，我的朋友和邻居，几乎从来不曾离开过田野，一直在那里辛

① 阿里斯提德（Aristides），塞米司托克勒的死敌；吕西玛库（Lysimachus），阿里斯提德的父亲。

勤劳动、播种、收割、储藏，等等。如果他们在别的事情上这样做，那也不奇怪，因为没有人会认为自己只能再活一年，但他们明白自己辛辛苦苦的劳动决不是只为自己。如我们的凯西留斯·斯塔提乌在他的《年轻的伴侣》中所说："他在为后人种树。"假如你问一名农夫，无论他多么老，你在为谁耕种，那么他会毫不犹豫地回答："为不朽的诸神，他们不仅希望我从祖先那里得到恩惠，而且也希望我把恩惠传给后人。"

【8】这位凯西留斯在写到老人为后代造福时的评论比他下面的这些说法更中肯："如果老年的坏处就是活得太长而看到许多不愿看到的事情，那已经使我们够不幸的了。"但他也可能在老年的时候看到许多喜欢看到的事情，至于一个人不愿意看到的事情，那么连年轻人也经常遇到。这位凯西留斯还提到另一种比较糟糕的情感："据说老年人最可悲的地方是，老年人感到年轻人把自己当做一种负担。"① 我要说，这是一种快乐，而不是一种负担。正如聪明人在他们老的时候会在有出息的年轻人中间得到快乐，年轻人的尊敬和爱戴能使老年人的重负变得轻省一样，年轻人也乐意聆听长者的教诲，在长者的指导下走上美德之路；我确实感到，你们在与我的交往中得到的愉悦不亚于我从与你们的交往中得到的愉悦。所以你们瞧，老年非但不是萎靡的、懒怠的，而是更加忙碌的一个时期，总是在做事，也就是说，总是在做某些一般由年轻人来做的事情。有些老人还在不断地学习，增长他们的知识。索伦就是这样，我们看到他在诗中说自己老年的时候每天都在学习。② 我也一样，因为我到了老年的时候才开始学习希腊语，我如饥似渴地学习，就好像久旱逢甘霖，所以你瞧，我现在已经能在讨论时轻松自如地引用第一手资料了。我读到苏格拉底晚年还学习弹七弦竖琴③，一种古人发明的乐器，我在想，如果可以的话我也要学；但是在文学方面我肯定会更加努力。

【9】我现在并不感到需要年轻人那样的体力——体弱被说成是老年的第

---

① 引自凯西留斯的剧本《厄费西奥》（*Ephesio*）。
② 引自普罗塔克：《梭伦传》第 31 节。
③ 参见柏拉图：《美涅克塞努篇》235e。

二个过错——而在年轻的时候，我感到自己的力气要像牛或大象那样大。一个人应当量力而行，而且无论做什么都要全力以赴。还有什么感叹能比克罗通人米罗的呼号更令人遗憾？据说，他晚年时去体育场看一些人训练跑步，他望着自己萎缩的肌肉嚎啕大哭，说"这些肌肉现在已经死了"。啊，你在胡说什么，你的肌肉并没有像你一样死去！因为你出名从来没有依靠你真正的自我，而是依靠你发达的肺和四肢。古时候的塞克斯都·埃利乌斯和提多·科隆卡纽斯，还有晚些时候的普伯里乌·克拉苏，从来不这样说，他们把法学知识传授给他们的同胞，到死都保存着法律上的造诣。

我担心演说家在老年的时候会精力不济，因为演说家的成功不仅依靠他的理智，而且依靠他的肺活量和体力。可以肯定的是，人到了老年嗓音一般会变得更加雄浑悦耳（我不知道这是为什么）；你们看我这么大年纪了讲起话来还是那么洪亮；尽管如此，老年人还是适合运用平静温和的演讲风格，让雄辩的口才本身来赢得听众。哪怕他本人不能再演讲了，但他仍旧可以教导一名西庇阿或一名莱利乌斯！一名老人被一群热心向他学习的青年围绕着，还有什么能比这更令人愉快？我们难道不承认老年人可以教导年轻人，把他们武装起来，使他们能够履行职责和义务？还有什么事情能比这更加高尚？西庇阿，我过去经常认为，格奈乌斯·西庇阿和卢西乌斯·西庇阿，还有你的两位祖父，卢西乌斯·艾米留斯和普伯里乌·阿非利加努，都是幸运的人，因为他们周围都有一群杰出的青年；我还认为，没有哪位博雅艺术的教师是不幸福的，不管他们的体力是否衰退。

然而，甚至体力衰退也应更多地归咎于年轻时的放荡，而不是老年的过错；因为年轻时的不节制和放纵当然会给老年带来一个垮掉的身体。按照色诺芬的记载，居鲁士在年迈和临终时说自己从未感到老年时的精力不如年轻的时候。我在童年的时候见过卢西乌斯·麦特鲁斯，他在第二次担任执政官以后成为祭司长，拥有这个神圣的职位长达22年，我记得他一直到死都精力旺盛，从未感到精力不如年轻的时候。关于我本人我不需要说什么，虽然这是一名像我这样年纪的老人的特权。

【10】你难道没有观察到，在荷马史诗中涅斯托耳如何一次又一次地夸耀自己的功绩？① 他当时已经有了孙儿辈的后代②，在如实讲述自己时，他根本不必担心别人觉得他过分自负和夸夸其谈。荷马说，"他的话比蜜还要甜"，而他说出这些甜言蜜语根本不需吹灰之力；杰出的希腊联军首领③从来没有祈求得到十个像埃阿斯这样的人，而是十个像涅斯托耳这样的人，如果有了十个涅斯托耳，就能迅速摧毁特洛伊。

但还是回过头来谈谈我自己吧！我已经 84 岁，也希望能像居鲁士一样夸耀自己；但我现在还能说的是，我现在的精力确实不如当年，那时候我曾经以一名士兵或财务官的身份参加布匿战争，后来又在西班牙率军作战，四年以后又作为一名军法官在玛尼乌斯·阿基留斯·格拉里奥的率领下在温泉关作战；不过，如你所见，老年并没有使我丧失勇气，也没有使我崩溃。元老院和公民大会从来没有看到我精力不济，我的朋友、家人、客人也没有；我从不赞成那句经常被人引用的古谚："如果想要你的老年长一些，那就早些进入老年。"我宁愿我的老年不那么长，也不愿意早些进入老年。因此，任何人想来见我，我从不拒绝。

你们可以说我的力气不如你们大，但我会答道，你们的力气不如百夫长提多·庞提乌斯的力气大，因此他就比你们更优秀吗？一个人只要恰当地使用力气，并尽力而为，那么他肯定不会对缺少力气感到后悔。据说米罗曾经扛着一头公牛走完奥林匹亚赛会的跑道。因此，你们希望得到米罗的力气，还是毕泰戈拉的智力？简言之，在你身强力壮的时候你就享受它带来的幸福，而不要等到年老体衰时再来悲伤，除非你相信年轻人必定会对失去童年感到悲伤，刚成年的时候必定会对失去青年感到悲伤。生命的历程是固定的，自然只安排了一条通道，每个人只能走一次；我们生命的每一阶段都有与其相吻合的品质——童年的稚弱、青年的激情、中年的严谨、老年的成

---

① 参见荷马：《伊利亚特》第 1 卷，第 260 行；第 7 卷，第 124 行；第 11 卷，第 668 行。
② 荷马：《伊利亚特》第 1 卷，第 247 行。
③ 指阿伽门农，参见荷马：《伊利亚特》第 2 卷，第 371 行。

熟——各自承受着自然的某些结果，必须按它们自己的季节来储藏。

西庇阿，我想你可能听说过你祖父的朋友和东道主玛西尼萨的日常活动，他现在已经90岁了；他一开始步行就决不上马，而他一开始骑马就不肯下马；无论是下雨还是天寒，无论雨下得多大，他都不会遮挡头部；就这样，他的身体极为强壮，每日亲理朝政，履行各种职责和义务。因此，通过锻炼和自我节制，一个人到了老年仍旧有可能保持强健的体魄。

【11】假定老年人是缺乏体力的，但并没有人期待老年人身强力壮。法律和习俗都豁免我这样年纪的老人去履行没有体力就无法完成的公务。因此，我们不仅不需要去做我们无法做到的事情，而且也不需要去做我们能做到的事情。然而有人会说，许多老人身体非常孱弱，甚至连生活都不能自理。没错，但是身体孱弱并非老年特有的，有病的人身体都会孱弱。西庇阿，你注意到你的养父、普伯里乌·阿非利加努之子，他的身体有多么孱弱吗？他的健康状况极差，或者我们倒不如说他完全没有健康！如果不是这个原因的话，他一定会成为这个国家第二颗耀眼的明星；因为除了拥有他父亲那样的伟大气质外，他还拥有更加渊博的知识。所以老年人有时候是孱弱的又有什么可奇怪的，甚至连年轻人也不能逃脱同样的命运？

不过，我年轻的朋友们，抗拒老年，使它迟一些到来，是我们的责任；我们要高度警觉，要想办法弥补老年有可能带来的缺陷；我们要像与疾病做斗争一样与老年做斗争；我们要采用健康的养生法；我们要进行适当的锻炼；我们要合理地饮食以保持体力，不要过量。我们确实也不能只关注身体，而应当更加关注我们的心灵和灵魂；因为它们也像油灯一样，随着时间的流逝会变得昏暗，除非我们不断地添加灯油。还有，锻炼会使身体变得沉重和疲乏，而理智的活动会使心灵变得轻快。因为当凯西留斯讲"喜剧舞台上的老傻瓜"时，他心中想到的是那些容易受骗上当、健忘、粗心的老人，这些缺点并不一般地属于老年，而只属于那些昏昏欲睡的、懒惰的、迟钝的老年人。正如更多地可以在年轻人身上看到，而不是在老年人身上看到任情和情欲冲动，然而并非所有这样的人都是年轻人，而只是那些生性卑劣的人才是这样；所以老年的孱弱，即所谓的"老迷糊"是一种性格，但它并非所有老人的性格，而只是那些心灵和意志虚弱的老人的性格。

阿庇乌斯虽然又瞎又老，但他管着四个强壮的儿子，五个女儿，还有许多家庭成员，是一个大家长；这是因为他的心并没有因为年迈而变得疲倦无力，而是像一张拉满弦的强弓绷得紧紧的。他不仅保持着绝对权威，而且掌握着给家人下命令的权力，他的奴仆畏惧他，他的子女全都敬重他，热爱他，他的祖先留下的习俗和规矩在他的屋檐下畅行无阻。老年只有在这种情况下才能得着荣耀，这就是捍卫自己，保持自己的权利，不屈服于其他人，至死统治他自己的领域。正如我赞赏老成的青年人一样，我也赞赏朝气蓬勃的老年人。能把青年和老年的优点结合在一起的人可以在身体上变老，但决不会在精神上变老。

我当前正在编撰我的《稽古录》的第七卷。我在收集所有古代的历史记载，还在整理我在那些由我主导的重要事件中所做的全部讲演。我也在考察占卜法、祭司法、民法，还花了很多时间学习希腊文献。为了锻炼记忆力，我按照毕泰戈拉学派的做法，每天晚上把当天所说的话，所听到的事和所做的事再复述一遍。这就是我在理智方面的体育活动，是我心灵的赛跑；当我为此而汗流浃背的时候，我很少感到体力上的不足。我为我的朋友出庭辩护；我经常自觉参加元老院的会议，在长时间的慎重考虑之后提出议案；我在争论中坚持自己的观点，我这样做靠的不是体力，而是智力。哪怕我现在身体孱弱，无力承担公务，我的教练也会想到我的状况而给我派一些省力的活。我现在实际上能履行公务，这要归功于我以往的生活。像我这样一直在努力学习和努力工作的人不会察觉到老年已经偷偷地逼近。因此，他是在不知不觉中逐渐步入老年的，不像是在遭受一次突袭后投降，而像是在受到长期围困以后顺服。

【12】我们现在来谈老年受到责备的第三个原因，也就是老年缺乏感官快乐。如果老年能使我们摆脱年轻时代最大的过错，那么老年给我们带来了多么大的恩惠啊！最高贵的年轻人，现在请你们听塔壬同的阿尔基塔在一篇

演说中是怎么说的吧，他是一位最伟大、最杰出的人物，我跟随昆图斯·马克西姆在塔壬同履行军务，在那里听人复述了他的这篇演讲。他说："自然给予人的最致命的诅咒莫过于肉体的快乐，在欲望的驱使下人会冲动地、毫无节制地追求欲望的满足。从欲望中产生了叛国的阴谋和颠覆活动，产生了与国家的敌人秘密媾和。简言之，追求快乐的欲望会推动人们产生各种罪恶的目的，并采取邪恶的行动。确实，在快乐的诱惑下，而不是在其他东西的推动下，强奸、通奸以及其他各种罪过都会发生；由于理智是自然——或者某位神——赐予人类的最大的恩惠，因此对理智来说，没有比快乐更致命的敌人了；因为当欲望大行其道的时候，自我节制就没有了地位，而在快乐的王国中，美德根本无法立足。"

为了把意思说得更清楚，他又说："让我们想象有一个人尽情享受着他能拥有的最大的身体的快乐。我想，处在感官享受中的这种人不可能有什么精神上的行为，不可能完成需要理性和思考的任何事情，对此无人会加以怀疑。因此，没有比淫乐更可恨、更要命的东西了，因为一个人要是过多地或长时间地沉湎于淫乐，它的灵魂之光就会泯灭，变得一团漆黑。"我在塔壬同的房东尼亚库斯一直保持着与罗马人的友谊，他对我说阿尔基塔是在与萨莫奈人庞提乌斯谈话时说这番话的，此人是那个在考汀福打败了执政官斯普利乌·波斯图米乌和提多·维图里乌的人的父亲。①尼亚库斯确实还告诉我，雅典人柏拉图当时也在场；后来经过查考，我发现在卢西乌斯·卡弥鲁斯和阿庇乌斯·克劳狄担任执政官那一年，柏拉图确实到过塔壬同。②

我为什么要引用阿尔基塔的话？为的是让你们明白，如果理性和智慧不能使我们拒斥快乐，那么我们应当感谢老年，因为它消除了我们去做这些一定不能做的事情的欲望。淫乐阻碍着思考，是理性的敌人，它蒙蔽心灵的眼睛，因此它不能与美德为伴。

---

① 公元前 321 年。

② 该年为公元前 349 年，而此时柏拉图已经 79 岁。一般认为柏拉图访问塔壬同是在公元前 361 年。

很遗憾，我不得不把卢西乌斯·弗拉米尼努从元老院驱逐出去，^① 他是那位 7 年以前担任执政官的最勇敢的提多·弗拉米尼努的兄弟，但是我想应当给淫欲打上耻辱的标志。在提多担任执政官那一年，他曾在高卢的一次宴会上答应他的一名情妇的要求，将一名被控犯有死罪的囚犯斩首。^② 他的兄弟卢西乌斯当时是监察官，是我的前任，卢西乌斯逃避了惩罚，但福拉库斯和我决不能姑息这种放荡不羁的行为，尤其是这种针对个人的罪行给国家带来了耻辱。

【13】我经常听我的长辈说——他们说自己也是年轻的时候听老人说的——盖乌斯·法伯里修在出使皮洛斯国王的大本营时曾经对帖撒利人基尼亚斯讲给他听的一个故事感到惊叹不已，说在雅典有个人自称"聪明人"，他认为我们所做的一切都要以快乐为标准来判断。当玛尼乌斯·库里乌斯和提比略·科隆卡纽斯从法伯里修那里知道这个观点以后，他们都表达了这样一个愿望，萨莫奈人和皮洛斯本人最好都能接受这种观点，因为，要是他们都去追逐快乐，那么他们就比较容易被征服。玛尼乌斯·库里乌斯和普伯里乌·德修斯过从甚密，普伯里乌·德修斯此时第四次担任执政官，他担任执政官的时间比库里乌斯早 5 年，为了国家的安全，他献出了自己的生命；法伯里修和科隆卡纽斯也认识他，根据他们自己的经验，同时也在德修斯的英勇行为的感召下，他们坚定地认为，存在着某种内在的、纯洁的、高尚的目的，人们追求它们是为了它们自身的缘故，一切轻视感官快乐、寻求自我满足的好人都会追求这些目的。

我为什么要在快乐问题上滞留那么久？因为老年对感官快乐几乎没有什么欲望不仅不是应受责备的理由，而是应当受到最高赞扬的根据。老年缺乏隆重的宴会，没有摆满美味佳肴的餐桌，没有斟满美酒的酒杯；因此它也不会醉酒、积食和失眠。如果必须对快乐做出某些让步，因为它的诱惑难以抗

---

① 此事发生在公元前 184 年，提多·弗拉米尼努是公元前 192 年的执政官。

② 参见李维：《罗马史》第 39 卷，第 42 节。

拒，如柏拉图恰当地说快乐是"罪的诱饵"①——显然因为人们会像鱼儿一样上钩——那么我承认，老年虽然缺少不节制的宴会，但可以在简朴的饮食中充满快乐。马库斯之子盖乌斯·丢利乌斯是第一位在海上战胜迦太基人的罗马人，我小时候经常看见他赴宴归来，而他当时已经是个老人了；尽管没有先例，但他让人举着火把、吹着长笛护送他回家，这种做法对普通公民来说是过分僭越了，但他过去的荣耀使他的行为得到认可。

我为什么要讲别人呢？让我回过头来讲自己。首先，我始终有一些俱乐部的同伴。还有，这个俱乐部是为了荣耀库柏勒②而组织起来的，是在对她的崇拜传到罗马以后，在我担任财务官期间；因此，我经常和这些同伴一起吃饭，我们吃得非常简朴，但与我的年纪很适合，我年事渐高，寻求各种快乐的欲望也在逐日减退。我衡量这些社交集会的标准确实更多的不是身体上的快乐，而是与朋友见面与谈话的快乐。我们的父辈把请朋友们来一起斜倚着吃饭称做"convivium"，这是很有道理的，因为这个词包含着共同生活的意思，这个说法比希腊人的说法好，他们有时候称之为"一起喝"，有时候称之为"一起吃"，因此这些词所表达的显然是对他们具有巨大魅力的社交活动中的一些最不重要的方面。

【14】我本人由于喜爱交谈，甚至在"午宴"时就开始，不仅和我的同辈人，他们现在还活着的已经很少了，而且和你们这样年纪的人，所以我非常感谢老年，因为老年增加了我对交谈的渴望，减少了我对饮食的要求。如果有谁在这样的事情中发现了快乐（我的意思决不是要对各种快乐开战，因为自然已经规定了饮食的适当数量），那么我可以说，老年也并非完全缺乏对这些快乐的鉴别能力。我确实对我们祖先规定的在这样的集会中指定席主的习俗感到快乐；按照祖传的习俗，斟酒完毕后，从坐在桌首的那个人开始

---

① 柏拉图：《蒂迈欧篇》69d。

② 库柏勒（Cybele），最初为弗里吉亚女神，后来对她的崇拜于公元前 204 年引入罗马，有时被当做众神之母，有时被等同为大地女神。

说话；我也喜欢那些小酒杯，就像色诺芬在《会饮篇》①中所描述的那样，只能盛一点儿酒，夏天喝凉的，冬天用太阳晒热了或用火煨热了再喝。甚至在萨宾乡下的时候，我也保持着这种爱好，每天与邻居聚餐，边吃边聊，无话不谈，直至深夜。

那么，是否有人会说老年人已经没有"兴奋的快感"了，如果我可以这样说的话。没错，但是他们对快乐的欲求本来就不大，所以，你不希望拥有的东西没有也不会使你感到难受。这是索福克勒斯对那个向他提问的人做出的极好的回答，当时他已经老了，而被问道是否还沉湎于爱的欢乐。他说："别提了，朋友，你讲的这回事我已经洗手不干了！谢天谢地，我就像从一个最野蛮的奴隶主那里逃出来似的。"②对于抱有强烈欲望的人来说，不干这种事会使他们很苦恼，很难受，但对腻味这种事的人来说，没有这种事比干这种事更快乐；我们确实不能说一个人"缺乏"他不想要的东西，因此我断言，没有这种欲念会更加愉快。

但是，假定年轻人更加热衷于这种快乐，我们也应当指出：第一，如我所说，在这种事情上获得的快乐是微不足道的；第二，尽管老年不会充分拥有这样的快乐，但也不能说他们缺乏。正如安比维乌·图尔皮奥把更大的快乐给予坐在剧场前排的观众，也把快乐给予坐在剧场最后一排的观众，所以，年轻人坐得较近，可能享有较多的快乐，而老年人虽然坐得较远，也能得到足够的快乐。

但是灵魂在结束了与欲望、野心、情欲的搏斗以后回归自身，如谚语所说它在"独处"的时候，它是多么幸福啊！确实，它要是拥有某些学习和研究的能力，那么没有任何事情能比老年的闲暇更好。西庇阿，我经常看到你父亲的好朋友盖乌斯·伽卢斯坚持不懈地从事测量天空和大地的任务。早晨的太阳经常为他从头天晚上就开始绘制的图表感到惊讶！夜晚也经常为他从

① 色诺芬：《会饮篇》第2卷，第26节。
② 柏拉图：《国家篇》329b。

早晨就开始的工作感到惊讶！他向我们预报日食和月食，从中得到多少快乐！有些人从事要求不那么精确，但要求理智更加敏锐的研究，这些人又如何？奈维乌斯以写作《布匿战争》为乐，普劳图斯以创作《野蛮》和《欺骗》为乐！我本人看到李维乌斯·安德罗尼柯创作了一部戏剧，尽管在肯托和图狄塔努担任执政官那一年，亦即在我出生前 6 年，他已经是个老人，但他继续活到我已经是个青年的时候。

我还需要谈论普伯里乌·李锡尼·克拉苏在祭司法或民法方面的热情吗，或者谈论普伯里乌·西庇阿在这方面的热情，他几天前刚当选大祭司？我看到我提到的所有人在年迈的时候仍旧执着地从事他们的事业。还有马库斯·凯塞古斯，恩尼乌斯公正地称他为"雄辩的典范"。我看到他在公共演讲中表现出极大的热情，尽管他已经是一名老人！因此，吃喝嫖赌的快乐怎么能与这些人享有的快乐相比？他们的快乐是一种学习的热情，而这种热情，至少在聪明人和训练良好的人身上，甚至会随着年纪的增长而增长；所以我们已经提到过的梭伦的诗句说得对，活到老学到老，每日都要学习许多东西；确实，没有任何快乐能比心灵的快乐更大。

【15】我现在要说说从事农业的快乐，我发现务农真是其乐无穷；老年一点儿也不会阻碍这种快乐，在我看来，它是最适宜聪明人的一种生活。因为这种快乐在大地母亲这家银行里开有户头，她从不拒绝提款，并且总是支付利息，尽管利率有时候很低，但一般说来还是很高的。使我快乐的不仅仅是果实，还有土地本身、她的本性和力量。她把撒在已经翻松了的泥土中的麦种拥抱在自己的怀里，把它们隐藏起来——在耙地过程中掩盖种子，耙地这个词就源于"隐藏"——然后她用自己怀中的热温暖种子，使其开裂，长出绿芽；麦苗要靠须根吸收养分，一天天长大，从叶鞘中长出有节的主茎，呈直立状态，但这时还没有成熟；等主茎从叶鞘中脱颖而出以后，它就开始抽穗，穗上有排列整齐的麦粒；为了防止小鸟啄食，穗上还长有起栅栏作用的麦芒。

葡萄的起源、种植和生长还需要说吗？你们也许知道我老年的消遣就是种葡萄，我要说我从中得到的乐趣真是太多了。从地里生长出来的所有东西都有一种内在的力量——这种力量能使一粒小小的无花果籽、一粒葡萄核，或其他果实和植物的最小的种子，长成硕壮的枝干——关于这种力量，我在这里就略去不谈了。通过槌形切枝、接穗、插枝、压条得到的结果难道还不能令人惊喜吗？葡萄藤生来就是下垂的，如果没有东西支撑，它就会在地上爬，为了使自己直立，它就用自己的卷须缠住它能够着的东西；当这些卷须四处攀援，到处疯长的时候，老练的园丁就用剪子对它进行修剪，免得它长势过盛。所以在早春的时候，在保留下来的枝条的每一节疤处就长出一个芽眼，以后葡萄就是从这些芽眼中长出来的；在土地的滋润和阳光的照射下，它慢慢长大；尽管最初它的味道是酸涩的，但到后来成熟时就变甜了；而且在卷须的遮掩下，葡萄既不缺乏适中的温度，又能避免太阳的暴晒。我要问，还有什么能比葡萄的滋味更可口，或者说还有什么东西能比葡萄更养眼呢？

如我前述，使我欣喜的不仅是葡萄的好处，而且还有它的栽培方法和各种品性；一排排的柱子、顶上的横梁、葡萄藤的捆绑、压条繁殖，还有我已经提到过的修剪冗枝，让其他枝条可以任意生长。

关于灌溉、挖沟和经常松土，以增加土壤的肥力，我还需要说吗？关于施肥的好处我在我的那本论农业的书中已经讲过，对此我还需要讨论吗？博学的赫西奥德虽然在他的著作中谈到过土地的耕种，但对这个问题只字未提。但是，我相信比赫西奥德早好多代的荷马曾经写道，拉埃尔特因思念儿子遂以耕种和施肥自遣。农夫的欢乐也不仅仅限于麦田、草场、葡萄园和森林，而且还喜欢花园、果园、牧羊、养蜂，以及种植各种花卉。不仅种植使农夫欢乐，而且嫁接也使农夫高兴，它无疑是农夫最巧妙的发明。

【16】我可以继续讲述田园生活的各种魅力，但我明白自己已经讲得太多了。然而，请你们原谅，务农的热情使我讲了那么多；此外人一老，说起话来自然就会唠叨——我这样说并非认为这样做是对的。好吧，玛尼乌斯·库里乌斯在战胜了萨莫奈人、萨宾人和皮洛斯以后，就是以这种生活方

式度过他的晚年的；每当我看着他的乡间住宅（离我的乡间住宅不远），我都禁不住要对这个人的俭朴或他生活的这个时代的精神表示崇敬。有一次，库里乌斯正坐在炉边，萨莫奈人给他送来一大块黄金，被他拒绝了。他嘲笑说："在我看来，拥有黄金并没有什么了不起，能统治拥有黄金的人才是了不起。"你们想，这样高尚的灵魂还不能使老年快乐吗？

为了不偏离主题，我还是回过头来谈农夫。在那些日子里，元老院议员（也就是长老）就住在乡下。有个故事说，如果它是真的，卢西乌斯·昆克修斯·辛昔那图正在乡下耕地，有人跑来通知他，说他已经当选为独裁官。根据他下达的命令，骑兵统帅盖乌斯·塞维留斯·阿哈拉以试图篡夺王位的罪名逮捕并处死了斯普利乌·买留斯。库里乌斯以及其他元老也经常在他们的农舍里接到出席元老院会议的通知，由于这个原因，派去传达这种通知的人被称做"使者"，或旅行者。那些在耕作中自得其乐的老年人有什么可怜悯的吗？依我看，至少我们可以说农夫的生活是最幸福的，不仅是因为它的实际好处，因为农业有益于整个人类，能大量提供人们养生和祭神所必需的一切食品，而且还因为我已经提到过的这种生活的魅力；由于某些人追求实际的快乐，所以让我们同快乐握手言和吧。勤劳能干的农夫，他的酒窖、油罐、食品贮藏室总是满满的，他的整个农舍是一番富裕的景象，堆满猪肉、山羊肉、羔羊肉、禽肉、牛奶、乳酪和蜂蜜。还有他的菜园子，农夫们自己把蔬菜叫做"另一种腊肉"。还有在闲暇时捕鸟打猎，为餐桌增添野味。

关于绿草如茵的牧场、一排排的树木、美丽的葡萄园和橄榄树林，我还有必要详细讲吗？我会尽可能简略。没有什么东西能比精耕细作的农庄既能提供更丰盛的必需品，又能呈现更美的景象，老年人享受这种田园之乐不仅没有障碍，而且特别诱人。在其他什么地方，老人在冬天还能找到更加温暖的阳光或炉火，在夏天还能找到纳凉的树荫或小溪？所以让其他人去拥有他们的武器、马匹、长枪、短剑、球赛、游泳比赛和跑道，在这些比赛中，请把骰子和筹码留给我们这些老家伙。或者要是你们愿意，把骰子也拿走吧，因为老年人没有骰子也能快乐。

【17】色诺芬的著作内容丰富，在许多方面都能给人以很大的教益，我建议你们好好读一读。他那本名为《经济论》的著作讨论家产管理，其中用了何等丰富的语词赞扬农业！为了让你们知道色诺芬认为农耕最适合王室，让我回忆在这本书中苏格拉底对克里托布卢讲的一段话。

波斯国王小居鲁士理智卓越，政绩辉煌。他在萨尔迪斯的时候，斯巴达人吕山德前来拜访他，这位品德高尚的人给居鲁士带来一些同盟者赠送的礼物。居鲁士盛情款待他，还带他去参观一个精心打理的庭园。对庭园中树木的森严和梅花形的排列、地面的清洁和土壤的精耕细作、花卉散发的芳香，吕山德惊叹不已，然后他说："我赞叹的不仅是园丁的辛勤劳动，而且是规划和设计这个庭园的人的匠心独具。"居鲁士回答说："喔，这整个庭园都是我规划的，树木的排列也是我设计的，有许多树木还是我亲手栽的。"望着他国王的紫袍、堂堂的仪表、镶满金银珠宝的波斯服饰，吕山德说："居鲁士，怪不得人们说你幸福，因为你的好运与美德紧密相连。"

因此我们老年人可以享受这种好运；年龄不会妨碍我们从事其他活动，尤其是农耕，哪怕到了老年的最后一天。例如根据记载，瓦勒留·考维努斯在过完了通常的生活以后便回故里务农，活到 100 岁还在过农耕的生活。从他第一次担任执政官到他第六次担任执政官，中间隔了 46 年。所以说，他担任公职、获得荣誉的这段时间就相当于我们祖先所说的从出生到老年开始的这段时间；他一生的最后一个时期比他中年这一时期还要快乐，因为他的影响变得更大，而他的工作不如以前辛苦。

但威望是老年的最大荣耀。卢西乌斯·凯西留斯·麦特鲁斯的威望是多么高啊！奥鲁斯·阿提留斯·卡拉提努的威望也很高，下面这句墓志铭是为他写的："各个民族都说躺在这里的这个人是他的国家最卓越的人。"整个墓志铭为众人所知，因为它就刻在他的墓碑上。他的威望当然很大，因为所有人都齐声赞扬他。不久前，我在大祭司长普伯里乌·克拉苏及其继任者马库斯·雷必达身上看到了何等英雄的品性！至于保卢斯、阿非利加努或我前面提到过的马克西姆，我还要说什么吗？这些人不仅说话有分量，而且哪怕是点个头也很有分量。享有荣誉的老年确实有威望，其价值超过年轻时的所有感性快乐。

【18】但是你们必须记住，我在整个讨论中所赞扬的老年在年轻时已经打好基础。由此可以推断——我曾经说过这一观点，并且得到听众的普遍赞同——需要用话语来为自己辩护的老年是可悲的。皱纹和白发都不可能使人突然失去威望，而是人生的前面部分高尚地度过，到了老年最后来采集威望之果。有些事情一般说来被人视为微不足道，但却是尊敬老人的标志——晨间请安、日常拜见、避让道路、起立致敬、陪同随行、征求意见——我们小心翼翼地遵守这些礼节，其他每一个道德良好的国家亦如此。还有，我刚才提到过的斯巴达人吕山德不止一次地说过，斯巴达是最适合老年人居住的地方；因为没有哪个地方比斯巴达更尊敬老年人，没有哪个地方比斯巴达更服从老年人。例如，有这么一个故事：在雅典有一位老人去看戏，剧场里十分拥挤，他的同胞没有一个人给他让座；当他走过为斯巴达使者们设立的专座时，这些斯巴达人全都站了起来，请他入座。全场观众对这种行为报以热烈的掌声，而有一位斯巴达人评论说："这些雅典人知道什么是礼貌，但他们就是不愿意做。"

我们的占卜院也有许多好规矩，但与我们当前的讨论有关的一条规矩是：辩论时的发言顺序按年纪来决定，年长的先说，不仅对那些等级较高的官员是这样，而且对那些拥有执法权的人也这样。① 那么，有哪一种身体的快乐能与威望带来的盛名相比呢？在我看来，能够高尚地使用这些盛名的人就像一位高明的演员，能在人生的戏剧中把他们承担的角色演好，直到最后，而不像训练不足的演员，到最后一幕把戏演砸了。

不过有人批评说，老年人性格怪僻，脾气古怪，烦躁不安，不好相处；如果是这样的话，我们再考察一下，我们可以发现他们中有些人还很贪婪。然而，这些都是性格的缺点，不是年纪的缺点。而且性格怪僻以及我提到

---

① 只有在职的执政官、财务官、独裁官、骑士、行省总督拥有执法权。

的其他缺点还有某些原因，这个原因不是非常充分，但仍不失为原因之一，这就是老年人自以为被人忽视，被人瞧不起，被人嘲弄；此外，由于身体孱弱，哪怕最轻微的伤害都会带来很大的痛苦。但不管怎么说，只要性格开朗并受过良好教育，这些缺点是可以克服的，这在现实生活中可以看到，在《两兄弟》①这出戏中就看得更明显了。他们中有一个的性格是多么尖刻，另一个的性格是多么宽厚！情况就是这样，人的性格就像酒，并非所有的酒时间放长了都会变酸，也并非每个人的性格到了老年都会变得尖刻。我赞成老年人的生活要朴素，不过这也像别的事情一样应当有一个限度。但是我绝对不赞成脾气尖刻。至于老年人的贪婪，我真不明白他们究竟图什么；这就好比一名旅行者，越接近旅程的终点，越想筹措更多的旅费，还有比这更荒唐的事吗？

【19】剩下还要考虑第四个原因——它可能比其他任何一个原因更使我这种年纪的人苦恼和焦虑——死亡的临近；说实话，老年人离死亡确实不远了。但若一位老人活了一辈子，还不知道应当轻视死亡，那么真是太可悲了！如果死亡就是灵魂的彻底毁灭，那么死亡显然是可以轻视的；如果死亡能把灵魂带往永生之地，那么我们对死亡甚至求之不得。除此之外，别无其他可能。如果我死后命中注定要么并非不幸，要么是幸福的，那么我又有什么可害怕的呢？有谁会如此愚蠢，哪怕他是个年轻人，竟敢保证自己一定能活到今天晚上？不，哪怕是年轻人，他们突然死亡的可能性比我们老年人还大；年轻人更容易生病，生起病来更厉害，治疗起来更困难。因此，只有少数人能活到老年；要不是这样的话，人生会更美好，也会更聪明。因为正是在老年人那里可以找到理智和良好的判断，要是没有老年人，国家就根本不可能存在。

但我还是回过头来谈死亡迫近的问题。这一点怎么能够用来指责老年人呢，因为你要知道，年轻人同样也存在这个问题？我之所以相信无论什么年

① 特伦提乌斯的戏剧"Adelphi"。

纪都会死，那是有理由的，因为我失去了我优秀的儿子，而你西庇阿也一样，你失去了两个兄弟，他们都有希望获得这个国家的最高荣誉。但你们可以说，年轻人希望自己活得长久，而老年人却不可能有这个希望。抱有这样的希望并不聪明，因为把不确定的事情错当做确定的事情，把虚幻的事情错当做真实的事实，还有什么比这更愚蠢？有人还会说，老年人甚至没有什么可希望的。然而，正是在这一点上，他比年轻人强，因为年轻人所希望的东西，他都已经得到了；年轻人希望活得长，而老年人已经活得很长久了。

但是，天哪！就人的本性而言，怎样才算活得长久呢？假定我们活到生命的极限，假定我们能够活到塔特斯国王那样的岁数，那也是有限的；我在史书中看到，在卡狄兹有个名叫阿伽松尼乌的人当国王当了80年，活了120岁；但我觉得，一个事物只要有终结，那就算不得长久，大限一到，一切都将消逝；只有一样东西可以留存，那就是善的结果和合乎美德的行为。年、月、日、时都在流逝，过去的时间一去不复返；至于未来那是不可知的；所以，我们无论能活多久，都应当感到满足。

例如，演员为了赢得观众的称赞用不着把戏从头演到尾；他只要能把他扮演的角色演好就可以了；所以聪明人也不需要一直待在这个人生的舞台上，等到最后的落幕。哪怕你的寿命是短暂的，但只要活得光明磊落和体面也就可以了；但若你的寿命较长，你也没有更多的理由悲叹，就像农夫不应当为春季的逝去和夏秋的来临而悲叹。春天这个词象征着年轻，意味着将来的收获，而其他季节则表示果实的收集和储藏。

如我以前常说的那样，老年的果实就是对以往获得的大量幸福的回忆。还有，一切顺应自然的事情都应当算做好事；确实，还有什么事情比寿终正寝更顺应自然？当然了，年轻人也会死亡，但那是违反自然的。因此，我觉得年轻人的死亡犹如熊熊烈火被暴雨浇灭，而老年人去世就像一团火在没有任何外力作用的情况下逐渐烧尽而自行熄灭；苹果还在发青的时候很难从树上摘下，而熟透的苹果会自己落地；所以人就像苹果，年轻人的死亡是外力作用的结果，而老年人的死亡是成熟后的结果。我感到这种邻近死亡的"成熟"是令人愉快的，离死亡越近，我越觉得像是在经历了漫长的航行以后终于见到了陆地，我乘坐的船就要在故乡的港口靠岸了。

【20】但是老年没有定限，只要能够履行职责，轻视死亡，老年人就能很好地活着。因此，老年甚至比青年还要自信，还要勇敢。这就解释了梭伦为什么要对僭主庇西特拉图做出这样的回答。庇西特拉图问梭伦："你凭什么，竟敢如此大胆地反对我？"梭伦回答说："凭我的老年。"但是人生最好的终结是在头脑还很清楚、感官还很健全的时候死去，当自然本身去拆散她自己组装起来的东西。就像工匠最容易拆毁自己建造的船只或房屋，所以由自然来分解人这种她自己的创造物也是最合适的。任何建筑，新建起来的时候总是很难拆毁，而久经风雨的老房子就很容易倒坍。

因此，可以说老年人对自己短暂的余生既不应过分留恋，也不应无故放弃。毕泰戈拉告诫我们：要像一名哨兵一样坚守岗位，没有我们的指挥官，也就是神，发话，不能撤离哨位。聪明的梭伦在给自己写的挽歌中说，他不希望自己死的时候没有朋友为他哀悼。他的希望无疑道出他对他的朋友来说是宝贵的，但我觉得恩尼乌斯说得更好。他说："我不希望人们用眼泪来向我表示敬意，也不希望人们在我的棺椁边上嚎啕大哭。"他不认为后面跟随着永生的死亡应当是悲伤的原因。

此外，人在死亡的过程中可能会有某种感觉，但这只是短暂的，尤其是老年人；而死亡以后要么感到很快乐，要么根本没有感觉。但我们必须从年轻的时候就这样想，才能对死亡无动于衷，而没有这样的想法，就不能保持心灵的安宁。我们必定要死，这是确定无疑的，但我们不知道自己今天会不会死。因此，死亡每时每刻都在威胁着我们，如果害怕死亡，心里怎么能够安宁？只要我想起这样一个场面，我就不需要对这一点再做论证，这个场面不是为了解放祖国而被杀害的卢西乌斯·布鲁图的举动，不是两位德修斯以大无畏的精神骑马冲向敌阵，不是马库斯·阿提留斯·勒古鲁斯为了不违背自己对敌人许下的诺言、自愿返回敌国遭受刑戮，不是两位西庇阿用自己的身体阻挡迦太基人的进攻，不是你的祖父卢西乌斯·鲍鲁斯因同僚的失职而在卡奈的那次可耻的失败中赔上自己的生命，不是马库斯·马凯鲁斯的牺牲，甚至连最凶恶的敌人也会允许对他进行厚葬，而是这样一个场景，如我在《稽古录》中的记载，我们的军团经常斗志昂扬地开赴战场，而士兵们心里都清楚自己不可能从战场上活着回来。所以，这些连没有受过什么教育，并且非常幼稚的年轻人都不害怕的事情，我们这些聪明的老人应当害怕吗？

在我看来，对各种事务和消遣的厌倦无疑会导致对人生的厌倦。少年有某些消遣，他们渴望参加这些活动；青年有某些消遣，成年或人生的中间阶段也需要；成年也有某些恰当消遣，但到了老年就不想做了；最后，也有一些消遣属于老年。因此，就像人生早期阶段的快乐和消遣有消失的时候一样，老年的快乐和消遣也有消失的时候。到了那个时候，人也就活够了，可以毫无遗憾地谢世了。

【21】我确实不明白为什么我不能把我本人对死亡的看法大胆地告诉你们，因为我觉得自己距离死亡越近，对这个问题理解得越好。我相信，西庇阿，你的父亲，还有你，莱利乌斯，你的父亲，他们都是杰出的人物，都是我最亲密的朋友，他们现在还活着，并且过着一种与其名字相符的生活。只要我们被囚禁在这躯壳里，我们就得履行某种职责，就得做命运分配给我们的工作；而灵魂是属天的，是从其至高无上的家乡遣送下来，被埋在尘世，即一个与其神圣和不朽的本性格格不入的地方。但是我相信，不朽的诸神之所以要把灵魂植入人体，就是为了能有某种东西关注大地，沉思天体的秩序，以便在人类生活中模仿这种永恒不变的秩序。使我产生这种信仰的不仅仅是推理和论证，而且还有那些最杰出的哲学家的声望和权威。

我过去经常听说，毕泰戈拉和他的门徒——他们几乎都是我们的同胞，从前被称做意大利哲学家——从不怀疑我们的灵魂都来自那个神圣的宇宙心灵。还有，我经常重温苏格拉底临终时发表的那些关于灵魂不朽的论证，这个人曾被阿波罗的神谕宣布为最有智慧的人。我还有必要多说吗？这就是我的信念，这就是我的信仰：灵魂的快速就像闪电，它有神奇的记忆力，能记住过去的事情，它有预见未来的能力，能预测未来，它能掌握许多技艺和知识，也能做出许多发明，如此神通广大的东西，其本性不可能是有死的；由于灵魂始终处在运动之中，而且没有运动的来源，因为它是自动的，所以它的运动永远不会停止，因为它决不会抛弃自己；由于灵魂的本性只有一种基质，不掺杂其他不同性质的东西，因此它是不可分的，既然它是不可分的，那么它就不会消亡。还有一个很强的论证：人在出生之前已经拥有许多知识，小孩子学东西很快，往往一学就会，就好像他们并不是第一次接触这些东西，而是在唤起对过去的记忆。这个论证，在本质上，是柏拉图的教导。①

【22】还有，在色诺芬的著作中，② 老居鲁士在临终时说过这样一番话："我亲爱的儿子们，不要以为我离开了你们，以后就不存在了。因为我和你们在一起的时候，你们也看不见我的灵魂，但你们依据我的行动就知道我的灵魂就在我的身体里。因此你们要继续相信我的灵魂像从前一样存在，哪怕你们看不见它。要是名人的灵魂没有使我们继续保持对他们的记忆，那么在他们死后，他们的名望也就不复存在了。我本人从不相信，灵魂在人体中是活的，一旦离开身体就死了；我也不相信，灵魂离开不能思想的肉体以后反而不能思想了，倒不如说，它离开肉体以后就纯洁无瑕地存在，只有在这个时候它才是真正有智慧的。由于死亡，人的肉体分解成各种元素，它们去了哪里是显而易见的；它们原来从什么地方来，现在又都回到什么地方去；只有灵魂是不可见的，在肉体里的时候不可见，离开肉体时也不可见。还有，你们都知道没有什么能比睡眠更像死亡；然而，当身体处于睡眠状态时，灵魂却最清晰地显示出它神圣的性质；灵魂一旦摆脱了束缚，在自由的状态下就能预见许多将来的事情。因此，等灵魂完全摆脱了肉体的桎梏，我们就知道灵魂未来的状态是什么样的了。如果情况果真如此，那么你们应当把我当做神来珍爱。但另一方面，如果我的灵魂与身体一齐死亡，那么你们出于对

---

① 参见柏拉图：《斐多篇》72e—73b。
② 色诺芬：《居鲁士的教育》第 7 卷，第 7 节。

监护和统治这个美丽的宇宙的诸神的敬畏，也应当虔诚地缅怀我。"

【23】这就是居鲁士的临终遗言。如果你们乐意，让我来谈谈我自己的观点。

我亲爱的西庇阿，你的父亲保卢斯，或者你的两位祖父，保卢斯和阿非利加努，或者阿非利加努的父亲或叔父，或者其他无须说出名字的杰出人士，假如他们不知道自己有后代，那么他们中间没有一个人能使我相信他们会去尝试着完成这些令子孙后代景仰的丰功伟绩。或者按照老年人说法的方式自夸一下，如果我相信我的荣誉仅以我的有生之年为限，那么你们认为我会在国内外夜以继日地从事这么繁重的工作吗？过一种与世无争、舒心安逸的生活不是更好吗？但不知怎么搞的，我的灵魂不甘寂寞，它的眼睛总是盯着后世，好像确信它只有离开身体之后才能开始过一种真正的生活。确实如此，要是灵魂不是不朽的，那么一切最优秀人物的灵魂就不会尽全力去努力追求不朽的荣耀。事实上，最聪明的人总是能够从容不迫地去死，而最愚蠢的人总是最舍不得去死，这又如何解释呢？对你们来说，这不显然是因为一个人的灵魂比较锐利，看得比较远，知道自己死后要去一个更好的地方，而另一个人的灵魂目光比较短浅，看不清自己的道路吗？

西庇阿，我现在确实很想去见你的父亲，还有莱利乌斯，我也想去见你的父亲，他们都是我敬爱的人；确实，我不仅想见我认识的人，而且也想见我听说过的、读到过的或在我本人的历史著作中写到过的那些人。当我动身去见他们的时候，肯定谁也不能把我拉回来，或者把我的寿命再煮回来，就好像我是佩里亚斯似的！① 不，即使有哪位神灵允许我返老还童，让我再次躺在摇篮里哇哇啼哭，我也会断然拒绝，因为我几乎已经跑完全程，确实不愿意再被叫回来从头跑起。活着有什么好处，或者说活着会有哪些麻烦？即使假定活着有很多好处，无疑总有厌倦和终结的一天。我的意思不是像许多

① 在希腊神话故事中，美狄亚为了使埃孙（Aeson）恢复青春，把他切成块，放在锅里煮，使他恢复青春。西塞罗在这里把埃孙误为佩里亚斯（Pelias）。

人那样抱怨活着，那些有学问的人经常这样做；我也不后悔自己在这个世上活过，因为我一生的经历使我觉得自己并没有白来这个尘世；但是我告别人生，就好像离开一家旅馆，而不是离开家。因为自然给我们的是一个临时的寓所，而不是永久的家园。

啊，等我出发，前去参加神圣的灵魂的聚会，离开这充满争斗和罪恶的世界，那是多么辉煌的一天啊！因为我将见到的不仅有前面已经提到过的那些人，而且还可以见到我的儿子加图，世上没有比他更好、更孝顺的人了。他的尸体是我焚化的，而实际上应当由他来焚化我的尸体才对；但是他的灵魂并没有抛弃我，而是一直在回头看着我；他的灵魂肯定去了那个他知道我早晚也必定要去的地方。人们认为我在丧子这件事上表现得很勇敢，很豁达，其实我也很悲伤，但是一想到我们之间的分离不会太久，我便觉得有所安慰。

西庇阿，由于这些原因，我的老年是比较轻松的（因为你说你和莱利乌斯经常对这一点表示惊讶），我的老年非但不是难以忍受，而且很快乐。如果我相信人的灵魂不朽是错误的，那么我愿意错误，因为这一错误给我很多快乐，在我有生之年我不愿意失去它。如果像有些蹩脚的哲学家所认为的那样，我死了以后就没有感觉了，那么我也用不着害怕这些预言家死了以后嘲笑我的错误。还有，如果我们不是永生的，那么一个人在适当的时候死去也是件值得欣慰的事情。自然为一切事物设定了界限，人的生命也不例外。再说，老年是人生的最后一幕，这个时候我们已经疲惫不堪，尤其是当我们自己也觉得已经活够了的时候，那就该谢幕了。

我的朋友们，关于老年我要说的就是这些。祝愿你们俩都能活到老年，到那时你们就能用自己的经验来证明你们从我这里听到的话是否正确。

论 友 谊

提 要

本文的拉丁文标题是"Lealius De Amicitia",英文译为"Laelius on Friendship",意思是"莱利乌斯论友谊"。中文篇名定为"论友谊"。

本篇是《论老年》的姊妹篇,写于公元前 44 年,也是西塞罗为老友阿提库斯所写。同《论老年》一样,文章也采用对话体,假借莱利乌斯之口来论述友谊。参与这篇对话的人物有:盖乌斯·莱利乌斯和他的两个女婿——昆图斯·穆西乌斯·斯卡沃拉、盖乌斯·芳尼乌斯。

友谊是古代大哲学家的一个重要论题,许多哲学家对此发表过看法。在本文中,西塞罗对友谊的性质、起源、好处、择友的标准、友谊所应遵循的规则,以及友谊与美德、年龄、性格、爱好的关系做了广泛阐述。

全文共分为 27 章,译成中文约 2.6 万字。

正 文

【1】占卜官昆图斯·穆西乌斯·斯卡沃拉经常以清晰的记忆、有声有色地讲述他的岳父盖乌斯·莱利乌斯的许多事情,而且每次提起,都毫不犹豫

地称他为"哲人"。我在快要穿上成人服的时候，^①我父亲把我介绍给斯卡沃拉，并且讲好，只要我愿意，他也允许，我将永远不离开这位德高望重的老人。我自己想要向他学习法律诉讼的技能，结果反而是记住了他的许多观点和精辟的箴言。在他死后，我又师从于大祭司斯卡沃拉，我敢断定，在理智和正直两方面，他都是我们国家最杰出的人。但是关于他的事情我以后有机会再说，现在我要回过头来谈这位占卜官。

我经常想起这位占卜官一生中的许多事情，但有一件事情最值得记住。那是在他家里，他像往常一样坐在花园里的一张圈椅上，只有我和他的少数几个亲密的朋友在场；他正好谈起一件当时许多人都在议论的事情。阿提库斯，你是普伯里乌·苏皮西乌圈子里的人，你肯定记得，他从前与执政官昆图斯·庞培的关系非常密切，感情甚厚，可是后来他当了保民官，与昆图斯·庞培——反目成仇，成了死对头，人们为此感到非常惊讶，甚至非常愤慨。那一天，斯卡沃拉在偶尔提起这件事之后，便向我们详细转述了莱利乌斯有关友谊的论述，那是莱利乌斯在阿非利加努死后没几天对斯卡沃拉和他的另一个女婿盖乌斯·芳尼乌斯（马库斯·芳尼乌斯之子）说的。我记住了这场讨论的一些要点，并且在本书中以我自己的方式做了一番整理；也就是说，我把谈话者带上我的舞台，让他们自己开口说话，以免文章中出现太多的"我说"、"他说"，从而创造出他们在场并亲自说话的神韵。你几次要我写一点关于友谊的文章，我也觉得这个主题既值得做一般的研究，也非常切合于我们之间的友好关系。因此我不会拒绝你的请求，不去做这件有益于公众的事情。但是，就像我献给你的《老加图》，在这篇论老年的文章中我把老加图作为主要发言人，因为我想没有谁比他更适合谈论老年的生活，他那时年纪已经很大，而且他的老年生活过得比其他人幸福，所以，由于我们从前辈那里得知盖乌斯·莱利乌斯和普伯里乌·西庇阿之间的友谊是最值得称

---

① 西塞罗约在16岁时穿上成人服（公元前90年），而这位占卜官死于公元前88年，所以西塞罗听斯卡沃拉的课大约有两年时间。

道的，因此我确定莱利乌斯是最适合谈论友谊，而斯卡沃拉记得他也的确谈论过友谊。此外，讨论这类问题要借助古人之口，特别是古代名人，才能使讨论具有更高的权威性；因此，我在读我自己写的《论老年》时常有这样一种感觉：好像讲话的人确实是加图，而不是我自己。但就像我写那篇讨论老年的文章是一位老人写给另一位老人，所以这篇讨论友谊的文章是一位朋友写给另一位最亲密的朋友。在前一篇文章中，主讲人是加图，他是当时年纪最大而且最聪明的人；在这篇论友谊的文章中，主讲人是莱利乌斯，他不但是一个"哲人"（那是人们授予他的称号），而且还以忠于友谊而见称于世。请你暂时忘掉我，权当莱利乌斯在说话。阿非利加努去世以后，盖乌斯·芳尼乌斯和昆图斯·穆西乌斯来看望他们的岳父；他们提问，莱利乌斯作答，整个论述都是有关友谊的，你在读这篇文章时将会看到你自己的身影。

【2】芳尼乌斯 莱利乌斯，你说得对，没有人比阿非利加努更优秀，没有人比他更卓越。但是你应当知道，现在所有眼睛都在盯着你，大家都把你称做"哲人"，认为你就是这样的人。不久前，人们曾把这个称号给予加图，而且我们还知道，在我们父亲那个时代，卢西乌斯·阿基留斯也被称做"哲人"，但这个词用在这两个人身上含义有些不同：阿基留斯被称做哲人是由于他精通民法；而加图是因为他经验丰富，深谋远虑，立场坚定，在元老院和公众演说中经常发表一些睿智的见解，所以到了老年，他便获得哲人这一称号。至于你本人，虽然也被称为哲人，但原因和他们有所不同，你不仅由于天赋才能和品性，而且还由于你的勤勉和学识；他们把你称做哲人不像无知民众那样轻率，而是有学问的人对你的一种评价。在此意义上我们可以认为，整个希腊除了那个希腊人①之外没有一个可以称得上是聪明的，阿波罗神谕把他宣示为"最聪明的人"；更爱挑剔的批评家拒绝承认当时所谓的"七贤"能跻身于聪明人之列。按照公众的评价，你的智慧就在于你能完全控制自己，并相信人生的各种幸福不如美德重要。因此我经常遇到这样的问题，

①　指苏格拉底。

我相信他们也问过斯卡沃拉：对于阿非利加努的去世，你是如何忍受的？在最近这个例会日，① 我们这些占卜师循例在狄西摩斯·布鲁图的乡间别墅聚会，你没有到，而以前你是从不失约、准时赴会的，这一事实更加激起了他们的好奇心。

斯卡沃拉 是的，盖乌斯·莱利乌斯，正如芳尼乌斯所说，确实有许多人向我提出这个问题，但我要根据自己的观察来回答；你对这位最杰出的人物和非常亲密的朋友的去世是颇能节哀的；当然，你不可能不悲伤，因为那未免太不符合你温文尔雅的性格和教养了；至于你没有参加例会的原因是由于生病，而不是由于哀痛。

莱利乌斯 斯卡沃拉，你的回答好极了，也说得很对；因为在我身体好的时候，没有任何个人的不便能够让我放弃履行你提到的这种职责；而且我也不认为这种性质的事件能让性格坚强的人放弃任何职责。芳尼乌斯，至于你说我拥有那么大的优点——我既不承认自己有那么大的优点，也不声称自己有那么大的优点——你无疑是对我太好了；但在我看来，你对加图的评价还不够高。因为这个世界上要么没有哲人——我想这个观点比较好——要么有哲人，这个哲人就是他。撇开其他证据不说，看他如何承受丧子之痛吧！我记得保卢斯的情况，我也一直是见证着伽卢斯的坚强，但他们的儿子都是童年时夭折的，而加图的儿子却是在功成名就的壮年死去的。因此，你要小心，不要轻易认为有人在加图之上，即使是那个如你所说、被阿波罗判定为最聪明的人，也不能轻易地说他超过加图；因为加图受赞扬是由于他的行为，而苏格拉底受赞扬是由于他的言辞。

【3】至于我自己，我现在就来告诉你们，请你们相信情况是这样的：如果我断定自己对西庇阿之死不感到哀伤，那么我就要让聪明人来判断我的行为是否正当，然而毫无疑问，我的判断是假的。失去了这样一位朋友，我当然感到悲伤，我相信，从今以后我不会再有这样的朋友，而且我也肯定，从

---

① 罗马占卜官每月例会的日期是 3 月、5 月、7 月、10 月的 7 号，其他月份的 5 号。

前我也从未有过这样的朋友。但是我不需要治疗，因为我找到一种自我安慰的方法，使我能够摆脱一般人在丧失朋友时所产生的痛苦。我相信，西庇阿并没有遭罪，要说有人遭罪，那就是我；而由于自己的不幸而悲痛万分，这正是一个不爱朋友而爱自己的人的标志。

谁能说他这一生过得不好呢？除非他想长生不老——而他根本没有这种想法——凡是世人所能企求的东西哪一样他没有得到呢？他在童年时代，国人就对他寄予很大期望，而他青年时代的表现果然不负众望。他从不寻求执政官的职位，但两次当选为执政官——他第一次当选执政官时尚未达到担任这一职务的法定年龄；他第二次当选时年龄早就够了，但对国家的安全来说已经太晚了。他攻陷了我们帝国的最危险的敌人的两座城池，不仅结束了当时的战争，而且还杜绝了以后可能发生的战争。我需要提到他和蔼可亲的态度、对母亲的孝顺、对姐妹的慷慨、对亲戚的宽宏、对所有人的正直吗？这些事情你们俩全都知道。还有，从在他的葬礼上人们表现出来的悲伤，便可知道他对这个国家是多么重要。然而，要是能再多活几年，他又能得到什么好处呢？尽管老年不一定是累赘——我记得加图在他去世前两年对我和西庇阿这样说过——但它毕竟会减少一些西庇阿至死仍旧保留的勇猛精神。

因此，他的一生真的可以说是幸运得无以复加，他的名望也到了顶点；此外，死亡的突然性也使他来不及意识到死亡的降临。很难说清他的死因，你们俩知道人们在怀疑些什么；[1] 不过我完全可以这样说，西庇阿在其一生中看到了许多欢乐的日子，被大批敬仰者簇拥和爱戴，但他最欢乐的日子是他死前的那一天，在元老院散会之后，他由元老院议员、罗马民众和拉丁同盟者护送回家；看到他死前如此受人敬重，所以他死后会上天堂，而不是下地狱。

【4】最近有些人开始论证灵魂和肉体同时死亡，死亡摧毁一切，我不同意这些人的观点。我比较认同古代的观点，要么是由我们自己的祖先持有

---

[1] 西塞罗认为西庇阿是被政敌卡波谋害的。

的，他们为死者举行隆重的仪式，如果他们相信死者不可能知道这些仪式，那么是他们显然不会这样做；要么是居住在这片土地上，并把他们的原则和教义传播到大希腊的那些人的观点，[①] 我承认他们这个学派已经完全衰落了，但在当时非常繁荣兴旺；要么是那个被阿波罗神谕宣示为最聪明的那个人的看法，尽管他在许多问题上一会儿站在这边论证，一会儿站在那边论证，但我们发现他始终坚持人的灵魂是神圣的；灵魂一离开肉体，回到天上去的道路就敞开了，而最容易升天的是那些最有德行、最公正的灵魂。

西庇阿也持有同样的观点，因为就在他去世前几天，他好像预感到有什么事要发生，于是他谈了三天国事，参加那次谈话的有菲鲁斯、玛尼留斯，以及其他一些人（斯卡沃拉，你也在那里，我和你一起去的），他的谈话的结论部分几乎全部涉及灵魂不朽，他说他使用的论证是老阿非利加努托梦给他的。如果说一个人越善良，他的灵魂死后就越容易摆脱肉体的桎梏，那么还有谁比西庇阿更容易升天呢？所以我认为，对像他这样命运的人的死亡表示悲伤更多的是出于妒忌，而不是出于友谊。如果情况不是这样，而是肉体与灵魂同时死亡，不再留下什么感觉，那么可以推论死亡虽然没有什么好处，但至少也没有什么坏处。因为一个人要是失去感觉，他就像从未出生一样；然而西庇阿的出生是我们的喜事，而且也值得这个国家永远庆幸。

因此，就像我已经说过的那样，他的一生是最幸运的，而我却不如他，因为照常理说，我比他早生，也应当比他早死才对。还有，每当我回想起我们之间的友谊，我都感到自己的一生由于是在和西庇阿的相处中度过的，所以我的一生也是幸福的；无论是公事还是私事，我们都相互帮助；在罗马我和他住在一起，后来又一起到国外打仗；我们采取的政策完全一致，我们的理想和观点也完全相同，而这些都与友谊的本质紧密相关。因此，我对芳尼乌斯刚才提到我在智慧方面的名声并不感到很高兴，尤其是那些不合适的说

---

① 指公元前 5 世纪在克罗通活动的毕泰戈拉学派。

法，而令我高兴的是希望有关我们之间的友谊的回忆能够长存；这种想法更令我高兴，这是因为整部历史只提到三四对真正的朋友；我大胆地希望西庇阿和莱利乌斯的友谊也能像他们一样传诸后世。

芳尼乌斯 不可能是别的样子，莱利乌斯。但是你既然提到友谊，而且我们今天也没有公务，如果你能像谈论其他主题一样谈谈你对友谊的理论和实践的看法，那就请你谈一谈，对此我一定会很快乐，我希望斯卡沃拉也会这样。

斯卡沃拉 我当然会感到快乐，事实上我也想提出这一请求，但被芳尼乌斯抢先了。因此，你要是答应的话，会给我们俩带来很大的快乐。

【5】莱利乌斯 如果我感到自信的话，我是肯定不会拒绝的，因为这个主题是很崇高的，而且正如芳尼乌斯所说，我们今天没有公务。但是，我是谁？我有什么能耐？你们提的建议是哲学家的任务，尤其是希腊人——不管你突然提出什么问题，他们都能侃侃而谈。这是一件难事，需要长时间的练习。因此，如果想听一场关于友谊的详尽讨论，我建议你们去找那些自称有这种能耐的人；我能做的一切只是敦促你们把友谊看做人生的头等大事；因为没有任何东西比友谊更适合我们的本性，无论身处顺境还是逆境，友谊是我们最需要的东西。

有一个要点我必须先提出来——友谊只能存在于好人之间；不过在这一点上我也不会搞得太深，就像那些试图把自己的观点搞得无比精确的那些人一样，说除了聪明人以外没有一个人是好人，这样做也许是对的，但没有什么实际好处。我们可以承认这一点，但他们所说的智慧不是凡人所能得到的。我必须关注日常生活中的实际情况，而不是像他们那样生活在想象或幻想之中。我们的祖先曾经断定盖乌斯·法伯里修、玛尼乌斯·库里乌斯、提比略·科隆卡纽斯是聪明人，我也决不会按照这样的标准说这些人是聪明人。因此，只需要承认我所提到的这些人是好人就可以了，而让聪明人这个词停留在不受欢迎、不被理解的状况。可是，他们连这一点也不承认，他们说除了聪明人谁也不能被称做好人。那么好，如俗话所说，让我们用自己迟钝的智力来尽力而为吧。有些人的行为和生活无疑是忠诚、正直、公平和慷慨的；他们不贪婪、不淫荡、不粗暴，品性高尚——就像我刚才提到过的那些人——让我们把这种人当做好人，他们也被认为过着一种良好的生活，所以让我们把他们称做好人，因为他们尽一切可能顺应自然，而自然是良好人生的最佳向导。

在我看来很清楚，我们在这世界上被创造出来，彼此之间形成一种关系，它把我们大家联结在一起，而且彼此越亲近，这种关系也就越牢固。所以我们喜爱自己的同胞甚于喜爱外国人，喜爱自己的亲戚甚于喜爱陌生人，因为自然本身使我们对自己的同胞和亲戚产生友谊，但这种友谊缺乏恒久性。因此，友谊胜过这种关系，因为这种关系可以是没有善意的，而友谊则决不能没有善意；如果你从友谊中消除了善意，那么友谊这个名字也不复存在；如果你从这种关系中消除善意，这种关系的名字仍旧留存。还有，观察下列事实你就能清楚地认识到友谊的伟大力量：与自然本身塑造形成的人与人之间的无数联系相比，这种被称做友谊的东西被限制在一个非常狭小的范围里，只有两个人能够有这种感情联系，或者最多只有几个人。

【6】因为友谊不是别的什么东西，而就是在所有事情上看法一致，无论是关于人的事情还是关于神的事情，并且相互之间有一种善意和挚爱，我倾向于认为，除了智慧以外，友谊是不朽的神灵赐予人类最好的东西。有些人喜欢财富，有些人喜欢健康，有些人喜欢权力，有些人喜欢官职，许多人甚至喜欢感官的快乐。这最后一种爱好是兽类的最高目的；而其他各种东西也是变幻无常的，与其说它们依靠人的远见，不如说取决于变幻莫测的命运。还有一些人把美德视为主善，这当然是一种崇高的见解；但这种美德正是友谊的孕育者与保护者，没有美德，友谊就根本不可能存在。我再说一遍，让我们用日常生活熟悉的用语来解释美德这个词，而不要用某些哲学家使用的傲慢语言把一个精确的标准用于美德；让我们把这样一些人当做好人——像保卢斯、加图、伽卢斯、西庇阿和菲鲁斯这样的——他们完全符合日常生活

的标准；而那些在任何地方都找不到的人 ① 我们就略去不谈了。

因此，在像我们刚才提到的这些人中间，友谊提供的好处几乎超过我的描述能力。首先，如果人生不能在朋友之间的相互亲善中得到休息，恩尼乌斯所谓的"值得活的人生"能是什么样的？如果有一个人你可以大胆地和他讨论任何事情，就像跟自己说话一样，还有什么事能比这更甜蜜？如果你在获得成功的时候没有一个人能够与你同样的快乐，那么你的成功的喜悦就不会那么大？遇到灾难的时候，要是没有一个人能比你自己更多地予以承担，那么这种灾难确实会难以承受。总而言之，其他所有欲望各自都有一个目标——财富是为了使用；权力是为了得到尊敬；官职是为了体面；娱乐是为了感官的享受；健康是为了免除疾苦和充分利用身体的各种功能——但是友谊有无数的目的；你无论走到哪里，友谊永远在你身旁，没有任何障碍能够阻止它；它无处不在，而且永远不会不合时宜。因此，俗话说像"火与水"那样必需，我们用这句话来形容友谊是最合适的。我现在讲的不是日常的或普通的友谊——这种友谊也是令人愉快的，有好处的——而是那种纯洁无瑕的友谊，就像存在于少数几个人之间的那种著名的友谊。因为友谊既能使成功增光添彩，也能通过分担来减轻灾难的重负。

【7】由于友谊可以包含众多的好处，它无疑在这样一个方面超过其他一切事物：它使我们对未来充满希望，而决不会使我们的精神萎靡不振。还有，一个人看着他真正的朋友，就好像看着他自己的肖像。因此，朋友哪怕不在场，也会与他同在；只要朋友是富有的，他也不会贫穷；只要朋友强大，他也不会弱小；我们甚至可以说，只要朋友活着，他也不会死；因为他死以后，他的朋友仍然会尊敬他，深深地怀念他。这些事情使得离去者的死亡成为一件幸事，使得幸存者的人生值得赞扬。要是把这种友善的联系从世界上排除，那么家庭和城市将不复存在，甚至连耕种土地也不会有。如果这样说还不清楚，请想一想仇恨与不和的结果，你们就会明白友谊与和睦的力

---

① 指斯多亚学派的理想的完人。

量了。又有哪个家庭、哪个国家能够坚固到不被仇恨与分裂彻底摧毁？

由此你可以判断友谊中蕴藏着多么大的好处。据说，阿格里根图有一位博学者①，他在一首希腊诗歌中充满激情地唱道：友谊把世上一切静止的东西联系在一起，仇恨使世上一切运动的东西分离。实际上，所有人不仅明白而且能够证明这个真理。每当有人为朋友提供帮助，为朋友分担危险，有谁见了不会拍手叫好？例如，我的客人和朋友巴库维乌斯写的一出新戏在剧场里上演，引起了轰动，有一幕的情节是：国王不知道两个人中谁是俄瑞斯忒斯，某愿为朋友而死的皮拉德斯说自己就是俄瑞斯忒斯，而真正的俄瑞斯忒斯则坚称"我才是俄瑞斯忒斯"！当时全场的观众都站起来，对这个虚构的故事报以热烈的掌声；想想看，如果是在现实生活中，他们会怎么做？在这种情况下，自然的情感轻易地起了作用，他们自己不会去做这样的事，但别人做了他们也表示赞同。

在前面说过的那些限制的范围内，我想我对友谊的评价已经说完了；如果还有什么要说——我相信还有很多——那么要是你们乐意，可以去请教那些专门讨论这类问题的人。

芳尼乌斯 但我们还是愿意向你请教。尽管我也经常请教那些人，并且也愿意听他们讲，但我觉得你的阐述似乎别有风味。

斯卡沃拉 芳尼乌斯，如果我们前不久在西庇阿的乡间别墅讨论国家问题时你也在场，那么你这样说就更加自信了。当时莱利乌斯坚持正义，驳斥菲鲁斯的诡辩！

芳尼乌斯 啊！不过由最正义的人来为正义辩护当然是件容易的事。

斯卡沃拉 是的，那么由一名最忠诚、最执着、最正义，从而享有盛誉的人来为友谊辩护会不容易吗？

【8】莱利乌斯 你们实际上是在强人所难，你们这样做不就是在强迫我吗？你们确实是在强迫我，因为要我拒绝我的女婿们的要求，尤其是正当的

---

① 指希腊哲学家恩培多克勒。

要求，不仅很难，而且也不合情理。

我越是思考友谊，我就越感到要考虑这样一个问题：人是否由于虚弱或贫乏才祈求友谊，以便在双方的互惠中得到单凭自己无法得到的东西；或者说，虽然这种互惠无法与友谊分离，但友谊是否还有另外一种原因，这种原因更古老，更美好，更直接地源于自然本身。友谊（amicitia）这个拉丁词是从爱（amor）这个词派生出来的，而爱无疑导向善意。甚至那些用虚情假意博得别人好感和出于不纯洁的动机赢得别人敬重的人也能得到这种好处，然而友谊就其本性来说容不得半点虚假，它完全是真诚的，出自内心的。因此我觉得，与其说友谊来源于需要，不如说友谊来源于本性，与其说友谊来源于对有可能获得的利益的精细计算，不如说友谊来源于一种与爱的情感结合在一起的心灵倾向。甚至在某些动物身上，你们也可以察觉到这种情感，它们在某一段时间内总是非常爱它们的后代，它们的后代也很爱它们，可见它们都有这种天然的冲动。这种情况在人身上更加明显：首先，子女与父母之间存在着这种情感，除非由于惊人的邪恶，否则这种情感不会破裂；其次，当我们发现某个人的脾气和性格与我们相同时，我们便会对他产生一种爱慕之心，因为在他的身上我们似乎看到了某种正直和美德的明灯。没有任何东西比美德更可爱，没有任何东西比美德更能博得人们的好感，哪怕是对我们从未见到过的人，我们对他们的正直和美德也会产生爱慕之心。尽管从未见过盖乌斯·法伯里修和玛尼乌斯·库里乌斯，但只要一想起他们，有谁不会产生爱慕之情呢？反过来说，又有谁不恨傲慢者塔克文、斯普利乌·卡西乌斯、斯普利乌·买留斯？为了这个意大利的帝国，我们曾经同两位首领做过殊死搏斗，他们是皮洛斯和汉尼拔；前者由于他的正直，我们对他没有太深的仇恨；而后者由于他的残忍，这个国家将永远痛恨他。

【9】假如正直的力量如此之大，乃至于我们不仅能够爱从未见过的正直的人，而且能够爱一个正直的仇人，那么认为在那些与自己亲密交往的人身上有可能看到美德和善良又有什么值得奇怪呢？通过善意的帮助，通过他人的关心，通过密切的交往，爱得到进一步的增强，这些因素与我前面所说的

那种心灵的最初冲动结合在一起，就会迸发出一种奇妙的爱慕之情。

如果有人认为友谊来源于虚弱和确保获得凭其自身不能得到的东西，那么我能说的就是这种友谊的动机确实很低贱，远非高尚的，这样的说法实际上使友谊成为虚弱和贫乏之女。如果是这样的话，那么一个人越是觉得自己穷，就会越想得到友谊，而实际上完全不是那么回事。因为当一个人充满自信、由于具有美德和智慧而感到充实、无须求助于人、完全独立自主的时候，他最喜欢结交朋友，最珍重友谊。阿非利加努对我有什么要求？我以赫丘利的名义起誓，一点要求也没有！我对他也是一无所求，但是我爱他，因为我钦佩他的美德；而他也喜欢我，也许是因为他对我的性格也有好感，密切的交往则进一步加深了我们之间的感情。尽管我们的友谊可以产生许多利益，但是我们的爱不会起源于获利的希望。正像我们这个阶级的人是仁慈的和自由的，但我们慷慨行善不是为了得到别人的回报，因为我们没有根据利益来决定自己喜爱的对象，而是遵循一种慷慨豪爽的天性；所以我们相信友谊是值得希冀的，但并非因为日后能得到回报，而是因为它的全部利益就在于爱本身。

有些人以快乐为标准判断一切，他们就像牛一样，对我们的观点持有异议；这也不奇怪，因为思想卑劣的人不可能看到任何崇高的东西。所以，我们的谈话就不提这种人了，让我们自己相信，注重道德价值，爱和仁慈的情感就从本性中产生；因为当人们渴望得到这种美德的时候，他们会趋向美德，接近拥有美德之人，通过与他交往而开始爱他，他们可以欣赏他的品性，与他平等相爱，更乐意为他效劳而不求回报，在美德方面与他竞争。就这样，友谊中能产生的最大好处将会实现，源于本性而非源于虚弱的友谊将会更加尊严，更加符合实际。这是因为，假定友谊要靠利益来维系，那么利益一旦消失，友谊就会解体；但由于本性是不可能改变的，因此真正的友谊是永恒的。你们现在已经知道了我对友谊的起源的看法，也许你们有什么要回应的。

芳尼乌斯 莱利乌斯，请你继续讲，我这个回应也代表我在这里的这位朋友，我有权这样做，因为我的年龄比他大。

　　斯卡沃拉　说得好，芳尼乌斯，让我们继续听他讲！

　　【10】**莱利乌斯**　好吧，尊敬的先生们，那就请听我和西庇阿讨论友谊时经常提到的一些要点。他确实常说，终生不渝地保持友谊是世上最难的事；利益的冲突、政见的不同、性格的变化，或者是由于遭到不幸，或者是由于年龄增长，这些事情的发生经常会中止友谊。他经常拿儿童做比喻来说明这一原则。他说："儿童之间的友情往往和童装一起被抛弃；这种友情即使保持到青年时期，往往也会由于成为情敌或争夺利益而破裂，在这样的竞争中，友谊的双方不可能同时成功。即使友谊的时间延续得更长，如果碰上职位竞争，那么友谊也经常会被摧毁；因为在大多数情况下，对友谊最致命的打击是贪财，但对上层人物而言，对友谊最致命的打击是竞求功名，它往往会使最亲密的朋友变成最大的仇敌。

　　"还有一种分歧的性质非常严重，人们一般认为这种事情有可原，它起因于要求朋友去做错事，比如说，要他去煽动某人邪恶的欲望或帮他干坏事，当这种要求遭到拒绝时，尽管这种拒绝是完全正确的，但被拒绝的一方往往会指责对方不够朋友；此外，那些要求朋友做任何事情的人通过这样的要求也就承认自己愿意为朋友做任何事情。这种人不停地反责通常摧毁的不仅是朋友间的亲密关系，而且还会产生持久的敌意。"他还说："诸如此类的大量灾难就像厄运一样悬挂在友谊头上，在我看来，要想完全避免这种灾难，不仅需要智慧，而且需要好运。"

　　【11】因此，如果你们愿意的话，让我们先考虑这样一个问题：在什么范围内爱必须进入友谊？假定科里奥拉努也有朋友，难道他们都有义务，必须拿起武器和他一起去反对他们的国家？或者说，维凯里努或买留斯的朋友都应当帮助他们篡夺王位？至于提比略·革拉古，当他煽动革命、反对国家时，我们看到昆图斯·图伯洛，以及一些与革拉古年纪相仿的朋友都背弃了他。然而，斯卡沃拉，你们家族的一位被保护者，① 库迈的盖乌斯·布劳西

---

　　① 库迈人当时还不拥有罗马公民权。

乌却到我这里来为革拉古求情，要求我宽恕他，因为我当时是莱纳斯和卢庇留斯两位执政官的顾问，他提出来的理由是：他对提比略·革拉古无比敬重，他认为自己有义务去做提比略要他做的任何事情。我问他："要是他叫你到卡皮托利圣山上去放火，你也干？"他答道："他决不会要我去干这种事，但要是他有这种要求，那么我也会服从。"你们瞧，这是一种多么邪恶的说法！我以上苍的名义起誓，他做了所有他说自己会去做的事情，而且有过之而无不及；因为他不是追随，而是指点狂热的提比略·革拉古，他不是把自己当做革拉古的同伴，而是当做革拉古的领导。由于害怕受到特别法庭的审讯，他逃到亚细亚去投靠了我们的敌人，他疯狂反对共和国的罪行受到了严厉的惩罚。

所以，为了朋友可以犯下任何罪行，这种看法是不正确的；因为，他相信你的美德才产生了友谊，如果你抛弃了美德，那么友谊也很难继续存在。如果我们认为这样做是对的，决定对朋友有求必应，或者从他们那里得到我们所希望的任何东西，那么只有假定双方都拥有完美的智慧，才不会造成危害；但我现在讲的是在我们眼前的朋友，或者是我们在历史记载中读到的那些人，他们在日常生活中为人们熟知。我们的例子应当取自这一类人，但我向你们保证，主要取自那些最接近智慧的人。我们读到，艾米留斯·帕普斯是盖乌斯·卢基努斯的密友（这是我们从我们的祖先那里得来的），他们曾两度同任执政官，又曾同任监察官。[①] 还有，史忆记载说玛尼乌斯·库里乌斯和提比略·科隆卡纽斯与他们的关系非常密切，相互之间的关系也非常好。我们绝不可能怀疑他们中任何一个人会去要求朋友做违反良好的信仰、违反庄严的誓言或损害国家利益的事情。就这些人而言，即便有人提出这样的要求，他们也不会接受，因为他们都是非常虔诚的人，而提出和接受这种要求都是不虔诚的，对此我们还需要说什么吗？但是提比略·革拉古确实找

---

① 他们一同担任执政官的时间为公元前 282 年和前 278 年，一同担任监察官的时间是公元前 275 年。

到了追随者，盖乌斯·卡波和盖乌斯·加图，他还找到他的弟弟盖乌斯做他的追随者，尽管他的弟弟原先不那么激烈，但现在却非常狂热。

【12】因此，要在友谊中建立这样一条法则：既不能要求朋友去做可耻的事情，也不能去做朋友要你做的可耻的事情。任何人以为了朋友的缘故为借口，为自己所犯的罪行辩护，无论是一般的罪行，还是叛国罪，这样做确实是可耻的，是不允许的。因为，我亲爱的芳尼乌斯和斯卡沃拉，我们罗马人现在所处的形势非常严峻，我们必须提高警惕，防止一切扰乱国家的事情发生。我们的政治实践已经有些溢出常规和我们祖先为我们确定的路线。提比略·革拉古试图获得国王的权力，或者倒不如说，他确实有几个月拥有了王权。罗马人民从前听说过或经历过这样的事情吗？追随他的那些亲戚朋友甚至在他死后还对普伯里乌·西庇阿下了毒手，一提起这件事，我就会忍不住流下泪来。至于卡波，由于距离提比略·革拉古受惩罚的时间还很短，我们尽量容忍他。但要是盖乌斯·革拉古成了保民官，那我就不敢说将来会是一种什么情况了；然而，革命一开始总是处于潜伏状态，一旦有了恰当的时机，就会冲向毁灭的深渊。你们看到投票已经引发了多少灾难，起初是伽庇尼乌法案引起的，两年后则是由卡西亚法案引起的。我似乎已经看到，民众与元老院疏离，一些最重要的国事往往是由任性的暴民决定的。因为，知道如何发动革命的人多于知道如何抵抗革命的人。

我为什么要说这些事情呢？因为没有这样的交往①，就没有人会去制造这样的灾难。因此我们必须提醒善良的人们，如果不幸和这种人交上朋友，那么一定不要认为自己不能和那些背叛国家的朋友一刀两断；另一方面，坏人必然要受惩罚，无论是胁从还是首恶，一律严惩不贷。在希腊，有谁比塞米司托克勒更显赫、更有势力？他曾经在波斯战争中率领军队浴血奋战，把希腊从奴隶制中解放出来；但是后来他遭到放逐，因为他的不得人心；他有义务为国服务，尽管他的国家对他不感恩，但他不应当对国家行不义之事；

———————————

① 指卡波和革拉古这样的交往。

经果他做了 20 年前我们国家的科里奥拉努做的事。帮助他们去攻打他们自己的国家的人一个也没有，结果他们两人都自杀了。因此，对这种恶人的联盟不但不能以友谊为借口替它辩护，而且应当受到最严厉的惩罚，这样就能使大家都知道，切不可为了忠实于朋友而向自己的国家开战。鉴于现在出现的种种迹象，这种事情可能会在将来的某个时候发生；我对我死以后国家状况的关心决不亚于我对它的现状的关心。

【13】因此，让我们把这一点确定为友谊的第一法则：只要求朋友做好事，也只为朋友做好事，哪怕朋友并没有提出要求；让热心永存，让犹豫离场；要鼓足勇气，坦率地提出忠告；在友谊中，让能进忠言的朋友发挥最大的影响，这些建议不仅要坦诚，而且如果情况需要的话，还要尖锐，而当朋友提出这种劝告时，就应当听从。我之所以给你们讲这些，是因为我听说在希腊有些被视为圣贤的人赞成某些观点，在我看来，这些观点是令人惊奇的（但这些人以他们的精明，没有什么是他们说不出来的）。他们中有些人教导说，在友谊中应当避免过分亲密，免得一个人要为许多人担忧；我们每个人都有自己的事，够他忙活的；要是再管别人的闲事，那就太麻烦了；最好的办法是把友谊的缰绳尽可能地放松，这样我们就能想收紧的时候收紧，想放松的时候放松；他们说，这是因为幸福生活的首要条件就是无忧无虑，一个人要是为许多人的琐事操心，他的灵魂便不能享受幸福的生活。

还有，我听说其他一些人的看法更不近人情（我刚才已经简要地涉及这个观点），他们坚持说必须着眼于别人所能提供的保护和帮助去寻求友谊，而不要出自善意和爱慕去寻求友谊；因此，越是缺乏坚定品格和强壮身体的人，就越渴求友谊；所以，柔弱的妇女比男子更希望得到友谊的庇护，穷人比富人更需要友谊的扶助，不幸者比幸运者更需要友谊的帮助。啊，这是一种多么高尚的哲学！想要从生活中剥夺友谊，就好比想要从宇宙中把太阳驱除，友谊是不朽的诸神赐予我们的最好、最令人愉悦的恩惠。他们自吹自擂的"无忧无虑"有什么价值吗？乍一看，它似乎很吸引人，但实际上无法做到。因为你不可能为了避免烦恼，始终拒绝承担任何高尚的义务，或者虽然去做，但却有始无终。不，如果我们不断地避免烦恼，那么我们也一定会回避美德，在排斥和厌恶与美德相反的品质时，比如用仁慈拒斥暴戾，用自制拒斥放荡，用勇敢拒斥胆怯，必定会碰上某些烦恼。所以，你们可以看到，正义者最痛恨非正义，勇敢者最痛恨胆怯，自制者最痛恨放荡。因此，乐于行善和嫉恶如仇是一个正直的人的特性。

那么，既然聪明人也会有烦恼（他们肯定有，除非我们假定他们根本就没有人性），我们为什么要由于害怕友谊会给我们带来烦恼而将它从我们的生活中消除呢？如果灵魂摒弃了情感，那么人和田野里的兽类，不，人和石头、木头或其他类似的东西还有什么两样？我们也要听这些人[1]的话，认为美德是坚硬刻板的，就像铁器一样；其实，美德生活的许多关系中，尤其是在友谊问题上，是非常柔软和敏感的，也就是说，友谊随着朋友的贫富顺逆而伸缩变易。因此，就好像美德会带来某些操心和苦恼，但我们不会因此而抛弃美德，为了朋友的缘故我们会然会招致精神上的痛苦，但我们决不会因此而将友谊从我们的生活中排除。

【14】但是，如我前述，由于美德和友谊纠缠在一起，美德会向仁慈的精神展示，而仁慈的精神也会藉此调整自身，在这种情况下，必然会产生爱。爱许多无生命的东西，比如职位、名声、华厦、丽服、宝饰，而不爱或不太爱有德行的、有爱心的，或能以爱回报的活人——如果我可以这样表述的话——那么还有什么事情比这种做法更荒唐？善意的回报和互爱互助，没有什么事情能比这样做更令人愉快。如果我补充说（我确实可以说），物以类聚这句话用在友谊上是最恰当的，人们会怎么想？人们一定会承认这是事实：好人爱好人，好人喜欢与好人交往，他们之间的这种关系几乎就是一种天性。因为，没有任何事情比追求自己的同类这种天性更加热切，乃至于更加贪婪。亲爱的芳尼乌斯和斯卡沃拉，由于这是一个事实，所以我认为好人显然对好人有一种友好的情感，这种情感也可以说是必然的，它是友谊的源

---

[1]　指斯多亚学派。

泉。但是，这种友爱之情也属于许多人。因为美德决不是冷酷、自私和孤傲的，它甚至会保护全民族，为他们的幸福制定标准，如果美德不爱普通民众，那么她就不会这样做了。

还有，在我看来，假定便利是友谊基础的人无论如何从友谊之链中消除了最美好的一环。因为使一个人感到愉快的与其说是通过朋友而得到的实利，不如说是朋友的一片爱心；而只有当朋友的帮助出自真诚的爱心时，我们从朋友那里得到的利益才会变成快乐。我们很难认为，由于贫穷人们才去培养友谊，倒不如说，那些最富裕、最有权势，尤其是最有美德的人才会去培养友谊，美德是一个人最好的堡垒，那些最不需要别人帮助的人才会去培养友谊，那些最仁慈的人才会去培养友谊。其实，我倒是倾向于认为，不需要任何帮助对朋友来说并不是很好。比如说，如果西庇阿在国内或国外从来不需要我的建议或帮助，我又如何表达我的热心呢？因此，不是友谊陪伴着利益，而是正好相反，利益陪伴着友谊。

【15】所以，我们不要听从那些沉迷于快乐的人①，他们在讨论友谊的时候，无论在理论还是在实践上都不懂得友谊。因为，我以诸神和凡人的名义起誓，有谁会希望过一种极其富有、极其幸福，但却不爱任何人，也不会为任何人所爱的生活？这种生活确实是僭主的生活，我指的是一种没有信仰、没有爱情、没有信任的生活，不相信任何人的善意，每一行为都充满着怀疑和焦虑，根本没有友谊的立足之地。谁能爱一个自己感到害怕的人，或者谁能爱一个害怕自己的人？僭主有时候也会装出一副友好的姿态，但只是暂时的。他们一般说来总有倒台的时候，一旦失势，他们立刻就能看到昔日的朋友纷纷离他们而去，他们有多么孤独。以塔克文被放逐时说的一句话为例："我现在知道我的朋友中哪些是真朋友，哪些是假朋友了，但我已经不能奖赏或惩罚他们了。"

然而，令我感到惊讶的是，傲慢乖戾的人居然也会有朋友。正如塔克文

---

① 指昔勒尼学派的人。

的这种性格使他不可能拥有真正的朋友，所以很多人的权势也成为获得真诚友谊的障碍。因为命运不仅本身是盲目的，而且通常也使受其恩宠的人盲目；因此他们往往会忘乎所以，变得狂妄而任性；可以说，世上没有任何事情比幸运的傻瓜更令人难以忍受。我们确实经常可以看到，从前和蔼可亲的人一担任军职、掌握了权力、获得了成功，就嫌弃旧友而热衷于新交。更加愚蠢的是，人一获得大量的资源，有机会变得富裕的时候，就去追求那些用金钱能够买到的东西，比如马匹、奴隶、华丽的饰物和昂贵的器皿，而不去结交朋友，而如果我可以这样表述的话，朋友是人生最好、最漂亮的家具。在追求这些财物时，他们不知道这样做是为了谁，也不知道自己辛辛苦苦为了谁，因为这些东西最终都会落入强者之手；而每个人的友谊却是稳固的、确定的；如果说那些财物都是命运的恩赐，那么没有朋友安慰和陪伴的人生不可能快乐。关于这个要点我们就说到这里。

【16】在我们有关友谊的讨论中，现在，我们必须确定爱的界限或边界。关于这个要点，通常有三种观点，但我对它们都不敢苟同。第一，"我们对我们的朋友的感情应当和对我们自己一样"。第二，"我们对我们的朋友的善意应当和他们对我们的善意在所有方面相当"。第三，"一个人对自己无论做出什么评价，应当与他的朋友对他的评价相同"。这几种看法我都不赞成。第一种看法肯定不对，它认为"一个人对自己感到如何，也应当对他的朋友感到如何"。我们会为我们的朋友做许多事情，但决不会为我们自己去做！我们有时只好向卑微的人请求，甚至低三下四地恳求；有时不得不用比较尖刻的语言去骂人，用比较激烈的语言去攻击人——这种事情如果是为了自己的利益去做，那是不光彩的，但如果是为了朋友的利益去做，那是值得称赞的；此外，在许多场合，好人会自动放弃或心甘情愿地让人剥夺许多好处，以便让他们的朋友可以享用。

第二种看法把友谊限制于等量的相互帮助和情感交流。它确实把友谊贬低为一种卑鄙庸俗的关系，乃至于要求友谊的双方像借贷一样保持精确的平衡。我认为，真正的友谊比这种借贷式的友谊要富足和慷慨，它不会斤斤计较自己的得失，唯恐付出多于所得；在友谊中不应当担心自己所付出的善意会白费，也不应当担心自己为友谊付出太多，乃至于超过限度。

第三种限制是最糟糕的，"一个人对自己无论做出什么评价，应当与他的朋友对他的评价相同"。我们经常看到的是，有人非常自卑，对改善自己的命运很没信心。在这种情况下，他们的朋友就不应当像他评价他们一样去评价他，而应当想尽一切办法使他低落的情绪振作起来，使他重新燃起希望之火，具备更健全的思想。因此，在首先提到曾经遭到西庇阿最严厉批判的一种观点以后，我们必须为真正的友谊确定其他某些界限。有人说："我们在爱的时候就应当意识到我们会在某个时候恨。"西庇阿常说，没有比这更有悖于友谊的话了。西庇阿确实无法采用这一被人普遍接受的信念，而这句格言据说是所谓"七贤"之一的彼亚斯说的；但西庇阿认为，说这句话的是某些动机险恶的人，或者是野心勃勃的政客，或者是把一切都视做谋取个人私利的工具的人。因为一个人如果认为某人将成为他的敌人，他怎么可能去与他交友呢？这是不可能的，因为在这种情况下他就必定希望朋友尽可能多地犯罪，好掌握更多的把柄去反对他的朋友；还有，他一定会对朋友的正当行为或好运感到沮丧、恼火和妒忌。因此，无论这句格言是谁说的，都有摧毁友谊的效果；我们倒不如坚持这样一条交友的规则，如果我们觉得某人在将来某个时候会被我们痛恨，那么就决不要与他交朋友。确实，西庇阿认为，即使我们不幸交错了朋友，我们也应当忍受下去，而不是伺机绝交。

【17】因此，我认为有这样一些界限是必须遵守的，亦即，如果朋友的性格是纯洁的，那么朋友之间的意向和爱好应当完全一致，没有任何例外；即使在某些情况下，朋友的某些愿望不是完全高尚，但由于事关朋友的生命或名望，我们还是应当助他一臂之力，除非会带来可耻的结果；因为友谊可以允许有一定程度的宽容。一个人确实既不能不顾自己的名声，也不应当把同胞的善意视为人生斗争的武器，尽管以谄媚和奉承来博取同胞的善意是可耻的；至于美德，我们决不应当摒弃，因为使我们获得尊重的是美德。

我还要再次提到西庇阿，他是我在阐述友谊问题时的唯一的权威。西庇阿曾经抱怨说：人在任何事情上都不像在友谊问题上那么漫不经心；每个人都能准确地说出他有多少只山羊和绵羊，却不能准确地说出他有多少朋友；人在买羊时精挑细选，而在择友时却漫不经心，缺少某种标记，也就是说，根本没有什么标准可言。因此，我们必须选择那些坚定、稳健、持久的人做朋友，这样一类人是非常稀少的；与此同时，未经考验，很难做出决断，而这样的考验也只有在实际中进行；所以，人们经常在判断之前就已经结成友谊，这也就取消了考验的机会。因此，像驾驭马车一样克制自己的善意是有智慧的表现，藉此可以谨慎地交友，在一定程度上对朋友的品性进行预备性的考验，就像要摸透马匹的品性一样。有些人经手一笔小钱就可以证明他们有多么不可靠，而有些人虽然经受得住一笔小钱的诱惑，但要是一大笔钱，就会暴露自己的真面目。如果能够发现有些人卑鄙地把金钱置于友谊之上，我们到哪里去找把友谊看得比官位、升迁、权力还要重要，把友谊放在这些利益之前，宁要友谊而不要这些利益的人呢？在与权力对抗的时候，人的本性是虚弱的，而当人们以轻视友谊为代价获得权力的时候他们会想象他们的罪过会被遗忘，因为没有重大的原因，友谊是不会被轻视的。因此，在那些担任公职、处理公共事务的人中间是很难找到友谊的。你到哪里能找到这么高尚的人，宁可自己不升职也愿意让朋友升职？撇开财物方面的考虑不谈，请你们这样想：对大多数人来说，要替别人分担不幸该有多么难！要找到为朋友甘愿两肋插刀的人也不容易！恩尼乌斯有句话说得不错，"危难时刻见诤友"，但绝大多数人会以两种方式暴露出他们的变化无常，要么是在自己飞黄腾达时瞧不起朋友，要么是在朋友有难时抛弃朋友。因此，谁要是在这两种情况下都能表现出忠贞不变的友谊，就应当认为他属于世上极少的那一类人——啊，他们几乎就是神。

【18】我们在友谊中寻求的、能保证友谊永恒不变的东西就是忠诚，任何不忠诚的友谊都不能持久。还有，选择那些性格坦率、友善、富有同情心的人做朋友是正确的——亦即那些和你自己一样容易受到同样动机影响的人——因为这些品性都会导致忠诚；因为本性隐晦曲折的人不可能得到他人

的忠诚；一个人要是没有同情心，不能和你们一样为某些事情所感动，他也确实不可能得到他人的忠诚和信赖。在这一观察之外，还应当补充一条可以导致坚强友谊的必要条件：既不能以指责自己的朋友为乐，其他人指责自己的朋友时也不能相信这种指责。所以，我一开始所说的真理就确立了："友谊只能存在于好人之间。"

因为，坚持这两条友谊的规则是好人的特点，我也可以把好人叫做聪明人：第一，不得虚伪或伪善，因为坦率耿直者宁可公开表示仇恨，也不愿用笑脸掩饰自己的真实想法；第二，不仅要坚决驳斥别人对朋友的指责，而且要避免自己对朋友的怀疑或者相信朋友做了错事。此外还要加上言谈举止的亲切和蔼，以增添友谊的情趣。庄重肃穆固然可以给人留下深刻的印象，然而友谊应当无拘无束、和蔼可亲、令人愉快，更多一些彬彬有礼和温文尔雅。

【19】但在这一点上会产生一个小小的难题：新朋友是否在任何时候比老朋友更值得结交，就好像我们喜欢小马而不喜欢老马？是人就不会这样想，因为友谊不像其他东西，它不会过量；美酒越陈越香，友谊犹如美酒，越是长久，越是令人愉快；还有，有一句众所周知的谚语说："人只有吃足了盐巴，才能声称缔结了牢固的友谊。"但是新的友谊也不应嘲笑，只要它能带来结果实的希望，就像绿油油的禾苗不会在丰收季节让我们失望；然而，旧的友谊必须保存它们自己的位置，因为岁月和习惯的力量是巨大的。不，哪怕是在我刚才提到的马匹的例子下，我们也可以说每个人都喜欢骑惯了的马，而不喜欢没有驯服的新马。习惯有强大的力量，不仅表现在有生命的事物中，而且表现在无生命的事物中，比如我们对久居之地会有深厚的感情，哪怕它是深山老林。

但是，在友谊中保持地位优越者和地位低下者的平等是极为重要的。因为经常存在着一些卓越人士，比如西庇阿，我可以把他称做"我们的典范"。但是他对菲鲁斯、卢庇留斯、姆米乌斯，或者对其他地位比他低的朋友，从来不摆架子。举例来说，他的哥哥昆图斯·马克西姆无疑也是一位卓越的人士，尽管比不上西庇阿，然而西庇阿把兄长当做地位比他高的人来对待，因为哥哥比他年长。西庇阿确实希望自己能够成为增进他的所有朋友的尊严的原因。每个人都应当采取和模仿他的做法，乃至于，一个人要是在美德、理智或幸运等方面有很高的天赋，那么他可以把它送给他的亲戚，与他的亲属分享；或者说，要是他的父母地位低微，他的亲戚在心灵或财产方面都不如他，那么他可以提高他们的地位和增进他们的荣誉和影响；在传说中，有些人虽然是诸神之子或国王的儿子，但长期过着贫贱的生活，等到他们的身世和家族被人知晓以后，他们仍旧对作为他们养父母的牧羊人一往情深。所以，在父母是真的，没有任何可疑的情况下，这种感情一定会更加强烈。因为才能、美德以及各种优点，只有与我们最亲近的人或对我们最亲近的人分享，才会发出最甜美的芬芳。

【20】因此，就像朋友和亲戚之间具有的亲密关系，地位优越者应当平等地对待地位比他低下的人，所以后者也一定不能因为前者在理智、幸运、地位上超过自己而感到伤心。但是，后一类人中老是有许多人不断地发出抱怨，甚至发出指责，尤其是当他们想到自己付出了某些辛苦，履行了某种义务，为友谊做出了某种贡献的时候。他们确实老是在强调自己提供的服务，因而忿忿不平，但是这些服务应当由被服务者记在心里，而不应当由提供服务者自己来宣扬。因此，在友谊中，地位优越者应当谦卑，以便在一定程度上提高地位低下者的地位。有一些人由于想到自己被轻视而使友谊破裂，只有极个别的人会认为自己应当受到轻视；要让他们从这样的想法中解脱出来不能单靠话语，而要依靠行动。第一，你们必须尽力为每一个朋友提供帮助；第二，你们要根据你们所爱的这个朋友的承受能力来帮助他。因为无论你有多么卓越，你都不可能把你处在不同等级上的所有朋友都提拔到最高的职位上来，好比西庇阿，他能使普伯里乌·鲁提留斯成为执政官，但不能使他的弟弟卢西乌斯·鲁提留斯成为执政官。哪怕你能够把你挑选的荣耀赐予他人，你也必须考虑他是否能够承受。

一般说来，人们要等到心灵和年纪都已经成熟和稳定以后才能在友谊问题上做出决断；人们一定不能把少年时期一同打猎或玩球时的好伙伴都当做亲密的朋友，因为少年时期他们相互喜爱只是因为有相同的爱好。要是以熟悉程度为原则，那么我们的保姆和奴仆就最有权利要求得到我们最大的善意。我承认，我们不能轻视他们，但我们以另一种完全不同的方式对待他们；其他条件下的友谊都不能得到保障。[①] 因为性格的差别伴有嗜好的差别，而嗜好的多样性使友谊破裂；好人不能与恶人做朋友，恶人也不能与好人做朋友，其原因就在于他们在性格和嗜好上大相径庭，除此之外不可能有其他原因。

在友谊中还可以恰当地制定这样一条规则：在重要事务中不要让任何不受约束的善意阻碍朋友的利益，而这种情况经常发生。确实，要是我可以追溯神话传说，如果涅俄普托勒摩愿意听从吕科墨得斯的劝告，那么他就不会攻占特洛伊，他是吕科墨得斯养大的，吕科墨得斯曾经声泪俱下地阻止他去攻打特洛伊。经常还会出现这样一种情况，由于担负重要的职责，朋友之间需要暂时分离：由于不能忍受这种分离而试图阻止朋友去履行职责的人，不仅是柔弱的，女人气的，而且也不是真正的朋友。简言之，在每一具体情况下仔细考虑你对朋友应当提出什么要求，而当朋友对你提出要求时，你应当让他得到什么，这是你的职责。

【21】还有，友谊的破裂会带来灾难——我们的讨论现在从聪明人的友谊降到普通人的友谊——有时候这种灾难是不可避免的。朋友之间经常会发生某些坏事，影响他们的友谊，有时候其他人干的坏事也会影响朋友之间的友谊。因此，这样的友谊应当逐渐疏远，乃至于最后断绝；像曾经听加图说过，"这样的友谊与其加强，不如断绝"，除非自己的朋友能与这些无法忍受的恶行有彻底的决裂，使友谊能够与正直和荣誉一致；在这种情况下，唯一可能的确实就是马上绝交。

但是另一方面，像通常发生的那样，人的性格和爱好发生了变化，或者

---

① 只有当我们的心灵和年纪成熟时形成的友谊才能有保障。

有了不同的政见观点（如我刚才所说，我现在谈论的不是聪明人之间的友谊，而是普通人的友谊），那么必须小心对待，不要让这样的情况出现，不仅友谊破裂，而且产生公开的敌意。因为没有任何事情比与自己昔日的密友作对更可耻。你们俩都知道，由于我的原因，西庇阿与昆图斯·庞培友谊破裂；还有，因为政见不同，他和我的同僚麦特鲁斯的关系也疏远了；但他在处理这两件事情时做得既稳妥又不失尊严，尽管他确实很生气，但没有结仇。因此，首先要防止朋友之间产生分歧，如果出现了不和的现象，也要使友谊自然消亡，而非断然绝交。你们一定要小心谨慎，不要让友谊变成严重的敌意，这是争执、恶语和怒斥的根源。然而，哪怕出现这种情况，要是能够忍受，你们还是应当尽量忍受；要珍惜旧时的老友，哪怕他做了错事，你们也要宁可伤害别人，也不让他受到伤害。

简言之，要想避免这种毛病和烦恼只有一种安全的办法，那就是在给予爱心方面不要操之过急，也不要把爱心给予那些卑劣的人。交朋友要结交在灵魂和理性方面值得结交的人。这样的人现在确实十分罕见！卓越的东西总是稀少，寻找十全十美的东西更难。然而，大多数人认为我们的生活中没有什么美好的东西，除非能给我们带来利益，他们对待朋友就像对待他们的牛羊，在他们的心目中，能给他们带来最大收益的东西价值最高。因此，他们不可能得到最纯真、最具有自发性的友谊，这种友谊以友谊本身为目的；他们也不能从自己的经验中领略到这种友谊的力量、性质和范围。因为每个人爱自己不是因为爱自己可以从自己身上获利，而是因为他自身的缘故他是最亲的；除非把这样的情感转移到友谊中，否则不可能找到真正的朋友；因为朋友就是另一个自我。

无论是天上的或地下的动物，还是水中的动物，无论是野生的动物，还是驯养的动物，首先，它们都爱自己，这是一切生物的天性；其次，它们需要和追求它们可以依恋的同类，这样的期盼在某种程度上类似人类的爱情；因此，依据自然法则，人类更加热爱自己，并且使用他的理性去寻找另外一个灵魂与自己十分契合的人，情投意合、心心相印！

【22】但是大多数人是不理智的，更不要说是无耻的了，他们想要朋友不再是他自己，还想从朋友那里得到他们自己都不愿给予的东西。正确的做法是：首先，自己做一个好人；然后，找一个和自己品质相仿的人做朋友。在这样的人中间，我们一直在说的这种稳固的友谊才能得到保证；当善意把他们联系在一起的时候，首先，他们会克服奴役他人的欲望；其次，他们会平等地对待他人，彼此倾心相助；他们不会要求他人去做有损荣耀和公正的事情，不仅相互珍惜和热爱，而且相互敬重。从友谊中消除了敬重，也就消除了友谊中最明亮的珠宝。因此，那些人认为友谊为各种欲望和罪恶敞开了大门，这种看法是极端错误的。自然把友谊赐给我们做美德的侍女，而不是赐给我们做罪恶的同谋；因为美德不能孤独地达到她的最高目标，而只能在与其他美德联合的情况下才能做到这一点。这样的伙伴关系，无论现在、过去或将来，都应当被认为是在自然的至善道路上前进的最优秀、最幸福的伙伴关系。我要说，这样的伙伴关系中包含着人类视为最值得追求的一切——荣耀、名望、心灵的愉快和安宁；有了这些东西，生活是幸福的，没有这些东西，生活不可能幸福。

由于幸福是我们的最好和最高的目标，如果我们想要幸福，我们必须关注美德，要是没有美德，我们就既不能得到友谊，也不能得到其他任何值得向往的东西；另一方面，那些轻视美德而自认为有朋友的人，一旦遇到某些严重的灾祸，迫使他们去考验他们的朋友，就会发现自己的错误了。因此，我要反复告诫你们：先评价后爱，而不要先爱后评价。我们在许多事情上由于疏忽而受到惩罚，在选择和对待我们的朋友方面尤其如此；我们总是在事情发生以后才感到后悔，就像古谚所说的那样，"判决以后才去辩护"。于是，当我们和其他人在长期交往和相互帮助中结成友谊的时候，一旦发生某些令人不愉快的事情，我们就会中断友谊。

【23】因此，如此粗心大意地对待这样一种重要的关系，应当受到更多的谴责。因为只有友谊是全人类异口同声地认为有益的东西，甚至连美德本身都不是这样，会有许多人带着轻蔑的口吻说美德只不过是虚伪和炫耀；有

许多人蔑视财富，安于贫穷，以粗衣淡饭为乐；政治上的荣耀也一样，虽然有些人趋之若狂，但有许多人视如敝屣，认为世上没有任何事情比政治上的荣耀更空洞，世上没有任何事情比寻求政治荣耀更疯狂！其他事情也一样，有些似乎值得钦佩的东西在许多人看来一钱不值。唯有友谊，所有人的看法都一样，热心从政的人、在科学和哲学中寻找快乐的人、那些不从事公务只顾自己做生意的人，最后还有那些沉溺于感官快乐的人——他们全都认为，如果没有友谊，生活就不成其为生活；或者说，他们至少相信，要想过一种自由人的生活就不能没有友谊。我不知道友谊是怎样潜入各种生活的，没有任何一种生活方式能够没有友谊。

不，就算有人生性粗暴乖戾，厌恶并避免与他人交往——好比说，雅典的蒂孟就是这样的人——然而，即使这样的人在发脾气之前也要找到某个人来听他的咒骂。还有，如果有这样的事情发生，那么我们刚才讲过的观点就可以得到最好的评价：假定神把我们迁离人群聚集之处，让我们孤独地住在某个与世隔绝的地方，给我们提供丰富的生活必需品，但不允许我们见任何同胞——有谁能忍受这样的生活？在这样的处境下有谁会由于孤独而丧失一切快乐？因此，塔壬同的阿尔基塔说得对，我的长辈多次对我说过他的名言，而他们又是从他们的长辈那里听来的。他说："即使一个人能独自升天，能清楚地看到宇宙的结构和美丽的星辰，这种瑰丽的景象也不会使他快乐，因为他只有找到一个人向他述说他见到的壮景才会感到愉快。"这就是人的本性，厌恶孤独，寻求扶持，而亲密的朋友就是人的最佳扶持。

【24】但是，尽管人的这种本性通过如此众多的迹象表明她的希望、追求和期待，我们却置若罔闻，不愿倾听她的呼声。朋友间的交往是多样的，复杂的，猜疑和冒犯是常有的事，有时候不予理睬是明智的，有时候可以大事化小，小事化了，有时候则要宽容为怀。但有的时候为了保存友谊和你的忠诚，就无法避免冒犯；因为朋友之间不仅要经常提醒，而且要经常告诫，只要朋友的告诫是出于善意，就应当欣然接受。但是这样的说法是对的，就

像我的亲密朋友在他的《安德里亚》中所说："顺从易结友，直呈遭人恨。"①
如果坦率直言的结果是招致忌恨，从而破坏友谊，那么它确实会带来麻烦；
但是顺从朋友，纵容他的罪行，让他固执地在错误的道路上走到底，会带来
更多的麻烦；一个人拒纳直言，而又在顺从的推动下走向毁灭，这是最大的
错误。

因此，在友谊中必须使用理性，必须小心谨慎。首先，提出劝告不要
太尖刻；其次，进行责备时不要使用侮辱性的语言。但是在表现顺从的时
候——我喜欢使用特伦提乌斯的用词——让我们一方面做到谦恭有礼，另一
方面彻底消除奉承，奉承是恶的侍女，不仅不能用于朋友，而且不能用于自
由人；因为我们与暴君相处是一种方式，与朋友相处是另一种方式。一个人
要是连朋友的忠告都听不进，那么他绝无安全可言。和加图讲过的许多名言
一样，加图有一句名言非常精辟："甜言蜜语的朋友比凶狠尖刻的敌人更坏，
因为后者经常说真话，而前者从不说真话。"还有，受到告诫的人对必须感
到苦恼的事情不感到苦恼，对不应感到苦恼的事情感到苦恼，这是荒唐的；
他们对自己的罪过不感到苦恼，而对受到的斥责感到苦恼；与此相反，他们
本应对受到冒犯感到悲伤，对受到矫正感到喜乐。

【25】因此，提出和接受劝告是真正的友谊的特点，一方面，在提出劝
告时候要毫无保留，但不要尖刻，另一方面，在接受劝告时要耐心，不要恼
恨，对友谊破坏最大的莫过于奉承、献媚和哄骗；你们还可以用许多语词来
描述这种行为，这种行为应当被视为独特的邪恶，反复无常、弄虚作假的人
说任何事情都着眼于取悦于人而全然不顾事实真相。还有，虚伪不仅在任何
情况下都是邪恶的，因为它蒙蔽事实真相，削弱人们察觉事实真相的力量，
而且对友谊特别有害，因为它完全摧毁了真诚，而要是没有真诚，友谊也就
徒有虚名了。因为友谊本质上就是使两个灵魂融为一体，如果在一个人身
上，灵魂都不能始终如一，而是反复无常、变化多端，那么友谊又如何可能

---

① 特伦提乌斯：《安德里亚》第 1 幕，第 41 行。

呢？一个人的灵魂不仅要随着其他人的情感和愿望发生改变，而且还要取决于其他人的脸色和首肯，世上还有什么东西能够比这更容易受影响，更加摇摆不定？"他说不，我也说不，他说是，我也说是；总之，我在所有事情上都要和他保持一致。"①这是我前面引述过的特伦提乌斯说的，不过他的这句话通过格纳索这个人物之口说出；和这样的人结成的友谊无论如何都是不稳固的。然而，像格纳索这样的人很多，他们的出身、幸运、名望虽然很高，但他们的地位却使他们变得不诚实，变成危险的奉承者。但是我们可以谨慎地区分真正的朋友和阿谀奉承的朋友，就像我们鉴别其他东西一样，把真品和赝品区分开来。公民大会的参加者虽然有许多是没有知识的人，但他们通常还是能够看出谁在哪里用甜言蜜语蛊惑人心，谁是坚定、稳重、诚实的公民。前不久，盖乌斯·帕皮留斯试图在公民大会上通过一条允许护民官连任的法案，用的就是这种阿谀奉承的语言！我当时就反对这个法案，但是在这里我不想谈论我自己，谈论西庇阿会给我更多的快乐。诸神在上！他在那个场合的演讲有多么感人，多么庄重！人们会毫不犹豫地说，他是罗马人民的领袖，而不是他们中的普通一员。当时你们俩都在场，另外，他的演讲已经发表。结果是，这一所谓的"人民的法案"被人民投票否决了。

请你们原谅，下面我又要提到我自己了。你们记得，当时卢西乌斯·曼昔努斯和西庇阿的兄弟昆图斯·马克西姆担任执政官，②盖乌斯·李锡尼·克拉苏提出来的祭司法案有多么受人欢迎，根据这个提案，祭司团补充缺额的权力要转到人民手中。顺便说一句，克拉苏是第一个走进广场，直接对民众发表演说的人。然而，我后来发表的演讲对他的演讲进行了驳斥，我的演讲崇敬不朽的诸神，轻而易举地击败了他那似是而非的演讲。这件事发生的时候我只是个执法官，五年之后我才被选为执政官。因此，我获胜的原因与其说是由于地位显赫，不如说是事情本身的力量。

---

① 特伦提乌斯：《阉人》第 2 幕，第 21 行。
② 公元前 145 年。

【26】如果在舞台上，我指的是戏台，最有机会可以实施欺骗和伪装，而真相却被掩盖，除非能将真相大白于光天化日之下，那么完全取决于真实程度的友谊该怎么办？在友谊中，像俗话所说，你们除非开诚布公，否则就没有忠诚或确信，也没有爱和被爱的满足，因为你们不知道什么是真正的爱。然而，我讲过的这种奉承，无论它有多么致命，不能伤害任何人，除非被奉承者接受奉承并且以此为乐。由此可以推论，最喜欢接受奉承的人也就是最喜欢奉承自己的人，最容易对自己感到满足的人。

我承认，美德是自爱的，因为美德最了解自己，明白自己有多么可爱；但我在这里谈论的不是美德，而是美德的名声。因为有许多人并不希望真正地拥有美德，而是希望好像拥有美德。这样的人喜欢奉承，当有人为了满足他们的虚荣心而刻意奉承他们时，他们会认为这些空洞的话语是他们自己的功德的明证。因此在友谊中，一方不愿听真话，另一方准备说谎话，这样的友谊等于无。在喜剧中，要是没有大言不惭的武夫，我们也就看不出拍马溜须的食客有什么幽默了。"赛依斯真的非常感谢我吗？"本来只要简单地回答说非常感谢就够了，但是食客要说"万分感谢"。奉承者总是夸大其词，投人所好，以便被奉承者感到满意。因此，这种虚伪的奉承不仅对喜欢受到奉承的人特别有效，甚至连性格坚强和稳重的人也要提高警惕，免得狡诈隐蔽的奉承乘虚而入。

当然了，每个人都能察觉公开的奉承，除非他是一个地地道道的傻瓜，而狡诈隐蔽的奉承我们必须小心提防，以免不知不觉地上当受骗。这种人是很难识破的，因为他经常假借反驳来奉承，假装争论来献媚，最后表示屈从，自愿服输，靠着哄骗让对方误以为自己高明。还有什么比受到哄骗更丢脸？如果不愿受到哄骗，那么我们都应当提高警惕，不要让这种事情发生在我们身上，免得最后不得不承认："今天，就像戏台上的大傻瓜，我被你们哄了个够，骗了个够！"因为即使在舞台上，最愚蠢的角色也不过就是缺乏预见，容易上当受骗的老人。

不知怎么回事，我已经偏离了那种完人的友谊——也就是聪明人的友谊，我认为这样的智慧是人的命运必须遵守的——讨论起这种微不足道的友谊来。因此，让我们回归我开始时的主题，乃至于最终结束它。

【27】我亲爱的盖乌斯·芳尼乌斯，还有你，我亲爱的昆图斯·穆西乌斯，我要说，美德既创造了友谊，又保存了友谊。美德是完全和谐的，美德之中有持久，美德之中有忠诚；当美德显露头角，放出自己的光芒，并且看到对方也放射出同样的光芒时，她们就交相辉映，相互吸引；作为其后果，爱或友谊就放射出光芒；因为这两个词都是从意思是"爱"的那个词派生出来的。① 但是爱无非就是对能激发你的爱情的那个人的极大的尊重，它不是由于生活的贫困而加以寻求的，也不是为了获得物质方面的好处。尽管你们不会以此为目的，但友谊还是会带来这样的好处。我在年轻的时候，在这种交友的欲望的推动下，变得依恋那些老人，卢西乌斯·鲍鲁斯、马库斯·加图、盖乌斯·伽卢斯、普伯里乌·纳西卡，还有提比略·革拉古，我亲爱的西庇阿的岳父。在年纪相仿的人中间，这种感情会变得更加强烈，例如我和西庇阿、卢西乌斯·富里乌斯、普伯里乌·卢庇留斯、卢西乌斯·姆米乌斯；然而反过来，我现在老了，爱和年轻人交往了，譬如你们，还有昆图斯·图伯洛；我还喜欢和比你们更年轻的人交朋友，比如普伯里乌·鲁提留斯和奥鲁斯·维吉纽斯。生生不息，世代相传，这是人性和人生的法则，能够和与你年纪相仿的年轻人一道在生命的旅程中赛跑，这确实是最值得向往的事情。

但是，由于世事易变，我们必须不断地寻找我们能爱，而他们反过来也能爱我们的人；如果消除了善意和爱，人生就会变得索然无味。确实，西庇阿虽然突然离世，但对我来说，西庇阿仍旧活着，并且永远活着；因为我爱的是他的美德，而美德是不死的。他的美德也并非仅仅在我眼中，也不仅仅是为了我，我毕生都能体验到它，他的美德还会放出绚丽的光彩，照亮子孙后代。一个人要是想不起那些杰出人物，不能以他们为榜样，他就不能鼓足

---

① "爱"的拉丁文是"amor"，"友谊"的拉丁文是"amicitia"。

勇气承担起生活的重任。

对我来说，命运或自然赐给我的一切幸福都无法与我和西庇阿的友谊相比。在其中，我找到了对公共问题的一致看法；在其中，我找到了对我的私人事务的建议；在其中，我也找到了消磨闲暇时的无忧无虑的欢乐。就我所知，我从来没有冒犯过他，哪怕是在最细小的事情上；我也从来没有听他说过一句我不希望他说的话；我们住在同一所房子里，我们同桌吃饭，共同生活，不仅在军旅中是这样，而且在海外旅行和乡间度假时也是这样。我们在有闲暇的时候，找个僻静的地方，在一起专心致志地研究学问，这些我还用得着说吗？如果我对往事的回忆也随着他的离世而一同消逝，那么我现在无法忍受失去一位在生活中与我如此亲密的人。但是这些往事没有消逝，它们在我的记忆中越来越清晰；即使我现在已经完全丧失回忆它们的能力，我这把年纪也已经无所谓了；因为我忍受这种悲痛的时间已经不会太长了；而任何痛苦只要是短暂的，不管它有多剧烈，都必须忍受。

关于友谊，这就是我要说的一切；但我还要向你们提出一个忠告：你们俩要敬重美德，没有美德，友谊就不能存在；你们要这样想，除了美德，世上没有任何事情能比友谊更美好。

论 占 卜

提 要

本文的拉丁文标题是"De Divinatione",英文译为"Divination",意思是"论占卜"、"论预言"。中文篇名定为"论占卜"。

本文形式上采用对话体,对话人是西塞罗和他的兄弟昆图斯,但实际上是两名对话人分别做出连续的陈述。第一卷全部是昆图斯的讲话,代表斯多亚学派的立场。而第二卷是西塞罗本人站在学园派的立场上对昆图斯的讲话作答。对话的地点是西塞罗在图斯库兰的乡间别墅。本文第一卷的主要部分在凯撒遇刺(公元前48年)之前就已完成,但整部对话的完成是在这一事件之后,大约是公元前45年。

本文内容与《论神性》相关。作者在文中对预言和占卜做了系统考察,最终指出普通人接受的占卜是一种迷信观念,应当连根拔除。像在其他哲学著作中一样,西塞罗站在新学园派的立场上,对其他各种哲学流派的预言观发难,比较其逻辑论证,采用最适合自己的论点。全文共分两卷,第一卷58章,第二卷72章,译成中文约8万字。

正 文

第一卷

【1】占卜是人类的一种古老的信念，早自神话时代开始一直传到我们这里，罗马人和所有民族都相信占卜；希腊人把占卜称做"μαντική"，亦即关于未来事件的预见和知识。占卜确实是一件绝妙的、有用的事情——要是有这种能力——因为通过占卜，人可以非常接近诸神的力量。正像我们罗马人有许多事情做得比希腊人好，我们给这种最独特的天赋的命名也比他们的要好，我们的"占卜"这个词是从"divi"这个词派生而来的，它的意思是"诸神"，而按照柏拉图的解释，希腊人的"占卜"这个词是从"furor"这个词派生出来的，它的意思是"疯狂"。

我现在明白了，没有哪个民族不认为未来的事件是有预兆的，无论这个民族有多么文明和富有知识，或者有多么野蛮和无知，有些人能认出这些预兆，在事件发生前做出预言。首先让我们从最遥远的权威说起，亚述人居住在巨大的平原上，苍穹一览无余地呈现在他们面前，他们观察星辰的运行轨道，记录下来，传给后代，并且告诉后代这些星辰对每个人有什么意义。在同一个国家里还有迦勒底人——这个名称不是源自他们的技艺，而是源自他们的种族①——据说他们长期观察星座，这门学问使他们能够预见任何人的命运以及一个人降生的目的。

据说埃及人在遥远的无数个世代之前就已获得了这种技艺。还有，西里西亚人、皮昔底亚人，以及他们的邻居潘斐利亚人——我曾经治理过这些民族——认为鸟的啼鸣和飞行预示着未来，是最可靠的预兆。确实，希腊人在

---

① 迦勒底人擅长星相，在巴比伦是统治阶级。

派遣殖民团体去埃俄利亚、伊奥尼亚、亚细亚、西西里、意大利之前，哪一次没有去彼提亚或多多那请示神谕，或者去请示朱庇特·哈蒙①的神谕？或者说，希腊人哪一次在发起战争之前没有去请示诸神？

【2】在公共和私下的场合举行占卜并非只有一种模式。因为，不要说其他民族了，我们自己的人民就有多少种占卜！首先，按照传说，罗莫洛，这座城市之父，不仅顺应占卜创建了这座城市，而且他本人就是一名最老练的占卜家。其次，其他几位罗马国王也使用占卜；还有，这些国王遭到驱逐以后，境内外的公共事务发生变迁事先都进行过占卜。进一步说，由于我们的祖先相信占卜者的技艺能极为有效地获取预兆和建议，能在各种具体情况下对预兆做出解释，以便有所防范，所以他们把埃图利亚的所有占卜术逐渐引了进来，免得有哪一种占卜受到忽视。

他们认为，在两种情况下，人的心灵处于非理性、无意识的状态，一是出神，二是做梦，受到这样的激励，心灵能够不受任何约束地自主运动；他们相信，西彼拉的话语主要是通过出神而得来的预兆，因此他们决定从国人中挑选十个人解释这些话语。属于同一类的还有那些占卜者和预言家出神状态下的预言，我们的祖先经常认为这些预言值得相信——就像屋大维战争②期间高奈留·库莱奥鲁的预言。不，通过做梦得来的预兆意义更为重大，尤其是涉及公共事务的管理，而又被我们的最高议事会轻视。呃，甚至在我本人的记忆中，和普伯里乌·鲁提留斯一道担任执政官的卢西乌斯·朱利乌斯，顺从巴莱里库③之女凯西莉娅的梦，敦请元老院投票决定，重建救护神朱诺的神庙。

【3】我的看法是：在审核这种预言时，影响古人更多的是实际结果，而不是通过理性得到确信。然而，哲学家们收集了一些精致的论证来证明预言

① 哈蒙（Hammon），利比亚人的主神，希腊人把他视为朱庇特。

② 战争发生于公元前87年，以屋大维和苏拉为一方，秦纳和马略为另一方。

③ 全名昆图斯·凯西留斯·麦特鲁斯·巴莱里库（Quintus Caecilius Metellus Balearicus），公元前123年任执政官。

的可靠。这些人中间最早提到这个问题的是科罗封的克塞诺芬尼，他维护诸神的存在，但他是唯一完全拒斥占卜的人；而其他所有人程度不一地肯定占卜，只有嘲笑诸神本性的伊壁鸠鲁例外。例如，苏格拉底和所有苏格拉底学派、芝诺及其追随者，他们与老学园派和逍遥学派一致，继续相信古代哲学家的信念。他们的前辈毕泰戈拉甚至希望别人把自己视为一名占卜者，他的伟大名字给占卜带来了很重的分量；杰出的作家德谟克利特在许多段落中坚定地宣称自己对将要发生的事情有预感。还有逍遥学派的狄凯亚库，尽管接受梦中的和出神的预言，但抛弃其他各种预言；我的亲密朋友克拉提普也相信同样的预言，但拒绝其他种类的预言，我把这位同辈人视为逍遥学派最伟大的成员。

另一方面，斯多亚学派（芝诺在其著作中播下了某些种子，而克林塞斯给它施肥）几乎捍卫每一种预言。然后是理智敏锐的克律西波，他竭尽全力花了两卷书的篇幅讨论占卜的理论，另外还写了一卷书论神谕，一卷书论做梦。他的学生，巴比伦的第欧根尼，追随他发表了一卷书，安蒂帕特发表了两卷书，我的朋友波西多纽发表了五卷书。但是帕奈提乌，他是波西多纽的老师，也是安蒂帕特的学生，甚至可以说是斯多亚学派的一块柱石，背离了斯多亚学派，尽管他不敢说占卜无效，然而他确实说过他有些怀疑。斯多亚学派允许这位著名的斯多亚学派哲学家对此表示怀疑——我向你们保证，这样做并非出自他们自己的意愿——但他们会允许我们学园派的人有权对所有其他观点持相同态度吗，尤其是这个观点在帕奈提乌看来是不清楚的，而在斯多亚学派的其他成员看来比大白天还要清楚？但无论如何，这位最杰出的哲学家 [①] 的庄严判断赞同学园派这种值得赞扬的倾向。

【4】因此，由于我对涉及占卜的判断是否恰当也表示怀疑，由于卡尔涅亚得提出了许多有针对性的、彻底的论证反对斯多亚学派的观点，由于我担心过于匆忙地肯定一个有可能是虚假的或不充分的论断，所以我已经谨慎地

---

① 指帕奈提乌。

做了决定，并且不断地对这些论证进行比较，就像我在三卷本的《论神性》中所做的那样。因为，仓促地接受一条错误的意见在任何情况下都是可耻的，尤其是在一项如何衡量占卜、神圣祭仪、宗教仪式的考察中；如果我们轻视它们，那么我们是在冒险反对诸神，而如果我们赞同它们，我们又可能陷入乡间老妇的迷信。

【5】我在其他场合经常讨论这个主题，但十分谨慎。最近我和我的兄弟昆图斯一起待在我的图斯库兰庄园里。我们外出散步，走到了吕克昂，这是我的庄园上面的那个运动场的名字。昆图斯说："我刚刚读完你的《论神性》的第三卷，包括科塔的讨论，尽管它几乎动摇了我的宗教观，但还没有完全颠覆它们。"

我说："很好，因为科塔的论证与其说旨在驳斥斯多亚学派的论证，不如说是为了摧毁人们的宗教信仰。"

昆图斯答道："科塔反复地说同一件事，我想，他这样做的目的是为了不像违反大家都接受的信条；然而在我看来，他以驳斥斯多亚学派的热情，彻底毁灭了诸神。然而，我确实不知道应该如何回答他的推理；因为在第二卷中，鲁西留斯为宗教做了恰当的辩护，提出了他自己的论证，就像你本人在第三卷结束时所说，你认为他的观点比科塔的观点更接近真理。但在那几卷中你忽略了一个问题，无疑，你认为这个问题应当单独讨论，这样做更为便利；我指的是占卜，亦即对偶然发生的事情的预见和预告。如果你愿意，现在让我们来看占卜有什么效验，占卜的本质是什么。我自己的观点是：如果我们从祖先那里继承下来并且加以应用的各种占卜是可信的，那么诸神存在，反过来说，如果诸神存在，那么就有人拥有占卜的能力。"

【6】我说："噢，我亲爱的昆图斯，你正在捍卫斯多亚学派的堡垒，你肯定了两个相互依存的命题：'如果有占卜，那么诸神存在'和'如果有诸神，那么有占卜'。但这两个命题并不像你所认为的那样得到普遍认可。因为自然在没有神的干预的情况下也可能提供有关未来事件的预兆，也有可能诸神

存在，但它们并没有赐予人占卜的能力。"

对此他答道："无论如何，我发现了充分的证据，诸神存在，诸神关心人间事务，这令我感到满意，我确信有些种类的占卜是清晰的、显而易见的。要是你允许，我可以就这一主题表达我的观点，要是你现在有空，也没有其他比这更好的题目要讨论。"

我说："我亲爱的昆图斯，研究哲学我总是有时间的。还有，我现在没有其他更加快乐的事情要做，所以我渴望听到你对占卜是怎么想的。"

他说："我向你保证，我的观点并不新鲜，也不是我的原创；被我采用观点的那些人不仅非常古老，而且还被所有民族和国家的人认可。占卜有两种：第一种依赖技艺，第二种依赖自然。提到那些几乎完全依赖技艺的占卜，有哪个民族或国家会轻视占卜者的预言、天才的解释、占卜官、星相家或神谕的启示；或者说，提到被分为两种的以自然的方式做出的预见，有谁会轻视做梦或出神时发出的预警？我想，这些占卜的方法我们适宜用来考察事情的结果而非原因。存在着某种自然的力量，我们通过长期连续的观察预兆，通过某种神圣的激励或出神，可以对未来做出预言性的宣示。

【7】"因此，让卡尔涅亚得停止提出这个帕奈提乌也提到过的问题：朱庇特是否曾经下令让乌鸦在左边呱呱叫，让渡鸦在右边呱呱叫。曾经有人长期观察这样的预兆，检查和记录后来发生的事情。还有，只要有时间，没有什么是不能在记忆的帮助下完成和获得，并保存下来的。我们对医生能找到那么多草药会感到惊讶，有些植物的根可供野兽食用，也可以治眼疾，治疗创伤，尽管理性从来没有解释过它们的力量和性质，然而它们的有用性使它们获得了医术和发现者的认可。

"但是现在让我们来考虑这样一个例子，尽管它不属于占卜，但与占卜非常相近。'波涛起伏的大海，经常发出暴风来临的警告，海浪剧增，汹涌澎湃；灰白的岩石与雪水一道冲进大海，发出隆隆的回响；高耸的山峰刮起呼啸的北风，一次次冲击悬崖峭壁，越来越强。'

【8】"你的《天象》① 充满这样的警示，但是有谁能探测它们的原因？我看到斯多亚学派的波埃修斯试图这样做，并且在一定程度上成功地解释了大海和天空的现象。但是，有谁能对下面这些事情的发生提供令人满意的原因？'蓝灰色的苍鹭在大海上飞翔，消失在愤怒的大海的深处，它们战栗的咽喉发出尖利的警告，宣布可怕的风暴就要来临。黎明时分，奥罗拉② 像通常那样放出霜冻和露水，夜莺啼叫着说邪恶就要来临；海鸥不停地叫唤，道出无限的怨恨，它们在波涛汹涌的大海上飞行，它们的脖子好像已经触及浪花。'

【9】"我们很难认为这样的预兆在欺骗我们，但我们不明白为什么会这样。'是的，这些预兆十分明显，是的，水中的居者快乐异常，你们的喧哗是无意义的，只是在用荒唐可笑的叫喊扰乱宁静的清泉和池塘。'谁能假定青蛙有预见？然而在它们的本性中确实有某种预警能力，对此它自己非常清楚，但对人的理智来说很难理解。'笨拙的公牛缓步前行，昂首观看广袤的苍穹，它们用鼻子深深地吸气，知道空气潮湿无比。'我不问这是为什么，因为我知道将要发生什么事情。'常青的乳香树长满绿叶，每年开三次花，结三次果；三重征兆预示着耕作的三个季节。'我不问为什么只有这种树每年开三次花，或者问为什么它的开花时间与耕作的时间相当一致。我满足于知道事情的发生，尽管我不知道这是为什么。因此，涉及各种占卜，我会做出同样的回答，就像我刚才提到的这些例子一样。

【10】"我明白旋花根③ 的净化作用，我明白马兜铃④ 是治疗蛇咬的解毒药——顺便说一句，它的名字来自它的发现者，据说他是在梦中认识这种植物的——我明白它们的力量，这就够了，至于它们为什么会有这种力量我是不知道的。我不太清楚我们已经提到过的风雨前兆的原因，但我知道和理

---

① 指西塞罗翻译阿拉图斯的《气象预报》（*Prognostics*）。

② 奥罗拉（Aurora），司晨女神。

③ 原文为"Convolvulus scammonia"。

④ 原文为"Aristolochia rotunda"。

解它们的力量和效果。与此相同的还有牺牲内脏的裂缝和纹理，我接受它们的意思，但我不知道它们的原因。在日常生活中，每个人都和我的处境差不多，几乎每个人都用牺牲内脏的纹理来占卜。还有，我们可以怀疑闪电的预言价值吗？在这方面我们不是有许多神奇的例子吗？下面这个例子不是最突出的吗？安放在朱庇特·奥提姆斯·马克西姆神庙顶上的苏玛努斯①神像——他的神像当时是用陶土烧制的——遭到雷击，神像的头部被劈掉，不知掉在何处，占卜者说它掉进了台伯河；按照他的指点，人们找到了神像头。

【11】"但是，我还能使用比你更好的权威和证人吗？我极为快乐地背诵你的诗句，来自《我的执政官生涯》的第二卷，是天神之女缪斯说的话：'火焰般的朱庇特首先从地平线升起，整个被造的世界沐浴着它的光辉；尽管以太的穹顶永远束缚着朱庇特，然而他用神灵搜索着大地和天空，探测着凡人的思想深处和行为。''知道了行星的运动和路径，知道了位于黄道十二宫的星辰，也就知道了被无限的智慧控制的一切；希腊人把这些星辰错误地说成流浪者，而实际上它们的距离和速度是确定的。''作为一名执政官，你马上就可观察到突然暴发的星座，众多明亮的星辰可怕地同时产生；然后你可以看到北方的奥罗拉闪烁的光芒，升起在白雪覆盖的阿巴努斯山巅；你们欢乐地献上奶酒，预示着拉丁节的来临；天空似乎发出许多警告，夜间的大屠杀就要发生；月亮突如完全变黑，尽管夜空还有星辰闪烁，月亮的光芒踪影全无；战争的号角凄厉地吹响，阿波罗的火炬照亮整个天穹；西面是太阳下山的地方，罗马人离开这些遥远的居处；地震好似晴天霹雳，丰产的大地遭受摧残；鬼哭狼嚎，令人惊骇丧胆；乱象丛生，先知放言，可怕的战争和内乱迫在眉睫。人们期盼不幸的灾难早点过去，而诸神之父对此早有预见，他让大地和天空重复显示正确的预兆。'

【12】"'托夸图斯和科塔担任执政官的时候，一位吕底亚占卜者发出这

---

① 苏玛努斯（Summanus），罗马天神，与朱庇特混同。

些预言，他的祖先是伊拙斯康人；在你们十二个月的周期中这些预言都已应验。朱庇特在靠近星辰的奥林波斯山巅发出霹雳，打中人们为了荣耀他而建造的神庙；朱庇特在卡皮托利圣山放出闪电。古老而又荣耀的那塔的青铜像、刻着法律的铜牌、……诸神的雕像被霹雳摧毁，化为乌有。'这是战神玛斯的养兽，罗马领土的保护者，战神的子女从神的下腰诞生，吮吸着母狼生命的乳汁；在霹雳的打击下，大地母亲轰然倒下，她在那里给后代留下了脚印。'面对占卜者的记载和坟墓，有谁会不提起伊拙斯康人悲伤的预见？预言家都提议要提防可怕的毁灭和屠杀，罗马人把自己的世系追溯至高贵的祖先，但是罗马人被玷污了；他们的法律被嘈杂的声音推翻，他们要我们从大火中拯救城市和神庙；他们要我们提防可怕的混乱和屠杀；这都是强大的命运预先确定的，朱庇特的神像面朝东方，早已竖在高高的柱子上；当它朝着太阳升起的东方，能从那里看到民众和元老院的时候，这些预兆怎能隐瞒。'雕像的建造受到阻碍，一拖再拖；你终于成为执政官，使它高高耸立。从这一刻起，诸神在此安身，发出预言，柱子竖起的时候，朱庇特的权杖闪闪发光；阿洛布罗吉人 ① 向元老院和罗马人民宣布，他们用匕首和火把为我们的国家准备了毁灭。'

【13】"'你们正确地保存了古人的纪念碑，罗马人统治各个民族和城市是正义的、勇敢的；你们是仁慈的、光荣的、虔诚的，你们的谨慎和智慧远远超过你们的同伴，你们把荣耀无限的神视为最高义务。'这就是他们要坚持的真理，他们竭尽全力，寻找智慧，把闲暇全部用于研究高尚的学问，在学园派和吕克昂学派的影响下，他们对文化做了深刻的反思。年轻的时候，由于国家的召唤，你离开了这些研究，担任公职，从事艰苦的斗争；等你摆脱了各种重负以后，你把国家留给你自由支配的时间都献给了我们和学习。'

"因此，就你的行为而言，就我引用的这些精心写就的诗句而言，你能够被说服，在占卜问题上转变我所说的这种立场吗？

---

① 参见西塞罗：《反喀提林》第 1 篇。

"但是，什么？卡尔涅亚得会问，这些事情为什么会如此发生，或者根据什么规则可以理解这些事情？我承认我不知道，但是我断言你自己能够明白这是为什么。你说这完全是偶然的。确实如此吗？有什么偶然的事情能在其自身拥有真理的标志？一次掷出四枚骰子，各有不同的点数——这是偶然的；但若你掷一百次，每一枚骰子每次都是同样的点数，你还认为这是偶然的吗？在画布上随意涂上一笔，有可能形成一张脸的轮廓，但你能想象颜料盘偶然倾倒也能画出一幅美丽的科斯的维纳斯像吗？假定一头公猪能够用鼻子在地上拱出一个字母'A'，我们有理由相信它能写出恩尼乌斯的诗歌《安德洛玛刻》吗？

"卡尔涅亚得曾经说过一个故事，在开俄斯的采石场有一块石头裂开，上面就好像有一幅幼年大神潘的头像；我假定它可能与这位神有点相似，但可以肯定它决不会像斯科帕斯的作品那么神似。不可否认，偶然性是不可能造出完善的仿制品来的。

【14】"有人会反对说：'但是，预言有的时候没有变成现实。'请你告诉我，哪一种技艺——我指的是依靠猜测和推论的技艺——不会犯同样的错误？治病救人确实是一种技艺，然而有多少人犯过错误！还有舵手，他们不也是经常犯错误吗？例如，就像巴库维乌斯所说，当年希腊联军和他们强大的船队从特洛伊启航，'他们兴高采烈地离开特洛伊，看着鱼儿在海中嬉戏，他们没有聚精会神地航行，时间一点点被消磨。太阳西沉，大海掀起汹涌的波涛；夜色笼罩，天上下起了暴雨。'那么，有那么多优秀的船长和国王遭遇海难，我们应当剥夺航海被称做技艺的权利吗？由于一位最著名的将领最近丢下他的军队逃跑了，我们就要说军事这门技艺无用吗？还有，格奈乌斯·庞培曾经多次犯下严重的政治错误，马库斯·加图偶然也会犯政治错误，你本人也犯过一两次政治错误，我们因此就说政治不是一门技艺吗？所以，预言家们的回答和各种各样的占卜，它们的推论结果都只是可能的；因为这种占卜依赖推论，超出推论，它就寸步难行。它有的时候也会误导，但无论如何在大多数情况下它会引导我们走向真理。这种推论性的占卜是无限

永恒者的产物，人们通过反复观察和记录无数实例，发现某些事先出现的同样的征兆会产生相同的结果，就这样，在经历了一个时期以后，它成长为一门技艺。

【15】"确实，你担任占卜官的时候，^①那些预兆多么可靠啊！而现在——请原谅我这样说——罗马占卜官轻视占卜，而西里西亚人、潘斐利亚人、庇西狄亚人、吕西亚人高度重视占卜。我不需要提醒你，我们的朋友、那位最著名的、最高贵的戴奥塔鲁斯国王，要是不事先占卜就不做任何事情。有一次他外出旅行，虽然事先做过精心安排，但他看到一只老鹰在天上飞，对他发出警告，于是他立刻返回家中。当他还在返回的路上，他头天晚上住过的客栈第二天就倒塌了。他告诉我说，这就是他要中止旅行的原因，而他本来已经走了好几天。顺便说一句，凯撒剥夺了他的王位和王国，并迫使他支付赔款，而他仍旧庄严地说：'无论发生什么事情，我决不会后悔与庞培结盟，这是占卜得来的预兆要我这样做的。我采用这样的军事行动捍卫元老院的权威、罗马人的自由和帝国的无上主权。在这些神鸟的指引下，我要履行我的义务，发扬光大我的荣耀，因为我把好名声看得比财富还要重要。'在我看来，他对占卜的看法是正确的。

"这个国家的行政官员和我们一样使用占卜，但他们得到吉兆是很勉强的，因为占卜用的神圣的鸡在啄食撒给它们的小面粒时肯定会有一些掉在地上。然而，按照你们占卜官的著作，要是有面粒掉到地上就会得到吉兆，所以我称之为很勉强的吉兆，而你们的父辈称之为'上上大吉'。由于祭司团的轻视，比如加图和那些所谓的聪明人，许多预言和占卜也就完全被放弃和遗忘了。

【16】"古时候，哪怕是在私人生活中，很少有什么事情不是事先占卜以后再去做的，甚至到现在，我们的习俗中还有'结婚占卜'，虽然这已经失去了它们原先的宗教意义，只保留了名称。正如今天我们在重要场合用牺牲

---

① 西塞罗于公元前 53 年被选为占卜官，与庞培和霍腾修斯成为同事。

的内脏占卜——虽然使用的范围没有以前那么广——过去最常用的占卜是鸟卜。因此，正是由于找不到不吉利的预兆，我们才陷入可怕的灾难。例如，阿庇乌斯·凯库斯之子普伯里乌·克劳狄，他的同事卢西乌斯·朱尼乌斯，他们在占卜不吉利的情况下贸然出海，结果丧失了一支大舰队。阿伽门农也遭遇同样的命运，因为希腊人'大声喧哗，嘲笑卜者的技艺，在没有得到吉兆的时候，他下令让船队起航。'

"但是，为什么要引用这样古老的例子？我们看到马库斯·克拉苏由于忽视凶兆遭致什么样的后果。盖乌斯·阿泰乌斯是一位优秀、高贵的公民，他受到监察官阿庇乌斯的指控，说他提供虚假的占卜，而阿庇乌斯是你在占卜团中的同事，也非常能干，我经常听你这样说。我承认阿庇乌斯提出指控是在履行他作为一名监察官的职责，因为按照他的判断，阿泰乌斯的占卜是一种欺诈。但是阿庇乌斯缺乏担任占卜官的能力，他认为阿泰乌斯要对降临在罗马人民头上的可怕灾难负责。如果情况是这样的话，那么错误不在于通过占卜得到凶兆并加以公布的阿泰乌斯，而在于克拉苏，因为是他没有服从占卜得到的结果；后来的事情证明阿泰乌斯的占卜是正确的，这位占卜官和监察官自己也承认。即使这项占卜是假的，占卜本身也不可能是灾难的原因；因为凶兆——对所有占卜、咒语和其他预兆也可以这样说——并非后来发生的事情的原因；它们只是预言将要发生的事情，除非采取某些预防措施。因此阿泰乌斯公布他的占卜结果并没有给灾难提供原因；他只是在观察到预兆以后向克拉苏提出建议，要是无视警告将会产生可怕的后果。所以我们可以推论，要么阿泰乌斯宣布的凶兆无效；要么像阿庇乌斯所认为的那样，凶兆的结果有效，但罪过也不应当归于提出警告的人，而应当归于无视警告的人。

【17】"因此，请你告诉我，你们占卜官什么时候有了权杖，这是你们宗教职务最明显的标志？确实，罗莫洛从建城开始就确定一块天空进行观察。现在，这根权杖的头部有点儿弯曲，由于它的形状很像喇叭，于是就从那个意思是'发出战斗指令的号角'的拉丁词得名。这根权杖被安放在帕拉丁山

丘上的莎利① 神庙里，尽管神庙被焚，但权杖毫发无损。② 有哪一本古代编年史会忘了提到，在罗莫洛的时代很久以后，在塔奎纽斯·普利斯库执政的时候，阿图斯·那维乌斯用这根权杖确定一块天空来进行观察？由于家庭贫困，阿图斯年轻时是个猪倌。有一次，他的一头猪走失了，他立下誓言，要是能把猪找回来，他就会向葡萄园中最大的那根葡萄藤的神献祭。我们得知，把那头猪找回来以后，他站在葡萄园中间，面朝南方，把葡萄园分成四块。当飞鸟显示其中三块都不吉利的时候，他把第四块再一分为四，最后终于找到了那根巨大的葡萄藤，这是史书上记载的。

"这件事情名扬海外，他的邻居有什么事都来向他请教，他的名声日隆。结果国王普利斯库召见他。这位国王想试一下阿图斯的占卜本领，他对阿图斯说：'我在想一件事，你告诉我能不能做。'阿图斯算了一卦，说可以做。国王说，他想的事情是用一把剃刀把磨刀石劈开，然后下令试验。一块磨刀石被拿到公民大会上来，国王和他的人民看着，结果这把剃刀真的把磨刀石劈开了。于是国王任命阿图斯当占卜官，人民有事都来向他咨询。还有，按照传说，这块磨刀石和剃刀被埋在公民大会的会场里，上面压着一块大石头。

"让我们宣布这个故事完全是假的，让我们烧毁记有这个故事的编年史，让我们称它为神话，让我们承认你喜欢的任何事情，而不是诸神关心人间事务这个事实。但是请看：在你自己的作品中，那个关于提比略·革拉古的故事，不是承认占卜和预言是技艺吗？他在安放好小帐篷以后，愚蠢地违反占卜法，在完成占卜之前逾越了边界；③ 但无论如何，他主持了执政官的选举。你非常清楚这一事实，因为你对此做过记载。此外，本人也是占卜官的提比

① 莎利（Salii）是由罗马第二位国王创建的由十二人组成的祭司团，奉祀罗马人始祖农神与战神玛斯。

② 这座神庙于公元前390年被高卢人焚毁。

③ 占卜官在进行观察时在占卜地的中心安放一顶小帐篷（tabernaculum），边界（pomerium）指城市的边界。如果占卜官在完成占卜前逾越了边界，他必须重新选择占卜地，重新占卜。

略·革拉古通过承认自己的错误确认了占卜的权威性；还有那些预言家，在选举以后马上被带到元老院来，他们宣布这位负责监督选举的人没有权威性，他们的举动使他们的名望得到极大增长。

【18】"因此，我同意那些人的说法，有两类预言：一类与技艺相关；另一类缺乏技艺。那些使用技艺的占卜者通过观察掌握已知的事情，再通过推论预测未知的事情。另一方面，那些没有技艺的预言者不依靠理性或推论的帮助，不依靠观察或记录下来的预兆，在精神受到激励或出神的情况下自由地、不受约束地预见未来。这种情况经常发生在梦中，有时候则是在出神的状态下做出预言——就像波埃提亚的巴西斯、克里特的厄庇美尼德、埃里色雷亚的西彼拉。神谕必须归入后一类预言，我指的不是通过抽签得到的神谕，而是受到神的激励获得的神谕；虽然通过抽签做出的预言本身不应当轻视，它得到过古人的认可，根据掉落在地上的签来预测未来，但无论如何，我倾向于在神力的影响下对未来做出的恰当的预见。人能够正确解释所有这些关于未来的预兆，这些解释非常接近神灵，可以说这些解释反映了神的意愿，正如学者们在解释诗歌时所为。①

"凭借个人的小聪明试图推翻古代的事实，这太能干了？你告诉我无法找到原因。这也许是自然隐藏的秘密之一。神不想要我知道原因，只希望我会使用他提供的办法。因此，我会使用占卜，但不会让自己被伊拙斯康人说服，他们在用牺牲内脏占卜的问题上变得非常刻板，他们对霹雳的解释有误，他们错误地解释预兆；大地的颤抖、吼叫和震动许多次都给我们国家将要发生的灾难提出了警告。最近这里有一头骡子(这是一种不会生育的动物)生了一头驴驹，有人预言这个国家会遭遇许多恶人的后代，我们要嘲笑这种预言吗？

"请你告诉我，关于普伯里乌之子提比略·革拉古的著名事件，你说了些什么？他是一名监察官，两次担任执政官；此外，他还是一名最能干的占

① 参见柏拉图：《伊安篇》533。

卜官，一个聪明人和优秀的公民。按照他的儿子盖乌斯的说法，他在家里捉到两条蛇，请来预言家询问。他们的建议是：如果放走雄蛇，那么他的妻子会在短期内死去；如果放走雌蛇，他本人的死期也就不远了。想到应当让自己去死而不是让他年轻的妻子去死，他的妻子是普伯里乌·阿非利加努的女儿，他放走了那条雌蛇，而他自己在几天之内就死去了。

【19】"让我们嘲笑这些预言家，说他们是胡说八道的骗子，尽管这位聪明人提比略·革拉古相信预言，后来的结果和他的死亡提供的证据也是可信的；让我们也嘲笑巴比伦人，这些来自高加索山顶的星相家观察到天上的预兆，并使用数学追踪星辰的轨迹；我要说，让我们宣判这些人愚蠢、虚伪、无耻，因为这个民族说自己在长达 47 万年的时间里一直记载星辰的轨迹；让我们宣布他们是撒谎者，而且对后来世代的观察完全无动于衷。来吧，让我们假定这些野蛮人全都是卑鄙的骗子，但是希腊的历史学家也在撒谎吗？

"现在来谈自然的预见，每个人都知道彼提亚的阿波罗给克娄苏，给雅典人、斯巴达人、太盖亚人 ① 、阿耳戈人、科林斯人的神谕。克律西波收集了大量的神谕，并使用许多证据来证明它。这些内容我都省略不提了，因为你全都知道。我只提出这样一点辩护：如果以往各个世代没有证明德尔斐的神谕是真理，那么它的预言决不会那样频繁，那样出名，来自世界各地的民众和国王也不会带着大量奉献前来光顾。但是，德尔斐神谕不灵验确实已有很长时间了。因此，要是它过去不灵验的话，它就不会享有如此崇高的声誉，但它的辉煌已经过去，因为它的预言不再灵验。但也有这样一种可能，激励彼提亚女祭司的灵魂的那种地气由于年代久远已经逐渐消失；这就好像我们知道的那样，有些河流会干涸，有些河流会改道，并入其他河流。然而，要按照你的希望正确解释神谕的衰落，因为这是一个值得讨论的广阔领域，只能假定整个历史记载的真实性，不可否认德尔斐的神谕有好几百年一直是灵验的。

---

① 太盖亚（Tegea），古希腊阿卡狄亚东南的城市。

【20】"但是，让我们撇下神谕，来谈一谈梦。在克律西波论梦的论文中，就像安蒂帕特一样，他收集了一大堆琐碎的例子，并按照安蒂帕特的解释原则对它们做出解释。我承认，这项工作展示了它的作者敏锐的判断能力，但若引用比较重大的例子，效果会好些。博学、勤奋的腓力司图讲了一个关于叙拉古的僭主狄奥尼修的母亲的故事，他是狄奥尼修的母亲的同时代人。狄奥尼修的母亲很小的时候就做了一个梦，说要生下一个羊人，结果就怀上了狄奥尼修。她请西西里的占卜者为她算一卦，他们在西西里被称做'伽莱奥泰'。① 腓力司图告诉我们，占卜者对狄奥尼修的母亲说，她的儿子将会是一个伟人，在整个希腊非常出名，会享有长期的繁荣昌盛。

"我能够不让你想起罗马和希腊诗人作品中的那些故事吗？比如恩尼乌斯提到过的维斯太贞女的梦：'维斯太的女祭司突然从梦中惊醒，惊恐万分；侍女闻声过来，颤抖的手里举着一盏灯。女祭司流着泪对她说："欧律狄刻之女，我们的父亲爱你，我全身发软，生命的活力离开了我的整个身体。刚才在梦中我看到一个英俊的男人，他背着我穿过柳树林，沿着小溪来到一个陌生的地方。然后，我亲爱的姐妹，我好像在那里漫游，找不到你们，也不知道往哪里迈步。然后我想起我父亲说的话：'女儿啊，你先要忍受巨大的悲伤，直到你的幸运从台伯河升起。'说完这些话以后他突然隐去，他宝贵的身影也没有再现；于是我抬头仰望苍穹，流着眼泪，大声呼唤，声嘶力竭。就在这个时候，我突然从梦中惊醒。"

【21】"我承认，这个梦是诗人大脑里的虚构，然而它与我们真实经历的梦并不矛盾。下面这个极大地惊扰了普利阿姆心灵安宁的梦很有可能也是虚构的：'赫卡柏怀孕的时候梦见一支火炬在熊熊燃烧。孩子的父亲普利阿姆国王认为这是一个重要的预兆，于是他向诸神奉献了发出咩咩声的羔羊。他恳求阿波罗帮他弄懂这个梦的意思，看这个异相代表什么重大的事件。阿波罗发出神圣的声音：你将得到第二个儿子，你要精心抚养，因为他会给帕伽

---

① 伽莱奥泰（Galeotae），意思是西西里的占卜者团体。

玛和特洛伊带来死亡。'我再重复一遍，如果认为这些梦都是神话，那么埃涅阿斯的梦也是神话，我们的同胞法比乌斯·庇克托尔撰写的希腊编年史提到过埃涅阿斯的梦。按照庇克托尔的说法，埃涅阿斯的梦预示着他将要做的事情和忍受的痛苦。

【22】"让我们来看与我们这个时代比较接近的例子。你敢把傲慢者塔克文的那个著名的梦称做神话吗？在阿西乌斯的《布鲁图》中，塔克文用下列诗句描述了这个梦：'夜色降临，我寻找我的躺椅入眠，让我疲惫的肢体得到休息。我梦见一位牧羊人赶着一群极为美丽的山羊向我走来。我从羊群中选出一对适宜做牺牲的双胞胎公羊，在捕捉它们的时候，一只羊低垂双角，另一只羊把我撞翻在地。在我仰面摔倒在地的时候，天空出现神奇的景象，耀眼的太阳逆行，沿着一条新的轨道滑向右边。'现在来看占卜者如何解释这个梦：'啊，国王，这不奇怪，梦反映了白天的愿望和思想，我们说的话和我们做的事在梦中都有预兆。你的梦发出了清晰的警告：你认为这个人缺乏智慧，你认为他还不如一只愚蠢的公羊，你要小心，免得他拥有智慧，获得名声，把你赶下国王的宝座。太阳改变轨道，表明国家要发生剧变。这证明国家将会陷入蒙昧和黑暗；巨大的天球从左向右旋转，这是最好的预兆，表明罗马将至高无上地统治这个世界。'

【23】"现在让我们回过头来看外国的例子。本都的赫拉克利德是一位博学的人，是柏拉图的学生和门徒，他讲述了法拉利斯的母亲的一个梦。她梦见了家中供奉的诸神的神像，墨丘利神像右手托着的碗中流出血来，落到地面，淹没了整所房子。她的儿子的残忍无情证明了这个梦的正确。

"我有什么必要提到狄浓的波斯编年史中记载的居鲁士国王的梦和巫师们对这些梦的解释？但是看一下这个例子：居鲁士曾经梦见太阳在他脚下。狄浓写道，居鲁士三次试图抓住太阳，但都落空了，最后太阳消失了。波斯人中被视为聪明的、博学的巫师告诉他，他三次试图抓住太阳象征着他将统治30年。后来确实如此，因为他活了70岁，从40岁开始当国王。

"如果下面这个印度人卡拉努斯的故事是真的，那么肯定可以说连野蛮人也有某种预见和预言的能力：卡拉努斯快要死了，被人抬上火葬堆。他说，'多么荣耀的死亡啊！赫丘利的命运就是我的命运。当这凡火点燃的时候，我的灵魂就能看见亮光了。'亚历山大问他还有什么话要说。他说：'谢谢，我没什么要说的了，只是我很快就会与你再见。'几天以后，亚历山大死于巴比伦。我现在说的事情有点偏离梦了，但我马上就会返回。每个人都知道，同样也是在晚上，狄安娜神庙着火，奥林庇亚丝①生下亚历山大大帝，天亮的时候巫师们开始狂叫：'昨天晚上，亚细亚的死敌诞生了。'

【24】"让我们回过头来讲梦。科厄留斯写道，汉尼拔想从拉昔纽的朱诺神庙中抢走一根金柱子，但他怀疑这根金柱子是镀金的，就凿进去看，结果发现它是实心的，于是他决定第二天把它抬走。当天夜晚，朱诺托梦警告他不要这样做，并且恐吓他，要是抬走这根金柱，他就会失去一只眼睛。但是这个能干的人不顾这番警告，把金柱子抬走了，还下令用那些凿下来的金屑做一只小金牛，放在柱子顶上。在西勒诺斯写的希腊史书中可以看到汉尼拔的另一则故事，科厄留斯是西勒诺斯的追随者。顺便说一句，西勒诺斯非常勤奋地撰写汉尼拔的事迹。在俘虏了萨古突以后，汉尼拔梦见朱庇特召集他去参加众神的议事会。他到达以后，朱庇特命令他把战火烧到意大利，并给他指派一位神当向导，指引他率兵出征。这位向导告诫汉尼拔不要向后看。但是他克制不住自己的好奇心，还是向后看了。他看见一头巨型怪兽，头发是毒蛇，无论走到哪里，树木和房屋统统倒塌。惊诧之余，汉尼拔问神这是什么怪兽。神答道，这是被遗弃的意大利。神命令汉尼拔继续前进，不要担心后面会发生什么事情。

"我们在阿伽索克莱的史书中读到，迦太基人汉尼拔在围困叙拉古的时候，在梦中听到一个声音，告诉他第二天将在叙拉古吃晚饭。第二天黎明时分，在他的兵营里，迦太基人的部队和同盟者西西里人的部队发生了激烈冲突。叙拉古人乘机发动袭击，活捉了汉尼拔。这就是验证了那个梦的事件。

---

① 奥林庇亚丝（Olympias），亚历山大大帝之母。

"史书中充满了这样的例子，日常生活中也一样。然而，让我先引用另外一个例子：著名的昆图斯之子普伯里乌·德修斯，在其家族中第一个担任执政官，他在马库斯·瓦勒留和奥鲁斯·高奈留任执政官的时候担任军法官，当时我们的军队受到萨莫奈人的紧逼。德修斯在战斗中非常勇敢，但也过于鲁莽。按照编年史的记载，有人建议他要小心谨慎，他答道：'我梦见自己死在敌人中间，将赢得不朽的名声。'尽管他在那场战争中没有受伤，并带领军队走出困境，然而三年后，他已经是执政官，在与拉丁人的战争中，他冲锋陷阵，英勇献身。由于他的英勇行为，拉丁人被打败了，遭到了毁灭；他的死非常荣耀，所以他的儿子也想这样做。但是现在，要是你喜欢，让我们来谈一下哲学家的梦。

【25】"我们在柏拉图那里读到，苏格拉底在监狱中与他的朋友克里托谈话。苏格拉底说：'我在三天内将要死去，因为我在梦中见到一位极美的贵妇人；她叫我的名字，并引用了荷马的诗句：第三天的黎明，我会高兴地在弗提亚的湖边见到你。①'历史告诉我们，他死的时间确实和他预见到的一样。苏格拉底的学生色诺芬——他是一个什么样的人啊！——记下了他和小居鲁士在军营里的时候做的梦极其惊人的灵验。我们要说色诺芬是撒谎者或疯子吗？

"亚里士多德拥有无与伦比的、天神一般的理智，按照他的朋友、塞浦路斯人欧德谟斯的下列解释，他犯了错误，或者他试图使别人犯错误吗？在去马其顿的路上，欧德谟斯先到了费赖，费赖在当时是帖撒利的一个著名的城市，但处在僭主亚历山大的残暴统治之下。欧德谟斯在那里得到重病，医生都绝望了，认为他不可能康复。他在病中做了一个梦，看到一个美人告诉他很快就会痊愈；僭主亚历山大几天内就会死去，他本人能在五年以后回到故乡。确实，这些预言中的前两个，如亚里士多德所写，很快就应验了，欧德谟斯康复了，僭主亚历山大死在他的妻舅手里。但是，五年快要过去了，

_____

① 荷马：《伊利亚特》第9卷，第363行。弗提亚（Phthia），希腊神话中的冥府福地。

按照那个梦，欧德谟斯希望从西西里回到塞浦路斯，但他却在叙拉古战争中被杀。于是，这个梦又被人解释为，当他的灵魂离开身体的时候他就回家了。

"在这些哲学家提供的证词之上，让我们再加上一位最博学的、神一般的诗人索福克勒斯的证词。赫丘利神庙里的金盘被盗，这位神亲自对索福克勒斯托梦，告诉他盗贼是谁。但索福克勒斯两次无视同样的梦。当他一次次反复做这个梦的时候，他去了战神山，把这件事告诉了法官，法官下令逮捕索福克勒斯说出的盗贼。被告在受到审讯后承认了罪行，把金盘交回。这就是这座神庙被称做'送信者赫丘利的神庙'的原因。

【26】"但是，当我更喜欢我们自己的历史时，我为什么要从希腊史书中引用例子呢，虽然我不能解释它们？有一个梦是我们所有历史学家都提到过的，法比乌斯、盖里乌斯，最近则有科厄留斯：拉丁战争期间，在第一次庆祝大选赛会的时候，这座城市突然受到召唤，要公民们拿起武器，赛会中断了。后来又决定重新庆祝，但在赛会开始前，民众正在入座时，一名带着轭具的奴隶被带进来受到鞭挞。后来有一名罗马乡下人做了一个梦，梦见一个幽灵向他走来，说他不赞成这种做法，要他把这个意见告诉元老院。但是这名乡下人不敢向元老院报告。后来他又再次受到幽灵的警告，要他不要试探幽灵的力量。但即使这样，这名乡下人还是不敢向元老院报告。后来他的儿子死了，幽灵第三次出现。这时候他自己也开始生病，把他的梦告诉了他的朋友。他的朋友用担架把他抬到元老院，在把他的梦报告给元老院后，他恢复了健康，可以自己走回家。元老院相信了这个梦，赛会继续举行。

"按照这位科厄留斯的说法，盖乌斯·革拉古告诉许多人他的兄弟提比略在梦中与他相会，当时盖乌斯还是一名财务官的候选人。提比略对他说：'无论你如何顺从自己的命运，你的死必定和我的死一样。'这件事发生在盖乌斯担任保民官之前，科厄留斯说他本人是从盖乌斯那里听来的，盖乌斯对许多人讲过这个梦。你能找到比这个梦更真实的事情吗？

【27】"请你告诉我，谁能说清楚下面两个经常被斯多亚学派的作家解释

的梦？第一个梦是西摩尼得的，他曾经看到一具无名尸体，把它埋葬了。后来，当他想要出海航行的时候，他看到一个异象，那个被他埋葬的人显身，告诫他不要去航行，如果去了，那么会遇到海难。因此他转身回家，而其他出海航行的人都死了。

"第二个梦非常出名，事情是这样的：两位来自阿卡狄亚的朋友一道旅行去了麦加拉，一个去旅店投宿，一个去了朋友家。晚饭以后，住在朋友家的那个人做梦见到他的同伴恳求他帮忙，说旅店的老板正在密谋杀害他。这个阿卡狄亚人从梦中惊醒，等心神安宁下来以后他想没有什么可焦虑的，于是又上床睡觉。当他再次入睡以后，他的同伴又显身了，对他说：'你在我活着的时候没来帮助我，现在我请求你不要让我的尸体得不到安葬。旅店老板已经把我杀了，把我的尸体扔在一辆车里，用粪便掩埋。请你早晨在城门口等候，那辆车会在那个时候出城。'这一次这个阿卡狄亚人相信了这个梦，一大早去了城门口，拦住了要出城的那辆车，他问车夫车里装的是什么。那名车夫惊慌失措地逃跑了。这位阿卡狄亚人从车上找到了他朋友的尸体，去官府控告店主杀人，使那名店主受到了惩罚。还有什么证据能比在神灵的激励下做的梦更强大？

【28】"但是，我们为什么要到古代历史中去找例子呢？我做了一个梦，曾多次对你说过，你做了一个梦，也经常告诉我。当我担任亚细亚总督时，我梦见你骑在马背上，沿着一条大河岸边驰骋，突然马失前蹄，你摔入河中，然后就完全消失了。我惊恐失措，非常害怕。但过了一会儿，你又出现了，骑着同一匹马，兴高采烈地在河的对岸驰骋，我们在那里相会拥抱。在亚细亚，有些专家已经对我解释了这个梦的意思，这个梦预示的那些事件后来也都发生了。

"我现在来说你的梦。当然了，我听你自己说过，但更多的是从我们的撒路斯提乌斯 ① 那里听来的。你的流放是我们的荣耀，但却是国家的灾难。

---

① 撒路斯提乌斯（Sallustius），跟随西塞罗被流放的家仆。

一天夜晚，你在阿提纳①平原的某个庄园停留。你辗转反侧，无法入睡，直到黎明时分才沉睡过去。尽管你的行程很紧，但撒路斯提乌斯还是要大家保持安静，不让人打扰你。你一直睡到两点才醒来，把你做的梦告诉了撒路斯提乌斯。你在梦中漫游，在一个荒无人烟之处遇到了盖乌斯·马略，他的随从仍旧举着束棒和花冠。马略问你为什么伤心，你回答说因为自己被暴力赶出了自己的祖国。他用左手拉着你，要你放宽心，然后把你交给离他最近的一名侍从官，让他把你带到马略庙里去，说在那里你会感到安全。撒路斯提乌斯喊道：'这表明光荣的回归在等着你，你很快就能回国了。'他还说你对这个梦也感到很高兴。后来不久我就得到消息，在一位高尚、杰出的执政官的动议下，元老院在马略庙中做出了召你回国的决定，剧场里拥挤的人们听到这个消息以后欢欣鼓舞，你自己也说没有什么证据能比在神的激励下做的梦更强大了。

【29】"有人会反对说：'有许多梦是不可信的。'或者倒不如说，这些梦的意思是我们不可能知道的。即使有些梦是不可信的，但我们为什么要宣布反对那些可信的梦呢？事实上，要是我们在恰当的条件下能很好地休息，那么可信的梦要多得多。但当我们吃喝过多成了负担的时候，我们的梦就会有许多麻烦，混乱不堪。我们来看一下苏格拉底在柏拉图的《国家篇》里说的话：'当一个人入睡以后，他的灵魂的思想和推理的部分懈怠了，发呆了，而他的灵魂的兽性的、野蛮的部分在吃饱喝足以后反而活跃起来，力图冲出来不受约束地寻求自身本能的满足。在这种情况下，由于不受任何羞耻心和理智的约束，没有什么事情是他不敢做的。他会在梦中与他的母亲乱伦，或者与别的诸神或男人，甚至和野兽交媾，这类情景都会出现；他甚至会去杀人，双手沾满鲜血；他会做任何极端愚昧和无耻的事情。但是，另一方面，如果一个人的身心是健康的和明智的，那么他在入睡之前会用美好的言语和思想款待灵魂的理性部分，使之具有清醒的自我意识。至于灵魂的欲望部

① 阿提纳（Atina），罗马东南面 15 哩处的一个区。

分，他既不使它过分饥饿，又不使它吃得过饱，以便能够安然入睡，不会用快乐或痛苦打扰灵魂其他较为优秀的部分，让后者可以相对较为纯洁地进行考察，把握和理解那些它所不知道的事情。他也用同样的方式驯服灵魂的激情部分，而不是在经过一番争吵后带着怒意进入梦乡。这样，灵魂的两个部分都趋于安宁，而理性所在的第三个部分则十分活跃。人在这种状态下入睡最有可能把握真理，他做的梦是最可信的。'① 我几乎是照着柏拉图的原话说的。

【30】"那么我们应当听从伊壁鸠鲁，而不听从柏拉图吗？还有热衷于争论的卡尔涅亚得，他的观点变化不定。你会反驳说：'伊壁鸠鲁说出了他的真正想法。'但他的想法有哪一点经过精心推论，或者与一名哲学家相配。所以你会把这个人放在柏拉图或苏格拉底之前，而他们的名字的分量就足以压倒那些片面的哲学家？现在柏拉图给我们的建议是：让我们的身体能安然入睡，不要让灵魂遭受攻击和骚扰。由于这个原因，据说毕泰戈拉学派禁止吃豆子，因为这种食物会引起肠胃气胀，使灵魂无法专心探寻真理。所以，当灵魂由于入睡而停止与感官的联系时，它会想起过去，理解现在，预见未来。尽管入睡的时候身体躺在那里，就像死去一样，然而灵魂还活着，非常强大，而要是人真的死了，灵魂还会更加强大，因为到了那个时候灵魂就完全摆脱了身体的束缚。因此，人越接近死亡，灵魂的预见能力就越强。比如，身患重病的人会知道死亡已经逼近；所以他们会看见那些异象，他们想要获得名望的愿望也会变得更加强烈；而在这样的时候，那些超过自己的预期还活着的人会对自己的罪过感到最强烈的悲伤。

"此外，波西多纽也为临死之人的预见能力提供了证据，他说有一位罗得岛人在临死的时候说出六位年龄相同的人的名字，并预见到他们中间哪一位第一个死，哪一位第二个死，等等。波西多纽认为在神灵的激励下人做梦有三种方式：第一，灵魂本身拥有超人的视力，因为它与诸神有亲属关系；

---

① 柏拉图：《国家篇》571c—572b。

第二，气中充满了不朽的灵魂，带有清楚的真理的标记；第三，诸神在人入睡以后亲自与人说话。就像我刚才所说的那样，当死亡迫在眉睫的时候，人最容易察觉未来的预兆。我讲的卡拉努斯的故事很好地说明了这一点，还有荷马对赫克托耳的解释，赫克托耳在临死时预言了阿喀琉斯的早逝。①

【31】"显然，在我们的日常语言中，如果预言的能力根本不存在，那么我们不应当频繁地使用'praesagire'这个词，它的意思是'提前感觉到，预言'。下面这句著名的普劳图斯的诗句是使用这个词的一个例子：'在离开家的时候，我的灵魂预见到我的离家出走是徒劳的。''esagire'这个词的意思是'有敏锐的感觉'。于是，某些老太婆被称做'sagae'（巫婆），因为大家认为她们懂得很多，狗被称做'sagacious'（有敏锐感觉的）。所以一个人在事情发生之前就知道被说成'预见'，也就是提前察觉到未来。

"所以人的灵魂有一种内在的预见或预知的力量，它不能从外面灌输，而是根据神的意愿形成的。这种力量如果超常发展，就被称做'疯狂'或'灵感'，当灵魂撤离身体，在神灵的剧烈推动下，就会发生这种事，就好像下面这个例子。赫卡柏对卡珊德拉说：'他们的眼睛为什么突然喷发出怒火？到现在为止还那么美好、那么明智的清醒和节制是否已经逃离？'卡珊德拉答道：'啊，出身高贵的母亲，阿波罗不顾我的意愿，让我疯狂地说出预言，揭示未来的灾难。啊，贞女们，我年幼时的同伴，我的使命让最优秀的人、我的父亲蒙羞。啊，亲爱的母亲，我大声呼号，我为你感到悲伤。因为你屈从了普利阿姆，而我没有。其他人给你们带来了祝福，而我感到悲哀；他们表示顺从，而我表示反对。'多么精彩和悲哀的诗句啊，和她的性格多么吻合！我要说这些话与我们的主题并非完全不相关。然而，我想要表达的观点是：真正的预言是在疯狂中做出的。有下列诗句为证：'来了，来了，通红的火炬！尽管有许多年没有看见火炬了！我的同胞们，帮助我，熄灭它的火焰！'下一个说话的不是卡珊德拉，而是一位人形的神：'敌人已经建造了一

_____

① 荷马：《伊利亚特》第 22 卷，第 358 行。

支强大的海军，很快就要扬帆起航，野蛮人很快就会爬满我们的海岸。'

【32】"我好像是在依赖悲剧诗人的神话中的例子。但你本人也为我提供了同样性质的权威例子，它不是虚构，而是真实发生的事情。盖乌斯·科波尼乌斯有着非同寻常的能力和学问，他到都拉斯来见你。作为一名财务官，他当时指挥着罗得岛的舰队。他把一位罗得岛桨手的预言告诉了你。这个预言是：三十天内希腊人将浴血奋战，都拉斯将遭到抢劫，守城的部队会逃到他们的船上来，会看到这场不幸的灾难；但是罗得岛的舰队会很快回家。这个故事引起了你的注意，也使那些有学问的人，马库斯·瓦罗和马库斯·加图，产生警觉，他们当时正在都拉斯。事实上，几天以后，逃离法撒鲁斯的拉庇努斯率余部抵达都拉斯。预言的其他部分也很快应验。粮仓遭到抢劫，撒满大街小巷。你和你的同伴由于保持高度警觉，很快登船，当你在夜间往后看的时候，你看到商船起火，这是那些士兵在纵火。最后，当你的那些人被罗得岛人的舰队抛弃的时候，你明白那个预言应验了。

"我已经尽可能简洁地讨论了依靠做梦和出神得来的预言，如我所说，这些预言是不要技艺的。二者都依靠相同的推理，我们的朋友克拉提普习惯性地使用这种推理。他说：'人的灵魂在某种意义上来自一个外在于它本身的源泉。因此我们明白，外在于人的灵魂，有一个神圣的灵魂，人的灵魂来源于神圣的灵魂。还有，人的灵魂的某个部分被赋予感觉、运动、欲望，与身体不可分离；而灵魂的那个思想和推理的部分，在离开身体最远的时候是最有活力的。'所以，在给依靠出神和做梦得来的真正预言提供例子以后，克拉提普通常以这样一种方式总结他的论证：

"'如果没有眼睛，人就不可能有什么行动，也不可能看见，尽管有的时候，人有眼睛也不能履行它们特定的功能，但一个人只要曾经用过他的眼睛看到过某些东西，他也就明白什么是正确的视觉。与此同理，没有预言的力量，就不可能有预言的行为和功能，尽管有这种力量的人有时候可能犯错误，做出错误的预言，但只要他曾经清楚地预见了某个事件，而不是通过偶然的猜测，那么就足以证明预言的存在。有许多这样的例子，因此我们必须

承认预见的存在。'

【33】"但是，那些依靠猜测或依靠以往的观察和记载做出推论的方法，如我前述，不是自然的，而是人为的，包括观察动物的内脏、占卜、对梦做出解释。逍遥学派反对这些事情，而斯多亚学派为这些事情辩护。有些人从记载和惯例中找例子，比如引用伊拙斯康人的占卜书，观察牺牲内脏、打雷、闪电，他们也从你们占卜团的书中寻找证据；而另外一些人依据推测和瞬时的激励。后者的一个例子是荷马史诗里的卡尔卡斯，他根据麻雀的数量来预言特洛亚战争的年数。[①] 你亲眼见证过的苏拉的历史，从中可以找到推测性的预言的例子。当他在诺拉镇的营地[②]前举行献祭的时候，一条蛇突然从祭坛下蹿出来。占卜者盖乌斯·波斯图米乌请求苏拉马上出发。苏拉这样做了，结果攻克了诺拉镇前方的萨莫奈人的坚固堡垒。

"还有另外一个推测性的预言的例子。狄奥尼修斯在执政前不久，旅行穿越列奥蒂尼地区。途中他牵着他的马下到一条河中，那匹马被一个旋涡淹没，消失不见了。狄奥尼修斯竭尽全力想把马救出来，但都是徒劳的。所以，腓力司图写道，他只好离开了。走出一段路后，他听到一声嘶叫，往后一看，大喜过望。他看到他的马正在向他奔来，马的鬃毛上盯着一群蜜蜂。这件事预示着狄奥尼修斯几天以后就要开始执政。

【34】"还有，就在灾难性的留克特拉战斗开始之前，斯巴达人得到警告，赫丘利神庙里的兵器发出铿锵声，赫丘利的神像在流汗！但与此同时，按照卡利斯塞涅的说法，位于底比斯的赫丘利神庙紧闭着的大门突然自动打开了，原先挂在墙上的铠甲掉落在地上。与此同时，在波埃提亚的莱巴底，就在人们向特洛福尼乌求神谕[③]的时候，附近的公鸡开始打鸣，不肯停息。波埃提亚的占卜官宣布，胜利属于底比斯人，因为公鸡的习惯是在被征服时保持沉默，在获得胜利时打鸣。

---

① 参见荷马：《伊利亚特》第 2 卷，第 301—329 行。

② 诺拉（Nola），坎帕尼亚的一个地区，这场战役发生在公元前 91 年—前 88 年。

③ 莱巴底有一个洞穴，是宙斯·特洛福尼乌的神托所。

"斯巴达人在留克特拉临近战败时得到许多警告。例如，为了荣耀最杰出的斯巴达人吕山德而在德尔斐竖立的一座雕像的头上突然出现一项野草编的花冠。还有，斯巴达人在德尔斐的卡斯托耳和波吕克斯神庙的墙壁上装饰了一些金子做的星，以纪念吕山德战胜雅典人，因为据说在那场战斗中，诸神一直陪伴着斯巴达人的舰队。而在留克特拉战斗开始之前，这些预兆——也就是我们已经提到过的德尔斐神庙墙上的金星——掉落在地，消失得无影无踪。斯巴达人得到的最重要的警告是这样的，他们派人去多多那向朱庇特求神谕，问打胜仗的可能性有多大。当他们的使者缓慢地放好盛放签条的器皿，莫洛西亚的国王养的一只取乐用的猴子跑进来弄乱了这些签条和其他求神谕的用品，把它们扔得到处都是。所以我们得知，掌握神托所的女祭司说，斯巴达人想的一定是平安，而不是胜利。

【35】"还有，盖乌斯·弗拉米纽斯在第二次布匿战争期间第二次担任执政官，由于他忽视预警的征兆，不是给国家带来巨大灾难吗？在检阅了他的军队以后，他拔营前往阿瑞提乌迎战汉尼拔。当时他的坐骑突然马失前蹄，把他掀翻在朱庇特神像的前面。尽管预言家认为这是一个不宜参加战斗的警兆，但是弗拉米纽斯没有在意。还有，在用三重征兆的方法[1]占卜以后，这些圣鸡的饲养者建议推迟战斗。弗拉米纽斯问道：'假如这些鸡不吃东西，那么你会提出什么建议？'回答是：'你应当留在军营里。'弗拉米纽斯说：'真是绝妙的占卜！鸡吃食就采取行动，鸡不吃食就不行动。'结果，他下令举起军旗前进。前锋的掌旗兵无法移动军旗，几名士兵去帮助他，但军旗仍旧纹丝不动。这件事报告给弗拉米纽斯，但他仍旧像往常那样固执地忽视。结果就是，在三个小时内他的军队被打散，他自己也被杀。科厄留斯进一步添上下列重要事实，在这场灾难性的战斗还在进行的时候，利古里亚、高卢和几个岛屿发生了强烈地震，意大利的每个部分都有大量的城镇被毁，许多地区发生地裂和地陷，河水泛滥，海水倒灌。

---

① 参见本文本卷，第9、15章。

【36】"占卜家们在预言时可以做出可靠的推测。例如，当弗里吉亚的著名国王弥达斯还是个孩子的时候，他睡觉时嘴边爬满蚂蚁和麦粒。有人预测说他将是一个非常丰裕的人，结果真的如此。还有，当柏拉图还是个婴儿的时候，他在摇篮里睡觉，有蜜蜂停在他的嘴唇上，这被解释为他将拥有罕见的甜蜜的语言。所以在他幼年的时候，他未来的口才已经得到预见。你可爱的亲密朋友洛司基乌斯怎么样？在讲述下面这件事情的时候，是他在撒谎，还是整个拉努维乌在撒谎？洛司基乌斯的幼年是在所罗纽长大的，这是拉努维乌地区的一个平原。他的保姆在夜间突然醒来，借着昏暗的灯光，她看到一条蛇缠着入睡的洛司基乌斯。她被这幅景象吓坏了，大声惊叫。洛司基乌斯的父亲把这件事告诉了占卜者，得到答复说这个孩子以后将会无与伦比的杰出和荣耀。确实，帕西特勒把这件事刻在一只银盘上，而我们的朋友阿尔基亚用诗句来描述这件事。

"那么我们还在期待什么呢？我们要等待不朽的诸神在广场、街道、家庭中与我们谈话吗？当然了，当它们不显身的时候，它们的神力散布在各处——有时候封在地洞里，有时候传给人。在德尔斐，彼提亚的女祭司受到大地的神力的激励，西彼拉受到自然力的激励。你对此感到惊讶吗？我们难道看不到大地的土壤有不同种类吗？有些土壤是致命的，比如在希尔皮尼国的安山克图湖，亚细亚的普路同尼亚，我去过两个地方。即使在同一个国家，有些部分是有益健康的，有些部分对健康有害；有些地方产生聪明人，有些地方产生傻瓜。这些多样性的结果都是气候和地气的差异所致。灵魂被某些物体的形象、低沉的声音或歌声强烈地激荡，这也是经常发生的事情。经常性的恐惧和焦虑会产生像赫西俄涅那样的情况，她像'酒神狂女那样胡言乱语，在墓地里狂呼乱叫，大声喊着透克洛斯的名字。'①

---

① 诗句引自巴库维乌斯的《透克洛斯》，赫西俄涅（Hesione）是透克洛斯（Teucer）之母。

【37】"诗人的灵感也证明人的灵魂中有一种神圣的力量。德谟克利特说，不进入出神的状态，就没有人能成为伟大的诗人，柏拉图也说了同样的意思。如果柏拉图愿意，让他把这种疯狂称为'出神'，只要他像在《斐德罗篇》中那样赞扬它就可以了。① 你自己在法庭上的演讲怎么样？你的灵魂要是没有受到深深的激励，你能充满激情、有力、流畅地发表演讲吗？总之，每当我看到你演讲的表情和姿势，我想一定有某种力量在帮助你，而你对此毫无意识；如果我可以引用一个比较普通的例子，那么在你的朋友伊索普斯那里，我看到了同样的情况。

"还有，幽灵也会经常显身，尽管它们没有真正的实体，而只是好像有实体。这方面的例子有发生在布瑞努斯及其部队身上的事情。他亵渎地对德尔斐的阿波罗神庙发动攻击。故事说，彼提亚的女祭司对布瑞努斯说：'身穿白衣的处女神② 就要显身，我将看见它们。'结果处女神显身与高卢人作战，高卢人的军队被白雪掩埋。

【38】"亚里士多德认为，哪怕是由于生病而胡言乱语的人也被称做'hypochondriacs'③，他们的灵魂里有某种预见和预言的力量。但我倾向于认为，这样的力量既不能归结为有病的胃，也不能归结为混乱的脑。与此相反，是健康的灵魂，而不是有病的身体，拥有预言的力量。例如，斯多亚学派使用下面的论证来证明预言的存在：

"'如果诸神存在，并且它们没有把未来的事情向人清楚地显示，那么他们不爱凡人；或者说它们自身不知道未来的事情；或者它们认为凡人知道未来的事情没有什么好处；或者它们认为就未来的事情向凡人发出预警与它们的尊严不符；最后，或者它们虽然是神，却不能对未来的事情提供可以理解的预兆。但是说诸神不爱我们是不对的，因为它们是人类的朋友和恩人；说它们不知道自己的法则和计划也是不对的；说我们凡人预先知道将要发生的

---

① 参见柏拉图：《斐德罗篇》244a。
② 指雅典娜和阿耳忒弥斯。
③ 字意是黑胆汁的人。

事情没有好处也是不对的，因为我们知道了未来的事情就会比较谨慎；说诸神提供预告与它们的尊严不符也是不对的，因为没有比这更仁慈的事情了；说它们没有能力预见未来也是不对的；因此，说诸神存在，然而它们不向我们提供关于未来的预兆，这样说是不对的；它们是诸神，因此它们向我们提供这样的预兆；如果它们提供这样的预兆，那么说它们没有给我们提供理解这些预兆的手段是不对的——否则它们的预兆就无用了；如果它们给我们提供了理解这些预兆的手段，那么说所谓预言不存在是不对的，因此预言是存在的。'

【39】"克律西波、第欧根尼、安蒂帕特使用了相同的推理。所以有什么根据怀疑我的观点的绝对正确呢？因为我拥有推理、事实、民众、种族、希腊人和野蛮人、我们自己的祖先、各个时代一致的信念，还有最伟大的哲学家、诗人、最聪明的人、城市的创建者、共和国的创建者提供的证据。我们对人类的一致判断不满吗，难道我们还要等待野兽也提供证明吗？事实上，没有任何种类的其他论证可以进一步说明各种预言的无益，我提到了这些预言，并且说难以给出每一种预言的原因或理由。你会问：'占卜者为什么在发现牺牲的肺部有一道裂缝时就停止做某事，而将它推迟到其他时间，尽管牺牲的其他器官都是健全的？''当一只渡鸦飞到右边，或者一只乌鸦飞到左边时，占卜者为什么说这是吉兆？''星相家为什么认为婴儿在月亮与木星和金星同时出现时诞生是吉兆，月亮与土星和火星同时出现时诞生是凶兆？'还有，'为什么神要在我们睡觉时警告我们，而不在我们醒着的时候警告我们？'最后，'为什么是发疯的卡珊德拉预见未来，而聪明的普利阿姆却不能做同样的事？'

"你问的是这些事情为什么发生。你有充分的权利这样问，但这不是我们现在要回答的问题。我们的问题是它们发生了还是没发生？比如，如果我说磁铁吸引铁钉，但我不能告诉你这是为什么。所以，我假定你完全否认磁铁有这样的能力。至少你在考虑预言能力的存在时是这样的，虽然这一点已经被我们自己和其他人的经验、我们的阅读、我们祖先的传说所证明。甚至在晚近出现的哲学诞生之前，人们并不怀疑预言，自从它发展以来，各种名声的哲学家都没有表达过不同的观点。我已经引用了古代的毕泰戈拉、德谟克利特、苏格拉底，除了克塞诺芬尼一个也没有遗漏。我还要加上老学园派、逍遥学派、斯多亚学派。唯一的持异议者是伊壁鸠鲁。但是为什么要对此感到惊讶呢？因为他关于预言的看法比他的根本不存在无利益可言的美德这样的观点更不可信吗？

【40】"但是有人能够不受历史遗留下来的清楚的、无可怀疑的记载的影响吗？例如，荷马写道，卡尔卡斯是希腊人中最优秀的占卜者，在特洛伊战争中他统领着船队。他之所以统领船队我假定是由于他作为占卜家的技艺，而不是由于他的航海技艺。安菲洛库和摩苏斯是阿耳戈斯的国王，但他们也是占卜家，他们在西里西亚海岸建立了希腊人的城市。甚至早在他们之前还有安菲阿拉俄斯和提瑞西亚。他们并非默默无闻，也不像恩尼乌斯笔下描述的那些人，'为了获得利益，坚持虚假的意见'，他们是杰出的、高贵的，能够通过占卜的预兆预见未来。提到提瑞西亚，甚至在地狱中，荷马说只有他是聪明的，而其他人都是到处游荡的幽灵。至于安菲阿拉俄斯，他在希腊被当做神来荣耀，人们到他的墓地去寻求神谕。

"还有，亚细亚的国王普利阿姆有一个儿子赫勒努斯和一个女儿卡珊德拉，他不是会预言吗，首先用占卜的方式，然后就是在上苍的激励下，在灵魂提升时做出预言？与此同类的还有，就像在我们祖先的记载中读到的，出身高贵、著名的马西昂兄弟。荷马不是说过，科林斯的波吕伊都斯不仅对他人做过许多预测，而且还预言了出发去特洛伊打仗的他自己的儿子的死？作为古人的一般规则，统治国家的人也掌握占卜，因为古人认为预言以及智慧适宜由国王来掌握。我们的国家提供了这方面的证据，国王就是占卜官；后来，普通公民也被授予这种祭司的职务，用宗教的权威统治国家。

【41】"甚至在不开化的部落中间，占卜的实施也没有遭到轻视，如果高卢人中确实有所谓'德鲁伊得'（占卜者）——这样的人是有的，我本人就

认识他们中的一位，他叫狄维提亚库，是埃杜伊人①，是你的门客和颂扬者。他声称拥有被希腊人称做生理学的自然知识，并曾经做过预言，有的时候用占卜的方法，有的时候用推测的方法。在波斯人中间，预言者和占卜者是僧侣，他们定期在一个圣地占卜和商议，就好像以前你们占卜团在每年第五次祈祷时所做的那样。确实，要是不掌握波斯僧侣的这种理论和实践，没有人能成为波斯人的国王。还有，你可以看到整个家族和整个部落从事这种技艺。例如，卡里亚的特梅苏是一个以擅长占卜技艺著名的城市，还有伯罗奔尼撒的埃利斯，它永久性地确定两个家族从事占卜，亚米戴家族和克鲁提戴家族，他们掌握了这方面的高超技艺。② 在叙利亚，迦勒底人以他们的星相学知识和心灵的敏锐著称。

"还有，伊拙斯康人非常擅长观察打雷，解释雷电的意义和象征。这就是，在我们祖先的时代，元老院在其权力很大的时候，明智地规定选送六名主要元老的儿子分别去伊拙斯康人的六个部落学习占卜的原因，这样做为的是使这样一种重要的技艺不会由于后继无人而减少影响，沦为外人的特长。另一方面，弗里吉亚人、皮昔底亚人、西里西亚人和阿拉伯人主要依赖鸟类的飞行所传递的预兆，按照传说，翁布里亚人也是这样。

【42】"在我看来，我相信国家的特点决定了它的居民所采用的预言种类。例如，埃及人和巴比伦人住在一个大平原上，那里没有高山阻挡他们的视野，于是他们就把自己的注意力放在占星术上。而伊拙斯康人，由于他们有着浓厚的宗教气质，习惯于频繁的献祭，于是就把他们的主要注意力放在观察牺牲的内脏上。来自天空大气的预兆、由大气在天上和地下引起的许多现象，以及某些发生在人和牛的出生时的异象，对这两个民族来说则是共同的，由于这些原因，伊拙斯康人变得非常精通对预兆的解释。确实，如你所观察到的那样，③ 我们的祖先选来描述这些预言方式的语词非常恰当地显示

---

① 埃杜伊人（Aedui）是高卢中部的一个强大部族。

② 参见希罗多德：《历史》第 9 卷，第 33 节。

③ 参见西塞罗：《论神性》第二卷。

了它们的内在力量。它们被称做'显现'（ostendunt）、'预示'（portendunt）、'暗示'（monstrant）、'秘示'（praedicunt）。但是阿拉伯人、弗里吉亚人、西里西亚人主要从事养牛，一年到头在平原和山区游荡，很容易知晓鸟类的鸣叫和飞翔。皮昔底亚人和我们的同胞翁布里亚人也是这样。而卡里亚人，尤其是特梅苏人，我已经提到过他们，由于居住在一片非常肥沃的土地上，物产异常丰饶，于是就把他们的注意力转到预言的学习上来。

【43】"有谁看不到占卜和各种预言在统治得最好的国家里最昌盛？有哪位国王或人民不使用预言？我指的不仅是和平年代，而且更多的是在战争年代，为了国家的安全战斗最艰苦的时候。省去我们自己的国人不谈，有谁在战争期间不观察牺牲的内脏，在和平时期不占卜？让我们来看一下外国民族的实践。例如，雅典人在每次举行公民大会的时候总是要由祭司来占卜，它们把祭司称做'manteis'。斯巴达人让一位占卜家给他们的国王当法律顾问，在他们的长老举行会议时，他也要占卜，他们把元老院称做长老会议。遇到重大事情，他们总是要去德尔斐寻求神谕，或者去朱庇特·哈蒙和多多那。一度统治斯巴达的莱喀古斯本人也借重德尔斐的阿波罗神谕的权威来立法，吕山德想要废除它们，也因顾忌到民众的宗教禁忌而没有这样做。还有，斯巴达的统治者，对他们醒着时拥有的看法不满，曾经在离帕西淮城很近的一座神庙里过夜，为的是在那里晚上做梦，获得预兆，他们相信梦中得到的神谕是真实的。

"现在我来讲国内的例子。元老院有多少次下令让十二人委员会去查看西彼拉圣书！元老院在多少重大事情中服从了预言家的意见！举例来说，天上同时出现两个太阳的时候、天上同时出现三个月亮的时候、天上出现流星的时候、太阳晚上闪耀的时候、天上发出轰鸣声音的时候、苍穹好像开裂显出火球的时候、普里维尔努姆发生地陷，报告给元老院，艾普利亚发生强烈地震，出现地裂的时候——这些预兆都在警告罗马人将要爆发战争和革命，占卜者的回应和西彼拉圣书中的诗句是一致的。

"其他事例又怎样？比如，库迈的阿波罗神像、卡普阿的胜利女神流汗的时候，当那个凶兆阴阳人出生的时候，当阿拉图斯河流血水的时候，当天上下石雨、土雨、血雨，甚至奶雨的时候，最后，当卡皮托利圣山上的人头马塑像、阿文廷山上的居民、图斯库兰的卡斯托耳和波吕克斯的神庙、罗马的虔诚神庙遭到雷劈的时候，预言家们的预言后来不都应验了吗？在西彼拉圣书中不都发现了同样的预言吗？

【44】"近来，在马西昂战争 ① 期间，由于昆图斯·凯西留斯·麦特鲁斯之女凯西莉娅的一个梦，朱诺·索斯庇塔的神庙得以复建。这就是西森那讨论过的完全应验了的梦，可是后来受到某些小家子气的伊壁鸠鲁主义者的影响，他自相矛盾地说这个梦不可信。然而这位作家没有表达任何反对预兆的意见，他实际上说过，在马西昂战争爆发之前，诸神的雕像流汗、河里流淌血水、苍穹开裂、发出怪响，最后还有在拉努维乌老鼠啃咬盾牌——占卜家认为这个预兆是所有预兆中最明显的——这些现象都预示着危险的战争。

"对于下列这些在我们的编年史中找到的故事，你怎么说？在维伊战争期间，阿尔班湖水泛滥，维伊城有一位贵族叛逃到我们这里来，他对我们说，按照维伊人的书中的预言，湖水泛滥期间维伊城无法攻克，如果湖水能够流淌，沿着河道流入大海，结果对罗马人将是灾难性的；另一方面，如果湖水被吸干了，不能进入大海，结果就会对我们有利。我们的祖先听到这种说法以后就开挖了巨大的沟渠，把阿尔班湖水排干。后来维伊人经不住围困，派使者去元老院乞求和平，有一位使者说那位叛乱者没敢把维伊人书中包含的所有预言说出来，因为书中还预言过罗马将被高卢人占领。如我们所知，这件事在维伊覆灭之后的第六年确实发生了。

【45】"还有，我们得知，战斗最艰苦的时候经常能听到法翁斯 ② 的声音，人们在争吵时也经常会有预言从一些神秘的地方传来。这一类的例子我只提供两个，但它们非常惊人。前不久，在这座城市被高卢人占领之前，从帕拉

---

① 马西昂战争（The Marsian War），公元前 91 年—前 89 年。

② 法翁斯（Fauns），罗马人的牧神。

丁山坡一直到新大道的维斯太圣地发出一个声音，'修缮城墙和城门，否则这座城池将不保'。然而在还可以采取行动的时候，罗马人忽略了这一警告，结果发生了巨大的灾难；在这处圣地中有一座祭坛，隐藏在一片丛林中，是献给'言说者'艾乌斯的。许多作家提到另外一个例子。在大地震发生的时候，城堡上的朱诺神庙传出一个声音，要罗马人为一头怀孕的母猪献祭赎罪。由于这件事，这位女神被称做'建议者'朱诺。那么，这些由诸神发出的、我们的祖先判定值得相信的警告，我们要轻视吗？

"毕泰戈拉学派不仅尊重诸神的声音，而且也尊重被称做'预兆'的人的声音。我们的祖先也认为这样的'预兆'值得尊重，由于这个原因，他们在开始做事情的时候总是习惯地说：'愿万事顺利、吉祥、幸运、成功。'在宗教祭仪的公共集会中，他们下令要'管好你的舌头'；有关拉丁节的法令的习惯用语是'不得争斗和吵闹'。还有，在建立殖民地的远征启程前举行神圣的涤罪仪式的时候，在统帅检阅部队的时候，在监察官升堂审案的时候，挑选有着好名字的人去牵引牺牲成为一条规矩。进一步说，执政官在校验部队时会看排头兵有没有一个幸运的名字。你当然明白，无论是作为执政官在国内，还是作为统帅在战场上，都要十分谨慎地对待这些预警。在选举部落首领或百人队长时，我们的祖先也要看名字是否吉祥。

【46】"现在让我提供一些著名的关于谶语的例子：卢西乌斯·鲍鲁斯第二次担任执政官的时候，元老院任命他作统帅对珀耳塞斯国王开战，在他被任命的那天晚上，他在亲吻他的小女儿忒提娅的时候（当时她还很小）注意到她满脸忧愁。'怎么回事，我亲爱的忒提娅？你为什么不高兴？''啊！父亲，波萨死了。'鲍鲁斯紧抱着女儿说：'女儿，我把你说的这句话当做谶语。'波萨是那条死去的小狗的名字。我听说，战神玛斯的大祭司卢西乌斯·福拉库斯讲过下面这个故事：麦特鲁斯的女儿凯西莉娅很想为她姐姐的女儿安排一桩婚事，于是她按照习俗去一座小神庙领受谶语。很长时间过去了，凯西莉娅坐在椅子上一言不发，而那位姑娘站着。最后，那位姑娘感到疲乏，就对她的姨妈说：'让我在你的椅子上坐一会儿。'凯西莉娅说：'当然可以，我

的孩子，你可以拥有我的位置。'这就是后来流传甚广的谶语，因为不久以后凯西莉娅就死了，而这位姑娘嫁给了她的姨父。我完全明白这些谶语可以被轻视，甚至被嘲笑，但是轻视诸神发出的预兆也就相当于不相信诸神的存在。

【47】"我有必要谈到占卜官吗？这是你的职责，我坚持为占卜辩护是你的事。因为在你担任执政官的时候，占卜官阿庇乌斯·克劳狄宣布占卜得到了凶兆，一场可悲的内战迫在眉睫。几个月以后这场内战就爆发了，而你在几天之中使内战中止。阿庇乌斯是我衷心敬佩的一位占卜官，他不仅擅长主持那些唱歌的占卜祭仪，而且按照记载，多年来只有他坚持一种真正的预言体系。我知道你的同事曾经嘲笑他，称他为'皮昔底亚人'或者'所罗纽人'。他们不承认占卜能够预见或预知未来，还说占卜是一种迷信，是狡黠地发明出来欺骗无知者的。但是事实远非如此，因为罗莫洛统治下的那些牧民和罗莫洛本人都不可能狡黠地发明奇迹来误导民众。要想掌握这门技艺是很困难的，这就使得有人轻视这种技艺，宁可油嘴滑舌地说占卜术没有什么奥妙，而不是去学习掌握占卜术。

"我经常把你的话当做权威来引用，你在歌颂马略的诗中提到占卜的神圣起源，还有比这说得更清楚的吗？'看哪，雄鹰振翅高飞，它是手持霹雳的朱庇特的侍从，尽管它捕捉到的那条毒蛇用毒牙咬了它，毒液渗入它的肌体。那条毒蛇尽管快要死去，但仍旧用它的头不停地攻击；雄鹰用鸟喙撕咬毒蛇卷曲的身体，蛇血流个不停。最后，雄鹰伤口剧痛不止，扔下了它的猎物，任由已经死去的毒蛇掉进大海；而雄鹰继续朝着光明的东方飞行。占卜法的审核者马略观察到雄鹰飞翔的轨迹，明白这是一个吉兆，表示他将要光荣地回归罗马；而在左边，朱庇特的霹雳轰鸣着，宣布了鹰的预兆的真实。'

【48】"至于我说过的罗莫洛的占卜术是牧人发明的，而不是城市里发明的，它也不是'发明出来愚弄无知者'，而是由值得信赖的人获得，传授给他们的后代。我们在恩尼乌斯的诗句中读到罗莫洛和他的兄弟瑞莫斯的故事，罗莫洛是一名占卜者，他的兄弟也是一名占卜者：'当他们各自都急于

想要成为统治者的时候，他们立刻诉诸占卜。瑞莫斯单独占卜，等候着幸运之鸟的来临；而在阿文廷崇高的神庙里，罗莫洛在等候着各部落发出的吼声；他们的竞争将决定这座城市的名字，是叫罗马，还是叫瑞莫拉。民众在等待谁将成为他们的国王。议政的长老走了出来，下令开始赛车，坐着的民众眼睛紧盯赛车起点的栅栏，参加比赛的马车很快就要从那里出发；民众的心情十分紧张，不知这个伟大的王国将会成为谁的奖赏；夕阳西下，夜幕就要降临。最好的预兆出现在天上，十二只飞鸟在左边飞翔。它们飞行的轨迹就像太阳，传递着吉祥。然后，瑞莫斯得到了恰当的职位，成为占卜官。'

【49】"但是让我们再回到开始讨论的地方。假定我不能为我提到的这些占卜的例子提供理由，除了说它们发生以外说不出任何东西，那么它们就不是对伊壁鸠鲁或卡尔涅亚得的理由充分的回答吗？在人为的预言和自然的预言之间，如果对前者的解释是容易的，对后者的解释是困难的，这有什么关系吗？这些人为的预言通过观察牺牲内脏、闪电、迹象、星相来获得结果，要在一个十分漫长的时期里连续观察。在每一个领域，连续的观察都需要十分丰富的知识，而这些知识甚至没有神的干预或激励也能获得，重复的观察会使得结果清晰，使人知道确定的事件会有特定的前兆。

"如我前述，预言的第二个部分是自然的；按照物理学的准确教导，这个部分一定要归结为神圣的自然，如最聪明的哲学家所坚持的那样，神圣的自然是我们灵魂的源泉。由于永恒的理智和神圣的心灵充满整个宇宙，人的灵魂必定会与神圣的灵魂接触。作为一条原则，醒着的时候，人的灵魂支配着日常生活，与神圣灵魂的联系暂时切断，因为人的灵魂受到肉体的束缚。

"然而，有一类人，尽管人数很少，可以不受肉体的影响，全神贯注地沉思神圣的事物。这些人中有些能做预测，但不是受到上苍的激励，而是使用他们自己的理性。比如，通过掌握自然法则，他们预见到某些事情，好比洪水、天地在未来被大火烧毁。其他一些人献身于公共生活，比如雅典的索伦，如史书所说，他早就预见到暴政的兴起。这样的人我们称之为'有远见的'，也就是'能预见未来的'；但我们并不把他们的所作所为称做神圣的，胜过把神圣这个词用于米利都的泰勒斯；据说，为了驳斥人们对他的批评，为了说明哲学家只要认为合适也能挣钱，他在橄榄树开花结果之前就买下了米利都地区所有的橄榄树。他这样做也许是因为他根据他所掌握的知识观察到橄榄将会获得大丰收。另外，据说他还第一个预见到日食，在阿提亚吉地区能够看到。

【50】"医生、舵手，还有农夫能够预见到许多事情，但我不会把这些预见称做预测。我甚至不把自然哲学家阿那克西曼德的预见称做预测，他警告斯巴达人要发生地震，要他们带上武器，离开家到野外睡觉。然后是泰格图斯山的一角崩塌，就像一艘船在暴风中折断了船尾。甚至也不能把毕泰戈拉著名的老师斐瑞居德视为一名预言家，而应视为一位自然哲学家，因为他通过观察一口井中打出来的水预测到一场地震。

"事实上，人的灵魂从来不能做出预见，除非它能自由自在地不受约束，与身体切断联系，就像出神和做梦时一样。因此，狄凯亚库，还有我所说的我们的朋友克拉提普，他们俩都认可这几种预言。让我们承认这两种预言的方法（由于它们起源于自然）在预言中具有最高地位，但我们不能认为它们是仅有的种类。但另一方面，如果狄凯亚库和克拉提普相信在观察中什么也没有，那么他们的观点对日常生活中的许多事情依赖的基础具有毁灭性。然而，由于这些人对我们做出了让步——这个让步不算小——承认通过出神和做梦可以获得预言，所以我看不到要和他们论战的理由，尤其是他们实际上是一些哲学家，不接受任何种类的预言。

"我要说，灵魂摒弃它们的身体——为某种激情所点燃——插上翅膀飞翔，这些人肯定看到了他们在预言中所说的事情。这样的灵魂不会附着于身体，在受到各种影响以后，它们会激动起来。比如，有些灵魂听到音乐以后会受到激励，好比听到弗里吉亚人唱歌，许多灵魂在墓地和森林中会受到激励，许多灵魂在河流和大海中会受到激励。我也相信，在某些地方，地下的蒸气能够激发预言。在所有这些情况中，出神的灵魂看见遥远的未来，如卡珊德拉在下面这个例子中所说：'啊，看哪！某个凡人要在三位女神中做决

定，由于这个决定，会有一个斯巴达女人到来，而且是发了疯的。’在这个
欢欣鼓舞的国度里，有人做出了许多预言，不仅用散文做预言，而且用‘牧
神和吟游诗人的诗句’。与此相同，马西昂和浦伯里修也用诗句做预言，阿
波罗的神谕也是用同样的形式表达的。

【51】“这就是通过出神发预言的例子，而通过做梦发预言和它很不一样。
因为在醒着的时候对预言家发出的启示是在睡着的时候对我们发出的。睡着
的时候，我们的身体躺在那里就像死了一样，而灵魂处于最佳状态，这时候
灵魂摆脱了身体感官的影响，摆脱了使它堕落的凡间琐事。由于灵魂曾经居
于永恒之中，与其他无数的灵魂有过谈话，它见过存在于自然中的一切，除
了在饮食中要用到的节制和约束，所以身体在睡眠时灵魂处于警觉状态。这
就是对通过做梦获得预言的解释。

“在这里可以恰当地提到安提丰著名的释梦理论。他的观点是，释梦者
依赖的是技艺，而不是激励。对神谕和出神者的预言，他也持有相同看法；
这是因为它们都有解释者，正如诗人有他们的评论者。很清楚，如果神圣的
自然只创造铁、铜、银、金，没有告诉我们如何了解这些金属的性质，那么
神圣的自然所做的一切都是徒劳的；没有如何种植粮食，制作食品的知识，
那么神圣的自然馈赠给人类的谷物和果实是无用的；没有木匠把树木转变成
木材的技艺，那么这些建筑材料也是无用的。所以诸神馈赠给人类的所有东
西都伴有某种技艺，使人最终获益。因此做梦、预言、神谕是真实的；由于
它们有许多地方显得晦涩和可疑，因此需要那些职业的解释者对它们做出
解释。

“还有一个大问题，就是预言家和做梦者怎么能够看见实际上还不存在
的东西。如果我们能够考察一些需要先加以考虑的问题，那么这个问题解决
起来就比较容易。由于这个理论涉及诸神的本性，所以你在你的那本论神性
的著作的第二卷对这个主题有清晰的论述，包含整个问题。如果我们坚持这
个理论，那么我们可以确立我正要提出的观点，亦即‘诸神存在，它们用预
见统治这个世界；它们指导着人的事务——不仅是人的总和，而且是每一个

人'。如果我们成功地坚持了这一立场——在我看来这是可以坚持的——那么必然会得出结论：诸神把关于未来事件的预兆提供给人。

【52】"但似乎有必要为确定这些预兆提出一条原则。因为按照斯多亚学派的学说，诸神不是直接对肝脏的每一条裂纹或每一声鸟鸣做出反应，这样做对神来说显然不合适，也不可能的。但是，这个被创造出来的世界从一开始就是这样的，预兆先于事件，这些预兆有的时候由牺牲的内脏提供，有的时候由鸟鸣提供，有的时候通过闪电，有的时候通过做梦，有的时候由某些出神的人发出声音。这些预兆不会经常欺骗对它们做出恰当观察的人。如果基于错误的推测和解释的预言是假的，那么这种错误也不能归于预兆，而应当归于缺乏解释的技艺。

"假定承认有这样一个命题，有一种神圣的力量渗入人的生命，那么不难理解指引我们看到这些预兆的原则。因为选择献祭用的牺牲可以是在一种理智的力量的指导下进行的，这种理智的力量渗透整个宇宙；也可以是在献祭的那一刻，牺牲的内脏发生了某些变化，添加或减少了某些东西；因为许多事情的增加、减少或改变是在一瞬间完成的。凯撒临死前发生的事情为这一事实提供了决定性的证据，不容怀疑。就在他第一次坐上黄金的宝座，第一次穿上紫袍出现在公众面前那一天，他在献祭，可是在那头作牺牲的公牛身上找不到心脏。你认为有血的动物能没有心脏吗？凯撒对此无动于衷，哪怕斯普琳纳警告他要小心，免得失去思想和生命，他说思想和生命都来源于心。第二天献祭的时候，牺牲的肝脏没有尖瓣。这些预兆是不朽的诸神送给凯撒的，让他能预见到自己的死亡，但并不是说他能避免死亡。因此，牺牲身上找不到这些对生命至关重要的器官，我们应当把它理解为它们在献祭的那一刻消失了。

【53】"是神的意志在实施和完成飞鸟的预示，猛禽用它们飞行的路线来提供预兆，被称做预言鸟，那些时而飞到东，时而飞到西的小鸟用它们的鸣叫来提供预兆，被称做占卜鸟。如果说每一种鸟都可以任意移动、弯曲身子，前后左右地飞行，几乎机械地完成这些动作，那么一切事物都要服从的

神的意志完成这些事情要容易得多！同样的力量把预兆发给我们，历史保留了无数的例子。我们看到有这样一些记载：太阳升起之前发生月食，狮子星座有前兆，表明马其顿人在亚历山大的率领下将打败大流士和波斯人，大流士会死去。还有，双头女婴降生，预示民众的骚乱和民间的奸情。一名妇女梦见自己被一头狮子拖走，象征着她所在的国家将被外国征服。

"希罗多德说了一个同类的例子：克娄苏的儿子刚生下来不久就会说话，这件事预示着他父亲的家族和王国的彻底覆灭。[①] 哪一本史书会不记载，塞维乌斯·图利乌斯睡觉的时候头上冒火？因此，就像人会做清晰的、可信的梦，只要他继续睡觉，他的心灵不仅会充满高尚的思想，而且还会保持高度警惕，所以当他醒来以后，他能更好地解释内脏、星辰、飞鸟和其他预兆，只要他的灵魂纯洁无污。

【54】"无疑，灵魂的这种纯洁性解释了那句名言，历史把它归于苏格拉底，他的学生们在书中说他经常重复这句话：'存在着某种神的影响'——他称之为灵异——'我总是服从它，尽管它从来没有把我往前推，而总是把我往后拉'。也是这位苏格拉底——我们还能找到什么更好的权威来引用？——色诺芬向他请教是否应当参加居鲁士的军队。苏格拉底说这在他看来是一件好事，然后说：'我的看法只是一个凡人的意见。如果你有什么困惑，我建议你去请示阿波罗神谕。'雅典人在遇到更加重要的公共问题时也总是去请示阿波罗神谕。

"还有记载说，苏格拉底有一天看见他的朋友克里托眼睛上包着绷带。他问道：'怎么了，克里托？''我在乡间行走，一根被人弯曲的树枝突然松开，打中了我的眼睛。'苏格拉底说：'当然会这样，我得到了神的警告，我像平常那样想把你喊回来，但你没有听到。'还有，在拉凯斯的指挥下，苏格拉底参加了代立昂的那场不幸的战斗，后来他和拉凯斯一道撤退，来到一个三岔路口。他不愿意走其他人选择的道路，别人问他为什么，他说：'神

---

① 参见希罗多德：《历史》第 1 卷，第 85 节。

阻拦我。'走那条路的人后来遇上了敌人的骑兵。安蒂帕特收集了一批苏格拉底得到的预兆，但我要省略它们，因为你全都知道，我再重复是无用的。但是这位哲学家在被邪恶地判处死刑时说的话我要提一下，这段话非常高尚，我甚至想称它为神圣的。他说：'我非常乐意去死，因为当我离开家的时候，在我上法庭申辩的时候，神都没有给我发预言，而以往我在遭到邪恶的威胁时，他总是会给我发预言。'

【55】"所以我的看法是，预言的力量是存在的，尽管那些通过技艺和推测的手段做出预言的人经常搞错。我相信，就像人们在其他行业中经常犯错误一样，他们在预言中也会犯错误。有时候会发生这样的事，一个含义不清的预兆会被视为含义确定的，或者也有可能，要么一个预兆本身没有被观察到，要么观察到的预兆被宣告无效。但是为了确立我所持的观点，我只要发现几个，不用很多，受到神的激励而看到异象和做出预言的例子就够了。不，哪怕只找到一个例子，预言和被预言的事情之间非常吻合，乃至于可以排除偶然的相似，那么我就会毫不犹豫地说，在这个例子中，预言无疑是存在的，每个人都应当承认它的存在。

"因此，在我看来，我们必须像波西多纽一样把整个预言的主要原则追溯到三个来源：第一，追溯到神，神和预言的关系已经充分讨论过了；第二，追溯到命运；第三，追溯到自然。理性迫使我们承认，一切事情的发生都是由于命运。我所说的命运的意思和希腊人所说的 εἱμαρμένη 是一样的，亦即有序的原因系列，在这个系列中，原因与原因联系在一起，每个原因本身都会产生一个结果。这是一个不朽的真理，其根源就在永恒之中。因此，没有任何事物的发生不是必然的，与此相同，没有任何将要发生的事物在自然中找不到使它发生的有效原因。因而，我们知道命运之所以被称做命运不是无知的，而是科学的，它是'事物的永恒的原因，包括过去的事物、现在的事物、将来的事物'。因此，通过观察，在大部分事例中可以知道什么样的原因会产生什么样的结果，哪怕不能全部知道；要说在每一事例中都可以知道，那就说得太多了。这些将要发生的事情的原因有可能被那些在出神或入眠时看见的人察觉。

【56】"还有，就像我们会在别处说明的那样，由于一切事物的发生都由命运决定，如果有某人的灵魂能够察觉原因之间的联系，那么他的预测肯定不会出错。因为知道未来事件原因的人必然知道每一未来事件将是什么样。但由于这样的知识只有对神来说才是可能的，因此留给人的就是通过某些预言的手段来预见未来，预兆显示了以后将要发生的事情。现在存在的事物并非突如其来的，而是在漫长的时间中演化，像一捆绳索展开；它没有创造任何新东西，而只是把每一事件按照顺序展开。原因和结果的联系对两类预言家来说是明显的：那些获得自然预言的预言家，那些通过观察预兆知道事物发展进程的预言家。他们可能察觉不到原因本身，然而他们察觉到了这些原因的预兆和象征。借助于从前的记录，对这些预兆做精心研究和回忆，揭示这些预兆的意义，这样的预言被视为人为的预言，是通过观察牺牲内脏、闪电、预兆和天文现象得来的预言。

"因此，预言家们说出一些现在还不存在于这个有形世界的任何地方的事物并不奇怪。因为一切事物都是存在的，尽管从时间的观点看，有些事物还没有出现。就好像种子内在于那些由种子产生的果实，所以未来的事件储存在原因中，通过理智或推测可以知道它们的到来，或者在出神时灵魂可以察觉它们，或者是灵魂在睡眠中获得自由，从而能够察觉未来事物的到来。熟悉日月星辰和其他天体升降和旋转的人能够提前说出这些天体在某个既定的时间在什么地方。那些长期研究和关注事物进程和事件之间联系的人也可以说出同样的事情，因为他们总是知道未来是什么样子；或者说，要是这样说太过分了，那么可以说他们在大部分情况下可以知道；或者再退一步说，他们肯定在某些时候知道将来是什么样子。这些关于预言存在的论证和其他一些同类论证都是从命运中衍生出来的。

【57】"还有，预言在自然中找到另一确定的支持，自然告诉我们摆脱了身体感官的灵魂有多么伟大的力量，尤其是在睡眠中，在出神或受到激励的时候。因为，就像诸神的灵魂没有眼睛、耳朵、舌头的干扰，完全可以做到

相互了解，知道各自在想些什么（因此人的祈祷和发誓，诸神无疑是能理解的），所以人的灵魂在睡眠中摆脱身体的束缚，或者受到激励而冲动时，就可以看到它们与身体混在一起时看不到的东西。也许很难把这一自然原则用来解释被我们称做人为的这种占卜，然而波西多纽尽力深入探讨这个问题，认为自然提供了关于未来事件的某些预兆。本都的赫拉克利德记载说，每年一次仔细观察天狼星的升起，依据这样的观察推测来年是丰年还是灾年，这是开奥斯人的习惯。如果这颗星昏暗地升起，被浓雾掩盖，这就表明气候趋于变坏；但若这颗星升起的时候天气晴朗，这就是气候好的标志，来年将是一个丰年。

"还有，德谟克利特表达了这样一个意见，古人观察牺牲内脏的行为是明智的；他认为，牺牲内脏的颜色和一般状况可以表示健康或疾病，有时也可表示田野里的丰收或歉收。现在如果通过观察和经验知道这些占卜的手段在自然中有其根源，那么这些长期的观察记录必定有助于增加我们在这方面的知识。因此，巴库维乌斯的剧本《克律塞斯》中的那位自然哲学家似乎很不理解自然法则。他说：'这些人懂得鸟语，他们从其他动物的肝脏中学到的东西比从他们自己的肝脏①学到的东西更多——我想，这些事我们听一听就行了，不值得关注。'我不知道这位诗人为什么要这样说，因为过了几行他说得相当清楚：'这种力量②无论是什么，都在创生、抚养、促进、滋养万物；它是万物之父，把一切事物拥抱在它怀中；一切事物都从它那里产生，一切事物也都回归于它。'既然所有事物都有一个共同的家，而人的灵魂始终存在，并将永远存在，那么为什么不能理解从原因中产生结果和先于事件的预兆呢？

"这就是关于占卜我必须说的全部的话。

【58】"然而，在结论中我要断言，我并不承认算命，或者那些为了金钱

---

① 肝脏习惯上被视为情感的处所，但在这里是理智的处所。
② 指大地，或者人格化的拉丁神祇狄斯（Dis），后来混同于希腊冥神普路托。

而做出的预言，或者巫术，或者灵媒，你的朋友阿庇乌斯把它说成是一种咨询的实践。'总而言之，我并不在意马西昂占卜者的无花果，也不在意住在山上的那些星相家、伊西斯的预言家和释梦者'，因为他们并非通过知识或技艺获得预言，'但是迷信的诗人、冒充内行的占卜者在指点人们该走什么路，而他们本人也不知道该走哪条路；那些人许诺让人发大财，而他们自己却在乞讨。让他们拿讨来的硬币平衡一下他们许下的诺言'。这就是稍后几行恩尼乌斯的话，它表达了这样一个观点，诸神是存在的，诸神不关心人在做什么。但我相信，诸神确实关心人，它们经常给人提建议，发预警，我证明了预言不是微不足道的，预言与错误和欺骗无关。"

昆图斯说完了，我评价说："我亲爱的昆图斯，你确实是做了精心准备以后才到这里来的。"

第二卷

【1】如何才能为尽可能多的人做好事，防止有人干扰我的国务活动，经过长时间的连续思考，我想到要以最崇高的学问开导我的同胞，没有什么计划能比这个计划更好——我相信，通过我的一系列著作，我现在已经完成了这一计划。好比说，我在我的那本题为《霍腾修斯》的著作中，竭力呼吁学习哲学。我在我的那个四卷本的《学园派哲学》中，提出了我认为最不傲慢，同时又最连贯、最精致的哲学体系。由于哲学的基础建立在善与恶的区别之上，我用了五卷书①竭尽全力地处理这个主题，由此掌握哲学家之间不同观点的冲突。其次，以同样的卷数，我写了《图斯库兰讨论集》，弄清了导向幸福生活的最基本手段。因为它的第一卷讨论如何解除对死亡的恐惧，第二卷讨论如何忍受痛苦，第三卷讨论如何缓解灵魂的苦恼，第四卷讨论灵魂的

---

① 指《论至善与至恶》。

其他错乱，第五卷讨论的主题给整个哲学领地带来最明亮的光，因为它要处理的是凭借美德足以获得幸福。

在出版了我提到的这些著作以后，我完成了三卷《论神性》，其中有对这个标题范围内的每一个问题的讨论。为了进一步简化和延伸这部论文，我开始写《论占卜》，此外我计划写一本《论命运》；等到这本书写完了，哲学的这个具体领域将得到充分的讨论。在这个著作表上还必须加上六卷的《论国家》，这个重大的主题是我还在为国家掌舵时就写了，它适合做哲学的讨论，柏拉图、亚里士多德、塞奥弗拉斯特以及整个逍遥学派，都对这个主题做过最精致的处理。我还有必要提到我的论文《论安慰》吗？它是给我带来最大安慰的源泉，我想，它也能给其他人提供许多帮助。最近我还写了《论老年》，把它送给我的朋友阿提库斯；由于通过哲学可以把一个人造就为有美德的、坚强的，所以我的《悼加图》①尤其值得放在上述著作之中。就像以理智的敏锐和语言的丰富著称的亚里士多德和塞奥弗拉斯特，他们俩都把修辞学与哲学结合起来，因此把我的修辞学著作列入同一范围是恰当的，因此我的这个著作表还要包括三本《论演说家》，第四本的标题是《布鲁图》，第五本被称做《演说家》。

【2】我已经提到了迄今为止我已经完成的哲学著作；要完成属于这一系列的其他著作，我倾注了极大的热情，要不是某些最可悲的原因②干扰了我的写作，那么不会有任何一个哲学的部分是我没有加以解释的，它在拉丁语世界中会很容易地被接受。我要为这个国家提供服务，但还有什么样的服务能比教导和训练年轻人更好，更伟大——尤其是看到当前我们的年轻人由于道德松懈而走上邪路，需要付出极大的努力才能约束和指引他们走上正道？当然了，我不敢保证，甚至不敢期待他们都能回来做学问。但至少有一些人能够做到！这样的人虽然很少，但他们的活动却能对国家产生广泛的影响。

---

① 《悼加图》（*Laus Catonis*），西塞罗已经佚失的著作，凯撒写过一个回复。
② 指凯撒死后国家事务的混乱状况。

事实上，我的劳动正在得到某些报答，甚至从已经上了年纪的人那里，他们在我的书中找到安慰，而他们阅读我的著作的热情促使我每天更加努力地写作。我也知道，他们的人数远远超过了我的期待。还有，罗马人要在哲学领域中独立于希腊作家，再现哲学的名誉和荣耀，如果我当前的计划得以完成，一定能带来这一后果。

我成为哲学的解释者，其原因来自内战期间的国家状况，在不能亲手保护共和国的时候，我不会什么事都不做，我也找不到别的值得我去做的事情。因此我的国人会原谅我——或者倒不如说他们会感谢我——因为当国家处在一个人的权力掌控之下时，我拒绝隐藏起来，放弃我的位置，或者不愿遭到驱逐；我不能忍受自己成为一个怨恨他人或怨恨时代的人；进一步说，我对另一个人的幸运既不会去奉承，也不会敬佩，乃至于对自己的遭遇感到后悔。

我从柏拉图那里，从哲学中尤其学到一件事，可以看到国家会发生某些革命；国家在一段时间里实行君主制，一段时间里实行民主制，一段时间里实行僭主制。当最后一种命运落到我的国家头上时，我从前的活动已经无法进行，于是我开始重新研究这些学问，通过这些活动，我解除了心中的焦虑，与此同时我又能为我的同胞提供当前情况下我所能提供的最好的服务。我的著述还有那些在元老院里的演说和我在法庭上的高谈阔论；我当时想我已经永远从哲学转到政治中来了。然而现在，由于又有人向我咨询国家事务，我的时间必须奉献给国家，或者倒不如说，我的不可分割的思想和注意力必须确定在这一点上；只有在不推卸我对国家应尽义务的前提下我才能有时间从事哲学。我在其他时间会更多地谈到这一点，现在让我们回到我们已经开始的讨论中来。

【3】我的兄弟昆图斯讲完了他的论占卜的观点以后——这是我们放在前一卷的内容——我们又随意走了很远，后来我们在我的"吕克昂"的图书馆找了个位子坐下，我说：

"我亲爱的昆图斯，你确实像一名斯多亚学派的成员，准确地捍卫了斯多亚学派的学说。但是最令我高兴的是，你实际上已经从罗马的资源中找到许多事件来说明你的论证——这些事件的类型也非常独特和高尚。现在我必须对你说过的话作答，但我在这样做的时候必定会很不自信，也会有许多疑虑，乃至于不敢肯定任何事情，或者怀疑一切。① 因为要是我假定了任何我说是确定的东西，那么我本人在说预言根本不存在的时候就已经在扮演预言家的角色！

"卡尔涅亚得曾经用提问来开始他的讨论，这种方式给我留下深刻印象：'有哪些东西属于预言的范围？它们能被感官察觉吗？我们能看见、听见、尝到、嗅到、触摸到的东西是存在的。那么，在预言或激励的帮助下，我们能比只依靠感官的帮助更好地察觉这些存在的东西的某些性质吗？在任何地方，如果存在某个像提瑞西亚那样的盲人占卜者，他能告诉我们白与黑的区别吗？或者他是个聋子，他能区别不同的声音和音调吗？现在你必须承认，预言不能用于任何通过感官可以获得知识的地方。'

"甚至在科学或技艺的范围内也不需要任何预言。因为当人生病的时候，我们一般不会去请一位预言家或占卜者，而是去请医生。还有，想要学习弹竖琴或吹笛子的人不会去向占卜者学习，而会向乐师学习。同样的规则也可用于文学和其他知识部门。你真的相信那些据说拥有预言能力的人能够告诉我们太阳是否比大地大，太阳是否像看上去那么大吗？或者告诉我们月亮是自己发光还是靠太阳发光？你认为他们懂得太阳、月亮、被称做行星的五大星辰的运动吗？你那些著名的预言家不敢说他们能回答这样的问题，他们也不敢说几何图形是否画得正确，因为这是数学家的事，不是预言家的事。

【4】"现在让我们来考虑哲学范围内的事情：当问题是什么是道德上的正确，什么是道德上的错误，或者什么是既非道德上的正确又非道德上的错误的时候，我们通常会请占卜者来解决我们的疑惑吗？我们在这种事情上经常向他们请教吗？确实不会，因为这类问题属于哲学家。还有，当问题是有

---

① 这是新学园派的门徒在研究问题时的精神状态。

关义务的时候，谁曾向占卜者请教应当如何对待自己的父母、兄弟或朋友？或者应当如何使用他的财富、职位和权力？这样的事情通常与圣贤有关，而与占卜者无关。

"进一步说，通过占卜能解决辩证法或物理学的问题吗？比如说，存在一个世界还是存在许多个世界？万物从中派生出来的基本元素是什么？这样的问题属于物理学。还有，假定一个人想要知道如何解决'撒谎者'的悖论，希腊人称之为'ψευδόμενον'，或者想要知道如何处理'连锁法'的错误，希腊人称做'sorites'（如果需要一个拉丁语的对应词，可以用'acervalis'，但实际上并不需要，因为就像'哲学'这个词和其他许多希腊语词一样，这些词也被当做拉丁语来使用，所以就用'sorites'）——在这两种情况下，该讲话的是逻辑学家，而不是占卜家。

"其次，假定考察的问题是最佳的统治形式，或者考察什么样的法律和习俗是有益的，什么样的法律和习俗是有害的，你会请伊拙斯康的占卜者来解决问题吗，或者你会接受那些由于拥有政治知识而被挑选出来的杰出人物的决定？如果在可以由感官察觉的事物、包含在技艺中的事物、由哲学家讨论的事情、由政治家处理的事情中，占卜没有地位，那么我认为任何地方都绝对不需要占卜。因为我认为它必须在各种情况下都有用，或者至少在某些部门找到它的用处。但是如我的理性所示，占卜在各种情况下都无用，也找不到能由它来实施控制的任何领域或主题。

【5】"因此，我倾向于认为根本不存在所谓的占卜。有一句被人经常引用的希腊诗：'我坚决认为，最善于猜测或推测的人是最好的占卜者。'① 你现在认为一名预言家在暴风雨将要来临的时候会比舵手'推测'得更好吗？或者说，他会通过'推测'比医生诊断得更准确，或者比将军更有技艺率军作战吗？

"但是昆图斯，我注意到你谨慎地把预言从公共事务中基于技艺和经验

---

① 普罗塔克：《论占卜的缺陷》第 432 句。

的推测中撤回，从那些使用感觉的领域撤回，从那些由人在他们自己的职业中创造的事物中撤回。我也注意到，你把预言定义为'对偶然发生的事情的预见和预告'。① 然而，首先你自己也承认这是矛盾的。因为医生、舵手、将军拥有的预见也是关于'偶然发生的事情的'。那么，有哪个预言家、占卜官、先知、做梦者能比医生、舵手、将军更好地推测一位病人如何能够痊愈，一艘航船如何摆脱危险，一支军队如何躲避伏击吗？

"你还说，甚至连预见到迫在眉睫的风暴和根据某些预兆预见到要下雨也不是预言，在谈到这一点的时候，你大量引用我翻译的阿拉图斯的诗句。然而，这种所谓的'偶然发生的事情'尽管频繁地发生，但并非总是发生。那么你所说的预言——'对偶然发生的事情的预见和预告'——是什么呢？它能用在什么地方呢？你认为，'任何能够通过科学、理性、经验或推测的手段预知的事情，不属于占卜者，而属于专家'。由此可以推论，关于'偶然发生的事情'的预言是可能的，但只对那些不能用技艺或智慧的手段来预见的事物而言。因此，如果某人提前许多年宣布著名的、三次担任执政官的马库斯·马凯鲁斯将会遭遇海难而死，那么按照你的定义，它无疑属于预言，因为这场灾难不能用其他技艺或智慧的手段预见。这就是为什么你要说预言是对偶然发生的事情的预见的原因。

【6】"那么，有对任何根本没有理由存在的事情的预知吗？因为我们不能把'碰巧'、'运气'、'意外'、'偶然'这些词用到那些经常发生，或根本不会发生，或会以其他方式发生的事情上。那么，预见或描述一个随意发生的事件，视之为盲目的偶然性或不稳定的偶然性的结果，这如何可能呢？通过运用理性，医生预见到疾病的进程，将军预见到敌人的计划，舵手预见到天气即将变坏。然而，即使那些使用精确推理得出结论的人也经常弄错：例如，看到橄榄树开花的时候，农夫期待着它们结果，这样的期盼完全合理，但有时他也会失望。那么，如果这样的错误是由那些并不依据合理的可能的

---

① 参见本文第一卷，第5章。

推测，而是依据观察牺牲的内脏、观察鸟类的飞行，依据预兆，神谕或托梦做出的预见，那又怎么样？我现在还不想逐一讨论各种各样的占卜，说明肝脏的裂缝、渡鸦的叫声、老鹰的飞翔、星辰的坠落、疯狂状态下的人讲出来的话、抽签和做梦没有任何预言价值，而是在轮到谈它们的地方再谈——现在我要讨论是整个主题。

"能被预见的任何事情怎么能没有原因，它的到来怎么能没有明显的标志？有人运用数学研究天体的运行轨道，提前几年预测到日食和月食；永久不变的自然法则会使这些预见成为现实。由于月亮的运动是完善的，有规则的，天文学家计算出当月亮正对着太阳，并处在大地的阴影之中——这就是所谓的'夜晚的锥形物'①——月亮必然会变得不可见。他们知道，由于同样的原因，当月亮直接处在大地和太阳之间时，月亮就会挡住太阳到达我们眼睛的光线。他们知道每一颗行星会在什么时候出现，在每一天的什么时候星辰升起或降落。你明白获得这些预言的推理过程。

【7】"但是那些预言能发现宝库或继承遗产的人遵循什么推理过程呢？这样的预言依据什么样的自然法则呢？另一方面，如果刚才提到的预言，以及其他同类的预言，就像星辰的有规则的运动，受到同样不变的自然法则的支配，那么请你告诉我，我们还能察觉任何偶然或碰巧发生的事情吗？确实，世上没有任何事情能像偶然性一样与理性和稳定相对立。因此在我看来，甚至连神本身也不知道会有什么事情偶然或碰巧发生。如果神知道，那么这件事情肯定会发生；但若它肯定会发生，偶然性也就不存在了。然而，偶然性确实存在，因此根本就没有对偶然发生的事情的预知。

"但若你否认偶然性的存在，断言当前或未来的一切事物的进程都已经不可避免地、永久性地决定了，那么你必须改变你的关于预言的定义，亦即你说的'对偶然发生的事情的预见和预告'。如果除了已经被永久性地决定了的必定会在某个确定时间发生的事情，没有任何事情能够发生、来临或将

---

① 普林尼：《自然史》第 2 卷，第 7 节。

要发生，那么还会有什么偶然性？如果没有偶然性，那么还会有什么地方需要用到被你说成是'对偶然发生的事情的预见和预告'的预言？你说一切存在的事物均受命运支配，这样说也是自相矛盾的！'命运'这个词带有浓厚的迷信色彩，是乡间老妇的轻信，然而斯多亚学派对你说的这种命运谈论甚多。关于命运，我们可以留到其他场合再谈，当前我要讲的只是必然性意义上的命运。

【8】"如果一切都受命运支配，预言对我还有什么用处？正是依据这一假设，人们才认为预言家预言的事情必然发生。因此，我不知道造成这一事实的原因是什么，一只老鹰会使我们的亲密朋友戴奥塔鲁斯中断他的旅行；他要是不返回，那么他一定会在次日被毁的那间房子过夜，因此死于非命。然而，如果命运希望这件事发生，那么他就不能逃脱这一灾难；反之亦然。因此，我再重复一遍，预言有什么用？或者说，通过抽签、观察牺牲内脏、或通过其他手段获得警告，它们到底要我躲避什么？如果说罗马舰队在第一次布匿战争中遭到覆灭是命运的意愿——一次是遭遇海难，一次是败在迦太基人手里——那么即使执政官卢西乌斯·朱尼乌斯和普伯里乌·克劳狄用圣鸡占卜时获得上上大吉，① 罗马舰队不还是要覆灭吗？另一方面，如果服从预兆就能阻止舰队的覆灭，那么依照命运他们就不会覆灭了，是吗？但是你坚持说一切事情的发生都是由命运决定的，因此根本就不存在所谓的预言。

"还有，如果第二次布匿战争期间罗马军队在特拉昔曼努湖遭到覆灭是命运的意志，那么要是执政官弗拉米纽斯服从预兆和禁止他参战的占卜，这一结果就能避免吗？肯定不能。因此，要么按照命运的意志，这支军队不会灭亡，要么按照命运的意志，这支军队会灭亡(作为一名斯多亚学派的成员，你肯定会说按照命运的意志，这支军队会灭亡)，哪怕服从了占卜，也会发生同样的结果，因为命运的判决是不能更改的。这样一来，你们斯多亚学派吹嘘的预言成了什么？因为要是一切事情的发生都由命运决定，那么对我们

---

① 参见本文第一卷，第15章。

提出警告，要我们提高警惕就没有任何意义，因为我们无论怎么做，事情还是会发生。如果事情的结果可以被扭转，那么命运也就不存在了；所以，所谓的预言是不存在的，因为预言要涉及的事情是将要发生的事。然而，没有任何事情是'肯定要发生的'，借助某些手段可以防止它的发生。

【9】"进一步说，在我看来，关于未来的知识是无益的。举例来说，如果普利阿姆从年轻时就知道自己老的时候将要遭遇的悲惨事件，那么他的生活会是个什么样子！但是让我们撇下神话时代不谈，说一说近期发生的事情。在我的著作《论安慰》中，我收集了我们国家最优秀的人物所遭遇的悲惨死亡。早期的我就不说了，让我们来说马库斯·克拉苏。请你告诉我，当他处在权力和财富的顶峰时，如果让他事先知道自己命中注定要在幼发拉底河那边可耻地死去，他的儿子将先于他被杀，他的军队也会被摧毁，对他有什么好处？或者你认为，在格奈乌斯·庞培在第三次担任执政官，取得他的第三次伟大胜利，享有崇高威望的时候，如果他知道自己将在失去军队之后在埃及沙漠被杀，以及他死了以后发生的、我一说起来就禁不住流下眼泪的事情，他会快乐吗？

"或者对凯撒我们该怎么想？要是他能预见到自己将在大部分人由他自己挑选出来的元老院里，在庞培大厅里，在庞培的塑像前，当着他的许多百夫长的面，被最高贵的公民杀死，而他孤立无助——甚至连一名奴隶也不会过来帮他的忙——没有一个朋友会靠近他的尸体，那么他的一生将会过得多么痛苦！

"所以，对未来的病痛一无所知确实比知道未来的病痛更加有益。因为即使人知道未来，无论谁都不会说——斯多亚学派肯定不会说——庞培就不会起兵，克拉苏就不会渡过幼发拉底河，凯撒就不会发动内战。如果是这样的话，那么这些人的死就不是由命运决定的。但是你认为一切事情的发生均受命运的支配；所以，关于未来的知识对这些人没有好处。它实际上会使他们的生活失去欢乐；因为一想到他们自己将来的结局，他们还怎么能高兴得起来呢？所以，无论斯多亚学派如何变化，他们的谨慎最后都将等于零。如果一件将要发生的事情既可以按这样的方式发生，也可以按那样的方式发生，那么一般说来偶然性就占主导地位了，但是偶然发生的事情不可能是确定的。如果说在某个场合将要对我发生的某件事情是确定的，那么占卜者对我说巨大的不幸在等着我对我又有什么帮助？

【10】"对于最后一个要点，斯多亚学派会回答说，'以宗教仪式的手段可以使将要落在我们头上的每一种邪恶变得轻省。'如果除了命运决定的事情，其他不会有任何事情发生，那么用宗教仪式的手段不能使任何邪恶变得轻省。荷马说了他对这个事实的看法，他说朱庇特抱怨命运，因为在命运已经做了安排以后，朱庇特不能使他的儿子萨尔培冬免除死亡。① 下面这句译自一位希腊诗人的诗句② 也表达了相同的思想：'命运决定了的事情，万能的朱庇特也不能阻拦。'我认为，有关命运的整个观念的每一个细节，甚至在阿梯拉的滑稽戏中也是受嘲笑的对象，但是在我们这样严肃的讨论中开玩笑是不恰当的。所以让我们总结一下我们的论证：如果预见偶然发生的事情是不可能的，因为它们是不确定的，那么就无所谓预言；与此相反，如果偶然发生的事情是可以预见的，因为它们是由命运决定的，那么仍旧无所谓预言，因为按照你的定义，预言涉及的是'偶然发生的事情'。但是我现在这个导言性的讨论只是轻装步兵的小规模战斗，现在让我逼近一些，看我能否打击你的论证的两翼。

【11】"你把预言分成两种：一种是人为的，另一种是自然的。你说：'人为的预言由部分推测和部分长期观察组成；而自然的预言是由灵魂把握的，或者倒不如说，是由灵魂获得的，它有一个外在于它本身的来源——亦即来源于神，因为所有人都从神那里得到灵魂，或者所有人的灵魂都来源于神。'③ 你的人为的预言包括通过观察动物的内脏、闪电、占卜得到的预言，

① 荷马：《伊利亚特》第 16 卷，第 433 行。

② 出处不明，但同样的思想可参见希罗多德：《历史》第 1 卷，第 91 节；柏拉图：《法篇》第 5 卷，10。

③ 参见本文第一卷，第 49 章。

也包括对预警的预兆的解释。在同一类别中你实际上还把使用推测的各种预言方法包括在内。另一方面，自然的预言，按照你的观点，是一种精神激动的结果——是一种'溢出'——或者说是灵魂在睡眠时摆脱了身体感觉和尘世的烦虑时的预言的力量。还有，你把各种预言追溯到三个来源——神、命运、自然。① 尽管你不能说出预言的原因，但你还是通过列举数量惊人的虚构的例子的办法进行了这场战争。对于这样一个过程我想说的是，引入可能偶然为真，也可能为假，或者恶意虚构的证据，不是哲学家的作为。你必须使用论证和理性来说明你所有的命题是真的，你一定不能诉诸所谓已经发生过的事件——肯定不能诉诸那些不可信的事件。

【12】"在分别讨论各种预言方法时，我要从占卜开始，按照我谨慎的判断，对于占卜，我们应当出于政治上的权宜之计来加以培养，为的是我们可以有一个国家宗教。但是只有当我们单独相处的时候，我们才能不引起嫌恶地、诚实地探讨占卜的真相——我确实能够这样做，因为我的哲学对大多数事情持怀疑态度。所以，要是你乐意，首先让我们来谈论观察牺牲的内脏！有谁会受到诱惑，相信通过观察牺牲内脏所预言的事情是占卜者通过'长期连续的观察'认识到的？请你告诉我，这种观察延续了多久？这种观察如何能够持续很长的时间？占卜者们相互之间如何能够达成一致意见，内脏的哪一部分是不吉利的，哪一部分是吉利的，肝脏上什么样的裂缝表示危险，什么样的裂缝表示有利？伊拙斯康、埃利斯、埃及、迦太基的占卜者对这些事情的意见一致吗？这样的一致实际上是不可能的，这样的一致甚至无法想象；还有，我们看到有些民族用这种方法解释牺牲内脏，有些民族用那种方法解释牺牲内脏，因此占卜的实践是不一样的。

"确实，如果牺牲的内脏有预言的力量，那么这种力量必定要么与自然法则相符，要么是诸神的意志和力量用某种方式造成的。但是以其伟大荣耀的法则渗透一切地方、规范一切运动的、神圣的自然体系——我就不提鸡的

---

① 参见本文第一卷，第55章。

胆囊了，有些人断言，它的内脏能清楚地预见未来——能和一头献祭用的公牛的肝、心、肺之间有什么联系吗？这些内脏有什么自然品质使之能够预见未来？

【13】"无论如何，当德谟克利特说'他们关注天上的事情，但却不顾脚下的东西'①的时候，他相当尖刻地嘲笑了自然哲学家——没有比这类人更加傲慢。然而，德谟克利特认为通过观察牺牲的内脏的状况和颜色可以预见粮食丰收与否，他甚至认为内脏提供的预兆可以预示未来的健康与疾病。啊，多么幸福的凡人！他是绝对不会忘记他所开的玩笑的，这是绝对确定的。但是他在嘲笑这些卑微的事情时，不也看不到他的理论仅仅建立在这样一个假设上吗——所有的牛在同样的时间发生同样的颜色和状况的变化？在同样的例子中，如果一头公牛的肝脏是平滑的、丰满的，另一头公牛的肝脏是粗糙的、萎缩的，那么从'内脏的状况和颜色'又能得出什么样的推论来呢？

"同样可笑的还有斐瑞居德的故事，你说他通过观察一口井中打出来的水预测到一场地震。②我想，哪怕是一名自然哲学家在地震发生以后试图解释它的原因都相当唐突，他们真的能够在观看了井水以后说将要发生地震吗？这样的胡说八道在学校里经常听到，但我们没有必要相信所听到的一切。假定德谟克利特的这些谬论是真的，那么在占卜者观察了牺牲内脏以后，我们在什么时候能知道粮食是否丰收或人是否健康，或者我们什么时候能得到具体消息？占卜者对我们发出警告，说将要发生火灾或水灾；他们有时候还预言某人将丧失财产或得到遗产；他们讨论肝脏裂口的吉祥或不吉，十分细致地从各个角度观察肝的尖瓣。要是肝的尖瓣有缺口，他们也许视之为最不吉利的预兆。

【14】"如我前示，这样的预兆肯定不属于你区分的那些'依赖观察'的

---

① 这一嘲笑经常被归于泰勒斯。
② 参见本文第一卷，第50章。

占卜种类。因为它们不是古老习惯的结果，但它们是技艺的发明——如果在神秘的习俗中有任何技艺的话。但是，它们与自然法则有什么关系？假定自然的所有产物都牢固地形成一个和谐的整体（我注意到，这是自然哲学家的观点，尤其是那些坚持宇宙是一的人的观点①），这个宇宙和发现宝藏有什么关系？好比说，要是我通过观察牺牲内脏预见到我的运气在增长，并且这些牺牲内脏显示的预兆与某些自然法则吻合，那么可以说，首先，这些内脏和宇宙有某些联系，其次，我发的横财是自然法则规定的。可是，自然哲学家说出这样的胡言乱语不感到羞耻吗？然而，自然的不同部分之间会有某种接触，我承认这一点。斯多亚学派收集了许多例证来证明。比如，他们声称老鼠的肝脏在冬季会变得比较大；干枯的薄荷荚在冬至那一天开裂，它的种子朝着四面八方散开；七弦琴的弦在某个时候发出其他声音；牡蛎和各种贝壳随着月亮的盈亏长大或变小；在冬季漆黑的砍伐树木比较容易，因为这个时候树木没有太多的汁液。

"我们没有必要继续提到大海和海峡、海洋的潮汐受到月亮运动的影响。同类无数的例子可以证明看上去显然不关联的事物之间确实存在着某些自然的联系。假定这种联系确实存在，那么它与我的观点并不相悖，任何肝脏的裂口都不能预示我能发横财。所以说，肝脏的裂口和我的钱包之间能有什么样的自然联系，或者什么样的'和谐'，或者如希腊人所说，什么样的'同构'？或者也可以说，我发这点小财与天空、大地、自然法则有什么关系？

【15】"然而，要是你乐意的话，我甚至可以承认自然和内脏的状况有某种联系，虽然这样做将极大地削弱我的论点；假定我做出这一让步，那么寻找吉兆的人怎样才能找到适合他目的的献祭呢？我认为这个问题是无法解决的。而你提供了一个多么好的解决办法啊！我不是为你感到可耻，我实际上是对你的记性感到惊讶；我对你转述的克律西波、安蒂帕特、波西多纽说的话感到可耻：'选择献祭用的牺牲在一种渗透整个宇宙的理智的、神圣的力

---

① 西塞罗此时想到的是克塞诺芬尼等人的观点。

量的指导下进行。'①

"但是被你采用的他们的其他说法甚至更加荒唐：'在献祭的那一刻，牺牲的内脏发生了某些变化，添加或减少了某些东西；因为一切事物都服从神圣的意愿。'在我看来，没有哪位乡村老妇会如此轻信，竟然相信这样的鬼话！你相信同一头阉牛如果被一个人挑选，就会没有肝的尖瓣，如果被另一个人挑选，就会有肝的尖瓣吗？肝的尖瓣有可能突然发生这样的变化，以适合那些献祭的人的状况吗？你们斯多亚学派看不到选择牺牲几乎就像掷骰子一样吗？这是事实证明了的。因为要是第一头牺牲的肝脏没有尖瓣，那么这是最不幸的预兆，而经常发生的事情是下一头牺牲的预兆是上上大吉。请你告诉我，这样一整套牺牲发出的警告成了什么？获得诸神的青睐怎么能够如此突然呢？

【16】"你说：'有一次凯撒在献祭的时候，那头作牺牲的公牛身上没有心脏；由于没有心脏的牺牲不可能活着，所以它必定是在献祭的那一刻消失了。'②你明白一个事实，公牛没有心脏就不可能活着，但却不明白另一个事实，即心脏不可能突然消失。在我看来，我可能不知道心脏起什么样的重要作用，但我可以怀疑这头公牛由于生病，它的心脏衰退了，萎缩了，变得不像心脏了。但是假定在献祭前一刻公牛的心脏还在，你为什么要认为它是在献祭的那一刻消失的？你认为那头公牛是在看到凯撒穿着紫袍失去他的脑袋的那一刻失去心脏的不是更好吗？

"在我看来，你们斯多亚学派在捍卫哲学外围的时候，交出了哲学的城堡！由于你坚持占卜的真实性，因此你彻底颠覆了生理学。肝脏有一个尖瓣，牺牲有一个心脏，嘿！而在你往它们上面撒肉和酒的那一刻它们消失了！对，神会把它们抓走！某种不可见的力量会摧毁它们或者吃了它们！所以一切事物的被造和毁灭不是由于自然，有某些事物可以从无中产生或者突

---

① 参见本文第一卷，第52章。
② 参见本文第一卷，第52章。

然化为乌有。自然哲学家提出过这样的说法吗？你说：'这是占卜者说的。'那么你认为占卜者比自然哲学家更可信吗？

【17】"还有，同时向不止一位神献祭的时候，占卜怎么会在一种情况下是吉利的，在另一种情况下是不吉利的呢？诸神面对一套牺牲威胁说要降下灾难，面对另一套牺牲说要赐予幸福，这不是太奇怪，太反复无常了吗？诸神中间会有这样的分歧吗——哪怕是在血缘关系最近的诸神中间——比如说，你献给阿波罗的牺牲的内脏是吉利的，而你同时献给狄安娜的牺牲的内脏是不吉利的？当献祭用的牺牲被胡乱地摆上来的时候，非常清楚，你们得到的牺牲内脏的性质取决于带上来的牺牲。噢！有些人会说：'选择牺牲本身是一件在神的指引下进行的事情，正如抽签是在诸神的指引下进行的！'我马上就会讲到抽签；尽管你通过比较献祭和抽签实际上并没有对献祭有所加强；但你通过比较献祭和抽签确实削弱了抽签。我派了一名奴隶去艾奎迈留给我找一头献祭用的羊羔，他给我带来一头内脏完全适合我的险情的羊羔，我认为这不是偶然的，而是神在指引这名奴隶找到这头羊羔！如果你说在这种情况下偶然也是与神的意愿相一致的命定，那么我很遗憾，我们的斯多亚学派的朋友给伊壁鸠鲁主义者留下了很大的笑柄，因为你知道他们说出这样的话来有多么可笑。

"他们可以更加优雅地嘲笑伊壁鸠鲁，因为他让诸神变得滑稽可笑，说它们是透明的，可以被一阵风穿透，说它们生活在两个世界之间（就好像处在我们的两片丛林之间），因为担心世界的崩塌。伊壁鸠鲁还说，诸神像我们一样有肢体，但是不使用它们。因此，当他迂回曲折地想要摧毁诸神的时候，他毫不犹豫地走上一条摧毁占卜的捷径。不管怎么说，伊壁鸠鲁是前后一致的，而斯多亚学派不是；因为伊壁鸠鲁的神不关心自己，也不关心其他人，不能对人做预言。你们斯多亚学派的神也不能对人做预言，尽管他统治着这个世界，对人类之善做出安排。那么你们斯多亚学派为什么要陷入这种你决不可能做出解释的诡辩呢？你们学派的成员仓促地向我们提供了这样的演绎推理：'如果有诸神，那么有占卜；由于有诸神，所以有占卜。'更加合理的演绎推理应当是这样的：'由于没有占卜，所以没有诸神。'你看他们提这个命题的时候有多么仓促，'如果没有占卜，就没有诸神。'我之所以说他们'仓促'，这是因为占卜显然已被摧毁，但诸神的存在必须坚持。

【18】"否定了依据牺牲内脏进行的占卜，我们就彻底否定了占卜者的技艺；同样的命运也在等着依据闪电和其他预兆进行的占卜。按照你的观点，对闪电可以长时间的连续观察，对预兆可以使用理性和推测。但是我们在观察闪电时看什么？伊壁鸠鲁把天空划分为十六个部分。当然了，他们很容易把我们划分的四个部分加倍，然后把总数再加倍，说其中的一个部分是产生打雷和闪电的地方。首先，这样划分出来的区域有什么区别？其次，打雷和闪电预言了什么？很清楚，原始人对闪电和打雷感到惊慌和害怕，从而相信这些现象是由无所不能的朱庇特引起的。所以在我们的占卜编年记中写道：'朱庇特打雷或闪电时举行选举是不虔诚的。'这也许是一种政治上的权宜之计，因为我们的祖先希望在别的时间举行选举，需要有一个借口。所以，闪电仅仅是在选举的时候是不吉利的，而在所有其他情况下，如果它发生在左边，我们认为这是最吉利的预兆。但是，我将在另一层联系中讨论占卜——现在我就来谈论闪电。

【19】"对一位自然哲学家来说，没有哪个说法比认为通过某些不确定的预兆能够预言某些事情更无价值。当然了，我不认为你非常轻信，乃至于相信朱庇特的霹雳是由库克罗普斯在埃特那山上锻造的。要是朱庇特只有一根霹雳，那么经常闪电就会很奇怪。他也不可能通过霹雳给人提那么多建议，告诉人们该做什么，不该做什么。但是斯多亚学派的解释是这样的：'大地散发出冷，冷旋转后成为风；风进入云彩，开始扩散，变得稀薄；如果这个过程很快，很剧烈，就会打雷和闪电。还有，当云彩和热猛烈撞击，热被驱赶出来的时候，就产生霹雳。'明白这些现象是有自然原因的，是无规则地发生的，没有固定的时间，那么我们还要把它们视为未来事件的预兆吗？如果朱庇特用霹雳对我们提出警告，而他又毫无目的地打了那么多雷，这就太奇怪了！比如说，他把霹雳掷在大海中间有什么目标？或者如他经常做的那

样，他把霹雳掷在高山顶上有什么目标？请你告诉我，他为什么要在荒无
人烟的沙漠上浪费他的霹雳？他为什么要把霹雳掷在不会有人注意到的海
滩上？

【20】"啊！你会说：'那个神像的头在台伯河找到了。'① 就好像我认为你
的占卜者是没有技艺的！我的主张是没有预言。通过我们已经说过的方式划
分天空，占卜者学到了霹雳来自天空的哪一部分，落到哪一部分，但是没有
办法表明霹雳有任何预言的价值。然而你引用我的一些诗句来反对我，说
'朱庇特在靠近星辰的奥林波斯山巅发出霹雳，打中人们为了荣耀他而建造
的神庙；朱庇特在卡皮托利圣山放出闪电。'② 这首诗继续说道：'古老而又荣
耀的那塔的青铜像、刻着法律的铜牌、罗莫洛、瑞莫斯和哺育他们的母狼的
塑像、诸神的雕像被霹雳摧毁，化为乌有。占卜家们对这些事情的预言完全
应验。'此外，你还把我当做权威来引用，证明神像的建造预示了叛国阴谋
的败露：朱庇特神像的建造拖延了两年，而我在当政时终于使它在卡皮托利
圣山上高高耸立。

"就这样，你向我发出呼吁，'就你的行为而言，就我引用的这些精心写
就的诗句而言，你能够被说服，在占卜问题上转变我所说的这种立场吗？'
你是我的兄弟，就此而言，我回避对你进行反责。但是请你告诉我，使你在
这件事情上苦恼的原因是什么？想要发现真理不正是我所要坚持的吗？所以
我放弃反驳你对我不能坚持立场的指责——我要请你从总体上解释占卜这个
主题。但你在一个陌生的地方避难。你知道，当我问你各种预言的原因时，
你应当直截了当地回答，你有许多话可说，乃至于说，'由于我明白什么是
预言，所以我不问预言的理由或原因。'就好像我承认预言能成就某些事情，
或者我允许一名哲学家不问任何事情发生的原因！在同样的联系中，你提到
了我的《天象》和某些草药的例子——马兜铃和旋花根——说你明白它们的

---

① 参见本文第一卷，第 10 章。
② 参见本文第一卷，第 12 章。

功能和效果，但不知道原因。

【21】"但是你的例子完全不贴切。比如，你提到斯多亚学派的波埃修斯和我们的朋友波西多纽考察天文现象的原因；① 即使他们没有发现原因，天文现象本身也值得观察和研究。但是长期连续观察闪电击毁那塔的青铜像和刻着法律的铜板的地方有什么意义？你说'那塔是皮拿利部落的，有着高贵的出身，因此可以预见到危险的临近'。能干的朱庇特竟然发明了这样一种办法来警告我们！你观察到'婴儿罗莫洛的塑像被霹雳击毁，由此可以预见他创建的城市面临着危险'。聪明的朱庇特，用预兆来传递给我们的信息！还有，你说'朱庇特的塑像在叛国阴谋败露的时候竖起。'当然了，你宁愿把这种巧合归于神的旨意，而不是归于偶然。我假定，要是接受科塔和托夸图斯委派建造朱庇特神像的人不是由于缺乏能力或缺乏资金而延误工作，那么是他的手麻痹了，直到不朽的诸神指定的时刻才动起来！

"在这样的警示是否真的由诸神发出的问题上，我不是一个绝望的怀疑主义者；然而，我不知道它们是不是警示，我想从你这里了解真正的事实。还有，事先被预言家预言到的事件应验了，我把这种应验归于偶然的巧合，你花了很长时间谈论偶然性。比如你说：'一次掷出四枚骰子，各有不同的点数，这是偶然的；但若你掷一百次，每次都是这样的结果，这就不是偶然的。'② 首先，我不知道为什么掷一百次就不是偶然的了；但我不想挑战这个观点，你为此提供了大量同类的例子，比如颜料盘的倾倒和公猪用鼻子在地上拱出一个字母，你有许许多多这样的例子。你还提到卡尔涅亚得说过的大神潘的头像的故事——好像相似就不是偶然性的结果！好像每一块大理石里蕴藏的头像都比不上普拉克西特勒的作品！因为他的杰作是通过凿去大理石创造出来的，而不是通过在大理石上增添些什么；在凿了许久以后，脸的轮廓显露出来，然后再精加工，完成整个作品，但这些活动始终都是在这块大

---

① 参见本文第一卷，第 8 章。
② 参见本文第一卷，第 13 章。

理石的范围内进行。因此，像卡尔涅亚得所说的塑像自动出现在开俄斯的采石场是可能的。另一方面，这个故事也有可能是假的。还有，你经常注意到云彩的轮廓像一头狮子或者像人头马。因此，对真实事物的模仿是可能的，而你刚才否认这一点。

【22】"由于我们已经充分讨论了牺牲内脏和闪电，所以，如果我们要完整地处理占卜，我们还需要考察预兆。你提到有一头骡子生了一头驴驹。①这样的事情会引起人们的困惑，因为这种事很少发生；但若这种事是不可能的，那么它肯定不会发生。我们可以再次强调说，不可能的事情决不会发生，可能的事情也不会引起什么困惑，所以根本就没有什么预兆。有时候，我们产生困惑的原因在于不知道新事物发生的原因，而不知道经常发生的事情的原因则不会使我们产生困惑。对骡子生下驴驹感到惊讶的人不懂得母马如何产下驴驹，不懂得一般动物的生育。常见的事情不会使人感到惊讶，哪怕不知道事情发生的原因。如果有些从未见过的事情发生了，人们就会认为这是不祥之兆。那么什么是预兆呢，是骡子的怀孕还是它的生育？它的怀孕也许和一般自然过程不同，但是后来的生育必定是怀孕的结果。

【23】"再多说占卜似乎已经无用了。然而，让我们考察一下它的起源，这样我们就容易确定它的价值。从前，据说在塔尔奎尼区，有人在耕地，犁铧比通常扎得深了一些，塔吉斯②突然跳将出来，对耕地的人说话。按照伊拙斯康人的编年史的说法，这位塔吉斯的样子是位男童，但拥有预言家的智慧。那个乡下人惊恐万分，大声喊叫；一群人闻声围过来，整个部落的人几乎都聚集在那里。塔吉斯面对无数听众发表讲话，把占卜的技艺传授给他们，而他们认真地听，一字不漏地记。塔吉斯的整个演说都是在解释占卜。就这样，伊拙斯康人掌握了塔吉斯提出的占卜原则，学到了许多占卜的知识。

---

① 参见本文第一卷，第 18 章。
② 塔吉斯（Tages），罗马神话中朱庇特的孙子。

"这个故事是我们从伊拙斯康人那里听来的，他们的编年史中保存着这个故事，按照他们自己的看法，这就是他们的占卜技艺的起源。我们现在需要一位卡尔涅亚得或伊壁鸠鲁来驳斥他们的胡说八道吗？在这个世界上，有谁会愚蠢地相信耕地能耕出一位神或一个人来？如果耕出一位神，那么它为什么要违反神的本性，躲藏在地下，等着犁铧把它挖出来见阳光？这个所谓的神就不能在一个比较高尚的地方把占卜的技艺传授给人吗？如果这位塔吉斯是一个人，他怎么能活在地底下？最后，他教给人的占卜技艺是从哪里学来的？花那么多时间驳斥这样的东西，我真的比相信这种说法的人还要荒唐。

【24】"加图在许多年前说过的这句话确实非常机智。他说：'使我感到奇怪的是，一位占卜师看到另一位占卜师的时候为什么不笑。'他们预言的事情到底有多少应验？如果有预言应验，为什么不能事件和预言的一致归于偶然性？流放中的汉尼拔在国王普路西亚的宫廷里建议这位国王参战，这位国王答道：'我不敢，因为那些牺牲的内脏禁止我这样做。'汉尼拔说：'你对这块牛肉的依赖超过你对一位老军事统帅的信赖吗？'还有，当凯撒受到一位最著名的占卜家的警告，要他不要在冬至前渡海去阿非利加时，他就不去了吗？即使他不去，所有反对他的力量也会结成同盟。我需要提供例子——事实上我能提供无数的例子——来说明占卜者的预言要么没有应验，要么正好和预言相反吗？诸神在上，在最近的内战中他们的预言有多少次是错误的！占卜家们从罗马给在希腊的庞培送去了什么样的神谕！他们给了庞培什么样的保证！因为庞培非常相信通过观察牺牲内脏和预兆获得的预言。我并不希望回忆这些例子，这样做确实是不必要的——尤其是对你，因为你自己就知道这些事情。还有，你明白结果几乎总是与预言相反。但是有关这一点我们已经说够了，让我们返回到预兆上来。

【25】"你从我在担任执政官期间写的诗歌中引用了许多预兆的例子；你还说了许多发生在马西昂战争之前的事例，其中包括西森那编纂的书，你还

提到卡利斯塞涅记载的许多事情，预示斯巴达人在留克特拉要打战败。① 当然了，我要分别谈论每一个例子，只要它们值得注意；但是我首先必须一般地讨论预兆。那么，为了告诉我们将到来临的灾难，这些由诸神发出的暗示或通知的性质是什么？首先，不朽的诸神为什么认为适宜向我们发出没有解释者的帮助我们就无法理解的警告？其次，为什么他们要就这些我们不能避免的事情向我们发出警告？哪怕是一个凡人，如果他有恰当的义务感，也不会就无法用任何方法躲避的临近的灾难对他的朋友发出警告。比如，医生尽管有很多时候知道他们的病人将要死去，但决不会告诉他们；因为事先就一种恶发出警告，只有当这种警告伴随着逃避的方法时才是正当的。那么，预兆或它们的解释者怎么能够帮助很久以前的斯巴达人，或者在较近的时候帮助我们的庞培集团的朋友呢？如果你讲的这些预兆被认为是诸神发出的，它们为什么如此晦涩？如果我们有权知道将要发生的事情，那么应当向我们清楚地说明；或者说，如果诸神不希望我们知道，他们就不应当告诉我们——哪怕是以谜语的方式。

【26】"经常被人的理智使用的各种推论——预言依赖推论——用法各异，甚至相反。就像在法律案件中，依据同样的事实，原告做出一个推论，辩护律师做出另一个推论，而双方的推论都只是貌似有理；所以在所有习惯上使用推论的考察中，我们找到的是模糊不清的东西。还有，如果把诸神当做那些有时偶然发生，有时按照一般的自然过程发生的事情的直接行动者（把现象当做实在有时候也会引起错误），不考察这些事情发生的原因，那就抵达了愚蠢的顶峰。

"你相信莱巴底的波埃提亚诗人根据公鸡打鸣预告了底比斯人的胜利；你说，这是因为公鸡的习惯是在被打败的时候保持沉默，在取胜的时候打鸣。② 你真的相信朱庇特会使用鸡来向这样一个大国传递这样的信息吗？这

① 参见本文第一卷，第34章。
② 参见本文第一卷，第34章。

些家禽不习惯打鸣，除非获得胜利，是这样的吗？在那个时候，它们没有打鸣，它们也没有获胜。你说：'对，但那是一个预兆！'这个预兆确实好极了！你说起这件事就好像打鸣的不是一只公鸡，而是一条鱼！公鸡在任何时候，白天或者黑夜，都不打鸣吗？如果来自胜利的快感——或者欢乐，如果你愿意这样说的话——使它们打鸣，那么来自其他缘由的欢乐也有可能产生同样的效果。此外，德谟克利特给公鸡在天亮前打鸣提供了一个很好的解释。他说：'它们头天吃下去的食物消化了，营养要分布到全身。这个过程完成的时候它们也睡够了，于是开始打鸣。'还有，如恩尼乌斯所说：'在寂静的夜晚，它们放纵自己的歌喉，拍打它们的翅膀。'事实上，这种动物可以出于自愿打鸣，这可以是出自本性，也可以是出自偶然，卡利斯塞涅怎么能说诸神通过公鸡打鸣来向人传递预言呢？

【27】"你说：'有人向元老院报告下了一场血雨，阿拉图斯河里流血水，诸神的塑像流汗。'①你认为泰勒斯、阿那克萨戈拉或其他自然哲学家不相信这样的报告，是吗？你肯定认为只有动物的身体会流血与流汗。水和某种土壤混合在一起，看上去就像血，湿气溢出物体的表面，就像流汗，就好比我们看到南风吹来的时候用灰泥粉刷过的墙壁。这样的事情在战争年代频繁地对胆小鬼出现，而在和平年代极少受到注意。还有，在害怕和危险的时候，这样的预兆不仅更容易被相信，而且虚构预兆也不会受到惩罚。我们会头脑简单，乃至于相信老鼠咬东西这样的预兆，而咬东西是老鼠每天都要做的事。你说：'实际上，马西昂战争爆发之前，在拉努维乌有老鼠啃咬盾牌，占卜家认为这是一个非常可怕的预兆。'②就好像日夜啃咬东西的老鼠啃咬长枪和盾牌是一件古怪的事情！因此，根据同样的预兆，在我的家里，老鼠最近咬坏了我的柏拉图的《国家篇》，那么它应该是在向我提出警告，罗马共和国危险了；或者说要是它们咬坏了我的伊壁鸠鲁的《论快乐》，那么我应

---

① 参见本文第一卷，第43章。
② 参见本文第一卷，第44章。

当期待市场上粮价上涨！ ①

【28】"我们要害怕那些有关预兆的故事吗，无论是动物的出生还是人的出生？不要太啰嗦了，一切预兆都有一个同样的解释，它是这样的：无论何种事物的产生都必须在自然中寻找它产生的原因；因此，即使与经验相悖，它也不能与自然相悖。因此，如果你能做到的话，就去发现一切令你感到震惊的怪事的原因。如果你不能发现确定的原因，那么无论如何，没有原因任何事情都不能发生，你就用自然哲学的原则驱逐那些新奇的幽灵引起的恐惧。所以，地震、天空开裂、石雨、血雨、流星、彗星都不是对你的警告。

"如果我向克律西波询问我刚才提到的所有现象的原因，这位杰出的论预言的作家决不会说它们是偶然发生的，而会在自然法则中为它们各自找一个解释。因为他会说：'没有原因任何事情都不会发生；不会发生的事情没有一样会发生；如果不会发生的事情发生了，那么也不应当把它视为预兆；因此，根本就没有所谓预兆这样的东西。'如果一样事物由于罕见就被视为预兆，那么聪明人就是一个预兆，因为我想，骡子生下驴驹比自然产生一位圣贤更常见。与此相关，克律西波提出下面这个演绎推理：'不会发生的事情决不发生；会发生的事情不是预兆；因此不管怎么说，根本就没有所谓预兆这样的东西。'这一点可以用某位预言家和预兆解释者所作的机智反应来加以说明。有人在家里看到一条蛇盘绕着一束光，把它当做预兆，于是就去找这位预言家解释。这位预言家说：'这不是预兆，如果这束光盘绕着这条蛇才是预兆。'他的回答实际上相当清楚：'能发生的任何事情都不能被视为预兆。'

【29】"你提到一封信，是盖乌斯·革拉古写给马库斯·庞波纽斯的，信中说盖乌斯的父亲提比略·革拉古在家里捉住两条蛇，于是就把占卜者请来。② 为什么预兆是蛇，而不是蜥蜴或老鼠？你的回答是，'因为我们每天

---

① 西塞罗总是把伊壁鸠鲁说成贪食者，所以不管是人还是老鼠，贪食者越多，粮价越高。

② 参见本文第一卷，第18章。

都能看到蜥蜴和老鼠，但不是每天都能看到蛇'。就好像经常发生的事和能发生的事有什么区别似的！然而，令我感到惊讶的是：如果放走雌蛇对提比略·革拉古来说是致命的，放走雄蛇对高奈莉娅来说是致命的，那么他为什么要把两条蛇都放走？盖乌斯在他的信中没有提到那位占卜者说把两条蛇都放走会带来什么后果。你的说法是：'后来革拉古就死去了。'这是一个假设，引起他死亡的是某种非常严重的疾病，而不是因为放走了蛇。此外，占卜家真是太幸运了，他们的预言从来没有应验，哪怕是偶然应验！

【30】"当然了，我应当对你从荷马那里得来的那个卡尔卡斯根据麻雀数量预测特洛伊战争延续多少年的著名的故事感到惊讶——如果我相信它！① 我在空闲的时候翻译了荷马史诗中阿伽门农② 谈论的这个预言：'朋友们，耐心点，你们一定要忍耐，好知道卡尔卡斯的预言是真的，还是他胸中毫无理由的想象。所有还没有离开阳光、去那阴间居住的人，都清楚地知道他的预言。希腊人的船队首先在奥利斯停泊，它将给普利阿姆送去死亡，给特洛伊送去毁灭；我们环绕一道清泉站立献祭，在烟雾缭绕的祭坛前向天神献上金冠的公牛。在清泉流出的源头，在阔叶树的树荫下，我们看到一条可怕的蛇，体形庞大，肢体强壮，在朱庇特的推动下，爬出祭坛。它捉住隐藏在树丛中的麻雀，吞食了八只幼雏；第九只是母鸟，惊叫着绕着幼鸟飞。残忍的巨蛇咬住了母鸟的翅膀，将她吞食。母鸟和幼雏被吞食以后，派来巨蛇的萨图恩之子把它带走，把它的形状化为一块永久的石头。我们恐惧地站立着，看着这个怪物在祭坛上挪动。这时候勇敢的卡尔卡斯说，"啊，希腊人，你们为什么害怕，好像瘫痪了一样？这些神圣的预兆是朱庇特亲自送来的。尽管这些预兆来得很晚，它们的名声和荣耀将永生。你们看到有多少鸟被巨蛇的牙齿摧毁，预示着我们在特洛伊城前要坚持多少年的战争。第十个年头特洛伊将被攻克，它的命运将使希腊人满意。"卡尔卡斯说了这番话，你们

---

① 参见本文第一卷，第33章。

② 这段话实际上是奥德修斯说的，而不是阿伽门农。参见荷马：《伊利亚特》第2卷，第299—329行。

看到他的预言正在应验。'但是，请你告诉我，他从麻雀的数量推论出年数，而不是月数或日数，依据的是哪一条占卜原则？还有，他为什么要用常见的小麻雀做预兆，而忽视那个确定的事实——这是不可能的——那条变成石头的巨蛇？最后，一只麻雀何以表示一年？与你的故事相关，苏拉在献祭的时候也有巨蛇出现，[①]我想到的是两件事实：第一，苏拉在率部出发打击敌人之前举行献祭，一条蛇从祭坛下蹿出来；第二，他在那一天取得的胜利不能归功于占卜者的技艺，而应当归功于这位将军的技艺。

【31】"刚才提到的这一类所谓预兆没有什么不平凡之处；但是，在它们发生之后，它们通过某些解释变成了预言。以你讲的故事为例，[②]当弥达斯还是个婴儿的时候，他睡觉时嘴上堆满麦粒；当柏拉图还是个孩子时，他在摇篮里睡觉，有蜜蜂停在他的嘴唇上——这些事情作为猜测而显得不平凡，而不是作为真正的预言显得不平凡。此外，这些事情可以是虚构的；如果不是虚构的，那么预言的应验可以是偶然的。至于蛇缠着入睡的洛司基乌斯，这件事当然是不真实的，但是蛇在他的摇篮里不值得惊讶，尤其是在所罗纽，壁炉的余温会吸引大量的蛇。至于你说占卜者预言洛司基乌斯将来会无与伦比的杰出和荣耀，不朽的诸神预言一位演员未来的荣耀，而不预言阿非利加努未来的荣耀，这在我看来是一件奇怪的事！

"你甚至收集了与弗拉米纽斯有关的预兆。[③]你说：'他的坐骑马失前蹄，把他掀翻在地。'这种事情很奇怪吗？'前锋的掌旗兵无法移动军旗。'也许掌旗兵把军旗插得很牢，所以很难把它拔起来。狄奥尼修斯的马从河里出来，马的鬃毛上盯着一群蜜蜂，这种事情值得惊讶吗？[④]然而由于狄奥尼修斯不久以后就开始执政——这纯粹是巧合——所以这件事就被当做预兆！你说：'在斯巴达，赫丘利神庙里的兵器发出铿锵声，紧闭着的大门突然自动

---

① 参见本文第一卷，第33章。
② 参见本文第一卷，第36章。
③ 参见本文第一卷，第35章。
④ 参见本文第一卷，第33章。

打开，原先挂在墙上的铠甲掉落在地。'① 既然没有外力这种事情就不能发生，那么我们为什么要说这些事情是神做的，而不是偶然的？

【32】"你提到，吕山德在德尔斐的塑像的头上'突然'出现一顶野草编的花冠。② 真的吗？你认为在塑像顶上出现草籽之前就有野草花冠吗？在我看来，野草来自小鸟含来的草籽，它不是用人力种植的。还有，人的想象力可以在塑像顶上造出任何像花冠的东西。你说：'与此同时，在德尔斐的卡斯托耳和波吕克斯神庙墙上的金星掉落在地，消失得无影无踪。'在我看来，这是盗贼在起作用，而不是神的作为。希腊历史学家记载了多多那的那只猴子的恶作剧，我确实感到惊讶。这头丑陋的畜生掀翻器皿，弄乱签条又有什么稀奇？然而历史学家宣称，对斯巴达人来说，没有什么预兆能比这个预兆更可怕。

"你还讲到有关维伊城的预言，'如果阿尔班湖水泛滥，流入大海，那么维伊城无法攻克；如果湖水干涸，维伊城就会覆灭'。③ 是的，湖水后来干涸了，通过沟渠被排干了，但不是为了拯救卡皮托利圣山和这座城市，而是为了改良农田。你说：'这件事发生以后不久，有一个声音传来，警告人民采取措施，防止罗马被高卢人攻克。因此他们在圣地竖起祭坛，献给言说者艾乌斯。'④ 但这样做是为什么？你的言说者艾乌斯在任何人知道他是谁之前言说过吗，他是因为这件事才得到这个名字的吗？在他获得一个位置，一个祭坛和一个名字以后，他变成哑巴了吗？你的'建议者朱诺'也可以用同样的问题打发：除了那头怀孕的母猪，她还对我们提出过什么警告？

【33】"关于预兆我们已经说够了，其他要说的还有占卜和算命——我说的算命是抽签，而不是由预言家说出来的东西，他们说的事情称做'神谕'更加准确。在我讲到自然的预言时我会谈到神谕。此外，我必须讨论迦勒底

---

① 参见本文第一卷，第34章。
② 参见本文第一卷，第34章。
③ 参见本文第一卷，第44章。
④ 参见本文第一卷，第45章。

人。但首先让我们考虑占卜。你说：'对一名占卜官来说，要反对占卜是一件难事。'是的，也许对一位马西昂人来说是这样；但对罗马人来说，这很容易。因为我们罗马占卜官不是那种通过观察飞鸟和其他预兆来预言未来的人。然而我承认罗莫洛在占卜的指引下建立这座城市，他相信占卜在预见未来方面是一门有用的技艺，这是因为古人对许多事情抱有错误的看法。但是我们看到，随着时间的流逝，由于经验和教育，这门技艺本身发生了变化。然而，出于对大众观念的尊重，我们坚持占卜的实践、纪律、宗教仪式、法律，以及占卜团的权威这些对国家起着重大作用的东西。

"在我看来，执政官普伯里乌·克劳狄和卢西乌斯·朱尼乌斯在占卜不吉利的情况下贸然出海，理应受到严厉的惩罚，因为他们应当尊重已有的宗教，而不应当可耻地违反祖先的习惯。因此，通过民众投票前者被定罪，而后者自杀，这是一项公正的报应。你说：'弗拉米纽斯不服从预兆，因此和他的军队一道灭亡。'一年以后鲍鲁斯服从了预兆，但他不也在迦南战役中丧失了他的军队和生命吗？假定占卜是有的（就像没有占卜一样），那么我们日常使用的占卜根本不是任何意义上的占卜——无论通过三重征兆，还是通过观察天空——而只是占卜的影子。

【34】"'昆图斯·法比乌斯，我希望你帮助我占卜。'他答道：'我愿意。'（在我们祖先的时代，执政官在这样的场合习惯于请某些专家来占卜，而现在任何人都可以这样做。但一个人必须是专家，才知道什么时候应当沉默，因为沉默这个词的意思是'摆脱占卜的各种缺点'。明白这一点才是一名完善的占卜者。）主持仪式的人对他的助手说：'什么时候鸡安静下来了就告诉我。'而他的助手看也不看就说：'已经安静了。'主持仪式的人说：'鸡开始吃食的时候就告诉我。'回答是：'它们现在正在吃。'但是他们正在谈论的鸡是什么鸟，它们在哪里？有人会说：'这是家禽。'它被关在鸡舍里，养它的人被称做鸡贩子，因为他专做这门生意。那么，这些就是朱庇特的信使！它们吃不吃东西有什么区别？就占卜而言，什么区别都没有。但是，鸡在啄食的时候，必定会有一些颗粒从喙里掉到地上（terrampavire）——它最初被

称做吉兆（terripavium），后来称做上吉（terripudium），现在称做上上大吉（tripudium）——因此当食物碎屑从鸡喙里掉下来的时候，主持仪式的人就宣布获得了上上大吉。

【35】"那么，如此被迫的、勒索似的占卜怎么能是神圣的呢？这样的实践不可能超过古代的占卜，这已经被我们祭司团的一项老的裁定所证明：'任何鸟都可以造出上上大吉。'如果这只鸟能在笼子外面自由地表现自己，也许会有预兆。在这种情况下它也许能称得上'朱庇特的解释者和侍卫'。而现在，它被关在鸡舍里，受到饥饿的折磨，如果它贪婪地啄食，不让碎片从喙里掉落，你认为这还是一种吉兆吗？或者你相信罗莫洛曾经用这种方式占卜？还有，你不认为从前观察天空是祭司自己的事吗？而现在他们下令鸡贩子做这种事！我们把左边的闪电当做最吉利的征兆，除了在选举的时候，而这一例外无疑是出于政治上的考虑，所以国家的统治者是选举的仲裁者，无论是在刑事审判中，还是在立法的时候，或是在选举执政官的时候。

"你说'占卜官依据提比略·革拉古写的一封信做出了决定，执政官西庇阿和菲古卢斯根据占卜官的决定就辞了职，就好像这些执政官不是按照占卜法当选似的'。谁否认占卜是一门技艺？我否认的是预言的存在。但是你说'占卜者有预言的力量'，你提到由于负责向审议委员会传递选举结果的那个人突然倒下死去，提比略·革拉古把占卜者带到元老院来，他们宣布这位主席违反了占卜法。[①] 第一，你不要把他们说的'主席'理解为那个审议委员会的主席，这个人已经死了；还有，他们不用预言而用推论也能这样说；第二，他们这样说也许是偶然的，这种情况根本无须解释。关于怎样恰当地安放小帐篷，怎样算是越界，伊拙斯康占卜者能知道什么？我更赞同盖乌斯·马凯鲁斯的看法，而不是阿庇乌斯·克劳狄的意见——他们俩都是我的同事——我认为，尽管在占卜法在一开始建立的时候以相信预言为基础，而后来占卜之所以能够保存下来，乃是出于政治上的权宜之计的考虑。

---

① 参见本文第一卷，第 17 章。

【36】"后一个观点我们会在其他地方详细讨论，现在就不谈了。我们现在来考察占卜在其他国家的实践，他们的方法不是人造的，因为他们的方法是迷信。他们使用所有种类的鸟来占卜，而我们只使用很少几种；他们把某些征兆当做吉兆，而我们把另外一些征兆当做吉兆。戴奥塔鲁斯曾就我们的占卜体系向我提出大量问题，而我问他们国家的情况。诸神在上！它们之间的差别多大呀！在某些情况下它们完全相反。他不断地占卜，而我们不这样，除非通过人民投票，强制性地有义务这样做。我们的祖先要是不先占卜，就不会采取任何军事行动；而现在，多少年来，我们的战争由前执政官或前执法官指挥，他们没有权力占卜。因此，他们没有上上吉兆，他们渡河前也不会占卜。那么用鸟占卜是什么时候开始的呢？指挥战争的人不用这种方法，因为他们没有权力占卜。由于不能在野外占卜，所以我假定只有在城里才能这样做！

"至于用投掷标枪，刀剑的方法占卜，这种方法完全是军人的，杰出的马库斯·马凯鲁斯曾经五次担任执政官，当过军事统帅，也是一名优秀的占卜官，但他完全不理睬这种方法。事实上他曾经说过，要是他想实施什么策略，那么他不会让占卜来干扰他，他会钻进一个封闭的桶里，这样就看不见预兆了。他的办法是，当我们占卜官提出建议时，他会下令卸下役牛颈上的轭，防止各种征兆产生。① 预兆可以防止，如果出现了也可以看不见，那么朱庇特提出的警告算什么？

【37】"你关于戴奥塔鲁斯的故事是绝对荒谬的。'他不后悔与庞培结盟，这是占卜得来的预兆要他这样做的。这些神鸟指引他继续忠诚和罗马人民的友谊，履行他的义务，因为他把名声看得比王国和财富还要重要。'② 我敢说，这样的事情与占卜没有任何关系。因为乌鸦不会告诉戴奥塔鲁斯他打算捍卫罗马人民的自由是对还是错。他必须自己去弄明白，实际上他已经明

---

① 两头役牛同时戴上轭具，同时排粪，被视为征兆。
② 参见本文第一卷，第15章。

白了。鸟显示出来的结果要么是吉利的，要么是不吉利的。在我看来，戴奥塔鲁斯是在用美德作预言，美德禁止我们不要碰运气，直到追求荣誉受阻。然而，如果这些鸟对戴奥塔鲁斯显示出吉兆，那么它们肯定是在欺骗他。他在战争中离开了庞培——这是一个严重的情形！他与庞培分手了——这是一个可悲的场合！他把凯撒既看做敌人又看做贵客——还有什么事情能更加令人困惑？凯撒剥夺了戴奥塔鲁斯的统治特洛米部落的'特恰克'①职位，把这个职位授予凯撒自己从帕伽玛带来的某个谄媚者；凯撒剥夺了他的亚美尼亚，这是元老院馈赠给他的礼物；凯撒接受这位国王的盛情款待，但在离开的时候把王宫洗劫一空。但是，我离题太远了，我必须返回正在讨论的要点。如果我们从结果出发考察这件事情——这是交由那些鸟来决定的问题——那么对戴奥塔鲁斯来说没有任何吉利可言；但若我们从义务出发考察这个问题，那么他寻求的信息不是来自占卜，而是来自他自己的良心。

【38】"那么把罗莫洛的占卜官打发走吧，你说最热的火是无力燃烧的，还简要提到阿图斯·那维乌斯的磨刀石。②神话在哲学中没有地位。你考虑问题时应当保持你的哲学家的角色。第一，考虑一般的预言的性质；第二，考虑预言的起源；第三，考虑预言的一致性。那么，这样一门从漫无目标到处乱飞的鸟那里寻找预言、依据鸟的鸣叫和飞行来决定人是否采取行动的技艺具有什么样的性质？为什么要把在左边产生吉兆的权力赋予一些鸟，把在右边产生吉兆的力量赋予另外一些鸟？还有，我们要问这一体系是如何发明的，是什么时候发明的，是谁发明的？没错，伊拙斯康人找到了他们的占卜体系的创造者，就是那个耕地时挖出来的男孩，但是我们有谁？阿图斯·那维乌斯吗？按照传说，罗莫洛和瑞莫斯都是占卜家，他们生活的年代比他早得多。我们要说它是由皮昔底亚人、西里西亚人或弗里吉亚人发明的吗？所以，这是你们的判断，这门神圣的学问是由人创造出来的！

---

① 特洛米（Trocmi），部落名，适居于小亚细亚的加拉西亚。特恰克（tetrarch）是统治行省的四分之一地区长官的职位，罗马扩张以后设置了许多行省，行省中有许多附属小国。

② 参见本文第一卷，第17章。

【39】"你说'所有国王、人民和民族都使用占卜'。这样说的意思就好比说没有任何事情能像缺乏理智那么普遍，或者说你本人在决定任何事情时都会接受公众的意见！你能经常找到说快乐不是善的人吗？大部分人实际上把快乐称做最高的善。那么，斯多亚学派放弃他们的快乐观，因为乌鸦反对他们吗？或者你认为在许多问题上大部分人追随斯多亚学派的指引吗？如果在占卜中，在各种预言中，虚弱的心灵采用了你提到的这些迷信的实践，不能察觉真理，这又有什么奇怪？还有，占卜者中间也不存在自始至终的一致性和统一性。恩尼乌斯在提到罗马的占卜体系时说：'在左边，从无云的天空，朱庇特的霹雳发出吉兆。'但是荷马的埃阿斯在抱怨阿喀琉斯的恶行或某些特洛伊人的恶行时聪明地说：'因为他们的朱庇特在右边发出霹雳。'①所以我们把左边的征兆当做最好的，而希腊人和野蛮人把右边的征兆当做最好的。我明白，我们把吉兆称做左侧的或左手的，然而右边的征兆也有可能是吉兆。②无疑，我们的祖先选择了左边，外国人选择了右边，这都是受经验的影响，因为在他们看来，左边或右边在大多数情况下是最吉利的。这里面的冲突有多大！所以，看到不同民族在观察方式和用做征兆的鸟的种类上的不同反应，我还需要断言预言是由部分谬误、部分迷信和大量的欺骗组成的吗？

【40】"你实际上还把这些迷信与谶语联系起来！例如：'艾米莉娅告诉她的父亲鲍鲁斯波萨死了，鲍鲁斯把这句话当做谶语来接受。''凯西莉娅说她愿意把自己的位子让给她的侄女。'③然后，你还谈到选举时的安静、权利或预言。你这样做实际上是在用你自己的口才和学问炮轰你自己！在观察这些神谕时，你能保持心灵的自由和安宁，用理性而不是用迷信来指导你的进程吗？现在，假如有人在做事情或谈话的时候提出某些看法，而他说的话正

---

① 荷马：《伊利亚特》第9卷，第236行。
② 占卜的时候，罗马占卜者面向南，希腊占卜者面朝北，因此罗马人的左边是希腊人的右边。但某些右边的征兆对罗马人来说仍是吉利的。
③ 参见本文第一卷，第46章。

巧有某个词是你正在做的事，或者是你正在想的事，那么你相信这样的巧合会引起你的恐惧或欢乐吗？当马库斯·克拉苏的军队在布隆狄西港口上船的时候，有一个人正在卖考尼亚的无花果，他反复叫喊：'考尼亚无花果，考尼亚无花果。'要是你乐意，我们可以说这是对克拉苏的警告，要他'小心前行'，① 要是他服从这句谶语，他就不会灭亡了。然而，要是我们继续接受这种巧合为凶兆，那么我们在绊倒、鞋带断了、打喷嚏的时候，我们都要小心了！

【41】"在我们谈论先知和做梦之前，我们还要讨论抽签和迦勒底的占星家。请你告诉我，你认为我们需要谈论抽签吗？它很像豁拳、骰子、跖骨，在玩这些游戏的时候，鲁莽和运气超过思考和判断。用抽签来进行预言的整个系统是在挣钱的动机推动下发明出来骗人的把戏，或者是一种鼓励迷信和谬误的方法。但是让我们继续遵循讨论占卜时的方法，来考虑最著名的抽签的起源。普赖奈司特·努美利乌·苏富提乌是一位杰出人物，出身高贵。按照编年史的记载，他在梦中反复看到一个异象，一块燧石在某个地方裂开。他认为这是对他的警告，乃至于是一种威胁。不顾他的同胞的嘲笑，他开始制作签条。就好像受到某种指点似的，他找到了那块燧石。当他把石头剖开的时候，栎木的签条显现了，上面有古代文字。找到这块石头的地方一直到今天都被视为宗教圣地保护起来。那里有婴儿朱庇特的雕像，他与朱诺一道坐在幸福女神怀里，想要吃奶，这座雕像在母亲中间受到最高的敬意。

"有这样一个传说，就在发现那些签条的时候，在现在幸福神庙的地方，橄榄树流下蜂蜜。占卜者宣布这些签条非常灵验，他们下令制作一只箱子，把签条放入箱内收藏。现在要等到幸福女神有了征兆，签条才从箱子里取出来使用。那么请你告诉我，在幸福女神点头、移动或者被孩子的手拉着的时候，你能赋予这些签条多大的信任？他们是怎样得到那块燧石的？那棵栎树是谁砍倒的？那些签条是谁雕刻的？啊！有些人会说：'这都是神的作为。'

---

① "考尼亚"（Cauneas）和"小心前行"（caveret ne iret）在拉丁文中的发音接近。

如果是这样的话，那么我希望神能够造就一位斯多亚学派的哲人，这样他们就不会那么可悲地轻信迷信了！然而，这类预言现在已经被人们一般地抛弃了。尽管时代久远，这座美丽的神庙仍旧保存着普赖奈司特的签条的名字——然而在公众中，没有哪位官员或平民去求过签；而在其他地方，抽签已经完全不用了。由于这个原因，按照克利托玛库的说法，卡尔涅亚得曾经说他没有看到过其他任何地方的幸福女神比普赖奈司特的幸福女神更幸运。所以，让我们抛弃预言的这个部分。

【42】"现在让我们来谈迦勒底人的表现。柏拉图的学生欧多克索斯是一位最优秀的学者，是头号天文学家，在讨论迦勒底人的时候，他在著作中留下了这样的意见：'绝对不可以相信迦勒底的占星家，他们声称自己能根据一个人的生辰八字来预言一个人的未来。'帕奈提乌也一样，他是唯一拒斥占星家预言的斯多亚派，他提到安基亚鲁和伽桑德尔是他那个时代和他那个国家最伟大的天文学家，但他们并不把他们的技艺作为预言的手段，尽管他们在天文学的所有领域都非常杰出。哈利卡尔纳苏斯的斯居拉克是帕奈提乌的朋友，除了担任他自己城市的行政长官以外也是一位杰出的天文学家，他完全拒斥迦勒底人预言未来的方法。

"但是让我们停止见证，使用推理。那些为迦勒底人的生辰预言辩护的人以这样的方式论证：'在被希腊人称为黄道十二宫的繁星密布的区域，有某种自然的力量，以不同的方式影响着天穹的变化，不同的星辰在既定时间处在某个位置上。这种力量又受到那些被称做行星或漫游者的星辰的各种影响。当行星进入黄道十二宫时，某人就会出生，或者出现某些征兆，与出生相符，组成所谓的三角形或四方形。'通过星辰的行进与后退，季节、气候发生变化；由于太阳的力量使我们眼前的这些结果发生，所以他们相信这不仅是可能的，而且是确定的；正如在天体的影响下，空气的温度发生有规则的变化，所以儿童在出生时，他们的灵魂和身体也受到这种力量的影响，这种力量决定了他们的心灵、性格、气质、身体、生涯和命运。

【43】"这是一种多么难以置信的疯狂！因为在完全缺乏理性的时候，把

一种看法称做'愚蠢'是不够的。然而，斯多亚学派的第欧根尼对迦勒底人做出某些让步。他说他们拥有预言的力量，乃至于能够说出每个儿童的气质和最适合他的职业。而对迦勒底人自称拥有的其他预言力量，他则加以绝对的否定。比如他说，双胞胎在相貌上是相同的，但他们的生涯和命运是不同的。拉栖代蒙人的国王普罗克列斯和欧律斯塞涅是双胞胎，但是他们活的年岁不一样，普罗克列斯的寿命要比他的兄弟少一年，但他的功绩更加辉煌。在我看来，我们杰出的朋友第欧根尼甚至以一种同谋的方式对迦勒底人做了让步，这种方式本身就是不理智的。按照他们自己的说法，迦勒底人相信一个人的命运受到他出生时月亮的状况的影响，因此他们记下某个人出生时月亮和其他星辰的位置。由此可见，在下判断的时候，他们依靠的是他们的视觉，而视觉在感官中是最不可靠的，他们实际上应当使用理性和理智。迦勒底人必定知道的数学告诉我们月亮距离大地有多么近，几乎就是伸手可得，而最近的行星水星距离大地有多远，金星离开大地有多远；太阳离开大地有多远，光明是由太阳发出的。剩下的三颗星的距离遥不可测：从太阳到火星，从火星到木星，从木星到土星。然后是土星到天穹的边界——亦即空间的最终边界。想到无限遥远的距离，这些行星能对月亮产生什么影响，能对大地产生什么影响？

【44】"还有，迦勒底人被迫说，出生在大地任何地方的人都处在同一幅天宫图下，都是相同的，都必定拥有相同的命运，这些所谓的天文解释者对天空的性质不显然是完全无知的吗？因为大地被分成两半，我们的视野被限制在被希腊人称做'ὁρίζοντες'的地平线以内，我们可以用更加精确的术语称之为'finientes'（地平圈）或'horizons'（地平线）。因此，星辰的升降必定不会同时对所有人在相同的时间显现。但若这种星辰的力量时而以一种方式影响天穹，时而以另一种方式影响天穹，这种力量如何可能对同一时间出生的人起同样的作用？事实上他们出生的时候的天宫图极为不同？实际上，在我们居住的地方，天狼星的升起是在夏至以后几天。但是我们读到，

在特洛罗底特人①居住的地方，天狼星的升起是在夏至以前。因此，如果我们要承认出生在大地上的人受星辰的影响，那么我们也必须承认所有在同一时间出生、处于不同地平圈的人会有不同的本性。这一结论与占星家们的结果完全不一样；因为他们坚持在同一时间出生的所有人，无论出生在哪里，都有着同样的命运。

【45】"一方面想到天穹中的巨大运动的影响，一方面假定任何地方的刮风、下雨、天气对出生都没有影响，这些占星家是何等的疯狂！例如，相邻地区的天气状况如此不同，我们在图斯库兰是一种状况，在罗马是另一种状况。尤其值得注意的是，水手在绕过海岬时会密切注意天气的恶劣变化。因此，注意到天空时而安宁，时而受到暴风雨的扰动这一事实，那么任何一个有理性的人能先说这种变化不会对人的出生产生影响——它当然没有影响——然后又断言这种影响是由某种首先归因于天空的状况，然后又转过来归因于月亮和星辰的运动而产生的某种精致的、不可察觉的、不可感知的力量实施的吗？

"还有，迦勒底人认识不到父母的种子是生育过程中的基本要素，这个判断错误还小吗？确实没有人会看不到儿童的相貌、习惯、举止、姿势来自他们的父母。如果说儿童的性格不是由遗传的自然力量决定的，而是由月亮的盈亏和天空的状况决定的，那么不是这么回事。还有，同一时刻出生的人在性格、生涯、命运等方面实际上都不同，这就清楚地表明出生的时间和人生的决定没有任何关系。也就是说，除非我们相信在阿非利加努出生的那一刻没有其他任何人出生。因为，曾经有谁和阿非利加努一样？

【46】"进一步说，许多人生来就有某些自然的缺陷，但是后来又由自然本身加以完全修复，或者通过手术或治疗得以弥补，这不是一件众人皆知、无可置疑的事实吗？例如，有些人的舌头被捆住了，不会说话，医生给他们动手术，使他们的舌头得到解放。通过使用理智，也可以纠正更多的自然缺

---

① 特洛罗底特人（Troglodytes），传说中的北非穴居蛮族。

陷。德谟斯提尼是一个典型，按照法勒鲁斯的解释，德谟斯提尼不会希腊字母 'rho' 的发音，但是通过反复练习，终于能够发得很好。但若这样的缺陷是由星辰引起或植入的，那就没有任何办法加以改变。不同的地方不是产生出不同的人吗？我们很容易在心里面把印度人、波斯人、埃塞俄比亚人、叙利亚人在心灵和身体上的差别过一遍——差别如此之大，令人难以置信。因此显然可见，一个人的出生更多地受到地方环境的影响，而不是由月亮的状况决定的。当然了，你引用的说法不是真的，巴比伦人记录并验证每一个儿童的天宫图长达 47 万年；如果这是他们的习惯做法，那么他们就不会将它抛弃。还有，我们找不到任何作家说这种做法存在，或者说有谁知道它曾经存在。

【47】"你看到，我并不是在重复卡尔涅亚得的论证，而是在重复斯多亚学派的首领帕奈提乌的论证。但是现在出于我自己的想法，我提出以下问题：所有在迦南战死的罗马人都有相同的天宫图吗？然而，有相同天宫图的人才会有相同的结果。所有具有卓越理智的天才都是在同一颗星辰下出生的吗？还有无数的人尚未出生，曾经有过那一天吗？然而，决不会再有另一个荷马。此外，如果一切有生命的存在者都是在同一天宫图下出生的，那么无生命的存在者也必然受到这一天宫图的影响，还有比这更荒谬的说法吗？我们的好朋友、费尔蒙的卢西乌斯·塔鲁提乌斯研究迦勒底人的学问，预言罗马的命运。他根据我们这座城市的生日是在帕勒丝 ① 节那一天的假设（按照传统的说法，它是由罗莫洛创建的）进行计算，他甚至断言罗马是在月亮进入行秤星座的时候诞生的，他还根据这一点，毫不犹豫地预言罗马的命运。这种惊人的力量带来了什么样的幻觉！建造这座城市的日子也是由月亮和星辰决定的吗？要是你乐意，你可以假定婴儿在天体呈现某种排列的时候出生，进行第一次呼吸，但你也能由此推论，星辰也会对建城时用的砖头和泥

① 帕勒丝（Pales），古代意大利女神，牧人和牲畜的庇护神，帕勒丝节在每年 4 月 21 日庆祝。

浆产生影响吗？但是，对一种遭到日常经验驳斥的理论为什么还要说更多的话？我想到迦勒底人做了大量有关庞培和克拉苏的预言，甚至对克拉苏本人做出预言（他最近已经死去），说他们会非常长寿，会在国内享有伟大的荣耀。所以在我看来，任何人，尤其是在这个时候，居然相信这种遭到日常实际结果驳斥的预言，那真是太奇怪了。

【48】"还剩下两种预言——发谵语和做梦——我们说它们源于自然，而不是源于技艺，我亲爱的昆图斯，要是你同意，现在让我们来讨论它们。"

昆图斯说："我向你保证，我非常乐意，因为我对你迄今为止表达的观点完全赞同。坦率地说，你的论证只是加强了我已经拥有的观点，因为我自己的推理已经使我相信斯多亚学派的预言观带有浓厚的迷信味道。给我留下更深印象的是逍遥学派的推理、狄凯亚库的推理、古代的推理，还有克拉提普的推理，他最近还很活跃。按照他们的观点，人的灵魂有某种力量——我可以称它为'神谕的'——在灵魂受到激励而出神的时候，或者在入睡以后灵魂可以自由活动的时候，凭着这种力量可以预见未来。我很想知道你对这两类预言的看法，你想用什么样的论证来否证它们。"

【49】昆图斯说完这番话以后，我重新开始陈述我的观点。我说：

"亲爱的昆图斯，我非常明白，当你始终感到对所有其他种类的预言负有债务的时候，你赞同两种你刚才提到的预言——出神得到的预言和做梦得到的预言，这两种预言都被认为来自获得自由的灵魂。所以，让我陈述一下对这两种预言的看法。但是，首先让我考察一下斯多亚学派的演绎推理和我们的朋友克拉提普的演绎推理，看它有多么健全。你以这样一种方式表述克律西波、第欧根尼、安蒂帕特的推理：

"'如果诸神存在，并且它们没有把未来的事情向人清楚地显示，那么他们不爱凡人；或者说它们自身不知道未来的事情；或者它们认为凡人知道未来的事情没有什么好处；或者它们认为就未来的事情向凡人发出预警与它们的尊严不符；最后，或者它们虽然是神，却不能对未来的事情提供可以理解的预兆。但是说诸神不爱我们是不对的（因为它们是人类的朋友和恩人）；

说它们不知道自己的法则和计划也是不对的；说我们凡人预先知道将要发生的事情没有好处也是不对的（因为我们知道了未来的事情就会比较谨慎）；说诸神提供预告与它们的尊严不符也是不对的（因为没有比这更仁慈的事情了）；说它们没有能力预见未来也是不对的；因此，说诸神存在，然而它们不向我们提供关于未来的预兆，这样说是不对的；它们是诸神，因此它们向我们提供这样的预兆；如果它们提供这样的预兆，那么说它们没有给我们提供理解这些预兆的手段是不对的，否则它们的预兆就无用了；如果它们给我们提供了理解这些预兆的手段，那么说所谓预言不存在是不对的，因此预言是存在的。'①

"理智多么敏锐的人啊！用这么几句话，他们认为事情就了结了！但是为了建立他们的演绎推理，他们采用了根本不被人们承认的命题；然而推理要想有效，应当从确凿无疑的前提出发，才能得出无可辩驳的结论。

【50】"请你注意伊壁鸠鲁如何证明被我们称做'宇宙'的东西是无限的（你们斯多亚学派通常把伊壁鸠鲁称做愚蠢的白痴）。他说：'有限的东西有一个端点。'谁能否认这一点？还有，'从有端点的东西之外的某些点上可以看到这个有端点的东西'。这一点也可以肯定。'但是无法从宇宙之外看见宇宙'。这个命题也无法质疑。'因此，由于宇宙没有端点，宇宙必定是无限的。'你瞧，伊壁鸠鲁从公认的前提开始，抵达建立起来的命题。但是你们斯多亚学派的逻辑学家不这样做；因为你们不仅不把所有人承认的命题假设为前提，而且把那些最不可能推出你们想要的结论的命题假设为前提，要是这些命题可以承认的话。你们是从这样一个假设开始的：'如果有神，那么它们对凡人是仁慈的。'谁向你们保证这一点？伊壁鸠鲁吗？但是他说诸神既不关心自己，也不关心其他任何人。是我们自己的恩尼乌斯吗？但他是这样说的：'我总是说诸神存在，高高在上，我从来没有忽略这一点；但我的看法是，它们不关心有什么样的命运会降临在人类头

---

① 参见本文第一卷，第38章。

上。'①可以肯定，他在后面的诗句中开始说明原因，但我们没有必要加以重复。我们已经相当清楚地说明，被你的斯多亚学派的朋友假设为确定的东西是可疑的，有待讨论的。

【51】"但是这个演绎推理继续说：'诸神并非对一切都无知，因为一切事物都是由它们规定的。'但是学者们否认这些事情是由不朽诸神规定的，这是多么沉重的打击啊！'但是知道将要发生的事情是我们的兴趣。'然而狄凯亚库写了一卷书来证明不知道未来比知道未来更好。他们还说：'提供关于未来的知识与诸神的尊严不符。'我假定，这和诸神潜入每户人家看人需要些什么完全相符！'说诸神不知道未来是不对的。'但是它们知道未来的能力已经被那些坚持未来是不确定的人否定了。现在你还看不到被他们假设为确定可靠的前提有多么可疑吗？接下去，他们又投出了这样一支辩证法的标枪：'因此，说它们是神，然而它们又不提供关于未来的预兆，这样说是不对的。'当然了，他们自己认为事情已经解决了。所以他们又提出另一个假设：'但是诸神是存在的。'即使这个命题也不是所有人都承认的。'因此它们提供关于未来的征兆。'实际上并非必然如此，因为它们可以不向我们提供关于未来的征兆，但仍旧是神。'即使它们提供这样的预兆，它们也没有解释这些预兆的手段，这样说也是不对的。'可以说它们有这样的手段，然而却不把它传授给凡人；因为它们为什么把这些手段传授给伊拙斯康人，而不传给罗马人呢？还有，斯多亚学派说：'如果诸神传授了这种手段，那就是预言。'假定诸神这样做了（这是荒谬的），但我们不理解，那么这样做又有什么好处呢？他们的结论是：'因此，预言存在。'假定这就是他们的结论，他们仍旧没有证明它；因为他们自己教导我们，从虚假的前提出发，不能证明真理。因此，他们整个论证崩溃了。

【52】"现在让我们来看最高贵的人、我们的亲密朋友克拉提普的论证：

"'如果没有眼睛，人就不可能有什么行动，也不可能看见，尽管有的时

---

① 恩尼乌斯：《泰拉蒙》，参见西塞罗：《论神性》第三卷，第32章。

候，人有眼睛也不能履行它们特定的功能，但一个人只要曾经用过他的眼睛看到过某些东西，他也就明白什么是正确的视觉。与此同理，没有预言的力量，就不可能有预言的行为和功能，尽管有这种力量的人有时候可能犯错误，做出错误的预言，但只要他曾经清楚地预见了某个事件，而不是通过偶然的猜测，那么就足以证明预言的存在。有许多这样的例子，因此我们必须承认预见的存在。'①

"说得太好了，也十分简洁，但这是他在做了两次不必要的假设之后提出来的；尽管他发现我们相当仁慈地做出让步，但我们不可能对他进一步的假设让步。他实际上说：'如果眼睛有时候也会犯错误，但由于它们有时候能够正确地看，所以视觉的力量内在于眼睛；与此相同，如果有人曾经通过某些手段做出预言，那么尽管它的预言可能是错的，但必须认为他拥有预言的力量。'

【53】"我亲爱的克拉提普，请你指出你的这些命题之间的相似性。我承认，这种相似性在我看来不明显。因为眼睛在看的时候使用一种自然赋予的感觉；而灵魂如果说曾经拥有关于未来的正确想象，无论是通过发谵语还是做梦，那么它依赖的是碰巧或运气。你必须承认这一点，除非你也许认为那些认为梦就是梦，其他什么也不是的人会进一步承认任何梦的应验可以归结为其他原因，而不能归结为碰巧。我们可以承认你的两个大前提，但我们不能承认你的小前提——希腊人把大前提称做'λήμματα'，而我们宁可用对等的拉丁语'sumptiones'来称呼它们，希腊人把小前提称做'πρόσληψι'。

"克拉提普以这样的方式陈述他的小前提：'有无数预言的例子应验了，但没有幸运的干预。'与此正好相反，我要说，这样的例子一个也没有。观察一下这里面的争论有多么激烈！但是他反驳说：'你不承认这一点是不合理的，因为这种情况如此明显。'怎么个'明显'？'因为有许多预言都应验了。'更多没有应验的预言又怎么说呢？就是这种作为幸运特征的不确定性

---

① 参见本文第一卷，第 32 章。

证明了它们的应验是凭借幸运，而不是凭借任何自然法则？进一步说，我亲爱的克拉提普，我的驳斥针对你，如果你的论证是健全的，那么你难道看不出它同样适用于由预言家、占卜者、迦勒底人，以及闪电、预兆和抽签的解释者们使用的手段？因为每一类预言都会向你提供至少一个应验了的预言的例子。因此，要么它们也都是预言的手段——对此你恰当地做了否定——要么，如果它们不是，那么在我能看到的范围内，你承认的这两类不是预言的手段。因此你用来建立了两类你接受的预言的同样的推理也可以用来建立被你排斥的预言。

【54】"但是要给你称做出神的这种预言手段以什么样的地位，你把它称做'神圣的'，那些出神的人能看见聪明人看不见的东西，他们失去了人的理智，但却装备了神的理智？我们罗马人尊敬西彼拉的诗句，据说西彼拉们是在出神的时候说谶语的。最近有一个谣言，开始人们很相信，后来证明是假的。有一位西彼拉圣书的解释者①在元老院宣称，为了我们的安全，被我们实际上当做国王来看待的这个人应当拥有国王的头衔。如果圣书上记着这件事，那么它指的是谁，在什么时候？作者非常能干，他的预言可以适合所有情况，但略去了具体的人或时间。他还使用了大量晦涩的语言，使同样的诗句可以用于不同的情形和不同的时间。还有，从这首诗的写作质量来看，它显然不是疯狂的产物（因为它展现了艺术的品质，而非情感的冲动），尤其明显的是，它是以'离合诗'②的形式写就的，每句诗的首字母都按顺序来排，表达一种意思；例如，在恩尼乌斯的某些诗句中，句首的字母构成'Quintus Ennius Fecit'这样一些词，也就是'昆图斯·恩尼乌斯写'。它确实是精心构思的作品，而不是大脑疯狂的产物。在西彼拉圣书中，整部著作的每一个预言都有一段离合诗，所以每一行的首字母给出了具体预言的主题。这样的作品出自一位作家，他不是疯狂的，而是极为谨慎的。因此，让

---

① 指卢西乌斯·科塔，他是负责解释西彼拉圣书的十五人委员会的成员。苏维托尼乌斯在《罗马十二帝王传》一书的《凯撒传》第79章讲述了这个故事。

② 离合诗（acrostic），数行诗句的首字母或首尾字母能组合成词或词组的诗。

我们把西彼拉圣书牢牢地收藏起来，按照我们祖先的规定，没有元老院的允许，甚至不能读她的书，这样可以更有效地驱逐迷信，而不是鼓励迷信。让我们和祭司们一道祈求，这些书可以预言任何事情，但不要预言一位国王，因为诸神和凡人都不会容忍罗马存在一位国王。

【55】"但是许多人在出神的时候经常说出真正的预言来，比如卡珊德拉。她说：'已经在巨大的、深深的……'① 稍后，她大声喊道：'啊，你们瞧！……'② 然后，我假定你会强迫我相信神话，是吗？让这些预言像你希望的那样迷人，在语言、思想、节奏、韵律上尽可能完善，但我们肯定仍旧不相信这些虚构的事件，或者把它们当做权威来引用。在我看来，在这个不可靠的原则之上应当放上你的浦伯里修的预言③——无论他是谁——或者放上那些马西昂预言家的预言，或者放上那些人传递的阿波罗的朦胧的神谕；这些预言有些显然是虚假的，而其他的只是一些无意义的饶舌，任何理智正常的人都没有相信它们，更不要说有智慧的人会相信它们了。

"你会说：'嗯！但是科波尼乌斯舰队里的那个划桨手的预言怎么样，难道他没有真实地预见到后来的事情吗？'④ 他确实预见到了，因为当时我们所有人担心的事情都发生了。当时已经有消息传来，凯撒和庞培的军队在帖撒利对阵。我们认为凯撒的部队更加鲁莽，因为他们是在和他们的祖国作战，但他的部队更有力量，因为他们经过长期的军事训练。此外，我们中没有一个人不害怕战斗的结局，但我们的忧虑没有公开表露，因为我们认为这样做对性格坚强的人来说是可耻的。至于那个希腊水手，他由于极度恐惧，就像大多数人在这种情况下会做的那样，失去了他的勇敢、理性和自控，这有什么奇怪吗？在他精神激动、心理失常的时候，他只是说出了将要发生的事情，而当他还是自己的时候，他害怕将要发生的事情。我以上苍的名义起

---

① 参见本文第一卷，第 31 章。
② 参见本文第一卷，第 50 章。
③ 参见本文第一卷，第 50 章。
④ 参见本文第一卷，第 32 章。

誓，请你告诉我，谁更像是拥有解释不朽诸神旨意的力量——那个发疯的水手，还是我们这个集团的人——加图、瓦罗、科波尼乌斯，还有我？

【56】"但是现在，我要谈到你了。'阿波罗，大地真正中心的神圣卫士，他第一次出神的时候，说出了预言。'①关于你的神谕，克律西波写了整整一卷书；我认为这些神谕有些是假的，有些偶然应验，而这在日常讲话中也经常发生；有些神谕模棱两可，晦涩不清，连神谕的解释者也需要解释者，这些神谕本身也指涉另一些神谕；有些神谕歧义甚多，需要一个辩证法家来构造它们。例如，亚细亚最富有的国王听到下面这个神谕：'当克娄苏渡过哈利斯河的时候，他将推翻一个强大的王国。'②克娄苏认为他将推翻他的敌人的王国，而实际上他推翻了自己的王国。而在这两种情况下，神谕都是真的。此外，我为什么要相信克娄苏得到过这个神谕？或者说我为什么要认为希罗多德比恩尼乌斯更加可靠？因为前者与恩尼乌斯虚构有关皮洛斯的故事相比，不太能虚构有关克娄苏的故事吗？没有人相信恩尼乌斯的话，他说阿波罗对皮洛斯发出神谕：'啊，埃阿科斯之子，我的预言是：你罗马军队将打败。'③首先，阿波罗从来不说拉丁语；其次，希腊人不知道这个神谕；再次，在皮洛斯的时代，阿波罗已经停止发出神谕；最后，尽管如恩尼乌斯所说，'埃阿科斯之子曾经是一个不动感情的种族，以勇敢著称，而非以智慧著称'，但是皮洛斯仍旧有足够的理智看到这行模棱两可的诗——'你罗马军队将打败'——对他来说并不比对罗马人更吉利。那句欺骗了克娄苏的模棱两可的神谕可以骗人，好比说欺骗克律西波；而这句对皮洛斯发出的神谕甚至能够欺骗伊壁鸠鲁！

【57】"然而，主要的问题是这样的：为什么德尔斐神谕（我刚才已经向你举例）现在不再说了，长时间不说了？为什么人们极度轻视它？在涉及这一点的时候，为德尔斐神谕辩护的人会说：'时间的久远使这个地方的长处

① 这几句诗出处不详。
② 见希罗多德：《历史》第1卷，第53节。
③ 出自恩尼乌斯：《编年史》。

逐渐消散，而原先正是那里的地气使彼提亚的女祭司说出预言。'人们可以认为他们说的是酒或者会蒸发的盐水。但问题是一个地方的长处——这种长处你不仅称它为'自然的'，而且称它为'神圣的'——怎么会蒸发？你说由于时间的久远。但是多长的时间可以摧毁神圣的力量？地气激励有预言未来能力的灵魂——这种力量使灵魂不仅能在事情真正发生很久以前就预见到这些事情，而且能以有节奏的韵文预言它们，那么，还有什么事情能像它一样神圣？这种长处是什么时候消失的？是在人们开始不那么相信的时候吗？

"此外，生活在大约三百年前的德谟斯提尼曾经说，甚至彼提亚的女祭司也'腓力化了'，换言之，她也成了腓力的同盟者。用这个表达法，他想说的意思是她被腓力贿赂了。因此我们可以得出结论，在其他事例中德尔斐的神谕并非完全没有狡诈之处。但是由于某些无法说明的原因，你们愚蠢的哲学家宁愿让这些迷信显得比世上任何事情更加荒谬。你们斯多亚学派不是拒斥这些不可信的故事，而宁可相信存在某种逐渐衰退的力量，而这种力量要是曾经存在，那么它肯定是永久的。

【58】"涉及梦也存在着一个相同的谬误。他们在辩护中提出的论证是多么遥远啊！'我们的灵魂（按照你们学派的观点）是神圣的，来自某个外在的源泉；宇宙充满着众多和谐的灵魂；因此，由于它的神圣性以及它与其他灵魂的接触，人的灵魂在睡眠时预见到未来的事情。'但是芝诺认为，睡眠无非就是人的灵魂的一种收缩——就好像摔了一跤，就好像垮了一样。毕泰戈拉和柏拉图是最可敬的权威，他们教导说，如果我们要想得到可信的梦，那就要在行为和饮食中做好准备。毕泰戈拉学派禁止食用豆子，因为吃了豆子以后肚子胀气，就好像他们讲的是肚子而不是灵魂。除了这个说法，哲学家的其他观点没有太荒谬的了。

"那么我们相信睡眠者的灵魂在做梦时也在运动吗？或者如德谟克利特所认为的那样，它们像幽灵一样行动？无论哪种理论正确，实际上睡眠者都会把许多虚假的幽灵假定为真的。与此相似，在航行者看来海岸好像在移动；还有，我们看着一盏灯，有时候会产生幻觉，看到两朵火苗，而不是一朵。我需要提到那些醉酒者或疯子看见的许多不存在的事物吗？如果我们不相信醒着的人遇到的幽灵，那么我不明白我们为什么要相信做梦时遇到的幽灵。当然了，要是你愿意，你可以解释那些在梦中看到的幻影，比如某个静止的物体似乎移动了，它预示着地震或者突然逃跑；油灯的火苗成双，预示着暴乱和造反迫在眉睫！

【59】"对醉酒者和疯子的无数幻觉进行猜测，我们有时候可以指出某个幻觉是一个真正的预言；这就好像一个人整天对着靶子射箭，难道他就不会偶然射中吗？我们每天晚上都要睡觉，几乎没有哪天晚上不做梦；那么要是我们的梦有时候成为真的，这有什么奇怪？没有什么事情能够如此不确定，就像掷骰子，没有哪个经常玩骰子的人不会碰巧一次掷出四枚骰子，各有不同点数，有时还能连续两次或三次掷出这样的花色。那么我们要像傻瓜一样，说这是由于维纳斯的指引，而不是碰运气吗？如果我们不相信其他时间的虚假幻觉，我不明白为什么要对睡眠中的幻觉特别加以注意，把梦中的幻觉当做真的。另一方面，如果自然想要入睡者做他们梦中遇到的事情，那么我们必须把上床的人捆在床上，否则他们就会在梦中做出比疯子的举动还要疯狂的事来。

"如果我们不相信疯子的幻觉，因为它们不真实，那么我不明白为什么我们要相信做梦，梦中见到的东西混乱不堪。这是因为疯子没有把他们的幻觉告诉解释者，而做梦者却这样做了吗？我要问：假定我希望阅读、写作、唱歌、吹笛子，或处理某些几何、物理、逻辑问题，我必须等着做梦，还是必须依据各门技艺和学问的具体知识，没有这些知识，这些技艺和学问一门也不能使用或掌握？不，哪怕我想要驾船，如果我梦见自己会驾船，我就能驾船吗？如果是这样的话，我马上就会受到惩罚。向释梦者寻求解释能比向医生求教更有意义吗？或者你认为埃斯库拉庇俄斯和塞拉皮斯有力量通过托梦来治疗我们的身体疾病，而尼普顿不能通过同样的手段来帮助驾船吗？或者你认为尽管密涅瓦没有医生的帮助也能在梦中开药方，而缪斯不用托梦来传授阅读、写作和其他技艺的知识？如果治疗疾病的知识能够以做梦来传授，那么我们提到的这些技艺的知识也应当能够通过托梦来传授。但由于这些技艺的知识不能这样传授，所以医学知识也不能这样传授。否定了通过做梦来传授医术的理论，关于梦的信仰基础就被彻底摧毁了。

【60】"尽管刚才讲的结论是明显的，但我们现在要更加深入地考察这个问题。你确实必须假定，要么有一种神圣的力量在为我们的利益做安排，并以做梦为手段传递消息；或者由于某些自然的联系和关系——希腊人称之为'συμπάθεια'——释梦者知道哪一种梦可以适合各种情形，知道什么样的梦会有什么样的结果；或者这些命题都不是真的，而是通过长期观察可以知道每个梦的一般结果或后果。首先，我们必须明白不存在创造梦的神圣的力量。非常清楚，梦中看到的幻觉没有一个能在诸神的意愿中找到它们的根源；因为诸神为了我们，在我们能够预见未来的时候，会加以干涉。

"但是请你告诉我，你发现有谁经常关心梦、理解梦或者记得梦？另一方面，有多少人蔑视梦，把相信梦视为虚弱心灵的迷信！还有，为什么神在为人类利益作安排时要通过梦来传递警告，而人们只能认为梦不仅不值得焦虑，而且不值得记忆？神不可能不知道有多少人关心梦，神也不可能做任何不必要的事情，思维正确的人也不会这样做。因此，如果大多数不注意梦或轻视梦，那么神要么对事实无知，要么徒劳地通过梦来传递消息；但是这些假设都与神的本性不符，所以必须承认神不通过做梦传递消息。

【61】"我还要问，如果神通过这些幻觉向我们提出警告，那么他为什么不在我们醒着的时候这样做，而要在我们入睡以后这样做？无论我们的灵魂在睡眠时是否受到某些外在力量的压迫，或者它们本身是否在运动，或者是否有其他某种原因，我们在睡眠时认为自己看见，听到，做某事——这些事情都应当在我们醒着的时候发生。如果诸神确实为了我们好而在我们睡眠时对我们发出警告，它们在我们醒着的时候也应当做同样的事，尤其是，就像克律西波在回答学园派时所说，我们在醒着的时候看到的形象比我们在梦中看到的形象更加清晰，更加可信。因此，为了与诸神的仁慈保持一致，它们为了我们的利益会在我们醒着的时候向我们发出清楚的形象，而不是在我们

梦中向我们发出不可理解的形象。但由于情况并非如此，所以一定不能把梦当做神圣的。进一步说，我们必须用如此曲折迂回的方法，而不是直截了当地解释我们的梦吗？如果神真的关心我们的利益，那么它会说'做这件事，不要做那件事'，会在我们醒着的时候向我们呈现形象，而不是在我们睡眠时向我们呈现形象。

【62】"进一步说，有谁敢说所有梦都是真的？恩尼乌斯说：'有些梦是真的，但并非所有梦都如此。'请你告诉我你如何区分二者？假的梦有什么标志，真的梦又有什么标志？如果神送来真的梦，那么什么时候送来假的梦？确实，如果神也送来假的梦，那么还有比神更不可信的吗？此外，用虚假的、欺骗的梦来激励凡人的灵魂，还有比这更愚蠢的行为吗？但若真的形象来自神，而虚假的、无意义的形象来自自然，那么什么样的怪想决定了由神创造一种形象，而由自然创造另一种形象，而不是全部由神创造，这是你们学派否定的，或者由自然创造所有形象？由于你们否认神创造全部形象，你们必须承认自然创造全部形象。在这里，我说的'自然'指的是那种力量，由于有这种力量，灵魂绝对不会静止和不活动。由于身体的疲惫，当灵魂既不能使用肢体又不能使用感官的时候，它就陷入各种各样不可信的形象，这些形象来自亚里士多德所说的'灵魂的清醒行为与思想的残余'。这些'残余'受到激励的时候，有时候会产生奇怪的梦。如果这些梦有些是真的，有些是假的，那么我非常想知道用什么样的标志可以区别它们。如果没有标志，我们为什么要听从你们的解释？如果有标志，我渴望听到他们告诉我它是什么，但他们在我提问的时候被我搞糊涂了，不能回答。

【63】"现在我要提出的问题是哪一种情况更为可能：在各方面都出类拔萃的不朽的诸神，不仅要不停地在凡人的床边溜达，而且要在凡人的矮榻边观察，当它们发现某人打鼾了，就把漆黑的、扭曲的形象发给他，让他在梦中惊醒，第二天早晨带着梦去找专家解梦？或者说是自然把形象带给一直活动着的灵魂，让睡眠者看到他在身体醒着的时候也能看见的幽灵。哪一种解释与哲学更吻合：用算命者的迷信理论解释幻觉，或者用自然的原因解释幻

觉？即使有可能从梦中得出可靠的推论，那些自称有这种力量的人也做不到，因为他们是一群最狭窄、最无知的人。然而你们斯多亚学派断言，无人能是预言家，除非他是一位'哲人'。

"确实，克律西波把预言定义如下：'预言就是看见、理解并解释诸神对人发出的预警的征兆的力量。'他继续说：'预言的职责是提前知道诸神对人的态度、这种态度的表现方式，以及用什么方式可以抚慰诸神，以避免它们威胁要带来的伤害。'这位哲学家把释梦定义如下：'释梦就是理解和解释诸神在人睡眠时送来的形象的力量。'所以，如果这是真的，那么日常的谨慎就能适应这些要求，并不需要卓越的理智和绝对完善的学问？但我从来没有见过这样的人。

【64】"因此，即使我承认你的有预言的论点——我决不会这样做——你仍旧必须明白我们找不到预言家。所以，诸神在梦中把我们无法理解的形象送给我们，我们也找不到任何能解释它的人，这样做有什么意义？如果诸神在梦中把这些我们无法理解、无法解释的消息送给我们，那么诸神的行动就像迦太基人和西班牙人用他们自己的土语在我们的元老院里讲话而没有翻译的帮助。此外，用那些晦涩的、谜语一样的梦能达到什么目的？为了我们的利益，诸神确实想要我们理解它们向我们提出的建议。但你会反驳：'啊！诗人和自然哲学家从来不晦涩吗？'他们确实是晦涩的，欧佛里翁甚至是太晦涩了，但是荷马不晦涩。请你告诉我，他们俩哪一个是比较好的诗人？赫拉克利特非常晦涩，德谟克利特不那么晦涩，要拿他们来做比较吗？假如你为了我好而向我提建议，却用了我听不懂的话，那么你为什么还要给我提建议呢？这就像医生命令病人吃'一只没有血的、在地上爬行的、把住处扛在背上的'动物，而不是用平常的话说'一只蜗牛'。在巴库维乌斯的一出戏剧里，安菲翁对雅典人说有这样一只动物：'四只脚、矮小、粗糙、害羞、行动缓慢、眼睛放光，头很小，长着蛇一样的脖子；当它的内脏被除去，它的生命被夺走的时候，它永远活在音调悦耳的歌声里。'他的意思太晦涩，雅典人答道：'请你说清楚一些，否则我们不明白。'此时他用一个词来描述

这个动物，'乌龟'。你就不能早点这样说吗，你这个琴师？

【65】"有人做了一个梦，梦见一只蛋挂在他的卧室的床绳上，他去请教占卜者——这个故事来自克律西波的《释梦》——占卜者答道：'有宝藏埋在你的床下。'这个人挖开床下的土，找到大量黄金和白银。他送了一笔他认为合适的银子给占卜者做酬劳。占卜者问：'我一点儿蛋黄也得不到吗？'因为在他看来，蛋黄的意思就是黄金，蛋白的意思就是银子。那么，其他就没有人梦见蛋吗？如果有人梦见过，那么为什么只有这个家伙，无论他是谁，能找到宝藏？有多少可怜的穷人配得上神灵的帮助，在梦中得到指点，发现宝藏！进一步说，这个人得到的指示为什么如此晦涩，依据想象中的蛋和宝藏之间的相似性，而不是像西摩尼得得到的指示那样清楚明白，要他不要上船？我的结论是：通过做梦的方式来传达晦涩的信息与诸神的尊严完全不合。

【66】"现在让我们来考虑清楚明白的梦，比如那个在麦加拉的小旅店里被伙计杀死的那个人做的梦；或者像西摩尼得在梦中受到警告，要他不要上船；① 还有亚历山大做的梦，我亲爱的昆图斯，使我惊讶的是你竟然会忽略这个梦：亚历山大的亲密战友托勒迈乌在战斗中被毒箭射中，痛苦地挣扎，濒临死亡。亚历山大坐在他的朋友身边睡着了。这个故事继续说道，他梦见他的母亲奥林庇亚丝的一条宠物蛇出现在他面前，嘴里叼着一根草，那条蛇告诉他哪里长着这种草，说这种草的根能很快治愈托勒迈乌。亚历山大醒来后把这个梦告诉他的朋友，并且派人去寻找这种草。找到这种草以后，不仅治好了托勒迈乌，而且也治好了受到同样箭伤的许多士兵。

"你自己也讲述了历史上发生的许多梦。比如你说了法拉利斯的母亲的梦、老居鲁士的梦、狄奥尼修的母亲的梦、迦太基人哈米卡的梦和汉尼拔的梦、普伯里乌·德修斯的梦。② 你提到那个被人谈论多次的、参加赛会的

---

① 参见本文第一卷，第 27 章。
② 参见本文第一卷，第 20、23、24 章。

奴隶的梦，还有盖乌斯·革拉古的梦，最近的巴莱里库的女儿凯西莉娅的梦。① 但这些都是其他人的梦，我们对这些梦一无所知，有些内容也许是虚构的。谁能为它们担保？对我们自己的梦，我们必须说什么？你梦见我和我的马从河里跃出，在河岸上驰骋吗？我梦见了马略，看到他在手持束棒和花冠的随从的护卫下前进，要我把他引到他的纪念碑那里去，是吗？②

【67】"我亲爱的昆图斯，我以上苍的名义发誓，所有梦都有一种解释，让我们来看这种解释的基础不是迷信和反常的任性。你认为我看到了马略的什么？我假定，我看到了和他'相像的东西'或'幽灵'——至少德谟克利特是这样认为的。这个幽灵是怎么来的？如果是从物体或真实的形式中发散出来的，那么会有幽灵。所以，这个幽灵是从马略的身体里发散出来的吗？德谟克利特会说：'不，是从他过去的身体里发散出来的。'所以，马略的幽灵在追踪我去阿提纳平原吗？'噢，但是这个宇宙充满幽灵，没有幽灵的冲击心灵中不可能形成任何图景。'那么，你的这些幽灵能服从我们的召唤及时到来吗？不存在的事物的幽灵也是真的吗？我们能在心中形成那些不真实的、闻所未闻的事物的图景吗？我们甚至形成过我们从未见过的事物的图景——比如城镇和人的脸。那么按照你的理论，当我想着巴比伦的城墙或荷马的脸时，是我心中的某些幽灵在撞击我的大脑！因此我们可能知道我们想要知道的一切，因为没有什么东西是我不能思想的。因此，没有幽灵在我们睡眠时从外部潜入我们的灵魂；幽灵也不会涌出来。事实上，我从来不知道任何人能比德谟克利特说出更有分量的话来。

"灵魂具有这样一种力量和性质，当我们醒着的时候，它是活跃的，不是因为有任何外在的推动，而是因为它有自我运动的内在力量和某种难以置信的敏捷。当灵魂受到肢体和五官的支持时，它的感觉、思想、理智的力量更加可靠。但是当这些身体方面的帮助消失，身体处于睡眠状态时，灵魂就

---

① 参见本文第一卷，第26、44章。
② 参见本文第一卷，第28章。

自己推动自己。所以在这种状态下，影像飞快地掠过，某种行为发生了，灵魂好像听见许多事情，说出许多事情。当灵魂本身虚弱而又松懈的时候，你可以肯定众多的影像和声音以各种混乱的、违反常理的方式被灵魂看见和听到。尤其是我们清醒时的思想和行为的'残余'仍在灵魂中运动。比如，在我遭到驱逐的时候，马略经常在我心中出现，我回忆起他的勇敢和刚毅，他的巨大的不幸，我想，这就是我做梦见到他的原因。

【68】"至于你的梦在你为我思考，为我焦虑的时候发生，然后，你得到一幅图景，我突然从河里跃出。因为我们的灵魂都有'我们清醒的思想的痕迹'，但是，当然了，也有某些添加的特点；比如，我梦见马略的纪念碑，你梦见我骑着马落入水中，然后又出现。但是，如果仅偶然或机遇，梦有时候不会应验，你认为还会有哪个疯狂的乡间老妇相信梦？让我们考虑亚历山大和蛇谈话的那个梦。这个故事也许是真的，也可能完全是假的。在这两种情况下都没有奇迹；因为他没有听到蛇讲话，而是以为自己听到了，最奇怪的是，那条蛇嘴里叼着草的时候，他也认为蛇在讲话！但对正在做梦的人来说，没有什么事情是奇怪的。如果亚历山大曾经做过这样生动、可靠的梦，我想问他为什么没有做另一个这样的梦，其他人为什么没有做过同类的梦？至于我，除了那个关于马略的梦以外，我确实没有做过能想得起来的梦。那么想一想，我漫长的一生中有多少个夜晚都白费了！还有，由于我当前不再参加公共活动，我停止了晚上的学习，（与我从前的习惯相反）增加了午睡。然而，尽管花在睡眠上的时间多了，但我在梦中没有得到过一个预言，也肯定没有一次梦见过当前正在发生的大事。确实，当我在市政广场和元老院里看到执政官的时候，我从来没有感到是在做梦。

【69】"现在进到当前这个论题的第二部分，做梦和后来的结果有某种被希腊人称做'同构'①的天然联系吗，如我前述，发现宝藏一定要先梦见蛋吗？当然了，根据某些病症，医生可以知道疾病的早期状况和发展；据说，

———————
① 参见本文本卷，第14章。

从某些种类的梦中他们甚至能收集某些征兆作为患者是否健康的指标，比如身体内部的体液是过多还是缺乏。但是，梦和宝藏、遗产、公职、胜利，以及其他许多同类事物之间，有什么天然联系？据说有人在梦见性交的时候射精。在这种情况下，我能看见做梦与其结果之间的关系，因为对入睡者呈现的图景如此清晰，而后来发生的事情则要归因于自然原因，而不能归因于幻觉。但是，西摩尼得根据哪一条自然法则看到那个禁止他上船的幽灵？或者说，自然法则与阿尔西庇亚德做梦有什么联系，按照史书上的说法，就在他死以前不久，他梦见自己被裹在他的情妇的大氅里？后来，当他被抛尸荒郊，遭人唾弃，无人安葬的时候，他的情妇用披风给他裹尸。那么，你会说这个梦与阿尔西庇亚德遭遇的命运有某种自然的联系吗，或者说，他的梦中出现幽灵和后来的事件都是偶然的？

【70】"进一步说，释梦者的猜测只是在为这些做梦者的智慧提供证明，而不是在为梦与自然法则之间的联系提供证据，是吗？例如，有一位赛跑运动员计划参加奥林比亚赛会，梦见自己正在驾着一辆四匹马拉的车子。第二天早晨，他去找释梦者。释梦者对他说：'你会赢，因为你看到了马的速度和力量。'这位运动员后来又去找安提福。安提福说：'你肯定输，难道你没看见有四匹马跑在你前面？'再来看另外一位赛跑运动员！——因为克律西波和安蒂帕特的书中充满诸如此类的梦——他对释梦者说梦见自己变成了老鹰。释梦者对他说：'你是胜利者，因为没有任何鸟能比鹰飞得更快。'这位赛跑运动员也向安提福请教。后者说：'笨蛋，你难道看不出你要输了吗？因为老鹰总是在追击，驱赶其他鸟，而它自己总是在最后。'

"有位已婚妇女想要一个孩子，但是怀疑自己能否怀孕。她梦见自己的子宫加了封印，于是去向释梦者请教。释梦者告诉她，由于她的子宫加了封印，所以她不可能怀孕。而另一位释梦者说：'你已经怀孕了，因为给空的东西加封印不合习惯。'所以，释梦者的技艺除了是耍小聪明骗人，还能是什么？我提供的这些事件和斯多亚学派收集的无数事件除了证明那些谨小慎微的人在使用类比得出这样或那样的推论，其他什么也不能证明。医生可以根据脉搏、呼吸，以及其他许多症状，预言疾病的过程。舵手看到飞鱼腾空或海豚跃出水面，他们相信暴风雨就要来临。在这样的事例中，预兆是可以追溯到自然原因的，是可以用理性来解释的，而刚才讲的梦却根本不是真的。

【71】"我们现在讨论剩下的、尚未涉及的论点——对梦进行思考。你认为释梦就是'对梦进行长期连续的观察，记载相关技艺实施的结果'。真的是这样吗？那么，我假定观察梦是可能的。如果对梦的观察是可能的，那么怎样观察？梦有无数多的样式，对我们来说没有什么事情能比梦中见到的情景更荒唐、更复杂、更怪异。那么，我们如何可能记住无数变化不定的影像或者记载后来的结果？天文学家记录行星的运动，藉此发现星辰的有序运行过程。但是请你告诉我，如果你能做到的话，梦的有序运行过程是什么，梦和后来的事件之间的和谐关系是什么？用什么样的方法可以区别真与假，因为事实上同样的梦对一个人有某种结果，而对另外一个人会有另外的结果，我们甚至可以看到，哪怕同一个人的同样的梦也不会带来同样的结果，不是吗？作为一条规则，我们不相信撒谎者，哪怕他是在说真话，而你们斯多亚学派不想否定梦的预言价值，认为只要有一个梦有预言价值，众多的梦也就有了预言价值；或者倒不如说，他们依据一个真梦的特点，确定其他无数假梦的特点。

"因此，如果神不是梦的创造者，梦和自然法则之间没有联系，通过观察找不到梦的预言的技艺，那么可以推出的结论是：绝对不能相信梦。想到做梦的人并没有在梦中得到预言，这一点就变得尤其明显；那些释梦者依据的是猜测，而非本质；在无数个时代中，机遇一直在制造奇迹，通过所有其他的力量，而不是梦的力量；最后，没有什么事情能比猜测更不确定了，猜测不仅导致多样性，而且有时候甚至导出矛盾的结论。

【72】"所以让作为一种预言手段的梦与其他预言手段一起遭到拒斥。坦率地说，在各个国家广泛传播的迷信利用人类的弱点几乎对每个人的心灵都吐出咒语。我在《论神性》这篇论文中也表达过同样的观点；我们当前讨论

的主要目的就在于证明这个观点的正确性。因为我想，要是我能把这种迷信连根拔掉，那么我就能提供大量的服务，既为我自己，也为我的国人。然而，我想要人们清楚地知道，摧毁迷信不等于摧毁宗教。因为我认为，保存我们祖先的神圣仪式，把我们祖先的制度保存下来，这样做是有智慧的表现。进一步说，天体的秩序和宇宙之美迫使我承认有某些卓越的、永恒的存在者，值得人类尊敬和崇拜。

"因此，正如扩大与自然知识有密切联系的真宗教的影响是一种义务，所以把迷信之根统统拔掉也是一种义务。因为迷信一直在你的脚后跟催促你走，它会一直跟着你。当你听到预言的时候它在跟着你，当你看到预兆的时候它也在跟着你；当你献祭或者观察飞鸟的时候，当你向占星家或占卜者请教的时候，当天空打雷或闪电的时候，当某些所谓的神童诞生或者被造出来的时候，迷信都在跟着你。由于始终会有某些征兆必然出现，相信征兆的人没有一个能始终保持心灵的平静。

"睡眠被人们当做辛勤劳动和操心以后的庇护地，但它实际上制造了焦虑和恐惧。事实上，如果不把梦放在哲学家的监护下进行审视，那么它会更加接近它自己，会得到更加正确的对待——这不是因为哲学家比较刻薄，而是敏锐的理智能够看到后续的事情哪些是合理的，哪些不是——哲学家是能够进行完善的、正确无误的思考的人。确实，要是他们的傲慢没有受到卡尔涅亚得的抵抗，那么他们现在很有可能被判定为仅有的哲学家。我的大部分口舌之战是针对这些人的，这不是因为我特别轻视他们，而是正好相反，因为他们在我看来似乎能够准确地捍卫自己的观点。还有，学园派的特点是不提出自己的结论，而是证明那些似乎最接近真理的东西。它通过比较各种论证，得到那个可以推论出一切来的前提；它不宣称自己有什么权威，对探索者也完全不做判断。我亲爱的昆图斯，同样的方法我们是从苏格拉底那里继承来的，如果你同意，我会在今后的讨论中继续坚持。"

昆图斯答道："没有什么事能比这样做令我更加高兴。"说完这句话，我们都站了起来。

论 义 务

提 要

这篇论文的拉丁文标题是"De Officiis"，英文译为"On Duties"。拉丁文"officium"是个多义词，主要含义是义务，其他意思有责任、职责、本分、服从、忠诚，等等。已有中译本的篇名有的译为"论义务"，有的译为"论责任"。① 本文中文定为"论义务"。

义务和责任都是重要的伦理学范畴。义务指个人所意识到的对他人、集体和社会应尽的道德责任，源自拉丁文的"debere"（负有，应尽），有时也称做道义。而责任的一般含义是分内应做的事，或者是没有做好分内应做的事，因而应当承担的过失。道德义务指人们对自己行为的过失及其不良后果在道义上所承担的义务。义务和责任在内涵上重合，但侧重点不同。义务主要在主观的意义上使用，而责任则在客观的意义上使用。在翻译中可根据具体语境来处理原文，没有必要完全统一。

本文是一部重要的伦理学著作，写于公元前 44 年秋，采用书信的形式（西塞罗写给在雅典学习的儿子马库斯的信）。作者主要借鉴斯多亚学派哲学家帕奈提乌的伦理思想，讨论道德生活的基本准则以及人在社会生活中所应当履行的各种义务和责任。

---

① 参见《西塞罗全集》中译者导言，第 30 页。

全文分三部分。第一部分"论道德上的善"。首先描述了道德上的善的构成要素和特征以及四种基本美德，进而讨论从四种基本美德中如何衍生出义务，并在每一种基本美德之下讨论各种具体的义务。最后还讨论了义务的主次、人生不同时期的义务、行政官员的义务、本国公民的义务、外国人的义务。第二部分"论利益（利、便利、有利、有益）"。主要讨论与生活上的舒适、获得物质享受的手段、权势和财富相关的义务，指出只有用德行和道义，而不是用欺骗和诡诈，才能达到自己的目的，才能获得真正的利益。第三部分"论道义与利益的冲突"。主要讨论道义与利益发生冲突时如何决定取舍。他指出道义与利益从根本上说不是对立的，而是统一的，凡是真正有利的无不同时也是符合道义的，凡是符合道义的无不同时也是有利的。他指出要教导人们履行自己应尽的义务，过一种合乎自然的有道德的生活。

全文三个部分构成三卷：第一卷45章，第二卷25章，第三卷33章，译成中文约9.8万字。

正　文

第一卷

【1】我亲爱的儿子马库斯，你已经在克拉提普的指导下学了一整年，而且又是在雅典，想必已经在心里装满了道德规范和哲学原则；人们至少可以对你的出人头地抱有期望，不仅由于你的老师，而且还由于这座城市；前者能够丰富你的知识，后者可以为你提供典范。不过，就像我为了自身的提高总是把希腊文和拉丁文的学习结合在一起——我不仅在哲学学习中这样做，而且也在修辞学的实践中这样做——所以我建议你也这样做，这样你就可以对两门语言有同等的掌握。要是我没有弄错，正是在这个方面我对国人的帮助很大，不仅是那些不熟悉希腊文献的人，而且是那些有文化的人，都认为

自己在演讲能力和精神训练方面受益匪浅。

因此，你应该向当代最优秀的哲学家学习，要坚持学下去，想学多久就学多久；只要你对自己所取得的进步不满意，就要继续学下去。由于这些原因，如果你想读我的哲学著作，你会得到帮助的；我的哲学与逍遥学派的哲学差别不是很大（因为他们和我都自称是苏格拉底和柏拉图的信徒）。至于你可以得出什么结论，我留给你自己去判断（因为我不会在你前进的道路上设阻碍），但是通过阅读我的哲学著作，你肯定能够更加完整地掌握拉丁语言。我决不想让你认为我这样说是在吹牛。因为有许多人的哲学知识比我丰富；但是，如果我自称具有演说家的特殊才能，讲起话来言辞得体、条理清楚、风度优雅，那么我认为这样说是合理的，因为我一辈子都在从事这个职业。

因此，我亲爱的西塞罗，[①] 我真诚地向你推荐，不仅要仔细阅读我的演讲词，而且要仔细阅读我的哲学著作，它们现在的数量已经很多了。因为尽管这些演讲词展现出比较奔放的风格，我的哲学作品的稳健风格也值得吸取。再说，迄今为止在希腊人中我还未曾见到过有谁能够集两种风格于一身，既能滔滔不绝地演讲，又能平心静气地讨论哲学，除非法勒隆的德美特利也许算一个——他确实是一个聪明的推理者，他的演说虽然缺乏活力，但还算迷人，所以你能认出他是塞奥弗拉斯特的门徒。我在这两个领域中的造诣如何还是留给别人去评判，但我至少可以说我在这两个领域中都已经做了尝试。

当然了，我相信，要是柏拉图愿意从事辩论的演讲术，他的演讲一定会十分雄辩和有力；如果德谟斯提尼继续研究柏拉图，解释他的观点，他也一定能做得十分出色。在亚里士多德和伊索克拉底身上我感到同样的情况，他们各自专注于自己的行当，但是低估别人的行当。

【2】由于我决定现在给你写一点东西（以后逐渐增加，积少成多），所

① 此处"西塞罗"指作者的儿子马库斯。

以要是可能的话，我希望开始讨论一个既适合你的年纪又适合我的地位的问题。尽管哲学提供了许多既重要又有用的问题，并由哲学家们做过详细讨论，但是那些留传下来的有关道德义务的教导似乎拥有最广泛的实际用途。任何阶段的生活，无论是公共的还是私人的，是职业的还是家庭的，只涉及自己或者还涉及他人，都不能没有道德义务；凡是履行这种义务的事情在道德上是正确的，凡是忽视这种义务的事情在道德上是错误的。

此外，探究这个主题是所有哲学家的共同特性；因为如果一个人不谆谆教导义务，他怎么能够自称为哲学家呢？但是有些学派用他们提出来的涉及至善与至恶的理论来歪曲所有义务概念。因为凡是断定至善与德行无关，并且用道德标准而以自身利益来衡量至善的人，本应始终如一，但却经常不受其自身本性的支配，那么他就不可能重视友谊、正义和慷慨；他肯定不可能勇敢，因为他把痛苦视为至恶，他也不可能有节制，因为他把快乐视为至善。

尽管这些真理是不证自明的，不需要讨论，但我仍旧在其他有关的地方加以讨论。因此，如果这些学派自称是始终如一的，关于义务他们就无法说任何东西；除了那些与道德上的善之所以值得追求完全或主要是因为其自身的缘故的人以外，谁也不能给义务设定任何固定的、统一的、自然的规则。因此，伦理学的学说是斯多亚学派、学园派和逍遥学派的特权；因为阿里斯托、皮浪、厄里鲁斯的理论早已被抛弃；然而，如果他们给我们留下选择事物的权利，使我们有可能发现什么是义务，那么他们还是有权讨论义务的。因此，在本次考察中，我将主要依循斯多亚学派，但我不是作为一个翻译者，而是按照我自己的习惯，用适合我的目的的尺度和方式，从这些来源中汲取有用的东西，提出我自己的选择和判断。

因此，由于整个讨论都围绕义务这个主题，所以我从一开始就要给义务下定义，但使我惊讶的是，帕奈提乌却没能这样做。对任何主题的系统阐发都必须始于定义，让每个人都能理解在讨论什么。

【3】每一篇讨论义务的文章都有两个组成部分：一部分处理有关至善的

学说；另一部分是那些实用规则，据此规范日常生活。下面这些问题由第一部分来说明：一切义务是否都是绝对的，某一种义务是否比另一种义务更重要，等等。但是涉及有明确规定的具体义务，它们尽管也受到至善学说的影响，但实际上不那么明显，因为它们似乎宁可关注日常生活的规范；我打算在下列各卷中详细处理的正是这些具体的义务。

然而，义务还有另一种分类法，我们可以将其区分为所谓的"普通的"义务和"绝对的"义务。我假定，绝对义务也可以叫做"正当的"，因为希腊人把它叫做"κατόρθωμα"，而他们把普通义务叫做"καθῆκον"。他们把这些术语的含义确定为：凡是正当的义务都可以定义为绝对义务，而普通义务，他们说，是那种在履行义务时可以提出一个恰当理由的义务。

因此，如帕奈提乌所认为的那样，决定采取某种行动必须考虑三个方面：首先，人们要问这种想要采取的行动在道德上是正当的，还是不当的；在这样的深入思考中，他们的心灵经常会导致极为不同的结论。其次，他们会考虑，这种想要采取的行为是否有助于生活上的舒适和幸福，是否有助于掌握工具和财富，是否有助于扩大自己的影响和权力，藉此能够帮助他们自己和他们的朋友；这整个问题也就转化为是否有利的问题。当似乎有利的东西与道德上似乎正当的东西发生冲突时，第三类问题就产生了；因为有利似乎在把我们朝着一个方向拉，而道德上的正当似乎在把我们朝着相反的方向拉，结果就是我们在深入的思考中会感到困惑、心烦意乱、无所适从。

尽管遗漏是分类的大忌，但上面的说法还是漏掉了两点；[①] 因为我们通常不仅要考虑行为在道德上是正当的还是不当的，而且要考虑在有两种道德上正当的行为可供选择时，哪一种行为较好；与此相仿，在有两种便利可供选择时，哪一种更有利。因此，我们发现被帕奈提乌认为包括三个方面的问题必须分成五个方面。因此，首先，我们必须讨论道德，把它放在两个小标题下进行探讨；其次，以同样的方式讨论有利；最后，讨论二者相互发生冲

---

① 帕奈提乌是斯多亚学派的，而斯多亚学派不承认正当与错误有程度之别。

突时的情形。

【4】首先，自然赋予每一种动物以自保的本能，避免一切似乎有可能引起的对生命或肢体的伤害，获取和提供生命所需要的一切——食物、住所，等等。生殖的本能（其目的是传种）以及对它们后代的某种程度的关心也是一切动物的共同特性。但是人和野兽之间最显著的区别是：野兽只为感官所驱使，几乎没有什么关于过去或未来的知觉，只能使自己适应当前此刻的情形；而人——因为他有理性，凭借理性他能领悟一连串的后果，察觉事情的起因，懂得原因与结果、结果与原因之间的关系，进行类比，把当前与未来联系起来——却很容易审视自己生命的全过程，并为其行为做必要的准备。

自然同样也依靠理性的力量，把人和人用共同的语言和生活联系在一起；她尤其奇妙地把一种对后代的格外温柔的爱灌输给人。她还促使人们群居，组织公共集会并参与；她进一步要求男人努力提供大量的物品，以便满足自己的需要，使自己的生活过得舒适——不仅为了自己，而且也为他的妻子儿女，以及其他必须由他赡养的人；这种责任也激发了他的勇气，从而在生活中更加坚定、积极地履行义务。

尤其是，只有人才会追求并渴望得到真理。正因如此，当我们在有闲暇，无须为工作操心时，就渴望看到、听到或学习一些新东西，我们尊敬那种想要知道创世奥秘或奇迹的愿望，视之为幸福生活不可或缺的东西。至此我们明白了，真实和单纯的东西最适合人的天性。除了发现真理的热情，人还渴求独立，所以由自然精心塑造的心灵不愿受任何人的统治，除非这个人是行为的立法者、真理的传授者，或者是为了公众的利益依据正义和法律进行统治的人。灵魂的伟大及其对这个世界的优越感就是从这种态度中产生出来的。

自然和理性明确显示，人是唯一拥有秩序和礼节，知道如何节制言行的动物。所以，在这个可见的世界中，其他动物都没有美、爱、和谐感；把这种比较从可感世界扩展到精神世界，自然和理性发现，思想和行动更应坚持美、一致、有序，所以同样的自然和理性小心谨慎，在思想和行动中不做任何不道德的或怯懦的事，不异想天开。

由这些因素塑造而成的道德之善是这一考察的主题，这种道德上的善即使不为人们普遍重视，仍旧应当获得一切荣誉；正是由于它自身的本性，我们正确地坚持说，它值得赞美，哪怕还没有人这样做。

【5】马库斯，我的儿子，你在这里看到了道德之善的样式，亦即道德之善的面貌；如柏拉图所说："如果能用肉眼看见它，它就会唤起对智慧的酷爱。"但是，一切道德上正当的事情都产自下述四个来源之一：（1）充分领悟和明智地发展真理；（2）保存一个有组织的社会，给每个人提供他所应得之物，并使之忠实履行其所承担的义务；（3）具有一种伟大的、坚强的、高尚的和不可战胜的精神；（4）一切言行稳重而有条理，克己而有节制。

尽管这四种来源是相互联系和交织在一起的，但每一种来源都各自产生某种确定的道德义务；例如，在上面所说的第一种来源，我们放上智慧和审慎，属于追求和发现真理；这是智慧这种美德的独特领域。在任何给定的情形下，任何人越是更加清楚地观察到最根本的真理，越能更加迅速而准确地发现和说明其原因，就越被人们敬为聪明和有悟性，而这也是很公道的。因此可以说，这种美德必须处理并对其发挥作用的东西就是真理。

另一方面，摆在其他三种美德面前的任务是，提供并维护实际生活所依赖的那些东西，从而使人类社会中人与人之间的关系得以遵守，灵魂伟大和崇高不仅能体现在增加个人的资源，为个人及其家人获取利益，而且还能更多地体现在比这些事情更高的地方。但是，有条理的行为、行为的一致、自我克制，等等，都处在这样一个领域，它们都需要某种程度的身体力行，而不仅仅需要精神活动。因为如果我们把一定程度的礼节和秩序引入日常生活，我们就能保持道德上的正当和道德上的尊严。

【6】现在，在我们得出道德之善的基本观念的四个部门中，第一个就是由关于真理的知识，最深刻地触及人的本性。因为我们都受到强烈的求知热情的吸引；我们以学识渊博为荣，以犯错误、背离真理、无知、误入歧途为耻。在这种追求中——这种追求既合乎自然又合乎道义——要避免两种错

误：第一，我们一定不要以不知为知，轻率地表示赞同，凡是希望避免这种错误的人（所有的人都应当这样做）都会长年累月、殚精竭虑地去寻求证据；第二，有些人把太多的精力投入那些晦涩、难懂而又无用的问题。

如果这些错误被成功地避免，为研究那些既合乎道义又值得解决的问题所付出的一切辛劳都会得到充分的报偿。比如，在天文学领域里，这样的人我们知道有盖乌斯·苏皮西乌；在数学中有塞克斯都·庞培，我自己就认识他；在辩证法领域中有许多这样的人；在民法方面，这样的人就更多了。所有这些行当都是在探求真理，但由于研究而脱离了实际生活就有悖道德义务了。因为美德的整个荣耀在于行动；然而，行动经常会被中断，有许多机会可以回过头来继续从事研究。此外，心灵的劳作从不停止，能使我们忙于求知，甚至在我们自己都缺乏有意识的努力时仍旧如此。还有，我们所有思想和精神活动都会专注于筹划那些符合道义和有助于美好幸福生活的事情，或者专注于追求知识和学问。

关于义务的第一种来源我们就讨论到这里。

【7】在剩下的三个部门中，使社会和我们可以称之为"社会公约"的东西赖以维持的原则运用得最广泛。这条原则又可以分为两个部分：一是公正，这是最荣耀的美德，以这种美德为基础，人才能被称做"好人"；二是与公正有着紧密联系的慈善，也可以称做仁慈或慷慨。

公正的首要功能是使人不伤害其他人，除非被邪恶所激怒；其次是引导人们将公共财产用于公共利益，将私有财产用于他们自己的私利。

然而，通过自然途径确立的私人财产是不存在的，财产成为私有要么通过长期占有（比如有些人很早以前就在无人区定居），要么通过征服（比如在战争中掠夺），要么通过正当的法律程序、协议、购买，要么通过分配。根据这一原则，阿尔皮诺的土地被说成属于阿尔皮诺人，图斯库兰的土地属于图斯库兰人；私人财产的获得情况类似。因此，就像上面所说的各种情况，原本是公共财产的那些东西已经变成了私人财产，所以每个人都应当保持现在属于他的那份财产；如果有人把不属于他的东西据为己有，他就违反了人类社会的法规。

柏拉图说得好，我们生来并非只为我们自己，我们的国家有权拥有我们的一部分，我们的朋友有权拥有我们的一部分；斯多亚学派认为，大地上产生的一切事物都是造出来供人使用的；人的出生也是为了人的缘故，为的是让他们能够相互帮助；在这个方面，我们必须以自然为向导，通过相互交换的仁慈行为，通过给予和接受，通过我们的技能和勤劳，为公共利益做贡献，使人类社会更加紧密地联系在一起，使人与人之间更加团结。

还有，公正的基础是诚信，亦即恪守承诺和协议。因此，我们可以追随斯多亚学派，他们孜孜不倦地研究词源；我们可以接受他们的说法，"良好的信任"之所以被称做诚信，乃是因为"履行"诺言，尽管有些人会觉得这种词源上的考察相当牵强。①

另一方面，不公正有两种：一种是伤害他人；另一种是能够制止但却未予制止伤害他人的行为。在愤怒或其他某种激情的影响下错误地攻击另一个人，看起来就像是在对自己的同伴施加暴力；如果能够制止或反对但却未予制止和反对伤害他人的行为，那么同样也是有罪的，其罪过犹如抛弃父母、朋友或祖国。还有，那些故意伤害他人的错误行为经常是害怕的结果；也就是说，伤害他人的人担心，要是不这样做，他自己就会受到某种伤害。但就大多数情况来说，人们做坏事是为了达到某种个人目的；一般说来，贪婪是导致这种罪恶的主要原因。

【8】还有，人们追求财富，部分是为了满足生活的各种需要，部分是为了保证享乐。至于那些怀有更大野心的人，他们希望获得财富是为了权力、声望和施恩的资本；比如马库斯·克拉苏不久前说，对一个渴望成为国家元首的人来说，财富再多也不够，除非他的收入能够供养一支军队。精美的设施、富足而又舒适的生活也能使人快乐，而确保获得这种快乐的欲望则使人

---

① 此处"诚信"的拉丁原文是"fides"，兼有信任和诚实之意，"履行诺言"的拉丁原文是"fidem"。

贪得无厌地渴望财富。然而，我的意思决不是对积累财富进行挑剔，只要这样做不会伤害其他人，而不公正的获取总是应当避免的。

然而绝大多数人在沦为谋取军权或政权的野心的猎物时，就会沉湎于其中，完全不顾自己的行为是否公正。恩尼乌斯说："一旦涉及王位，就没有不可违背的友谊，亦无诚信可言。"这句话是至理名言，具有极其广泛的普遍意义。因为，每当只有一个人能够出人头地，竞争通常就会变得非常激烈，在这种情况下要想维系不可违背的友谊的确是件极其困难的事。我们在盖乌斯·凯撒最近的厚颜无耻的行径中看到了这一点的明证，为了攫取他凭借邪恶的想象力虚妄地构想出来的那种至高无上的权力，他把一切神的和人的法律统统踩在脚下。但是关于这个问题的麻烦在于，在最伟大的人物和最杰出的天才身上，我们通常也能发现对军权、政权和荣誉的强烈欲求；因此我们必须更加小心谨慎，不要在这方面犯错误。

但是在任何不公正的事例中，由于一时的感情冲动而做错事和故意或有预谋地干坏事有天壤之别；由于突然冲动而犯下的罪过比起那些蓄意害人的罪行来，当然应当受到较轻的惩罚。

有关伤害他人的问题已经说够了。

【9】对伤害他人的行为不加以制止，忽略自己的义务，其原因似乎是多种多样的：要么是不愿结怨树敌、惹事破财；要么是由于冷漠、懒惰或无能；要么是专注于某种急务或私利，乃至于无暇顾及那些他们有义务去保护的人。所以人们有理由认为，柏拉图所说的那番关于哲学家的话可能是不适当的，他宣称哲学家是公正的，因为他们忙于追求真理，鄙视大多数人所渴求、并且往往为此进行你死我活的斗争的东西，认为这些东西毫无意义。当然了，他们确保了一类公正，没有对任何人造成伤害，但他们陷入了相反的不公正，因为他们潜心研究学问，对他们应当去保护的那些人的命运坐视不管。因此柏拉图认为，他们甚至不愿履行公民的义务，除非是强迫性的。而实际上，他们最好还是自觉自愿去履行，因为本质上正当的行为之所以是公正的，仅在于它是自愿的。

还有某些人，要么一门心思打理自己的生意，要么出于对自己同胞的某种厌恶，声称自己只管自己的事，不会对任何人造成伤害。但是，他们虽然避开了一种不公正，却陷入了另一种不公正；他们是社会生活的叛徒，因为他们对社会生活没有做过任何贡献，没有为社会生活做过任何努力，没有为社会生活想过任何办法。

由于我们已经提出有两种不公正，并分别确定了导致每一种不公正的动机，还由于我们在此之前就确立了公正所赖以构成的原则，所以我们现在很容易决定我们在各种情况下要履行什么义务，除非我们是极端自我中心主义者；关心别人的事确实不容易做到；然而我们知道，在特伦斯的戏剧中，克瑞美斯"认为凡是和人有关的事情没有一件是和他无关的"。不过，当事情牵涉到自己的利害时，我们会比较充分、比较深切地理解和感受它，而同样的事情发生在别人身上，我们往往只是隔岸观火；由于这个原因，我们对它所做的判断与判断我们自己的事情是不一样的。有人提出非常精辟的告诫：是非有疑则莫为；因为公义自身就会光芒闪耀，怀疑则是我们有可能出错的先兆。

【10】然而这些似乎最适合所谓"义人"和"善人"的义务经常会发生变化，乃至走向反面。比如，守信或实现诺言可以变得不是一种义务，逃避或违反通常需要真诚和高尚的东西有时候也可以变成正确的和恰当的。因为，我一开始确定的那些有关公正的基本原则可以很好地指导我们：第一，不伤害任何人；第二，维护共同利益。当这些原则由于环境的变化而被修正的时候，道德义务也会发生变化，不会总是一成不变。因为承诺或协议可能会以这样一种方式发生转变，如果履行承诺可能既对做出承诺的人不利，也对接受承诺者不利。比如，要是剧中的尼普顿不履行他对忒修斯做出的承诺，忒修斯就不会失去他的儿子希波吕特；因为故事说，尼普顿答应帮忒修斯实现三个愿望，其中第三个愿望是忒修斯在火头上做出的，他咒希波吕特去死，结果咒语应验了，忒修斯却陷入无法用语言表达的悲痛之中。因此，如果证明履行承诺对接受承诺者有害，那么就不应当履行承诺；如果诺言的兑现对你的

伤害大于对接受承诺者的好处，那么两利相权取其重并不违背道德义务。比如，你已经约定为某人出庭辩护，而这个时候你的儿子得了急病，命在旦夕，那么你未能履行自己的诺言就不算违背道德义务；如果你的委托人抱怨你，说你在他需要你的时候抛弃了他，那么倒是他不懂道德义务了。更有甚者，有谁不知那些在胁迫下，或者因为受骗而做出的承诺是不算数的？在多数情况下这种义务被执法官的法令公平地宣布无效，在有些情况下被法律宣布无效。

不公正还经常通过欺骗产生，也就是说通过一种过于精巧的、甚至是欺骗性的立法。因此现在有一句大家熟知的谚语："法律多则公正少。"在国与国之间的事务上，有人也经常通过曲解来干坏事；比如停战 30 天的协议已经签订，而一位著名将领却对敌军营地发动夜袭，他说这是因为停战协议中说的是白天，不包括晚上。如果关于昆图斯·法比乌斯·拉贝奥（或者是其他什么人，我只是听说，没有根据）的传闻是真的，那么甚至连我们自己国人的行为也并非无可非议；元老院派拉贝奥去仲裁诺拉与拿波勒斯之间的疆界纠纷，他接受了这一使命，分别会见了双方的长官，要他们放弃贪欲，不要扩张，各自退让。双方都同意并执行了这一建议，于是他们之间出现了一大片中间地带。拉贝奥以此划定了两座城市的边界，并把中间这块地方奖给了罗马人。这是诈取，而不是仲裁。因此，这种不择手段的行为在任何情况下都应当避免。

【11】还有，甚至对那些曾经对我们做过错事的人，我们也负有某些义务。因为报复与惩罚是有限度的；或者更确切地说，我倾向于认为能使侵犯者对自己所做的坏事感到后悔也就够了，为的是让他今后不再重犯，其他人也可以引以为鉴。

还有，一个国家在处理对外关系的时候，必须严格地控制战争权。因为处理纠纷有两种方式：第一种是通过协商，第二种是诉诸武力；由于前者合乎人性，后者则是野蛮的表现，所以我们必须在协商无望的情况下才诉诸武力。因此，开战的唯一理由是我们可以生活在不受侵犯的和平环境中；战争一旦获胜，我们应当宽恕那些未曾在战争中野蛮地进行血腥屠杀的敌人。比如，我们的祖先实际上承认图斯库兰人、埃奎人、沃尔西尼人、萨宾人和赫尼西亚人享有充分的公民权，但却将迦太基和努曼提亚夷为平地。我希望他们不要摧毁科林斯，但我相信他们这样做一定有他们自己的特殊理由——也许是因为它便利的地理位置——担心这种有利的地理位置有朝一日会诱发新的战争。我的看法是，我们至少应当始终努力去争取一种不包含诡计在内的和平。如果我当时的建议受到重视，那么我们至少还有某种有组织的政府，哪怕它在世界上还不是最好的，而现在我们什么也没有。

我们不仅要体谅那些被我们用武力征服的人，而且必须保护那些放下武器，向我们的将领乞求怜悯的人，尽管表示投降的公羊已经被钉在他们的城墙上。在我们的国人中，这方面的公正得到自觉的遵守，按照我们祖先的习俗，那些承诺保护在战争中被征服的国家或民族的人成为这些国家的保护人。

关于战争，罗马人民的神圣法典中有符合人性的法律条文，并以宗教为其全部担保；从法典中我们可以看到，没有任何战争是正义的，除非开战前提交过战书，发出过警告，并且有过正式的宣战。波皮留斯是掌控一个行省的将军。在他发动第一场战役的时候加图的儿子在他军中服役。当波皮留斯决定解散他的一个军团时，他也把小加图开除了，因为小加图正好就在这个军团服役。但是这个年轻人很喜欢当兵，仍旧留在军营里不走，于是他的父亲写信给波皮留斯说，如果让小加图继续留在军队里，他就得重新做忠诚宣誓，因为他过去所做的宣誓已经失效，从法律上说他已没有资格同敌人作战。所以有关作战行为的法律也得到极其严格的遵守。保留至今的还有一封老加图写给他的儿子马库斯的信，老加图在信中写道，他已经听说小加图在马其顿与珀耳修斯作战时被执政官开除了。因此，他警告儿子说，千万要注意，不要参加战斗；他说，这是因为在法律上不是士兵的人没有权利和敌人作战。

【12】我还注意到，现在被恰当地称为好战的"敌人"（perduellis）的人，

过去曾被称为"陌生人"（hostis），以这种温和的措辞来削减事实上的丑恶；因为对我们祖先来说，"敌人"（hostis）的意思就是我们现在所说的"陌生人"（peregrinus）。这一点可由十二铜牌法中的用法来证实："或者在某个确定的日子审讯陌生人（hostis）。"还有："在处理陌生人的时候，所有权也是永远不可剥夺的。"在和敌人打仗的时候，还用如此温和的称呼，还有什么样的行为比这更仁慈？然而随着岁月的流逝，这个词的意思逐渐变得严厉起来，陌生人的意思消失了，有了"武装的敌人"的专门含义。

但是，当战争的目的是为了捍卫主权和追求荣耀的时候，我们仍旧不能忘了我刚才说的那些动机，这是进行战争唯一正义的基础。以荣耀为目的的战争一定不要太残酷。比如，我们和一位同胞做斗争，如果他是敌人，我们就采用一种方式，如果他是一名竞争对手，我们就采用另一种方式；与竞争者进行的斗争是为了职务和地位，与敌人做斗争是为了生命和荣誉。所以我们在与凯特布利人和钦布里人作战时是和不共戴天的敌人作战，不是在决定谁能争得最高地位，而是在决定谁能存活；而我们与拉丁人、萨宾人、萨莫奈人、迦太基人、皮洛斯作战，是为了争取最高地位。迦太基人违反条约，汉尼拔非常残暴，而其他对手比较温和。皮洛斯在和我们交换俘虏时说过一段名言："我不要金子，你们也不必出价；因为我什么也不要；得了吧，我们不是讨价还价的贩子，而是严阵以待的战士。不，我们还要冒着生命危险，是刀剑，而不是金子在决定着最后的结果。用武器来考验我们的勇气，看命运女神如何判定，让你还是让我获胜。善良的法伯里修，你听着，不管有多么勇敢，他们已经不需要打仗，我赐给他们自由。这是我的决定。勇敢的罗马人，我把他们交给你们；送他们回家吧；伟大的诸神保佑你们。"这番话洋溢着一名正义的国王的气派，真不愧为埃基戴人的后代。

【13】还有，如果一个人为环境所迫而对敌人许下任何诺言，那么即便如此，他也应当恪守自己的诺言。比如，在第一次布匿战争中，勒古鲁斯被迦太基人俘虏，迦太基人在他宣誓后把他假释，派他去罗马商谈交换

俘虏的问题。他一回到罗马，首先就向元老院提出不要和迦太基人交换战俘；然后，在他的亲友们劝他不要返回迦太基的时候，他选择了返回迦太基，宁可被敌人折磨至死，也不愿违背自己的誓言，尽管这是对敌人做出的承诺。

还有，在第二次布匿战争中，汉尼拔在卡奈战役以后假释了十名罗马战俘，让他们返回罗马，条件是要他们宣誓，若不能赎回他的被俘将士就一定返回他的营地；他们回来以后，全部都被我们的监察官剥夺了公民权，并终身沦为奴隶，因为他们犯了伪誓罪。他们全都受到了惩罚，受到同样惩罚的还有另外一名背誓者，他在稍后得到了汉尼拔的允许返回罗马，但他耍了一个诡计，在离开营地以后不久他又折了回来，佯称忘了带某样东西；当他第二次离开营地后，他便声称自己已经用不着履行誓言了；所以他根据誓言的字面含义来履行誓言，而不是根据誓言的精神实质。在这个问题上，一个人必须始终加以考虑的是诺言的意思，而不是诺言的用语。

我们的祖先在对待敌人方面还为我们提供了另一个典范，有一名从皮洛斯军营里逃出来的叛徒向罗马元老院表示愿意潜回军营毒死这名国王，元老院和盖乌斯·法伯里修将这名叛徒交还给皮洛斯。他们以此表明自己不赞成以奸诈的手段谋杀敌人，哪怕他是一名势力强大、无端寻衅、喜欢侵略、屡屡获胜的敌人。

与战争有关的义务我就讨论到这里。

但是让我们记住，即使对最卑贱的人我们也要公正。现在，奴隶的地位最低下，命运最凄惨；有人要求我们像对待雇工一样对待奴隶；奴隶必须工作，但也应当给他们应得的东西，这个建议并不坏。

干坏事有两种方式，即使用暴力或使用欺骗，二者都是野兽的行径；欺骗属于狡猾的狐狸，暴力属于狮子；二者都完全违背人性，但相比之下欺骗更加卑鄙。在一切形式的不公正中，没有比伪君子更臭名昭著的了，甚至在最虚假的时候，他也会使他干的事看起来合乎美德。

我们关于公正的讨论就到此为止。

【14】按照上面所说的顺序,^① 我们接下来要谈论的是仁慈和慷慨。没有什么能比它们更能体现人性中最美好的东西，但在许多具体情况下，实施仁慈和慷慨需要谨慎：首先，我们必须明白，我们的仁慈既不能对我们仁慈的对象、也不能对其他人带来伤害；其次，实施仁慈不能超越自己的财力；最后，我们施恩的程度应当与受惠者本身相配，因为这是公正的基础，而一切仁慈的行为必须以公正为标来衡量。有些人把有害的恩惠施予他们似乎想要去帮助的人，这样的人不能算做仁慈的施主，而是危险的奉承者；与此相同，为了向某人表示仁慈而伤害另一个人，这样的人同样也是不公正的，犹如把邻居的财产据为己有。

现在有许多人——尤其是那些野心勃勃、渴望出人头地的人——经常为了使一些人富裕而对另一些人进行掠夺；他们帮助朋友致富，希望别人把他们视为对朋友仁慈，而不管用什么手段。然而，这样的行为与道德义务相差甚远，没有任何事情能比这样的行为更加违背义务。因此，我们必须注意，在慷慨行善的时候我们只能帮助朋友，不能伤害其他任何人。卢西乌斯·苏拉和盖乌斯·凯撒把财产从它的所有者手中夺过来，让与陌生人，由于上面说的这个原因，这样的行为不应当视为慷慨；除非同时是公正的，否则就不可能是慷慨的。

需要谨慎的第二点是，实施仁慈不能超越自己的财力。那些不自量力的慷慨解囊者犯了两个错误：第一，他们对自己的亲属做了错事，因为他们把本该由他们的亲属使用或继承的财产送给了陌生人；第二，这样的慷慨经常激发一种掠夺或非法占有财富的欲望，以便为赠送厚礼提供钱财。我们还可以注意到，许多人做好事主要是想炫示自己的崇高，而不是出自内心的仁慈；这样的人不是真的慷慨，而是在某种野心的驱使下假装慷慨。这种伪装的姿态更接近于伪善，而不是慷慨或道德上的善。

上面所定的第三条规则是：在行善中，我们应当衡量受惠者是否配得上

---

① 参见本文本卷，第 7 章。

我们的恩惠，加以区别对待；我们应当考虑他的道德品质、他对我们的态度、他和我们之间关系的亲密程度、我们共同的社会纽带，以及他曾经对我们有过什么帮助。上面所说的这些条件在一个人身上全部具备，那当然是最好的，如果不能全都具备，那么我们应当给具备较多条件的人较多的恩惠。

【15】和我们生活在一起的人并非完美的圣贤，如果能在他们身上找到类似美德的东西，那就算不错的了。因此我认为可以肯定这样一个观点，一个人只要表现出具有美德的痕迹，就不应当完全予以漠视；而一个人越是具有那些比较高尚的美德（节制、自控，以及我已经说了那么多的公正），就越是值得称赞。我没有提到刚毅，因为在没有达到完善和睿智的人身上的勇敢精神经常过于鲁莽；其他美德看来能更具体地作为好人的标志。

有关受惠者的品性我们就谈到这里。

至于对那些有可能热爱我们的人，我们要履行的首要义务就是：谁最爱我们，我们就为他们做最多的事；但我们不应当像青少年那样以情感的炽烈程度来衡量爱，而应当以情感的强度和持久来衡量爱。但是，假如我们已经蒙受了他人的恩惠，那么我们要做的首先不是施恩，而是报答，而且需要更加勤勉，因为没有哪项义务比证明自己的感恩更紧迫。

但若像赫西奥德所说，在需要时向别人借了钱，一有可能就要归还，并付利息，那么请你告诉我，对于不期而遇的仁慈，我们又将如何报恩呢？难道我们不应当像肥沃的土地，回报的果实多于承受的种子吗？如果我们毫不犹豫地施恩于那些我们希望将来会对我们有所帮助的人，那么我们又该如何对待那些已经帮助过我们的人呢？因为慷慨有两种：行善与报恩。我们是否行善，这可以自行选择；但对于一个好人来说，如果他能够在不损害他人权利的情况下报恩而不报，那是不允许的。

还有，我们必须对蒙受的恩惠做出区分，蒙受的恩惠越大，义务当然也就越重。但在做这种区分时，我们首先应当估量施恩者的动机、诚意和情感。因为有许多人普施恩惠只是出于一种病态的仁慈，或者是由于心血来潮，就像风一样转瞬即逝。与那些经过深思熟虑而谨慎实施的善行相比，这样的慷慨不值得给予很高评价。

但是，在行善和报恩中——在其他事情中也一样——我们首先必须遵循的规则是：所提供的帮助最好与受助者的个人需要相称。然而许多人却反其道而行之，最热心地为某个希望得到最大恩惠的人提供帮助，尽管他并没有实际的需要。

【16】不管怎么说，如果对每个人显示的仁慈能与他和自己的亲密程度相应，那么社会的共同利益和共同联系就能得到最好的保存。

但是看起来，我们必须把自然为人确立的群体和社会的那些原则追溯到它们的最终根源。第一条原则建立在人类一切成员之间的相互联系中；联系的纽带是理性和语言，通过教育和学习的过程，通过交流、讨论、推理的过程，把人们联系在一起，使他们形成一种天然的友爱的联合体。正是在这一点上，我们已经远远地摆脱了兽性；我们承认动物可能有勇敢（比如马和狮子），但我们不承认它们有公正、平等和善良，因为它们没有理性和语言。

所以，就是这条最广泛的纽带把人与人联系在一起，把所有人联系在一起；正是在这条纽带的维系下，人人都有权共享自然创造出来供人类使用的一切；人们还要明白，虽然根据法令和民法确定为私人财产的东西应当视为个人所有，但其他一切东西都应当按照那句希腊谚语的精神来对待，"朋友之间的一切都应该是共同的"。① 另外，我们在诗人恩尼乌斯那里找到了关于人类共同财产的定义，尽管只限于一个事例，但其原则却是普遍适用的："为迷路者好心地带路的人，就好像用火把点燃他人的火把；朋友的火把点亮了，他自己的火把也不会变得昏暗。"他用这个例子有效地教导我们大家，即使是对陌生人，也应当施以恩惠，更何况我们并没有什么损失。关于这条原则，我们有以下格言："任何人都可以使用流动的河水"、"任何人都可以借我们的火种"、"给犹豫不决的人出个好主意"；因为这样的行为对接受者有益，而对施行者又没有什么损失。因此，我们应当接受这些原则，经常不

---

① 柏拉图：《斐德罗篇》279c。

断地为公共福利做贡献。但由于个人的资源是有限的，而需要救助的人是无限的，所以普施恩惠只能按照恩尼乌斯所说的标准去做——"他的火把也不会变得昏暗"——为的是我们可以继续保持对朋友施恩的资源。

【17】还有，在人类社会中，亲疏程度很不一样。除了我们都是人这种普遍的关系之外，还有同属一个民族，同属一个部落，同说一种语言这样比较密切的关系；同属一个城邦，这种关系就更加密切了；因为同一城邦的公民有许多共享的东西——广场、神庙、柱廊、街道、雕像、法律、法庭、投票权等等，更不必说社交和朋友的圈子，以及和许多人发生的业务联系了。

一种更加紧密的社会联系存在于亲属之间。原本那种全人类的无限广泛的联系，现在被限制在一个狭小的圈子里。因为生育的本能是自然赋予一切生物共有的东西，所以丈夫与妻子之间的关系是首要的联系纽带，其次是父母与子女之间的关系，然后形成内部共享一切的家庭。这是公民政府的基础，也可以说是国家的温床。接下来是兄弟姐妹之间的关系，首先是第一代的，然后是第二代的堂兄弟姐妹和表兄弟姐妹；等到他们不再能住在一个屋檐下的时候，他们就会搬出去另建新家，就像开拓新的殖民地。然后在这些家庭之间又进行联姻，从中产生出新的血亲关系；从这样一代代繁衍和组成的新家庭中，慢慢地形成了国家。这种血缘关系通过善意和关爱把人们紧密地联系在一起；因为它意味着相同的家族传统、祭祀形式和祖传墓地。

但在所有团体关系中，没有比性情相合、志趣相投的好人所结成的真挚友谊更高尚、更牢固的关系了；因为事实上，当我们发现另一个人似乎拥有我们自己拥有的道德上的善，就会受到吸引，与他交朋友。每一种美德都会吸引我们，使我们热爱那些似乎拥有这种美德的人，尤其是公正和慷慨最吸引人。另外，没有什么比好人之间的性情相合、志趣相投更能引发爱和亲密了；当两个人有同样的理想和同样的爱好，他们自然就会像爱自己一样去爱对方；结果就像毕泰戈拉所要求的理想的友谊，几个人融为一体。

另外一种牢固的友谊是善意的相互帮助的结果；只要这些善意是相互的、可接受的，那么互助者就会长期保持友好的关系。

但是，当你以一种理性的精神考察人与人之间的所有社会关系之后，你会发现没有任何社会关系能比那种把我们每个人和我们的国家联系起来的社会关系更亲密。父母是亲爱的，儿女、亲戚和朋友也是亲爱的；但是故乡的土地拥抱着我们所有的爱；因此，如果牺牲自己能为国服务的话，有谁会不愿意为国捐躯呢？而那些用各种罪恶行径分裂祖国的人，那些正在从事和曾经从事颠覆自己祖国的阴谋活动的人，真是丧尽天良，可恨之极。

现在如果我们想要做个比较，以便发现我们主要应当在哪些方面承担起我们的道德义务，那么首先是国家和父母，为他们服务是我们最大的义务；其次是儿女和家人，他们只能指望我们来抚养，不可能得到其他人的保护；最后是亲戚，在日常生活中他们总是能与我们和睦相处，以及那些能与我们同舟共济的人。

因此，所有必要的物质上的帮助首先应当给予我在上面提到过的那些人；而在友谊中最盛行的则是生活上的亲密无间、劝告、交谈、鼓励、安慰，有时甚至是责备。因性情相合、志趣相投而结成的友谊是最甜蜜的。

【18】但是在履行所有这些义务的时候，我们必须考虑具体的每个人最需要什么样的帮助，如果没有我们的帮助，他自己是否也能获得。这样我们就会发现，按照社会关系的各种等级提供帮助和按照具体情况提供帮助，二者往往是不一致的；有时候我们应当对这个人尽义务，而不是对那个人尽义务；比如在收割庄稼的时候，与其帮助兄弟或朋友，倒不如帮助邻居；但若是在法庭上，那么就应当为亲属和朋友，而不是为邻居辩护了。因此，这样的问题在每一次履行道德义务的时候都要考虑一番（而且我们必须养成和保持这样的习惯），以便成为善于计算义务的人，通过加减来准确地平衡义务的收支，弄清对每个人应尽多大的义务。

但是，就像医生、将军或演说家，无论他们对自己这个行当的理论有多么深的了解，如果缺乏经验和实践，就不可能获得巨大的成功；同理，就像我现在所做的那样，履行义务的规则固然可以制定，但是如此重要的事情也需要经验和实践。

说到这里，我们必须结束有关义务所依赖的道德之善从那些维持人类社会的原则中发展起来的方式的讨论。

然而，我们必须明白，当我们确定四种主要美德，以之为道德上的正确和道德义务之源泉的时候，在世人眼中，凭借伟大、高尚、不为尘世生活的变迁所动的精神赢得的成就是最荣耀的。所以，当我们想要奚落一个人时，最先溜到我们嘴边的可能是这样一些话："你这个年轻人，简直像个娘儿们，而那边那个女人倒像个男子汉"；"你这个萨玛西斯的儿子，既不流汗，也不流血，却得到这么多战利品"。另一方面，当我们想要赞扬人的时候，我们就会设法用动人的语调歌颂某些伟人勇敢而高尚的工作。因此，演说家们经常提到马拉松、萨拉米、普拉蒂亚、温泉关、留克特拉，因此也有我们自己的科克勒斯、德修斯家族、格奈乌斯·西庇阿、普伯里乌·西庇阿、马库斯·马凯鲁斯，以及难以计数的其他人，当然最重要的还有我们整个罗马民族的伟大精神。还有，从他们的雕像通常都是身着戎装这一事实可以看出，他们追求战场上的荣耀。

【19】但是，若是在危难时刻表现出来的高昂斗志缺乏公正，为了自私的目的而不是为了公众的利益而斗争，那么这是邪恶的；因为这里头不仅没有美德的成分，而且其本质是野蛮，与我们美好的情感大相径庭。因此，斯多亚学派将勇敢正确地定义为"支持正义事业的那种美德"。因此，凡是以背信弃义和阴谋诡计来获取勇敢名声的人不能获得真正的荣耀，因为缺乏公正，没有任何事情在道德上能是正当的。

所以，柏拉图有句名言："离开了公正，不仅一切知识不能称做智慧，而应称做狡诈，而且即使是临危不惧的勇敢，如果不是出于公心，而是出于自私的目的，也应当被称做厚颜无耻，而不应当被称做勇敢。"因此，我们要求勇敢而又高尚的人同时也应当是善良而又正直的，应当热爱真理，反对欺骗，因为这些品质是公正的核心和灵魂。

然而可悲的是，这种高尚而又伟大的精神也很容易导致妄自尊大和过分追求权力。正如柏拉图告诉我们的那样，整个斯巴达民族的性格就是热衷于追求胜利，所以，按同样的方式，一个人越是具有无所畏惧的精神，他就越是想成为头号公民，或者毋宁说，越想成为唯一的统治者。但是，当一个人开始渴望出人头地的时候，他就很难保持公平的精神，而这对正义来说是最基本的。结果就是，这种人既不愿意使自己受制于辩论，也不愿意使自己受制于任何公共的和法律的权威；他们在公共生活中经常被证明为是行贿者和煽动者，试图用武力谋取最高权力而成为优胜者，而不是以公正的态度与他人平等相处。但是，难度越大，荣耀越高，在任何情况下犯下不公正的罪过都是不可饶恕的。

因此，不是那些伤害他人的人，而是阻止这种伤害的人，才被认为是勇敢的。此外，真正拥有哲学伟大精神的人认为人的本性最向往的道德之善在于行为，而不在于名誉，首先在于实，而不在于名。我们必须赞同这种观点，因为依赖变化多端的无知暴民的人不能算是伟人。还有，一个人的野心越大，他就越容易受到名望的诱惑而行不公正之事。当然了，我们的观点现在还很不稳固，因为我们很难找到这样的人，虽然经历了艰难险阻，但却不企求获得荣誉来作为对他的成就的报偿。

【20】完全勇敢而又伟大的灵魂以两个特征为标志：一是漠视外部环境，因为这样的人坚信，只有道德之善和正当的行为才值得钦佩、企求或为之奋斗，决不屈从于任何人、任何激情或任何命运的突变；二是当灵魂经受过上面所提到的那种锻炼之后，一个人不仅应当做伟大的、极为有用的事情，而且应当做极为艰难困苦，甚至有生命危险的事情，从而使生活变得有意义。

勇敢所拥有的所有荣耀与伟大，还有它的两种特性的有用性，全都集中于后者；而使人变得伟大的原因则集中于前者。因为前者包含着使灵魂卓越并漠视尘世命运的因素。这种品质可以用两个标准来识别：（1）是否把道德上的公正视为唯一的善；（2）是否摆脱了所有激情。因为我们必须同意，勇敢的、英雄的灵魂才会漠视被大多数人视为重大和光荣的事情，从确定的原则出发鄙视它们。有了坚强的性格和远大单一的目标，人才能承受苦难，才能经受艰难困苦而毫不动摇，保持哲学家的尊严。还有，说一个人不被恐惧征服却被欲望征服，或者说一个人不辞劳苦但却被快乐征服，这是自相矛盾的。因此，我们不仅一定要避免后者，而且也要谨慎提防对财富的贪婪；没有什么东西比爱财更能表现出灵魂的狭隘和渺小；如果一个人没有钱，却能漠视钱财，或者一个人有钱，却能乐善好施，那么没有任何事情能比它更光荣、更高尚。

正如前述，我们还必须小心谨慎，提防追求荣誉的野心；因为这会剥夺我们的自由，而为了捍卫自由，灵魂高尚的人甘愿冒险去做任何事情。一个人也一定不要去追求军权；不，倒不如说，他有的时候应当谢绝，有的时候应当辞职。

还有，我们自己必须摆脱各种情绪的干扰，不仅要摆脱欲望和恐惧，而且还要摆脱过分的悲痛和欢乐，不要发怒，这样我们就可以享受心灵的安宁和无忧无虑的自在，这种状况才能导致道德上的稳定和品性上的尊严。但是过去和现在都有许多人，在追求我所说的心灵安宁时放弃公民义务，归隐山林。这些人中最出名的是一些哲学家，还有一些人虽然诚实而有思想，但无法忍受民众及其领导人的行为；还有一些人到乡下隐居，以经营自己的私产为乐。这些人有着和帝王一般的目标——不缺乏任何生活必需品，不受制于任何权威，享受自由，也就是说，能够随心所欲地生活。

【21】所以，有政治野心的人和我刚才讲的退隐者都有这种欲望，但一类人认为，如果能够确保大量的资源，他们就能达到自己的目的；另一类人认为，如果对自己拥有的微薄财产能够满足，他们便能达到自己的目的。在这个问题上，这两种思想方法都无可厚非；但隐居者的生活比较容易，也比较安全，同时较少连累或麻烦其他人；而那些致力于政治事务和创建伟大事业的人，他们的生涯对人类更有益，也更有助于他们自己成为伟人和享有声望。

所以，那些拥有非凡天赋、献身于学问的人不参与公共事务也许应当得到原谅；与此相仿，那些由于身体不好或者有其他更加正当的理由而退出政坛以让贤路的人也应当得到原谅。但若有些人没有这些理由，但却鄙视大多数人所敬慕的文武官职，那么我认为这样做并不值得赞颂，而应当受到批评；因为尽管他们自己说轻视荣誉，但对他们的态度我们难以同情；他们实际上是怕吃苦，怕麻烦，也许还害怕政治上的挫败会蒙受耻辱。有些人处在相反的环境中，但他们的行为不能一以贯之：他们对快乐极度轻视，但对痛苦又过于敏感；他们漠视荣耀，却又生怕受辱；甚至连他们的这种不一致性也不能显得一以贯之。

但是那些生来具有处理公共事务能力的人，应该毫不犹豫地参与公职的竞争和国务的指导；因为除此之外没有别的方法能够治理一个政府，或者展示伟大的精神。政治家也不亚于哲学家，他们甚至更应当拥有伟大的精神，漠视我经常提到的外部环境，如果他们想要摆脱烦恼，过一种有尊严而又和谐的生活，那么他们还应当保持心灵的安宁。这对于哲学家来说比较容易，因为他们的生活很少有什么大的波折，他们的需求也比较少，即使有什么不幸，也不会是灾难性的。因此，从政者比隐退者更容易激动，从政者渴望成功的雄心更大，这并非没有道理；所以他们更加需要伟大的精神，更加需要摆脱烦恼。

如果有人进入政界，那就让他不要只想到从政带来的荣耀；也要让他确信自己有能力获得成功。与此同时，让他小心，既不要因为受到挫折而轻易丧失信心，也不要因为有雄心而过分自信。总而言之，在从事任何事业之前，必须做好精心的准备。

【22】大多数人认为，战争中的成就比和平时期的成就更重要；但这种看法需要矫正。因为许多人寻求战争机会只是出于贪图名望的野心。可以看到，有些人拥有伟大的精神和天生的能力，适宜过军旅生活，喜欢打仗，那么这种事情就更有可能发生了。但若我们愿意正视事实，那么我们就会发现许多和平时期的成就比战争时期的成就更重要，决不亚于战争时期的成就。

举例来说，无论人们如何高度赞扬塞米司托克勒——他值得赞扬——无论他的名望比梭伦高多少，无论萨拉米可以在多大程度上为他最辉煌的胜利作证——这一胜利获得的荣耀高于梭伦在战神山创制的政绩——然而我们决不能认为梭伦的成就不如塞米司托克勒的成就那么辉煌。因为塞米司托克勒胜利只是一度有利于国家，而梭伦的工作却具有永恒的价值。因为通过梭伦的立法，雅典人的法律以及他们祖先的各种制度才得以维持。塞米司托克勒很难说出他自己对战神山有什么帮助，而战神山却可以公正地断言塞米司托克勒接受过它的帮助；因为那次战争是按照梭伦创立的元老院的指导意见进行的。

同样的话也可以对鲍桑尼亚和吕山德说。尽管人们认为，正是由于他们的成就，斯巴达才获得其霸权地位，但是这些成就远远不能与莱克古斯立法和制定纪律的成就相提并论。不，我们倒不如说，正是由于莱克古斯的这些成就，鲍桑尼亚和吕山德才有如此勇猛无敌、纪律严明的军队。在我自己看来，在我少年时代，我并不认为马库斯·斯考鲁斯不如盖乌斯·马略，或者说，在我从政的时候，我并不认为昆图斯·卡图鲁斯不如格奈乌斯·庞培。因为武器在战场上几乎没有什么价值，除非在国内有一个运筹帷幄的智囊团。所以阿非利加努虽然是一位伟人和一个才能非凡的军人，但他摧毁努曼提亚对国家所做的贡献并不比普伯里乌·纳西卡在同一时期所做的贡献大，后者虽然当时还没有被赋予官方的权力，但他除掉了提比略·革拉古。诚然，这一行为并不完全属于民事的范围，它还带有战争的性质，因为它采用了暴力；但尽管如此，由于没有军队的介入，仍然可以说是一种政治措施。

有一句诗道出了全部真相，但我听说，那些用心险恶、喜爱妒忌的人往往对它横加指责——"武器不如托袈，胜利花冠不如民众的赞扬"①。用不着举其他例子了，在我当政期间，武器不是不如托袈吗？当时共和国正处于前所未有的险境，和平正遭受空前的威胁。然而，由于我的警觉和劝告，这些穷凶极恶的叛国者手中的武器突然跌落——心甘情愿地将武器扔在地上！什么样的战争成就能如此伟大？什么样的胜利能够与此相比？我的儿子马库

---

① 托袈（toga）是罗马人的便服上装，喻指文官，胜利花冠是获胜将军的标志，民众的赞扬指民众对西塞罗挫败喀提林阴谋发出的赞扬。

斯，我可以对你自夸，你应当继承我的光荣传统，而且有义务效仿我的为人处事。甚至格奈乌斯·庞培，一位战功卓著的英雄，也在许多人面前赞扬我；他说，要不是我为国效劳，那么他甚至没有一个地方庆祝他的凯旋，那样的话，他的第三次胜利就会是徒劳的。

因此，有许多例子可以证明，文官的勇敢并不亚于军人的勇敢。不，前者甚至比后者需要付出更多的精力和更伟大的献身精神。

【23】当然了，我们在崇高的心灵中寻找的那种道德之善是由道德来保证的，不是由体力来保证的。不过，身体还是应当锻炼的，有了强健的体魄，才能服从理性的判断，忍受辛劳。但是，作为我们论题的道德之善完全依靠思想和心灵对它的关注。这样说来，指导国务的文官所提供的服务，其重要性并不亚于指挥战争的武官所提供的服务；战争经常由于文官的治国而被避免或终止；但他们有的时候也会宣战。例如，按照马库斯·加图的意见，第三次布匿战争爆发了，而且他的影响力左右了这次战争行动，甚至在他死后亦如此。因此，通过外交途径友好地解决争端比用武力在战场上一决胜负更可取；但是我们必须小心，我们这样做不能仅仅为了避免战争，而是为了公众利益。然而有一点必须明确，战争的目的只能是保卫和平，而不是为了其他。

但是，要在困难的时候做到不仓皇失措，不心烦意乱，不急躁不安，而能像俗话所说的那样，沉着冷静，心平气和，不溢出理性的轨道，那就要有勇敢刚毅的精神。

所有这些都要有个人巨大的勇气和洞察未来的聪明才智，才能预见将要发生的事情是好事还是坏事，必须做些什么，不至于弄到最后只好说，"我没想到会是这样"。

就是这些活动在审慎和智慧方面标志着精神的坚强、崇高和自信。而鲁莽地打架或者和敌人肉搏只是一种野蛮的、粗鲁的事情。然而为情势所迫，我们必须挥剑迎敌，宁死不当奴隶，宁死不受侮辱。

【24】至于摧毁和劫掠城市，让我们说必须十分小心，切不可滥杀无辜

和胡作非为。在乱世中，伟人的义务是，找出那些罪人加以惩罚，而宽恕大多数人，坚持公正和光明磊落的做法。如我前述，正是由于有许多人战争期间的功劳看得高于和平时期的功劳，所以可以看到有许多人认为那些充满冒险的、头脑膨胀的建议比那些冷静审慎、深思熟虑的措施更辉煌，更感人。

当然了，我们在躲避危险时决不应当显得胆怯和畏缩；但我们也必须注意，不要去冒不必要的危险。那是最有勇无谋的事情。因此，在遇到危险的时候，我们应当像医生看病一样，对轻微的病症采用温和的疗法，对危险的重症，则在迫不得已的情况下采用猛烈的、甚至是铤而走险的疗法。因此，只有疯子才会在天气晴朗时祈求暴风雨；而聪明人的做法则是在暴风雨来临时用一切可能的办法加以抵御；尤其是，如果抵抗成功，所得到的好处大于冒险拼搏所付出的代价时，更应如此。

伴随着国家大事的那些危险有时候会落到承担这些事务的人的头上，有时候会落在国家头上。为了将这种事业进行到底，有些人冒着生命危险，有些人会丧失自己的声望和同胞对他们的善意。所以我们的义务是：宁愿危及我们自己，也不要危害公众的幸福，宁愿自己的名誉受损，也不要危害公众的其他利益。

另一方面，我们也能看到许多人，不仅愿意为国家慷慨解囊，而且还愿意为国捐躯，但却不愿意自己的个人荣誉遭受丝毫伤害，哪怕国家利益需要他们做出这种牺牲。比如在伯罗奔尼撒战争，斯巴达统帅卡利拉提达指挥斯巴达海军打了许多大胜仗，最后却因为不肯听从别人将舰队从阿吉努赛列岛撤出以免与雅典人交战的劝告而前功尽弃。他对劝告者的回答是："斯巴达人要是失去一支舰队，那么还可以再建；但他要是撤退的话，势必会给自己带来耻辱。"不过，他遭遇的这次失败对斯巴达的打击还算轻的，另一次失败则是灾难性的：克莱奥布洛图担心别人说自己怕死，于是就鲁莽地与厄帕米浓达决战。结果是斯巴达人一败涂地。

昆图斯·马克西姆的行为要好得多！关于他，恩尼乌斯说："一个人——也唯有他——用拖延的办法恢复了国家。他丝毫不把自己的名誉放在国家的安危之前；他的美名光焰四射，千古流芳。"

在政治生活中，这样的过失①也必须避免。有些人怕得罪人，因此不管自己的意见有多么好，也不敢坦率直言。

【25】打算担任政府公职的人不应忘记柏拉图所说的两条戒律：第一，一切行动都要符合人民的利益，不计较个人的得失；第二，考虑整个政治共同体的利益，不要为了某个派别的利益而损害其他人的利益。政府的管理就像一个信托机构，一定要为委托方的利益着想，而不是为受托方的利益着想。那些只关心一部分公民的利益而漠视另一部分公民的利益的人，把危险的因素引入了政府——意见分歧和派系斗争。结果就是，有些人是民主派的忠实支持者，有些人是贵族派的忠实支持者，很少有人关心整个国家。

这种党派精神在雅典引发过残酷的斗争，而在我们国家不但引起过纷争，而且还曾爆发过内战。所有爱国的、英勇的、适宜担任国家领导职务的公民都会以厌恶的心情避开这种事情；他会毫无保留地献身于国家，而不以自己的影响和权力为目标；他会把自己完全献给国家，以增进全体公民的利益。此外，他不会无根据地指控任何人，使其遭人憎恨或蒙受耻辱；他肯定会坚持正义和诚信，无论损失有多大，甚至面对死亡也在所不惜。

拉选票、争官职当然是一种最卑劣的习俗。有关这一点我们也可以在柏拉图的著作中看到很好的思想。他说："相互竞争，看哪个候选人能够执掌政府，就像水手们为了争当舵手而吵架。"他还定了这样一条规则：我们应当只把那些手持武器反对国家的人看做敌人，而不应当把那些按其信念努力治国的人看做敌人。普伯里乌·阿非利加努和昆图斯·麦特鲁斯之间就是这样，虽然政见不同，但彼此绝不敌视。

我们也一定不可听从那些人的话，他们认为一个人应当对他的政敌大发雷霆，以为这才是一个勇敢的伟人应有的态度。这是因为没有什么能比谦恭和克制更值得称赞，更能体现伟人的品性。的确，在一个自由的民族中，在

---

① 为了个人名誉而牺牲国家利益。

法律面前人人享有平等的权利，我们必须学会和蔼可亲和所谓"心平气和"；因为，当有人在不适当的时候打扰我们，或者提出一些不合理的要求，我们就发火，那么我们就会养成一种乖戾暴躁的脾气，既伤害自己，又冒犯别人。不过，温和与坚忍虽然值得称赞，但有一个前提，我们必须懂得适当的严厉对国家有好处，没有它，国家就不能得到很好的治理。还有，如果必须实施惩罚或矫正，也不要进行侮辱；实施惩罚或矫正的人应当考虑到国家的利益，而不要图个人的满足。

我们还要注意，实施惩戒不能罚不当罪，犯同样的过失，不能某些人受到惩罚，而另一些人连问都不问。在实施惩戒的时候，最重要的是一定不能有丝毫怒意。因为在愤怒的情况下实施惩戒决不可能遵守中庸的原则，既不过重也不过轻。逍遥学派的人赞成中庸，这很明智，但这只有在他们不赞美愤怒的情况下才是可能的，可是他们竟然赞美愤怒，并且告诉我们愤怒是自然出于好意而赐予我们的礼物。但实际上，愤怒在任何情况下都应当杜绝；人们期望当政者也像法律一样，按照正义实施惩戒，而不是在愤怒的引导下实施惩戒。

【26】还有，当我们鸿运高照、事事如愿的时候，让我们努力避免一切傲慢。因为成功时的傲慢与失败时的泄气一样，都是情感脆弱的表现。而在任何境况下都保持平和的脾气、不变的态度、同样的面孔，则是好的；历史告诉我们，苏格拉底的性格就是这样的，盖乌斯·莱利乌斯的性格亦如此。我注意到，马其顿国王腓力无论功绩和名声上被他的儿子超过多少，但在谦和与文雅方面超过他的儿子。因此，腓力始终是伟大的，而亚历山大却经常被认为很卑劣。因此，下面的告诫似乎是很好的建议："地位越高，越应当低头走路。"帕奈提乌告诉我们，他的学生和朋友阿非利加努曾经说："当战马由于经常参加战斗而变得桀骜不驯时，主人就把它们交给驯马师去训练，使它们变得比较温顺，易于驾驭；同理，人要是由于成功而变得狂妄自大、过于自信，那么也必须对他们进行训练，也就是说对他们进行教育和开导，使他们懂得人事的多变和命运的无常。"

还有，我们越是获得成功，就越应当寻求朋友意见，越重视他们的意见。在这种情况下，我们还必须高度警惕，不要让献媚者有机会对我们阿谀奉承。因为人在这种时候很容易欺骗自己，误以为自己完全应当受到这样的赞美；这样的心态会引发许许多多的错觉，在这种时候他会自以为了不起，忘乎所以地干出许多极其愚蠢的错事，从而使自己身败名裂，为世人耻笑。

这个主题就谈到这里。

再回到原先的问题上来 ①——我们必须确定，最重要、最能展示伟大精神的活动是那些掌管国事的人的活动；因为这种国家事务的活动范围最广，涉及大多数人的生活。但即使在退隐的生活中，也曾有过，而且现在仍然有许多心灵高尚的人，他们从事重要的研究，或者进行着最重要的事业，但把自己限制在个人的范围之内；或者说，他们过着一种介于哲学家与政治家之间的生活，满足于经营自己的私产，但不是不择手段地积累财富，也不是不让亲属们分享，而是只要有需要，就拿去救济朋友或献给国家。可以说，有这样一些规则：第一，只能用诚实的手段获取财产，不能采用不诚实的或欺诈的方法；第二，凭着智慧、勤劳和节约来增加财产；第三，让自己的财产为尽可能多的人享用（只要他们配得上），要慷慨救济，不要淫荡和奢侈。

遵守这些规则，一个人就可以活得高尚、尊严和独立，并且能真诚、真实、仁慈地对待所有人。

【27】接下去我们要讨论道德正确的剩余部分。在这个部分中，我们看到了体谅和自制，可以说，这些美德在润饰生活；这个部分也包括节制、彻底克服所有激情，以及在一切事情中适度。在这个标题下，还可以把拉丁文中称做"decorum"（适当）的那种东西，它在希腊文中被称做"πρέπον"。这就是它的本质，与道德之善不可分，因为凡是适当的事情在道德上都是公正的，凡是道德上公正的事情都是适当的。道德与适当之间的差别容易感受，而不容易表达。因为，无论何种适当，仅当存在道德上的正确的时

---

① 见本文本卷，第21章。

候，才能显现为适当。所以，不仅在我们现在要讨论的道德正确的部分，而且在我们前面讲过的三个部分，都清楚地表明了什么是适当。因为，运用理性、有条有理地讲话、无论做什么事都经过仔细的考虑，在一切事物中察觉真相并加以坚持——这就是适当。另一方面，错失真相、陷入谬误、误入歧途——这就是不适当，而且不适当到了神经错乱和丧失理智的地步。一切公正的事情都是适当的，一切不公正的事情，就像一切不道德的事情，都是不适当的。

适当与刚毅的关系也相同。凡本着男子汉的气概和勇敢的精神做出来的事情都与男子汉相称，是适当的；而以相反的方式所做的事情既不道德又不适当。

因此，我所说的适当属于道德正确的每个部分；它与主要美德的关系非常密切，它完全是不证自明的，不用任何深奥的推理过程就能看到它。因为，在每一道德正确的行为中都可以察觉到某种适当的因素；从理论上区分适当与美德比在实践中区分它们更容易。就好像一个人的俊美与健康不可分，我们现在所说的这种适当虽然在实际中与美德完全融合在一起，但在思想和理论上仍然可以区分。

另外，适当可以分为两个层次：（1）我们假定有一种一般的适当，可以在作为一个整体的道德之善中发现；（2）在这种一般的适当之下，还有另一种适当，属于道德之善的各个部分。前者通常被定义为："所谓适当，就是那种与人的优越性相和谐的东西，而正是由于人具有这种优越性，所以人的本性不同于其他动物的本性。"至于隶属于这种一般的适当的具体类型的适当，通常被定义为与自然相和谐的适当，这种适当显然包括节制和自控，再加上某种绅士的行为举止。

【28】我们可以从诗人所追求的适当推论出上面为人普遍接受的适当的定义。关于这一点，我在其他地方还有机会说得更多。现在，我们只说诗人注意到了适当，每句话，每个行动都要与个别人物的性格相吻合。比如，要是埃阿科斯或米诺斯说"让他们恨吧，只要他们害怕"，或者说"这个父亲

本身就是他的孩子的坟墓"，那似乎是不适当的，因为我们知道他们都是正派人。但若阿特柔斯说出这些台词，却可博得掌声，因为这里面的情感符合人物性格。按照每个人物的特点，选用适当的台词，这些事让诗人去决定；而自然赋予我们优越性，远远超过其他一切动物，因此我们必须依据这种特性来决定要做到适当需要些什么。

因此，诗人们总是观察各种各样的人物，看什么样的言语和行动适合他们——甚至包括坏人。但是，自然指派给了我们的角色是坚定、节制、自控、体谅他人；自然还教导我们，不可忽视我们对自己同胞的态度。因此我们可以清楚地看到，不仅是那种作为道德正确不可或缺的一般的适当有着广泛的运用范围，而且那些具体的适当也在美德的每个具体部分展示。这就好比有着匀称四肢的身体是俊美的，能吸引眼球，引起眼睛的关注，其原因就在于身体各部分形成了一个和谐的整体，所以，适当也在我们的行为中展现，在我们对同胞的赞许中展现，在适当产生作用的有序、坚定、自控的每句话、每个行动中展现。

因此，我们在与人打交道的时候，要对所有人表现出我几乎可以称之为敬重的态度来——不仅对最优秀的人，而且对其他人。漠视公共舆论不仅包含着自满，而且意味着完全缺乏原则。在一个人与同胞的关系上，公正和体谅之间也有一种差别。公正的作用是不对同胞做错事，体谅的作用是不伤害他们的感情；在这一点上，适当的本质看得最清楚。

通过上面这些解释，我想我们定义的适当的本质就清楚了。

进一步说，以适当为根源的义务所指引的第一条道路就是与自然和谐，以及忠实地遵守自然法则。如果我们以自然为向导，我们就决不会误入歧途，但是我们还要追求对事理明确、透彻的认识（智慧）、可用于促进和巩固社会的力量（正义），以及坚强和勇敢的精神（刚毅）。不过，在我们正在讨论的这部分美德（节制）中可以看到适当的本质。因为，仅当它们与自然法则相一致的时候，我们才能赞成那些活动，不仅是身体方面的，更多的是精神上的。

　　我们发现精神的基本活动是双层的：一种力量是欲望（希腊文是"όρμή"），它驱使人去做这做那；另一种力量是理性，它教导和解释什么事情应该做，什么事情不应该做。结果就是，理性指挥，欲望服从。

　　【29】还有，每一行动必须避免过分仓促或草率；我们也一定不要去做说不出任何合理动机的事情；用这些话我们实际上给出了义务的定义。

　　还有，必须使欲望服从理性的约束，既不能让它跑在理性的前面，也不能让它没精打采或懒懒散散地落在理性后面；但是人们应当保持心灵的安宁，不为一切情欲所动。作为其结果，刚强的性格和自控会闪耀出它们的光彩。因为欲望一旦跨越它们的藩篱，无论是因为欲求还是因为厌恶，它们就会像脱缰的野马，不受理性控制，显然会超越所有界限和尺度；它们会把服从抛在脑后，拒绝接受理性的管束，而按照自然法则，它们应当接受理性的管束。这样的欲望不仅扰乱心灵，而且还会使身体失调。我们只要看一看人们在勃然大怒、情感亢奋、惊恐不安、欣喜若狂时的脸色和样子就够了；在这种时候，他们的面容、声音、动作和态度全都变了。

　　再回到我们有关义务的框架中来，从上述情况我们看到，一切欲望都必须加以控制和平息，必须做出最大的努力，不要凭一时的冲动或随意地去做任何未经仔细考虑的事情。自然把我们带到这个世界上来，不是要我们做起事来好像是游戏和开玩笑，而是要我们认真做事，要有某些比较严肃、比较重要的追求。当然了，我们可以酷爱运动或者喜欢开玩笑，但我们这种酷爱的方式就像我们享受睡眠或其他的休闲，仅当我们在严肃认真地完成了自己的任务以后才能这样做。还有，开玩笑也不可以过分或放肆，而应当文雅而风趣。这就像我们不允许孩子们毫无节制地玩耍，而只让他们在并不违反良好品行的范围内享受自由，所以我们哪怕是在开玩笑，也要让纯真的本性放射光芒。一般说来，玩笑有两种：一种是粗俗的、无礼的、恶意的、下流的；另一种是高雅的、温和的、聪慧的、风趣的。后一种玩笑，不仅在我们自己的普劳图斯的作品和古老的雅典喜剧中有许多，而且在苏格拉底学派的哲学著作中也有不少；我们有许多出自多人之口的妙语——就像老加图的

《格言集》中汇集的内容。所以，区分高雅和粗俗的玩笑是一件易事；一种玩笑，如果时间恰当（比如在精神放松的时候），那么适合最尊贵的人；另一种玩笑，如果题材猥亵，言辞污秽，那么对任何绅士都不合适。

还有，我们在娱乐中也要遵守某些限制，必须小心，不要过分，不要忘乎所以，乃至于在情欲的推动下做出不光彩的事情。当然了，我们的竞技和狩猎就是健康的娱乐。

【30】但是在对义务进行考察的时候，我们必须看清人的本性在多大程度上优于牛和其他牲畜；它们没有思想，只有肉体快乐，并在本能的驱使下寻求这种快乐；但是人的心灵通过学习和思考得到滋养；人总是在探究或者在行动，也会被视觉和听觉等方面的快乐俘虏。不，哪怕是超出一般水平的人也倾向于肉体快乐，当然了，只要他不把自己和野兽放在同一条水平线上；因为有些人只在名义上是人，而实际上却不是人；我要说的是，如果他也有点受到快乐的吸引，那么他无论为了享乐如何疲于奔命，他也会隐瞒事实，出于羞耻而隐瞒他的欲望。

由此可见，肉体快乐完全不配人的尊严，我们必须鄙视它，抛弃它；但若有人认为肉体上的满足也有某种价值，那么他必须把它严格地控制在适当的范围内。因此，一个人生活方面的舒适和各种物品应当按照其健康和体力方面的需要来安排，而不应当按照享乐的要求来安排。只要我们在心中记得我们本性的优越和尊严，我们就会认识到沉溺于奢侈的生活是多么错误，过一种节俭、克己、朴素、节制的生活是多么正确。

我们还必须认识到，自然似乎给我们装备了两类性质：一类是普遍的，它起于这样一个事实，即我们都有和那种使我们凌驾于动物之上的优越性。从这类性质中衍生出一切道德和适当，据此方能用合理的方法确定我们的义务。另一类性质是具体的，是分配给个人的。就身体的天赋而言个体差别很大；我们看到，有些人跑得特别快，有些人摔跤力气特别大；人的相貌也一样，有些庄重，有些秀气。性格方面的差别就更大了。卢西乌斯·克拉苏和卢西乌斯·腓力普斯十分机智；卢西乌斯的儿子盖乌斯·凯撒比他们还要机智，并且更加有意识地加以运用。他们的同时代人，马库斯·斯考鲁斯和小马库斯·德鲁苏斯是严肃的典范；盖乌斯·莱利乌斯欢饮无度，而他的密友西庇阿却理想远大，过着一种比较俭朴的生活。历史告诉我们，在希腊人中，苏格拉底很迷人，很机智，是一位和蔼的健谈者；他是被希腊人称做"εἴρων"（假装无知者）的那种人——在谈话中佯装无知，向对方请教，然后表示钦佩对方的智慧。相反，毕泰戈位和伯里克利虽不取悦于人，其影响和势力却非常显赫。我们知道，在迦太基的将军中有汉尼拔，在我们罗马的将军中有昆图斯·马克西姆，他们都很精明，善于隐瞒自己的计划，掩饰自己的踪迹，伪装自己的行动，布置圈套，先发制人。在这些方面，希腊人认为塞米司托克勒和费赖的参孙最为突出。在计谋和谨慎方面要数梭伦，为了使自己的生命比较安全，同时也是为了更好地为国效力，他曾经装疯卖傻。

有些人却与这些人有很大区别，他们坦率而又正直，认为做任何事情都不应当采用不正当的手段或者背信弃义。他们是真理的热爱者，欺骗的憎恨者。还有另外一些人，只要能够达到自己的目的，什么事情都会去做，什么人都可以去巴结。我们知道，苏拉和马库斯·克拉苏就是这种人。据说，这种类型的人中最狡猾、最坚韧的是斯巴达的吕山德；而卡利拉提达的性格正好相反，他继吕山德之后担任海军统帅。我们发现还有另外一种人，不管地位多么显赫，在社交中总是非常谦逊，就像一个非常普通的人。我们在卡图鲁斯父子身上可以看到这种谦和的态度，还有昆图斯·穆西乌斯·曼昔亚也是如此。我还从我的长辈那里听说，普伯里乌·西庇阿·纳西卡也精于此道，而他的父亲虽曾对提比略·革拉古的邪恶行为加以惩罚，并由于这件事而闻名遐迩，但在社交中缺乏谦和的态度。

人的品质和性格还有许多类型，多得不计其数，在此就不逐一评价了。

【31】但是，每个人都必须坚持自己的禀性，只要它们是特殊的而不是邪恶的，为的是更容易保证做到我们所探讨的适当。我们必须这样行动，不违背人性的普遍法则，但在维护这些法则时，我们也要顺应自己特殊的个性；即使另外还有更好、更高尚的职业，我们也应当以自己的禀性为标准，

从事最适合自己的职业。因为与自己的禀性交战，或者以不可能做到的事情为目标，是徒劳无益的。从这一事实出发，上面所定义的适中的本质就看得更清楚了，凡是违反本性事情的都是不适当的，诚如俗话所说，"别和粮食过不去"。

假如世上真有适当这种东西，那么它无非就是我们整个生命历程及所有行动的始终一贯。而这种始终一贯是不可能通过模仿其他人的特点和消除自己的特点来做到的。这就好像我们必须说自己的本国语言，而不是像有些人那样，讲话中老是夹杂一些希腊词，引人耻笑，所以我们一定不要把任何异质的东西引入自己的行为或全部生命。的确，性格上的差异有重要意义；自杀对一个人来说可以是一种义务，而对另一个人来说（在同样的情况下）可以是一种罪恶。马库斯·加图发觉自己陷入困境，那些在阿非利加向凯撒投降的人发现了吗？然而，如果这些人自杀，也许就会受到谴责，因为他们的生活方式本来就不太严谨，他们的性格本来就比较圆滑。但是加图生来就具有难以置信的坚强性格，并且已经始终如一地把这种品性发扬光大；对他来说，宁愿去死也不要活着看暴君的脸色。

乌利西斯在长期流浪中忍受各种屈辱，甚至还要侍候女人（如果喀耳刻和卡吕索也可以称做女人的话），[①] 他对所有人说每句话都要低三下四，毕恭毕敬，这要有多么大的忍耐力啊！为了实现自己的愿望，达到自己的目的，他甚至在回家以后还要忍受男女仆人的侮辱。而埃阿斯，以他那种性格，他宁愿死一千次，也不愿忍受这种侮辱！

考虑到这种情况我们就会明白，了解自己的性格并加以适当的调整，这是每个人的义务，而不要去尝试适合其他人的性格。因为一个人的性格越是独特，就越适合他。

因此，每个人都应当恰如其分地估量自己的天赋能力，知道自己的优点

---

① 乌利西斯即荷马史诗中的英雄奥德修斯，喀耳刻（Circe）和卡吕索（Calypso）是神话中的女仙。

和缺点；在这个方面，我们不应当让演员显得比我们更实际，更明智。他们不是选择最好的剧本，而是选择最适合发挥他们才能的剧本。那些主要依靠自己嗓音的演员扮演厄庇戈尼和麦杜斯；那些更加注重动作的演员扮演美拉尼帕和克里泰涅特拉；我记得卢庇留斯总是扮演安提俄珀，很少演埃阿斯。演员都会注意选择自己在舞台上的角色，而在人生这个舞台上，聪明人会不选择自己的角色吗？

因此，我们应当致力于最适合自己的工作。如果环境有时迫使我们去做某种与自己志趣不合的事情，那么我们也应当尽心尽力地去做；尽管这样做算不上适当，但我们至少可以完成，并尽可能使之变得比较恰当；我们不必硬要在自然没有赋予我们卓越才能的地方做到卓越的程度，我们只要能努力改正自己的过错就行。

【32】除了上面提到的两种性质，① 还要添上第三种性质，这种性质是某种机遇或环境强加的，此外还有第四种性质，这种性质是我们经过慎重考虑后选取的。王权、军令、高贵的门第、官职、财富、权势，以及与此相反的卑贱穷苦，都依赖机遇，因此，也都受环境的控制。但是我们自己承担什么角色取决于我们自己的自由选择。所以，有人转向哲学，有人转向民法，还有人转向演讲术；而涉及美德本身，各人的选择也不同，一个人喜欢在这种美德上有卓越的表现，另一个人在那种美德上有卓越的表现。

父辈或祖先在某一领域成就显著的人，也经常会努力在相同的行当中出类拔萃；比如，昆图斯·穆西乌斯之子昆图斯在法学领域；鲍鲁斯之子阿非利加努在军事领域。除了从父辈那里继承优点，他们中有些人也在新的领域出人头地；比如，这位阿非利加努不但在军事上功勋卓著，而且擅长雄辩。科浓的儿子提摩修也一样，他证明自己不仅在军事上的声誉不亚于父亲，而且在文化和智力上享有盛名。有时候也有人不愿步父辈的后尘，另外选择自己的事业。有些人出身贫寒，但志向远大，他们在事业上经常获得巨大的

① 参见本文本卷，第 30 章。

成功。

因此，当我们探讨适当的本质时，所有这些问题都要做周密的考虑；但我们首先要决定的是做什么样的人，从事什么样的职业；这是世上最难的问题。这是因为每个人都是在自己判断力最不成熟的青年时期根据自己的特殊爱好来选择职业的。因此，当我们成熟到能够明智地决定什么职业最适合自己之前，我们已经在从事某种终身职业了。

我们不可能都拥有赫丘利那样的经验，就像我们在色诺芬著作中看到普洛狄科所描述的那样："赫丘利刚刚进入青年时期（自然把这一时期确定为每个人选择自己人生道路的时候），便去了一个十分荒凉的地方。他在那里看到两条路，享乐之路和美德之路。于是他就坐下来想了很长时间，不知走哪条路好。"这种事情在"朱庇特的后代"赫丘利身上也许会发生，但不会发生在我们身上；因为我们每个人都效法自己所喜欢的楷模，所以我们不得不选择他们从事过的职业。但是一般说来，由于深受父母的教诲，我们必然会效仿他们的生活方式和习惯。其他一些人会随波逐流，选择大多数人认为最有吸引力的职业。然而有些人，或者是由于幸运，或者是由于天赋才能，虽然没有父母的指引，仍旧走上了正确的人生道路。

【33】有一类人非常罕见，他们拥有卓越的天赋才能，或者受过极好的教育，有很高的文化素养，或者两者兼而有之；他们有时间仔细考虑自己究竟喜欢哪种职业；经过慎重考虑之后做出的选择必定会与个人的天赋完全适合。因为就像我们上面说的那样，我们试图从每个人的禀性中发现他最适合干什么；不仅在确定个别行为时我们需要这样做，而且在选择整个人生道路时我们也需要这样做；后者必须更加谨慎，为的是终身无悔，坚定不移地履行各项义务。

但是，由于对择业影响最大的是本性，其次是命运，所以我们在选定终身职业时必然要考虑这两个因素；不过在二者中，本性更应当受重视。因为本性更加稳定，而命运与本性发生冲突，就好像凡人与女神较量。因此，如果有人已经使他的整个人生计划与他的某种本性(亦即他较好的本性)一致，那就让他坚持不懈地走下去——因为这就是适当的本质——除非他发现自己在选择终身职业时犯了错误。如果是这种情况（这种情况也很容易发生），那么他必须改变他的职业和生活方式。如果环境允许这种改变，那么改变起来会比较容易和方便。如果环境不允许这种改变，那就得一步步慢慢来，就像友谊已经变得不再令人愉悦或值得保持，这时候一点一点地疏远比一下子断交更适当（聪明人就是这么想的）。一旦改变了自己的终生职业，我们也应当尽可能弄清楚自己这样做有很好的理由。

尽管我刚才说过我们应当步父辈的后尘，但也有一些例外：第一，我们无须仿效他们的缺点；第二，我们无须仿效其他一些事情，如果我们的本性不允许效法；比如大阿非利加努之子（亦即收养鲍鲁斯之子小阿非利加努斯的那个西庇阿）由于健康上的原因在许多方面就不能像他的父亲（大阿非利加努）仿效他的祖父那样仿效他的父亲。如果一个人既没有能力在法庭上审案，又不能以其口才吸引群众或指挥打仗，那么他仍旧有义务实践其他那些力所能及的美德——公正、诚信、慷慨、稳健、自制——这样一来，他在其他方面的缺陷就可以不太明显了。父亲留给子女最宝贵的遗产是道德名望和高尚的行为，比任何财富更宝贵；玷污这种名望必须被视为一种罪恶和耻辱。

【34】在人生的不同时期，适宜承担的义务是各不相同的，有些义务属于青年，有些义务属于以后的时期，关于这种差别我们还必须说一说。

年轻人的义务是尊敬长辈，依靠最优秀、最被认可的长辈，以便接受他们的忠告和影响。这是因为年轻人缺乏经验，需要老年人的实用智慧加以扶持和指导。人生这一时期最重要的是防止淫荡，在身心两方面锻炼自己的吃苦耐劳精神，以便日后能在军队或政府里坚定地履行义务。甚至当他们想要放松一下而行乐时，也应当谨防无度，在心中牢记中庸之道。如果年轻人甚至在娱乐时也愿意让长辈参加，那就更容易做到节制了。

另一方面，老年人似乎应当减少体力劳动；实际上，他们的精神活动应该增加。他们应当尽可能以其忠告和实际智慧为他们的朋友和年轻人服务，尤其是为国效劳。老年人最重要的是要防止变得衰颓懒散；虽然任何年纪的人奢侈都不好，但老年人的奢侈尤其令人厌恶。如果不仅生活奢侈，而且还要纵欲，那就是双倍的邪恶；因为这样做不仅使自己蒙羞，而且还使年轻人的过分更加可耻。

现在来讨论一下行政长官的义务、私人的义务（本国公民）、外国人的义务，这样做并非不相关。

独特的地位使行政长官必须记住自己代表国家，他的义务是维护国家的荣誉与尊严，执行法律，使所有公民都享有法律赋予他们的权利，牢记这些职责都是国家托付给他的。

私人必须做到以下几点：首先，在私人关系中与同胞平等相处，既不奴颜婢膝，也不飞扬跋扈；其次，在国家事务中，为国家的太平和荣誉而努力；因为我们习惯上尊敬这样的人，并且称之为好公民。

至于外国人或侨民，他的义务是恪守自己的本分，不打听别人的事情，在任何情况下不干涉侨居国的内政。

相对于各种品性、环境、年纪来说，什么是适当的，我认为，这样来考虑问题，我们就能清楚地看到自己的义务。但是最基本的适当莫过于在一切行动和计划构想上都保持前后一致。

【35】但是我所说的适当，其本身也体现在每一个行为和每一句话上，甚至还体现在身体的每一个动作和姿态上。在外表上，适当有三种因素——美貌、机智和品位；这些观念很难用语言来表达，但只要能够领会它们的意思就行了。这三种因素也包括我们对生活在自己周围的那些人的好意的关切。由于这些原因，我想就这种适当再说几句。

首先，自然似乎有一个绝妙的构造我们身体的方案。我们的脸和体形一般说来样子还不错，所以自然就把它们放在明处；而身体的某些部分只供我们满足自然需要，其形象不雅，自然就将它们遮掩起来，不让别人看到。人的羞怯遵守自然的这种精心设计；所有心灵正常的人都把自然要隐藏的部分隐藏起来，并且努力把对自然需要的回应尽可能当做私事；至于那些只用来满足自然需要的器官，他们从来不用它们的真名来称呼它，无论涉及器官本身，还是涉及器官的功能。实行这些功能——如果只是在私下里实行——并非不道德的；但是放在嘴里说却是下流的。所以，无论是在公开场合做这些事，还是粗鄙地提到这些事，都是下流的。

但是，我们不要去理会犬儒学派的人（或者某些名义上是斯多亚学派而实际上却是犬儒学派的人），他们指责并嘲笑我们把仅仅是提到某些并非不道德的行为视为可耻，而对其他一些不道德的事情却直言不讳。比如，抢劫、欺诈和通奸是不道德的行为，但提到它们却不算粗鄙。婚后生儿育女是合乎道德的行为，提到它却成了下流的事情。他们还用其他大量的论证来攻击羞怯。但是对我们来说，我们要遵循自然，回避一切玷污我们的眼睛和耳朵的东西。所以，在站行坐躺的时候，在我们的一言一行、一举一动中，让我们坚持我们所说的"适当"。

在这些事情上我们尤其要避免两个极端：我们的言行一方面不应当娇柔，另一方面不应当粗鲁。我们确实不应当承认，这种规则只适用于演员和演说家，不适用于我们。说到舞台上的人，由于传统的原因，他们有自己的规矩，演员上台演出都要穿内裤，以防一不小心出丑，露出不该暴露的部分。按照我们自己的习俗，已经成年的儿子不能与父亲一起洗澡，女婿不能和岳父一起洗澡。因此，我们必须保持这种羞怯，尤其是当自然成为我们的老师和向导的时候。

【36】还有，美有两个序列：在第一序列中，漂亮占据主要地位；在第二序列中，尊严占据主要地位。我们必须把漂亮当做女人的属性，把尊严当做男人的属性。因此，让一切与男性的尊严不符的华丽服饰远离，让他在姿势和行为方面也要提防犯类似的错误。比如，角斗士学校里①所教的举止经常是朴实的，自然的，而演员在舞台上的姿势并非总能摆脱做作；在两种情况下，朴实大方的举止都是值得赞扬的。气色好可以增强风度的尊严，而气色

———————
① 希腊人的体育学校训练摔跤和竞技，传入罗马后变成训练年轻人行为举止的地方。

好是体育锻炼的结果。此外，我们的外貌必须整洁，但不要修饰得过于精细，只要不粗俗、不邋遢就够了。在衣着方面，我们必须遵循同样的原则。在这方面，就像在大多数事情上一样，中庸之道是最好的规矩。

我们还必须注意，既不要养成疲疲沓沓、悠然闲荡的走路习惯，看上去就像庆典游行队伍中的抬彩架者，也不要养成时间紧迫时仓皇疾行那样的走路习惯。如果走得太快，就会呼吸急促，容貌变形，姿态失常；这些都是不沉着的明证。但更重要的是，应当成功地使自己的精神活动与自然法则保持和谐。如果能够防备大喜大悲，使自己的心灵保持适当，我们就能做到这一点。

还有，我们的精神活动也有两种：有些精神活动与思想有关，有些精神活动与情感冲动有关。思想主要用于发现真理，而情感冲动则促进行动。因此，我们必须小心谨慎地把我们的思想尽可能用于思考高尚的问题，并将我们的情感冲动置于理性的控制之下。

【37】在保持适当的问题上，语言的力量是巨大的；语言的功能有两种：一种是演讲，另一种是谈话。演讲是用于法庭辩护、在公民大会和元老院会议上发表见解的讲话；谈话应当在社交聚会、非正式的讨论、朋友间的交往中找到它的位置，在宴会上也是这样。修辞学家们为演讲术制定了规则，但是谈话没有任何规则；我不知道谈话为什么没有。在有学生学的地方就可以找到老师，然而没有任何人把谈话当做一门学问来研究，而修辞学家的周围总是簇拥着大量的学生。不过，演讲术中的那些遣词造句的规则也适用于谈话。

由于我们有嗓子作为说话的器官，我们要努力做到两种适当：一种是口齿清晰，另一种是声音悦耳。当然了，我们必须请求自然赋予我们这两种天赋。但是，清晰是可以通过练习来改进的，而通过模仿那些嗓音圆浑甜美的人说话，可以使我们的声音悦耳。

在两位卡图鲁斯身上，没有什么东西能使人设想他们具有很高的文学修养；诚然，他们是文化人，其他一些人也是文化人；但是卡图鲁斯被认为是拉丁语讲得最好的人。他们的发音很有魅力；用词既不做作又不含糊；声音自然圆润，既不软弱，又不颤抖。卢西乌斯·克拉苏的演说词汇丰富，才华横溢，不过两位卡图鲁斯的口才并不亚于他。但就机智和幽默而言，大卡图鲁斯的堂弟凯撒却超过他们所有人；他甚至在法庭上也能以谈话的风格打败其他长篇大论的辩护人。

因此，要想在任何情况下都做到适当，我们必须掌握所有这些要点。

苏格拉底学派是谈话的典范，谈话应当具有下面这些性质。谈话应当轻松，而不要有丝毫教条；谈话应当机智。谈话者不应阻止其他人参加谈话，就好像谈话是他一个人独霸的事业；他应当认为每个人都有机会说话才是公平合理，就好像在其他事情上一样。对谈话者来说，首要的一条是要弄清谈话的主题。如果主题是庄重的，那么他应当严肃地处理它；如果主题是轻松的，那么他就应当风趣幽默。最重要的是他应当特别小心，不要在谈话中暴露出他自己的性格缺点。人们在开玩笑或一本正经谈话时，喜欢背后说别人的坏话，诋毁别人的名声，这是常有的事。

谈话的主题通常是家庭、政治、工作、学习方面的事。如果谈话跑题了，就应当设法将它拉回来，但在这样做的时候也要适当考虑在场者的情绪，因为我们不会对同一件事情都有同等程度的兴趣，或者自始至终感兴趣。我们还必须观察谈话是否令人愉快，正如谈话要有开始的理由，所以它也应当在某一时刻巧妙地结束。

【38】正如我们有一条适用于人生各个阶段的最好的规则，避免表现欲望，亦即不受理性制约的精神亢奋，所以我们在谈话时也不应当有这种情绪；不要表现出愤怒、贪欲、消极、冷漠，或者其他诸如此类的情绪。我们还必须注意礼貌，尊重那些与我们谈话的人。

谈话中有的时候可能需要责备。在这种情况下，我们也许会使用一种比较强烈的语调和一些比较严厉的言辞，甚至还会面带怒色。但我们求助于这种责备应当像求助于烧灼术和切除术一样，不到万不得已不要轻易使用，最好是永远不用，除非这是不可避免的，找不到其他办法。我们可以面带怒色，但不能真的动怒；因为在愤怒中做不出任何公正明智的事情。在大多数情况下，我们可以采用一种温和的责备，话应当说得很诚恳，这样一来，严厉表现出来了，而无礼的话避免了。不仅如此，我们还应当清楚地表明，即使我们的责备有点严厉，但那也是为了对方好。

还有，即使与最凶恶的敌人争辩，哪怕他们对我们蛮不讲理，我们也应当保持庄重，要克制心头的怒火。这是因为，激动的时候，我们不可能很好地保持自己的尊严，赢得旁观者的赞扬。

自鸣得意——尤其是言不副实的谈论——自吹自擂，扮演"吹牛大王"这种惹人嘲笑的角色，也是一种坏习惯。

【39】由于我正在全方位地考察这个主题（至少这是我的意图），所以我还必须谈谈我认为什么等级地位的人应当拥有什么样的房子。拥有房子的主要目标是实用。所以设计住房时应当考虑到这一点，此外还应当注意房子的便利和特色。

我们听说格奈乌斯·屋大维——这个家族中第一个当选为执政官的人——曾因在帕拉丁山丘上建造一所宏伟壮观的住宅而扬名。大家都去参观这所住宅，认为这所住宅为它的主人，一位新人，竞选执政官赢得了选票。斯考鲁斯拆毁了这所住宅，并在原址上扩建他自己的住宅。所以，屋大维是他的家族中第一个为其住宅带来执政官荣耀的人，而斯考鲁斯虽然也是杰出的伟人之子，但他扩建住宅给他带来的不仅有失败，而且还有耻辱和毁灭。实际上，住宅可以增进居住者的尊贵，但不能完全靠住宅来抬高自己的身价；住宅的主人应当为其住宅带来荣耀，而不是住宅应当为其主人带来荣耀。就像在其他事情上一样，一个人不能只顾自己，还要考虑别人，名人之家肯定要招待众多的宾客，接待一群群各种各样的人，所以住宅一定要宽敞。但若来客不多，家里冷冷清清，宽敞的宅第往往会使其主人大丢脸面。如果以前宾客如云，后来由于换了主人就门庭冷落，那就更是如此了。过路的人会说："唉呀，真可惜，好端端的一所老房子，如今换了主人，情况就大不一样了！"房子的主人听了此话一定很难堪。而现在有许多住宅可以说都是这种情况。

建造房子还必须注意，在耗资和装饰上要适度，尤其是为自己建住宅。建造过分豪华的住宅虽然只是树立了一个榜样，但危害却很大。因为有许多人，尤其在这方面，热衷于模仿别人的缺点；比如，有谁去仿效杰出的卢西乌斯·卢库卢斯的美德？但仿效其宏大别墅的却大有人在！对于这种趋势确实应当制定某种限制，至少不要做得过分；生活上的享受和要求一般也应采取中庸的态度。

有关我的论题的这个部分，我们已经讲够了。

采取任何行动，我们必须坚持三条原则：第一，情感要服从理性，因为没有其他更好的方式确保我们履行义务；第二，仔细估量自己想要达到的目标的重要性，以便使自己对这个目标的既不多于也不少于它的实际需要；第三，一言一行都要奉行中庸之道，因为这是绅士风度和尊严所不可或缺的。此外，要想做到这一点的最好办法是严格遵循我们前面所说的"适当"原则，不要违背它。不过，这三个原则中最重要的还是把情感冲动置于理性的控制之下。

【40】接下来，我们必须讨论行为的有序性和场合的恰当性。这两种性质被包含在希腊人称做"εὐταξια"的学问中——不是被我们译成适度（modestia）的"εὐταξια"，派生于"moderate"，而是我们借以理解有序的行为的"εὐταξια"。如果有序的行为也可以称做适度的话，那么斯多亚学派是这样给适度下定义的："适度是使一切言行都恰到好处的学问。"所以有序性和适度安放的本质似乎是相同的，因为他们把有序性也定义为"把事物安放在适当的或恰当的地方"。还有，他们所说的"行动的地方"是指环境的恰当性；一个行为的环境的恰当性在希腊文中是"εὐκαιρια"，在拉丁文中是"occasio"（场合）。所以在场合的这个意义上，我们可以解释说，适度就是一门在正确的时间做正确的事情的学问。

同样的定义也可以用于我在前面那些章节说的谨慎。但在这一部分我们考虑的是节制、自控，以及相关的美德。因此我们发现，对于我们在恰当之处已经讨论过的谨慎来说，"适当"是罕见的，而对于我们现在要加以讨论的、与体谅和赞许我们的同胞相关的那些美德来说，"适当"也是罕见的。

因此，这种行为的有序性要遵守，在我们的生活中，每一个行为都要均衡与和谐，就像一篇精彩的演说。在讨论严肃问题时开玩笑，就像在宴席上，或者像是在聊天，都是不适当的，应受严厉的谴责。伯里克利和诗人索福克勒斯曾是军界同僚，有一天他们正在谈公事，一位英俊的男童正巧从他们身边经过，索福克勒斯说："你瞧，伯里克利，多么漂亮的孩子！"伯里克利的回答非常得体，他说："啊，索福克勒斯，一名将军不仅应当管住自己的手，而且应当控制自己的眼睛。"然而，要是索福克勒斯在观看体育竞技时说这句话，那就不会遭到任何非议。因此，地点和环境具有重要意义。比如说，如果一个人在旅途中或在走路的时候，独自练习他要在法庭上进行的演讲，或者在类似的场合专心致志地思考问题，那么他不会受到责备；但若他在宴会上也这样，他就会被认为没教养，因为他无视在这种场合下的"适当"。

公然做一些缺乏教养的事情，比如说，在街上大声唱歌，或者有其他重大的不端行为，很容易被看到，无须特别的训诫和开导。但我们必须小心谨慎，哪怕是那些十分细微、容易为许多人忽视的错误，也要避免。演奏竖琴或吹奏长笛跑了调，无论多么轻微，还是会被内行发现；所以我们必须留神，不要让我们的生活乐章跑了调——不，更确切地说，我们需要更加努力，因为行为的和谐比声音的和谐更加重要。

【41】因此，就像有音乐素养的耳朵甚至能够察觉竖琴发出的音调的微小错误，如果我们愿意细致入微地考察道德方面的过失，那么我们也能经常从琐碎的小事中引出重要的结论。通过观察他人，从眼睛的一瞥、眉毛的展缩、神情的悲哀、突然的欣喜、微笑、谈吐、沉默、说话声音的激昂或低沉等行为和表情中，我们很容易判断我们的行为是适当的，还是与义务和自然相抵触的。同样，通过研究他人来判断自己行为的性质也是一种好方法，发现他人行为的不得体，引以为鉴，我们自己就可以避免不得体的行为。发现

他人的错误无论怎么说要比发现自己的错误来得容易；所以，为了纠正某些学生的行为，老师在教室里故意模仿那些不得体的行为，这种办法最容易使学生改正自己的不端行为。

在选择履行哪一种义务有所困惑时，向知识渊博的或有实际智慧的人请教，弄明白他们在义务方面的具体观点，这样做是适当的。因为大多数人通常都在按照自己的天然倾向处理问题；在听到这种人的意见时，我们不但要知道他们在说些什么，而且还要知道他们在想些什么，以及他们为什么这样想。画家、雕塑家，甚至还有诗人，都希望公众评论他们的作品，以便若有哪一点受到普遍的批评，就可以着手改进；他们试图通过自己或通过他人的帮助来发现作品的缺点；所以通过向他人请教，我们也会发现有许多事情应该做而未做，有许多事情应当改变或改善。

但是，对于按照已经确立的社会习俗和一个共同体的协定来做的事情，不需要制定规则；因为习俗和协定本身就是规则；不会有人错误地假定，由于苏格拉底或阿里斯提波做过一些违反其城邦习俗和习惯的事情，说过一些违反其城邦习俗和习惯的话，所以他自己也有权利这样做；这些名人之所以有这样的特权，其原因仅在于他们是伟人，拥有超人的美德。但是，犬儒学派的那一套哲学体系应当完全加以拒斥，因为它不利于道德鉴别力，而没有道德鉴别能力，就没有正义感，就没有道德上的善。

进一步说，我们有义务荣耀和敬重那些行为端正、品德高尚的人，他们作为真正的爱国者，过去和现在都在为国效力，就好像他们承担了军政要职；我们也有义务对老年人表示适当的尊敬，对行政长官要礼让，对自己的同胞和外国人要有所区别，而且对外国人也要分清他是官员还是普通百姓。毋庸细说，总之我们有义务尊敬、保护和维持存在于人类所有成员之间的那种融洽友好的关系。

【42】至于经商和其他谋生手段，有人教导我们说，绅士不适宜从事这些职业，从事这些职业的人是粗人，一般情况如下。首先，那些引起人们厌恶的谋生手段是不受欢迎的，比如当税吏和放高利贷。凡是受雇于人、只依

靠体力而不依靠技艺的谋生手段，都不适合绅士，这些工作是粗俗的，因为他们得到的每一份报酬都以受人奴役为代价。我们必须认为那些从批发商那里买来又直接零售的人也是粗俗的，如果他们不漫天撒谎，就不可能挣到钱；说实在的，世界上没有什么事情比说假话更可恶。所有匠人从事的职业也是粗俗的，因为在作坊中决无任何自由可言。那些满足声色口腹之乐的职业最让人瞧不起，如特伦斯所说："鱼贩子、屠夫、厨师、家禽贩子，还有渔民。"要是你愿意，还可以加上香料商、舞蹈演员和整个杂耍班子。

有社会地位的人适宜从事那些需要高度智慧或对社会有较大好处的职业——比如医学、建筑、教育等行业——因为这些职业与他们的身份相称。做生意，如果规模很小，那就应当视为粗俗的；如果是大规模的批发，从世界各地进口大量货物，并且诚实地转卖给许多人，那就另当别论。如果他们能够知足，或者更确切地说，如果他们觉得自己已经十分幸运，于是就从港口迁到乡间庄园里，就像他们告别从前在海上漂泊的生活而定居在港口一样，那就更加值得尊敬了。但在所有的营生中，没有比务农更好、更有利、更快乐、更适合自由民的了。对此，我在我的《老加图》① 中谈得很多，你可以在其中找到很多这方面的材料。

【43】我想，我已经充分解释了道德义务如何从道德正确的四个部分衍生出来。但是各种道德正确的行为之间经常发生冲突，会做比较，亦即两种道德行为中哪一种更好——这是帕奈提乌忽略的观点。由于一切道德正确都源于四个来源（第一个来源是谨慎；第二个来源是社会本能；第三个来源是勇敢；第四个来源是节制），因此在决定义务问题时经常需要对这些美德加以比较和权衡。

因此我的观点是，依赖社会本能的那些义务比依赖知识的那些义务更接近自然；这一观点可用以下论证来确认：(1) 假如让一个聪明人过这样一种生活，衣食无忧，有着充足的供应，他可以在非常安宁地研究和思考一切

---

① 即《论老年》。

值得知晓的事情，但是他的生活会非常孤独，一个人也看不到，他会闷死。智慧是首要的美德——希腊人称之为"σοφία"；而希腊人所说的"φρόνησις"（明智）我们理解为另一样东西，亦即用来判断哪些东西要追求，哪些东西要回避的实用的知识。（2）还有，被我赋予首要地位的智慧是关于人的事务和神的事务的知识，也涉及人与神之间和人与人之间的联系。如果说智慧是最重要的美德，它确实也是，那么必然可以推论，与社会义务有关的义务是最重要的义务。（3）服务比纯理论知识强，因为研究宇宙和认识宇宙总是有缺陷的，不完整的，不会马上带来实际的结果。还有，这样的结果在保障人类利益中最能体现。因此，它对人类社会来说是基本的，应当位居思辨知识之上。

所有最优秀的人都会以自己的行为证明他们赞成这种看法。因为，要是有人潜心研究创世，即使他从事的工作是前所未有的，即使他认为自己能数清天上的星星，能测出宇宙的长和宽，要是他的国家遭受危难的消息突然传来，而他能够拯救国家，驱除灾难，难道他会不停止和搁置这些问题吗？为了父母或朋友的利益，为了解救他们的危难，他也会这样做。

从上我们得出这样的结论：由公正所规定的义务必须优先于对知识的追求，以及优先于由知识规定的义务；因为前者涉及的是我们同胞的幸福；在人们的眼中，没有比公正所规定的义务更神圣的东西了。

【44】然而，那些把自己的生命和利益都献给追求知识的学者，对人类的利益和幸福还是有贡献的。他们把许多人训练成好公民，能为国家提供较大的服务。比如，毕泰戈拉学派的吕西斯培养了底比斯的厄帕米浓达，柏拉图培养了叙拉古的狄翁，其他例子还有许多。就拿我自己来说，无论我为我的国家提供了什么样的服务——假如我确实提供过服务——我之所以能够胜任工作，是由于我的老师们对我的培养和教导。他们不仅在活着的时候教育和培养那些渴望学习的人，而且在死后通过各种记载来继续产生影响。这是因为，凡是有关法律、风俗、政治学的问题，他们无一遗漏；实际上，他们隐退之后仍旧在为我们这些处理公务的人服务。因此，那些从事学术研究和

科学探索的人所做的主要事情，就是用他们自己的实际智慧和洞见为人类服务。而且由于这一原因，言说（只要它包含智慧）往往比无言的沉思好，因为纯粹的思辨是以自我为中心的，而言说却可以惠及由于社会关系而与我们联系在一起的人。

还有，就像蜜蜂聚集在一起不是为了建造蜂巢，而建造蜂巢是因为它们具有合群的天性，在一个更高的层次上，人们在行为和思想上一道运用他们的技能，因为他们具有合群的天性。所以，如果以维护人类利益（亦即维持人类社会）为核心的公正这种美德不和追求知识相伴，那么知识就会是孤立的，无结果的。以同样的方式，如果勇敢（刚毅）不受把人们联系在一起的社会契约的制约，那就只是一种残忍和野蛮而已。因此可以推论，人类社会的要求和把人联系在一起的契约优先于对思辨知识的追求。

有些人坚持说，人类社会制定契约，为的是满足人们日常生活的需要，这种观点是不对的；他们说，要是没有其他人的帮助，我们就不能自保，也不能向其他人提供生活必需品；要是能像神话故事中所说的那样，靠一根魔杖就可以得到一切生活必需品，过舒适的生活，那么每个具有一流才能的人就能摆脱一切义务，专心致志地研究学问。事实上这是完全不可能的。因为他会设法逃避孤独，找其他人来一道研究；他希望教导别人，也希望向别人学习；他希望聆听，也希望讲述。因此，应当优先选择一切试图有效地维护和保障人类社会的义务，而不是那种只能从沉思和科学中产生的义务。

【45】下面这个问题也许应当提出：这种社会本能（亦即我们本性中的那种最深切的感情）是否始终优先于节制和中庸？我认为不是这样的。因为有些行动是非常邪恶的，令人讨厌，即使是为了拯救国家，聪明人也不会采取这样的行动。波西多纽收集了许多这样的实例，有些行动非常可怕，非常下流，乃至于提到它们都是不道德的。因此聪明人不会想要为了国家去做这种事情，国家也不会同意让人为了她去做这种事情。但是这个问题比较容易处理，因为不会出现为了国家利益需要聪明人去做这种事情的情形。

所以下面这一点可以视为确定了的：在相互冲突的义务之间做选择，人类社会的利益所要求的义务具有优先的地位。这是一种自然的顺序，因为谨慎的行动总是以学识和实用智慧为先决条件；因此可以得出这样的结论：谨慎的行动比明智但不付诸行动的沉思更有价值。

这个论题讲了那么多，肯定足够了。它的要旨已经非常清楚，在确定义务时，我们不难发现哪一种义务优先于其他义务。另外，即使在社会关系中，义务也有非常明确的等级之分，人们很容易看出孰先孰后；我们的首要义务是对不朽诸神的义务；我们的第二条义务是对国家的义务；我们的第三条义务是对父母的义务；依此类推，还有对其他人的义务；等等。

通过简要的讨论，可以明白人们经常感到困惑的地方，不仅在于一项行动在道德上是正确的还是错误的，而且也在于需要对两种道德行为做选择时，何者在道德上较好。我上面已经提到，帕奈乌斯忽略了这一点。不过现在让我们讨论剩下的问题。

第二卷

【1】马库斯，我的儿子，我相信我在前一卷中已经充分解释了义务如何从道德正确中派生出来，或者更加确切地说，义务如何从美德的四个部分衍生出来。下一步我要探究与生活的舒适、获取物质享受的手段、权势和财富相关的那些义务。我说过，这方面的问题是：(1)什么叫便利，什么叫不便；(2)在几种便利中，哪一种更加得当，哪一种最重要。我先就我当前的目的和我的哲学原则稍做解释，然后我就开始讨论这些问题。

尽管我的书激起了不少人的热情，不仅是阅读，而且是写作，但我有时候会担心某些高贵的绅士不喜欢我们所说的哲学，他们会对我花这么多时间去关注这种东西感到奇怪。

只要这个国家还在由国家自愿托付的人管理，我就会竭尽全力为国效劳，为国家着想。但是现在一切都处在一名暴君的绝对控制之下，我不再有任何参与国家管理或行使职权的机会，而且最终失去了曾经和我一起为国效力并享有很高地位的那些朋友；在这种情况下，我没有悲痛欲绝，万念俱灰；要是此时我不同悲观情绪做斗争，我的精神支柱就会被摧毁；另一方面，我也没有沉湎于那种与哲学家不相称的追求肉体快乐的生活。

我希望这个政府能恪守其成立以来的一贯立场，不落入无意改革而只想废除宪政的那些人手中。所以，首先，我现在仍然应当像在实行共和政体时那样，把主要精力放在公开演讲上，而不是放在写作上；其次，即使写作，我也应当像我从前常做的那样，不写论文，而写演讲稿。但我为之倾注了自己全部心血的共和国现在已经不复存在，所以我的声音当然就在广场和元老院里沉寂。由于我的心灵不可能无所事事，所以我想，我从青少年时代起就读过大量思想家的论著，现在转而研究哲学也许是我忘忧解闷的最佳办法。我年轻的时候曾经花了很多时间学习哲学，作为一种训练；但在担任国家高级职务以后，我就把自己的全部精力用于处理公务，只有等忙完公事或朋友的事情之后才有一点时间学习哲学；我把这点剩余的时间全都用在阅读上，根本没有时间写作。

【2】因此，身陷当前各种可怕的灾难，我宽慰自己说这种情况对我也有好处，我可以从事写作，把我们同胞很不熟悉但却很值得知道的那些东西写出来。苍天在上，还有什么能比智慧更值得企求？还有什么能比智慧更加珍贵？还有什么能比智慧对人更有好处，更符合人的天性？那些寻求智慧的人被称为哲学家；如果把哲学这个词翻译成我们的习语，哲学不是别的什么东西，哲学就是"爱智慧"。此外，按古代哲学家们对"智慧"一词所下的定义，所谓智慧就是关于人的事情和神的事情，以及支配这些事情的原因的知识。如果一个活人看不起哲学研究，那么我不知道在他眼中这个世界上还有什么东西值得赞扬。这是因为，如果我们在追求精神上的快乐和松弛，那么什么样的快乐能与那些始终在研究某些能够有效促进一种美好而又幸福的生活的东西的那些人的追求相比？如果我们考虑的是品性和美德的力量，那么这就是我们获得这些品质的方法，或者说根本就没有方法获得这些品质。要是说

没有"方法"确保最大的福祉，而实际上连最不重要的事情也有方法，那么说这种话的都是一些说话不经思考或在最重要的事情上犯错误的人。还有，要是真的有这样一种学习美德的方法，当一个人撇开这个领域的学习时，他到哪里去找这种方法呢？

当我提倡哲学研究时，我通常详细地讨论这个问题，就像我在我的其他著作中所做的那样。而现在我只想解释我在卸去公职以后为什么要致力于这项具体的追求。

但是人们提出其他理由来反对我——其中也有哲学家和学者——问我是否认为自己的行为始终如一；尽管我们这个学派坚持没有任何事物可以为人们确定地认识，然而他们却硬说我习惯于对各种各样的问题发表自己的见解，而现在又在试图阐述有关义务的规则。我希望他们能恰当地了解一下我们的立场。我们学园派并不是那种思想游移不定、从来不知道应当采取什么原则的人。如果搁置一切推理的规则，甚至搁置一切生活的规则，那会是一种什么样的思想习惯，或是一种什么样的生活？我们并非如此；但是其他有些学派认为有些事物是确定的，有些事物是不确定的；和他们不同，我们说有些事情是可能的，有些事情是不可能的。

那么，避开教条主义的武断，又清除了那些应当尽可能从真正的智慧中排除出去的轻率的论断，是什么东西在阻碍我接受在我看来似乎可能的事情，而又拒斥在我看来似乎不可能的事情呢？至于我们这个学派对任何事情都要论辩，这一事实只是因为我们没有弄清什么是"可能的"，除非我们对双方的所有论点都通过比较做出了评价。

但是我想，这个问题我在《学园派哲学》中已经做了充分讨论。我亲爱的西塞罗①，尽管你是那个最古老、最著名的哲学流派的学生，克拉提普是你的老师——他应当和那个杰出派别的创始人齐名——但我仍旧希望你能了解我们这个学派的观点，因为我们这个学派与你们学派有着非常密切的

———————————

① 指作者的儿子马库斯。

关系。

现在让我们开始执行手头的任务。

【3】履行义务有五条原则，其中两条与适当和道德正确有关，两条与外在的生活上的便利有关——手段、财富、权势；第五条涉及前四条似乎发生冲突时如何做恰当的选择。有关道德正确的这个部分已经完成，我希望你对这个部分最熟悉。

我们现在要处理的是被称做便利的原则。便利^① 这个词在使用中已经被歪曲和滥用了，乃至于到了把道德正确与利益分离的地步，认为有德没有利，有利没有德。要是把这种理论引入人类生活，那就没有比它更有害的了。

虽然道德正确与利益在实际中密不可分，但确实有些名望最高的哲学家从理论上把二者的关系分为三类，^② 我假定他们这样做依据的是道德良知的原则。他们认为，凡是公正的，必是有益的；同理，凡是有德的，必是公正的。那些不理解这种理论的人经常对聪明伶俐者表示赞赏，误认为诡诈就是智慧。他们的这种错误必须纠正，他们的想法应当完全转变为希望并确信只有用德性和正义，而不是用欺骗和诡诈，才能实现自己想要达到的目的。

维持人类生活必不可少的那些东西中，有些是无生命的（例如，金、银、矿产，等等），有些是有生命的，有它们自己特有的本能和爱好。有生命的又可分为两类：有些有理性，有些没有理性。马、牛、其他牲畜、蜜蜂，它们的劳动或多或少为人类提供了便利，有利于人类的生存，但它们没有理性；理性的存在者有两种——神和人。崇拜和品性的圣洁可以得到神的青睐；仅次于神的就是人，人与神有密切的关系，人最能帮助人。

同样的分类也可用来区分那些有害的事物。但是人们认为，神不会给我

---

① 此处"便利"拉丁原文是"utilitas"（利益、好处、幸福、福利），英文译为"expediency"（方便、权宜、私利）。

② 第一类是道德正确，同时又便利；第二类是道德正确，但不便利；第三类是便利，但道德上不公正。

们带来害处，所以他们断定（神已经排除在外），对人最有害的也是人。

至于相互帮助，被我们称做无生命物的那些东西绝大部分都是人的劳动的产物；不运用体力和技术，我们就不可能拥有它们，没有人的介入，我们就不可能享用它们。其他许多事情也一样，没有人的劳动，就不可能有医疗保健、航海、农业，以及谷物蔬果等农产品的采收或贮藏。如果没有人提供服务，肯定也没有富余物品的出口或短缺物品的进口。以此类推，没有人的双手的劳动，我们需要的石块就挖掘不出来，深藏在地下的金银铜铁也开采不出来。

【4】假如社会生活的协约未曾教导人们在一些大事上寻求同胞的帮助，人类最初怎么会有抵御严寒和纳凉避暑的房屋，或者在遭受暴风和地震等灾害以后，怎么会有对房屋的修建呢？想一想水渠、运河、防浪堤、人工港，没有人的劳动，我们怎么会有这些东西呢？从这些以及其他诸多事例中可以清楚地看出，如果没有人的劳动，我们绝不可能从无生命的东西中得到任何利益。

最后，没有人与人的合作，动物能给我们带来什么好处，或者说能为我们提供什么服务？因为最早发现各种野兽的用处的是人；今天，要是没有人的劳动，我们既不可能喂养、训练、照料它们，也不可能在确定的季节从它们身上获利。消灭有害的野兽和捕获有用的野兽的也是人。

我为什么要列举众多的技艺，没有它们生活就会变得毫无意义？如果没有那么多的技艺来满足我们的需要，病人怎么痊愈？健康者怎么享乐？我们有什么舒适可言？在所有这些方面，人类的文明生活远远超过低等动物的舒适和需要的标准。还有，如果没有人与人的交往，城市就不可能建立和拥有居民。作为城市生活的结果，各种法律和习俗建立起来，后来又有了私人权利的公平分配和确定的社会制度。这些制度建立以后，又有了一种更加人道的精神和对他人的体谅，结果就是，通过给予和接受，通过相互交换物品和提供方便，我们成功地满足了我们的一切需要。

【5】关于这一点，除了必要的话，我不用讲很多。因为有谁不知帕奈提

乌曾经详细叙述过的那些事实——亦即，无论是战场上的将军，还是留在后方的政治家，如果没有别人的真诚合作，谁也不可能为国家建功立业——是不证自明的？他援引塞米司托克勒、伯里克利、居鲁士、阿革西劳、亚历山大等人的业绩为例，他说，没有其他人的支持，他们都不可能取得这样伟大的成就。他完全没有必要列举各种证据来证明一个无人怀疑的事实。

然而，一方面，通过同胞们齐心协力的合作，我们得到很大好处，但另一方面，人给人带来的祸害是最可怕的。狄凯亚库写过一本论"人生的毁灭"的书。他是一位著名而又雄辩的逍遥学派哲学家，在书中历数其他一切毁灭的原因——水灾、瘟疫、饥荒、野兽的突然袭击，他告诉我们说，这种袭击曾经把整个部落的人全部消灭。然后他又通过对比的方法进一步说明，遭受人的袭击而毁灭的人——亦即由于战争和革命——比遭受其他所有灾难而毁灭的人还要多。

因此毫无疑问，人既是帮助的最大来源，又是伤害的最大来源，我把赢得人心、使人乐意服务确定为美德的特殊功能。人类从无生命物和对动物的使用中获得的那些利益应当归因于各种劳动技艺；另一方面，人们为得到更多的利益而欣然达成的合作则应当归功于具有卓越才能的人的智慧和美德。确实可以说，一般的美德几乎全部由三种特性组成：第一种是智慧，亦即那种在特定场合察觉真相、关系、结果、原因的能力；第二种是节制，亦即那种抑制激情（希腊人称之为"πάθη"），使感情冲动（ὁλμαί）服从理性的能力；第三种是公正，它是这样一种技巧：以体谅与智慧对待和我们有交往的人，为的是通过与他们的合作，使我们的各种需要得到充分供给，防止一切可能发生的灾祸，向那些企图伤害我们的人进行报复，以公正和人道所允许的方式惩罚他们。

【6】现在我要讨论用什么样的办法才能赢得并保持同胞对我们的爱；但在此前，我必须先说几句开场白。

谁不明白命运之神具有强大的赐福和降祸的双重力量？当我们得到命运之神的助佑、一帆风顺时，我们就能平安抵港；当我们命运不济、遇到狂风恶浪时，我们就会翻船或触礁。命运之神的确会带来各种不寻常的灾难，这些灾难首先来自无生命的大自然——狂风、暴雨、海难、灾变、大火；其次，来自野兽——踢、咬、攻击。我已经说过，这些灾祸相对较少。但是，一方面，我想到军队的覆灭（最近就有三次，以前各个时期还有很多次）、将军的阵亡（最近就有一位很能干的著名指挥官阵亡）、民众的愤恨，以及常常因此引起的忠臣良将的放逐、革职和逃亡；另一方面，我也想到成功、文武官员的荣誉，以及胜利；尽管所有这一切都包含碰巧的因素，但无论好坏，如果没有国人的影响与合作，这些事情是不可能发生的。

有了对命运的影响的这番理解，我可以着手解释怎样才能赢得国人的爱戴和心甘情愿的合作，共同效力于国事了。如果关于这一点的讨论过于冗长，那么不妨把它的长度与这一论题的重要性做比较。这么一比，它甚至有可能太短了。

每当人们赞扬同胞的财产或尊严时，其动机不外乎下列几种：（1）可能出自善意，当他们因为某种原因而喜欢他时；（2）可能出于尊重，如果他们敬仰他的人品，并认为他应当享有凡人所能拥有的最大幸运；（3）可能对他有信心，并认为赞扬他对自己有利；（4）或者，可能是由于害怕他的权势；（5）或者与此相反，可能希望得到他的某种赏赐——比如君主或民众领袖赠送金钱；（6）或者，可能为许诺的回报或酬金所动。我承认，最后这种动机是最卑鄙的，利欲熏心；无论是为许诺所动的人，还是冒险使用这种许诺的人，都是可耻的。本该依靠功绩来获得的东西却试图依靠金钱来获得，这是一种很坏的方式。但由于寻求这种支持有时是不可避免的，所以我要解释一下应当怎样使用这种支持；但我首先要讨论那些与功绩关系更加密切的品质。

出于各种各样的动机，人们服从他人的权势；他们会受到下列影响：（1）善意；（2）对得到的恩惠感恩；（3）由于对方显赫的社会地位，或者希望服从能为自己带来好处；（4）害怕自己会被迫服从；（5）希望得到金钱，或为慷慨的许诺所诱惑；（6）最后，被金钱收买，这在我们国家是常见的。

【7】但是在所有动机中，没有比爱更适宜接受并牢牢保持影响力的动机了；没有比怕更不利于达到这个目标的动机了。恩尼乌斯说得好："人们怕谁也就恨谁、人们恨谁也就巴不得看到谁完蛋。"要是我们以前不知道，那么我们最近发现，无论有多大的权势，都禁不住众人的怨恨。国家曾在武力胁迫下忍受那个暴君①的独裁统治，他虽然已经死了，但国家依然比从前更加恭顺地服从他，这种情况说明了民众的怨恨带来的致命后果；其他所有独裁者的相似命运也给了我们同样的教训，他们中几乎没有一个能躲过惨死的下场。因为使人畏惧是保持权力的一种拙劣手段；相反，赢得人们的爱戴才是保证权力永不旁落的可靠办法。

但是那些依靠武力使人臣服的人当然要用严峻的手段——比如说主人对待奴隶，当其他方法都不能驾驭奴隶时，主人就只好使用暴力了。然而，在一个自由的国度里，谁要是处心积虑地使自己处于让人害怕的地位，那他就是世界上的头号疯子。因为法律决不会轻易地被个人权力制伏，自由精神决不会轻易地被吓倒，它们迟早会在无声的公众情绪中，或在选举国家重要官员的无记名投票中，显示出自己的威力。一度受到压制而又重新获得的自由比从未经历艰险的自由更加强劲。所以让我们采取诉诸人心的策略，赢得每个人的好感，这不仅是安全的保障，而且也是保持权势的最有效的方法，也就是说驱逐怕，固守爱。这样一来，我们无论是在私人生活还是在公共生活中，都容易保证成功。

进一步说，那么希望被人害怕的人必定也害怕受到他们威胁的人。比如，我们对老狄奥尼修斯怎么想？他简直受尽了恐惧的折磨！由于害怕理发师的剃刀，他只好用一块烧红了的煤来烧断自己的头发。我们能想象得出住在费赖的亚历山大是一种什么样的心境？我们在史书中读到，他很爱他的妻子蒂贝，但每人从宴会厅出来到她的房间去时，他总是派一名蛮族卫士——据记载，此人也像色雷斯人一样纹身——手持出鞘利剑走在前面，为他开

---

① 指朱利乌斯·凯撒。

路；他还经常派一些贴身保镖去窥探夫人的箱柜，看里面是否藏有凶器。多么不幸的人啊！竟然认为一个野蛮人，一个身上打着烙印的奴隶比自己的妻子可更信！不过，他也没有弄错。他最终还是被妻子亲手谋杀了，因为她怀疑他不忠。

的确，在恐惧的重压下，任何势力都不能强大到有可能持久。以法拉利斯为证，他的凶狠毒辣超过任何人。他最后不是（像我刚才提到的亚历山大那样）被谋杀的，也不是（像我们的那个暴君一样）被几个阴谋家杀害的，而是阿格里根图的全体人民一道起来反抗他，把他杀死的。

还有，马其顿人不是曾经抛弃德美特利，一齐投奔皮洛斯吗？当斯巴达人专横地实施其霸权的时候，所有盟国实际上不都抛弃了他们，对他们在留克特拉战役中的失败作壁上观，坐视不管吗？

【8】在这方面，我喜欢从外国的而不是我们自己的历史中举例。但是我要补充几句，当罗马人民的这个帝国以服务而非压迫来维护自身的时候，进行战争是为了盟国的利益或维护我们的最高地位；各种仁慈的行为和把战争只限于必要的严酷程度表明了我们的战争目的；元老院是国王、部落和民族的避风港；我们的执政官和将领们的最大抱负就是公正而又体面地保卫我们的行省和同盟国。所以把我们的政府称做世界的保护者而不是统治者更加确切。

然而这种政策和实践甚至在苏拉执政之前就已逐渐改变了，而苏拉获胜之后，我们完全放弃了这一政策。从这时起，压迫同盟国不再是一种错误，不再认为野蛮的暴行违背罗马公民的意志。拿苏拉来说，他用非正义的胜利玷污了正义的事业。当他竖起他的长矛，^① 在广场上拍卖爱国者、富人，或者至少也是罗马公民的那些人的财产时，他居然厚颜无耻地宣称"他正在拍卖他的战利品"。继他之后又出了一个人，在一项并不神圣的事业中，更加可耻地利用胜利；因为他不仅没有停止没收公民的财产，而且还对所有行省

---

① 罗马人的习惯，在拍卖场所竖起长矛作为拍卖标志，起源于战争中拍卖战利品。

和国家实施毁灭。

所以，当外族遭到镇压和毁灭以后，在庆祝胜利归来的游行队伍中我们看到有人扛着一个马赛的模型，以此向世界证明那里的人民已经失去了优越的地位；我们看到人们庆祝攻克某个城市的胜利，而实际上，要是没有当地居民的协助，我们的将军决不可能在阿尔卑斯山那边取得战争的胜利。若是太阳从未见过比这更可耻的事情，我还可以举出其他许多践踏同盟国的事情。所以，我们受到惩罚是公正的。因为我们若是不姑息许多罪行，对它们严加惩处，也就不会把大权集中在一个人手中。他的遗产为少数几个人继承，而他的野心却传给了许多恶棍。只要这些恶棍还记得那支沾染着鲜血的长矛，并希望有朝一日再次看到另一支长矛，就不会缺少内战的种子和时机。普伯里乌·苏拉挥舞过这支长矛，当时他的亲戚在当独裁官，而 36 年以后他又像当年一样，毫不胆怯地挥舞起一支更加邪恶的长矛。还有另一位苏拉，他在前面那位独裁官手下只是一位书记官，而在普伯里乌·苏拉手下却成了财务官。由此可见，如果提供这样的报偿，内战将永不止息。

所以在罗马，只有那些房子的墙仍然矗立着——甚至连这些墙也在恐惧地等修无法言说的罪恶——而我们的共和国已经一去不复返了。但是言自正传，就是在我们宁愿被人惧怕而不愿被人热爱的时候，所有这些不幸已经全都落在我们头上。如果说罗马人因其不义和暴虐而遭到报应，那么作为普通百姓的个人应该指望什么呢？显而易见，善意的力量非常强大，而恐惧的力量非常脆弱，所以我们接下来要讨论的是用什么方法最容易赢得我们所希望的、与荣誉和信任连在一起的爱。

但是我们对需要爱的感受并不相同，我们必须确定，考虑到人们的不同职业，一个人到底是必须得到多数人的爱呢，还是只要得到几个人的爱就够了。但我们可以把下面这一点确定为首要的、绝对不可缺少的：至少要有几个忠心的朋友爱我们，尊重我们。在这一点上，伟人和普通人没有什么区别，他们同样都要培植友谊。

也许，并非所有人都同样需要政治上的荣誉、名望和国人的善意；不过，要是有了这些荣誉，还是会有许多帮助，尤其是有助于他交友。

【9】但是友谊我已经在一本题为《莱利乌斯》^①的书中讨论过了。现在让我们讨论荣誉，尽管对这个主题我也发表了两本书，^②但我在这里还是要简单地涉及一下，因为这对我们处理比较重要的事情有很大帮助。

最高的、最真实的荣誉依赖以下三样东西：人民的爱戴、信任以及混杂着敬佩的尊重。说得简明一些，在民众心中唤醒这种情感的方法与在个人心中唤醒这种情感的方法并无二致。但也还有另外一条接近群众的道路，通过这条道路，我们能够马上潜入所有人的内心。

在上面所说的三样必不可少的东西中，首先，让我们来看善意，以及确保善意的规则。善意主要通过仁慈的服务来赢得；然而，尽管实际上没有提供服务，但抱有提供服务的意愿也能赢得善意。所以一个人只要有慷慨、仁慈、公正、文雅、和蔼各种美德的名望，同样也能有效地赢得民众的普遍爱戴。由于被我们称做道德上的善与适当的这些品质使我们感到愉悦，以其内在的本质和外表触动我们每个人的心弦，通过上面提到的这些美德放射出最灿烂的光芒，所以我们会在本性的驱使下，去爱那些我们相信拥有这些美德的人。这些只是爱的最强烈的动机，而不是全部动机，其他还有一些小的动机。

其次，要赢得信任有两个条件：（1）要是人们认为我们具有与正义感结合在一起的实用的智慧。我们信任那些我们认为比我们自己更聪明的人，那些我们相信有先见之明的人，一旦出现紧急情况或危机，他们能够排除困难，根据事情的轻重缓急做出妥善的决定；因为世人认为，这样的智慧是真正的实用的智慧。（2）要是人们相信我们是公正的，诚实的人，也就是好人。拥有这种品质的人绝对不会做出不诚实或不道德的事情。所以我们相信，把自己的身家性命托付给这种人是绝对安全可靠的。

---

① 即《论友谊》。

② 这两本书已经佚失。

在这两种品质中，公正更容易赢得人们的信任。这是因为，即便没有智慧的帮助，公正也有很大的分量；而没有公正，智慧根本不可能赢得信任。就拿一个人来说，如果他没有正直诚实的名声，那么他越是精明能干，就越是可恶和不可信的。因此，公正与实用智慧相结合就能赢得我们所希望的信任；公正若无智慧仍能大有作为，而智慧若无公正则完全无用。

【10】可能有人会问，为什么我要把美德分离开来，就好像一个人是公正的，但同时不是聪明的一样；因为所有哲学家都一致认为，而且我本人也经常争论说，拥有一种美德也就拥有了所有美德。我的这种表面上的不一致可以用我们使用的语言的精确性来解释；在哲学讨论中批判性地考察抽象的真理，这是一回事，而使自己的语言适应普通人的思维，这是另外一回事。因此，当我在这里说某人勇敢、某人善良，还有某人聪明的时候，我是在普通意义上这样说的；在处理民众的想法时，我们必须使用他们能接受的普通语言，帕奈提乌也是这样做的。现在让我们言归正传。

我提到的对于荣誉来说最重要的三样东西中的第三样是我们赢得我们同胞的尊重和敬佩。人们一般都会敬佩那些伟大的或者比预期要好的事物，但他们尤其敬佩那些在个人身上看到的出乎人们意料的良好品质。所以，他们尊重并竭力赞扬那些在他们看来具有某种卓越才能的人，鄙视那些在他们看来没有才能、没有精神、没有活力的人。但他们并不鄙视所有在他们看来邪恶的人。他们认为有些人蛮横狂妄，造谣生事，阴险奸诈，非常危险，他们也许并不鄙视这些人，但确实认为他们可恶。所以我以前说过，那些被鄙视的人就像谚语中说的那样，"既对他们自己无用，又对他们的邻居无用"，他们闲散、懒惰，对任何事情都无动于衷。

另一方面，那些被认为具有卓越才能、没有可耻行为、也没有其他人不易抗拒的恶习的人，则受到尊重。因为肉体快乐犹如最具诱惑力的女色，会使大多数人背弃美德；而当大难临头，需要经受严峻考验时，大多数人又会恐惧成状，不知所措。生与死、富贵与贫穷，对所有的人都有极大的影响。但有着伟大高尚精神的人却能轻视这种外部的环境，无论是顺境还是逆境；

当心中有了某个崇高而有道德的目标时，他们就会全力以赴，追求这一目标；对于这样的人，有谁能不钦佩他们绚丽的美德呢？

【11】就像这种备受尊崇的心灵，公正似乎也被人们普遍认为是一种神奇的美德，毕竟人是在公正的基础上才被称做"好人"，这样说并非没有道理；一个人要是怕死、怕苦、怕流放、怕贫穷，或者不能公道地评价它们的对立面，他就不可能是公正的。人们尤其敬佩那种不为钱财所动的人；他们认为，一个人要是在这方面能够经受考验，那么他同样也能经受火刑的考验。

因此，赢得荣誉所需要的这三个先决条件都是由公正来保障的：（1）善意，因为公正试图帮助大多数人；（2）信任，也是由于相同的原因；（3）敬佩，因为公正鄙视或不关心那些大多数人以极大的热情孜孜以求的东西。

至少在我看来，无论何种行业，无论何种生活，都要与别人合作，其中首要的是可以有朋友共享社交之乐。要做到这一点不容易，除非他被认为是好人。即便对于一个回避社交、隐居乡间的人来说，公正的名声也是必不可少的，甚至比别人更需要；因为不拥有公正的名声，被认为是不公正的人得不到辩护或保护，会成为各种恶行的牺牲品。对于买方和卖方，对于雇主和雇工，对于一般的经商者，公正对于他们的商业行为也是不可缺少的。公正如此重要，甚至连那些邪恶的罪犯也不能没有一点公正的因素。要是某个强盗用暴力或诡计从同伙手里抢走或骗走什么东西，那么他甚至在强盗团伙中也会无立足之地；如果那个被称做"海盗头"的人不公正地分赃，那么他就会被同伙抛弃或谋杀。噢，据说强盗也有必须遵守的行规。我们在塞奥波普的著作中读到，由于分赃公平，伊利里亚强盗首领巴都利斯势力很大，而卢西塔尼亚的维里亚苏的势力更大。他甚至挑衅我们的军队和将军。绰号"智者"的盖乌斯·莱利乌斯在担任执法官期间率军进剿，重创维里亚苏的势力，迫使其签订城下之盟，遏制了他的嚣张气焰，从而使得他的继任者很容易就将维里亚苏征服。

既然公正的效果如此之大，甚至能使强盗的势力得以壮大，那么我们想一想，如果一个有法律和法庭的宪政政府讲求公正，它的力量会有多大？

【12】在我看来，至少如希罗多德告诉我们的那样，不仅米底人，而且我们自己的祖先，都拥立德高望重者为王，以便让人们享有公正。当无助的百姓受强梁欺压时，他们会求助于某个以美德著称的人；而为了保护弱者不受强者的伤害，他会建立公平的环境，使较高的等级和较低的等级享有同等权利。制定宪法的理由与拥立德高望重者为王的理由是一样的。因为人们始终在追求的就是在法律面前享有平等的权利。凡是不对所有相同的人开放的权利就不是权利。如果能通过某个公正善良者之手达到自己的目的，人们就满意了；但若没有这样的好运，那就发明法律，在任何时候对任何人都一视同仁。

所以下面这一点是显然的：国家曾经选择那些在人民心目中有着公正名声的人作统治者。如果除了公正之外，他们还被认为有智慧，那么人们就会认为在这种人的领导下没有做不到的事。因此应当想尽一切办法培养和坚持公正，既是为了公正本身的缘故（否则它就不是公正了），也是为了提高个人的荣耀。

就如有办法获得金钱，也有办法用来投资，以便有钱支付不断发生的开销——不仅满足生活的基本需要，而且使生活过得更舒适——必定也有办法获取和存储荣誉。不过，苏格拉底说得好："最容易获得荣誉的办法——也可以说是一条捷径——就是努力成为你希望别人把你想成所是的那种人。"如果有人认为自己能用伪装、空洞的表演、伪善的言辞和外表来赢得持久的荣耀，那他就大错特错了。真正的荣耀根深叶茂；而一切伪装有如纤弱的花朵，开不了多久就会凋谢，任何虚假的东西都不可能持久。有许多事例可以证明上述两个断言，但为了简洁起见，我只举一个家族为例。只要罗马的记忆还在延续，普伯里乌之子提比略·革拉古就会受到人们的尊敬；但他的儿子们在活着的时候就为爱国者鄙弃，死了以后则被列为罪有应得的人。

【13】所以，任何一个人如果想要赢得真正的荣誉，那就让他履行公正所要求的那些义务。至于它们是什么，我在前一卷里已经说过了。

　　然而，尽管问题的实质是，我们实际上就是我们希望别人把我们想成所是的那种人，但还是可以制定某些规则，使我们能够最容易获得我们所是的那种人的声誉。如果一个人在青少年时期就有义务按照他拥有的那个高贵的名字去生活，无论这个高贵的名字是从他的父亲那里继承来的（亲爱的西塞罗①，我认为你就是这样的幸运儿），还是靠某种机遇或运气得到的，那么世人的眼睛都会转向他，观察他的生活和人品；他就像生活在光天化日之下，一言一行全无秘密可言。另一方面，那些出身卑微、早年不为世人所知的人，一旦快到成年的时候，就要树立远大理想，并锲而不舍地努力实现它。他们这样做要有较好的心态，因为人生的这一时期习惯于得到宠爱，而不是遭到反对。

　　所以，在获得荣誉方面，我首先建议年轻人去从军，在军旅生活中赢得荣誉。我们的祖先有许多人就是战士，因为那个时候的战争几乎连绵不绝。然而你的青年时代偏巧遇上了这样一场战争，一方面罪恶累累，另一方面屡屡失败。庞培让你指挥一个骑兵中队，你由于骑术精良，投矛准确，并且能够经受一名战士的各种艰辛，赢得了这位伟人和全军的赞誉。但是随着共和国的瓦解，你的这点荣誉也就付诸东流。

　　不过，我们讨论的主题不是你的个人经历，而是带有普遍性的问题。因此，让我们再接着讨论下去。

　　就像在其他一切事情上，脑力劳动要比纯粹的手工劳动重要得多，所以我们用才智和理性达到的目标比起用体力达到的目标来，为我们赢得更高的感激之情。因此，给年轻人最好的建议是，要想赢得普遍的尊敬，就从克己、孝顺、为亲属服务开始。其次，年轻人要获得人们的承认，最好经常同著名的哲人和爱国的公共事务顾问在一起。如果他们不断地与这种人交往，公众就会料想他们既然选这种人作为楷模，他们也会像这种人一样。普伯里乌·鲁提留斯年轻时常去普伯里乌·穆西乌斯家，这有助于他赢得品性正直

────────────

　　① 指本文作者的儿子马库斯。

和具有法学家才能的声誉。卢西乌斯·克拉苏则不然，他虽然只是一个青年，却不求助于任何人的帮助，完全靠自己的能力，在那场著名的官司中为自己赢得了演说家的美名。在这种年纪，其他年轻人往往还在修辞学校里学习演讲，而这位罗马的德谟斯提尼、卢西乌斯·克拉苏却已经在法庭上证明自己是一位演讲大师了，尽管他当时可能仍在家里自学。

【14】由于讲话可以分为两类，一类是交谈，另一类是演说，所以毫无疑问，在这两种讲话中，这种论辩的能力（也就是我们所谓的口才）对于赢得荣誉更加重要；然而，很难估量和蔼可亲、谦恭有礼的交谈对于赢得爱慕能起多大作用。比如，我们有腓力写给亚历山大、安蒂帕特写给伽桑德尔、安提戈努写给小腓力的信。我们知道，这些信的作者是三位历史上最聪明的人；在这些信中，他们教导自己的儿子要以和蔼的言辞赢得民众的爱戴，要以感人的演说保持其士兵的忠诚。但是，在公民大会的辩论中所发表的演讲经常能同时打动许多人的心，因为雄辩的、精明的演讲者受人敬佩，听众会认为他比其他所有人都要聪明。如果他的演讲既庄重又适当，那么听众的敬佩就会达到无以复加的地步，尤其是年轻人具有这些品质。

有许多场合都需要口才，我们国家有许多年轻人在法庭、公民大会、元老院中用他们的演讲赢得了荣誉，但能够激起最高敬佩的还是在法庭上的演讲。

法庭上的演讲也可分为两类：一类是起诉，另一类是辩护。虽然辩护方若获胜更令人敬佩，但起诉方也能经常赢得美誉。我刚才提到的克拉苏就是一个例子；马库斯·安东尼乌斯在年轻时也获得过同样的成功。普伯里乌·苏皮西乌起诉一个危险的公民、煽动叛乱的盖乌斯·诺巴努斯，从而使他的口才受到世人的关注和称赞。但是这种事情不应当经常干，实际上，除非是为了国家的利益（像上面提到的这些情况），或者是为了雪冤（比如像两位卢库鲁斯所做的那样），或者是为了保护我们的行省（就像我保护西西里人，朱利乌斯为撒丁岛人的利益而起诉阿布西乌）。卢西乌斯·富菲乌斯控告玛尼乌斯·阿奎留斯，同样也干得很出色。所以，这种事情也许一辈子就干一次，切不可常做。但若需要某个人经常性地起诉，那他就应该把它当做为国效劳的事情去做，因为经常告发国家的敌人并不是丢人的事。即便如此，起诉仍旧应该有个限度。因为对一个又一个人提出重罪①起诉，这种事情似乎要由一个铁石心肠的人，或者更确切地说，要由一个几乎不近人情的人来做。这不仅会给起诉者本人带来很大的危险，而且有损他的名声，他要允许别人称他为告发者。马库斯·布鲁图后来之所以名声不佳，就是这个绰号造成的，尽管他出自名门，父亲是一位著名的民法专家。

还有，下列有关义务的规则要谨慎地遵守：决不要对任何一名可能无辜的人提出重罪起诉。要是这样做的话必然会使起诉者本人成为一名罪人。这是因为，还有什么事情能比使用自然为了保护我们的同胞而赋予我们的口才来诋毁好人更邪恶？我们决不应当指控无辜，但也不必顾忌为罪犯辩护，只要他不是腐败透顶，十恶不赦。人们希望有人替这种人辩护；这种做法也为习惯认可，并且符合人道。在审案中弄清事实真相始终是法官的事；而辩护人有时候即使不完全在理，也要坚持那种似乎有理的观点，哪怕这些观点不绝对正确；如果这不是那位最严谨的斯多亚主义者帕奈提乌的看法，我可能不应该这样说，尤其是在一篇讨论道德的论文里。所以，为被告作辩护也极有可能给辩护律师带来荣誉和声望，如果他在为似乎受到有权有势者欺压的被告提供帮助，那么事情更是如此。这种事情我做过很多次，我在年轻的时候为阿迈利亚的塞克斯都·洛司基乌斯辩护，控方的后台是有权有势的暴君卢西乌斯·苏拉。这篇辩护词发表了，这你是知道的。

【15】我已经提出了年轻人为了赢得荣耀应尽的道德义务，接下去必须讨论仁慈和慷慨。表现仁慈和慷慨的方式有两种：一种是提供个人的服务，一种是送钱。后者比较容易，尤其是对有钱人来说；但前者则更高尚、更可贵，更适宜坚强而又优秀的人。尽管二者都要有仁慈的心愿，但一种方式是在提取自己的存款，另一种方式是在付出个人的精力；施舍财物会使慷慨的

---

① 对罗马人来说，重罪意味着会剥夺公民权的罪行。

源泉枯竭。所以，慷慨预示着进一步的慷慨；一个人用金钱帮助的人越多，他还能帮助的人就越少。但若人们以提供服务的方式在表现仁慈，亦即用他们的能力，那么会有各种好处产生：第一，他们帮的人越多，能帮助他们行善的人就会越多；第二，由于养成了助人的习惯，他们可以说受到了锻炼，做好了准备，为更多的人服务。

在一封信中，腓力严厉指责他的儿子亚历山大试图用送钱的方法来博得马其顿人对他的善意。他说："究竟是什么使你抱有这种希望，想用钱腐蚀他们，让他们对你保持忠诚？难道你要让马其顿人把你看做他们的管家和承办商，而不是他们的国王？"

"管家和承办商"，说得好，因为这对一名王子来说是很可耻的；更妙的是，腓力还把送钱说成是"腐蚀"。因为收受贿赂的人会越来越堕落，进而变得贪婪，老想纳贿。

这是腓力对他儿子的教训，但让我们大家都将它铭记在心。

所以，由提供个人的服务和努力所组成的慷慨更加可敬，适用范围更广，能使更多人受益。这是毫无疑问的。不过，我们有时候也会送钱，这种慷慨也不要完全杜绝。我们必须经常从我们的钱袋里拿出钱来接济那些值得帮助的穷人，但做这种事情必须慎重和适度。因为许多人就是由于胡乱施舍而将其祖上留下的产业挥霍殆尽。如果一个人在做喜欢做的事情时采用杀鸡取卵的办法，那么还有什么比这更愚蠢？还有，胡乱施舍也会导致劫掠；因为当接受过多施舍的人又开始生计窘迫时，他们就只好把手伸向他人的财产。所以，当人们以赢得善意为目标时，他们从馈赠的对象那里得到的爱戴还抵不上被他们溺爱的馈赠对象对他们的仇恨。

因此，一个人的钱袋既不应捂得太紧，应当慷慨解囊时也一毛不拔，也不应当放得太松，什么人都可以从里面掏钱。慷慨要有限度，要量力而行。总之，我们必须记住我们的国人常说的一句话，施舍无底，这句话现在成了一句格言。确实，当习惯接受施舍的人总是经常不断地得到施舍，而过去不希望得到施舍的人受其影响，也希望得到同样的施舍时，施舍怎么会有底呢？

【16】一般说来，大量提供钱财的人有两种：一种是浪费的，另一种是仁慈的。把金钱用于宴请公众、广济普施、角斗表演、大型赛会、斗兽表演等方面的人是浪费的，这些空洞浮华的事情只能使人们保留短暂的回忆，或者不留任何痕迹。而另一方面，仁慈者用他们自己的钱财，从强盗手里赎回被劫持的人质，替朋友还债，为他们的女儿置办嫁妆，帮助他们获得或增加财产。所以我不知道塞奥弗拉斯特在写论财富的那本书时究竟在想什么。该书大部分内容不错，但他长篇大论地称赞公共赛会的宏大安排，还荒谬地认为把钱花在这上面是财富最高尚的特权。在我看来，把财富用于仁慈的接济似乎要高尚得多，实在得多，这方面的例子我已经举过几个了。

亚里士多德的话要更加正确、更加贴切，他指责我们对那种为了博得民众的好感而浪费金钱的行径不感到吃惊。他说："假如在城市被围困的时候，城里的人要付一个明那 ① 才能得到一品脱水，这在我们看来会感到难以置信，所有人都惊讶万分；但是做了一番考虑之后，迫于实际需要，他们还是愿意这样做。但是我们对于奢靡无度、挥霍浪费的行径却不以为奇，尽管这种挥霍既不是为了解决急需，也无助于提高挥霍者的威望，民众的满足也只是短暂的，转瞬即逝；得到快乐的也只是那些最轻薄的人，即使在这些人身上，一旦得到满足，对快乐的记忆也就终止。"他的结论也很精辟："这类娱乐只能取悦儿童、愚妇、奴隶和有奴性的自由人；头脑严谨、判断力健全的人不可能赞成这种娱乐。"

然而我明白，在我们国家，选出来的新市政官一就职，人们就期待他举行盛大的招待活动，这已经成为一种固定的习惯，即使在古代盛世也是如此。所以在就任市政官时，普伯里乌·克拉苏（不仅有着富翁的别号，而且实际上也很有钱），以及稍后的卢西乌斯·克拉苏（尽管他的同僚昆图斯·穆西乌斯是世上最不铺张的人）都举行了声势浩大的招待活动。以后还有阿庇

① 明那（minas），希腊货币名，约合银 436 克。

乌斯的儿子盖乌斯·克劳狄，在他之后还有许多人，两位卢库鲁斯、霍腾修斯、西拉努斯。在我担任执政官那一年，普伯里乌·伦图卢斯使前面所有人都黯然失色，而斯考鲁斯又试图超过他。我的朋友庞培在他第二次担任执政官时所举行的那些演出活动，更是盛况空前。所以你明白我对所有这类事情的看法。

【17】我们还应当避免任何吝啬的嫌疑。玛迈库斯是一个非常富裕的人，他竞选执政官失败的原因在于他拒绝担任市政官。① 所以，要是民众要求举行招待活动，判断力健全的人即使心里不愿意，至少也要答应请客。而在这样做的时候，应当像我一样量力而行。如果在某些场合送钱给民众是实现某些比较重要或比较有用的目的的手段，那么他们也应当举行这种招待活动。比如，俄瑞斯忒斯最近以向神奉献"什一税祭品"为借口，在街上大摆筵席，招待公众，赢得很大荣誉。任何人都挑不出马库斯·塞乌斯的毛病，因为他在市场粮价高得无人问津的时候，以极低的价钱向人们提供粮食；这样一来，他成功地化解了人们对他的忌恨和由来已久的偏见，而且这种支出对于当时担任市政官的他来说负担不算太重，而且也没有什么不名誉的。我的朋友米罗最近获得最高荣誉，他为国家买了一帮斗剑士，并且利用他们遏制了普伯里乌·克劳狄铤而走险，企图实行恐怖统治的阴谋，而当时国家的保存取决于把我从流放中召回这件事。

因此，赠送金钱的正当理由要么是必需，要么是为了谋利。但即使在这样的情况下，赠送金钱也最好采取中庸之道。昆图斯的儿子卢西乌斯·腓力普斯很有才能，声名卓著，他确实夸口说他没有请过什么客，没有招待过什么人，照样跻身于所有由国家任命的最高职位。科塔可以这样说，库里奥也可以这样说。我在某种程度也可以这样自夸；因为我在最低的法定年龄、以全票当选那些显赫的职位——而我刚才所提到的那些人则没有这样的好运——与此相比，我在担任市政官时支出的费用是微不足道的。

---

① 在罗马担任市政官经常要把自己的资金用于市政建设。

还有，把钱用于修建城墙、船坞、港口、渠道，以及服务于社会的各种工程，这种开支就更加正当了。诚然，马上兑现能使人更多地得到一时的满足，但公共设施的改善会使我们赢得子孙后代更大的感恩。出于对庞培的尊敬，我不打算批评剧院、柱廊和新的神庙；但是最伟大的哲学家们并不赞赏那些建筑；比如我们的帕奈提乌本人就不赞赏那些建筑，我虽然追随他，但在这几卷书中并非毫无主见地介绍他的思想；法勒隆的德美特利亦如此，他谴责希腊最重要的人物伯里克利耗费巨资修建宏伟壮丽、远近闻名的雅典卫城雅典娜神庙的入口。不过这个问题，我已经在《论国家》一书中详细讨论过了。

我们的结论是：慷慨捐资修建豪华公共建筑的做法本质上是错误的；但在某些情况下也可能是必要的；然而即便如此，也应当量力而行，适可而止。

【18】关于第二种花钱，亦即由仁慈精神激发的花钱，我们也必须根据不同情况区别对待。遭受巨大不幸的人和试图改善自己处境、但并没有遭受实际灾难的人情况不同。我们应当更多地履行关心不幸者的义务，除非他们是罪有应得。当然了，对于那些希望得到他人帮助，以便使自己日子过得更好，而不是为了使自己免遭灭顶之灾的人，我们也不应当一概拒绝给以帮助。但是在选择合适的帮助对象时，我们应当运用判断力和辨别力。恩尼乌斯说得非常好："在我看来，错施善行便是恶行。"

进一步说，对善良并知感恩的人施恩会得到报偿，不仅能得到他的善意，而且能得到其他人的善意。当恩惠并非不加选择地胡乱施舍时，它会赢得最大的谢忱，人们会以更大的热情赞扬这种善行，因为身居高位者的仁慈之心可以成为每个人共同的避难所。因此必须努力用这样的仁慈去惠及尽可能多的人，让接受者的子孙后代永远铭记这种仁慈，这样一来他们也就不会忘恩负义了。所有人都厌恶不感恩，视之为邪恶的行为和对他们自己的一种伤害，因为不感恩会阻碍仁慈；所以他们把不感恩视为所有穷人的公敌。

赎俘和济贫是慈善的形式，既有益于国家，又有益于个人。我们从克拉苏的一篇演说辞中可以找到充分的证据，表明我们这个等级的人过去常做这种善事。我更喜欢这种形式的慈善，而不是花费大量金钱举办公共展览。前者适合高尚的正人君子；后者适合那些浅薄的奉承者，要是我可以这样称呼他们的话，可以说，他们是在用无聊的娱乐迎合下层民众变幻无常的喜好。

还有，一位绅士不仅应当慷慨仁慈地施舍，同时还要体谅别人，不强行索要自己应得的报偿，而在各种商业关系中——买卖、雇佣、租赁，或由于毗邻的房屋和田地而产生的各种关系——应当公平合理，经常慷慨地牺牲自己的权益，在自己的利益所容许的范围内尽量不提起诉讼，哪怕自己的利益受一些损失。稍微放弃一些自己的正当权益不仅显得慷慨，而且有的时候甚至是有利的。但是我们应当看管好自己的个人财产，让它从我们指缝中流失是不光彩的；不过我们也要小心，不要成为守财奴，被人指责为吝啬或贪婪。因为毫无疑问，财富的最大特权就是使人有做善事的机会，而无须牺牲自己的幸福。

好客也是塞奥弗拉斯特赞扬的主题，这样做是对的。至少在我看来，名人之家向贵宾开放是最合适的。外国人在我们的城市里能受到热情款待，这也是我们国家的光荣。还有，对于希望用体面的方法获得强大的政治势力的人来说，能通过与其宾客的社会关系而享有盛名，或在国外产生影响，这也是一种很大的优势。塞奥弗拉斯特举了一个特别好客的例子。他写道，喀蒙在雅典甚至还热情接待他自己的同乡拉基亚德人；他还吩咐他的管家，凡是拉基亚德人来到他的乡间府邸也都要尽心款待。

【19】还有，不是通过送钱而是通过个人服务来表现的仁慈，有时惠及整个社会，有时惠及个别公民。保护一个人的合法权益，向他提供咨询意见，或者用那种知识为尽可能多的人服务，可以扩大自己的影响，提高自己的声誉。

我们的祖先有许多令人钦佩的观念，其中一个观念是，始终高度重视研究和解释我们优秀的民法。一直到现在这个动荡的时代，国家的最重要人物仍旧把这个行业掌握在自己手中；不过法律学识方面的声望已经和荣耀显赫的官职分离；可叹的是，一个人毕生致力于法学研究，他可以在法律知识方面远远超过他的前人，而在荣誉方面和他们不相上下。不过，这方面的服务必定会得到许多人的称赞，通过我们的良好服务，可以密切与民众的关系。

还有，与这一行业密切相关的是雄辩；它既受人喜爱，又显得高雅。因为还有什么能比雄辩更能引起听众的敬仰、唤起消沉者的希望、博得受保护者的感恩呢？所以我们的祖先根据口才选拔主要文官。因此，对其他人开放的仁慈的赞助也对那些热心工作、遵循我们祖先的习惯、心甘情愿地无偿为许多当事人辩护的演说家开放。

我的论题给人以这样一种暗示，我在这一点上对雄辩术的衰落，虽然不能说灭绝，再次表示遗憾；要不是怕别人认为我这样抱怨是为了自己的利益，我会这样做的。不管怎么说，我们看到许多演说家送了命，剩下来有出息的为数不多，有真才实学的更是凤毛麟角，而不学无术却自以为是的却大有人在。尽管不是所有人，不，甚至不是许多人都能精通法律或像律师那样善辩，但任何人还是可以通过以下这些方法为许多人提供服务：为支持他们而进行游说；在法官和行政长官面前为他们的人品作证；照顾双方的利益，替他们请律师或辩护人。从事这类服务的人会赢得最多的感恩，他们的活动范围也最广。

当然了，我们无须告诫这样做的人（因为这一点是不辩自明的），在试图帮助某人的时候要小心，不要伤害其他人。因为他们经常伤害那些他们不能伤害或不便伤害的人。如果他们这样做是无意的，那么是疏忽；如果是故意的，那就是鲁莽。一个人倘若不得已伤害了别人的感情，也应当尽力向那个人道歉，并且解释这样做为什么是不可避免的，为什么没有其他办法；他将来必须对冒犯那个人做出补偿。

【20】在向民众提供救助性的服务时，我们通常要考虑他们的品质和处境。因此我们很容易做出这样一种表白，而且人们也经常这样说：在提供服务时我们看的是对方的外在处境，而不是他的品质。这话说得多么冠冕堂皇！可是请问，有谁在提供服务时不是先尽着有钱有势的人，而把品质虽然

高尚但却一贫如洗的人置于脑后呢？因为一般说来，我们的意愿总是倾向于那个可望较快得到回报的人。但是我们应当更加仔细地观察事情的真相：我们所说的穷人当然不可能给予物质上的回报，但若他是个好人，那么他至少会给以衷心的感谢。有人说得很恰当："如果一个人还没有还钱，那么他仍旧欠着债；如果他还了钱，那么他就不再欠债了。但是，如果一个人报了恩，那么他仍然有受惠感；如果他有受惠感，那么他已经报恩了。"

一方面，那些自认为富有、尊贵、幸运的人甚至不屑于接受我们善意的服务。为什么呢？他们实际上认为他们接受某人的服务乃是提供服务者的荣幸，而不管这种服务有多么重要；他们甚至怀疑这种服务居心叵测，另有所图。更有甚者，他们还认为接受一位保护者或被称做当事人就和死一样痛苦。另一方面，那些弱者，不管为他做了什么事情，他都会觉得那是看在他本人而不是看在他的外在处境的份上做的。因此，他不仅努力向过去施恩于他的人表示感谢，而且还努力向那些他将来指望从他们那里得到类似恩惠的人表示谢意——因为他需要许多人的帮助；即使他偶尔也能以某种服务回报，他也不会夸大其词，而只会说这是区区小事，无足挂齿。还有，这样一个事实也不应忽略，如果为一名富有的幸运者辩护，那么这种服务只惠及他本人，或者也许还有他的子女。但若为一名诚实正直的穷人辩护，那么所有地位卑微而人格高尚的人——在民众中这种人占了很大比例——都会把这样的辩护者看做为他们建造的保护塔。因此我认为，对好人仁慈是比对幸运者仁慈更好的投资。

当然，若有可能，我们要尽一切努力对各种不同处境的人行善。但若在这一点上发生义务方面的冲突，那么我要说，我们必须遵循塞米司托克勒的忠告；有人征求他的意见，问应当把女儿嫁给贫穷但正直的人呢，还是嫁给富有但不受尊重的人，塞米司托克勒说："要是我，我宁可要没有钱的人，而不要没有人的钱。"但是，当前的道德观已经被我们对财富的崇拜腐蚀堕落了。其实，别人拥有多少财富与我们中的任何人有什么关系呢？财产也许对它的拥有者有好处，但也并非都是如此。就算如此，他确实有较多的钱可以花，但他因此就能成为一个更好的人吗？还有，如果他是一个好人，又是一个富人，那么只要他的动机不是为了谋取财富，就不要让他的财富成为我们帮助他的障碍；但是在施恩时，我们的决定应当完全取决于一个人的品质，而不是他的财富。

所以，通过提供个人的服务来帮助人，这件事的最高准则是：决不要与正确对立，也不要为错误辩护。因为公正是持久的名望与名声的基础，任何事情没有公正就不值得赞美。

【21】现在由于我们已经完成了对个人提供有帮助的服务的讨论，下一步要涉及的就是和整个政治实体和国家有关的服务。在这些公共服务中，有些具有这样一种性质，涉及整个公民团体；有些公共服务只对个人产生影响。后一类服务更容易产生感恩。如果可能的话，我们两种服务都要尽力参与；但为了保护个人的利益，我们必须注意我们为他们所做的事情是对国家有益的，或者至少是无害的。盖乌斯·革拉古开始大规模地放粮，几乎要耗尽国库。马库斯·屋大维开始适度地赈灾，既对国家来说是实际可行的，又对公众来说是必要的；因此，这对公民和国家来说都是一件好事。

然而，处在国家领导地位的人首先必须注意要让每个人拥有属于他自己的东西，国家行为决不能侵犯公民的财产。腓力普斯在担任保民官期间提出征收粮食税的提案，这是一项破坏性的政策，他的提案遭到否决以后，他欣然承认自己的失败，表现得很有风度。然而他在就此提案做公开演讲时，经常扮演煽动者的角色，他用心险恶地说："全国拥有财产的还不到 2000 人。"这种演说应当遭到严厉的谴责，因为它主张对财产进行平均分配；我们还能想象得出比这更具破坏性的政策吗？因为建立宪政国家和自治政府的主要目的就在于保护个人财产权。尽管人们在自然的引导下聚居在一起，形成社团，但他们寻求城市的保护则是希望自己的财产不受侵犯。

政府还应当竭力制止征收财产税，而且为了达到这一目的，应当事先采取各种预防措施。在我们祖先的时代，由于国家财力短缺和连续的战争，这种税经常征收。但若任何国家面临危机（我之所以说"任何"，乃是因为我想说的是一般情况，而不想预言我们国家要遭受的厄运；我不是在讨论我们自己的国家，而是讨论一般的国家），需要承受这种负担，那就要尽一切努力让全体人民明白，他们若想得救，就必须向不可避免的事情低头。而且那些掌管国事的人也有义务采取措施，为国人提供丰富的生活必需品。至于日常的方法和手段就没有必要讨论了；因为这种义务是不证自明的，只要提一下就行了。

在所有公共管理和公共服务中，最要紧的事情是丝毫不要被人怀疑有私心。萨莫奈人盖乌斯·庞提乌斯说："要是命运让我在罗马人开始接受贿赂的时候再出世，那该有多好！那样的话我就会让他们不再拥有至高无上的权力。"啊，此话不假，但他也许还要等好几代，因为我们国家只是最近才染上这种瘟疫的。所以我为庞提乌斯出生在那个时候而不是现在感到庆幸，因为他是个非常了不起的人物！自从卢西乌斯·皮索的惩治勒索法案实施到现在还不到 110 年；在此之前，没有这样的法律。但后来我们有了很多法律，一部比一部严厉；许多人被指控，许多人被判罪，由于害怕我们的法庭还要惩治其他人，竟然引起了一场可怕的战争，当法律和法庭受到压制时，对同盟者的抢劫和掠夺又是何等骇人听闻，至此我们发现自己的强大不在于我们自己的力量，而在于别人的软弱。

【22】帕奈提乌赞扬阿非利加努为官清廉。他为什么不应当受称赞呢？但阿非利加努还有其他更加高尚的美德。为官清廉这一自豪不仅属于他一个人，而且还属于他那个时代。当保卢斯缴获了马其顿的全部财富——这是一笔巨大的财富——他把许多钱上缴国库，其中一个将军的战利品就抵得上将来罗马全部的财产税。但他带回家去的，除了一个不朽的名字的荣耀外，什么也没有。阿非利加努以其父为榜样，并没有因为征服了迦太基而中饱私囊。还有他当监察官时的同僚卢西乌斯·姆米乌斯又怎么样呢？当他把世上最富有的城市夷为平地时，他往自己的口袋里装过一分钱了吗？他宁愿装饰意大利而不愿意装饰自己的宅第，而在我看来，正是因为装饰了意大利，他的宅第才显得更有光彩。

现在让我们还是言归正传，没有比贪婪更可恶的罪过了，尤其是身居要职、掌握国家政权的人。利用国家谋取私利不仅是不道德的，而且也是有罪的、可耻的。所以，阿波罗在彼提亚所降的神谕说，"将来斯巴达覆亡非为他故，只缘贪婪"，看起来这不仅是对拉栖代蒙人的预言，也是对所有富裕民族的预言。所以，对掌管国事的人来说，没有什么能比克己自制更容易赢得民众的好感。

但是有人装出一副民众之友的样子，为了讨好百姓，他们或者试图通过土地改革法，以便把土地所有者逐出他们的家园，或者建议把从前的债务一笔勾销，这些显然都是在摧毁国家的基础。首先，他们是在破坏和谐，把一批人的钱夺走，送给另一批人，和谐就不能存在；其次，他们是在废除公平，如果财产权不能得到尊重，公平就被完全颠覆。因为正如我在上面所说的那样，国家和城市的特殊功能就是保证每个人都能自由而不受干扰地支配自己的财产。然而，当他们采取上述手段侵害公共福利时，他们甚至得不到他们预期的那种声望。因为，财产被剥夺的人把他们当做仇敌，而获得财产的人却佯称自己并不希望得到那份财产；尤其是，当债务被一笔勾销时，负债人会不露喜色，因为他们怕被人认为还不起债，而这种错误的受害者不仅会记恨在心，而且还会公开表示不满。所以，即使由于错误决策获得财产的人多于被不公正地剥夺财产的人，他们也不会因此而产生更大的影响；因为在这种事情上，衡量影响的标准不是人数，而是他们的分量。一个从来没有什么财产的人把人家多年拥有、甚至是祖传的土地据为己有，而以前拥有土地的人却丧失了土地的所有权，这怎么能算公平呢？

【23】正是由于这种不公正的行径，斯巴达人放逐了他们的埃弗① 吕山德，处死了他们的国王阿吉斯，这在斯巴达是史无前例的。从那时起，由于同样的原因，出现了严重的纷争倾轧，导致僭主崛起，贵族被流放，好端端的国家被搞得四分五裂。遭此不幸的还不止这一个国家，最初发端于拉栖代

---

① 埃弗（ephor），斯巴达官职名，负责监察包括国王在内的各级官员。

蒙的这种错误行径像瘟疫一样蔓延，逐渐扩大，导致希腊其他各国相继崩溃。对我们的革拉古兄弟，亦即著名的提比略·革拉古的儿子，阿非利加努的孙子，我们该怎么说？不正是由于土地改革法案上的斗争使他们垮台和丧命吗？

另一方面，昔居翁的阿拉图斯则应受到称赞。当他的城市被僭主们统治了50年以后，他从遥远的阿耳戈斯来到昔居翁，秘密潜入城市，突然占领了该城，推翻了僭主尼科克勒，召回曾是该城最富有的600名流放者，他的到来使他的国家获得了自由。但是，在财产和土地占有问题上，他感到很难处理：一方面，他认为让他召回来的那些被剥夺财产的人仍然受穷，那是极不公正的；另一方面，他又觉得把长达50年之久的土地占有权打乱也是极不公平的。因为经过这段漫长的时期，这些地产中有许多已经通过继承、买卖或陪嫁转入无辜者手中。因此他决定，无论是从现在的占有者手中夺走地产，还是让他们继续占有而不对以前的所有者做出补偿，都是错误的。所以他得出结论，要想圆满处理这个问题就要有钱。他宣布自己要去一趟亚历山大里亚，并下令在他回来以前维持现状。然后他日夜兼程去见他的朋友托勒密，托勒密是亚历山大里亚建城后的第二位国王。他对托勒密解释说，他想使自己的国家恢复宪政自由，但目前遇到了难题。由于声望很高，所以他没费多大劲就从那位富有的国工那里弄到了一大笔钱。他带着钱回到昔居翁以后，召集全城15位最有威望的人磋商。他们一起研究了占有别人地产的那些人和失去地产的那些人的情况。在对那些地产做了估价以后，他设法说服某些人接受金钱，交出他们占有的地产，对其他人，他让他们信服接受与他们失去的地产等价的现金比试图要回自己过去的地产更划算。结果，双方各得其所，没有一句怨言，保持了社会的和谐。

他是一位伟大的政治家，他应当诞生在我们国家！这才是对待自己同胞的正确方法，而不是像我们已经两次亲眼所见的那样，在市场上竖起长矛，在拍卖师的铁锤下出售公民的财产。而这位希腊人，像任何一位明智而卓越的人一样，认为他必须顾及所有人的利益。不是去划分公民们的利益，而是在不偏不倚的公正的基础上，使全体公民团结在一起，这就是一位好公民最卓越的政治才能和最高的政治智慧。"让他们住在邻居家的房子里，用不着付房租。"① 为什么会这样？我花钱买地、建房、维修，难道是为了让你未经我的许可就享有属于我的东西吗？这不就是把属于某个人的东西夺走，送给另一个不拥有这样东西的人吗？你用我的钱购置田地，结果你有了田地，而我却没有了钱，除此之外，取消债务还能是什么意思？

【24】所以我们必须采取措施，避免出现危及公共安全的负债。这种危险可以用许多方式防止；如果出现严重负债的情况，我们不能任由富人丧失财产，而让债务人享用邻居的东西。因为没有什么东西能比信誉更有力地支撑一个政府；如果政府用法律手段强制性地免除债务，它就不可能有信誉。我担任执政官时期，要求免除债务的呼声最为强烈。各个阶层形形色色的人手持武器，试图用武力强行通过废除债务的提案。然而由于我的竭力反对，这种瘟疫在我们国家得到彻底根治。此后，人们的负债不再增加，清偿债务也更加痛快或充分；因为欺诈债权人的希望已经破灭，偿还债务通过法律强制执行。现在的胜利者，虽然当时已被击败，但仍旧在实行他从前的废除债务计划，尽管这一计划对他个人已无任何好处。他对做坏事表现出极大的热情，因为做坏事已经成了他的乐趣，为了做坏事而去做坏事，哪怕没有什么动因。

所以，以照料国家利益为职责的人切不可有这样的慷慨，把某个人的财产夺走，送给另一个人让他致富。首先，他们应当尽自己的最大努力，通过公正法律和法庭，保护每个人拥有的财产，使穷人不因其无助而受压迫，使妒忌不挡富人的路，让他们能够保持或重新获得理应属于他们的财产；他们还必须想尽一切办法，努力增强国家的实力，扩大国家的疆域，增加国家的税收，而无论是在和平还是在战争时期。

这种服务呼唤伟人，在我们祖先的时代，经常有这样的人；如果有人能

① 此处假定对凯撒的法令提出上诉。

够履行这样的义务，那么他不仅能给自己赢得名望和荣誉，而且也能为国家提供出色的服务。

在这个有关便利的规则的一览表中，最近在雅典去世的斯多亚学派哲学家、推罗的安蒂帕特认为帕奈提乌忽略了两点——健康和财产。我想这位著名哲学家之所以忽略这两条，乃是因为它们不会有什么难处。不管怎么说，它们是有利的。尽管它们是理所当然的事，但我还是要就这个论题说几句。保持个人身体健康的方法是：了解自己的体质，观察什么东西对自己的身体有益，什么东西对自己的身体有害；在满足身体需要和舒适时始终保持克制（但只是克制到自我保存所必要的那种程度）；放弃肉体快乐；最后，借助于专门研究这些问题的那些人的专门技术。

至于财产，挣钱是一种义务，但手段必须正当；通过小心经营和勤俭节约来积蓄钱财也是一种义务。这些道理，苏格拉底的弟子色诺芬在一本名为《经济论》的书里讲得非常中肯。我大约在像你现在这个年纪的时候，把这本书从希腊文译成了拉丁文。

但是对挣钱和投资（要是还包括花钱就好了）这整个论题，更适宜让某些从事"交易"的高贵的绅士来讨论，他们的讨论比任何学派的任何哲学家的讨论更加有益。尽管如此，我们仍然要注意这些事情，因为它们完全属于利益的范畴，而利益则是本卷所要讨论的主题。

【25】但是，经常有必要权衡两种利益之轻重，我说过，这是帕奈提乌忽略的第四点。因为人们不仅常拿身体上的利与外在的利做比较，或者拿外在的利与身体上的利做比较，而且还经常对身体的各种利进行比较，或者对各种外在的利进行比较。拿身体上的利与外在的利做比较的方法是这样的：一个人也许会问，健康是否比财富更值得向往；拿外在的利与身体上的利做比较的方式是这样的：财富是否比惊人的体力更好；身体上的各种利可以相互比较，所以有人宁愿要健康而不要肉体享乐，宁愿要力量而不要灵活。各种外在的利也可以相互比较：比如有人也许宁愿要荣誉而不要财富，宁愿从城市产业中得到收益而不愿从农庄中得到收益。老加图的名言就属于这种比

较。有人问拥有地产的最大好处是什么，他答道："成功地养牛。"其次是什么？"一般成功地养牛。"再次是什么？"勉强成功地养牛。"最后是什么？"种庄稼。"那个人又问："放高利贷怎么样？"加图反问道："杀人怎么样？"

从这段对话以及其他许多事例中，我们明白人们不得不对各种利进行比较，所以我们在讨论道德义务时增加这第四部分是适当的。

现在让我们继续讨论剩余的问题。

第三卷

【1】我的儿子马库斯，年龄和那位第一个以阿非利加努作为姓氏的普伯里乌·西庇阿相仿的加图告诉我们，西庇阿曾经说过，他在空闲时从来不会感到空虚，他在独处时从来不会感到孤独。这的确是一种令人钦佩的情操，实际上适合伟大而又睿智的人。这表明，他即使在闲暇时脑子里仍在考虑公共事务，即使在一个人独处的时候心里仍在与自己进行交谈；所以，他不但从来没有无所事事的时候，而且有时还不需要伴侣。因此，使其他人变得懒散的两种情况——空闲与孤独——对他来说都是一种激励，使他更加振作。我希望自己也能像西庇阿一样说这种话，而且说的是实话。尽管我不可能通过模仿而获得这种优秀品质，但我还是向往这种品质，尽可能接近它；目前由于武装叛乱，我无法参与政治活动和从事法庭辩护，过着一种清闲的生活。由于这个原因，我离开了这座城市，在乡间到处漫游，而且经常独处。

但我不能拿我的空闲与阿非利加努的空闲相比，也不能拿我的孤独和他的孤独相比。因为他为国效力，功勋卓著，工作之余为了图个清闲，于是离开公民大会的人群，到乡间独居，就好比进入休息地。但我的空闲不是由于想要休息，而是被迫的，因为我已经无公事可干。现在元老院已经取消了，法庭也关了门，在元老院的议事厅或法庭的讲坛上，我还有什么不辱自尊的事情可做？所以尽管我曾经在大庭广众之下出现，但由于现在世界上到处都是无赖和恶棍，我只好避而远之，尽量不公开露面，经常孤身独处。但是我向哲学家们学到，不仅应当在诸害之中择其轻，而且还应当吸取诸害中有可能包含的有利因素。正因如此，我正在利用我的闲暇——虽然这种闲暇不是一位曾经使国家摆脱内乱、转危为安的人应该有的——尽管我的这种孤独是迫于情势而非出于自愿，我也决不能让自己因此而变得懒散。

然而在我看来，阿非利加努赢得了较高的赞扬。因为从来没有人发表过纪念他的才华的文字作品，所以我们没有他空闲时写的著作，没有他孤独时做出的成果。根据这一事实，我们可以有把握地推论，由于他的思维活动和不停顿地思考问题，所以他从来没有无所事事的时候，从来不感到孤独。但我却没有这种涵养，能以缄默的沉思来排遣自己的寂寞；所以我就把我的注意力努力转向这种文字工作。因此，我在共和国垮台以后的这一短时期内写的著作超过我在共和时代的著述的总和。

【2】我亲爱的西塞罗，整个哲学领域都是肥沃多产的，没有哪一部分是贫瘠荒芜的，但是其中最富饶、最有成果的莫过于讨论道德义务的这部分；因为过一种始终如一的、有道德的生活的法则都是从这些道德义务中衍生出来的。因此，尽管我相信你正在我们的朋友、当代最杰出的哲学家克拉提普的指导下勤奋地学习和恪守这些道德格言，但我还是认为，你最好能够多听听来自各方的这类格言，而且要是可能的话，其他的话你一概不要听。寻求荣耀生涯的人都应当把这些格言铭记在心，而且我倾向于认为你尤其需要这些格言。这是因为人们对你寄予殷切期望，希望你能像我一样勤勉，继承我的事业，赢得同我一样的名望。此外，你生活在雅典，又有克拉提普的指导，你肩上的责任就更加沉重；因为你到那里，就好像是去一个自由的文化市场采购，如果你空手而归，那是很不光彩的，而且还会有负雅典和你的恩师的盛名。所以你要努力学习，勤修苦读（假如读书有如苦役而非享乐），竭尽全力，完成学业；当我已经为你提供了生活和学习所必需的一切以后，不要让人说由于你自己不努力，所以你失败了。

关于这一点我不多说了。因为我不断地写信鼓励你。现在让我们回过头来讨论我们规划的论题的剩余部分。

帕奈提乌对我们所负有的道德义务的讨论无疑是最透彻的，我主要遵循他的学说，但略有修正。他把人们经常考虑和衡量的那些伦理问题分成三类：第一类问题问的是，手头要做的某件事在道德上是正确的还是错误的；第二类问题问的是，它是有利的还是不利的；第三类问题问的是，如果道义和似乎有利的东西发生冲突，该如何决定取舍。他写了三卷书详细处理前两类问题；而当他说自己会在恰当的时候讨论第三类问题时，他的诺言从来没有兑现。我对此很惊讶，因为根据他的学生波西多纽的记载，他在发表了这三卷书以后继续活了 30 年。使我惊讶的还有波西多纽只是在他的某些回忆中简要涉及了这个主题，尤其是他说在整个哲学领域中没有其他论题能像这个论题那么重要。

我无法接受这样的观点，有人说帕奈提乌不是忽略而是故意遗漏这个论题，这不是一个需要一直讨论的问题，因为决不可能有所谓利益与道德正确之间的冲突这样的事情。但是涉及这个论断，有一个要点可以承认：在帕奈提乌的分类中，第三类是否必须包括在内，或者是否必须省略；另一个要点则无法加以驳斥：这个部分包括在帕奈提乌的计划中，但他留下来没有写。如果一名作家完成了一个由三部分组成的主题的前两个部分，那么第三部分必定留待他去完成。此外，他在那三卷书的结尾处许诺，他会在恰当的时候讨论这第三部分。我们还在波西多纽那里看到一个有力的证据。他在一封信中写道，普伯里乌·鲁提留斯·鲁富斯也是帕奈提乌的学生，鲁富斯曾经说："就好像没有一位画家能够完成阿培勒斯留下的、尚未完成的科斯的维纳斯的画像（因为画像中维纳斯脸部的美貌使得任何人试图恰当地补画其他部分都是没有希望的），所以由于帕奈提乌已经完成的部分的无比卓越，无人胆敢提供他留下尚未完成的部分。"

【3】因此，涉及帕奈提乌的真实意愿不容怀疑。但他有没有理由添上有关义务的考察的第三部分，也许可以争论。因为道德上的善是唯一的善，如你们斯多亚学派相信的那样，或者如你们逍遥学派所认为的那样，道德上的

善是最高的善，在其对立面上聚集的一切事物都很难有什么分量，所以毫无疑问，利益决不会与义务发生冲突。所以我们听说，苏格拉底曾经诅咒那些最先把天然不可分的东西做出观念上的区分的人。斯多亚学派就其坚持任何事物若是道德上正确，必定是有益的，任何事物若在道德上不正确，必定是无益的而言，与这种学说是一致的。

但若帕奈提乌是这样一种人，认为美德值得培育仅在于它能产生利益，就像某些哲学家所认为的那样，他们用快乐或无痛苦为标准来衡量事物是否值得向往，那么他可以论证利益有时候与道德上的正确发生冲突。但由于他认为道德正确是唯一的善，与之发生冲突的事物只是貌似有益，不会因其呈现而使生活变好，也不会因其呈现而使生活变糟，由此可以推论，他一定不会提出一个包含有益与道德正确之间的冲突的问题。进一步说，当斯多亚学派把"顺从自然"称做至善时，按照我的理解，他们的意思是这样的：我们始终要与美德一致，要从所有其他与自然一致的事物中挑选那些与美德相容的东西。正因如此，有些人认为根本不应当引入道德正确与利益的冲突，关于这个问题根本就没有什么实际的指导可言。

然而道德之善，在这个术语真实的和恰当的意义上，只有聪明人能够拥有，决不能与美德分离；而那些不具有完善智慧的人不可能拥有完善的道德之善，而只能拥有与之相似的东西。在这几卷中讨论的义务，斯多亚学派称之为"普通的义务"；它们为人们普遍拥有，有着广泛的适用范围；许多人通过善良的本性和学识的增进来达到对它们的认识。但是，被斯多亚学派称之为"正确"的那种义务则是完满的和绝对的，用斯多亚学派的话来说，"它满足一切数"；[①] 除了聪明人以外，谁也不可能认识这种义务。另一方面，当我们看到某些行为中有"普通义务"的显现时，一般就把那个行为看做是十分圆满的，由于这个原因，一般人通常并不了解这种行为与真正的圆满还

---

① 亦即满足绝对完善的所有要求，这个说法是对毕泰戈拉学派的模仿，具体的数应具有某种程度的完善；绝对的义务是所有义务的总和。

有多少差距；但由于他们的理解确实有限，他们认为这种行为并没有什么不足。评价诗歌、绘画和其他许多艺术作品，这种情况也经常出现；普通人欣赏并赞美那些不值得赞美的东西。我想，产生这种情况的原因是这些作品具有某种为无知者所喜爱的优点，他们没有能力发现他们面前任何一件具体作品中的缺点。所以，经过专家指点，他们就会放弃从前的看法。

【4】所以我在这几卷中讨论的这些义务被斯多亚学派称做第二等级的道德之善，它们并非为聪明人独有，而是为全人类共有。由此，这些义务呼唤着所有天生拥有美德的人。我们把两位德修斯或两位西庇阿称做"勇敢者"，把法伯里修（或阿里斯提德）称做"正义者"，这决不是说，我们把前者当做勇敢的完美典型，把后者当做正义的完美典型，就好像我们在他们某个人身上看到了"聪明人"的典型似的。因为他们中没有一个人具有我们希望人们拥有的那种聪明；马库斯·加图和盖乌斯·莱利乌斯也不是聪明人，尽管人们认为他们是聪明人并称他们为聪明人。甚至著名的"七贤"也不是聪明的。但由于他们始终不渝地履行"普通的义务"，所以他们与聪明人有某种程度上的相似。

由于这些原因，无论是权衡真正的道德和与之相冲突的利益孰轻孰重，还是权衡普通的道德与有利的东西孰轻孰重，都是不合理的，普通的道德是由那些希望被人们当做好人的人培养起来的；但是，我们普通人也必须像真正的聪明人一样，遵守和奉行严格意义上的真正的道德上的正确，这种道德上的正确我们过去妒忌地把它理解为真正的聪明人才要遵守和奉行的。否则的话，我们就不能取得进步，朝着美德的方向前进。

关于那些通过小心谨慎地履行义务而赢得好人名声的人就讲这么多。

另一方面，那些以好处和个人利益为标准来衡量一切、拒绝把道德上的正直看得比这种利益更重要的人，在考虑问题时总是习惯于在道义和他们认为有利的东西之间进行权衡；而好人则不是这样的。所以我相信，当帕奈提乌说人们在做这种权衡时内心经常犹豫不决这句话时，他所要表达的准确的意思是，"这是他们的习惯"，而不是说他们应当如此。他并不赞成这种权衡，因为认为利益高于道德上的正确，甚至把二者对立起来，在二者间进行选择时犹豫不决，也是最不道德的。

那么，某些时候是否可以有疑虑呢？我认为是可以的，当人们对一个行为的性质还没有考虑清楚时可以有所疑虑。因为常有这样的事，在某个特殊环境下，通常习惯被视为道德上错误的事情在道德上成了正确的。为了举例说明，让我们假设一个适用范围更广的特殊情况。还有什么罪行比杀死自己的同胞，尤其是自己的亲密朋友更加凶残？但若有人杀死一名僭主——这名僭主是他最亲密的朋友——他可以问心无愧，难道不是吗？不管怎么说，至少罗马人是这样看的，他们认为，在一切荣耀的行为中，这种行为是最高尚的。那么，这是不是利益战胜了道德上的正直呢？完全不是，道德上的正直与利益携手同行。

因此，每当我们称之为有益的事情似乎与我们感到道德上正确的事情有冲突，我们就需要制定某些一般的规则来帮助我们做出正确的决定；如果我们在比较各种行为过程时遵守这些规则，我们就决不会偏离义务之路。还有，这些规则必须与斯多亚学派的体系和学说完全和谐。在这几卷书中我遵循他们的教导，原因在于老学园派和你们逍遥学派（逍遥学派与学园派曾经是同一个学派）认为道德上的正确优于似乎有益的东西；但若让那些认为凡是道德上正确的事情必定有益、有益的事情必定同时也是道德上正确的人来讨论这些问题，会比认为道德上正确的事情不一定有益、有益的事情不一定在道德上正确的人讨论这些问题更富有启发。但是我们新学园派允许我们拥有广泛的自由，所以我有权捍卫任何一种对我显得最为可能的理论。不过还是让我回过头来说规则。

【5】那么好吧，对于一个人来说，拿邻人的东西，靠邻人的损失来获利，比遭受死亡、贫穷、痛苦，或其他人身或财产方面的任何不幸，更加违背自然。这是因为，首先，对于社会生活和人与人之间的伙伴关系来说，不公正是致命的。如果我们每个人为了获得某种个人利益而欺骗或伤害邻人，那么最符合自然法则的、维系人类社会的那些纽带必然会被摧毁。打个比方，

假定我们身体的每个器官都认为摄取相邻器官的精力就能使自己变得更加强壮，那么整个身体就必然会衰亡；同理，如果我们每个人都掠夺邻人的财产，彼此都将他人之物挪为己用，那么维系人类社会的纽带必然会被摧毁。即使每个人更喜欢为自己而不是为邻人获取生活必需品，这样做与自然法则并不冲突；然而自然法则肯定不允许我们通过掠夺他人来增加自己的财产。

但是这一原则不仅是根据自然法则（亦即普遍的公平法则），而且也是根据社团的具体情形制定的，具体的国家据此维护公共利益。所有这些国家都做了规定：不允许任何人为了自己的利益伤害邻人。这就是法律关注的要点，这就是法律的宗旨，公民之间联系的纽带不应受到损害；谁试图破坏这种纽带，谁就要受到处死、流放、监禁、罚款的惩罚。

还有，直接听命于自然中的理性（这种理性是诸神和凡人的法律）能够更加有效地贯彻这一原则。如果有人愿意倾听那个声音（凡是希望按照自然法则生活的人都愿意倾听那个声音），他就决下会觊觎邻人之物，或将邻人之物占为己有。还有，崇高而伟大的精神、谦恭、公正、慷慨也远比自私的享乐、财富和生命本身更符合自然；但是，在权衡后者，亦即自私的享乐、财富和生命本身，与公共福利孰轻孰重时，鄙视后者，将它们看做无足轻重的东西，是需要有勇气和魄力的。任何人为了自己的利益而抢劫邻人，比遭受死亡、痛苦，以及其他不幸更违反自然。

同理，要是能做到的话，效法伟大的赫丘利，为救助世人而吃大苦耐大劳，这比过隐居生活，不仅无忧无虑，而且逸乐自得，富裕殷实，还在容貌和体力方面胜过他人，更加符合自然。就这样，赫丘利克己助人，历尽艰辛，出于对他所做贡献的感恩，世人将他奉为神明。

因此，一个人的品质越是美好和高尚，他就越喜欢过一种侍奉的生活，而不喜欢过享乐的生活。由此可以推论，如果一个人顺从自然，他就不可能伤害自己的同胞。

最后，如果一个人伤害他的邻人，为自己谋利，那么不外乎两种情况：要么他认为自己的行为并不违反自然；要么他认为，死亡、贫穷、痛苦，乃至于丧失子女或亲朋好友，比不公正地对待他人的行为更应当加以避免。如果他认为伤害自己的同胞并不违反自然法则，那么对于这种否定人身上使人之所以为人的一切的人还有什么可说的呢？如果他认为这样的行为应该避免，但另外一些事情，亦即死亡、贫穷、痛苦，更糟糕，那么他的想法也是错的，因为他错误地认为他的身体或财产遭受的损失比他的灵魂遭受的不幸更严重。

【6】所以，把个人利益与整个国家的利益融为一体，应当是所有人的主要目标。如果个人把本应用于公共福利的东西用于各种自私的目的，那么人与人之间的伙伴关系就会全部被摧毁。

进一步说，如果自然规定一个人应当希望增进同胞的利益，而无论他是谁，仅仅因为他是一位同胞，那么根据同样的自然法则可以推论：所有人共同拥有的利益是存在的。如果这是真的，那么我们全都服从同样的自然法则；如果这也是真的，那么自然法则肯定禁止我们伤害邻人。现在，这第一个假设的前提是真的，所以最后这个结论也是真的。有些人持有一种荒唐的看法，说他们不会为了自己的利益抢劫父母或兄弟的东西，但他们与其他公民的关系则完全是另外一回事。这种人实际上主张他们与其他公民之间并不存在什么彼此应尽的义务、社会联系或共同利益。这种态度毁坏了文明社会的整个结构。

另外还有一些人说应当尊重自己同胞的权利，但是外国人则另当别论，这是在摧毁人类的兄弟情谊；这种情感一旦毁灭，仁慈、慷慨、善良、公正必定完全死亡；所以必须把起这种破坏作用的人视为邪恶地反叛不朽的诸神。因为他们把诸神在人类中建立的伙伴关系连根拔掉，而这种最紧密的伙伴关系的纽带就是确信，为了自己的利益而掠夺他人比忍受一切可能的财产、身体，甚至灵魂的损失，更加违反自然，因为这些损失与公正无关；[①]而公正是一切美德中最崇高的，是美德的女王。

---

① 亦即损失或收获的具体环境不能成为违反公正的正当理由。

　　但也许有人会说："那么好吧，假定一个聪明人快要饿死了，难道他不可以拿走某个完全无用的社会成员的面包吗？"完全不可以，因为我的生命并不比会阻止我损人利己的那种灵魂的倾向更宝贵。"或者说，假如一个正直的人为了自己不被冻死，可以去剥残忍的、毫无人性的暴君法拉利斯的衣服，他这样做也不可以吗？"

　　这些事例很容易做出决断。如果一个人只是为了自己的利益而拿走他人的东西，哪怕东西被拿走的那个人是个完全无用的家伙，这也是一种卑鄙的行径，而且违反自然法则。但假定一个人只要还活着，就能为国家和人类社会提供伟大的服务，如果他出于那种动机而拿走其他人的东西，那就不应该受到指责。如果不是这种情况，那么每个人都必须忍受自己的不幸，而不应当剥夺邻人的权利。因此，我们不是说疾病、贫困，或诸如此类的不幸，比觊觎和占有他人之物更有违自然，但我们的确主张，漠视公共利益是违反自然的，因为这是不公正的。因此，保存和保护人类利益的自然法则本身肯定会做出这样的决定：聪明、善良、勇敢的人在紧急情况下会将无用懒汉的生活必需品转移到自己手里；因为好人之死乃是公共福利的重大损失；但他要明白，在这种所有物的转移中，自尊和自爱不可能为干坏事找到借口。如果在做决定时有这种认识，那么好人将始终履行自己的义务，增进我非常喜欢谈论的人类社会的共同利益。

　　至于法拉利斯的那个事例，要做决定非常简单：我们与一名暴君没有什么伙伴关系，而是水火不容的死对头。要是能做到，抢这种人的东西并不违反自然，甚至将他杀死也是正当的；不，一切可恶的害人虫都应当清除出人类社会。采用恰当的办法可以做到这一点；就像身体的某些器官由于表现出无血的迹象，实际上已经坏死，所以要摘除一样，若不摘除，就会影响身体其他器官的健康，我们也应当把那些人面兽心的怪物从人类共同体中清除出去。

　　所有这些问题都是同一类的，随着环境的变化而变化，我们在其中必须明确道德义务是什么。

【7】我相信，如果不是某些事件或其他事务影响帕奈提乌，他一定会完成自己的计划。在他前面的几卷书中，就有许多规则，人们可以学到哪些事情要避免，因为它是不道德的，哪些事情不用避免，因为它不是不道德的。

可以说，我们现在正在给我们的房子安放盖顶石，房子虽然还没有竣工，但已经差不多了；这就像数学家做练习，其目的不是证明所有命题，而是设定某些公理为真，以便更容易解释它们的意思，所以我亲爱的西塞罗，要是你能做到的话，我请你和我一起假定：除了道德上正确的事物，其他没有任何事物是值得为其本身的缘故而加以追求的。假如克拉提普不允许你做这种假定，你至少也得同意这样一种说法：道德上正确的事物是最值得为其本身的缘故而加以追求的。这两种假定无论哪一种对我的目的来说都已经够了；我有时觉得前一种假定更为可能，有时又觉得后一种假定更为可能；除此之外，不可能有更为可能的假定了。

首先，我必须在这样一个要点上为帕奈提乌辩护：他不是说在某些情况下真正有利的事情会与道义发生冲突（因为凭良心说，他不可能说这种话），而只是说貌似有利的事情可能会与道义发生冲突。因为他经常证明这样一个事实，凡真正有利的事情同时也是合乎道义的，凡合乎道义的事情同时也是有利的；他还说，对人类生活危害最大的莫过于把这两种观念分割开来的那些人的学说。所以，他所说的冲突是一种表面的冲突，而不是一种真正的冲突；他引入这种冲突的目的，不是为了让我们在某些情况下重利轻义，而是为了使我们在利和义发生冲突时能毫不犹豫地做出抉择。因此，我一定要把帕奈提乌省略的这部分内容补上，尽管这样做我没有什么依靠，而是只能像俗话所说的那样，单枪匹马，孤军作战。从帕奈提乌那个时候起，有人曾对这个问题做过相关论述，但就我掌握的材料来看，它们全都不能令我满意。

【8】当我们遇到某种形式的似乎有利的事情时，我们不能不受它们的影响。但是经过周密的考察，看到这种似乎有利的事情与某种不道德相连，那么人们不一定要牺牲利益，但要认识到凡是不道德的事情都不可能是有利的。如果没有任何事物能像不道德那样违反自然（因为自然要求公正、和谐、

一致，厌恶它们的对立面），如果没有任何事物能像有利那样彻底地与自然一致，那么利益和不道德确实不能共存于同一个对象之中。

还有，如果我们生来就是为了道德上的正确，而且如果这种道德上的正确，或者像芝诺所认为的那样是唯一值得追求的东西，或者至少像亚里士多德所认为的那样应当被看做远比其他一切事物重要的东西，那么必然可以推论：道德上的正确不是唯一的善，就是最高的善。由于善的东西肯定是有益的，所以道德上的正确必定也是有益的。

所以，抓住某些似乎有利的事物是那些不那么正直的人的错误，与道义问题无关。谋杀者的匕首、下了毒的美酒、伪造的遗嘱，都源于这种错误；这种错误导致偷盗、贪污公款、剥削和掠夺属地和本国公民；这种错误还引发这样一种贪欲：追求财富，追求权力，最终甚至想要在自由的人民中成为君王；不会有任何事情比这种贪欲更可怕、更可恶。因为带着一种虚假的视角，他们看见物质上的回报，看不见惩罚——我指的不是他们经常逃避的法律上的惩罚，而是指一切惩罚中最严厉的惩罚，即他们自身道德的沦丧。

所以提出这类问题的人应当清除（因为他们整个部落都是邪恶的），他们停下来考虑：应当去做那种符合道义的事情呢，还是应当玷污自己的双手，去干那种自己明知是罪恶的勾当。他们的审慎考虑中就包含着罪恶，尽管他们从未将这种罪恶的行动付诸实施。因此，这些行动根本就不应当考虑，仅仅考虑就是不道德的。

进一步说，在进行这样的考虑时，必须打消空洞的希望，切不可认为我们的行为是可以掩盖的和保密的。只要我们在哲学研究中取得某些真正的进步，那么我们就应当完全相信，即使我们可以躲过诸神和凡人的眼睛，我们还是不应当做任何贪婪、不公正、淫荡、放纵的事情。

【9】为了阐明这一真理，柏拉图引述了大家熟悉的有关吉格斯的故事。①故事说，从前，天上突降暴雨，大地开裂；吉格斯进入那道深渊，在那里看

---

① 参见柏拉图：《国家篇》359d 以下。

见一匹青铜马，马的身上开有一扇小门。他打开门朝里窥视，看到里面有一具体形巨大的尸体，尸体的手指上戴着一枚金戒指。他把这枚戒指取下来，戴在自己的手上，然后回到地面上去参加一个牧羊人的集会，因为他是一位国王的牧羊人。在那里他发现，只要把戒指的宝石座向内转到手心这一面，别人就看不见他，而他自己却什么都能看见；而他把宝石座转回原来的位置，别人就又能看见他了。于是，他利用这枚戒指的便利勾引了王后，并在她的帮助下杀死了国王，除掉所有他认为挡他道的人，而任何人都无从知晓他的这些罪恶行径。就这样，凭借这枚戒指，他很快就当上了吕底亚的国王。

假定一位聪明人正好有这样一枚戒指，那么他不会想象自己比从前没有这枚戒指时自由，可以去做坏事；因为好人的目的不是确保隐秘，而是道义。

然而在这一点上，某些虽然没有什么恶意、但不是很有洞察力的哲学家说，柏拉图讲的这个故事是虚构的、杜撰的。就好像柏拉图说过这个故事是真的，甚至是可能的似的！其实，这个戒指的故事真正的寓意在于：当你为获取财富、权力、统治权，寻求肉体上的满足而在做任何事情的时候，如果无人知道，甚至会怀疑你在做什么，假如诸神和凡人都不知道你的所作所为，那么你会像故事中的吉格斯那样去做吗？他们说，这种情况是不可能的。这当然是不可能的。但我的问题是，如果他们所说的这种不可能的事情是可能的，那么人们会怎么做？他们固执己见，一味坚持自己的观点，说这是不可能的；他们拒绝理解我所说的"如果可能"的意思。我们问，如果他们能逃避侦察，那么他们会怎么办；我们在这里问的不是他们是否能逃避侦察；但我们就像把他们绑在拉肢刑架上拷问，如果他们回答说，要是可以保证不受惩罚，那么他们会做那种主要对他们自己有利的事情，这就表明他们承认自己具有犯罪的意愿；如果他们说自己不会这样做，那么他们也就承认一切本质邪恶的东西都应当回避。

但现在，让我们还是言归正传。

【10】许多表面上有益的事情经常使我们感到困惑，这方面有许多事例；在这些事例中产生的问题并不是是否应当为了某些重大利益而牺牲道德上的正确（这当然是错误的），而是能不能在没有道德上的错误的情况下获得这些表面上有益的东西。布鲁图曾经罢免他的同僚科拉提努的执政官职务，他的这一举措可能会被人认为是不公道的，因为科拉提努一直是他的合伙人，曾用言行帮助他驱逐王族。但是，当这个国家的领袖已经决定把骄横的塔克文的所有亲属逐出罗马，取消塔克文这个姓氏，消除一切使人想起君主政体的东西，那么这一举措不仅是有利的，亦即符合国家利益，而且也是非常正确的，甚至科拉提努本人都应当承认这样做是公正的。所以有利的东西获胜是因为它在道德上是正确的；没有道德上的正确，就不可能有利。

创建这座城市的这位国王 ① 的事例不是这样的；在表面有利的事情的驱使下，当他决定独占王位比和其他人共享王位更有利的时候，他杀死了自己的兄弟。② 他抛弃了手足之情和人的情感来确保似乎对他有利，而实际上对他不利的东西；然而他在为自己的行动辩护时拿他新造的城墙 ③ 做借口，这个借口表面上冠冕堂皇，实际上既不合理，又不恰当。因此，尽管对他怀有敬意，但恕我直言，无论他是奎利努斯还是罗莫洛，④ 他犯了罪。

然而我们也不必牺牲自己的利益，把我们自己需要的东西交给别人，而是每个人只要不伤害邻人，就应当考虑自身的利益。克律西波像通常那样贴切地说："一个人进入赛场以后，就应当尽自己最大的努力，全力以赴去争取胜利；但他决不可用脚去绊或者用手去拉他的竞争对手。在人生的赛场上也一样，任何人都可以公正地谋求自己的利益，谋得他所需要的一切，但他无权掠夺邻人的东西。"

---

① 指罗莫洛。
② 指瑞莫斯。
③ 罗莫洛说瑞莫斯跳过他新筑的城墙，并当众羞辱他，使他感到愤怒。
④ 意思是"无论他是神还是人"。奎利努斯（Quirinus），古代萨宾人崇拜的神祇，相关传说后来与罗莫洛联系起来。

然而，在友谊问题上，人们的义务观念是最混乱的；没有做能为朋友做的事，或者为朋友做不正当的事，都是对义务的破坏。但是在对所有这些情况进行指导时，有一条规则很容易掌握：决不能把表面上的有利（升官、财富、肉体快乐，等等）置于对朋友履行义务之上。不过，一个正直的人绝不会为了朋友的缘故而损害国家的利益，违背自己的誓言，损害自己神圣的荣誉，哪怕他坐在法官席上审判朋友的案子；因为他在履行法官的职责时，只能把对朋友的义务搁置一旁。只有在这样一些事情上可以对友谊让步：希望朋友有比较正当的理由，在法律允许的范围内安排朋友认为方便的时间开庭。但在他宣誓之后宣读判决时，他应当牢记神是他的见证人——按照我的理解，这个神就是他自己的良心，这是神赐予人的最神圣的东西。根据这个观点，我们从我们的祖先那里继承下来一个很好的习惯（如果我们现在还忠实于它），要求陪审员发誓坚持这样一个原则——"做与他神圣的荣誉相一致的事情"。这种要求与我刚才所说的法官对朋友的让步要合乎道义是一致的。假定我们必须按我们的朋友的愿望行事，那么这种关系就不应当算做友谊，而应当算做同谋。但我在这里讲的是普通友谊，因为在具有理想的智慧的完人之间根本不可能发生这种情况。

他们说，毕泰戈拉学派的达蒙和芬提亚斯之间就有这种理想而完美的友谊，当僭主狄奥尼修斯指定了一个日子处死他们中的一个人时，将被处死的那一位请求给予几天的宽限去安排身后之事，另一个人愿做人质替他担保，如果死囚逾期不归，他就代为受死。行刑之日，死囚如期而归，这位僭主对他们相互信任的真挚友谊表示钦佩，赦免了他们，并恳求他们把他也当做朋友。

那么好吧，权衡了友谊中的表面上的有利与道德上的正确孰轻孰重，让表面上的有利受到轻视，道德上的正确获胜；当友谊中提出的要求在道德上不正确的时候，让良心和对道义的尊敬先于对朋友应尽的义务。以这样的方式，我们就能在相互冲突的义务之间做出正确的选择——这就是我们在这一部分考察的主题。

【11】在处理国际关系问题时，人们经常由于表面上的有利而犯错误，就好比我们国家摧毁科林斯。雅典人曾经干过更加残忍的事情，他们下令剁掉伊齐那人的大拇指，因为他们的海军力量很强大。这样做似乎有利，因为伊齐那距离庇莱厄斯港很近，对雅典是一个很大的威胁。但任何暴虐都不可能是有利的，因为暴虐违反人性，我们应当顺从人性的指导。有些人阻止外国人，不让外国人享受他们城市的好处，或者干脆把外国人驱逐出境，这种做法也是错误的，我们父辈时代的潘努斯和最近的帕庇乌斯就是这么做的。当然了，不是公民的人就不能行使公民的权利和特权；我们的两位最聪明的执政官，克拉苏和斯卡沃拉，已经制定了这方面的法律。但不让外国人享受这座城市的好处仍旧是完全违反人性法则的。

鄙视表面的有利而重视道德正确，在这方面历史上有大量的例子。我们国家的历史也有许多这方面的事例，尤其是第二次布匿战争期间，当卡奈战役失败的不幸消息传来时，罗马表现出比以往胜利时更高昂的斗志；没有丝毫的怯懦，没有一个人提出言和。道义的感召力如此之大，使表面上的有利黯然失色。

当雅典人无法抵挡潮水般涌来的波斯侵略者时，他们决定弃城，将妇女儿童安置在特罗曾，其余人准备上船，到海上为希腊的自由而战；这时候一位名叫叙尔西鲁的人建议他们留下，并且打开城门让泽西斯进来。为此，雅典人用石头砸死了这个人。他认为这样做是有利的，但它不是——根本不是，因为这样做与道德上的公正有冲突。

与波斯的那场战争胜利结束以后，塞米司托克勒在公民大会上宣布说，他有一个对国家有利的计划，但不便公开。他要求人们推选一个代表来同他商量这个计划。大家推选了阿里斯提德。塞米司托克勒告诉他，斯巴达舰队现在就停泊在吉塞恩海边，可以在暗中纵火烧毁它；如果这样做的话，斯巴达的力量必定会覆没。阿里斯提德听完这个计划以后便回到公民大会，当时人们全都怀着急切的心情等着听他汇报。他对大家说，塞米司托克勒提出的这个计划对国家是极其有利的，但却无道义可言。结果雅典人的结论是：不符合道义的行动肯定也是不利的。因此，他们甚至在还不知道该计划的具体内容的情况下，就根据阿里斯提德的意思拒绝了这个建议。他们的态度比我们强，因为我们不要海盗纳税，却要盟国进贡。

【12】因此让我们把下述断言看做一项确定的原则：不符合道义的行动决不可能是有利的——甚至在用它来得到某种你自认为有利的东西时，它也不可能是有利的；因为只要有这样的想法，认为某个行动虽然不义但可能有利，就会使人道德败坏。但是如我前述，有利于道德上正确之间有冲突的例子经常产生；所以我们要仔细考察，看它们之间的冲突是无法避免的，还是可以调和的。下面这些问题就属于这一类：比如，假定罗得岛发生饥荒，粮价暴涨；一位诚实的人从亚历山大里亚运来一大批粮食，他也知道其他一些人也从亚历山大里亚启航，在航途他还看到这些满载粮食的船驰向罗得岛；他应当把这个事实告诉罗得岛人呢，还是应当什么也不说，以便使自己的粮食在市场上可以卖个好价钱？我假定他是个有道德的、正直的人，我要提出的问题是：如果他认为隐瞒这些事实是不道德的，那么他就不会这样做，可是他不能确定保持沉默是否真的不道德，在这样的情况下他会怎样思考和推理。

在决定这类事情的时候，巴比伦的第欧根尼，一位受人高度尊敬的、伟大的斯多亚学派哲学家，始终坚持一种观点；而他的学生安蒂帕特，一位学识非常渊博的学者，持有另一种观点。按照安蒂帕特的观点，所有事实都应当公开，卖方必须把自己知道的所有细节告诉买方；而按照第欧根尼的观点，卖方应当按照地方法律的规定，说明自己所售商品的缺点，至于其他方面，既然他是做买卖的，只要不误导买家，他可以尽量使自己的商品卖最好的价钱。

第欧根尼的商人会说："我把货运来了，准备出售。我卖得不比其他商人贵，市场上存货过多时，我还会卖得比别人便宜。谁吃亏了？"

安蒂帕特的论证是这样的："你说些什么？考虑你的同胞的利益，社会服务，这是你的义务；你到世上来就处于这种境况，生来就有这些你必须遵守和服从的原则，你的利益就是社会的利益，反之，社会的利益也就是你的利益；考虑到所有这些事实，你还会对你的同胞隐瞒大批粮食马上就要到来的消息吗？"

第欧根尼也许会答道："隐瞒是一回事，不说是很不相同的另外一回事。即使我现在不告诉你诸神的性质或最高的善，我也不是在向你隐瞒；而对你来说，知道这些秘密会比知道麦价下跌更有好处。但我没有义务把对你有利的所有事情都告诉你。"

安提帕特会说："没错，但你必须承认，只要你还想到人与人之间存在着由自然造就的那种伙伴关系，你就有这种义务。"

第欧根尼会答道："我没有忘记这种关系，但是你说的意思是不是这种伙伴关系没有私有财产？如果是的话，那么我们不应当出售任何东西，而应当随意赠送一切。"

【13】你瞧，在整个这场争论中，没有人说"无论这种行动是否道德，但由于它是有利的，所以我要这样做"；但其中的一方断言某个行动是有利的，没有不道德之处，而另一方坚持，这种事不应该做，因为它是不道德的。

再举一个例子，假定有一个诚实的人要出售一所房子，房子的缺点只有他自己知道，其他人一概不知；假定这所房子不卫生，但给人有益于身体健康的假象；假定人们一般都不知道所有卧室里都有跳蚤；最后，假定这所房子是用朽木盖成的，很可能会倒塌，但除了房主人，其他谁也不知道；假如卖主没有把这些事实告诉买主，而是以高价出售了他的房子，远远超过他本来应当合理期待的价钱，我要问他这样做是不是不公正或不光彩。

安蒂帕特说："对，他这样做是不公正的，不光彩的；因为让买主草率成交，让他判断错误而蒙受重大损失，这跟'不给迷路者指路'有什么两样？（在雅典不给迷路者指路是一种要受公众咒骂的罪过）这样做甚至比不给迷路者指路更坏，因为这是故意将人引入歧途。"

第欧根尼回答说："他甚至没有建议你买，你能说他强迫你购买吗？他贴告示出售他不喜欢的东西；你买你喜欢的东西。如果在售房招贴上把一所造得不好的房子说成'漂亮的别墅，建筑精良'不能算是犯了欺骗罪，那么对自己的房子未加半句溢美之辞就更谈不上欺骗了。因为在买方可以使用他自己的判断力的情况下，卖方怎么可能有欺骗行为呢？再说，如果所说的一切并非都要兑现，那么你认为一个人需要兑现他没有说过的话吗？请你告诉我，还有什么比卖主在招贴上细说所售物品的所有缺点更愚蠢？还有什么比拍卖者按房主的吩咐大声喊叫'这里有一所不符合卫生要求的房子要出售'更荒唐？"

以这样的方式，在某些令人困惑的事例中，一方捍卫道德上正确，另一方则强调有利，认为不仅做那些表面上有利的事情在道德上是正确的，而且不做这种事情在道德上是错误的。这就是利益和道义之间似乎经常产生的矛盾。但我必须对这两个事例做出自己的决定，因为我举这例子的目的不是为了提出问题，而是为了解决问题。我认为，卖粮食的商人不应当对罗得岛人隐瞒事实，售房者也不应当对买方隐瞒房子的缺点。尽管缄默并不直接构成隐瞒，但若为了自己的利益，故意不把自己知道的事情告诉他人，也就是说不让他人知道对他们有利的事情，那就是隐瞒。有谁察觉不出这种隐瞒的性质，什么人会做这种事情？无论如何，他不是一个公正、诚实、坦率、正直的人，而是一个卑鄙、狡猾、奸诈、阴险、歹毒的人，一个老奸巨猾的骗子。一个人让自己背上所有这些恶名，以及其他许多恶名，这难道是有利吗？

【14】如果说隐瞒真相的人应受谴责，那么真正说假话的人又当如何？盖乌斯·卡尼乌斯是一位罗马骑士，相当聪明，并且很有文学修养。有一次他去叙拉古，像他自己过去常说的那样，不是去办事，而是去度假。他在那里对人说，想买一所乡间小别墅，以便招待朋友和过一种悠闲快乐的生活，不受一些讨厌的来访者的干扰。这件事传开了，有一位名叫皮昔乌斯的叙拉古钱庄老板告诉卡尼乌斯，他就有这样一个庄园，但不准备卖，如果卡尼乌斯喜欢，可以去那里随便住，同时他还邀请卡尼乌斯第二天去那个庄园吃饭。卡尼乌斯接受了这一邀请。于是，皮昔乌斯召集了一帮渔夫，要他们第二天到他别墅前的河里来捕鱼，并且告诉他们要怎么做；因为他是一个放债

者，许多人都欠他的钱，所以他可以差遣各种各样的人。第二天，卡尼乌斯如约赴宴，皮昔乌斯准备了一桌豪华的酒席。在别墅前，他们看到河边有一排渔船，每个渔夫都提着他们所捕到的鱼上岸，把鱼献在皮昔乌斯脚下。

此时卡尼乌斯说："皮昔乌斯，告诉我这是怎么回事？这些鱼？这些船？"

皮昔乌斯答道："没什么可奇怪的，叙拉古所有的鱼都产自这里；这里还是淡水的发源地；要是没有这个庄园，这些渔民都得喝西北风。"

这番话激起了卡尼乌斯想要拥有这个庄园的强烈愿望，于是他急切地恳求皮昔乌斯把这个庄园卖给他。起初，皮昔乌斯不肯，最后——让我们长话短说——卡尼乌斯还是如愿以偿了。卡尼乌斯很有钱，而且也确实想要买这所乡间别墅，他按照皮昔乌斯的要价付了钱，还一并购买了庄园里所有的家具和设备。皮昔乌斯把这笔钱入了账，办完了财产转让手续。第二天，卡尼乌斯邀请他的朋友到别墅里；他本人早早就来了。这一天，他连一支桨也没看见。他问隔壁邻居今天是不是渔民的假日，因为他一个渔民也没看到。

邻居说："据我所知今天不是渔夫的假日；但他们平时就没有在这里打鱼的习惯。我不知道昨天是怎么回事。"

卡尼乌斯大发雷霆，但他又能怎么样呢？当时我的朋友和同事盖乌斯·阿奎留斯还没有在法律上对欺诈罪做出明确的界说。被人问到具体什么是"有罪的欺诈"的时候，他回答说："说的是一回事，做的又是另一回事。"这个定义下得非常贴切，真不愧为是个专家。因此，皮昔乌斯和其他所有言行不一的人都是些不守信、不诚实、无原则的无赖。这种人作恶多端，其行为不可能是有益的。

【15】如果阿奎留斯的定义是正确的，那么在我们日常生活的各个领域中都要摒除弄虚作假和隐瞒。因此一个诚实的人，无论是买还是卖，都不会为了获得更多的利益而弄虚作假或隐瞒真相。此外，"有罪的欺诈"从前就遭到某些法规的禁止；例如，十二铜牌法中规定了托管方面的处罚；普莱托利亚法中就有关于欺骗未成年人罪的处罚。对于没有制定相应法规予以惩处的欺诈行为，也可以根据某些衡平法进行惩处，因为衡平法中有这样一条原

则：判决应当符合"诚信的要求"。还有，在衡平法处理的其他所有案子中，下面这些话是最值得注意的：在裁定寡妇继承亡夫遗产时，"越公平越好"；在要求索回抵押物时，"双方都要以诚相待"。试问，如果人们都按照"越公平越好"的原则办事，他们的行为中还会有任何欺诈的因素吗？或者说，如果大家都能"以诚相待"，谁还会去欺诈或做无原则的事情呢？但是像阿奎利乌斯所说的"有罪的欺诈"是由弄虚作假构成的。因此我们必须在交易中杜绝弄虚作假：卖方不应雇用虚假的购买者来哄抬物价，买方也不应通过虚假的出售者来杀价；开价后都不得再做改变。昆图斯·斯卡沃拉，普伯里乌·斯卡沃拉的儿子，想买一个庄园，他要卖主出一个明确的价钱；对方开价后，他说他认为这个庄园不止这个价，所以，他就多付给卖主十万个罗马小银币。没有人会说这不是诚实人的行为，但的确有人说这不是一个老于世故的人的行为，就好像他是卖主，嫌卖得太便宜似的。世人认为，有些人是正直的，有些人是聪明的——这是一种多么有害的想法；正是这一事实给了恩尼乌斯发表以下见解的机会。他说："聪明人若不能利己，其智亦徒然。"恩尼乌斯说得很对，只要他和我对"有利"的意思理解相同。

我看到罗得岛的赫卡同，帕奈提乌的学生，在题献给昆图斯·图伯洛的论道德义务的书中说过这样一席话："照料个人利益，与此同时不做违反习俗、法律和制度的事情，是一个聪明人的义务。这取决于我们谋求兴旺的目的，因为我们的目的不是只为自己致富，而是也为我们的儿女、亲戚、朋友，尤其是国家致富。因为个人的私有财产就是国家的财富。"赫卡同一刻也不能赞同我刚才所说的斯卡沃拉的行为，因为希卡同公开宣称，他只是不会为了自己的利益去做法律明确禁止的事情。这种人不值得大肆称赞，也不值得感谢。

不管怎么说，如果弄虚作假和隐瞒都构成"有罪的欺诈"，那么不带"有罪的欺诈"的交易很少；或者说，如果只有那种尽其所能帮助所有的人，而又不伤害任何人的人才是好人，那么我们肯定很难找到这样的好人。

因此我们可以得出结论：作恶决不可能是有利的，因为恶始终是不道德的；行善总是有利的，因为善永远是道德的。

【16】在关于出售不动产的那些法律中，我们的民法有这样的规定，在不动产的转移中，卖主必须把他所知道的该不动产的所有缺点告诉买家。十二铜牌法规定卖主要把这样的缺点明确告诉买家，并予以补偿，买家提出疑问，卖家如果故意否认确实存在的缺点，应受双倍罚款；以前有这些规定也就够了，而现在我们的立法者还制定了一条类似的规定，对未能做出这种告知的卖家进行处罚；他们决定，如果卖家知道自己所售不动产的缺点而又未明确告诉买家，那么卖家必须对这些缺点负责。比如，占卜官们打算在城堡上进行观察。提比略·克劳狄·山图马鲁在凯利安山丘上有一所住宅，该建筑的某些部分挡住了占卜官们的视线，所以占卜官对他下达了拆除这部分建筑的通知。克劳狄接到通知后马上贴出告示，出售该住宅，普伯里乌·卡普纽斯·拉纳留斯买下了这所住宅。不久，卡普纽斯也接到了同样的通知。就在他拆除那部分过高的建筑时，他知道山图马鲁在贴出售房告示之前已经接到过占卜官命令他拆除那部分建筑的通知；于是他就到衡平法庭状告前房主，要求法官就"前房主有义务诚实地给予赔偿"做出裁决。判决是由我们的加图的父亲马库斯·加图宣布的（别人是子以父贵，而他却父以子荣）；他是此案的主审官，他的判决是："卖主在出售该住宅之前就已经知道占卜官下达的命令，由于他未把此事告诉买家，所以他应当赔偿买主的损失。"

马库斯·加图用这一判决确立了一条原则：卖家必须把他自己所知道的任何缺点告诉买家，这是诚信所必不可少的。如果他的判决是正确的，那么在前面所举的那些例子中，那个粮商和那个出售不符合卫生要求的房屋的人隐瞒事实就是错误的。但是，民法不可能制订得面面俱到，对所有隐瞒事实的情况都有明确的处罚规定；不过对于已经列入民法的那些隐瞒事实的情况，民法里都有简要的处罚规定。马库斯·马略·格拉提狄亚努，我的一个亲戚，把一所房屋卖回给盖乌斯·塞吉乌斯·奥拉塔，这是他几年前从这位奥拉塔手里买来的。该房屋已设有抵押权，但是格拉提狄亚努在谈出售条件时并未提及此事。于是官司就打上了法庭。克拉苏是奥拉塔的律师，而格拉提狄亚努则请安东尼为他辩护。克拉苏辩护的法律依据是"卖方必须对这一缺点负责，因为他早就知道这一缺点，却没有告诉买方。"安东尼则强调衡平原则，他辩解说："这个缺点塞吉乌斯并非不知道（因为这所房屋原本就是他卖给马略的），所以不需要再告诉他，他在买回这所房屋时并未受骗，因为他本来就知道他购买的东西有什么样的法律责任。"

我举这些例子的目的何在？就是为了让你明白我们的祖先并不鼓励这种狡诈的行为。

【17】法律用一种方法对付狡诈，哲学家用另一种方法；法律用其强大的威慑力制止狡诈；哲学家们则通过启发人的理性和良知来防止狡诈。理性要求我们不做任何不公正、不诚实、弄虚作假的事情。设立陷阱不就是欺骗吗？哪怕人们无意将猎物赶入陷阱。野兽经常在没有追赶的情况下落入陷阱。张贴售房告示亦如此，如果你所出售的房屋有某些缺点，而又不告诉买方，那不就像一个陷阱，让人稀里糊涂往里跳吗？

由于世风日下，我发现这种做法既不被习俗看做是不道德的，也不被法令或民法所禁止；但无论如何，它还是为道德律所禁止。因为人与人之间有一种伙伴关系——尽管我经常说这句话，但我一定还要反复地说——具有极为广泛的适用性，它把所有人团结起来。在属于同一民族的人之间，这种联系的纽带比较紧密；在属于同一城邦的公民之间这种联系的纽带更加紧密。由于这一缘故，我们的祖光选择用万民法来理解一件事情，用市民法来理解另一件事情。市民法不一定是万民法，但万民法必定也是市民法。但是我们并不拥有关于真正的法律和真正的公正的有血有肉、栩栩如生的图像，我们享有的只是一个大概的轮廓。我只希望我们真实地对它，因为它毕竟是从自然和真理所提供的那些卓越的典范中提取出来的。"由于你的诚实和我对你的信任，我就不会被欺骗和蒙蔽。"这句话是何等的有分量！"在诚实者中间，以诚相待，不得有欺骗。"这句话是何等的宝贵！但谁是"诚实者"，什么是"以诚相待"——这些都是严肃的问题。

大祭司昆图斯·斯卡沃拉在处理仲裁问题时曾经非常重视"按诚信所要

求的"这句套话；他认为"诚信"一词具有很广泛的适用性，因为它可用于托管、合伙、信托、买卖、雇佣、租赁——总之，可用于日常生活中社会联系所依赖的一切事务；他说，在这些事务中，需要一位能力很强的法官来决定每个人应该对他人承担多少义务，尤其是在大多数案子容许反诉的情况下。

因此，必须摒弃狡诈和欺骗，当然了，它们也很想被人视为智慧，但它们与智慧相距甚远，而且完全不像智慧。因为智慧的功能是区别善恶；而道德上错误的一切事情都是邪恶的，而欺骗喜欢恶而不喜欢善。

不仅在不动产转让的诉讼案中，民法根据自然的正义感惩罚诡诈和欺骗，而且在奴隶的出售中，卖方的各种欺骗行为也是不允许的。因为，按照市政官的裁决，卖方要对他所出售的奴隶的任何缺陷负责，因为他应该知道他的奴隶是否健康，是不是逃亡者或盗贼。至于那些刚刚通过继承而得到奴隶的人，则另当别论。

由此我们可以明晰，由于自然是正义之源，所以利用邻人的无知来获利是违反自然的。生活中最大的祸害莫过于戴着智慧面具的狡诈。有无数的例子，在其中有利似乎与道义发生冲突。确信干了坏事绝对不会被人发现，也没有受到惩罚的危险，但仍旧能够克制自己，不做坏事的人，实在是太少了！

【18】要是你愿意，让我们对我们的原则作一检验，看它在一般世人也许觉得没有过错的那些事例中是否有效；因为在这个方面，我们不需要讨论谋杀者、放毒者、伪造遗嘱者、盗贼、贪污公款者，对这些人不应当用演说和哲学家的讨论，而应当用镣铐和监狱的高墙加以约束；而在这里，让我们考察一下那些享有诚实名望的人的行为。

某些人把一份伪造的遗嘱从希腊带到罗马，声称这是巨富卢西乌斯·米诺西乌·巴西鲁斯的遗嘱。为了使它更容易被人相信，他们把当时两位最有权势的人物，马库斯·克拉苏和昆图斯·霍腾修斯，也列为遗产继承人。虽然这两位要人也怀疑这份遗嘱是伪造的，但他们觉得自己没有参与伪造，无所谓有罪，因而并未拒绝接受那种通过他人犯罪而带来的不义之财。那么我们该怎么说呢？这能成为宣判他们无罪的正当理由吗？我认为不能，尽管他们中的一位生前与我交好甚笃，另一位我对他也从无敌意，况且他现在也已经去世。不管怎么说，巴西鲁斯实际上希望他的外甥马库斯·萨特利乌姓他的姓，继承他的遗产。（我说的是现在充当皮切诺和萨宾国的"保护人"的那个萨特利乌——哦，这是一个多么可耻的头衔！）因此，让两位罗马的重要公民得到遗产，而萨特利乌除了他舅舅的姓氏外什么也没有继承，这是不公正的。如果说一个人能够制止伤害他人的行为而未予制止是犯罪——如我在第一卷中已经解释过的那样——那么一个人不仅没有竭力制止犯罪，而且还推波助澜，那又当如何？在我看来，尽管继承真正合法的遗产是合乎道德的，但若这些遗产是通过献媚和虚假的而非真诚的殷勤得来的，那也是可耻的。

然而有时候会出现这样的情况，一种做法显得像是有利的，另一种做法在道德上是正确的。这种表面现象是靠不住的，因为我们用来衡量有利和道德上的正确的标准是同一个。不接受这一真理的人，什么狡诈的事情和罪恶的勾当都干得出来。因为他要是推论，"这样做固然是正当的，但那样做却是有利的"，那么他就会毫不犹豫地按照他的错误判断把两个自然使之合二为一的概念割裂开来；于是，这个魔鬼就打开了通向各种欺骗、作恶、犯罪的大门。

【19】假定一个好人有这样一种能力，拈着手指头打一个响指，他的名字就会潜入富人的遗嘱，但他不会使用这种能力，哪怕他能够完全确定没有人会怀疑他这样做。另一方面，假定有人赋予马库斯·克拉苏这种能力，只要他拈着手指头打一个响指，就能使自己列入继承人的名单，那么尽管他实际不是继承人，但我敢担保他肯定会乐得在广场上跳舞。但是，正直的人，也就是我们所说的好人，决不会为了使自己富裕而窃取其他人的东西。如果有人对这种学说感到惊讶，那就证明他不知道什么是好人。另一方面，如果有人想展开藏在他心中的"好人的理念"，那么展开后他马上就会明白好人

就是尽可能帮助所有人并且不伤害任何人的人，除非被邪恶所激怒。那么，我们该说些什么呢？用魔法成功地换掉真正的遗产继承人，自己取而代之，他不就是在做损害他人的事吗？有些人会说：他就不能做对自己有利或有益的事情吗？不，当然应当做；不过应该使他明白，凡是不正当的事情既不可能是有利的也不可能是有益的；如果他不牢记这一教训，他永远不可能成为一个"好人"。

当我还是个孩子时，我曾经听我父亲说过一件事，前执政官盖乌斯·菲姆利亚审理马库斯·鲁塔提乌·平西亚一案，平西亚是一位具有无可指责的优良品质的罗马骑士。当时，平西亚与人打赌，"如果他不能在法庭上证明自己是一个好人，他愿意付一份罚金"。菲姆利亚宣布说自己决不会对这种案子做出裁决，因为他担心，要是做出对其不利的判决，就会损坏一个值得尊敬的人的名声，而要是做出对其有利的裁决，就会被人认为他宣布某人是好人，而要成为这样的好人，如他所说，需要履行无数的义务和具有无数值得称赞的品质。

因此，不仅苏格拉底，而且连菲姆利亚也知道，对这种类型的好人来说，凡是不符合道义的事情似乎都不可能是有利的。所以这种人决不会冒昧地去想——更不用说去做——任何他不敢公布于众的事情。连农夫都能毫不犹豫地做出决断的道德问题，哲学家们却犹疑不决，这岂不是一种耻辱？人们常说的那句古谚就是农夫创造的；当他们称赞一个人的正直和诚实时，他们就说"他是一个可以同他在黑暗中玩猜单双游戏的人"。这句谚语的要旨岂不就是，即便你能在任何人都无法知道你干坏事的情况下达到你的目的，不正当的行为也不可能带来利益，对吗？

根据这句谚语的启发，难道你没看出无论是那个故事中的吉格斯，还是我刚才所假设的那个拈着手指头打一个响指就能把所有人的遗产一下子全都卷走的人，都是不可原谅的吗？因为正如无论如何掩饰，道德上的错误决无可能成为道德上的正确一样，凡是不符合道义的事情也决不可能成为有利的，因为自然拒斥和抗拒这种不符合道义的事情。

【20】有人会反对说："等一下，要是能得到很大的奖赏，做坏事还是有理由的。"

盖乌斯·马略在担任执法官后整整六年多的时间里一直默默无闻，几乎没有丝毫希望获得执政官的职位。看起来，他好像连执政官候选人都当不上。他当时是昆图斯·麦特鲁斯手下的一个幕僚，麦特鲁斯让他回罗马休假。回到罗马以后，他在罗马人民面前谴责他自己的长官麦特鲁斯——一位优秀的人和一流的公民——故意拖延战争，并且声称，如果他们选他当执政官，他会在很短的时间内把朱古达，无论是活的还是死的，交到罗马人民的手里。就这样，他真的当选了执政官，但他的行为违背了诚信和公正；因为他无中生有地指责一位模范的、受人尊敬的公民，尽管他是他的幕僚，是他准许他回罗马休假的。

甚至我们的亲戚格拉提狄亚努有一次也没有履行好人应尽的义务；在他担任执法官期间，保民官召集执法官们开会，以便共同商定出我们货币的价值标准，由于当时币值很不稳定，没有人能说出他的财产究竟值多少。在联席会议上他们草拟了一条法令，规定了对违反该法令的案件的处罚规定和审判程序，他们还一致同意在当天下午一同去市政广场的讲坛上去公布这条法令。散会后人们各奔东西，马略（格拉提狄亚努）却从会议室径直去了讲坛，擅自公布了这部由大家一起拟定的法令。如果你想知道，我就告诉你，这一突如其来的行动给他带来了莫大的荣耀；满大街都是他的塑像，塑像前摆放着点燃的香烛。总之，从来没有人在民众中享有过如此高的声望。

正是诸如此类的个案有时使我们在考虑自己的义务时感到困惑，有些不义之举似乎意义并不重大，而其后果却极为重要。比如，在马略的眼中，赶在他的同僚和那些护民官之前宣布这一法令，从而使自己独享人民的赞誉，并非什么大不了的罪过；但对他非常有利，因为采取这种手段有助于他当选执政官，而这正是他雄心勃勃想要实现的目标。但我们有一条适用于所有情况的规则，我希望你能完全熟悉它：显得有利的东西一定不能是道德上错误的，或者说，假如它在道德上是错误的，那么它一定不可能是有利的。接下去怎么样？我们能把伟大的马略或者我们的马略·格拉提狄亚努算做好人吗？你自己好好想一想，清理一下你的思想，以便看出其中所包含的好人的概念或观念。请你告诉我，为了自己的利益而说谎、诽谤、欺骗、用诡计取胜，这和你心目中的好人一样吗？不，肯定不一样，好人会去做任何事，但决不会做这种事。

因此，有什么东西这样值钱，或者有什么利益如此值得追求，乃至于为了得到它，宁愿牺牲"好人"的名声和自己的荣誉呢？如果你所谓的有利能偷走你的"好人"的名字，使你丧失荣誉感和正义感，那么它能给你带来的东西能补偿它造成的损失吗？因为一个人真的变成了野兽，与徒有人的外表，内里包藏野兽的本性，又有什么区别呢？

【21】还有，当人们为获得权力而轻视道德的正确与真实时，他们的行为不就和那个想找一个人做岳父，以便依仗岳父厚颜无耻的行径使自己获得权力的人一样吗？他认为这样做有利于获取最高权力，而由此引起的公愤则落在他人的头上；但他没有看到这样做对他的国家来说多么不公正，而且多么不道德。而这位岳父本人喜欢把《腓尼基妇女》中的那两行希腊文的诗句挂在嘴上，我将尽我所能把它翻译出来，也许很蹩脚，不过意思还是看得懂的："如果为了王位的缘故，错误的可以变成正确的，那么错误就是最正确——在其他事情上才要敬畏神。"我们的暴君该死，因为他把一切罪行中最邪恶的罪行当做了例外。我们为什么还要去搜集微不足道的罪行的例子——比如用罪恶的方法获得遗产、在买卖中欺骗？你瞧，这里有一个人野心勃勃，想当罗马人的国王和世界之主，而且他已经达到目的！坚持这种野心符合道义的人是疯子，因为他认为摧毁法律和自由有理，认为他们那种可怕而又可恶的镇压是光荣的。但若有人同意这样一种观点，即认为在一个曾经是自由的，而且现在仍旧应当保持自由的国度里做国王不符合道义，但他又想，假如能够达到那种地位，对他来说是有利的，那么我应当如何规劝，或者更加确切地说，怎样恳求才能使他摆脱如此怪诞的谬见呢？啊，不朽的众神啊！尽管受他奴役的公民授予他国父的称号，这种一切谋杀中最可恶、

最可怕的谋杀——谋杀祖国——能给任何人带来利益吗？因此，必须以道德上的公正为标准来衡量有利，而且也可以这样说，这两个词似乎只是发音不同，而实际上它们的含义完全一样。

按照一般人的看法，我不知道还有什么比当国王更有利的；然而，当我开始回过头来对这种看法的正确性产生怀疑时，我发现对一个人来说没有什么比用不正当手段窃取高位更不利的了。焦虑、烦恼、一天到晚担惊受怕、整个生活充满了阴谋和危险，这能对任何人有利吗？阿西乌斯说："君王有许多敌人和不忠的朋友，而忠实的朋友寥寥无几。"但他说的是哪种君王？噢，当然是一种凭借公义而拥有、从坦塔罗斯和珀罗普斯那里把王位继承下来的君王。那么好，你想想看，一位国王率领罗马军队镇压罗马人，强迫一个不仅曾经是自由的，而且还称霸世界的国家做他的奴隶，他能没有更多的敌人吗？你想他的良心能不被玷污，他的心灵能没有创伤吗？哪怕只有过这种生活，他才能得到莫大的荣誉和人们永久的感恩，这对他本人能算有利吗？如果这些似乎非常有利的事情是不利的，因为它们充满了耻辱和邪恶，那么我们必须相信，凡是不符合道义的事情都不可能是有利的。

【22】然而，在以往的许多场合，这个问题有过决定；在与皮洛斯交战时，盖乌斯·法伯里修——当时他是第二次任执政官——和我们的元老院所做的决定尤其令人注目。国王皮洛斯未经寻衅向罗马人宣战；我们的敌人是一位有雅量的、强大的国王，最高霸权是这场战争的奖赏；皮洛斯军中的一名逃兵到法伯里修军营中来投诚，并说如果法伯里修能给他奖励，他愿意像来时那样潜回皮洛斯军营，将这名国王毒死。法伯里修拒绝了他的建议，并下令将这个家伙送回给皮洛斯；他的行为得到元老院的赞赏。如果我们只追求表面上的有利，即一般人心目中的那种有利，我们就会利用这个逃兵去除掉那个同我们争夺霸权的可怕的敌人，从而结束这场劳民伤财的战争；但我们是在为荣誉而战，用罪恶而不是以勇敢取胜，会使我们永远蒙受耻辱。

那么，对从来不把有利和荣誉割裂开来的法伯里修来说——法伯里修之于我们这个城市，犹如阿里斯提德之于雅典——或者对我们的元老院来说，用刀剑同敌人决战和用毒药同敌人决战这两种做法哪一种更有利呢？如果是为了荣誉而争霸主地位，那么就应当摈弃罪恶，因为罪恶中不可能有荣誉；但若为权力而争夺权力，无论奖赏是什么，那么只要与耻辱联系在一起，它就不可能是有利的。

因此，昆图斯之子腓力普斯提出的那个著名的办法是无益的。根据元老院的决定，卢西乌斯·苏拉在接受某些城邦的巨款后豁免了它们的赋税。腓力普斯提议说，应当再次让它们处于附属国的地位，而且它们为豁免赋税而进贡的那笔钱也不要退还给它们。元老院接受了他的建议。我们的政府太可耻了！海盗的荣誉感高于元老院的荣誉感。有些人会说："这样做可以增加税收，因此是有利的。"人们还要大胆地说多久，不符合道义的事情可以是有利的？进一步说，对任何政府来说憎恨和耻辱是有利的吗？因为政府必须建立在良好的声誉和同盟国的忠诚的基础之上。

在这一点上，我甚至经常与我的朋友加图发生意见分歧；在我看来，他在维护国库和税收方面似乎过于严苛；他拒绝包税人的任何请求，也不考虑同盟国的要求；而我坚持应当对同盟国慷慨宽容，要像对待自己的房客一样对待包税人，因为各阶层之间的和谐对于国家的兴旺来说是必不可少的，这是我们应尽的义务。库里奥也是错的，因为他虽然为波河那边的居民辩护，说他们的要求是正当的，但他总是要加一句，"一切都要服从有利"。他应当证明这些要求对我们国家不利，所以他们的要求是不正当的，而不是承认这些要求是正当的，但不是有利的。

【23】赫卡同的《论道德义务》的第六卷充满了下面这样的问题："在发生饥荒、粮价很高的时候让自己的奴隶挨饿，这样做和一个好人的义务一致吗？"

赫卡同对这个问题做了正反两方面的论证，但是到了最后，他还是以他理解的有利，而不是以人类的一种情感为标准，来决定义务问题。

然后他提出一个问题：假定一个人在海上遭遇风暴时必须将船上超载的东西扔出船外，那么他应当扔掉一匹值钱的马呢，还是应当扔掉一个不值钱的奴隶？在这种情况下他左右为难，一方面想要保住自己的财产，另一方面又要顾及人类的情感。

"假定一个傻瓜在沉船时抓住一块船板，若有可能，一个聪明人可以抢走这块船板吗？"

赫卡同说："不行，这样做是不公正的。"

"如果是船主呢？他可以拿走那块船板吗？因为这条船属于他。"

"完全不可以；这就好比在茫茫大海上，他不可以因为船是他的而把乘客扔进海里。在船抵达预定港口之前，船不属于船主，而属于乘客。"

"还有，假定那条沉船上有两个人遭遇海难，需要救助——两个人都是聪明人——但只有一块小船板，那么这两人为了救自己都要争夺这块船板呢，还是一个人应当把船板让给另一个人？"

"当然是一个人让给另一个人，但这个人的生命，或者由于其本身的缘故，或者对于他的国家，价值更高。"

"如果无论是对国家还是对其本人，这两人都同样重要，那又如何呢？"

"那也不应该争夺，而是其中有一个人必须放弃，就好像通过抓阄或游戏中猜单数和双数来决定。"

"还有，假定一个人的父亲盗窃神庙，或者挖掘通往国库的地道，他的儿子应向官府告发吗？"

"不，那样做是有罪的；相反，如果父亲被指控，儿子应当为其辩护。"

"那么好，国家的利益不是高于其他一切义务吗？"

"对，是这样的；但是让公民忠于他们的父母也对我们的国家有利。"

"再进一步说，如果父亲试图篡夺王权，或者叛国，儿子也要保持沉默吗？"

"当然不能，他应当恳求他的父亲不要这样做。假如他的父亲不听，他可以责备甚至威胁他的父亲；最后，如果事情发展到有可能导致国家的覆亡，他应当宁可牺牲父亲也要维护国家的安全。"

赫卡同还提出这样一个问题："如果一位聪明人不小心收进了一枚假币，

等他发现以后，他可以把它当做真币来还债吗？"对这个问题，第欧根尼说可以，安蒂帕特说不行，我赞成安蒂帕特。

如果一个人知道他卖的酒不久就会变坏，他必须把实情告诉他的顾客吗？第欧根尼认为没有必要，安蒂帕特则认为一个诚实的人会这样做。这些问题就像很多法律条文一样在斯多亚学派中经常争论。"在出售一名奴隶时，应当公布他的缺陷吗？——不仅要说明民法规定卖主必须公布的那些缺陷，否则买主有权退还，而且还要说明他是否诚实，是否喜欢赌博、偷盗或喝酒？"一种观点认为应当公布这些事实，另一种观点则认为没有必要。

"如果一个人认为自己在卖黄铜，而他卖的东西实际上是黄金，一名正直的人应该告诉他卖的东西是金子呢，还是用一个德纳留①买下这价值一千个德纳留的东西呢？"

我对这些问题的看法是什么，上述哲学家之间争论的根据是什么，到现在已经够清楚了。

【24】人们提出的问题还有协议和承诺，用执法官的法令用语来说，"当它们并非通过暴力或欺诈达成时"，是否应当永远恪守。

如果一个人给另外一个人一种治疗水肿的药，同时约定，如果水肿治愈，患者将永远不再使用该药；假定患者用药以后恢复了健康，但若干年后他又旧病复发；假定他无法得到原来和他有约定的那个人的允许，再次使用这种药，那么他该怎么办？这就是问题。由于拒绝这种要求是不近人情的，由于他的朋友使用此药不会对他造成任何伤害，因此病人可以正当地做他能做的有益于他的生命和健康的事。

还有，假定一位百万富翁指定某个聪明人为他的继承人，并立下遗嘱，留给他一笔价值一亿塞斯特②的遗产；假定他要求这个聪明人在继承他的这笔遗产之前必须在光天化日之下在讲坛上跳一次舞；假定这个聪明的人答应

---

① 德纳留（denarius），货币名，相当于 4 个小银币（sestertii）。
② 塞斯特（Sesterius），罗马小银币，罗马的辅币。

了他这样做，因为若不答应，这个富翁就不会把他的财产留给他；那么，他是否应当履行他的诺言呢？我希望这个聪明人没有答应这样做；我想，这样做才算有骨气。但由于他已经答应了，如果他认为在讲坛上跳舞是不道德的，那么从道德上来说，他违背诺言不要遗产比履行诺言接受遗产要好——除非他也许会把这些钱捐给国家，以应付某种深刻的危机。在这种情况下，只要对国家有利，如果你愿意，即使在讲坛上跳舞也并非不道德。

【25】对承受诺言的人不利的那些诺言也是不必遵守的。比如神话故事中说，太阳神向他的儿子法厄同许诺，满足法厄同的任何愿望。法厄同想驾驶他父亲的太阳车，太阳神同意了。结果就在法厄同驾车返回地面之前，他受到雷击被烧死了。在这种情况下，他父亲不履行诺言比履行诺言要好得多。忒修斯要求尼普顿履行的那个诺言又怎样？尼普顿答应忒修斯可以帮他实现三个愿望，忒修斯希望他的儿子希波吕特死掉，因为这位父亲怀疑儿子与其继母有染。然而当这个愿望实现时，忒修斯却悲痛欲绝。还有，阿伽门农曾向狄安娜许愿，要把他的王国内当年所生的最美的生灵献祭给她，结果他只好把他的女儿伊菲革涅亚献祭给狄安娜，因为当年所生的生灵中没有比她更美的了。他应该宁可食言，而不是去犯下如此可怕的罪行。

因此，诺言有时是不必遵守的；托管物也不一定非要归还。假定有一个人在神智正常时把他的剑交给你保管，后来神经病发作，来向你要回他的剑。在这种情况下，把剑还给他是有罪的，你有责任不这样做。还有，假定一个人交给你一大笔钱，开始对你们共同的祖国开战，你应当把这笔钱还给他吗？我相信你不会这样做，因为你这样做就是在做反对国家的事，而国家对你来说是世上最亲爱的东西。这样，有许多事情，它们本身看起来好像是符合道义的，但在某些处境下就不符合道义了；履行诺言、遵守协定、归还托管物，可以随着利益的变化而不再符合道义。

说完这一点，我想有关那些在明智的幌子下伪装有利、而实际上违反公正的行为我已经说够了。

然而，由于我们在第一卷中从道德上的公正的四个来源推导出道德义务，所以在这里让我们继续从这四个方面来指出这些貌似有利而实则无利的行为是与美德相违背的。我们已经讨论了智慧，狡猾企图冒充智慧；我们也讨论了公正，公正永远是有利的。剩下来我们还要讨论两种道德上的公正，一种见诸优秀灵魂的伟大和卓越，另一种见诸节制和自控灵魂的塑造和约束。

【26】按照悲剧诗人的描述，乌利西斯认为自己的计策是有利的。在我们最信赖的权威荷马的作品中，对乌利西斯这样的怀疑；但有些悲剧却指责他试图通过装疯来逃避当兵。这种计策不符合道义，但有人也许会说："对他来说，保住自己的王位，与自己的父母妻儿一起在伊塔卡过安逸的生活是有利的。你认为与这种安逸的生活相比，每日里面对艰难困苦有什么荣耀可言吗？"

不，我认为以这样的代价换取的安逸应当受到鄙视和拒斥；如果它是不符合道义的，那么它也不是有利的。因为你想，如果乌利西斯装疯卖傻一直伪装下去，人们会说他什么；尽管后来乌利西斯在战争中表现出英雄气概，他还是受到埃阿斯的指责："你们都知道，最早提出要宣誓的是他，而后来违背誓言的也是他。他一直装疯卖傻，因为这样他就可以不从军。要不是精明的帕拉墨得斯揭穿他狡猾且厚颜无耻的伪装，他就永远无须履行自己的誓言。"不，不但和敌人战斗，而且和波浪抗争，像他后来所做的那样，比在希腊各城邦联合起来与蛮族作战时背弃希腊，对他来说更有好处。

但是让我们丢下异国他乡的神话故事，返回我们自己历史上的真实事件。马库斯·阿提留斯·勒古鲁斯在第二次担任执政官的时候，在阿非利加中了克珊西普的计，因而被俘，克珊西普是汉尼拔的父亲哈米卡手下的一位斯巴达将军。勒古鲁斯被派回罗马，要他同元老院洽商释放迦太基被俘贵族事宜，并且在成行前要他发誓，如果迦太基战俘不能获释，他自己一定返回迦太基。勒古鲁斯回到罗马，他不可能看不到那种似是而非的表面上的有利，但像后来的结果所证明的那样，他断定这并不是真正的有利。他的表面上的有利是留在他自己的国家，与自己的妻子儿女共享天伦之乐，保持他的前执政官的地位和尊严，把他自己遭受的失败看做任何一个参加战争的人都可能遭遇的不幸。谁说这不是有利的？你认为谁会这样想？"伟大的灵魂和勇敢"说这不是有利的。

【27】你还能找到更能干的权威吗？这种否定来自那些美德，因为它们的特点就是无所畏惧，不为世俗生活的沉浮衰荣所动，并且认为没有什么是人所不能忍受的。那么，勒古鲁斯是怎么做的呢？他来到元老院，陈述了自己的使命；但他拒绝参加对这个问题的投票；他认为，只要他还受到在敌人面前所立誓言的约束，他就不是元老院的一员。除此之外，他还说："有人会说，这个家伙多么愚蠢，偏偏喜欢做对自己不利的事情"，把这些战俘放回去是不利的；因为他们都是些年轻而且干练的军官，而他自己则已经老朽了。他的意见在元老院里占了上风，这些战俘没有获释，而他本人返回了迦太基；对自己的祖国和家庭的依恋并未能阻止他返回迦太基。在那个时候他明明知道自己回去以后将要面对最残暴的敌人和酷刑，但他还是认为必须神圣地信守自己的誓言。他回到迦太基以后受到折磨，敌人不让他睡觉，最终衰竭而死，但即便如此，他返回迦太基仍比留在国内作一名年迈的战俘和一名背誓的前执政官要幸福。

你会说："他不但不积极主张交换战俘，而且还对这种行为表示反对，这是愚蠢的。"

这怎么是愚蠢呢？他的做法对国家有好处，怎么是愚蠢呢？不，对国家不利的事情对个别公民来说能是有利的吗？

【28】当人们把有利和道德公正割裂开来的时候，他们就颠覆了自然设定的基本原则。因为我们所有人都想得到对自己有利的东西；有利对我们具有不可抗拒的吸引力，我们不可能不受它的吸引。有谁会拒斥对自己有利的东西呢？或者说，有谁不在为了得到对自己有利的东西而竭尽所能呢？但由于除了好名声、适当和道德上的公正，在其他任何地方我们都不可能发现对我们真正有利的东西，所以我们把这三者看做是首要的和最高的努力目标，而被我们算做有利的东西，与其说它是我们的尊严的一种装饰品，不如说它

是我们生活的一种必要的附带物。

有人会说："那么我们给誓言添加了什么重要性？我们并不害怕朱庇特的愤怒，是吗？根本就用不着害怕，哲学家们普遍接受的观点是，神从不发怒，也从不害人。这不仅是那些教导说神本身并不操心各种烦恼的事情，也不会给其他人带来烦恼的人的看法，而且也是那些相信神永远在工作、永远在指导着他的世界的人的看法。况且，假定朱庇特发怒了，他还能给勒古鲁斯带来超过勒古鲁斯本人对他自己的伤害更大的伤害吗？所以，宗教上的顾忌不可能超过如此重大的有利。"

"或者说，他是否担心自己的行为是不道德的？关于这一点，首先，有格言说：'诸害相权择其轻。'那么这种不道德所包含的恶与那种可怕的刑罚中包含的恶一样大吗？其次，阿西乌斯的剧本中有这样两句台词：

堤厄斯忒斯：你怎么不守信？

阿特柔斯：我没有讲过要守信。我对不守信的人从来不守信。

尽管这句话出自一位邪恶的国王之口，但它还是很有道理、很有启发性的。"

他们的第三个论证是：就像我们坚持说某些事情看起来似乎是有利的，但实际上并非如此，他们坚持说，某些事情看起来似乎符合道义，但事实上却并非如此。他们说："比如，就拿上面提到的这个例子来说，勒古鲁斯为了恪守自己的誓言而回去受折磨，这样做看起来似乎符合道义，但实际上并非如此，因为在敌人的胁迫下所立的誓言不应恪守。"

作为他们结论性的论证，他们又添上：凡是非常有利的事情可以证明都是符合道义的，哪怕事先看来似乎并非如此。

这些就是他们提出的反对勒古鲁斯的行为的论证。让我们逐一加以考虑。

【29】"他不需要担心朱庇特发怒会伤害他；他从不发怒，也从不害人。"

不管怎么说，这个论证反对勒古鲁斯的行为并不比反对其他信守誓言的行为更有分量。但是在我们起誓的时候，我们应当考虑的不是我们如果违背誓言要害怕什么，而是起誓的义务与什么相连：誓言是一种由宗教的神圣性来支持的保证；做出郑重的诺言就好比在神面前作见证，必须神圣地恪守。这里的问题已经不再涉及神是否发怒，因为根本没有这种事情，而是涉及公正和诚信的义务。恩尼乌斯说得好，令人敬佩。他说："仁慈的诚信女神，在空中飘然巡行；你以朱庇特伟大的名义起誓。"因此，无论是谁，违背他的誓言就是亵渎诚信女神；而加图在他的演说辞里告诉我们，我们的祖先为诚信女神选择庙址，认为她应当住在卡皮托利圣山上，"与至尊至善的朱庇特为邻"。

还有进一步的反对意见："假定朱庇特发怒了，他能给勒古鲁斯带来的伤害也不会超过勒古鲁斯本人对他自己造成的伤害。"

说得很对，如果除了痛苦，世上没有其他的恶。但是那些最有权威的哲学家却明确告诉我们，痛苦不但不是最大的恶，而且甚至根本就不是恶。千万不要轻视勒古鲁斯，把他当做对他们的学说的无足轻重的见证——相反，我倒倾向于认为，他是最好的见证。一位罗马最优秀的公民，为了忠实履行自己的道德义务，情愿面对苦刑，我们还能找到比他更好的见证吗？

还有，他们说："诸害相权择其轻"——也就是说一个人应当"宁可选择不道德也不愿遭受不幸"，或者说，还有比不道德更大的恶？如果身体的残缺都会引起人们某种程度的不快，那么一颗堕落的灵魂的残缺和丑陋似乎就更应当为人们所厌恶了！因此，那些比较严谨地讨论这些问题的人①大胆地说不道德是唯一的恶，而比较草率地谈论这些问题的人②则毫不犹豫地称之为最大的恶。

还有，他们引了这样一句台词："我没有讲过要守信。我对不守信的人从来不守信。"

诗人这样说是适当的，因为他在塑造阿特柔斯时必须使台词适合剧中的

---

① 斯多亚学派。
② 逍遥学派。

角色。但若他们的意思是把这句话当做一条原则，对不讲信义的人所发的誓言不是誓言，那就让他们，不要让它成为发假誓的一个纯粹的借口。

进一步说，我们有规范战争的法律，与敌人打交道通常也应当恪守誓言；因为如果在发誓时自己心里清楚地认识到这个誓言是应当恪守的，那么就必须恪守这个誓言；如果没有这种认识，那么没有恪守誓言也不算假誓。比如，假定一个人没有向海盗交纳赎金，这是他在被掳时答应要支付的，这不算欺骗，哪怕他曾经发过誓；因为海盗并不属于合法的敌人，而是全世界的公敌；对他们根本谈不上什么誓言，也谈不上用誓言来相互约束。因为对虚假的东西发誓不一定是假誓，但用我们法律上的习惯用语说，"凭着你的良心发誓"，尔后又不履行，那就是假誓。欧里庇得斯恰当地说："我的嘴起了誓，我的心没有起誓。"但勒古鲁斯无权用假誓来破坏与敌人达成的战争条约与协议。因为这场战争的敌人是合法的，公开宣战的；为了规范我们和这种敌人的关系，我们有自己完备的关于宣战和缔结和约的法典，以及其他许多对各国都有约束力的法律。要不然，元老院决不会把我们的一些杰出人士捆绑起来，交给敌人。

【30】然而，这样的事情确实发生过。提多·维图里乌和斯普利乌·波斯图米乌在他们第二次担任执政官期间，在考汀福战役中败北，我们的军团被迫在轭门下通过。这两位将军同萨莫奈人讲和，所以被捆绑起来交给萨莫奈人，因为他们讲和没有得到罗马人民和元老院的批准。保民官提比略·努米西乌和昆图斯·买留斯也在同一时间被缚交，因为正是在他们的批准下才讲和的。元老院这样做是为了废除同萨莫奈人签订的和约。波斯图米乌是上述缚交行动的提议者和拥护者，尽管他自己是否被缚交尚在争议之中。

多年以后①，盖乌斯·曼昔努斯也有一次类似的经历；他未经元老院许可就与努曼提亚人签约，卢西乌斯·富里乌斯和塞克斯都·阿提留斯根据元老院的法令提议将他缚交给努曼提亚人，盖乌斯·曼昔努斯本人竟然也拥护

---

① 公元前 137 年。

这个提案；结果该提案通过，他被捆绑起来，交给了敌人。他的行为比昆图斯·庞培高尚；庞培的情况与他相同，然而庞培请求宽恕而拒绝接受那个提案。在后一个例子中，有利显然压倒了道德上的正直；而在前一个例子中，道德上的正直压倒了貌似有利的东西。

为了反对勒古鲁斯，他们争辩说："在武力胁迫下起的誓本来就没有约束力。"就好像勇敢者会屈从于武力似的！

"既然勒古鲁斯不主张释放战俘，他为什么还要回罗马，到元老院来呢？"

你们在这里批评的正是他的行为的最高尚的特征。他不愿意独断独行，而是说明情况和理由，让元老院来下判断。要不是他的建议起了作用，那些战俘肯定会被遣送回迦太基；这样的话，他就可以留在国内过安稳的日子。但是他认为这样做对国家不利，所以他相信表明自己的信仰并为之而受苦受难是符合道义的。

他们还争辩说，凡是非常有利的事情都可以证明是符合道义的，这时候他们不应当说它"可以证明"，而应当说它实际上就是符合道义的。因为凡是不符合道义的事情不可能同时是有利的；任何一件事情也不可能仅仅因为它有利而符合道义，但它之所以有利却是因为它是符合道义的。

因此，从历史上众多绝妙的例子中，要指出一个比勒古鲁斯的行为更值得称赞或者更加英勇的例子不是一件易事。

【31】但在勒古鲁斯整个如此值得称赞的行为中，下面这个特点最值得我们钦佩：正是他提议不要释放战俘。他返回迦太基这一事实在我们今天看来似乎是值得钦佩的，但在他那个时代，他只能这样做。所以这一功绩应当属于时代，而不属于人。我们的祖先有这样的看法，在保证诚信方面，没有什么能比誓言更具有约束力。十二铜牌法、神圣的法律，甚至对敌人也发誓讲诚信的条约、监察官们所做的调查和他们给予的惩罚，都清楚地证明了这一点；没有什么案子他们曾经做出过比违背誓言的案子更加严厉的判决。

保民官马库斯·庞波纽斯指控奥鲁斯的儿子卢西乌斯·曼留斯在他任独

裁官期满后又延长了几天任期。他还指控曼留斯把自己的儿子提多（后来的别号叫托夸图斯①）赶到乡下，不让他与国人来往。提多当时还是一个年轻人，听说父亲因为自己的缘故而碰到麻烦，匆忙赶回罗马——故事就是这么说的——黎明时分来到庞波纽斯家。庞波纽斯接到仆人的报告，知道提多来了。他以为怒火冲天的提多前来是为了向他提供反对父亲的新证据，于是就起了床，叫房间里的人都出去，传这位年轻人进来。提多一进房间就拔出剑来，并扬言说要是庞波纽斯不发誓撤回对他父亲的指控，就立刻将他杀死。为情势所迫，庞波纽斯吓得不敢违抗，只好发誓。事后他向民众报告了这件事，说明他不得不放弃此案的原因，撤回了对曼留斯的指控。那个时代就是这样，非常重视誓言的神圣性。

这个年轻人就是提多·曼留斯，他后来在阿尼奥战役中遇到一名高卢人的挑战，要求单挑，结果这位小伙子杀死了这名高卢人，摘取了他的项圈，赢得了托夸图斯这个别号。后来，他在第三次担任执政官期间，在维塞利斯河战役中打垮了拉丁人。他是伟人中最伟大的，对自己的父亲非常孝顺，对自己的儿子却很严苛。

【32】就如勒古鲁斯由于恪守自己的誓言而应当受到称赞，卡奈战役以后被汉尼拔假释回到元老院的那十个人，如果他们真的没有返回敌营的话，应当受到谴责，因为他们曾经发过誓，如果交换俘虏的问题谈不通，他们就一定返回敌营。历史学家们对相关事实有不同看法。波里比乌是最有权威的历史学家之一，他说由于元老院不同意交换战俘，当时回来谈判的十名贵族中由于未能完成使命有九人返回了敌营。但有一人却在罗马留了下来。这个人曾在离开敌营后不久又折回敌营，佯称忘了带某样东西；他解释说自己已经回过敌营，履行了诺言，因此以前所发的誓言对他来说已经失效。他错了，因为欺骗不但不能消除违背誓言的罪过，而且罪加一等。他的狡黠只是

---

① 托夸图斯（Torquatus）一词的原意是戴着奖励项圈的，公元前300年，提多·曼留斯（Titus Manlius）在与一名高卢大力士决斗中杀死后者，并摘取他所戴的项圈，因而得此别号。参见下一节文字。

一种貌似精明的愚蠢。所以元老院下令，将这个狡猾的无赖捆绑起来交给汉尼拔。

不过，这个故事最有意义的部分是，汉尼拔手中的八千名罗马战俘既不是他在战斗中抓获的，也不是因为贪生怕死逃离战场，而是由于被执政官鲍鲁斯和瓦罗留在营地。尽管本来用一小笔钱就可以把这些人赎回来，但元老院通过决议不赎他们，目的是为了让我们的士兵牢记这一教训：不成功，便成仁。据这位作者说，汉尼拔听到这一消息后完全丧失了信心，因为罗马元老院和人民在遭受惨败时仍旧表现出如此高昂的斗志。因此，道德上的正直胜过了表面上的有利。

另一方面，用希腊文撰写罗马史的作者盖乌斯·阿基留斯说，使用同样的诡计逃避履行自己所立誓言的义务人有好几个，他们都被监察官打上了可耻的烙印。

让我们把这段话作为这个论题的结尾。非常明显，怀着一种怯懦的、卑劣的、沮丧的心情采取的行动——假如勒古鲁斯支持释放战俘的提案，这对他个人来说似乎是有利的，而对国家来说是不利的，或者说他同意留在国内——这样的行动不是有利的，因为它们是可耻的、不光彩的、不道德的。

【33】我们还剩下第四个方面没有谈，包括适当、适度、节制、自律和克己。

违背这样一套美德，有什么事情能是有利的呢？然而昔勒尼学派，阿里斯提波的学派的追随者，以及以安尼凯利作为自己学派名字的那些哲学家，断言在快乐中可以发现所有的善，并且认为美德之所以值得称赞，仅在于它是快乐的产物。现在这些学派已经过时，伊壁鸠鲁流行起来，而实际上他倡导和支持的是同一种学说。如果我们要想维护和坚持我们的道德正直的标准，我们必须像俗话所说的那样，全力以赴地与这种哲学斗争到底。

就像我们在梅特罗多洛的著作中看到的那样，不仅是有利，而且还有人生幸福，都完全依赖于健康的身体以及对始终保持这种健康的合理期待，那么有利——按照他们的估量，这是最高的利——肯定会与道德公正发生冲突。这是因为，首先，智慧在这个体系中处于什么地位？处于从所有可能的来源中搜集快乐的收集者的地位吗？对一种美德来说，这是一种多么可悲的受奴役的状态啊——迎合感官的快乐！而且智慧的功能将是什么呢？在感官快乐之间做巧妙的选择吗？就算没有比这种选择更加令人愉悦的事情了，对智慧来说，还有找到什么作用比这种作用更卑贱？

还有，要是有人认为痛苦是最大的恶，那么刚毅，亦即漠视艰难困苦，在他的哲学中具有什么地位呢？不管伊壁鸠鲁有多少段落非常有男子汉气魄地说到痛苦，我们还是不要考虑他说些什么，而应当考虑一个用快乐来定义善、用痛苦来定义恶的人的一致性是什么。

还有，假如我愿意聆听他的教诲，我会发现他在许多段落中谈到节制和克己；但正如他们所说，"水不流动"。他怎么能够赞扬克己，而又把快乐视为至善呢？因为克己是情欲的敌人，而情欲则是快乐的婢女。

然而一涉及这三种主要美德，这些哲学家就尽力应付，而且应付得相当巧妙。他们把智慧纳入他们的体系，当做提供快乐和消除痛苦的知识；当他们教导说，刚毅是漠视死亡和忍受痛苦的一种理性的方法，这是在用某种方法为扫清道路，使刚毅适合他们的学说。他们甚至把节制也引入他们的体系——这样做确实不容易，但他们还是尽力这样做了；因为他们认为最大的快乐就在于无痛苦。我要说，公正在他们的学说中步履蹒跚，或者倒不如说已经趴倒，所有那些在社会生活和人类社会的伙伴关系中都能看到的美德亦如此。因为无论是友谊，还是善良、慷慨、谦恭，如果人们不是因为这些美德本身的缘故而去追求它们，而是为了感官快乐或个人私利才加以培养，那么它们不可能存在。

现在让我们扼要重述。

正如我已经指出违背道德公正的有利不是有利，所以我坚持所有感官快乐都与道德上的公正相对立。因此按照我的判断，卡利弗和狄诺玛库应该受到更强烈的谴责；他们以为把快乐与道德上的公正结合在一起就可以解决这一争端；这就好比让一个人与一头牲口同处一套轭具之下！但是道德公正不接受这种结合，她厌恶它，鄙视它。嗯，至善必须是单纯的，它不可能是一些相互冲突的性质的混合物。但是这一理论我已经在其他地方做过比较充分的讨论，这个主题很大。现在还是让我们来谈眼前的问题。

我们还充分讨论了另一个问题：当表面上的有利与道德公正发生冲突时该如何做决定。但另一方面，要是有人断言快乐也可以有一种表面上的有利，它与道德公正之间仍旧不可能结合。即使我们最慷慨地允许快乐进入我们的生活，并且承认它也许会给生活增添一些情趣，但它肯定不能对真正的有利有所贡献。

我的儿子马库斯，这就是父亲送给你的礼物——我想这是一份厚礼，但它的价值取决于你抱着什么样的精神接受它。然而你必须欢迎这三卷书，把它当做客人，和你在听克拉提普讲学时所做的笔记放在一道。就像我要是来雅典（要是我的国家没有用毋庸置疑的口气将我半路召回，我现在已经在雅典了），你会有机会听我谈话，所以你要尽可能抽出时间来阅读这几卷文章，因为它们会向你传达我的心声；你愿意花多长时间研读就花多长时间。当我看到你乐于研究哲学的这个分支，我将与你进一步交谈——越早越好①——只要你还在国外，我就这样遥远地和你交谈。

再见，我亲爱的西塞罗，你可以确定你是我最钟爱的人，如果你在这样的忠告和教诲中找到快乐，你就对我更亲了。

---

① 西塞罗此后再也没有见过他的儿子。

西汉译名对照表

一、西汉人名译名对照表

A

Acanthe 阿堪塞

Accius 阿西乌斯

Acheron 阿刻戎

Achilles 阿喀琉斯

Aelius Sextus 埃利乌斯·塞克斯都

Adonis 阿多尼斯

Aeacidae 埃基戴人

Aeacus 埃阿科斯

Aedui 埃杜伊人

Aeetes 埃厄忒斯

Aegialeus 艾吉亚留

Aemilia 艾米莉娅

Aemilius Papus 艾米留斯·帕普斯

Aeneas 埃涅阿斯

Aequians 埃奎人

Aeschines 埃斯基涅斯

Aeschylus 埃斯库罗斯

Aesculapius 埃斯库拉庇俄斯

Aeson 埃孙

Aesopus 伊索普斯

Afranius 阿弗拉尼乌

Africanus 阿非利加努

Agamedes 阿伽美德

Agamemnon 阿伽门农

Agathocles 阿伽索克莱

Agesilaus 阿革西劳

Agis 阿吉斯

Aius 艾乌斯

Ajax 埃阿斯

Alabandus 阿拉班都

Albucius 阿布西乌

Alcaeus 阿凯乌斯

Alcamenes 阿卡美涅

Alcibiades 阿尔西庇亚德

Alcidamas 阿基达玛

Alcmaeon 阿克迈翁

Alcmena 阿克美娜

Alco 阿尔科

Alexinus 阿列克西努

Allienus Pelignus 阿利努斯·佩利努斯

Allobrogians 阿洛布罗吉（人）

Arruns 阿伦斯

Arsinoe 阿西诺埃

Arsippus 阿西浦斯

Artemisia 阿耳忒弥西娅

Artemis 阿耳忒弥斯

Arusianus Messius 阿鲁西阿努·美西乌斯

Asclepiades 阿司克勒彼亚得

Asellio 阿塞里奥

Assyrians 亚述人

Astarte 阿丝塔忒

Asteria 阿丝特里娅

Athamas 阿塔玛斯

Atilius 阿提留斯

Atlas 阿特拉斯

Atreus 阿特柔斯

Atticus 阿提库斯

Attius Naevius 阿提乌斯·奈维乌斯

Attius 阿提乌斯

Attus Navius 阿图斯·那维乌斯

Aulus Albinus 奥鲁斯·阿尔比努

Aulus Aternius 奥鲁斯·阿特纽斯

Aulus Atilius Calatinus 奥鲁斯·阿提留斯·卡拉提努

Aulus Atilius 奥鲁斯·阿提留斯

Aulus Cornelius 奥鲁斯·高奈留

Aulus Postumius 奥鲁斯·波斯图米乌

Aulus Rupilius 奥鲁斯·卢庇留斯

Aulus Torquatus 奥鲁斯·托夸图斯

Aulus Varius 奥鲁斯·瓦里乌斯

Aulus Verginius 奥鲁斯·维吉纽斯

Aurora 奥罗拉（司晨女神）

B

Bacis 巴西斯

Bardulis 巴都利斯

Bellerophon 柏勒洛丰

Belus 伯鲁斯

Bion 彼翁

Biton 比同

Boethus 波埃修斯

Brennus 布瑞努斯

Briseis 布里塞伊斯

Brutus 布鲁图

Busiris 布希里斯

C

Cabirus 卡比鲁斯

Cadmus 卡德摩斯

Caecilia 凯西莉娅

Caecilius Metellus 凯西留斯·麦特鲁斯

Caecilius Statius 凯西留斯·斯塔提乌

Caecus 凯库斯

Caelus 凯鲁斯（即 Uranus）

Caepio 凯皮奥

Calatinus 卡拉提努

Calchas 卡尔卡斯

Callanus 卡拉努斯

Callicratidas 卡利拉提达

Callimachus 卡利玛库斯

Callipho 卡利弗

Callisthenes 卡利斯塞涅

Critolaus 克里托劳斯

Croesus 克娄苏

Crptippus 克拉提普

Curius 库里乌斯

Cybele 库柏勒

Cyclopes 库克罗普斯

Cylon 居隆

Cynics 昔尼克派（犬儒学派）

Cypselus 库普塞鲁

Cyrenaics 昔勒尼学派

Cyrus 居鲁士

Cyrsilus 叙尔西鲁

D

Damaratus 达玛拉图

Damocles 达摩克利斯

Damon 达蒙

Danaans 达那奥斯人

Dardanus 达耳达诺

Decimus Brutus 狄西摩斯·布鲁图

Decimus Verginius 狄西摩斯·维吉纽斯

Decius Silanus 德修斯·西拉努斯

Decius 德修斯

Decoratus 德柯拉图

Deianira 戴娅妮拉

Deiotarus 戴奥塔鲁斯

Demaratus 德玛拉图

Demetrius 德美特利

Democritus 德谟克利特

Demosthenes 德谟斯提尼

Deucalion 丢卡利翁

Diagondas 狄亚贡达

Diagoras 狄阿戈拉斯

Diana 狄安娜

Dicaearchus 狄凯亚库

Dinomachus 狄诺玛库

Dinon 狄浓

Diodorus 狄奥多洛斯

Diodotus 狄奥多图

Diogenes 第欧根尼

Diomedes 狄奥墨德斯

Dione 狄俄涅

Dionysius=Dionysus 狄奥尼修斯

Dio 狄奥

Divitiacus 狄维提亚库

Doris 多丽丝

Draco 德拉古

Druids 德鲁伊得

Drusus 德鲁苏斯

E

Echecrates 厄刻克拉底

Electra 厄勒克特拉

Egeria 厄格利娅

Elysius 厄吕西乌

Endymion 恩底弥翁

Ennius 恩尼乌斯

Epaminondas 厄帕米浓达

Epicharmus 厄庇卡尔谟

Epicurus 伊壁鸠鲁

Epigoni 厄庇戈尼

Epimenides 厄庇美尼德

Epirote 厄庇罗特

Erebus 厄瑞布斯

Erechtheus 厄瑞克透斯

Eretrians 厄里特里亚派

Erillus 厄里鲁斯

Erymanthus 厄律曼修

Er 厄尔

Etruscan 伊拙斯康人

Eubuleus 欧布勒乌

Eudemus 欧德谟斯

Eudoxus 欧多克索斯

Euhemerus 欧赫墨鲁

Eumolpidae 欧谟匹戴亚人

Euphorion 欧佛里翁

Euripides 欧里庇得斯

Eurydice 欧律狄刻

Eurypylus 欧律庇卢斯

Eurysthenes 欧律斯塞涅

Eurystheus 欧律斯透斯

Euthynous 欧绪诺斯

Evander 伊凡得尔

F

Fabius Maximus 法比乌斯·马克西姆

Fabius Pictor 法比乌斯·庇克托尔

Fabricius 法伯里修

Fadia 法迪娅

Fauns 法翁斯

Fons 芳斯

G

Gaius Acilius 盖乌斯·阿基留斯

Gaius Aquilius 盖乌斯·阿奎留斯

Gaius Ateius 盖乌斯·阿泰乌斯

Gaius Avianius 盖乌斯·阿维安纽斯

Gaius Blossius 盖乌斯·布劳西乌

Gaius Caesar 盖乌斯·凯撒

Gaius Canius 盖乌斯·卡尼乌斯

Gaius Carbo 盖乌斯·卡波

Gaius Cato 盖乌斯·加图

Gaius Claudius 盖乌斯·克劳狄

Gaius Coelius 盖乌斯·科厄留斯

Gaius Coponius 盖乌斯·科波尼乌斯

Gaius Cotta 盖乌斯·科塔

Gaius Curiatius 盖乌斯·库里亚提乌

Gaius Duelius 盖乌斯·丢里乌斯

Gaius Fabricius 盖乌斯·法伯里修

Gaius Fannius 盖乌斯·芳尼乌斯

Gaius Figulus 盖乌斯·菲古卢斯

Gaius Fimbria 盖乌斯·菲姆利亚

Gaius Flaminius 盖乌斯·弗拉米纽斯

Gaius Gallus 盖乌斯·伽卢斯

Gaius Gracchus 盖乌斯·革拉古

Gaius Julius 盖乌斯·朱利乌斯

Gaius Laelius 盖乌斯·莱利乌斯

Gaius Licinius Crassus 盖乌斯·李锡尼·克拉苏

Gaius Livius Drusus 盖乌斯·利维乌斯·德鲁苏斯

Gaius Lucilius 盖乌斯·鲁西留斯

Gaius Luscinus 盖乌斯·卢基努斯

Gaius Mancinus 盖乌斯·曼昔努斯

Gaius Marcellus 盖乌斯·马凯鲁斯

Gaius Marius 盖乌斯·马略

Gaius Norbanus 盖乌斯·诺巴努斯

Gaius Papirius 盖乌斯·帕皮留斯

Gaius Plotius 盖乌斯·普罗提乌

Gaius Pontius 盖乌斯·庞提乌斯

Gaius Popilius Laenas 盖乌斯·波皮留斯·莱纳斯

Gaius Popilius 盖乌斯·波皮留斯

Gaius Postumius 盖乌斯·波斯图米乌

Gaius Rutilius 盖乌斯·鲁提留斯

Gaius Salinator 盖乌斯·萨利那托尔

Gaius Selius 盖乌斯·塞留斯

Gaius Sergius Orata 盖乌斯·塞吉乌斯·奥拉塔

Gaius Servilius Ahala 盖乌斯·塞维留斯·阿哈拉

Gaius Sulpicius Gallus 盖乌斯·苏皮西乌·伽卢斯

Gaius Sulpicius 盖乌斯·苏皮西乌

Gaius Triarius 盖乌斯·特里亚留

Gaius Tuditanus 盖乌斯·图狄塔努

Gaius Velleius 盖乌斯·威莱乌斯

Galba 加尔巴

Gallonius 伽洛尼乌

Ganymede 该尼墨得

Geminus 盖米努斯

Glauce 格劳克

Gnaeus Aufidius 格奈乌斯·奥菲狄乌

Gnaeus Caepio 格奈乌斯·凯皮奥

Gnaeus Caesar 格奈乌斯·凯撒

Gnaeus Carbo 格奈乌斯·卡波

Gnaeus Octavius 格奈乌斯·屋大维

Gnaeus Pompeius 格奈乌斯·庞培

Gnaeus Scipio 格奈乌斯·西庇阿

Gnatho 格纳索

Gorgias 高尔吉亚

Gyges 吉格斯

H

Hagnon 哈格农

Hamilcar 哈米卡

Hannibal 汉尼拔

Hanno 汉诺

Harmodius 哈谟狄乌

Harpalus 哈帕卢斯

Hasdrubal 哈德鲁巴

Hebe 赫柏

Hecaton 赫卡同

Hector 赫克托耳

Hecuba 赫卡柏

Hegesias 赫格西亚

Hegesinus 赫吉西努

Helenus 赫勒努斯

Heraclides 赫拉克利德

Heraclitus 赫拉克利特

Hercules 赫丘利

Herillus 赫里洛斯

Hermarchus 赫玛库斯

Hermes 赫耳墨斯

Hermodorus 赫谟多洛斯

Hernicians 赫尼西亚人

Herodotus 希罗多德

Hesiod 赫西奥德

Hesione 赫西俄涅

Hesperus 赫司佩鲁斯

Hestia 赫斯提亚

Hicetas 黑刻塔斯

Hieronymus 希洛尼谟

Hiero 希厄洛

Hippodamia 希波达弥亚

Hippolytus 希波吕特

Hipponax 希波那克斯

Homer 荷马

Horatius Cocles 霍拉提乌·科克勒斯

Hortensius 霍腾修斯

Hyades 许阿得斯

Hydra 许德拉

Hyllus 叙鲁斯

Hyperbolus 叙佩伯鲁斯

Hyperides 叙培里得斯

Hyperion 许珀里翁

Hyppolytus 希波吕特

I

Iacchus 伊阿库斯

Ialysus 雅律苏斯

Ibycus 伊彼库斯

Idyia 伊底伊亚

Iliona 伊利娥娜

Ino 伊诺

Iole 约莱

Iphigenia 伊菲革涅亚

Iris 伊里斯

Isocrates 伊索克拉底

J

Janus 伊阿诺斯

Jason 参孙

Jove 约夫（即朱庇特）

Julia 朱利娅

Junius Congus 朱尼乌斯·康古斯

Juno Sospita 朱诺·索斯庇塔

Jupiter Hammon 朱庇特·哈蒙

Jupiter Optimus Maximus 朱庇特·奥提姆
斯·马克西姆

Jupiter=Jove 朱庇特

L

Labienus 拉庇努斯

Lacedaemonians 拉栖代蒙人

Laches 拉凯斯

Laciads 拉基亚德人

Lacydes 拉昔德斯

Laelius 莱利乌斯

Laenas 莱纳斯

Laertes 拉埃尔特

Laomedon 拉俄墨冬

Lares 拉瑞斯（罗马人的路神、精灵）

Lar 拉耳（主管家族涤罪的神灵）

Leonidas 莱奥尼达

Leonteus 莱翁透斯

Leontium 莱恩悌

Leon 莱翁

Lepidus 雷必达

Lerna 勒俄娜

Lesbian 列斯堡人

Leucippus 留基伯

Leucothea 琉科忒亚

Liber 利伯尔

Libo 利伯

Licinius 李锡尼

Liguria 利古里亚

Livius Andronicus 李维乌斯·安德罗尼柯

Lubentina 鲁本提纳

Lucilius 鲁西留斯

Lucina 鲁西纳

Lucius Acilius 卢西乌斯·阿基留斯

Lucius Aelius Stilo 卢西乌斯·埃利乌斯·斯提罗

Lucius Aelius 卢西乌斯·埃利乌斯

Lucius Aemilius Paulus 卢西乌斯·艾米留斯·鲍鲁斯

Lucius Aemilius 卢西乌斯·艾米留斯

Lucius Alenus 卢西乌斯·阿莱努斯

Lucius Brutus 卢西乌斯·布鲁图

Lucius Caecilius Metellus 卢西乌斯·凯西留斯·麦特鲁斯

Lucius Caesar 卢西乌斯·凯撒

Lucius Camillus 卢西乌斯·卡弥鲁斯

Lucius Cassius 卢西乌斯·卡西乌斯

Lucius Cicero 卢西乌斯·西塞罗

Lucius Crassus 卢西乌斯·克拉苏

Lucius Flaccus 卢西乌斯·福拉库斯

Lucius Flamininus 卢西乌斯·弗拉米尼努

Lucius Fufius 卢西乌斯·富菲乌斯

Lucius Furius Philus 卢西乌斯·富里乌斯·菲鲁斯

Lucius Gellius Poplicola 卢西乌斯·盖留斯·波利科拉

Lucius Gellius 卢西乌斯·盖留斯

Lucius Julius 卢西乌斯·朱利乌斯

Lucius Lentulus 卢西乌斯·伦图卢斯

Lucius Licinius Lucullus 卢西乌斯·李锡尼·卢库鲁斯

Lucius Lucilius 卢西乌斯·鲁西留斯

Lucius Lucullus 卢西乌斯·卢库鲁斯

Lucius Mancinus 卢西乌斯·曼昔努斯

Lucius Manlius 卢西乌斯·曼留斯

Lucius Metellus 卢西乌斯·麦特鲁斯

Lucius Minucius Basilus 卢西乌斯·米诺西乌·巴西鲁斯

Lucius Mummius 卢西乌斯·姆米乌斯

Lucius Opimius 卢西乌斯·奥皮米乌

Lucius Papirius 卢西乌斯·帕皮留斯

Lucius Paullus 卢西乌斯·保卢斯

Lucius Paulus 卢西乌斯·鲍鲁斯

Lucius Philippus 卢西乌斯·腓力普斯

Lucius Piso 卢西乌斯·庇索

Lucius Quinctius Cincinnatus 卢西乌斯·昆克修斯·辛昔那图

Lucius Quinctius 卢西乌斯·昆克修斯

Lucius Rutilius 卢西乌斯·鲁提留斯

Lucius Scipio 卢西乌斯·西庇阿

Marcus Horatius Barbatus 马库斯·霍拉提乌·巴巴图斯

Marcus Junius 马库斯·朱尼乌斯

Marcus Lepidus 马库斯·雷必达

Marcus Livius Drusus 马库斯·利维乌斯·德鲁苏斯

Marcus Lutatius Pinthia 马库斯·鲁塔提乌·平西亚

Marcus Manlius 马库斯·曼留斯

Marcus Marcellus 马库斯·马凯鲁斯

Marcus Marius Gratidianus 马库斯·马略·格拉提狄亚努

Marcus Nobilior 马库斯·诺比利俄

Marcus Octavius 马库斯·屋大维

Marcus Pacuvius 马库斯·巴库维乌斯

Marcus Piso 马库斯·庇索

Marcus Pomponius 马库斯·庞波纽斯

Marcus Porcius Cato 马库斯·波喜乌斯·加图

Marcus Regulus 马库斯·勒古鲁斯

Marcus Satrius 马库斯·萨特利乌

Marcus Scaurus 马库斯·斯考鲁斯

Marcus Seius 马库斯·塞乌斯

Marcus Terentius Varro 马库斯·特伦提乌斯·瓦罗

Marcus Tuditanus 马库斯·图狄塔努

Marcus Tullius Cicero 马库斯·图利乌斯·西塞罗

Marcus Valerius 马库斯·瓦勒留

Marcus Varro 马库斯·瓦罗

Marcus 马库斯

Mars 玛斯

Masinissa 玛西尼萨

Maso 马叟

Matuta 马图塔

Mausolus 毛索鲁斯

Mavors 玛沃尔斯（即玛斯）

Medea 美狄亚

Medes 米底人

Medus 麦杜斯

Megillus 麦吉鲁斯

Melampus 墨拉普斯

Melanippa 美拉尼帕

Melanthius 美拉修斯

Melete 美勒特

Memalius 美玛留斯

Menander 米南德

Menedemus 美涅得谟斯

Menippus 美尼普斯

Menoeceus 美诺寇斯

Mercury 墨丘利

Metellus 麦特鲁斯

Metrodorus 梅特罗多洛

Midas 弥达斯

Milo 米罗

Miltiades 米尔提亚得

Minerva 密涅瓦

Minos 米诺斯

Mithridates 米特拉达铁斯

Mnemosyne 涅莫绪涅

Mnesarchus 涅萨库斯

Mopsus 摩苏斯

Peraseus 培拉修斯

Pericles 伯里克利

Perseis 珀耳塞伊斯

Perses 珀耳塞斯

Perseus 珀耳修斯

Persius 波西乌斯

Phaedrus 斐德罗

Phaethon 法厄同

Phalaris 法拉利斯

Phalereus 法勒鲁斯

Pheneus 弗纽斯

Pherecrates 斐瑞克拉底

Pherecydes 斐瑞居德

Phidias 斐狄亚斯

Philip 腓力

Philistine 腓力斯人（地中海东岸的古代
  居民，比喻市侩、无知者、庸人）

Philistus 腓力司图

Philius 费留斯

Philoctetes 菲罗克忒忒斯

Philodemus 菲洛德谟

Philolaus 菲罗劳斯

Philo 斐洛

Phintias 芬提亚斯

Phliasians 弗里乌斯城的居民

Phoebe 福柏

Phoebus 福玻斯

Phormio 福米奥

Phoronis 福洛尼斯

Phrygians 弗里吉亚人

Phthah 弗萨

Pieriae 庇厄里矣

Pierides 庇厄里得斯

Pierus 庇厄卢斯

Pisidians 皮昔底亚人

Pisistratus 庇西特拉图

Pittacus 庇塔库斯

Plato 柏拉图

Plautus 普劳图斯

Podalirius 波达勒里奥斯

Poeas 波亚斯

Polemon 波勒蒙

Polemo 波勒莫

Pollux 波吕克斯

Polyaenus 波利埃努

Polybius 波里比乌

Polyclitus 波吕克利图

Polycrates 波吕克拉底

Polyidus 波吕伊都斯

Polyphemus 波吕菲摩斯

Pontius 彭提乌斯

Porcius Licinus 波喜乌斯·李锡努斯

Posidonius 波西多纽

Postumus Cominius 波图姆斯·考米纽斯

Praeneste Numerius Suffustius 普赖奈司
  特·努美利乌·苏富提乌

Praxiteles 普拉克西特勒

Priam 普利阿姆

Priscianus 普利斯亚努

Procles 普罗克列斯

Proculus Julius 普洛库鲁斯·朱利乌斯

Prodicus 普罗狄科

Q

Quintus Allius Tubero 昆图斯·阿留斯·图伯洛

Quintus Caecilius Metellus Balearicus 昆图斯·凯西留斯·麦特鲁斯·巴莱里库

Quintus Caecilius Metellus 昆图斯·凯西留斯·麦特鲁斯

Quintus Caepio 昆图斯·凯皮奥

Quintus Catulus 昆图斯·卡图鲁斯

Quintus Cicero 昆图斯·西塞罗

Quintus Ennius 昆图斯·恩尼乌斯

Quintus Fabius Labeo 昆图斯·法比乌斯·拉贝奥

Quintus Fabius Maximus 昆图斯·法比乌斯·马克西姆

Quintus Fabius 昆图斯·法比乌斯

Quintus Fadius Gallus 昆图斯·法迪乌斯·伽卢斯

Quintus Hortensius 昆图斯·霍腾修斯

Quintus Lucilius Balbus 昆图斯·鲁西留斯·巴尔布斯

Quintus Lutatius Catulus 昆图斯·鲁塔提乌·卡图鲁斯

Quintus Maelius 昆图斯·买留斯

Quintus Maximus Cunctator 昆图斯·马克西姆·昆克塔特

Quintus Maximus 昆图斯·马克西姆

Quintus Metellus 昆图斯·麦特鲁斯

Quintus Mucius Mancia 昆图斯·穆西乌斯·曼昔亚

Quintus Mucius Scaevola 昆图斯·穆西乌斯·斯卡沃拉

Quintus Pompeius 昆图斯·庞培

Quintus Scaevola 昆图斯·斯卡沃拉

Quintus Servilius Caepio 昆图斯·塞维留斯·凯皮奥

Quintus Servilius Geminus 昆图斯·塞维留斯·盖米努斯

Quintus Sosius 昆图斯·索西乌斯

Quintus Tubero 昆图斯·图伯洛

Quirinus 奎里努斯

R

Rabirius 拉比利乌

Remus 瑞莫斯

Rhadamanthus 拉达曼堤斯

Rhesus 瑞索斯

Rhodus 洛得斯

Romulus 罗莫洛

Roscius 洛司基乌斯

Rupilius 卢庇留斯

S

Sabazius 萨巴泽乌

Saguntum 萨古突

Sallustius 撒路斯提乌斯

Salmacis 萨玛西斯

Samnite 萨莫奈人

Sardanapalus 撒达纳帕鲁斯

Sarpedon 萨尔培冬

Saturninus 萨图尼努斯

Saturn 萨图恩

Satyrus=Satyrs 萨堤罗斯（羊人）

Latona 拉托娜

Scaevola 斯卡沃拉

Scions 斯基翁人

Scopas 斯科帕斯

Scylax 斯居拉克

Scylla 斯库拉

Semele 塞墨勒

Serapis 塞拉皮斯

Servilius Caepio 塞维留斯·凯皮奥

Servilius 塞维留斯

Servius Galba 塞维乌斯·加尔巴

Servius Sulpicius Rufus 塞维乌斯·苏皮西乌·鲁富斯

Servius Tullius 塞维乌斯·图利乌斯

Sextus Aelius 塞克斯都·埃利乌斯

Sextus Peducaeus 塞克斯都·佩都凯乌

Sextus Pompeius 塞克斯都·庞培

Sextus Roscius 塞克斯都·洛司基乌斯

Sextus Tarquinius 塞克斯都·塔奎纽斯

Silenus 西勒诺斯（复数 Sileni）

Silus 西鲁斯

Silvanus 西尔瓦诺斯

Simonides 西摩尼得

Siren 塞壬

Siro 西洛

Sisyphus 西绪福斯

Socrates 苏格拉底

Solon 梭伦

Sol 索尔

Sophocles 索福克勒斯

Sosus 索苏斯

Speusippus 斯彪西波

Sphaerus 斯斐鲁斯

Spurinna 斯普琳纳

Spurius Albinus 斯普利乌·阿尔比努

Spurius Carvilius 斯普利乌·卡维留斯

Spurius Cassius 斯普利乌·卡西乌斯

Spurius Lucretius 斯普利乌·卢克莱修

Spurius Maelius 斯普利乌·买留斯

Spurius Mummius 斯普利乌·姆米乌斯

Spurius Postumius 斯普利乌·波斯图米乌

Spurius Tarpeius 斯普利乌·塔佩乌斯

Staseas 斯塔昔阿斯

Stesichorus 斯特昔科鲁

Stilpo 斯提尔波

Stratonicus 斯特拉托尼库

Strato 斯特拉托（逍遥学派哲学家）

Sulpicius 苏皮西乌

Summanus 苏玛努斯（罗马天神）

T

Tages 塔吉斯（朱庇特的孙子）

Tantalus 坦塔罗斯

Tarquinius Priscus 塔奎纽斯·普利斯库

Tarquinius Superbus 塔奎纽斯·苏泊布斯

Tarquin 塔克文

Tartarus 塔塔洛斯（地狱）

Telamo 泰拉蒙

Tellus 忒路斯（罗马大地女神，管婚姻和丰产）

Tennes 泰奈斯

Terence 特伦斯

Terentius 特伦提乌斯

Tertia 忒提娅

Tetrilius Rogus 特却留斯·洛古斯

Teucer 透克洛斯

Thais 赛依斯

Thales 泰勒斯

Thaumas 萨乌玛斯

Thebe 蒂贝

Thelxinoe 塞克西诺

Themista 塞米斯塔

Themistocles 塞米司托克勒

Theodectes 塞奥德特

Theodorus 塞奥多洛

Theophrastus 塞奥弗拉斯特

Theopompus 塞奥波普

Theramenes 塞拉美涅

Theseus 忒修斯

Thoas 索亚斯

Thoth 索斯

Thrasybulus 色拉绪布卢

Thyestes 堤厄斯忒斯

Thyone 绪俄涅

Tiberius Claudius Centumalus 提比略·克劳狄·山图马鲁

Tiberius Coruncanius 提比略·科隆卡纽斯

Tiberius Gracchus 提比略·革拉古

Tiberius Numicius 提比略·努米西乌

Timaeus 蒂迈欧

Timagoras 提玛戈拉斯

Timocrates 提谟克拉底

Timocreon 提谟克莱翁

Timon 蒂孟

Timotheus 提摩

Tiresias 提瑞西亚

Titans 提坦

Tithonus 提索努斯

Titus Albucius 提多·阿布西乌

Titus Coruncanius 提多·科隆卡纽斯

Titus Larcius 提多·拉尔修

Titus Manlius Imperiosus Torquatus 提多·曼留斯·英佩里苏·托夸图斯

Titus Manlius Torquatus 提多·曼留斯·托夸图斯

Titus Pomponius Atticus 提多·庞波纽斯·阿提库斯

Titus Pomponius 提多·庞波纽斯

Titus Pontius 提多·庞提乌斯

Titus Quinctius Flamininus 提多·昆克修斯·弗拉米尼努

Titus Tatius 提多·塔修斯

Titus Torquatus 提多·托夸图斯

Titus Veturius 提多·维图里乌

Tmolus 特莫鲁

Trabea 特拉贝亚

Tricipitinus 曲昔皮提努

Tritannus 特利塔努

Triton 特里同

Tritopatreus 特里托帕却乌

Troglodytes 特洛罗底特人（北非的穴居

蛮族）

Troilus 特洛伊鲁

Trophonius 特洛福尼乌

Tubertus 图伯图斯

Tuditanus 图狄塔努

Tullia 图利娅

Tullius Hostilius 图利乌斯·霍斯提留

Tullus 图鲁斯

Tupilius 图庇留斯

Tyndareus 廷达瑞俄斯

U

Ulysses 乌利西斯

Upis 乌庇斯

Uranus 乌拉诺斯

V

Valens 瓦伦斯

Valerius Corvinus 瓦勒留·考维努斯

Vecellinus 维凯里努

Veientian 维伊人

Venus 维纳斯

Verginius 维吉纽斯

Vesta 维斯太

Viriathus 维里亚苏

Viridomarus 维利多玛鲁

Vulcan 伏尔甘

X

Xanthippe 克珊西帕

Xanthippus 克珊西普

Xenocrates 塞诺克拉底

Xenophanes 克塞诺芬尼

Xenophon 色诺芬

Xerxes 泽西斯

Z

Zaleucus 扎留库斯

Zeno 芝诺

Zethus 泽苏斯

Zeuxis 宙克西斯

Zopyrus 佐皮鲁斯

二、西汉地名译名对照表

A

Acherusian Lake 阿刻卢西亚湖

Aetolia 埃托利亚

Aegina 伊齐那

Aequimaelium 艾奎迈留

Aetna 埃特那

Agrigentine 阿格里根特

Agrigentum 阿格里根图

Aeolia 埃俄利亚

Alabanda 阿拉班达

Alba Longa 阿尔巴隆加

Albanus 阿巴努斯（山）

Aleian 阿勒伊昂

Algidus 阿吉都（山）

Almo 阿尔摩（河）

Alps 阿尔卑斯

Amalthea 阿玛塞亚

Ambracia 安拉契亚

Ampsanctus 安山克图（湖）

Anio 阿尼奥（意大利台伯河的支流）

Apollonia 阿波罗尼亚

Apulia 艾普利亚

Arcadia 阿卡狄亚

Ardea 阿德亚

Arginusae 阿吉努赛

Argos 阿耳戈斯

Armenia 亚美尼亚

Arpinum 阿尔皮诺（西塞罗的出生地）

Arretium=Aretium 阿瑞提乌

Ascalon 阿斯卡隆

Asia 亚细

Astyages 阿提亚吉

Astypalaea 阿斯泰巴香亚岛

Atella 阿梯拉

Athos 阿索斯

Atina 阿提纳（罗马东南面15哩处的一个区）

Atratus 阿拉图斯（河）

Aulis 奥利斯

Aventine 阿文廷（山）

Avernus 阿维努斯（湖）

B

Bauli 包里

Boeotia 波埃提亚

Brundisium 布隆狄西

C

Cadiz 卡狄兹

Caelian 凯利安（山）

Calchedon 卡尔凯敦

Campania 坎帕尼亚

Cannae 卡奈

Capena 卡佩那

Capitol 卡皮托利山

Capua 卡普阿（意大利坎帕尼亚的主要城市）

Caria 卡里亚

Carthage 迦太基

Catadupa 卡塔都帕

Caucasus 高加索

Caudine Forks 考汀福

Caunia 考尼亚

Ceos 开奥斯

Ceramicus 凯拉米库

Chalcis 卡尔昔斯

Chios 开俄斯

Chius 吉乌斯

Cilicia 西里西亚

Cimmeria 基米利亚

Circeii 西尔塞伊

Citium 昔提乌姆

Clastidium 克拉提狄

Clazomenae 克拉佐门尼

Cnidus 尼都斯

Cnossus 克诺索斯

Cocytus 考西图斯（河名）

Colline Gate 科利乌斯门

Colonus 科洛努斯

Colophon 科罗封

Consentia 康珊提亚

Corinth 科林斯（圣经译为哥林多）

Croton 克罗通

Cumae 库迈

Cures 库瑞斯

Cyclades 基克拉迪（群岛）

Cynosurae 绪诺苏莱

Cyprus 塞浦路斯

Cyrene 昔勒尼

D

Delium 代立昂

Delos 德洛斯（旧译提洛）

Delphi 德尔斐

Dipylon Gate 迪庇隆门

Dodona 多多那

Doris 多利斯

Dyrrachium 都拉斯

E

Egypt 埃及

Elea 爱利亚

Elis 埃利斯

Ephesus 以弗所

Epirus 伊庇鲁斯

Erymanthus 厄律曼托斯山

Esquiline 埃斯奎利山丘（罗马）

Etna 厄特那

Etruria 埃图利亚

Euphrates 幼发拉底（河）

Euripus 尤里普斯海峡（尤卑亚岛与希腊大陆之间的海峡）

Eurotas 尤洛塔（河）

Euxine Sea 尤克昔涅海

F

Fibrenus 费瑞努斯（河名）

Firmum 费尔蒙

Formiae 福米埃

Fregellae 福莱格赖

G

Ganges 恒河

Gytheum 吉塞恩

H

Halicarnassus 哈利卡尔纳苏斯

Halys 哈利斯（河）

Helicen 赫利孔（山）

Hellespont 赫勒斯旁

Heraclea 赫拉克利亚

Hindu Kush 兴都库什山脉

Hirpini 希尔皮尼

Hostilia 霍提里亚

Hymettus 绪曼图斯

Hypanis 叙帕尼斯（河）

Hyrcania 叙卡尼亚

I

Ida 伊达（山名）

Ionia 伊奥尼亚

Italy 意大利

Ithaca 伊塔卡

J

Jugurthine 犹古塞涅

L

Lacinium 拉昔纽

Lake Trasimenus=Trasumenus 特拉昔曼努湖

Lampsacum 兰普萨库

Lampsacus 兰萨库斯

Lanuvium 拉努维乌

Larissa 拉利萨

Latium 拉丁姆

Latmus 拉特姆（山）

Lebadia 莱巴底

Lemnos 莱姆诺斯

Leontine 列奥蒂尼（西西里东部城市）

Leontini 林地尼

Leucadia 琉卡狄亚

Leucas 琉卡斯（山）

Leuctra 留克特拉

Liris 利里斯河

Litana 利塔纳

Locri 罗克里

Lucania 卢卡尼亚

Lusitania 卢西塔尼亚（西班牙西部地区，即葡萄牙）

Lusius 吕西乌斯（河）

Lyceum 吕克昂

Lyciorum（Lycia）吕西亚

M

Maeotis 迈奥提斯

Magnesia 玛格奈昔亚（爱琴海岸的一个地区）

Massilia 玛西里亚

Mantinea 曼提尼亚

Metapontum 梅塔普顿（意大利南部卢卡尼亚的城市，毕泰戈拉的出生地）

Melos 弥罗斯

Mesopotamia 美索不达米亚

Messina 墨昔那海峡

Miletus 米利都

Molossia 莫洛西亚

Mytilene 米提利尼

N

Naples 拿波勒斯

Nemea 涅墨亚

Nodinus 诺底努斯（河）

Nola 诺拉（坎帕尼亚的城市）

Numantia 努曼提亚

Nursia 努西亚

O

Oeta 奥依塔

Olympus 奥林波斯

Orithyia 俄里蒂亚

T

Tarentum 塔壬同

Tarquinii 塔尔奎尼

Tartes 塔特斯

Tauri 陶里

Taygetus 泰格图斯（山）

Tegea 太盖亚（古希腊阿卡狄亚东南的城市）

Telmessus 特梅苏

Tenedos 泰奈多斯（爱琴海岛屿，在特洛伊附近）

Terina 特里纳

Thebes 底比斯

Thermopylae 温泉关

Thessaly 帖撒利

Thrasimene 塞拉西美尼

Thyamis 雅弥斯（河名）

Tiber 台伯河

Tolosa 托洛萨（高卢南部的一个城市，今图卢兹）

Trachin 特腊庆

Troezen 特罗曾

Tusculan 图斯库兰

Tyre 推罗

U

Utica 尤提卡（北非迦太基西北的城市）

V

Veii 维伊城

Venusia 维努西亚

Veseris 维塞利斯（河）

Vesuvius 维苏威火山